国家留学基金委资助项目
项目编号:201908500008

医事法与伦理

[英] 乔纳森·赫林 ◎著

石 雷　曹志建 ◎译

MEDICAL
LAW
AND
ETHICS

Jonathan Herring

华中科技大学出版社
http://www.hustp.com
中国·武汉

中文版序

在一个经济问题充斥各种报纸头条的年代,我们很容易忘记生命中最重要的事情:我们的健康和我们的家庭。律师会花大量时间订立各种经济合同,这也是法学教育的核心内容。医事法并不完全与经济合同有关,也不应只将其视为与学术研究相关的一个分支学科,实际上,这一部门法提出了许多关涉生命的核心问题:生命到底意味着什么?健康又到底意味着什么?我们对自己的身体到底能控制多少?

过去,医生往往被视为像"上帝"一样的神,患者只需要毫无疑义地接受医学专家给出的意见。现在,人们越来越认识到,患者也有重要的权益,他们对自己的治疗也有一定的发言权。医患之间的权力平衡成为今天医事法的一个核心主题。

对健康、医学、医务人员态度的改变,以及对患者自主权的重视让我们正处于研究医事法与伦理的黄金时代。在本书中,笔者试图避免直接告诉读者相关问题的答案,相反,希望通过向读者介绍一系列的观点让读者自己思考并得出结论。对于这一领域的许多复杂问题而言,明显没有"正确答案"。每位读者需要自己权衡各种理论的优劣。

我很感谢石雷博士细致的翻译,以及对本书部分内容所做的注释。他认真的态度及负责的精神深深打动了我,我非常感激。能与他在牛津大学访学期间相识,我也甚感荣幸。

乔纳森·赫林

二〇二〇年十月一日

原版序

本书旨在为读者提供包含医事法在内的广泛内容，除医事法外，还包括医事法得以施行的哲学、社会、政治环境。对于"医事法与伦理"课程中的"伦理"部分，笔者将其视为与法律部分同样重要。所以，在本书的参考书中，我们不光可以看到大量的法律文献，同时也有许多非法律的参考文献。即使这样，笔者也很清楚，自己只能展现法律之外丰富内容的一个简单脉络。有些情况下，甚至只是一些粗略线条。想要在这么短篇幅的一本书中深入讨论哲学家、社会学家、神学家等对医学的所有认知，这绝不可能。笔者希望自己所提供的丰富内容，足以激发读者的兴趣，或者至少为探讨医事法提供更广阔的视角。大家可以按照每章末列出的推荐阅读及参考文献继续深入学习。

在部分章节中，我用了各种各样的表格，旨在指出女权主义者、神学家等对某些问题的态度。本书（前几版）的部分读者曾认为，这样做要么不适当地突出了这些思考方法，要么将这些思考方法边缘化了。这皆非笔者本意，笔者只想将内容做适当分块，让读者可以思考某些有意思的观点。将女权主义观点贯穿全书的做法没有必要，但女权主义的观点也并非仅仅局限于相关表格中。

在写作本书的过程中，我有幸得到了许多同事和朋友的支持，比如，克雷茜达·奥克兰（Cressida Auckland），艾伦·伯格（Alan Bogg），萨佳·乔德霍里（Shazia Chpudhry），夏洛特·埃尔维斯（Charlotte Elves），查尔斯·福斯特（Charles Foster），史蒂文·吉尔摩（Stevern Gilmore），凯特·格里斯利（Kate Greasley），伊莫金·古尔德（Imogen Goold），乔治·P. 史密斯（George P. Smith），蕾切尔·泰勒（Rachel Taylor）和杰西·沃尔（Jesse Wall）等。牛津大学出版社的编辑埃米莉·坎宁安（Emily Cunningham）为我提供了很多支持和鼓励，乔纳森·普赖斯（Jonathan Price）为本书做了出色的文字校对工作。感谢杰基·程（Jacky Cheng）对本书提出的建议。感谢我的家人！感谢我的女儿们，在我写作之余，劳蕾尔（Laurel）、乔安娜（Joanna）、达茜（Darcy）给了我很多快乐，当她们发现了更有意思的事时，我又不得不回到我的电脑前，不再打扰她们。感谢我的妻子克丽丝滕（Kirsten）给了我无限的爱和关怀。

乔纳森·赫林

于牛津

二〇一九年十月

目录

第一章
伦理与医事法 _ 001

1. 何为医事法？ _ 004
2. 法律与伦理学的联系 _ 006
3. 疾病的性质 _ 008
4. 医学的范畴 _ 012
5. 卫生统计学 _ 017
6. 一般伦理原则 _ 018
7. 权利的概念 _ 026
8. 患者的义务 _ 030
9. 原则主义 _ 032
10. 解释学 _ 040
11. 决疑论 _ 040
12. 女权主义医学伦理学 _ 041
13. 关怀伦理学 _ 043
14. 脆弱性 _ 045
15. 德性伦理学 _ 046
16. 社群主义伦理学 _ 048
17. 相对主义 _ 049
18. 人格 _ 050
19. 结论 _ 053

第二章
国民医疗服务体系架构和卫生资源分配　　_057

1. 国民医疗服务体系原则　　_059
2. 国民医疗服务体系结构　　_066
3. 国民医疗服务体系的政策制定和集中规划　　_066
4. 质量控制：检查和管理　　_069
5. 卫生服务的委派和规划　　_070
6. 支付系统：卫生保健和社区服务　　_071
7. 医疗服务的提供　　_073
8. 结构问题　　_074
9. 医疗资源分配　　_079
10. 国民健康状况的不平等　　_117
11. 英国医学委员会　　_118
12. 公共卫生：传染病防治　　_119
13. 公共卫生：疾病预防　　_123
14. 结论　　_125

第三章
医疗过失　　_131

1. 法律和医疗事故：概述　　_134
2. 刑法　　_136
3. 过失侵权法　　_138
4. 合同法　　_174
5. 人们为何起诉？　　_175
6. 实践中的医疗过失侵权之诉　　_176
7. 费用　　_176
8. 对当前法律制度的批评　　_177
9. 经验与教训　　_181
10. 2006年《国民医疗服务体系救济法》　　_183

11. 无过错赔偿方案　　　　　　　　　　　　　_ 185
　12. 除赔偿以外的事项　　　　　　　　　　　　_ 188
　13. 职业行为规则　　　　　　　　　　　　　　_ 190
　14. 结论　　　　　　　　　　　　　　　　　　_ 191

第四章
对治疗的同意　　　　　　　　　　　　　　　**_ 195**

　1. 未经患者同意实施治疗的法律后果　　　　　_ 198
　2. 刑法和不同意实施治疗的患者　　　　　　　_ 199
　3. 侵权法和不同意实施治疗的患者　　　　　　_ 201
　4. 谁有权做出同意？　　　　　　　　　　　　_ 203
　5. 什么是同意？　　　　　　　　　　　　　　_ 205
　6. 意思能力标准　　　　　　　　　　　　　　_ 205
　7. 同意的形式　　　　　　　　　　　　　　　_ 223
　8. 有意思能力但不同意治疗的患者　　　　　　_ 225
　9. 对无意思能力患者的治疗　　　　　　　　　_ 228
　10. 患者最佳利益原则　　　　　　　　　　　　_ 235
　11. 儿童的同意　　　　　　　　　　　　　　　_ 246
　12. 个人不能同意的治疗　　　　　　　　　　　_ 256
　13. 基于未能提供充足信息而提起的过失侵权之诉　_ 258
　14. 伦理和自主权　　　　　　　　　　　　　　_ 267
　15. 联合国《残疾人权利公约》　　　　　　　　_ 274
　16. 法律保护和自主权之间的平衡　　　　　　　_ 276
　17. 关系自治　　　　　　　　　　　　　　　　_ 278
　18. 实践中的意思自治　　　　　　　　　　　　_ 280
　19. 引导　　　　　　　　　　　　　　　　　　_ 280
　20. 伦理及患者最佳利益　　　　　　　　　　　_ 283
　21. 关于预先指示的伦理问题　　　　　　　　　_ 286
　22. 自主权及医患关系　　　　　　　　　　　　_ 290

23. 儿童治疗的伦理 _ 291

24. 结论 _ 295

第五章
精神卫生法 _ 303

1. 有关精神卫生的统计数据 _ 306
2. 1983年《精神卫生法》 _ 307
3. 非正式治疗 _ 325
4. 业务守则 _ 327
5. 2007年《精神卫生法》的改革 _ 328
6. 人权 _ 331
7. 自由保障措施 _ 334
8. 精神卫生实践中的问题 _ 337
9. 对精神卫生的批评 _ 343
10. 精神障碍患者的危险性 _ 346
11. 父爱主义是否可以作为拘禁的理由 _ 349
12. 联合国《残疾人权利公约》 _ 351
13. 对《精神卫生法》的独立调查 _ 352
14. 结论 _ 354

第六章
保密 _ 359

1. 保密的法律基础 _ 363
2. 违反保密义务 _ 378
3. 泄露私密信息的正当理由 _ 382
4. 1998年《数据保护法》 _ 396
5. 问题 _ 398
6. 侵犯私密信息的法律救济 _ 406
7. 医疗信息的获得 _ 406

8. 伦理性问题 _ 412
9. 信息性隐私权 _ 416
10. 结论 _ 417

第七章
避孕、堕胎、怀孕 _ 423

1. 避孕措施的使用及其功能 _ 425
2. 避孕措施的获得 _ 427
3. 青少年怀孕率 _ 428
4. 堕胎和避孕 _ 429
5. 未成年人避孕问题 _ 432
6. 行为人缺乏意思能力时的避孕和绝育 _ 434
7. 涉及避孕的侵权责任 _ 444
8. 避孕涉及的伦理问题 _ 450
9. 堕胎概述 _ 453
10. 堕胎相关法律 _ 455
11. 个人因信仰而反对 _ 468
12. 阻止堕胎的行为 _ 472
13. 无意思能力成年人的堕胎 _ 473
14. 未成年人的堕胎 _ 476
15. 堕胎权 _ 477
16. 有关英国堕胎法的讨论 _ 480
17. 堕胎现状 _ 483
18. 胎儿的法律地位 _ 485
19. 堕胎的道德伦理 _ 491
20. 特别有争议的堕胎 _ 521
21. 怀孕和分娩 _ 526
22. 对孕妇的规制 _ 529
23. 产科暴力 _ 531
24. 结论 _ 535

第八章
生殖　543

1. 不孕不育　546
2. 生育自主权的概念　549
3. 对辅助生殖的批评　554
4. 其他不同的辅助生殖技术　559
5. 对辅助生殖技术的规制　561
6. 对人类受精与胚胎管理局的批评　569
7. 获得治疗的途径　571
8. 亲子关系　578
9. 匿名配子捐赠　583
10. 捐献配子的报酬　587
11. 代孕　588
12. 胚胎植入前遗传学筛查　596
13. 克隆　605
14. 胚胎研究　606
15. 强化优秀基因和优生学　611
16. 结论　616

第九章
器官捐献和对身体及其组成部分的所有权　623

1. 2004 年《人体组织法》　625
2. 对 2004 年《人体组织法》的评述　641
3. 器官移植　648
4. 器官移植医疗事故的法律责任　664
5. 器官缺乏　665
6. 异种移植　672
7. 器官出售　673
8. 新型移植　680

    9. 作为物的活的身体　　_ 682
    10. 知识产权　　_ 693
    11. 结论　　_ 693

第十章
死亡过程和死亡　　_ 699

    1. 死亡的概念　　_ 704
    2. 与生命终结有关的法律　　_ 711
    3. 疑难案件的法律适用　　_ 741
    4. 现有法律的矛盾　　_ 761
    5. 安乐死的伦理问题　　_ 768
    6. 缺乏意思能力的患者：伦理问题　　_ 802
    7. 拒绝治疗：伦理问题　　_ 804
    8. 姑息治疗和临终关怀医院　　_ 806
    9. 法律改革　　_ 810
    10. 结论　　_ 813

附录 A
荷兰、比利时、美国俄勒冈州的安乐死制度　　_ 823

    1. 荷兰　　_ 825
    2. 比利时　　_ 829
    3. 美国俄勒冈州　　_ 830

附录 B
研究　　_ 833

    1. 对研究的监管　　_ 837
    2. 根据公共政策认定为非法的研究　　_ 840

3. 涉及儿童的研究　　　　　　　　　845
4. 涉及无意思能力的成年人的研究　　849
5. 急救背景下的研究　　　　　　　　856
6. 试验性治疗方法　　　　　　　　　856
7. 对研究的同意　　　　　　　　　　859
8. 支付报酬　　　　　　　　　　　　865
9. 对研究的许可　　　　　　　　　　866
10. 参与者的遴选　　　　　　　　　874
11. 研究成果发表中的造假行为　　　875
12. 参与研究的义务　　　　　　　　878
13. 研究结果的披露　　　　　　　　880

后记　　　　　　　　　　　　　　884

第一章

伦理与医事法

引　言

医事法正在发生变革。科学技术的迅猛发展意味着法律人和伦理学家需要不断地正视新问题。更重要的是，我们对医疗服务的态度、对我们自身健康的态度、对医疗工作人员的态度也在悄然发生巨大改变。① 以往，医生常常被视为"神"一样的人，人们对医生毕恭毕敬，医生也希望患者是好患者：被动接受、百依百顺。以下的对话就能充分说明这一点。

医生：（阅读病例）哦，我看到你有一个儿子和一个女儿。
患者：不，两个女儿。
医生：是吗，你确定？但这上面写的……（再次核对病例）哦，抱歉！你说得对，两个女儿。②

现在，医生失去了往日完美无缺、毋庸置疑的光环。在医生心目中，他们的工作旨在与患者合作找到疾病的最佳治疗方法。因此，一种普遍的观点是，医患间的对话是一种"共享决策机制"。③ 有人认为，医患关系已经更加趋近于消费者和供应商的关系。正如克尔（Kerr）勋爵和里德（Reid）勋爵在蒙特哥马利诉拉纳克郡卫生局案（*Montgomery v Lanarkshire Health Board*）中所言④：

人们普遍认为，患者是拥有权利的个体，而非被动接受医护人员照护的人群。很多时候，患者也被视为行使选择权的消费者。

对医生地位的另一个挑战是，患者可以轻松通过网络获取医疗保健信息。⑤ 用于检测疾病的家用设备、跟踪个人健康的穿戴设备⑥、检测个人基因的网站也已出现。⑦ 我敢肯定，上网查看相关信息与医生的说法做比较的，绝不只我一人。所有变化对调整医事的法律及伦理都会产生重大影响。

---

① Chadwick（2016）.
② Oakley（1980：41）.
③ Health Foundation（2013）.
④ ［2015］UKSC 11, para. 75.
⑤ Glover-Thomas and Fanning（2010）.
⑥ Lucivero and Jongsma（2018）.
⑦ 有关自我诊断设备引发的伦理问题，参见 Tamir（2010）.

1. 何为医事法?

英国卫生大臣曾言,"律师能在国民医疗服务体系(National Health Service)中有所作为的唯一位置是在手术台上"。[①] 这可能只是他的一厢情愿。历史已经证明,如果医疗工作完全不受法律规制,就会产生许多医疗损害。[②] 医事法最不济也只是不受欢迎,但十分必要。实际上,将医事法作为一门学科进行界定,还存有争议。有观点认为医事法"主要调整医疗服务人员(尤其是医生,少数情形下也会涉及医院或其他医疗服务机构)和患者之间的法律关系"。[③]

也有人认为这一定义过于狭隘。首先,这一定义将医生放在前面,忽略了其他医疗服务人员的角色。其次,它只关注医患关系,对涉及医疗服务的其他问题重视不足,比如:国民医疗服务体系的配给制、结构问题,或者涉及公共卫生的其他问题。[④] 对于那些因为自己的亲戚和朋友生病而留在家里照顾他们的人,又该如何评价?[⑤] 这说明,划清医事法的边界并非易事。上述观点的支持者有时更愿意用卫生保健法指称这一领域,而非医事法。使用卫生保健法这一标签就预示着我们讨论的主题超出了医患关系,涵盖了法律和卫生交叉的所有领域。尽管本书确实也会考察这些更宽泛的问题,但我们仍然采用了医事法的术语,因为这一术语仍是研究这一领域时广泛使用的术语。

医事法的内容涵盖许多部门法,包括刑法、人权法、侵权法、合同法、财产法、家庭法等。有学者评论说,医事法律人必须是"万金油"。[⑥] 另有学者评论道,医事法是"学术版的疯子"。[⑦] 实际上,作为一个单独的法学研究主题,医事法研究方兴未艾。围绕这一领域,出现了大量的杂志、教材及学术会议。据最新的估计,一年内,有超过一百本的医事法与伦理方面的新书。[⑧] 尽管医事法的学术地位得到

---

① Frank Dobson,引文来自 Brazier and Glover(2000:17)。
② 可以参考第十章讨论的谢普曼(Harold Shipman)案。
③ Kennedy and Grubb(2000:5)。
④ Coggon(2012b)。
⑤ Herring(2007a)。
⑥ Sheldon and Thomson(1998:5)。
⑦ Wicks(2007:1)。
⑧ Brazier, Devaney, and Mullock(2018)。

了普遍认可，但在医事法的内容以及医事法如何与其他部门法相区别等问题上，医事法学者仍感到些许不安。肯尼思·维奇（Kenneth Veitch）指出，医事法学者努力想要为医事法在法学学科中找到一个适当地位，并将其视为解决本领域相关争议的专门知识。[1] 感到不安的不只是医事法学者，在医学伦理学者眼中，似乎也有一种危机。正如一位著名学者所言：生物伦理学已死。[2] 世界一流伦理学家之一朱利安·萨弗勒斯库（Julian Savulescu）[3] 曾对这一领域的现状做出严厉批评：

> 现在的医学伦理学更像一种宗教，从未有过伦理学训练、不理解伦理学性质的各类委员会或者一群人基于各自信仰而非理据提出观点立场，并以一种极其简单的思维方式强加于他人……这一领域在许多方面已经衰竭。或者由一群道德家们所占据，他们致力于以巨大代价保护隐私和私密性，"获取患者同意"；或者"保护基本人权和尊严"。医学伦理学还没有足够的哲学思辨，即使有，那也是一个糟糕的或者非常狭隘的论证，其论证似乎常常只是表现不同罢了。

也许现在你知道为何露丝·麦克林（Ruth Macklin）说，生物伦理学家相互间变得越来越无礼了。[4]

可能的原因是：只要双方立场相互竞争且各自深信不疑，他们就很难理解对方的思维。在宗教信徒和无神论者之间，交流尤其困难。难道真有这种风险，因为人们立场相反，所以无法对话？另一种担心是商业因素正在侵蚀伦理讨论。[5] 人们在表达个人宗教信仰时可能会被收买，这实在是一个莫大的讽刺！

法律与医学的关系奥妙无穷。过去，人们认为法律与医学相互尊重，医疗决策应由医学专家做出，属于医学事务。想要在法庭挑战医生医疗决策的任何努力都会遭遇巨大困难。但最近，这种关系已然生变。相较过去，法院似乎愿意受理针对医疗决策而提起的诉讼了。法院也不再仅仅因为某一做法得到了临床医生的认可就认定该行为合法。[6] 医学也正遭受其他学科的挑战。这些学科试着对以往医学领域的传统问题发表观点。比如：人类的性别是否只有男女两性？这已不再只是一个生物

---

[1] Veitch（2007：3）.

[2] Macklin（2010）. 有关英国生物伦理学史的有趣研究，参见 Wilson（2014）。

[3] Savulescu（2015a）.

[4] Macklin（2010）.

[5] Sherwin（2011）.

[6] Foster and Miola（2015）.

学问题，而是成为许多学科中的一个热点问题。①

像斯塔福德郡中部医院曝出的丑闻（在 2005 年到 2008 年间，有 400 例到 1200 例非正常死亡）②和有关卫生保健机构中老年人遭受虐待的无数报道③，一次又一次玷污了医生的声誉。所有这些都意味着医生已经被拉下了神坛，患者也开始享有一定权利。国民医疗服务体系使用的术语也反映了这一点：医疗服务要"以患者为导向"。此外，国民医疗服务体系章程中也明确规定了患者享有的权利。④

2. 法律与伦理学的联系

医事法与医学伦理学的关系发人深省。⑤ 一种观点认为二者联系紧密。毕竟，法院不太可能下令要求一名医务工作者做出违背伦理的行为。而且，法律常常借助"合理"或"公平"这样的术语来评判，这些术语不可避免地会带出道德评判的问题。⑥ 这种评判常常模糊法律规则和伦理规则的界线，但若认为法律与道德完全匹配，这就落入谬误之中。一是，有些事可能不符合伦理要求，但并不违法。对患者态度粗鲁也许有违医事伦理，但并不违法。法律规定是伦理上可接受的最低标准，而伦理方法则可用于确定个人的最佳行为方式。同样，有些事可能导致法律制裁，但并非不符合伦理要求。比如，根据 2015 年《反现代奴役法案》（Modern Slavery Act 2015）第 44 条第 1 款，医生有义务向相关部门报告贩卖人口的事件。可能有少数医生认为这样做违背了患者的最佳利益，因此，有违伦理要求。但医生仍有此法律义务。⑦

虽然如此，法院也承认，他们在作出判决时，伦理问题仍然扮演了重要角色。在一个涉及治疗永久植物人的案件中，上诉法院法官莱纳德·休伯特·霍夫曼（Leonard Hubert Hoffman）指出：

---

① Haslanger (2017).
② Dyer (2011).
③ Herring (2012a).
④ NHS (2010b).
⑤ 启迪人思考的论述参见 Miola (2007) and Brownsword (2008a).
⑥ Brassington (2018).
⑦ Jackson (2015).

这一领域并非包容法律规定和道德标准的任何差异。法庭作出的判决应让普通人相信,这是依据法律先例和可接受的伦理价值观作出的。①

但事实证明,对法院而言,这十分困难。在上议院审理的类似案件中,布朗-威尔金森(Browne-Wilkinson)勋爵质疑说,复杂的伦理问题应该交由议会解决,而非法院。② 在 Re A(儿童)(连体婴儿:手术分离)一案③中,上诉法院法官艾伦·沃德(Alan Ward)指出:

很难为本案找到一个正确答案。我必须承认,审理此案特别困难——因为这给婴儿父母和双胞胎带来了巨大的悲剧;因为道德伦理上的价值冲突似乎根本无法调和;还因为在现实压力下,想要找到一个解决问题的法律原则,任务特别艰巨。

有意思的是,有些案件中,伦理问题已经主导了法庭的审判思维;④ 而其他案件中(尽管可能引发道德问题),这些伦理问题却依据一种更传统的法律方法得以解决,比如,法律解释原则或先例。⑤

还应强调一点:法律必须建立在法律规则上。这些法律规则应清楚明了,足以为医务人员提供指导,同时也易于证明。⑥ 这就要求,在某些情况下,法律应具有一定的原则性,这可能比复杂的伦理分析所能提供的规则更简略。一篇二十页的论文可以对相关伦理价值予以讨论,却不能指导一个需要处理急诊患者的医生该如何做。而且,另一种可能是,那些伦理上很重要的问题在法庭上却很难证明。比如,伦理学者可能认为,评估医生在执业中的同理心非常重要,但法院无法对此进行评估。

---

① *Airedale NHS Trust v Bland* [1993] 1 All ER 821, 850.
② [1993] 1 All ER 821, 878.
③ *Re A (Children) (Conjoined Twins: Surgical Separation)* [2001] Fam 147, 151.
④ 参见 *Gillick v West Norfolk and Wisbech AHA* [1985] 3 All ER 402。
⑤ 参见 *R (Quintavalee on behalf of Pro-Life Alliance) v Secretary of State for Health* [2003] UKHL 13。进一步的讨论参见 Ashcroft (2018), Dawson (2010) and Montgomery (2006)。
⑥ Foster, Herring, Melham, and Hope (2013).

3. 疾病的性质

对生病或疾病进行界定的困难之大超出想象。① 也许法国人、律师及美食家安泰尔姆·布里亚-萨瓦兰（Anthelme Brillat-Savarin）的话最有见地。当被问及"什么是健康"时，他答道："巧克力就是健康！"② 严格说来，对不健康的许多界定都过于宽泛。以一本医学教科书中的以下定义为例："疾病是身体或身体某一部分在结构或功能上的失调，个人与其环境的不平衡，导致不能达到完全健康。"③ 根据这一定义，难道脚趾甲过长或腿脚不便也是一种疾病？

困难在于我们要找到一个既不失于宽泛，又不失于狭窄或模糊的定义。也许，问题在于社会本身。对于何为疾病，我们自己也存有分歧。秃顶是病吗？不孕不育是病吗？疑病症呢？阴茎功能障碍或早泄可以作为一种疾病通过药物予以治疗吗？这些术语揭示出社会对性的某种不合理期待吗？④ 美容手术是一种病还是一种生活态度？如果一个人进食很少，身体消瘦，他们会被称为神经性厌食患者，推定他们不具有意思能力；但如果一个人暴饮暴食，身体肥胖，许多人却只把这作为一种性格缺陷。⑤ 那些其貌不扬的人可能因为身体原因遭受不公待遇，这就意味着丑陋也是一种病吗？⑥ 上述例子说明，社会期待、道德价值观、疾病这些概念及其互动关系十分复杂。⑦ 生病的到底是个人的身体还是对身体抱有各种期待的社会呢？⑧

一种普遍的观点是，不健康是个人身体状况偏离"正常"。⑨ 但这一定义建基于何为正常的理论假设之上。对于何谓正常，生物学并未给我们一个明确的答案。⑩ 罗宾·麦肯齐（Robin Mackenzie）指出：

---

① De Campos（2017）；Nordenfeld（2007）。
② 更准确地说，他被问道："什么是健康"，他回答说，健康就是巧克力（引自 Lang and Delpierr 2009：212）。
③ Peery and Miller（1971：18）。
④ Soderfeldt 等（2017）。
⑤ Giordano（2008）。
⑥ Minerva（2017）。
⑦ Rogers and Walker（2017）。
⑧ Richie（2018）；Omelianchuk（2018）。
⑨ Daniels（2007）。
⑩ Matthewson and Griffiths（2017）。

医学上的健康概念已经从统计学意义上各种特点及能力的中间值上升到一种更理想的健康状态,我们中大多数人只有通过严格自律的养生课程才能达到。只要稍有欠缺,即便在统计数据上具有代表性,也会被诊断为不健康。①

很明显,社会因素改变着我们对疾病的认知。1973 年以前,同性恋一直被美国心理学会视为精神疾病。② 此外,阅读障碍和肌痛性脑脊髓炎也是最近才被广泛接受为一种可治疗的疾病的。

想要界定疾病或不健康,需要考虑以下因素。

3.1 疾病的概念是否隐含了某种状态不好的价值判断

当我们使用"疾病"一词时,我们是否在这一概念中包含了某种事实评价,即某种状态是个体希望避免的,或者说,这是一个中性的状态?③ 例如,把双重关节称为一种疾病是否正确?因为拥有双重关节并不被视为一种坏事。或者,疾病仅仅只用来表示某人有某种不寻常的状态,而没有任何否定这种状态的意涵。真若如此,我们是否就认可了以下观点:因为一位训练有素的运动员有不寻常的状态,所以他或她有疾病。尽管大多数人认为,疾病本来是指某种不好的状态,但如果采用这一观点,这将给疾病的定义带来更多问题,因为对于什么是不好的状态,社会上几乎没有一致的意见。

3.2 关于残疾的辩论

传统意义上的残疾是指某人身体上的不利状态。但现在,这一观念遭到了挑战。④ 身体障碍者反对歧视联盟指出:"在我们看来,是社会剥夺了身体障碍者的活动能力。社会通过不必要的隔离剥夺了让我们完全融入其中的机会,这样,残疾就成了我们身体障碍之外的又一枷锁。"⑤ 在这种社会模式下,是社会环境而非个人最终导致了残疾。如果社会秩序发生改变,残疾人士能得到足够的社会支持,那么现在被称为"残疾"的状态将不复存在。因此,只有在社会不能提供足够设施,帮助

---

① Mackenzie (2008: 131).
② Hart and Wellings (2002).
③ 详细讨论参见 Fulford (2001)。
④ Hall (2017).
⑤ 引自 Fulcher and Scott (2003: 288)。

轮椅使用者到达任何地方的前提下，轮椅使用者才会处于不利地位。

这种"社会模式的残疾"观点曾遭到汤姆·莎士比亚（Tom Shakespeare）① 的严厉攻击。这位身体生长受限人士主张，对残疾人而言，身体障碍的事实是他们生活中的一个重要内容。社会模式的残疾将关注焦点从残障人士转移到社会可以为他们提供的服务上，这忽视了残障人士的感受。他进一步指出，这种观点还忽视了一个事实，即某些残疾不能通过提供无障碍设施予以克服，比如严重的学习障碍。而且，对提供无障碍设施的关注在一定程度上也弱化了对残疾进行医疗干预的重要性。对某些残障人士而言，医疗干预可以为他们带来巨大利益。社会模式的残疾甚至可能意味着对治疗残疾的关注度的降低。当然，他并没有完全漠视这种社会模式，但是他认为，在残疾问题上，对身体和社会进行干预，二者不可偏废。因此，他把残疾定义为"个人与社会环境之间互动的结果。"②

试问身体健壮的人是否像他们想象的那样"健壮"？这一问题也对残疾的概念提出了挑战。笔者曾提出：

> 越来越多的人开始承认以下事实：从本质上讲，人体是脆弱的。照护关系是我们成为人类的核心特征，我们需要彼此。我们对真正健康的追寻可能才开始。当身体状态不稳定、有问题或需要照顾时，我们一定不能隐瞒抑或有尴尬感。真正的健康不在外科医生的手术刀上，也不在药剂师的药品中，而是在爱人的抚摸、孩子的微笑以及风卷起的秀发中。③

世界卫生组织曾发出倡议，认为"残疾是一种连续状态，而非将残疾人归类为一种特殊人群：残疾只是多或少的问题，而不是有或无的问题。"④ 尽管这一认识方法有助于帮助以往被称为"残障"的人去污名化，但人们也认为，这可能妨碍决策者制定专门的政治和社会项目帮助特别困难的残障人士。特别困难的残障人士报告自己遭受的歧视、虐待和困境。对他们的现实生活困局而言，使用"我们都有某种残疾"的话语很可能无济于事。⑤

在关于残疾的辩论中的另一个议题是残疾应该被看作一种不利的状态抑或仅仅

---

① Shakespeare（2006）. 对他的观点的驳斥，参见 Thomas（2008）。
② Shakespeare（2006：58）. 女权主义视野下的残疾问题的精彩论证，参见 Scully（2017），Mackenzie（2008）and Silvers（2009）。
③ Herring（2017）。
④ WHO（2011）。
⑤ Martiny（2015）。

是一种与众不同。孤独症可能是一个很好的例子。① 对于孤独症到底是一种不利的状态还是仅仅是一种与众不同，学界争论激烈。② 尽管这个例子可以充分说明上述观点的合理性，但你可能认为，一些严重影响人体功能并带来严重病痛的残疾绝不可能被称为一种与众不同。在涉及是否需要药物来治疗残疾时，这个问题就变得特别重要。如果我们只是在讨论与众不同，这种做法是有问题的，但如果这是一种不利状态，讨论治疗就是适当的。但即使身体状态带来某种不利，这也并非意指这种状态就应得到救治。在许多社会中，属于某个种族或性别就会带来不利，但这并不是说应通过药物改变种族或性别。③

3.3 身体与心灵之争

直到现在，某些疾病的病因及其治疗都尚未查明。因此，有人主张某些疾病只是"人们的臆想"。④ 尽管这常常是一些无知者对某种特定状态的评价（比如肌痛性脑脊髓炎或慢性疲劳综合征），但这也包含了一丝真理。正如凯·图姆斯（Kay Toombs）⑤ 所言，当某人被诊断出患有不治之症时，他的生活将发生彻底转变。即便表面上没有什么明显症状，但他将自己的身体视为有病之躯，对待自己身体的态度随之发生彻底改变。实际上，明确区分身体和心灵正变得越来越有争议。

3.4 健康是一个积极概念，还是一个消极概念?

世界卫生组织曾将健康定义为"一种全面的、身心兼具的、合群的幸福状态，不仅仅是指没有疾病、身体强健"。⑥ 重要的是，这种对健康的定义方式认为健康超越了无疾病的状态，而且还是包括幸福在内的一种积极状态。⑦ 许多人认为，这一定义过于宽泛。期待医学可以限制痛苦，这是苛求。期待医学可以使人幸福，这更遥不可及。对另一些人而言，健康意味着承认我们的身体会变化，我们需要依赖他人这一自然事实。查尔斯·福斯特（Charles Foster）和笔者曾言：

---

① Ripamonti（2017）.
② Bognar（2016）.
③ Akhtar（2016）.
④ 更多讨论参见 Cooper（2002）.
⑤ Toombs（1999）.
⑥ Scully（2004：31）.
⑦ Scambler（2009c）.

国民医疗服务体系给出的五个最重要的健康贴士是，多睡一会；喝牛奶；多吃水果和蔬菜；尝试新活动；吃一顿用心烹饪的早餐（最好是粥）。多么悲哀！你都不能抱抱自己？一个柔软的身体内可能包裹的是一个沉闷、悲伤的灵魂。健康意味着接纳我们的脆弱和我们不断变化的身体——想到与其他的身体的不同就十分欣喜，并和身体进行有意义的互动。①

4. 医学的范畴

唐娜·德·坎波斯（Thana de Campos）② 曾担心，健康的概念已经和幸福的概念发生了混同。她认为，如果健康被界定为有一个让人满意、快乐、充实的生活，那么对健康权的主张就失去了意义。如果想要把与基本健康需求相关的主张（比如因为严重疾病接受治疗）和与快乐相关的主张（比如免费 Wi-Fi）区别开来，我们必须要找到一种区别健康主张和福利需求的方法。但这就提出了一个问题：我们的"健康需求"是否足够特别，和我们的其他需求相比，政府是否有更大的义务来满足健康的需求。③

这给我们带来了一个更宽泛的议题，即医疗卫生服务的目标应该是什么。④ 确实，我们并不清楚医学最终想要实现的目标。⑤ 是没有疾病没有死亡的人生吗？那是我们想要的生活吗？哲学家们旷日持久地争论的一个议题就是，一种没有死亡的人生到底是否会让我们快乐。⑥

如果医学的主要目标是健康促进，很明显，在实现这一目标上，医学的作用有限：

> 我们估计，在评估健康的常用指数中，医疗卫生服务至多大概能影响10%左右的指标。……其余90%都由医生根本无法控制的其他因素决定，比如个人生活习惯、社会条件和物质生活环境。⑦

---

① Foster and Herring（2013：241）.
② De Campos（2016 and 2017）.
③ Rumbold（2016）.
④ Gostin（2008）.
⑤ Greaves（2002）.
⑥ 参见 Denier（2008）。
⑦ Hunter（1997：18）.

艾伦·克里布（Alan Cribb）[1]曾指出，随着"医学"概念的扩充及不断复杂化，"卫生事项议程不断扩张"。诸如肥胖、压力或儿童行为问题，现在已被视为医学问题。而过去，这些问题都不是医生或国民医疗服务体系要考虑的问题。[2] 对医学范畴进行界定，须回答以下问题。

4.1 预防

第一个问题是：医学是仅仅涉及治疗疾病，还是应该包括疾病的预防？从国民医疗服务体系的角度看，如果公众可以更关注自己的健康，那么国家就可以节省大量资金。当然，大多数病患也愿意采取疾病预防措施，而不是等到生病了再去医治。的确，人们很难反对健康促进。[3] 但也有人担心，如果一般被视为个人私事的事项（比如个人饮食、运动量、饮酒量）都被认为是"健康问题"，那这些事项就可能转变为公共问题。[4] 一个患者的饮食习惯和性生活跟医生有什么关系？或者说，在英格兰，卫生服务由大众税收买单，因此，个人健康问题就不仅是个人私事了。[5] 这又引出了一个更大的问题：作为公民，我们有责任保持身体健康吗？[6] 困难在于健康有赖于卫生保健的可及性、收入、居住以及环境。[7]

4.2 非疾病

医务人员及评论家们还担心，人们认为需要医治的问题越来越多。全科医生常常抱怨，许多患者为了一些不是疾病的问题就医。《英国医学杂志》所做的一项调查显示，最常见的前20种"非疾病"问题如下所示。

① 年老；② 工作；③ 无聊；④ 眼袋；⑤ 无知；⑥ 秃顶；⑦ 雀斑；⑧ 大耳朵；⑨ 白头发；⑩ 丑陋；⑪ 生育；⑫ 对21世纪敏感；⑬ 飞行时差；⑭ 不幸福；⑮ 赘肉；⑯ 宿醉；⑰ 对阴茎太小的焦虑/阴茎羡妒；⑱ 怀孕；⑲（司机的）公路暴怒；⑳ 孤独。

---

① Cribb (2005: Ch. 1).
② Evve, Nielsen Martin, and Anderson (2014).
③ Daniels (2007)，尽管 Schrammer (2009) 对有机会保持健康的重要性做了批判讨论。
④ Miles (1991: 183).
⑤ Brazier (2006a).
⑥ Ahola-Launonen (2015).
⑦ Wilson (2009).

另一项最近的报道发现，全科医生接到的咨询问题中包括如何处理穿高跟鞋跳舞引起的脚痛、乳头附近体毛浓密、吃薯片成瘾等。①

但也许，批评因为"非疾病"问题就医的人并不正确。从另一个角度看，我们可以说医生不能处理人们的真正困扰，他们对医学的理解太过狭隘。也许医生和患者对疾病的理解和经历并不相同。②抑或我们的社会是否需要新设一种职业，处理这些"非疾病的困扰"？③或是人们只需要打起精神即可？

"过度医疗"的指责也指向了制药产业。④有时，我们也能听到这样一种声音：制药厂特别热衷于推动对某种疾病的认定，因为这会为他们的产品带来更大市场。⑤比如，据说用于治疗害羞的赛乐特（帕罗西汀）就是一例。支持者认为，如果药物可以提高害羞人群的生活质量，提高担心阴茎短小等人群的生活质量，那何乐而不为呢？这些状态是否属于疾病？这是一个有趣的智识问题。但如果有可以采用的治疗方法，医生为什么不能去采用呢？

实际上，可以这样说，我们正在见证威廉·戴夫斯（William Daves）所谓的"幸福产业"的增长。⑥人们不再只是简单地期望没有疾病，而是希望快乐生活。旨在让人快乐的各种专业服务和志愿者服务应有尽有。塞德斯特罗姆（Cederström）和斯派塞（Spicer）⑦指出现在的人们患上了健康综合征，人们被健康、健美这些概念所困扰，这反而使得他们不健康。他们以健康手环 Fitbit 为例，借以说明现在的人们对于自身健康的偏执多疑。

4.3 反对医学

尽管乍看起来，反对医学得以成功的希望犹如禁止香蕉太妃派⑧那样渺茫，但实际上事情并非如此简单。反对医学的领袖是伊万·伊利奇（Ivan Illich）。⑨

---

① Cooper (2015).
② Toombs (1999).
③ 当然，替代疗法将"全面地"处理患者的问题，尽管其治疗的有效性存疑。See eg. Smith (2010). 他对顺势疗法做了讨论。
④ Welch, Schwartz, and Woloshin (2011).
⑤ Moynihan, Heath and Henry (2002) 曾举出一些非常经典的例子，用以说明制药企业如何为自己的部分产品开拓市场。
⑥ Davies (2015).
⑦ Cederström and Spicer (2015).
⑧ 这是英国非常流行的一种糕点。——译者注
⑨ Illich (1975).

他的一个核心观点是，身为人类，必然要应对疾病、痛苦和死亡。以往，社会和个人找到了应对和理解这些问题的方法。现在，由于我们丢失了这些应对策略，就开始通过医疗来应对各种疼痛和疾病。死亡被视为最终的恶魔，我们要竭尽全力避免。伊利奇指出，丢失了传统的应对机制，我们就减少了人性，让我们的社会资源枯竭。此外，伊利奇还提出了一个观点，我们已经对此有所提及——医学正在侵蚀人们的生活，将生活中的某些正常状态视为疾病。实际上，阿马蒂亚·森（Amartya Sen）论证说，一个社会越关注健康问题，那么这个社会的公民就越可能将自己视为患者。① 卫生保健在我们社会中所处的独特位置意味着我们总是倾向于用健康问题来解释事情，甚至是解释那些通常不能用健康状态去理解的问题。还有学者指出，药物治疗的增多，会让人们的生活更容易成为道德评价的对象。对一般认为的不当生活方式的批评借"健康促进"之名合理化。所谓的"减肥之战"就是一例。福柯（Foucault）曾对历史上国家用医学来论证其对人民行使统治权力、实施监管的正当性做过研究。他将这种方式称为"生命政治"。上述例子可以看作"生命政治"的现代形式。② 当然，也有人提出，教育人们知道肥胖以及不安全性行为的危险，告诉他们健康的生活方式，不但适当，而且也合乎道德要求。

所有这些观点都很重要，但是伊利奇的反对者主张，这些充其量也只是指出了过度治疗的危险，没有就反对医学提供一个解决方案。不过，不为那些遭受严重痛苦的人提供治疗，告诉他们依靠自己以及社会的应对机制，这种建议只会遭到冷眼相待。实际上，尽管伊利奇在谈起现行医学的缺陷时口若悬河，但对医学的替代机制，他言之甚少。③

4.4 变化中的医患关系

近年来，医患关系发生重大改变。④ 过去，医生是主导方，患者只需回答医生的问题，谨遵医嘱。现在，医生谈论如何共同做出医疗决策。这种机制鼓励患者提问，同时也鼓励医生将患者视为具有一定卫生知识的人。实际上，网络的普及意味

---

① Sen (2002).
② Armstrong (2004).
③ Moynihan (2002).
④ Morgan (2009).

着患者可以对某种具体病症快速获取大量信息，甚至可能超出全科医生。① 但由此推定现代社会的发展会带来一个更加平等的医患关系并不正确。过去，人人都有一个生病时可随时咨询的全科医生。现在，这种日子已成过眼云烟，更常见的是，一个诊所中有多个可以出诊的全科医生。换言之，与某位全科医生建立一种长期稳定关系的人已经寥寥无几。在蒙特哥马利②一案中，最高法院审视了不断变化的医患关系，指出：

> 我们提及的社会和法治发展使得以往建基于医学父权主义之上的典型医患关系开始变化。这些发展也促使医患关系不再建基于患者需要完全依靠医生提供的信息这一传统观点。这种发展引导法律在处理这一问题上，将患者作为理智的成年人，能够理解治疗具有一定风险、不一定保证成功，能够承受影响自身健康的医疗风险的责任，并接受他们做选择所带来的后果；而不是将患者认为是把自己交到医生手中的交易者（一旦对治疗有任何失望，就倾向于起诉医生）。

4.5 个性化医疗

个性化医疗理念引发的关注日渐增长。塞巴斯蒂安·施莱登（Sebastian Schleidgen）等③就此做了解释：

> 个性化医学利用分子传播途径、个人遗传学、蛋白质组学和代谢组学上的生物信息和生物标志物，打造并改进为个人量身定制的疾病预防和治疗措施。

这就意味着，医学的适用越来越走向个体定制，而非像以往那样，针对一般的疾病予以逐个解决。如果一个个体患有多种疾病，医学可以针对其特定情形对症下药。这就是个性化医疗大有作为之时。在一个广泛的场域下观察，个性化医疗中，医生希望寻找的是一种与某个特定患者的价值观、利益和生活方式相契合的治疗，

---

① 最高法院在 *Montgomery v Lanarkshire Health Board* [2015] UKSC 11 中第 76 段处承认，公众通过网络寻求医学意见现在已经很普遍了。
② *Montgomery v Lanarkshire Health Board* [2015] UKSC 11, para. 81.
③ Sebastian Schleidgen 等（2015：20）。

而非推定所有患有 X 疾病的患者都需要 Y 种治疗。但这一理念并非毫无争议。有人可能认为，个性化医疗鼓励健康视为一种私人事项，淡化公共卫生项目的重要性。①

5. 卫生统计学

要为民众的卫生状态提供一个全景图，三言两语肯定无法说清。但是，我们也可以从以下数据中看到一些端倪：

• 2011 年人口普查中，在英格兰和威尔士，81.2% 的成年人称自己"身体非常健康"或"身体健康"。②

• 2018 年，14.4% 的英格兰成年人报告称自己是烟民。③

• 在 2015 年对英国成年人的调查中，15% 的人声称他们在上一周最忙的一天，饮酒量超过了 6 或 8 个单位的标准。④ 有意思的是，38% 的男性和 48% 的女性声称他们在上一周滴酒未沾。55~64 岁年龄段中，36% 的人的饮酒量超过了推荐值，但在 16~24 岁年龄段中，只有不到 20% 的人超量饮酒。英国国家统计局（Office for National Statistics）指出，"英国 16~24 岁的年轻人饮酒的概率比其他年龄组的人更低。"⑤ 事实上，该年龄段大约有 1/3 的人称他们从不饮酒。谁说学生都是酒鬼？

• 国民医疗服务体系发现，2018 年，67% 的男性和 51% 的女性要么超重，要么肥胖。仅观察严格意义的肥胖，也有 29% 的成年人和 20% 的 6 岁儿童属于此类人群。⑥

---

① Vollman（2015）.
② Office for National Statistics（2013）.
③ NHS（2019a）.
④ 即女性喝了 6 个单位，男性喝了 8 个单位。（一个酒精单位相当于 8 克酒精或 10 毫升酒精，英国卫生部门建议，成人一周摄入酒精的量不能超过 14 个单位，14 个单位的酒精按中等程度的啤酒计算，大概为 6 品脱，大约 6 瓶 500 毫升的酒。——译者注）
⑤ Office for National Statistics（2017b）.
⑥ Office for National Statistics（2017c）.

6. 一般伦理原则

6.1 什么是医学伦理学?

英国医师协会(British Medical Association,BMA)[①]将医学伦理学界定为"适用于医学治疗的伦理学理论"。[②] 但该定义并未回答"什么是伦理学"这一问题。不难想象,要详细论述这一问题可以写出好几本书。有人认为,伦理学旨在寻找那些足以指导我们良好生活的原则。但这一定义也未得到一致赞成。伦理学关注的应该是"良好生活"原则还是"不错的生活"原则?毕竟,对良好生活的意涵本身,人们也有分歧。

生物伦理学的建立离不开多个学科的贡献。哲学、社会学、法学、经济学、人类学的学者都围绕这一主题发表了诸多文章。关于这一主题,尽管各学科的成果丰硕,但各学科之间的关系并不明朗。尤其是学界对于各学科在生物伦理学中应扮演什么角色的问题并无定论。而且各学科之间的术语也不统一。[③] 所以,何塞·米奥拉(José Miola)将当代的医学伦理学称为"一个杂乱无序、碎片化的话语体系,而非医疗行业'井然有序的道德准则'"。[④] 当然,这也许是一件好事。如若在医学伦理学上,对其答案和方法已没有分歧,这难免让人担心。但不同标准可能带来另一个问题,即医生在多大程度上可以基于自己的信仰拒绝参与某些治疗。[⑤]

在伦理学中,至少在某些问题上,有待发现的并非一个"正确的"答案。意识到这一点非常重要。朱利安·萨弗勒斯库[⑥]专门强调了伦理学和科学之间的差别:

[①] 英国医师协会是英国医生自愿参加的专门组织,也是英国医生的工会组织,是代表医生和国民医疗保健体系各雇主单位对话的唯一机构。其宗旨是提高医学专业水平,维护医生的荣誉和利益。——译者注

[②] BMA (British Medical Association) (2009a).

[③] DeVries (2004).

[④] Miola (2007:54). 也可参见 Smith (2015)。

[⑤] Favargue and Neale (2015);Miola (2015)。

[⑥] Savulescu (2015a).

伦理学关注规范和价值。其主题是世界的应然状态，关涉好与坏，对与错。科学则与世界的现在、过去、未来、可能的状态、预计的状态有关。伦理学事关价值，科学事关事实。

6.2 结果论和道义论

研究医学伦理学的学者们的一个重大分野在于部分学者支持结果论，部分学者支持道义论。在对这两个术语展开讨论之前，值得注意的是，还有许多学者反对这两种观点，他们希望找到"第三条道路"，将这两种方法融合起来。

这两种方法的基本区别如下：

结果论认为，判断某一行为在道德上是否正确的标准是该行为产生的结果。如果所有人认为结果是好的，该行为就正确；如若不然，该行为就错误。

道义论绝对主义认为某事物本身就是对的或错的，无涉结果。

现举一例说明这两种方法的不同。当甲男被乙女问及他是否喜欢乙刚买的套裙时，甲真心不喜欢。甲该如何回答呢？结果论者可能会衡量讲真话的结果（可能让乙觉得不安，丧失自信），以及不讲真话的结果（一旦乙发现他说谎，乙就再也不会信任他）。衡量后的结果可能是，甲会违心地说，他喜欢这条裙子。而道义论者则认为，诚实是一项重要的道德原则。即使说真话可能带来不好的结果，个人也应诚实。

以下，我们将详细阐述这两种方法。

6.2.1 结果论

结果论强调，在判断某一行为是否符合道德时，我们必须依据该行为的结果做出评价。纳入评估的必须是行为的所有结果，无论好坏。如果你面临两种不同选择，你就应选择那种在整体上会带来最好结果的行动方案。你应该考虑可能受影响的每个个体，并尽可能确保不要将某人的利益置于其他人的利益之上。

此方法的优点在于，这是大多数人日常生活决策中采用的基本逻辑。当面临不同选择时，我们很自然会关注结果。在选择两种不同口味的酸奶时，你会问自己"我更喜欢哪一种"；在为朋友挑礼物时，你会问"他最喜欢什么"。但是，结果论也存在一些问题。

其一，结果论以哪种结果会带来最大的"好"为标准。但是，"好"又指什么呢？一种流行的结果论是功利主义。这种理论主张，最重要的好是人们开心或高兴。因此，在道德评价时，我们应该问何种行为会增进人类的福祉。不难发现，在有些医疗案件中，法院就使用了这种方法。比如，在医院是否应该放弃治疗危重婴儿的案件中，法院最后判定，让婴儿死去比让其痛苦地活着更好。但是，开心就是生活的全部吗？那么其他"好"呢？只有快乐，没有其他内容的生活是我们想要的吗？我们所认为的好的生活就只有快乐的生活吗？[①] 功利主义不是结果论的唯一表现形式。其他形式的结果论也会在评估结果时，将友谊、信任和健康等内容包含在内。尽管如果不考虑福祉，我们很难再在什么是"好"这一问题上达成一致，例如，我们可能采用的观点是，对一个个体"好"的事是该个体自认为"好"的事。[②] 但那就剔除了功利主义中的部分实用性：如果我不知道在受我行为影响的人眼中，他是否会因此受益，我又该如何行动呢？

结果论还面临一个不可知的问题。我们常常并不知道，我们行为的结果到底是什么。在这种情况下，这些结果怎么能作为我的行动合道德性的评价标准呢？

另一个问题是：对谁"好"？在前文中，我指出在选择哪种口味的酸奶时，我的判断标准是哪种口味我更喜欢。但是，功利主义的评估方法是否也这么直接？一个结果主义者是否还要考虑诸如公平交易的问题呢？或者如果市场上这种口味的酸奶只剩下最后一盒时，也许还有其他人对酸奶口味更挑剔呢？更重要的是，在决定应为某位患者采取何种治疗方法时，我们只考虑什么对该患者是最好的，还是说，要考虑对于国民医疗服务体系接诊的所有患者而言，什么是最好的？要考虑全世界的患者吗？一旦要考虑我们想得到的某种行为的每一种结果，我们的决策过程就更加复杂了。

还有一个动机问题。功利主义者应该考虑动机吗？假设一位妇科医生医术精湛，但他能在进行妇科检查时感受到性快感。如果我们只关注他行为的结果，我们可能称其是好的行为。但是，许多人可能认为，他的动机是评价他的行为合道德的一个相关因素。但是传统结果论认为，动机并不相关。

结果论的另一个主要问题是，根据结果论推导的结果违反了许多人的道德直觉。假设一位医生有四位急需做器官移植的危重患者，那么这位医生是否可以杀害一位护士，摘取其器官，救治这四位患者的生命呢？他是否可以按照结果论的观点主张，他杀了这个人是为了救四个人，他带来了更多的"好"，所以，他的行为有合理的理由？有功利主义者认为，这似乎是可以接受的结果。为了应对这类问题，一些功利主义者进一步发展出"规则功利主义"的理论。

---

① Smart（1993）.
② Singer（1994）.

规则功利主义主张，如果我们遵从指导我们行为的这一套规则，就能产生最好的结果。规则功利主义追问，"假如世人都认可并遵守这些规则，从长远来看，什么样的规则会产生最好的结果？"[①] 所以，从具体个案来看，即使遵守某一规则不会产生好的结果，但若整个社会都严格遵守这一规则，就给社会带来最好的结果，那么社会就应采用这一规则。例如，可能有这样的规则，医生应对患者的隐私保密。尽管存在公开个人信息可能带来更好结果的例外情形，但一般而言，为患者保密的规则能够带来更好的结果。它能帮助患者在就医时，将个人情况坦诚地告诉医生。

如上所述，尽管规则功利主义很受欢迎，但也有一些待决问题。比如，当个人在具体个案中希望借助这一理论指导行动时就困难重重。根据"行为功利主义"的要求，找出各种行为的结果本就不易，想要在此基础上寻得一条可适用的一般规则，势必更加复杂。而且，"规则功利主义"是否仍有例外？如果有，这些例外规则又是如何制定出来的呢？

6.2.2 道义论

道义论认为评价行为的标准不是行为所生之结果，而是行为本身的合道德性。我们要诚实，不是因为诚实让我们开心快乐，而是因为诚实本质上的合道德性。我们有义务说真话。伊曼努尔·康德（Immanuel Kant）是这一理论的主要倡导者。他提出了一项重要准则，任何人都不应被视为实现某一目的的手段。不应只为了帮助一人而使唤另一人。因此，未经本人同意，不得将他们作为人体研究的对象，即使这种研究会带来各种"好"（比如为某种严重疾病找到治疗方法）。道义论者敏锐地指出，以医学之名实施的某些暴行（例如纳粹医生未经个人同意开展的医学研究）可以凭借功利主义得以正当化。而道义论绝对不会允许这类事情。

道义论的一个要点是，你不能通过行为的结果证明，违反道义原则具有合理性。不能杀害一个无辜者，即使这样可以拯救四位病患。有道义论者主张，所有的道义原则或至少有些道义原则具有绝对性；也即不存在可以违背道义原则的情形。例如，根据《欧洲人权公约》（European Convention on Human Rights）第3条之规定，任何酷刑都没有合理理由。也许有人会认同，如果这种行为可以带来极好的结果，违反这一原则就有正当理由。所以，尽管一般不应对他人施以酷刑，但如果有人在伦敦市中心安了一颗炸弹，那拷问他直到他说出炸弹的具体位置就是正当的，

---

① Glennon（2005：10）.

这样可以挽救许多生命。道义论还主张，他们的原则清晰明了。不管问题有多复杂，只要道义原则十分清楚（例如，如果未获得患者的同意，就不能为患者提供诊疗服务），就可以指导医生行动，不用再考虑其他问题。①

道义论十分强调义务。他们认为，功利主义分析方法忽视了父母对子女的义务，或者医生对病患的义务。在做出有关儿童利益的决定时，父母必须考虑其作为父母应承担的责任，而不是该决定对所有儿童的结果。如果有三名儿童身陷火灾险境，不难想见，父母会先救自己的孩子，即使这可能导致其他两名儿童死亡。

道义论者面临的一个困难是解释这些原则的内容以及这些原则从何而来。对宗教信徒而言，区分行为好坏的原则来自他们的神。也有人主张，事情本身就有好坏之分，根本无须任何理由。例如，他们可能指出，无论哪个社会，乱伦都是错误的。尽管没有结果论的支持者为此提供合理理由，但仅凭人类本性，我们也能认识到乱伦的错误。有人主张，有些善不证自明，比如真实、知识、友谊。还有人希望依靠某种形式的社会契约，来推定社会中的每个人都同意遵守该契约中的某些共同原则。

道义论面临的最主要困难是我们如何界定最重要的义务。如果两个道义论者对权利和义务的内容存在根本分歧，他们如何解决这种分歧？结果论可能对某种行为结果的优劣展开辩论，但对于道义论，似乎没有任何方式。而且，如前所述，道义原则是否具有绝对性？如若不然，什么情况下可以违反这些道义原则？对这些问题，学界尚有争论。解决这一困境的方法之一是在依各项道德原则的重要性排序时，尽量让社会达成一致。但在一个宗教、文化更加多元的社会中，这将变得更加困难。

6.2.3 结果论和道义论的结合

区分结果论和道义论既重要又有用，但这种区别并不像乍看起来那样清晰明了。道义论常常承认，如果没有一个可适用的绝对规则，结果论也是一种适当方法，其中一种可能是，适用对社会有益的规则，比如，我们可能认为，人们应该遵守承诺，因为一个讲诚信的社会比一个充满谎言的社会更好。但是，这是用结果论的方法来判断道义绝对主义是什么。道义论还可能面临不同原则发生冲突的情形。这种情况下，一些人也会借助结果论的方法判断应遵从哪一个原则。

---

① 关于某些情形下，医生可以向患者说谎的观点，参见 Helgesson and Lynöe（2008）。

结果论也无法坚持其不需要道义论支持。结果论者也可能坚守诸如生命尊严原则。他们主张，尽管杀死护士似乎会带来更多的好，但假以时日，这种不尊重生命尊严的做法将对整个社会产生不利影响。作为结果论的主要支持者，彼得·辛格（Peter Singer）提出，我们应将"功利主义"作为"首要基础"。① 只有有充分理由时，我们才能认可"非功利主义的道德原则或目标"。

道格·莫里森（Doug Morrison）批评说，在医学伦理的语境中，结果论和道义论都不合适。② 结果论未对个人的意思自治给予足够关注，这会导致以下结果：只要治疗的整体效果好，医生就可以不征得患者同意而径直进行治疗；另一方面，道义论认为行为结果与如何评价行为无关，这就忽视了医学实践中在选择治疗方案时对结果的重视。莫里森提出了一种折中方法。他认为，应同时关照行为结果以及当事人的权利义务，在二者之间达成适度的平衡。

对许多人而言，尤其是哲学爱好者，这种"鱼和熊掌兼得"的想法根本就是黄粱一梦。结果论和道义论是研究问题的两种不同方法。在具体案件中，适用两种方法会产生完全不同的结果。在需要明确指示的复杂情况下，两种方法都予以考虑根本不能为医务人员提供任何帮助。

6.3 医学伦理学中直觉的作用

医学伦理学中，直觉应扮演什么角色？③ 正如第七章所述，有人认为，只有存活了几个月的婴儿才被认为是人，才能享有人权，这最终引发了一场著名的哲学论战。这一观点可用于证明堕胎具有正当性。但这也可以证明杀死刚诞下的新生婴儿具有正当性。对许多人而言，后一结论完全有悖人伦，直觉上就应予以抛弃。不管上述论证逻辑多么自洽，我们的心灵告诉我们：我们的头脑一定失去了理智。对于人类克隆或者制造人兽杂交体，人们都是这种态度。有人将这称为"恶心因子"。尽管不能解释清楚原因，但从直觉上讲，这些都是不对的。但这种依赖直觉的思维方式合理吗？抑或医学伦理学家应该只考虑理性的观点呢？

英国医师协会曾指出，良心和直觉是伦理准则的重要组成部分。虽然有时候如果只凭良心和直觉，可能存在危险。④ 实践中，医生需要在紧急情况下做出符合伦

---

① Singer（1993：32）.
② Morrison（2005）.
③ Kacbnick（2008）；Niemela（2011）.
④ Sommerville（2003）. 另请参见 Smith（2015）.

理要求的决定。有时候，他们很可能依据自己的直觉。也许有人认为这是对的。实际上，向医务人员发布的伦理准则一旦与他们的良知相悖，那么这些准则就不可能得到重视和施行。① 正如英国医师协会的一位伦理学顾问所言：

> 医生也希望伦理准则符合他们的直觉，与他们心中的医学核心目的相符。支持各种行为的道德理由都是预先设定的，但是实用的解决方案有时来自意想不到的直觉或医生的某种预感——某种不太可能的方案实际上可行，而非完全依靠理性的分析。②

也有人对鼓励医生依靠直觉行动心存疑虑。露丝·麦克林指出，"'恶心'是对话的阻断器，而非一种主张。"③ 设想你和你的朋友在讨论人体克隆，你说："人体克隆的想法让人生厌，我反对这一观点。"而你朋友说："人体克隆的想法很酷，我很喜欢。"很难想象你们的对话将如何继续下去。除非你们开始讨论理由及理据，否则基于感性反应的交流维持不了多久。④

6.4 我们对医学伦理学可以期待什么

医学伦理学家对于医学伦理学可以带给我们什么的问题存有争议。有医院已经建立了伦理委员会，旨在就一些伦理纷争给出建议。⑤ 对某人是医学伦理学的专家这样的主张，有人高度怀疑。⑥ 对于胚胎是否有生命权、出售器官是否有违伦理这类问题，成为这方面的专家需要什么条件呢？尽管我们许多人都承认，物理学教授比我们普通人更会计算光速，但我们是否同意，生物伦理学教授比我们更清楚安乐死是否合乎伦理呢？安妮·麦克莱恩（Anne Maclean）就对自称为道德争议问题提供了"正确答案"的哲学家提出了批评，她指出：

> 哲学家本身不会在道德问题上给出一个定论。他们也不会信奉某一套独特的道德原则，并且毫无疑问地使用这套原则来寻找道德问题的答案。当生物伦理学家对医疗实践提出的道德问题给出一个答案时，这只是生物

---

① Fulford (2005).
② Sommerville (2003: 282).
③ Macklin (2015).
④ Sheehan (2016).
⑤ Rhodes (2018).
⑥ Archard (2011).

伦理学家的答案，并非哲学家的答案。我们听到的只是生物伦理学家的声音，而非理性的声音。①

这种怀疑论可能揭示了许多医学伦理学家对他们角色的误解。他们会说，他们不是提供一个正确答案，而是帮助人们清晰思考，即帮助我们在论证上保持逻辑自洽，不违背事实，并指出别人论证中的逻辑和哲学错误。②所以，尽管伦理学家不一定能保证给出正确答案，但他们有更大机会做出一个在道德上逻辑自洽的回答。③

露丝·麦克林④举例说明了不能用以说明其观点的理由："这是我梦中想到的""我掷骰子决定的""我（妈妈、爸爸、老师）一直都是这么做的"。医学伦理学家应该比这做得更好。

因此，希望医学伦理学家给出正确答案的想法并不合理，但是希望他们可以帮助我们更敏锐、更清晰、更富有逻辑地思考这些问题，这是有可能的。例如，约翰·哈里斯（John Harris）曾对依靠公众民意调查寻找有争议问题的答案的做法提出质疑。⑤他指出，许多人并不知道这些问题的具体事实，他们的论证也前后矛盾。因此，一个好的伦理学家和街上的普通人相比，更可能得出一个正确的答案，但这是否就是知识分子的势利呢？⑥

6.5 "作为一种娱乐"的生物伦理学

另一种让人不适的主张与西方生物伦理学相对。该主张认为，媒体在关注堕胎、安乐死以及前沿技术带来的一系列知识界感兴趣的问题时，对真正重要的健康议题却不予报道。正如利·特纳（Leigh Turner）所言：

> 生物伦理学家研究的许多问题只在富有的发达国家有意义。和贫穷国家以及发达国家贫穷地区面临的重要卫生问题相比，他们喜欢的议题都微不足道。⑦

---

① Maclean（1995：5）.
② Chan（2014）.
③ Gordon（2013）；Gesang（2010）.
④ Macklin（2015）.
⑤ Harris（1984）.
⑥ Gesang（2010）认为一个好的伦理学家应该是半个专家。
⑦ Turner（2004：175）.

对此的一种回应是，与世界贫穷有关的系列问题过于宏观，在医事法或伦理学中无法展开讨论。但即使将视角放在英国国内，认为生物伦理学者关注的焦点过于狭隘的看法似乎也站得住脚：关于如何有效分配医疗资源的成果颇丰，但少有人论及为何卫生资源有限；讨论患者自主权的重要性的文章很多，但对导致患者自主权成为一个问题的文盲和教育资源匮乏等问题，却鲜有提及。①

另一个问题是，学者在研究生物伦理学时一定程度上受到为争取科研基金或学术职位做出努力的影响。也即，学术研究更关注那些可能会获得基金支持或被公开发表的专题。② 因此，也有人称，生物伦理学更像是一门生意：由市场主导，而非所涉及问题在道德上的重要性。③

7. 权利的概念

大部分有关医事法的思考和写作都围绕权利展开，④ 这部分是因为1998年英国《人权法》的影响。但这也反映了最近还一度盛行的医疗人员享有家长式作风的权利受到了患者的挑战。⑤ 权利分析方法关注个人利益，旨在保护个人不会因为以保护社会利益和他人利益为名提出的权利主张受到不适当的伤害。如前所述，如果某种伤害行为所生之利益超过了其所致的损害，功利主义就允许此种伤害行为。功利主义也因此遭到了批评。权利分析方法旨在避免此种情形，或者至少在可能发生伤害时施加某种限制。但是有关人权的讨论并非一片坦途。我们需要先对权利的性质做几点说明。

7.1　绝对权利和附条件的权利

绝对权利是无论如何都不能被侵犯的权利。如前所述，《欧洲人权公约》第3条规定，不遭受酷刑就是一项绝对权利。而该公约第8条则规定了个人私生活受尊重

---

① Koch（2003）.
② Biller-Andorno（2009）.
③ Ibid.
④ Wicks（2007）and Ashcroft（2008）. 尽管Sperling（2008）也谈到了从权利、义务谈论所有医学问题可能带来的风险。
⑤ Garwood-Gowers and Tingle（2001）.

的权利。第8条第2款同时也规定,在保护他人利益时,如有必要,这一权利的行使也应受到限制。所以,这一权利就是附条件的权利,也即,在特定情况下可予以干预的权利。

7.2 权利和义务

法理学上一个讨论激烈的问题是:是否有无义务的权利。换言之,某人是否可以主张享有 X,而没有人有义务提供 X。如果权利和义务紧密相连,享有"医疗服务的权利"就必须与谁有义务提供"医疗服务"搭配。

7.3 积极权利和消极权利

传统上,人权更关注消极权利(禁止他人向你实施某种行为),而非积极权利(要求他人向你实施某种行为)。所以,尽管拒绝接受你不想要的治疗这一消极权利受到法律强有力的保护,而要求提供你想要的治疗这一积极权利即便受到法律保护,其保护程度也低得多。德里克·摩根(Derek Morgan)指出,在一个社会化的医疗体系中,必须谨慎对待积极权利,因为尊重一个人的积极权利可能影响他人权利行使。[1] 正如沃克(Walker)勋爵所言:在身体健康和心理健康方面,没有一般的人权。最多也就是希望(而非追求)幸福的人权。[2]

7.4 医事法中的相关权利

我们将在后文讨论一系列的权利,这里我们只提及几个最重要的权利。

7.4.1 自主权

在医事法著作以及医事案件的审判中,自主权举足轻重。本质上,自主权是决定你接受何种治疗的权利。老实说,自主权的提法容易让人误解。如前所述,一方面,你拒绝接受某种治疗的权利受到法律强有力的保护,另一方面,你希望接受某种治疗的意思表示并不一定会被遵从。因此,将其称之为"拒绝治疗权"或"身体完整权"比"自主权"更准确。[3] 有关这一权利的详细讨论参见第四章。

---

[1] Morgan (2001: Chap 1).
[2] R (Razgar) v Secretary of State for the Home Department [2004] UKHL 27, para. 34.
[3] Herring and Wall (2017).

7.4.2 尊严

正如罗杰·布朗斯沃德（Roger Brownsword）[1]所言，医事法领域内，不同学者用尊严表达不同含义。他分析了将尊严作为一种赋权和作为一种限制的区别。当尊严作为一种赋权时，人类尊严是一系列权利的权源。它要求尊重个人选择，允许人们意思自治。作为限制的尊严却没有那么直接。布朗斯沃德指出，这一观点融合了康德哲学、天主教宗教思想、社群主义思想，尊重个人尊严的主张不仅仅要求尊重个人选择。[2]因此，认为尊严权是一种限制的学者主张，个体不能出售自己的器官，否则就贬低了他们作为人的尊严。同样，允许夫妇和研究者开展人体克隆，这也与人类尊严相悖。这里的尊严是指一个团体或社会所认为的作为人的特有之物。布朗斯沃德举了一个法国案例[3]。警方发布了一项禁止"扔矮子"比赛的禁令。尽管所有当事人都同意参加这一比赛，禁止他们比赛可能被视为侵犯了他们的自主权甚至个人尊严。但也有人主张，这一比赛让参赛者失去了人性，没有尊重他们作为人的尊严。苏茜·基尔米斯特（Suzy Killmister）[4]认为，尊严与意思自治不同，因为意思自治涉及自我控制，而尊严则关涉自我价值。允许矮人被扔来扔去，这也许尊重了个人的自我控制，但没有尊重他们的自我价值。

关于这一主题的讨论，查尔斯·福斯特也做出了重要贡献。他提出，尊严是生物伦理学中的核心概念。尊严是"客观的人类繁荣"[5]，事关以人的方式来蓬勃发展。[6]福斯特提出，伦理分析需要"尊严"概念。他给出的理由如下：

> 将一个尸体的头当球踢，医学生在一个永久植物人的女性身体上练习妇科检查，或者让急诊室的年轻人色眯眯地观察一个严重脑损伤的姑娘未穿衣服的下体——即使这个姑娘接受这种关注的目光，这些行为都是错误的。只有在尊严的话语体系下，我们才能适当地描述上述谬误。[7]

上述例子旨在说明，用"受害者"所遭受的痛苦无法描述这些过错。他认为，

---

[1] Brownsword（2003a）. 有关尊严的更多观点也可参见 Duwell（2017），Rosen（2012）and Waldron（2012）.
[2] 详见 Melo-Martín（2011）；Liu（2018）.
[3] Ville d'Aix-en-Provence，1996 Dalloz 177（Conseil d'Etat）req、nos 143、578.
[4] Killmister（2011）.
[5] Foster（2011：6）.
[6] Foster（2011：4）.
[7] Foster（2015c）.

唯一的过错是侵害了受害者的尊严。值得注意的是，他指出，"受害者"的尊严和以不当方式对待他们的人的尊严都有值得讨论的空间。①

玛丽·尼尔（Mary Neal）指出，尊严概念的核心是所有人都有其内在价值。② 而且，所有人都有平等的内在价值。③ 与此相连的是一系列观点，包括我们应该尊重人的道德意思表达的能力，人类是无价的，人不可以商品化，我们不应将人作为实现目的的手段。她在回应那些主张尊严的概念太过模糊的主张时提出，我们必须承认，没有一个"尊严的简单概念"，尊严是适用于不同语境的不同概念的集合。它们相互重叠，尽管各自的边界可能比较模糊，但这不应成为问题。有意思的是，尼尔用一种崭新的视角解释了尊严：

> ……反映了一种价值，人类（也许是独一无二）的存在体现了脆弱/物质/有限与超然/崇高/不朽的结合。因为（而非尽管/不管）我们的脆弱，所以珍视我们。④

并非每个人都认为尊严是一个有用的概念。⑤ 批评者认为，尊严的概念过于模糊，因此，可以弃用这一术语。某人认为有失尊严的事，在他人看来，却是积极的生活态度。马特森（Mattson）和克拉克（Clark）写道：

> 人类尊严处于一片混沌状态，这一术语甚至不能提供一个方便全球对话和行动的统一框架。在服务于一些不同的，甚至有时是反尊严的目的时，各种尊严的概念仍然模糊，甚至相互矛盾。⑥

也有犬儒主义者认为，尊严不过是那些想要阻止别人实施自己眼中的不道德行为的人的托辞罢了。⑦ 历史告诉我们，因为当权者认为另一些人的行为"有失尊严"就放任他们肆意阻止他人按照个人的意愿生活，这极其危险。⑧

7.4.3 生命权

对许多人而言，生命权是超越其他所有权利的一项最重要的人权。然而，对

---

① 也可参见 Pols, Pasveer and Willems (2018)。
② Neal (2011)。
③ Barclay (2018)。
④ Neal (2011: 71)。
⑤ Macklin (2003)。
⑥ Mattson and Clark (2011: 304)。
⑦ Cochrane (2010)。
⑧ Huxtable (2015); Waldron (2015)。

于何为生命的意义以及尊重生命的意涵这些问题,还有巨大争议。在安乐死和堕胎案件中,这些问题就成为关键问题。我们将在第七章和第十章继续讨论这些问题。

7.5 对权利的批评

并非所有的学者都认为权利的话语有益于讨论。① 杰西·沃尔(Jesse Wall)提出,在不同的案件中,权利可能冲突,因此,无法为案件的解决提供帮助。透过这些权利,观察其背后的价值和原则更有帮助。只有这样,疑难案件才有望得以解决。另一种担心是,权利鼓励个体化的视角,这只能关注到特定人的利益,而非社会的善或者个体间的关系价值(relational value)。② 尽管这些担心有其价值,但在公共讨论和法律案件中,权利仍被广泛使用,我们很难回避权利的话语。

8. 患者的义务

现有论著探讨患者权利较多,关注患者义务的却相对较少。③ 甚至司法界也表达了对"患者权利"提法充斥学界的担心。在布雷迪案④中,凯(Kay)法官说:"在我看来,如果这一领域的法律发展到最后,只强调患者权利,不考虑其他伦理价值或机构组织人员的正直,这将十分遗憾。"当然,许多人都深信,保护患者权利之路仍漫漫且修远。

思考义务问题时,还有一个重要问题关注不足,即患者应在多大程度上为个人健康负责。⑤《国民医疗服务体系章程》对患者的责任作了如下让人生畏的规定:

• 请认识到您可以为自己及家人的健康和幸福做出重大贡献,并为此承担个人责任。

• 请在一个全科医生诊所注册——这是获得国民医疗服务体系提供的医疗服务的主要场所。

---

① Wall (2015)。Murphy (2013) 对权利话语的有用性上似乎表现出不可知论者的一面。
② Herring (2013a) 研讨了这种观点,以及权利话语可以在何种程度上克服上述主张。
③ Coggon (2013); Brazier (2006); Iltis and Rasmussen (2005) and Buetow and Elwyn (2006).
④ *R v Collins and Ashworth Hospital Authority ex p Brady* [2000] Lloyd's Rep Med 355.
⑤ 也可参见 Schmidt (2009); Buyx (2008)。

· 请尊重在医疗服务体系工作的医务人员及其他患者。对医疗服务体系的场所及设施造成破坏或对他们的工作造成干扰的,将被起诉。

· 请准确提供您的个人健康、疾病、身体状况等信息。

· 请准时赴约或在合理时间内取消与医生的预约。如若不然,那么您可能须等候更长时间才能接受治疗。

· 请按照您同意的治疗方案接受治疗。如果您发现不应继续这种治疗方案,那么请告诉您的临床医生。

· 请参与各项重要的公共卫生方案,比如疫苗接种等。

· 请确保您的近亲属或朋友知晓您捐献器官的意愿。

· 请将您接受治疗的积极方面和消极方面,包括任何副作用,反馈给医疗人员。[1]

这些义务并无法律强制力,但明确表明患者应对自己的健康负有重要责任。[2]

如果有人据此认为,法律应该更认真地对待患者的责任,那么这会带来一系列问题。

第一,我们谈的责任概念到底指什么?这只是一个简单的因果关系问题——患者是否损害了自身健康?抑或我们也会考虑患者的过错,只有他们以一种有过错的方式生活并导致自己生病,他们才应负责?[3] 此外,如果个人拒绝接受卫生保健服务(如疫苗接种)导致他人生病,拒绝接受服务者应在多大程度上为此担责呢?[4]

第二,平等对待所有让自己生病的患者,这可能吗?我们很可能找出几个"明显的例子",比如吸烟者。但如果我们认为吸烟者应为自己的健康负责,但以其他方式损害自己健康的人却无须负责,这就对吸烟者很不公平。[5]

第三,如果个人承认,自己应对自己的健康负责,那么,有影响健康的其他因素是否意味着让个人负责并不恰当?[6] 丹尼尔斯(Daniels)指出:

过于强调(个人责任)就会忽视民主平等中最核心的平等主义考量。不论健康需求因何出现,它们都会影响我们作为自由平等公民的行动能

---

[1] NHS (2013a: 10).
[2] 也可参见 Schmidt (2009); Buyx (2008)。
[3] Schmidt (2009).
[4] Caplan, Hoke, Diamond, and Karshenboyem (2012).
[5] Brown (2013).
[6] 更多讨论参见 Herring and Foster (2009)。

力。既然我们的意思能力会因为糟糕的选择、暴行或厄运而被削弱,那么(我们)就必须满足这种健康需求。①

让人们为自己的健康负责还可能干涉我们非常珍视的其他价值,比如意思自治和自由。

丹尼尔斯提醒我们的最后一点是,我们很难判断个人应在多大程度上为自己的健康负责。比如,以肥胖为例,造成个人肥胖的原因尚不清楚。认为这是暴饮暴食造成的,是将问题简单化了。大多数疾病的产生既有社会原因,又有个人原因。

9. 原则主义

研究生物伦理学最有影响的方法之一就是我们熟知的原则主义(principlism)。它是基于可适用于任何生物伦理问题的一套原则建立的,所以被称为原则主义。在这方面最有影响的著作是汤姆·比彻姆(Tom Beauchamp)和詹姆斯·丘卓斯(James Childress)所写的《生物医学伦理学原则》。② 该书为医学伦理学的教学提供了基础教材,在医学界广受推崇,并被广泛使用。一位杰出的伦理学家甚至建议,鉴于比彻姆和丘卓斯在这方面的杰出贡献,应授予二人诺贝尔奖。③

比彻姆和丘卓斯提出的方法建基于以下四项原则:自主;不伤害;利他;公正。我们将在后文进一步讨论这些术语的确切含义。

他们指出,这四项原则作为整体,代表一种世界各国都普遍遵循的原则。④ 他们认为,解决伦理问题的最好办法是用这四项原则评估伦理问题,如果每项原则都指向不同的行为,那么就应评估每项原则。尽管在他们看来,这四项原则具有平等的价值,但很明显,自主原则地位特殊。实际上,推崇比彻姆和丘卓斯这本著作的英国学界领袖雷蒙·吉伦(Raamon Gillon)就指出,自主原则"在各项平等的原则中居于首位"。⑤ 有人认为,在许多情况下,这些原则之间存在一定冲突。但比彻姆和丘卓斯认为,只要这些原则定义准确,它们之间的冲突就将大幅减少。但是如果

---

① Daniels (2007: 69).
② *Pinriciples of Biomedical Ethics*, Beauchamp and Childress (2013).
③ Gillon (2003).
④ Beauchamp and Childress (2013: 6).
⑤ Gillon (2003). Dawson and Garrard (2006) and Lee (2010) 对此观点做了猛烈驳斥。

原则之间确实存在冲突，原则主义却没有任何现成的解决方法。正如比彻姆和丘卓斯所言，他们只是为解决伦理问题提供了一个分析框架，并非给出答案。[1]

原则主义有下列优势。

(1) 它提供了一个实用的方法，方便医务人员在工作中使用。它为大多数涉及重要伦理问题的情形提供了一个统一应对思路。实际上，支持者主张，所有相关的伦理问题都能从这四项原则出发找出适当办法。[2]

(2) 有人主张，由于这些原则不是建立在某一特定宗教信仰或文化范式上，所以这些原则在文化上中立，易于被全世界接受。吉伦[3]指出，原则主义"提供了一个放之四海皆准的道德范式，所有的医生都认同这些原则，无论他们有何种文化、宗教信仰（或无宗教信仰）、哲学观或生命观；此外，原则主义为所有生物医学伦理学的相关人员提供了一套可以共享的基本道德话语和基础性的道德分析框架。"

(3) 使用这四项原则确保了一定程度的一致性，因为当需要平衡各项原则时，所有问题都以同样的方式处理。

(4) 原则主义的支持者认为，这是对道德相对主义的强大反击。道德相对主义认为，在伦理问题上，没有绝对的正确或错误。

(5) 这一方法十分灵活，伦理学家可以从多个不同的角度使用该方法。尽管他们可能在平衡各项原则时存有分歧，但他们能在处理这些问题的基本方法上达成一致。

现在，该讨论比彻姆和丘卓斯提出的四项原则了。

9.1 自主原则

我们将在第四章中深入讨论自主原则。这里，我们只讨论此原则涉及的几个重要问题。

自主原则已成为医学伦理学中的首要原则。[4]许多评论者都认为，自主应被视为首要的医学原则。自主权的核心是决定自己如何生活的自决权。尊重个人意思自治，就是认可个人可以基于自我价值观和信仰，有权保留某种观点、做出选择并展开行动。不顾个人意愿行事，就是将该个体视为实现他人目的的手段。当然，大多

---

[1] Beauchamp and Childress (2013: Chap 1).
[2] Gillon (2003).
[3] Gillon (2015).
[4] 尽管 Foster (2009) 和 Dawson (2010) 对自主原则的首要地位提出了质疑。

数案件中，遵从患者的意愿都会增进他们的福祉。考虑到强迫患者接受他们不愿接受的治疗后患者可能遭受的伤害，在违背患者意愿下实施诊疗还会让患者受益的情形十分罕见。虽然如此，但自主原则的支持者仍坚持认为，我们尊重自治权的原因并非是它可以增进个人福祉，而在于这是对他们人权的尊重。①

比彻姆和丘卓斯这样解释自主原则：

> 尊重个人意思自治，就是认可个人可以基于个体价值观和信仰，有权保留某种观点、做出选择并展开行动。这种尊重不但包括谦恭的态度，而且包含谦恭的行为……从这方面讲，尊重包括了承认个体的价值观和自决权，并让他们自由行动，而对意思自治的不尊重就包含了忽视、辱骂、贬低、不在意他人自决权的所有态度和行为。②

事实上，所谓的"自主权"在医学中可能是一个错误标签，患者无权决定他可以接受何种治疗，也无权要求医生必须给他做整容手术。如果医生不想为某位患者做整容手术，或者因为卫生资源的供给不足，他可以拒绝患者的要求。患者这里主张的其实是"身体完整权"——未经同意不得在自己身上开展诊疗的权利。③

患者享有自主权并不要求医生尊重每位患者的每个决定，而是要求医生尊重那些有意思表达能力者的决定。因此，如果一个儿童不能理解注射，那么其拒绝接受注射治疗的意愿就不会被遵循。同样，严重精神障碍患者由于欠缺完整的意思表达能力，因此他们拒绝接受治疗的意愿也不会被遵循。

近年来，自主原则的重要性与日俱增。这部分是因为个体权利的增长。我们不再把自己看成受更高权威控制的客体，而是看成享有权利的个人。在医学领域，医生也不再享有不受质疑的尊敬④，对医生的信任也在减弱。⑤ 前文提及的医疗行业的丑闻以及普通人医学知识的增加，也导致人们不再接受患者就该谨遵医嘱的观点。

正如我们将在第四章中看到的，并非每个人都赞同自主权的重要价值，也有学者对自主的传统理解提出了不同意见。

---

① 详见 Molyneux (2009)。
② Beauchamp and Childress (2009: 103)。
③ Herring and Wall (2017)。
④ McCulloch (2011) 对此提出了质疑。
⑤ O'Neill (2002)。

9.2 不伤害原则

不伤害原则的核心是一个人不能对另一个人造成伤害。对医务人员而言，有一个著名的原则：首要的是不能伤害患者。希波克拉底宣言中说："我要竭尽全力，采取我认为有利于患者的医疗措施，不给患者带来痛苦与危害。"① 正如比彻姆和丘卓斯所言，"不伤害原则为医生规定了一项义务，不能对其他人造成伤害。"②

那么，受伤害又指什么呢？这绝不是一个简单直白的问题。西罗米特·哈罗什（Shlomit Harrosh）提出了人性受伤害的四个方面：① 我们是有意识的生命，我们会有受伤害的消极体验，比如痛苦、不适、悲伤、无价值感。② 我们是身体、心灵完整统一的生命，可能因为疾病或身体功能的失调而受到伤害。③ 我们是理性的生命，我们设定目标，构建价值。如果我们为自己设定的人生计划或实现生命价值的计划受阻，我们就会感到受伤害。④ 我们是追求生活意义的生命，如果我们不能享有生命的基本内容，如亲情等各种感情，我们就会受伤害。③ 这是对伤害的宽泛理解。这种理解说明，伤害的定义有可能超越痛苦。

不伤害原则的重要性在于其提出了不应为了帮助一个患者而伤害另一个患者的主张。麦克福尔案④可以清楚地说明这一点。麦克福尔身患重病，需要做一个骨髓移植手术延长生命。麦克福尔的侄子森普（Shimp）与他配型成功。森普最初愿意捐献自己的骨髓，但后来他改变主意，不同意捐献。于是，麦克福尔向法院起诉，要求法院下令森普捐献骨髓。法院拒绝了麦克福尔的诉讼请求。这一判决就是不伤害原则的例证。尽管这样做的初衷是好的，即挽救麦克福尔的生命，但未经森普同意实施骨髓移植手术就伤害了森普，这是不对的。

值得注意的是，如果森普同意了骨髓移植手术，就不会违反这一原则。尽管从某种意义上讲，他还是会遭受一种伤害（在捐献骨髓时，仍会有身体上的疼痛），但因为他的同意行为，这对他而言就没有错。所以，什么是伤害，这在很大程度上由当事人决定。这就和意思自治的观点形成了很强的关系链。⑤ 一旦患者同意治疗，医生提供治疗就不会违背不伤害原则。

---

① Beauchamp and Childress（2013：149）.
② Beauchamp and Childress（2013：149）.
③ Harrosh（2011：13）.
④ McFall v Shimp 10 Pa D & C 3d 90（1978）.
⑤ Dunn 和 Foster（2010）认为意思自治和福祉应被看成一对朋友。

但我们必须质疑的是最后这一结论是否永远正确。如果患者要求医生实施一种明显对其有害的治疗方案（比如没有任何医学原因就要求医生给其截肢），医生能依据不伤害原则拒绝为其实施该手术吗？① 有学者认为，根据该原则，"伤害"不应是患者所认为的伤害，尤其是当患者所认为的伤害与社会一般大众所接受的伤害相悖时，更是如此。这方面一个很好的例子就是，一个出生在犹太家庭的儿童接受割礼是否是有害的。②

单从字面理解，不伤害原则颇有些荒唐。③ 那些最重要的治疗方案都会带来某种伤害，即便只是针刺亦然。所以，要求医生不伤害根本适得其反。该原则最好被理解为，从整体上看，医学介入不会带来伤害，④ 但在这个意义上，这一原则似乎又与利他原则相近。接下来，我们就讨论利他原则。

9.3 利他原则

利他原则要求医生必须为患者行善。他们应尽可能地为患者治疗疾病和创伤，同时尽可能地减少伤痛。正如希波克拉底宣言所言，医生承诺要"竭尽全力，采取我认为有利于患者的医疗措施"。

也许，医生有一种特别义务，即将患者利益甚至置于他们自己的利益之上，比起其他行业从业人员的义务，这种义务位阶更高。但也有人指出，许多行业中，工作人员都会将顾客的利益放在首位，即便这可能意味着自我牺牲。⑤ 我们知道，律师为了与拘留在警局的客户会面，也会在半夜起床。所以，利他原则延伸出的义务是否是医生或某一具体行业工作人员的特定义务，这一点尚有争论。

利他原则也绝非完美无瑕。简单说，这可能是一种家长作风：医生决定什么治疗方法最好，并按此实施治疗。而许多学者认为，医生在做出这一决定时，应听取有相应意思能力的患者本人的意见。因为只要患者理解了该行为，医生就是以一种最好的方式为患者服务。对利他原则的这种解释听上去很像自主原则。但利他原则关注的是医疗环境下的积极道德义务。前文我们讨论的不伤害原则要求我们不伤害

---

① 详见 Elliot（2009）。
② Manzor（2017）。
③ Szasz（1977：1）。
④ 在此基础上，沙利文（Sullivan）（2017）建议，如果医生从心理上认为这是最好的选择，那么可以允许患者做出自我伤害的行为。这可能是最好的做法。
⑤ Downie（1988）。

他人。利他原则则在需要我们积极帮助他人时适用。必须说明的是，一般而言，法律很少要求一个人去帮助另一个人。[①] 有很多法律要求不准伤害他人，一旦造成伤害，法律还提供了惩罚措施。但法律很少要求一个人必须为另一人提供利益。社会可能希望并鼓励人们乐善好施，但并不会将此作为强制要求。伦理上，旨在使他人受益的原则，或者至少是带来更多好处的处事原则在许多人的伦理观念中处于中心位置。简言之，利他原则是伦理观念中重要原则，但并非是一个具有法律强制力的原则。

9.4　公正原则

人们对公正的含义存有争议。[②] 公正常常用公平、平等、合理等词进行解释。在卫生保健领域，公正一词在资源分配问题上尤为重要。[③] 一旦没有足够的资金保证每个人都能获得他们想要的卫生服务，我们就需要一个公正的方式决定谁可以接受卫生服务，如何接受服务。我们将在第二章中详细讨论这些问题。

大多数公正理论的核心是形式平等原则：平等主体应以平等方式对待，不平等主体以不平等的方式对待。我们可以大胆地说，这一原则也许是没有争议的。但是公平原则的适用却举步维艰。我们怎么知道两个个体是否平等，治疗是否平等？

公正和卫生服务相关的另一个问题是，人们是否有接受医疗服务的平等机会？社会上有一种担心，对某些群体而言，某些形式的卫生服务可及性较差。[④] 在公共卫生方面，很明显，低收入群体以及某些少数民族群体的身体健康状态不及那些上层社会群体的健康状态。[⑤] 这就对卫生公平提出了重大质疑。

9.5　对原则主义的批评

公允地说，对原则主义最激烈的批评并不是针对其方法本身。比彻姆和丘卓斯在他们的书中已将这一方法阐述成高度复杂的体系。批评针对的是实践中原则主义的适用方式。对四项原则的简化理解，不假思索地套用这些原则，都是不成熟的

---

① Foot (1976).
② Häyry (2019).
③ Fox and Thompson (2013) 对公正在卫生保健中所扮演的角色进行了有益的讨论。
④ Higgs (2009).
⑤ Bartley and Blane (2009).

思路。① 这一方法也可能被误用，因为坦白说，这些原则有多种解释方法。有人甚至主张几乎所有行为都能以其中一项原则为据，找到合理理由。由于比彻姆和丘卓斯已在书中对这些原则的含义做了解释，所以概括而言，认为某一原则，比如利他原则，可以代表你想要表达的所有内容，这是有争议的。②

有学者认为，这些原则容易产生冲突。竭尽所能为患者行善的原则（利他和不伤害原则）就与自主和公正对立。自主表示当患者意愿和医生的观点不符时的某种判断模式。但原则之间的冲突也随之而来。如前所述，事实并非一定如此。如果我们按患者眼中最好的治疗方案这个角度理解利他原则，潜在的冲突就得到了缓和。然而，这一方法也可能导致伤害和利他失去某意义。如果某一医疗行为对患者是造成了伤害还是带来了益处由患者自主决定，这些概念和自主权就并无二致。尽管沙利文（Sullivan）③ 提出患者心中可能有一些根深蒂固的信仰目标，但对如何达到这些目标可能存在错误认识。比如，患者可能很希望把病治好，但他们更相信自己的草药，而非医生提供的药品。可以这样说，即使利他原则（进行治疗）违背了患者如何治病的决定，但其有助于患者实现自己的目标——把病治好，那么利他原则就是合理的。

对原则主义的另一种批评是，在各原则发生冲突时，没有一个明确的平衡方法。比彻姆和丘卓斯面临的困难在于，如果他们明确指出，当各原则发生冲突时，应优先考虑某一原则，这就破坏了他们坚持的四项原则价值平等的主张。但批评者争辩说，应该有一个支持四项原则的统一的道德理论。当四项原则发生冲突时，这一道德理论就可以提供一种途径，帮助各项原则达成平衡。这也使评论家们认为，应将自主原则作为首要原则。事实上，对于如何处理原则之间的冲突，比彻姆和丘卓斯也提供了一些指导意见。他们认为，如果所追求的是一个现实的道德目标，又找不到一种道德上更优的解决办法，且对另一原则的违反程度最小，医务人员也须尽可能减小违反该原则的后果，只有同时具备以上条件时，才可以为了遵循某一原则而违背另一原则。而且，我们应该记得，比彻姆和丘卓斯并未主张，原则主义可以直接提供答案，相反，它只是为解决问题提供了一个有效的方法。④ 但这也让一

---

① Campell (2005).
② Clouser and Gert (1990).
③ Sullivan (2016).
④ Beauchamp (1995). 关于想用"共同道德"解决原则之间的冲突问题的讨论，参见 Gordon, Rauprich, and Vollmann (2011).

些评论者争辩道，他们的方法根本无法解决真正的困难。[1] 但是，卡拉汉（Callahan）也指出，考虑到原则主义在实践中的适用情况，对于原则之间的冲突，最终还是自主原则占据上风。这一主张也遭到那些担心过于强调自主原则的人的反对。[2]

对原则主义的最后一个反对意见是原则主义只有四项原则可供适用，范围过于狭窄。约翰·哈里斯指出，这会导致在遇到问题时，我们只有"一种相当晦涩、令人乏味的方法，方法单一且毫无变化"。[3] 尽管他同意在伦理讨论中引入这四项原则作为一个很有用的审查清单，但这些原则并不掌握最终决定权，还要考虑其他问题，即使这些问题并不属于上文提及的四项原则的方法。[4]

汤姆·沃克（Tom Walker）也主张，原则主义不能囊括人们希望予以考虑的其他道德价值。[5] 他提到了尊敬和纯洁原则。原则主义不能解释为什么在坟墓上小便或兽交是不对的。丹尼尔·索科尔（Daniel Sokol）[6] 对此做了回应。他为原则主义辩护：上述小便行为可以用违背了不伤害逝者（或他们在世的亲戚朋友）的原则予以解释；兽交则可以用违背了不伤害动物的原则或涉及动物的自主权原则来解释。对原则主义的支持者而言，这样的辩论展示了原则主义的灵活性。而反对者则认为，伤害和自主原则过于灵活，以至于变得没有太大意义了。[7] 对查尔斯·福斯特而言，原则主义未能解释为什么这些价值这么重要。[8] 除非我们已经有了一套有关人类尊严的理论，并且可以从这一理论中延伸出原则主义中的各项原则，否则我们很难推动有关伦理论争的进一步深化。

---

[1] Holm (1995).

[2] Callahan (2003).

[3] Harris (2003c: 303).

[4] 参见 Baines (2008)。他提出，在涉及儿童的案件中，这些原则并没有得到很好的运用。在这类案件中，父母的观点会占据一定分量。

[5] Walker (2009).

[6] Sokol (2009).

[7] 详见 Downie and Macnaughton (2007: Chap 1)。

[8] Foster (2011).

10. 解释学

解释建立在倾听的基础上。① 如果医患之间对治疗方案有分歧,那么应该鼓励双方进行沟通,并倾听对方的意见。② 此举旨在让双方当事人协商一致,自行解决他们遇到的伦理问题。用通俗的语言表达,就是各方当事人能够发现对方的出发点。所以,这并不是一个能够告诉我们正确答案或可作为一般原则适用的伦理学方法,相反,这是一个指导当事人正确行动的解决方案。

但多数人认为这过于理想。因为没有足够的时间保证双方进行充分的对话,而且有效沟通的前提是双方当事人都愿意沟通。如果患者火药味十足,沟通就不能找出解决方案。没有解决方案,就更谈不上解决问题。③ 也许只有在少数案件中,这一方法才能帮助当事人找到相应的解决办法,以回应医患双方关心的具体问题。

11. 决疑论

决疑论强调,每个案件都有其具体情况。从原则出发,将其适用于具体个案(原则主义正是如此),决疑论者提出,我们应从案件具体事实出发,通过与其他案件中的事实进行比较,找到解决办法。④ 法律人对此颇为熟悉,因为这和普通法上的先例原则十分相似。法律人往往会指出,手上的案件和先例有何相似点或不同点,并非从宽泛的原则开始。决疑论的基础是要有丰富的案例库,据此,人们才能就正确方法达成高度一致。决疑论者强调,脱离案件的具体事实,就找不到或建立不了各项原则。

---

① Boyd (2005).
② Boyd (2005); Hudson Jones (1999).
③ Beauchamp (2004).
④ Jones (1986). 也可参见 Lawlor (2007) and Benetar (2007) 的 "有关研究一般伦理理论是否在教授医学伦理学中有用"。

12. 女权主义医学伦理学

不考虑女权主义方法的医学伦理学是不完整的。[1] 认为医学伦理学只有一种女权主义研究方法也不正确。事实上,女权主义者对某些问题也有激烈争论。将女权主义伦理学仅仅视为带着一个问题考察医事法,这也不对。[2] 比如,大多数女权主义者把许可堕胎作为女权主义的一个重大胜利,但这不能代表所有人的观点。弗雷德丽卡·马修斯-格林(Frederica Mathewes-Green)[3] 指出,堕胎维护了男性利益:

> 对女性而言,在男性的世界里按照男性制定的规则生活,就应该永不怀孕。为什么女权主义者要上街游行,争取堕胎自由?因为这已变成一种需要。如果女性要在卧室和更大的空间里满足男性的需要,她们就必须要有一个快速简便地不要孩子的办法。

什么是女权主义方法呢?苏珊·沃夫(Susan Wolf)认为女权主义方法"以社会性别和生物性别作为核心分析工具,旨在理解性别在社会中的运行机制,并努力通过改造权力的分配和行使机制,停止对妇女的压迫"[4]。许多学者都在其论述中提出,医学已成为对妇女行使控制权的一种方式。[5] 比如,有人主张,生育的医疗化导致女性在生育过程中丧失了控制权。[6] 同样,将堕胎作为一个医学问题意味着,这是一个应由医生做决定的问题,而非只是一个与妇女相关的社会问题。

女权主义者热衷于强调医疗资源分配对女性的不公。[7] 但他们的研究缺少对女性疾病的专门研究,以及女性疾病如何被轻视或者被非疾病化的研究。医学工作者往往也容易忽视某种疾病对男女两性的不同影响。与此相反,女性生活的某些正常方面(比如月经)却被当成了一种疾病。[8]

女权主义伦理学还热衷于强调,在医疗领域内男性主导的诊疗规范如何剥夺了

---

[1] Rogers (2017); Wolf (1996); Lindemann Nelson (2007).
[2] Marway and Widdows (2015); Wolf (1996: 5).
[3] Mathewes-Green (2013).
[4] Wolf (1996: 8).
[5] Foster (1995); Davis (1988).
[6] Hoffman (2005); Nettleton (2001).
[7] Rogers (2006); Mahowald (2006); Scambler (2009d).
[8] Purdy (1996).

女性的权利。① 表现"情绪化"的女性常常被不恰当地视为没有意思表达能力，因此可以在不遵从她们意愿的情况下开展医疗活动。② 比如，曾发生过几起这样的案例，临盆妇女被视为没有意思表达能力，不能就她们的怀孕治疗做出决定。还有一个长久以来的担心，传统的医学伦理学依赖适用于个案的抽象原则，而缺乏在具体个案中探寻理解个体及个体间的现实境遇的方法。③

整容手术是女权主义者存有争议的一个典型例证。有人认为，整容手术代表了男权社会施加给女性的一定要有某种外貌特征的压力。④ 女性愿意选择整容手术的事实说明，女性对外貌的重视程度以及社会以外貌评价女性的程度之深。做了整容手术的女性让未做整容手术的女性感到压力，她们也想去做整容手术。有人指出：

> 在当代父权社会的文化中，大多数女性的潜意识中都有一位洞若观火的男性鉴赏家：她们永远在他的注视和评价下生活。女性过的就是身体被他人——一个不知名的父权主义者——注视的生活。⑤

因为这一担心，有女权主义者主张应立法禁止整容手术，因为这会给女性带来伤害。⑥ 另外一些女权主义者则反对说，这样的主张没有意识到女性的力量。社会上的确存在女性要漂亮的压力，但如果推定这种压力就代表女性不能自己决定，这就是变相承认女性柔弱且易于摆布。莱瑟姆（Latham）指出了第三条道路，并强调：

> ……整容外科手术医生与患者之间建立一种包含知情同意和咨询在内的双向积极对话的重要性。医生应意识到美的文化解读对患者的影响。最后，机构应认识到肩负抵制不良社会期待和文化期待的责任。⑦

这实际上是允许开展整容手术，但是反对刻板的美的形象对人们的压力。

女权主义者在应对医学问题上也在寻找其他伦理方法。最有影响的要算是"关怀伦理学"。这是我们接下来要讨论的内容。

---

① Sherwin (1996).
② Lupton (1994).
③ Marway and Widdows (2015).
④ 男性也同样如此。对部分人而言，男性乳房整形手术已经成为他们的一个选择：BBC News online (28 January 2013).
⑤ Latham (2008: 12).
⑥ Bordo (1989).
⑦ Latham (2008).

13. 关怀伦理学

近年来，大量研究把关注目光放在关怀伦理学上。① 关怀伦理学批判了传统生物伦理学，后者主要关注权利和个人自治，前者则聚焦在关怀和关系上。关怀伦理学重视的不是个人自主权，而是各种情感关系中个体的相互依赖关系。苏珊·沃夫指出：

> 将道德集体描述成一群为自我服务的基础个体，这（自由个人主义）就把道德上最重要的"关系"这一内容剥离出去。不仅个体的资源会因此日益枯竭，社会也可能因此遭受损害，因为这会鼓励对关系的漠视。同时，这种描述有失准确。不论是成长中的儿童还是成年人，他们都有相互依赖性。的确，我们相互依赖的程度如此之深，以至于如果没有一些集体讨论机制和共识，我们甚至无法理解道德争论的各种术语。②

因此，关怀伦理学希望避免用抽象原则作为伦理分析的主要工具，相反，其旨在寻找一种与当事人的人际关系及需要相契合的方法。③ 因此，重点不是"我欠别人什么"，而是"我怎么才能更好地履行我的照顾责任"以及"我怎么才能更好地应对人的脆弱性、痛苦和依赖性"。④

在大量相关著述中，关怀伦理学的主要内容如下：⑤

（1）相互依赖的必然性。关怀是生命的本质。出生伊始，我们就处在依赖关系之中，因此，法律应将关怀置于特别重要的地位上。

（2）关怀的价值。关怀不仅是生命必不可少的一部分，而且是生命中向善的部分，因此，法律应该予以重视和鼓励。

（3）关系研究方法。法律不应将我们视为享有相互冲突的权利的独立个体。相

---

① 参见 Keller and Feder Kittay（2017）；Rogers（2015）；Harding 等（2017）；Herring（2013b）；Lõhmus（2015）；McSherry and Freckleton（2013）；Held（2006）；Herring（2007a）；Bridgeman（2008）。
② Wolf（1996：17-18）。
③ Tronto（1993）。
④ Gremmen Widdershoven, Beekman, 等（2008）。
⑤ Herring（2007a）。

反，重点应该关注人与人的关系所生之责任。① 弗吉尼娅·赫尔德（Virginia Held）比较了关怀伦理学和正义伦理学，指出：

> 正义伦理学关注公平、平等、个人权利、抽象原则，以及原则适用的一致性。关怀伦理学关注注意力、信任、对需要的回应、叙事方式的差异、培养照顾的关系。当正义伦理学希望在相互竞争的个人权利中找到一个公平的解决方案时，关怀伦理学却认为，照顾者和被照顾者的利益相互交织，绝非简单的竞争关系。②

关怀伦理学的研究方法难免会受到批评。

第一，女权主义者提出，关怀美化照顾和依赖，这对女性极为不利。将女性角色定位于照护者和受扶养者，容易导致女性被压迫，屈从于男权文化。③ 关怀伦理学的支持者则回应说，妇女前进的方向不是为了希望成为一个独立、自治、不承担义务的个体——这正是部分男性展示出的形象，而是应该推广照护和相互扶养的价值。

第二，关怀的概念过于模糊。④ 有人指出，并非所有的关怀都是良性关系：有些关系中渗透着控制和压抑。如果对什么是良性关怀未作清晰界定，关怀伦理就不能作为一种伦理方法。关怀伦理的许多支持者也承认，对于关怀的概念需要开展更多研究。目前，关怀伦理尚处于发展初期。⑤

第三，提升关怀的重要性可能贬损"被照护者"。关注残疾问题的研究者担心，对关怀的关注将导致接受关怀的人成为关怀的受动者。理查德·伍兹（Richard Woods）⑥ 指出：

> 残疾群体从未请求关怀！我们希望独立的生活，也即我们可以对自己的生活实现最大程度的独立和掌控。对很多残疾人而言，关怀的概念就是他人主宰并管理我们生活的一个工具而已。

关怀可以被看作一种权力的行使。朱利亚·特威格（Julia Twigg）最近对老人

---

① Herring (2013a).
② Held (2006: 94).
③ Wolf (1996: 9).
④ Allmark (2002).
⑤ Smart and Neale (1999).
⑥ 在 Shakespeare (2000) 文中被引用。

被护理洗澡的经历所做的一项质性研究突出显示了这一点：

> 一个健壮的人高高地站在旁边，另一个人身体虚弱，不得不依靠这个健壮的人的力量和善意。在一个穿戴整齐的人面前全身赤裸，这就蕴涵了支配和脆弱之间权力互动关系。它常常作为一种使个人屈服的方式，在审讯和拷问中使用。①

为回应这种担心，我曾专门强调关怀伦理学家应在关系理论中来解释关怀的重要性：

> 这些观点要求我们强调，我们应该努力推广关怀关系，而非仅仅提供照护者。我们应该强调，良性关怀的核心是尊重。而且，最重要的是，在无处不在的照护关系中，存在利益和自我的融合。脆弱性、关怀和自我认识具有相互性和依赖性。我们应打破"照护者"和"被照护者"、"残疾者"和"健壮者"之间的壁垒。实际上，我们应该认识到我们相互都有脆弱性，需要关怀，并应确保在一段关怀关系中，负担和费用的公平分担。②

14. 脆弱性

与关怀伦理学紧密相连的是脆弱的普遍性问题。③ 相关论文指出，法律传统上认为个体都是自主、自足、独立的。那些不符合这种模式的个体都被贴上了脆弱的标签，需要受到保护。脆弱的普遍性还主张，每个人都是脆弱的。正如罗杰斯（Rogers）、麦肯齐和多兹（Dodds）所言：

> ……所有人的生活都注定是脆弱的。人作为肉体的、有限的社会偶然存在，脆弱性是其必然结果。因此，脆弱性是我们人性的一个应然条件。④

他们主张，我们所有人都需要彼此相互间提供物质的、精神的和实实在在的支持。部分主张脆弱性的支持者提出，社会为满足某些特定人群的需要提供了更多的

---

① Twigg (2000).
② Herring (2014a).
③ Herring (2016a); ten Have (2016).
④ Rogers, Mackenzie, and Dodds (2015).

帮助。因此,尽管我们都有脆弱性,但一些人的不安全的状态更明显。正如玛莎·法恩曼(Martha Fineman)所言:

> 在我们的生活中,我们可能会受到具有潜在破坏性的负面事件的影响。这些事件可能来自外部,也可能来自内部,我们几乎无法控制——疾病、流行病、环境和气候恶化、恐怖主义和犯罪、基础设施崩溃、机构衰败、经济衰退、政治腐败、食品腐烂和身体衰退。在一个充满变化的世界中,我们的个体生活和集体生活的环境和需求随时可能发生改变。我们同时也在不断蓄积能量,有不同数量和质量的资源,在我们一生中以及在出现危机或机遇之际,帮助我们满足环境变化的需要。①

这一方法的重要意义在于其认可了我们的健康和幸福有赖于他人的支持和关怀。② 因此,法律应该减少对自足性和独立性的强调,多认可我们的相互依赖性。③

15. 德性伦理学

德性伦理学可以追溯到苏格拉底和亚里士多德。该理论强调,在评价何为有道之事时,重要的不是行为结果,而是激发你行为的态度(德性)。④ 和行为结果相比,个人品行更重要。品行是可以指导人性向善的品质。⑤ 雷切尔斯(Rachels)认为,德性是"一种在行为中表现出的性格特征,是个人拥有的良好品质"。⑥ 因此,我们要求医务人员在工作时应富有同情心、真诚、公正、勤勉。有学者认为这一理论颇有吸引力。在面临各种伦理困境的紧要关头,医生可能没有信心做出正确选择,但是他们可以自信地说,他们的决定是基于他们的工作热情和同情心。⑦

---

① Fineman(2013).
② Herring(2016).
③ Wrigley(2015)表达了对使用脆弱性进行研究的担心。
④ Pellegino(1995); Gardiner(2003).
⑤ Dillon(2017).
⑥ Rachels(1999: 35).
⑦ 以德行为基础,更深入地讨论医学伦理学,参见 Holland(2011)and Jackson(2006)。

斯蒂芬·霍兰（Stephen Holland）对德性伦理学总结如下：

> 德性是一种在成长过程中获得的性格特点或性格倾向，比如勇气和仁慈；我们应该教育儿童培养这些品质并不断在实践中运用之。具有良好德性之人拥有美德而且能熟练地运用。某个行为是否合乎美德，问问那些有良好德性之人是否赞同便知。①

对于结果在多大程度上可以用来衡量某一行为的合道德性，德性伦理学者存有较大分歧。有人认为，结果与此无涉，因为一个有良好动机的行为不论最后结果如何，都无过错。② 也有人认为，坏的结果会让行为也具有一定过错。同样，对于动机不良却产生了好结果的行为是否正确，学者们也无一致意见。德性伦理学者一致同意的是，目的是任何道德评价中的关键因素。菲莉帕·富特（Philippa Foot）解释说：

> 男性和女性需要勤劳、笃志。这不仅因为唯如此，才能保证自己的吃穿住，而且因为唯如此，才能追求必然与爱和友谊相连的人生目标。他们需要这些能力来建立家庭关系、友情以及和睦的邻里关系。他们也需要行为规范。没有诸如忠诚、公平、友善以及某些情形下的顺从的美德，他们如何能拥有这些品质呢？③

对德性伦理学的一个担心是我们如何判断何为美德。在一个多元社会中，对于什么是好人尚无统一的答案。对于什么会让生活更美好，人们也众说纷纭。也许在我们的社会中，保持健康或饮食有度会被认为是一种德性，但在其他社会是否亦然，我们不得而知。但德性伦理学者常常认为，存在一些任何文明社会都必需的伦理价值：爱、友谊、诚实、忠诚、智慧。世界任何地方都会认同这些价值就是德性。④

有评论家批评指出，过于关注德性会将一些无法接受的行为视为合乎道德。自杀人体炸弹可以说表现了主体所谓的"巨大勇气"和"坚定意志"，但是他们这种行为的结果明显违背了道德。所以，许多人建议既考虑德性，又考虑比彻姆和丘卓

---

① Holland (2011: 112).
② Macintyre (1984).
③ Foot (2001: 417).
④ Nussbaum (1988); Olkin (1998).

斯提出的四项原则。① 实际上，比彻姆和丘卓斯②列举了五项核心美德：同情心、洞察力、可信赖性、正直、责任心，但他们认为，只要医生按照他们主张的四项原则行动，就能展现出这些美德。另一个担心是，尽管德性伦理学能够为医务人员的行动提供指导，但对困扰医学伦理学者的其他公共问题却束手无策，比如人类克隆是否应被许可或医疗资源如何分配等。③

在法律中适用德性伦理学困难重重。比如，设想有法律规定医生工作时必须富有同情心。④ 这完全不可施行，因为我们很难知道在医生工作时，激发医生工作的动力是什么。同时，这一规则也不能为医疗人员提供一个清晰的行为指南。

16. 社群主义伦理学

社群主义伦理学者批评了当下生物伦理学过于强调个人主义的倾向。⑤ 现在，太过重视个人权利，对个人义务及社群利益关注不足。⑥ 作为社会的一员，为了维护社会利益，我们有义务做出一定的牺牲。对此，我们不应有异议，因为单个个体只有作为社会的一员才能充分发展。因此，社群主义者认同，只要社会利益需要，就可以在未经个人同意的前提下实施某些医疗行为。因此，有些社群主义者支持为了器官移植，可以在死者身上摘取器官，无论死者是否同意。

社群主义者强调生活在一个文明社会中是美好生活的关键，强调团结和关系的重要性。⑦ 因此，当我们考虑诸如是否允许个人卖肾的问题时，如果我们用个人权利义务考虑这些问题，我们就忽视了社群主义者眼中的关键：卖肾与文明社会不矛盾吗？⑧

社群主义伦理学的批评者很可能会抓住这最后一点指出，一个文明社会是尊重个人权利的社会。⑨ 如果认同这一点，我们可能就回到了个人权利的分析方法，而

---

① Campbell (2003); Gillon (2003).
② Beauchamp and Childress (2009：Chap 2).
③ 尽管支持"美德政治学"的 Holland (2011) 认为，美德政治学可以应对这些问题。
④ Herring (2017); Rydon-Grange (2018).
⑤ Etzioni (2011); Callahan (2003).
⑥ 参见 English Mussell, Sheather, 等 (2006).
⑦ Jennings (2018).
⑧ Callahan (2003).
⑨ Childress and Bernheim (2003).

这恰恰是社群主义反对的。批评者还把矛头指向使用"为了更大的善"为由干涉个人权利可能存在的危险。他们认为，尽管这种说辞听起来颇有吸引力，但这种思路在所有暴政中都使用过。尤其是维护社群权利可能与社会边缘群体的利益相悖，而这一群体很可能是社会底层的弱势群体。① 批评者还认为，考虑到社会中广泛存在的各种组织，要判断"社群利益"的具体内容是根本不可能的。

17. 相对主义

　　道德相对主义或多元主义提出，复杂伦理问题往往有多个答案。认为某个答案必然优于其他答案，这是不对的。简言之，没有"正确答案"。对某个具体案件，你基本上会选择似乎是最好的处理方案。② 事实上，绝对的道德相对论者非常少见。认为强奸是否有错因人而异，这样的观点过于极端。反对者（道德客观主义）反对这样的分析方法，他们认为存在绝对的道德准则。尽管皮特凯恩岛（Island of Pitcairn）上被控强奸儿童的男子可能声称，在他们岛上的文化中，与儿童发生性关系是一种普遍行为，但这并不能、也不应使他们的这种行为具备合道德性。③ 有关生物伦理的国际公约不断增长，这也说明，在一些基本问题上，各方可以达成一致。

　　还有一个问题，西方的医学伦理学是否以"西方心态"为基础？我们强调个人权利，而社群、传统以及各种情感关系则可能被忽略。这些伦理准则是否只是西方制度规范的反映？它们是建立在西方的个人主义生活方式是最佳方式的假设之上的吗？④

　　关于"医学"实践方面，还有一些复杂问题。在有些文化中，某些医疗行为可以接受，但在英国，这种行为却不是主流。比如，英国政府通过 2003 年《反女性生殖器割礼法》（Female Genital Mutilation Act 2003）将女性生殖器割礼认定为违法行为，尽管这在有些文化中可以接受。毫无疑问，有些在英国是可接受的医疗行为，在其他地方却不能接受。于是就有了是否可以将主流文化观点强加给少数民族群体的问题，以及围绕道德多元主义产生的其他问题。⑤ 这一问题可能被夸大了。

---

　　① Parker（2002）.
　　② 正如 Pattinson（2011a：4）指出的那样，一个真正的道德相对论者甚至不会承认，你必须尊重其他人的观点，因为那也将一条道德准则赋予了绝对性。
　　③ BBC New sonline（29 Sep 2004）.
　　④ Bowman（2004）.
　　⑤ Charlesworth（2004）对这一问题做了深入探讨。

现实生活中，在生物伦理学领域，存在重大文化分歧的类似伦理问题几乎没有，即使各种文化的逻辑方法可能不同。

18. 人格

18.1 人格的概念

医事法的众多争论中都涉及一个重要主题，即人格的概念问题。这个显得没有太多助益的术语是指一种道德主张：人有权享有最高的道德地位。人比非人有更高的道德地位。这就是说，比如，在一栋着火的大楼中，你只能救一个人或一个非人的物品，你应该先救人。因此，人格和人的概念并不等同：后者是从生物学上描述的人，而非一项道德主张。但是，人们普遍认为，生物意义上的人，或者至少大多数人都是人格意义上的人。易言之，火场上救人是最好的选择。

对人格的思考要求我们判断对人而言，什么具有道德上的重要性。为什么人具有比狗、毕加索的画或者电脑设备更高的道德地位？赛博格（Cyborg）① 和电脑是否也应享有人权？② 本书将讨论三个主要观点，尽管这些观点在表达方式上存在不同。③

18.2 心智能力

有一派主流学者，他们认为心智能力，比如个人认知、自我意识以及实用理性是人格的关键。这一关键标准的精准构造存在个体差异，但大体包括自我意识，能够珍视自我的存在，或能够作为一个个体承受生活有或好或坏的变化。④ 沃瑟曼（Wasserman）建议人格的内容有：

> 自我意识，作为一个暂时扩展的主体，能够意识到自己并关爱自己；实用理性，理性的自决或代理；道德责任感；有能力识别其他的自我，在实现自我时找到合理理由并积极行动；有能力承担道德责任或让他人承担道德责任。

---

① 科幻作品中一种半人半机器的生物。——译者注
② Quigley and Ayihongbe（2018）；Lawrence and Brazier（2018）.
③ 比如，是否足以有能力满足这些标准或是否必须已经在社会中展示出来。
④ Baker（2005）；McMahan（2002）；Singer（1993）；Harris（1985）.

对有些学者而言，自主行动的能力是人格的关键。桌子不会犯错，因为它不能违背自己的意愿行动。实际上，桌子不可能有意愿。决定个人生活、做出道德选择，而非仅凭野蛮的欲望行事的能力，是区分人与物、决定人有最高道德价值的标准。

这一标准也有一些问题。一是部分高智商的非人类，比如海豚、大猩猩等可能符合上述标准。这还不是一个真正的问题，因为用人格意义上的人的方法保护它们也是可以的。更有问题的是有些人并不具有上述能力，尤其是那些深度智力障碍患者以及年幼的儿童。[①] 实际上，这一标准的逻辑是一个具有高度行动力的猩猩可以获得人格，而具有严重认知障碍的成年人却不能获得人格。可见，这一标准多么富有争议。有些哲人为了主张这一标准的正确性，不得不接受上述理论诘难。彼得·辛格[②]曾回复，拒绝接受这一结论的犯了物种歧视的错误，过于偏好某一类特定物种。他将其类比为种族主义。

推定所有人都有同样的道德价值，这一主张也遇到了挑战。大多数人都无法接受某一类人更有道德价值的主张，这是种族主义者惯常使用的理据。但是，如果让我们具有道德价值的是某些心智能力，这就意味着，具有更多心智能力的人当然具有更高的道德价值。

最后一个挑战是心智能力能否带来更多道德价值。关于智识的观点日新月异，衡量智识的困难路人皆知。我们也得不出高智商的人更有道德的结论。瓦马斯（Vahmas）[③] 指出，美德和智识没有必然联系：

> 性格中积极的、有美德的特点在那些智识障碍者身上也能找到：诚实、勇敢、坚持、友爱、没有虚伪以及其他类似美德。和那些缺少智性思考的人相比，在智识障碍者身上常常更容易找到。我们正常人常常通过精巧算计，阻止了我们践行美德。

尽管对这一问题的回复是，个人在衡量各种选择后决定做好事，这其中有特别的美德。而只有具有一定心智能力的人才可能这样做。

18.3 人类社会的成员资格和人格

第二个观点认为人格来源于人是人类社会的一员。伯纳德·威廉姆斯（Bernard

---

① Vukov（2017）.
② Singer（1985 and 2016）；McMahan（2016）.
③ Vahmas（1993）.

Williams)① 设想了一个外星人征服地球并声称比人类优越所以有权统治人类的情境。威廉姆斯建议，如果有人接受外星人的主张，我们就可以合法地质疑："你到底站在哪一边？"他认为我们有权主张："我们是人类，我们是做评判的人。你可以主张的必然是偏向于人类的一种世界观，除此之外，别无选择。"正如斯坎伦（Scanlon）② 断言的那样：

> "生而为人"这一事实使其有充分理由被赋予与其他人类同等的地位。有时，这也被视为一种偏见，称为物种至上主义。但是，我们和这些人类存在之间的关系让我们有理由认可他们的要求，也即我们的行为对他们是合理的。抱持这种观点就不算偏见。

这一观点颇有吸引力。用这种观点可以轻松解释为什么严重智力障碍者和婴幼儿也是人格意义上的人。但是，这一观点遇到的困难是为什么人类应拥有一个更高的道德地位。正如辛格所言，除非你能指出一些与道德相关的品质，否则你也仅仅是依赖于一种非理性的偏好。

与这一责难有关的是如何界定人类社会成员资格。是拥有某种特定 DNA 吗？③ 但黑猩猩和人类具有非常相似的 DNA，所以这种理由也有问题；是因为其他人类都认为"他"属于人类社会吗？④ 这种主张也有问题。人类历史上曾经出现过一个族群称另一个族群是二等公民的黑暗时代。困难在于，我们可能倾向于将一个特定的人能做什么称为他的特点，但在这种方法下，就不可避免地会得出某些人不具备这些特质的主张。⑤

18.4 关系型人格

支持这一观点的人⑥并不多。这种观点认为，我们应将道德地位赋予人与人之间的关系，而非个体。具有爱和关怀的关系更有道德价值。正如费德·基特（Feder Kittay）所言：

---

① Williams（1996）.
② Scanlon（1998：185）. 也可参见 McGee（2016）.
③ DeGrazia（2016）.
④ Curtis, Vehmans, and Vehmas（2016）；Vehmas and Curtis（2017）；Häyry（2017）.
⑤ 参见 Wilkins（2016）的讨论。
⑥ Foster and Herring（2017）；Herring（2019）；Brison（2017）.

> 我们之所以是人类，是因为我们得到了其他人类的照护，人类的本体地位及其道德地位应在更大的社会范围内被承认。只有这样，才能使那些照护者实施使我们得以延续下去的照护行为。如果我们是某个母亲的孩子，那么我们就需要这样的照护。而我们每个人都是某个母亲的孩子。①

根据这一观点，人类或其他动物各自并不具有某种特定的道德地位。但是，是人类关系产生了道德关怀。正如福斯特和笔者所言：

> 孤独的个体没有多少价值，也没有意义。正如奥布图族人所说，"我在，因为我族在；我族在，所以我在。"我们对道德价值的最大主张不在于我们自己，而在于关怀关系。我是一个人吗？只有我这个独立个体时，我不是。我们是一群人吗？如果我们关怀彼此，我们就是。我们在一起，比我们中每个单个个体具有更多意义。

这一观点主要有三个困境。首先，可能有一些人，他们和其他任何人都没有关系，比如一位隐士或被遗弃的婴儿，他们会因此丧失道德地位吗？② 其次，"爱和关怀的关系"非常模糊，因此，可能其无法为我们认识人格提供一个前后一致的指导。第三，这一观点没有解释为什么所有人都应平等。如果有人有更多的照护关系，他们是不是更有价值？

19. 结论

现在是研究医事法的黄金时代。技术进步正在提出新问题；社会变革也在挑战业已形成的权力关系；对伦理的新思考不断涌现。本章介绍了研习伦理问题的部分方法。其中一部分更容易融入传统的法律思维，尤其是建立于系列原则基础上的道义论。另一些方法，比如关怀伦理学，更艰深一些。因为这一理论坚持在特定的关系语境中对问题进行仔细研究。一旦法律采用了这种方法，那就要求建立一套完全不同的法律干预机制。可以肯定的是，随着医事法与伦理研究取得更多进步，我们即将迎接一个激动人心的新时代。

---

① Feder Kittay（2009）.
② Jones（2017）.

/思考题/

1. 你认为医事法律人需要学习医学伦理吗?

2. 美容手术是对医学的适当使用吗?是否应对美容手术予以禁止?如果是让一个黑人通过手术变成白皮肤的人,这样的手术是否应被禁止呢?①

3. 如果父亲将自己的心脏捐给女儿做器官移植手术,实施该手术就意味着父亲将会死去,对此,各伦理原则如何应对?

4. 宗教观点是否与医事法或伦理相关?

5. 有370万人在照顾自己生病的亲人或朋友,170万人一周要在照顾患者上花费20小时,所有这些人都没有为此获得任何报酬。这些数字远远超出了国民医疗服务体系的职工总数。相较医务人员而言,医事法及伦理是否应该对这部分人的工作予以更多关注呢?②

6. 有学者抱怨,医学伦理只关注某种医疗行为是否可行,但是忽略了有关遗憾或过错等感性因素。有些事可以做,但让人十分遗憾。③你赞同伦理学家只将可行性作为唯一考虑的问题吗?

7. 许多学者注意到药品的商业化问题。④相较忽视伦理问题而言,商业压力是否对良好医疗行为构成更大的威胁?唐纳·迪肯森(Donna Dickenson)在其一本杰出的成果中提出,我们看到个性化医疗正日趋增长,富裕阶层根据自己的需要购买医疗服务,健康不再是一个公众话题。⑤

8. 何塞·米奥拉(José Miola)⑥指出,有关医学伦理学的著作"不但没有让医学伦理学更有效,而是让各自的论述相互抵消,留下一个监管真空,让医务人员个人的良知去填满"。医学伦理学的各种理论真的对医务人员一无是处吗?会有这样的风险吗?如果真是如此,我们应该做什么?

---

① Lamkin(2011).
② 参见 Dodds(2009);Herring(2008b)。
③ 参见 Mackenzie(2007)。
④ 参见 Reiman(2007)。
⑤ Dickenson(2013).
⑥ Miola(2007:1).

/延伸阅读/

有关医事法与伦理的一般书籍，请参考下列文献：

Beauchamp T and Childress J. （2013） *Principles of Biomedical Ethics* （Oxford University Press）.

Campos de T. （2017） *The Global Health Crisis* （Cambridge University Press）.

Dickenson D. （2013） *Me Medicine v We Medicine* （Columbia University Press）.

Foster C. （2011） *Human Dignity in Bioethics and Law* （Hart）.

Foster C. （2013） *A Very Short Introduction to Medical Law* （Oxford University Press）.

Fulford K，Dickenson D and Murray T. （2002） *Health Care Ethics and Human Values* （Blackwell）.

Goold I. and Herring J. （2018） *Great Debates in Medical Law and Ethics* （Palgrave）.

Harrington J. （2017） *Towards a Rhetoric of Medical Law* （Routeledge）.

Herring J. and Wall J. （2015） *Landmark Cases in Medical Law* （Hart）.

Hope T. （2005） *A Very Short Introduction to Medical Ethics* （Oxford University Press）.

Hursthouse R. （1999） *On Virtue Ehics* （Oxford University Press）.

Lõhmus K. （2015） *Caring Autonomy：European Human Rights Law and the Challenge of Individualism* （Cambridge University Press）.

Miola J. （2007） *Medical Ethics and Medical Law* （Hart）.

Murphy T. （2013） *Health and Human Rights* （Hart）.

Rogers C. （2016） *Intellectual Disability and Being Human* （Routeledge）.

Seay G. and Nuccetelli S. （2016） *Engaging Bioethics* （Routeledge）.

Veitch K. （2007） *The Jurisdiction of Medical Law* （Ashgate）.

Wilson D. （2014） *The Making of British Bioethics* （Manchester University Press）.

有关女权主义医学伦理学，请参考下列文献：

Hall K. （2017） 'Feminist and Queer Intersections with Disability Studies' in Garry A.，Khader S.，Stone A. （eds） *The Routeldge Companion to Feminist Philosophy* （Routeledge）.

Harding R. Fletcher R. and Beasley C. （eds）（2017） *Revaluing Care in Theory，Law and Policy* （Routeledge）.

Herring J. （2013） *Caring and the Law* （Hart）.

Herring J. （2016） *Vulnerable Adults and the Law* （Oxford University Press）.

Herring J. （2019） *Law and the Relational Self* （Cambridge University Press）.

Kellr J. and Feder Kittay E. （2017） 'Feminist Ethics of Care' in Garry，A.，Khader，S.，Stone A. （eds） *The Routeledge Companion to Feminist Philosophy* （Routeledge）.

Mackenzie C. (2019) 'Feminist innovation in philosophy: Relational autonomy and social justice', 72 *Women's Studies International Forum* 144.

Mahowald M. (2006) *Bioethics and Women* (Oxford University Press).

Marway H and Widdows H. (2015) 'Philosophical feminist bioethics', *Cambridge Quarterly of Healthcare Ethics* 24: 165.

Rogers W. (2017) 'Feminist Bioethics' in Garry A, Khader S, Stone A. (eds) *The Routeldge Companion to Feminist Philosophy* (Routeledge).

Rogers W, Mackenzie C and Dodds S. (2015) 'Why Bioethics needs a concept of vulnerability', *International Journal of Feminist Approaches to Bioethics* 5: 11.

关于人格，请参考下列文献：

Curtis B, Vehmans S and Vehmas S. (2016) 'A Moorean argument for the full moral status of those with profound intellectual disability', *Journal of Medical Ethics* 42: 41.

Feder Kittay E. (2009) 'The personal is philosophical is political', *Metaphilosophy* 40: 606.

Foster C and Herring J. (2017) *Identity, Personahood and the Law* (Springer).

Lawrence D and Brazier M. (2018) 'Legally Human? "Novel Beings" and English Law' *Medical Law Review* 26: 309.

McMahan I. (2002) *The Ethics of Killing* (Oxford University Press).

Quigley M and Ayihongbe S. (2018) 'Everyday Cyborgs: On integrated persons and integrated goods' *Medical Law Review* 26: 276.

Vukov J. (2017) 'Personhood and Natural Kinds: Why Cognitive Status Need Not Affect Moral Status', *Journal of Medicine and Philosophy* 42: 261.

第二章
国民医疗服务体系架构和卫生资源分配

引　言

不管持何政见，政治家们都声称要致力于发展国民医疗服务体系。这不光对全国意义重大，也是引发激烈争论的政治议题，同时常常成为大选期间选民最关心的议题之一。

本章我们将探讨国民医疗服务体系的架构以及该体系管理者面临的一些重要问题。尽管乍看起来，国民医疗服务体系的架构以及将资金划拨给国民医疗服务体系的方式似乎算不上最有意思的选题，但实际上，这方面有许多重要问题。要详细讨论国民医疗服务体系的架构及相关问题，至少要用一本书才能说清。

我们将在本章简要概括国民医疗服务体系的架构，并选择部分问题进行讨论。需要强调的是，国民医疗服务体系非常庞杂。有关这方面的内容，请参考以下数据：[1]

- 2006—2007 年度，英国在国民医疗服务体系上的净支出为 788.81 亿英镑，到 2018—2019 年度，升至 1290 亿英镑。2019—2020 年度，有望达到 1340 亿英镑。
- 2017 年 3 月，医院和社区卫生保健服务中，国民医疗服务体系总共聘用了（全职）1 511 400 名员工。
- 每 36 小时，国民医疗服务体系将处理 100 万患者的问题。
- 2018—2019 年度的每一天，有 67991 人到急救部就诊。

1. 国民医疗服务体系原则

国民医疗服务体系有《国民医疗服务体系章程》。[2] 该章程在开篇处明确规定了国民医疗服务体系的设立宗旨：

> 其宗旨是提高我们的健康和幸福，帮助我们保持身心健康。当我们生

---

[1] 参见 Baker (2019); Full Fact (2019); Sky News (2019)。
[2] NHS (2013a).

病时，帮助我们康复。当我们不能完全康复时，尽力帮助我们维持现有状态，直至生命结束。以最尖端的医学开展工作——用人类最杰出的智慧拯救生命、保护个人健康。在涉及基本需要时，也即当照顾和同理心变成最重要时，它照顾的是我们的生命。[①]

随后，它规定了七项核心原则。

(1) 国民医疗服务体系提供全面的服务。民众不分性别、种族、健康状况、年龄、性取向、宗教信仰、变性与否、怀孕、结婚或民事结合，都平等享有国民医疗服务体系提供的服务。本服务旨在诊断、治疗疾病，提高民众的身心健康。它对每个服务对象都负有尊重个体人权的义务。同时，它有更广泛的社会责任，通过提供卫生服务推进平等，尤其关注那些在卫生保健和寿命方面较为落后的族群。

(2) 是否可以接受国民医疗服务体系提供的医疗服务取决于诊所接待能力，而非个人的支付能力。国民医疗服务体系提供免费服务，只有在议会规定的有限情况下收费。

(3) 国民医疗服务体系追求卓越和专业服务的最高标准。国民医疗服务体系提供高质量的照护服务，讲求安全、有效、关注患者感受；国民医疗服务体系提供优秀的工作人员，他们接受的支持、教育、培训以及职业发展都十分优秀；国民医疗服务体系提供高效的管理；国民医疗服务体系竭力创新，为改善民众的卫生现状及未来而推进、开展、使用各种科学研究。尊重、尊严、热情、关怀是国民医疗服务体系对待患者和工作人员的核心理念，这不光是因为这是正确的工作方式，而且当医护人员得到了重视、权力和支持时，患者的安全、体验和最终治疗结果都会得到提高。

(4) 国民医疗服务体系致力于将患者置于一切工作的中心。国民医疗服务体系应支持个人保持并提升健康状况。国民医疗服务体系服务必须反映患者、家属及其照料者的需求和偏好，并据此提供个性化服务。在适当时候，针对患者的照料和治疗，医务工作者将询问并征求患者、家属及其照料者的意见。国民医疗服务体系鼓励并欢迎公众、患者及医生的积极反馈，并针对反馈提高服务。

---

① NHS (2013a: 3).

(5) 国民医疗服务体系联合其他组织为患者、地方社区及更广泛的人群服务。国民医疗服务体系是根据《国民医疗服务体系章程》中的原则和价值组织起来的各种服务机构的综合系统，旨在和其他地方机构、公共服务组织和其他志愿者组织、私人组织合作，改善民众健康和幸福。

(6) 国民医疗服务体系致力于发挥纳税人缴纳税款的最大价值，最公平、有效、可持续性地使用有限的资源。用于卫生保健的公共资金只能专门用于国民医疗服务体系所服务民众的福利。

(7) 国民医疗服务体系为其所服务的公众、社群和患者负责。国民医疗服务体系是由国家税收资助的全民机构。政府制定了该体系的工作框架，对于其工作，政府向议会负责。但是，国民医疗服务体系的大多数决定，尤其是对于具体组织及其个人治疗则分别由地方国民医疗服务机构、医生和患者做出。国民医疗服务体系的责任机制应对公众、医生、患者公开透明。政府应保证为此目的，一直都有一份清晰和最新的国民医疗服务体系责任说明。[①]

该组织章程规定了患者在国民医疗服务体系享有的各类权利。

在接受卫生服务方面：

• 您有权接受国民医疗服务体系的免费服务，议会同意的某些情况除外。

• 您有权请求国民医疗服务体系提供医疗服务。没有合理理由，国民医疗服务体系不得拒绝。

• 您有权请求当地的国民医疗服务机构对当地社群的卫生需求进行评估，在其认为必要时，委托他人提供医疗服务以满足民众的就诊需求；在涉及地方管理机构委托的公共卫生服务方面，您有权要求其采取措施改善当地民众的健康。

• 在某些情况下，您有权通过国民医疗服务体系的工作人员联系欧洲经济区内的国家或者瑞士的医院，出国接受治疗。

---

① NHS（2013a：6）. 法院在 R（Booker）v NHS Oldham [2010] EWHC 2593（Admin）曾提到这一章程（2010年版）。在该案中，患者在法院审结的另一案件中已经获得了赔偿，用于支付他接受私立医疗机构治疗的费用。NHS以此为由，拒绝为其提供治疗。法院判定，这一做法违法。

- 在国民医疗服务体系提供的服务中,您有权获得平等服务,不会因为性别、种族、健康状况、年龄、性取向、宗教信仰、变性与否、怀孕分娩情况、个人的婚姻或经登记的民事结合关系等遭到非法歧视。
- 在候诊最大时间范围内,接受国民医疗服务机构受托提供的某种卫生服务;如果不行,由国民医疗服务体系采取一切合理措施,为您提供其他适当的卫生服务提供者的名单。各科室候诊时间在《国民医疗服务体系章程》中有明确规定。

国民医疗服务体系还致力于:

- 在《国民医疗服务体系章程》规定的候诊时间内,帮助患者简单、快捷地接受卫生服务(承诺)。
- 以一种明确、透明的方式做出决策,以便公众和患者都知晓卫生服务规划以及实施(承诺)。
- 在患者转院时,提供尽可能畅通的渠道,在影响您或他们的决策中,将您、您的家人以及照顾者置于工作中心(承诺)。

在卫生保健质量与环境方面:

- 您有权在经合法批准或登记的、符合安全及质量法定标准的机构,接受由具有专业资质和一定经验的专业人士提供的具有专业水准的照料。
- 您有权要求国民医疗服务体系组织对他们委托的或提供的卫生保健服务进行监督,并持续努力提高服务质量。

国民医疗服务体系还致力于:

- 在全国最佳服务基础上,确保在与医疗目的相适应的清洁、安全的环境下提供服务(承诺)。
- 在保健和服务质量上,找出最佳服务并不断推广最佳服务(承诺)。
- 在入院治疗时,确保您不会与异性患者共用一个病房,除非根据《国民医疗服务体系章程》的规定,这是适当的(承诺)。

在国家批准的治疗方法、药物及接种方案方面:

- 如果您的临床医生认为合适,那么您有权在国民医疗服务机构中使用英国国家卫生与保健优化研究所[①]推荐的药物和治疗方法。

---

① 全称为 National Institute for Health and Care Excellence。——译者注

・您有权要求国民医疗服务体系的地方管理机构在考虑相关证据后，合理资助部分药物或治疗方法。如果地方管理机构决定，对您和您的医生认为合适的药物或治疗不提供资助，他们应对此做出解释。

・按照国民医疗服务体系全民免疫接种计划，您有权接受疫苗接种和免疫联合委员会推荐给您的疫苗。

国民医疗服务体系还致力于：

・根据英国国家筛查委员会的建议提供筛查服务（承诺）。

在尊重、同意及隐私权方面：

・您有权按照人权标准，以受尊重的方式接受治疗。

・您有权接受或拒绝治疗。除非您做出有效同意，否则不得对您做任何身体检查或治疗。如果您不能做出有效同意，那么须取得您的合法代理人的同意，或者该治疗符合您的最大利益。

・您有权提前知晓备选的治疗方案和检查的相关信息及内容，包括这些治疗方案可能存在的重大风险及各自优势。

・您有权查看个人医疗档案，并要求修改任何与事实不符的记载。

・您有权享有个人隐私，并要求国民医疗服务体系保护您的隐私安全。

・您有权知晓您的个人信息如何被使用。

・您有权要求不得在您的治疗保健工作外使用您的个人信息，如果不能遵从您的意愿，则您有权获悉这么做的理由，包括法律理由。

国民医疗服务体系还致力于：

・确保为您提供照料和治疗的工作人员能够获取您的健康信息，便于为您提供安全有效的卫生服务（承诺）。

・对您治疗过程收集的个人信息进行匿名化处理，并将其用于医学研究，提高医疗水平（承诺）。

・如果必须使用可识别的信息，那么将尽一切可能为您提供反对使用这些信息的机会（承诺）。

・通知您参加您可能有资格参加的医学研究项目（承诺）。

・与您分享医生之间有关您的卫生服务通信（承诺）。

在充分知情后的选择权方面：

・您有权选择全科医生诊所。除非有合理理由，否则您选择的诊所不能拒绝为您提供医疗服务。如果您因合理理由被拒，那么您有权获知具体理由。

• 您有权在您选择的诊所内，选择某位全科医生。诊所将竭尽所能满足您的要求。

• 您有权选择国民医疗服务机构提供的卫生保健服务，有权获得做出上述选择的相关信息。您的备选方案将因时而变，并且取决于您的个人需求。相关细节请参见《国民医疗服务体系章程》。

国民医疗服务体系还致力于：

• 告知您可以在全国范围内或当地可以获取的卫生保健服务（承诺）。

• 以一种您能理解的方式向您提供容易获得的、可靠的相关信息，为您使用这些信息提供支持。这会帮助您参与关涉自己的卫生保健决策过程，支持您做出决策。这包括可以提供上述信息的诊所服务的范围及其质量（承诺）。

在参与卫生保健及国民医疗服务体系改革方面：

• 您有权获知相关信息，帮助您参与有关您的卫生保健服务的讨论和决策过程，包括您的临终关怀。适当时，您的家人和照料者也有这一权利。

• 您可以亲自或通过代理人参与有关您的卫生保健服务计划的制定，对提供卫生保健服务的方式提出修改建议，以及做出影响卫生保健服务的决策等。

国民医疗服务体系还致力于：

• 为您提供信息，支持您的需要，以便影响并梳理国民医疗服务体系服务的规划与实施（承诺）。

• 和您、您的家人、照料者及您的代理人进行合作（承诺）。

• 在对您的卫生服务进行规划时，邀您参与讨论，在您需要时，向您提供您同意实施的卫生服务（承诺）。

• 鼓励并欢迎您对您的卫生服务经历进行反馈，并用于提高卫生服务（承诺）。

在投诉及赔偿方面：

• 您对国民医疗服务体系的投诉事项有权在三个工作日内受理，并进行相应调查。

・对于您的投诉事项,您有权参与相关讨论,并获知调查结束、获得回复的大致时间。

・您有权知晓调查进展及您投诉涉及的任何调查结果,包括对调查结论的解释,以及由于处理您的投诉可能涉及的任何措施。

・如果您对国民医疗服务体系处理投诉的方式不满,您有权向独立的议会和卫生服务申诉专员或地方管理机构申诉专员投诉。

・如果您认为国民医疗服务机构的违法行为或违法决定给您带来了不利影响,您有权请求司法审查。

・一旦您因为国民医疗服务体系的医疗过失受到损害,您有权获得赔偿。

国民医疗服务体系还致力于:

・在处理投诉过程中,确保您会被以礼相待,并得到足够的支持(承诺)。

・如果确有错误,或您在接受卫生保健服务中遭受了伤害,确保您会得到适当的解释和道歉;在承认您所遭受伤害的基础上,细心表达歉意;未来会吸取经验教训,避免类似事情再次发生(承诺)。

・确保机构将在各种投诉中吸取经验教训,用于提高未来的国民医疗服务体系的服务(承诺)。

我们并不清楚这些权利是什么性质的。很明显,其中有些权利可以强制执行,但另一些却无法请求强制执行。有些权利已经被法律肯认(比如因为医疗过失请求损害赔偿),但另一些没有。当患者起诉国民医疗服务体系时,这些规定可能成为法院审理案件的考虑因素。2009年《卫生法》(the Health Act 2009)第2条要求国民医疗服务机构关注《国民医疗服务体系章程》。[①] 如果国民医疗服务机构忽视章程所规定的权利,那么,其可能在过失侵权或司法审查中败诉。[②]

国民医疗服务体系章程不仅规定了患者权利,而且规定了患者责任。相关内容请参见第一章。

---

① 卫生大臣必须关注。2006年《国家卫生服务法》(National Health Service Act 2006)第1A条。
② R (Hinsull) v NHS Dorset Clinical Commissioning Group [2018] EWHC 2331 (Admin).

2. 国民医疗服务体系结构

英格兰、威尔士、苏格兰、北爱尔兰四个地区国民医疗服务体系的组织架构并不完全相同。本章我们只考察英格兰的情况。要清楚阐述国民医疗服务体系的组织结构并非易事,部分是因为国民医疗服务体系结构本身错综复杂。此外,国民医疗服务体系仍处于重大改革进程中,不断有新组织涌现,旧机构被合并撤销,变化速度惊人。

大体上,我们可以从四个层面考察其结构:

(1) 政策制定和中央规划。这主要由英国卫生和社会保障部(Department of Health and Social Care,DHSC)负责。

(2) 监督、检查和管理。现在,这一任务主要由独立的非政府公共机构(Arm's Length Bodies,ALBs)负责。这些机构由英国卫生和社会保障部创设,并对其负责。但它们又相对独立。

(3) 卫生保健委派机构。这些机构决定从哪里购买何种卫生保健服务。比如,临床执业联盟(clinical commissioning groups,CCGs)就会开展这一工作。他们负责评估某地的卫生服务需求,并确保满足该地区合理的卫生服务需求。

(4) 卫生保健服务提供者。这包括在一线直接为患者提供卫生保健服务的人,如医生和护士。

我们将在下文阐述上述不同层面的机构。

3. 国民医疗服务体系的政策制定和集中规划

3.1 议会

通过税收系统将资金划拨给国民医疗服务体系的工作当然由议会审批。英国卫生和社会保障大臣负责向议会报告英格兰国民医疗服务体系的工作情况。还有三个议会专门委员会可以对国民医疗服务体系相关问题进行询问并出具报告:

(1) 卫生和社会保障委员会,主要负责审查卫生和社会保障部的资金使用、管理及政策制定情况；

（2）公共账目委员会，其主要工作是确保国民医疗服务体系运营经济、高效；

（3）公共管理委员会，主要负责审查卫生服务专员的报告。

3.2 卫生和社会保障部

根据 2006 年《国家卫生服务法》（National Health Service Act）第 1A 条之规定，[①]

（1）国务大臣[②]应持续推进英格兰的综合卫生服务，旨在提高：

① 英格兰人民的身体和心理健康；

② 预防、诊断、治疗身体和心理疾病。

（2）为此目的，国务大臣应履行本法授予的职责，确保相关机构依法向社会提供医疗服务。

（3）国务大臣对英格兰地区提供的卫生服务向议会负责。

（4）作为卫生服务的一部分，在英格兰提供的各种卫生服务都必须免费，除非法律明确规定须支付相关费用。

第 3 条第 1 款规定，

在全英范围内，国务大臣应在其认为必要的限度情形下提供以下服务，满足民众所有合理的需求：

① 住院；

② 为提供本法规定的服务提供其他住宿服务；

③ 医疗服务、牙医服务、眼科服务、护理服务、急救服务；

④ 作为卫生服务的一部分，在其认为必要的范围内，为照料孕妇、哺乳期妇女及婴幼儿提供的其他服务或设施；

⑤ 作为卫生服务的一部分，在其认为必要的范围内，在疾病预防、患者护理及病后康复方面提供的其他服务或设施；

⑥ 在疾病诊断和治疗中需要提供的其他服务或设施。

---

① 2012 年《健康和社会保健法》（Health and Social Care Act 2012）对该法进行了修订。

② 原文为 Secretary of State，实际指负责卫生工作的国务大臣（Secretary of State for Health），也即卫生大臣。——译者注

卫生和社会保障部通过国民医疗服务体系履行上述义务。注意，该法第3条规定，国务大臣只在"其认为必要的范围内"提供服务。① 这就限制了该条款的执行。还需注意的是该法第1条第3款规定卫生服务免费。② 2012年《健康和社会保健法》为国务大臣新增了一些责任，旨在确保不断提高卫生服务水平③，关注《国民医疗服务体系章程》④，减少卫生服务的不平等⑤，促进医院自治、医学教育、医务人员培训和医学研究⑥。法律规定的这些义务的措辞非常模糊，很难想象以国务大臣违反上述义务提出的诉讼能胜诉。在全民救助信托会诉全民卫生服务委托执行委员会案⑦中，上诉法院驳回了下列指控：预防性治疗（该案中为旨在防止艾滋病传播的药物）不属于国民医疗服务体系的业务范围，而是地方机构处理的问题。⑧

2012年《健康和社会保健法》旨在限制卫生部对于国民医疗服务体系的直接管理。据此，国民医疗服务体系解释道："卫生部负责卫生服务和社会服务体系的战略性领导，但其不再是国民医疗服务体系的总指挥官，也不再直接管理任何国民医疗服务体系组织。"⑨

3.3　英格兰国民医疗服务体系

英格兰国民医疗服务体系是一个独立于政府的组织。其主要目标是提高英格兰地区的卫生水平。其职责包括以下内容：

- 在提高卫生服务水平和全民健康水平上，担任领导角色；
- 监管临床执业联盟的运作；

---

① 该法并没有要求国务大臣将提供给英格兰居民的卫生服务也提供给其他联邦地区公民，包括英国的北爱尔兰地区：R (A) v Secretary of State for Health (Alliance for Choice) [2017] UKSC 41（涉及堕胎服务）。
② 对于第1条第3款的范围问题的讨论，参见 North Dorset NHS Primary Care Trust v Coombs [2013] EWCA Civ 471; R (A) v Secretary of State for Health (Alliance for Choice) [2017] UKSC 41。
③ National Health Service 2006, s. 1A.
④ National Health Service 2006, s. 1B.
⑤ National Health Service 2006, s. 1C.
⑥ National Health Service 2006, ss. 1D-F.
⑦ R (National Aids Trust) v National Health Service Commissioning Board [2016] EWCA Civ 1100.
⑧ 更多讨论参见 Hurley (2018)。
⑨ NHS (2013b: 15).

- 给各临床执业联盟分配资源；
- 委派初级护理服务和专家服务。①

2019年，该组织和国民医疗服务体系改善服务署合并为一个组织，现为英格兰国民医疗服务与改善部。

4. 质量控制：检查和管理

4.1 医疗护理质量委员会

医疗护理质量委员会（Care Quality Commission）对国民医疗服务体系内的"质量控制"进行监管。这实际上包括对所有的医疗服务和成年人社会服务进行监管，而不管服务提供者是谁。该委员会独立于政府。它针对具体领域发布调控和指导意见。此外，质量控制工作还可能包括医疗工作检查或一种更宽松的执行方式。2014年《护理法》（Care Act）授权该委员会履行其工作。② 其主要任务是确保向社会民众提供一种可持续的高质量卫生服务。

4.2 国民医疗服务体系改善部

国民医疗服务体系改善部（NHS Improvement）和国民医疗服务体系信托机构以及国民医疗服务体系服务提供者合作，支持他们"在可持续发展的地方卫生机构中为患者提供持续的、安全的、高质的、热情的医疗服务"。③ 其职责为在国民医疗服务体系推进优质服务，确保预算可控。2019年，国民医疗服务体系改善署已经和英格兰国民医疗服务体系合并为一个组织。

4.3 "健康守护"机构

"健康守护"（Healthwatch）是新近设立的机构，作为一个"独立的支持消费者的机构，收集公众对英格兰医疗服务和社会服务的观点并代表公众告诉相关机

---

① NHS (2013b).
② Health and Social Care Act 2008，ss. 62-5.
③ NHS Imrovement (2017).

构"。① 其旨在确保国民医疗服务体系在提供服务时倾听民众意见。

5. 卫生服务的委派和规划

5.1 临床执业联盟

现在,临床执业联盟负责在全英各地分配国民医疗服务。2013年4月1日起,临床执业联盟取代了原来的初级医疗服务信托组织(Primary Care Trusts,PCTs)履行这一职责。所以,现在,当一个患者到全科医生处就诊,全科医生认为需要接受进一步治疗时,临床执业联盟就负责分配这一工作任务。临床执业联盟可能会将这一任务分给国民医疗服务体系系统内的医院、相关慈善机构,或者提供这一服务的私人机构。临床执业联盟将掌控该体系医疗服务支出的绝大部分。

所有的全科医生都隶属于临床执业联盟。每一个临床执业联盟都包括全科医生、护理主任、办理登记的护士、提供二级医疗服务的临床专家以及两位非医学专业的专员(一人有财务专长,另一人熟悉当地文化)。

5.2 健康与福利委员会

地方当局还会设立健康与福利委员会,这一机构主要负责在临床执业联盟分配卫生任务时提供帮助,并对护理服务和社会服务进行一般意义上的监管。具体而言,包括以下内容:

- 对卫生福利服务方面的战略决策,加强民主参与。
- 在卫生服务和社会护理方面,增强联动机制。
- 鼓励委派经整合的卫生服务和社会护理服务。②

5.3 社会服务部门

提供社会服务(和卫生保健服务不同)是地方管理机构的职责。地方管理机构可以自行提供各种社会服务,也可以从其他服务提供商那里购买服务。社会服务包

---

① NHS (2013b: 15).
② NHS (2013b).

括帮助个体独立生活，例如上门送餐服务、洗衣服务以及提供住宿。这些不属于卫生保健服务的内容。但对有些失能老人或病残人士而言，这些服务又与卫生保健服务密切相关。

6. 支付系统：卫生保健和社区服务

国民医疗服务体系的工作理念之一就是免费提供医疗卫生服务。[①] 除法律明确规定可以收费的项目外，卫生保健服务必须免费。[②] 这些法律规定的收费项目包括假发、药物、眼科以及牙科器具等。这使得对国民医疗服务体系提供的服务范围这一概念的界定变得尤为关键。因为如果某项服务不属于国民医疗服务体系提供的服务范围，那么民众就需对该服务付费。近年来，对卫生保健和社会服务区别的强调，意味着以往曾由国民医疗服务体系免费提供的部分服务现在被划为一种个人需求，需要个人支付相关费用。[③]

有人主张，那些不能自理的人之所以如此，是因为他们身体状况较差。因此，他们的问题是他们不健康的身体导致的症状。的确，如果不能为他们提供个人护理，他们就很可能会有其他健康问题。所以，个人护理应该被视为一种促进健康的工作还是处理身体不健康的后果，我们很难对二者进行明确区分。我们甚至可能认为，做这种区分主要是为了在坚持为国民提供免费卫生保健服务的同时，为国家节约经费，而非因为这样做更加合理。[④]

如前所述，地方管理机构可以要求客户就自己享受的个人服务支付合理价格。[⑤] 因此，如何区别免费的卫生保健服务和自付费的社区护理常常引发激烈讨论。2014年《护理法》（Care Act 2014）第22条规定，地方管理机构不能要求个人支付护理或卫生保健服务。

2011年《迪诺特社会保健服务报告》（Dilnot Report on Social Care）非常直白，其概要部分一开始就提及以下问题[⑥]：

---

① See DoH（2009a）. 该报告中有有关患者希望将 NHS 和私人诊所的服务结合起来的内容。
② National Health Service Act 2006, s. 1.
③ 参见 Herring（2013: ch. 3）。
④ National Health Service Act 2006, s. 1 (3).
⑤ Health and Social Services and Social Security Adjudications Act 1983, s. 17.
⑥ Commission on Funding of Care and Support（2011: 1）.

一是当下英格兰的成年人社会护理资助体系与制度的目的并不相符,迫切需要有良好持续效果的改革新举措。

二是现行制度混乱不公,不具有可持续性。人们不能提前安排个人未来的护理需求。相关评估过程也复杂艰深。是否可以享受社会护理服务取决于个人居住地,且各地规定也千差万别。如果搬至他市,那就不能享受原来城市的待遇。相关信息咨询服务较差,各种服务常常不能整合。所有这些都意味着,在社会护理服务方面,许多用户都体验不佳。

拍案惊奇

在讨论卫生保健政策时,我们很容易忘记受卫生保健政策影响的个体。请思考这位年满72岁、无法行动的老人瓦莱丽·特格韦尔(Valerie Tugwell)的处境。她所在的地方管理机构决定减少社会福利服务为她提供洗澡的次数,为此,她说:

> 一天中大约有一半时间我都觉得自己不干净。2004年,社会护理服务部门将为我洗澡的次数从每周两次减为每周一次。从那以后,我觉得自己被剥夺了作为一名正常人应享有的权利。之后,他们又告诉我,我一周一次的洗澡时间也没了,因为护理我的实际耗时超过了分配给我的一小时护理时间。我告诉他们,我大小便失禁的次数都增加了一倍,为什么我还不能洗澡?难道我连保持身体干净的权利也没有吗?他们告诉我,时间和金钱不允许。但是我们说的事只要15分钟就可以解决了。①

---

① Revill, Campbell, and Hill (2007:12).

7. 医疗服务的提供

医疗服务提供者是那些在国民医疗服务体系内为患者提供卫生服务的人。"初级医疗护理"是指人们在遇到疾病困扰时，首先联系的医务人员提供的服务，这些医务人员包括全科医生、眼科医生、牙医、药剂师以及国民医疗服务体系热线（电话服务）服务人员。"二级医疗护理"是初级医疗服务者可能将患者送去接受的医疗服务，包括急诊和专科医疗服务。地方临床执业联盟负责安排二级医疗护理。他们决定应委托谁提供何种医疗服务以满足患者的需要。提供医疗服务的主体主要包括以下机构。

7.1 国民医疗服务体系信托机构[①]

国民医疗服务体系信托机构（NHS Trusts）是根据 1990 年《国民医疗服务体系和社区护理法》（NHS and Community Care Act 1990）创建的。尽管他们的工作任务经历了重大变革，但其主要功能是为本地区的民众提供卫生保健服务。

国民医疗服务体系信托机构可以为患者提供私人卫生保健服务，通过收费项目为国民医疗服务体系患者提供特别服务。[②] 它们也可以在年度限额内贷款。国民医疗服务体系信托机构的每一份收益都必须在该医院的法定权限内开支，所以，信托机构不得营利。

[①] 国民医疗服务体系信托机构是在 1990 年《国民医疗服务体系改革法》中确立的，将当时国民医疗服务系统里的专科医院进行整合，组建成众多的综合性医院，取名为国民医疗服务体系信托机构。信托机构与法律意义上的信托基金不同，它是一个公共部门机构。信托机构负责自己管辖的几所医院的运营。国民医疗服务体系信托机构是由英国卫生和社会保障部直接管理，而且要求每年其财政收支要平衡。截至 2015 年 6 月，国民医疗服务系统共有 98 家国民医疗服务体系信托机构。——译者注

[②] Health and Social Care Act 2001, Sch 2.

7.2 基础信托会①

尽管不允许基础信托会（Foundation Trusts）营利，但它们是"独立的公益法人"。② 基础信托会的运营机构是一个由当地管理人员、员工及市民组成的董事会。此外，和其他信托机构相比，基础信托会有更大的经济自由和组织自由。让地方群众加入基础信托会运营，是为了更好地为地方群众服务。2012年《健康和社会保健法》设置了一个程序，准备将所有的国民医疗服务体系信托机构都创建为基础信托会。

7.3 全科医生

全科医生负责注册在自己名下的民众的健康问题。他们会为民众提供一般的卫生保健服务，开具处方，实施一些简单手术以及开展预防接种工作。全科医生通常会与一个医疗卫生团队一起工作，这个团队包括护士、助产士、理疗医生等。如果全科医生不能处置患者的病症，他们会将患者转诊到一家医院去做检查或治疗。转诊前，全科医生会和专科顾问医师开会商议。

8. 结构问题

我们现在将简要讨论国民医疗服务体系面临的一些结构问题。

8.1 医疗服务提供者和购买者的区别

委托医疗服务和提供医疗服务之间存在重大差别。20世纪90年代，保守党政

---

① 基础信托会运营模式于2002年提出，这种公共机构最大的特点是不再由卫生和社会保障部直接管理，而是由各地方的居民自主决定基础信托会的运营模式。基础信托会设有自己的管理层，由其所在地区的居民选举产生。在财务方面，基础信托会可以保留自身的盈余，不需要保证每一年度的收支平衡，只要债务水平符合监管机构的相关规定即可。从2004年起，英国政府开始正式推行基础信托会模式，随后几年开始了大规模的改革，将大量的国民医疗服务体系信托会改造为基础信托会。——译者注

② DoH (2005b: para 5.16).

府在建立"内部市场"的同时,创设了上述概念。① 2012年《健康和社会保健法》又进一步强调了这一点。这背后的理念是赋权给英国临床执业联盟,让其决定从哪里购买患者需要的医疗卫生服务。卫生保健服务提供者则会努力提供优质服务以确保自己被选中。简言之,这在各卫生服务提供者之间创建了一种竞争机制,决策者希望这会促使国民医疗服务体系内部不断提高医疗卫生服务水平。但是,需要特别注意的是,这里不存在价格市场。国民医疗服务体系改善部和英国卫生和社会保障部已经定好了服务价格。所以,这个市场实际上只是一个服务质量(和效率)的市场。② 国民医疗服务体系改善部有一项专门任务,即确保卫生服务高质高效。

但批评者提出,鼓励竞争必然意味着有输赢。鼓励和临床执业联盟建立一种互惠关系比鼓励竞争更有效。③

在2012年《健康和社会保健法》通过后,临床执业联盟发现,他们的工作任务繁重。由全科医生主导的临床执业联盟究竟能取得多大的成功还有待时间检验。许多全科医生都在引进管理顾问公司和会计事务所帮助他们处理卫生委派工作。这一点都不奇怪。尽管这种方法有助于提高卫生委派工作的效率,但这也会将市场导向的思维引入国民医疗服务体系,有人认为,国民医疗服务体系得以建立的基础性原则非常排斥这种市场思维。一想到国民医疗服务体系的资金要流向以伦敦为基地的几家城市大公司和企业,这毫无疑问会引发政治争议。

另一个担心是2012年《健康和社会保健法》已经将引入私人公司问题作为一个法律问题,而非政治问题。正如安妮·戴维斯(Anne Davies)解释的那样:

> 根据2012年《健康和社会保健法》……国民医疗服务体系机构有法定义务为公立和私立的卫生服务提供者提供一个公平竞争的环境。这就意味着如果一个私立卫生服务提供者赢得了合同,这可能只是呈现出一个法律技术问题。尽管从字面上看的确如此,但对于国民医疗服务体系的运行机制而言,这种做法却有破坏国民医疗服务体系政治责任的潜在风险。④

8.2 独立机构的作用

我们从国民医疗服务体系的机构列表中可以看出,非政府公共机构扮演了一个

---

① 更多精彩讨论见Harrington (2009)。
② Davies (2013).
③ BMA (2011a).
④ Davies (2013: 566).

重要角色。这些机构包括各委员会、研究所等，他们独立于政府但又对政府负责，主要负责某些专门领域的工作。

独立机构的支持者强调，这些机构对医疗卫生领域的敏感问题进行调整，不受政治干预。例如，人类受精与胚胎管理局对胚胎研究以及生育技术发展等敏感问题发布指导意见。如果这种问题由政府来决定，人们会担心，政府制定的规范反映的是政府认为公众可以接受的规范，而非科技和伦理上合适的规范。

但是独立机构的反对者指出，这恰恰是这些机构的问题所在。这些机构的工作人员司职一个专业部门，对普通人的感受漠不关心，他们总是提出一些不负责任的意见。

8.3 去集权化

目前国民医疗服务体系的一个重点问题是下放权力给地方的临床执业联盟以及一线医务人员。他们的理由是一线医务人员更了解他们所负责地区的患者需要什么医疗服务，以及如何更好地满足患者的需要。赋予临床执业联盟一定的独立性是让地方国民医疗服务体系机构满足当地人群医疗需求的关键。

在制定2012年《健康和社会保健法》时，卫生大臣指出，该法将"临床医生推上了制定卫生服务决策的驾驶位"，这样就"将国民医疗服务体系从以往指挥控制系统中解放出来""逐步淘汰自上而下的管理模式"。[1] 安妮·戴维斯注意到：

> 这一改革旨在通过转变管理模式，为国民医疗服务体系的卫生服务提供者和购买者赋予更多自主权。通过国民医疗服务体系任务委派委员会，卫生服务购买者不受英国卫生和社会保障部的行政管理干扰；通过国民医疗服务体系改善部，卫生服务提供者也不受英国卫生和社会保障部的行政管理干扰。[2]

但是，也有人担心国务大臣仍可以通过法规和成员准入控制[3]等措施对这些机构施压，尽管表面上权力已经下放给地方管理机构，但中央政府仍会在幕后进行管理。

---

[1] 参见 BMA（2011b：2）。
[2] Davies（2013：577）。
[3] BMA（2011a）。

8.4 改善卫生服务质量之目标管理

政府努力完善国民医疗服务体系卫生服务的主要方式之一是进行目标管理。从降低自杀率及减少候诊时间，都可以通过目标管理完成。[1] 为了完成这些目标，国民医疗服务体系各机构承担了很大的压力。医疗护理质量委员会的基本任务之一就是确保国民医疗服务体系各机构都严格遵守全国医疗服务框架体系（National Service Frameworks）的规定，按照该框架体系的标准提供医疗服务。[2] 一旦医院提供的服务达标，政府就会为其向国民医疗服务体系投放的资金产生实效邀功。我们不会在此详细讨论这些目标的内容，以及政府是否完成了这些目标。[3] 相反，我们只简单讨论目标管理是否是提高国民医疗服务体系医疗服务质量的有效途径。[4]

目标管理确实为改善医疗服务提供了具体措施。没有这些目标，政府官员可能会担心他们投入到国民医疗服务体系的资金打了水漂，没有可以炫耀的政绩，没办法宣告"改革措施成效显著"。有些情况下，比如由于减少候诊时间的目标管理，患者可以更快地接受治疗，这当然也会使患者获益。

但使用目标管理手段也引发部分担心。审计委员会强调，目标只是"手段而非目的"。[5] 目标管理的风险在于，管理对象执迷于在目标管理期结束时，填好表格，声称完成目标，而非真正着力于提高医疗服务质量。有研究证实，有些信托机构的医院通过投机手段完成缩短候诊时间的目标（比如在手术日当天取消手术等）。虽然这看上去完成了目标，但其结果伤害了患者。[6]

8.5 选择权

选择权已经成为现代国民医疗服务体系中的一个术语。[7] 许多人认为，强调患者的选择权就是强调在国民医疗服务体系接受服务的患者也是消费者。[8] 这种观点反映了一种观念的转变，即患者不再被视为医疗服务的"接受者"，而是可以选择

---

[1] DoH (2000d).
[2] Health and Social Care Act 2008, ss. 62-5. 参见 NHS (2009c).
[3] See King's Fund (2005).
[4] Leatherman and Sutherland (2005).
[5] Audit Commission (2003).
[6] Ibid.
[7] Barr, Fenton, and Blane (2008).
[8] Harrison and Ahmad (2000).

自己中意的某种医疗服务的消费者。支持者认为,选择权给患者带来更大的满足感,因为他们可以获得他们想要的服务,医疗服务提供者也会在争取成为患者的选择对象的过程中努力提高医疗服务质量。

自 2008 年起,由全科医生转诊的非急诊门诊患者可以在首次预约中选择英格兰的任一家医院或诊所。① 在新体制下,这一举措的重要性更加凸显,因为各家医院根据"结果"获得报酬,也即根据他们为患者提供的服务获得财政支付。因此,这将激励医院改善服务,吸引更多的外地患者前来就诊。② 我们正迈向一个患者主导的国民医疗服务体系。③ 改革者希望这可以促进医疗服务质量的改善。的确,早期的一份初步研究证实,当患者有选择权时,候诊时间缩短了。

但这一制度安排可能会让某些患者感到紧张。他们希望医生决定最佳治疗方式,安排相关治疗。让他们参与"医疗决策"过程并非他们的愿望。但也有一些人可以上网查找相关信息或者获得其他卫生保健资源,他们对如何治疗个人疾病有强烈的主观意愿。所以,他们非常赞赏这极具解放意义的新制度。

乍看起来,赋予患者选择权肯定是件好事,但这并非毫无争议。④ 赋予患者选择权会提高医疗成本,这就提出了一个有关性价比的问题。此外,赋予患者选择权也意味着我们必须接受自己有时可能做出错误选择的事实。也有人主张,考虑到国民医疗服务体系的资源分配制度,讨论选择权的问题有可能误导公众,因为我们必须权衡个人选择权和公共利益。我们真的允许患者在国民医疗服务体系内选择那些效果不好的治疗吗?这不会浪费国民医疗服务体系宝贵的卫生资源吗?在某些情况下,我们当然不允许某位患者行使选择权,比如,这种选择将导致另一位患者丧失获得治疗的机会。此外,还有人担心,选择权只有利于有良好教育背景的中产阶层,因为他们可以做出更好的选择,实现个人意愿。相反,社会弱势群体缺少选择方法的智识,增加选择权只会让他们更加弱势。形式上的选择权还可能要求患者有远距离就诊的能力,对低收入家庭而言,这更加困难。的确,如果一个地区的大多数人都不满意本地医院的医疗服务,选择外出就医,这可能导致该地区的医院关门,最终损害没有经济能力外出就医的低收入人群的利益。已有证据证实,在国民医疗服务体系内行使选择权的大部分是高收入人群。这与让所有人平等享有获得医

---

① DoH (2008b).
② King's Fund (2008a).
③ DoH (2005a).
④ King's Fund (2003b).

疗服务机会的工作目标相悖。① 当然，这并不意味着，不应将增加患者的选择权作为国民医疗服务体系的一个工作目标。相反，这是一个警示：尊重个人选择权是有代价和风险的，因此需要对民众的选择权采取一定程度的限制措施。

9. 医疗资源分配

满足民众所有的医疗需求，这是十分美好的愿景。但人们普遍认为，这不过是南柯一梦。现实是医疗人员人手短缺，经费也不充裕。② 如果要国民医疗服务体系满足每个人的医疗需求，那么只能以破产收场。没人希望看到国民医疗服务体系提供的服务成为一种没有任何实质利益的浪费。③ 所以，必须找到一些开源节流的方法。考虑到资金有限，他们最终决定，只有部分人才能使用某种治疗方法。这就是所谓的医疗资源分配问题。

有人对"分配说"提出了质疑。伊冯娜·丹尼尔（Yvonne Denier）指出，"分配说"认为，没有足够资金支持为所有国民提供适当的卫生保健。④ 也许，谈论选择购买最好的治疗，而非我们想要拒绝的治疗，这样更好听一些。⑤ 丹尼尔指出，我们应该转变治疗可以延长生命、提高身体机能的传统观念。实际上，我们应该承认生命的终结同样具有价值。正是生命的有限性才让我们更加珍惜生命，感受生命的激情。根据她的这一观点，医疗资源分配并不是资金短缺问题，而是医疗过度干预的问题。这种观点是对目前医疗资源分配问题的一次有意义的反思。尽管这一观点在理论层面颇有说服力，但当我们在决定谁可以获得某些药物治疗时，这一观点并不具有直接的现实指导性。

从法律角度看，医疗资源分配可以从两个角度考察。一是在卫生保健机构层面，它们在何种程度上限制人们获得医疗资源是合法的，即他们应该如何分配医疗资源。二是在患者层面，我们的某种疾病是否有权接受治疗？如果有权接受，我们有权接受的是何种治疗？这并非是从不同角度提出的同一个问题。请思考，当资金

---

① Den Exeter and Guy (2014); King's Fund (2008c).
② 参见 Light (1997), 该学者指出，这一推定不够准确。
③ Tilbut and Cassel (2013); Fleck (2016).
④ Denier (2008).
⑤ Menzel (2014).

短缺的卫生机构因为资金原因不能给某位患者提供他所需的紧急医疗服务，法院有可能判决，个体获得卫生保健的权利被侵犯。但事实上，卫生机构分配医疗资源的行为具有合理性。在这类案件中，患者最好以政府未能提供充足资金让信托机构开展患者需要的医疗服务为由起诉索赔。还有一种情形，如果患者不能获得某种医疗服务，尽管法院也认为患者无权获得该服务，但如果卫生机构在医疗资源分配时存在不当行为，患者就可以就此起诉，要求赔偿。

9.1 医疗资源分配的含义

医疗资源分配指在医疗资源有限的情况下，决策者决定只有部分人才能获得医疗服务。因此，如果医务人员因为某种治疗方法没有疗效而拒绝施治，这就不属于医疗资源分配问题。

医疗资源分配的核心问题是对患者医疗保健需求的界定。如果某人没有医疗保健需求，那么，拒绝对他进行"治疗"就不涉及医疗资源分配问题。但是，"需求"一词并无确切定义。安德烈亚斯·哈斯曼（Andreas Hasman）、托尼·霍普（Tony Hope）和拉斯·奥斯特达尔（Lars Østerdal）[1]提出，在医疗语境下，"需求"有三层含义。

- 患者未达到公认的健康状态，可以通过治疗帮助他们恢复健康。
- 如果治疗可以帮助患者的身体状况从某个健康临界值之下恢复到健康的临界值之上，那么就有治疗的需求。
- 治疗可以帮助患者的健康状况得到大幅提升。

9.2 目前医疗资源的分配方式

2006年英国《国家卫生服务法》在第1条规定国务大臣有义务推进"综合卫生服务"。在欣克斯案[2]中，上诉法院强调，即使依照1977年《国家卫生服务法》（2006年《国家卫生服务法》的前身），卫生大臣有这样的义务，但这一义务也只是"在现有资源范围内，提供为了满足所有合理要求、他认为必需的服务"。因此，法律明确了在决定是否为某一患者或某些患者提供医疗服务时，卫生机构可以考虑资

---

[1] Hasman, Hope and Østerdal (2006) and Hope, Østerdal, and Hasman (2010).
[2] *R v Secretary of State for Social Services ex p Hincks* (1980) 1 BMLR 93, 95.

金的因素。① 但是，不能因为某位患者可以承担私人医生的费用，就拒绝对其进行治疗。②

在 2006 年《国家卫生服务法》中，出现了这样的话："……提供为了满足所有合理需求、他（国务大臣）认为必需的服务"。这些服务主要包括提供住院床位、医疗服务、牙科诊疗、护理以及急救服务等。这一规定也让要求执行国务大臣的法定义务变得非常困难，因为申请人必须证明卫生大臣认为提供某种服务是合理的，但却拒绝提供这种服务。③

根据 2012 年《全民健康服务委派委员会和临床执业联盟条例（责任和管理规则）》第 11 条的规定，英格兰国民医疗服务体系提供"为了满足所有合理需求而必需的服务"。但是，该法律规定的英格兰国民医疗服务体系应承担的义务是有限的。"无论是合理需求的范围，还是为了满足合理需求他们认为必需的服务，抑或如何履行这些任务"，他们都有很宽泛的自由裁量权。④

沃茨案⑤中法院审查了原告依据欧盟法提出的诉讼请求。该案涉及这样一个问题，对于未获得医疗服务的患者，或者等待很长时间得不到治疗的患者，是否可以请求在欧洲其他国家实施手术，并在国民医疗服务体系报销手术费用。⑥ 如果英国成功脱欧，那么这种诉讼请求是绝对不可能得到支持的。⑦

连续几届的英国政府都坚持说，国民医疗服务体系内不存在资源分配的问题。但是，正如《布里斯托尔调查》（Bristol Inquiry）所言：

> 今日政府总是在夸耀国民医疗服务体系，但国民医疗服务体系有限的资源并不能满足群众需求。公众却常常被误导，误认为国民医疗服务体系能够满足公众的合理需求，而事实上，这显然不能实现。一方面，公众的错觉不断膨胀，另一方面，政府趋向于将卫生医务人员作为不能提供完美服务的替罪羔羊。在这二者之间，卫生保健行业的专家、医生、护士、卫

---

① *R v Sheffield Health Authority ex p Seale* (1994) 25 BMLR 1.
② *R (Booker) v NHS Oldham* [2010] EWHC 2593 (Admin).
③ *R e HIV Haemophiliac Litigation* (1990) 41 BMLR 171.
④ *R (SB) v NHS England* [2017] EWHC 2000 (Admin), para. 18.
⑤ *R (Watts) v Bedford Primary Care Trust and Secretary of State for Health* Case C-372/04 [2006] ECR I-04325.
⑥ Veitch (2012).
⑦ 英国已于 2020 年 1 月 31 日正式脱离欧盟。——译者注

生机构管理人员等进退维谷。……①

不管政府官员怎么说，很明显，在决定应该向某位患者提供什么治疗时，国民医疗服务体系信托机构以及医生都会受到国民医疗服务体系资金短缺的影响。这种限制意味着，即便国民医疗服务体系信托机构和医生们不会明确拒绝患者的就诊需求，有些患者仍无法获得临床上可以实施的某些治疗。那么，什么情况下会进行卫生资源分配，卫生资源又如何分配呢？②

9.2.1 政府

从某种程度上讲，财政部划拨给卫生和社会保障部的资金以及政府设定的税率水平，在很大程度上决定了国民医疗服务体系可以用来为患者提供医疗服务的资金。

9.2.2 国家卫生与保健优化研究所

医务人员做出卫生资源分配决策的最普遍方式是根据国家卫生与保健优化研究所发布的指南来进行。该指南会建议，不为国民医疗服务体系的某些患者提供某类治疗方式，或者某类治疗方式只适用于某些特定患者。我们会在后文中对此进行详细讨论。

9.2.3 国民医疗服务体系执业联盟

一般情况下，如果有患者主张自己的病情十分罕见，并且"申请个人资助"，则国民医疗服务体系委派委员会（NHS Commissioning Groups）负责考虑是否为治疗提供资金支持。委员会的决策需要遵守《优先排位和资源分配的伦理框架书》的规定。③ 其中一个主要原则是：

> 如果对某项治疗的资助不能证明是有助于某特定群体所有患者的一种资金支持，那么就不应只向某些患者提供这种治疗，除非能够从临床的角度对患者进行分类。因为，决定对某些人进行治疗，对另一些人则不提供

---

① Bristol Royal Infirmary Inquiry (2001: para. 31).
② Carter, Gordon and Watt (2016).
③ NHS (2013b). 该框架书的英文原文为 The Ethical Framework for Priority Setting and Resource Allocation。

治疗，这可能过于武断、不公，甚至构成一种歧视。因此，除非国民医疗服务体系委派委员会能够提供充分资金支持，保证所有同样疾病的患者对某种治疗方式都有平等的治疗机会，否则，国民医疗服务体系委派委员会就不应批准这一治疗方式。如果临床医生能够证明患者的疾病在临床上非常罕见，那么单个患者可以通过个人资助申请程序提出申请。

9.2.4 候诊制度

限制患者获得某种治疗的另一种重要方式是候诊制度。卫生机构一般不会直接拒绝为某位患者提供治疗，但患者必须等候一段时间。大多数的信托机构对于情况紧急的患者都建立了应急机制，可以直接将他们安排在候诊名单的最前面。而且在国民医疗服务体系内，患者常常被告知，他们原来确定的就诊时间被延后，如果他们等不及，就得自行前往私人医疗机构，这样他们就可以更快地接受治疗。

9.2.5 临床医生

医务人员也会分配卫生资源。这或许只是他们无意识的行为。比如，有时他们会做出类似这样的决定：对某位患者而言，实施某项手术不值得，或者这位患者不属于需要优先治疗的情形。事实上，没有证据显示，临床医疗决策就是卫生资源分配决定。有学者认为，医疗护理中，"威慑、延误、偏向、拒绝以及质量下降"等问题都时有发生。[1] 对政府官员而言，临床医疗决策的好处在于：

> 它使资源分配过程变成一种无关政治的活动，资源分配的碎片化使其成为一种跨越时空、医患间个体化的私人行为。这样，国民医疗服务体系就可以继续维护它有求必应的假象。[2]

对做出有关卫生资源分配决策的医务人员的调查[3]证实，影响资源分配决策的四个因素是：成本效率、临床效果、平等性、总成本。而对这四个因素的优先性问题，受访者未达成一致意见。

---

[1] Newdick（2005：50）.
[2] Harrison（1998：18）.
[3] Hasman, McIntosh, and Hope（2008）.

9.3 对医疗资源分配的决定提请司法审查的情况

通过法院系统反对某一医疗资源分配决定的常见方式是司法审查。① 但这类案件原告胜诉的概率非常小。可以请求司法审查的情形如下：

(1) 某一医疗资源分配决定违法。比如，初级医疗保健机构做出的这一决定越权。

(2) 某一医疗资源分配决定不合理。司法审查案件中所谓的不合理指原告必须证明，任何一位理性的决策者都不会做出这一不合理的决定。

(3) 在决策过程中，程序不当。

案例法上出现了以下几点重要内容：

9.3.1 提供医疗服务不是一项绝对义务

尽管卫生机构有提供医疗服务的法定义务，但这并非一项绝对义务，因为卫生资源有限。② 在科赫兰案③中，上诉法院指出，在分配卫生资源时，卫生大臣（及其授权机构）：

> 应牢记其推进全面卫生服务的义务……但只要他对这一义务给予了适当关注，那么即便卫生服务不全面，这也不意味着他违反了（自己的法定义务）。事实上，尽管他有义务继续推进免费的卫生服务，但考虑到人力、资金及其他原因，由政府提供全面的卫生服务不可能实现……在决策时，国务大臣有权对现有资源以及卫生服务需求进行综合平衡。

经济因素可以作为卫生机构是否提供某项医疗服务的考虑因素。④ 因此，法院不太愿意宣布患者有权接受某种治疗。正如希金博特姆（Hickinbottom）法官在戴尔案⑤中所言：

> 个人无权向国民医疗服务体系主张必须获得某种水平的卫生服务，或

---

① 在 R (Cavanagh) v Health Service Commissioner (2005) 91 BMLR 40 案中，法院判定，卫生服务专员不能处理有关医疗资源分配问题的投诉。
② R v Secretary of State for Social Services ex p Hincks (1980) 1 BMLR 93.
③ R v North and East Devon Health Authority ex p Coughlan [2000] 3 All ER 850, 861.
④ R v Secretary of State for Social Services, ex p Hincks (1980) 1 BMLR 93; R v Sheffield Health Authority, ex p Seale (1994) 25 BMLR 1.
⑤ R (Dyer) v The Welsh Ministers and others [2015] EWHC 3712 (Admin), para. 17.

在某地接受卫生服务。……这与《欧洲人权公约》第 8 条的规定相符。考虑到必须在个人利益和社会整体利益之间达致平衡，在国家卫生资源有限的情况下，评估何者优先时，国家享有宽泛的自由裁量余地（Margin of appreciation），因此，该条规定并未授权患者可以向国家主张某种特定的治疗。

9.3.2 僵硬政策很可能违法

对个人的就诊需求不予回应的僵硬政策很可能违法。在 ADG 案[①]中，法官判定该卫生机构不资助变性手术的政策违法，因为这一政策限制了机构的自由裁量权，而且没有考虑个案的具体事实。如果某项政策规定，一般情况下不提供某种治疗方法，只要该政策允许考虑个案的特殊情况，这种政策就合法。如果法院认定，尽管某信托会声称他们没有一项严格的政策，但在实践中，他们却在每个个案中自动适用某一政策，对此提出的起诉就可能胜诉。[②] 柯林斯（Collins）法官在 S 案[③]中似乎走得更远。在他看来，如果特殊性这个概念被解释得过于狭窄，只有在特别极端的案件中才能适用的话，那么，这也有违法律的初衷。他解释道：

> 应该注意的是特殊性这个问题与独特性不同。不应该采用以下方法，也即只有极端的案件才被视为具有特殊性。从一般意义上讲，特殊性只是指某个案件不属于一般的案件。

在罗丝案[④]中，案件发生地的临床执业联盟制定了一项政策，除非特殊情况，对于为生育目的冷冻卵子的患者，不提供资金支持。出台这一政策的理由是，用冷冻卵子成功生育子女的概率非常低，临床上治疗效果不佳。杰伊（Jay）法官对这一政策提出了质疑："如果仅仅基于缺乏临床上有效的证据，就能做出一项一般性的决策，那么主张自己病情特殊的患者只用证明对于他的情况而言，存在临床上有效的证据——与这类案件的一般处理相反就可以了，为什么还需要患者证明其他内容？"没有必要证明存在其他的特殊情况。该案说明，法院会审慎检查特殊标准是否恰当，以判断处理某一治疗方案是否应得到资金支持。

[①] *R v NW Lancashire HA ex p A，D and G* [2000] 2 FCR 525.
[②] *R（Ross）v West Sussex Primary Care Trust* [2008] EWHC 2252（Admin）.
[③] *S（A Child）v NHS England* [2016] EWHC 1395.
[④] *R（Rose）v Thanet Clinical Commissioning Group* [2014] EWHC 1182（Admin）.

9.3.3 患者应被告知决策理由并有权陈述自己的意见

患者应该有权解释他们为什么应获得治疗，并知晓他们被拒绝的理由。① 这并不意味着患者应有机会直接面对决策者，但患者的意见应给予适当的考虑。②

9.3.4 不应考虑不相关的因素

如果分配卫生资源时，国民医疗服务体系的各机构考虑了不相关的因素或没有考虑相关因素，则原告提出的司法审查之诉就可能胜诉。很明显，治疗的成功率③以及国家卫生与保健优化研究所的指南属于应予考虑的因素。所以，在费舍尔案④中，法院认定，医院没有遵照国民医疗服务体系的通告执行，且没有解释原因。在罗丝案⑤中，信托机构未能充分考虑相关医学指征，最终原告胜诉。《国民医疗服务体系章程》第2（a）条指出：

> 国家卫生与保健优化研究所是一个独立的国民医疗服务体系机构，主要负责提供药物及疗法的指导。他们"推荐的"药物及疗法指法律明确规定的某种推荐药物及疗法。从公布该推荐药物及疗法之日起，相关卫生机构有义务按照该研究所规定的推荐药物及疗法进行不少于三个月的治疗，在某些特殊情况下，法律规定可以资助更长时间的治疗。

所以，如果卫生机构没有充足理由，又没有遵照该研究所推荐的药物及疗法执行，这就很可能导致其在司法审查诉讼中败诉。基于性别、种族的医疗资源分配决定也属违法。但对于基于年龄的医疗资源分配是否合理，这点并不清楚。我们将在本章后面详细讨论这一问题。而且，如果做出决策的某个委员会没有适当考虑患者的临床指征，这也可能引发诉讼。

9.3.5 应满足合理期待

如果公共机构已经给了民众一个合理期待，即他们会为大家提供某种治疗，但随后又改变政策，致使希望得到这种治疗的民众的利益因此遭受损害，那么原告依

---

① *R v Ethical Committee of St Mary's Hospital ex p Harriott* [1988] 1 FLR 512.
② *R v Cambridge DHA ex p B* [1995] 2 All ER 129.
③ *R v Sheffield HA ex p Seale* (1994) 25 BMLR 1.
④ *R v Derbyshire HA ex p Fisher* [1997] 8 Med LR 327.
⑤ *R (Ross) v West Sussex Primary Care Trust* [2008] EWHC 2252 (Admin).

此提出的诉讼也会胜诉。在科赫兰案①中，法院判定，卫生局已向原告保证，她可以在卫生局负责管理的居住区得到一处可以安度晚年的住所，直至去世。她的合理期待最终使卫生局后来做出的关闭该居住区的决定违法。

9.3.6 对临床评估提出的质疑不太可能获得支持

对治疗方法的临床评估不太可能被认定为不合理。在沃克案②中，原告之子患有先天心脏病，需要手术治疗。但新生儿病房床位短缺。在卫生机构的多次评估中，不断有儿童被认为比原告的孩子情况更紧急，因此，原告起诉要求对卫生机构的决定进行司法审查。上诉法院认为，地方机构将床位留给病情更紧急的儿童是正确的。这实际上是医生的临床决策，法院无权干涉。同样，法院也不会强制医生在临床决策中提供认为不合适的医疗服务。③ 但是，如果当事人成功向法院证明委员会忽视了一个重要的临床指征，那么由此做出的医疗资源分配决定就可能接受司法审查。奥特利案④就是一个很好的例子。在该案中，维多利亚·奥特利（Victoria Otley）所在的国民医疗服务体系信托会拒绝资助她使用一种抗癌药物（阿瓦斯汀），她申请对这一决定进行司法审查。负责此事的医院专家小组收到了建议奥特利女士使用这一药物的报告，其中一位专家注意到，在以往的研究报告中，阿瓦斯汀并不是药物鸡尾酒疗法的一部分。最终，专家小组做出了拒绝资助的临床决策。在上诉中，法院判定，专家小组没有充分考虑到这一疗法是目前唯一可用的疗法。尽管阿瓦斯汀的疗效不太可能延长她几个月的寿命，但对她而言，这个机会至关重要。法院强调这不是基于医疗资源有限做出的决策。同样在SB案⑤中，基于药物的临床效果不好的理由做出的不提供资金支持的决策也被法院判定为不合理，因为摆在该卫生任务委派委员会面前的所有证据都证实该药物是有效的。这也再次说明，法院之所以愿意介入这类医疗决定，很可能是因为拒绝提供资金支持的决定并非是一个所谓的完全以卫生资源为基础的决定。

接下来，我们将阐述适用上述原则的重点案例之一。

---

① *R v North and East Devon HA ex p Coughlan* [2000] 3 All ER 850.
② *R v Secretary of State for Social Services ex p Walker* (1987) 3 BMLR 32.
③ *R v Ealing DA ex p Fox* [1993] 3 All ER 170.
④ *R (Otley) v Barking & Dagenham NHS Primary Care Trust* [2007] EWHC 1927 (Admin).
⑤ *R (SB) v NHS England* [2017] EWHC 2000 (Admin).

重点案例

B案①

B是一名患有白血病的十岁女孩。她做了骨髓移植手术,但手术没有成功。伦敦及剑桥的医生都认为她只能再活6到8周,再做其他治疗没有任何意义。但是B的父亲不愿接受这一决定。他找了一位伦敦的医生和几位来自美国的医生为B做进一步的治疗。这位来自伦敦的教授承认,他只是建议试试化疗及再做一次移植手术,这并非标准的治疗程序。卫生机构也支持不再进行治疗。他们解释说,"花大量的资金实施一项成功率极低的手术,这不符合有效利用有限资源的工作标准。"因此,B的父亲起诉,要求对该决定进行司法审查。

一审中,劳斯(Laws)法官判决B的父亲胜诉。劳斯法官强调,这符合《欧洲人权公约》第2条规定的生命权。这就是说,医院必须提供更有说服力的证据,证明其他患者的就诊需求比她的更重要。只说资源有限不是一个充分理由,卫生机构必须明确陈述是什么事项占用了资金,从而无法为她提供这项治疗。

但在上诉法院进行的二审中,卫生机构胜诉。上诉法院强调,法院无权对地方卫生机构的临床决策进行评判。法院也无权评估地方卫生机构分配医疗资源的决定是否适当。托马斯·宾厄姆(Thomas Bingham)勋爵认为:"有限的资源如何尽可能满足多数患者的需求,这是一个让人十分痛苦的困难决定,不是法院可以做出的。"②

9.4 原则的适用

有意思的是,本案中,劳斯法官和上诉法院在审理时采用了不同的分析方法。③上诉法院采用了不合理标准。他们认为,有关医疗资源分配的敏感决策只有在极端情况下才是不合理的。本案不属于那种极端情况。上诉法院的主要观点是,在对医疗资源分配决策进行司法审查的案件中,法官不是要考虑某项决策是否合理,而是

---

① *R v Cambridge HA ex p B* [1995] 2 All ER 129.
② 对理解本案有帮助的相关讨论,参见 Wall (2015c), at 141.
③ Mullender (1996); O'Sullivan (1998).

要考虑做出决策的过程是否合法。相反，劳法官认为，在像本案这样危及基本人权的案例中，不应适用不合理标准，这里涉及的可是生命权！

上诉法院判决后此事的进展对未来类似案件很有启迪意义。在一位匿名好心人资助下，B 的父亲带她去美国做了手术，手术结束后，B 的早期体征让人充满希望，白血病症状有所减轻，① 但几个月后，她又病倒了，并于 1996 年 5 月死亡。这是否证实了卫生机构的观点，即这一治疗在临床上是不合适的；或是证实了 B 的父亲的观点，手术可以让她再快乐地生活几个月，要知道几个月的生命根本就是无价的。对此，人们尚有争论。

劳斯法官在 Re B 案中所采用的方法也产生了一些影响。在最近的罗丝案②中，格伦费尔（Grenfell）法官指出："在涉及生死的决策中，法院必须对卫生机构的决策过程进行严格审查。"他接着指出：

> 某一临床决策对人权的干预越大，越要求法院审查该决策是否合理。
> 法院必须仔细审查这些医疗决策，因为这关系到原告的生命。③

这些观点可能预示着，对于信托机构做出的拒绝挽救生命的治疗决定，法院的审查将更加严格。但是，如下所示，关键在于决策过程反映的问题性质，而不是实际做出决策背后的考虑因素是否正确。

重点案例

罗杰斯案④

安妮-玛丽·罗杰斯（Anne-Marie Rogers）患有乳腺癌，她希望初级保健信托机构能资助她用赫赛汀（一种未批准的药物）进行治疗，但遭到了初级保健信托机构的拒绝。因此，她申请对这一决定进行司法审查。她的会诊医生说，使用赫赛汀的话，未来十年内，她有 25% 的机会远离癌症的困扰，但是也有 57% 的概率死亡。对赫赛汀所做的早期试验表明，该药对罗杰斯女

---

① BMA (2004: 156).
② R (Ross) v West Sussex Primary Care Trust [2008] EWHC 2252 (Admin), [18].
③ Ibid, para 35.
④ R (Rogers) v Swindon NHS Primary Care Trust [2006] EWCA Civ 392.

士所患疾病的疗效较好。起初，她自费买药，但后来由于个人资金紧张，她向初级保健信托机构提出了资助申请。当地保健信托机构的政策是，只有在个人或临床上有例外情形时才资助这种治疗。他们认为，她并无例外情形。

上诉法院认为，只有该机构的政策制定者预先设定了例外情形时，这种限制性的资助政策才有合法性。如果无法设想例外情形，那么该政策实际就是拒绝资助患者使用该药。这样的政策就违反了合理性，因为它没有考虑到个案的特殊性（前面的 *ADG* 案①就是一例）。法院判定，本案的问题是，对那些适合使用该药的患者，以个人或临床表现对这些患者进行区分，不具有合理性。不能说罗杰斯女士的情况比其他患者好，因此她就不属于例外情形。该政策也没有提及费用是否是一项考虑因素。因此，该政策违法，不具有合理性。法院补充道，因为适合使用该药的患者很少，因此，该初级保健信托机构不会遭遇大量诉讼蜂拥而至的问题。

本案中，法院审理逻辑的关键在于信托机构陈述费用不是相关因素。② 上诉法院的结论似乎是，如果初级保健信托机构在决定是否资助患者接受某种药物治疗时，公开承认预算问题是一个考虑因素，那以费用为由拒绝资助患者接受某种药物治疗就是法律许可的。所以，不能根据这一判决得出癌症患者有权获得可以治疗他们疾病的药物的结论，相反，该判决主张医疗资源分配的决定应该更加公开。如果初级保健信托机构确实无力承担相关费用，资助患者接受某种药物治疗，它就应该公开指出这与费用问题有关。有意思的是，安东尼·克拉克（Anthony Clarke）勋爵表示，如果患者是一位要照顾残疾儿子的母亲，而非没有被抚养人的女性，那么做出资助该患者使用某项药物的决定就是适当的。③

可以明确的是，法院不太可能仅因为某决策在实质内容上不合理而认定该医疗资源分配决定违法。如果诉争焦点只关涉程序，比如卫生机构没有给出其做出临床

---

① *R v NW Lancashire HA ex p A, D and G* [2000] 2 FCR 525.
② 根据 Newdick（2007）的观点，这是因为，他们误解了卫生大臣所做的声明，即妇女不应因为费用问题而被剥夺治疗乳腺癌的机会。
③ *R (Rogers) v Swindon NHS Primary Care Trust* [2006] EWCA Civ 392, at para 77. See also *R (Gordon) v Bromley Primary Care Trust* [2006] EWHC 2462, at para 41，该案中，照顾年幼子女就是一种特殊情形。

决策的适当理由、错误适用了相关政策或者没有考虑原告的具体情况，原告就很可能胜诉。讽刺的是，如果医院大胆陈述"我们无力承担您的治疗，还有一些比您更需要资金支持的患者"，而不是尽力躲在基于特殊情形考虑的原则背后，那么原告想要对其做出的临床决策提出挑战将更加困难。① 克里斯托弗·纽迪克（Christopher Newdick）认为，如果法院要找出程序上的瑕疵从而支持原告的请求，这不难。② 相反，查尔斯·福斯特认为，现在信托机构能轻松地确保他们依法办事。③ 对法院在这一领域的判决的另一种解读是，法院只是希望信托机构对于他们做出的医疗资源分配决定开诚布公。④ 如果它们无力承担，就应单刀直入，不应用一些花言巧语欺骗民众。

9.5　1998 年《人权法》

患者可以根据《欧洲人权公约》请求保护自己的权利。⑤ 这可以是司法审查的内容之一，也可以是根据 1998 年《人权法》第 6、7 条提出的独立诉讼。⑥ 该法中，主要有四条规定可以作为获得治疗权利的请求权基础。尽管如后文所述，真正以这四条为由请求保护的情形非常少见。⑦ 这四条规定如下。

第 2 条：生命权。如果想在国民医疗服务体系内请求获得挽救生命的治疗，患者可以主张如果不提供这种治疗就侵犯了他的生命权。尤其是当患者身患威胁生命的重症出现在医院门口时，他似乎有获得相应治疗的权利。⑧ 但是，第 2 条从未被解释为个人有权获得能挽救他们生命的各种治疗。⑨ 毕竟，大多数案件的情形是，之所以不能为 A 施行手术，是因为为了挽救 B 的生命，为 B 施行了手术。在这种情况下，不可能 A 和 B 都可以依据第 2 条主张他们享有获得挽救生命的治疗的权利。

第 3 条：不受酷刑或者非人道的或侮辱的待遇。原告还可以主张，如果不为他

---

① 关于"特殊性"的深刻分析，参见 Ford（2011）。
② Newdick（2007：244）。
③ Foster（2007）。
④ 另请参见 R (Linda Gordon) v Bromley NHS Primary Care Trust [2006] EWHC 2462 (Admin)，该案中，Ousley 法官抱怨说，医院没有说清楚，它们为什么拒绝为患者提供治疗。
⑤ Maclean（2001）。
⑥ 普通法未规定患者有获得治疗的权利。Re J (A Minor) (Wardship: Medical Treatment) [1990] 3 All ER 930.
⑦ Foster（2007）。Nissen（2018）主张，该公约规定了紧急救治权。
⑧ Sentürk v Turkey (2013) EHRR 4; Genc v Turkey [2015] ECHR 78.
⑨ Maclean（2000）。

治疗，就会使他身陷病痛，遭受非人道或侮辱的待遇。这种主张也会遇到困难。和第 2 条一样，第 3 条也未赋权个人获得相应治疗，从而不受侮辱。① 但如果患者在医院里获得的食物不足，没有得到足够的个人卫生服务，② 导致患者营养不良或出现严重褥疮，这就违反了第 3 条规定。原告还可能主张，尽管第 3 条没有直接规定患者有获得治疗的权利，但其至少赋予患者有获得基本护理的权利。当然，要适用第 3 条规定获得法律支持，必须是患者的健康状况特别糟糕，已经达到非人道或受侮辱的程度。③

第 8 条：享有私生活的权利。原告可以主张私生活获得尊重的权利包括了获得个人希望接受治疗的权利。④ 但是，在 ADG 案中，法院认为，不能依据第 8 条请求获得个人想要接受的治疗。⑤ 以下判决重申了这一点。

重点案例

康德立夫案⑥

康德立夫（Condliff）先生有肥胖症，希望通过手术减肥。但根据信托机构的政策，他不具备实施该手术的条件。他以自己情况特殊、肥胖已经影响其日常生活及个人幸福为由，提出了个人资助申请（Individual Funding Request，IFR）。根据该信托机构有关个人资助申请的政策，在审查个人申请时，非临床的社会因素不作为考虑因素。因此，他的个人资助申请遭到了拒绝。康德立夫先生主张：信托机构不考虑社会因素的做法侵犯了《欧洲人权公约》第 8 条赋予他的权利；此外，信托机构没有说明拒绝的理由，这也侵犯了《欧洲人权公约》第 6 条赋予他的权利。

---

① *R v NW Lancashire HA ex p A, D and G* [2000] 1 WLR 977, at 1000G (Buxton LJ).
② 在英国制度下，一旦患者住院，医院还会为患者提供免费的食物及个人卫生服务。——译者注
③ *R (Yvonne Watts) v Bedford Primary Care Trust and Secretary of State for Health* [2003] EWHC 2228.
④ *Pentiacova v Moldova* (2005) 40 EHRR SE 23.
⑤ *R v NW Lancashire HA ex p A, D and G* [2000] 2 FCR 525. See also *R (Yvonne Watts) v Bedford Primary Care Trust and Secretary of State for Health* [2003] EWHC 2228.
⑥ *R (Condliff) v North Staffordshire PCT* [2011] EWHC 872 (Admin).

上诉法院认为，信托机构不考虑社会因素的做法可能同时也排除了《欧洲人权公约》第 8 条所规定的私生活概念下的某些因素。在做出医疗资源分配决策时，公共卫生机构一般有很大的自由裁量权，而第 8 条不能作为要求法院审查公共卫生机构决策的请求权基础。这就意味着，在考虑个案情形时，不应适用第 8 条。信托机构在审查个人资助申请时不考虑社会因素的做法是为了平衡个人医疗需求与整个社会的医疗需求，这符合公平原则。因此，第 8 条不能作为质疑信托机构个人资助申请政策的依据。因为本案并不涉及任何获得治疗的内在权利问题，也不能适用第 6 条之规定。因为该条规定只适用于涉及法定权利的案件。

第 14 条：不受歧视。对原告而言，这也许算得上是最有力的法律理据了。根据第 14 条规定，原告可以主张卫生机构在医疗资源分配时歧视患者的种族、性别或宗教信仰。如果查实卫生机构确有其事，那当然违法。但有两类情形值得我们重点关注。

首先是年龄问题。第 14 条并未将年龄作为不得歧视的情形之一。但该条所列出的情形被认为是例示性规定，比如，法院在审理中曾将未列出的性取向作为不得歧视的情形。如果年龄是不得歧视的情形之一，一旦患者认为有他同样病情的年轻患者就能得到治疗，那他就可以以年龄歧视为由起诉。

其次是残疾问题。同样，第 14 条对这一内容也没有明确规定，但法院很可能将这一点加入到不得歧视的情形中。那么，如果有人捐献了一枚肾脏，卫生机构决定用它来为一个更健康的儿童做肾移植手术，而非一个需要做同样手术的唐氏综合征患儿，这是否构成歧视？

重点案例

C 案①

原告 C 被诊断为患有性别认同障碍，开始用激素进行变性治疗。随后，C 嫌自己胸小，想做丰胸手术。信托机构认为，该手术不属于该院性别认同

---

① *R (C) v Berkshire PCT* [2011] EWCA Civ 247.

焦虑症的资助范围，他们只资助核心手术，不资助非核心手术（包括丰胸手术），除非患者有例外情形。信托机构主张，这一政策依据是非核心手术的临床效果未经充分论证。同时，如果给C实施这一手术，就对那些希望做这一手术的女性构成歧视。该信托机构也按该院有关美容手术的政策考虑了C的申请。但依据该政策，丰胸手术也不属于优先考虑项目。C对该信托机构的说法不服。

上诉法院判定，该信托机构有权侧重考虑没有证据表明丰胸手术对变性女士有很好临床效果这一事实。C则提出，即使是变性人的核心手术，同样也缺乏能证明其有良好临床效果的足够证据。此外，本案也充分说明，信托机构为了保持每一财政年度的收支平衡，必须在资助什么手术上做出艰难决定。我们很难说这一医疗决策不合理。

在这种情况下，不管如何选择都涉及歧视。本案的关键是这一选择是否可以接受。法律不支持的决定包括对于有同样相关因素的人区别对待，或对于有不同相关因素的人同样对待。重点在于什么是相关因素。在思考这一问题时，需要考虑某一因素与决策者想要实现的目的或其所做区别是否具有逻辑相关性。信托机构的政策目的是规定哪些人有接受丰胸手术的资格。上诉法院霍珀（Hopper）法官这样解释：

> 由法院来做涉卫生保健服务资助项目的临床决策或预算决策都不合适。通常，法院的职责只是确保相关机构依法决策。原告主张，她与产后女性不同，且比有同样问题的产后女性更需要接受这一手术。她的这一观点很重要，但只有符合法律及临床标准的观点才具有重要意义。本案中实质性的法律标准是，性别和临床需求都是相关因素。从临床诊断上讲，病原学是相关因素，但更具相关性的是初级保健信托机构的符合伦理的临床判断，只要他们的判断没有违法。①

因此，不能说信托机构的分析方法带有歧视。C的请求被驳回。

有意思的是本案中上诉法院对歧视的分析方法。实质上，上诉法院霍珀法官指出，尽管从C的角度看信托机构的行为存在歧视，但信托机构认为没有歧视，这并无不当。由于法院要处理的问题是该信托机构分析问题的方法是否合法，所以，在

---

① Para 56.

信托机构没有违法的情况下，原告败诉。这种审判思路颇让人吃惊。因为通常情况下，在涉及反歧视的案件中，应由法院判断是否存在歧视以及区别对待的行为是否合理，而不是决策者判定没有歧视的分析思路是否合理的问题。这说明，在对医疗资源分配决策进行司法审查的案件中，法院不愿干预医疗决策，除非某项医疗决策存在明显错误。

如果法院认为年龄歧视和残疾人歧视都属于第14条禁止的内容，那么关键问题是某项医疗决策是否具有"客观合理性"。如果有，就不能质疑该决策。说明某决策具有"客观合理性"的一个最强有力的理由也许是，残疾和年老意味着手术成功的可能性降低。比如，考虑到70岁的老人可能无法承受肾移植手术，所以医院决定将捐献的肾移植到年轻人身上而不是一位70岁老人身上。这就是一个充分理由。

我们将在后文进一步讨论年龄歧视的问题。

9.6 过失

如果医疗资源分配决定存在过失并对患者造成损害，患者就可对当地卫生机构提起过失侵权之诉。这类诉讼涉及的一个常见问题是，卫生机构在做出医疗资源分配决策时是否对患者负有一定的注意义务。这取决于给卫生机构施加一个注意义务是否公平合理。这方面的一个重点案例是金尼尔案[1]，该案的原告声称在接受疫苗注射后，大脑被损伤。斯图尔特-史密斯（Stuart-Smith）法官对可以构成侵权之诉标的的医疗行为与不受侵权法调整的决策行为进行了区分。所以，在本案中，鼓励接种疫苗的政策不属于侵权法调整的范围。但是，如果在接种条件或接种方式上原告未获得正确的建议，其就可以以此为由向法院起诉。所以，在以侵权之诉对医疗资源分配决策提出质疑的案件中，原告胜诉的机会十分渺茫。如果对卫生资源分配已经做出决策但该决策未得到有效执行，那么对此提出的诉讼请求胜诉的可能性会更大。但即便如此，法院也可能认为，考虑到存在其他纠纷替代解决机制，并且支持原告可能给国民医疗服务体系带来大量诉讼纠纷，因此，给地方卫生机构再施加一个注意义务，这既不公平也不合理。[2]

如果医务人员没有恰当分配卫生资源，也可能面临过失侵权之诉。在考虑医务人员是否存在过失时，法院很可能认为，卫生资源的分配通常由高层人士做出，而

---

[1] *DHSS v Kinnear* (1984) 134 NLJ 886.
[2] *X v Bedfordshire* [1995] 3 All ER 353.

非医务人员个人。① 但如果医务人员以资源紧张为由拒绝为某位病患提供医疗服务，而这种拒绝违背了其所在国民医疗服务体系信托机构制定的指南，那么该医务人员也将面临过失侵权之诉。

9.7 2010年《平等法》

2010年《平等法》明确规定，服务提供者以下列因素为由的歧视行为违法，包括年龄、残疾、变性、婚姻状况、孕产期、种族、宗教信仰、性别及性取向等。这意味着，如果某卫生机构以该患者有精神疾病或因为他们的年龄拒绝为他们安排医疗服务，就构成违法。该法不仅禁止直接歧视（比如超过多少岁就不能接受某种治疗），而且也禁止间接歧视，包括那些表面上没有以年龄、性别、种族等歧视患者但实际上存在歧视的行为及规程。② 所以，如果有规定只有一定身高的人才能接受治疗，而且能够证明女性平均身高都不及男性，这就构成间接歧视。但是，在涉及歧视的案件中，卫生机构也可能证明其区别对待的行为具有正当理由。如果卫生保健机构能够证明，对于某种医疗行为有合理理由在临床上进行身高限制，那么这就不属于违法的歧视行为。

9.8 法院应加大干预吗？

赞同法院应更加保守的支持者强调，法院不具有充分条件帮助他们做出干涉医疗资源分配决定的判决，这不光是因为他们缺乏专业知识（这点有争议），更重要的是他们缺乏相关信息。他们可能知道原告的情况，但他们很可能不知道其他需要治疗的患者情况，正如克里斯托弗·纽迪克所言：

> 在涉及某位患者的诉讼中，谁会为那些不是本案当事人但受到本案判决影响的人说话呢？谁会为那些因为原告被优先予以治疗而被取消手术的患者说话呢？③

反对者强调，个人有获得治疗的权利，尤其是关涉挽救生命的治疗，如果以成本高昂为由拒绝提供这种治疗，这易如反掌。法院有权准确知道为何成本高昂，如果医院提供治疗有何机会成本、损失几何的话。只有这样，法院才能为患者的人权提供有力保护。

---

① Witting (2000).
② Equality Act 2010, s. 19.
③ Newdick (2005: 99).

9.9 国家卫生与保健优化研究所

过去，卫生资源分配常常以一种非正式的隐蔽方式进行。由医生个人及卫生机构决定为患者提供什么治疗是合适的。这种决定常常以什么是对患者最好的医疗决策形式出现，即使事实上这种决定完全或部分是因为经济上的考虑。① 这就导致在同样的患者是否可以获得治疗这一问题上，全国各地截然不同。②此即为众人皆知的"邮编彩票"（postcode lottery）问题。私下做出这么重要的医疗资源分配决定，而民众却毫不知情，医生或卫生机构也不用为此担责，这让民众的不安情绪加剧。

正是基于这种担心，英国设立了国家卫生与保健优化研究所。时任卫生大臣指出，该研究所将"帮助一个常常被独裁和不公所左右的系统恢复秩序和理性"。③ 目前在国民医疗服务体系的卫生资源分配工作中，该研究所扮演了重要角色。

官方为国家卫生与保健优化研究所设定的工作目标是，为国民医疗服务体系的医疗活动建立统一标准。该研究所将确定国民医疗服务提供的治疗是否合适、有效。比如，如果人们认为某种新药对某种疾病有疗效，那么研究所在对药品进行检验、综合考虑其成本及疗效后，将决定是否向国民医疗服务机构推荐，或者给出该药只适用于某类患者的建议。如果研究所基于费用原因不推荐使用该药，这实际上就是卫生资源分配决策。当然，研究所不会这么直截了当，它会在综合考虑各种因素后才做出是否推荐的决定。

不推荐使用某种药物或疗法的决定并非只是基于成本太高这一简单理由，而是综合考虑各种临床因素和经济因素的结果。理论上，制药厂或个人都可以申请对研究所的决定进行司法审查。但面对这样的权威机构，涉及的又是复杂的专业问题，很难想象法院会判定国家卫生与保健研究所的决策不合理。④ 但以其使用程序违法为由提出的诉讼请求却有成功的先例。⑤

国家卫生与保健优化研究所解释说，其制定的指南：

---

① Schmidt（2004）.
② Houses of Commons Health Committee（1995）.
③ Milburn（1999：11）.
④ 在 R v Secretary of State for Health ex p Pfizer [1999] Lloyd's Rep Med 289 案中，原告请求法院审查国务大臣在国民医疗服务体系系统内分配伟哥的方式，最终原告胜诉。See also R（Fraser）v National Institute for Health and Clinical Excellence [2009] EWHC 452（Admin）.
⑤ R（Servier）v National Institute for Health and Clinical Excellence [2009] EWHC 281（Admin）.

- 旨在提高医疗服务质量；
- 用于评估针对同一疾病的不同治疗方式的差异；
- 用于评估某种疾病的治疗方式是否能够实现国民医疗服务体系资金的价值；
- 为英格兰和威尔士的国民医疗服务体系患者制定适合他们的临床护理；
- 考虑受指南影响的人群的意见（包括卫生保健人员、患者、护理人员、卫生服务管理人员、国民医疗服务体系信托机构、民众、政府机构以及卫生保健产业）；
- 基于最好的研究结论及专家共识；
- 通过标准方式对各种证据论证分析，按标准程序制定指南，这些标准方式和程序受到国民医疗服务体系及利益攸关者（包括患者）的认可；
- 明确阐明每项建议的理据；
- 是建议而非义务，但卫生保健人员在为患者制订护理方案时，应考虑该指南。①

国家卫生与保健优化研究所检验新疗法的工作主要涉及以下内容：首先是检验新疗法的疗效。人们普遍认为，该机构这方面的工作表现出色，他们会聘请相关领域专家检验新疗法，强调循证医学（evidence-based medicine）的重要性。其次是评估某药品的性价比。该机构指出，"为了保证我们的服务物有所值，我们以最好的临床研究成果为依据，评估药品的成本及疗效。对于使用我们指南的国民医疗服务体系和地方卫生机构而言，我们可以确保他们买到高性价比的产品。"② 但正是在这方面，人们有更多担心。

强调国家卫生与保健优化研究所在卫生资源分配中的角色可能会误导民众。事实上，该机构推荐的药品或疗法比其建议不使用某药物或疗法的情形更多。但正如一位学者所言，尽管国家卫生与保健优化研究所收获了掌声，但并不是国民医疗服务体系信托机构感谢它节约了经费。③ 这就凸显了该研究所的真实困境。在考虑是否推荐某种药物或疗法时，它是独立运行的。但为了遵循国家卫生与保健优化研究

---

① NICE（2013：15）.（除了临床工作指南外，研究所还在公共卫生、社会护理、药物使用、人员配置等方面制定了指南。——译者注）.
② NICE（2008：9）.
③ Campbell（2003）.

所推荐的药物或疗法，信托机构根本不可能知道应该放弃哪种治疗。因此，困难在于国家卫生与保健优化研究所无法知晓信托机构放弃的某种治疗是否比推荐的治疗更有效。①

法律并未明确规定该研究所发布的指南的效力，现实中也出现了一些问题。我们接下来就讨论这些问题。

9.9.1 国家卫生与保健优化研究所的指南对信托机构或临床医生有法律约束力吗？

根据 2006 年《国家卫生服务法》第 8 条规定，卫生和社会保障部发布了指令，对于国家卫生与保健优化研究所在检验后推荐的治疗，地方临床执业联盟都应提供这些治疗服务。② 在国民医疗服务体系章程中，患者的一项权利就是"如果您的临床医生认为合适，那么您有权在国民医疗服务体系的机构中使用国家卫生与保健优化研究所推荐的药物和治疗方法"。③

重点案例

罗丝案④

一位名叫罗丝的 25 岁妇女患有克罗恩病，考虑到化疗和其他相关治疗可能导致不孕，她希望在接受治疗前冷冻自己的卵子。由于生活依靠救济，她没有钱去私人诊所。当地临床执业联盟的政策是除非有特殊情况，否则不资助冻卵。临床执业联盟认为罗丝并不属于特殊情况。但是，国家卫生与保健优化研究所的指南规定，对于像罗丝女士这样接受此类治疗的患者，应该提供冻卵服务。但临床执业联盟考虑到冻卵的效果并不理想，因此并不赞同这一规定。罗丝女士认为临床执业联盟应该执行该研究所的指南规定，遂向法院请求司法审查。

---

① Harris (2007).
② NICE (2009c).
③ NHS (2013a：17).
④ *R* (*Rose*) *v Thanet Clinical Commissioning Group* [2014]. EWHC 1182（Admin）

> 杰伊法官认为，临床执业联盟不一定非要执行研究所的指南，但临床执业联盟有公法上的义务，必须关注指南的规定，并应对他们为何不提供指南规定的治疗给出理由。尽管临床执业联盟可以因资金不足决定不提供这一治疗，但他们不能就医学研究问题质疑国家卫生与保健优化研究所。在本案中，临床执业联盟给出的唯一理由是冻卵的治疗效果不好，而国家卫生与保健优化研究所已经规定，冻卵是有效的治疗方式。由此，原告被判胜诉。

9.9.2 信托机构会按国家卫生与保健优化研究所的指南执行吗？

早期，各信托机构在遵照国家卫生与保健优化研究所的指南执行方面表现不一。当审计委员会对各医院执行该研究所指南的情况进行调查时[①]发现，33%的受访机构由于资金原因，不能完全遵照研究所的指南执行。国民医疗服务信息中心最近的一项研究发现，有证据表明各卫生机构更多使用了国家卫生与保健优化研究所指南推荐的药物。[②] 该研究对初级保健信托机构使用国家卫生与保健优化研究所推荐药物的预期情况和实际使用情况进行了比较。在被调查的12种药物中，其中8种药物的实际使用高于预期，另外3种药物低于预期。现在，只要国家卫生与保健优化研究所推荐了某一药物，此药一般都会在国民医疗服务体系内得到广泛使用。

9.9.3 国家卫生与保健优化研究所在多大程度上会考虑成本问题？

对国家卫生与保健优化研究所工作的另一种批评意见认为，其只考虑了药物以及某种治疗的性价比，由此决定该药物或该治疗是否值得推荐。[③] 但由于该研究所本就与国民医疗服务体系信托机构不同，所以它不会考虑信托机构是否有能力承受某种药物或治疗。坦率地说，如果国家卫生与保健优化研究所批准了某种新药，信托机构也采用该药物用于疾病治疗，那么支付该药物的钱肯定来自其他地方。国家卫生与保健优化研究所让我们放心，他们推荐的药物具有高性价比。但其不会告诉

---

① National Audit Office（2005b）.
② NHS（2013a）.
③ WHO（2003：6）.

信托机构，在总体资金不变的情况下，要采用国家卫生与保健优化研究所推荐的药物，需要从哪里省出资金。所以有人说，对信托机构而言，国家卫生与保健优化研究所歪曲了工作重点。信托机构热衷于遵照国家卫生与保健优化研究所的指南执行，但其后果是，它们可能缩减了国家卫生与保健优化研究所没有考虑到的其他同样有价值的治疗。当然，国家卫生与保健优化研究所也会考虑某一药物或治疗对卫生资源的整体影响。正如该研究所主席罗林斯（Rawlins）教授所言：

> 国家卫生与保健优化研究所必须考虑国民医疗服务体系临床工作的诸多重点，并保持其收支平衡；同时，必须考虑各位大臣对可能向社会提供的卫生资源的指导意见；必须确保现有技术代表了对可用卫生资源的有效利用。[1]

国家卫生与保健优化研究所也强调其只对某一治疗是否有效做出决定，至于信托机构能否承受这种治疗的成本，则不是他们要考虑的问题，而是政府考虑的问题。所以，有人担心信托机构遵守国家卫生与保健优化研究所指南的努力最终会让信托机构身陷经济危机，这并非空穴来风。[2]

9.9.4 国家卫生与保健优化研究所与政府是什么关系？

国家卫生与保健优化研究所与政府的关系十分微妙。一方面，该研究所对政府具有重要意义。当它决定对某种疾病的治疗不推荐使用一种昂贵新药时，被攻击的也是该研究所而非政府。实际上，有人甚至认为，创立国家卫生与保健优化研究所是国民医疗服务体系逃避指责、转嫁责任的策略之一。[3] 不过，政府偶尔也希望在卫生问题上扮演更积极的角色。比如，2005 年 8 月，就有大臣要求国家卫生与保健优化研究所密切跟踪用于治疗乳腺癌的赫赛汀的评估。[4] 2002 年，政府宣布，将对治疗多种硬化症的新药提供资助，尽管国家卫生与保健优化研究所最初认定，该药的性价比不高；[5] 2011 年，新设立了一个专门基金，旨在资助在卫保研究所的正常评估中无法获得资助的癌症治疗。[6]

---

[1] Rawlins (2004: 225).
[2] BBC News online (22 July 2004).
[3] Klein (2001).
[4] BBC News online (21 July 2005).
[5] Mayor (2001).
[6] BBC News online (28 September 2013).

有意思的是，国家卫生与保健优化研究所一直声称其不受政府干预，也不受医药行业的影响。① 但是，制药厂（比如生产扎那米韦的葛兰素威康公司）以及"压力"团体（比如要求使用β干扰素以及醋酸格拉默的多种硬化症协会）都曾组织相关活动，成功使该研究所推翻了原来的决定。这说明国家卫生与保健优化研究所并非完全不受外界压力的影响。②

9.9.5 国家卫生与保健优化研究所的工作透明度如何？

有人担心，国家卫生与保健优化研究所的决策过程缺乏透明度。③ 尤其是患者们担心，他们不清楚该研究所如何考虑患者代表的意见以及决策时主要考虑了哪些因素。④ 尽管如此，国家卫生与保健优化研究所网站的设计采用了"沟通策略"，网站上全是相关政策、程序、决策，以确保与利益攸关方进行有效沟通。⑤

在卫材公司案⑥中，上诉人是一家制药公司，国家卫生与保健优化研究所未批准将该公司制造的药品用于治疗轻度或中度的阿尔茨海默病。上诉人不服该决定，向法院起诉。他们认为，国家卫生与保健优化研究所没有向他们提供评估药品性价比的经济模型的完整版本。上诉法院最终判定上诉人胜诉。他们没有接受国家卫生与保健优化研究所的抗辩理由，即提供完整版本的经济模型会造成延误。一般情形下，国家卫生与保健优化研究所的决策都是公开透明的，因此，该研究所在做出决策时使用的相关资料也公开透明。拒绝提供经济模型会让那些被征求意见的医生没有获得所有必要信息。因此，这种拒绝提供经济模型的做法不公平也不合法。⑦

为回应这种担心，国家卫生与保健优化研究所采用的措施之一就是更好地利用代表一般大众、表达民众意见的公民议会（Citizens' Councils）。困难在于，如果更多考虑大众意见，那么作为对药物疗效进行检验的独立机构的研究所，其制定的指

---

① NICE（2002b：1）.
② Rodwin（2001：442）.
③ 可以对国家卫生与保健优化研究所的决定进行司法审查。（See R (Eisai Ltd) v NICE [2008] EWCA Civ 438; Servier v NICE [2010] EWCA Civ 346; R [Bristol-Myers Squibb Pharmaceuticals Ltd) v NICE [2009] EWHC 2722 (Admin)].
④ Smith（2000：1364）.
⑤ http://www.nice.org.uk.
⑥ R (Eisai Ltd) v NICE [2008] EWCA Civ 438.
⑦ See also R (Servier) v NICE [2009] EWHC 281 (Admin).

南就没有多大作用了。虽然如此，国家卫生与保健优化研究所也面临偏见的指控，尽管该指控没有得到法院的支持。① 但这说明，要在这样一个富有争议的领域力求公平，困难重重。

9.9.6　国家卫生与保健优化研究所如何判断某种治疗的成本效益？

国家卫生与保健优化研究所在评估某种药物或治疗的成本效益时，非常重视质量调整生存年（quality adjustment of life year，QALY）。这是信托机构在决定卫生资源分配时采用的一种普遍方法。对此的详细阐述参见后文涉及卫生资源分配的部分。

9.9.7　对国家卫生与保健优化研究所的批评

由于国家卫生与保健优化研究所处理的问题非常复杂，所以它难免遭到批评。许多批评的核心问题都关涉道德，容后文再述。但除此之外，该研究所也面临其他指责。相关投诉主要由下议院卫生特别委员会进行处理。该委员会提到的批评意见有，国家卫生与保健优化研究所关注的是应批准何种治疗方法，而非应淘汰何种治疗方法；国家卫生与保健优化研究所的指南更新缓慢；对护理人员的利益考虑不足。但他们的报告中也有对该研究所的强烈支持：②

> 国家卫生与保健优化研究所在国际上得到了无数赞誉。世界卫生组织对该研究所所做的评估报告肯定了该机构的药品评估或治疗评估工作。许多国家在是否对自己国民开展某种治疗的评估时，也会考虑国家卫生与保健优化研究所的相关报告。它的一些临床指南被视为国际医疗行业的黄金标准。③

9.10　卫生资源的分配

对这一领域感兴趣的伦理学家乐于讨论如下难题。

---

① *R（Fraser）v NICE* [2009] EWHC 452 (Admin).
② House of Commons Health Committee (2008).
③ Ibid，74.

> **请思考**
>
> 你负责治疗三个患者，但手上的资金只能资助一个人的治疗。你会资助谁？
>
> (1) 阿尔夫（Alf）是一个患有严重残疾的新生儿，必须为他提供特别护理才能存活。他能活到二十来岁的概率一般，即便活下来，他也有严重残疾。如果不接受治疗，他将会死去。
>
> (2) 史蒂夫（Steve）是一名酗酒成性的学生。长期过量饮酒的恶习导致他患上了严重的肝衰竭，需要进行肝移植手术并接受后续治疗。如果手术成功且他戒掉酗酒的恶习，他有望活到普通人的正常寿命。但若不治疗，他将会死去。
>
> (3) 温蒂（Wendy）是一位年轻母亲，膝下有两名幼儿，不幸患上了癌症。接受治疗的话，估计她能再活十年，否则，她将在几个月内痛苦地死去。

当然，医务人员很少会遇到类似困境，但是对这类假设情境的讨论有助于我们思考一些重要问题。

下面就是对这一难题的几种可能回答。

9.10.1 "对他们全部进行治疗"

对大多数人而言，对上述问题的直接反应是这三个人我们都应该资助。赞同者建议，我们首先需要确定我们需要何种基本卫生服务，并据此调整税收制度。一旦知晓税收不足将导致他们死亡的恶果，他们就愿意缴纳更高的赋税。当然，这一切不会这么直接。但这一观点强调的是，如果最终卫生资源分配的决策产生了让人不能接受的后果，那么解决的办法也许就是增加对国民医疗服务的拨款，而非进一步调整卫生资源分配制度。

9.10.2 "没有答案"

对这种困境的另一种回答是没有正确答案。上述三人都有合法诉求。对卫生服务，我们唯一可以要求的是决策过程公开，随时可供查阅，且建立了决策审查机制。① 尽管从价值上讲，个人的就诊需求都很重要，但即使这一决策过程符合公正公开、方便查询的要求且有良好的决策审查机制，大多数人可能也不接受国民医疗服务体系资助整容手术而不资助癌症治疗。认为没有正确答案的观点也许是对的，但这并不是说没有错误答案。

9.10.3 权利的角度

有人认为，我们享有获得基本卫生服务这一基本人权，包括获得挽救生命的治疗。据此，上述命题中的三人都有权获得相应治疗。如果治疗不关涉生命，那么要么患者根本没有权利，要么我们将对比权衡每位患者的权利。在当下这个事事讲究权利的时代，这一分析方法很容易找到共鸣。但它却无法为上述困难命题提供答案。在该情境中，如果只是缺少资金，那如何权衡这些人的生命权呢？而在不涉及生命的情况下，只靠权利分析也无法找到平衡各项有冲突的权利的方法。所以，在平衡各种权利时，我们需要其他信息提供帮助。

9.10.4 需求

另一种替代办法是遵循"更迫切"原则。这意味着卫生资源应该优先帮助那些情况更急迫的人。② 显然，这一原则在某些情形中非常有用。到达车祸现场的急救团队将首先救助交通事故中情况危急的人，之后才会救助那些轻伤的人。这也与人们"拯救生命的治疗优先"的直觉相符。但反对者认为这种回答并未给预防医学留下多少空间。而且也有人质疑，让那些特别严重的患者多生活几天是否值得。

9.10.5 质量调整生存年

质量调整生存年很可能是分析某种治疗成本效益的最常见方式，在卫生资源分配决策中被广泛使用，国家卫生与保健优化研究所也使用这一概念。③ 因此应特别强调这一概念。在资源分配时，使用质量调整生存年帮助决策，需要评估以下三个因素：

---

① Smith Ⅱ (2002 and 2009).
② Ottersen (2013).
③ NICE (2008b).

一是治疗可以为患者延续多久的生命；

二是延续的生命质量如何；

三是治疗费用是多少。

治疗后能健康生活一年评为1；伤残状态下生活一年则评为不到1的一个数字；死亡相当于0。在某些情况下，个体的健康状况可能比死亡更糟，这种情况则被评为负数。因此，根据质量调整生命年，如果治疗可以为患者带来一年的健康生活，而非一年的痛苦生活，那么就优先考虑这种治疗。如果治疗花费不大，却能为患者带来较多的质量调整生命年，这种治疗就具有较高性价比。这样，分配卫生资源的人就可以对不同卫生服务进行评估，并考虑各种卫生服务的成本及其所带来的质量调整生命年的大小。

质量调整生命年这一指标的最大好处是，其不仅考虑患者在接受治疗后延续生命的长短，同时也考虑治疗后的生命质量。这为决策者比较治疗某一特定疾病的不同治疗方法提供了工具。很明显，信托机构在考虑治疗某种疾病，比如背痛的代替治疗，它们更愿意采用成本较低的治疗方法，只要这种方法同样能换来一单位的质量调整生命年。这一概念同时也为比较治疗不同疾病的不同疗法提供了一种途径，从而方便卫生机构就资助哪种治疗做出选择。

国家卫生与保健优化研究所如何使用质量调整生命年呢？2010年，该研究所曾指出："一般而言，如果通过医疗干预，提高一个质量调整生命年需要国民医疗服务体系花费不到2万英镑，那么这种干预就划算。那些花费在2万到3万英镑的，在特定条件下也可以视为划算。"① 最近一项公众意见调查表明，公众认为，这一数字超过7万就不划算了。② 另一方面，对地方临床执业联盟的调查发现，他们在进行卫生资源分配时使用的最高限额为2万英镑。③

成本问题可能更加复杂。生产治疗了癌症药物的制药厂承诺，如果该药对患者没有帮助，制药厂就给国民医疗服务体系更多资助。在此承诺下，国家卫生与保健优化研究所批准了该药的使用。④ 这种做法可以降低这些药物的成本，增加其效益。而且，也有部分患者愿意资助医院使用这些药物治疗自己的疾病。尽管目前患者自

---

① NICE（2013c）.
② Mason, Jones-Lee, and Donaldson（2009）.
③ DoH（2009）.
④ Ibid.

付费的做法还不是决定国民医疗服务体系信托机构是否使用某种药物的因素之一,[①]但这给某种药物提供质量调整生命年的成本计算提出了更多问题。

9.10.6 质量调整生命年的问题

使用质量调整生命年这一概念并非毫无争议。以下就是对这一概念的反对意见:

(1) 使用质量调整生命年的困难在于如何计算。我们如何评价一个人的生命质量?[②] 如何比较轮椅上的生活和盲人的生活?在这类事情上用数字进行量化,是否可行?困难在于让生命更有质量的事物总是因人而异。[③] 对有些人而言,失去手指功能可能影响不大,但对钢琴家等特殊群体,这将严重影响其生活质量。我们也许可以试着计算某种治疗对生命质量改善的平均数,但这必定十分复杂。[④] 我们又如何评价整容手术对生命质量的改善呢?在一项生命质量研究中,彩票中奖群体在中奖一年后的生命质量评价得分与下身麻痹患者群的生命质量评价得分相似。[⑤] 那些没有某种疾病经历的人又怎么知道患有某种严重疾病的患者的生活质量呢?[⑥]

(2) 运用质量调整生命年方法可能产生一些难以接受的结果。尤其是这一方法毫不考虑诸如人性尊严这样的问题。一个严重精神障碍患者对于自身的遭遇毫无意识,给他们提供基本护理也不能改善他们的生命质量,因此,按照质量调整生命年的标准,他们就可能被置于一个恶劣不堪的境地。

施兰德(Schlander)还提出了以下问题:

假如获得一个质量调整生命年的成本(增量成本效益比,incremental cost-effectiveness ratio,ICER)如下,例如,用西地那非治疗男性勃起功能障碍,3600英镑,用药物疗法治疗注意缺陷障碍儿童,7000英镑,用β干扰素以及醋酸格拉默治疗多种硬化症,12万英镑,那么这种排序是否也反映了这几种治疗的受欢迎程度呢?[⑦]

---

① Martin, Rice, and Smith (2007).
② Malek (2003).
③ 参见 Hausman (2008); Dolan (2008); Cookson (2005)。
④ Hausman (2006).
⑤ Brickman and Coates (1978).
⑥ Goold (1996).
⑦ Schlander (2008:534).

他认为，基于上述数字，应将对勃起功能障碍的治疗视为比多种硬化症的治疗更划算的治疗，这合理吗？如若不然，这是否也对使用质量调整生命年的适当性提出了质疑呢？

（3）另一种担心是质量调整生命年对老年人特别不公。① 老年人的预期寿命较低，因此，他们会发现，和身患同样疾病的年轻人相比，他们很难获得一个更大的质量调整生命年，他们也不可能和一个没有太多严重疾病的儿童竞争。

根据这些观点，有人提出，依靠质量调整生命年将导致年龄歧视或残疾人歧视。②

如果采用质量调整生命年作为评价患者是否可以获得某种治疗的判断标准，很难否认上述观点。但是，国家卫生与保健优化研究所在采用质量调整生命年时否认这是一种年龄歧视，因为其并不关心患者年龄，其关注的重点是治疗方法以及这些治疗方法对一般患者有何影响。如果治疗有效，他们就会推荐给任何人，无论年老或年轻。③ 即便如此，有人仍会主张，如果国家卫生与保健优化研究所正在评估一种治疗老年疾病的药物，当其分析该药物对这种疾病的疗效时，很可能做出这种药提高的质量调整生命年很低的结论。对此，该研究所回应道，质量调整生命年只是他们的评估因素之一，他们正致力于避免国家卫生与保健优化研究所发布的指南导致年龄歧视的结果。认为质量调整生命年本质上就具有歧视的人，对这种说法并不满意。即使国家卫生与保健优化研究所认为他们在使用质量调整生命年时没有歧视，但该研究所对这种方式的支持仍反映出制度性老年歧视的特点。④

也有人主张，即使使用质量调整生命年构成年龄歧视，也可以接受。如果我们只能在挽救10名8岁的儿童和挽救10名80岁的老人之间做选择，我们当然应该选择前者。可以肯定，这种选择会得到大多数人的同意。⑤ 许多祖父母在面临要么他们死，要么他们的孙子们死的艰难抉择时，都愿意牺牲自己。⑥ 一名80岁的老人死亡失去的只是短暂的几年寿命，远远小于一名儿童死亡将要失去的几十年的寿命。

---

① Walker (2016).
② Keown (2002). 尽管有观点认为，拒绝对早产婴儿进行治疗有失公平。参见 Felssas and Jackson (2019) 和 Hendriks and Lantos (2018)。
③ Stevens, Doyle, Littlejohns, and Docherty (2012).
④ Harris and Regmi (2012).
⑤ Nord (1999).
⑥ Shaw (1994).

是故任何的年龄歧视都是合理的。① 这种区别对待的依据不是年龄，而是个体所遭受的损失。

对上述批评的第二种回应是，这根本就不是年龄歧视。在质量调整生命年的方法中，对患者的区分依据不是年龄，而是个体未来可能生活的时间长短。对于20岁患有绝症、时日不多的年轻人和80岁患有同样疾病、时日不多的老年人，质量调整生命年并未对二者进行区别对待。实际上，甚至有学者提出质量调整生命年"并非彻底的年龄歧视"，这是因为，彻底的年龄歧视会在上述例子中彻底放弃对80岁老人的治疗，而选择让20岁的年轻人多活几个月。②

第三，也有人主张生命的最后几年或最后几个月弥足珍贵，一个人可以回忆过去并完成自己未了的心愿。③ 克里斯托弗·克劳利（Christopher Cowley）提出，为个体生命增加几个月，这样他就可以回顾过往，坦然结束生命。因此，这增加的几个月意义重大，应在质量调整生命年评估中拿到高分。④

反对考虑年龄因素的人提出，认为老年人的生命价值不如年轻人显然不公平，两种生命都同样珍贵。把年龄作为一种考虑因素只是反映了一种普遍的社会观念，即老年人"多余"。我们必须尊重并珍惜老年人，也即，我们应同等对待老年人和年轻人。约翰·哈里斯也指出，年龄这一标准过于随意。诚如斯言，如果演讲厅发生火灾，我们在救人时是否会先救19岁的学生，再救20岁的学生呢？⑤ 有意思的是，最近的一项调查发现，在是否应结束生命的问题上，人们更愿意将年龄标准适用于他人，但一旦涉及自己时却不愿适用。⑥

（4）有人指出质量调整生命年不利于保护残疾人利益。⑦ 如果两人患有同样疾病，其中一人有残疾，另一人没有，那么治疗对没有残疾的患者更有意义，因为这可以使他完全恢复健康，他的质量调整生命年也更大。这种说法颇有争议。有人举例，在决定给谁做心脏移植手术时，和正常儿童相比，唐氏综合征儿童常常被忽视。⑧ 许多人无法接受这一观点，但依据质量调整生命年的标准，这是合情合理

---

① Sunstein（2004）.
② Lockwood（1988）.
③ Sinclair（2012）.
④ Cowley（2010）.
⑤ Harris（1992: 87）.
⑥ Zikmund-Fisher, Lacey and Fagerlin（2008）.
⑦ Harris（1987）and Harris（2001）.
⑧ Savulescu（2001b）.

的——因为唐氏综合征儿童的生活质量比其他儿童低。国家卫生与保健优化研究所会用其在反驳年龄歧视时用到的理由回应质疑。他们评估的是治疗方式而非个体，所以，如果这种治疗有效，那么就会向所有人提供，无论其是否残疾。① 但如果这种治疗旨在处理某种残疾带来的结果，那么，上述回应就无法反驳残疾歧视的观点。

（5）有人认为，质量调整生命年只关注治疗对患者个体的影响，过于强调个人主义。② 这一概念在评估患者时只考虑患者生活质量的提高，不考虑这对照顾患者的护理人员的影响。比如，一种防止患者大小便失禁的药物可能没有大幅提高患者的生活质量，却会对护理人员的生活质量产生巨大影响。的确，更精确的计算应尝试计算每个人提供给其他人的所有利益。③ 另有一些人对此提出了强烈反对。如果我们不光考虑患者，而且考虑护理患者的所有人以及患者可能要照顾的所有人，对治疗效果的比较工作将更加复杂。

（6）有人提出，质量调整生命年必然要求对不同人的生命价值进行比较，而这不具有伦理上的正当性。穆丽恩·奎格利（Muireann Quigley）指出：

> 如果我在决定是先治疗患者甲还是先治疗患者乙前，采用质量调整生命年的标准，那么我实际上在计算甲乙二人因为治疗生活质量得以改变的量，乘以他们各自得到或失去的生命时间，然后进行比较。在我有限的卫生资源中，谁得分高，那么治疗他就更符合成本效益的分析思路。不幸的是，我们所做的计算实际是对两个患者（不管认识与否）的生命进行价值判断。结果是，他们的生命和健康被放在了次要位置。④

也有人对此表示反对，他们坚持认为质量调整生命年比较的是治疗方式，而非具体的人。⑤ 即使奎格利说的对，事实很可能是，比较患者生命价值是分配卫生资源不可避免的，而非质量调整生命年这一概念本身的一个特点。

9.10.7 丹尼尔·卡拉汉

丹尼尔·卡拉汉（Daniel Callahan）建议，每个人都应分得一份公平的卫生资

---

① Cookson（2015）.
② Herring（2008a）. 对这一观点的详细讨论，参见 Camosy（2010）和 Du Toit and Millum（2016）.
③ Firth（2018）.
④ Quigley（2007b：465）. 关于对这篇文章的回应，参见 Claxton and Culyer（2008）.
⑤ Claxton and Culyer（2006）.

源。他主张：

> 一个好的社会有义务帮助年轻人变老，而不是帮助老年人变得无限期的更老。年轻人和老年人有互惠的责任：年轻人应该赡养老年人，老年人也不应该成为年轻人不当的负担。①

他指出我们的社会抱持尽可能回避死亡的执念，我们需要重新找到一种可接受的死亡概念。换言之，人的生命中会有死亡是可以接受的那么一刻。在那时，用卫生资源帮助这样的人继续存活就没有必要。这个时间应该是70来岁的晚期到80来岁的早期。② 如果让人们选择是在他们年轻时还是年老时使用这笔钱治病，他们都会选择年轻时。这种观点的另一种说法是，如果一个人已经有较大的质量调整生命年，那么相对那些只有较短的质量调整生命年的人而言，前者要求享有更多质量调整生命年的权利主张就不及后者。③ 另一位学者用了同样的分析方法。他建议应让每一个人都有"大显身手的公平机会"。所以，正确的做法是将卫生资源的分配重点放在那些遭遇不幸、可能没有正常寿命的人，而非已经拥有正常寿命的人。④

这一观点极具争议。⑤ 尽管卡拉汉似乎认为自己的观点可以解决卫生保健的经济危机，但应该指出的是，即使只分配给那些耄耋老人非常有限的卫生资源，节省下来的资金也极其有限，不能解决我们遇到的分配问题。⑥ 而且，另一种观点认为，个人有权期待的自然寿命有赖于其可以获得的卫生资源的多寡。⑦ 在决定老年人应获得卫生资源的多少时，自然寿命的概念并无太多助益。

反对卡拉汉的意见认为他提出了一种特定的生活观：充满活力的中青年之后，就是一无是处的老年。虽然支持者众多，但反对者也不在少数。许多人都期待人到老年可以颐养天年，社会也尊年尚齿。换言之，卡拉汉的观点向每个人都强加了这种特定的生活观，而这种生活观没有充分尊重老年人。⑧ 还有观点指出，这种观点很可能损害妇女的利益，因为和男性相比，更多女性活到了80岁以上。⑨

---

① Callahan (2012: 11).
② Callahan (1990a).
③ 相关讨论参见 Herlitz (2018); Altman (2018)。
④ Williams (1997). 相关批评参见 Bognar (2015)。
⑤ Cohen-Almagor (2002b).
⑥ Beauchamp and Childress (2003: 262).
⑦ Farrant (2009).
⑧ Schefczyk (2009).
⑨ Dixon (1994).

9.10.8 获得治疗的平等机会

约翰·哈里斯指出，每个人都有要求社会满足个人卫生需求的平等权利。[1] 那些年迈、残疾，或者预后不良的人和其他人一样享有获得卫生服务的平等权利。[2] 他认为卫生服务的首要目标是挽救生命。按照质量调整生命年的标准，就得牺牲需要大量经费救治的小部分患者的生命来提高大多数健康年轻人的生命，这是完全错误的。他指出：

> 国民医疗服务体系的主要目标应是公平保护每个公民的生命和健康，并在个人需要的基础上提供让人受益的卫生保健服务，让每个人都在其个人身体状态允许的范围内有平等机会享受生活。[3]

他建议，如果有限的卫生资源不能救治每个患者的生命，那么就应通过随机方式决定资源分配，这样就不存在一个人的生命比另一个人的生命更珍贵的问题。

这一方法以平等机会理论为基础，似乎连治疗的成功概率也不考虑。这有违常理。将一个稀有器官分配给手术可能失败的患者，而其他手术成功概率大且等待器官移植的患者却不能做这一手术，这极不合理。批评者认为这是浪费资源。[4] 治疗那些可能才能多活几个月的患者，而不给那些可能多活许多年的患者实施同样的手术，这只会增加国民医疗服务的成本和社会成本。

9.10.9 罗尔斯的方法

有人提出用约翰·罗尔斯（John Rawls）的"原初状态"方法解决卫生资源分配的难题。这一方法涉及一场"思想实验"。在这场实验中，自由平等的公民就他们生活世界的问题进行协商。他们戴着"无知的面纱"，也即他们不知道自己要过怎样一种生活，秉持何种立场。他们将如何分配卫生资源？他们是否担心自己会成为身患严重疾病的年轻人，从而同意分配时应向年轻人倾斜的政策？[5]

这种思维方式新颖奇特且极具吸引力，但也存在问题。如前所述，如果我们对

---

[1] Harris（1997；2005c）。对这一观点的有力回应参见 Claxton and Culyer（2006），另可参见 Upton（2011）。
[2] Kerstein（2018）。
[3] Harris（1997：670）。
[4] McKie, Kuhse, Richardson, 等（2002）。
[5] Daniels（1985）认为他们就会这样选择。

各种疾病的情况都不了解,这种协商就极其困难。无论如何,预测"思想实验"中的人们会如何分配卫生资源,困难重重。

9.10.10 征求大众意见

卫生资源分配困难的另一种解决办法是依靠民主制度。① 我们是否应该先征求大众意见,然后按大众意见对国民医疗服务体系的工作重点进行排序?值得注意的是,国家卫生与保健优化研究所在制定指南时,会通过公民委员会(Citizens' Councils)征求大众的意见。② 现有对大众意见的有限调查透露出这样一些信息:年轻人比老年人优先;有子女等被抚养人的比没有被抚养人的优先;对自己身体健康负责的比对自己身体健康不负责的优先。③ 实际上,公众是否也会像该研究所这样看重成本效益,尚不清楚。④

但也有人担心,这样是否过于重视大众意见。一般大众在没有亲历疾病的情况下,真的了解诸如多种硬化症、不孕不育,或性别认同焦虑症吗?还有人担心,主导决策过程的不是理性,而是偏见。⑤

9.10.11 患者的选择

还有一种有意思的办法,即制订一系列的卫生资源分配方案,让患者选择他们中意的方案。⑥ 按照这种方法,年满18周岁的成年人就必须从各种方案中做出选择。⑦ 如果不担心老年遭遇拒绝治疗的窘境,那么可以选择加入到将年龄作为考虑因素的卫生资源分配方案中。如果希望尽可能延长生命,那么可以选择在生命快要结束时仍会投入资金进行治疗的方案。这种方法的困难之处在于,人们需要在没有足够信息的情况下做出选择。⑧ 在涉及儿童治疗时,这种方法也会遭遇困难,但可以将他们从这种方法的适用对象中排除。

---

① Nord (1999); Cookson and Dolan (1999).
② Davies (2005) 曾对此进行评论。
③ Charny 等 (1989) and Williams (1997 and 2001)。
④ Richardson and McKie (2007).
⑤ Price (2000b). 请参考美国俄勒冈州的卫生资源分配体制,该体制在一段时间内曾一度根据公众意见调查设定卫生资源分配时的优先次序[Oregon Health Services Commission (2007)]。
⑥ 相关有价值的讨论参见 Attell-Thompson (2005)。
⑦ 如果允许家长为子女做选择,这一方案也可适用于年轻人。
⑧ Rai (1997).

9.11 资源分配上的争议

9.11.1 治疗疾病和改善生活方式的区别

有人认为，如果能够明确区别治疗疾病和改善生活方式，国民医疗服务体系的资源分配工作就更容易。① 也有人认为，国民医疗服务体系的工作不是让人快乐而是治疗疾病。② 因此，即使美容手术能让人快乐，国民医疗服务体系也不应提供这类手术，因为这并非治疗疾病。其他有争议的例子包括利用国民医疗服务体系治疗肥胖症或治疗男性勃起障碍等。但是，如上所述，治疗和改善生活方式之间的界限并非一清二楚。

9.11.2 卫生资源分配与临床诊断

反对国家卫生与保健优化研究所的一种意见认为该所的工作不利于培养医务人员的临床判断能力。国家卫生与保健优化研究所的指南告诉医务人员什么是合适的治疗方法，这实际就是对医务人员临床判断的一种挑战。如前所述，国家卫生与保健优化研究所却坚持认为，其制定的指南并不是要限制医生在每个个案中的判断，尽管没有合理理由又不按指南建议执行的医生是需要勇气的。③ 克里斯托弗·纽迪克提出，对于"临床诊断"这一术语，我们应十分谨慎。④ 他调查了多个国家每十万人实施子宫切除术的比率，结果为美国7‰，加拿大6‰，英国2.5‰，挪威1.1‰。他认为，这些数字的差距不能归因于每个病例的"临床诊断"不同。相反，这些数字"需要进一步的解释"，要么，某些国家的妇女做了不必要的子宫切除术；要么，某些国家的妇女没有做本应做的子宫切除术。因此，说某种治疗是临床需要的，这既是一种医学判断，又是一种社会判断。

9.11.3 患者的过错

据估计，在发达国家，1/3的疾病是因为"生活方式"引起的：烟、酒、血压、

---

① 有关健康和疾病的定义参见第一章。
② Gilbert, Walley, and New (2000).
③ 参见 Bristol Infirmary Inquiry (2001: 30). 该报告指出，没有合理理由，又经常违背国家卫生与保健优化研究所指南的医生，需要再进行培训。
④ Newdick (2007: 245).

胆固醇、肥胖。在进行卫生资源分配时，我们是否应区分患者对其健康存在过错与否？① 对于因自己吸烟导致心脏病的患者和对心脏病没有责任的患者，我们更愿意治疗谁？② 如果一位医生赶到车祸现场，有两位患者需要进行紧急处理，他应该先关注无辜的路人而非醉酒的司机吗？许多人凭直觉认为，应优先救治"无辜的"患者。③

对这种观点的挑战是个人在多大程度上应为自己的病症负责。④ 因为工作压力大而罹患心脏病的律师应该为没有很好地平衡工作生活负责吗？在灭火时不幸受伤的消防员，应该为他选了这么一份有风险的职业负责吗？这种评价上的困难促使英国医学委员会（General Medical Council，GMC）站了出来："不能因为认为患者的行为最终导致罹患某种疾病而拒绝对其进行治疗或延迟治疗。"⑤ 国家卫生与保健优化研究所也指出，患者因为自己的行为而遭到伤害或罹患某种疾病不是拒绝对其进行救治的理由，但这可以作为判断某种治疗是否有效的考虑因素之一。⑥ 也有人认为，如果我们承认人人享有获得卫生保健的权利，那么相应地，我们也有保护个人健康的责任。对个人健康不负责任的行为就可能预示着放弃获得卫生保健的权利。⑦ 即使我们赞同在分配有限的卫生资源时因个人行为患病的人应该少分，但在分析个人在多大程度上应对自己的生活方式负责以及生活方式又在多大程度上引发了某种疾病时，我们都会遭遇困难。也许，导致某种疾病（比如肥胖）的原因可能是社会经济地位的不平等。⑧ 因此，对肥胖患者拒绝提供卫生保健服务只会进一步扩大这种不平等。也许，大多数疾病从某种意义上讲都源于个人行为。⑨ 上述观点的支持者能想到的另一种办法是建议对吸烟、喝酒这样的"危险"行为征税，用这部分税

---

① 对于这一问题的相关讨论，参见 Ahola-Launonen (2015)；Cappelen and Norheim (2005)；Underwood and Bailey (1993)。
② Underwood and Bailey (1993)。
③ Sandman 等（2016）。
④ Friesen (2018)。
⑤ GMC (2007：6)。（英国医学委员会是一个收费的注册慈善团体，拥有法定义务管理英国执业医生的登记名册，对医务人员群体设定门槛标准并进行行业监管。此外，其对英国的医学教育也会设定标准，负责与国际医学教育机构交流，履行一定的医学教育管理功能。——译者注）
⑥ NICE (2005a：principle 10)。对这一方法的批评，参见 Holm (2006)。他指出，是不是运动员就不应该做手术？因为他们很可能又会继续参加体育赛事，这将直接阻碍他们健康的恢复。
⑦ 参见 Sharkey and Gillam (2010)。
⑧ Wilkinson (2018)。更多讨论参见 Fenton (2018)。
⑨ Golan (2010)。

收为他们的疾病开支买单。这样，对治疗由于危险行为导致疾病所产生的费用就由危险行为的实施者分担，是否罹患相关疾病在所不问。① 艾伦·克里布指出，我们需要建立一个与卫生权利相连的卫生义务网络。② 朱利安·萨弗勒斯库主张，对于那些实施健康危险行为并且因此罹患疾病者，我们不能采取拒绝治疗的宽泛路径：

> 人类历史上，诸如哥伦布、埃德蒙·希拉里③、南丁格尔、海明威等众多重大人物都为了取得一些重要目标承担了巨大风险。我们要建立一个住满颤抖的但绝对健康的疯子社会吗？可以肯定，这是一个极其恐怖的社会！之所以恐怖，是因为这个社会把健康置于幸福和各种价值之上。④

人们普遍赞同应将个人患病前的过错行为与卫生资源分配建立联系，也即考虑这一过错是否会影响治疗效果。如果一名要求做肝脏治疗的患者有严重酗酒史又不肯戒酒，他就有可能因治疗不可能有效而被拒绝治疗。这就是国家卫生与保健优化研究所的工作方针：先前的过错与卫生资源分配无关，除非其过错影响未来治疗的有效性。⑤

9.11.4 患者为社会做出的贡献

卫生资源分配是否应考虑个人对社会的贡献？如果一位患者是对癌症治疗研究有重大贡献的中年医生，另一位是长期失业者；或者如果一位患者有年幼子女，另一位是无抚养者的单身人士，这些应作为卫生资源分配的考虑因素吗？一般观点认为，这些都不是应予考虑的因素。国家卫生与保健优化研究所已明确规定，社会地位或阶层不是分配卫生资源的考虑因素。⑥ 如果要考虑救治一个人是否比另一个人更有价值，这就打开了牵涉众多复杂问题的潘多拉魔盒，构成不当歧视，必然遭人诟病。另一方面，只从个人角度对某种治疗进行成本-效益分析而不考虑更大的社会利益以及与患者相关的其他人员的利益，这可以说是一种不恰当的个人主义世界观的表现。

9.11.5 性别

将性别作为卫生资源分配的考虑因素当然不恰当。这已然成为世人共识。但如

---

① Cappelen and Norheim（2005）and Andersen and Nielsen（2017）.
② Cribb（2005：Chap 6）.
③ 埃德蒙·希拉里（Edmund Hilary）是第一位成功登顶珠穆朗玛峰的登山运动员。——译者注
④ Savulescu（2019）.
⑤ NICE（2005a）.
⑥ Ibid.

前所述，将年龄作为一种考虑因素，其实质也是一种性别歧视，因为高龄老人中女性比男性更多。①

也有人认为质量调整生命年这种方法带有个人主义倾向，只关注某种治疗对个人的影响，而不考虑卫生资源分配对子女抚养的影响，这有违妇女利益，因为妇女承担了更多的抚养子女的责任。②

9.11.6 救治多数人还是少数人的难题

假设有一位急需救治的患者，一旦得不到治疗将马上死去，但其治疗费用高达 50 万英镑；同样一笔钱可以用来建立一个胆固醇筛查程序，预计这一程序可以挽救 10 个人的生命。如果必须要在二者之间选择其一，我们应如何选择？③ 按照质量调整生命年的标准，筛查程序将得到优先考虑，因为同样的钱可以挽救更多的生命。但事实上，在国民医疗服务体系内，大量的钱被用于救治个人生命，预防保健工作却投入较少。这种情况不光发生在国民医疗服务体系。人们愿意花巨资去搜救一名在海上失踪的船员或困在矿井中的矿工，却不愿投入同样多的钱建立可以挽救千万人生命的道路安全措施。有人认为这完全不合逻辑。实际上，这些决定是基于个人情感做出的。我们看到了需要救治的患者或船员，但我们不知道筛查程序和道路安全措施可以挽救的那些人是谁。我们不得不去救我们知道的人，但对那些因为没有预防措施而丧命的不认识的人却没有一丝怜悯。许多人认为这是错误的。我们应该同等对待缺乏疾病防治措施而丧命的人和我们看见的需要紧急救治的患者。④

10. 国民健康状况的不平等

卫生领域关注的另一个重点是全英民众健康状况的不平等。⑤ 实际上，这是全球普遍存在的一个问题。⑥ 在英国不同地区、社会、民族、阶层间，民众的健康状

---

① Lindemann Nelson (2007).
② Whitty (1998).
③ Hope (2005：Chap 3).
④ Cookson (2015).
⑤ Gribb (2005); Leatherman and Sutherland (2005).
⑥ Daniels (2007).

况存在显著差距。① 各地国民医疗服务体系的服务质量也参差不齐。② 有下列事实数据为证：

- "2006年，在肯辛顿（Kensington）和切尔西（Chelsea）出生的女婴预期寿命为87.8岁，比全英健康状况最差的地区格拉斯哥（Glasgow）市区高出10岁。"③
- "双方父母申报登记的婴儿中，父亲从事半程序化或程序化工作的婴儿死亡率最高，达到5.4‰，高于全国平均值4.9‰。"④

下议院卫生委员会在一份有关这一问题的报告中指出：

> 不同阶层的健康状况存在明显的不平衡，在不同性别、不同民族中也存在，老人、精神障碍患者或学习障碍患者也比其他人群的身体健康状况要差。造成健康状况不平等的原因十分复杂，既有生活方式的因素，比如吸烟、营养、运动（这里只举几例），又包括一些更广泛的因素，比如贫穷、居住状况、受教育程度。获得卫生保健服务的渠道是否通畅也有一定影响。此外，人们特别担心"制度性老年歧视"。但相对其他因素而言，这一因素的影响力更弱一些。⑤

针对健康不平等的问题，2012年《健康和社会保健法》第4条又为国务大臣增设了一项责任：

> 在履行卫生服务的相关职能时，国务大臣必须关注英格兰各地民众在获得卫生服务的利益方面减少健康不平等的需求。

11. 英国医学委员会

尽管在论及卫生监管工作时，我们应考察英国医学委员会，但这里只是举例说

---

① Graham（2002）.
② Davey Smith Chaturvedi, Harding 等（2002）.
③ House of Commons Health Committee（2009：9）.
④ House of Commons Health Committee（2009：15）.
⑤ House of Commons Health Committee（2009：2）.

明。在卫生领域，其他机构也具有类似的监管权力。① 按照 2008 年《健康和社会保健法》第 98—110 条的规定，英国将创设卫生行业仲裁办公室（Office of the Health Professions Adjudicator，OHPA）。该办公室本应取代英国医学委员会。但政府最终宣布，放弃设立该仲裁办公室的计划，仍由英国医学委员会履行监管职责。

1983 年《医事法》（the Medical Act 1983）第 1A 条规定了英国医学委员会的主要任务：英国医学委员会的主要目标是保护、维护并促进公共卫生安全。对于这一机构，有人主张，英国医学委员会主要关心的是医生利益，而非公共利益。该机构负责为医务人员注册。② 事实上，有关这方面的法律较为松散。如果未经注册就行医的，并不构成犯罪，你甚至不用具有相应医学资质就可行医。③ 但如果你假装自己具有相应医学资质或假装自己是注册医生，根据 1983 年《医事法》，你就实施了违法行为。④ 法庭也很可能将那些以医生自居的人推定为假装自己是有资质的医生。但是，如果有人公开声称自己没有资质（如称自己是所谓"气功大师"），那么民众是否相信其疗法听凭个人意愿，由此该"大师"的行为就不违法。

12. 公共卫生：传染病防治

控制传染病的主要成文法已经颁布很久了，这些成文法包括 1948 年和 1951 年的《国民救助法》（National Assistance Acts，1948 and 1951），1984 年《公共卫生（疾病控制）法》[Public Health (Control of Disease) Act，1984]（以下简称 1984 年《公共卫生法》）。⑤ 值得注意的是，按照现行法规定，控制传染病的主要责任在地方卫生机构而非中央政府，其工作重点是保护公共卫生安全而非个人人权。但这些立法应在 1998 年《人权法》的框架下进行解释。所以，行使职权的任何公共机构都应尽可能按不侵犯个人人权的方式履行职责。

---

① 比如：护士与助产士协会（Nursing and Midwifery Council），英国牙医总会（General Dental Council）。所有这些机构都受卫生和社会保健职业标准管理局（Professional Standards Authority for Health and Social Care）监督。
② Medical Act 1983.
③ Brazier and Cave (2007: 6).
④ 这种欺骗可以使相对方撤销其所做出的与治疗有关的任何同意，同时，使行为人的行为构成人身攻击行为。（R v Tabassum [2000] Lloyd's Rep Med 404）。
⑤ 相关立法改革建议参见 DoH (2007a)。

1984年《公共卫生法》授权地方机构开展传染病的防治工作。地方机构的工作职责主要如下。

12.1 报告

根据1984年《公共卫生法》的规定，如果医生发现任何人有传染病，或者有合理理由怀疑某人有传染病，那么他应向地方卫生机构报告。① 如果医生没有报告，理论上，他将面临刑事指控。地方卫生机构须在48小时内向卫生管理局报告。对于某些疾病（如狂犬病），须立即向政府首席医务官报告。

12.2 拘禁和治疗传染病患者的权力

根据1948年《国民救助法》第47条的规定，法院有权将一个不能自理的人送到一个安全的地方。1984年《公共卫生法》② 第45G条授予法院更大的权力，法院可以下令对可能给他人健康构成威胁的传染病患者进行拘禁并进行治疗：

(1) 治安法官可以针对某个人（P）做出命令，只要治安法官认为：
① P有或很可能有传染病；
② 该传染病可能或已对人类健康构成严重危害；
③ 存在P可能将该传染病传染给他人的风险；
④ 为了消除或降低这种风险，有必要做出这一命令。

(2) 法院可以做出命令，给P设定以下一项或多项限制或要求：
① P应接受体检；
② 应送P到医院或其他合适的机构；
③ 应将P拘禁在医院或其他合适的机构；
④ 应单独拘禁P，或将P放在隔离病房中；
⑤ 应治愈P的传染病；
⑥ 给P穿上防护服；
⑦ P应提供相关信息并就个人健康或其他相关情形回答问题；
⑧ 监管P的健康，并做出报告；
⑨ P应参加培训或咨询，学习如何减少将疾病传染给他人的风险；

---

① Health Protection (Notification) Regulations 2010, SI 2010/659.
② 被2008年《健康和社会保健法》修正。

⑩ 限制 P 的活动范围及接触人群；

⑪ 禁止 P 从事工作或贸易活动。

法律规定的这一权力极其宽泛，其中部分规定可能违背了《欧洲人权公约》第 5 条保护的权利。①

12.3 疫苗接种

疫苗接种是目前儿童卫生保健中广泛进行的一项工作。② 这些项目在应对天花等疾病方面卓有成效。但在英国，对麻腮风疫苗的担心致使接种这一疫苗的儿童人数出现下降。③ 正如这一争议所揭示的那样，疫苗接种并非强制义务，父母有权决定自己的子女不接种疫苗。在 Re B（儿童）（疫苗接种）案④中，该儿童的父母（已分居）不能就儿童是否接种达成一致，诉至法院。上诉法院认为，这一问题应按儿童利益标准处理。在听取了专家证言后，他们判定，接种疫苗符合儿童利益。

12.4 强制治疗

违背个人意志进行强制治疗的情形非常罕见。对于精神障碍患者，有专门的工作机制，详见第十章的讨论。这里，我们只讨论因公共卫生原因对患者进行的强制治疗。为保护公共卫生，强制个人接受治疗的只有下面几种情形。

12.4.1 传染病

1984 年《公共卫生法》第 45C 条允许国务大臣制定规定，"防止、控制传染病在英格兰和威尔士传播，控制危及公共安全的事件，保护公共安全"。

---

① *Enhorn v Sweden* (2005) 41 EHRR 633, discussed in Martin (2006). 《欧洲人权公约》第 5 条规定，每个人都享有人身自由及安全的权利。——译者注

② Case (2017).

③ 1998 年，英国权威医学杂志《柳叶刀》发表了维克菲尔德的文章，称麻腮风三联疫苗可能引发自闭症。维克菲尔德在论文发表当天召开新闻发布会，称不赞同使用该疫苗，引发大量媒体的关注及报道。英国医学委员会等机构随后开展研究，并未发现该疫苗与自闭症的关联。2010 年，英国医学委员会吊销了维克菲尔德的行医资格，《柳叶刀》也撤下了这篇论文，但是其对英国的"疫苗抵制"造成了巨大的影响：到 2004 年，英国麻腮风三联疫苗的接种率由 92% 下降到 81%；2008 年英国麻疹病例十年来首次超过 1000 人；2012 年英国麻疹病例超过 2000 人。这一影响甚至超出了英国本土，其对欧洲的疫苗接种也带来了巨大影响。——译者注

④ *Re B*（*A Child*）（*Immunisation*）[2003] 3 FCR 156.

12.4.2 清除体外寄生虫

根据1936年《公共卫生法》第85条规定,法院可下令强制个人接受治疗,清除体外寄生虫,只要法院认为这么做确有必要。

12.4.3 1948年《国民救助法》规定的情况

该法第47条规定允许将有"严重慢性病"或"年老、孱弱、身体瘫痪",住在"不卫生的条件下"且不能自理又无人照顾的人送去医院。但是该条只规定了可以将这类人送去医院,并未明确规定强制他们接受治疗。

12.4.4 饮水加氟

饮水加氟有助于儿童的牙齿保健。人们普遍认为,这是促进儿童牙齿健康的最有效的方式。但是,这种做法也争议不断,因为这就意味着供应给整个社区的水都加入了氟化物。有人因此抱怨,饮水加氟让那些不想喝含氟水的人别无选择。1991年《水工业法》(Water Industry Act,1991)第87—91条规定,如果卫生机构要求的话,供水公司可以在水中加氟。但法律并未规定供水公司有此义务。自1985年始,全英不再有饮水加氟的项目。① 这部分是由于自来水厂私有化的结果。这些私营的自来水厂不希望因为饮水加氟引来麻烦,也不希望惹恼反对饮水加氟的顾客。② 而且任何饮水加氟都必须经过公众听证程序,那些反对饮水加氟的群体很可能在听证程序中占据优势。

未经患者同意的治疗和拘禁带来了许多重要的人权问题。《欧洲人权公约》第5(1)(c)条明确规定,为防止传染病传播,允许对传染病患者进行合法拘禁。但是,对人权的侵犯应以公共卫生为正当理由,这是一个文明社会必需遵行的,此外,侵犯人权的程度也应与保护公共卫生所需要的程度相称。③ 因此,如果某个机构要行使上述任何一项权力,都必须证明这是保护公共卫生必需的,除此之外,别无他法;而且传染病对公众的威胁已经非常严重,足以有充分理由实施侵犯人权的行为。

---

① DoH (1999a: para. 9.19).

② 参见 *R v Northumbrian Water Ltd ex p Newcastle and North Tyneside HA* [1999] Env LR 715,该案是饮水加氟建议遭遇法律挑战的很好例证。

③ *Acmanne v Belgium* (1984) 40 DR 251.

HIV 病毒的传播让政府必须在当下对防治传染病问题做出回应。对这一问题的争论引出了许多其他相关问题。由于篇幅所限，我们不能在此一一论及，只讨论以下几个问题。一是，我们是否应强制每个人或特定群体接受体检。在违背个人意愿的前提下进行体检，有违医事法与伦理的基本原则。但是，部分人认为，如果政府想要清楚了解 HIV 的感染程度，甚至为患者提供安全的治疗，那就需要强制体检。截至目前，政府未同意针对 HIV 病毒进行强制检查，尽管政府授权，对那些做产前检查和到性病门诊治病的人进行匿名的强制血液检查。而且，1984年《公共卫生法》规定的部分权力也适用于 HIV 阳性的情形，强制检查和移送到医院的措施在理论上可行。如果要使 HIV 阳性的人不去传染他人，负责任的做法就应包括上述措施，但这些措施都极具争议，有人认为，这是"对 HIV 携带者或者疑似 HIV 携带者的个人自由的严重侵犯"。① 到目前为止，尚没有使用这些措施的相关案例。

二是，刑法最近的发展规定，如果甲知道自己携带 HIV 病毒，却与乙发生性关系，且如果乙在知晓甲的病后就不会同意二人发生性关系的前提下，乙因此被传染上 HIV 病毒，那么甲的行为构成严重故意伤害，他将因此获罪。② 这就要求明知自己携带 HIV 病毒的人需要在性行为前向自己的性伴侣履行告知义务。部分人认为，这是维护公共卫生的有效方式，同时它又保护了个体享有的性自由和身体自由。③ 另一些人则认为，这是对那些 HIV 阳性的人的性自由的不当干涉，其结果是让人们不愿去做相关检查，确认自己是否是 HIV 病毒携带者。④

13. 公共卫生：疾病预防

传统医学是诊断患者、提供治疗的被动反应过程。但预防措施越来越受到重视。因此，国民医疗服务体系认为自己的任务不光是为患者提供医疗服务，而且包括公共卫生状况的改善。⑤ 从经济角度讲，这颇有意义。如果政府可以降低疾

---

① Montgomery（2003：35）.
② 1861 年《侵犯人身犯罪法》(Offences Against the Person Act 1861) 第 20 条。*R v Dica* [2004] 3 All ER 593.
③ Herring（2005）.另请参见 Pattinson（2009）.
④ Weait（2005）.
⑤ NHS（2009a）.

病或突发卫生事件的发生率，人们对国民医疗服务体系卫生资源的需求就会减少。肥胖、吸烟、吸毒、滥用酒精、性传播疾病都给国民医疗服务体系带来了更大压力。①《欧洲社会宪章》（European Social Charter）第 11 条也确实规定政府有义务消除致病因素，预防疾病，并为个人如何保持健康提供建议。

有意思的是，公共卫生的概念也在不断发展。2010 年，政府出具的报告不光提及了卫生问题，还提及了民众的一般幸福。②该报告对幸福做了宽泛解释：

> 一种积极的、和社会相符的身体和心理状态，不仅是没有痛苦、不适、失去意思能力。它要求个人的基本需求得到满足，个体有使命感，能够实现重要的人生目标并融入社会。如果有支持性的人际关系，有紧密又包容的社群，身体健康，经济富足，人身安全，工作有足够回报，有一个健康宜居的环境，那么个人的一般幸福感就会增强。③

公共卫生的一个重要问题是政府在一些诸如吸烟、肥胖、酗酒等重大公共卫生问题上应扮演什么角色。政府应致力于规劝民众放弃不健康的生活方式吗？或者这样就干涉太多，政府应该只鼓励健康的生活方式吗？在某些领域，政府以公共卫生为名进行干预没有太大争议。环境问题就是一例，清洁的空气④和水源⑤当然是保护国民健康所需。但在其他领域，如日常饮食，有人就认为政府干涉太多，他们受够了这个像妈妈一样爱唠叨的政府了。

❓ 请思考

肥胖

人们普遍认同肥胖是一个健康问题。英格兰大多数成年人都超重，1/5 的人（大概 800 万）存在肥胖问题。据估计，到 2050 年，60% 的男性和 50% 的女性都会出现肥胖问题。⑥简单来说，肥胖的原因是越来越多的人久

---

① Foresight (2007).
② NHS (2013a).
③ DoH (2010f).
④ Clean Air Act 1993 and Environment Act 1995.
⑤ Water Industry Act 1991.
⑥ Dawson (2014).

坐不动,且饮食习惯不佳。但事实上这些数字背后有更复杂的原因。据说,肥胖每年造成3万人死亡,将个人寿命减少了9年。据估计,国民医疗服务体系每年用于应对肥胖问题的费用达到了61亿英镑。① 当然,不是每个人都承认肥胖已经蔓延。② 政府将怎么办?

在政府有关公共卫生的白皮书(《轻松做出健康决定》)中,政府提出了三个核心原则(para. 5.101):

- 知情选择:政府通过可靠信息为民众提供支持,允许民众在影响自己健康的事上做出选择。
- 个性化服务:支持民众做出健康决定,尤其是贫穷群体和社区。
- 携手共进:在社区中建立有效的合作。③

这是政府鼓励人们采用更健康的生活方式,又为了防止自己成为发号施令者,努力希望达成的一种平衡。

14. 结论

在本章,我们讨论了不断改革的国民医疗服务体系结构。连续几届政府都致力于寻找以较低成本改善卫生服务质量的有效方法。有争议的是,在卫生服务中,市场已经开始扮演一个越来越重要的角色。本章还探讨了卫生资源分配问题。一旦法院发现违反了法律程序或相关机构的指导意见不透明或没有意义时,法院也越来越愿意介入干预。但对于某个因诊疗原因做出的具体的卫生资源分配决定,法院却不愿意干预。本章还探讨了卫生资源配置决定的伦理性,尤其是在卫生资源有限的情况下要尊重每个患者的价值观时遇到的困难。

---

① Public Health England (2017).
② Committee of Public Accounts (2005).
③ Social Issues Research Centre (2005).

/思考题/

1. 思考以下表述。"对于 76 岁肝衰竭的妇女，我们必须说：'为您的儿孙着想，我们没有钱为您做相关的手术。'对于已经做过一次心脏移植手术的患者，我们必须说：'对不起，我们不能再为您做一次心脏移植手术，因为这项手术十分昂贵，还有其他患者等着做。'对于有长期吸烟史的烟民，我们必须说：'对不起，没有肺移植手术，您必须戒烟。'"①

你认为我们应该在卫生资源分配问题上更加直言不讳吗？为什么？

2. 读完本章后，你认为我们需要在国民医疗服务体系上投入更多资金吗？有人说："几乎没有人认为，我们应该将所有的钱都投入健康服务，在食品、度假、教育等问题上不投入一分钱。"② 你怎么看？纳税者联盟所做的一项调查（2008）显示，英国每年有 17157 人由于得不到医疗服务而死亡。③ 为了避免这些死亡，你愿意多缴纳多少税款？

3. 在 ICM 公司为国家卫生与保健优化研究所所做的一份调查中，人们对于年龄在卫生资源分配的重要程度上存在分歧。但对以下问题："如果国民医疗服务体系将获得更多资金，你认为这部分资金应优先用于谁？儿童？劳动人群？年龄在 65 岁以上的老人？"调查显示，45％的人选择了儿童，19％的人选择了劳动人群，12％的人选择了年龄在 65 岁以上的老人。④

在卫生资源分配中，年龄因素有多重要？

4. 你认为，让某人一次获得他人捐献的多个器官是否一定不对？反对者认为，两个器官可以挽救两个人的生命，因此，不应将这两个器官同时用在一人身上。⑤

5. 如果允许你为自己的卫生服务创建一个资源分配体制，那么：你想接受什么治疗？不想接受什么治疗？

6. 思考以下表述："面对有较好健康状况的人群，业务不断扩张的医院致力于治疗诸如更年期等常规问题，将风险变成疾病，用复杂手术处理一些小病。医生和'消费者'困在一种错觉中，每个人都有病，什么病都可以治好。"⑥ 你同意吗？

---

① Pence (2002: 110).
② Belshaw (2005: 48).
③ Taxpayer's Alliance (2008).
④ NICE (2010b).
⑤ Menzel (1994).
⑥ Porter (1997: 718).

7. 克里斯·纽迪克（2014）提出国民医疗服务体系有三种模式。（1）临床模式：这种模式下，医生负责做出临床决策。（2）管理模式：这种模式下，没有临床经验的独立经理人有权设立各自的目标和目的，他们对管理过程负责。（3）商业模式：这种模式下，改革的动力是市场因素以及通过'卫生服务商品化'带来的增加税收的动机。你认为国民医疗服务体系目前采取了哪种模式？

/延伸阅读/

有关卫生资源分配的一般情况，请参考下列文献：

Altman S. (2018) 'Against proportional shortfall as a priority-setting principle', *Journal of Medical Ethics* 44: 305.

Bærøe K and Bringedal B. (2011) 'Just health: on the conditions for acceptable and unacceptable priority settings with respect to patients' socioeconomic status', *Journal of Medical Ethics* 37: 526.

Bognar G. (2015) 'Fair innings', *Bioethics* 29: 251.

Cookson R and Dolan P. (2000) 'Principles of justice in health care rationing', *Journal of Medical Ethics* 26: 323.

Danis M, Hurst S, Fleck L, Forde R and Slowther A. (eds) (2014) *Fair Resource Allocation and Rationing at the Bedside* (Oxford University Press).

Denier Y. (2008) 'Mind the gap! Three approaches to scarcity in health care' *Medicine, Health Care and Philosophy* 11: 73.

First S. (2018) 'The Quality Adjusted Life Year: A Total Utility Perspective', *Cambridge Quarterly of Healthcare Ethics* 27: 284.

Golan O. (2010) 'The right to treatment for self-inflicted conditions', *Journal of Medical Ethics* 36: 683.

Heale W. (2016) 'Individualised and Personalized QALYs in exceptional treatment decisions', *Journal of Medical Ethics* 42: 665.

Kerstein S. (2018) 'Dignity, disability and lifespan', *Journal of Applied Philosophy* 34: 635.

McLachlan H. (2005) 'Justice and the NHS: a comment on Culyer', *Journal of Medical Ethics* 31: 379.

Newdick C. (2005) Who Should We Treat?(Oxford University Press).

Smith II G. (2008) Distributive Justice and the New Medicine (2008).

有关国家卫生与保健优化研究所的工作，参见下列文献：

Claxton K and Culyer A. (2006) 'Wickedness or folly? The ethics of NICE's decisions', Journal of Medical Ethics 32: 375.

Claxton K and Culyer A. (2007) 'Rights, responsibilities and NICE: a rejoinder to Harris', Journal of Medical Ethics 33: 462.

Harris J. (2005c) 'It's not NICE to discriminate', Journal of Medical Ethics 31: 373.

Harris J. (2006) 'NICE is not cost effective' Journal of Medical Ethics 32: 378.

Herring J. (2017) 'Finite care and clinical care: rationing' in I. Freckelton and K. Petersen (eds), *Tensions and Traumas in Health Law* (Federation Press).

King J. (2007) 'The justifiability of resource allocation', Modern Law Review 70: 197.

Rawlins M. (2004) 'National Institute for Clinical Excellence and its value judgments', British Medical Journal 329: 224.

Syrett K. (2007) *Law, Legitimacy and the Rationing of Health Care: A Contextual and Comparative Perspective* (Cambridge University Press).

Syrett K. (2008) 'NICE and judicial review: enforcing "accountability for reasonableness" through the courts?', *Medical Law Review* 16: 127.

有关公共卫生的情况，参见下列文献：

Ahola-Launonen J. (2015) 'The evolving idea of social responsibility in bioethics *Cambridge Quarterly of Healthcare Ethics* 24: 204.

Coggon J. (2012) *What Makes Health Public? A Critical Evaluation of Moral, Legal, and Political Claims in Public Health* (Cambridge University Press).

Dawson A. (2014) 'What is public health ethics?', in A. Akabayashi (ed.) *The Future of Bioethics* (Oxford University Press).

Green J. (2009) 'Public health and health promotion', in G. Scambler (ed.) *Sociology As Applied to Medicine* (Saunders).

Veitch K. (2019) 'Obligation and the Changing Nature of Publicly Funded Healthcare', *Medical Law Review* 27: 267.

有关欧盟法规定的权利，参见下列文献：

Veitch K. (2012) 'Juridification, medicalisation, and the impact of EU law: patient mobility and the allocation of scarce NHS resources', *Medical Law Review* 20: 362.

有关国民医疗服务体系结构和监管，参见下列文献：

Davis A. (2013) 'This time, it's for real: the Health and Social Care Act 2012', *Modern Law Review* 76: 564.

DoH (2015c) Culture change in the NHS (DoH).

Firth L. (2013) 'The NHS and market forces in healthcare: the need for organisational ethics', *Journal of Medical Ethics* 39: 17.

Harrington J. (2009) 'Visions of utopia: markets, medicine and the National Health Service', *Legal Studies* 29: 376.

Meadowcroft J. (2008) 'Patients, politics and power: government, failure and the politicization of UK health care' *Journal of Medicine and Philosophy* 33: 427.

Montgomery J. (1998) 'Professional regulation: a gendered phenomenon?' in S. Sheldon and P. Thomson (eds) *Feminist Perspectives on Health Care Law* (Cavendish).

Mulcahy L. (2015) 'The market for precedent: shifting visions of the role of clinical negligence claims and trials', *Medical Law Review* 22: 274.

Newdick C. (2014) 'From Hippocrates to commodities: three models of NHS governance', *Medical law Review* 22: 162.

Quick O. (2017) *Regulating Patient Safety: The End of Professional Dominance?* (CUP).

Stirton L. (2014) 'Back to the future? On the pro-competitive regulation of health services', *Medical Law Review* 22: 180.

第三章
医疗过失

引　言

尽管本章我们将讨论医疗过失等不幸事件，但在开始前应该强调一点：对大多数患者而言，他们接受的医疗服务都很不错。① 2018年发布的一项患者调查显示，53%的受访者对国民医疗服务体系提供的卫生服务表示满意，较2016年63%的满意度出现了下降。② 只有30%的人对国民医疗服务体系的医疗服务不满意。但出现问题的案件往往很容易引爆舆论，而且律师也会介入。然而即使存在问题，也只有极个别是因为医务人员的恶意行为。在一篇有关布里斯托尔皇家疗养院的报道中，记者揭露了该院提供的医疗服务存在不足："悲剧发生了。但这是由于希望值太高引发的悲剧。由一群乐于奉献、勤奋工作的人带来的悲剧。希望太高，期望太大了。"③

等待治疗的患者最担心的莫过于他们接受的治疗方案并未改善他们的病情，反而使之更糟。同样，医务人员最担心的莫过于治疗出现问题，导致患者受伤。医疗工作一旦出现问题，自然会产生相应的法律后果。如果医疗服务严重违背行业标准，医疗人员甚至可能会面临刑事指控。④ 更常见的是，他们可能面临侵权之诉或违约之诉。这类诉讼主要有以下功能：保证医疗过失的受害者遭受的损失可以得到赔偿；一旦胜诉，这类诉讼还是一种向公众公布医务人员过错行为的渠道，并借此让有过错的医务人员担责；这类诉讼也是错误医疗行为的抑制因素。问题是这些不同功能有时并不相容。比如，在某些案件中，尽管医务人员的行为存在过错，应予以审查，但要确认原告的损失却不可能或不现实，进而很难确定合适的赔偿。在另一些案件中，尽管可以对受害人的损失予以赔偿，但要将全部责任归于某一个人却不公平。此外，让国民医疗服务体系信托机构赔偿某位患者就意味着拿走了一笔本应由其他患者共享的资源。

即便在医疗过失案件中赔偿受害人的思路可以接受，我们仍然面临如何为可接

---

① 本章不讨论有关药物的法律规则。有关药物法律规定的精彩讨论，参见 Jackson（2012）。
② NatCen（2019）。
③ Bristol Royal Infirmary Inquiry（2001：2）。
④ 有关医事法与刑法的相互关系，参见 Alghrani Brazier，F'arrell，Griffiths and Allen.（2011）和 Erin and Ost（2007）。

受的医疗行为设定标准的问题。标准过高，国民医疗服务体系就面临大量诉讼，医生也可能因为担心诉讼风险而选择"防御性治疗"。① 标准过低，受到损害的患者则可能无法得到赔偿。

我们很难找到英格兰和威尔士地区涉及医疗人员的"不良"医疗事故的准确数据。② 只有一小部分案件诉至法院，所以法院案例汇编也无法为我们提供准确数据。

在 2018—2019 年，英格兰共报告了 2026379 起不良事故。在国民医疗服务体系的不同领域，医疗事故的严重程度也不同。比如在急诊专家信托机构有记录的医疗事故中，79.9% 最终被认为"没有伤害"，而在社区信托机构中，"没有伤害"的只占 56.5%。③

这预示着每年报告的此类事件大都没有造成损害，只有不到 1% 的案件中，医疗事故最终导致了患者死亡或严重伤害。

1. 法律和医疗事故：概述

如果一名医务人员的确因为过失给患者造成损害，这会产生什么法律后果呢？

(1) 刑事指控。

假如患者因为该过失濒临死亡，最可能的刑事指控是重大过失杀人。④ 医生在未征得患者同意的情况下实施手术也可能面临蓄意伤人的指控。如果存在性骚扰，那么根据 2003 年《反性犯罪法》(Sexual Offences Act，2003)，他可能面临性骚扰的指控。⑤ 需要注意的是，刑事指控与民事诉讼不同，提出刑事指控无须征得受害人的同意。当然，医生因为治疗行为面临刑事指控的情形非常少见。⑥

(2) 民事诉讼。

原告可以依过失侵权主张损害赔偿。如果是私人医疗服务，则可以依据违约之诉主张损害赔偿。

---

① 有关防御性治疗的详细论述参见 Karen-Paz (2010)。
② 对相关数据的讨论参见 Quick (2006a)。
③ NHS (2019)。
④ *R v Adomako* [1995] 1 AC 171. 更多讨论参见 Ost (2019)。
⑤ Ost and Biggs (2013)。
⑥ 根据卫生和安全规定，NHS 信托机构也可能面临刑事指控。*R v Southampton University NHS Trust* [2006] EWCA Crim 2971.

(3) 职业自律程序或国民医疗服务体系投诉程序。

相关职业机构和（或）国民医疗服务体系可以就某一医疗人员的投诉展开调查。调查后，发现存在问题的医疗人员将面临一系列的惩戒措施，但相关受害人不会因此获得赔偿。

拍案惊奇

2009年，一场抗议行为最终引发了一系列报道，披露了斯塔福德郡中部国民医疗服务体系基础信托机构管辖医院提供的医疗服务让人无法接受。三年内，该医院的死亡人数超出预计死亡人数400~1200人。对医院过失行为进行调查的《弗朗西斯报告》[①]得出结论："对许多患者而言，护理的最基本工作都被忽视了。"报告发现，有时候消毒工作一塌糊涂，家属不得不清理公共区域使用过的绷带和衣物，清理马桶，他们担心感染。这第一份调查记录了患者及其家属讲述的有关他们在这个信托机构管辖医院接受的糟糕护理服务。涉及基础护理以及患者体验的护理质量的投诉有许多。尤其让人担心的是这种糟糕的医疗服务持续了很长时间。

卫生大臣向下议院报告说：

> 报告披露了该医院的医疗服务在各个层面都让人失望，它的内容翔实，结果令人震惊。对于斯塔福德医院急诊部接收的患者，他们在各个阶段接受的医疗服务都存在不足。英国国家卫生保健委员会认为，该医院组织机构混乱，诊断迟延，对病患的重要信息记载不详，忽视患者的症状和需求，与患者及家属沟通不畅，信托机构管理层的管理方法也有严重缺陷。尽管信托机构急于获得基础信托机构的地位，但其人员配备严重不足，为患者提供的护理因此受到严重影响。
>
> 报告提及的问题包括：部分患者因为手术推迟，多日都没有得到医院为他们提供的食物和饮料；护士没有经过正规培训，不知道如何使用救治生命的基本仪器；医院收治的患者被分流到急诊部。

---

① Francis（2010 and 2013）.

> 报告称，该医院有经验的医务人员奇缺，对患者的检查管理十分糟糕，必要的医疗设备常常无法正常工作，而且该院也没有查找问题、改善现状的机制。简言之，这种个人及系统性的缺陷不会在其他任何一家国民医疗服务体系的医院出现。但是该医院的管理层却固执己见，拒绝承认医院医务人员及患者提出的医疗服务质量低下的问题。①
>
> 政府因此改进了相关程序，希望借此杜绝此类事件。② 对医院的监管体制也进行了全面改革。

2. 刑法

和其他人一样，医生也可能对患者实施犯罪。比如，如果医生未经患者同意就实施手术，便构成蓄意伤人。当然，医生以这种方式故意伤害一个患者的情形非常少见。

可能让大多数医生更担心的是重大过失杀人，对这一问题的详细讨论参见第十章③。尤其是法院可以在无法证明医生存在故意伤害或预见到伤害但放任危险的情形下，判定医生犯有重大过失杀人罪。④ 但在这种情形下，必须证明该医务人员存在过失，而且过失非常严重，只有认定他们触犯了刑法才是合适的。过失杀人案中涉及医务人员的情况非常少见，只是这类指控数量有小幅上涨的趋势。⑤ 自 2007 年《法人过失杀人与法人致人死亡犯罪法》(Corporate Manslaughter and Corporate Homicide Act, 2007) 颁布后，如果国民医疗服务体系信托机构疏于管理造成患者死亡，也可能被认定为过失杀人。

---

① Francis (2010 and 2013); Johnson (2009: 1).
② DoH (2015c).
③ 参见该章第二节过失杀人。
④ Quick (2010 and 2017) 指出，医生只有在能够预见到将对患者造成伤害的情形下才应为此担责。他批评说，重大过失杀人这一罪名过于模糊。
⑤ Quick (2006b).

用刑法调整医疗关系也曾遭到质疑。奥利弗·奎克（Oliver Quick）指出，过失并不是承担刑事责任的一个充分理由。只有在医生实际预见到伤害的情形下，他才应该承担刑事责任。① 但是，大多数犯罪行为都与过失和错误有关。难道那些驾驶汽车时过失伤害他人的人和挥舞手术刀过失伤害他人的人就应区别对待吗？也许，二者存在一些区别，毕竟医生和司机不同，医生实施的是一种有特殊价值的社会劳动，应享有不受刑法调整的特殊保护。另一方面，有人可能认为，医生在社会上地位特殊，收入颇丰，因此，我们有权对他们提出更高的职业要求。

2015年《刑事司法和法院法》（Criminal Justice and Courts Act，2015）第20条设立了一项新罪名：恶意治疗或故意忽视罪。"因从事医务工作，对另一人负有治疗和护理责任的人存在恶意治疗或故意忽视该相对人"时，构成此罪。可以构成此罪的犯罪主体为所有医务工作者，法律对此界定如下。

> 通过提供以下服务获得报酬的人：
> （1）除特定卫生服务外，为成年人或儿童提供卫生服务，或（2）。
> （2）为成年人提供社会护理工作的人，包括对社会护理工作进行监督管理并因此获得报酬的人，或者提供社会护理工作的机构组织的负责人或类似责任人。

据此，可以构成此罪的犯罪主体包括医生、护士、医疗服务助理，不包括未获报酬的照料人，如在家照顾亲属的人。恶意治疗或忽视必须存在故意。换言之，一位护士因为工作忙于照顾其他患者而疏于照顾某位患者，或者并未意识到患者需要帮助时，不构成本罪。

拍案惊奇

以下两个案例为医疗领域刑法的适用提供了一组非常清晰的对比图。

西蒙·布拉姆霍尔医生（Simon Bramhall）在移植手术中用氩气凝结器在患者的肝上刻了自己名字的首字母缩写。② 法院不知道他这么做的确切动机，推定这只是一个玩笑或是为了炫耀个人能力。他被控引发实际身体伤害

---

① Quick（2010）. 另请参见 Brazier and Allen（2007）。
② 相关讨论参见 Ost（2019）。

的袭击罪①，被法院判处一年的社区服务令，须承担 120 小时的无偿劳动以及 1 万英镑的罚金。

哈迪扎·巴瓦-加尔巴医生（Hadiza Bawa-Garba）是一名儿科实习医生，对身患肺炎和脓毒症的 6 岁患儿杰克·阿德科克（Jack Adcock）做出了错误诊断和治疗，患儿最后因此死亡。在庭审中，她提出的一个事实引发了关注：医院要求她连续工作两个班（12～13 小时）。电脑系统死机导致血液检测报告在 5 小时后才出来；全职护士短缺（加尔巴医生开了一种抗生素，但施药的不是护士）。虽然如此，她仍然被判构成"重大过失致人死亡罪"，处以两年有期徒刑，缓期两年执行，同时支付 2.5 万英镑的检控费用。②

以上两个案例构成了鲜明对比。在布拉姆霍尔案中，医生理应担责。他把患者的身体当成了签名本，虽然这一行为是否对患者造成伤害尚不可知。在巴瓦-加尔巴案中，患者显然遭受了最大的伤害——死亡。但是，她是否存在过错的问题并不清晰。的确，对该信托机构的调查发现医院的整个医疗系统存在缺陷，这些都是导致患儿死亡的原因。英国医学委员会在调查她的案件时，赞扬了她作为医生履行职责的情况，所以最终认定，不吊销其行医资格。

3. 过失侵权法

医疗事故引发的大多数诉讼都是依据过失侵权提起的侵权之诉。想要在侵权之诉中胜诉，原告需要证明以下三点：

（1）被诉的医务人员对原告负有注意义务；

（2）该医务人员违背了此注意义务；

（3）违反注意义务的结果导致原告的损失。

以下，我们将分别讨论这三点。

---

① Offences Against the Person Act 1861, s. 47.
② *Bawa-Garba v The General Medical Council & Ors* [2018] EWCA Civ 1879.

3.1 注意义务

注意义务通常比较容易证明。侵权法的基本原理是自然人对能合理预见的、可能造成损害的任何人都负有注意义务。要认定医院里的所有人对医院的每个患者都负有注意义务，这有点困难。更困难的是，医生是否对在公共场合中偶遇的突然发病的患者负有注意义务以及医务人员是否对患者家属负有注意义务。对这些情形的判断就要采用过失侵权法的一般原理，其主要关注以下几个问题：

3.1.1 被告的行为会造成受害人的损害，这是否可以预见？

如果不能，则无注意义务。所以，如果医生给患者开出处方，患者取药回家后，患者的侄孙女看到了药瓶，打开了瓶子，误食了药片。医生对侄孙女误食药片的行为就没有注意义务。对侄孙女的伤害不是医生行为能够合理预见的结果。在达恩利案①中，英国最高法院认定，急诊部的接待员应负有相应注意义务，不应在患者的候诊时间上误导患者。可以预见的是，如果他们告诉患者一个错误的、过长的候诊时间，患者就有可能在不治疗的情况下离开，并因此遭受伤害。

3.1.2 被告和患者之间是否有非常近的关系？

这是一个非常模糊的问题。但对下述四个场景的讨论可以说明这个问题。第一，在古德威尔案②中，法官认定医生在给患者提出避孕建议时，对患者未来性行为的对象没有注意义务。但在这种情况下，医生可能对患者的配偶负有注意义务。区别在于，医生为他们知道的已婚患者做出避孕建议时，一定会想到他们的配偶③，但却无法预测一个患者未来可能会和谁发生性行为。

第二，在西布罗米奇案④中，法官判定，治疗一名足球运动员的外科医生对该足球运动员所在的俱乐部没有注意义务，所以，当该运动员遭遇医疗事故时，医生对该俱乐部因此遭受的经济损失没有责任。上诉法院强调，无论如何，手术医生都

---

① *Darnley v Croydon Health Services NHS Trust* [2018] UKSC 50，相关讨论参见 Purshouse (2019)。
② *Goodwill v BPAS* [1996] 2 All ER 161.
③ 尽管在 Less v Hussain [2012] EWHC 3513（QB）案中，法官指出，因为这是依据合同法提出的诉讼请求，因此，只有该妇女可以起诉，这是因为合同法只是针对妇女的避孕请求做出的建议。
④ *West Bromwich Albion v El-Safety* [2006] EWCA Civ 1299.

不应对俱乐部的经济收益担责。但若俱乐部聘请了这位医生,并告知他,如果治疗失败,会给俱乐部带来巨大经济损失,那么这种情况又有所不同。

第三,在法拉吉案①中,法官判定,代表国民医疗服务体系的医院对患者的生物检材进行检验的私人实验室对该患者负有注意义务。该案中,实验室没有和患者沟通,但他们知道,检验结果将交给医院,医生将根据这一检验结果制订治疗方案。

第四,如果医务人员正好路过一场交通事故却未提供帮助,这不会构成对注意义务的违反。②但这违背了医生这一职业的优良职业习惯。③

3.1.3 是否有公共政策支持法院认定医方没有注意义务?

侵权法上已经明确规定,除非有公正合理的理由,否则当事人没有注意义务。如果医院准许一位有暴力史的门诊患者结束治疗,该患者随后对群众中某位不特定的人造成了伤害,法院不可能认定医院对广大群众都负有注意义务。④要求每个国民医疗服务体系信托机构的医院扣留可能给他人造成伤害的门诊患者,这既不公正,又不合理。尽管大多数案件中,都有当事人主张某位医务人员工作疏忽,但也有当事人主张国民医疗服务体系信托机构或初级保健信托机构的工作存在过失。如果过失是由于医院管理或医务人员配置问题导致,法院也可能认定国民医疗服务体系信托机构存在过失,而非某位医疗人员存在过失。这种审判思路在 A(儿童)诉国防部案⑤中得到了确认。该案中,法院承认,国民医疗服务体系信托机构在为患者提供安全且让人满意的医疗服务方面负有注意义务。⑥

3.1.4 注意义务的范围有多大?

在有些案件中,就原告遭受的伤害而言,界定医生需要承担的责任是非常重要的。在梅多斯案⑦中,患者询问医生自己是否是血友病基因携带者。医生冒失地告诉她,她不是。随后,她产下了一个患有血友病和孤独症的男孩。尽管法院判定医

---

① *Farraj v King's Healthcare NHS Trust* [2009] EWCA 1203.
② *F v West Berkshire HA* [1989] 2 All ER 545, 567.
③ GMC (2007: para 11).
④ *Palmer v Tees HA* [1999] Lloyd's Rep Med 351.
⑤ *A (A child) v Ministry of Defence* [2004] EWCA 641. See also *Garcia v St Mary's NHS Trust* [2006] EWHC 2314 (QB).
⑥ Beswick (2007).
⑦ *Khan v Meadows* [2019] EWCA Civ 152.

生应对男婴血友病所产生的额外费用承担赔偿责任（理由如下：如果她知道自己是一个血友病的基因携带者，她就会在怀孕期间进行检测并终止妊娠），但因孤独症产生的额外费用，医生无须担责。因为他对患者生育孤独症婴儿的风险没有注意义务，只对血友病有注意义务。

3.2 违反注意义务

一旦证明了被告对受害人负有注意义务，那么下一个问题是该医务人员是否违背了此义务。依照过失侵权的法律原理，这一问题通常是判断被告的行为是否合理。在卫生领域，这一问题更加复杂。有些案件采用了所谓的博勒姆标准。另一些案件则采用了一般过失标准。简言之，涉及"诊疗决策"时（采取何种治疗方案以及如何对患者进行治疗），采用博勒姆标准；涉及非诊疗决策时（对于某一治疗方案，需要告诉患者哪些信息，以及对患者的相关建议），则采用一般过失标准。我们先解释什么是博勒姆标准。

3.2.1 博勒姆标准概述

在博勒姆案[①]中，法官判定："如果擅长治疗该领域疾病的负责任的医学专家组认为，医生的行为遵从了合理的诊疗习惯，那么该医生就没有过失。"尽管这一标准尚有争议，但上议院已经在以下几个案件中支持了这一标准：梅纳德案[②]、怀特豪斯案[③]、希达维案[④]、博莱索案[⑤]。所以，毫无疑问，这就是现行的法律标准。

博勒姆案后，一般情况下，很难证明医生违背了注意义务。如果只有专家证人证明，他或她本人不会按照被告的方式进行治疗，这还不足以证明被告违反了注意义务。[⑥]还需证明，没有任何一个负责任的医学专家组会认可被告的这种治疗方案。而被告要赢得诉讼，只需找到一个业界认可的专家，让专家证明该医生实施的治疗方案可以接受。[⑦]应强调的是，需要证明的并不是被告是否以最佳的方式进行治疗，

---

① *Bolam v Friern HMC* [1957] 2 All ER 118, 121. 相关回顾性论述参见 Miola（2015b）。
② *Maynard v West Midlands RHA* [1985] 1 All ER 635.
③ *Whitehouse v Jordan* [1981] 1 All ER 267.
④ *Sidaway v Bethlem RHG* [1985] 1 All ER 643.
⑤ *Bolitho v City & Hackney HA* [1997] 4 All ER 771.
⑥ *Newman v Maurice* [2010] EWHC 171（QB）.
⑦ *Bellarby v Worthing & Southlands Hospitals NHS Trust* [2005] EWHC 2089.

而是他们的治疗方案是否是业界可以接受的。上议院在梅纳德案①中对博勒姆标准背后的逻辑做了解释。该案中，上议院认定，法官不能在观点有冲突的医疗专家意见中选择对错。所以，只要有适格的专家认为被告的行为合理，那么法官就不会认定被告存在过失。

3.2.2 博勒姆标准的适用

博勒姆标准适用于诊疗决策。诊疗决策是需要运用医学做出的决策，如诊断疾病症状，针对某种症状开展哪种治疗方案更合适，以及如何进行治疗。博勒姆标准并不适用于非诊疗决策。也与一般过失的判断标准（即医生是否做出了合理行为的标准）不同。现实中的非诊疗决策的例子包括如下情形。

（1）告知患者有哪些合理的治疗方案。② 最高法院在蒙特哥马利案③中指出，患者有权利获得现有可行的治疗方案，包括不予治疗的选项。④ 但这不包括英国尚未认可的治疗方案或医生不可能知道的医疗方案。⑤

（2）告知患者治疗方案涉及的重大风险。⑥第四章将对此进行详细讨论。

（3）告知患者手术结果。在加勒德案⑦中，法院判定，患者有权被告知手术结果以及是否还需要进行其他治疗和预后的效果。在这一事项上不适用博勒姆标准是因为提供这些信息并不属于医学专业技能事务。

（4）非医学建议。这可能涵盖如去邮局最好的路以及镇上最好的餐馆等信息。急诊部接待员给出的患者需要候诊的时间长短的建议，也不适用博勒姆标准。⑧ 虽然这一点看上去并不明显。

---

① *Maynard v West Midlands RHA* [1985] 1 All ER 635.
② *Thefaut v Johnston* [2017] EWHC 497 (QB).
③ *Montgomery v Lanarkshire* [2015] UKSC 11. 也可参见 Webster v Burton Hospitals NHS Foundation Trust [2017] EWCA 62，相关讨论参见 Reichstein (2018)。
④ *Thefaut v Johnston* [2017] EWHC 497 (QB).
⑤ *Bayley v George Elliott NHS Trust* [2017] EWHC 3398 (QB).
⑥ *Montgomery v Lanarkshire* [2015] UKSC 11.
⑦ *Gallardo v Imperial College Healthcare NHS Trust* [2017] EWHC 3147 (QB).
⑧ *Darnley v Croydon NHS Trust* [2015] EWHC 2301 (QB). 最高法院审理本案时 [2018] UKSC 50，这个问题并没有得到一个明确回复，但法官们用了过失侵权的一般案例法规则，而非博勒姆标准。因此，司法实践中，他们对此似乎采取了同样的态度。

(5) 一些基础性的诊断决策。在马勒案①中,克尔法官认定,需要区分以下两种情形:

第一种情形是……如果患者的病症属未知病症,被指控的过失是医生未能诊断出该疾病,只是对其进行了报告,没有诊断结果,对该疾病的治疗或者未来的手术未提供任何建议,该诊断是否正确,如果错误,是否存在过失。这样的情形被称为"纯粹诊断"案件。

另一种情形,也即第二种情形是"纯粹治疗"案件。在这类案件中,患者的疾病是已知的,被指控的过失在于治疗决策,或者以特定方式对该疾病进行治疗的建议。

博勒姆标准适用于第二种"纯粹治疗"案件,不适用于"纯粹诊断"案件。在法院审理的这起案件中,原告脚上受伤,医生对伤口进行了活检。组织病理学专家对活体进行了检验,诊断为非恶性溃疡。事实上,其是恶性黑色素瘤。在这个"纯粹诊断"案件中,克尔法官认定,本案的问题不是其他医生是否也会发生同样的错误诊断,而是"一个具有适当技能和注意义务的理性专业人员也可能犯这一错误"。②换言之,这里应适用一般过失标准,而非博勒姆标准。在本案中,具有适当技能的专业人员在做出纯粹诊断时没有尽到合理的注意义务,所以,这就构成了过失,但原告最终仍然败诉。因为原告无法证明,如果专业人士做出了适当的诊断,他就可以得到有效的治疗。克尔法官用以证明应对上述两种情形进行区分的理由是,在治疗案件中,"意见相左的专家在某种程度上都是'正确'的,因为每一种专家意见都代表了一个值得尊敬的专业意见。"但是,在诊断案件中并非如此,诊断要么正确,要么错误。

理解了博勒姆标准的基本思想以及适用情形,我们需要进一步讨论该标准的执行问题。

3.2.3 现有知识

正如卡特案③强调的那样,对医生的审查是看在医疗事故发生时医生的知识状态。所以,如果在法院审理时医学界已经普遍认为被告所做的治疗不合适,但在被

---

① *Muller v Kings College Hospital* [2017] EWHC 128 (QB).
② Para. 74.
③ *Ministry of Justice v Carter* [2010] EWCA Civ 694.

告实施该治疗时，有负责任的医学专家组认为这种治疗方法在当时可以接受，那么被告就没有过失。① 此外，不能指望医生对所有最新医学研究成果都有所了解，甚至已经掌握这些医学研究成果。所以，如果一名医生没有看到半年前出版的医学杂志上的文章，② 或者他没有使用一件尚未得到广泛使用的医学器械，③ 他也不会因此被认定存在过失。有争议的是，现在网络的普及给阅读相关医学研究文献提供了便利，这是否意味着医生要比以往背负更大的社会期望？是否表示他们应该更加与时俱进，学习了解医学前沿成果呢？

3.2.4 值得尊敬的专业意见

在适用博勒姆标准时，被告只需证明值得尊敬的专业意见也认为他或她的行为是可接受的。这种专业意见并不一定必须是多数人的意见。④ 因此，如果有声望的医学专家证明作为被告的医务人员所实施的治疗是适当的，那么原告就不可能胜诉。在梅纳德案⑤中，初审法官在听取了两位意见相左的专家证言后，希望就两方面证据做出哪个证言更有说服力的判断。他的这种做法遭到了上议院的批评。上议院强调，不应由法官对意见相左的专家意见做出评价。根据博勒姆标准，一旦法院认定被告的医疗行为得到了负责任的专业意见的认可，这就足以证明被告没有过失。在德弗雷塔斯案⑥中，这一点得到了充分证明。该案中，证据显示，只有四位到五位神经学家赞同被告的治疗方法，但这已足以认定被告的治疗方法得到了负责任的专业意见的肯定，所以被告没有过失。

但当上议院对博莱索案⑦作出判决后，尤其是布朗-威尔金森（Browne-Wilkinson）勋爵作出下列判词后，法律对这一问题的态度就不再那么清晰了。

> 法院需认定，他们据以依赖的出具专业意见的人能够证明这些意见具有合理的逻辑基础。尤其是在涉及需要平衡利益和风险的案件中（许多案件都如此），法官需足以认定专家们在给出意见时，已经充分考虑了各种

---

① *Roe v Minister of Health* [1954] 2 All ER 131.
② *Crawford v Board of Governors of Charing Cross Hospital The Times*, 8 December 1953.
③ *Whiteford v Hunter* (1950) 94 SJ 758.
④ *Defreitas v O' Brien* [1995] 6 Med LR 108, CA.
⑤ *Maynard v West Midlands RHA* [1984] 1 WLR 634.
⑥ *Defreitas v O' Brien* [1993] 4 Med LR 281.
⑦ *Bolitho v City & Hackney Health Authority* [1998] AC 232.

风险及利益，并最终给出有理有据的结论。只有这样，法官才能认可该专业意见合理、负责、值得尊敬。①

这让一位对博勒姆标准持批评态度的学者大呼"太好了！"②。让他如此高兴的原因是，布朗-威尔金森勋爵的判词预示着如果只有一位医学专家认为被告的治疗方法可以接受，那么这并不意味着法官一定会判定被告没有过失。法官须认定，这一证据合乎逻辑。正如莱恩（Lane）案③所做的解释：

> 个体可能都希望有一位万众敬仰、负责任、有担当的显赫专家，他可以给出一个富有逻辑的合理意见，但事实并非总是如此。因此，法院未经适当的分析研判，也不会贸然接受某个专业意见。

有人认为，这就意味着法院在审判方法上发生了重大改变。现在，法官会认真审查被告的医疗行为是否符合医学专家组给出的专业意见。他们不再只是简单地认可某一位医生的证言。实际上可以这样说，"有理有据"的立场要求法官谨慎审查相关证据，据以判断在论证被告医疗行为是否合法这一问题上，哪一方的主张更有说服力。④

但也有学者认为，布朗-威尔金森勋爵的判词并未对现行法产生重大影响，因为对医学专家意见的审查只是最基本的审查。医学专家逻辑混乱，而且不考虑他或她所采用方法带来的利弊，这得是多么吊诡的案件呀！实际上，布朗-威尔金森勋爵承认："大多数案件中，杰出的医学专家们持有某特定观点，这就说明这一观点具有合理性。"⑤ 所以，这些学者指出，即使法官采用一个更严格的标准审查被告请来的专家证人，法官要宣布该专家证人的证言不合逻辑或"不值得尊重"，也极不可能。

那么，博莱索案后，法官们如何阐释布朗-威尔金森勋爵的意见呢？⑥ 值得注意的是，在博莱索案后的许多判决中，法官都未提及该案，相反却提及了博勒姆标准。这说明法院可能并不认为博莱索案是对现行法律的重大变革。但对那些在判决中引用了博莱索案判决的案件而言，我们可以发现，部分法官认为该案对法官、对

---

① At 242.
② Grubb (1998a: 38).
③ *Lane v Worcestershire Acute Hospitals NHS Trust* [2017] EWHC 1900 (QB)，但该案中担任高等法院法官的是皇家律师爱德华·佩珀拉尔先生 (Mr. Edward Pepperall QC)。
④ 参见 the discussion in Lord Woolf (2001)，and Lord Irvine (1999)。
⑤ [1998] AC 232, 239.
⑥ 对博莱索案后的案例法的分析，可以参见 Mulheron (2010)。

专家意见的审查程度有重大影响，据此，法官会加大对专家意见的审查力度。请比较下述案件：

（1）在马里奥特案①中，一名全科医生接诊了一位跌倒的患者，为其开了止痛药。他没有建议患者进行全面的神经检查。专家意见认为，由于跌倒引起的脑血栓发生的概率非常小，所以医生没有做进一步的检查不构成过失。但是一审法官在审查这一证据时认为尽管发生脑血栓的风险很小，但一旦发生脑血栓，其对患者的危害极大。因此，医生唯一的合理行为是进行进一步的检查。这说明，博莱索案确实授权法官在专家意见貌似不够合理时，要更加谨慎地审查专家意见。②

（2）在威斯涅夫斯基案③中，原告诉称，医生在原告母亲怀孕时提供的医疗服务存在过失。尤其是当胎儿心律不齐时，未做进一步的检查。如果当时医生做了这些检查，就可以尽早安排剖宫产，避免原告现在所遭受的损害。对于是否应做进一步检查的问题，专家没有取得一致意见。一审法官认为这不足以构成值得尊敬的专家组意见。上诉中，一方律师认为，法官错误地将自己认为的适当行为作为判断标准，而非正确适用博勒姆标准。这一观点得到了上诉法官的支持。上诉法官判定，初审法官已经听到这些杰出的、令人钦佩的专家们所言，他们给出的负责任的医学专家组意见是：这种情况不需要做进一步的检查。只有在极其罕见的情形下，法官才会判定专家组意见不合逻辑，因此不予采信。④ 上诉法院法官布鲁克（Brook LJ）指出，"让法官认定这些显赫的专家所给出的负责任的意见根本不合逻辑，是不可能的。"⑤

（3）在伯恩案⑥中，一位母亲打电话给自己孩子的主治医生。医生只是听了该母亲所描述的症状，但没有询问置入患儿头中的分流器的情况，如果他问了，他就知道帮助排除积液的分流器发生了堵塞（这点全科医生很清楚）。因此，医生存在过失。一审法官听到的专家意见认为该医生的行为并无不当。医生已经考虑了这位母亲讲述的症状，他没有义务询问某一特定症状。审理该案的法官认为，尽管专家

---

① *Marriott v West Midlands Health Authority* [1999] Lloyd's Rep Med 23.
② *Townsend v Worcester DHA* (1995) 23 BMLR 31 and *Bouchta v Swindon* [1996] Med LR 62.
③ *Wisniewski v Central Manchester Health Authority* [1998] Lloyd's Rep Med 223.
④ See also *Briody v St Helen's Knowsley AHA* [1999] Lloyd's Rep Med 185.
⑤ *Wisniewski v Central Manchester Health Authority* [1998] Lloyd's Rep Med 223, 237. (Brook LJ)，参见 *Zarb v Odetoyinbo* [2006] EWHC 2880 (QB)。该案中，法官考虑了专家的资历及著述，最终给出结论，他的观点不可能是不负责任的。
⑥ *Burne v A* [2006] EWCA Civ 24.

们介绍了医学界普遍接受的处理方式，但作为知道患者使用了分流器的医生，他十分清楚一旦分流器堵塞将产生严重后果。他不询问分流器的特定情况，对是否有某种症状也不做判断，存在过失。① 在上诉中，上诉法院法官赛德利（Sedley LJ）认为：初审法官认定医务人员不问某些具体情况是不可接受的，这可以理解；但是，他也认为初审法官没有给医学专家们足够机会，让他们解释这种被医生普遍接受的做法。他将案件发回重审，为此上诉法院法官沃德（Ward LJ）补充说，法官不能轻易忽视专家们对其行为是否符合诊疗常规的意见，不应仅依靠"常识"审理案件，不给专家解释机会。本案因认可法官有权不采纳专家意见而成为一个重要案件。但应注意在做出这一判决前应给予专家们解释机会。

（4）在埃克尔斯通案②中，医生按照现行教材中推荐的手术进行了治疗。尽管雷迪霍（Reddihough）法官阁下认可这一手术可能并非当时最佳的治疗方案，但他指出："法院要认定世界知名的两本骨科手术教材作者描述的手术不合逻辑，这绝对是胆大妄为。"③

（5）在博德案④中，尽管患者明确表示不同意，但医生仍在这位女士的左手臂处进行了静脉注射。她精神情况正常，有拒绝注射的心智能力。所以，虽然其他医生作证证明该医生的注射行为适当，上诉法院仍在判决中引用了博莱索案，认定医生在违背具有意思能力患者的意愿下对其进行治疗，这明显构成过失。

（6）在威廉姆斯案⑤中，对于实施交感神经切除手术前没有进行血管造影的情形是否构成过失，专家间存有分歧。上诉法院最终支持了一审法院的判决，认定这并不构成过失。理由是，尽管原告的专家们认为这样做并不合适，但这些专家并不认为被告专家们的观点就不合理。因此，在本案中运用博莱索案认定医生存在过失并不恰当。

可见，目前的案例法上对博莱索案的解释存在分歧。西尔博（Silber）法官指出，法官判定一个有能力的医学专家的观点不合理，这"很少是恰当的"。⑥ 克兰斯

---

① 在该案中，母亲在给医生打电话时，并没有专门提到孩子暴躁、昏昏欲睡，这些症状都与脑积水分流器出现问题有关。
② *Ecclestone v Medway NHS Foundation Trust* [2013] EWHC 790.
③ At [24].
④ *Border v Lewisham and Greenwich NHS Trust* [2015] EWCA Civ 8.
⑤ *Williams v Cwm Taf Local Health Board* [2018] EWCA Civ 1745.
⑥ *M（A Child by his Mother）v Blackpool Victoria Hospital NHS Trust* [2003] EWHC 1744.

顿（Cranston）法官也称这很少见。① 上诉法院在一个涉及兽医的案件中适用了博莱索案的判决，法院认为法官判定专家意见不合理或不合逻辑的情形"非常罕见"。② 如果法官最终决定不采纳专家意见，则应给出充分理由。③ 但如果法官认为专家意见是合理的，法官通常不会说明认定该结论合理的理由。④ 在史密斯案⑤中，上诉法院指出，如果不同专家对被告行为是否会被值得尊重的专家组意见认可存在分歧，则法官必须解释哪位专家的意见更有说服力以及相应理由。如果法官只陈述认为被告没有过失的专家是负责任的专家，这样的解释就不充分。⑥ 还有法官认为，法院更愿意在某一医疗问题不复杂，或者不属于技术问题，而是一般人可以考虑的问题方面，认定专家意见不能代表负责任的专家组意见。⑦ 然而，克兰斯顿法官提出了一种更保守的方法。他指出："当医学专家的两种不同意见都能获得同行认可、经得起逻辑的检验时，让一个完全没有接受过医学训练的法官来判定，某些医学专家的意见比另一些医学专家的意见更优，这十分愚蠢。"⑧ 在马尔霍兰案⑨中，格林法官认为，在考虑一位专家的意见是否合乎逻辑时，应考虑以下内容：

> 法官不应简单接受专家意见，应在庭审中结合提交的其他证据进行检验，考察其内在的逻辑性。例如，法官会考虑专家意见是否与临床记录或胎心产力图上获取的信息相符；法官会询问专家是否已经考虑了在指控医生有过失或不作为的特定时间的所有相关因素；如果有医疗器械的使用说明或临床指南，法官会考虑专家在作证时是否已经提及这些问题，并设身处地地从被告立场出发分析被告的行为。

雷切尔·马尔赫恩（Rachael Mulheron）对博莱索案后的判例法做了条分缕析的分析，总结如下。

---

① *Birch v University College London Hospital* [2008] EWHC 2237 (QB), para 54.
② *Calver v Westwood Veterinary Group* (2001) 58 BMLR 194, para 34. See also *Cowley v Cheshire and Merseyside Strategic Health Authority* [2007] EWHC 48 (QB). 该案中，Forbes 法官认为，一个专家意见被判定不能代表负责任的专家组的意见的情形非常罕见。
③ *Elaine Ruth Glicksman v Redbridge NHS Trust* [2001] EWCA Civ 1097.
④ *Norman v Peterborough and Stamford Hospital* [2008] EWHC 3266 (QB).
⑤ *Smith v Southampton University Hospital NHS Trust* [2007] EWCA Civ 387.
⑥ *Hanson v Airedale Hospital NHS Trust* [2003] CLY 2989 (QB).
⑦ *French v Thames Valley Strategic Health Authority* [2005] EWHC 459, para 112.
⑧ *Birth v University College London Hospital* [2008] EWHC 2237 (QB), para 55.
⑨ *Mulholland v Medway NHS Foundation Trust* [2015] EWHC 268 (QB).

简言之，法院必须从以下几方面考察医生的专家证言：

- 专家在证言中是否考虑了一种简单清晰的预防措施。一旦采用了这种预防措施，就可以避免一些不利后果。
- 是否考虑了患者就医需求和足以限制医疗行为的医疗资源之间的冲突。
- 是否比较了该医疗行为和其他可能的医疗行为之间的利弊。
- 是否考虑了公众或社群对诊疗常规的期望值。
- 就整体事实而言，该专家证言是否正确。
- 该专家证言是否逻辑自洽。
- 该专家证言是否符合用以调整医务人员注意义务的合法性标准。

只要对以上问题中的任一个回答了"不"，那就应该标上"红旗"。因为这就构成了一个充分理由。在过去几十年里，英格兰法院正是据此认定医学同行专家意见站不住脚。①

3.2.5 技术和专业技能标准

法律对工作人员设定的注意义务标准应是该职业的注意义务标准。因此，对全科医生进行评价应依据全科医生应掌握的技术这一标准，而不是专科医生应掌握的技术。② 同样，也不能用西医执业者的标准要求传统中医师。③ 所以，一名全科医生或者实施替代性疗法（alternative medicine）的医生，不应因不能诊断只有专科医生才能诊断的疾病而被判存在医疗过失。但如果全科医生对出现异常症状的患者没有转诊，甚至没有安排再次就诊，那么他也会被判存在医疗过失。④ 在患者非常脆弱时（比如早产儿），更是如此。⑤ 如果全科医生想要实施只有某一领域的专科医生才能实施的医疗行为，这也会被认定为医疗过失。⑥

换言之，如果某人正以某种资格从事其工作，那么他或她就只能做与该资格相

---

① Mulheron（2010：602-3）.
② *Stockdale v Nicholls* [1993] 4 Med LR 190.
③ *Shakoor v Situ (trading as Eternal Health Co)* [2000] 4 All ER 181.
④ *Judge v Huntingdon HA* [1995] 6 Med LR 223.
⑤ *Fallon v Wilson* [2010] EWHC 2978（QB）.
⑥ *Defreitas v O'Brien* [1993] 4 Med LR 281.

符的工作。这同他是否有经验、①是否是学生、②是否年老都没有关系。在 FB 案③中法院认定，在调查患者病史时，顾问医师④（consultant）和实习医生（junior doctor）的工作标准并没有区别，因为这一任务相对简单，可以说，任何一个医务工作者都可以在同样标准下完成这一任务。

如果一名资历较浅的医务人员只是听取了一名有经验的同事的建议，他也不会被认定为存在医疗过失。在威尔舍案⑤中，住院医生（house officer）⑥将导管插入了静脉而非动脉。他请他的上级医生（senior registrar）⑦检查，上级医生表示同意。该案中，上级医生被认定存在医疗过失，而住院医生没有。但我们不能因此认定，医务人员可以凭借"他们只是遵照上级医生的指令"这一理由为自己开脱。首先，法官会认定初级医务人员有义务确保自己正确理解了指令。尤其是当指令超乎寻常时更是如此。其次，也可能存在另一种情况：上级医生给出的指令明显错误，医务人员就不应遵照这一指令。⑧所以，一名药剂师拿到一份明显错误的处方却没有进一步确认，这也会被认定为医疗过失。⑨值得注意的是，在安东尼亚德斯案⑩中，法院认定医疗小组共同工作的方式构成医疗过失。该小组领导人没有对他领导的小组成员进行充分培训，就让他们处理一个特殊病例，因此，该小组领导人存在过失。

法律似乎不愿拉高某一层级医生在该层级工作时的注意义务标准。在米克尔约翰案⑪中，原告主张，应按照该领域内国际知名专家的标准对被告这位声名显赫的专家进行评估。但法官驳回了这一主张，判定他们只需按照该领域顾问医师的标准履职就没有过失。

---

① *Jones v Manchester Corporation* [1952] 2 All ER 125.
② 由于这符合侵权法的基本原理，因此法律上推定这一点成立。参见 *Nettleship v Weston* [1971] 3 All ER 581 有关机动车驾驶学员的案件。
③ *FB v Princess Alexandra Hospital NHS Trust* [2017] EWCA Civ 334.
④ 顾问医师相当于国内的主任医生，负责某一个区域内全科医生转诊来的患者。——译者注
⑤ *Wilsher v Essex AHA* [1986] 3 All ER 801.
⑥ 指取得医生资格第一年执业的住院医生。——译者注
⑦ 相当于我国的副主任医生。——译者注
⑧ Montgomery（2003：179），尽管案例法上，类似的案例非常少。
⑨ *Horton v Evans* [2006] EWHC 2808（QB）；*Dwyer v Roderick*（1983）127 SJ 806.
⑩ *Antoniades v East Sussex Hospitals* [2007] EWHC 517（QB）.
⑪ *Meiklejohn v St George's NHS Trust* [2014] EWCA Civ 120.

3.2.6 急诊

法院也会考虑医生面临的具体情形。在马尔霍兰案①中，压力巨大的急诊部医生遇到一个急诊。在这种情况下，法律通常承认，医生没有充裕时间保障，也没有时间询问其他同事，他们不一定能展现出平常状态下的医疗技术水平。

医生是否担责与患者提供的信息也有关。如果患者没有提供必要信息，起诉医生有过失不可能胜诉。如果患者没有告诉医生一些关键症状，想要证明医生存在过失也将十分困难。但是，急诊室医生如果没能诊断出一名遭遇车祸的醉汉肋骨断了，他就会被认定为存在医疗过失。尽管在这种情形下，患者可能并未提及任何疼痛，但他醉酒的状态可能麻痹了他的疼痛神经，医生应对此保持警觉。②同样，如果可能涉及某种难以启齿的症状，医务人员也应专门询问患者，而非等待患者自述。

3.2.7 医疗资源

在涉及医疗过失的诉讼中，英国法并未明确规定缺乏医疗资源是否可以作为一种抗辩理由。③ 在加西亚案④中，原告诉称，国民医疗服务体系信托机构在配备医务人员及安排就诊工作中存在过失，导致原告在治疗过程中获得的照护不足。原告最终败诉。法院认为，根据博勒姆标准，医院提供的服务不存在过失，因为政府的预算经费不可避免地限制了医院雇佣的医务人员和就诊工作安排。有关医疗资源分配的问题详见第二章。

3.2.8 诊疗操作规范与政策

如果医院有正式的诊疗操作规范或政策，而医务人员违背了该规范或政策，那么该医务人员很可能存在过失。这种情形下，如果被告不能提供合理理由说明为何不遵照该规范或政策执行，那么法院倾向于认定存在医疗过失。⑤另一方面，我们不能据此认为，只要遵照医院正式的诊疗操作规范或政策执行就足以构成没有过失

---

① *Mulholland v Medway NHS Foundation Trust* [2015] EWHC 268（QB）.
② *Wood v Thurston*, *The Times*, 25 May 1951.
③ Witting (2001).
④ *Garcia v St Mary's NHS Trust* [2006] EWHC 2314（QB）.
⑤ *DF Health Care v St George's Healthcare NHS Trust* [2005] EWHC 1327.

的抗辩理由。如若该行为明显会给患者带来损害情节,仍将被认定存在过失。① 如果没有按照国家卫生与保健优化研究所的指南进行治疗,尤其是违反情节特别严重时,这很可能会被认为是存在医疗过失的有力证据。② 同样,如果被告没有按照专家组发布的医疗规范进行治疗,也可能被法院认定为违反博勒姆标准下的注意义务。③

3.2.9 事实自证原则

有些案件可能适用事实自证原则(res ipsa loquitur)。从本质上讲,适用事实推定原则的情形是原告不能直接证明存在医疗过失,但原告诉称,从遭受损害的事实以及发生损害的情况看,很明显存在医疗过失。丹宁(Denning)勋爵审理的卡西迪案④涉及这样一位患者,手术前,他有两根手指僵硬,手术后,却有四根手指僵硬。尽管原告无法证明存在医疗过失,但丹宁勋爵认为原告有权要求被告"解释为何受到了损害"。实际上,患者遭遇明显说明手术出了问题(即便无法说清楚哪里出了问题)。但如果无法查明某一损害是否是由于过失引起,那就无法适用这一原则。⑤ 不久前,上诉法院法官霍布豪斯(Hobhouse)曾指出:

> "事实自证"不应出现在法律人的词汇表中,应用"表面上证据确凿的案件"代替它。事实自证不是一个法律原则,它与任何推定都无关,也不能引出任何推定。它只是一种指导方法,帮助我们识别这是否是表面上证据确凿的案件。当庭审中双方都已经请出了专家并列举了事实证据后,通常,事实自证的有用性也早就被消耗殆尽了。⑥

在利利怀特案⑦中,上诉法院法官莱瑟姆指出,法院在听取各方所有证据后,事实自证原则还有用的情形非常罕见。该案中,一位经验丰富的顾问医师对胎儿进行超声波检查。他注意到胎儿已经长出了三处大脑的组织结构,而事实上却没有。上诉法院多数法官的意见是,这一错误意味着医生很难证明自己以合理的注意义务

---

① *Barnet v Chelsea and Kensington HMC* [1968] 1 All ER 1068.
② *West Bromwich Albion v El-Safty* [2006] EWCA 1299.
③ Samanta 等 (2006); Marsh and Reynard (2009)。
④ *Cassidy v Mnistry of Health* [1954] 2 KB 343.
⑤ *Howard v Wessex RHA* [1994] 5 Med LR 57 (QB).
⑥ *Ratcliffe v Plymouth and Torbay HA* [1998] 4 Med LR 162, 190. 但在 *Richards v Swansea NHS Trust* [2007] EWHC 487 (QB) 中,却不加批判地采用了这一原则。
⑦ *Lillywhite v University College London Hospitals' NHS Trust* [2005] EWCA Civ 1466.

和技术在为患者治疗。要得出这一结论,没有必要依靠某一具体原则。同样,在科利案①中,医生未能解释在一个并不复杂的手术中患者为何遭受了损害,因此,可以推定这肯定是因为手术医生的过失造成的。

3.3 不适用博勒姆标准时的注意义务标准

在不适用博勒姆标准的案件中,适用一般过失标准:被告行为是否符合身处同一位置的理性人的标准?如果法院认定某一行为不符合理性人标准,那么即使有专家意见认为部分医生也会实施与被告相同的行为,该专家意见也不能作为抗辩理由。因此,正如本书第四章所述,英国最高法院在蒙特哥马利案②中判定,如果医生没有将治疗的重大风险告诉患者,一般情况下,这将构成过失,即使其他医生也会这么做。

3.4 因果关系

原告想要胜诉,光证明医务人员存在过失,这还不够。还须证明医务人员的过失导致了受害人的损害。③ 证明因果关系成立的基本标准是必要条件标准④,即如果被告没有该过失,受害人就不会遭受损害。在有些案件中,这显而易见。比如,医生错误摘除了患者健康的肾,这种因果关系就十分明显。但在另外的案件中,因果关系可能并不明显。在巴尼特案⑤中,患者来到急诊室抱怨肚子疼,医生却拒绝对他进行诊断。随后,该患者很快死亡。很明显,医生拒绝对他进行诊断的行为构成医疗过失。但证据显示,即便医生对他进行了诊断,也不能为他做任何治疗而挽救他的生命。因此,尽管医生存在过失,但不能认定这一过失造成了受害人的损害。

如果原告主张被告的过失行为导致患者的疾病无法被诊断或未能得到适当治疗,那就必须证明,如果该医务人员操作得当,

---

① *Thomas v Curley* [2011] EWHC 2103 (QB).
② *Montgomery v Lanarkshire* [2015] UKSC 11.
③ 参见 *Thomson v Bradford* [2005] EWCA Civ 1439,该案中,医生给出的治疗建议尽管有错,但该错误并不是导致受害人遭受伤害的原因。
④ 有关一般侵权法中因果关系规则的讨论,参见 Green(2015);Turton(2016)and Steel(2015)。
⑤ *Barnett v Chelsea and Kensington HMC* [1968] 1 All ER 1068.

(1) 就可以诊断出疾病,而且;

(2) 就可能给予患者适当治疗,从而改善患者的症状。

戴维斯案①就适用了上述原则。该案中,医生收治了一个患有心力衰竭的重疾患者,他给患者注射了镁剂,但是注射用量是正常用量的四倍,导致患者死亡。尽管这种做法明显存在过失,但法院认定,患者已经病入膏肓,即使给他提供最好的治疗,他可能也会在同一时间死亡。因此,医生没有责任。因为医生的这一过失并未导致患者的状况恶化。

在斯肯布里案②中,斯图尔特(Stewart)法官认定,有充分的证据证明,如果全科医生立即将患者转介到医院,患者就能活下来。无须准确证明患者如何才会被救治。③ 这就免去了原告进一步证明"如果没有过失,患者如何才会被救下来"的证明责任。

如若不能证明被告的过失行为确实造成了损害,只能证明有损害的可能或者被告将原告置于某种危险中,问题就复杂了。有必要区分以下几种不同情况。

3.4.1 当不清楚损害是否由被告抑或其他原因造成时

在威尔舍案④中,原告无法证明盲童的眼疾是因为早产,还是因为医生存在过失。上议院认为,只需按照高度盖然性标准证明损害是由于被告的过失导致。根据本案事实,这一点无法得到证明,所以原告败诉。⑤ 但是,这是否仍适用于现行法尚不清楚。

在贝利案⑥中,原告身体极其虚弱,在住院期间出现呕吐,而且无法排清呕吐物,这给她带来严重伤害。造成伤害的原因部分是胰腺炎,部分是医院的过失。该案中,医疗过失明显是后来使其遭受损害的一个重要原因,即便它不是唯一的原因,这足以认定二者间存在因果关系。⑦ 上诉法院强调,这类案件中适用的重要原因标准与前文论及的必要条件标准不同。先前的过失行为可能是后面所遭受

---

① *Davies v Countess of Chester Hospital NHS Foundation Trust* [2014] EWHC 4294 (QB).

② *Marshall v Schembri* [2019] EWHC 283 (QB).

③ 该案中,可能会有几种不同结果。但最大的可能是患者会被救下来。

④ *Wilsher v Essex AHA* [1988] 1 All ER 871.

⑤ 在 *Wootton v J Doctor Ltd* [2008] EWCA Civ 1361 案中,医生的过失不会导致受害人伤害风险的增大,所以,原告败诉。

⑥ *Bailey v Ministry of Defence* [2008] EWCA Civ 883.

⑦ 这是上议院在 *Fairchild v Glenhaven Funeral Services* [2002] Lloyd's Rep Med 361,[69] 案中为不涉及诊疗过失的侵权案件制定的判断标准。

损害的必要条件，但其可能不构成重要原因。比如，由于医疗过失，患者必须在医院里多待两天，而在这两天中，他却因此发生医院感染。按理说，这类案件中，过失行为只是一种必要条件，却不是重要原因。上诉法院法官沃勒（Waller）说：

> 按照高度盖然性标准，如果证据证明损害可能是由于必然发生的一个或多个非侵权行为所致，那么原告就不能证明损害是由于侵权行为造成的。……如果证据证明"若非"这一过失，就不会有损害，那么很明显，原告就完成了他的举证责任。如果医学不能证明"若非"过失行为，就不会有损害，但可以证明，这一过失已经严重到不能忽视，那么这就可以修正"必要条件"标准，原告也将胜诉。①

最近，在威廉姆斯案②中，枢密院也对贝利案的判决表示了赞同。

重点案例

威廉姆斯案③

患者因阑尾破裂住院。因为医方过失，延误了对他的治疗。在延误期间，患者病情因为阑尾破裂引发的败血症恶化，患者开始心肌缺血。图尔森（Toulson）勋爵解释说，引发这一疾病的原因部分是"无过错的败血症"（在他诊断出阑尾破裂时已经存在的病症），部分是"有过错的败血症"（因医方延误治疗引发的病症）。认为在没有延误的情况下，该患者仍会心肌缺血，这种主张是站不住脚的。因此，适用贝利案规则，"有过错的败血症"是引发患者损害的重大原因，作为被告的医院应对过失承担责任。

所以，现在司法实务界的立场是，如果过失是引发患者损害的重大原因，被告就应为此担责，即便该过失并非造成损害的唯一原因。④但如果法院认定，即使没

---

① ［2008］EWHC 2384（QB）.
② *Williams v The Bermuda Hospitals Board* ［2016］UKPC 4，Hobson（2017）对此做了讨论。
③ *Williams v The Bermuda Hospitals Board* ［2016］UKPC 4.
④ *John v Central Manchester and Manchester Children's University Hospitals NHS Foundation Trust* ［2016］EWHC 407（QB）.

有发生过失行为，仍会发生同样的损害，那就无法证明存在因果关系，原告必定败诉。

在以下案件中，全科医生没有及时将儿童转诊到相关医院去，法院必须对医院的过失是否可以免去医生的责任作出判决。

重点案例

赖特案①

11个月大的克拉丽斯·赖特（Clarice Wright）患有细菌感染，她母亲把她带到了被告处。作为一名全科医生，该被告因过失两天后才把患儿送出转诊。接收该患儿的医院也因过失，三天后才对她进行诊断。结果，患儿臀部感染导致行动不便，给她未来的生活带来了永久影响。随后，其监护人以克拉丽斯的名义起诉全科医生侵权。

一审法官认为被告没有责任，因为如果全科医生没有过失，将克拉丽斯及时转诊，医院的过失仍会导致患儿无法得到及时治疗，她仍可能遭受损害。上诉法院以2票对1票推翻了一审判决。一旦证据证明全科医生存在过失，而且这一过失导致了损害，全科医生就不能以转诊医院也存在过失作为抗辩理由。除非全科医生能够证明医院的过失已经使他的过失与最终损害之间的因果关系不复存在，只有这样，他才能主张现有事实不能证明他的过失导致了最终的损害。但本案案情并非如此。不管怎样，我们都不能证明，如果全科医生没有过失——将克拉丽斯立即转诊到医院，医院仍会存在过失；②而且，即便医院在全科医生没有过失的情况下仍有同样的过失，该患儿也会提前两天得到治疗，有证据证明，一旦如此，她的情况会有很大改善。

上诉法院承认，案例法上并未明确当两个当事人都存在过失时的责任分配规则。如果甲当事人被起诉，而乙当事人也有过失，在认定甲的侵权责任时很大程度上取决于乙的过失是否已经大幅降低，甚至消除了甲的过失与受害人所遭受损害之间的因果关系，以至于甲的过失应被认定为不足以使甲承

---

① *Wright v Cambridge Medical Group* [2011] EWCA Civ 669.
② 该患儿于周末时转诊，如果提前两天转诊，那么，在工作日中，医院会有更多的员工处理她的问题。

担责任。根据赖特案的事实，法院判定，医院的过失"就其程度、普遍性及延迟诊断耽误的时间而言并不严重，尚不足以大幅降低或者消除被告的过失行为与受害人所遭受损害之间的因果关系。"① 这导致上诉法院续造了一个更一般的规则：

> 一个普遍接受的观点是，如果医生因为违反职责导致患者遭受伤害，那么医生就应为此担责。即使医生能够证明在他没有违反职责的情形下，患者也会遭受这一伤害，医生仍不能逃脱责任。因为他已经违反了职责。②

法院给出的理由是：

> 因为医生违反职责的行为导致患者丧失了得到适当治疗的机会，而如果患者有这个机会，他就有权向存在过失的医生主张损害赔偿，赔偿请求权依据的过失行为恰恰是医生主张可以逃脱责任的那个过失行为。③

3.4.2 当被指控的过失发生在被告没有对原告进行检查时

博莱索案④展现了因果关系的另一种情形。该案中，患儿呼吸困难。尽管医院安排了儿科的主治医生，但医生没有及时处理该患儿的病症。有证据表明，如果能在合理时间内及时为患儿进行检查，安排输液，该患儿就不会因为这一疾病遭受严重损害。但是，上议院接到的抗辩意见声称没有证据证明医生的过失造成患儿死亡。因为即使主治医生处理了患儿病情，她也很可能决定不予输液。上议院认为有必要弄清楚两个问题：第一，如果主治医生对该儿童进行检查，她会做出何种治疗建议？这是一个事实问题，只需法院预测主治医生将如何行动。如果答案是她建议输液治疗，那么就证明她的过失确实造成了损害。如若不然，那么，第二个问题是按照博勒姆标准判断其行为是否构成过失。如果是，她的过失就导致了受害人所遭受的损害。如果主治医生要对过失与损害之间的因果关系进行抗辩，她就必须证明，即使她对患儿做了检查，她仍会决定不予输液，而且她做出的这一决定也不构成过失。根据该案事实，上

---

① At [37].
② At [56].
③ At [58].
④ *Bolitho v City & Hackney HA* [1997] 4 All ER 771.

议院最终认定因果关系不成立。因为有证据证明对患儿这样幼小的儿童进行输液存在巨大风险,因此,主治医生未采用输液的治疗方法并不构成过失。

与此相反,在古尔德史密斯案①中,医生在治疗患者手指时,未将患者转诊到专门治疗科室。现在无法知晓谁会接收这位转诊患者,但法院认定如果患者被转诊的话,她很可能会按诊疗常规接受相关治疗。这样她的手指就不会受到伤害。在本案中,没有必要考虑如果专科医生不提供治疗的话,是否构成过失。② 上诉法院法官凯在其异议判决意见中指出,区分"知道谁会治疗患者"(比如博莱索案)和"不知道谁会治疗患者"(比如古尔德史密斯案)是不对的。他认为,在古尔德史密斯案中,原告只需证明外科医生很可能会为患者进行治疗。但是,正如上诉法院法官凯所承认的,对患者来说,要证明这一点也不容易——因为他们根本不知道谁来治疗他们。在古尔德史密斯案中,法院最终以多数票认定,如果被指控的过失行为是没有及时将患者转诊并且无法判断谁会接收该转诊患者,那么就应假设有一位该领域的专家,并考虑他们是否会为该患者实施治疗。

3.4.3 让原告失去了治疗的机会

如果证据表明一旦原告得到了应有的照护,医生就能及时发现他的疾病,为他提供相应的治疗,治愈他的病症。但被告却未能诊断出患者的疾病,剥夺了患者得到治疗的机会,这应如何处理?③

以下三个案例是理解这一复杂问题的三个重要先例。

重点案例一

霍特森案④

一个13岁的男孩从树上摔下造成臀部受伤被送进医院。他诉称,如果他在送进医院时医生进行了诊断,那么他就可以得到相应治疗,这样,他至少有25%的机会康复。但由于医生没有及时诊断,他因此失去了康复的机会。

---

① *Gouldsmith v Mid-Staffordshire General Hospitals NHS Trust* [2007] EWCA Civ 397.
② See also *Carter v Basildon & Thurrock University Hospitals NHS Foundation Trust* [2007] EWHC 1882 (QB).
③ 对相关法律及这类案件提出问题的分析,详见 Khoury (2006)。
④ *Hotson v Berkshire Area Health Authority* [1987] AC 750.

他骨骺缺血性坏死,这种骨关节炎发展到最后将导致髋关节功能丧失。一审法官判令,卫生机构承担25%的损害赔偿责任。上议院认为,这一审判思路并不恰当。按照侵权法的一般规则,只有能够证明如果患者得到及时诊断,医生就有有效可行的治疗方法(即应有大于50%的成功机会时),法院才能判令卫生机构支付损害赔偿金。原告并未充分证明一旦卫生机构不存在过失,他就不会遭受损害。事实上,由于只有25%的康复机会,即便该男孩得到了适当治疗,他仍可能罹患现在的疾病。

但麦凯(Mackay)勋爵和布里奇(Bridge)勋爵持有异议。他们认为即便丧失的康复机会小于50%,也不一定就完全免除赔偿责任。但他们并未说明应在什么情况下承担赔偿责任。

重点案例二

切斯特案[①]

切斯特(Chester)女士背部疼痛。她被转诊到一位著名的神经外科顾问医师阿夫沙尔(Afshar)先生处。阿夫沙尔医生建议手术,但并未告知切斯特女士该手术有1%~2%损坏背部神经的风险。切斯特女士同意接受手术。尽管手术很顺利,但损坏神经的风险不幸成为现实,手术后,她半身不遂。一审法官认为,如果阿夫沙尔医生告知了切斯特女士该手术的风险,那么她很可能不会在那时同意手术,而是寻求更多治疗意见。但在询问更多意见后,她也很可能在晚些时候同意阿夫沙尔先生实施手术。一审法官最终判定,医生给出的咨询意见和患者所遭受的损害之间存在因果关系。案件最终上诉到上议院。

上议院以3:2判定,切斯特女士胜诉。法院判定,患者未被告知手术风险,而如果患者知晓手术风险后,很可能不会选择在那时接受手术。因此,患者有权获得赔偿。切斯特女士无须证明,她在获知手术风险的前提下,在

---

① *Chester v Afshar* [2004] UKHL 41.

未来任何时候都不会选择做这种手术,她只需证明在获知手术风险的当时,她不会做这种手术。大多数法官承认,根据传统的因果关系原则,这一判决不会得到支持。这是因为,现有证据表明一旦切斯特女士被告知了手术风险,她仍会同意接受手术,只是时间可能会推迟。但实际上,她要做的手术和给她造成损害的手术存在相同的手术风险。斯泰恩勋爵强调,选择不同手术时间不会改变手术风险,但如果她被告知了手术风险,她所遭受的损害就可能不同。无论采用何种因果关系论,斯泰恩勋爵认为公平原则要求对传统因果关系原则进行修正。医生告知患者手术风险的义务非常重要,因为其旨在保护患者的知情同意权,他们可以选择何时何地由谁为他们手术。手术风险的信息很可能影响患者是否同意手术的决定。不告知手术风险的行为就使这种告知义务变得毫无意义。正如霍普所言,本法旨在保护患者的选择权。为实现这一功能须确保医生们都会慎重对待告知义务。医生违反了告知义务发生患者本应被告知的风险,患者因此遭受伤害。法律却不为患者提供相应救济,那么保护患者选择权的功能就无法实现。

持多数派意见的沃克勋爵承认,多数派意见更多与医疗政策有关,而与因果关系无关。但是持多数派意见的法官并非完全无视因果关系:

> 如果出租车司机在超速驾驶途中,出租车被倒下的大树砸中,乘客受伤,那么这样的结果纯属巧合。司机也可能因为车速太快而碰巧避开了这棵倒下的大树,但如果司机遵守限速规定,乘客则可能受伤。但对我而言,本案并不适用此种情形,原告不幸所遭受的损害恰恰是医生有义务告知患者的内容,这有力印证了二者存在"必要条件"的因果关系。①

沃克勋爵举的这个例子旨在说明,只有"必要条件"因果关系还不够,否则,出租车司机就需担责。但在切斯特案中,风险正好在医生的告知义务范围内,因此,让医生担责是公平的。

宾厄姆勋爵对持异议的法官观点做了如下总结:

> 被告有义务就自己的过失对原告造成的损失赔偿原告。但是,相反的结论也成立:原告无权获得赔偿,因为被告没有义务对非自己过失造成的损失赔偿原告。

---

① para 9.

原告的知情权是一项重要权利，在现有法治社会环境下，没有几个医生会故意违反。就我个人而言，我不认为，现行法律会让违背了患者知情权的被告支付大笔赔偿金，因为违背这一义务并没有让原告的身体状况恶化。①

他指出，在该案中，我们不能主张因为被告没有告知原告手术风险，就造成了原告的损失。

重点案例三

格雷格案②

格雷格（Gregg）先生因为腋下有一肿块到斯科特（Scott）医生处就诊。斯科特医生将其错误诊断为良性。一年后，格雷格先生被诊出患有淋巴腺癌。他不得不接受化疗，预后不良。格雷格起诉称，如果斯科特医生能在他首次就诊时就正确诊断出疾病，那么他治愈的可能性将大幅增加。法官审理认为，他生存期超过十年的概率是25%，但如果早一点确诊他的疾病并及时治疗，他生存期超过十年的概率是42%。不过，法官认为，即使早一点确诊，也无法保证他的疾病就一定可以治愈。因此，不能证明医生的过失造成了这一损失。上诉法院在二审中驳回了格雷格的上诉，最终案件被上诉到上议院。上议院的法官们花了八个月时间，在听取双方陈述后，以3∶2作出最终判决。这一判决结果也说明最终判决仍有争议。

参加终审的多数法官同意驳回格雷格先生的上诉。因为现有证据无法证明延迟治疗造成了格雷格先生的损失。即使医生没有过失，那么最可能的结果依然是原告仍患有这一疾病。失去一个可能带来更好结果的机会不能成为侵权法上的诉讼理由。相反，少数法官认为，生存期大幅减少是原告的一个损失，理应予以赔偿。这里，我们有必要对每位法官的审判意见做一简要总结：

① para 10.
② *Gregg v Scott* [2005] UKHL 2.

霍夫曼（Hoffmann）勋爵（多数派意见）：格雷格先生很可能在十年内死亡。这一情况不会因为淋巴腺癌早点被确诊而改变。因此，医生的过失行为并没有对这一结果造成影响。允许人们就机会损失主张赔偿是侵权法的重大变革，修法实现应由立法机构做出，而非法院的司法裁判。这种变革将对国民医疗服务体系和各保险公司影响巨大。由上议院做出这种重大变革是不恰当的。

菲利普斯（Phillips）勋爵（多数派意见）：不管数据如何，在各位法官审理本案时，格雷格先生已经生活了9年，因此，他的生存期"每天都在增加"，之前没有更早诊断出疾病并没有导致其更早死亡。换言之，如果他有幸活到上议院作出判决之日，他的生存期将比审判时更高。菲利普斯勋爵指出过失应被视为造成这一结果的原因之一，生存期的长短只有在认定过失造成的结果时才具有相关性。从因果关系上看，重点在于现有证据是否能够证明过失造成损害具有高度盖然性。但在本案中，依照高度盖然性标准，其结果是过失并没有造成损害。尽管菲利普斯勋爵承认，这似乎有些不公，但是，"一个可能产生不公正判决的刚性标准也比有时很难实际适用（如果不是不能的话）的标准要好。"① 使用一个可能产生不公正判决的刚性标准从政策立场上讲是合理的，这符合在普通法上保持司法的连续性和稳定性的要求。菲利普斯勋爵似乎并没有回答类似本案的情形应如何处理，即被告的过失行为导致患者丧失了治疗机会，患者继续遭受病痛的折磨。

黑尔（Hale of Richmond）女男爵（多数派意见）：侵权法的目的并不是为了惩罚过错，而是为了补偿损害。因此，她担心如果认可遭受机会损失也可提起侵权之诉，那么那些有机会损失但无实际损害的案件当事人也可以提出侵权之诉。几乎所有的诉讼请求都可以按照机会损失这一标准改写。依照高度盖然性标准，本案证据不能证明延误治疗造成了癌细胞扩散。而按照机会损失这一标准，有些原告可能获利，有些原告则可能损失。获利的是那些在当前制度下只有不到50%的机会康复的人，而损失的则是那些在当前制度下有80%机会康复的人。他们会有损失是因为根据目前的制度，对于推定的

---

① para 3.

损失，他们可以获得100%的赔偿。但是按照机会损失的标准，他们只能就80%的损失获得赔偿。如果法律将侵权赔偿的标准修改为"机会损失"，那么审判和调解将更加复杂。

霍普勋爵（异议）：本案与霍特森案完全不同。在霍特森案中，该儿童已经因为摔落受伤。但在格雷格案中，损害存在于未来。如果正确诊断，那么所采用的治疗方法就是防止疾病带来损害，并非是治愈或减轻病痛。同时，霍普勋爵列举了一些在侵权法中发生机会损失（比如未来升职的机会损失）而予以赔偿的案例。他指出，只要医疗过错可能大幅度减小未来完全康复的机会就该赔偿。对机会损失的计算应以过失发生时推定的完全康复的概率，减去到案件审理时康复的实际可能性。同时，他还提出，毫无疑问，过失造成了肿瘤的进一步增长。如果肿瘤的增长增加了遭受癌症疼痛的可能性，患者就应为此获得赔偿。

尼科尔斯（Nicholls）勋爵（异议）：他强烈批评了多数法官的观点：若有高度盖然性能够证明过失造成了损害，则原告可以请求赔偿，如果不能，就没有赔偿。他说：

> 这肯定不是我们现行法的旨意。这既不合理又不合逻辑。失去45%的康复机会和失去55%的康复机会，对患者而言都是真正的损失。在两种情形下，医生都违背了他们对患者的注意义务，患者的病情都恶化了，患者失去的都是非常重要且有价值的东西。我们却说，第一个案件中，患者可以得到救济，另一个案件，患者不能得到救济。①

他还担心，如果医生能够证明正确治疗只能带来不到50%的康复机会就无须赔偿。那么这会导致医生对患者的注意义务落空。②他提出，如果能够证明医生须承担全部侵权责任，那么损失了40%康复机会的患者应该得到40%的赔偿。尽管他也承认，只有在患者有康复的"合理期待"且过失在"很大程度上"减小了康复机会时，才能予以赔偿。对于这可能给国民医疗服务体系带来的经济负担，他认为，这只是一种推测，如果真的负担过重，则应由议会修订法律，法院不能仅仅因为经济负担的考虑就驳回一个有合理理由的诉讼请求。

---

① para 4.
② Marcus v. Medway Primary Care Trust [2010] EWHC 1888 (Q13).

我们可以对有这些先例后的现行法大致总结如下：

• 如果原告患有某种疾病，被告因过失未能诊出疾病或未提供治疗，那么原告需要证明，如果被告对其进行了治疗，原告就不会遭受病痛的折磨。① 所以，如果原告只能证明被告如实施治疗，原告也只有 40％的机会康复，原告就会败诉。因为即使实施了治疗，最大的可能是原告仍不能康复。但如果能够证明被告如实施治疗，原告就有 60％的机会康复，那么原告就会胜诉。因为这种情况下，一旦实施治疗，最大的可能是原告可以康复。

• 在一些特殊案件中，比如切斯特案，即使原告不能证明被告的过失行为造成了最终的损害结果，原告也可能获得赔偿。② 如果能够证明在医生未告知手术风险的前提下，患者同意接受某种手术，而如果患者在手术前获知手术风险，就可能不会在那个时间同意手术，那么原告将胜诉。③ 尽管从米克尔约翰案④看，这一规则的唯一适用情形是：如果手术在另一个时间完成，可能会有不同的结果。上诉法院法官拉弗蒂（Rafferty）在提及切斯特案时指出，他"找不出任何审判原则"，该案只是基于"特定案件事实相关的政策"作出的判决。换言之，切斯特案的审判规则只能在极少数案件中适用。克罗斯曼案⑤的判决指出，切斯特案对一般因果关系规则的改变只在"特殊及有限的情形下"适用。适用情形仅限于患者未被告知手术的重大风险，或患者未被告知还有另外一位医生可以实施该手术。在这类案件中，采用与一般因果关系不同的规则有其适当性，因为，未履行告知义务实际上侵犯了患者的治疗决策权。在巴里案⑥中，患者因为结肠镜检查需要转院，但他的情况并不属于危重急症。当患者做完结肠镜检查后，出现了肠穿孔（结肠镜检查的并发症，发生概率较小），给患者带来重大伤害。原告就依据切斯特案主张医方决定以非危重急症转诊构成过失，如果以危重急症转诊，就可能由另一位医生在一个不同的时间进行结肠镜检查。那么，患者就很有可能不会出现肠穿孔。比得（Bidder）法官认为本案和切斯特案存在相似性。原告主张的过失（非危重急症的转诊）与医疗延误

---

① Hoffman（2005）；*Fairchild v Glenhaven Funeral Services Ltd* [2003] 1 AC 32. See further Compensation Act 2006, s. 3 and *Barker v Corus (UK) Plc* [2006] UKHL 20；*Sienkiewicz v Greif* [2011] UKSC 10.

② *Chester v Afshar* [2004] UKHL 41. Green（2015）中有一个帮助我们理解的讨论。

③ Stapleton（2005，2006）；Hoffman（2005）；Peel（2005）；Spencer（2005）；Porat and Stein（2001）.

④ *Meiklejohn v St George's NHS Trust* [2014] EWCA Civ 120.

⑤ *Crossman v St George's Healthcare NHS Trust* [2016] EWHC 2878（QB）.

⑥ *Barry v Cardiff and Valley University Local Health Board Case* No. B37YJ966.

有关。所以，如果患者能够证明他因为医疗延误遭受了伤害，那么他就能胜诉。但非危重急症转诊与检查如何进行并无紧密联系。相反，在切斯特案中，不告知风险和风险实际发生紧密相关。① 这就意味着切斯特案中有关因果关系的解释规则只适用于涉及未告知的风险成为现实的情形。

这些先例也带来了一些其他问题：②

（1）医疗过失侵权法是为了惩罚被告的过错行为还是对受害人的损害予以补偿？在切斯特案③中，上议院强调了保持患者身体完整权的重要性和用侵权法保护患者知情权的重要性。④ 对该案的一种解读是法院想要惩罚医生的过错行为，即便很难证明原告的损失是由于被告造成的。⑤ 值得注意的是，在法庭审判逻辑中，格雷格案⑥中有关患者权利的论述所占分量不及切斯特案。⑦ 在肖案⑧和杜斯案⑨中，法院判定，如果医院未告知风险但这也没有导致任何损害，那么原告就没有一个"单独"要求赔偿的权利。而在戴蒙德案⑩中，患者同意实施疝修补术，但并未告知未来怀孕时可能复发的风险。上诉法院发现如果该患者被告知了该风险，仍会同意实施手术。因此，上诉法院维持了原判："……医生存在未告知手术风险的过失，这本身就导致患者有权主张损害赔偿。"⑪ 上诉法院法官莱格特（Leggatt）在杜斯案⑫中的观点说得很明白：

---

① 该案认定 *Crossman v St George's Healthcare NHS Trust* [2016] EWHC 2878 一案判决错误，因为此案扩大适用了因果关系规则。
② Stapleton (2005 and 2006); Hoffman (2005); Peel (2005); Spencer (2005); Porat and Stein (2001).
③ *Chester v Afshar* [2004] UKHL 41.
④ 在 *Beary v Pall Mall Investments* [2005] EWCA Civ 415 案中，判决指出，切斯特案并非一个普遍适用的过失侵权案。这预示着，该案只是医疗过失侵权案的一项特殊规则。
⑤ 在 *Clough v First Choice Holidays and Flights Ltd* [2006] EWCA Civ 15 案中，判决中称，切斯特案只是一个政策性的判决，与一般的个人伤害案无关。（但在 *Mountford v Newlands School* [2007] EWCA Civ 21 案中，切斯特案被认定为可适用于非医疗案件。）
⑥ *Gregg v Scott* [2005] UKHL 2.
⑦ See further *Johnson v NEI International Combustion Ltd* [2007] UKHL 39. 该案适用了格雷格案，但却没有提及切斯特案。
⑧ *Shaw v Kovac* [2017] EWCA Civ 1028.
⑨ *Duce v Worcestershire Acute Hospitals NHS Trust* [2018] EWCA Civ 1307.
⑩ *Diamond v Royal Devon and Exeter NHS Foundation Trust* [2019] EWCA Civ 585.
⑪ Para. 33.
⑫ *Duce v Worcestershire Acute Hospitals NHS Trust* [2018] EWCA Civ 1307.

……对上议院切斯特案判决的理性解读无法证明应将急于告知外科手术重大风险的责任扩大以适用于如本案一样的情形:法院认定,即使原告被告知了风险,仍会继续接受手术。①

因此,法院并不愿将患者失去自主权(被剥夺了选择权)本身作为可以主张损害赔偿的理由。

在切斯特案中,法官认为患者的知情权特别重要,以至于可以偏离侵权法上传统的因果关系准则。但在格雷格案中,患者应接受无过失的诊疗的权利却没有那么重要。②法律并未明确知情权是否比获得无过失的诊疗的权利更重要:对大多数患者而言,他们是愿意接受一个没有获知充分信息的无过失的诊疗,还是一个有充分信息的但又有过失的诊疗呢?实际上,萨拉·格林(Sarah Green)③指出,格雷格案中原告的诉讼主张也可以被视为一个他未被告知治疗或不治疗的风险的诉讼主张,但法律并未提供一个合理方法区分这些案件的诉讼主张。④

(2) 过度赔偿和赔偿不足的问题。像格雷格案⑤这样涉及机会损失的案件,法官们很清楚,不管他们作出何种判决都不可能绝对正确。如果格雷格先生继续活到 90 岁,他根本没有遭受多大损失,如果法院仍依照侵权判决赔偿,这明显属于过度赔偿。另一方面,如果上议院不予赔偿的判决出台不久,他的病情就迅速恶化并死亡,而如果早一点诊断出他的疾病,并给予治疗,就有可能改善他的状况(对此我们无法知晓),那么他肯定遭受了损失,但他得不到任何赔偿,这明显属于赔偿不足。不管做何选择,法官都不可能作出一个恰当的赔偿判决。

(3) 格雷格案后,法律严格区分了以下两种情形:一种是被告的误诊过失行为使原告的康复机会由 60% 降为 40%,另一种情形是被告的上述过失行为使原告的康复机会由 30% 降为 10%。在前一类案件中,原告可以获得赔偿,但在后一种情形中不可以。两类案件中,原告的康复机会都减少了 20%,法律应该区分这两类案件吗?在急于告知风险的情形(比如切斯特案)中,法院未严格适用因果关系规则;而在丧失治疗机会的情形(比如格雷格案)中,法院却严格适用因果关系规则。对

---

① para. 92.
② 参见 Palmboom 等(2007)。他做了一个调查,调查显示,对于什么风险是应该透露给患者的,医生的看法也存在分歧。许多受访的医生都认为,从某种程度上讲,这得看患者的性格特点。
③ Green (2006).
④ [2005] UKHL 2.
⑤ *Gregg v Scott* [2005] UKHL 2.

于这两种情形，法院并未给出一个有充分说服力的理由说明为何采用不同的审判规则。① 这一领域还有值得英国最高法院进一步探讨的空间。

3.5 赔偿金

如果原告在法庭上成功证明了上文讨论的三个问题，他就有权获得赔偿。侵权法的一个基本原则就是让原告的状态恢复到过失行为发生前的状态。所以，支付赔偿金的目的不是为了惩罚被告或者反映侵权人过错的严重程度，而是为了赔偿原告遭受的损失。在遭受了直接经济损失的案件中，赔偿金很容易确定。但若涉及人身侵害，赔偿金的确定就比较困难。

在赔偿金方面，医疗侵权纠纷和一般侵权案件适用同样的法律原则。详细内容可以参见侵权法。以下是对涉及赔偿金的法律的一个简短总结。要求支付赔偿金的案件主要涉及以下内容：

（1）对所遭受的损失进行"公平合理"的赔偿。但是，对于断了的手指却很难确定一个具体的赔偿金数额。为此，立法机构制定了一套规则，对某些特定种类的损害明确了具体赔偿金额。尽管法官在审理案件时有一定的自由裁量权，但这样的赔偿费用表却在一定程度上保证了法律的稳定性。

（2）对于精神损害，也可以支付赔偿金。但所支付的赔偿金额度相对较小。

（3）福利损失（loss of amenity）。包括原告丧失了继续参加各种活动的机会。

（4）因遭受损害而增加的其他费用。这类费用都可以得到赔偿，包括到私立诊所就诊的费用。即便在国民医疗服务体系中同样的治疗是免费的。②

（5）在听审前，由于侵权行为遭受的收入损失。

（6）未来的经济损失。由法院预估计算原告未来可能遭受的收入损失以及可能增加的开支。③ 这还可能涉及对原告寿命的估算。

将上述各项加总。但在两种情况下，应扣减相应金额。第一，原告与有过失。④

---

① Turton（2016）.

② NHS Law Reform（Personal Injuries）Act 1948，s. 2（4）；参见 *H v Thompson Holidays* [2007] EWHC 850（QB）。

③ 参见 *Appleton v El Safety* [2007] EWHC 631（QB），该案中，有必要预估一个执业足球运动员的生涯会是如何发展的。

④ 但请注意 *Stanton v Collinson* [2010] EWCA Civ 81. 这是一个人身伤害案件。在该案中，上诉法院注意到这样一种意见，即因为公共政策的原因，不能深入调查与有过失。这一公共政策很可能指受到严重伤害的受害人不应因为自己有一点过错，就被拒绝赔偿。

如果法院认定患者和医生对患者最终的损害都有过失，就会出现这种情形。① 比如，如果患者向医生隐瞒了重要事实，医生也未检出这些问题，在不知晓这些事实的前提下对患者进行了药物治疗，而这些药物给患者带来了损害。这种情况下，医生和患者很可能会被认定为都存在过失，医生应支付的赔偿金就应在一定程度上予以扣减。扣减比例与其过失对损害的影响大小成正比。所以，如果患者和医生的过失各占50%，医生只需支付一半赔偿金。但是，在洛蕾恩案②中，该医院接诊了一位孕妇，医生在询问该孕妇的妊娠史时，没有查看她之前的相关记录。证据证明，如果医生查看了这些记录，就能看出该患者很可能有罹患严重分娩并发症的风险。据此，医院被判定存在过失，承担全部赔偿责任。与此相反，在英格拉姆案③中，患者没有告诉医生她有大小便失禁的问题，结果医生诊断错误。法院判定，医生根据患者讲述的病情做出的判断是正确的，医生没有过失。但如果医生接诊时，应该询问而并未询问与病情相关的问题，或者应该发现而未发现患者隐瞒的病情，那么情况则有所不同。以下案例就说明法院并不愿将这种情况下患者遭受的伤害归责于患者自己。

重点案例

登利案④

患者因头部受伤到急诊室求助，他被告知需要等待四到五个小时才能见医生。这一信息有误。他大概只需等待半小时左右。患者在接到错误信息后决定回家，后因头部伤势过重昏迷。尽管患者自己决定回家，英国最高法院仍认定，患者的这一决定并未对因果关系链的认定带来实质改变。因为一旦他被告知等待时间的真实情况，他就会继续等待。他之所以离开是受不实信息误导的直接结果。

---

① 有关这种情况下与有过失的讨论，参见 Herring and Foster (2009)。
② *Loraine v Wirral University Teaching Hospital* [2008] EWHC 1565 (QB)，也可参见 *P v Sedar* [2011] EWHC 1266 (QB)。
③ *Ingram v Williams* [2010] EWHC 758 (QB)。
④ *Denley v Croydon Health Services NHS Trust* [2018] UKSC 50.

赔偿金可予以扣减的第二种情形是患者放任了损害的扩大，也就是说患者没有采取合理措施减少或限制他所遭受的损害进一步扩大。例如，患者没有做可以改善其症状的后续治疗。①

3.6 支付给间接受害人的赔偿金

对非因过失行为受有直接损害，而是被他人损害影响的人提出的侵权之诉，法律一般不会支持他们的诉讼请求。② 法律通常的立场是间接受害人（即自己未遭受身体损害的人）不能因为他人受损害而主张精神损害赔偿。但也有两种重要的例外情形：

（1）如果原告亲眼见证了其亲属遭受损害，则原告可以提出赔偿金的诉讼请求，但原告亲眼看见的须是特别恐怖的场景。③ 在 Re（未成年人）诉卡尔德戴尔和哈德斯菲尔德国民医疗服务体系基金信托机构案④中，一位产妇因医疗过失导致难产，她和她的母亲因此发生了创伤性休克应激障碍。为此，她们都可以主张精神损害赔偿。⑤ 但是，有一位男子见证了医方认定他怀孕的伴侣腹中胎儿已经死亡的全过程，后发展成"不断恶化的急性焦虑症"，但他不能因此主张精神损害赔偿。⑥ 他没有目睹这一恐怖事件本身，而是逐渐意识到所发生的事。在 YAH 案⑦中，医方在为原告催产时出现了延误，导致出生的婴儿出现了脑瘫。医院愿意对婴儿造成的伤害承担责任，但对法院判定赔偿母亲所遭受的精神损害的判决提出了质疑。这位母亲在生产后，看见自己的孩子被放进了保育箱，周围全是医疗仪器、管子和监视器。为此，她遭受了精神损害。有关精神损害赔偿的法律区分了精神损害的直接受害人和间接受害人。如果这位母亲只是间接受害人，上述场景并不构成伤害的场景，也不足以让相对方承担责任。但是，法院驳回了婴儿是直接受害人的主张。因

---

① 对这一问题的详细讨论参见 Ahuja（2015），Mulheron（2010），Fray（2012），以及 Case（2004）。

② Ward v Leeds Teaching Hospitals NHS Trust（2004）EWHC 2106.

③ Brazier and Cave（2007：158）. 在 Frogatt v Chesterfield NHS Trust [2002] All ER（0）218 案中，法院非常慷慨。该案中，妻子因过失误诊为乳腺癌，被错误或实施了乳房切除术，丈夫看到了术后未着衣物的妻子身体，受到了惊吓，为此，法院支持了丈夫的赔偿金请求。

④ *Re（A Minor）v Calderdale and Huddersfield NHS Foundation Trust* [2017] EWHC 824.

⑤ 对本案问题的讨论，参见 Lindsay（2018）。

⑥ 更多讨论参见 Mulheron（2007）。

⑦ *YAH v Medway NHS Foundation Trust* [2018] EWHC 2964（QB）.

为医方的过失发生在生产过程中,当时胎儿尚未出生并成为人,所以母亲是直接受害人。因此,法院认定她有权获得精神损害赔偿。

(2) 如果医生在将患者的治疗情况告知家属时存在过失,并给患者家属带来了精神伤害,那么家属提出的过失侵权之诉也可能胜诉。比如,如果医生以一种冷酷无情的方式告诉父母,其子女在手术过程中意外死亡,由此引发了这位患者家属的精神疾病,那么这位家属可能获得一定的赔偿。从某种程度上讲,该案中的受害人家属也是医疗过失的"直接"受害人。① 如果信托机构在处理患者投诉时方式不当,也可能面临这种情况。② 但是,自己的亲属因医疗过失死亡或受到伤害,自己因此而生病,则不是让相对方担责的理由。

3.7 判决支付赔偿金的争议

毫无疑问,判令支付赔偿金的数额可能产生一些让人惊讶的不公结果。曾有一个案件,父母因丧子之痛被判获赔 1 万英镑。③ 如此低的赔偿额度显然不足以赔偿父母的损失。但是,真有一个可以补偿父母损失的赔偿额度吗?对于因医疗过失导致腰以下部位全部瘫痪的患者而言,15 万英镑的赔偿金就够了吗?另一方面,个人职业也对判令支付的赔偿额度有很大影响。比如,如果两个患者遭受了同样损害,其中一人因此失业,那么他获得的赔偿金额度必定远远高于另一位患者。即便原告是个遭受严重损害的儿童,法院也会尽力衡量该儿童成年后可能获得的收入。两位律师养育的一个才能卓越的儿童如果遭受严重损害,他所能获得的赔偿将会远远高于相同情况下失业单亲母亲养育的有学习障碍的儿童可能获得的赔偿。在一些极端的案例中,赔偿额度非常高,甚至可能超过 300 万英镑。④ 在评估赔偿额度时,应将个人的收入状况或社会经济背景作为相关因素吗?这真的是一种评估当事人真正损失的恰当方式吗?

请思考霍莉·卡勒丁案⑤。该案中,因医疗过失遭到脑损伤的儿童获赔 70 万英镑,不幸的是,该儿童数日后意外死亡。尽管这笔赔偿金的判决依据是解决养育高度残疾的霍莉的费用,但医院不能要回已支付的赔偿金。霍莉死后,其父母仍可保

---

① 参见 Mulheron (2007)。
② *Jones v Royal Devon NHS Trust* [2008] EWHC 558 (QB).
③ *Shorter v Surrey and Sussex Healthcare NHS Trust* [2015] EWHC 614 (QB).
④ Brazier and Cave (2007: 201).
⑤ Hopwood (2001: 191-2).

留这笔赔偿金。另一方面，如果法院判决推定她只能再活一年，但事实上她活了更长时间，她也不能再到法院起诉请求支付更多赔偿金。随着时间的推移，在审判时认为合理的赔偿额度很可能过少或过多，这种情形非常常见。

应对这种困难的方法之一是采用结构性赔付（structured settlements）的办法。① 这一方法包括，首期支付的赔偿金涵盖了已经发生的损失和可以量化的损失。对于未来的费用，侵权责任人将支付一定数额的赔偿金购买养老保险。这将产生一笔灵活的资金，以涵盖未来出现的新损失。因此，已支付的赔偿金可以根据原告状况的改善或恶化而做相应的减少或增加。但在实践中，除非双方当事人同意以结构性赔付的方式支付赔偿金并达成协议，否则法院无权判决侵权责任人以此种方式支付赔偿金。但在某些原告看来，这种方法并不好。因为他们不能掌控他们获得的赔偿金，而且还要经常进行身体检查。另一种解决方案是判令支付临时赔偿金，② 如果原告未来能够证明他们的损失高于原来推定的损失情况，那么他们可以申请调高临时赔偿金的额度。③

3.8 诉讼时效

有关诉讼时效的规定可能阻止部分案件权利人提出权利主张。涉及人身损害的案件须在过失行为发生之日起，或者受害人知道人身被侵害之日起三年内起诉。（注意，未成年人适用的法律不同。）④ 如果原告主张的损失都是纯经济损失，即契约上的损失，那么诉讼时效为六年。⑤ 根据1980年《诉讼时效法》（the Limitation Act, 1980）第33条规定，在审理"过失、损害、违反注意义务"这类案件时，法院在是否延长诉讼时效问题上享有一定的自由裁量权。⑥

诉讼时效规定背后的逻辑是，医务人员不应在许多年后还为之前的某个患者可能提出侵权赔偿的权利主张担心。当然，这一法律规定的缺点在于原告可能遭受了

---

① 参见 *A v B Hospitals NHS Trust* [2006] EWHC 2833 (Admin)。该案中，法官认为，一次性支付比定期支付更好。根据1996年《赔偿金法》（The Damages Act 1996）第2条的规定，法院可以判决责任人定期支付赔偿金。

② *Kirby v Ashford and St Peter's Hospital* [2008] EWHC 1320 (QB).

③ *H v Thompson Holidays* [2007] EWHC 850 (QB).

④ Limitation Act 1980, s. 11. 未成年人人身伤害案件从其年满18周岁时开始计算诉讼时效。——译者注

⑤ Limitation Act 1980, s. 2.

⑥ Limitation Act 1980, s. 33.

严重的身体损害，理应得到赔偿，但因诉讼时效的规定不能起诉。但是，法院有延长诉讼时效的自由裁量权。如果诉讼时效届满后，提出这一权利主张仍有合理理由，且双方都不会因为在诉讼时效届满后起诉而受到偏见，法官就可以允许原告提出其权利主张。

3.9 应该起诉谁？

如果患者因医疗过失遭受损害，可起诉下列被告：

一是医务人员；

二是根据替代责任原则，患者可以起诉雇佣医务人员的雇主（比如国民医疗服务体系信托机构或医院）；①

三是直接以其过失为由起诉提供医疗服务的单位。

第二和第三种情况不太常见。根据替代责任原则，雇主须为雇员在工作过程中的过失行为担责。对于雇员在工作之外的行为，雇主不承担责任。在布雷肖（Brayshaw）案②中，患者的全科医生在自己家中进行的祷告、驱邪和其他一些宗教活动给这位女患者带来了精神伤害。由于这些行为都发生在这个代班医生的工作时间之外，外科诊所对其行为不承担替代责任。

理论上，如果原告根据替代责任原则起诉医院或卫生行政机构，那么医院和卫生行政机构可以要求相关责任人赔偿他们支付给患者的赔偿金。③但是，国民医疗服务体系已经宣布不会向医务人员追责。④而且，国民医疗服务体系承诺，对患者向国民医疗服务体系医务人员提出的诉讼，它将支付医务人员需要支付的所有诉讼费用。所以，不用医务人员自己考虑保险事宜，国民医疗服务体系已经承担了这部分责任。但是，全科医生仍然要自己负责此类费用，因此，他们必须购买涵盖这种损失的相应保险。⑤这致使国民医疗服务体系一直致力于避免各种医疗事故风险以及医疗侵权纠纷。风险管理成了当下一个"热词"。

替代责任原则的适用无须证明雇主自己也有过失。如果雇主有直接责任（上述第三种情形），那么原告的诉讼理由是提供医疗服务的机构本身也有过错（比如医

---

① 参见 Brazier and Beswick (2006)。
② *Brayshaw v Partners of Apsley Surgery* [2018] EWHC 3286 (QB).
③ NHS Executive (1996).
④ Ibid.
⑤ *Godden v Kent and Medway SHA* [2004] EWHC 1629.

院雇佣的经过充分培训的医务人员不足）。① 在这类案件中，没有哪个医务人员有过失（他们都尽力做到了最好），但是信托机构有过失。雇主有直接责任的其他情形还包括，信托机构没有建立检查医疗设备是否正常运转的相应机制；或者信托机构没有及时组织医生培训，让他们掌握医学的最新进展。② 尽管法院尚未对这个问题进行充分考虑，但在评估信托机构是否有过失时并不适用博勒姆标准。换言之，如果法官认为信托机构的执行标准并不合理，那么信托机构就不能以它们的执行标准与其他信托机构相同为由进行抗辩。③

如果法院认定医生个人及医院都存在过失，那么由谁支付赔偿金呢？对于这一问题，法院往往会关注医生在其工作环境下能在多大程度上避免对患者造成损害。所以，如果一个实习医生有过失，而法院认定他们在实习医院并没有得到足够的支持和监管，那么法院将判令医院支付大部分的赔偿金。④

初级卫生保健信托机构（现在的地方临床执业联盟）也可能成为被告。有观点认为，初级卫生保健信托机构有义务为其服务地区的所有患者提供合理的卫生保健服务。如果初级卫生保健信托机构不能保证为患者提供合理的卫生保健服务，其可能面临过失侵权之诉。⑤

一个国民医疗服务体系信托机构的患者被转诊到私立医院就诊，他能就私立医院的任何过失行为起诉国民医疗服务体系。⑥ 国民医疗服务体系患者不会因为国民医疗服务体系有关如何提供服务的决定而丧失获得法律救济的机会。但在这类案件中，国民医疗服务体系常常会再向私立医院就自己支付的赔偿金要求补偿。

在法拉吉案⑦中，一对夫妇携带一种可遗传的致病基因。当女方怀孕时，医院为胎儿安排了相关遗传致病基因筛查。医院将检查样本送到了一家公司，该公司未检出胎儿携带了这种基因。但婴儿出生时患有这种严重的遗传疾病。该案的关键问题是医院能否将自己的工作委托给他人。上诉法院对此持否定态度。上诉法院法官戴森（Dyson）解释说：

---

① *Blyth v Bloomsbury HA* [1993] 4 Med LR 151.
② *Bull v Devon AHA* [1993] 4 Med LR 117.
③ *Jones v Manchester Corporation* [1952] 2 All ER 125.
④ *A (A child) v Ministry of Defence* [2004] EWCA 641, *FB v Princess Alexandra Hospital NHS Trust* [2017] EWCA Civ 334. 相关讨论也可参见 Beswick（2007）。
⑤ *M v Calderadale Health Authority* [1998] Lloyd's Rep Med 157.
⑥ *Farraj v King's Healthcare NHS Trust* [2006] EWHC 1228（QB）.
⑦ *Farraj v Kings Healthcare Trust* [2009] EWCA 1203.

一般情况下，医院对其患者负有一种不可委托给他人的责任，以确保患者能够获得有资质的医生提供的治疗和合理的保健护理，不管给他们治疗的人是否是国民医疗服务体系的雇员。……设定这一义务的理由是医院承担给需要卫生保健护理的患者提供护理、健康监控和管理的职责。相对医院而言，患者是弱势群体，他们只能将自己置于医院的护理和控制之下。因此，医院为他们的健康和安全承担了一种特别责任。用迪克曼案①中法官的话讲，在这种情况下，由医院向患者承担这种责任是公平合理的。②

随着国民医疗服务体系卫生机构请求私人公司协助的情形不断增加，这一判决将有越来越重要的意义。

3.10 责任分担

如果两位医务人员的过失行为给患者造成了损害，这就涉及责任分担的问题。原告可以从任意一位医务人员处获得全部赔偿金。已支付全部赔偿金的被告则可请求另一位医务人员分担相应的赔偿责任。责任分担的依据是各自过失行为的原因力大小。③ 事实上，国民医疗服务体系的赔付制度意味着医生个人不会承担赔偿责任，所以不存在责任分担问题。只有两位医生中，一位来自国民医疗服务体系，另一位来自其他医疗服务提供者时，才可能出现这一问题。

4. 合同法

国民医疗服务体系的患者和国民医疗服务体系及其医务人员之间并没有合同。④因此，如果国民医疗服务体系的患者遭遇了医生的过失行为并因此受有损害，他们不能以违约为由起诉。但是，私立医院的患者可以以违约为由起诉医生。⑤虽然如此，但通常情况下，哪里有违约，哪里就有过失侵权之诉。私人医生和患者之间订

---

① *Caparo Industries plc v Dickman* [1990] 2 AC 605, 618A.
② 更多讨论参见 Beuermann (2018)。
③ Civil Liability (Contribution) Act 1978.
④ *Reynolds v The Health First Medical Group* [2000] Lloyd's Rep Med 240.
⑤ 在国民医疗服务体系服务的主任医生可以在私立医院坐诊。——译者注

立的合同可能要求医生履行高于过失侵权标准的注意义务，但在实践中，这种情形非常罕见。当然，法院也极不愿意将这种合同解释为一种保证手术一定成功的担保。①

5. 人们为何起诉？

媒体已经对"赔偿文化"做了大量报道，下议院宪法事务委员会做了专门调查，调查内容包括：成功机会渺茫，人们是否还会为了大笔赔偿而起诉？② 该委员会发现，这种所谓的"赔偿文化"子虚乌有。戴森勋爵在一起公共演讲中得出了同样的结论：这只是媒体的杜撰，并非现实。③ 但是，误以为其存在的错误观念所引发的不恰当的风险规避行为已经产生了不良后果。委员会指出：

> 风险规避行为的原因众多，包括提供索赔服务的公司广告、媒体选择性报道、法律如何运行的信息匮乏等，有时，那些执行卫生和安全纲要的人也缺少一定的常识。④

研究表明，因医疗过失提起诉讼的人并非只为获得赔偿，他们的行为动机非常复杂。⑤ 在一项前沿研究⑥中，学者发现大多数原告更关心法院判决医院或医生有过错；确保未来不再出现同样的错误；或者仅仅要求对医疗事故进行更深入的调查。接近50%的原告只关心能否获得一个解释和道歉，确保医务人员能够认识到他们身上的错误和问题。只有1/3的人说，他们关心赔偿金问题。⑦ 英国卫生和社会保障部组织的一项调查发现，在医疗过失侵权之诉的原告中，只有11%是为了获得赔偿，⑧ 但如果是严重的人身损害，这一数字则上升到35%。⑨ 虽然如此，但这些问题并不能完全和钱分开。不支付赔偿金，只进行道歉，这样的道歉是否会被认为过于

---

① *Thake v Maurice* [1986] 1 All ER 497.
② Houses of Commons Constitutional Affairs Committee (2006).
③ Hyde (2013).
④ Houses of Commons Constitutional Affairs Committee (2006: 1).
⑤ Morris (2007).
⑥ Mulcahy, Selwood, and Nettern (1999: Fig 2.1) and Mulcahy (2003).
⑦ 其他学者所做的调查结论也与此相似。Woolf (2001).
⑧ Chief Medical Officer (2003: 75).
⑨ Mulcahy (2003).

"廉价",根本不是真正的道歉?这些患者是否认为,只有通过支付赔偿金的方式才能督促责任人或责任单位吸取经验教训,不再重复这些错误?

另一个困难在于,对医务人员而言,如果有人起诉他过失侵权,这是一种对他职业能力的攻击。这往往导致医务人员对这类诉讼心存抵触,反过来强化了患者不被倾听、得不到尊重的感受。①

6. 实践中的医疗过失侵权之诉

实际上,诉至法院的医疗侵权纠纷并不多。由国民医疗服务体系纠纷调解中心(NHS Resolution,专门处理针对国民医疗服务体系法律纠纷的机构)处理的案件中,2018—2019年度,有99%的纠纷未走完完整诉讼程序就得以解决。②

因此,大多数案件在诉至法院前就已经结束,也即在调解阶段结束。在2018—2019年度,国民医疗服务体系纠纷调解中心处理的案件有70.7%在未启动诉讼程序前就得以解决,有23.6%的案件在启动诉讼程序后、法庭审理前得以解决。实际上谈判阶段比法庭阶段更重要,尽管有律师认为这两个阶段并不能轻易分开,因为律师常常是在"法律的框架下"进行谈判的。③ 谈判中,律师会预判法院可能作出何种判决,这种预判对他们是否接受对方律师提出的解决方案起到了关键作用。

7. 费用

律师费是诉讼的一个关键内容,是诉讼总费用中的一大部分。在2016—2017年度,国民医疗服务体系纠纷调解中心处理的案件中,支付给律师的费用接近5.819亿英镑,其中,4.423亿英镑支付给了原告律师。支付给原告的每3镑赔偿金中,至少有1镑支付给了律师。④

① Mulcahy (2015).
② NHS Resolution (2019).
③ NHS (2015a).
④ NHS Resolution (2019).

因医疗过失遭受损害的患者很可能因为无法支付相关律师费而放弃诉讼。实际上，被告也愿意在庭前解决纠纷而非将问题带上法庭，原因也在于担心法庭诉讼可能产生的律师费。当然，收入一般的人愿意打一场医疗过失侵权的官司，必须要有过人的胆识才行。①

医疗侵权纠纷案件现已不属于法律援助范围。除此之外的选择很可能是与律师签订附条件收费协议。② 这使律师有可能在"不赢不收费"的基础上接受代理。按照这种服务模式，如果律师代理原告后败诉，原告将不支付任何费用，如果胜诉，律师收取的费用将高于正常情况下收取的费用。从律师角度而言，这好似一种赌博。从委托人角度而言，这种选择剔除了诉讼风险，让他们不会赔钱，至少就他们的律师代理费而言，的确如此。但他们仍可能被判支付对方的诉讼费用。此外，他们必须明白，他们可以按照传统的以小时计费的方法支付律师代理费。这种情况下，他们获得的赔偿金要比签订附条件收费协议下获得的赔偿金更多。尽管有人担心附条件收费协议可能会引发更多诉讼，但实际上，律师并不愿意代理这种有风险的案件，因为他们担心做了大量工作却得不到任何报酬。③

8. 对当前法律制度的批评

许多人都认为，医疗过失侵权诉讼的现状差强人意。④ 一种普遍的意见是，这些诉讼让医务人员灰心丧气，它们不但不能为患者提供补偿，反而给患者带来压力，此外，这类诉讼开支巨大，也让国民医疗服务体系有限的资源雪上加霜。

8.1 对博勒姆标准的批评

博勒姆标准引发了诸多批评，一些批评观点如下：

（1）这一标准意味着法律对医生的要求由医生这一行业制定，而非法院。在其他行业中，证明其他同行也会采取同样的工作方式根本不能用作抗辩理由。一个被

---

① Newdick (2005: 130).
② 自 1990 年《法院和法律服务法》(Courts and Legal Services Act, 1990) 后，这种服务形式开始出现。下议院宪法事务委员会 (2006) 的调研发现，这种新的服务形式并没有提高诉讼案件率。
③ Peynser (1995).
④ Simanowitz (1995); Lord Woolf (2001).

指控过失侵权的司机即便证明了许多其他值得尊敬的司机和他的驾驶技术一样糟，也不能作为他的抗辩理由。为驾驶行为制定标准的是法律，而非驾驶员群体。换言之，这里的过失标准似乎不是一个医务人员应努力达到的标准，而是一个实际被执行的标准。布里斯托尔疗养院和阿尔德黑（Alder Hey）儿童医院丑闻案则进一步强调了应由法律而非卫生行业为医疗行为制定标准。①

（2）博勒姆标准给原告设置了一项几乎不可能完成的举证责任。他们只有咨询了相关领域的所有专家且每位专家都认为被告的行为存在过失时，才能确信自己可以胜诉。与此相反，被告只要找到一位受人尊敬的专家支持他，他就有很大的胜诉机会。批评者认为，法律似乎更关心保护医生这一职业群体的声誉，而不是在患者遭受医疗事故时帮助患者获得赔偿。② 即使原告证明了被告的行为与原告的损害之间存在因果关系，但机会损失之诉的严格标准也可能使遭受损失的原告得不到任何赔偿。

（3）医生是一个收入丰厚且受人尊敬的职业。因此，社会理应对那些在该领域工作的人提出更高的要求。博勒姆标准不能反映一般大众的合理期待。而在其他职业中，比如律师行业，并不会使用博勒姆标准判断律师是否存在过失。③

（4）根据博勒姆标准，如医生被认定存在过失，这是一项非常严重的指控。为原告作证的任何专家不但要证实他们不会像被告这么做，而且在此领域工作的任何一位专家都不会这么做。所以，要找到为原告作证的专家证人曾一度十分困难。表面上看，现在的情况似乎有所好转，④ 但也有人担心这是因为有越来越多的"专职的专家证人"。

当然，博勒姆标准也有许多支持者，他们的主要观点如下。

8.2 对博勒姆标准的支持

（1）如果对于如何处理某一病例有两种存在分歧的专家意见，那法官就无法在这两种意见中做出选择。博勒姆标准解决了法官的这个困扰。因为只要被告的行为得到了负责任的医学专家组的肯定，被告就有了抗辩事由。较之由法官这样的医学门外汉评价两种不同的专业人士意见，这种办法更佳。

（2）这种判决方法也能阻止滥诉行为。如果我们采用博勒姆标准之外的其他标

---

① Brazier and Miola（2000）.
② Sheldon（1998）；Montgomery（1989）.
③ *Edward Wong v Johnson Stokes and Master* [1984] AC 296.
④ Brazier and Cave（2007：197）.

准，我们很可能面临诉讼大爆炸的局面。如果医疗过失侵权之诉只需找一个对被告行为持反对意见的医生即可胜诉，那么提起医疗过失侵权之诉的门槛就过低。而降低这一门槛将直接导致国民医疗服务体系负担的增加，对国民医疗服务体系有限的医疗资源也会产生消极影响。

（3）博勒姆标准能够激发医疗创新。如果没有这一标准，所有的医生会因为担心诉讼，因循守旧，遵从官方认可的治疗方法，而不愿尝试医疗创新。[①] 根据博勒姆标准，如果他们能找到一位受人尊敬的专家来证明被告的医疗创新行为值得一试，那么他们就不用担心过失侵权之诉。

（4）温蒂·萨维奇（Wendy Savage）的案子也是支持博勒姆标准的有力例证。[②] 该案中，萨维奇医生想要开创一种以女性为中心的妇科研究方法。其在各方面与传统研究方法（现在看来这种治疗方法过于家长作风）都截然不同。法院最后判定原告对该医生的指控没有根据，尽管这种以女性为中心的研究方法只是一种少数派观点，但它仍然可以代表一种负责任的医学专家组的意见。

8.3 对诉讼危机的担心

许多人认为国民医疗服务体系正面临一场诉讼危机。诉讼费用的增加严重拖累了国民医疗服务体系。为遏制这一趋势，必须采取一系列措施。但也有人认为这种说法言过其实。[③] 甚至有人认为，诉讼危机是医务人员为了避免适当的法律审查而提出的一种谬论。[④]

以国民医疗服务体系为被告的诉讼由国民医疗服务体系纠纷调解中心处理。2018—2019年度，该机构共收到10678起针对国民医疗服务体系机构的临床医疗过失侵权之诉。在这一年度，因为医疗过失支付的赔偿高达17.78亿英镑，而2007—2008年度的这一数字为6.33亿，2003—2004年度为4.32亿。[⑤]

尽管坊间有医疗纠纷增长的传闻，但不应忘记的是，正如玛戈·布雷齐尔（Margot Brazier）所言，"今天从国民医疗服务体系出院的患者更可能回馈医务人员

---

① Brazier and Miola（2000）.
② Sheldon（1998）.
③ Kennedy（1987）.
④ Simanowitz（1998）.
⑤ NHS Litigation Authority（2017）.

一盒巧克力，而不是一张起诉状！"①

8.4 医疗过失侵权之诉对医生的影响

证据显示，医疗过失侵权之诉对医生有很大的消极影响。② 不出意外，研究表明医生倾向于将这些医疗过失的指控视为对他们能力的挑战，而非解决一个困扰原告的问题。③ 面临医疗过失指控的医生中，38%的人都有临床抑郁。④ 导致许多医生职业满意度低的重要原因中就有担心诉讼以及媒体对医生的诽谤这一条。⑤ 为此，所有国民医疗服务体系信托机构都加入了信托机构《临床医疗过失处理方案》（Clinical Negligence Scheme for Trusts）。该方案是国民医疗服务体系信托机构间订立的一份联营协议，旨在分担某一医疗过失侵权案件中法院判令支付的巨额赔偿金。⑥

另一个问题是法院判令国民医疗服务体系医生支付的赔偿金由国民医疗服务体系预算资金支付，而非医生自己。这也使部分人放弃了起诉。因为这些善良的人们不想让别人落下口实，指责他们从本不宽裕的国民医疗服务体系手里巧取豪夺。这也意味着目前的法律体系并不能很好地实现公开惩罚有过失的医生的功能，有过失的医生不会因此遭受任何经济损失。此外，那些登上媒体头条的医疗侵权纠纷中，过失是否存在往往极具争议。而存在明显过失的案件，国民医疗服务体系往往会直接处理。在那些最严重的造成患者死亡的医疗过失侵权案件中，国民医疗服务体系支付的赔偿金，往往远不及那些不那么严重却造成患者终身残疾的医疗过失侵权案件。

从更一般的意义上讲，医疗侵权纠纷伤害的是医患关系。例如，如果患者的治疗出现问题，医生可能不会解释患者为何会遭受这种损害，损害如何发生。因为他们担心他们所说的话会被当作把柄，视为对过失的自认，进而引发诉讼。《肯尼迪报告》（Kennedy Report）建议，如果发生了医疗损害，医生有义务坦诚告诉患者。⑦ 事实上，早前的判例中也认为医生不告知患者医疗事故也构成过失。在格伯

---

① Brazier (2003b: 171).
② Kaplan and Hepworth (2004); Karen-Paz (2010).
③ Allsop and Mulcahy (1998).
④ Chief Medical Officer (2003: 43).
⑤ Chief Medical Officer (2003: 44).
⑥ Brazier and Cave (2007: 187). 加入该方案的医院必须同意履行相应的风险管理程序。
⑦ Bristol Royal Infirmary Inquiry (2001: Recommendation 33).

案①中，医生未告诉患者注射针头断裂在体内。虽然针头断裂并非医生的过失，但医生怠于履行告知义务则被法院认定为失职。②

国民医疗服务体系纠纷调解中心负责管理大额诉讼以及涉及新问题或争议问题的案件。这种制度安排的结果之一是，国民医疗服务体系纠纷调解中心更关心用一种低成本高收益的方式处理案件，至于为涉诉医生正名，他们则不太关心。尽管快速结束一个案件体现了效率，但对那些遭到错误指控的医生而言，这种处理可能会被视为承认该医生是过错方。

8.5 防御性治疗

一个耳熟能详的观点是，对医疗事故引发诉讼的担心会导致医生进行防御性治疗。③尽管这常被人提起，但"防御性治疗"的概念并不清晰。一种普遍的观点认为，这是指医生为了避免诉讼提供患者并不需要的治疗，或者因为担心可能引发诉讼而不提供治疗。困难在于如何认定存在这种不当行为。担心诉讼也可能使医生改善医疗行为：更好地保管病案，良好的接诊礼仪，更清晰明了的医患沟通，建立诊疗的复核机制等。另一方面，也有医生会为了避免诉讼而过于谨慎的担心，进而要求患者接受一些不必要的检查，或者要求其寻求不必要的第二诊断意见。④ 我们不清楚的是，这种正在发生转变的医疗行为是出于担心诉讼还是为了提高治疗的安全性。丁沃尔（Dingwall）的研究证实，尽管英国将剖宫产手术比例增长归责于防御性治疗，但在那些几乎没有医疗事故诉讼的国家也存在同样的增长。⑤

9. 经验与教训

对于应对临床医疗过失诉讼的现有做法，人们担心目前将关注焦点过多地放在是否存在医疗过失以及谁应担责的问题上，而如何吸取经验教训却被忽略了。正如

---

① *Gerber v Pines* (1933) 79 SJ 13.
② 在 *Naylor v Preston* [1987] 2 All ER 353, 360 案中，法官的附带意见对此也表示了支持。
③ Jones and Morris (1989)。事实上，这种观点导致了 2006 年《赔偿法》（Compensation Act 2006）的出台。
④ Kessler, Summerton and Graham (2006).
⑤ Dingwall (1995).

艾伦·梅里（Alan Merry）所言：

> 有一种观点认为，由于在事实层面医疗过失往往不具有道德上的苛责性，因此，不应对医疗过失行为做出惩罚性的法律应对措施。但这并非指要容忍医疗过失或这些过失无关紧要，……患者遭受了严重伤害本身可能并不是惩罚某个人的理由，但这绝对是要求我们采取一切合理措施防止发生这类错误的充分理由。用于医疗事故法律应对的资源未设任何限制，但用于卫生保健领域安全保障措施的主动投资却限制重重，这种做法有悖常理。因此，对卫生保健领域医疗事故的法律应对机制理应包含医疗安全措施的推广工作，这十分重要。①

国民医疗服务体系曾在名为《一个有记忆的组织》的文件中试图回应这一问题。② 这份报告与当下有关预防医疗事故的许多观点相符，报告主张应采取措施减少在治疗患者过程中发生医疗事故的概率。③ 预防医疗事故的工作包括识别那些工作表现低于公众期待的人员、单位、程序或医用设备，找出容易增加工作压力、导致犯错的情形等。其主要依据是更多"事故"是源于体制问题而非个人过错。④

也有人担心基于过失的赔偿制度会让医生不再坦诚。⑤ 犯错的医生往往希望不会被认定为存在过失，也担心一旦被认定为过失后可能给自己的职业生涯带来不利影响。对高级医生心存顾虑的实习医生更是如此。⑥ 这很可能意味着本应获得赔偿的原告的维权之路更加困难。对此，英国议会在2014年重新颁布的《2008年健康和社会保健法规范行为条例》⑦ 第20条规定了诚实义务。

该法第20条规定，任何"登记注册的医生"应以"一种公开和透明的方式"接待患者。尤其是如果存在"应告知的安全事故"，他们就必须告知患者，并让患者知晓"在通知当日登记注册的医生知道的所有事实"，"包括道歉"。在发生安全事故后，应尽快告知患者。国民医疗服务体系标准合同要求告知应在20个工作日内完成。告知须当面告知并向患者解释清楚医疗机构知晓的所有事实。医疗机构应建议

---

① Merry（2009：266）.
② DoH（2000c）. 有关这一项目的最新进展，参见 DoH（2010d），Care Quality Commission（2016）.
③ Runciman, Merry, and McCall Smith（2001）.
④ IOM Committee（1999）. 详见 Quick（2006a）.
⑤ Bristol Royal Infirmary Report（2001）.
⑥ Burrows（2001）.
⑦ Health and Social Care Act 2008（Regulated Activities）Regualtions 2014.

患者接下来应到什么科室问诊；做出道歉；并保存书面病历。第20条还明确规定了"应告知的安全事故"包括那些在理性医疗人士看来，可能导致长期精神伤害、中度或严重身体伤害甚至死亡的所有事故。申言之，上述规定并不适用于未带来伤害或只有较低程度伤害的"危险事件"（Near Miss）。由于告知的主要目的是预防未来的伤害，这一义务却不适用于可能带来伤害的场合，只包括遭受实际伤害的情况，这太奇怪了。

10. 2006年《国民医疗服务体系救济法》

鉴于现有体制遇到的这些问题，政府想要改革顺理成章。政府认为现行体制主要存在以下几个重大问题：[1]

（1）现行体制过于复杂且效率低下；

（2）现行体制在法律费用方面及将临床工作人员分流到临床护理方面存在耗资巨大的问题，且其对国民医疗服务体系的员工士气、公众信心都有消极影响；

（3）医生对医疗过失不解释、不道歉，也不确保避免未来再次发生同样错误，患者对此十分不满；

（4）现行体制鼓励国民医疗服务体系系统采用一种防御性治疗方法，而且极力掩盖错误，这阻碍了卫生服务工作的经验总结和提高。

我们将在下文讨论获得政府支持的解决方案。规定的方案即2006年《国民医疗服务体系救济法》（NHS Redress Act，2006）。[2] 随后，我们将讨论一个更激进的改革方案："无过错赔偿"方案。

2011年《威尔士国民医疗服务体系救济法》（NHS Redress Wales Act，2011）将2006年《国民医疗服务体系救济法》规定的解决方案引入了威尔士。但目前尚不清楚英格兰是否实行该方案。这很可能有赖于威尔士方案是否成功。2006年《国民医疗服务体系救济法》专门处理低于2万英镑的赔偿请求，并且为想要解决纠纷的

---

[1] 参见 Parliament and Health Services Ombudsman（2007）；NHS Ombudsman（2005）；Health Care Commission（2004a）。

[2] The Act builds on Chief Medical Officer（2003）.

患者提供了诉讼外的纠纷替代解决机制。该方案要求卫生服务委派机构及卫生服务提供者建立一种"针对医疗过失的稳定、快速、适当的反应机制"。[1] 这一方案将由国民医疗服务体系纠纷调解中心资助，负责对经济赔偿予以监管。加入该方案的所有信托机构必须向国民医疗服务体系纠纷调解中心汇报符合方案的案件，由该机构判定医院是否有责以及相应救济机制——是支付赔偿、进行调查、道歉还是进行补救性治疗。有意思的是，政府曾透露，他们起初预计该方案开销会更大，因为更多患者要获得赔偿。但现在他们相信，随着时间的推移，诉诸诉讼的案件将越来越少，这些费用就可以从节省的诉讼费用中予以折抵。政府还主张，该方案旨在将关注焦点从过错责任分配转向预防医疗损害、总结经验、减少医疗损害的发生风险。从长远看，这将有助于减少医疗事故数量，因此，也会减少国民医疗服务体系用于应对医疗过失侵权之诉的相关费用。

还有一个重要问题。政府解释说，推出国民医疗服务体系救济方案旨在为法庭程序增加一个附加程序，而非代替法庭程序，[2] 所以遭受医疗损害的患者仍可求助法院。但如果患者接受了救济方案给出的解决办法，他就不能再因同一事件诉至法院。也许，救济方案代替法庭程序只是一个时间问题，至少对那些小额医疗过失侵权之诉而言是这样。事实上，尽管这些患者有权免费从沙律师[3]处获得律师对该解决方法的独立评估，但政府希望使用救济方案的人们没必要再请沙律师提供帮助。这就意味着，如果成功的话，该方案可以为某些患者提供救济，但这些人恰恰是那些如果该方案不成功也不会起诉的人。[4]

很难预测这一方案是否成功。有人担心要起诉的人仍会起诉，所以这个方案只会吸引那些无力承担诉讼费用的患者，即使救济方案不成功，他们依然不会起诉。如果这一担心证明成立，那么此方案根本不可能节省诉讼费用。另一个完全不同的担心是，由于国民医疗服务体系纠纷调解中心负责监管该方案的运行，因此，很难说该方案在运行中能保持中立。[5] 布雷齐尔和凯夫（Cave）也认为，该方案可能只是"现有工作机制的固化"。[6]

---

[1] DoH (lov5g：12).
[2] DoH (2005g：3).
[3] 原文为 Solicitor，译作沙律师。在英国，其主要工作是代理委托人的日常法律事务以及在下级法院的诉讼业务，部分文献中使用的"事务律师"的译法并不准确。——译者注
[4] 参见 Farrell and Devaney (2007).
[5] Brazier and Cave (2007：236).
[6] Brazier and Cave (2007：238).

11. 无过错赔偿方案

一种更加激进的替代方案是改革现有机制为无过错方案。① 假设有两位患者在手术后瘫痪。其中一个案件的证据证实瘫痪由医生过失造成。另一个案件中没有医疗过失，患者只是不幸遇到了非常罕见的术后瘫痪问题。那么，一个患者可以获得巨额补偿，另一个患者却什么也没有，这种处理方式正确吗？换言之，是否应该摒弃对医生有无过失的讨论，让治疗过程中遭受损害的患者都得到赔偿呢？区分医生有无过失十分困难。在许多案件中，将其定性为医生的过失并不公平。但是，将其定性为非医疗过失，遭受损害的患者因此得不到任何赔偿，这似乎也不公平。

因此，有人提出，我们需要的理想体制是无论医生有无过失，都应对患者在治疗过程中遭受的损害予以赔偿。② 即使没有医疗过失，但在治疗中遭遇不良事件的患者也应获得赔偿。这意味着，如果患者按照医生开出的合理处方进行药物治疗，却出现了严重的不良反应时，就可以获得赔偿，即使医生的开药行为无可非议。

11.1 新西兰的"无过错赔偿方案"

任何想要对医疗过失侵权进行"无过错赔偿方案"改革的国家基本都会考虑新西兰的制度。③ 该方案由新西兰的意外赔偿公司（Accident and Compensation Corporation）执行，旨在赔偿那些在某次事故中遭受人身损害的个人，而非赔偿疾病、感染或年老等问题本身。新西兰 2005 年《预防医疗损害、康复、赔偿第二修正法》④⑤ 允许对"医疗损害"（treatment injury）⑥ 进行赔偿。这包括治疗过程的损害：

……综合考虑影响治疗的所有因素，（这种损害）不是治疗的必然或

---

① 这并不是 1979 年《接种损害赔偿法》（Vaccine Damage Payments Act，1979）所创立的针对 NHS 在为患者接种过错中造成的伤害而实施的无过错赔偿方案。
② 相关讨论参见 Douglas（2008）。
③ 丹麦、芬兰、瑞典和法国均实施"无过错赔偿方案"。
④ The Injury Prevention, Rehabilitation and Compensation Amendment Act（No 2）2005.
⑤ 对该法的评论参见 Oliphant（2007）。
⑥ 这一术语取代了早前法律中使用的"医疗事故"（medical misadventure）。

常见结果。这些考虑因素包括：① 治疗时个人的基础疾病史；② 治疗时的医疗水平。①

这不包括治疗带来的正常结果（例如术后疤痕），而是手术后的意外结果。值得注意的是，和英格兰的法律不同，原告不用证明医生存在过失。但是，"医疗损害"这一概念并不像乍看上去的那样指涉宽泛。第32条第2款解释道：

> (2)"医疗损害"不包括下列几种人身损害：
> (a) 完全或大部分是由于个人的基础疾病史引起的人身损害；
> (b) 造成人身损害的唯一原因是卫生资源分配问题；
> (c) 因个人不合理地拒绝手术治疗或延迟同意手术治疗带来的人身损害。

肯特·奥利芬特（Kent Oliphant）指出，新西兰2005年《预防医疗损害、康复、赔偿第二修正法》简化了无过错赔偿方案，也即会有更多医疗损害赔偿请求，更少的医疗损害赔偿案件被驳回，且这些案件得到更高效的处理。② 批评意见认为，这一制度没有向有过失的医生追责，也未区分医生有过失或只是原告不幸遭遇了医疗事故。③ 还有一个值得注意的问题，依据该方案有资格提出赔偿的人中，只有不到3％的人确实提出了赔偿要求。④ 因此，只有在大多数有权主张赔偿的人放弃赔偿主张时，该方案在经济上才可以承受。人们担心的另一个问题是，在老年人群体和低收入群体中，放弃赔偿主张的比例特别高。⑤

新西兰无过错赔偿方案的用户满意度达到了84％的高值。⑥ 事故赔偿公司不光要应对医疗损害赔偿，同时也致力于医疗事故的预防。

11.2　支持无过错赔偿方案的理由

无过错赔偿方案优势明显。该方案的一个突出优点在于简单：没有证明医生违反注意义务的困难，也没有对抗制诉讼模式带来的厌恶感，而且可以预见这类案件的处理效率将大幅提高。《布里斯托尔调查》也阐述了支持从医疗过失侵权转变为

---

① The Injury Prevention, Rehabilitation and Compensation Amendment Act（No 2）2005，s. 32.
② Oliphant（2007）.
③ 相关批评参见 Merry and McCall Smith（2001：244）.
④ Bismask 等（2006）.
⑤ Ibid.
⑥ ACC（2004）.

无过错赔偿方案的立场。

> 现在是时候回顾一下过失侵权诉讼体制了。……我们认为，当国民医疗服务体系外有一个反向促进的诉讼机制时，国民医疗服务体系内就不可能营造一个有利于完全公开的报告制度的环境。未来应该废止医疗过失侵权诉讼，将应对医疗过失的工作放在法院及侵权法之外，建立一个能够识别、分析、总结、预防医疗过失的有效工作机制。①

对现行体制的另一个担心是，这一体制有可能在分配过错责任时出现不公。② 单独评价医生个人的行为，论证他是否担责，这一分析思路忽视了机构存在的问题，而这在部分专家看来常常是导致医疗事故发生的根本原因。③ 正如梅里和麦考尔·史密斯（McCall Smith）所言，"不改革体制，只是开除犯错的医务人员，只会产生一种结果，即接替被开除医务人员工作的下一位医生很可能又犯同样的错误。"④

11.3 反对无过错赔偿方案的理由

对无过错赔偿方案的主要反对理由如下：

（1）如果该方案不会因为人们生病就予以赔偿，那就有必要区分自己生病的人和因为治疗过程出现异常而遭受人身损害的人。但是，这常常会引发争议，使问题更加复杂。某种具体损害到底是疾病自然发展的结果，还是治疗成功带来的常见副作用抑或是医疗事故，这也颇有争议。事实上，许多案件中，这又把问题带回到医生是否有过错上。因此，认为无过错赔偿方案更简单、花费更少的说法没有合理根据。

（2）无过错赔偿方案非常昂贵。首席医疗官（Chief Medical Officer）估计，"即使无过错赔偿方案可以在现行赔偿支出水平下节约25%的赔偿金额，该方案的费用估计仍会在每年16亿英镑到每年280亿英镑之间……而2000—2001年，医疗过失侵权的赔偿金额只有4亿英镑。"⑤

（3）有人担心，无过错赔偿方案将导致更少医生被问责。如果侵权法的目标之

---

① Bristol Royal Infirmary Inquiry（2001：4）.
② Merry and McCall Smith（2001：Chap 1）.
③ Merry and McCall Smith（2001：11）.
④ Merry and McCall Smith（2001：15）.
⑤ Chief Medical Officer（2003：112）.

一是识别侵权人,那么无过错赔偿方案就无法实现这一目标。如果某一损失本就不能预防,那么,国民医疗服务体系还应为此负责吗?[1] 我们真的不需要让医生为自己的过失行为担责而为过失的认定制造障碍吗?

11.4 不赔偿方案

学界对现行法的讨论大多围绕我们是否应建立无过错赔偿方案展开。但也有观点主张,改革应转向另一方向,即废止医疗过失侵权赔偿制度。假如一位患者因为医生的过失遭受人身损害,对这些新的损害,患者当然应该继续接受治疗,但他们应该从国民医疗服务体系的基金中获得赔偿吗?这笔钱是否应该用于治疗另一位比他的病情更严重的患者呢?用于研究治疗危及生命的疾病的资金是否应该从国民医疗服务体系的基金中划走并赔偿给个人,以弥补他们在一次拙劣手术后所遭受的"身体和精神痛苦"?约翰·哈里斯认为,不一定要如此。[2] 他建议,至少应对支付给个人的赔偿金设定一个最高限额,否则,某位患者就可能比那些同样需要资金并应获得资金资助的患者中分得更多的国民医疗服务体系基金份额。同时,只有国民医疗服务体系基金没有更急需支付的情形时,才能支付医疗过失侵权的赔偿金。有人可能会认为,即便真有这样的制度,实际也不太可能得到执行。

12. 除赔偿以外的事项

国民医疗服务体系纠纷调解中心强调,坦诚、有同情心、愿意道歉对解决医疗纠纷都非常重要。诚如斯言,这样可以避免诉讼。按照这一精神,国民医疗服务体系纠纷调解中心创立了一个新的调解试行方案。他们认为,"在出现问题时,这会给遭受伤害的患者和家属提供一个机会,让他们在面对面的沟通中得到解释和道歉。"[3] 这一方案是否成功还有待观察。

在《赔偿》这份报告中,首席医疗官指出,激烈的诉讼大战常常让人遗忘道歉。

---

[1] Towse 等(2004).
[2] Harris (1997).
[3] NHS Resolution (2017).

处理医疗损害的法律程序往往在一个充满对抗、仇恨、误解和痛苦的氛围中进行。医生关注的重点是尽可能少地披露出错之处，只是极不情愿地透露一些信息解释医生为何采用这一医疗决策。过去，解决这类案件都耗时费力。小额诉讼中，法律费用的负担与判令给付的赔偿金失衡。大额诉讼中，双方可能就任何一次性支付包含费用以及受害人的预期寿命出现争议，从而导致诉讼久拖不决，且成本昂贵。①

国民医疗服务体系对投诉处理方式也做了大型评估。由议会和卫生服务申诉专员对国民医疗服务体系投诉应对机制做的评估于 2010 年发布了报告。报告的结论是，没有足够信息告诉民众"如何投诉，抑或民众对国民医疗服务体系投诉程序失去了信心"。②公平而论，该报告是在新的投诉体制运行前做出的。现在，每所医院都应设立患者咨询联络服务中心（Patient Advice and Liaison Service），旨在倾听患者的关切，并提供信息咨询和支持服务。该中心还可将其转介到独立投诉支持服务中心（Independent Complaints Advocacy Service），帮助人们使用投诉体制进行投诉。

国民医疗服务体系投诉体制现由《2009 年地方机构社会服务中心和国民医疗服务体系（英格兰）投诉条例》③调整。④根据该条例，患者可以向医疗服务提供方或委派机构（通常是地方临床执业联盟）投诉。国民医疗服务体系各机构将设立专门负责处理投诉的医疗服务投诉专员。当事人应在发生医疗事故的一年内或知晓该医疗事故的一年内投诉。国民医疗服务体系机构应以"适当方式展开调查，以便迅速高效地解决问题。"⑤ 在接到投诉的 6 个月内，国民医疗服务体系机构应做出书面回复，解释投诉产生的原因，相关的调查结论以及相应救济措施。⑥

当事人也可以向议会和卫生服务申诉专员投诉。议会和卫生服务申诉专员与政府相对独立并独立做出调查报告。但申诉专员只处理一年以内的投诉，对于超过一年的投诉，除非有合理理由，否则不予受理。只有因国民医疗服务体系机构未提供服务或管理不善导致当事人生活极为困难时，申诉专员才会受理。⑦ 而且申诉专员

---

① Chief Medical Officer（2003：7）.
② Parliamentary and Health Service Ombudsman's review（2010：65）.
③ Local Authority Social Services and National Health Service Complaints（England）Regulations 2009.
④ SI 2009/309.
⑤ Regulation 14.
⑥ Regulation 14.
⑦ Health Service Commissioners Act 1993，s. 3.

也只受理已经穷尽国民医疗服务体系的投诉处理程序仍得不到解决的投诉。也即，诸如国民医疗服务体系的员工态度恶劣或住院期间食物糟糕等问题，申诉专员不会受理。对于涉医疗决策的投诉，申诉专员会以博勒姆标准判断。① 这一点很重要，因为如果当事人可以在法院获得救济，申诉专员就不会进行相关调查，除非有合理理由相信患者不会到法院起诉。实际上，一旦启动调查，患者须签署一份放弃诉讼的同意书。尽管如此，如果患者已经向申诉专员投诉，现行体制下没有任何机制可以阻止患者将同一纠纷诉至法院。申诉专员最多可以下令对患者的实际支出费用作抚恤赔付（ex gratia payment）。② 因此，只有那些希望自己遭受的过错得到承认并让医院吸取教训的患者才可能向申诉专员投诉，那些在乎赔偿的人不会选择申诉专员。2018—2019 年度，申诉专员共受理 23 293 件针对国民医疗服务体系的投诉。③ 大多数案件中，申诉专员都建议他们选择诉讼的方案。只有 3715 件案件中，申诉专员对此展开了调查，并出具了调查报告。在 746 件调查中，当事人投诉的问题得到了部分或全部支持。有 871 件调查，当事人投诉的问题没有得到支持。④

13. 职业行为规则

有任何不端行为的医务人员都将进入医疗行业组织的惩戒程序。最知名的医疗行业组织是英国医学委员会，该组织主要处理针对医生的投诉。另外还有其他一些机构组织负责管理不同的医疗卫生保健人员。虽然其他机构也可能遇到类似问题，但我们这里主要讨论英国医学委员会。在国民医疗服务体系行医的医生必须是英国医学委员会的注册医师。⑤

英国医学委员会组织有执业适格性审查小组（也被称为医生裁判庭），其主要任务是调查对医生过失指控的投诉，从而决定被指控的医生是否应该吊销执业资格，接受培训，限制执业，或者接受其他惩戒措施。与民事诉讼一个很大的不同在于，审查小组并不关心医生的过失行为是否给患者造成了实质伤害，相反他们更关

---

① *R (Atwood) v Health Service Commissioner* [2008] EWHC 2315.
② 非出于法律义务考虑所做的支付，一般是为了避免在法庭上被判赔付更多。——译者注
③ Parliamentary and Health Service Ombudsman (2017).
④ 有 12% 的案件，调查因为调解或其他原因被终止。
⑤ Medical Act 1983.

注涉事医生的过失行为是否意味着这些医生不适合行医。因此，很可能同一个案件的涉事医生既在民事诉讼中败诉，又被英国医学委员会除名。而且，审查小组在做出支持投诉事项的决定前，并不需要投诉人证实该医生确实存在违法行为。一个粗暴对待患者的医生尽管并不违法，但审查小组仍可能支持投诉。另一方面，即使医生被判有罪，英国医学委员会也不一定会将该医生除名。一个典型例子就是巴瓦-加尔巴案[1]。该案中，医生被判为重大过失杀人罪，但上诉法院同时判定，有证据表明医生的行为并未对患者构成威胁，她基本上仍是一个好医生。

由于民众越来越担心现有程序不能很好地保护他们，英国医学委员会的相关惩戒程序最近也做了调整，[2] 进行了大量改革，尤其是采用了民事诉讼中的证明标准，而非刑事诉讼中的证明标准。[3]

值得注意的是，英国医学委员会接到的投诉由 1995 年的 1503 件上升到 2014 年的 9642 件，增长了 640%。[4] 尤其是，仅 2014 年登记的所有医生中就有 4% 的人遭到了投诉。75% 的投诉并非英国医学委员会直接接手，说明解决投诉的这一代替方法似乎不能成功回应患者的需求。不成功的另一个原因是该方案容易使公众对投诉机构产生一定程度的混淆。还应注意的是，向英国医学委员会报告的医生中有 26% 的医生存在中度或重度的抑郁，尽管我们无法推定这些抑郁都是由于患者投诉造成的。[5]

14. 结论

本章讨论了患者在治疗过程中遭受损害可能引发的法律后果。对所有当事人而言，目前的法律体制仍显拙笨、昂贵，不仅耗费巨大财力，而且耗费巨大精力。这让民众普遍感到不满。在有些充满悲剧色彩的案件中，尽管原告及其家庭负担沉重，却得不到任何赔偿。[6] 其他的替代纠纷解决机制也不完美。要想建立一个医生自负其责、鼓励医患坦诚交流，同时帮助国民医疗服务体系总结提高的制度，目前还遥不可及。难道，这真的不具有可能性？

---

[1] *Bawa-Garba v GMC* [2018] EWCA Civ 1879.
[2] Smith (2005).
[3] Health and Social Care Act 2008.
[4] Chamberlain (2017).
[5] Chamberlain (2017). 相关改革建议参见 Law Commission (2015).
[6] *Evans v Birmingham and The Black Country SHA* [2007] EWCA Civ 1300.

/思考题/

1. 诉讼增多是否一定对国民医疗服务体系不利？难道这不会帮助完善医疗安全标准、降低医疗事故发生率吗？

2. 我们是否应以一种积极的眼光看待过错？梅里和麦考尔·史密斯[1]指出，"人非圣贤，孰能无过。这不应被看作人性的一个基本弱点，而是与我们杰出的认知能力和划时代的进步相伴相生的必然产物。"

3. 仅仅基于一次事故就将某位医务人员贴上"有过失"的标签，不考虑他的整个职业生涯，这种做法有无问题？

4. 研究证实，工作繁重、睡眠不足是国民医疗服务体系医务人员出错的一个重要原因。[2] 我们愿意让医务人员减少工作，接待更少患者，延长候诊时间，以降低医疗过错的发生概率吗？或者我们愿意让我们的外科医生使用药物来提高他们的手术水平吗？那么，如果医生不愿服用此类药物，他们是否构成过失呢？[3]

5. 卫生保健委员会在报告中指出，国民医疗服务体系接收的患者中有 6% 是因为药物的不良反应前来就诊的。[4] 我们是否过于轻信药物是医学问题的解决办法？对于我们知道有副作用、要求必须用于医院院内治疗的药物，是否应先予授权批准？

6. 从长远看，无过错赔偿方案是对接受医学治疗的患者有利，还是对医务人员有利？

7. 有学者建议，应对有风险的医疗程序设置日常视频监控[5]，你认为呢？视频监控会降低医疗过失的证明难度，但这是否会带来其他伦理问题？

---

[1] Merry and McCall Smith (2001：71).
[2] Merry and McCall Smith (2001：115).
[3] 相关讨论参见 Goold and Malsen (2015a and b)。
[4] Healthcare Commission (2005).
[5] Gilbart, Barfiled and Watkins (2009).

/延伸阅读/

Ahuja J. (2015) 'Liability for psychological and psychiatric harm: the road to recovery', *Medical Law Review* 23: 27.

Brazier M and Miola J. (2000) 'Bye-bye Bolam: a medical litigation revolution' *Medical Law Review* 8: 85.

Cane P. (2006) *Atiyah's Accidents, Compensation and the Law* (Butterworths).

Chamberlain J. (2017) 'Malpractice, Criminality, and Medical Regulations: Reforming the Role of the GMC in Fitness to Practice Panels', *Medical Law Review* 25: 1.

Douglas T. (2009) 'Medical compensation: beyond "no fault"' *Medical Law Review* 17: 30.

Green S. (2006) 'Coherence of medical negligence cases: a game of doctors and purses' *Medical Law Review* 14: 1.

Herring J. (2017) 'The Health Law, Ethics and Patient Safety interface' in J. Tingle (ed.) *New Directions in Patient Safety Law and Practice* (Routeledge).

Heywood R. (2019) 'If the Problem Persists, Come Back to See Me… Empirical Study of Clinical Negligence Cases Against General Practitioners', *Medical Law Review* 27: 406.

Jackson E. (2012) *Law and the Regulation of Medicines* (Hart).

Karen-Paz T. (2010) 'Liability regimes, reputation loss, and defensive medicine' *Medical Law Review* 18: 363.

Karen-Paz T. (2018) 'Compensating injury to autonomy in English Negligence Law', *Medical Law Review* 26: 585.

Khoury L. (2006) *Uncertain Causation in Medical Liability* (Hart).

Merry A and McCall Smith A. (2001) *Errors, Medicare and the Law* (Cambridge University Press).

Miola J. (2007) *Medical Ethics and Medical Law* (Hart), Chap 4.

Montgomery J. (2017) 'Patient No Longer? WhatNext in Healthcare Law?', *Current Legal Problems* 70: 73.

Mulcahy L. (2015) 'The market for precedent: shifting visions of the role of clinical negligence claims and trials', *Medical Law Review* 22: 274.

Mulheron R. (2010) *Medical Negligence: Non-Patient and Third Party Claim* (Ashgate).

Mulheron R. (2010) 'Trumping Bolam: a critical legal analysis of Bolitho's "gloss"' *Cambridge Law Journal* 69: 609.

Pursehouse C. (2019) 'Autonomy, Affinity, and the Assessment of Damages', *Medical Law Review* 27: 675.

Quick O. (2010) 'Medicine, mistakes and manslaughter: a criminal combination' *Cambridge Law Journal* 69: 186.

Samanta A 等. (2006) 'The role of clinical guidelines in medical negligence litigation: a shift from the Bolam standard?' *Medical Law Review* 14: 321.

Woolf Lord. (2001) 'Are the courts excessively deferential to the medical profession?' *Medical Law Review* 9: 1.

第四章

对治疗的同意

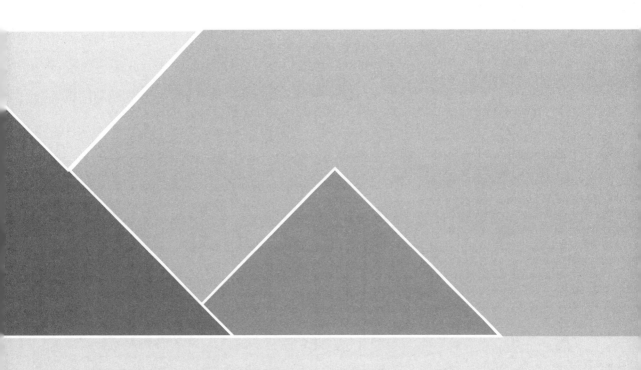

引 言

在对一个尚有意思能力的患者进行治疗前,医生应征得患者同意。① 这是医事法及医学伦理的基本原则。以往,医生会以"相信我,我是医生"作为对患者采取治疗措施的理由。但这已成为过去。如今,医生只会提议实施某项治疗方案,享有最后决定权的是患者。② 正如彼得·杰克逊(Peter Jackson)法官在JB案③中所言:

> 任何能做出决策的个体都享有接受或拒绝治疗的绝对权利。对这一决策是否明智抑或决策会带来何种后果则在所不问。决策者也无需向任何人说明其理由。在缺乏患者同意时,对患者身体的任何侵犯都构成刑法上的企图伤害罪。这种干预是否出于善意抑或是一种治疗方式,对上述结论没有影响。

这项自主原则包含很多复杂问题:"同意"意味着什么?同意需要被界定为知情同意吗?是否在有些情况下,医生可以不征得患者同意而径直对患者进行治疗?当然,同意不仅是一个法律要求,在许多情况下,也是一个临床医学的要求。对一个不情愿的患者强行治疗很可能适得其反。

法律要求必须征得患者同意。即便医生确信手术符合患者最佳利益,也不能免除这一法定要求④。S案⑤就戏剧性地呈现了这一点。该案中,一名产妇被告知其需要进行剖宫产,否则,她和胎儿都可能死亡。医生不顾其反对,毅然实施了剖宫产手术。上诉法院判决该医生的行为违法。法院非常重视保护个人的身体完整权。即使不进行剖宫产手术会导致孕妇和胎儿死亡,这一事实也不足以证明未经患者同意实施剖宫产手术具有正当性。⑥ 但如下所述,许多学者对现行制度提出了批评,他

---

① 更详细的讨论参见 Re B (Consent to Treatment: Capacity) [2002] EWHC 429,[2002] 1 FLR 1090。
② Jackson (2018).
③ Heart of England NHS Trust v JB [2014] EWHC 342 (COP).
④ Williamson v East London and City HA (1998) 41 BMLR 85.
⑤ St George's Healthcare NHS vs S [1998] 3 All ER 673.
⑥ 参见 R (Jenkins) v HM Coroner for Portsmouth [2009] EWHC 3229 (Admin)。该案中,死者的朋友没有义务去为当时生病的死者寻求帮助,因为死者已经清楚表示他不需要医学帮助。

们认为，相较于患者不接受未经自己同意的治疗的权利，法律更倾向于保护医务人员免受法律诉讼的困扰。①

尽管法律十分重视患者拒绝治疗的权利，但这并不意味着如果患者想要接受治疗，他就一定能获得那项治疗。② 正如上诉法院在伯克案③中所认定的：

> 意思自治、自决权并未授权患者有要求接受某项治疗的权利，不管该治疗属于什么性质。医生提供治疗的法律义务也不是仅仅因患者有要求治疗的事实。这种义务源于别处。

所以，尽管患者拒绝治疗的权利得到了法律保护，但请求治疗的权利则不然。所以，与其说讨论患者自主权，也许更准确的说法是讨论身体完整权，即未经同意，不得对患者身体采取任何干预措施的权利。从理论上讲，身体完整权和自主权二者并不同一。正如杰西·沃尔和我所言：

> 我们应建立一个与自主权完全不同的身体完整权的概念。身体是个体主观性（无论如何理解和建构）的所在、住所或者中心，因此，这一权利就赋予个体对其身体享有完全的、排他的使用和控制权。因为身体是我们体验幸福状态的地方，是我们像人一样成长成熟的方式，是我们与他人互动的媒介，是我们执行自我决定的工具，因此，我们对自己的身体有非常广泛、涵盖所有的权利。

基于以上观点，法律为拒绝治疗的权利——而非请求治疗的权利——提供更多保护就是正确的。

本章将首先讨论未经患者同意对患者实施治疗的法律后果，然后对同意的内涵进行分析。之后，我们将分析欠缺同意所需心智能力的患者的法律地位。

1. 未经患者同意实施治疗的法律后果

医疗自主权的法律基础在于未经患者同意，故意或者过失地对一个患者进行治

---

① Montgomery (1988) and Harrington (1996).
② Herring and W H (2017), Yan and Kuo (2019); *AVS v NHS Foundation Trust* [2011] EWCA 7.
③ *R (Burke) v GMC* [2005] 3 FCR 169, para 31.

疗会被定性为犯罪（殴击罪）或者侵权（非法侵犯他人人身或过失侵权[①]）。要想合法接触患者开展治疗，医生需要一个保护自己的抗辩理由，也即上诉法院所谓的"防弹衣"[②]。有三种这样的"防弹衣"：

- 患者本人的同意；
- 有权代表患者做出同意的其他人的同意（例如在对一个儿童进行治疗时，来自父母的同意）；
- 普通法或成文法上的具体抗辩事由。

本章后文将分析这些抗辩理由及其适用情形。[③]

2. 刑法和不同意实施治疗的患者

从法律上讲，如果一个医生存心故意或过失，在未经患者同意下对其实施治疗，该医生可能会被指控犯有殴击罪。但这种情形并不多见，除非医生在治疗时心怀不轨，比如性侵犯。[④] 从刑法的法技术讲，任何造成患者身体伤害的行为都属于刑事犯罪，即使"受害人"同意实施这一行为，除非这属于受害人同意可以作为被告抗辩理由的特殊法定情形。那起臭名昭著的布朗案[⑤]就说明了其中一种特殊法定情形，即存在"适当的治疗方案"。这就是说，如果医生得到了患者的同意，医生就可以开展符合标准的治疗和手术，无须担心诉讼的风险。一种更值得讨论的情形是医生开展的并非标准的治疗和手术，比如，在征得患者同意后，仅为了娱乐目的切除患者身体的一部分。[⑥] 我们将在第十二节"个人不能同意的治疗"中进一步讨论这个问题。

在波茨案[⑦]中，一名妇女同意接种一个所谓的产后常规疫苗。其实质是一种长效避孕药。法院由此认定患者没有同意该治疗，该行为构成了殴击罪。但塔布莎

---

① *Sidaway v Bethlem RHG* [1985] 1 All ER 643.
② *Re W* [1992] 4 All ER 627, 633. For a helpful discussion see Maclean (2008b).
③ 关于医疗同意的精彩法律讨论，参见 Maclean (2009) and McLean (2009)。
④ *R v Healy* [2003] 2 Cr App R (S) 87. 更多讨论参见 Ost (2016)。
⑤ *R v Brown* [1994] AC 212.
⑥ Fovargue and Mullock (2016).
⑦ *Potts v NWRHA*, *Guardian*, 23 July 1983.

案①就没那么简单了。该案中，法官认为对医疗行为的性质或质量的欺诈都导致同意无效。该案中的患者以为医生为了教学目的实施胸部检查因而同意被告触碰自己的身体，但事实上，被告是为个人目的开展此项检查（推测是为了性的目的）。尽管患者同意医生触碰自己的胸部，但触碰这一行为的性质存在不同，含有性目的的触碰和没有性目的的触碰二者存在本质不同。法官因此判定该医生犯有殴击罪。

对开展治疗的医生主体身份做虚假陈述亦可导致一个明确的同意无效，但是对个人资质的欺骗不会。理查森案②对这两点作了区分。戴安娜·理查森（Diane Richardson）已经在牙医注册医生名单上被除名，但是她仍继续为患者提供医疗服务。医生既没有欺骗患者相关治疗的性质，又没有欺骗患者她的身份（她就是患者们认识的那个戴安娜·理查森）。患者们只是误解了她某方面的资质，而非她的身份。但是，在梅林案③中，梅林自称具有实施注射行为的资质，但法院查证不实。上诉法院强调，如果患者知道他没有资质，就不会同意治疗。因此法院判定患者们没有同意由梅林给他们注射肉毒杆菌。可以推定的是，在理查森案中患者也持同样的态度。法院很可能正在淡化理查森案的重要性。未来如果对个人职业资格和身份做不实表述，而且有证据证明患者在知晓真相后不会同意治疗，那将直接导致患者做出的同意无效。

拍案惊奇

2017年8月，上诉法院审理了一起案件。该案中，医生告诉患者他们患有癌症，然后对患者实施了完全没有必要的手术。④ 上诉法院法官哈利特（Hallett）指出：

> 我们不得而知为何一个医生会做出这种违法行为，更不用说一个家喻户晓的医生。贪欲、自我美化、权势——无论什么理由都不能解释一个医生为何要告知一个没有癌症的患者患了癌症，这将给

---

① *R v Tabaussum* [2000] Lloyd's Rep Med 404.
② *R v Richardson* (1998) 43 BMLR 21.
③ R v Melin [2019] EWCA Crim 557.
④ Bowcott (2017).

> 患者及其家属带来多少担心！一个医生又怎么可以继续坚持说谎，要求患者接受不必要的手术，甚至包括乳腺切除术，这将给患者的身体和精神带来多大的痛苦！患者都完全信任医生。她们根本想不到，这个医生会让她们经历检出癌症的痛苦并切除她们的乳房。而实际上她们根本就无须做这个手术。
>
> 据估计，这个医生给上百位患者做了这个不必要的手术。

3. 侵权法和不同意实施治疗的患者

医生更可能面临的是侵权诉讼。当事人可能依据暴力侵权①或过失侵权提起诉讼。从收入案例汇编的案件看，最常见的是过失侵权。② 事实上，学者也认为，暴力侵权只在少数案件中适用。③ 在博德案④中，医生未经患者同意就实施了静脉注射。这个案件是以过失侵权案处理的，尽管这也可以被视为一件暴力侵权案件。

阿拉斯代尔·麦克莱恩（Alasdair Maclean）认为，过失侵权得到更广泛适用的原因有二。⑤ 首先，暴力侵权这一术语含有刑事犯罪的强烈暗示。一旦认定实施了暴力侵权行为，该行为也很可能构成犯罪。第二，过失侵权概念有助于法官在更大程度上控制侵权责任的范围。因为法官可以通过适用博勒姆标准检验医生行为的合理性。而在暴力侵权的场合，如果患者没有同意，即使医生实施治疗时认真负责，

---

① 普通法上，暴力侵权（battery）指未经他人同意对他人人身的侵犯，或是与人紧密相连的财产的侵犯，比如帽子、钱包。该术语用在刑法中，表示殴击罪。——译者注

② Eg *Chatterton v Gerson* [1981] 1 All ER 257；*Freeman v Home Office* [1984] 1 All ER 1036；*Sidaway v.*

Bethlem RHG [1985] 1 All ER 643；*Williamson v East London and City HA* (1998) 41 BMLR 85；*Blyth v.*

Bloomsbury AHA [1993] 4 Med LR 151.

③ Feng (1987) and Brazier (1987) 讨论了这方面的案例法。

④ *Border v Lewisham and Greenwich NHS Trust* [2015] EWCA Civ 8.

⑤ Maclean (2009：192).

其仍要承担暴力侵权的责任。

法律上看,暴力侵权和过失侵权二者存在重大区别,这些差异如下。

(1) 过失侵权关注的是医生的行为是否与被普遍接受的医学专家组意见一致,暴力侵权却关注患者是否同意治疗。因此,假如患者在收到有限信息下同意接受手术,如果依据暴力侵权审理此案,那么关键的问题是:基于患者对所涉及的信息的有限理解,一般而言,患者是否也会同意这类治疗?① 而在过失侵权的场合,关键的问题则是"依据受尊敬的医学专家组意见,医生所提供的信息量是否恰当"。还需证明的是,如果医生提供了正确的信息,患者就不会接受该手术。② 如上所述,暴力侵权注重保护患者对自己治疗方案的自决权,而过失侵权则注重确保医生的行为与医学专家组的意见相符。

(2) 过失侵权诉讼要获得成功,必须证明患者遭受了某种损害。因此,如果医生未经患者同意对患者实施了手术,并且能够证明该手术使患者获益,那么在过失侵权诉讼中,法院只会判给患者名义上的损害赔偿。相反,在暴力侵权的情形下,没有必要证明患者遭受了损害,因为暴力侵权本身在法律上就是过错。但即便如此,因暴力侵权支付的损害赔偿数额也可能特别低。在 B 女士案③中,医生违背妇女的意愿为她提供了维持生命的治疗,该妇女只获得了 100 英镑的暴力侵权赔偿金。

(3) 在过失侵权诉讼中,医生可以采用以下抗辩事由作为不披露相关信息的原因:如果医生告诉患者未披露的所有信息,患者仍会同意接受手术。这样,就不能证明过失——未能以适当的方式告知患者有关手术的情况——给患者带来了损害。在暴力侵权场合下,只要证明受害人并未表示同意,上述事由就无法作为抗辩事由。

(4) 在暴力侵权中,可以判决侵权行为人向受害人支付惩罚性赔偿金。④ 一旦法院做出这种判决,医生就不仅要为原告的损害买单,法官还可要求被告支付更多赔偿金以示惩戒,但在过失侵权中不适用惩罚性赔偿金。

(5) 在暴力侵权中,损害赔偿的范围包括医生未经同意实施手术引起的所有损失,但在过失侵权中,只能请求赔偿可预见的损失。

---

① *Chatterton v Gerson* [1981] 1 All ER 257.
② *Chester v Afshar* [2004] UKHL 41.
③ *Ms B v An NHS Trust* [2002] 2 FCR 1.
④ *Appleton v Garrett* (1997) 34 BMLR 23.

（6）只有在有身体接触的场合下才会构成暴力侵权。所以，给患者一片药片不能构成暴力侵权，但其可能构成过失侵权。

（7）互有过失是过失侵权的抗辩理由，但不能作为暴力侵权的抗辩理由。①

4. 谁有权做出同意？

为了回答这一问题，有必要区分四种情形：有意思能力的成年人、无意思能力的成年人、无意思能力的儿童以及有意思能力的儿童。

4.1 有意思能力的成年人

当患者是有意思能力的成年人时，只有该患者有权作出同意。英国医事法中没有代理同意这一原则。因此诸如由妻子代表她的丈夫作出同意是不允许的。尽管对于丈夫而言，他可以说"我愿意让我的妻子决定我是否接受这个外科手术"，但在该情形下，他只是通过他的妻子行使了他的同意权。更常见的情形是，患者可能会说："医生，您给我您认为最好的治疗吧。"可以推定，法律允许这种形式的授权同意，尽管它的法律效力较低。②

对于担心自己可能丧失意思能力的个体，有几种方法可以安排自己的亲属或朋友帮助自己决策。2005年《心智能力法》（Mental Capacity Act，2005）赋权有意思能力的成年人P制定一个持续性授权委托书。这就使受托人（持续性授权委托书中指定的人）可以在P失去意思能力时，以P的名义做出决策。③该法也授权法院在个人失去意思能力时可以为其指定一个代理人，代其在某件事项上做出决策。④可能最重要的是，该法允许有意思能力的成年人制定一个预先指示，载明当他失去意思能力时，他将拒绝某种治疗。⑤在患者失去意思能力时，医方将尊重他之前作出的预先指示。对2005年《心智能力法》上述规定的讨论详见本章后文。

---

① *Co-Operative Group v Pritchard* [2011] EWCA Civ 329.
② 有学者认为这样的授权同意应当是十分充分的。参见 Herring and Foster (2011)。
③ MCA 2005, s. 9.
④ MCA 2005, s. 19.
⑤ MCA 2005, s. 24.

4.2　无意思能力的成年人

2005年《心智能力法》规定，如果患者缺乏心智能力，医院可以向他们提供最有利于他们的治疗。如果一个妇女在中风后陷入昏迷，她的丈夫不能代其同意某种治疗措施。但是，根据《心智能力法》之规定，如果某项治疗符合患者的最佳利益，医生就可以为其提供治疗，这没有问题。当然，医生通常会和患者家属讨论治疗方案，但最终仍由医疗团队决定实施哪种治疗。如果患者家属对这一治疗不满意，他们可以请求法院审查该治疗方案是否合法。

如果患者情况紧急并且没有时间寻求法院准许，医生可以援引必要性理由进行抗辩。但这只适用于无意思能力的患者，并且该治疗措施符合患者的最佳利益。因此，如果一个母亲和她的孩子在一场事故中都处于昏迷状态，孩子急需输血，医生想要以其母亲的血来为孩子输血，在这种情况下，医生不能援引必要性理由进行抗辩，因为该治疗措施对母亲不利。①

4.3　无意思能力的儿童

2005年《心智能力法》不适用于儿童。② 如果一个儿童没有意思能力做出同意，那么任何一个对该儿童承担父母责任（parental responsibility）的人都有权对治疗做出是否同意的决定。所有的母亲对子女都享有父母责任，但是并非所有的父亲都享有父母责任。那些和孩子的生母缔结婚姻关系或者在孩子的出生证明上登记成为父亲的人享有父母责任，否则，想要获得父母责任资格的父亲必须和该儿童的生母签署父母责任协议（parental responsibility agreement），或者向法院申请父母责任令或者居住令。对于儿童父母之外的人，如果其获得了涉及该儿童的儿童安排令，裁定儿童跟他们一起生活，那么他也能取得父母责任。③ 如果有父母责任的人不同意医生提出的治疗方案，那么医生可以通过法院的授权裁定，或者在紧急情况下援引必要性原则对儿童进

---

① *Re F* [1990] 2 AC 1.

② 这里指的儿童是未满16周岁的未成年人。*B Local Authority v RM* [2010] EWHC 3802 (Fam). 当儿童年满16周岁时，案件由家事法院移转至保护法庭审理。保护法庭（the Court of Protection）是2005年《心智能力法》创设的一种存卷法院（Court of Record），主要管辖涉及失去心智能力者的财产事项和人身事项的案件。——译者注

③ 1989年《儿童法》第4条。赫林对此法做了详细讨论，Herring (2019d: ch. 5)。

行治疗。① 如果这一问题已经诉至法院，法院将基于儿童福利原则作出裁决。法院会考虑父母的意愿，② 但最终起决定作用的仍是儿童最大利益。③

4.4 有意思能力的儿童

如果一个儿童足够成熟且具备做出同意的能力，那么他可以对某种治疗措施做出有效同意。我们将在后文讨论法院如何判断儿童是否已经达到足够成熟的程度。但应注意的是，仅仅因为儿童已经足够成熟，可以做出有效同意，这并不意味着那些享有父母责任的人不能为儿童做出决定。如下所述，如果医生取得了享有父母责任的人的同意，即便该儿童有意思能力但不同意，医生仍可以按此方案对其进行治疗。

5. 什么是同意？

为了确保患者确已做出有效同意，仅仅证明患者说了"可以"还不够。医生和患者之间必须就接受治疗达成真正的共识。④ 因此，有必要证明：
（1）该患者有意思能力，可以对治疗表示同意；
（2）该患者行使了同意治疗的意思能力。
我们接下来详细讨论这些问题。

6. 意思能力标准

6.1 具有意思能力的推定

只有当患者有意思能力时，其才能作出法律上有效的同意。⑤ 2005年《心智能

---

① *Glass v UK* [2004] 1 FCR 553.
② 即使父母可能缺乏意思能力：*An NHS Trust v Mrs H* [2012] EWHC B18。
③ *Yates v Great Ormond Street Hospital* [2017] EWCA Civ 410.
④ 人们普遍认为按照立法目的，构成同意的要素并不必然反映哲学家以及其他人所理解的同意。详细的论述参见 Epstein（2006）。
⑤ Donnelly（2009b），Gunn（1994），and Devereux（2006）对无意思能力的含义做了有帮助的论述。

力法》第 1 条第 2 款明确规定，除非有证据表明某位患者没有意思能力，否则医生应当推定该患者具有意思能力。① 如果案件进入法庭，医生则应承担证明责任证明患者没有意思能力具有高度盖然性。② 法院在裁定某个患者是否具有意思能力时，医学专家的观点就"非常重要"，这不难理解。③ 但归根结底，做出裁决的仍是法官，而非医生。④ 如果患者不想进行意思能力评估，这就比较棘手。在这种情况下，拒绝本身就可能被视为缺乏意思能力的证据，尽管这一行为尚不足以说明患者是否丧失了意思能力。⑤

6.2 认定具有意思能力的一般标准

2005 年《心智能力法》第 2 条第 1 款规定了评估意思能力的一般标准：

> 如果由于大脑损伤或者大脑功能障碍，一个人在关键时刻不能在某事项上做出自主决定，那么他在该事项上就缺乏意思能力。

该法第 3 条第 1 款解释了当个体不能自主决定时的法律意义：

> 如果一个人不能完成下列事项，他就不能自主决定：
> （a）不能理解与被决定事项有关的信息；
> （b）不能记住与被决定事项有关的信息；
> （c）在决策过程中，不能使用或者衡量与被决定事项有关的信息；或者（d）；
> （d）不能表达他的决定（不管是通过口述、手语或者其他方式）。

所以，有几种情况可以认定某人不能自主决定，包括从对重要信息缺乏理解能力的情形到无法衡量不同因素的情形。在进一步讨论这一问题前，需要强调的是，法院在认定意思能力时，采取了一个"宽松"的方法。

---

① *R v Sullivan* [1984] AC 156, 170-1. 更多讨论参见 Herring (2016a)。
② *Wandsworth CGC v IA* [2014] EWHC 990 (COP).
③ *A NHS Trust v Dr. A* [2013] EWHC 2442 (COP).
④ 在这类情形，对于专家角色的重要性的精彩讨论，参见 Lindsey (2019)。
⑤ *W NHS Trust v P* [2014] EWHC 119 (COP).

6.3 认定意思能力的"宽松"方法

贝克（Baker）法官在 Z 有限公司和 R 案①中曾再次警告说，在评估意思能力时，不能过于严苛：

> 法院就认定个体意思能力、居住等问题做出裁判时，不应采用一个过于严苛的标准，因为这有歧视精神障碍患者的风险。

尽管这种做法也不完美。正如杰西·沃尔和我曾指出的那样：

> 在尚未丧失意思能力时被认定为丧失意思能力，这非常糟糕。你自己的决定将被搁置，另外的人将按照其所认为的符合你最大利益的标准代表你做出决定。你的主宰，置身于一种自己生活完全失控的状况。
>
> 在你已丧失意思能力时仍被认定为具有意思能力，这也非常糟糕。你将给自己和你珍爱的家人带来巨大伤害。因为法律推定你知道自己在做什么，你在进行选择，而事实上这时你的决定并非你真正的决定。因为你自己选择了这种伤害，就可以让别人伤害你，法律也不能因伤害为你提供任何保护，即使这违背了你心中最珍视的价值观，这真的非常恐怖。

正如我们所言，比较上述两种情形中个体遭受的伤害，显而易见，二者并无优劣之分。尤其是如果医生建议的医疗措施可以将他们从痛苦以及长期的伤害中拯救出来时，更是如此。②

6.4 谁应承担同意的举证责任？

在以医务人员为被告的刑事诉讼中，检方需要排除合理怀疑地证明受害人未做出同意。但值得注意的是，民事诉讼中，法律并未明确由谁承担同意的举证责任。时至今日，有关这一问题的有限讨论都认为，医务人员能以患者的同意作为抗辩事由，否则他将构成侵权，因此应当由医务人员承担证明患者同意的责任。③ 当然，医生在开始一项有风险或有争议的治疗前最好留下患者已作出同意的相关证据。

---

① *PH and A Local Authority v Z Limited & R* [2011] EWHC 1704 (Fam) at para. 16 (xi).
② 参见 Herring (2017e). 对性行为的同意和对医疗措施的同意存在差异。在涉及医疗措施的情况下，客观上讲，医生建议的事项常常都对患者有益。但对于性行为，却不一定。
③ *R (N) v Dr M, A Health Authority Trust* [2002] EWHC 1911.

6.5 在具体问题及具体时间上的意思能力

根据 2005 年《心智能力法》，对意思能力的判断要根据案件发生的具体时间以及所涉及的具体事项进行。正如 A 诉 P 案①中贝克法官所言：

> 意思能力的判断因事因时而异。个体可能在某些事项上具有意思能力，但在另外一些事项上不具有意思能力。同样，个体可能在某些时点有意思能力，但在另外一些时点没有意思能力。问题在于，在法院审理的具体案件中的时点，对该具体事项，当事人是否具有意思能力……

所以，问题总是一个人是否有能力在一个特定时点对一个具体问题做出决定。②有些人可能会对某些事项有作出决定的能力，但对其他事项没有这种能力。法院可能判定，某位患者能够理解一个简单明了的治疗方案并作出同意，但不能理解一个复杂的治疗方案并做出同意。③ 在 X 案④中，X 被认定为在其神经性厌食症的治疗措施问题上，她缺乏作出决定的意思能力。但在是否饮酒的问题上，她具有意思能力。所以，不能简单认定为一个个体"没有意思能力"。除非是极端情况，否则，总有一些情形当事人可以自行作出决定。

6.6 诊断标准和功能标准

正如 TZ 案⑤中法院解释的那样，2005 年《心智能力法》第 2 条第 1 款有关认定意思能力的一般标准包括了"诊断标准"和"功能标准"。根据"诊断标准"，应有大脑损伤或者大脑功能障碍的认定结果。《2005 年心智能力法业务守则》(The Code of Practice) 中列举了下列可能涉及大脑损伤或者大脑功能障碍的症状：与某些精神疾病有关的症状；痴呆症；严重的学习障碍；大脑损害的长期影响；引起意识模糊、嗜睡或者丧失意识的身体或者医学症状；神志昏迷；由头部受伤引起的脑震

---

① *A v P* [2018] WECOP 10.

② 尽管如此，在大多数的手术中，患者在手术时都是没有知觉的，所以，这时需要依据他们之前作出的同意。Lindberg, Johansson, and Broström (2019).

③ *Re W* [2002] EWHC 901 and *Gillick v West Norfolk and Wisbech AHA* [1986] AC 112, 169 and 186 这两个案例都对这一点做了强调。

④ A NHS Trust v X [2014] EWCOP 35. 相关讨论参见 Wang (2015).

⑤ [2013] EWHC 2322 (COP). See also *PC v City of York Council* [2013] EWCA Civ 478.

荡；以及由于酗酒或者滥用药物引发的症状。① 根据"功能标准"，法院必须要认定，大脑损伤导致该个体不能自主决定。重要的是，必须证明这种不能自主决定的状况是大脑损伤的结果。② 所以，一个没有大脑损伤的患者因为某种宗教信仰认为上帝会救他们，因此拒绝所有治疗，他仍会被认定为具有心智能力。即使医生极力主张患者未能准确理解其现实情况，那也不是因为大脑损伤的结果。彼得·巴特利特（Peter Bartlett）有力论证了这实际上违反了《联合国残疾人权利公约》。③ 该公约第 12 条第 2 款规定，残疾人应"在生活的各方面在与其他人平等的基础上享有法律权利能力"。但如果我们有两个妄想症患者，其中一个是因为精神障碍引发的，另一个却不是，那么他们二人就将得到不同的对待。④

6.7 认定某人具有意思能力

2005 年《心智能力法》强调，除非医生采取了所有实际方法也未能帮助患者恢复意思能力，否则不能视其为无意思能力。⑤ 该法第 2 条第 2 款进一步规定：

> 如果患者能够理解医生以恰当的方式（诸如使用简单的语言、视觉上的帮助或者其他方式）向他作出的解释，就不应认为他无法理解与被决定事项有关的信息。

6.8 确保意思能力的认定不偏不倚

关于意思能力的另外一点是，为确保患者不会因为偏见被认定为缺乏意思能力，《心智能力法》对此做了专门规定。该法第 2 条第 3 款规定：

> 不能仅仅以下列因素认定某位患者缺乏意思能力：
> （1）一个人的年龄或者外貌，或
> （2）能够引发他人不当猜想的一个人的某种状态或者某方面的行为。

这一规定旨在确保一个看上去粗野或者神经错乱的人不会仅仅因此就被认定为

---

① Department of Constitutional Affairs (DCA) (2007：para 4.12).
② *An NHS Trust v CS* [2016] EWCOP 10；*Wandsworth CGC v IA* [2014] EWHC 990 (COP).
③ Bartlett (2012). 更精彩的分析参见 Clough (2014).
④ 尽管可以争辩的是，残疾人在 2005 年《心智能力法》中获得了优待，因为他们可以得到更好的保护。
⑤ DCA (2007：para 2.6) 对可能涉及的内容进行了进一步的讨论。

缺乏意思能力。① 在 Z 案②中，证明一位女青年缺乏意思能力的证据之一是她的卧室"十分脏乱，桌面、地面、床上散落着各种东西"。法官认为这一证据并没有证明力，并称这个卧室的状态是"父母眼中看到的青少年卧室的熟悉景象"。

《心智能力法》第 2 条第 3 款中"仅仅"一词的使用或许让人有些意外，因为它表明在评估患者意思能力时，歧视性的偏见可能成为考量因素之一。③

6.9 意思能力：理解相关信息

英格兰和威尔士的法律并不承认所谓的"知情同意"原则，即患者只有在知晓做出适当决定的必要信息前提下，才能做出有效同意。我们的法律只要求患者"大体理解准备开展的治疗的性质"。④ 在进一步讨论这一问题前，需要注意以下两个区别。

首先，我们需要区分患者在诉称自己未被告知有关信息时可能提起的两种诉讼。

（1）他们可能主张，由于他们得到了错误的或不完整的信息致使他们做出同意的意思表示，而事实上他们并不同意该治疗。这可能是暴力侵权或者过失侵权之诉⑤。

（2）他们可能主张，他们的确同意实施该治疗，但医生因过失并未告知他们与该治疗有关的所有风险。这可能是过失侵权之诉。

我们将在后文讨论第二种类型的案例。它们不属于因"不同意"引起的诉讼，相反是因为医生未能提供必要信息而引起的诉讼。我们也须注意，在讨论这一问题时，上述两种诉讼请求间的区别也变得模糊。但我们仍有必要区分这两种诉讼请求。

其次，我们需要区分患者缺乏理解能力，由此被认定不具有心智能力的情形和患者具有心智能力但被医生欺骗的情形。艾普尔顿案⑥就属于后一情形。该案中，牙医为了增加收入，故意告诉患者错误信息，说服患者接受不必要的治疗。这一案

---

① DCA（2007：para 4.8）强调即使某人看上去有唐氏综合征的特征，也不应推定其为无意思能力之人。
② *WBC Local Authority v Z* [2016] EWCOP 4.
③ Bartlett（2005：28）。
④ *Chatterton v Gerson* [1981] 1 All ER 257, 265. For further discussion see E. Jackson（2006）.
⑤ 也可能引发刑事诉讼。
⑥ *Appleton v Garrett*（1995）34 BMLR 23.

件并不属于《心智能力法》的调整范围,因为患者未能充分理解并不是精神障碍导致。但根据一般的普通法,患者没有同意该治疗,因此,医生构成了暴力侵权。

根据 2005 年《心智能力法》的标准,只有患者不能理解"医生建议治疗的性质、目的及效果"时才能被认定为无意思能力。① 但这不是说患者需要明白治疗的方方面面,才能被认定为有意思能力。在 LBL 案②中,麦柯(Macur)法官解释道:"个体并不需要明白一个问题的所有细节……没有必要理解所有不重要的细节。"所以法院需要判断患者是否已经充分理解所要进行的治疗并做出决定。K 案③就是一个简单的例子。K 因为身患癌症,需要手术。她有精神障碍并拒绝治疗。因为她不承认自己患有癌症,而这是一个关键信息。④

更有争议的判决如下。

重点案例

Re C(成年人,拒绝治疗)案⑤

C 是布罗德莫尔(Broadmoor)精神病院的一位患者,被诊断出患有妄想型精神分裂症。他的一个妄想是自己是一个能够百分之百治好患者跛足的优秀医生。他的脚受了伤,并发展成坏疽。医生告诉他如果不截肢,他就有 85% 的可能性死亡。C 拒绝接受治疗,他认为上帝不会希望他被截肢。尽管他接受了医生所说的如果不截肢他将死亡的事实,但他还是不同意医生的建议。

索普(Thorpe)法官认为,应从三方面看待意思能力:"……第一,理解并且记住有关治疗的信息;第二,相信这些信息;第三,对这些信息进行衡量并做出选择。"将这些标准适用于此案,"我认为他已经理解、记住了相关治疗信息,并且他以自己的方式相信了这些信息,最终按个人意愿做出了明确的决定。"因此,即使不截肢会导致患者死亡,法律也不允许医生在患者不同意的情况下截肢。

---

① *Heart of England NHS Trust v JB* [2014] EWHC 342(COP).
② *LBL v RYJ* [2010] EWHC 2664(Fam),[24].
③ *A NHS Trust v K* [2012] EWHC 2922(COP).
④ See also *A Hospital NHS Trust v CD* [2015] EWCOP 74.
⑤ *Re C(Adult:Refusal of Treatment)* [1994] 1 WLR 290(FD).

> 最终，患者没有接受任何手术，他最终活了下来并且他的脚在很大程度上得到了恢复。①

本案中非常关键的一点是 C 理解医生对他的诊断以及医生建议的治疗方案，②仅仅因为他相信自己（以及上帝）更了解自己的状况。基于此，我们可以将该案和 R（N）案③进行比较。在 R（N）案中，患者认为医生给她药物是想诱使她认为自己是个男人。事实上医生想要给她的只是抗精神病药。因为她不能理解医生建议的治疗方案的性质，因而她被认定为没有意思能力。根据 2005 年《心智能力法》的规定，同样可以得到相似的结论，她理解能力的缺失意味着她不能自主决定，并且这种结果是因为她大脑功能存在障碍。

以理解相关信息作为认定具有意思能力的标准时，需要理解哪些内容？如果这个问题的答案不是那么直接明了，就会产生更加复杂的案件。以下案例就是一例。

重点案例

Re A（意思能力，社交媒体和网络的使用，最佳利益）案④

A 是一名有严重学习障碍的 21 岁的年轻人。这里的问题是他是否可以自由使用网络。他曾在网络上浏览有娈童性质的色情网站，也和网络上查证属实的性捕食者（sexual predator）⑤聊天，并向对方发了自己的裸照。但法院不清楚他是否充分了解网络活动的危险。

---

① Stauch and Wheat（2011：101）.
② Van Staden and Krüger（2003）指出，如果一个人不能理解自己对治疗的需要，他就不具备意思能力。
③ R（N）v Dr M, A Health Authority Trust and Dr O [2002] EWHC 1911.
④ Re A（Capacity：Social Media and Internet Use：Best Interests）[2019] EWCOP 2.
⑤ 性捕食者按专门诈骗青少年并实施骚扰、猥亵性侵等行为的人。——译者注

> 科布（Cobb）法官明确说明，要有使用网络和社交媒体的意思能力，需要理解以下内容：①
>
>> （1）你在网上或社交媒体上分享的信息和照片（包括视频）可能得到更广泛的传播，包括在你不知情或无法阻止的情况下传到陌生人手中；
>>
>> （2）在有些网站或社交媒体上，可以通过"隐私和个性化设置"限制个人信息或图片（视频）的传播；……
>>
>> （3）如果你在社交媒体上发布一些具有攻击性的图片或材料或与他人分享这些内容，可能会激怒其他人；……
>>
>> （4）你在其他地方遇不到在网上遇到或交流（"聊天"）的人，他/她可能并不是他/她自己所说的那样（"他们可能会伪装，对自己的身份问题说谎"）；社交媒体上那些说他们是"朋友"的人可能并不友好；
>>
>> （5）你在其他地方遇不到在网上遇到或交流（"聊天"）的人，他/她可能对你是一种威胁；他们可能对你撒谎，在性、友情、情感或身体上剥削利用你；他们可能想要伤害你；
>>
>> （6）如果你在网上浏览或分享一些极端粗俗、露骨的图片、信息或视频，你可能涉嫌犯罪，警察可能找上你；……
>
> A 对上述问题的理解较差，所以法院认定他不具备使用网络和社交媒体的意思能力。法院允许他在监督下使用网络，对他电话（电话不能上网）上收到的信息也要进行检查。②

另一个有争议的案件也涉及有意思能力的人应达到的理解能力。案件内容如下。③

---

① 他特意使用了一些他认为有学习障碍的人也能够理解的特殊语言。
② 另请参见 *Re B（Capacity：Social Media：Care and Contuct）*［2019］EWCOP 3。
③ 不同的观点，参见 Skowron（2014）and Herring and Wall（2014）。

第四章 对治疗的同意 | 213

重点案例

PC 案①

PC 是一位有严重学习障碍的 48 岁的女性。她嫁给了因严重性犯罪被判收监的 NC。NC 刑满释放的日子到了，二人准备同居。鉴于 NC 有对女性施暴史，大家认为，如若二人同居，NC 会对 PC 构成威胁。相关地方机构因此诉请法院认定 PC 不具有同意与 NC 同居的意思能力。

上诉法院认定，必须证明她能够理解与 NC 的同居（与一般同居不同）是何种生活。PC 不相信 NC 曾有施暴史，也不认为他会对自己构成威胁。因此，她不能理解做出这一决策所需的关键证据。但是上诉法院总结道，她并不属于 2005 年《心智能力法》所规定的欠缺意思能力的情形，因为不能证明她是因为精神障碍所以不接受对方有暴力史的事实。② 上诉法院对证明 PC 欠缺意思能力的专家证人也提出了批评，法院认为，这位专家只关注了当事人决定的内容，没有关注决策过程。尽管在有些人看来，当事人的决定愚蠢至极，但这不是认定她缺乏意思能力的理由。因为无法证明她欠缺意思能力，因此法院不能干预。

正如本案所示，法院遇到的一个困难是：要证明当事人能理解做出某一决定的相关信息，法律要求他必须理解的信息包括什么？在上述案例中，法院认定，要做出同居的决定，PC 的暴力脾性就属于这一范围。但在有关结婚的决定中，法院曾认定个人的暴力品行就不属于该范围。法院区分了涉"特定个人"的决定和涉"特定行为"的决定。有时，法院会采取涉特定行为决定的方法，正如他们在涉及结婚决定的案件中所做的那样。法院裁定只需个人能够理解一般行为的性质，无须了解和他们实施同一行为的人的性格。此即法院在处理涉及结婚问题时采取的方法：要回答的是，"P 能够理解什么是结婚吗？"，而非"P 能够理解和 X 结婚是什么样的吗？"。有意思的是，在本案中，法院认为同居的意思能力是涉"特定个体"的决

---

① *PC v City of York Council* [2013] EWCA Civ 478.
② 法院对此未做充分解释。但可以推定，她不相信对方的施暴史，是因为她已经被对方迷得神魂颠倒了。

定，所以，PC 必须要理解和 NC 同居将开启何种生活。

在涉及性问题的系列案件中，法院一直纠结于这个区别。① 基层法院采取了实施性行为的意思能力是涉"特定行为"的决定。② 帕克（Parker）法官在 KA 案③中列举了要认定具有同意性行为的意思能力，需要理解以下内容：

(1) 性行为的机制；

(2) 性行为能导致怀孕；④

(3) 性行为可能带来健康风险；

(4) 能够理解同意的概念和同意的必要性是具有意思能力的基础，换言之，P 知道其有选择权，而且可以拒绝。

有争议的是，帕克法官认为，认定当事人有同意实施性行为的意思能力并未要求当事人能够理解伴侣应该同意性行为。这反映出法院对于这一问题的一般态度：P 没有必要理解涉及性的道德问题。⑤

TZ 案解释了法院采取上述方法的理由："在判断意思能力时，要考虑 TZ 想要与之进行性行为的每个人，这既不现实，又是一种严重侵犯。"⑥

但涉特定行为决定的判断方法却与黑尔女男爵在 R 诉 C 案⑦中的观点存在冲突：

> 各位法官大人，我们很难想象有一个比性关系更具有人身特殊性和情景特殊性的活动。一般情况下，一个人不会同意与他人发生性行为。但这个人可能在这个时间这个地点同意和这个人发生性行为。自主权的意蕴就包含了可以选择做或不做的意思能力和自由。这也完全符合在私生活领域对个人自主权的尊重。而这正是《欧洲人权公约》第 8 条保障的内容。2005 年《心智能力法》旨在摒弃早前适用的以"身份"为基础的方法（按

---

① 更广泛的讨论参见 Sandland (2013) and Herring and Wall (2014)。

② *A Local Authority v TZ* [2013] EWHC 2322 (COP); *D Borough Council v AB* [2011] EWHC 101, [32].

③ *London Borough of Southwark v KA* [2016] EWCOP 20.

④ 在本案中，P 认为只有已婚夫妇的性行为会导致怀孕，但法院认定，这足以证明 P 能够理解性行为能导致怀孕。

⑤ *D Borough Council v AB* [2011] EWHC 101. 在 *Luton BC v SB and RS* [2015] EWHC 3534 (Fam) 案中，法院参考了以下事实：P 不能理解忠诚的含义，但这不是一个决定性的因素。法院最后认定，P 没有同意进行性行为的意思能力。

⑥ *A Local Authority v TZ* [2013] EWHC 2322 (COP).

⑦ *R v C* [2009] UKHL 42, [64].

照此法，所有残障人士都缺乏意思能力，由此，否认了他们的自主决定权，因精神障碍被剥夺了自主权的弱势群体就不能得到保护）。

上诉法院在 IL 案①中试图澄清这个明显的冲突。法院解释道，黑尔女男爵是从刑法角度讨论的这个问题，而其他案件人们是从事前角度讨论这个问题的，也即理论上，一个人是否可以同意性行为：

> 一般情况下，一个人不会同意与他人发生性行为。但这个人可能在这个时间这个地点同意和这个人进行性行为。黑尔女男爵说得非常正确。在性犯罪的语境下，刑法关注的焦点总是过去的某个特定事件，因此，需要就这一事件的同意问题进行回溯性的评价。但是，一个人是否在某一特定时间、地点同意和特定的某个人进行性行为，或者是否有意思能力作出同意，这些事实并不意味着法院不能或法律上不能对某个人的意思能力进行一般性评价，衡量其是否可以在某一特定时间、地点同意与特定伴侣实施性行为。②

因此，我们需要分辨两个问题：
(1) 从一般意义上讲，P 是否有意思能力同意与他人实施性行为？
(2) P 是否在这个特定时间已经做出同意，愿意与这个特定人实施性行为？

如果相关机构诉请法院的问题是，他们是否需要阻止 P 和任一人发生性行为，那么就会出现问题一。如果已经提起刑事诉讼控告某人在未经 P 同意的情况下与 P 发生了性行为，就会出现问题二。

即使有了这个解释，我们也应思考问题一的意义是什么。在无具体语境时，法院要预测一个人是否有同意与他人实施性行为的意思能力，这根本就是一个几乎不可能的任务。③

6.10 意思能力和使用信息做出决定的能力

患者要具有意思能力，他不但需要理解信息，而且能使用并权衡各种信息，并做出决定。④ 换言之，即使患者能够完全理解这里所涉及的问题，但如果他一直惊

---

① *IL v LM* [2014] EWCA 37.
② Para. 67.
③ Herring and Wall (2014).
④ 有关如何评估个人意思能力的精彩讨论，参见 Donnelly (2009b)。

慌失措，不能运用这些信息做出决定，那么他还是没有做出决定的意思能力。① 在 DD 案②中，一个拒绝剖宫产的孕妇能够理解与这一决定有关的信息，但由于她存在学习障碍和孤独症谱系病，法院认定她无法较好地运用这些信息。

科布法官认定她"思维固化，想法无法改变"。在 PCT 案③中，赫德利（Hedley）法官将使用信息、权衡信息的能力称为"实际参与决策过程，能够理解某个观点的各个部分，并且能将这些部分联系起来"的能力。

麦克唐纳（MacDonald）法官在 C 和 V 案④中强调说："……法院要判断的问题并不是其是否因为大脑或心理机能出现损害导致决策能力出现损害，而是在这样的条件下，是否应认定其不能做出决定。"正如他所指出的那样，2005 年《心智能力法》规定，只有在个体无法做出决定时，他才能被认定为没有意思能力。只是证明他们大脑的决策机制有损害不足以支持以上结论。⑤

以下的案件就是一个有争议的案例。该案中，法院认定患者不能权衡相关信息。

重点案例

E 案⑥

本案关涉一位患有神经性厌食症的 32 岁女子 E。她同时患有其他疾病，包括酒精依赖、人格障碍等。2012 年 5 月，E 已经严重营养不良，但仍拒绝进食。她只愿接受安宁疗护。在此之前，她已经接受了多次治疗但都没有治愈，因此她拒绝再接受任何治疗。她的父母虽然不希望她走，但仍对她的决定表示支持。E 的医疗团队不知道强制性治疗是否可行、有效。法定代表律

---

① *Bolton Hospitals NHS Trust v O* [2003] 1 FLR 824.
② *Mental Health Trust v DD* [2014] EWCO 11.
③ *PCT v P, AH and The Local Authority* [2009] COPLR 956 at [35].
④ *Kings College Hospital NHS Foundation Trust v C and V* [2015] EWCOP 80, para 15.
⑤ 在 *WBC Local Authority v Z* [2016] EWCOP 4 案中得到了确认。
⑥ *A Local Authority v E* [2012] EWHC 1639（COP）.

师（Official Solicitor）①指示，应请一名专家给出建议。专家建议，可以给她做高度专业化的治疗。

杰克逊（Jackson）法官总结道，在有关强制喂食的治疗上，E 缺乏拒绝的意思能力：

> 有充分证据证明，E 担心长胖的这种执着让她不能以一种有意义的方式权衡进食的优劣。对 E 而言，不让卡路里进入自己身体的执念已经压倒了其他一切需要。不要长胖的需求已经盖过了其他想法。②

> 在她的最佳利益问题上，需要平衡 E 的生命价值和她的自主权的价值。本案中，法院推定生命价值更高。如果必要的话，强制喂食符合她的最佳利益。

E 案这样判决是有理由的。正是 E 身患疾病，所以她才如此执着于不吃有卡路里的食物，导致她无法权衡不同因素来做决定。在评估一个 15 岁素食主义者的意思能力时，法院也做出了相似的判决。这个女孩认为麻疹-腮腺炎-风疹三联疫苗中有动物制品，因此拒绝接种。③ 法院认为，她严格遵守素食主义规则，拒绝权衡不同因素，这说明她没有这方面的意思能力。问题是，一个有完全意思能力的人也有自己绝对的道德原则，他们也会不问结果直接适用这些原则。比如，有人认为堕胎就是有错，他们只是遵循内心的这一道德准则，也不会权衡相互冲突的不同观点。对有些人而言，上述两种情形的差异说明，对个人所做决定是否明智的判断很容易影响对该个体意思能力的判断。有人认为，这个素食女孩值得同情，她的决定应得到尊重；但同时也希望确保患有神经性厌食症的患者得到相应治疗。如果两种情形中的固执思维都有错，二者又有什么分别呢？④ 区分上述两种情形的一种方法是神经

---

① 原为衡平法院的官员，负责保护当事人基金（Suitors Fund），并在衡平法院的处分权限内行使支配权。依 1873 年《司法组织法》（Judicature Act）转属高等法院，现通常称为最高法院的法定代表律师（Official Solicitor of the Supreme Court），根据法院的指令，代表无意思能力人参加诉讼，探访在押的藐视法庭的人，在大法官分庭需要时为其提供沙律师服务。——译者注

② At [2].

③ F v F [2013] EWHC 2783 (Fam).

④ Craigie and Davies (2018).

性厌食症改变了 E 的思维模式。① E"真正"想要的生活是我们应予以考虑的。② 而素食女孩则遵从她自己的观点和认识。但是，这种解释她们"真正"意愿的方法难道不是从她们观点的价值性上进行评估吗？③

进一步思考该案，有必要明确两点。首先，如下所述，只是因为患者被认定为缺乏意思能力，这并不意味着可以对他们进行强制治疗。E 案的判决可以和 X 案④进行比较。在 X 案中，有医学证据证明，在涉及 X 神经性厌食症的相关问题上，X 没有意思能力作出决策，但继续治疗并不符合她的最大利益，因为即使对她强制喂食，她仍有 95% 到 98% 的概率死亡。在此之前，医方已经给 X 尝试了所有可能的治疗，但没有一个方案成功。

其次，E 案可以和 Re FX 案⑤进行比较。该案中，患者患有普拉德-威利综合征⑥，这种病导致患者过度进食，而且无法自制。法院认定他对自己的治疗问题有意思能力。尽管有时候他也想放弃，拒绝医生的治疗建议，但总体上看，他依然希望控制体重并配合治疗。

以下案例中也出现了个体是否有权自行决策的问题。

重点案例

SB 案⑦

患双相情感障碍的已婚妇女 SB 怀孕了。她起初很想生下孩子，但又担心自己服用的药物会影响腹中胎儿。因此，她停药了。渐渐地，她开始认为

---

① 对神经性厌食症案例的讨论参见 Clough（2016）。
② Hope, Tan, Stewart and McMillan（2013）.
③ 如果个人患有焦虑症，也会遇到同样的问题，参见 Donnelley（2017）；Huxtable（2017）。
④ *A NHS Trust v X* (2014) EWCOP 35.
⑤ *Re FX* (2017) EWCOP 36.
⑥ 普拉德-威利综合征（Prader-Willi syndrome）又称肌张力低下-智能障碍-性腺发育滞后-肥胖综合征，俗称小胖威利综合征，是一种罕见的遗传性疾病。患有这种病的人在新生儿期喂养困难、生长缓慢，一般自 2 岁左右开始无节制饮食，因此导致体重持续增加及严重肥胖。饮食、生长激素等治疗有助于改善预后。病因源于第 15 号染色体基因缺陷，患儿拥有正常语言能力，但实际智商低于普通人。——译者注
⑦ *Re SB* [2013] EWHC 1417（COP）.

> 自己的婚姻很失败，丈夫并不想要这个孩子。按照1983年《精神卫生法》的规定，她已被"强制隔离"。她决定堕胎。专家评估后认为，她在同意堕胎的问题上缺乏意思能力。
>
> 霍尔曼（Holman）法官不同意专家的意见。他承认法官否定专家意见的情况非常罕见。但他同时强调，SB自己做出了一个决定，并且意志坚决。他愿意相信导致这一决定的部分原因（她丈夫及其家人不会继续扶养她）可能是她的错觉或妄想症。但这背后也有一些合理的原因：她认为如果自己不堕胎的话就准备自杀，她也不想在强制隔离的情况下生育子女。法官强调说，他并不认为患者做出了一个明智的决定，但她通过自己的分析而非错觉做出了决定。

SB案判决的批评者可能会质疑，法院是否应该更关注她健康时的愿望而非部分由于她的错觉而做出的决定。支持者则认为，这一判决让人们尽可能自行决策，除非他们已经确定无疑丧失了意思能力。

6.11 意思能力和明智的决定

2005年《心智能力法》第1条第4款规定："不能仅仅因为一个人做了不明智的决定就断定他不能自主决定。"① 在这里，"仅仅"一词非常重要。因此，如果患者做出了不明智的决定，这是认定他丧失意思能力的原因之一，那么这就符合法律的要求。只是不能只依据这一个事由推定其丧失意思能力。要特别小心以下法律思路的分界线。法律反对以下思路：这一决定是不明智的，因此，患者没有意思能力。但允许另一逻辑思路：这一决定是不明智的，因为个体不能恰当地衡量各方因素。② 正如彼得·杰克逊法官在JB案③中强调的那样：

> 根据他们是否做了一个好的决定，尤其是他们是否接受某个医疗建

---

① 尽管这一原则规定十分清楚，学者们却主张，法官们恰恰是这么做的，以确保患者可以接受他们需要的治疗。Mantgomary (2000); Harrington (1996).
② 参见Savulescu and Momeyer (1997)。他们坚持，患者只有在合理信念基础上作出的决定才是值得法律尊重的决定。
③ Heart of England NHS Trust v JB [2014] EWHC 342 (COP).

议，进而判定其意思能力，这种审判的冲动绝对应予以避免。此举无异于本末倒置，用福利的尾巴去摇动意思能力的身躯。制度在这个方向上的任何转变都会引发巨大风险，导致这些虽然脆弱但尚能自主决定的群体权利被侵害。许多精神障碍患者都能自主决定自己疾病的治疗，我们不能毫无根据地胡乱推定，这非常重要。

同样，贝克法官在 A 诉 P 案①中强调，法院应避免做出他所谓的"强制保护"：

> 法院，以及接待帮助 P 的所有人员都容易忽略的一点是，他们总是倾向于一个更能保护 P 的结果，进而未能对一个单独且客观的意思能力问题进行评判。

重要的是，在医疗人员看来不合理的决定，在患者的宗教及个人信仰看来却意义重大。② 但是，正如《2005 年心智能力法业务守则》说明的那样，如果一个人反复做出"不明智的决定，让自己身处巨大的受伤害或被剥削的风险"，或者"做出一个不明智的决定，明显不合理或失常时"，难免会让人担心他是否具有意思能力。③ 如果患者已经做出了一个明显不明智的决定，法院就需要判断站在 P 的世界观上，这一决定是否也符合人之常情。如果从 P 的立场出发，无论如何也无法理解 P 的决定，那法院就可能推定他的思维已经受损了。

以下的案例就清楚说明了这些问题。

重点案例

C 和 V 案④

在麦克唐纳法官看来，50 岁的 C 的生活"光彩夺目"。她打扮时髦，社交丰富，拥有大量财富，但经历了几次严重的经济危机。结束了一段长久的感情后，她试图自杀，结果引发了肾衰竭。C 的医疗团队给她提供了肾透析治疗，他们认为这样治疗的成功率很高。如若不然，她很可能在十日内死亡。

---

① *A v P* [2018] WECOP 10. para 15.
② Cave (2017).
③ DCA (2007：para 2.11).
④ King's College Hospital NHS Foundation Trust v C and V [2015] EWCOP 80.

> 但她拒绝了治疗，她说她不想老去，变得又丑又穷。两位精神科医生认为她缺乏意思能力，因为她认为这个治疗无效。另一位专家则反对，认为她有意思能力。
>
> 麦克唐纳法官认定，她具有意思能力。尽管许多人都不同意她的决定，认为她的决定极不合理甚至有违道德，但这不能证明她丧失了意思能力。她能够理解关键信息，而且可以衡量各种因素，虽然她看重的方面与大多数人的都不同。她只是遵循了自己的价值观，尤其是她对年轻、魅力、美貌以及优渥生活的重视，所以，她具有意思能力。

6.12 意思能力和免于胁迫

即使一个患者具备意思能力并能理解关键问题，但如果他作出的同意并非自愿，该同意亦不具有法律效力。① 此种情况实属罕见，并且很难证明患者仅仅基于强迫和不当影响才明确作出同意。在弗里曼案②中，法院认定，罪犯认为除了接受监狱法医所提出的治疗方案外别无选择，但这一事实并不意味着该罪犯的同意无效。法院指出该罪犯并未受到任何形式的威胁或者身体上的限制。在U女士案③中，和妻子正在接受不孕不育治疗的这名男士修改了他早前填写的不孕不育治疗表格，表示在他死后不允许用他的精子继续进行治疗。在他死后，他的妻子声称，她丈夫是在护士的压力下才修改了这份表格的。上诉法院审理认为，他这么做并非由于护士的不当影响。在修改表格时，他可能受到了来自护士的压力，但是他并不是不能自主决定。巴特勒·斯洛斯（Butler Sloss）庭长的如下评论得到了上诉法院的支持：

> 在我看来，当我们事后回顾本案的事实时，我们很难相信一个有能力、有智慧、受过教育、有稳定工作且身体健康的47岁男子会屈服于他人的意愿，以至于在不能自主思考以及不能自主决定的情形下做出修改表格的行为。④

---

① Pattinson (2002a).
② *Freeman v Home Office* [1984] 1 All ER 1036.
③ *Mrs U v Center for Reproductive Medicine* [2002] Lloyd's Rep Med 259.
④ para. 261.

我们可以将本案和以下案件①进行比较。

重点案例

A 夫人和 A 先生案②

29 岁的 A 夫人智商低下，因为担心她不能照顾两个孩子，她的两个子女被送去福利机构看管。之后她和也有学习障碍的 A 先生结了婚。婚前，她每个月都会通过注射避孕药剂进行节育。但婚后不久，她就拒绝接受注射，声称 A 先生不想让她节育。她所在的社会支持小组十分关心她的情况，因为有人声称 A 先生对 A 夫人实施了家庭暴力。所以该小组诉请法院裁定，批准医生可以不经 A 夫人的同意径直对其进行节育。

博迪（Bodey）法官总结道，A 夫人缺乏作出节育决定的意思能力。他没有采纳 A 夫人不能充分理解有关节育事项的主张。尽管 A 夫人不能真正理解抚养子女会涉及哪些事项，但是她知道节育的关键事项（诸如节育是什么）。从整体上审视本案证据，可以发现她和她先生的关系"完全不平等"，她的节育决定并非她自由意志的体现，因此，A 夫人缺乏作出节育决定的意思能力。

在作出这一判断后，博迪法官需要确定什么最符合 A 夫人的最佳利益。尽管他相信让 A 夫人接受节育注射符合她的最佳利益，但如果违背 A 夫人的意愿，迫使她接受节育注射，情况就不同了。他鼓励社会服务机构参与进来，共同说服 A 夫人同意接受注射节育治疗。

7. 同意的形式

患者无须以特定形式作出同意的意思表示。法律并未区分书面同意和口头同意。尽管在绝大多数外科手术中，让患者签署一份同意书是常规做法，但严格说

---

① 另请参见 *MCC v WMA* [2013] EWHC 2580 (Fam)。
② *A Local Authority v Mrs A and Mr A* [2010] EWHC 1549 (Fam).

来,这不是必需的。有人曾将同意的本质准确地描述为"纯粹的粉饰"。① 让患者签署同意书的好处在于该文书可以明确载明医生告知了患者哪些事项,他们同意了哪些事项。同样需要注意的是,同意不是一个持续性概念,医生应在实施每项治疗前获得患者同意,而不能仅仅依据患者之前已经对类似事项表示了同意就开展治疗。②

同意可以以默示方式作出,也可以以明示方式作出。以下为默示同意的例子:医生提议对患者进行注射治疗,患者什么也没说,只是撩起衬衫的袖子,将胳膊放到医生面前。尽管该患者事实上没有说"好",但他的行为已表明他的同意。当然,明确的书面同意是最没有争议的表达形式。因此,最安全的方法是要求患者签署一份同意书。③ 但需要强调一点:即使患者签署了同意书,如果不存在真正的同意,该同意书本身亦不能作为抗辩事由。④ 例如,患者仍有权指出,在签署同意书时,他误解了医生建议的治疗方案的性质或者他没有被告知该治疗方案的重大风险。⑤

问题的关键在于同意是一个"积极"概念。法律关注的是患者是否同意该治疗,而不是患者是否不反对该治疗。⑥ 因此,在上例中,如果医生提议进行注射,患者只是无动于衷地坐着,然后医生对患者进行了注射,这种情形下是否存在同意就不清楚。患者的确没有反对医生的提议,但这并不足以等同于同意。医生可能争辩道,患者面对针头没有逃跑就相当于默示同意。法院是否会将不作为视为默示同意,仍颇有争议。

何种同意才准确有效?对此,法院并未给出明确指引。但如果我们不能准确识别患者的疾病,那就可能出现这一问题。然后,医生可能决定需要进行手术查找病因。只有这样才能对症实施患者需要的手术。当然,如果患者同意一系列的手术方案,医生只从中选择一个,那么法院很容易认定患者做出了同意。更困难的是一般的同意:"给我做手术吧,什么应该做就做什么。"这样一个概括同意是否有效仍然存疑。至少应该参考患者提及的其想到的手术类型。⑦

有一种可能是,手术进行时,医生突然发现必须实施另一种手术。此时医生应当等到患者从麻醉状态苏醒后,再征求患者同意,抑或医生可以推定患者希望医生

---

① *Taylor v Shropshire Health Authority* [1998] Lloyd's Rep Med 395.
② *Bartley v Studd Daily Telegraph*, 12 July 1995 (QB).
③ DoH (2001a).
④ DoH (2001b:11); *Chatterton v Gerson* [1981] 1 All ER 257.
⑤ 参见 eg *Williamson v East London and City HA* [1998] Lloyd's Rep Med 6.
⑥ *St George's Healthcare NHS Trust v S* [1998] 3 All ER 673.
⑦ Montgomery (2003:236).

径直实施该手术？比如，当医生对一名妇女实施手术时，发现该患者符合实施子宫切除术的指征，是否切除该妇女的子宫就颇有争议。尽管对此类案例尚无明确规则，但是医生每做一项手术，都应获得患者的同意。同意接受 A 手术并不意味着患者也同意接受 B 手术。例如，早前有案例表明，同意接受堕胎手术并不意味着同意接受节育手术。① 然而如果医生所做的仅仅略偏离于患者所同意的手术，法院仍会认定存在默示同意。在戴维斯案②中，原告的诉讼请求未得到支持。原告主张，她并未对骶管阻滞麻醉表示同意。但她已签署了手术同意书，并"同意在做该手术的过程中，医生可以实施其认为必要的其他进一步的或者替代性的手术方案，同时也接受为实施这些手术而进行的全麻、局部麻醉或者其他麻醉"，所以，她的主张未得到支持。麻醉手术其实是患者同意接受的手术的一部分。

应当注意的是，如果在手术过程中，出现紧急情况急需实施另一个手术，医生可以不经患者同意即可实施相应手术，医生这一行为受必要性抗辩理由的保护。

患者在任何时候都有撤回他同意的自由。如果在患者撤回同意后医生仍继续治疗，该行为就违法，除非医生相信患者在撤回同意时缺乏意思能力。③

8. 有意思能力但不同意治疗的患者

8.1 不同意治疗的患者

如上所述，未经患者同意，医生不能对患者实施治疗，这是一项基本法律原则。但在一些特殊情况下，允许医生在未征得患者同意下对患者进行治疗。

（1）未经同意触碰患者并不一定构成犯罪，法律允许"日常生活中被广泛接受的身体接触"。④ 因此，即使患者没有同意，医生和患者进行欢迎式的握手或者护士拍拍患者的胳膊以缓解患者紧张，都不会被认定为犯罪。然而，这只是例外情形，不能用作未经患者同意开展治疗的合理理由。有人认为，这可以作为实施一些基本

---

① *Cull v Royal Surrey County Hospital* (1932) 1 BMLJ 1195.
② *Davis v Barking, Havering and Brentwood HA* [1993] 4 Med LR 85.
③ Department of Health (2001c: para 45).
④ *Collins v Wilcock* [1984] 3 All ER 374, 376.

医疗护理的合理理由，比如帮助患者穿衣或者喂食。① 但是，很难判断这样的接触也可以被视为一种日常身体接触。

（2）急诊的情形下没有时间请求法院批准，医务人员可以依据必要性理由在未征得患者同意下实施治疗。但只有医生所提供的治疗符合患者最佳利益而且患者缺乏意思能力时，才能适用。②

（3）如果患者有意思能力，但被认定为"弱势成年人"，法律也许可在未经他们同意时对他们进行治疗。我们很快就会谈及这一问题。

（4）关于是否能以公共政策为由对一个拒绝接受治疗的患者强制治疗，尚有争论。如果真有这样的权力，法院也只能在非常特殊的情形下行使。在罗布案③中，一名罪犯进行绝食抗议。该案引发了强制为该罪犯喂食是否合法的问题。上诉法院法官索普承认，个人自主权和以下四种国家利益之间存在冲突，包括：① 维持生命；② 防止自杀；③ 维护医疗行业的正直性；④ 保护善意第三方。但是所有国家利益都应让位于个人自主权。我们可以回忆一下 S 案④。该案中，保护妇女本人以及胎儿的生命也不是未经患者同意实施手术的正当理由。但是法院通常会退一步，不会径直主张绝不允许违背一名有意思能力的人的意愿向其提供医疗服务。如果一个可怕的疾病威胁到数千民众，我们不难相信，法院会允许从可能带有抗体的人身上抽取血液。⑤ 同样，为了挽救另一个人的生命，需要轻度侵犯某人的身体时（例如取一根头发），法院很可能会授权医生实施这一行为。判例法上有关这种情形的案件并不多，但我们可以说，如果公共政策这一理由足以支持对患者进行强制治疗，这也仅仅出现在特殊情形中。

（5）如果有患者罹患传染病，根据 1984 年《公共卫生（疾病控制）法》[Public Health（Control of Disease）Act, 1984]的规定，治安法官可以对其做出拘留的裁定。⑥

---

① DoH（2001a：para 19.2）英国卫生和社会保障部认为基本医疗护理属于这一例外情形。
② *Re F* [1990] 2 AC 1.
③ *Secretary of State v Robb* [1995] 1 All ER 677.
④ *St George's Healthcare NHS Trust v S* [1998] 3 All ER 673.
⑤ 有关强制接种的讨论参见 Blunden（2019）；Bernstein（2017）；Brennan（2018）；Brennan（2016）；and Cave（2017）。
⑥ 该法被 2008 年《健康和社会保健法》修正，现在所有传染病都被包括在内，而不仅仅局限于"严重疾病"。

（6）如果有患者试图自杀，通常认为阻止自杀的行为合法。在萨维奇案①中，上议院判定，医疗机构有义务防止根据1983年《精神卫生法》被拘留的患者自杀（详见本书第五章）。

（7）这一原则最重要的一种例外情形是，根据1983年《精神卫生法》，即使患者具有意思能力，如果符合该法规定的法定条件，可以对患者实施强制隔离并治疗他们的精神疾病。本书将在第五章详细讨论该法。1983年《精神卫生法》不适用于非精神疾病的治疗。所以，不能根据该法授权医生对精神障碍患者实施堕胎。②

如果医务人员错误地认为某个体没有意思能力，那么2005年《心智能力法》第5条第1款就有适用的可能。如果有合理理由认为某个体没有意思能力，即使该个体实质上具有意思能力，也可适用《心智能力法》。③可以推定的是，在判断是否有合理理由时，法院会考虑作出判断的人是否属于专家。④但是，第5条第1款只适用于涉及患者治疗的决策。⑤因此，很可能不会涉及与经济方面有关的决定。

8.2 弱势成年人

正统观点认为，如果法律视患者有意思能力，虽然这只是恰好，但也必须用对待确定无疑有意思能力的人的同样方式对待他。⑥但在最近几年里，法院逐渐发展出一种"固有管辖权"来处理"弱势成年人"案件——他们是那些在正式场合被认定为有意思能力但同时需要保护的人。⑦虽然2005年《心智能力法》似乎认为有意思能力的人应以一般法对待，但法院却援引了其固有管辖权，也即唐纳森（Donaldson）勋爵所谓的"安全保障网"⑧来保护弱势成年人。

上诉法院在DL案⑨中确认了这种管辖权。芒比（Munby）法官对这类人做了如下的界定：

> 在涉及弱势成年人时，可以行使固有管辖权。弱势成年人是即使没有

---

① *Savage v South Essex Parternship NHS Foundation Trust* [2008] UKHL 74.
② 如果患者没有意思能力，那么可以根据2005年《心智能力法》，为该患者实施堕胎。
③ 值得注意的是，如果没有第五条的保护，那么这种做法可能给相关主体带来刑事责任。
④ *R v Adomoko* [2004] UKHL 6.
⑤ 从该条款的文本文义就可以清晰地看到这一点。
⑥ 参见 Herring (2016)。
⑦ 对相关案例法的讨论，参见 Herring (2016 and 2009a)。
⑧ *Re F (Mental Patient: Sterilisation)* [1990] 2 AC 1.
⑨ *DL v A Local Authority* [2012] EWCA Civ 253.

因精神疾病被认定为没有意思能力，但也有合理理由认为其处于以下情形中的个体：① 身受限制；② 受到胁迫和不当影响；③ 因为其他原因丧失了做出相关决定的能力，或无法自行做出决定，不能或失能，从而无法做出或明确传达真实有效的同意。①

需要注意的是，涉及弱势成年人的判令必须根据法院的固有管辖权做出，因为 2005 年《心智能力法》只适用于没有意思能力的人。换言之，对没有意思能力的人无须适用法院的固有管辖权。法院的固有管辖权适用于有意思能力，但自主权受损的情形。在具体适用中，法院会决定什么是涉案当事人的最佳利益。尽管这常常意味着法院会做出判令，强化涉案当事人的自主权，方便他们自主决定。因此在 DL 案②中，法院判决让一对老夫妻不再接受儿子的照顾。这对老夫妻有意思能力，他们想和儿子住在一起，但儿子对他们有施暴史，而且控制了他们的思想。让夫妻俩不再接受儿子照顾的理由是可以让他们更自由地决定自己未来在哪里生活。

法院似乎在固有管辖权之下享有广泛的权利，在 Dr A 案③中，法院判定，根据法院的固有管辖权，可以对一个有意思能力但是产生错觉的人进行强制喂食。法院做出这类判决的原因是基于涉案当事人的最佳利益。在 D（弱势成年人）案④中，一名有学习障碍和情感障碍的 18 岁女子结交了一名年长的男性，该男子给她毒品并对她施暴。法院根据固有管辖权作出了禁制令，禁止他再接触该女子。通常情况下，地方机构或者亲属可要求法院行使固有管辖权，患者反对也不能阻却法院行使固有管辖权。⑤ 显然，固有管辖权的行使颇具争议。⑥ 后文将继续探讨这一主题（参见 14.3 "谁的自主权？"）。

9. 对无意思能力患者的治疗

对缺乏意思能力患者的治疗现由《心智能力法》调整。该法仅适用于超过 16 周

---

① *Re SA (Vulnerable Adult With Capacity：Marriage)* [2005] EWHC 2942 (Fam),[77].
② *DL v A Local Authority* [2012] EWCA Civ 253.
③ *A NHS Trust v Dr A* [2013] EWHC 2442 (COP).
④ *Re D (Vulnerable Adult)* [2016] EWHC 2358 (Fam).
⑤ *Southend-on-Sea Borough Council v Mr Meyers* [2019] EWHS 399 (Fam).
⑥ Cave (2017).

岁的患者。① 如果患者没有意思能力，就应由他的代理人代表患者做出决定。但应注意的是，部分事项不能由他人代表无意思能力人做出同意。该法第 27 条列举了这些事项：

- 同意结婚或者缔结一个民事结合关系；
- 同意发生性关系；
- 同意基于两年分居之理由而签发的离婚法令；
- 同意解除民事结合关系；
- 同意送养儿童或者同意法院做出收养令；
- 在不涉及儿童财产的事项上履行自己的父母责任；
- 根据 1990 年《人类受精与胚胎学法》（Human Fertilisation and Embryology Act，1990）② 做出同意。

保护法庭（The Court of Protection）不能做出指令，要求地方机构为缺乏意思能力的人提供上述服务。③

如果案件问题涉及上述事项之外的其他事项且患者没有意思能力，那么应当考虑如下问题：

（1）患者是否已经做出一个有效的预先决定（有时被称为生前遗嘱），拒绝接受医生建议的治疗方案？若是，必须尊重患者的预先决定。

（2）患者是否做出了有效的持久委托书？若是，持久委托书的受托人可以代为做出决定。

（3）法院是否指定了代理人？若是，该代理人在某些情况下可以代为做出决定。

（4）如果没有有效的预先决定，没有持久委托书，法院也没有指定代理人，那么要考虑的问题是该治疗是否符合患者的最佳利益。

因此，我们需要分别讨论这四种情形。

9.1　预先决定

2005 年《心智能力法》第 24 条对预先决定做了界定：

---

① 尽管第 44 条规定了虐待或故意忽略缺乏意思能力人的违法行为，但这一规定没有年龄限制。同样，第 18 条第 3 款规定法院有权处理无意思能力的儿童的财产。

② 也可参见第 29 条关于禁止代表无意思能力人投票的规定，第 28 条关于禁止代表根据 1983 年《精神卫生法》被拘留的患者做出有关精神错乱治疗的同意的规定。

③ N v ACCG (2017) UKSC 22.

预先决定是指个体在年满18周岁、具备意思能力时，做出的有关以下内容的决定。

（a）如果在他指定的未来某个时间、某种情形下，为他提供医疗服务的人建议实施或者继续实施某项治疗；

（b）在那个时间里，他没有意思能力对该治疗表示同意；

那么就不实施或继续实施该治疗。

关于这一定义，需要注意几点。首先只有当患者年满18周岁并且在实施行为时有意思能力时，预先决定才有效。英国医学委员会指出，医生首先应当推定成年人都有意思能力。① 法律没有明确要求个体需在接受了医生或者律师的建议后，才能做出预先决定。②

其次，预先决定仅在患者缺乏对治疗表示同意的意思能力情形下才适用。因此，如果患者已经签署了一份拒绝输血的预先决定，但在需要输血时，该患者具有意思能力并且同意输血，那就应忽略该预先决定。③

然后，预先决定的定义只允许"消极"决定，即拒绝治疗的决定。患者不能用预先决定强迫医生提供某种治疗。预先决定的定义中既包含实施某种治疗，又包含继续该治疗。因此，一个预先决定表明患者仅在一个特定的时限内同意接受治疗。

再次，如果预先决定的内容确实是拒绝挽救生命的治疗，那么该预先决定应当以书面形式，在第三方的见证下由患者做出并签名。④ 而涉其他内容的预先决定则无须以书面形式做出，口头形式也可以。

最后，《2005年心智能力法业务守则》规定预先决定不能拒绝基础护理：

预先决定不能拒绝让患者舒适生活的行为（这些行为有时被称为基础护理或基本护理）。包括保暖、提供栖息场所、保持患者干净整洁的行为以及为患者喂食食物和水等。⑤

该法第25条规定，预先决定在下述三种情形下无效：

---

① GMC (2010a: para 72).
② Briggs v Briggs [2016] EWCOP 53. See Auckland (2017).
③ MCA 2005, s. 25 (3). See also BMA (2007c).
④ MCA 2005, s. 25 (6). 在 A NHS Trust v Dr. A [2013] EWHC 2442 (COP) 得以适用。
⑤ DCA (2007: para 9.28).

- 有意思能力的人撤销预先决定，该撤销无须以书面形式呈现；
- 在做出预先决定后，他又订立了一份持久委托书，委托受托人就预先决定中涉及事项作出决定；或
- 他已经做出与预先决定中的指示明显相悖的行为。

规定在第 25 条第 2 款的第三种情形需要做进一步的讨论。HE 案①是《心智能力法》生效前审结的案件。该案中，由于患者的宗教信仰，她已经签署了一个预先决定，表明不愿接受输血，即使不输血她会死亡。在之后的治疗过程中，她需要输血。但是法院获得的相关证据显示，她不再持该信仰。结合其他证据，法院判定，这表明应搁置她之前作出的预先决定。如果根据《心智能力法》审理该案，法院很可能会得出相似的结论。

在 E 案②中，患者签署了一个预先决定，指明即使患者后续的行为与预先决定矛盾，也应该遵循预先决定。该判决的附带意见判定，这一条款无效。

必须承认的是，第 25 条的规定十分模糊。是否只要有婚姻状态变化、子女出生，以及宗教行为上的改变，就能说明当事人的行为与之前拒绝挽救生命治疗的预先决定不一致？另一个悬而未决的问题是患者失去意思能力之后的行为是否就是与之前预先决定中不一致的行为？③ 在布里格斯案④中，查尔斯（Charles）法官指出，释法时需要注意的是，第 24～26 条的规定旨在帮助个人作出预先决定，这就意味着法院应该不太可能因此认定一个预先决定无效。

需要强调的是，只有预先决定明确提及了某项治疗，预先决定才能得以适用。这就是说，预先决定在起草时必须准确涵盖所诉争的治疗。如果预先决定内容模糊，那么法院就会根据个人的性格爱好等予以解释，正如他们在拉什顿案⑤中所做的那样。

"如果有合理理由认为，当下出现了当事人在做出预先决定时无法预见的情形，并且一旦预见该情形，该情形就将影响他所做的预先决定"时，⑥ 该预先决定就不能适用。比如，有人可能主张，在患者决策时，她可能不了解随着医学的进步哪些

---

① *HE v A Hospital NHS Trust* [2003] EWHC 1017 (Fam).
② *A Local Authority v E* [2012] EWHC 1639 (COP).
③ *Briggs v Briggs* [2016] EWCOP 53 案也认为这是一个悬而未决的问题。
④ *Briggs v Briggs* [2016] EWCOP 53.
⑤ *NHS Cumbria CCG v Rushton* [2018] EWCOP 41.
⑥ MCA 2005，s. 25 (4).

治疗措施已经变为现实。有人甚至认为，在做出预先决定时，患者可能并不了解止痛治疗措施的效果。

一个拒绝挽救生命治疗的预先决定要生效，还需满足一个额外要件，即患者必须说明即便他的生命处于危险之中，仍要尊重他的预先决定。①

《心智能力法》第26条第1款规定：

> 如果一个患者做出了一个预先决定，该预先决定是——
> （a）有效的，并且（b）适用于该治疗方案，那么该决定有效，就如同患者是在是否实施某项治疗或继续某项治疗的问题出现时，在自己有意思能力的情形下做出的决定。

这意味着如果患者之前作出了一个可适用的拒绝治疗的有效预先决定，医生就不应为其提供治疗。如果医生仍提供治疗，他就很可能面临一场刑事诉讼或侵权诉讼。但是根据第26条第2款规定，医生"不会因为实施或者继续实施某项治疗就须承担法律责任，除非当时他已经知道患者有一个有效的并且适用于该治疗的预先决定"。第26条第3款用类似的语言为那些不给予治疗或者撤回治疗的医生提供了一个抗辩理由，因为他们（错误地）相信患者做出了一份拒绝该治疗措施的有效预先决定。值得注意的是，这些抗辩理由似乎都很主观。换言之，如果医生在提供治疗时认为不存在预先决定，他不会因此承担什么法律后果，即使事实上他们很容易发现患者是否有预先决定。② 有人可能认为，应当要求医生采取合理措施，找出患者是否签署了一个有效的预先决定。议会明确表示让医务人员承担这一义务过于繁重。如果对预先决定的有效性或者可适用性存疑，相关当事人可以申请法院做出一项宣告声明。③

当然，如果有人想要挑战一份预先决定的效力，《心智能力法》也为其提供了很多机会。阿拉斯代尔·麦克莱恩④认为，根据《心智能力法》之规定，很多情况下，预先决定不能约束医生的行为：预先决定可能无效；法院可能会根据情势变更认定其无效；法院可能认为该预先决定不适用于目前的治疗。即使该预先决定从技

---

① MCA 2005，s. 25 (5).
② Michalowski（2005）认为，该条并没有充分保护患者通过预先决定的方式拒绝治疗的权利。
③ MCA 2005，s. 26 (5).
④ Maclean（2008a）. 司法上认定一个预先指示有效，参见 A NHS Trust v X [2014] EWCOP 35.

术上而言有效，医务人员仍可以辩解说，他们认为，该预先决定无效或不适用。XB案①是少数几个认定预先决定具有约束力的案件。值得注意的是，患者在起草预先决定前，仔细询问了自己的医生。这让法院有充分理由确认患者能够理解预先决定意味着什么。

9.2 持久委托书

根据《心智能力法》第9条之规定，如果某人P想让他人D在自己失去意思能力时代表自己做决定，他们可以订立一份持久委托书。② D可以对关于P福利的一般事项作出决定，包括医疗决定。要订立持久委托书，P必须年满18周岁并具有意思能力。③ 持久委托书的格式及其登记手续都有十分严格的规定。其被规定在《心智能力法》附则1中，不符合法律规定的持久委托书无效。但是，纽吉（Nugee）法官在迈尔斯和贝蒂案④中指出：

> ……对我而言，本法确实应以以下方式解释，即该法给了委托人充分自由去规定自己的事务应如何处理，因为该法旨在赋权一些特殊的当事人——他们能够预见未来自己可能丧失意思能力，他们可以指定某个人代表自己处理自己的事务。

这说明法院不大可能否定一个持续性授权委托书，除非该授权委托书明确违反了法定要件。在DA案⑤中，委托人在委托书中指示受托人在特定情形下帮助自己实施安乐死，毫无疑问，这份委托书被认定无效，因为，遵循委托人的意愿实施的行为违法。

委托人可以委托多名受托人。多名委托人应共同行动，除非持久委托书另有规定。⑥ 换言之，多名受托人在履行委托事项时，必须就讨论的事项达成一致决定。患者在具备意思能力时，可以随时撤销持久委托书。⑦

---

① *X Primary Care Trust v XB* [2012] EWHC 1390 (Fam).
② 参见 Samanta（2009）and DCA（2007：Chap 7）。
③ MCA 2005，s. 9.
④ *Miles and Beattie v the Public Guardian* [2015] EWHC 2960 (Ch)，para 18.
⑤ *The Public Guardian v DA* [2018] EWCOP 26.
⑥ MCA 2005，s. 9 (5).
⑦ MCA 2005，s. 13 (2).

患者一旦订立了一份有效的持久委托书，受托人就有权为患者的个人福利做决定，并且可以延伸至接受或者拒绝某项医疗服务。但是这种授权有一个重要限制，即受托人必须基于患者的最佳利益做出决定。正如该法第 4 条的规定（详见后文），这意味着受托人不能做出违背患者最佳利益的决定，即便受托人认为患者自己可能会做出该决定。① 持久委托书的受托人可以放心的是，如果他们有合理理由认为他们的决定符合患者的最佳利益，而法院接下来认定这一决定并非如此，这些受托人也不会面临侵权诉讼或者刑事诉讼。② 根据该法第 11 条第 8 款规定，持久委托书不能授权受托人接受或者拒绝实施或继续实施维持生命的治疗，除非该委托书对此做出明确规定。

持久委托书这一概念也遇到了许多困难。首先，大量证据表明，人们并不擅长推测另一个人会作出何种决定。③ 即使知根知底的朋友亦然。因此，如果人们认为指定一个要好的朋友或伙伴，朋友或伙伴就能做出自己希望的决定，那就错了。其次，值得注意的是，持久委托书的受托人并不具有他们自以为拥有的权利。他们不能仅仅问他们自己"X 会作出什么决定"；相反，他们做的决定必须符合患者的最佳利益。这种区别在受托人所做的决定可能违背委托人最佳利益的情形下变得十分重要，但持久委托书的委托人和受托人是否理解这一点，尚不清楚。

9.3 代理人

根据该法第 16 条规定，如果患者对于个人的福利事项（例如健康问题）缺乏同意的意思能力，法院可以患者名义做出决定，或者指定一名代理人为其做出决定。在判令是否委任一名代理人时，法院应考虑这样做是否符合患者的最佳利益（参考因素规定在该法第 4 条，详见下文），以及以下原则：

（1）与委托代理人代为决定相比，优先考虑由法院自己做出决定；
（2）授予代理人的权力大小及权力行使时间应限制在实际可行的合理范围内。

这表明，如果只是为患者做出"一次性"的决定时，指定代理人就不合适。如果需要定期为患者决策，就应选定代理人。但是，在 G 诉 E 案④中，贝克法官认为，通常情况下，应将欠缺意思能力人的护理人员指定为代理人。但这只在有特殊问题

---

① Samanta（2009）对此做了批判。
② MCA 2005, s. 4 (9).
③ Wrigley（2007）对相关证据做了讨论和总结。
④ *G v E* [2010] EWHC 2512 (Fam).

或顾虑时才有必要。大多数情况下,护理人员或家属不需要具备正式的代理人地位就可以为无意思能力人做决定。代理人必须年满18周岁并且同意担任代理人。① 法院有权指定多名代理人,也有权撤回对某代理人的委任。② 在指定代理人时,如果患者曾就此发表意见,应考虑该意见。③

代理人有权代替患者同意或者拒绝接受某项治疗。④ 但是,如果"代理人知道或者有合理理由相信患者对某一事项有意思能力"时,他就无权代为决定。⑤ 更加重要的限制是"代理人不得代表患者拒绝接受或者继续接受一项维持生命的治疗"。⑥ 代理人的行为须符合第4条规定的患者最佳利益原则。⑦ 代理人通常是患者家属,但如果家庭成员关系不和,这种安排就不恰当。⑧

9.4　基于患者最佳利益原则的法院判决

涉及无意思能力人时,可向法院提出申请,由法院对该无意思能力人的行为效力做出宣告。法院会依据第4条的相关规定,做出符合患者最佳利益的裁判。

10. 患者最佳利益原则

如果预先决定有效并可以适用,医生必须尊重该决定。此时,不会出现什么是患者最佳利益的问题。但是,如果法院、持久委托书的受托人、法院指定的代理人、患者的护理人员或者提供治疗的医生要做出一个关于患者的决定,那么该决定就必须符合患者的最佳利益。⑨ 《心智能力法》第1条第6款规定:

---

① MCA 2005, s. 19.
② MCA 2005, s. 16 (8).
③ *Re S and S* (*Protected Persons*) Case Nos: 11475121 and 11475138 (Court of Protection, 25 November 2008).
④ MCA 2005, s. 16.
⑤ MCA 2005, s. 20 (1).
⑥ MCA 2005, s. 20 (5).
⑦ 如果代理人有合理理由做出一项他认为符合患者最佳利益的决定,即使并非如此,法律也为代理人提供了免受法律追究的保护,MCA 2005, s. 4 (9).
⑧ *Re S and S* (*Protected Persons*) Case Nos: 11475121 and 11475138 (Court of Protection, 25 November 2008).
⑨ MCA 2005, s. 1 (5).

在行为或决定做出前，必须考虑这些行为或决定的目的能否以一种对患者权利和行为自由限制最小的方式得以有效实现。

因此，无论一个涉及无意思能力人的决定何时做出，只证明该行为符合患者的最佳利益还不够，还必须证明没有其他更好的方式，既能维护患者利益，又对患者的权利和自由侵犯最小。

《心智能力法》第 4 条规定，在判断什么是患者最佳利益时，法院或者代理人必须考虑所有相关因素。《心智能力法业务守则》规定：

对于无法自主决定或行动的无意思能力人，要判断什么是他的最佳利益，决策者必须考虑所有相关因素，而不是仅考虑自己认为重要的因素。决策者不能依照如果自己没有意思能力时会怎么做来为患者决定或者做出其他行为。①

《心智能力法》第 4 条规定，在确定患者最佳利益时需要考虑下列因素。尽管成文法没有列明这些因素的先后位阶，但在新近的判决中，个人因素已经成为一个重点因素。

10.1 患者的潜在能力

第 4 条第 3 款规定，决策者必须考虑：① 患者是否可能在有些时候对正在讨论的问题有决定能力；② 如果有可能，那么可能是什么时候？显然，如果某人很快就能重获意思能力，那么只要有可能，就应推迟决定时间，尽可能让其自主决定。这一点在精神障碍患者的状态不稳定时尤其重要。

10.2 患者现在的观点和感受

有意思能力人有权自主决定，而无意思能力人不能。但是，这不意味着他们的观点一无是处。事实上，第 4 条也承认，即使某人不能自主决定，但他仍应当适度参与决策过程，人们应当倾听他的观点。决策者必须"尽可能以合理可行的方式允许并且鼓励患者参加，或者提高患者的能力让其尽可能地参加任何与他有关的行为或者任何影响他的决定。"② 此外，决策者必须尽可能以合理确信的方式考虑"该

---

① DCA (2007: para 5.7).
② MCA 2005, s. 4 (4).

人……现在的愿望和感受……",确定他的最佳利益。① 当然,对完全失去意思能力的人而言,人们很难确定他们的观点。例如,在涉及一位阿尔茨海默病妇女的案例中,当她说她想要回家时,她是指她孩提时代的家还是指和她的女儿住在一起,法院对此做了大量探讨。②

近年来,法院已经将重点放在了患者的观念和利益上。③ 我们可以在案例法上找到一系列原因。这里有必要逐一对这些原因进行探讨。

10.2.1 现在的观点和个性化的决策机制

法院强调,在判断何为患者最佳利益时,重点是将患者看作独立的个体,不用一般人的标准进行评价。因此,患者现在的观点就成了一个重要因素。在詹姆斯(James)案④中,黑尔法官指出:

> 设立最佳利益标准的目的要求从患者的立场考虑问题。这并不是说一定要遵照他的意愿,甚至像对有完全意思能力的患者那样。实际上,我们不可能得到我们想要的一切。要确定一个无意思能力人的愿望,这也未必可行。……但只要有可能确定患者的愿望和感受、他的信念、价值观或者他关注的焦点,法院都应予以考虑,因为这些是他作为个体做出决策时的考虑因素。

10.2.2 现在的观点和治疗的有效性

如果患者反对该治疗并且有抵制该治疗的可能,此时患者的观点就和评估患者最佳利益尤为相关。即使患者没有表现出身体上的反抗,但如果违背患者自己的意愿为其提供治疗,他可能因此遭受精神痛苦。⑤ 所以,当考虑强制治疗是否有利于患者最佳利益时,必须衡量治疗效果和患者承受的精神痛苦以及治疗所需借助的外力大小。⑥ 在患者有无意思能力存疑时,这点尤为重要。芒比(Munby)法官认为:

---

① MCA 2005, s. 4 (6) (a). Munro (2015)对法院未能听取丧失意思能力人的意见以及这项工作的困难做了精彩分析。
② IIBCC v LG [2010] EWHC 1527 (Fam).
③ Aintree University Hospitals NHS Foundation Trust v James [2013] UKSC 67.
④ Aintree University Hospitals NHS Foundation Trust v James [2013] UKSC 67.
⑤ Herring (2009d).
⑥ 在 Re W (Medical Treatment: Aneroxia) [2016] EWCOP 13 案中,法院认定,对一位患神经性厌食症进行强制治疗无效。

一名成年人的意思能力越难确定（即便人们错误地界定了其意思能力），原则上医生越应更加重视他的愿望和感受。因为患者越感到痛苦，他就越容易感到耻辱，事实上甚至可能是愤怒。①

在 A 夫人和 A 先生案②中，尽管法院认定，符合 A 女士最佳利益的方案是给 A 女士进行避孕针剂注射，但法院同时认为对她进行强制注射有违她的利益。③ 该案说明，患者是否应给予治疗是一回事，是否应给予强制治疗则是另一回事。玛丽·唐纳利（Mary Donnelly）指出，如果患者在治疗中反抗强烈，那么只有有充分证据证明该治疗完全符合他们的最佳利益时才能实施。④ 在 J 案⑤中，法院判定不用强制手段而是哄骗的方式让患者接受治疗符合患者的最佳利益。

10.2.3　现在的观点和人权

对患者进行强制治疗可能侵犯他们的人权。⑥ 在 X 案⑦中，法院不同意医院对一名神经性厌食症患者进行强制治疗，该判决指出：

> 很明显，本案涉及《欧洲人权公约》第 3 条和第 8 条规定的权利。在未征得她明确同意的前提下，在很长一段时间里，反复地强制喂食，尤其是使用身体强制手段，在我看来，这很可能构成了不人道的羞辱。这肯定已经对她的私生活和个人自治构成严重的干涉。

正如诺曼·坎托（Norman Cantor）所说："忽视一个身体重度残疾的残疾人的意愿以及感受，而只将代理人的意愿强加给他，违背人性。这像是用对待一个无生命的物体的方法，对待一名有希望的患者。"⑧ 我也曾提出，考虑到这些因素，我们应当尊重无意思能力人的意愿，除非遵循这些意愿会给他们造成严重伤害。⑨

---

① *Re MM（An Adult）*［2007］EWHC 2003（Fam），at para 121.
② *A Local Authority v Mrs A and Mr A*［2010］EWHC 1549（Fam）.
③ 比较 *Mental Health Trust v DD*［2014］EWCOP 44 案的判决。该案中，法官同意采用强制方式对患者注射避孕针剂。
④ Donnelly（2009a）.
⑤ *University Hospitals of Derby and Burton NHS Foundation Trust v J*［2019］EWCOP 16.
⑥ Herring（2008c）.
⑦ *A NHS Trust v X*［2014］EWCOP 35. 相关讨论参见 Coggon（2015）.
⑧ Cantor（2005：206）.
⑨ Herring（2008c）.

10.2.4 平等

法院也越来越重视《联合国残疾人公约》。第十五节将对此予以详细讨论。但法院强调应以和常人一样的方式对待精神障碍患者,这就包括尊重无意思能力人的个人意愿,不要过度保护。芒比法官在一次公共演讲中就此发表了意见,审理 CC 案①的法官非常赞同,并引用了这个观点:

> 事实是所有生命都会遇到风险,老年人和弱势成年人会遇到更多风险。和其他人相比,他们可以应对这些风险的资源更少。但正如聪明的父母会抵制冲动,不会把孩子永远用脱脂棉包起来一样,我们也必须避免冲动,不要总是把老年人和弱势成年人的身体健康和安全放在第一位。

10.2.5 现在的观点和其他因素

在 *Re M* 案②中,芒比法官反对用一个精确数学公式来衡量个人意愿及情感所占的权重,他认为应"具体问题具体分析"。他列举了衡量个人意愿及情感的权重时应考虑的因素:该患者丧失意思能力的程度;患者表达意愿的强烈程度及一致性;如果患者知晓其意愿无法实现时可能对其产生的影响;在具体个案中,患者愿望在多大程度上是"理性、明智、负责任以及实际可执行的","重要的是,如果能够实现患者意愿,在多大程度上,他的意愿可以和法院对患者最佳利益的整体评估相协调。"③

芒比的这一观点很有价值。因为这说明,对于一个无意思能力人当下观点的证明力,我们不应只有一种意见。如果她现在的观点来自有暴力的亲密关系带给她的幻觉,或是一个瘾君子的观点,那么我们有合理理由对这个观点予以区别对待。④ 在 TP 案⑤中,一位年轻女性想和自己的男友同居,但她的男友经常控制她的生活并且让她越来越不自信。和这个男友同居就不符合她的最佳利益。的确,在该案中,她的律师主张,她表达的不是自己的观点,而是她伴侣的观点。因此,我们不应寻求一个"放之四海而皆准"的方法,用来确定无意思能力人表达观点的证明力。以

---

① CC v KK [2012] EWHC 2136 (COP),[18].
② [2009] EWHC 2525 (Fam).
③ Para 35.
④ Van der Eijk (2016).
⑤ *Newcastle Upon Tyne CC v TP* [2016] EWCOP 61.

第四章 对治疗的同意

下案例就是一个很好的例子。①

重点案例

瓦伊河谷案②

一位73岁的老人B腿部严重感染。他患有精神疾病也有较长一段时间了，包括双相情感障碍和精神病症状③。在成年后的大部分时间，他都能听到天使以及天堂里的其他人告诉他吃什么药。他没有皈依任何宗教，但认为自己有宗教信仰。在处理腿部感染的问题上，他的医护团队建议截肢，但他反对。

杰克逊法官认定，他没有做出这一治疗决定的意思能力。这毫无争议。杰克逊法官适用了最佳利益原则，指出：

> 一旦证实某人没有意思能力，那么就必须作出符合患者最佳利益的判决。关于个人的意愿和情感、信仰以及价值观应在法庭上赋予多少证明力，尚无理论界限。在有些案件中，结论是几乎没有证明力，抑或不认可其证明力；在另一些案件中，则应赋予其重大的证明力。

他接着说：

> 显而易见，精神障碍患者的意愿、情感、信仰以及价值观对他们而言非常重要，就像一般人一样，甚至可能更加重要。因此，原则上讲，直接忽视的观点是错误的。

在本案中，患者现在的意愿和观点非常重要，因为这些意愿和观点：

> 一直存在，已经成为这个人不可分离的一部分。在这种情况下，把他当作一名曾因疾病困扰的健康人，我认为这并没有多少帮助。把他当作他现在的样子，这更现实，也更尊重他，也即他是一个有着自己内在信仰和价值观的个体。将B当作一名没有疾病的人，没有独特信念的人，就像谈论不懂音乐的莫扎特一样，毫无意义。

---

① Series（2016）；Johnson（2017）and Taylor（2016）都对这个案件做了讨论。
② Wye Valley NHS Trust v B［2015］EWCOP 60.
③ 阿尔茨海默病的症状。——译者注

值得注意的是，如果 B 是最近刚罹患精神疾病，导致他出现幻听，那么本案的判决结果可能完全不同。① 此时，考虑他患病前的愿望可能就有意义了。但在本案中，他现在的观点是他长期以来持有的观点，也是他之所以是他，他的宗教信仰的一部分。在 PW 案②中，患者反对截肢，理由是抗生素药可以治疗感染。他被认定为无意思能力。但瓦伊河谷案与此不同。在 PW 案中，患者明确表达了他不想死的愿望，但在瓦伊河谷案中，很明显 B 先生认为如果不截肢会死，他也愿意死亡。因此，在 PW 案中，法院认定实施截肢手术符合患者的最佳利益。

10.3　患者过去的观点

决策者在确定患者最佳利益时，应以尽可能合理确信的方式考虑：① 该人过去及现在的意愿（以及，尤其是在他有意思能力时做出的任何相关书面陈述）；② 如果他有意思能力的话，可能会影响他决定的信念以及价值观；③ 如果他有能力的话，在做决定时可能会考虑的其他因素。③ 患者过去的观点只是一个考虑因素。《心智能力法》并未采用替代性判断的标准（本章随后还将讨论）。④ 换言之，《心智能力法》不要求决策者推测患者如果有意思能力会如何决定，并据此作出决定。⑤ 但是，如果有相关因素可以帮助推测一个人在有意思能力时的行为选择，这种推测也应纳入考虑，以确定什么是患者的最佳利益。⑥ 阿赫桑（Ahsan）案⑦的纠纷主要涉及侵权法如何处理一个受伤严重且失忆的穆斯林妇女的治疗问题。她的家属希望能够按照穆斯林的传统对她进行治疗，但是这样做的经济成本更高。被告认为，因为她已失忆，因此接受穆斯林的传统治疗并不符合她的最佳利益。这一点遭到了赫加蒂（Hegarty）法官的坚决反对：接受穆斯林的传统治疗符合她的最佳利益——因为这反映了她一直以来的价值观。⑧

---

① *NHS Trust v QZ* [2017] EWCOP 11；*Cambridge University Hospitals NHS v BF* [2016] EWCOP 26.

② *East Lancashire Hospitals NHS Trust v PW* [2019] EWCOP 673，另请参见 *A Hospital NHS Trust v CD* [2015] EWCOP 74 及 Johnson (2017)。

③ MCA 2005, s. 4 (6).

④ *M v A NHS Trust* [2011] EWHC 2443 (Fam).

⑤ *Re P* [2009] EWHC 163 (Ch) 案对这一点也作了强调。

⑥ 当患者意愿和患者的最佳利益之间存在冲突时，法院应当如何解释《心智能力法》，参见 Herring (2009) and Donnelly (2009)。

⑦ *Ahsan v University Hospitals Leicester NHS Trust* [2006] EWHC 2624 (QB).

⑧ para 21.

在布里格斯案①中，法官认为，评估布里格斯先生在能够表达自己意愿时的想法是确定他的最佳利益的关键，应予优先考虑，甚至要优于想要活下去的推定。但是，查尔斯法官认为，对上述问题的评估有赖于案件事实。也有一些案件，遵从评估出的患者能够表达意愿时的想法并不符合他们的最佳利益。

确认患者过去的观点并不容易。在 M 案②中，贝克法官没有考虑患者在患病前的几年里所做的不想依靠别人的这一概括性言论。这些话语过于模糊，不能帮助法院在后期出现的特定情况下做出相应判决。贝克法官似乎认为只有与患者病情直接相关的清楚表达才具有足够的重要性。

部分案例中，患者现在的意愿和过去的意愿之间可能会有冲突。根据本法第 4 条第 6 款规定，这两种观点都应予以考虑。玛丽·唐纳利认为当二者冲突时，如果对患者最佳利益的评估没有明确结论，那么现时意愿更重要，应予以优先考虑。③然而，这一观点存有争议。患者过去的意愿是患者在有意思能力时做出的，因而有人认为这些意愿应当比现在是无意思能力时做出的意愿更重要。丹尼尔·布罗德尼④（Daniel Brudney）认为，应当判断哪种意愿更能反映患者的真我。这就要考虑患者生活中的基本价值观。

在 A 夫人和 A 先生案⑤中，判决认为节育治疗符合 A 夫人的最佳利益，这主要是因为在 A 夫人认识 A 先生前一直希望避孕。但是该案表明应在现实需要与过去需要之间进行平衡。尽管在 A 夫人同意的情形下节育治疗符合她的最佳利益，但强迫她避孕就和她的最佳利益相悖。该判决做出后颇有争议。笔者对这一判决也提出了批评，因为它低估了不接受避孕治疗的危险。⑥难道不应该更加重视她在遇见 A 先生之前的自由意愿，而不是在 A 先生影响之下被 A 先生强迫的观点？尽管迫使 A 夫人接受避孕注射是对她身体完整权的侵犯，但是这样的侵犯不是远小于一次意外怀孕对她造成的伤害吗？

10.4 患者家属及护理人员的观点

在分析患者最佳利益时，还应考虑下列人员的观点：① 由患者指定、在讨论治

---

① *Briggs v Briggs* [2016] EWCOP 53.
② *M v A NHS Trust* [2011] EWHC 2443（Fam）.
③ Donnelly (2009a). See also Herring (2009d).
④ Brudney (2009).
⑤ *A Local Authority v Mrs A and Mr A* [2010] EWHC 1549（Fam）.
⑥ Herring (2010b).

疗或类似问题需要咨询的人；② 照顾患者或者与患者的福利有利益关系的人；③ 患者订立的持久委托书中指定的受托人；④ 由法院按照患者最佳利益为该患者指定的代理人。① 决策者可以扩大范围，咨询更多的人，但这不是法定义务。② 法律并未明确规定家属意见的重要性。如果患者家属都持某种宗教信仰，并且都反对患者所需的输血治疗，他们的意愿还占优势吗？很可能不会。在这类案件中，家属意愿仅仅是一个因素；按照社会的一般理论，我们也很难将患者的死亡视为符合患者最佳利益。③ 只有在家属意愿对确定患者最佳利益有所助益时，才会予以考虑。④ 它们从来都不是法院作出一个违背患者最佳利益的裁决的合理理由。⑤ 如果一个家庭成员虐待患者，他的观点就更不重要。⑥ 在艾迪恩丝（Aidiniantz）案⑦中，一位老妪的子女们的意愿就被认定为没有证明力。他们毫不关心自己母亲的福祉，只想着自己。但在 E 案⑧中，法院判定，尽管没有"由家属照顾缺乏意思能力的人比由机构照顾更好"的推定，但是，"通常认为，如果缺乏意思能力的人一直由其家属照顾，那么由家属继续照顾比将其交由机构照顾更好。"⑨

评估患者最佳利益关键在于分析什么对患者最好，而不是什么对患者的家人和护理人员最好。但是这二者之间并无清晰界线。在 DE 案⑩中，DE 无同意结扎手术的意思能力，法院考虑到不做结扎手术，他的父母会担心，DE 也不想父母担心。而且不做结扎手术，他也不能和他的女朋友保持一段稳定的关系，因此，法院下令 DE 应接受结扎手术。此案中，DE 与父母及女友的关系就在审判中起了重要作用。更有争议的类似案例如下：

---

① MCA 2005, s. 4 (7).
② DCA (2007: para 4.23).
③ 父母拒绝让医护人员为其子女输血被法院否决的案件，参见 An NHS Trust v Child B [2014] EWHC 3486 (Fam)。
④ Re MM (An Adult) [2007] EWHC 2003 (Fam), at para 108.
⑤ A Primary Care Trust v P, AH, A Local Authority [2008] EWHC 1403 (Fam). See also MCC v WMA [2013] EWHC 2580 (COP).
⑥ IIBCC v LG [2010] EWHC 1527 (Fam).
⑦ Re Aidiniantz [2015] EWCOP 65.
⑧ A Local Authority v E [2007] EWHC 2396 (Fam), [66].
⑨ 更多讨论参见 Herring (2009a)。
⑩ A NHS Trust v DE [2013] EWHC 2562 (Fam).

重点案例

Re Y（成年病患）骨髓移植案①

25 岁的 Y 患有严重的身体疾病和精神障碍。她生活在一个社区照顾中心，她的母亲会定期看望她。Y 的妹妹患有一种严重的骨骼疾病，她唯一治愈的可能是接受骨髓捐赠。从医学上讲，Y 是一个适格的捐献人，但由于她的残疾，她不能表示同意。Y 的妹妹诉至法院，要求法院授权骨髓移植。

康奈尔（Connell）法官作出了授权骨髓移植的宣告。法院的理据是，捐献骨髓给妹妹会让 Y 的母亲受益，而 Y 的母亲对于 Y 的幸福有重要影响。Y 的母亲身体状况不佳，部分是因为担心 Y 的妹妹的健康引发的焦虑。有证据表明如果 Y 的妹妹去世，对 Y 的母亲将是致命的打击。如果 Y 的母亲也去世，这会让 Y 感到特别痛苦。此外，法院认为 Y 从移植手术中会获得来自社会的肯定，得到情感上的满足。康奈尔（Connell）法官认为手术仅需要 Y 承受极小的损伤，这也是判决授权进行该捐献的重要原因。

事实上，有人认为，如果完全不考虑护理人员的利益（尤其是护理人员是患者家属时），并不符合患者在生活中的最佳利益。② 几乎没有人会赞同以下观点：当他们丧失意思能力时，法院会做出一个让他们获益不多，但会严重伤害照顾他们的人的判决。③ 事实上，没有哪个照顾者在为缺乏意思能力的人做决定时仅仅考虑患者的最佳利益。④

在 Re G（TJ）案⑤中，一位妇女丧失了意思能力，此前，她一直资助她疼爱的女儿，她的女儿也需要她的资助。在她丧失了意思能力时，问题出现了：她是否应当继续资助她的女儿？摩根（Morgan）法官认为：

---

① *Re Y (Adult Patient) Transplant: Bone Marrow* [1997] Fam 110.
② Herring and Foster (2012).
③ Herring (2008a). See also the discussion in DCA (2007: Chap 5).
④ See further Herring (2008b).
⑤ [2010] EWHC 3005 (COP).

> 最佳利益标准中的"利益"一词并未限制法院只考虑患者的自身利益。患者的现实意愿,无论利他与否,无论是直接或间接的利己,都是相关因素。而且,患者在有意思能力时做出的利他意愿,也是相关因素。①

正如该案所示,不应以一种利己的方式解读"最佳利益"的内涵。它包括一些有利于患者朋友或家属的利他行为。该案就是一个强有力的证明,因为有充分证据表明,该妇女在有意思能力时就想资助她的女儿。同样,在 Y 案②中,法院认为为昏迷男子实施取精手术符合他的最佳利益,这样,他的伴侣就可以用这些精子受孕。即使他不能直接从这一行为中受益(他已濒临死亡),但可以推定,他希望帮助他的伴侣生育子女,所以这符合他的最佳利益。

另一案件则没那么明显。在 Re N(剥夺自由问题)案③中,法院面对的这个学习障碍患者存在恋童癖倾向。④ 法院要解决的问题是是否允许他单独出入社区。他对自己的恋童癖问题没有认知,所以他缺乏做出相关决策的意思能力。法院判定,在无人陪同时,他留在自己家里符合他的最佳利益。对该判决持批评态度的人可能主张,剥夺他的自由是为了他人(附近的儿童)的利益,而非为了他自己的利益。但是支持者也可以主张,从宽泛的意义上讲,如果他侵犯儿童而犯罪,这肯定违背了他的利益。

同样,在斯克里帕尔案⑤中,这位无意思能力的患者可能是一个化学武器的受害人,因此法院认定对其进行检查符合他的最佳利益。即使检查可能不能帮助他的治疗,但任何一位理性的公民都会支持法治精神,认同应对罪犯进行处罚。从患者的角度看,这并不符合让他快乐的"最佳利益",但这可以视为一个理性公民应有的责任。本案也可以和 Re JMA 案⑥进行比较。该案中,法院认定,代表患者进行经济事务安排,节约继承税,这符合患者的最佳利益。尽管众所周知,人们在避税问题上存在分歧。但考虑到在她有意思能力时,她曾有节税的行为,因此节税符合她的最佳利益。本案中,他们生存时的价值观这一因素的分量就胜于理性公民可能怎么做这一因素。

---

① para 56.
② *Y v A NHS Trust* [2018] EWCOP 18.
③ *Re N(Deprivation of Liberty Challenge)* [2016] EWCOP 47.
④ 他曾为了满足个人的性需求去接触儿童。
⑤ *Secretary of State for the Home Department v Skripal* [2018] EWCOP 6.
⑥ *Re JMA* [2018] EWCOP 19.

10.5 人身限制措施或武力的使用

对患者实施人身限制措施或使用武力的情形适用一些特殊条款。法律规定必须遵守自由保障措施（liberty protection safeguards）。第五章将对此予以讨论。

10.6 独立心智能力律师

2005年《心智能力法》第35条独创性地规定了独立心智能力律师一职。独立心智能力律师（Independent mental health advocates，IMHA）职位由卫生机构设立。该法第36条规定了该工作的职责。如果可以商议所涉患者利益的合适人选，只有一名专业护理人员，那就需要独立心智能力律师。独立心智能力律师的职责包括为缺乏意思能力的人提供支持、确定他们的意愿及感受。他们可以进一步询问相关医务人员的意见并获取其他信息。法律规定独立心智能力律师可以对任何涉及缺乏意思能力人的医学决策提出质疑。根据该法第37条规定，如果有人提议为患者提供"重要的医疗方案"，① 除非情况紧急，否则必须为患者指定独立心智能力律师。

11. 儿童的同意

11.1 谁可以替儿童对治疗做出同意？

儿童是未满18周岁的人。② 如上所述，如果医生没有患者同意的"防弹衣"就对儿童进行治疗，该医生的行为可能既构成侵权，又构成犯罪。下列人员都可以为医生提供这种"防弹衣"（即表示同意）：

11.1.1 16周岁以上的儿童

1969年《家事法修正法》第8条规定，16周岁以上的儿童可以对治疗表示同意，并且这种同意具有与成年人做出同意的同等效力。换言之，法律推定，他们具有意思能力。如果有证据证明他们没有意思能力，那么可以依据1989年《儿童法》

---

① 对该短语的定义可以在法律条文中找到。
② Family Law Reform Act 1969, s. 1.

基于保护他们的福利作出裁定。16周岁以上的儿童可以同意的治疗措施包括诊断以及辅助治疗（例如麻醉药物的使用）。① 但是，这并非指每项"医疗程序"。整容手术、器官捐献或者科研都不属于"治疗"。但即使某项医疗程序不是治疗，若16周岁以上的儿童能够证明他们具有吉利克（Gillick）能力②，他们就可以对该医疗程序作出同意。我们接下来讨论吉利克能力这一概念。

11.1.2 具有"吉利克能力的儿童"

如果一名儿童能够证明他已足够成熟，可以就讨论事项做出决定，那么该儿童可以对该医疗程序作出有效同意。③ 吉利克案④的判决首次承认了有相应意思能力的儿童的概念。之后，这样的儿童被称为"有吉利克能力的儿童"。在新近的一个重要案例 Re S（未成年生子；收养；同意）案⑤中，科布法官认为，可以根据2005年《心智能力法》划定标准，从而判断某个儿童是否具有吉利克能力。⑥ 这个儿童应该足够理智和成熟，可以① 理解一个决定的性质及其意涵，以及如何执行该决定；② 理解如果不采用该决定带来的结果；③ 能够储存信息，直至运用信息决策之时；④ 权衡各种信息并作出决策；⑤ 将自己的决策表达出来。以下将通过案例对涉及的部分进行重点讨论来进一步阐释这一概念：

（1）该儿童必须理解这些医学问题。和成年人一样，儿童必须理解医生提出的治疗方案，以及不接受治疗的结果和治疗效果。这意味着某项手术越复杂，儿童就越难证明他具有相应意思能力。⑦ 在 Re E 案⑧中，一个有某种宗教信仰的儿童拒绝输血。他被认定为无相应意思能力，因为他不能理解如果不接受输血治疗，他将经历一个缓慢而痛苦的死亡过程。在涉及儿童拒绝挽救生命治疗的部分案件中，法官也做出了类似决定。⑨ 由于医生们认为这些儿童会太过紧张以至于向他们隐瞒了有关死亡的信息，因此这些儿童并不知道他们死亡的本质。但也基于此，这些案例遭

---

① Family Law Reform Act 1969, s. 8 (2).
② Family Law Reform Act 1969, s. 8 (3)明确地保留了有关儿童同意的普通法。
③ Re JS (A Child) (Disposal of body) [2016] EWHC 2859 (Fam), Huxtable (2018) 对此进行了讨论。
④ Gillick v W Norfolk AHA [1985] 3 All ER 402.
⑤ Re S (Child as parent: Adoption: Consent) [2017] EWHC 2729 (Fam).
⑥ 在此之前，法院没有依据2005年《心智能力法》来判定未成年人是否具有吉利克能力。
⑦ 见 Gilmore and Herring (2011) 对这一问题的讨论。
⑧ [1993] 1 FLR 386.
⑨ Re S [1994] 2 FLR 1065.

到了批评。因为医生决定不告知儿童相关信息,而以儿童不知晓这些信息为由认定其没有相应意思能力,这很难有说服力。正如蒙特哥马利所言,"是成年人拒绝让儿童知晓相关信息的行为导致儿童无相应意思能力,而非儿童本身的理解能力导致。"①

(2) 儿童必须理解某项治疗所涉及的"伦理和家庭"问题。② 尽管法院强调这一点,但是卫生和社会保障部以及英国医师协会的指南中并没有提及儿童需要在道德上足够成熟。③ 或许如果儿童能够理解所涉及的医学问题,就可以推定他也能理解关键的道德问题。

(3) 儿童只需达到能够为该治疗作出同意的成熟程度。换言之,某儿童的成熟程度可能足以同意一个简单的手术,而不足以同意一个更加复杂的手术。注意,法律并未规定具有吉利克能力的最低年龄。在 A、B 和 C 案④中,法院认定,一个年满 13 周岁的女孩有意思能力,可以作出堕胎决定。

(4) 如果儿童有时表现出有意思能力,有时又表现出没有意思能力,应当认定为没有意思能力。⑤ 这里的关键在于确保法律具有可操作性。在医院为一名十来岁的儿童进行治疗时,如果该儿童时而有意思能力,时而没有意思能力,医院就会遇到困难,因为每次对他实施治疗时都要先对他的意思能力进行评估。

(5) 需要向法院证明某位儿童已经足够成熟,可以自主决定,而非仅仅重复他们父母的意愿。这一考虑因素在以下情形中特别重要,即法院认为经历过严格宗教教育的儿童尚不明白理解世界的多种方法,因而不具有意思能力。⑥ 例如在 *Re S* 案⑦中,一位 15 周岁持某种宗教信仰的儿童拒绝输血,但她无法解释原因。法院因此认为她没有足够的意思能力,不能自主决定。在 *Re L* 案⑧中,虽然该专家并未与涉案女孩见面,但专家认为,这名 14 周岁、持该宗教信仰儿童的宗教观点仅仅是她父母以及当地教会观点的反映。

---

① Montgomery (2003:292).
② [1985] 3 All ER 402, at 424 (Lord Scarman). But see Montgomery (2003:290) 并不认为需要这一点。
③ DoH (2001c); BMA (2001).
④ *An NHS Trust v A, B and C* [2014] EWHC 1445.
⑤ *Re R* [1991] 4 All ER 177.
⑥ *Re L* [1998] 2 FLR 810.
⑦ [1993] 1 FLR 376.
⑧ *Re L* [1998] 2 FLR 810.

（6）在评估一名儿童是否有意思能力时，法院不能因为该儿童作出的决定"错误"，就认定该儿童没有意思能力。①

如果一个医生认为该儿童有意思能力，在征得其同意后实施了治疗，但随后法院认定他无意思能力，法律对这一问题的态度尚不清楚。肯尼迪（Kennedy）曾建议，如果医生善意地认为该儿童有意思能力，法院就不能认定该医生实施了犯罪行为。②但是，医生的错误评估行为是否会为民法侵权指控提供抗辩理由，这也不清楚。在涉及成年人的案件中，法院如果发现医生错误地将患者诊断为无意思能力时，其更倾向于判给受害人损害赔偿金。③

11.1.3 享有父母责任的人为儿童作出的同意

享有父母责任的人可以为子女就某项治疗作出同意。前文已经讨论了享有父母责任的主体。④

11.1.4 法院裁定

法院可以根据 1989 年《儿童法》第 8 条规定或者根据固有管辖权做出授权医生开展治疗的裁定。法院也可以裁定禁止向儿童提供某种治疗。如果当事人诉请法院授权或禁止治疗，法院将会根据儿童福利作出裁判。⑤注意，作为医事法的一般原则，法院只能批准或禁止医生建议的治疗，但不能下令他们实施某个治疗。

11.1.5 必要性抗辩

若情况紧急，为避免儿童死亡或遭受严重伤害需要立即进行治疗时，医生可以在未获得法院判决或父母同意的情况下实施治疗。在挽救生命的治疗中也是如此，即使父母反对也可以实施。⑥但是，只有在医生没有充足时间寻求父母或者法院同意的情形下，该抗辩理由才可适用。必须承认必要性原则的适用范围并不确定，是否可以用其为不太严重情形的治疗提供正当理由还有待讨论。比如，如果一名儿童在医院割伤了手指，护士想要在小伤口上贴上创可贴，这也需要先获得父母的同意

---

① *South Glamorgan CC v B* [1993] 1 FLR 574.
② Kennedy（1991a：107）.
③ *St George's Healthcare NHS Trust v S* [1998] 3 All ER 673.
④ 本章"无意思能力的儿童"一节讨论了这个问题。
⑤ Children Act 1989, s. 1.
⑥ Eg *Re O* [1993] 2 FLR 149.

吗？如果无法和父母取得联系，那就必须向法院提出申请吗？莱弗里（Lavery）认为，必要性理由可以作为常规医学治疗的合理理由。① 尽管没有明确的司法判例支持这一意见，但这似乎是一个明智的建议。

11.1.6 1989 年《儿童法》第 3 条第 5 款

1989 年《儿童法》第 3 条第 5 款规定，"为了保护或者促进儿童福利"，儿童的照顾者"可以做常人认为合理的任何事情"。在 B 诉 B 案②中，有人认为这也包括对医学治疗表示同意的权利。但这在何种程度上是正确的尚不清楚。这种合理的事项很可能包括在小创口上贴创可贴，但绝大多数学者认为，这一规定并未授权医生实施父母反对的治疗，或者是不可逆的大型手术。

11.2 决策者之间的分歧

11.2.1 医生和父母或儿童

不能仅因为父母或者有吉利克能力的儿童同意某项治疗，就意味着医生一定要提供该治疗。因此，即使医生认为要求实施整容手术的儿童具有吉利克能力，医生也不是必须要为他实施这一手术。③ 对成年人如此，对儿童亦然。不仅如此，法院也不能要求医生以一种医生们认为不适当的方式对儿童进行治疗。但是，如果一个医疗团队要对未成年患者实施手术，他们就需要先得到享有父母责任的人的同意或者是一个有吉利克能力的儿童的同意。如果未能得到其中任一种同意，他们需要诉请法院授权，除非情况紧急需要立刻对儿童实施手术。④ 应当记住的是，在紧急情况下，通常可以在一个小时内找到法官审结案件。法院将会做出一个最有利于儿童福利的裁定。

另一个问题是，是否存在不能对儿童实施的某些特殊治疗，须等到儿童成年后才可以。一个典型例子是对阴阳人实施的手术，最好等到儿童长大可以自主决定时

---

① Lavery (1990).
② B v B [1992] 2 FLR 327.
③ 参见 Re R [1991] 4 All ER 177, at 184; Re C (Detention: Medical Treatment) [1997] 2 FLR 180.
④ Glass v UK [2004] 1 FCR 553 and Royal Wolverhampton Hospitals NHS Trust v B [2000] 1 FLR 953.

再实施手术,确保其看上去像我们传统认知中的男性或女性。① 当然,他们也可以决定不做这种手术。

11.2.2 如果儿童和父母之间存有分歧

上诉法院在 *Re R*② 和 *Re W*③ 案中采取的态度是医生只需要一件"防弹衣"就可以保护自己免于法律诉讼。这意味着有下列任一种情况时,医生可以提供治疗:

- 有吉利克能力儿童的同意,但是父母反对。
- 享有父母责任的父亲或母亲同意,但是有吉利克能力的儿童反对。
- 尽管父母和儿童反对,但是法院授权准予治疗。④

简言之,如果儿童具有吉利克能力但拒绝治疗,但如果父母同意或法院批准的话,医生可以对其进行治疗。同样,如果有吉利克能力的儿童同意治疗,但父母反对,医生也可以开展治疗。

但最近的一些案件说明这一结论可能存在一些问题。在 R(Axon)案⑤中,西尔伯(Silber)法官认为,一旦儿童被认定为有吉利克能力,父母就丧失了1998年《人权法》规定的尊重其家庭生活及为子女作决定的权利。如果就此认为法院不会遵循 *Re R*⑥ 以及 *Re W*⑦ 案的判决,这是对这一判例的过分解读,但现实表明法院对基于儿童权利的辩护意见⑧持越来越开放的态度。在 A、M 和 P 案⑨中,海登(Hayden)法官总结说:

> 一个不满十六岁的女孩能够理解所有相关建议及其后果,因此,法律将以一个有自主权的个体对待她。这并不意味着她的观点具有决定性,但对她的观点应予以重视。⑩

---

① Garland and Slokenberga (2019); Newbould (2016); Herring and Chau (2002).
② [1991] 4 All ER 177.
③ [1992] 4 All ER 627.
④ 如有必要,可以运用合理程度的武力确保对拒绝治疗的儿童实施治疗,*Re C (Detention: Medical Treatment)* [1997] 2 FLR 180。
⑤ *R (Axon) v Secretary of State for Health* [2006] EWHC 37 (Admin).
⑥ [1991] 4 All ER 177.
⑦ [1992] 4 All ER 627.
⑧ Taylor (2007).
⑨ *An NHS Trust v A, M and P* [2014] EWHC 920 (Fam).
⑩ Para. 12.

这就和 A、B 和 C 案①形成了鲜明对比。在该案中，莫斯延（Mostyn）法官总结说，一个十三岁的女孩有能力就堕胎问题作出决定，因此，她"可以自主决定"。对于堕胎是否符合该女孩的最佳利益，没有明确共识，因此，有吉利克能力的女孩可依自己的观点决定该问题。②

Re R 和 *Re W* 案体现的法律极富争议，这些法律似乎与保护儿童权利的主流背道而驰。举一个极端的例子，这可能意味着如果一个有吉利克能力的 15 岁的怀孕少女不希望堕胎，但她的父母希望堕胎，医生就可以合法实施终止妊娠的治疗。本章后文将再对这些问题进行深入讨论。应当注意，这里的规则是，如果父母反对，医生可以对儿童进行治疗，但不是必须如此。在上述情境中，医生不太可能会对一个表示不同意的十来岁的青少年进行治疗。因此，事实上，担心儿童权利会被轻易忽视的观点有些言过其实。如果父母以伤害儿童的方式履行父母责任，按理说这是无效的。

在斯蒂芬·吉尔摩（Stephen Gilmore）和笔者③对这部分案例法所做的解释中，我们提出 *Re R*、*Re W* 案中涉案儿童都被法院视为有同意治疗的吉利克能力，但缺乏拒绝所有治疗的意思能力。我们认为这并不矛盾。因为要想同意一项治疗，你只需要在大体上理解被提议的治疗措施，但是要拒绝所有的治疗时，则需要理解拒绝治疗的后果。因此，一个膝盖上有划伤的儿童可以理解在膝盖上贴上创可贴的意义，从而能够作出同意。但是，他们可能不理解不治疗这处划伤可能的后果，例如患上坏血病，因而他们没有拒绝的能力。如果这是对这一领域判例法的正确理解，那么我们尚缺少一个权威判决，说明当有吉利克能力的儿童拒绝所有治疗时，父母可以推翻。④

11.2.3 如果父母之间有分歧

1989 年《儿童法》第 2 条第 7 款规定，享有父母责任的父母一方可以单独对治疗作出同意，无须咨询另一方或者和另一方达成一致意见。但是，法院曾指出涉及子女重要事项时，父母必须相互协商。哪些事项会被认为是重要事项尚不清楚。在

---

① *An NHS Trust v A , B and C* [2014] EWHC 1445.
② Moreton（2015）给了一个有益的讨论。
③ Gilmore and Herring（2011）. 另请参见 Tucker（2016）。
④ 参见 Cave and Wallbank（2012），他们对此坚决反对。更多讨论参见 Gilmore and Herring（2012）。

Re J 案①中，法院认为包皮环割术是一个重要事项。*Re B* 案②中，不对儿童注射麻风腮三联疫苗的事项亦然。毫无疑问，堕胎及整容手术也应包括在内。这些案例表明，享有父母责任的父母应当互相协商，如果他们不能达成一致，应当向法院提出申请，由法院对该事项作出决定。③

11.2.4　法院与父母之间发生分歧

如果当事人对儿童疾病的治疗方案存在分歧，法院仅仅需要确定哪种方案符合儿童的最佳利益。④ 在耶茨案⑤中，上诉法院法官麦克法兰（McFarlane）彻底检视了案例法，最后确认说：

> 我查找的法律反复强调，最重要的一个原则是儿童最佳利益，即使父母出于良好意愿持有不同的观点，也应适用儿童最佳利益原则。

如果儿童或者父母的观点不符合该儿童的福祉，那么法院可以忽视该儿童或父母的观点。⑥ 正如沃德法官所说："父母有权让自己成为殉道者，但这并不意味着，他们有权在相同情况下让他们的子女也成为殉道者。"⑦ 在耶茨案中，上诉法院明确否认了以下观点：只有在父母意愿会给儿童造成重大伤害时，才应否定他们的观点。

拉奇卜案⑧的判决对现行法做了一个很有帮助的总结：

（1）儿童最佳利益仍是首要考虑因素。法院在行使管辖权时的任务就是接过父母的职责，从儿童最佳利益出发，作出同意或拒绝。这是法院的任务和职责：独立地作出客观的判决。

（2）法院要处理的问题是依照儿童最佳利益判断，是否应采用某个治疗。"最佳利益"应按照这一术语最广泛的意义使用，其包括了各种可能影响判决的因素，

---

① ［2000］1 FLR 571.
② ［2003］EWCA Civ 1148.
③ 应当根据 1989 年《儿童法》第 8 条的规定进行申请。
④ Children Act 1989, s. 1. *Great Ormond Street v Yates* ［2017］EWHC 1909（Fam）.
⑤ *Great Ormond Street Hospital for Children NHS Foundation Trust v Yates* ［2018］1 All ER 569.
⑥ 欧洲人权法院在 *Gard v United Kingdom*（2017）65 EHRR 81 对这一方法给予了肯定。
⑦ *Re E* ［1993］1 FLR 386.
⑧ *Barts NHS Foundation Trust v Raqeeb* ［2019］EWHC 2531（Admin）and ［2019］EWHC 2530（Fam）.

包括但不限于医学因素、情感因素、感官因素、直觉因素等。这一问题的判断并非数学计算，在每个具体案件中，法院必须尽其所能评估甚至相互矛盾的各种因素，从而作出最后的裁判。在这种语境下，我们应该回忆一下赫德利法官在朴次茅斯国民医疗服务体系信托机构案①的金句："本案触及了支持建构我们人性的一些基本原则。这些原则在立法机关的法律文本中找不到，在法院的判决中也找不到，但在人类的心灵深处却可以找到，要么是按照上帝的形象创造的人性，要么是一种公认的人道主义伦理。"

（3）每个案件都有各自的事实，个案只能依靠该案的具体事实。

（4）法院在审判中不必遵循医生的临床诊断，但必须根据儿童最佳利益形成自己的观点。

（5）思考的出发点是推定患者的具体观点，再从这一观点出发思考当下的问题。法院需要考虑的是患者对治疗的态度或患者可能的态度。在这种情况下，必须考虑儿童的观点，并结合儿童的年龄和智识予以考量。

（6）法院倾向于推定采取一切措施保护生命，因为每个人都有强烈的生存本能，因此，必须推定患者亦是如此②。但是这一推定并非不能推翻。如果这么做带来的快乐和生存质量有限，而痛苦和其他负担太多，那就可以推翻推定。在这种情况下，正如我在 Re Y 案③中注意到的那样，《欧洲人权公约》第 2 条有关生命权的规定对维持生命的治疗施加了一个积极义务，但该义务不能延伸至那些本质上无效而且负责任的医学专家的意见也认为不符合涉案患者最佳利益的治疗④。

（7）必须考虑医患双方的意见。如果父母非常了解他们的孩子，那么父母的意见也非常重要。但是，法院必须留心，父母的观点很可能带有个人的感情色彩，虽然这符合人之常情。法律并未要求在判断什么是子女最佳利益时，应先评估父母意见的合理性。

（8）法院必须考虑诉争治疗方式的性质、步骤，以及成功前景，包括接受治疗后患者的预后。

（9）必须关注儿童的权利，尤其是《欧洲人权公约》第 2 条规定的生命权以及

---

① *Portsmouth NHS Trust v Wyatt and Wyatt, Southampton NHS Trust Intervening* [2005] 1 FLR 21.
② 参见 *Airedale NHS Trust v Bland* [1993] ACR 789 at 825。
③ Re Y (*No* 1) [2015] EWHC 1920 (Fam) at [37].
④ 参见 *R (Burke) v The General Medical Council* [2005] EWCA 1003。

第8条规定的对私生活和家庭生活的尊重。同时，也必须关注患者权利，尤其是第8条规定的对私生活和家庭生活的尊重。本案还关涉塔菲达（Tafida）及其父母根据《欧洲人权公约》第9条享有的思想、宗教信仰自由，法官也必须予以考虑。

（10）也有一些特殊案件，即使考虑到儿童以及人类求生的最大可能，因为治疗会给他们带来更多痛苦，却不能带来相当的利益，因此让儿童接受治疗也不符合他们的最佳利益。

法院在审理拉奇卜案具体适用这些制度时指出，评估儿童福利的出发点是推测该儿童的观点，即使这种推测对一个年幼的儿童而言较为困难。值得注意的是，在审判中，麦克唐纳（MacDonald）法官认为，不应认定塔菲达已经接受她家庭的宗教观点。但他赞同，"如果可以询问她的意见，那么她不会断然拒绝继续活下去。尽管活下去，在绝症晚期最好的情况下她也只有微弱的意识，但她没有多少痛苦，而且在亲人们的关爱下，活下去也符合她形成的'生命是珍贵的'认识，遵从了父母的宗教习惯的愿望以及对残疾不予置评的态度。"

尽管法院会依据儿童最佳利益作出裁判，但是法院不会要求医生违背他们的临床判断实施治疗。①

11.3　对父母同意的限制

有没有一些医疗程序，父母无权同意呢？有一些手术，未经法院准许就不能对儿童实施。不幸的是，法律对于该问题并无指导性规定。有学者建议下列手术必须得到法院同意才能实施：

• 非基于治疗原因而实施的节育手术。②

• 拒绝接受维持生命的治疗。（有学者提出，如果家长拒绝维持生命的治疗，那么在遵循家长的意愿前，医生应当获得法院的准许）。③

• 堕胎。④

• 捐献不可再生的器官。⑤

---

① R（Burke）v GMC [2005] 3 FCR 169. St George's Healthcare NHS Trust v P [2015] EWCOP 42案中，似乎患者可以要求医生进行治疗。但Keene（2016）对该案做了恰当的解释，最终的判决并非这个意思。

② Re B [1987] 2 All ER 206，214 (Lord Templeman).

③ Bevan (1989：25-6).

④ Re P（A Minor）(1982) 8 LGR 301.

⑤ Re F [1989] 2 FLR 376, at 390 (Lord Donaldson MR) and at 440 (Neill LJ).

在法律没有明确规定的情况下，如果医生对是否实施手术不确定，那就应当寻求法院的许可。在患者要求进行富有争议的整容手术时就应当这样做。

法律应当在多大程度上允许父母同意那些对儿童"不利"的医疗程序，诸如骨髓捐献或者科学研究等，这一直以来都存有争议。① 反对的观点认为，对于有心智能力的成年人，未获得本人同意就不能让他们参与此类医疗活动，对儿童也应适用同样的原则。支持的观点认为，参与这些利他性的医疗活动也可以增进儿童的福利。

12. 个人不能同意的治疗

这部分，我们将重点阐述两个问题。

第一，不能仅因为一个有意思能力的人想要某种治疗，就以为他有权接受该治疗，② 这一点经常被反复强调。相反，医生有权拒绝提供该治疗。③ 如上所述，法院不会迫使医生实施他们不想实施的治疗。④

第二，即使医生和患者协商一致，同意实施某种外科手术，法律仍可能禁止实施。公共政策禁止实施某些手术。这方面的主要案例是布朗案⑤。该案中，上议院判定，除非有支持该行为的公共政策，否则即使该"受害人"同意，造成其实质性的身体伤害或者更严重伤害的行为仍然违法。该案中，虽然"受害人"自愿同意双方当事人间的施虐受虐行为，实施暴力的这群人仍被判犯有暴力犯罪。很明显，在绝大多数传统医学治疗中，证明某项治疗符合公众利益并不困难。⑥ 但是，有人可能会主张非标准程序的治疗不合法，甚至有人会质疑美容手术一类的治疗是否属于"治疗"。⑦ 在 BM 案⑧中，一位文身艺术家为别人实施了身体改造，比如去掉一个耳朵，将舌头开叉。法院认定该艺术家有罪。法官们认为，在

---

① Lyons (2011). 对变性儿童应如何应对，存在大量争议。参见 e.g. Baker (2019).
② Maclean (2001).
③ *Re J (A Minor) (Wardship: Medical Treatment)* [1990] 3 All ER 930.
④ *An NHS Trust v L* [2013] EWHC 4313 (Fam); *Re C (A Minor)* [1998] Lloyd's Rep Med 1.
⑤ *R v Brown* [1993] 2 All ER 75.
⑥ Ibid, at 109-10.
⑦ Griffiths and Mullock (2016).
⑧ *R v BM* [2018] EWCA Crim 560.

合法地文身、穿刺以及违法地移除身体部分或改造身体之间存在界限。法院强调，文身艺术家不能确保患者是否有意思能力作出同意，这些手术在医学上也不合适。但如果医生确信患者具有意思能力作出改变身体的决定而且相关手术也符合医学标准，法律是否允许医生进行此类手术，法院将这一问题留给未来解决。现在，节育手术①、变性手术②、器官移植③以及包皮环切手术都已合法。④但下面这一情况是否合法仍不清楚。

请思考

如果医生实施了以下手术，其行为是否构成犯罪？⑤

2000年，55岁的纽约精神分析学家格雷格·弗思（Gregg Furth）到英国拜访部分精神病专家和一名为两位身体完整认知障碍症（Body Integrity Identity Disorder, BIID）患者截除健康双腿的医生。弗思先生能够回想起，从他未满十岁起，他就感觉他的右腿下半部分不是自己的。从那时起，他常常希望手术切除右腿下半部分并且花了好几年寻找一个愿意为其截肢的外科医生。弗思先生经过多年心理治疗，仍无法改变他对腿的这种感觉。英国的两位精神病专家对其进行了评估，评估结果认为他有能力自主决定，并且他患有身体完整认知障碍症。两位精神病专家都建议他截肢，外科医生也同意实施该手术。但在手术即将开始前，医院撤回了有关允许在其医院内实施该种手术的许可。⑥

特蕾西·埃利奥特（Tracey Elliott）在她有关躯体变形障碍案例的评论〔也被称为躯体完整性身份障碍，（Apotemnophilia）〕中总结道：在一些案例中，应当准

---

① *Gold v Haringey HA* [1987] 2 All ER 888.
② Gender Recognition Act 2004.
③ Human Organ Transplants Act 1989.
④ *Re J* [2000] 1 FCR 307, 2003年《禁止切割女性生殖器法》（the Female Genital Mutilation Act 2003）禁止对妇女进行阴蒂切除术。关于男性包皮手术的伦理学，参见 Mazor（2019）; Earp, Hendry, and Thomson（2017）; and Davis（2013）。
⑤ BMA and Law Society（2004: 94）。
⑥ Schramme（2007）讨论了对身体改造的合法性。

予截除患者健康的四肢。她写道：

> 如果刑法不调整由有资质的医生在征得有意思能力患者同意后实施的整容手术，为什么刑法要调整相似情形下的其他手术呢？我认为，如果手术是由有相应资质的执业医生所为，并且手术征得了有意思能力的成年病患的同意，就应当由民法以及医学职业规范调整该问题。①

她的观点是只要患者同意并且依照博勒姆标准医生没有过失，就应当允许实施该手术。② 正如麦肯齐（Mackenzie）注意到的那样，一些躯体变形障碍患者认为，并非截肢导致残疾，而是不进行手术的话他们会因为有太多肢体而残疾。③ 托马斯·施拉姆（Thomas Schramme）的主张更加激进。他认为即使没有治疗需要，也允许对身体进行改造。他将此视为个人自由的一方面。④ 批评者回应说，埃利奥特（Elliott）的分析方法将这些事项视为仅涉及医患的私人事务，未能对这些案例涉及的公共利益给予足够重视。第一章已经讨论了有关整容手术的问题以及允许在社会上广泛实施整容手术产生的影响。允许那些想要截肢的人截肢是否会伤害社会利益仍有争论，但是该问题绝不只是个人意思自治的问题。另一种批评意见质疑那些想要截肢的人是否真正是自主行为。⑤ 但年轻人的自我伤害以及身体形象方面存在一个重大问题。有些案例中，自我憎恨和身体改造之间的界限非常模糊。

13. 基于未能提供充足信息而提起的过失侵权之诉

即使医生已向患者提供了所有信息，但患者仍会声称医生未提供所有信息，存在过失。注意，从法技术上讲，这与主张没有作出同意的情况不同。患者可能承认他们的确同意实施手术，但他们没有被告知他们应该知晓的所有信息。这种情况下，患者可能会提起过失侵权之诉。这种诉讼涉及很多问题。

---

① Elliott (2009: 182).
② See also Travis (2014).
③ Mackenzie (2008).
④ Schramme (2008).
⑤ Patrone (2009).

13.1 为患者提供充足信息的一般标准

在决定应当向患者提供多少信息这一问题上,应尽可能实现某种平衡。信息过多,可能会让患者无所适从,信息过少,又会让患者无法理解一些重大风险。英格兰法对这一问题的处理方法可以在以下先例中找到。

重点案例

蒙特哥马利案①

娜丁·蒙特哥马利(Nadine Montgomery)已到孕晚期,开始出现并发症。医方没有告知是否可以做剖宫产,也没人告诉她,由于她患有糖尿病,如果选择自然分娩,就有9%~10%的概率发生肩难产。她采取了自然分娩的方法。很不幸,肩难产的风险变成现实,她的儿子出生后有各种残疾。蒙特哥马利女士声称,如果她被告知了这一风险,她就会选择剖宫产,因此主张过失损害赔偿。

英国最高法院支持了蒙特哥马利女士的诉讼请求。她应被告知这一风险以及其他可能的生产方法。克尔勋爵和里德勋爵代表法院制作了判决书。法官认定医生有责任履行合理的注意义务,确保患者意识到医生推荐的治疗可能涉及的任何重大风险。医生必须告知患者其他合理的治疗方法或替代治疗方法。② 所谓重大风险是指,要么是站在患者的角度,一个理性人很可能会非常重视的风险;要么是医生应该合理预见这个患者很可能会非常重视的风险。将上述方法适用于本案,自然分娩可能有9%~10%的严重残疾的概率,这是一个理性的孕妇会非常重视的风险。同时,也应告诉她剖宫产这一替代选择。剖宫产对母亲的风险更小,而且对婴儿没有风险。

上述告知义务有两个例外。一是"医疗特权"(therapeutic privilege)。其是指,如果医生认为告知患者这一风险可能"严重伤害患者健康",那么医生可以不披露信息。第二个例外是存在紧急情形,没有时间通知患者相关风险。

---

① *Montgomery v Lanarkshire Health Board*〔2015〕UKSC 11.
② *Bayley v George Elliott NHS Trust*〔2017〕EWHC 3398(QB)中,法官强调,只需要告知患者合理的替代选择。

这一判决标志着英国现行法已经修正了原来的法律。在赛德威案①中，上议院判定医生应当披露的信息范围应是一个负责任的医学专家组认为适当的。这一方法已被抛弃。在蒙特哥马利案中，是由患者而非医生决定应该披露多少信息。重点在于，法律不再确保医生按照标准的医疗步骤履职，而是要求医生尽可能帮助患者行使他们的自主权。

在蒙特哥马利案后，医生必须披露重大风险，除非有医疗特权或紧急情形这两种例外。法官们解释了某一风险构成重大风险的两种情形。②

第一，一个理性人应予以重视的风险。最高法院解释道，设定一个百分比，将超过该百分比的风险认定为重大风险，这种做法不合时宜。因为一个风险是否是重大风险有赖于一系列的因素，包括：

> 风险的性质，风险发生后对患者生活的影响，治疗想要达到的效果对患者的重要性，其他替代选择以及这些替代选择的风险。③

在 A 案④中，存在一个 1‰ 的风险。丁格曼斯（Dingemans）法官认为 1‰ 的风险只是可忽略不计的一个不重要的理论风险，不是重大风险。设定一个划分是否是重大风险的百分比也于事无补。因为是否构成重大风险，不仅有赖于发生副作用的现实概率，而且与副作用的严重程度有关。导致死亡的低风险可能是重大风险，但是造成轻微疼痛的同样的低风险就可能不是。判断标准应该是一个理性人是否会将这一风险视为严重风险。但是蒙特哥马利案中使用的"理性的患者"这一术语的确非常模糊。这到底是指一般的个体还是理性思考的人呢？⑤ 显然，这二者的含义存在根本区别！

第二，如果某一风险是患者特别重视的，即使其在一个理性患者眼中并不重要，该风险也构成重大风险。所以，如果医生应该意识到患者会特别重视某种风

---

① *Sidaway v Bethlem Royal Hospital Governors* [1985] 1 All ER 643.
② 在 *Webster v Burton Hospitals NHS Foundation Trust* [2017] EWCA 62 中，上诉法院法官西蒙（Simon）指出，"重大"一词不能用百分比去理解。
③ Para. 89.
④ *A v East Kent Hospitals University NHS Foundation Trust* [2015] EWHC 1038 (QB). 也可参见 *Tasmin v Barts Health NHS Trust* [2015] EWHC 3135. 该案中也涉及 1‰ 的风险，*Clements v NHS Imperial College NHS Trust* [2018] EWHC 2064 (QB) 案中涉及 1∶100,000 的风险，这两个案件中，法院都不认为是重大风险。
⑤ *Mrs A v East Kent Hospitals University NHS Foundation Trust* [2015] EWHC 1038 (QB) and *Tasmin v Barts Health NHS Trust* [2015] EWHC 3135.

险，医生未披露该信息就构成过失。例如，可能在手上留下疤痕的风险在大多数患者眼里可能被忽略，但对手模而言，这就非常重要。该风险就是重大风险。需要注意的是，在这个理由下，需要证明医生应该知晓患者会认为这非常重要。所以，在我们设想的场景中，法院会思忖医生是否应该知晓患者的模特身份。构成重大风险的另一种可能涵盖患者专门问及的某个风险的情形。显然，如果患者问及某个风险，患者就向医生说明了这是他关心的问题，医生就要对这些问题进行全面解答。

医生不但必须披露治疗涉及的所有风险，而且也要告知治疗的成功概率。[①] 这可以帮助患者衡量各种方案的利弊，并决定什么是最好的方案。

在解释了一般标准后，我们将讨论在蒙特哥马利案之后出现的一些棘手问题。

13.2 判断是否提供充足信息的困难问题

13.2.1 有执念的患者

我们前文提及的手模这个例子比较直接。但如果医生知道患者对风险存有执念，或者非常重视大多数人都认为毫不重要的风险呢？在这种情况下，医生似乎需要披露所有的风险。乍一看，这似乎给医生增加了一个不可能完成的任务。也许，在这种情况下，让患者查询网站或者为他提供一个书面材料就可以了。

13.2.2 困惑的患者

对于蒙特哥马利案的一个主要担心是医生可能认为遵循蒙特哥马利案标准的万全之策就是告诉患者所有的风险。但如果真是如此，患者就会非常困惑。由是观之，蒙特哥马利案不但没有增强患者的自主权，相反，削弱了患者的自主权。正如人们在拿到药品时看到的说明书一样，那上面列举了一长串所有可能的副作用。很快，有人就没了主张，更不要说生存意志了！因此，主张告诉患者三个主要风险可以更好地帮助患者行使自主权的观点并非没有道理。这远胜于将六十种风险（尽管可能性很小）都告诉患者。

蒙特哥马利案的审判法官们意识到了这种危险。他们强调医生应以一种便于理解的方式提供信息。克尔勋爵和里德勋爵判定：

---

① *Thefaut v Johnson* [2017] EWHC 497 (QB).

医生的任务包含与患者对话，旨在确保患者能够理解自身疾病的严重程度以及各种治疗方案的利弊及风险。这样，患者就可以在充分知情的情况下作出决定。只有提供的信息患者可以理解，医生才算有效履行了自己的角色任务。如果医生只是向患者灌输医学知识，进行知识轰炸导致患者不能理解，却例行公事地要求患者签署同意书，这就没有履行医生的职责。

由于患者处理信息的能力不同，医生提供信息的方式可能存在差异，这是事实。未来可行之策是以书面形式提供信息，同时再以口头形式强调主要风险。

在奥洛松案[①]中，医生告诉患者在切除输精管后可能有长期疼痛的小风险，疼痛程度大概为中度到重度。患者表示同意，医生施行手术后，患者感到阴囊疼。患者认为医生应告诉他这一风险发生的准确概率（大概5%），并据此为由起诉医方。斯图尔特（Steward）法官判定，"小"这个词是我们日常使用的语言，已经足以表达涉案的这种风险。如果患者想要准确的风险概率，他们可以直接询问医生。本案的判决可能承认了，对多数患者而言，用日常用语而不是用准确数字告知患者发生风险概率的做法更有帮助。

13.2.3 担心的患者

引发争议的另一问题是医疗特权的例外情形。[②] 如果告知患者风险会严重损害他们的健康，这时就很可能适用医疗特权。很明显，只是证明告知患者风险会让他们担心或不安还不够。如果告知患者风险，他们就会拒绝治疗，最终对他们造成伤害，这也不是适用医疗特权的理由。相反，必须证明如果告诉患者这种风险，他们就会明确遭受伤害，比如惊恐障碍或抑郁。

但也有人主张这一标准过高。如果告知患者风险，他就会非常紧张，那么患者是否可以决定让医生不告诉他们这些风险？最高法院对此做了如下解释：

> 个人当然可以决定让医生不告知手术风险（就像个人可以选择忽略药品说明书上的信息一样）。如果患者明确告知他不想和医生讨论治疗可能带来的风险问题，医生也没有义务和他讨论。

---

① Ollosson v Lee [2019] EWHC 784 (QB).
② 对此问题的精彩分析参见 Mulheron (2017)。

法律既保护患者想知道信息的权利，又保护患者不想知道信息的权利。不难想象，一个神经脆弱的患者真的不想知道在麻醉之后医生在他身上实施的行为。对此，他们有权决定。就像那些想知道手术每个细节的患者一样，法律对他们提供同等保护。① 尽管法律并未规定如果患者被告知了他不想知道的信息，他可以提出何种诉讼请求。

13.2.4 获取信息不足的患者

如果患者自己了解了一些信息或有不正确的推测，医生在面对这类患者时需要承担什么责任呢？蒙特哥马利案是否要求医生不但要披露所有风险，而且要纠正患者在网上获得的任何不实信息呢？在沃勒尔（Worrall）案②中，上诉法院判定：

> 在这种情况下，被告医方不应担责，除非医生对患者的误解有责任，或者察觉到患者有错误理解或者有误解的风险，或者医生应该意识到患者有误解但未采取任何措施消除患者的误解。

这似乎意味着医生的责任不仅仅是提供正确的信息，也包括消除患者的误解。③ 医学界担心蒙特哥马利案可能导致医生问诊的时间延长，这种担心很可能是正确的。也有支持者主张如果这能确保患者真正为自己的治疗决策负责，多花点时间也值得。

13.2.5 替代方案

尽管在蒙特哥马利案的讨论中披露重大风险的法定要求获得了大量关注，但还有一个更重要的问题。这就是要求医生和患者探讨合理的替代方案。在蒙特哥马利案中，这意味着医生应该和患者探讨自然分娩之外的剖宫产这种方式，并解释两种方式的各自利弊。该案中，医生没有告诉患者相关的风险，这非常奇怪。黑尔法官对该案中的错误有很重要的一个洞见。她指出：

> 长期以来，我们关注的都是对婴儿的风险，却没有考虑在生育的过程中，母亲可能面临的问题。

她接着说：

---

① 更多讨论参见 Herring and Foster（2011）。
② *Worrall v Antoniadou* [2016] EWCA Civ 1219, para. 22.
③ 另请参见 *Connolly v Croydon Health Services NHS Trust* [2015] EWHC 1339（QB）。

过去认为，一旦怀孕，女性就丧失了意思能力，而且也不再有一个独立自主个体应享有的权利。这个旧时代已经一去不复返了。①

她接着透露自然分娩比剖宫产更符合道德观的认识占据了医疗团队的思维。这种方法明显不对。应由患者自己决定她想要何种治疗。因此，蒙特哥马利案否定了医疗实践中的家长主义模式，也即由医生做出有关患者的医疗决定，转向由患者自主做出治疗决策的模式。②

什么是合理的替代方案有待讨论。显然，医生不可能讨论每一种方案，比如，可以替代的药物治疗或宗教祷告。在韦伯斯特案③中，上诉法院法官西蒙（Simon）指出，患者需要充足信息，"根据这些信息作出有关自己身体健康和幸福的决策"。这一观点不能提供一个清晰的指导。也许，法律要求医生提供一个理性医生可以提供的任何一种方案，即使这个方案并不是该医生的优选方案。

困难之处在于，对于国民医疗服务体系不予资助、但私人诊所或海外医疗服务可以提供的治疗方案，医生是否有告知患者的义务。从扩大患者自主权出发，人们可能认为，医生也有法定的告知义务。不过，告诉患者一个最好的治疗方案，但承认他们无法提供，这似乎过于残酷了。

13.2.6 何时适用蒙特哥马利规则？

如果医生向患者推荐一种治疗方案，这时就应适用蒙特哥马利规则。但如果医生建议患者什么都不做呢？在塔斯敏案④中，法院判定，如果医生建议继续生育，而非进行干预，蒙特哥马利规则仍然适用。医生应该告知继续生育的风险，就像医生建议其他替代方案时一样。也有人担心，如果医生只建议在治疗前等待进一步的检查结果或只是等待，蒙特哥马利规则是否应予适用。在这种情况下，如果医生必须告诉患者等待的风险或者现在实施手术这一替代方案，这会带来另一种忧虑：忧心忡忡的患者将选择现在进行手术，进而遭受一些不必要的医疗干预。

13.3 在患者未被完全告知风险的情况下胜诉

患者即使能够证明医生未充分履行告知义务，他在索取赔偿时也困难重重，因

---

① Para. 116.
② Heywood (2014).
③ *Webster v Burton Hosptials NHS Foundation Trust* [2017] EWCA 62.
④ *Tasmin v Barts Health NHS Trust* [2015] EWHC 3135 (QB).

为他必须证明医生的过失使他遭受了损失。因此，如果医生在未告知患者手术风险情形下实施了手术而且没有出现手术风险，患者就不能向医生请求损害赔偿金。即使患者确实遭受了风险，法律也并未明确规定这种情况下医生有赔偿损害的责任。难道医生不能争辩说，即便告知患者相关风险，他还是会同意手术然后承担这些伤痛？换言之，即便充分履行了告知义务，伤害还是会发生。以下的重点案例就讨论了此种观点的合理性。

重点案例

切斯特案[①]

切斯特（Chester）女士是一位后腰长期疼痛的记者。她向神经外科主任阿夫沙尔医生（Afshar）咨询她的病情。阿夫沙尔医生建议她做一个手术，移除三个椎间盘。切斯特女士同意几天后由阿夫沙尔医生进行该手术。法庭上，问诊时的谈话内容成了两人争论的焦点。一审法官更偏向于切斯特女士提出的证据。切斯特女士解释说，她对医生建议的手术风险存有顾虑，但阿夫沙尔医生的回答是到目前为止，他还没有遇到一个做完手术变残疾的人。该领域的专家都认可应告知即将接受手术的患者手术后可能出现瘫痪的风险，这是专家们的普遍立场。在这类手术中，出现这种风险的概率为 $1\%\sim 2\%$。阿夫沙尔医生以业界认为完全适当的方式实施了手术，切斯特女士术后发生瘫痪，为此承受了巨大痛苦和严重运动障碍。

上议院面临的关键问题是，切斯特女士认为如果她被告知与手术有关的所有风险，就不会立即同意实施该手术，而是寻求第二诊疗意见甚至第三诊疗意见。阿夫沙尔医生反驳说，切斯特女士没有理由要求索赔，他做手术时不存在过失，尽管他应将手术的瘫痪风险告诉切斯特女士，但即便他履行了这一义务，切斯特仍会同意接受手术，尽管可能在同意手术的时间节点上不同（切斯特女士对此也表示同意）。但一旦她同意接受手术，仍会存在这一手术风险。换言之，与告知切斯特女士手术风险相比，未充分履行告知义务的事实并未致其落入更糟糕的境地。

[①] *Chester v Afshar* [2004] 4 All ER 587.

> 上议院的多数法官没有采纳这一抗辩理由。他们认为切斯特女士确实遭受了损失:她失去了在另一天做手术的机会,若如此,她可能就不会瘫痪。绝大多数法官关注的制度是,医生没能尊重患者的知情权就应为此担责。即使在证明因果关系方面存在困难,一个未充分履行告知义务的医生也应承担向患者支付损害赔偿金的责任。
>
> 少数法官适用了传统的因果关系原则。宾厄姆勋爵认为如果无法证明患者因医生的过失而处于更糟糕的境地,那么判决被告向原告支付大笔损害赔偿金并不公平。霍夫曼勋爵认为本案中的手术就好像一个轮盘游戏。不论在哪一天玩这场游戏,输赢的概率都一样。这和手术引发瘫痪的概率相同。因此,切斯特女士的瘫痪就不能说是阿夫沙尔先生过失行为的结果。

该判决意义重大。本案事实表明,如果切斯特女士在被充分告知手术风险后不会接受手术,那么证明因被告过失导致切斯特女士的损失就更为容易,该判决就不会招致争议。但是,本案证据显示,即使告知了她相关风险,她仍会在另一时间选择手术。绝大多数法官判决的核心观点是阿夫沙尔医生的过失应当受到惩罚。霍普勋爵强调这一领域的侵权法有保护患者权利(选择是否接受治疗)的功能。他对此做了如下解释:

> 法律的功能在于保护患者的选择权。如果要实现此功能,必须要确保医生遵守告知义务。如果医生不履行告知义务,患者应被告知的手术风险又确实发生,患者因此遭受了损害,法律也不给予患者适当救济,该功能就不会实现。

但请注意,绝大多数法官并没有将因果关系问题完全抛之脑后。如果有证据表明患者在被告知该风险后,仍会在同一时间地点做出接受该手术的同意,她就不能请求赔偿。[①] 但本案证据表明倘若被告知同一风险,她将会寻求第二诊疗意见,从而会在另一时间选择手术。似乎多数法官认为,如果她换个时间再进行手术,就不会遭受这一损害。法官在判断患者被告知风险后将会怎么做时,依据的是一个理性

---

① *Meiklejohn v St George's NHS Trust* [2014] EWCA Civ 120.

人的标准，但也会考虑患者的性格特点。① 在杜斯案②中，医生将手术可能引发的一些严重风险向患者履行了告知义务，甚至建议她放弃手术。但患者仍坚持实施该手术。尽管医生并未告知患者其他的风险（医生应该告知患者），但法院认定，即使患者被告知了其他风险，她还是会同意实施该手术。

在切斯特案中，持多数派意见的法官和持少数派意见的法官面临同样的困难：患者的真正损失是失去在充分知情下自主决策的机会，这是对她意思自治以及人格尊严的侵犯。但这种"瞬间消逝"的损失在侵权法上不被认可。如果法院判决医生无须赔偿似乎是对这些损失缺乏尊重，但对持少数派意见的法官而言，判令医生赔偿她因伤害受到的损失又似乎矫枉过正。有趣的是，在比尔里案③中，上诉法院认为切斯特案不是过失侵权的一般规则，其受到了医学背景下重点保护患者权利这一观点的影响。但何塞·米奥拉④指出，法律应该认可自主权的损害也构成一种法律上的伤害。他解释说：

> 如果我们要将自主权置于优先位置，主张切斯特女士对这些重大风险有知情权，那么就应勇敢地主张，未对这些重大风险履行告知义务本身就是一种伤害。

在肖案⑤和杜斯案⑥中，这一观点都未得到支持。法院明确指出，除非有证据证明，在未被告知这些风险时，患者在同一时间和地点就不会同意手术，否则，法律不会提供任何救济。

14. 伦理和自主权

对许多医学伦理学家而言，患者自主权已经成为医学领域最基本的伦理原则。历史上很长一段时间，患者被医生视为待修整的物体。强调患者自主权可以帮助我

---

① *Diamond v Royal Devon and Exeter NHS Foundation Trust*［2019］EWCA Civ 585.
② *Duce v Worcestershire Acute Hospitals NHS Trust*［2018］EWCA Civ 1307.
③ *Beary v Pall Mall*［2005］EWCA Civ 415.
④ Miola（2017）.
⑤ *Shaw v Kovac*［2017］EWCA Civ 1028.
⑥ *Duce v Worcestershire Acute Hospitals NHS Trust*［2019］EWCA Civ 585.

们从"医生知道最佳治疗方案"的角度向承认患者权利的角度转变。① 即使医生确实知道最佳治疗方案，但毕竟这是患者自己的身体。即使我们认可医生对在医学上什么效果最好的问题具有专业性，但只有患者知道什么对他们以及他们的身体最重要。

尽管有上述观点，但近几年，医学伦理领域有越来越多的文献担心过于强调患者自主权的重要性。有观点呼吁在认识到患者自主权的重要性的同时，不应将其他重要价值排除在考虑范围之外。也有人认为，尽管患者自主权十分重要，但是学者们使用的传统意义的自主权概念并不确切，并提出了"理解自主权"的其他方法。②

在审视那些质疑自主权优先性的观点前，有必要探讨一下自主原则以及其受到重视的缘由。

14.1 自主权的重要性

肯尼迪教授③完美地论证了自主权：

> 如果患者的信仰和价值观由来已久，并且这是患者做出的关于他生命的所有决定的基础，即使外人无法理解，我们也有充分理由认为，医生应当尊重患者基于这些观念所做的决定并遵照执行……否则，我们实际上就剥夺了患者的人格权利，这可能比遵循患者对某项治疗方案的决定产生的不利后果更严重，更具破坏性。

值得注意的是，自主权的兴起和在判断患者最佳利益时对医生的不信任有关。④ 随着对医学专家信任度的降低以及共同伦理道德观的崩塌，对治疗是否符合患者利益的争议也越来越多。某项治疗对甲是好的，对有不同价值观和生活方式的乙就可能不好。用患者需求评估替代以往的家长制作风可以避免争议。于是，我们就有了"自主权的胜利"。⑤

自主权的支持者强调，在掌握个人命运以及决定如何活出自我的"精彩生活"上，这种自主权对我们每个人具有重要价值。⑥ 一个人可能倾其一生读诗，另一个

---

① P. Foster (1998).
② Eg Taylor (2009).
③ Kennedy (1991a: 56).
④ Tännsjö (2013).
⑤ Foster (2009 and 2014).
⑥ See further Chapter 1.

人可能只想喝喝啤酒。我们必须尊重每个人关于如何生活的决定，除非这会对他人造成伤害。那些好为人师，告诉你应当做什么以及如何生活的人只会让大多数人心生厌恶。① 许多人同意以赛亚·柏林（Isaiah Berlin）的观点：

> 我希望我的生活都由自己决定，而非任何外界力量。我希望成为我自己的"工具"，不受他人意志的影响。我希望做主人，而不是成为听凭驱使的对象。我希望因自己的理性、因自己有意识的目的而行动，不希望外界影响我。②

14.2 对自主权优先性的挑战

首先应强调如今几乎没有人质疑自主原则的重要性。争论的焦点在于自主权是否应当成为统辖医学伦理领域的唯一的或者最基本的伦理原则。查尔斯·福斯特在他一本名为《医学伦理与法律中意思自治的专政》的书中抱怨道，现代医学伦理领域的争论十分无聊，因为人们普遍将自主原则视为唯一原则。③ 他写道，任何一个以自主权为唯一原则的社会都是草率、肤浅、充满危险的。④ 平心而论，几乎没有哪位医事法学者认为自主权是医事法和伦理中的唯一原则。

自主原则的这种至上性受到了很多挑战。首先，有批评家认为并非每个人的所有自主决定都值得尊重。约翰·基恩（John Keown）认为：⑤

> 与人类选择能力相伴的是一种责任。人们所做的选择不仅是传统意义上的选择，而且是能促进而不是削弱人类繁荣的选择。与人类繁荣发展相一致，人类的生活方式以及生活选择也呈现出合理的多样性，所以，许多选择都和人类福祉相一致。因此，我们在限制他人自主权前应当三思而行。但对于明显不道德的选择，明显与人类福祉不一致的选择，我们很难证明这些选择值得尊重。换言之，只有当自主权的行使符合正确道德观时，这种选择才值得尊重。

自主权的支持者会这样回应：上述观点的困难在于如何确定某种决定"符合人

---

① Gillet（2019）.
② Berlin（1961：131）.
③ Foster（2009：17）.
④ Ibid，at 181.
⑤ Keown（2002：53）. See West（1985）从女性视角提出了相似的观点。

类繁荣"。对于这一点,仁者见仁,智者见智。有人认为"数火车"与该目标不符,但有人却热衷于这项游戏。难道我们不应让每个人自己决定什么是人类繁荣吗?另一方面,难道基恩不认为,不能仅因为一个决定是意思自治的产物就意味着它应当得到尊重?一生都阅读淫秽作品的决定值得尊重吗?正如奥诺拉·奥尼尔(Onora O'Neill)所言,让人们按照个人意愿行动可能会导致灾难性的结果。① 萨拉·康利(Sarah Conly)指出,"如果个体实施的行为将减损他们的幸福时,国家干预就有合理理由。"② 事实上,值得注意的是,即使是那些支持自主原则的强硬派,也会认真审视那些所做决定会造成严重伤害的人的意思能力。③ 这表明,维护个人自主权和促进人类福祉的界限并不像它乍看起来的那样泾渭分明。④

第二个挑战是对个人自主权的强调易让人忽视其他重要的价值。⑤ 人们担心强调自主权会忽略对他人应承担的义务、对社会目标的追求、在涉及卫生保健的决定中正义的实现,以及在社会生活中关系的重要性。⑥ 他们提出了"关系自治"的观点(一个我们即将探讨的概念)。⑦ 但所有自主权的支持者都赞同自主权存在权利边界。最重要的是,如果你想做一些伤天害理的事,那么我们就会限制你的这一行为。萨拉·康利指出,适用于伤害他人的这一原则也适用于对自身的伤害:"当我的行为对他人按照个人意愿生活造成严重干扰时,法律允许他人阻止我,甚至将阻止行为设定为法定义务。由此,我认为法律也应允许甚至设定义务阻止我做自我伤害的事。"质疑者可能反对这个比较分析。自我伤害和伤害他人二者存在本质区别。就自我伤害而言,个体有遭受伤害的同意,但后者并没有。⑧

第三个挑战是我们可以在何种程度上认定某项医疗决定是个人行使自主权的产物。我们接下来会分析"同意"制度的现行规定,但值得注意的是患者常常愿意同意医生提出的一切建议。有人认为,"例行公事般的同意"代替了真正的意思自治下的自主决策。⑨ 另一个不同观点是,判断患者同意与否取决于一系列不反映患者真实选择的因素。在一项调查研究中,医生向患者提供了两个治疗方案供其选择,

---

① O'Neill (2002: 20).
② Conly (2012).
③ Flamme and Forster (2000).
④ Molyneux (2009).
⑤ McCall Smith (1997).
⑥ Herring (2013b).
⑦ Foster and Herring (2012).
⑧ Eyal (2015).
⑨ Ploug and Holm (2013); Tauber (2003: 484).

并且告知患者这些方案的存活率；有 18% 的人选择了方案一。随后医生向相同的一组患者提供了两种治疗方案，并告知患者该两种方案患者的死亡率（仅仅是以不同的方式呈现同一统计数据），这一次有 44% 的人选择方案一。① 换言之，尽管患者看上去是在行使自己的自主权，但事实上，他们所作的决定受到一系列外界因素的影响。萨拉·康利举了一个餐馆点薯条的例子。② 她质疑说，点餐的人是否真的想吃大份薯条。至少在她看来，这个决定通常都是考虑错误的结果：

> 目前为止，正如学界已经充分证实的那样，尤其是诺贝尔奖得主丹尼尔·卡尼曼（Daniel Kahneman）和阿莫斯·特沃斯基（Amos Tversky）的论证，我们通常不可避免地都会受到"认知偏差"的影响。也即在许多日常情景中，我们的决策过程都存在偏差。这些偏见种类繁多，五花八门，但它们有一个共同点——它们会干扰我们对简单事实的理解，导致我们选择一些与我们目的偏离的行为方式。③

回到薯条的例子上来。没有多少人希望不健康地生活，所以很多人会在点完大份薯条后心生悔意。④ 这样一个有瑕疵的决定当然不值得尊重。有一些薯条爱好者可能不赞同她的观点。但一个更严肃的问题是，我们可能认为自己做出了一个理性决定，但事实上我们被一些无法控制的因素影响了。

14.3 哪种自主权？

主张"我们应该尊重个人的自主决定"的人在遭遇个人做出了相互矛盾的决定时，就会遇到问题。约翰·科根（John Coggon）列举了三种形式的自主权：

（1）理想愿望中的自主权——基于此所做的行为。因为它反映了按一些据称是普遍的以及客观的价值标准评估后，推断出的一个人应该想要的事物。

（2）最佳愿望中的自主权——基于此所做的行为。因为它反映了一个人根据他自己的价值观所表达的整体愿望，即使这违背他自己当前的愿望。

---

① Schwab（2007）.
② Conly（2012）.
③ Conly（2014）.
④ 她支持控制薯条分量，而非禁止薯条，主张人们点了一个小份薯条也会和点了大份薯条一样开心。

(3) 目前愿望中的自主权——基于此所做的行为。因为它反映了一个人即时的倾向，即在不做深入思考的前提下，他认为他目前想要的事物。①

同样，阿拉斯代尔·麦克莱恩也从三个方面讨论了自主权的深层内涵。"自由主义仅仅将自主权看作自我决定。这种自由观点包含了理性因素。社群主义要求自主权包含一些实质性的道德内涵。"② 正如学者所言，认为所有的自主决定在伦理上都具有同等重要性，这过于草率。与基于错误认识或者违背生活价值观做出的决定相比，一个人在全面了解有关事实基础上做出的、反映他现时以及长久以来的价值观的决定更有道德分量。③ 如果承认这一观点，那么至少在伦理上，并非所有的自主决定都应获得同等保护。④ 由此可以推出另一个观点：如果患者的决定将给他带来严重伤害，那么他的这一决定必须是在完全充分自主下做出的，如若不然，我们就不必遵从该决定。的确，这正是涉及弱势成年人的案例法中的制度。本章前文对此已有论及。⑤ 在这种情况下，这个决定只能代表自主权遭到严重损害后权利人行使自主权的结果，因此，具有意思能力的人所做的这种决定不应被遵循。

这个问题的另一种表现形式是多个决定存在冲突。如果患者决定实施手术，但看到医生的针头就吓得声称不要手术，那么保护他们的自主权意味着什么呢？尊重他们不打针的自主权是尊重他们想要手术的自主权的延续吗？由此可见，自主权的讨论不是尊重自主权的问题，而是尊重哪种自主权的问题。

解决此问题的一种办法是采用"温和父爱主义"（soft paternalism）的方法。⑥ 借此方法，我们将努力寻找患者设定的目标并确保实现这些目标，即使这意味着违背患者在实现目标的"手段"上所做的决定。比如，假设患者感染了，希望恢复健康，但她认为"新鲜空气"可以帮她恢复健康并拒绝接受任何治疗。我们可以认为，她的真正目标是恢复健康，违背她意愿给她开药可以帮助她实现真正的目标。如果我们尊重她的自主权，放任她自由呼吸"新鲜空气"，那么她的健康就可能恶化。这显然不是她所希望的。所以，不给她开药这一尊重她自主权的做法实际损害了她的自主权。

---

① Coggon (2007b: 235)，Trout (2013) 反对考虑当前的意愿。
② Maclean (2009: 11).
③ J. Craigie (2011).
④ Gilmore and Herring (2011), Coggon (2012).
⑤ 参见弱势成年人一节。
⑥ Kniess (2016).

14.4 个人可以自主吗?

自主到底有何意涵?杰西·沃尔[①]曾指出,个体能否自主行动,需要证明个体能做到以下内容:

(1) 不受他人的不当干扰和影响(自由条件);

(2) 有进行理性思维和识别的能力(能力条件);

(3) 根据个人认同或信奉的信念、价值观以及信仰行动(真实性条件)。

麦肯齐和罗杰斯也提出了类似主张,要行使自主权,我们需要证明个体具有以下能力:[②]

- **自我决定**。这是指:

……个体可以决定自己的信念、价值观、目标和需要。在不受不当干扰的影响下,对个人生活事项做出决定。自我决定的对立面是由他人决定,或由外力或外部限制决定。[③]

- **自我管理**。这是指:

……个人所做的选择或决定能够表达个人价值、信念、信仰,没有抵牾。如果说自我决定的主要威胁来自外部,那么自我管理的主要威胁则来自内部。而且这经常涉及意志以及认知方面的缺陷。意志力薄弱、不能自我控制,这些都是容易影响自我管理的常见缺点。[④]

- **有真实性**。

从相关性上观察,个人的决定、价值观、信念、信仰必须是"自己"的。也即他认同自己具有这些价值观、信念、信仰,是自己的决定。所有这些也符合他在实践中的自我认知,他是谁,以及他认为重要的是什么。如果个体认为某个行为或决定是强加于他的,而且也与他的自我认知相

---

① Wall (2017).
② Mackenzie and Rogers (2013).
③ Mackenzie and Rogers (2013: 43). See also Wertheimer (2012).
④ Mackenzie and Rogers (2013: 44),有关宗教人士要考虑的问题,相关讨论参见 Bock (2012)。

悖，或者迥然不同，这些行为或决定就都不是自主行为或决定。①

他们的观点是，如果不满足上述条件，就不能放任个体自行选择采取何种行动。② 要么其他人把不同的价值观强加给他们，要么他们不能用自己的价值观自行决策。③ 设想一名女性身处一段有家庭暴力史的关系中，她现在已经失去了自我，对配偶言听计从。在这种情况下，尊重她的决定就没有尊重她的自主权。问题是如果法律要求必须满足沃尔、麦肯齐以及罗杰斯主张的所有条件，那么一个人能够有多少次可以满足所有条件做到完全自主？④

同样，朱利安·萨弗勒斯库主张，在自主原则下，只有理性的决定才值得尊重。他解释说，当且仅当患者"掌握所有相关信息，逻辑上正确无误，能够生动地想象自己接下来的每一个状态"，此时做出的决定才是理性的决定。⑤ 问题在于，符合这一标准的理性决定屈指可数。⑥

对此，笔者提出，"主张绝大多数人都有意思能力，可以做出重要的医疗决定，这并不合理。"⑦ 同时，笔者也对推定人们具有意思能力的做法提出了质疑。即使有些人能够充分理解各种信息并能理性使用，能够基于以上观点主张自己有能力自主决定，但那也只是极少数。有人可能认为，如果只有少数人有意思能力，这就给父爱主义泛滥打开了大门。但这并非必然。也有观点认为医生和法官在做决定时和其他人一样糟糕。所以，对推定具有意思能力的质疑并不必然属于支持父爱主义的观点，相反，这是一个建议。建议我们若要支持尊重个人做出的有关自己生命的决定，就需寻找除自主权之外的其他原因。

15. 联合国《残疾人权利公约》

在前一节中，我们讨论了推定没有人有意思能力是否更准确一些。但另一个不同的挑战是推定每个人都有意思能力。即使那些被认为是缺乏意思能力的人也可以

---

① Mackenzie and Rogers（2013：45）。
② White（2018）。
③ Ahlin（2017）。
④ 更多讨论，参见 Freyenhagen and O'shea（2013）；Marceta（2019）。
⑤ Savulescu（2001）。
⑥ Wada Charland and Bellingham（2019）。
⑦ Herring（2016b）。

在他人帮助下做出决定。① 联合国《残疾人权利公约》是这一主张的主要理据。该公约第 12 条规定：

一、缔约国重申残疾人享有在法律面前的人格在任何地方均获得承认的权利。

二、缔约国应当确认残疾人在生活的各方面在与其他人平等的基础上享有法律权利能力。

吉尼芙拉·理查森（Ginerva Richardson）提出：

《残疾人权利公约》提供了一种不同的方法。重点从代替决定转向了协助决定（supported decision-making）。不再由他人代表残疾人做出决定，不论他们多么善意；而是鼓励残疾人在他人帮助下自主决定。在其最纯粹的状态下，认定个体丧失意思能力的问题已经毫无意义。而且，法律也不进行二元划分。……

（联合国《残疾人权利公约》第 12 条）的规定可以理解为要求法律对于残疾人做出的决定赋予与其他决策同样的重要性，给予同等尊重，不论残疾对他们的决策造成了多大的影响。法律上的能力不应依赖于心智能力。②

残疾人权利委员会（Committee on the Rights of Persons with Disabilities）采用的思路就是理查森的这一思路，主张放弃意思能力标准，采用最佳利益标准。实际上，我们应该关注每个人的"意愿和喜好"，而非他们是否具有意思能力。③ 该委员会指出："无论何时，包括危急时刻，残疾人的自主权和意思能力都应得到尊重。"他们主张即使残疾人存在精神障碍，他们的意愿也应得到尊重。可能有时他们确实需要家庭、朋友甚至专家的帮助才能表达他们的意愿，但一旦确认了这是他们的意愿，就应按照对待有意思能力人的方式同等对待他们。④

这一主张令人耳目一新，但并非毫无问题。⑤ 其中一个问题是，确实存在一些即使给予再多帮助，也无法表达观点的个案，比如处于昏迷状态的患者。因此，在

---

① Richardson (2012).
② Richardson (2013: 88). See also Arstein-Kerslake (2016).
③ Donnelly (2016); see also Series (2015), Gooding (2016), and Dawson (2015).
④ United Nations High Commissioner for Human Rights (2017).
⑤ 对于这一问题的精彩讨论，参见 Donnelly (2016).

某些情形中，某种形式的替代决定是必要的。第二个问题已在本章中多次论及，也即如果个体的多个意愿存在冲突，如何准确判断他的个人意愿是什么。如果患者说，"我不喜欢红色的药片，因为红色是恶魔的颜色，这些药品有鬼。"他们是在拒绝有鬼的药片还是在拒绝红色的药片（并非魔鬼）？尊重一个脱离现实的决定意味着什么？

另一个担心关涉协助决定。我们如何确保在患者的亲属或朋友意愿提供协力时，这一意愿到底是患者的意愿还是亲属的意愿？是否医务人员要被迫承认那些并不存在的"意愿"呢？[1]

最后，《残疾人权利公约》要求缔约国保护残疾人，使其不被虐待。[2] 如果患者并未理解他们某一决策的后果，而我们却以这是他们的自由选择为由放任他们经受痛苦折磨，这不是支持他们的自主权，而是否定了他们享有的权利。[3]

英格兰法上对该公约的引用逐步增多。[4] 在 Re A（意思能力；社交媒体和网络使用；最佳利益）案[5]中，科布法官指出：

> 尽管联合国《残疾人权利公约》目前仍未内国化，没有直接法律效力……但其提供了一个有益于解决残疾人权利问题的法律框架。批准《残疾人权利公约》（正如英国所做的那样），这一法域就承诺了，无论何时何地，其法律都会遵守《残疾人权利公约》规定的规范和价值……因此，我有充分理由认为，应与英国在《残疾人权利公约》承诺的义务保持一致，并依此对国内的心智能力的法律进行解释适用。

16. 法律保护和自主权之间的平衡

我们已经讨论了现行法未来发展的两种极端模式：推定如果有的话，也只有少数人有自主权；推定所有人都有自主权。一个折中的方法是我们应找出一条中间道

---

[1] 关于精神病医生在评估患者观点的作用，参见 Case (2016)。
[2] Clough (2015) 对此做了一个很有帮助的讨论。
[3] Scholten and Gather (2018) and Clough (2018) 对此做了讨论。
[4] 例如：Re A (Capacity: Social Media and Internet Use: Best Interests) [2019] EWCOP 2; A v P [2018] EWCOP 10.
[5] [2019] EWCOP 2.

路，既尊重个人的自主权，又保护个体免受伤害。

其中一种方法就是使用"风险相关的能力"（risk-relative capacity）这一概念。① 按照这种建议，某项决定的风险大小直接影响我们适用意思能力标准对患者进行评估的严格程度。因此，如果一个患者意欲做出的决定可能对他造成巨大伤害，那么我们可能需要大量证据证明其的确有意思能力。但如果该决定的伤害风险很小，那么我们在适用意思能力标准评估患者时就相对宽松一些。这种观点也颇有争议。许多学者认为这一观点并不合理，因为一个人要么能够理解这个问题，要么不理解这个问题，某个决定可能造成伤害的风险程度不应作为意思能力的评估因素。②

另一个不同的观点是，正如冈恩（Gunn）教授所言，有意思能力和无意思能力"并非表面所见那样是有明确界限的两个概念，他们似乎是一种连续的统一体……因此存在意思能力大小的差别。"③ 笔者认为，我们需要一个更复杂的区分方法对待有意思能力人中的弱势人群，这样，法律就可以对有意思能力但又自陷危险的人提供一些保护；同时对那些稍微欠缺意思能力的人的意愿赋予更多尊重，但也仅仅到此为止。④ 正如杰西·沃尔和笔者所言：

> ……我们不应推定自主权这一概念"要么全有，要么全无"。一个充分自主的决定要求全面的保护。患者也有权利要求医生尊重他们拒绝治疗的权利，不论这一决定会带来多么严重的后果。但如果某一决定只是微弱的自主决定，只要该决定并不会带来多少伤害，那就可以给予尊重。因此，一个较弱的自主决定没有充分理由支持一个会带来严重伤害的行为。⑤

司法实践中不断发展起来的关涉弱势成年人的管辖权正在为身处有/无意思能力边缘的人提供一种特殊的保护方法。⑥

---

① Lawlor (2016); Gilmore and Herring (2011); DeMarco (2002); Cale (1999).
② 参见 Herring (2008c)。
③ Gunn (2004: 9).
④ Herring (2009a)。另请参见 den Hartogh (2016)。
⑤ Wall and Herring (2015).
⑥ See Herring (2016).

17. 关系自治

鉴于以上的担心，有人提出，与抛弃自主权这一概念相比，我们需要找到一种理解自主权的新方法。一种流行的观点是关系自治。[①]"关系自治论"的核心是摒弃那种我们以无联系的个体生活的观点。自主权的传统观点推崇一个孤立的患者为自己做出符合自己最佳利益的决定（呈现出一种"年富力强的男性"形象[②]），然而事实上我们生活在与他人的相互关系中。[③] 因此，我们应该承认，对大多数患者而言，问题不仅仅是"什么对我最好"，相反，更多的是"在和他人关系中，考虑到我对他人的责任以及他人对我的责任，最恰当的行动是什么"。[④] 我们需要以一种可以增进爱、忠诚、友谊以及关爱价值的方式看待自主权。[⑤] 我们需要根据患者所处的关系、他的关心和焦虑以及他们可能担负的义务等方面审视患者的选择。[⑥]

在医学领域，这意味着我们不应将决定仅视为患者自己的决定，也应考虑这些决定对与患者有关系的其他人的影响。[⑦] 这方面的一个例子是，在一项关于乳腺癌的研究中，有伴侣的妇女都将医疗决定视为和她们伴侣共同做出的决定，而不仅仅是她们自己的决定。[⑧]

传统自主权概念的支持者认为，关系自治的支持者误解了传统自由主义的自主权，没人认为这是一个个人主义的概念。事实上，自由主义承认，大多数人生命的意义是由他们与他人的社会关系以及他们生活的社会共同塑造的。[⑨] 但关系自治的概念存在个人意愿轻易被"社群"需求压制的危险。克里斯特曼（Christman）认为：

[①] Herring（2013；2009e）；De Clercq, Ruhe, Rost, Elger（2017）；Dochin（2001）；Agich（2003）.
[②] Dochin（2001）.
[③] Herring（2000：278）.
[④] West（1997）.
[⑤] Mackenzie and Stoljar（2000）. 对那些非西方背景的人而言，关系自治理论特别有说服力。参见 Gilbar and Miola（2014）.
[⑥] Dodds（2000）.
[⑦] Herring（2008b）.
[⑧] R. Gilbar and O. Gilbar（2009）.
[⑨] Singer（1993）.

将人设想为摆脱了社会关系的存在就否定了在不同生命阶段这些关系对个体自我理解的重要性。同样，将人定义为必然与他人以某种方式联结的个体就否认了因时而变的社会现实、自我观念以及作为现代社会特征的人的多重身份性。①

人们尤其担心关系自治论会被用来强化妇女在传统社会中扮演的照料者的角色或者引导个体做出她们不认同但符合某种文化的决定。②上述乳腺癌研究的例子可能更凸显了这种担心。患有乳腺癌的妇女在决定接受何种治疗时是否应受到她们伴侣观点的影响呢？

在对关系自治的一次富有建设性的讨论中，娜塔利·斯托加尔（Natalie Stoljar）③讨论了妇女在决定是否采取激素替代疗法来治疗更年期综合征的问题。医生很可能为她提供了所有相关的医学事实：

然而，她的决策过程除了对收到的医学信息进行衡量外，很可能要受到其他一些因素的影响，包括她的受教育情况、种族、阶级状况、她的自我认知以及她的更年期症状，诸如"年轻脸庞比年老脸庞更受欢迎、更受重视"这样的文化标准，家庭成员对更年期症状的态度，家庭成员对该妇女决定的支持度，等等。这些因素的复杂程度以及该妇女在衡量这些因素时所面临的不确定性都会降低该妇女的自信。知情同意作为一种机会概念，不足以确保主体在行使他们的选择权时秉持选择本身所需的涵摄主体的态度。④

带着这些担心，她进一步提出如下主张：

认真对待关系自治意味着除了确保知情同意外，医疗服务提供者还应当在促进患者行使自主权方面扮演重要角色。医疗服务提供者必须警惕可能影响患者自主能力的社会环境。例如，患者观念中的内在社会规范可能会削弱她对选择的感知度。文化或者家庭期待可能会削弱患者的自我认知并且导致自信心和自尊感的削弱。因此，医疗服务提供者必须积极采取应对措施。例如，鼓励患者对不同的选择做出富有想象力的思考，并且创造

---

① Christman（2004：145）．另请参见 Tauber（2003）。
② MacKinnon（1987）．
③ Stoljar（2011）．
④ Stoljar（2011：21）．

出一个能让患者真正感受到可以为自己发声的环境。①

评论家对此种观点提出了顾虑。我们是否应当推定，做出了符合对妇女社会期待的决策的妇女就缺乏意思能力呢？这不是在贬低妇女吗？或者斯托加尔是否正确意识到我们对自主权的诉求往往忽视了一点，即我们的意愿也同样受到了社会期望及观念的影响，它们本身就是价值观和各种意愿的综合表现。

18. 实践中的意思自治

对某些人而言，尽管强调自主权重要性的理论富有说服力，但当把自主权的概念用于实践时仍不可避免地出现诸多困难。在接受诊断以及治疗建议后，很少有患者会对医生的建议表示反对。患者可能会同意，但也会感到他们别无选择。那些弱势的、不能清楚表达自己或比他人易受影响的人只会让他们的自主权被他人利用。一个社会学家将此描述为"现代临床的信任仪式"②。在该仪式中，患者被告知了有关手术的情况后就点头同意，他甚至不了解被提议的治疗方案，甚至不知道他有选择权。换言之，尽管人们对自主权有宏大理想，但在实践中，自主权绝不是患者用来描述自己印象中的美好就诊经历的措辞，同意仅仅是一个仪式。③ 还有另一种担心：证据证明，评估个体意思能力的主体所抱持的价值观将直接影响对患者是否具有意思能力的判定。④

19. 引导

如果我们暂时推定应该尊重个体的自主权，那么尝试用最好的方式说服患者⑤或者引导患者做出一个正确的决定，这种做法可以吗？⑥ "引导"在当下的经济和政

---

① Stoljar (2011: 22).
② Wolpe (1998).
③ Heywood, Macaskill, and Williams (2010).
④ Hermann, Trachsel, and Biller-Andorno (2015); Griffiths and West (2015).
⑤ Griffiths and West (2015).
⑥ Cohen (2017); Heywood, Macaskill, and Williams (2010); Hermann, Trachsel, and Biller-Andorno (2015); Griffiths and West (2015).

治思潮中非常流行,主要包括鼓励(而非强制)人们做出正确的选择。引导的案例包括在自助餐的前面提供一些健康的选择,而把那些不健康的选择放在自助餐中不容易取到的地方;或者在香烟的包装上放上癌变肿瘤的图片。正如这些例子所示,没有人强迫个体选择健康食物或放弃吸烟,只是"引导"他们这么做而已。正如萨弗勒斯库①所言,引导可以增强个体的自主权:

> 如果我完成一项烦人的任务,就许诺奖励自己一顿大餐,我是自主选择完成这项恼人的任务。刺激因素可以强化我完成这项任务的动机。我越是重视这个刺激因素,强化力量就越强,但我的自主选择并没有改变。

但是,正如萨弗勒斯库自己承认的那样,这个例子是自己引导自己。有人可能会提出,恰恰是个体不知道其他人实施引导时才会出现这一问题。利维(Levy)②认为,只是提供信息的引导是可以接受的,但那些"绕过我们商讨能力"的引导(比如隐性广告)就不可以。

这些争论可以延伸到医疗的场域中。医生通过最有吸引力的方法向患者展示他们眼中的最佳选择,进而将患者"导向"这一选择,这种做法合适吗?③ 抑或医生就应以一种中立的方式展示信息?④ 即使让患者进行最后选择,考虑到许多人都要向医生咨询意见,主张医生不支持他们认为的最佳方案十分吊诡。但如果今日社会强调自主权,那么医生就不应试图影响患者的决定。

女权主义视角

同意

女权主义学者在同意这一问题上大致可以分为三个阵营,尽管很多女权主义者在这三个方面都能看到优点。⑤

第一阵营特别欢迎强调自主权的观点。她们认为旧时的女人易被视为医

---

① Savulescu (2017).
② Levy (2017).
③ Dunn (2016).
④ Simkulet (2018).
⑤ 参见 Tong (1996)。

学家长式权力的附庸。① 女人没有能力自主决定，需要聪明的医生为她们做决定。自主权赋予女性在治疗方面的话语权，并在医学领域为她们赋权，理应受到欢迎。

第二，许多支持前文论及的"关系自治"的学者②从女性主义视角阐述了这一问题。③ 自主权的传统观点被视为男性化的观点，强调与女性生活相异的独立以及自足的价值观。④ 相反，关系自治更加重视关系、照顾以及互相依赖的价值，这些价值观对女性更加重要。卡特里奥纳·麦肯齐（Catriona Mackenzie）⑤ 指出：

> 女权主义关系伦理学反对社会原子论。他们把个体理解为嵌在社会以及人际关系中的个体，受到相互影响的各种社会因素，比如：性别、种族、阶级、性取向、个人能力等的形构和限制。按照关系伦理学的议题，关系伦理学学者强调个人自主权的重要性，对于受到历史以及现代社会压迫的女性及其他弱势群体而言，尤其如此。同时，他们也分析社会关系、社会规范、结构以及机制是增强还是限制了个体自主权的发展以及行使方式。

第三，有些女权主义者认为上文提及的两种观点都未能肯认女性在做医疗决定时所处的社会环境。⑥ 女性生活的压抑环境以及施加在女性身上的社会期望导致她们做出牺牲自我利益的决定。除非男女有实质性的平等，否则女性的自主权就有被他人利用的危险。温迪·罗杰斯（Wendy Rogers）⑦ 主张，认为尊重个人自主权就是遵从个体的意愿，这是完全错误的。她指出了这种方法存在的三点谬误：

> 首先，不受干涉的自由或消极自由并不足以保证自主权，因为自主权不但要求自由，而且要求享有真正的选择机会。其次，可以自由行使的选择权这一概念也未考虑到做出个人选择的社会环境及限制。许多个体（可能因为性别、阶级、种族、性取向等）只有有限的选择机会，这严重限制了他们的自主权。仅仅是不

---

① Jackson（2001：ch.1）.
② 参见第十七节"关系自治"。
③ Sherwin（1998）；Mackenzie and Stoljar（2000）.
④ Fineman（2004）.
⑤ Mackenzie（2018）.
⑥ Oshana（1998）.
⑦ Rogers（2017）.

> 干预并不能消除这些限制。最后，无视对选择和机会的需要以及在做出个人选择方面存在的不平等，对自主权的自由主义分析方法忽视了社会不公以及剥削问题，很可能夸大已有的不平等。

20. 伦理及患者最佳利益

如上所述，如果患者没有意思能力做出医学决定，那此时应适用的重要原则是医学团队必须从患者最佳利益出发对患者进行治疗。乍看起来，这一观点似乎显而易见、合情合理，很难提出反对。并且即使反对，我们也很难找到其他选择。但是，问题并非我们看起来那么简单。

20.1 对患者最佳利益原则的批判

很多人对患者最佳利益原则进行了批判。[1] 争议的焦点是最佳利益这一概念的模糊性。[2] 最佳利益被描述为"空洞无物"。[3] 尤其是有人曾担心：最佳利益的表述过于模糊，以至于其可以表达任何人想要表达的意思。法官或者医生可以宣称某项治疗符合患者最佳利益，但这其实只是个人观点的反映。最佳利益标准的支持者可能承认在评估何为最佳利益时存在主观因素，但是他们认为，事实上人们对生命中的美好事物存在广泛共识。尽管在一些案例中，对什么是患者最佳利益存有争议，但是这些案例并不多见，并且无论使用何种标准，这些案例都有可能成为疑难案例。

最佳利益标准是否应将个人价值观及处世原则纳入考虑范围，也有一些争论。如果一个医疗团队正在治疗一个无意思能力的某教派宗教信仰信徒，那么认为不应对他进行挽救生命性质的输血符合他的最佳利益，这正确吗？还是应当对最佳利益

---

[1] See Holm and Edgamot (2008).
[2] 尽管 Huxtable (2014) 主张应坚持"最佳利益"这一概念的灵活性，并就此做出了有力的论证。
[3] Kennedy (1991a: 90). See further Hope, Slowther and Eccles (2009).

的评估持客观标准，不考虑个人的特点？

有人批评最佳利益原则过于强调个人主义。当为一个无意思能力人做决定时，是否不应考虑其亲属以及家人的利益呢？如果无意思能力人不为他的亲属献血或捐献肾脏，他的亲属就会死亡，这时又该怎么办？法律上的最佳利益原则似乎认为，这样的利他行为不应强加于无意思能力人之上。① 但是，查尔斯·福斯特和笔者曾指出，患者最佳利益这一概念可以理解为"良善生活"，这就包括了在生活中合理展示出自己的善良品格和利他行为。②

20.2 评估患者最佳利益的主体

法律规定医生以及最终意义上的法院有权决定何为患者的最佳利益。有人对此提出了质疑。尽管医生在医学问题上具有专业性，但是他们并不知道患者的宗教或者伦理观点，也不知道患者生活中的乐趣。③

有人认为，相比于医学团队，患者家属能更好地判断什么符合患者最佳利益。④ 同样，也有观点认为家属在情感上不够冷静，不能有效评估患者的最佳利益。事实上，亲属之间甚至会在做出某项决定时发生利益冲突（例如涉及医疗费用时）。同样，认为家属就比其他任何人更好地了解患者的观点也不正确。比如，患者病房的病友可能会比患者的兄弟更了解患者的情况。

在这个问题上有决定权的还可能是伦理委员会。在亲属和医生产生争议时，伦理委员会可以进行调停。该委员会由非专业人士以及医生组成，他们以一种社群代表的身份按照陪审员在刑事审判中的工作方式工作。但是，也有人担心该委员会的工作方式缺乏一般法院程序具有的程序保障。

20.3 替代性判断

用"替代性判断"取代"最佳利益"标准已经得到了一些地区的支持，这是美国医事法上一种颇具影响力的概念。替代性判断要求决策者判断：如果无意思能力人能做出决定，他们可能的选择是什么？这要求决策者考察该个体是否先前做出了相关言论，表明当他们失去意思能力时希望被如何对待。在进行这种推测时，个体

---

① 参见 Cantor（2005：Chap 5）。
② Foster and Herring（2016）。
③ Veatch（2000）。更多内容参见 Coggon（2008b）。
④ Fan and Tao（2004）。

的宗教及伦理观点都会被纳入考量，说明他在有意思能力的情形下会如何决定。支持者认为，这种观点极大地扩张自主权，因为这意味着我们正在尽最大努力确定患者要做出怎样的医疗决定。

批评者认为，这一标准过于重视患者早年的相关言论。患者在一次晚宴上不经意谈及他"从未想成为一名素食主义者"，若干年后，这句话就成了影响他医疗决定的关键因素。更糟糕的是，这还会引起欺骗行为，亲属会被鼓励努力"回忆"患者的愿望。德莱泽（Dresser）指出，研究表明人们并不擅长预测他们的家人和朋友会如何决定。① 在美国，在是否对植物人特里·夏沃（Terri Schiavo）② 暂停营养供给问题上就有很大争议。部分观点围绕在很多年以前她是否说过这样的话展开。德莱泽认为，替代性判断的方法"过于模糊，法律允许选择患者家属、监护人或者医生偏好的几乎任何一种治疗方案"③。

> **? 请思考**
>
> **有关致命疾病的消息**
>
> 如上所述，自主权在医事法和伦理中扮演了核心角色。患者应当是决定自己接受何种治疗的主体，并且患者应当知晓涉及他们治疗的所有信息。但是，这真是一般大众想要的吗？引发争议的一个问题是：如果医生发现患者有致命疾病，应当怎么办？
>
> 一项对老年人的调查发现，80%的人认为如果他们被诊断出癌症，他们宁愿医生不告诉他们这一情况。④ 与其面对疾病带来的恐惧，惶惶不可终日，人们似乎更愿意在几个星期或者几个月的时间内无忧无虑地生活。然而，尽管有此类调查，但当被问及这些问题时，患者还是赞成应有知晓他们疾病的权利。⑤ 当然另一个困难在于，有患者希望无忧无虑地生活，也就有患者愿意珍惜这些时间为他们的死亡做准备，有序地安排他们的后事。

---

① Dresser（2015）。也可参见 Andersson and Johansson（2018）。
② Koch（2005）讨论了这个案例。
③ Dresser（1994：645）.
④ Ajaj, Singh, and Abdulla（2001）.
⑤ Sullivan, Menapace, and White（2001）.

> 一项对医生的调查发现，不告知患者他们患有绝症的医生只有少数，有四分之一的医生说，他们在50%~90%的情况下，只告诉患者他们患有绝症。超过一半的被调查者说，他们只会大体上向患者解释他们的症状。① 另一项研究发现，当医生确实告诉患者患有绝症的诊断结果时，他们也会故意在他们对预后的讨论中表现得特别乐观，事实上这种做法很受患者欢迎。②

21. 关于预先指示的伦理问题

关注预先指示（在《心智能力法》中被称为预先决定）是否恰当呢？一个有意思能力的人担心自己会丧失意思能力，他理所当然地可能想提前决定当他失去意思能力时应被如何对待。③ 可以将这种行为视为一种尝试：个体确保在自己生命的尽头，发生的是他们预先设想并且追寻的美好生活的结局。④ 正如德沃金（Dworkin）所言，"如果可能的话，他们想以一种鲜明的方式通过自己的死亡来肯认他们秉持的最重要的价值观。"⑤ 有争议的是，德沃金继续说道，即使无意思能力人表示他们确实不希望接受某种治疗，这些意愿也只是一种不确定的（短期）利益，会以保护先前有意思能力时的关键（长远）利益之名推翻。但一旦患者有一个清楚的预先指示，人们明显倾向于选择患者明确表达的愿望，而不是他人关于什么是最有利于该患者的观点忽略他们极富争议的建议。

但问题并非那么简单。反对预先指示的人列出了三个主要观点。第一，有人认为，做出预先指示之人和之后失去意思能力之人并非同一人。有观点认为，我们的人生是记忆以及生命轨迹的汇集和延续。⑥ 对于一个阿尔茨海默病患者而言，

---

① Sullivan, Menapace, and White (2001).
② The, Hak, Koëter, 等 (2000).
③ Gremmen, Widdershoven, Beekman, 等 (2008).
④ Dworkin (1993). See also Burford (2008).
⑤ Dworkin (1993: 211). Dresser (1995) 不相信人们对自己的生命有这样的高级观点。
⑥ 这一观点由下列学者的理论发展而来，Parfitt (1984), Dresser (1994 and 1995), Rich (1998)。另请参见 Gligorov and Vitrano (2011); DeMarco and Lipuma (2016).

尽管他们的躯体保持不变，但是与亲属以及朋友联结的记忆的丧失意味着，一旦患上阿尔茨海默病，一个新的生命就出现了。或者至少说，由于个性以及人格发生的巨大改变，起初的有意思能力之人就不能再代表这个无意思能力人发言了。① 因此，在有意思能力时做出的预先指示就不应有效。罗伯逊（Robertson）② 这样写道：

> 有意思能力人的价值观及利益取向已经不再和那些丢失了价值观及利益取向所依赖的理性基础之人有关。除非我们认为有意思能力的个体所秉持的价值观和利益取向可以延伸至因为丧失意思能力导致这些价值观和利益取向不再有意义的情形，否则，作为一个有意思能力之人，他不希望自己处于一个虚弱或残疾的状态中的意愿也无任何意义。因为一个人失去了意思能力，无法理解现在的自己与先前做出反对治疗时的自己已经出现了重大分离，所以我们不能仅仅因为患者在有意思能力时做出了指示，就认为先前的指示可以代表他的现时利益。

德沃金针对以下反对意见做了回应：即便认为患者自罹患阿尔茨海默病后就已经发生变化这一观点具有一定合理性，但是他们的"关键利益"仍然未变。③ 关键利益是指那些构成我们生命轨迹基础的事物（重要的关系、职业目标等）。当我们失去意思能力时，能够决定我们生命的最后篇章如何谱写的就是这个关键利益。德沃金指出，自主权对于享有上述关键利益至关重要，因为个体必须能够"在一种结构性的整体生命下，围绕与性格相符的观念评估各种决策"。因此，一个无意思能力人当下的观点并非关键利益，但我们可以通过他们在丧失意思能力前的观点帮助判断他们的关键利益。因此，我们应当能够通过预先指示表达当我们失去意思能力时应被如何对待。事实上我们允许人们立下遗嘱就意味着我们承认一个人在他无意思能力时也对自己的利益有一定话语权。④ 德莱泽回应道，如果患者失去了理解他们关键利益的能力，这样的"关键利益"就失去了其重要性。⑤

---

① Dworkin（1993：554）；Buchanan and Brock（1990：152-89）. See also Quante（1999）.
② Robertson（1991：7）.
③ Buchanan（1998）.
④ Burford（2008）. 尽管按照英格兰 1975 年《继承（家庭和被扶养人的供养）法》[*the Inheritance (Provision for Family and Dependants) Act*, 1975] 之规定，如果遗嘱中未能为有合法利益需求的人提供足够的供养，法院可以作出该遗嘱无效的指令。
⑤ Dresser（2003）. 另请参见 Persad（2019）.

另一种对"人格变化"的回应认为，对于患者的朋友及家庭而言，阿尔茨海默病患者并未改变他们的身份。① 那种认为生命是由人的记忆构成的概念仅仅关注自己眼中的个人身份，没有将个人置于由他们的朋友以及亲属构成的社群中。② 更极端的观点认为，无意思能力人在接受维持生命的治疗上毫无利益可言，因而可以依照其预先指示，允许他死亡。③ 有意思能力人知道他们的意愿会被实现的利益远超过一个无意思能力人维持生命的利益。近年来，也有一些人支持中间道路，也即认可预先指示有一些分量，所以，应该按预先指示执行，除非其会给现在的个体带来伤害④或严重伤害⑤。

第二种反对意见更加直接。我们有可能预测当我们失去意思能力时将被如何对待吗？这是有疑问的。⑥ 我们可能认为罹患阿尔茨海默病是一个令人恐惧的经历，但事实上很多患者看上去很开心。有学者指出，最近的调查表明，绝大多数阿尔茨海默病患者并不清楚他们的状况，也不认为这种状况有辱人格或令人痛苦。⑦ 我们确信做出预先指示的人真的充分知晓即将经历的事情吗？⑧ 人们在健康时对死亡以及垂死的反应和真正面临死亡时的反应存在不同。⑨ 的确有证据表明，人们可能会低估他们希望接受医学干预愿望的强度。而且人们也很难设想自己可能遇到的所有情形。⑩ 一位慢性病患者可能决定与其长期忍受病痛折磨不如快点死去。但如果通过医学干预，患者的生命可以延长至见到第一个孙子，他还会持那种观点吗？此外，我们也很难确定患者几年前做出的指示是否依然代表患者现在的观点。

第三，有人认为，即使预先指示有作用，但对于无意思能力人而言，我们的首要责任是与他们共情并且寻找他们的最佳利益。这个原则不应受到预先指示的挑战。⑪ 预先指示支持者的回复是，患者在做出预先指示时已经考虑了当丧失意思能

---

① Cowley (2018).
② Kuczewski (1994).
③ Kuhse (1999).
④ Herring (2009d).
⑤ Maclean (2006).
⑥ 参见 Auckland (2017)。
⑦ Dresser (2015); Hertogh (2009).
⑧ Shaw (2011); Dresser (2003).
⑨ Ryan (2000).
⑩ Ryan (2000).
⑪ Dresser (1994).

力时,是希望基于同情被治疗,还是希望基于他们的预先指示对他们进行治疗,他们选择了后者。丽贝卡·德莱泽(Rebecca Dresser)认为我们必须关注无意思能力患者的利益,而不是他们曾经有意思能力时的利益。她认为:

> 法律必须确保患者不会消失在那个"曾经的他"的阴影中。法律必须确保有人细致照顾这个命运飘摇的患者。正是最佳利益标准照亮了现在的患者。……法院不应允许有意思能力人对他们无意思能力时的生命实施专政。①

如果已经做出了尊重预先指示的决定,还有一个应在多大程度上执行这些预先指示的问题。一般认为应当以对待有意思能力人的方式对待预先指示。换言之,预先指示不能迫使医生提供某项具体的治疗,但它可以限制医生为他提供何种治疗。然而,有人质疑:一个预先指示是否能够命令一个利他行为?例如,患者签署了一份预先指示,规定如果他的亲属需要肾脏,那么他愿意捐献自己的一个肾脏给他的亲属,即使他在订立预先指示时有意思能力,这样一个预先指示应被遵循吗?一种观点认为,没有理由认为不应遵循该指示,因为法律允许一个有意思能力人做出此类捐献。② 另一种观点则认为,预先指示不能授权医生实施不符合患者最佳利益的治疗。③ 阿拉斯代尔·麦克莱恩④将有意思能力人为未来患阿尔茨海默病的自己做出预先指示比作父母为自己的子女做决定。尽管他强调这种比喻并不准确,但他指出,我们应当遵守预先指示,但是如果遵从预先指示会对阿尔茨海默病患者造成严重伤害,预先指示的效力就应受到挑战,就像我们允许人们挑战父母为子女做出的可能会对子女造成伤害的决定一样。

在关于预先指示的所有讨论中,不应忘记的是,事实上很少有人尝试做出预先指示。这可能是因为他们不愿设想有关死亡以及严重疾病的事情。⑤ 或者,许多人可能仅仅希望,当他们丧失意思能力时,由医生或者家庭成员为他们做出有关医学治疗的决定。⑥

---

① Dresser (1994: 646).
② Lewis (2002).
③ Law Commission Report 231 (1995) at 5.13.
④ Maclean (2006).
⑤ Stern (1994).
⑥ Dresser (1995).

22. 自主权及医患关系

法律处理医疗决策过程的方法影响着医患关系。迈凡薇·摩根（Myfanwy Morgan）[①]认为医患关系存在着四种模式：

- 家长主义模式。医生在医患关系中占主导地位，并决定什么对患者最好。
- 互助模式。医生和患者是参与信息共享的平等双方，旨在为患者找出最佳治疗方案。
- 消费主义模式。患者是主动的以及占主导地位的一方，要求医生提供治疗及帮助，医生的主要角色是满足患者需要。
- 默认模式。在这种医患关系中任何一方都不占据主要地位。这通常会产生一种没有效率的结果。

可见，强调自主权的模式要么属于互助模式，要么属于消费主义模式。

蒙特哥马利案对医患关系法有重大影响。该判决的支持者主张，该案为医患关系提供了一种新的理解方式。海伍德（Heywood）和米奥拉指出，该案很可能"重新界定了法律眼中的医患关系"。[②] 赫林等学者[③]则提出，该案促进了医患双方的对话：

> 患者需要从医生那里了解不同治疗方案的利弊，这样才能在个人价值观基础上对备选方案进行评判。而医生则需要从患者那里了解患者重视的问题。因为不了解这些问题，他们就没办法组织信息，按照符合患者价值观的方式传达给患者。

这就有助于医生和患者一起努力，找出最符合患者价值观的治疗方案。

但是，并非所有人都支持该案的判决。批评者评论道，法官们将蒙特哥马利女士描述成一个弱势的、未被充分告知相关信息的患者，而事实上，她是一个受过研究生教育的职场人士，有卫生保健领域的工作经验。[④] 该案中的医生则被描述为一个把自己观点强加给患者、不维护患者最佳利益的形象。更广泛的意见认为，该案

[①] Morgan (2009).
[②] Heywood and Miola (2017).
[③] Herring 等 (2017)。
[④] Clark (2016).

中法官采用的方法有将患者幼儿化、医生魔鬼化的危险。①

从另一个角度观察，可以认为蒙特哥马利案是建立在患者都是理性、自主、希望自负其责的前提下的，但许多患者身陷病痛折磨，忧心忡忡，不知所措。对他们而言，接受信息并指望他们处理这些信息后做出决定的任务本身就让人不寒而栗。肯定有很多患者直接告诉医生，"选择你认为最好的吧"。对他们而言，蒙特哥马利案的医患关系模式并不讨喜。

另一个担心是我们可能对为患者咨询的医生要求太高。如果他们理解患者的价值观，他们是不是应该了解患者的宗教观点？果真如此，那会让人十分尴尬，背负过多责任。比如，即使患者是罗马天主教徒，也并不意味着他们赞同教皇说的每一句话。②

23. 儿童治疗的伦理

当吉利克案的判决横空出世时，其被解读为预示着医学领域也开始讨论儿童权利。③ 该案认可一个有吉利克能力的儿童能够对接受避孕治疗的建议做出有效同意，因此，有人将其解读为，成熟的儿童和成年人享有同样的权利，可以自主决定接受何种治疗。但现在，对吉利克案的理解应结合上诉法院做出的后续判决综合考察。这些判决强调，即使有吉利克能力的儿童能对某项治疗做出一个有效同意（在那种方式下，这些儿童被当作成年人对待），但如果他拒绝某项治疗，那么可由其他人（承担父母责任之人）或者法院做出同意的表示。这和成年人不同。

许多人认为现行法逻辑不清。④ 对一个儿童说："如果你足够成熟能够同意治疗，我们将尊重你的决定。但如果你拒绝治疗，我们可以轻易推翻你的决定。"这前后矛盾。如果一个儿童有吉利克能力决定接受何种治疗，那么不论他说同意与否，皆是如此。但现行法似乎对儿童说，"我们将尊重你的自主权，但是只有当你给出正确答案时才行。"

---

① Montgomery and Montgomery (2016).
② Brazier and Farrell (2016).
③ Eekelaar (1986); Gilmore (2009).
④ Eg Bainham (1992).

也有人认为，现行法有一定逻辑。① 吉利克案不是赋予儿童权利以自主做出医疗决定，而是防止吉利克夫人阻止她女儿接受必需的治疗——她不同意女儿接受治疗的意见可以被她有吉利克能力的女儿做出的同意推翻。② 这里体现的法律原则是，如果医生认为儿童需要治疗，法律就应尽可能为医生实施治疗提供方便。只要医生获得了享有父母责任的人的同意，或一个有吉利克能力的儿童的同意，抑或法院的同意，就能为儿童提供治疗。这样看来，法律只是维护儿童法的一项指导原则，即应当促进儿童的福利。但是这一原则并非没有问题。正如安德鲁·宾厄姆（Andrew Bingham）所言：

> 法院更倾向于将儿童福利原则视为一个绝对标准，一个正确无误的概念，可以作为灵丹妙药广泛适用于患病儿童的任何场合。这并不奇怪，因为正是法院在每一个具体案件中对儿童福利原则作出界定。③

这种争论可以视为"儿童解放主义者"和"儿童家长主义者"之间的争论，前者主张儿童享有和成年人同样的权利，后者则将法律的首要作用看作保护儿童最佳利益。大多数学者都反对"极端的"儿童解放主义论或者儿童家长主义论，相反他们更愿意寻找一种折中的权利模式，既承认儿童免受伤害的权利又承认儿童自主决定的权利。约翰·伊克拉（John Eekelaar）教授提出了一个受到广泛支持的理论。④ 他认为，法律应该保护儿童的三种利益。

（1）基本利益。这是儿童发展中的核心利益，包括对儿童进行喂养、提供衣物以及住处。基本利益也包括促进儿童获得身体、情感照料以及开发智力。

（2）发展利益。这些利益是儿童拥有的、能够使他发展成为一个人的利益，包括教育以及社会化中的利益。

（3）自主利益。这些利益指应允许儿童自主决定。

伊克拉进一步指出，当自主利益和其他两种利益发生冲突时，基本利益和发展利益优于自主利益。换言之，儿童有权自主决定，除非该决定会侵犯他们的基本利益或发展利益。因此，儿童有权为自己做出成年人眼中的"糟糕"决定，只要这些

---

① Lowe and Juss（1993）.
② 应当强调的是，毫无疑问该案中她的一个女儿事实上正在寻求接受避孕治疗。
③ Bainham（1987：339）.
④ Eekelaar（1986；1994）.

糟糕决定不涉及儿童核心利益。这是因为法律应当试着让儿童逐步发展为自立的成年人,用他们当下最大的自主权以及最大的能力决定如何过好自己的生活。① 换言之,在孩提时代,侵犯一个儿童的自主权有可能具有正当性,只要该行为对于增进儿童未来行使自主权是必要的。在医事法的语境下,这意味着应阻止儿童拒绝接受挽救生命的治疗或者那些不接受就会遭受虚弱之苦的治疗,因为这有利于增进他们成年后的自主权。但也有观点认为这一主张过分强调自主权的重要性,而对源于儿童和他人关系的责任与义务关注不足。② 这一观点也没有顾及儿童丧失自主权时儿童被倾听以及参与决策的利益。③

法院关于一名儿童是否具备吉利克能力的系列判决遭人诟病。有人认为,法律为儿童设置的意思能力标准远超成年人,这不合理。④ 的确,也有学者主张,2005年《心智能力法》有关意思能力的认定标准应适用于所有人,包括儿童。⑤ 还有人认为,如果一名儿童做出了一项法院不赞同的决定,该儿童就会被宣告无意思能力,但是如果法院赞成儿童所做的决定,该名儿童就会被宣告有吉利克能力。在这方面,人们特别担心,如果一个儿童以自己的宗教观点为由拒绝某项治疗,法院很有可能判定该儿童无意思能力。法官指出,他们尊重青少年的宗教信仰,但接着又说,儿童可能会在他们长大后不再信仰他们现在的宗教,⑥ 或者由于该儿童在一个宗教家庭长大,因此尚无足够的经历让他成为有吉利克能力的人。

当父母和医生在有关儿童治疗问题上存有争议时,双方通常会达成一个妥协方案。必要时,也会诉请法院以儿童福利原则为指导解决争议。法院在审理这类案件时会考虑父母的观点,但指导原则仍是儿童福利原则。⑦ 事实上,父母的观点有时候在法院判决中起到了关键作用。⑧ 有批评意见认为这不利于保护儿童的权利。⑨ 因父母的观点改变原本为了儿童最佳利益做出的判决,这不具有正当性。⑩ 但也有人

---

① Herring(2009f)对这一观点提出了挑战。
② Herring(2009f)。
③ Donnelly and Kilkilly(2011)。
④ Bridgeman(1998)。
⑤ 相关讨论参见 Cave(2014)。
⑥ *Re E* (1990) 9 BMLR 1, 8.
⑦ *Re A (Conjoined Twins: Medical Treatment)* [2001] 1 FLR 1, 49E.
⑧ *Re T (A Minor) (Wardship: Medical Treatment)* [1997] 2 FCR 363. See further Bridgeman (2008).
⑨ Freeman(2000)。
⑩ Ibid.

认为，这种做法承认了儿童是家庭的一员，他的福利在某种程度上和家庭福利紧密相关。① 事实上，有人认为现行法未能充分认可父母作为儿童问题的决策者应享有的适当地位。② 在阿什亚·金事项（儿童）案③中，父母不同意医生为他们儿子提供的治疗方案，因此，将儿子带出医院到海外求诊。贝克法官推翻了要求父母将子女带回医院的判令，其判决指出：

> 本法域中，家庭法的基本原则是为子女做出决定的责任在父母。在大多数案件中，父母都是为子女做决定的最佳人选。国家——无论是法院抑或其他公共机构——都不应干涉父母行使亲权。……

本案的关键问题是，贝克法官认为父母为子女做出的医疗计划具有合理性。本案并未修正处理儿童医疗问题的原则，即以儿童福利原则为基准。但该案也表明，如果法院认为医生的观点和父母的观点都是合理的，那么法院将站在父母一边。涉及查理·加德（Charlie Gard）的一个争议判决就说明了这一点。该案中，父母未听从医生的建议，他们希望子女参与实验性治疗，最终在法庭上输掉了官司。法官不同意父母提出的到海外提供这种实验性治疗的地方进行治疗的主张。④ 该判决仍坚持了法院一贯的标准，认为父母提出的新治疗有违查理的最佳利益。⑤

必须记住的是，法律通常允许父母在涉子女抚养问题上自行决定，只要这些决定不会给子女带来严重伤害。⑥ 有关子女教育、宗教、餐饮等决定都属于父母自由决定的事项。但医疗决定是一个例外。医生和法官都可以根据他们认为的儿童最大利益推翻父母的决定。之所以如此，可能是因为我们并没有一个"专家组"可以在宗教、教育、餐饮等问题上进行裁决，因此，将这些问题留给父母（在合理的范围内）自己决定是明智的。的确，有一个多样化的民族对国家有益。但医学不同，我们有医疗行业这个专家群体。我们有理由相信医疗行业比父母更清楚什么对儿童健康有益。但没有人认为，在有关宗教问题上，坎特伯雷大主教会比父母更合适！而且，即使维护宗教和信仰的多样性对社会有益，但并无证据证明在健康问题上保持

---

① 相关讨论参见 Bridge（2002）。
② Engelhardt（2010）。
③ *The Matter of Ashya King（A Child）*[2014] EWHC 2964. 对该案中一些敏感问题的讨论，参见 Bridgeman（2015）。
④ *Great Ormond Street Hospital v Yates* [2017] EWHC 1909 (Fam). 参见 Bridgeman（2017）。
⑤ 是否应遵循父母的意见，除非子女会遭受伤害？对于这一问题的讨论，参见 Birchley（2016）; Fostere（2016）。
⑥ Baines（2017）。

多样性也同样有益。① 上述观点推定，医疗场域下有关儿童问题的决定涉及医学问题。有时的确如此。但有时，这些问题并非明显的医学问题，医生也并不比其他人了解更多（比如，对于性别的自我认同②，或者儿童是否应该在保有医学意识的状态下继续活下去）。奥克兰（Auckland）和古尔德（Goold）指出，我们应该转变思路，在医疗决定和父母的其他决定上统一标准：除非某一决定可能带来严重伤害，否则我们就应尊重父母的决定。

在一些棘手的案件中，双方对于价值观争论激烈，但其实质并未给儿童带来严重伤害。转向"危害"标准，情况将大不相同。据此，就能确保法院不能仅仅因为持不同观点，就轻易地否定父母认为的什么对儿童是最好的选择。设立是否造成严重伤害这一标准，我们才能真正实现尊重不同价值观的法治承诺，同时在儿童需要时为他们提供保护。

24. 结论

本章以一个相对直接的提法，即"未经患者同意，医生不应对患者进行治疗"开篇。然而，有关同意的法律显然并不简单。有权做出同意的意思能力的概念十分复杂：如果我们采用一个严格标准，我们可能会剥夺很多人的自主权，但如果采取一个较自由的标准，我们可能会过于重视并不理解问题内容的人所做的陈述。一方面，如果有意思能力人在仔细考虑后，拒绝接受挽救生命的治疗，那就可以让这些人死亡；另一方面，如果患者的拒绝表示和并不理解真实情况以及受到恐惧后说出的"不"没有差别呢？此外，本章还探讨了在做出涉及无意思能力人的决定时面临的困难。对于无意思能力的儿童而言，这涉及在儿童权利和父母权利之间寻求微妙的平衡。对于无意思能力的成年人而言，2005 年《心智能力法》已经强调了患者最佳利益标准，但没有规定如何确定一个人的最佳利益。近年来，在众多考虑因素中，法院对患者的价值观赋予了越来越重的分量。

约翰·科根③对现行法律的立场做了以下总结，非常实用。

---

① Herring（2016）.
② Murphy（2019）；Laidlaw, Cretella, and Donovan（2019）；Reiss（2019）.
③ Coggon（2016）.

判断某一治疗是否合法，需要满足以下条件：

- 能够证明这一治疗反映了患者的价值观，或者至少与患者的价值观一致。这可以通过患者作出的同意予以证明，或者通过有关患者价值观的已证事实得以证明。
- 通过医学专家的观点，能够证明这一治疗符合患者最佳利益，证明医生考虑到治疗所带来的利益（无论是治疗上的还是其他方面），赞同实施该治疗即可。
- 通过理性的公共决策机制原则，能够认定某项治疗是卫生保健系统值得资助的治疗。这可以通过管理治疗资助项目的某种卫生资源分配模式得以证明。

正如这一总结所示，患者的价值观现在成了重点，但其并不是法院考虑的唯一要素。判例也说明，在众多因素中，患者心智能力问题所占分量也越来越小。

/思考题/

1. 许多有意思能力的人没有做所有他们应当做的有益于保护身体健康的事情（例如，没有定期进行口腔检查）。相较绝大多数人为自己选择的标准，我们是否应当对缺乏意思能力人设定一个更高的标准？

2. 在 Re E 案①中，一个15岁的宗教信徒拒绝接受输血，但输血方案最终获得了法院的授权。在经过3年强制输血后，他已经成年，必须尊重他的意见。最终，他死了。这是否告诉我们，有关儿童拒绝接受治疗的法律是错误的？或者，有关成年人拒绝治疗的法律是错误的？

3. 思考以下观点："一个长期信教的虔诚信徒基于自己的宗教信仰拒绝治疗，法律对此予以尊重是一回事，而正如法院所宣称的那样，要求我们尊重'没有任何理由'之下做出的决定又是另外一回事。"② 法律是否过于尊重那些违背常理的决定了？

4. 在决策者的意思能力问题上，法律的现有规定是否恰当？是否应当承认决策者有意思能力大小的区别？因此，对不同意思能力决策者做出的决定应按能力大小判断该决定的重要程度。

5. 人们尊重患者拒绝某种治疗的意愿，但对希望获得某种治疗的权利法律并不认可，强调"自主"原则是否正确呢？③

6. 思考以下观点："正如我们定义的那样，治疗是通过改善患者身体机能帮助患者痊愈的一种方式，如果患者福利和患者自主权这两种价值观发生冲突，那就不是真正的治疗。因此，医生必须既是一个适度的自治主义论者又是一个适度的福利主义论者。"④ 这种对福利主义论和自治主义论的折中态度是否可行？

7. 2005年5月，媒体报道了一个拒绝治疗的肺结核患者，他把肺结核传染给了其他12个人。⑤ 什么情况下应对传染病患者予以拘禁？

8. 如果男孩没有临床手术指征，但父母要求实施包皮环切术，医生是否应当实施？如果父母

---

① (1993) 1 FLR 386.
② Stauch (1998: 76).
③ 相关讨论参见 Graber and Tansey (2005).
④ Pelligrino and Thomasma (1988: 32).
⑤ BBC News online (9 May 2005b).

希望移除自己孩子的一根手指的指尖,是否应当允许医生实施呢?如果父母是因宗教理由或者是因审美理由提出这样的要求,二者有何不同?①

9. 2007年年初,一对美国夫妇的行为引发媒体广泛关注。② 这对美国夫妇决定给他们女儿服用一种限制生长的药物,将他们严重残疾的女儿维持在"儿童大小"。这可以避免该儿童出现月经,方便照顾。医生是否应遵从父母的意愿呢?或者在该案中,方便亲属照顾从而使她可以待在家中是否比让她成长的利益更重要呢?

10. 笔者曾指出:"依赖性是我们人性的一个方面。从我们最早的祖先开始,我们就处于相互依赖的关系之中。……有时我们接受关爱,有时我们给予关爱;大多数时间,我们既接受关爱又给予关爱。我们可能会吹捧自己的独立,吹嘘我们自己通过理性来行使自己的自主权。事实并没那样恢宏。我们做出的很多决定所依据的都是非理性的恐惧和情感,并无充分的科学根据。依赖关系是我们生活的核心。我们可以将理性以及独立性作为划分有无意思能力的分界线。但是,事实说明,这条分界线非常模糊。"③ 我们认为自主权非常重要,这是否也误导了我们自己呢?

---

① 参见 Fox and Thmoson (2005)。
② BBC News online (4 January 2007)。
③ Herring (2009a:510)。

/延伸阅读/

有关儿童同意的意思能力的文章，参见下列文献：

Auckland C and Goold I. (2019) Parental Rights, Best Interests and Significant Harms: Who Should Have the Final Say over a Child's Medical Care?, *Cambridge Law Journal* 78: 287.

Bridgeman J. (2015) Msiunderstanding, threats, and fear, of the law in conflicts over children's healthcare, *Medical Law Review* 23: 477.

Cave E. (2014) Goodbye Gillick? Identifying and resolving problems with the concept of child competence, *Legal Studies* 34: 103.

Gilmore S and Herring J. (2011) 'No' is the hardest word: consent and children's autonomy, *Child and Family Law Quarterly* 23: 3.

McDougall R and Notini L. (2014) Overriding Parents' medical decisions for their children: a systematic review of the normative literature, *Journal of Medical Ethics* 40: 448.

有关意思自治问题的讨论，参见下列文献：

Beyleveld D and Brownsword R. (2007) *Consent in the Law* (Hart).

Cave E. (2017) Protecting Patients From Their Bad Decisions: Rebalancing Rights, Relationships, and Risk, *Medical Law Review* 25: 527.

Coggon J and Miola J. (2011) Autonomy, liberty and medical decision-making, *Cambridge Law Journal* 70: 523.

Conly S. (2012) *Against Autonomy: Justifying Coercive Paternalism* (Cambridge University Press).

Craigie J. (2011) Competence, practical rationality and what a patient values, *Bioethics* 25: 326.

Devaney S and Holm S. (2018) The Transmutation of Deference in Medicine: An Ethico-Legal Perspective, *Medical Law Review* 26: 202.

Fovargue S and Mullock A. (2016) *The Legitimacy of Medical Treatment: What Role for the Medical Exception?* (Routledge).

General Medical Council (2008) *Consent: Patients and Doctors Making Decisions Together* (GMC).

Herring J. (2009d) Losing it? Losing what? The law and dementia, *Child and Family Law Quarterly* 21: 3.

Herring J, Fulford B, Dunn M and Handa A. (2017) Elbow Room for Best Practice? Montgomery, Patients' Values, and Balanced Decision-making in Person-Centred Clinical Care, *Medical Law Review* 25: 582.

Herring J and Wall J. (2017) The nature and significance of the right to bodily integrity, *Cambridge Law Journal* 76: 566.

McCall Smith A. (1997) Beyond autonomy *Journal of Contemporary Health Law and Policy* 14: 23.

McLean S. (2009) *Autonomy, Consent and the Law* (Routledge).

Mackenzie C and Rogers W. (2013) Autonomy, vulnerability and capacity: a philosophical appraisal of the Mental Capacity Act, *International Journal of the Law in the Context* 9: 37.

Maclean A. (2009) *Autonomy, Informed Consent and the Law: A Relational Challenge* (Cambridge University Press).

Manson N and O'Neill O. (2007) *Rethinking Informed Consent in Bioethics* (Cambridge University Press)

Miola J and Heywood R. (2017) The Changing Face of Pre-Operative Medical Disclosure: Placing the Patient at the Heart of the Matter, *Law Quarterly Review* 133: 296.

Mulheron R. (2017) Has Montgomery Administered the Last Rites to Therapeutic Privilege? A Diagnosis and a Prognosis, *Current Legal Problems* 70: 149.

O'Neill O. (2002) *Autonomy and Trust in Bioethics* (Cambridge University Press).

Stanton, C. and Quirk, H. (eds) (2016) *Criminalising Contagion: Legal and Ethical Challenges of Disease Transmission and the Criminal Law* (Cambridge University Press).

Turton G. (2019) Informed Consent to Medical Treatment Post-Montgomery: Causation and Coincidence, *Medical Law Review* 27: 108.

Wicks E. (2016) *The State and the Body* (Hart).

有关预先指示的伦理及法律问题，参见下列文献：

Auckland C. (2017) Protecting Me From My Directive: Ensuring Appropriate Safeguards for Advanced Directives in Dementia, *Medical Law Review* 26: 73.

Dresser R. (2003) Precommitment: a misguided strategy for securing death with dignity, *Texas Law Review* 81: 1823.

Gligorov N and Vitrano C. (2011) The impact of personal identity on advance directives, *Journal of Value Inquiry* 45: 147.

Heywood R. (2015) Revisiting advance decision making under the Mental Capacity Act 2005: a tale of mixed messages, *Medical Law Review* 23: 81.

Huxtable R. (2017) Autonomy, best interests and the public interst: Treatment, non-treatment and the values of medical law, *Medical Law Review* 22: 459.

Johnson C. (2014) Advance decision-making-rhetoric or reality?, *Legal Studies* 34: 497.

Maclean A. (2006) Advance directives, future selves and decision-making, *Medical Law Review* 14: 291.

Maclean A. (2008) Advance directives and the rocky waters of anticipatory decisionmaking, *Medical Law Review* 16: 1.

有关无意思能力患者的治疗，参见下列文献：

Bartlett P. (2012) The United Nations Convention on the Rights of Persons with Disabilities and Mental Health Law, *Modern Law Review* 75: 724.

Buchanan A and Brock C. (1990) *Deciding for Others: The Ethics of Surrogate Decision Making* (Cambridge University Press).

Cantor N. (2005) *Making Medical Decisions for the Profoundly Mentally Disabled* (MIT Press).

Garwood-Gowers A. (2005) The proper limits for medical intervention that harms the therapeutic interests of incompetents//A. Garwood-Gowers, J. Tingel and K. Wheat (eds). *Contemporary Issues in Health Care Law and Ethics* (Elsevier).

Herring J and Foster C. (2016) *Altruism, Welfare and the Law* (Springer).

Lewis P. (2002) Procedures that are against the medical interests of the incompetent person *Oxford Journal of Legal Studies* 12: 575.

有关2005年《心智能力法》的文章，参见下列文献：

Arstein-Kerslake A and Flynn E. (2017) The right to legal agency: domination, disability and the protections of Article 12 of the Convention on the Rights of Persons with Disabilities, *International Journal of the Law in the Context* 13: 81.

Banner N. (2013) Can procedural and substantive elements of decision-making be reconciled in assessments of mental capacity?, *International Journal of the Law in the Context* 9: 71.

Birchley G. (2018) What God and the Angels Know of Us? Character, Autonomy, and Best Interests in Minimally Conscious State, *Medicla Law Review* 26: 392.

Boyle A. (2008) The law and incapacity determinations, *Modern Law Review* 71: 433.

Brosnan L and Flynn E. (2017) Freedom to negotiate: a proposal extricating "capacity" from "consent", *International Journal of the Law in the Context* 13: 6.

Clough B. (2014) "People like that": Realising the social model in mental capacity jurisprudence, *Medicla Law Review* 23: 53.

Clough B. (2016) Anorexia, Capacity, and Best Interests: Developments in the Court of Protection Since the Mental Capacity Act 2005, *Medicla Law Review* 24: 434.

Clough B. (2018) New Legal Landscapes:(Re) Constructing the Boundaries of Mental Capacity Law, *Medicla Law Review* 26: 246.

Coggon J. (2016) Mental Capacity Law, Autonomy and Best Interests: An Argument for Conceptual and Practical Clarity in the Court of Protection, *Medicla Law Review* 24: 396.

Craigie J. (2015) A fine balance: Reconsidering patient autonomy in light of the UN Covnention on the Rights of Persons with Disabilities, Bioethics 29: 398.

Donnelly M. (2011) *Healthcare Decision-Making and the Law* (Cambridge University Press).

Donnelly M. (2016) Best interests in the Mental Capacity Act: Time to Say Goodbye?, Medical Law Review 24: 318.

Foster C, Herring J and Doran I. (2015) *The Law and Ethics of Dementia* (Hart).

Herring J. (2008a) The place of carers in M. Freeman (ed.) *Law and Bioethics* (Oxford University Press).

Herring J. (2016) *Vulnerable Adults and the Law* (Oxford University Press).

Hope T, Slowther A, and Eccles J. (2009) Best interests, dementia and the Mental Capacity Act (2005), *Journal of Medical Ethics* 35: 733.

Jackson E. (2018) From "Doctor Know Best" to Dignity: Placing Adults Who Lack Capacity at the Centre of Decisions About Their Medical Treatment, *Modern Law Review* 81: 247.

有关"关系自治",参见下列文献:

Kong C. (2017) *Mental Capacity in Relationship: Decision-Making, Dialogue and Autonomy* (Cambridge University Press).

Mackenzie C and Stoljar N. (2000) *Relational Autonomy* (Oxford University Press).

Mackenzie C. (2019) Feminist innovation in philosophy: Relational autonomy and social justice, 72 *Women's Studies International Forum* 144.

Maclean A. (2009) *Autonomy, Informed Consent and the Law: A Relational Challenge* (Cambridge University Press).

Rogers W. (2017) Feminist Bioethics//Garry A, Khader S, Stone A. (eds) *The Routledge Companion to Feminist Philosophy* (Routledge).

Stoljar N. (2011) Informed consent and relational conceptions of autonomy, *Journal of Medicine and Philosophy* 36: 275.

第五章

精神卫生法

引　言

开篇伊始，我们首先要问为什么需要专门的"精神卫生法"。毕竟，我们没有"断腿法"抑或其他针对特定病症的专门法。如下所述，确实有人认为不应专门制定精神卫生法，而应转而适用医事法的一般原则。这一观点得到了联合国《残疾人权利公约》的支持。该公约第12条第2款中规定，残疾人应"在生活的各方面在与其他人平等的基础上"享有法律意思能力。① 甚至还有人提出，根本就不存在什么精神卫生，不过这一问题我们将留待后文讨论。

精神卫生之所以有专门的法律，是因为法律准许对精神障碍患者进行拘禁和治疗，即使他们具有相应的意思能力。② 这一点违背了医事法中被我们奉为圭臬的原则之一：未经有相应意思能力的人同意，不得对其进行治疗。违背这一原则最常见的理由是为了保护"普通公众"免受精神障碍患者的危险伤害和/或保护精神障碍患者。这些是否足以成为违背该基本原则的充分理由值得商榷。③ 权衡精神障碍患者权利和保护公共利益的最终结果是一部不仅复杂，而且对许多人而言乏善可陈的法律。不过，这样一个结果或许不可避免。正如巴特利特和桑德兰德（Sandland）所言，要用理性的法律调整"非理性人"的世界，并非易事：

> 就有关心智失常的医学模式而言，其核心特点在于其强制性，要为疯癫者深度无序的世界强行设置一种科学秩序。疯癫以疾病的面目出现，而精神正常则是一种身体和道德上的约束，精神正常群体通过向心智失常者施加压力将其约束在精神正常这一藩篱之内。由理性人构建的这一切反映了理性者的世界，对于精神疯癫者而言，他们与这个世界格格不入。④

不过，让拘禁"有危险的精神障碍患者"在精神卫生法中占据主导地位实在是一件憾事。这一局面扭曲了社会对精神疾病的认识。如下所述，精神疾病是一种广泛存在的常见疾病。绝大多数精神疾病可在社区中按自愿原则进行治疗，法律并未

---

① Bartlett (2012).
② 不应推定应住院治疗的精神障碍患者都缺乏意思能力。一项研究发现，精神病院60%的住院患者有能力作出决定，Owen等（2008）。
③ Richardson (2015).
④ Bartlett and Sandland (2007: 1).

要求对他们进行特别监管。而且或许有更多的精神异常未被纳入精神疾病范畴，也未给予相应治疗。"危险精神障碍患者"被拘禁或者权利受损固然值得担忧，但不应因此掩盖那些患有不那么严重但依然有损健康的精神障碍患者的需求。

一般大众对精神疾病并无清晰认识。"危险的疯子"同"被疾病折磨的天才"这两种形象同时并存。我们的社会依然对精神疾病持强烈的负面态度。2011年的一项调查中，有6%的人同意"患有精神疾病的人是社会的负担"。① 在被调查者中，77%的人认为"患有精神疾病的人长期遭到他人嘲弄"，但只有62%的人赞成"精神障碍患者的危险性远低于大多数人想象"。25%的受访者赞同"曾经是精神病院患者的多数女性仍然可以成为值得信赖的保姆"。16%的人赞同导致精神疾病的主要原因之一是缺乏自律和毅力。人们越来越多地意识到精神疾病带来的种种痛苦，但并不了解精神疾病可能带来的好处。对很多人而言，精神障碍患者值得怜悯却不值得重视。不过，当我们看到有关精神疾病的统计数据后，有一点就变得十分清晰，那就是认为"他们"（精神障碍患者）与"我们"（心智正常的人）之间是泾渭分明的这种观念，事实上具有误导性。② 或许我们正在迈进一个精神疾病成为常态的时代。

1. 有关精神卫生的统计数据

精神疾病发病率之高令人咋舌。请仔细阅读以下统计数据。

精神卫生统计数据

- 每年，英国每4人中就有将近1人患有至少一种精神障碍。
- 在英格兰，每周都有1/6的人报告有常见精神问题（比如焦虑和抑郁）。

---

① NHS Information Centre (2011f).
② DoH (1999c: 10).

- 某些疾病的流行率如下：
  广泛性焦虑障碍：5.9%。
  抑郁：3.3%。
  恐惧症：2.4%。
  强迫症：1.3%。
  惊恐障碍：0.6%。[1]

2. 1983 年《精神卫生法》

现在，我们来探讨 1983 年《精神卫生法》。2007 年《精神卫生法》对该法进行了修正。[2]

在探讨本法之前，需要记住的是，有两种涉及精神障碍患者的情形不必援引本法，而是依照其他法律：

• 如果患者具有相应心智能力且同意接受治疗，则可依据医事法的一般原则对其进行治疗。

• 如果患者缺乏意思能力，那么可以对患者进行符合其最佳利益的治疗。此举的依据是 2005 年《心智能力法》，第四章已讨论了此问题。

《精神卫生法》主要适用于患者具有相应意思能力，却不同意接受精神障碍治疗的情形。

2.1 非自愿住院

多数精神障碍患者都同意接受治疗，因此通常情况下无须适用 1983 年《精神卫生法》。并且《1983 年〈精神卫生法〉业务守则》明确规定，只有在万不得已的情况下才能采取非自愿住院的做法：

---

[1] 所有数据来自 Mind（2019）。

[2] 以下提及《精神卫生法》以及 1983 年《精神卫生法》都是指 2007 年修正后的《精神卫生法》。——译者注

在决定是否有必要让患者入院治疗前，必须判定是否有其他途径可以提供患者需要的护理和治疗，包括是否存在患者愿意接受的其他护理或者治疗，以及（不让患者入院治疗）改由监护人进行监管是否可行。①

不过，如果人们认为违背患者意愿对他们进行精神疾病治疗是恰当的，那就可以适用《精神卫生法》。

非自愿住院的途径共有三种。

2.1.1 强制住院评估（第 2 条）

患者的一名近亲属②或者一名经核准的社会工作者（approved social worker, ASW）可以申请强制住院评估。该申请必须得到两名注册医务工作者的支持③。如有必要，可以合理使用暴力将患者强行移送至医院。1983 年《精神卫生法》第 2 条第 2 款规定，

有如下理由时可以申请强制住院评估：

（1）该患者患有精神障碍，且鉴于该精神障碍的性质或者程度，理应将患者拘禁一段时间，并对其进行病情评估（或者在评估后进行治疗）；

- 以及

（2）为了患者自身的健康或安全，或者为了保护他人，应当将患者移送至医院并拘禁。

该法第 1 条第 2 款将精神障碍定义为"任何心理障碍或者失能"。《1983 年〈精神卫生法〉业务守则》将下列情形都规定为精神障碍：

- 情感性精神障碍，例如抑郁症和双相情感障碍④；

---

① DoH (2015e: para 14.7).

② 根据《精神卫生法》第 26 条之规定，"近亲属"是指配偶或者民事结合伴侣（指办理了民事结合登记的伴侣——译者注）、同居者（至少共同生活 6 个月）、子女、父母、兄弟姐妹、（外）祖父母、（外）孙子女、叔伯、舅父、姑母、姨母、侄子、侄女、外甥、外甥女。如果多个近亲属同时提出不同主张，则排名靠前者优先。同一类别中，与（患者）有全血缘关系者优先；年龄较大的亲属优先。但有一种情形，排名靠后的亲属享有优先权。即如果患者与该亲属共同生活，或者由该亲属照料，在这种情形下，该亲属即为适格"近亲属"，即使在他之前，还有其他顺位更高的法定亲属。当然，患者可以对指定的"近亲属"表示反对。*TW v London Borough of Enfield* (*Secretary of State for Health intervening*) [2013] *EWHC* 1180 (QB)，该案中，患者指控她的父亲虐待她。

③ 这两人中至少有一人拥有精神卫生医疗服务的资质。

④ 又被译为躁郁症。——译者注

- 精神分裂症和妄想障碍;
- 神经性、与压力有关的躯体形式障碍,例如焦虑症、恐惧性障碍、强迫症、创伤后应激障碍,以及疑病症;
- 器质性精神障碍,例如痴呆症与谵妄症(无论由何种原因引起);
- 由脑受伤或脑损伤(无论由何种方式引起)引起的人格和行为变化;
- 人格障碍;
- 由于使用精神活性物质而导致的精神和行为障碍;
- 饮食失调,非器质性睡眠障碍,以及非器质性性功能障碍;
- 学习障碍;
- 孤独症谱系障碍(包括阿斯伯格综合征);
- 儿童和青少年行为与情感障碍。

1983年《精神卫生法》专门规定,不能单凭学习障碍[①]或者有酒精或药物依赖就认定某人患有精神障碍。[②] 如此规定是因为过去曾将表露出"不道德"或者"反常"行为的人视为患有某种精神障碍。不过,这一规定并不妨碍人们将那些患有精神疾病以及存在诸如药物依赖等问题的人士定性为患有精神障碍。如果学习障碍"伴有异常攻击性行为或者严重不负责任的行为",那就可以视其为一种精神障碍。[③] "不负责任"这个词的含义模糊不清。有人提出,最好将其解读为可能对其本人或者他人造成伤害,而并非单纯喧嚣吵闹或干扰他人。不过,法院或许有必要进一步厘清这一术语的含义。

在史密斯[④]案中,法官认定,使用"性质或者程度"这一短语意味着,可以根据《精神卫生法》第2条对罹患严重精神障碍的患者进行拘禁,即使该精神障碍当时表现并不严重。该案中,这位精神分裂症患者在当时并未表现出危险症状,但这种危险很可能在不久之后出现。

因此,"为了患者自身健康或安全着想,或者为了保护他人",必须对这名患者进行拘禁。值得注意的是,该规定不仅涵盖患者危及他人的情形,也包括患者对其自身带来风险的情形。

---

① 1983年《精神卫生法》第1条第3款将学习障碍定义为"心智发育受阻或者不完全,包括智力和社交能力受到重大损害"。
② MHA 1983, s. 1 (3).
③ MHA 1983, s. 1 (2A).
④ *R v Mental Health Review Tritunal for South Thames Region ex p Smith* (1998) 47 BMLR 104.

患者根据第 2 条规定被收治后，可留院接受最长为 28 日的强制住院评估。如要超出 28 日，就必须依据第 3 条规定行事。① 患者可在拘禁后 14 日内向精神卫生复核法庭（Mental Health Review Tribunal，MHRT）申请复核。患者的近亲属可在提前三天通知院方后接患者出院，不过院方的责任人员可以阻止患者近亲属的行为。患者接受评估期间，除非患者可能马上面临严重危险，否则未经患者同意，不得对其进行治疗。正如彼得·巴特莱特所言，《精神卫生法》第 2 条规定的入院标准：

> ……对于什么样的人应当入院，什么样的人不应当入院，几乎没有为专业人员提供什么指导。在实践中，一段时间以来，入院标准已然成了医学专业领域的一个指标，而非法律决定的事项，此外，在患者入院问题上长期存在经费不足问题。这一问题限制了医院可以同时接收的患者人数，从而导致必须对入院名额进行限量配给，并借此歪打正着地引入了若干入院标准。②

上议院在以下案例中曾对第二条进行了探讨。③

重点案例

MH 案④

M 患有严重精神障碍，因此根据《精神卫生法》第 2 条被强制收治入院接受拘禁。她在拘禁的 14 日内未按规定向精神卫生复核法庭提出复核申请。院方有意安排她入院治疗，接受院方监护。但是她母亲作为她的近亲属，对此表示反对。由于有关程序耗费的时间超过预期，导致 M 被拘禁的时间超过了通常适用的 28 天期限。M 的母亲要求将此案提交精神卫生复核法庭复核。英国卫生大臣批准了她的请求。但案件复核后，审裁处却裁定应继续拘禁 M。之后，M 又提出了司法审查的请求。她申诉的主要理由是《精神卫生法》第 2 条违背了《欧洲人权公约》第 5 条第 4 款之规定，因为第 2 条要求患者承担（向精神卫生复核法庭）申请拘禁复核的责任；她主张，如果患者

---

① 参见后文"强制入院治疗"一节。
② Bartlett（2003a：331）。
③ 参见 Scott-Moncrieff（2006）的论述。
④ *MH v Secretary of State for Health* [2005] UKHL 60.

不能行使申请复核的权利，那么其权利就得不到充分保护。她还提出，《精神卫生法》第 29 条第 4 款与《欧洲人权公约》第 5 条第 4 款不符，因为前者准许在未审核拘禁合法性的情形下延长拘禁期限。

英国上议院认定，《精神卫生法》第 2 条确实与《欧洲人权公约》不符。在有理由认为患者有意向审裁处提出复核申请时，应当竭尽一切合理努力协助患者提出申请。医院管理方负有采取措施、使患者知晓自己权利的法定责任。《欧洲人权公约》第 5 条第 4 款并不要求每例拘禁均须获得司法机关批准。英国卫生系统力求使患者及其亲属能够方便地向精神卫生复核法庭提出申请。诚然，患者近亲属并无向精神卫生复核法庭提交申请的独立请求权，不过，他们依然有若干途径可将案件提交审裁处。本案中，患者近亲属就曾向卫生大臣请求帮助。确保精神障碍患者能够真正享有《欧洲人权公约》规定的各项权利，而非让这些权利只停留在理论层面，这固然重要，但事实上《精神卫生法》第 2 条为患者提供的保护也是确实有效的。

至于《精神卫生法》第 29 条第 4 款的问题，患者可以请求卫生大臣将案件提交精神卫生复核法庭，或者通过法院的司法审查对有关决定的合法性提出异议。因此，有充分途径可以确保患者拘禁的恰当性，所以，该项规定与《欧洲人权公约》第 5 条要求相符。英国上议院承认，可以采用与《欧洲人权公约》第 5 条第 4 项更相符的方式适用《精神卫生法》第 29 条第 4 款。不过，卫生大臣有权将案件移送至审裁处，以确保依据第 29 条第 4 款行使的权力不致滥用。此外，如果卫生大臣拒绝将案件提交给精神卫生复核法庭，患者家属依然可以选择走司法审查的途径。

如果根据 1983 年《精神卫生法》对患者进行了不当拘禁，理论上可以根据侵权法或者 1998 年《人权法》进行索赔。如要进行索赔，不仅要证明拘禁非法，还要证明拘禁行为存在主观恶意或者玩忽职守的情形，[①] 而要证明后者并非易事。

---

① *TTM v Hackney LBC* [2010] EWHC 1349（Admin）.

2.1.2 紧急入院（第4条）

如遇紧急情况，经一名医生提议，可以根据《精神卫生法》第4条之规定收治患者入院。但是该医生必须确认收治患者入院并拘禁是出于"迫切需要"，并且如果根据《精神卫生法》第2条的规定——须等待另一名医生确认患者入院的必要性之要求将会导致"无益的延迟"。值得注意的是，法律未要求该医生必须是精神疾病专家，不过（如果可行）他应当事先了解该患者。根据《精神卫生法》第4条，最多可拘禁患者72小时。72小时结束，必须允许患者自由离开，除非此时已经启用收治患者入院的其他途径。对于根据《精神卫生法》第4条拘禁的患者，未经其同意不得对其进行治疗。

紧急情形下也可以援引《精神卫生法》的其他规定。根据该法第135条，由一名经核准的社会工作者申请，治安官可以要求将遭到虐待、疏于照顾或未得到恰当管控，或者独自居住、无法自理的精神障碍患者转移至某个安全地点进行最长达72小时的拘禁。① 对于警察在公共场所发现的精神障碍患者，如果警察认为需要立即对他们进行护理与管控，那么《精神卫生法》第136条允许将此类人员移送到某个安全地点（例如医院）进行最长达72小时的看管。②

2.1.3 强制住院治疗（第3条）

与前文提及的两种情形不同，第3条是对患者进行长期留院治疗的依据。患者的近亲属或者经核准的社会工作者可以提出这种申请。③ 第3条第2款规定，

> 有如下理由时可以对患者提出强制住院治疗的申请：
> (1) 鉴于其所患精神障碍的性质或程度，理应让他入院接受医学治疗；以及
> (2) 为了保护患者或他人的健康或安全，患者有必要接受治疗，且除非根据本条规定拘禁患者，否则无法对其进行治疗；

---

① *Ward v Metropolitan Police Commissioner* [2005] UKHL 32. 该案中，法院认定，当精神病患被收治时，无权要求上述人员必须到场。

② *Seal v Chief Constable of South Wales Police* [2007] UKHL 31. 更多讨论参见 O'Brien, Sethi, Smith, 等（2018）。

③ 当社会工作者提出申请时，必须征询其近亲属的意见。

以及

(3) 能为该患者提供合适的治疗。

本条规定的强制患者入院的三项依据都会受到拥有相应资质的医务人员意见的影响。

(1) 鉴于患者罹患的精神障碍的性质，理应让其入院接受医学治疗。[①]《精神卫生法》第1条第2款将精神障碍定义为"任何心理障碍或者失能"。注意，仅仅证明某人患有精神障碍还不够；还须证明该精神障碍无法在社区进行治疗，必须在医院进行治疗。本法对精神障碍做宽泛定义是有意而为之。不必确定患者究竟患有何种精神障碍。

(2) "为了保护患者或他人的健康或安全，患者有必要接受治疗，且除非根据第3条规定拘禁患者，否则无法对其进行治疗"。和第2条一样，如果患者对他人或者自己构成威胁，可以将其拘禁。本条中关于除非根据第3条的规定拘禁患者，否则不能对其进行治疗的规定，含义是如果患者具有相应意思能力，且能够对治疗表示同意，那就无须适用第3条规定将其留院治疗。

(3) 能为该患者提供合适的治疗。[②] 英国众议院曾对本条款的措辞进行仔细斟酌。这里的问题是，在没有可以使患者的精神障碍症状得到改善或者至少使之免于恶化的疗法时应当如何处理。对于那些患有最严重的精神疾病的人而言，这种情况确实存在。此时，《精神卫生法》第145条第4款至关重要。这一条款规定：

> 本法所提及之针对精神障碍的任何医学治疗均应理解为意在缓解该精神障碍或其中一个或多个症状或表征，或者防止其恶化的医学治疗。

这似乎表明，如果没有适合患者疾病的治疗方法，那就不能根据《精神卫生法》对患者实施强制留院治疗。这背后的道理是，如果医生对患者的病情无计可施，就不应当要求医生将患者一关了之，让医院扮演一个关押无药可救者的"仓库"的角色。但这就意味着（至少在理论上）如果对一个"有危险"的人爱莫能助，就可以放他出院。尽管如此，《业务守则》明确规定，仅仅是患者不愿接受治疗，这并不意味着，治疗就一定不合适。[③]

---

① 根据 R (M) v SouthWest London Mental Health NHS Trust [2008] EWCA Civ 2008，可以在未征得个体同意的情况下，对其进行评估以确定其是否满足了这些条件。

② 第3条第4款指出，"这里提及的对一个精神障碍患者的合适治疗指，在他现有的情况下，考虑到他精神障碍的性质和程度及所有其他情况下，合适的治疗。"这一定义对指导实践并无太大助益。

③ DoH (2015b).

上述法律条文存在一定的模糊性，因为治疗针对的可以只是疾病的表征或者症状，而非疾病本身。但显而易见的是，单单为患者提供饮食并进行一般护理算不上治疗。按照《精神卫生法》第 145 条对治疗的定义，治疗包括"心理干预以及专业心理卫生康复（针对儿童）、恢复和护理"。法院究竟是采用广义的"护理"还是狭义的"护理"，这一点关系重大。《业务守则》强调，即使患者的疾病无法治愈，他依然可以照常接受护理。①《业务守则》还规定：

> 治疗目的并不等同于治愈可能性。医学治疗的目的是缓解某种精神障碍症状，或者防止其恶化，哪怕事先无法证明该疗法能够取得任何特定疗效。②

在 MD 案③中，雅各布斯（Jacobs）法官认为，《精神卫生法》第 145 条规定的治疗并非必须是能降低患者危险性的治疗。如果治疗能够防止症状恶化，这就够了。这种对可治疗标准的宽泛解释意味着不符合这一标准的治疗非常罕见。

1983 年《精神卫生法》独立调查报告担心"可治疗标准"设置的门槛太低。报告强调专业人士容易采用风险厌恶的策略，他们可以找出患者存在伤害自己或他人的风险，据此认定他们具有治疗的需要，这就是强制他们入院的理由。报告主张法律应明确规定伤害应达到何种严重程度才允许拘禁。而且，该报告也建议，只有在治疗方案可以使患者受益时，一般指可以帮助他们恢复到出院，才有强制入院治疗的合理理由。

A 案④曾对旧法规定的可治疗标准做过讨论。该案要解决的问题是如果拟实施的治疗是小组治疗，是否可以对患者进行拘禁。这里的难题在于患者曾表示不愿参与该治疗活动。有人据此主张没有适合该患者的治疗。上诉法院大法官罗奇（Roch）表示：

> 第一，假如法庭能够确认拘禁患者仅仅是为了强迫患者参与小组治疗，法庭就有责任下令释放患者。第二，如果"住院治疗"很有可能起到防止病情恶化的作用，即使减轻患者病情的可能性不大，在医院进行治疗依然符合"可治疗标准"。第三，即使"住院治疗"无法立即起到缓解患

---

① DoH (2015b).
② DoH (2015b: para. 23.4).
③ *MD v Nottinghamshire Health Care Trust* [2010] UKUT 59 (AAC).
④ *R v Canons Parke MHRT ex p A* [1994] 2 All ER 659.

者病情或者防止病情恶化的作用,只要在水到渠成之时出现这种作用的可能性很大,那么这也符合"可治疗标准"。第四,即使在治疗初期,患者病情有一定恶化(例如,由于患者对受到看管感到愤怒而导致),该治疗方法依然可能符合"可治疗标准"。第五,必须牢记医学治疗包括"照看,也包括在医生监督下的护理、康复(针对儿童)和恢复"。第六,如果护理照顾等工作能够促使患者认清自身病情或者不再对可能让其长期受益的治疗持不合作态度从而缓解患者病情,这种情形也符合"可治疗标准"。①

根据《精神卫生法》第 3 条规定,最多可对患者实施 6 个月的强制入院治疗,到期后可展期 6 个月。之后可继续展期,每次展期一年。因此,根据该条规定,患者强制入院治疗后可能在有生之年内一直拘禁。展期只需负责的医务管理人员出具一份报告,表明:

(1) 患者所患疾病符合第 3 条之规定;

(2) 接受治疗有可能缓解病情或防止病情恶化,或者如果患者的精神疾病已造成严重的精神损伤,患者如若出院就很可能无法照顾自己、无法获取其他必要护理或者无法保护自己免受严重剥削所利用;

(3) 为了患者或者他人的健康和安全必须继续进行治疗,且如要进行治疗必须将患者拘禁。②

对根据第 3 条实施的拘禁提出异议的可能性非常有限。主要的异议方式是向精神卫生复核法庭提出申请。也可以向高等法院提起民事诉讼,但是必须首先获得许可。③《精神卫生法》第 139 条规定:

> 不得就根据本法令做出的任何行为……对任何人提起民事或者刑事诉讼,……除非该行为系出于恶意或者在未采取必要注意的情形下做出。

这就意味着针对根据 1983 年《精神卫生法》做出的某个行为提起刑事诉讼或者侵权赔偿之诉很难取得成功。

2.2 对非正式入院患者实施拘禁(第 5 条)

如果患者以非正式形式入院(即该患者具有相应意思能力且已同意接受治疗),

---

① Ibid, at 679-80.
② MHA 1983, s. 20.
③ Judicial Review proceedings can be brought (*Ex p Waldron* [1986] QB 824). 参见 further Allen (2007).

那么患者的主管医生可在向医院管理人员报告，提出"应当提交"强制患者入院的申请后，对患者实施最长为 72 小时的拘禁。有些护士也可对患者进行最长为 6 小时的"拘禁"，或者直到有权拘禁患者的医生到来之时为止。

2.3 治疗

根据《精神卫生法》，被拘禁的患者如果具有相应意思能力，可以对治疗做出同意。如果不具有意思能力，那么对该患者的治疗必须符合其最佳利益。① 如果患者具有相应意思能力且拒绝接受治疗，除非符合该法第四部分之规定，否则不得强行对其进行治疗。该法第 63 条准许对精神障碍进行治疗，但不准许对该精神障碍无关的其他身体疾病进行治疗。实践证明，这种区分精神障碍治疗与其他问题治疗的做法存在问题。

正如下列案件所示，法院对精神障碍治疗这一概念的解释相当灵活。

• 在 Re KB（成年人）（精神障碍患者：治疗）一案②中，法官认定，强制喂食可以视为医学治疗。认为这不属于对患者精神障碍的治疗的主张被驳回。因为法官认为对精神障碍症状的治疗属于对该精神障碍（厌食症）治疗工作的组成部分。

• 在 B 诉克里登卫生局一案③中，法院认定该法第 63 条允许医方对"边缘型人格障碍"患者进行强制喂食。上诉法院认为旨在缓解该精神障碍之后果的治疗可以视为对精神障碍的治疗。

• 在 CH 案④中，一名精神分裂症患者已经怀孕 38 周。有人担心她会拒绝接受剖宫产。法院认定剖宫产属于治疗，如有必要，可对患者采用约束手段以便实施剖宫产。法院的理由是剖宫产的一个附带目的是防止产妇的精神健康状况恶化。这就把治疗精神障碍这一概念延伸至对那些如不治疗就会导致精神状况恶化的身体状况的治疗。⑤

• 在里德案⑥中，上议院根据与英格兰法相似的苏格兰精神卫生法认定，"对病症的治疗"可以包括对该疾病的症状与表征的治疗。

---

① MCA 2005, s. 4. See, eg Trust A and Trust B v H [2006] EWHC 1230 (Fam).
② Re KB (Adult) (Mental Patient: Medical Treatment) (1994) 19 BMLR 144.
③ B v Croydon Health Authority [1995] Fam 133.
④ Tameside and Glossop Acute Services Trust v CH [1996] 1 FCR 753.
⑤ Mental Health Trust and others v DD (No 2) [2014] EWCOP 13 案的判决规定了，根据 1983 年《精神卫生法》可以实施剖宫产手术的详细指导意见。
⑥ Reid v Secretary of State [1999] 1 All ER 481.

- 在 R（B）诉阿什沃思医院管理局一案①中，上议院认为，应当准许对患者罹患的任何精神障碍进行治疗，即使所治疗的精神障碍并非当初根据《精神卫生法》拘禁患者的原因。②
- 在 W 案③后，为使患者接受《精神卫生法》第 63 条准许的治疗，可以采用合理程度的暴力。
- 但是，在国民医疗服务体系信托机构诉 A 博士案④中，根据 1983 年《精神卫生法》强制收治入院的患者拒绝进食，大部分原因是以此反抗被强制入院。法院判定，这里的强制喂食并不是符合第 63 条规定的治疗。因为拒绝进食并不是他的疾病病症。如果患者缺乏意思能力，那么根据 2005 年《心智能力法》或者（如本案一样）根据法院的固有管辖权，任何强制喂食都需要有合理理由。
- 在 RC 案⑤中，一位持某种宗教信仰的信徒患有人格障碍，她实施了自残行为。为此，医院需要为她输血。根据第 63 条的规定，强制输血就有正当理由，尽管这并不是为了治疗她的人格障碍，但这是为了治疗她精神障碍引发的其他病症。

这里有必要考虑一下《欧洲人权公约》第 3 条——禁止使用酷刑以及进行不人道或侮辱性的治疗。或许有人认为，违背患者意愿强行对其进行治疗属于酷刑折磨或者不人道或侮辱性的治疗。这有一定的合理性。但法院已经认可，对某种精神障碍的治疗如有治疗必要性，就不属于不人道或侮辱性的治疗。⑥这是欧洲人权法院在海尔采格法威诉奥地利一案⑦中采用的原则，并且已经为英国法院采纳，R（B）诉 SS 案⑧就是例证。甚至有人提出，如果国家按照医学界认可的实践标准行动，就没有侵犯个人根据《欧洲人权公约》第 3 条享有的权利。⑨不过，这些人权案例强调的其实是，如果患者具有相应能力且不同意接受治疗，那么违背其意愿强行治疗就违反了《欧洲人权公约》第 3 条的规定，除非"有可靠证据"证明该治疗具有医学上的必要性。正如柯林斯法官在 JB 案⑩中所言："治疗措施越是激进，就越需要

---

① R（B）v Ashworth Hospital Authority [2005] 2 All ER 289.
② 参见巴特莱特对此种情况的讨论（Bartlett，2006）。
③ Norfolk and Norwich Healthcare（NHS）Trust v W [1996] 2 FLR 613.
④ A NHS Trust v Dr. A [2013] EWHC 2442（COP）.
⑤ Nottinghamshire Healthcare NHS Trust v RC [2014] EWCOP 1317.
⑥ R（B）v Dr SS [2006] EWCA Civ 28.
⑦ (1993) 15 EHRR 437.
⑧ R（B）v SS [2005] EWHC 86.
⑨ R（P）v Secretary of State for Justice [2009] EWCA Civ 701.
⑩ R（JB）v Haddock [2006] EWCA Civ 961 [13].

让医生相信其必要性"。在 R（N）诉 M 一案①中，上诉法院认为下列因素在判断这一问题上具有重要意义。

> 这一问题（依据第 3 条判断该治疗是否具有正当性）的答案取决于若干因素，其中包括：① 患者患有某种可治疗的精神障碍的确定性有多高；② 该精神障碍的严重程度如何；③ 该精神障碍给他人带来的风险有多大；④ 如果患者确实患有该精神障碍，拟实施的治疗缓解症状的概率如何；⑤ 缓解疗效如何；⑥ 治疗产生副作用的概率多大；⑦ 副作用的严重程度如何。

上诉法院也认为，只要有业内颇具声望的专家组认定有治疗必要性，该治疗就符合《欧洲人权公约》第 3 条之规定，即使其他医生并不赞同。此处也涉及《欧洲人权公约》第 8 条，但只要该治疗符合患者的最佳利益或者对保护他人是必要的，那就不会违反第 8 条的规定。② 无独有偶，在 R（B）诉 Dr SS 一案③中，上诉法院也认定，拘禁这位双相情感障碍患者对保护该患者和他人而言都是必要的，因而具有正当性，法律准许在未经患者同意的情况下对其进行治疗。无须证明该治疗对保护患者或者他人而言必不可少。首席大法官菲利普斯勋爵表示，一方面认为对精神障碍患者实施拘禁符合人权，另一方面认为对他们实施他们需要的治疗却不符合人权，这不符合逻辑。既然患者是根据《精神卫生法》被合法拘禁的，那么医生就自然而然获得了对他们进行治疗的授权。④

在违背有相应意思能力的患者意愿对其进行治疗前，必须再次向一名由卫生大臣委派的注册执业医生（称为"第二诊疗意见医生"）征求意见。该医生必须向两名关注该患者治疗且不是医生的人员征询意见。⑤ 如果患者对该医生的决定存有异议，可以选择将案件提交法院裁决。但正如上诉法院在 JB 案⑥中指出的那样，法官与医生意见相左的情形极为罕见。

《精神卫生法》第 118 条授权卫生大臣发布如何对待依据该法被拘禁的患者的业

---

① *R（N）v M* [2003] 1 WLR 562 [19].
② *R（PS）v G（Responsible Medical Officer）* [2003] EWHC 2335.
③ *R（B）v Dr SS* [2006] EWCA Civ 28.
④ 参见 Fennell（2008）and Gurnham（2008）关于判例法的讨论。
⑤ MHA 1983, s. 58（3）(b). 如果患者想在法庭上质疑该治疗，可以要求两名医生出庭参加诉讼（*R（Wilkinson）v Broadmoor Special Hospital* [2002] 1 WLR 419）。
⑥ *R（JB）v Haddock* [2006] EWCA Civ 961.

务守则。① 以下案例对此类业务守则的法律地位做了讨论。

重点案例

曼贾兹案②

根据1983年《精神卫生法》之规定,曼贾兹(Munjaz)被拘禁在一家高安保等级的精神病院。其间他有数次被隔离超过4天。这种做法违反了英国卫生大臣发布的《业务守则》。原告诉称该医院的这种做法不仅违反了英国法律,而且违反了《欧洲人权公约》第3条、第5条和第8条。

审理此案的法官以3比2作出了判决。多数法官认为,《业务守则》属于指导意见而非部门规章。医院的做法可以与《业务守则》存在出入,但是医院只有在谨慎行事且具有令人信服的理由时才能背离《业务守则》。本案中,医院在背离《业务守则》规定之前,考虑了三个主要问题:

(1)《业务守则》是针对所有精神病院,而不是高安保等级的精神病院的特殊问题编写的。

(2)《业务守则》并未意识到,将有些患者隔离4天以上是适宜的。

(3)《业务守则》明确表示,卫生大臣发布的《业务守则》属于指导意见,患者治疗事宜最终应由实际看护患者的医院决定。

宾厄姆勋爵在判决中(代表了多数派观点)承认,医院是为保护其他患者在万不得已的情形下才采取了隔离措施。该医院的现有政策设置了充分的保护措施,确保隔离7天以上的患者根据《欧洲人权公约》所享有的权利不会被侵犯。隔离期间,护士每15分钟就会观察曼贾兹一次,并定期对其病情进行复查。该政策固然侵犯了患者根据《欧洲人权公约》第8条第1款享有的权利,不过根据该公约第8条第2款的规定,为防止违反治安规定的行为或发生犯罪,保护健康和维护道德,或者保护他人的权利和自由,侵犯前述权利就具有正当性。该政策表述准确,易于理解,因而阻却了对第8条第1款规定权利的侵犯行为的违法性。

---

① DoH (2015b).
② *R (Munjaz) v Ashworth Hospital Authority* [2005] UKHL 58.

> 斯泰恩（Steyn）勋爵对此持不同意见。他认为《业务守则》规定的是"由中央政府强加的最低限度安全保障"，意在保护那些弱势患者。① 在他看来，多数派的观点"降低了法律向精神障碍患者提供保护的程度。如果法律确有此意，那自当如此。但是，今日社会如何对待那些在高安保等级的精神病院中被拘禁的精神障碍患者，这已成了一把标尺，用以衡量相较于早期精神障碍患者遭受的种种令人发指的虐待，我们究竟取得了多少进步。就我而言，按照一个公正的现代精神卫生法判断，今天的判决就是一个倒退。"②

2.4 医疗护理质量委员会

医疗护理质量委员会的职责是走访对精神障碍患者实施拘禁的医院，并处理精神障碍患者提出的各种投诉。医疗护理质量委员会还会提出一些患者并未明确提及的问题。其检查工作涵盖对医院情况的一般性审查。③ 第二章对其工作职责有详细讨论。

2.5 特别程序

《精神卫生法》规定某些治疗只有在办理特别手续后才能实施。这些治疗中，首要的是破坏脑组织或者干扰大脑功能的外科手术，以及意在减弱男性性冲动的激素治疗（第57条第1款）。此类治疗只有在患者表示同意，且卫生大臣任命的专门小组给出的第二诊疗意见也表示同意后方可实施（第57条第2款）。只有该小组的医生证实该治疗确实应当实施后，该小组才会准许进行治疗。该医生在求证时必须征询两个人的意见，一人为护士，另一人是关注该患者治疗情况的人，其既非护士又非医生。

电痉挛疗法（电击疗法）（Electric Convulsive Treatment，ECT）是第二种涉及特别程序的治疗方法。《精神卫生法》第58条和第58A条对此做了规定。电击疗法

---

① para 46.
② para 48.
③ 对于该委员会是否能够良好履职，Laing（2015）对此做了讨论。

可在患者同意或者认定患者没有相应意思能力的情形下实施。如确实需要第二诊疗意见,那么该意见必须由为此专门指定的医生提供,且该医生必须证明该治疗是恰当的,并确信该治疗很有可能缓解患者症状或者防止病情恶化。电击疗法可在违背具有相应意思能力的患者意愿的情形下强行实施,这一点极具争议,因为该领域的专家对于该疗法的利弊仍然争论纷纷,莫衷一是。

第三,治疗精神障碍的药物可以连续使用3个月。3个月后,必须由一名独立医生判定患者是否应当继续使用这些药物(《精神卫生法》第58条),并出具做出该决定的理由。① 如果治疗时间不足3月,就不需要第二诊疗意见。

2.6 根据《精神卫生法》释放出院

如果主管医生认为已无必要继续拘禁患者,那就可以让患者出院。必要时可以指令患者在社区接受治疗。②

患者如果认为自己不应被拘禁,可以选择非正式程序,例如,向国民医疗服务体系信托机构的"管理人员",即非执行董事,(non-executive directors,NEDs)进行申告,③ 也可以选择正式程序,向精神卫生复核法庭(Mental Health Review Tribunal,MHRT)申请审查。每次医院获准拘禁患者时,患者均有权向精神卫生复核法庭申诉一次。该法庭合议庭通常由一名法官、一名裁判医生和一名精神卫生专家组成。他们会收取书面证据并听取口头证据,尤其是照顾患者的卫生机构专业人员提出的理由。审裁处将根据情况决定继续拘禁,或者同意立即释放,或者一段时间后释放。曾有人对申诉机制特别担心,因为审裁处很少释放过患者。在2015—2016年度,根据《精神卫生法》被拘禁的共有63622例。请求精神卫生复核法庭审查的有29808例。其中20.3%的案件被撤回;26.5%的案件中,当事人被主管医生主动释放;只有1.5%的案件中,当事人被立即释放;另有1.5%的案件当事人另行释放,附条件释放,或另行附条件释放。④

认为自己被错误拘禁的患者还可以向法院起诉申请人身保护令。如果查证属实,法院将勒令释放该患者。如果院方没有拘禁患者的合法权力,那么患者就应提

---

① 根据第62条之规定,对于第57,58,58A条中规定的治疗,可以授权开展紧急治疗。
② 在 *AK v Central and North West London Mental Health NHS Trust* [2008] EWHC 1217 案中,法院认定,因被不当释放到社区的患者可依据过失侵权或1998年《人权法》,起诉该信托机构。
③ Webb(2018).
④ Gosney, Lomax, Hooper, and O'Brien(2019).

起此类诉讼。如果院方有权拘禁患者，但是患者声称院方在决定是否对患者实施拘禁时不恰当行使了其权力，那患者提起此类诉讼就不恰当。在后一种情形下，患者可申请进行司法审查。①

以下判例对精神卫生复核法庭裁定释放的后果做了进一步讨论。

重点案例

冯·布兰登堡案②

根据《精神卫生法》第 2 条规定，申诉人被医院拘禁。他成功向精神卫生复核法庭提起申请，要求对他的病例进行复核。法庭裁定申诉人并未患有精神疾病，勒令医院 8 天内让患者出院。给出 8 天期限的目的是制订未来的护理计划。但在 8 天期限届满、申诉人出院之前，院方却依据《精神卫生法》第 3 条再次将申诉人收治。负责该患者的经核准的社会工作者提出，此前申诉人没有服药，导致其心理障碍发生恶化。申诉人以第 3 条为由对再次被收治提出异议。本案中，英国上议院面临一个重大问题：在精神卫生复核法庭已经裁定患者出院，且患者情形未发生相关变化的情况下，将患者重新收治入院是否合法。

英国上议院判定：

> 如果精神卫生复核法庭作出裁定指令释放患者，且经核准的社会工作者知晓该裁定，除非这位社会工作者有善意的合理理由：他知道不为该法庭所知的信息，该信息使案情与当初法庭审查之时相比发生了重大变化，否则这位社会工作者申请将患者再次收治入院就不合法。③

如果再次收治患者入院，那么支持再次收治入院的医学建议书若能载明该决定依据的新信息将非常有用。因为经核准的社会工作者在提供再次收治患者入院的理由方面仅承担有限义务。之所以是有限义务，是因为透

---

① *R v Hallstrom ex p W* [1985] 3 All ER 775.

② *R（von Brandenburg）v East London and the City Mental Health NHS Trust* [2004] 2 AC 280.

③ At [10], per Lord Bingham.

> 露再次收治入院的原因可能会给患者造成伤害，因此他们在提供此类原因时需要采用非常模糊宽泛的措辞。
>
> 依据以上事实，英国上议院认为，该案中，经核准的社会工作者合理且善意地断定存在法庭并不知道的其他证据。因此，再次收治患者入院具有合法性。

2.7 社区治疗令

根据 1983 年《精神卫生法》被拘禁的患者出院时，临床医生可以根据该法第 17A 条的规定向其下达社区治疗令。① 也即患者的出院是附条件的。如果一名临床医生和一位心理卫生专业人员认定理应下达社区治疗令，且满足《精神卫生法》第 17A 条第 5 款规定的下列条件，那就可以发出社区治疗令：

（1）鉴于患者所患精神障碍的性质或者程度，理应让其接受医学治疗；
（2）为了保护患者或他人的健康或安全，患者应当接受上述治疗；
（3）在可根据第（4）项之规定召回患者的前提下，上述治疗可在患者出院的情况下实施；
（4）患者的主管医生有权根据第 17E 条第 1 款规定将患者召回医院；②
（5）社区可为其提供适当的治疗。

对患者出院所设定的条件必须符合下列目的：

（1）确保患者接受医学治疗；
（2）防范患者的健康或安全受到伤害的风险；
（3）保护他人。③

主管医生可以暂停适用上述条件或者变更相关条件。④

---

① 2007 年《精神卫生法》增补了该规定。
② 在衡量该因素时，必须考虑"患者的精神障碍病史以及所有其他相关因素，以及假如患者不在医院接受拘禁，其病情出现恶化的概率如何"（第 17A 条第 6 款）。
③ MHA 1983, s. 17B (2).
④ MHA 1983, s, 17B.

根据第17E条规定,主管医生可以将正在执行社区治疗令的患者召回:

(1) 如果主管医生认定存在下列情形的,可以将正在接受社区治疗的患者召回医院:

(a) 患者要求入院治疗自己的精神障碍;

(b) 如果不将患者召回医院治疗精神障碍,就有可能出现伤害患者或他人的健康或者安全的风险。

(2) 如果患者未能遵守第17B条第3款所规定的某个条件,那么责任临床医生也可以将接受社区治疗的患者召回医院。

重点案例

PJ 案①

PJ,47岁,有自闭症谱系障碍。他涉及几宗暴力犯罪和性犯罪。2009年,根据《精神卫生法》第3条,他被拘禁。2011年,根据社区治疗令,他得以出院。他被安置在一个主要照顾有学习障碍和攻击行为之人的福利院。同时他出院的社区治疗令上附加了条件,包括在福利院居住,遵守福利院规则,遵守照顾计划的安排。外出只能在他人陪同下进行,而且他也时常处于被监控状态。2014年,他向精神卫生复核法庭提出了审查申请。在案件审理中,他主张社区治疗令的条款剥夺了他的自由,所以应该免除社区治疗令。精神卫生复核法庭认定,社区治疗令设定的条款并无不当,予以维持。随后,PJ上诉到了英国最高法院。争议的问题仍然是社区治疗令是否剥夺了他的自由。英国最高法院的判决指出,精神卫生复核法庭没有权力变更社区治疗令的条件或免除这些条件,它只能作出维持或免除这一指令。英国最高法院注意到,精神卫生复核法庭无权强制获得社区治疗令的患者接受某种治疗,如果患者违反社区治疗令的条件,法庭也无权对他们实施某种制裁。社区治疗令也不能用来剥夺患者的自由。英国最高法院赞同《1983年〈精神卫生法〉业务守则》中对社区治疗令所做规定(第29.5段):

---

① *Welsh Ministers v PJ* [2018] UKSC 66.

> 社区治疗令旨在允许符合条件的患者在社区安全地接受治疗，而非像在医院里一样被拘禁，同时预防患者疾病复发，并预防由此造成的对患者自己或其他人的任何伤害。其主要目的在于使患者在医院外保持一种稳定的心理状态，并促进康复。

2.8 监护（《精神卫生法》第 7—10 条）

经核准的社会工作者或者患者的近亲属可以申请对患者进行监护。[①] 对患者的监护时间最长为 6 个月，期满后可以展期。监护必须由两名医生确认存在以下情况：患者患有精神疾病、严重的精神损伤、精神失调，或者所患精神障碍达到理应接受监护的程度；对患者进行监护符合患者的健康或保护他人的需要。患者的监护人必须是当地的社会服务机构或者由该机构批准的个人。根据第 8 条规定，监护人可以要求患者在指定地点居住，前往特定地点从事作业、[②] 参与训练或者接受治疗，准许医生、社会工作者或者监护人指定的其他人员探视患者。监护人不得强迫患者接受治疗。对患者的监护可由患者的住院医生（RMO）[③]、当地社会服务机构或者患者的近亲属解除。患者也可以向精神卫生复核法庭申请解除对自己的监护。

3. 非正式治疗

如上所述，如果患者具有相应意思能力且同意接受治疗，那么对其进行封闭治疗没有任何障碍。[④] 但是，在 R（H）诉英国内政部案[⑤]中，法官认定，普通法中的必要原则（principle of necessity）准许对没有相应意思能力的人进行拘禁，前提是

---

① Richardson（2002）.
② 指通过参与有意义的日常活动的方式治疗精神疾病。——译者注
③ 全称为 Resident Medical Officer，在英国医疗体制中，住院医生比实习医生（Intern）稍高一级，通常负责需要进行手术的住院患者等。在住院医生上面，还有顾问医生（consultant）等更高级别的医生。——译者注
④ BMA and Law Society（2004）.
⑤ *R（H）v Home Office* [2003] UKHL 59.

无须使用武力就可将其拘禁。在 HL 诉英国案①中，欧洲人权法院认定，前述对必要原则的适用与《欧洲人权公约》第 5 条规定不符。

据估计，2003 年根据必要原则接受拘禁的人大约有 5 万人，② 因此，欧洲人权法院的这项判决要求英国对法律进行修订。于是，2007 年《精神卫生法》在 1983 年《精神卫生法》上增补了第 64 条。新增条款涉及没有根据《精神卫生法》正式拘禁，但并不抗拒接受精神障碍治疗的患者。如果患者具有意思能力并且表示同意，可以对他们进行治疗。但如果患者不具有意思能力，那么在符合《精神卫生法》第 64 条第 4 款规定的条件下，也可以对患者进行治疗：

（1）第一个条件是在实施治疗前，已采取合理措施来确认患者是否不具备同意接受治疗的能力。

（2）第二个条件是在实施治疗时，有合理理由相信患者不具备同意接受治疗的能力。

（3）第三个条件是

（a）没有理由认为患者反对接受该治疗；

或者

（b）确有理由相信患者反对接受该治疗，但是对患者进行治疗并不需要使用武力。

（4）第四个条件是

（a）实施治疗的人是治疗的负责人并且是经批准的临床医生；

或者

（b）治疗是在该临床医生指导下进行的。

（5）第五个条件是进行治疗与下列内容不存在冲突：

（a）治疗实施者确信是有效且适用的预先决定；

或者

（b）患者的受托人（donee）③、代理人或者保护法庭（Court of

---

① *HL v UK* Application 45508/99 [2004]. ECHR 471.
② DoH（2005p）.
③ 2005 年《精神卫生法》第 10 条对持续性授权委托书的受托人的资格做了明确规定。——译者注

Protection)① 所做的决定。

对于该规定,有几点需要强调。首先,如果需要使用武力才能进行治疗且患者不同意接受治疗,就不得对患者进行治疗。如果确实需要武力,就应根据《精神卫生法》第 4 条规定提出申请。其次,如果患者已经作出了预先指示或者已经指定了受托人,此举实际上就否定了《精神卫生法》第 64 条的适用。

4. 业务守则

1983 年《精神卫生法》授权卫生大臣就该法的执行发布《业务守则》。2008 年颁行的《1983 年〈精神卫生法〉业务守则》规定了下列指导原则。

这五项重要原则如下:

最小限制方案和促使独立最大化

根据本法规定,如果有可能在不拘禁患者的情况下对患者进行安全合法的治疗,那么就不应拘禁患者。只要有可能,就应以促进康复为核心,尽可能鼓励并支持患者独立。

赋权和参与

应让患者全面参与照顾、扶养、治疗的所有决定。适当时,应在决定过程中全面考虑家人、照护者以及其他人的观点。如果医护人员最终所作决定与上述观点矛盾,应对此作出解释。

尊重和尊严

医护人员应尊重患者、家属以及照护者,尊重他们的尊严,倾听他们的声音。

目的和有效性

照顾和治疗应适合患者,并有明确的治疗目标,促进患者康复,并按照现行全国适用的指南和/或目前最佳的操作指南实施。

---

① 根据 1983 年《精神卫生法》的规定,保护法庭是在高等法院设立的管理精神障碍患者财产的部门,由高等法院中的衡平法庭负责,对其判决可向上诉法院和上议院上诉。参见《元照英美法词典》。——译者注

效率和衡平

医疗服务提供者、卫生长官以及其他相关组织机构应该携手并进,委派并提供高质量的精神卫生服务,并且对身体上的卫生服务和社会照护服务予以同等的重视。所有相关服务都应同心协力,能够及时帮助患者解除拘禁,安全有保障地出院。①

5. 2007 年《精神卫生法》的改革

5.1 引言

修订精神卫生法经历了一个漫长的过程。1998 年,英国政府宣布启动 1983 年《精神卫生法》修法。这部分是因为政府认识到该法已不符合《欧洲人权公约》的规定。但另一个修法动机是,坊间不乏有 1983 年《精神卫生法》未能充分保护公众免受"患有危险疾病"人员伤害的观点。英国政府的一份白皮书表示:

> 1983 年《精神卫生法》……未能回应少数精神障碍患者因自身疾病而给他人带来严重风险这一对社会构成的挑战。该法未能有效保护公众、患者或者医务人员,放任患者在出院后与有关服务机构中断联络。②

导致精神卫生法改革纷繁复杂、久拖不决的困难之一是:如何才能在充分保护"广大公众"的同时保护精神障碍患者的人权?政府制定的修正案草案收到两千余条意见,由此可见人们对这一问题的反响之强烈。

5.2 主要原则

2007 年《精神卫生法》规定,该法旨在"保护患者和其他人员免受由精神障碍引发的任何伤害。"③ 这一表述完美回避了如何应对患者最佳治疗方案与最能保护大众方案之间的冲突问题。议会联合委员会等批评者认为该法案过于强调保护公众的必要性。对此,政府的回应如下:

---

① DoH (2015b: para 1.1).
② DoH (2005d: 1).
③ DoH (2004h: para 1.2).

我们认为，议会联合委员会对于公共安全与患者自主权之间失衡的担忧未能认识到：我们关注的恰恰是患者及公共安全和患者自主权之间的平衡。大多数严重精神障碍患者更可能伤害他们自己而不是别人，因此把政府或者社会的责任定位于公共安全保护有失偏颇。政府和社会关注的是保护那些极易受到伤害的人，防止他们自伤或伤害他人，尽管第二种情形更少见。一方面要重点确保人们能够得到他们需要的治疗，防止他们自伤或伤害他人，另一方面，作为平衡措施，还要关注尊重患者的自主权利……我们必须强调，我们委实看不出，防止伤害与确保患者权利得到充分与适当的保护这两者之间存在任何冲突。本法已兼顾到了这两个方面。①

此前，我们已经对 2007 年修正后的《精神卫生法》做了阐述。现在，我们将列出 2007 年《精神卫生法》中的重大修订内容。

- 重新界定精神障碍的概念。该法不再对各类精神障碍进行区分。
- 对原第 3 条进行了修正。修正后，只有在"可向某人提供恰当医学治疗"的情形下才能对其进行拘禁。修正前则要求治疗应当能够改善、缓解患者的病症，或者防止患者病症恶化。
- 该法准许制定各种业务守则。②
- 该法创设了下达社区治疗令的权力。
- 该法规定要成立独立精神健康倡导机构，该机构可协助向精神卫生复核法庭提交申请。
- 该法限制了电击疗法的适用范围。③
- 该法规定，如有合理理由，患者有权申请撤销其近亲属的权力。
- 该法设置了"经核准的临床医生"的职位，可以履行部分此前仅限精神病学家承担的职责，赋予那些并非精神病学家的心理卫生专业医务人员更大的权力。

这些规定引发了部分专业机构之间的紧张关系。④

5.3 对该法的批评

该法法案在制定和审议过程中饱受诟病，这里只列举部分主要批评意见。如需

---

① DoH（2005d：4）.
② MHA 1983, s. 118.
③ MHA 1983, s. 58A.
④ Butcher（2007）.

了解更多内容，可查阅本章延伸阅读中的详细资料。

（1）没有"可治疗性"标准和"治疗效果"（therapeutic benefit）检验标准。批评者认为，该法要求将患有精神障碍、被视为有危险性但没有治疗方法的人员送入医院，这是让医生充当"监狱狱警"。① 如前所述，该法其实要求须证明医院可以向患者提供治疗才能送入医院。批评人士提出，该法对治疗的定义过于宽泛（包含了"护理"），已让上述限制失去了意义。议会联合委员会就此告诫说，如果没有"可治疗性"作为检验标准，该法就会和《欧洲人权公约》抵牾。不过，欧洲人权法院在哈奇森·李德诉英国案②中认定，为了保护他人安全，即使不进行治疗，也依然准许根据《欧洲人权公约》第5条第1款的规定对精神障碍患者予以拘禁。

（2）有人认为，该法准许使用社区治疗令，这会导致社区中强制性权力的适用增多。③ 人们担心，与现行精神卫生法相比，未来的精神障碍患者有更多人将沦为强制性权力管控的对象。④ 不仅如此，扩大适用强制性权力的情形会让患者不愿讨论自己在治疗过程中遇到的问题，从而引发并加剧医患关系紧张。强制治疗的支持者则指出，这意味着更多患者可以出院，尽管他们出院后仍要服从严格监管。政府强调绝对不在社区中对患者进行强制治疗。⑤

（3）最能让大多数批评者产生共鸣的话题是该法过于强调风险。该法执着于"公众"面临的风险，而对精神障碍患者的人权关注太少。尤其值得一提的是"相关性标准"中规定的、作为实施强制拘禁的依据——对他人带来的风险，法律未规定这一风险必须是"严重"或者"重大"风险。

（4）处理在获得卫生服务过程中遇到问题的条款付之阙如。有些支持团体提出，与修订精神卫生法相比，在改善精神卫生服务方面投入更多资金和精力才是对资源的更好利用。⑥ 不过，政府却坚称，该法已经起到改善精神卫生服务的作用，并将继续发挥这种作用。政府强调，该法的初衷并不是直接解决涉及精神卫生的所有问题。

（5）一个归根结底的问题是，如果患者具有相应意思能力，是否应当在违背其

---

① Richardson（2005）.
② *Hutchison Reid v UK*, application no. 50272/99（2003）37 EHRR 9.
③ Moncrieff（2003）. 详细讨论参见 Pinfold and Bindman（2001）and Canvin, Bartlett, and Pinfold（2004）.
④ 有证据表明这种情况已经出现。参见 Mental Health Act Commission（2009）.
⑤ DoH（2005d：19）.
⑥ Rethink（2005）.

意愿的情况下对其进行治疗。毋庸置疑，这种做法有悖于医事法的一般原则，即不得违背他人意愿对其进行治疗。这一原则是否适用于精神障碍患者呢？部分人认为理应适用，并且应当确立一个根本原则：如果一个人具有相应意思能力，就不应违背其意愿对其进行治疗。另外一些人则认为，可在小范围内为那些对他人构成严重威胁的精神障碍患者制定例外规定。对此，有人还补充说，对他们自己构成严重威胁的人员也应包括在内。不过，即使在赞成为该原则制定例外规定的支持者内部，人们也普遍同意，应当将例外情形限定在一个较小范围之内。①

6. 人权

在涉及精神障碍患者的案件中，英国法院在解释《精神卫生法》和普通法时，越来越注重《欧洲人权公约》，因为这是英国1998年《人权法》的要求。② 欧洲人权法院指出，鉴于精神障碍患者，特别是那些在精神病医院被拘禁或接受治疗的精神障碍患者容易受到伤害，为了保护他们的人权，就应格外谨慎。③

《欧洲人权公约》中有多个条款对此做了规定。

欧盟视角

第5条

《欧洲人权公约》第5条规定：

　　每个人都享有自由和人身安全的权利。不得剥夺任何人的自由，除非依照法律规定的程序；

　　该规定存在若干例外情形。与本章有关的是第5（1）（e）项的例外情形：

---

① Richardson（2005）.

② R (JB) v Haddock［2006］EWCA Civ 961. 有关《人权法》对精神卫生法的影响，参见 Richardson（2005）；Fennell（2005）；Davidson（2002）；and Gostin（2000）.

③ Herczegfalvy v Austria Application no. 10533/83（1993）15 EHRR 437.

> 基于预防传染病的目的对某人予以合法的拘禁以及对精神失常者、酗酒者或者是吸毒者或者流氓予以合法的拘禁；

温特韦普诉荷兰案①为第 5（1）（e）项例外情形规定了若干认定标准：

(1) 必须通过"客观的医学专业知识""可靠地证明"患者"精神失常"。②
(2) 精神障碍的严重程度足以为拘禁提供充分正当理由。
(3) 只有在精神障碍患者发病期间才能对其进行拘禁。

欧洲人权法院还强调，对患者实施拘禁必须与患者所患精神障碍的严重程度相称。③

在阿兹诉比利时案④中，法院强调，《欧洲人权公约》只允许以治疗患者所患精神障碍为目的将其拘禁。如果没有针对精神障碍患者疾病的治疗方法，就不得以《欧洲人权公约》第 5 条第 1 款（e）项为由拘禁患者。因此，只将患者予以拘禁、不对其进行治疗的行为违法。一旦患者病情好转，不能再以病情为由对其进行拘禁时，就必须立即释放患者。⑤对任何患者的拘禁均必须定期接受审查，以保证拘禁依然具有正当理由。⑥

《欧洲人权公约》第 5 条第 4 款在拘禁精神障碍患者方面设置了多项重要的程序保障：

> 因被逮捕或者拘禁而被剥夺自由的任何人应当有权运用司法程序，法院应当依照司法程序对其被拘禁的合法性快速作出裁决，如果拘禁不合法，则应当命令将其释放。

根据《欧洲人权公约》第 5 条第 4 款规定，必须为强制入院的质疑提供一个有效且迅捷的反映渠道。⑦这一规定促使英国上诉法院认定以下要

---

① *Winterwerp v Netherlands* Application no. 6301/73 (1979) 2 EHRR 387.
② *Stanev v Bulgaria* (2012) 55 EHRR 22. 欧洲人权法院明确规定，在紧急情况下，可以在没有证据时实施拘禁。
③ *Litwa v Poland* Application no. 26629/95 (2000) 63 BMLR 199.
④ *Aerts v Belgium* Application no. 25357/94 (1998) 29 EHRR 50.
⑤ *Johnson v United Kingdom* Application no. 22520/93 (1999) 27 EHRR 440.
⑥ *E v Norway* Application no. 11701/85 (1994) 17 EHRR 30.
⑦ R (on the application of Modaresi) v Secretary of State for Health [2013] UKSC 53. 参见 *R (C) v Mental Health Review Tribunal* [2002] 1 WLR 176. 该案中，因上诉过程过于缓慢而侵犯了申请人的权利。

求侵犯了患者根据《欧洲人权公约》第 5 条享有的权利，即只有证明对患者的拘禁不符合有关标准后，精神卫生复核法庭才能释放患者。① 应该由医疗管理机构来证明确实已达到拘禁标准，而不是由患者证明不符合这些标准。②

在患者病情好转致使拘禁再无正当理由时，《欧洲人权公约》第 5 条同样可以适用。在 IH 一案③中，英国上议院确认，《欧洲人权公约》第 5 条规定，如果患者的精神障碍已经治愈，就应当让其出院，不得无故拖延。但是，上议院却拒绝对这一规定采用一种更激进的解释方法，即对于在有恰当支持措施的情况下可以出院回到社区的患者，如果社区在作出一切合理努力后依然无法提供其所需的支持措施，也应加以释放。原告遂将案件诉诸欧洲人权法院（克拉尼斯诉英国案④）。该法院认定，鉴于原告的精神状况，继续对其拘禁是合理的。不过，原告在向精神卫生复核法庭申诉（对其进行有条件释放）无果后，在将案件诉诸法院的过程中遭遇的重重困难和拖延确实侵犯了原告根据《欧洲人权公约》第 5 条第 4 项所享有的权利。

第 3 条

《欧洲人权公约》第 3 条规定禁止酷刑或者非人道或侮辱性对待，该规定与本章所讨论的内容同样具有相关性。与第 3 条相关的可能有两种情形。第一，可能有观点认为任何形式的强制治疗均具有侮辱性。不过，鉴于在未经患者同意下就对精神障碍进行治疗这种做法在欧洲各地司空见惯，法院很可能认为，不能仅凭治疗没有征得患者同意这一点就认定治疗不人道或者具有侮辱性。实际上，如前所述，法院已经承认，如果要对不具有相应意思能力的人进行治疗就必须使用强制治疗的方法，那么这种做法并未侵犯患者根据《欧洲人权公约》第 3 条项所享有的权利。⑤ 但是，如果某种治疗并非患者疾病需要，而且强制治疗以非人道或者具有侮辱性的方式实施，此时的强制治

---

① *R（H）v Mental Health Review Tribunal* [2001] 3 WLR 512; *Hutchison Reid v UK* (2003) 37 EHRR 9.
② 这就是 2001 年《1983 年〈精神卫生法〉（救济）令》(Mental Health Act 1983 (Remedial) Order 2001, SI 2001/3712) 出台后的法律。
③ *R v Secretary of State for the Home Department ex p IH* [2003] UKHL 59.
④ *Kolanis v United Kingdom* [2005] All ER (D) 57.
⑤ *R（B）v Dr SS* [2005] EWHC 86.

疗就违反了《欧洲人权公约》第3条。① 如果对患者使用非必要的武力，且该武力并非实施合法治疗所需，这种做法同样可能违反《欧洲人权公约》第3条。②

第二，还有人可能主张，不对严重精神障碍患者进行治疗可能会侵犯他们根据《欧洲人权公约》第3条享有的权利。③ 在基南诉英国案④中，法院认定，不向具有自杀倾向的患者提供恰当护理侵犯了他根据第3条所享有的权利。

第8条

《欧洲人权公约》第8条规定人人享有私生活和家庭生活受到尊重的权利，因而第8条也可能适用于涉精神障碍患者案件。不过，第8条第2款准许在出于保护他人健康或者权益等目的的必要情形下，对该权利进行干预。某种强制治疗虽不属于酷刑或者非人道或侮辱性对待，但如不符合第8条第2款之规定，那么这种治疗同样可能违法。⑤ 有人指出，如果患者具有相应意思能力并且拒绝接受治疗，那么只有在极少数情形下才应当根据第8条第2款规定认定治疗的合理性。⑥ 在奥赖利案⑦中，法院认定，传播关于精神障碍患者的私密信息可能侵犯患者根据《欧洲人权公约》第8条享有的权利，尽管从该案事实来看，患者的私密信息并未遭到泄露，而且纵然真的遭到泄露，根据该条第2款规定，此举也是出于保护患者健康和他人安全的需要，因而是合理的。

7. 自由保障措施

在精神卫生领域，受人权思想影响最大的是第5条对自由的保护。如前所述，

---

① *R（PS）v G（RMO）and W（SOAD）*［2003］EWHC 2335（Fam）.
② *Keenan v UK* Application no. 27229/95（2001）EHRR 38.
③ Wicks（2007）.
④ *Keenan v UK*（2001）33 EHRR 38.
⑤ *R（Wilkinson）v Broadmoor Special Hospital*［2001］EWCA Civ 1545.
⑥ Richardson（2005）.
⑦ *R（O'Reilly）v Blenheim Healthcare Ltd*［2005］EWHC 241.

第 5 条禁止任意剥夺他人的自由，除非有法律的许可。这一法律在 2019 年《心智能力法修正案》[Mental Capacity (Amendment) Act, 2019] 中被修订。

如果个体被剥夺了自由，此时就将适用自由保障措施（此前被称为免于剥夺自由的保障措施，deprivation of liberty safeguards）。这些措施既可以适用于医院、福利院等，又可以适用于家庭环境。但这些措施只适用于年满 16 周岁的人。

如果一个人不能自由行动，他就属于被剥夺了自由。法庭会考虑，比如，患者想要离开某个建筑，他是否会被阻止。无须证明他是否希望离开或曾经尝试离开。关键在于如果他离开，会发生什么。① 法院也会考虑这个人是否一直处于被监视的状态。

自由保障措施明确规定了什么情况下可以剥夺当事人的自由。要么是"（1）为了维持生命治疗或实施某个重要行为，必须这么做"；要么是"（2）已经获得了负责机构的许可"。

7.1 维持生命的治疗或重要行为

如果满足《心智能力法》第 4B 条规定的四个条件，那就可以以此为由剥夺当事人的自由。

条件一：

（1）为了给患者进行维持生命的治疗或实施某个重要行为，需要完全或部分剥夺他的自由；

或者

（2）剥夺自由的行为中全部或部分包含给患者进行维持生命的治疗或实施某个重要行为。

重要行为是指"一个理性人认为，为了防止患者的疾病严重恶化，不得不实施的行为"。

条件二：

为了给患者实施维持生命的治疗或实施重要行为，需要采取这些措施。

条件三：

医生有理由认为患者缺乏同意的意思能力，进而无法向医生作出同意

---

① *Cheshire West v P* [2014] UKSC 19.

实施这些行为。

条件四：

向法院或可以许可剥夺患者自由的"负责机构"① 提出了申请。

该法的附件 AA1 规定了可以许可这些措施的复杂程序。其中的核心在于必须满足法定条件：

（1）被照护者缺乏同意相关治疗安排的意思能力；

（2）被照护者患有精神障碍；

（3）为了防止对被照护者的伤害，这些治疗安排是必需的，而且与被照护者可能遭受的伤害的严重程度及可能性相适应。

另外还有针对该许可最终向保护法庭提出上诉的程序。

7.2 "负责机构"许可

"负责机构"许可剥夺患者的自由。负责机构的认定需结合机构组织类型进行判断。例如，在国民医疗服务体系的医院中，负责机构就是指该医院管理者。在其他情况下，负责机构将是相关地方机构。在满足以下条件后，负责机构将许可剥夺自由的行为：① 该个体缺乏同意该治疗安排的意思能力；② 该个体患有 1983 年《精神卫生法》第 1 条第 2 款规定的精神障碍；③ 安排治疗是患者必需的，而且与该个体可能遭受的伤害的严重程度及可能性相适应。

在许可剥夺患者的自由前，为核实患者的主观意愿，必须咨询以下所有人的意见②：① 患者自己；② 患者提及的需要咨询的人；③ 照护患者的人或与患者福利相关的人；④ 持续性授权委托书的受托人；⑤ 保护法庭指定的代理人；⑥ 其他适格的人和独立的心智能力律师。③

对剥夺患者自由的行为人而言，许可程序可以保护他们免遭指控他们非法剥夺他人自由的任何法律诉讼，无论是刑法上的还是民法上的。这种许可可以延续一年，之后可展期一年，再之后，可展期三年。如果负责机构认为或有理由怀疑存在以下情形，就会停止许可：① 当事人具有或恢复了同意治疗的意思能力；② 当事人并没有精神障碍；或③ 剥夺自由的行为已经失去了必要性或不合适了。

---

① 附件 AA1 中对这一概念进行了界定，比如，其可能包括医院管理者或地方机构。
② 如果不具有可行性或者在具体案件中存在不合适的情况，也不必然这么做。
③ 如果患者是在福利院接受照护，相关安排可能有细微差别。

如果该个体认为自由保障措施没有得到合理的适用，他有权向保护法庭提出上诉。

8. 精神卫生实践中的问题

截至目前，我们探讨的是精神卫生法律制度的问题。现在，到了审视精神卫生服务实践中存在问题的时候了。

8.1 少数族裔社群

人们对使用精神卫生服务的人群的族群感到特别忧虑。[1] 思考以下内容：

- 依据1983年《精神卫生法》被拘禁的群体中，少数族裔的概率高达白人的6倍。但这一问题更主要的根源似乎在于这些少数族裔在社会经济地位上的弱势，而不是族群问题。
- 对男性而言，在不同族群之间，常见精神障碍的发病率相似。在女性中，黑人妇女的发病率更高（英国黑人妇女的发病率为29.3%，白人妇女的发病率为20.9%）。
- 难民的精神卫生问题格外严重，他们中有2/3的人经历过焦虑或者抑郁。[2]
- 在2017—2018年度，黑人或英国黑人的拘禁率是白人的四倍。[3]

政府承认少数族裔在获取精神卫生服务方面确实存在一些特殊需求和问题，并且声称正在着手解决这些需求与问题。[4] 对此，一种解释是我们所看到的这些问题和需求其实是制度性种族主义（institutional racism）的表现，尽管辛（Singh）等人[5]在研究中并未发现这方面的任何证据。另一种解释则是，精神障碍与受到社会的剥夺与排斥有关，人们发现，少数族裔社群遭到社会剥夺与社会排斥的比率确实更高。[6]

---

[1] Sainsbury Centre for Mental Health（2005）.
[2] 这里所有的数据来自 Mental Health Foundation（2017）.
[3] NHS Digital（2018）.
[4] Mental Health Foundation（2017）.
[5] Singh 等（2007）。
[6] Mental Health Foundation（2017）；Bartlett and Sandland（2007）.

8.2 性征

人们对精神卫生服务机构对待同性恋群体的工作方式也感到担忧。① 当然,在这方面确实存在历史包袱,就在不久前,"非正统性征"还被视为一种精神疾病。即使是现在,依然有人声称,男同性恋、女同性恋和双性恋人士在向精神卫生专业人员坦言自己的性取向时,可能依然会受到歧视。在一项研究中,有36%的男同性恋、42%的女同性恋和61%的双性恋女性声称,自己曾经从精神卫生专业人士那里得到负面或者毁誉参半的反应。②

8.3 性和精神卫生

女性主义者格外关注女性在精神卫生体系中的地位。

女权主义视角

精神卫生

两性在精神卫生方面存在显著差异。当被问及是否有可识别的精神障碍时,有51.2%的女性做出了肯定回答,男性则只有35.2%。当被问及是否被医生诊断出精神障碍时,有1/3的女性(33.7%)和1/5的男性(19.5%)回答说是。③

指责精神卫生系统存在性别歧视的怨言并不鲜见。在这个问题上,人们五花八门的说法彰显了各种对女性成见的复杂交锋。有人声称女性会被轻易贴上精神障碍患者的标签。④ 在那些自愿受到拘禁并接受精神障碍治疗的人员中,女性所占比例偏高。⑤ 有一种成见认为,女性心理脆弱,因而格外容易患上精神障碍。⑥ 另有观点认为,性行为乖戾的女性其实是精神障碍患者。

---

① Mind (1997) and PACE (1998).
② Mind/University College London (2003).
③ Mental Health Foundation (2017).
④ Mosoff (1995).
⑤ Fegan and Fennell (1998: 74).
⑥ Goudsmit (1995).

也有人声称心理卫生专业人员未能严肃对待女性面临的精神卫生问题。批评人士称，医疗卫生专业人员认为，郁郁寡欢、自我贬低或者缺乏成就感是女性常见心理问题。这导致有人指出，人们不是更仔细地审视导致妇女产生这些情绪的社会和经济因素，而是使用药物对女性进行治疗。正如学者所言，我们正在目睹"女性不悦情绪的医学化"。① 诚然，有研究表明，女性因为抑郁接受治疗的概率比男性高 2.5 倍。② 不过，这究竟是表明男性遇到精神卫生问题后不愿寻求帮助，还是医生过于草率地将女性诊断为抑郁症患者，仍值得商榷。

　　当然，有些精神障碍确实可以视为女性遭受社会压迫的反应，其中神经性厌食症就是一个典型。不过，有女性主义者主张，把所有精神障碍都一概视为女性遭受社会压迫的反应十分危险，因为此举会压制对女性精神卫生问题的正常研究。例如，人们对经前紧张或经前综合征就知之甚少。在医院接受治疗的躁狂抑郁症患者发现自己的病情在经期开始后会有显著好转。③

　　最后，有观点认为精神卫生这一概念具有性别之分。④ 目前，使用精神卫生服务的人士中女性比例偏高，但这或许是因为我们没有把暴力、酗酒或者虐待儿童视为一种精神疾病。若是如此，精神障碍患者的性别比例就会发生显著变化。这就牵涉我们如何定义精神疾病这一根本问题，稍后我们会继续对此进行探讨。

8.4　基层服务之不足

　　精神障碍患者及其照顾者都曾对精神卫生服务存在的种种不足表达过不满。⑤ 塞恩斯伯里精神卫生中心（Sainsbury Centre for Mental Health）一位前主任曾就此总结道：

---

① Scambler (2003d: 139).
② Scambler (2003d: 140).
③ Fegan and Fennell (1998: 79).
④ Gillett (2019).
⑤ Dobson (2004).

如果一项公共服务既让客户感到害怕（该服务致使客户面临风险），又无法为其工作成效提供证据，并且向员工支付的薪酬也毫无过人之处，而人们居然还能容忍这项公共服务，那就奇怪了。如果这么一个社会服务居然还供不应求，那就真正恢诡谲怪了。可是，这正是国民医疗服务体系中精神卫生保健部门的生动写照。①

医疗护理质量委员会的一次调查②显示，精神卫生护理领域现状堪忧。想接受谈话疗法的人中最终获得治疗的不到一半。在同时有躯体疾病的患者中，只有44%的人报告说确实有人照料他们。53%的受访者表示，他们对自己的精神科医生缺乏信任，没有信心，或者只是有时候相信和信任他们。在那些要遵守特殊饮食要求的人中，18%的人表示相关服务没有达到他们的要求，41%的人则表示只是有时候能够达到这些要求。最近的一项调查③注意到，被拘禁并接受精神卫生服务的患者数量出现增长。调查中患者提出的问题包括"孤独，居住条件较差或者无家可归，失业，身体健康差，家庭破裂"。这说明，精神卫生服务存在的问题是由于不能提供一般的社会服务以及个人健康因素引发的。

引起众人一致声讨的是，社区中有精神卫生问题、需要帮助的人要想获得帮助并不容易，只有当他们病情已经十分严重，需要对他们进行拘禁时，才能得到他们所需的帮助。④ 有研究发现，在精神障碍患者中，有28%的人在首次求助时曾"吃过闭门羹"。⑤ 这导致"危机管理"成本不断增加，并导致精神卫生服务机构对社区中轻症患者的护理经费和精力越来越少。换言之，用于预防人们因精神障碍入院治疗的工作投入和经费太少，而用于应付已入院患者的投入和经费太多。

8.5 强迫/同意

如上所述，很多患者在精神病院被拘禁并非由于《精神卫生法》，而是基于自愿或是根据必要原则入院的。不过，有理由质疑此类同意是否真实。多项对"自愿"入院患者的研究表明，他们中有很多人对自己的地位或者他们所同意的内容并

---

① Matt Muijen, quoted in Rethink（2005：2）.
② Care Quality Commission（2009）.
③ Care Quality Commission（2018）；Bartlett（2017）.
④ Kind's Fund（2003a）.
⑤ Rethink（2003）.

不了解。50%的人不清楚自己的法律地位[1]（即他们不清楚是自愿入院还是被强行隔离）；67%的人不知道自己服用药物的功效，90%的人不知道他们所用药物的副作用。受访者中，很少有人意识到他们有权选择是否服用药物。[2] 由于精神障碍患者担心被"强制隔离到精神病院"或者自己的疾病得不到治疗，或许会不得不同意接受医学治疗并住院。[3]

> **拍案惊奇**
>
> 2011年5月，英国广播公司《全景》节目详细报道了温特伯恩视角（Winterbourne View）私立医院病区——负责照看有精神障碍的弱势成年人——发生的虐待行为。记者的暗访展示了医院员工将住院患者按在地板上，强迫患者穿着衣服淋浴然后把他们带到寒冷的室外，以及患者遭到掌掴和辱骂的场景。有专家表示这样的虐待已经达到酷刑折磨的程度。节目播出之后，有关人员被逮捕，该看管机构也随之关闭。

8.6 监狱

在已被判决的犯人中，高达90%的人患有可识别的精神障碍。[4] 66%的狱因有人格障碍，而在一般人群中，有人格障碍的比率只有5.3%。44%的狱因有神经官能症，在一般人群中，有神经官能症的只有13.8%。[5] 2016年，在押犯人中共发生199起自杀事件。[6] 不可避免的是，有人担心那些本该接受精神障碍治疗的人因没有接受治疗而犯下了违法行为，最终入狱服刑。[7]

---

[1] Bartlett and Sandland (2007).
[2] Billcliff, McCabe, and Brown (2001).
[3] Bonsack and Borgeat (2005).
[4] Sainsbury Centre for Mental Health (2009).
[5] Mental Health Foundation (2017).
[6] Mental Health Foundation (2017).
[7] Stephenson (2004); Sainsbury Centre for Mental Health (2007).

8.7 社区护理

人们对社区为患者提供的支持也感到忧虑。根据1983年《精神卫生法》第117条规定，患者出院后有权享受出院后护理。[1] 为此，当地卫生管理机构应向患者提供后续护理，直至患者不再需要时为止。[2] 不过，在R诉伊斯灵顿和卡姆登卫生局一案中[3]，上诉法院认同卫生管理机构在履行上述义务时，应综合考虑相互间存在竞争关系的护理服务请求。

对于需要社区提供支持或者监督的患者，应向其提供一份护理计划。该计划包含卫生保健服务机构与社会服务机构之间的合作机制，确保及时评估患者的需求及其可能带来的任何风险。护理计划应由卫生服务机构与社会服务机构共同商定，并任命一名护理协调员，负责监督计划的实施。护理计划应当定期复核。然而，有证据表明，护理计划工作方案并未按照计划运行，患者要么没有护理计划，要么不知道护理计划是什么。[4] 巴特利特和桑德兰德对有关在社区中接受护理的精神障碍患者犯下暴力犯罪的报告做了总结，他们写道："这些独立报告描述的情形令人倍感压抑：社区精神卫生小组穷于应付、资源不足、人手不够，根本无法与患者保持接触，而患者也没有什么意愿配合'护理计划'的实施。"[5]

在为精神障碍患者的社区护理提供支持方面，技术运用有所增加。[6] 电脑、电话和"智能微波炉"[7]可以帮助患者在社区里顺利生活。不过，有人担心，这些设备的使用会降低精神障碍患者获得面对面支持的水平。[8]

《精神卫生法》未赋予社区护理队伍拘禁权，要想居住在社区的患者按照特定方式行事，几乎没有可以使用的强制手段。还有一种手段是监护，在本章前面部分曾对此进行探讨。[9]

---

[1] 以地方卫生机构没有提供服务提起侵权之诉，成功的可能性很小。参见第二章。
[2] *R v Ealing DHA ex p Fox* [1993] 3 All ER 170.
[3] *R v Islington and Camden HA* [2001] EWCA 240.
[4] Rethink (2003).
[5] Bartlett and Sandland (2007：112).
[6] Perry, Beyer, and Holm (2009).
[7] 此类微波炉可以通过条码判断食物的烹制时间。
[8] Perry, Beyer, and Holm (2009).
[9] 见前文"2.8 监护（第7～10条）"。

9. 对精神卫生的批评

到目前为止，我们一直在讨论精神卫生的问题，却并没有真正着手对这一概念进行定义，或者对这一概念本身提出质疑。这一概念实际上很有问题。社会对于精神障碍的理解并非一成不变。在这方面，托尼·霍普援引了1985年被塞缪尔·卡特赖特（Samuel Cartwright）博士诊断为"漫游狂"（drapetomania）的病症作为实例，这种病症描述了黑人奴隶逃离主人控制的倾向。① 此外，不久之前，同性恋仍被视为一种心理障碍。② 正如这些实例所示，今天的精神障碍到明天或许就是正常状态。③

对精神障碍的界定也长期存在争议。美国精神病学会的《诊断与统计手册：精神障碍》一书中对于如何判定是否存在精神障碍的问题的论述在业界影响深远。但每当新版面世时，有关删除了什么、增加了什么的问题总会引发强烈抗议。比如，2013版中收入了因悲痛导致的抑郁，有人就批评说，精神障碍也开始将正常的情感反应纳入进去了。④ 同样，当"经前情绪障碍"被纳入后，也有人主张，这不过只是一种月经周期带来的常见影响。值得注意的是精神障碍的项目仍在继续增长。布卢门撒尔-巴比（Blumenthal-Barby）⑤ 对精神障碍不断扩张引发的担心总结如下：

> 从伦理上讲，精神障碍的不断扩张至少会引发人们对结果的四种担心：
>
> （1）实践中的过度诊疗/假阳性；对新症状进行药物控制所引发的风险和成本；
>
> （2）对某种现象医疗化会导致人们推卸个人责任，忽视宏观层面的结构问题；
>
> （3）精神障碍的概念泛化/不相信精神病学；
>
> （4）对某种不喜欢或没有价值的现象进行治疗或根除。

---

① Hope（2005：75）.
② Kennedy（1981：Chap 1）.
③ Read, Mosher, and Bentall（2004）.
④ Dawson（2018）讨论了"精神障碍"的其他界定方法。
⑤ Blumenthal-Barby（2013）.

此类观点催生了一个被称为"反精神病学"的思想流派。尽管接受该学派极端观点的评论人士相对较少,但这些倡导者的主张仍具有重要意义,因为它们至少揭示了精神障碍概念本身具有的争议性。反精神病学的头号倡导者是托马斯·萨斯(Thomas Szasz)。① 他主张,精神障碍并非疾病,而是对那些冒犯他人或者令人不悦的行为的描述:"我们应该警惕……精神障碍患者可能带给我们的不适。仅仅因为这些行为的异常就把这些行为标记为病态不啻以医学诊断伪装的歧视"。② 我们对于人们"理应"如何行事抱有一种意象,如果他们的行为不符合这个意象,我们就给他们贴上精神障碍的标签。③ 这样一来,当我们对于"正常"行为的理解发生变化时,我们关于什么才构成精神障碍的概念也就随之变化。同性恋这个例子即可论证这一点。这样看来,精神病学就属于对"不同者"进行社会控制的手段,萨斯甚至声称,精神病学堪比奴隶制。④ 他坚决反对精神障碍患者对自己行为不负责任这一说法。他认为,一个人在罹患精神障碍时,并不会对自己的所有举动完全失去控制。⑤ 萨斯表示,一个人在听到某种声音后对其做出反应,此举是自己的选择,因而他们对自己的行为是负责任的。⑥ 理查德·本托尔(Richard Bentall)则采用了一种相对稳健的基调,他提出,幻觉与妄想其实是我们都经历过的心理弱点,只不过精神障碍患者表现的形式更为夸张罢了。⑦

　　与反精神病学说有天壤之别的另一种批评意见认为,精神卫生问题是(或者几乎全都是)正常人对不正常的社会压力或者压迫性家庭制度的反应。⑧ 例如,某位女性常年遭受伴侣的虐待,在情急之下将其杀死。有些精神病学家或许会认为她患有"受虐妇女综合征",有些精神病学家则会将她的举动归类为对极端情况所做的情有可原、合情合理的反应,并不是精神障碍的表现。⑨

　　这些争议可能会给那些经诊断患有精神障碍的人带来一些难题。那些承认自己患有精神障碍,并且愿意接受治疗的会被认为已经走上康复之路了。而那些对诊断

---

① Szasz (1972, 2002, 2008).
② Szasz (1972), Szasz (2008: 3) 接受可能有疾病的大脑,但他认为大脑疾病不是精神障碍。
③ Szasz (1972).
④ Szasz (2002).
⑤ Szasz (2001). 参见 Brassington (2002) 的回答。
⑥ Szasz (2001). 事实上,他认为,这些声音可能是该个体真实欲望的表达,但自己又不愿接受。
⑦ Bentall (2004).
⑧ Laing (1959).
⑨ Kaganas (2003).

结果表示异议，不承认自己患有任何精神障碍的人则会被视为存在问题，需要进一步的治疗。①

与这种观点相左的人承认，过去精神障碍这一概念曾经遭到误用，现在被视为精神健康欠佳的某些状况未来或许人们就不这样认为了。但是，他们坚称，我们不能以偏概全。确实有人真的受到了精神疾病的煎熬，精神卫生服务也为他们提供了切实的帮助，对此他们极为感激。对萨斯的观点亦步亦趋，不承认这些人患有疾病并不及时对他们给予治疗，这非常残忍。作为回应，萨斯或许会质疑一切表明精神病学对人"有好处"的证据。在他看来，精神病学只会让精神障碍患者惰怠呆钝，从而使他们的行为更容易为人们所接受而已。批评萨斯的人或许会承认确实存在将"不正常行为"与"精神障碍行为"混为一谈的危险，但是，在一定程度上，通过辨别行为对特定个人是否正常就能克服这一危险：如果该行为是正常的，就可以表明他确实患有精神障碍。② 的确，萨斯的著作中有些观点仍须认真对待，其中之一就是在根据《精神卫生法》对某人进行拘禁时，有必要弄清楚拘禁的目的：是为了保护公众，保护患者的照顾者还是为了保护患者的权益？③

争论的焦点或许是，一个确诊患有精神障碍的人究竟能在多大程度上行使自主权。在萨斯看来，一个确诊患有"精神障碍"的人实际上可以为自己负责并且有能力做出决定。而在反对者看来，一个确诊患有"精神障碍"的人并不具有充分的自主能力。他"表现"出来的意图并未反映他的真实意愿。④ 毕竟，如果我们承认确实存在心智这么一个东西，难道我们能否认心智也有可能出现问题吗？⑤

如果我们接受精神障碍这一概念，那么接踵而至的难题是：如何对其进行定义和分类？现在很多人赞同如下观点：与其将精神健康与否视为两个独立的状态，不如将其视为一个光谱般的连续体。我们都是心智清醒或者精神疯癫的，只是程度不一，这取决于你如何看待这个问题。当然，在心智清醒与精神疯癫之间进行清晰划界纵然不是不可能，却也非常困难。⑥ 多数对精神障碍的定义都以心理功能紊乱为依据，包括思维过程、情感或者动机的紊乱。⑦ 此外，关于是否能够在躯体疾病和精神障碍之间

---

① 相关讨论参见 Cavadino (1989: 30)。
② Adshead (2003).
③ McMillan (2003a).
④ 参见 McMillan (2003a); Sayers (2003)。
⑤ Brassington (2002).
⑥ Kornll (2003).
⑦ Ibid.

划清界限也存在争议。在法律力求防止歧视残疾人之际，这一问题格外显眼。在医学界，治疗精神障碍的精神科医生和治疗躯体疾病的医生之间往往泾渭分明。但是，身体健康与精神健康之间的互动也使在两类医生之间划清界限变得越来越困难。

近年来，我们看到有些人为精神障碍举办庆祝活动，比如"疯癫尊严"（Mad pride）。他们把精神障碍视为一种身份或文化，而非需要治疗的某种疾病。帕沃拉（Palvora）指出，某种情形是否构成精神障碍有赖于社会是如何建构的：

> 大多数精神障碍都被视为一种失序状态，因为这些疾病导致患者不能在自己建构的社会中正常生活……如果大多数人都有双相情感障碍，那么就会建构一个容纳他们的世界，那些没有双相情感障碍"症状"的人就需努力适应并理解这个世界。没有达到其他人的期望是真的失序吗？①

但是，认为所有患有精神障碍的人都用一种正向的眼光看待他们的病症，这就大错特错了。正如克莱尔·艾伦（Clare Allan）这位曾经的精神障碍患者所言：

> 精神障碍并不是一种身份，也不是什么值得庆祝的事……精神障碍极其残酷且具有破坏性，这不是歧视，而是一种疾病。它当然不是一种弱点，也不是一种带有特定"艺术"审美的符号。它会影响凡·高（Van Gogh），也会影响汽车司机、水管工、教师、老人和儿童。据报道，温斯顿·丘吉尔（Winston Churchill）患有躁狂抑郁症，如果报道属实的话，那么他就和我的朋友凯西一样。住在佩克汉（Peckham）的凯西是两个孩子的母亲，也患有这一精神障碍。精神障碍就是一种病，这和癌症是一种病一样，并无二致。患了这两种疾病的人都会因此死亡。②

10. 精神障碍患者的危险性

如上所述，精神障碍患者的危险性有多高是现有精神卫生法及其改革争论中的一个关键问题。对这一问题的过分强调招致了部分人士的批评，因为他们认为这表明政府政策已经从福利文化转向控制文化。③

---

① Polvora (2011).
② Quoted in Rashed (2018).
③ Farnham and James (2001).

10.1 精神障碍患者的危险性

媒体有时候将患有精神障碍的人描绘成一个有暴力倾向和危险性并随时可能攻击他人的群体。但实际上,多数精神障碍患者并不危险。① 一旦发生精神障碍患者袭击他人的事件,媒体会对此大肆报道。笔者无意对此类事件大事化小,而是主张应客观看待精神障碍患者的危险性。正如埃尔德吉尔(Eldergill)所言:"连赢得国家彩票头等奖的可能性都比死在一个素不相识的精神障碍患者手中的可能性大。"② 他接着指出,"患有精神分裂症的人自杀的概率是杀死他人的100倍,而患有情绪障碍的人自杀的概率是杀死他人的概率的1000倍。"③

的确,有证据表明精神障碍患者沦为暴力受害者的可能性远高于一般公众。④ 尽管如此,政府指出,在每年发生的500起左右杀人案件中,有大约15%是由精神障碍患者犯下的。⑤ 但不应忘记的是,与杀人关系最紧密的不是精神障碍,而是酗酒或者滥用毒品。⑥

10.2 危险的可预测性

对精神障碍患者危险性进行预测困难重重。⑦ 一项对精神障碍研究工作所做的调查显示,在16个研究项目中,只有4个项目里有60%及以上的精神病专家能够就某个精神障碍患者是否危险达成一致。⑧ 在制定准确评估精神障碍患者危险性的方法上,学界已经作过多种尝试,目前最成功的一个当属麦克阿瑟暴力风险评估研究(MacArthur violence risk assessment study):该项研究使用了106个变量对精神障碍患者的危险性进行评估。⑨ 研究人员对939人进行观察,将他们分为5个风险级别,从最有暴力倾向到最不具有暴力倾向。在被标记为最有暴力倾向的等级中,真正有暴力倾向的也只有3/4强。这项研究结果明显优于其他的大多数研究。但是,

---

① Hewitt (2008);Bowden (1996).
② Eldergill (2003:333).
③ Ibid.
④ Walsh 等 (2003).
⑤ DoH (2005p: para 14).
⑥ Shaw 等 (2004).
⑦ Munro and Rumgay (2000).
⑧ Montadon and Harding (1984).
⑨ Monahan (2001). Bartlett (2003a)认为,这一评估机制太复杂,不能在临床使用。

如果把所有列入最高风险等级的患者都予以拘禁，则意味着被拘禁的人中有将近1/4的人即使未被拘禁，也不具备危险性。此外，如果只对最高风险等级的患者进行拘禁，那么样本中有暴力倾向的人也只有27％的人会受到拘禁。要将暴力事件的数量减少一半，就必须将风险等级最高的两个群体均予以拘禁，这就意味着被拘禁的患者中有36％的人并不具有暴力倾向。① 在另一项研究中，有人提出，必须对20名患者进行拘禁才能防止一次暴力行为。②

10.3　如果我们能够预测危险，能以此为由拘禁患者吗？

假设可以确定某个精神障碍患者具有危险性，是否可以以此为由对其进行拘禁？有人表示赞同，因为国家有义务保护公民免受死亡威胁。③ 并且这可以视为国家的首要责任之一，同时，这也符合《欧洲人权公约》第2条的要求。任何对被拘禁的人的权利的干预都是合理的，这是为了保护比他的权利更重要的一般公民免受死亡或者严重伤害的权利。

反对者主张，通常情况下我们并不会对没有精神障碍的人进行拘禁，哪怕他们已经被归为危险人物。具有犯罪倾向和实际犯下罪行截然不同。④ 在个体实施犯罪行为之前，对其危险性的预测通常不能作为拘禁的理由。与没有精神障碍的人相比，我们为什么要对精神障碍患者另眼相看呢？这样做明显带有歧视。⑤

那些支持对精神障碍患者进行预防性拘禁的人可以从几个方面回应这种主张。他们可能指出，无论是谁，无论是否患有精神障碍，只要预测具有危险性，就应当予以拘禁。他们还可能主张，鉴于精神障碍患者的行为更加难以预测，因此他们更加危险，或者精神障碍患者可以治愈，这使他们与普通人有所不同。不过，目前并没有什么证据表明危险的精神障碍患者比没有精神障碍的危险人员更加难以预测或者易于治愈。

如果支持对精神障碍患者予以拘禁的主张是以预防伤害、挽救生命为依据，那么也可以同样的理由禁止驾车和饮酒。与预防性拘禁相比，禁车和禁酒这两种措施

---

① 这个总结来自 Bartlett (2003a)。
② Buchanan (2008)。
③ 政府文件也强调了这一点。DoH (2005p: para 14)。
④ Szasz (2003)。
⑤ Sjöstrand and Helgesson (2008); Hope (2004: 80); The Richardson Committee (1999)。

能够挽救的生命数量无疑更多。但是，多数人面对这两种建议断然拒绝。① 这是因为我们乐于见到"他人"（心智失能者）的权利遭到干涉，但是不愿看到"我们"自己的权利受到干涉吗？有人估计大约10%的精神障碍患者会表现出暴力风险增大的趋势。② 但是那些来自社会下层或醉酒的人群中，精神障碍患者占比更高。③ 可以说，要进行预防性拘禁，与拘禁精神障碍患者相比，把所有贫穷的青年人或醉汉通通关起来似乎更加靠谱。可是谁能接受这种做法呢？此外，正如皇家精神病学学院所关注的那样，每有一个被精神障碍患者杀害的人，就有二十个被其他人杀害的人，有二十五位被动吸烟者，有十人死于法人杀人（corporate manslaughter）④。他们还注意到，要挽救一个受害者，至少要拘禁5000个精神障碍患者。

还有一个问题。如果为了防患于未然而拘禁危险的精神障碍患者，那么，在哪里拘禁？如何拘禁？由谁来拘禁？仅仅负责监督患者（将他们拘禁起来不是为了治疗而是为了预防风险），医生不大可能乐意，⑤ 而不具有医学资质的"警卫"又可能缺少照料被拘禁的精神障碍患者需要的经验和技术。巴特莱特主张，医院既然愿意对那些无法治疗的身体残疾者进行护理，那么医院不妨也对那些不得已拘禁的精神障碍患者采取同样的态度。⑥

11. 父爱主义是否可以作为拘禁的理由

如果我们不能接受单单以危险性作为拘禁的理由，那么除此之外还有什么理由呢？父爱主义就是理由之一。简言之，对精神障碍进行治疗之所以合理，是因为这对患者最为有利，特别是存在有效疗法的情形下。⑦ 当患者没有相应意思能力时，人们普遍认为这（即进行治疗对患者最为有利）也算一个合理理由。但是，如果患者具有相应能力，并且拒绝接受治疗，这就不是一个合理理由了。对于躯体疾病，我们不允许以家长作风为依据进行治疗，为什么精神疾病就要有所不同？

---

① White（2002）.
② Walsh and Fahy（2002）.
③ Hawkins, Herrenkohl, Farrington, 等（2000）。
④ 指因公司重大过失致人死亡。——译者注，Royal College of Psychiatrists（2004：31）。
⑤ Bartlett（2003）；White（2002）.
⑥ Bartlett（2003）.
⑦ Stone（1975）.

在这方面，学术界支持的观点是拘禁和治疗的唯一标准应当是当事人的意思能力。① 根据民法原理，只有在患者具有相应能力并且同意接受治疗时，才准许对其进行拘禁和治疗。如果患者不具有相应意思能力，但拘禁和治疗符合患者最佳利益，也可以拘禁和治疗。同为有相应意思能力的人，仅以是否患有精神障碍进行区别对待，就是精神障碍歧视。对于这种违背具有相应意思能力的人的意愿，强迫其接受治疗的做法的不当之处，巴特利特以如下方式做了强调，

> 对有意思能力的人进行强制治疗，会对其自主权造成严重侵犯。将精神治疗药物输入患者身体会导致其发生根本性的重大变化。当然，这些变化是治疗的目的，而且对社会有益。很多患者也会同意接受这些变化，因为他们认为这些变化对自己也有好处。但无论如何，这也不会改变这种干预的特殊性质，而且在具有意思能力的患者拒绝接受治疗的情况下，很难找到仍应对其进行治疗的理由。②

这种观点值得称道，不过仍存在若干问题。③ 首先，这种观点政界无法接受。理论上，该观点要求医生将具有意思能力但构成威胁的人放回社区。政治人物很难在公众面前为这种做法辩护。

第二点与第一点有关，并且前文已经提及，那就是现行法律对"能力"的定义含糊不清。如果专业人员认定某个人具有危险性，那么这个人会被"视为"不具备相应意思能力，不应让其重返社会。这一主张不无道理。该观点进一步主张，如果确实如此，我们就应把危险性当作一个开放性因素，并为应当如何评估危险性以及各等级对危险性的要求明确设定指导意见。

意思能力标准的第三个危险是，如果意思能力的门槛设置较高，只有那些明显具有理性的人才能达到这一门槛。对于很多现在或许可以视为具有相应能力的人而言，这种做法会限制他们的权利。如果门槛设置过低，那就意味着有太多理应接受治疗的人士会因此无法得到治疗。④

第四种观点是可以以自主权为由证明干预具有合法性。克雷吉（Craigie）指出：

> 当人体机能严重受损时，保护患者的自主权有时就要求推翻某个治疗

---

① 参见 eg Bellhouse 等（2003）；Buchanan（2002）；and Gunn（2000）。
② Bartlett（2003: 142）。
③ 另请参见 Prinsen and van Delden（2009）。
④ Bartlett（2003: 337 et seq.）。

决定，恢复患者的自我，因为在《心智能力法》中，在不损害这一领域法律价值中立的愿望前提下，很难解释这么做的理由。①

最后一点由彼得·巴特利特提出。② 很多支持意思能力标准的人赞同一旦某人犯下犯罪行为，对其进行预防性拘禁有其合理性。但是他主张，某人是否犯罪具有误导性。某人的犯罪行为或许根本不能说明这个人具有危险性，而非犯罪行为却比犯罪行为更能表明这个人的危险性程度。或许可以提出这样一个主张：一个人犯罪之后，他们就在一定程度上丧失了自由权，但是这种主张需要进行谨慎论证。

12. 联合国《残疾人权利公约》

联合国《残疾人权利公约》为精神卫生法律改革提供了另外一些思路。尤其是，该公约第14条规定，残疾人在与其他人平等的基础上，有权享有自由和人身安全权利。1983年《精神卫生法》允许医方在未经当事人同意时，就可治疗患者的精神障碍，这明显违背了公约的规定。正如乔治·斯穆克勒（George Szmukler）③主张的那样：

> 很明显，……如果法律允许的某项干预措施只适用于残疾人，这就是歧视。……针对残疾人群体进行特别干预，无论是否规定了适用这些措施的其他条件——无论法律是否只允许为了保护个体或其他人对个体实施拘禁或对其进行强制治疗，在《残疾人权利公约》委员会的眼里，这种法律都违反了公约的规定。

据此，《残疾人权利公约》委员会向英国政府建议，"以已经发现的现有机能受损为由，对残疾人实施未征得其同意的、非自愿的强制治疗，这种法律及其执行都应予以废止。"这种做法的问题在于可能与该公约保护的其他权利产生冲突。正如梅尔文·弗里曼（Melvyn Freeman）等人所言，"如果个体的心理问题、精神障碍正严重恶化，但我们不给他提供已知的有效治疗，那还可以说他接受的是现有最高

---

① Craigie (2013: 5).
② Bartlett (2003).
③ Szmukler (2017).

标准的卫生服务吗?"①

在《残疾人权利公约》理解上的分歧反映出对人性宽泛议题的辩论。精神卫生法传统上建立在以下推定的基础：精神障碍患者是弱势群体，需要保护和治疗。这一推定遭到了两方面的质疑。一方面，如前所述，有人质疑，精神障碍是否真是一种弱势情形。他们认为，这不过是一种社会建构，用以表达社会对那些不同群体的担心。另一方面，脆弱性理论（参见第一章第十四节）强调，每个人都是脆弱的。因此可以说，我们每个人都有心智上的限制，焦虑以及机能失调等问题，只是表现形式不同罢了。也可以说，我们都有精神不健康的问题。把这些观点放在一起，就带来了一个更大的挑战：法律到底应如何建构精神卫生，如何在"精神健康"和"精神不健康"间进行界分。

因此，也有人提议，英国应废除精神卫生法，用另一个制度体系代替。在新的制度体系下，所有人适用同样的法律规则，不管他们的"精神卫生状态"如何。② 采用这种制度模式大体有以下三种方法：

（1）我们尊重每个人的决定，不区分他们是否有意思能力。有些人可能需要更多的帮助才能表达自己的观点。

（2）我们只区分是否有意思能力。如果某个个体丧失意思能力，我们对因为精神障碍丧失意思能力和因其他原因丧失意思能力的人同样对待，就像《心智能力法》一样。

（3）我们转向一个新体系，这个体系会衡量每个个体的自主权强弱以及每个决定可能给他们带来的伤害。决定涉及的伤害风险越大，对他们意思能力的要求就越高。伤害越小，对他们意思能力的需求越小（参见第四章第十四节关于自主权的讨论）。

13. 对《精神卫生法》的独立调查

政府对《精神卫生法》做了一次专门调查。2017 年，调查报告面世。③ 开展调查是为了回应民众的一系列担心。尤其是，有人质疑为什么拘禁率会上升，拘禁的

---

① Freeman 等（2015）。
② Wilson（2019）。
③ HM Government（2018）。

人中不同种族的差异,甚至有人担心,该法与"现代精神卫生制度"存在抵牾。该报告提出了许多改革建议:

- 确保为少数族裔提供与其文化相符的宣传服务(包括独立的精神卫生宣传员),这样才能回应多元社会不同个体的需求。
- 提高根据《精神卫生法》实施拘禁的门槛,以及后续适用社区治疗令的条件。
- 让人们对自己接受的护理服务有更多发言权,确保少数族裔群体有更多机会参与制订自己的护理和治疗方案,增加这些方案的可接受度。
- 涉及精神卫生服务改革决策时为民众提供更多表达意见的机会。
- 通过行为干预的试点和评估应对地方性结构问题,解决决策中存在的隐形歧视。
- 在医院住院部内减少强制措施和限制性做法,包括涉及宗教习俗和灵修方面的做法。
- 增加少数族裔代表,尤其是在卫生和护理的重点工作中,增加非洲裔黑人和加勒比海民族的比例。
- 继续探索如何让警察减少使用限制性措施,鼓励警察为遭遇精神障碍痛苦的民众提供更多支持,并以此作为他们日常工作的核心内容。
- 扩大《精神卫生机构(使用武力)法》[Mental Health Units (Use of Force) Act]也即森尼法(Seni's Law)①的权限,涵盖隔离的情形。
- 提高有关种族数据及种族研究的质量和一致性,在所有公共服务机构中,进一步扩大《精神卫生法》的使用,包括刑事司法体系内的机构组织以及精神卫生法庭等。
- 让个人有权选择让谁来照顾自己,或者谁可以接收有关自己医疗服务事项的消息。

尽管政府最初表示会实施这些改革,但后续有关脱欧议题及接下来选举事宜意味着作者写作时这些改革都遥遥无期。

---

① 森尼·刘易斯(Seni Lewis)因精神疾病送到医院,这位年轻黑人受到了11位警官的武力限制,最终死亡。后议会通过了《精神卫生机构使用武力法》,俗称《森尼法》,保护精神障碍患者不因过度使用武力而死亡。——译者注

14. 结论

　　正如本章所示，要在保护公众免受精神障碍患者的威胁与保护精神障碍患者的权利之间达到一个平衡并非易事。不过，对如何平衡二者的讨论也导致我们轻易忽视了其他问题，比如：精神病院中存在的虐待和暴力，社区护理资源不足，在保护精神障碍患者免受各种虐待方面存在的不足，以及对照料精神障碍患者的护理人员的地位缺少有效的法律承认等。

/思考题/

1. C. S. 刘易斯①写道:"违背个人意愿进行治疗,以及对我们或许并不认为属于疾病的状况进行治疗,就是把他等同于还没有达到理性年龄或者永远不会达到理性年龄的人,把他与婴儿、低能儿和家畜归为一类。"违背具有相应意思能力的人的意愿强行对其精神障碍进行治疗是否合理?

2. 在 2005 年初,媒体曾经关注过一名患有普拉德-威利综合征——一种导致饮食过量的遗传性疾病——体重达 33 英石②的男子。相关社会服务部门根据《精神卫生法》的规定对该男子实施了拘禁并做了病情评估。社会服务机构最为关注的似乎是该男子的状况没有好转而且已经无法控制自己的暴饮暴食。③ 此举是否属于对《精神卫生法》的滥用?如果这个人死亡,媒体会有什么反应?

3. 一种耳熟能详的观点是,我们必须保护普通公众免于受到精神障碍患者的伤害。难道精神障碍患者就不是普通公众中的成员吗?

4. 喃喃自语、不回答别人的问题是否属于精神障碍的症状?在什么情况下人的行为不仅仅是"古怪",而是疾病的症状?

5. 一位精神障碍患者在接受了精神卫生服务后,曾经写道,她服用的药物带来了一种"麻木而甜蜜的虚无感"④。这就是治疗吗?我们是不是过于轻易地忘记了制药行业对精神卫生治疗的影响?

---

① C. S. Lewis (1953:228).
② 英石:英制质量单位,33 英石约合 462 磅或 209.5 千克。——译者注
③ Prader-Willi Syndrome Association (2005).
④ Cardinal (1996:108).

/延伸阅读/

如需了解有关精神卫生法律和政策的有益的一般讨论,请参见下列文献:

Bartlett P. (2012) The United Nations Convention on the Rights of Persons with Disabilities and mental health law, *Modern Law Review* 75: 724.

Bartlett P and Sandland R. (2007) *Mental Health Law* (Oxford University Press).

Bartlett P. (2017) Identity, law, policy and communicating mental health, *Medical Humanities* 43: 130.

Care Quality Commission. (2018) Mental Health Act: The rise in the use of the MHS to detain people in England (CQC).

Craigie J. (2013) Capacity, value neutrality and the ability to consider the future, *International Journal of Law in Context* 9: 4.

Gillett G. (2019) Pink and blue: the role of gender in psychiatric diagnosis, *Journal of Medical Ethics* 45: 271.

Glover-Thomas N. (2003) *Reconstructing Mental Health Laws and Policy* Butterworths).

Large M, 等 (2008) The danger of dangerousness: why we must remove the dangerousness criterion from our mental health acts *Journal of Medical Ethics* 34: 877.

Laurance J. (2003) *Pure Madness* (Routledge).

Peay J. (2003) *Decisions and Dilemmas* (Hart).

Prinsen E and van Delden J. (2009) Can we justify eliminating coercive measures in psychiatry? *Journal of Medical Ethics* 35: 69.

Richardson G. (1999) *Richardson Committee: Review of the Mental Health Act* 1983 (DoH).

Richardson G. (2002) Autonomy, guardianship and mental disorder: one problem, two solutions *Modern Law Review* 65: 702.

Rogers A and Pilgrim D. (2001) *Mental Health Policy in Britain: A Critical Introduction* (Palgrave).

Yates V. (2007) Ambivalence, contradiction, and symbiosis: carers and mental health users' rights *Law and Policy* 29: 435.

关于精神卫生法改革的讨论,请参见下列文献:

Brown J. (2016) The changing purpose of mental health law: From medicalism to legalism to new legalism, International Journal of Law and Psychiatry 47: 1.

Dale E. (2010) Is supervised community treatment ethically justifiable? *Journal of Medical Ethics* 26: 271.

Dawson J. (2018) The Australasian Approach to the Definition of Mental Disorder In a Mental Health Act, *Medical Law Review* 26: 610.

Fennell P. (2005) Convention compliance, public safety, and the social inclusion of mentally disordered people *Journal of Law and Society* 32: 90.

Fennell P. (2008) Best interests and treatment for mental disorder *Health Care Analysis* 16: 255.

Freeman M, 等 (2015) Reversing hard won victories in the name of human rights: a critique of the General Comment on Article 12 of the UN Convention on the Rights of Persons with disabilities, *Lancet Psychiatry* 9: 844.

Glover-Thomas N. (2018) Decision-Making Behaviour under the Mental Health Act 1983 and its Impact on Mental Health Tribunals: An English Perspective, *Laws* 7: 12.

Gosney P, Lomax P, Hooper C and O'Brien A. (2019) Current appeal system for those detained in England and Wales under the Mental Health Act needs reform, *Journal of Medical Ethics* 45: 173.

HM Government. (2017) *Modernising the Mental Health Act - final report from the independent review* (HM Government).

King's Fund. (2015) *Mental Health Under Pressure* (King's Fund, 2015).

McSherry B and Weller P. (eds) (2010) *Rethinking Rights-Based Mental Health Laws* (Hart).

Richardson G. (2002) "Autonomy, guardianship and mental disorder": one problem, two solutions *Modern Law Review* 65: 702.

Szmukler G, Daw R and Dawson J. (2010) A model law fusing incapacity and mental health legislation *Journal of Mental Health Law* 11: 12.

Szmukler G. (2017) The UN Convention on the Rights of Persons with Disabilities: "Rights, will and preferences" in relation to mental health disabilities, *International Journal of Law and Psychiatry* 46: 90.

Wilson K. (2020) The abolition or reform of mental health law: How should the law recognise and respond to the vulnerability of persons with mental impairment? *Medical Law Review* forthcoming.

有关反精神病学,参见下列文献:

Adshead G. (2003) Commentary on Szasz *Journal of Medical Ethics* 29: 230.

Bentall R. (2004) *Madness Explained* (Penguin).

Double D. (2006) *Critical Psychiatry* (Palgrave).

Rashed M. (2018) In Defense of Madness: The problem of Disability, *Journal of Medicine and Philosophy* 44: 150.

Szasz T. (2001) Mental illness: psychiatry's phlogiston *Journal of Medical Ethics* 27: 297.

Szasz T. (2002) *Liberation by Oppression: A Comparative Study of Slavery and Psychiatry* (Transaction).

Szasz T. (2005) "Idiots, infants, and the insane": mental illness and legal incompetence *Journal of Medical Ethics* 31: 78.

第六章

保密

引　言

英国国民医疗服务体系不可避免地要记录患者的信息。对此，英国国民医疗服务体系制订了一个《医疗保健记录保证书》（Care Record Guarantee），该保证书这样解释道：

> 英格兰的国民医疗服务体系旨在为您提供最高质量的卫生保健服务。我们也旨在通过相关研究改善卫生保健服务。为了实现这些目标，我们必须记录您的个人信息及健康状况，我们已为您提供的，以及计划为您提供的卫生保健服务内容。国民医疗服务体系医疗保健记录可能是电子的、纸质的，或者二者皆有之。国民医疗服务体系机构将通过工作实践与相关技术遵守自己的承诺。①

乍看上去，医疗保密义务似乎较为简单。医务人员应当永远对他们患者的隐私信息进行保密。正如菲利普斯勋爵在 MGN 有限公司案②中所言：

> 医患之间有一个持久的保密义务，这点早已确立。在我看来，当患者进入医院接受治疗时，不管他是一位现代公民还是一个谋杀犯，他都应当十分确信，只有他和他的医生知道自己的疾病和治疗细节。

然而，如下所述，这一问题十分复杂。如果一位医生不将患者信息告诉医务同行，那么现代卫生保健系统将无法运转。同样，稍加思量就能得出以下结论：特殊情形下，甚至患者悄悄告诉医生的秘密都应被披露。例如，如果一位父亲告诉医生他在虐待他的小孩，难道医生应当袖手旁观吗？③

现代医学实践让保密问题变得越来越复杂。患者在医院里很可能是由几位医务人员治疗，每位医务工作者负责该患者治疗工作的某个方面。因此，每位医务工作者都需要知道他的病历档案。同样，国民医疗服务体系信托机构的内部审计和外部

---

① NHS (2011b: 8).
② Ashworth Security Hospital v MGN Ltd [2000] 1 WLR 515, at 527.
③ 1975 年，根据当时医生行为标准，一名接到虐待行为报告的医生什么都不做，他也不会被认定为存在过失（C v Dr AJ Cairns [2003] Lloyd's Rep Med 90），但如果今天遇到同样的案件，结果就完全不同。

审计制度都需要管理人员至少了解部分患者的病历档案，从而确保信托机构向患者提供了高水平的医疗服务。此外，在记录患者信息时，计算机技术得到了越来越广泛的运用，这种必然趋势一方面方便了信息的正常传播，另一方面，也使保护患者隐私的问题更趋复杂。

尽管现代社会对保密工作提出了更高要求，但医生不应不当地泄露患者敏感信息的理念源远流长。希波克拉底誓言写道：

> 凡我所见所闻，无论有无业务关系，我认为应守秘密者，我愿保守秘密。[①]

保密被视为有效医疗服务的一个必要部分。只有当患者对他的医生完全诚实的情况下，医生才能对患者给予有效诊断。事实上，虽然人们对何时可以适当突破保密义务还存有争论，但很难找到一个认为保密不重要的医务工作者。如下所述，尽管保密原则收获了很多赞扬，但有人认为突破保密义务和遵守保密义务一样值得尊敬。也有人抱怨道：医学伦理学家也在自己的著作中讨论患者个案，对保密问题关注不足。[②]

国民医疗服务体系目前需要认真对待的一个重要问题是，保密不仅是一个消极概念，即员工不泄露信息的义务；它还包括积极义务，即国民医疗服务体系必须采取积极行动确保信息不被泄露。这让有些人将关注重心从保密转移到信息保护的概念之上。这种转变反映出，对医学敏感信息的更大威胁不是医生会将我们的健康档案销售给市井小报，而是黑客可能侵入国民医疗服务体系的计算机系统，窃取患者的隐私信息。

英国医学委员会根据以下原则，颁布了有关保密内容的严格指导方针。

(1) 保密是医患信任关系的核心。如果患者认为医生会私自泄露个人信息，或者患者无法掌控共享信息的使用限度，他们就不愿去寻医治病，也不愿告诉医生详细信息，妨碍医生提供优质医疗服务。

(2) 医生在道德和法律上都有责任保护患者的个人信息不被不当披露。但提供安全有效的医疗服务工作必然包含适当的信息共享，如果医疗服务提供者无法获得患者最新的相关准确信息，患者可能会置身于危

---

① Kennedy and Grubb (2000: 1047).
② Rogers and Draper (2003).

险之中。①

国民医疗服务体系章程也提到了患者享有："隐私权和保密服务，并期望国民医疗服务体系确保您的私密信息安全。"② 卫生和社会保障部也颁布了国民医疗服务体系中保密工作指南。但请注意，在这个公开文件中，强调更多的是信息处理的公正性，而不是信息保密工作。

国民医疗服务体系致力于提供一流的保密服务。这意味着保证所有患者的信息都能公正地、合法地以及尽可能透明地被处理，以便公众：

- 理解处理个人信息的原因；
- 同意对他们的个人信息进行披露和使用；
- 从国民医疗服务体系处理他们信息的方式中获得信任；

以及

- 知悉自己获得关于自己信息的权利。③

这些原则以及有关保护隐私的责任适用于国民医疗服务体系的所有员工，不仅仅是医生，还包括义工。④

1. 保密的法律基础

令人吃惊的是，法律上并无明确的医生保密义务的法律基础，现在也没有调整这种保密义务的单行法，普通法亦然。⑤ 医务人员不当透露患者隐私时，将基于下列宽泛的一般规定被认定为违法。

1.1 合同法

当事人可以主张泄露患者隐私违反了和患者订立的合同。但国民医疗服务体系

---

① GMC（2017：paras 1 and 2）.
② NHS（2013a：10）.
③ DoH（2003a：4）.
④ DoH（2003a：16）.
⑤ 参见 Donnelly and McDonagh（2011），讨论了医疗上的保密义务在多大程度上能够保护已经死亡的患者。

的患者和其主治医生之间并无合同。法院可能认为二者之间存在事实上的合同，但主流观点对此持否定态度。在涉及私人诊所医生的患者时，提出合同违约之诉的胜算更大一些。

如果侵犯患者隐私违反了医生的雇佣合同（事实上这很有可能），也会出现违约的主张。① 但是，该主张以及任何的相关救济只适用于雇主，而非患者。②

1.2 侵权法

泄露患者隐私可以构成过失侵权。众所周知，对患者的隐私进行保护是医疗保健工作的一部分。如果医生泄露了应当受保护的信息，或者未能采取合理措施防止他人窃取这些信息，那么患者可以对医生提出侵权法上的主张。③ 但是，这种主张的难点在于如何确定损害赔偿。总体而言，侵权法上的损害只是财产或者物质上的损失，透露隐私引发的尴尬在侵权法上不会被认为是一种财产损失。因此，即使成功提起了过失侵权之诉，受害人也只能获得很少的损害赔偿。

如果被泄露的信息不实并且理性人在获知该信息后可能会轻视患者，那么该患者可以提起诽谤之诉。但这仅仅在被泄露的是错误信息时才可行。对医生而言，值得宽慰的是，如果他们有合理理由认为，他们所做的陈述正确，并且信息接受方对有关信息享有合法权益，他们就可以"资格特权"作为抗辩。④ 比如，假如医生将有关信息以医学问卷调查的形式提供给保险公司，医生有合理理由认为他提供的信息正确，而事实并非如此时，他们就可以主张上述抗辩理由。

现在，法院根据1998年《人权法》发展出一种新的侵权类型，也即侵犯隐私权。尼科尔斯（Nicholls）勋爵在坎贝尔案⑤中提出了滥用私人信息的侵权。在道格拉斯诉《哈啰》杂志（Douglas v Hello!）一案中，尼科尔斯勋爵认为此案有两个诉因：保护隐私和保护私密信息。⑥ 隐私侵权的确切边界尚在不断扩展之中。在莫里诉大图公司案⑦中，法院判定，在有合理期待的情形下，儿童的隐私有权获得保

---

① *X v Y* [1988] 2 All ER 649.
② 除非患者可以依据1999年《合同（第三方权利）法》[Contracts (Rights of Third Parties) Act 1999] 提出权利主张。
③ *Swinney v Chief Constable of the Northumbria Police* [1996] 3 All ER 449.
④ Brazier and Cave (2007: 86).
⑤ *Campbell v MGN Ltd* [2004] UKHL 22, para 15.
⑥ *Douglas v Hello!* [2007] UKHL 21, para 25.
⑦ *Murray v Big Pictures* [2008] EWCA Civ 446.

护。本案就属于这种情形。案中的儿童沿街边走到一家咖啡屋,这时对该儿童拍照就侵犯了他所享有的《人权法》第8条之权利,并且他有权获得法律上的救济。

医生泄露患者的个人医疗信息,这可能既侵犯隐私,又违反保密义务。在麦克尼特诉阿什一案①中,法院认为个人的医疗信息具有"双倍的私密性",因为它既是个人信息又是隐私。

1.3 衡平法上的保密义务

通常情况下,如果患者因为个人医疗信息被泄露准备起诉,最好的选择是依据衡平法上尊重私密信息的义务。上议院在坎贝尔(*Campbell*)案中设定的最高标准是,如果某人有合理理由期待该信息不为公众知晓,那么这就属于私密信息。② 一般认为,对保密的期望有两个来源:

(1)信息是在一种推定具有保密关系的背景下提供的。毫无疑问,医患关系就是这种关系。

(2)信息本身具有私人性与私密性,因此必须予以保密。

应当指出的是,只要符合上述任一要件,该信息就可被视为私密信息。

在决定是否是私密信息时,将考虑三个因素:

(1)该信息必须是个人的、私密的或者有亲密关系性质的。③ 其检验标准是,与该信息有关的人是否有合理理由认为该信息应当保密。④ 医学信息大体上都属于这种情况。换言之,如果医生泄露的只是患者一些无关紧要的信息(例如患者穿何种颜色的袜子),那么这种信息通常不会受到衡平法的保护。但值得注意的是,英国医师协会建议,患者拜访医生的事实也应被认定为应予保密的私密信息。⑤ 此外,令人吃惊的是,黑尔女士在坎贝尔案中指出:

> 并不是所有的个人健康信息都带有隐私的标记或者有伤害该当事人身体完整性或者精神完整性的危险。一名公众人物患有感冒或者断了一条腿

---

① *McKennit v Ash* [2006] EWCA Civ 1714.

② 另请参见 *Re JR* [2015] UKSC42. 有关"合理预期"概念的详细讨论,请参见 Taylor and Wilson(2018)。

③ *Stephens v Avery* [1988] 2 All ER 477;Campbell v MGN Ltd [2004] UKHL 22.

④ *Campbell v MGN Ltd* [2004] UKHL 22 [Lord Nicholls(para 21),Lady Hale(para 137)],霍普勋爵支持在判断标准上应以是否能够造成受害人"实际损害"为标准(第92段),但是,该标准遭到了霍夫曼勋爵(Hoffmann)(22段)以及黑尔(Hale)女士(135段)的反对。

⑤ BMA(2004:167).

的事实就不属于保密义务保护的隐私,不足以阻止新闻媒体对它进行报道。报道这种信息会造成什么伤害呢?[1]

这种表述可能会被解读为无足轻重的小病或患者就诊中透露的不重要的信息不受法律保护。最好的理解是:不难发现,基于公共利益(例如新闻出版自由)披露某些小病的信息不构成对保密义务的违反。

史蒂文斯案[2]的判决透露出,患者对"日常生活的直接描述"不属于私密信息。在 W 案[3]中,国民医疗服务体系向英国内政部提供了拖欠国民医疗服务体系治疗费的非住院患者的资料,因此被告上了法庭。由于这些信息不包含健康数据,法院未将其视为私密信息。另一方面,在 MGN 有限公司案[4]中,认为"患者的信息太琐碎,不应通过保密义务予以保护"的主张被驳回,因为私密信息本身有一定的主观因素。换言之,一个人有权将自己的一项医疗信息视为敏感信息,即使大多数人持相反观点。当然,如果泄露的信息没有特别严重的破坏性,尽管从法律上讲违反了保密义务,但也不太可能有任何重大的法律救济。

(2) 泄露信息的行为发生时,行为主体是否负有保密义务?过去认为,双方当事人之间必须存在负有保密义务的关系,例如医患关系、夫妻关系。但现在法律已经明确,只需证明获得信息的当事人知道或者应当知道,有公平合理的理由认为这些信息是应予以保密的私密信息。[5]毫无疑问,患者提供给医生的信息符合这一标准。事实上,甚至患者在小组治疗中的叙事都应受到保密义务的保护。[6]保密义务同样适用于能接触到信息的人,而且很明显,当该信息所涉及的人有合理期待时,应对这些信息予以保密。[7]因此,如果一个医生告诉妻子所接诊患者的病症,他的妻子也会受到保密义务的约束,因为她应当清楚这些信息在本质上是应予保护的隐私。同样,如果一个人在公园的长椅上意外地发现一条医学记录便签,此人也应对该信息保密。

---

[1] *Campbell v MGN Ltd* [2004] UKHL 22, para 157.
[2] *R (Stevens) v Plymouth* [2002] 1 WLR 2483.
[3] *R (W) v Secretary of state for Health* [2014] EWHC 1532 (Admin).
[4] *Ashworth Hospital Authority v MGN Ltd* [2001] 2 All ER991. See further *Mersey Care NHS Trust v Ackroyd* [2007] EWCA Civ 101.
[5] *Campbell v MGN Ltd* [2004] UKHL 22, para 14 (Lord Nicholls), para 85 (Lord Hope).
[6] *Venables v MGN Ltd* [2001] 1 All ER 908.
[7] Lord Goff of Chieveley in *Attorney General v Guardian Newspapers Ltd* (No 2) [1990] 1 AC 109, 281.

如果医生在未履行专业职责的非工作场合得到了信息应如何处理？一般认为，作为医生，如果因为其身份得到了私密信息，那他就必须为此保密。① 例如，如果一个人在聚会上私下咨询医生，希望医生提供一些医疗建议，那么医生就应为此保密。但如果医生并未因为医生的身份获得信息，只是作为朋友间的八卦（比如他们得知邻居有婚外情），那么这未必需要保密，但如果一个理性人认为该信息应当予以保密时，该信息仍可被认定为是私密信息。② 有学者认为，如果邻居或告诉医生信息的人是医生的患者，问题就会发生改变，信息也会因此变成私密信息。

（3）某些案件中，须证明某人会因为自己的私密信息被泄露而遭受损害。这是源信息技术有限公司案③的判决基础。该案法官判定，匿名医学信息的泄露并未违反保密义务。但这是否代表现行法尚不清楚。因为基思（Keith）勋爵在 A-G 诉《卫报》（第 2 号）案④中认为，即使没有一个特定的个人因信息泄露遭受损害，仍有支持个人信息保密义务的公共利益诉求。⑤ 换言之，即使泄露行为本身不会伤害到某个特定的人，但如果泄露该信息造成了对公众的伤害（例如导致了对医生信任感的降低），这仍足以证成应在衡平法上对该信息给予保护。⑥ 因此，即使患者已离世，医生也不应将有关他的疾病公之于众。这一点亦得到了广泛认可。⑦ 同样，即使某人已经不再是医生的患者，这也并不意味着医生有权散布患者的信息。⑧

目前，违反保密义务的先例是坎贝尔案⑨，审理该案的勋爵们强调，《欧洲人权公约》第 8 条规定了尊重个人私生活以及家庭生活的权利。这一规定应当被认为是保护私密信息的基础。对私密信息的保护关乎自主权以及人格尊严。⑩ 这意味着在判定某信息是否应当受到法律上保密义务的保护时，应考虑该信息是否受到第 8 条

---

① Kennedy and Grubb（2000：1062）.
② BMA（2004：167）没有讨论这个问题。
③ *R v Department of Health ex p Source Informatics Ltd* [2000] 1 All ER 786.
④ *A-G v Guardian*（No 2）[1988] 3 All ER 545.
⑤ 另请参见 *Bluck v Information Commissioner*（2007）98 BMLR 1，para 15，在涉及违反医疗信息保密义务的案件中，无须证明存在损害事实。
⑥ *Stone v South East Strategic Health Authority* [2006] EWHC 1668（Admin）；*Ashworth v MGN Ltd* [2001] 1 All ER 991.
⑦ *Bluck v Information Commissioner*（2007）98 BMLR 1.另请参见 *Lewis v Secretary of State for Health* [2008] EWHC 2196。
⑧ *Re C*（*A Child*）[2015] EWFC 79.
⑨ [2004] UKHL 22.
⑩ Ibid，para 53（Lord Hoffmann）.

的保护以及根据第 8 条第 2 款规定，侵犯该隐私是否有正当理由。①

重点案例

坎贝尔案②

娜奥米·坎贝尔（Naomi Campbell）是一位当红明星。正如黑尔女男爵所言，甚至连法官都知道娜奥米·坎贝尔。她在离开匿名戒毒会时被偷拍。后来，《每日镜报》刊出了一篇赞扬娜奥米·坎贝尔女士与毒瘾做斗争的文章，对她的治疗作了详细披露，文章旁边配了被偷拍的一张照片。于是娜奥米·坎贝尔以泄露隐私为由起诉了该报社。娜奥米·坎贝尔一审胜诉，上诉法院二审时败诉，上议院三审时又胜诉。法院判令被告向她支付 2500 英镑的损害赔偿金以及 1000 英镑的加重损害赔偿金。

遗憾的是，上议院对有关赔偿的理由并未解释清楚。尼科尔斯勋爵谈到了不当使用私密信息的侵权类型。但是霍夫曼勋爵、霍普勋爵以及黑尔女男爵都认为，这违反了衡平法上的保密义务。霍夫曼勋爵也提到普通法上的一项新权利，即对私密信息的保护。卡斯韦尔（Carswell）勋爵对享有保密服务的讨论也只是泛泛之谈，并未明确这一权利都有哪些内容。没有哪个法官指出，根据案件性质的不同，所适用的法律也有所不同。这就解释了上议院对这个问题的模糊性。他们一致的意见是法律应当保护个人的私密信息，以免遭到不当泄露，不管是通过侵权法、衡平法还是其他法律。

该案涉及的第一个问题是：娜奥米·坎贝尔出席匿名戒毒会的细节是否属于私密信息？霍夫曼勋爵解释说，保护私密信息涉及"保护私人生活信息不被传播的权利以及自尊和获得他人尊重的权利"。③ 法官们解释说，在判断某项信息是否是私密信息时，应考虑《欧洲人权公约》第 8 条尊重私生活的权利之规定。霍普勋爵认为，"一般标准是，假设 A 作为一个普通人也遇到了类似的情形，对个体（A）私密信息的泄露是否会对 A 造成实质伤害。"④

---

① 参见 Lord Nicholls，para 17。
② *Campbell v MGN* [2004] UKHL22.
③ At (51).
④ At (52).

但是霍夫曼勋爵以及黑尔女男爵并不赞成这一标准。他们更支持以个体是否有该信息应予以保密的合理期待为标准。

将该标准适用于本案，法官们同意。初步来看，有关某人正在接受戒毒治疗的事实属于私密信息。但在本案中，坎贝尔女士已经多次公开陈述，她不像其他模特那样，她没有吸食毒品。如此一来，她是否吸食毒品就成了公众关注事件，不再属于私密信息。换言之，她的陈述引起了公众足够的兴趣，这让媒体有合理理由对她编造的误导人的印象进行纠正。但多数法官的意见是，她的陈述并不意味着她吸毒以及接受治疗的方方面面都已成为公共信息。她参加戒毒治疗的时间、地点以及方式仍是私密信息。对少数法官（尼科尔斯以及霍夫曼勋爵）而言，这篇报道本质上是关于坎贝尔的戒毒治疗，因为坎贝尔自己选择把这个问题变成了公共话题，所以这就不再是私密信息。有关她何时何地进行该治疗的信息"并不突出，只是一个附带结果"（尼科尔斯勋爵的观点）。对多数法官而言，泄露她参加匿名戒毒会的事实就相当于告知公众，一个名人正在接受什么治疗，这很明显是受保护的信息。

认定拍照以及公开这一消息违反了保密义务后，下一个问题是，是否存在着公共利益（包括新闻出版自由）为此侵权行为提供了阻却事由。很简单，这就涉及如何平衡《欧洲人权公约》第8条尊重个人私生活的权利与第10条表达自由的权利：

> 隐私权是侵犯隐私之诉的核心，其必须与媒体向公众传递信息的权利进行平衡。同样，媒体向公众传递信息的权利必须与尊重私人生活之间取得平衡。①

在权衡这两种权利时，黑尔女男爵没有对其中任何一种权利表示支持。"笼统地讲，这就是一位名人跟一份挖掘名人信息的小报之间的对抗。"② 这也就解释了为何即使多数法官站在坎贝尔一边，损害赔偿额也很低。影响多数法官的似乎是，一个正在从毒瘾中恢复的人非常脆弱，她需要她可以得到的所有帮助。在这个脆弱时间，有关她正在接受治疗的报道可能让她感到特别痛苦。这个消息也没有什么公共利益可言，因此隐私保护的权利战胜了言论自由的权利。

---

① At (112).
② At (143).

衡平法救济的主要缺点与衡平法上法院可以提供的救济措施有关。法院主要的救济措施还是禁为令。如果有保护公共利益的必要，法院通常会发出禁为令，阻止泄露私密信息的行为。[1]但这仅仅在主体意识到有隐私泄露的风险时才有用，在那些信息已经被公开的场合，这就毫无助益。传统观点认为衡平法上无法获得损害赔偿。但是，上诉法院在科尼利厄斯诉德塔兰托一案[2]中支持了对泄露隐私要求赔偿的请求，当然上议院在坎贝尔一案中也做了类似的判决。但是这两个案例的赔偿数额都不大。如果泄露个人隐私的侵权责任人因此获益，他可能为此承担返还不当得利的责任。[3]

1.4 私密信息所有权

有人可能主张患者对自己的医学信息享有所有权，因此如果该信息被泄露给他人，患者就可以提起侵犯所有权之诉。但是在源信息技术有限公司案[4]中，上诉法院没有支持患者对自己医疗信息享有所有权的主张。的确，普遍的观点似乎是国民医疗服务体系信托机构对其员工制作的信息记录享有所有权。因此该信托机构（而不是其员工）可以控制该信息的访问权限。虽然如此，但在马丁案[5]中，法院强调不能仅仅因为对某信息记录享有所有权，所有权人就有权任意处置该信息。

1.5 刑法

长期以来，法律不承认信息是可以被窃取的财产。[6]但是一张记录有医学报告的纸就是财产。因此一位医生将记录有医疗信息的纸或一张X线片交给记者，医生就可能犯有盗窃罪，不是盗窃信息，而是盗窃载有信息的纸张等载体。如果医生打电话告诉记者报告上的这些医学信息，他就不会被认定为盗窃罪。1990年《反滥用计算机法》（The Computer Misuse Act，1990）也将黑客袭击数据库获取私密信息的行为认定为犯罪。值得注意的是，根据该法之规定，那些对数据库的部分内容有

---

[1] *W v Egdell* (1990) 1 All ER 835.
[2] *Cornelius v de Taranto* (2001) 68 BMLR 62.
[3] *Blake v Attorney-General* (2003) 1 WLR 625.
[4] *R v Department of Health ex p Source Informatics Ltd* (2000) 1 All ER 786.
[5] *R v Mid Glamorgan FHSA ex p Martin* [1995] 1 All ER 356.
[6] *Oxford v Moss* (1978) 68 Cr App R 183.

访问权限的雇员擅自打开无访问权限的部分,也会被认定为犯罪。① 所以,如果医生进入他所在医院的数据库,窃取不是他患者的某位名人的信息,也会被认定为犯罪。

1.6 人权

第一章讨论的《人权法》以两种方式影响着法律。它可以用来指导对成文法的解释或者完善普通法。此外它本身也可以作为当事人的请求权基础。

1.6.1 对成文法和普通法的解释

《欧洲人权公约》第 8 条在保护尊重个人私生活及家庭生活的权利的同时,也保护个人私密信息。② 正如欧洲人权法院在 Z 诉芬兰案③中解释的那样:

> 对个人信息,尤其是医学信息的保护,对于个人能够享有公约第 8 条所保护的尊重个人私生活及家庭生活的权利,特别重要。……没有这些保护,那些需要医学帮助的人可能就不敢告诉医生自己的私密信息(即使这些隐私信息是医生给予患者适当治疗所必需的),甚至不敢寻求医生的帮助,直接威胁个人健康。如果患者患有传染病,就会威胁整个社群的健康。

第 8 条要求各国采取积极行动确保医学私密信息受到保护。④

根据《人权法》之规定,法院在解释成文法或者普通法时,应当尽可能地与第 8 条规定的保护私密信息的要求保持一致。事实上,在坎贝尔案中,我们可以发现,上议院正是根据《欧洲人权公约》确定保密义务的范围,并致力于在个人隐私权以及表达自由之间寻求平衡。根据第 8 条第 2 款之规定,"如果为了国家安全、公共安全以及国家的经济利益,为了预防骚乱和犯罪,为了保护健康和道德,或者是为了保护他人的权利和自由的目的有必要"披露个人的私密信息,法律才允许披露个人信息。这为个人隐私权提供了一个更强保护。首先,"必要"一词,意味着披露个人信息的理由不仅是合理的或是便利的,还有紧迫性社会公义的要求。

---

① *R v Bow Street Metropolitan Stipendiary Magistrate ex p Government of the USA* [2000] 2 AC 216.

② Phillipson (2003). See further Wicks (2007:Chap 6).

③ *Z v Finland* Application no. 22009/93 (1998) 25 EHRR 371, paras 95-6. Approved in *Szuluk v UK* (2009) 108 BMLR 190.

④ *I v Finland* (2009) 48 EHRR 31.

其次，欧洲人权法院对该条款的解释强调了适当性的概念。换言之，隐私受到侵扰的程度必须是保护相对利益所需的最低程度。也即，即使出于保护公共卫生利益的目的，可能有理由知晓某人医疗记录的部分私密信息，但也没有充分理由将其全部公开。在 Re C（儿童）案①中，一位精神科医生为了保护自己免受公共场所玩忽职守的指控，想要透露患者的隐私信息。法院判定，泄露高度隐私的信息与他保护自己声誉的愿望不具有适当性。

在 Z 诉芬兰案②中，丈夫被指控犯罪。检察机关需要确定他何时知晓自己 HIV 病毒检测呈阳性。为此目的，警察查看了他妻子的病历。该妻子以人权被侵害为由向欧洲人权法院起诉，但她未能成功。该判决给了我们几点启示。第一，法院认为，医学信息在敏感性上存在差异，有关个人是否携带 HIV 病毒状态的信息敏感性更高。言外之意是信息越私密，敏感性越高，那么与之相对抗的公共利益就必须更重要，才能为披露该信息提供充分理由。第二，法院认为，一项严重罪名的刑事指控是检查他妻子病历的充分理由，但这并不意味着可以将她的病历公之于众。在审判过程中，可以在不侵犯她的私生活权利的前提下获得相应证据。换言之，泄露她隐私的程度违反了比例原则。

在 MS 诉瑞典案③中，申请人申请从社会保险中获得工伤赔偿。社会保险局查阅了她的医疗档案，包括她由于工伤造成的堕胎。法院认为这并未侵犯她根据第 8 条之规定所享有的权利：核实事实是查看她的隐私信息的合理理由。检查中也要求履职人员遵守保密义务。法院注意到了一点，她想要申请工伤保险赔偿，就必须向这些官员公开她的健康状况。

1.6.2　1998 年《人权法》规定的救济措施

《人权法》第 7 条允许个人向侵犯了他们受公约保护的权利的公共机关提起诉讼。但该法不允许个人向个人提起诉讼。第 8 条允许法院判给损害赔偿金，或者判给其认为公正及恰当的救济金。

1.7　成文法上的义务

部分成文法明确规定了有关保护隐私信息的特定义务。1998 年《数据保护法》

---

① *Re C*（*A Child*）[2015] EWFC 79.
② *Z v Finland* Application no. 22009/93（1998）25 EHRR 371.
③ *MS v Sweden* Application no. 20837/92（1997）45 BMLR 1.

(*Data Protection Act*，1998）是最重要的一部。其他的成文法及法律文件也规定了在特定情况下的保密义务。① 例如，医生未经患者的明确同意，不得泄露有关患者进入生育诊所②或者泌尿生殖医学诊所③甚至是全科医生诊所的信息。

1.8 医生的职业惩戒程序

除法律之外，各种医疗卫生职业团体也制定了关于保密义务的指导原则，包括英国医师协会④、英国医学委员会⑤以及护士和助产士理事会⑥。国民医疗服务体系也颁布了自己的有关保密义务的准则。⑦ 对医生而言，这些指导原则比法律更清晰，也更易理解。毫无疑问，绝大多数医生不会试图去理解法律规定，只是保证自己遵循了相关职业指导原则。他们认为，只要遵循了这些原则就不会违法。这种观点有一定的合理性。值得注意的是，法院在判断行为是否违法时，偶尔也会依据这些职业指导原则。⑧

现在我们将介绍两个最重要的指导原则。

1.8.1 英国医学委员会

英国医学委员会颁布的指南也强调了尊重个人隐私的重要性。⑨ 该指南开篇即规定了八项基本原则：

只使用必要的个人信息。在符合目标且可行的情形下，使用匿名资料。

管理和保护信息。确保您管理控制的任何个人信息在任何时候都得到有效保护，防止不当访问、泄露或丢失。

---

① Eg NHS Trusts and Primary Care Trusts (Sexually Transmitted Diseases) Directions 2000.
② Human Fertilisation and Embryology Act 1990, as amended by Human Fertilisation Embryology (Disclosure of Information) Act 1992.
③ National Health Service (Venereal Diseases) Regulations 1974, SI 1974/29.
④ BMA (2004).
⑤ GMC (2009).
⑥ Nursing and Midwifery Council (2009).
⑦ DoH (2003a).
⑧ *Re C* [1996] 1 FCR 605; *W v Egdell* [1990] 1 All ER 835; *Lewis v Secretary of State for Health* [2008] EWHC 2196.
⑨ GMC (2017).

有责任意识。对信息管理做出与自己角色相符的理解,并与时俱进。

遵守法律。确保依法处理个人信息。

除非患者反对,否则按照本指南的原则**共享与直接医疗服务相关的信息**。

除非法律明确规定或符合公共利益,否则在除医疗服务或本地临床、审计以外的目的下披露可识别的患者资料,须征得**明确同意**。

当需要披露患者信息且患者无法预料时,**告知患者**,或者向患者核实他们是否收到了有关披露信息的通知,除非这是不可行的或会破坏披露的目的。记录下你是否披露信息的决定。

支持患者获取自己的信息。尊重并帮助患者行使他们的合法权利,让他们知道他们的信息将如何使用,帮助他们获得或复制他们的健康记录。

该指南还列出了可以披露信息的五种情况:

a. 出于自身治疗或当地临床审计工作的需要,患者通过明确或暗示的方式表达了同意。

b. 患者已明确同意愿为其他目的披露个人信息。

c. 对于缺乏同意能力的患者来说,披露是完全有益的。

d. 披露是法律要求的,或经法定程序许可或已获得批准的,此时可以暂时搁置普通法上的保密义务。

e. 披露该信息符合公共利益。

1.8.2 国民医疗服务体系的指导原则

卫生和社会保障部为充分保护患者私密信息颁布了相关业务守则。该指导原则的核心内容如下:

在治疗过程中,患者委托我们或者允许我们收集有关他们健康及其他事项的部分敏感信息。他们私下将这些信息告诉我们,因此,他们有合理期待我们的员工能够尊重他们的隐私并且据此行动。在某些情况下,患者可能缺乏相应意思能力,或者可能处于无意识状态,但这并不减损我们的保密义务。如果满足了法律要求并且取得了患者的信任,由国民医疗服务体系提供信息保密服务似乎就十分必要。本文件后面的内容进一步详细规定了隐私保密服务包括的内容，但是一个关键性的指导原则是医疗服务机构制作患者的健康病历，主要为了支持患者的医疗服务。①

该《业务守则》明确规定保密义务不仅仅适用于医生，也适用于以下机构或人员：

- 国民医疗服务体系所有机构以及那些以国民医疗服务体系名义开展工作的机构对患者隐私都负有普通法上的保密义务以及支持医学伦理上隐私保密标准的义务；
- 每一个为国民医疗服务体系工作或者和国民医疗服务体系一起共事的人，只要他们记录、处理、储存或者偶然接触这些信息，他们就对患者及其雇主负有普通法上的保密义务。这一点也同样适用于医学生、实习生，以及医疗机构工作的临时工；
- 根据职业规范的规定，在考虑是否应当披露某人信息前，医生负有保密的道德义务，包括要特别重视患者的健康需求及其意愿；
- 合法获得相关医疗信息的其他个人及机构仅能够在授权范围内按特定目的在特定条件下使用该信息。②

1.9 对现行法的评价

必须承认，这一领域的法律乏善可陈。调整该问题的先例很少，并且有很多部门法都涉及这一领域。但是，我们可以就此作出几点说明，以打消读者的疑惑。第一，如上所述，医疗机构已经制定了相关指南对隐私保密义务做了明确规定，并且法院很有可能在存有疑惑时确保法律规定和职业指南的规定保持一致。第二，法院已经表明，在考虑隐私保护的法律问题时，无论隐私保密义务被认为是源自合同、侵权还是衡平法，保密义务的范围并无二致。③ 第三，案例法的稀缺意味着该领域可能不需要清晰明确的法律规定。医生的职业责任似乎已足够保护患者的隐私。但是，也许正是因为缺乏清晰法律规则而阻碍了患者提起法律诉讼。

---

① DoH（2003a：7）.
② DoH（2003a：4.1）.
③ Montgomery（2003：262）.

现实考察

实践中的隐私保密义务

如上所述，理论上法律将严肃处理违反保密义务的行为，但在现实中，隐私保护情况如何呢？

戴维·斯通（David Stone）认为："许多观察家认为，在实践层面，和遵守保密义务时相比，在违反这一义务时，由患者私密信息产生的权利义务能获得更多的尊重。"① 诚如斯言，有很多人能够接触到患者的这些信息，因此，这些信息实际上不应被称为私人信息。有学者曾指出，在一家大学附属医院里，至少有25名医务工作者，加上行政管理人员很可能会有100人会接触到一个患者的治疗信息。② 但是许多人都不反对这种使用信息的做法。

更可能引发公众担心的是下列这种普通情况：

在一次高尔夫比赛中，一位牙医和一名全科医生发现他们俩有一位共同的患者。这名全科医生将患者曾经堕胎的情况告诉了牙医，牙医告诉了他的妻子，他妻子又告诉了一个朋友。最后这个朋友向该患者提起了这件事。③

这就是许多患者担心的个人信息在社交圈里的泄露④。另一种引起媒体愤怒的情形是在垃圾桶里或者在大街上寻找含有个人隐私的病例报告。⑤

有趣的是，在一项调查中，被调查者似乎不担心医生看他们的病例报告，但他们不愿意由接待员⑥接收他们的病例报告。⑦

英国《观察家报》的一项调查揭露了违反保密义务引发的一些困扰：⑧

---

① Stone（2001：132）.
② Gillon（1968：109）.
③ BMA（2004：167）.
④ Siegler（1982）.
⑤ 参见 BBC News online（9 December 2003）.
⑥ 在英国，诊所接待员是为到医院就诊的患者提供服务的第一人，主要是核对预约就诊信息，登记，为患者指示方向等，他也可能参与诊所部分行政工作。——译者注
⑦ NHS Information Authority（2002：6）.
⑧ Browne（2000）.

- 社区服务机构从一名68岁男士的病例中发现他是一名同性恋,拒绝为他在社区照顾中心安排床位。
- 一名男士受公司委派对当地卫生机构进行审计。审计过程中,他发现自己的外甥女曾秘密堕胎,随即将这一情况告诉了外甥女的父母,而这两位都是虔诚的宗教信徒。
- 一名全科医生向某雇主提交了自己接诊的一位女性患者的病例,病例中记载了她曾患有精神疾病。随后,该女士被解雇。
- 一名议员收到了自己选区的一位选民的医疗档案。该选民一直不知道,直到该议员将该档案交还给她时她才发现。

研究[1]发现,每年约有2500起泄密事件,其中包括:
- 50例个人数据被发布在社交媒体上的案件;
- 103例资料遗失或被盗的案件;
- 251例与第三方不当共享数据案件;
- 236例通过电子邮件、信件或传真共享数据案件。

国民医疗服务体系对待私密信息的态度似乎正在发生改变。国民医疗服务体系也提到了有必要创造一个尊重私密信息的文化。[2] 但是,至少还有传闻说,人们经常听到医生在火车上[3]、宴会上[4]以及电梯里[5]讨论患者的治疗问题。有意思的是,《国民医疗服务体系保密义务准则》已经注意到这一问题,规则制定者认为有必要规定禁止医生在公共场合讨论患者私密信息。[6]

最后一点:在医院里,医生诊断都发生在仅有很薄的布帘相隔的病房中。这些布帘貌似保护了隐私,但人们很难相信,这些布帘能够真正确保医生和患者之间的谈话不被偷听。

---

[1] BBC News online (2014a).
[2] NHS Information Authority (2002:6).
[3] Hendricks (2003).
[4] Weiss (1982).
[5] Vigod, Bell, and Bohnen (2003).
[6] DoH (2003a).

2. 违反保密义务

一般来说，除非有正当理由，否则向他人泄露个人信息就违反保密义务。我们将在本章第三节讨论可能的正当理由，但我们将先讨论如下两种情形，披露信息并没有违反保密义务的情况。

2.1 信息不再是私密信息

即使被告承认这些信息本质上是私密信息，他也可能主张该信息丧失了私密性。已经公开的信息就不再具备私密性。因此，如果患者已经向媒体公开了他的疾病，随后医生透露了同样的信息，那么患者就不能指责医生违反了保密义务。[①] 在坎贝尔案[②]中，既然坎贝尔已经告知公众她没有吸毒，那么就可以认为坎贝尔已经让渡了有关她吸毒的部分信息，使其不再属于私密信息。但是正如该案所示，不能仅仅因为公众知晓了某人疾病的部分信息，就意味着其他人可以自由泄露有关该当事人这一疾病及治疗的其他信息。在斯通案[③]中，一名谋杀犯被定罪量刑，他也因此进入了公众视野，因此法律对他的医疗信息隐私权的保护也被削弱。

2.2 不违反保密义务的信息泄露

即使被告承认存在泄露私密信息的事实，但他可能主张，他这么做并未违反保密义务。这一主张主要依据以下两点：

（1）同意。显而易见，如果患者乐意将信息公之于众，那就没有违反保密义务的问题。[④] 例如，丈夫可能会要求医生和他的妻子一起讨论他的疾病。患者应当知晓信息被透露的范围、目的以及可能的结果。[⑤]

[①] 另请参见 *Douglas v Hello*! [2001] 1 WLR 992。
[②] *Campbell v MGN* [2004] UKHL 22。
[③] *Stone v South East Strategic Health Authority* [2006] EWHC 1668（Admin）。
[④] In *R (Servier) v NICE* [2009] EWHC 281（Admin）英国卫生和保健研究所想要透露一些隐私信息给第三人，法院判定该研究所在未获得信息提供者的同意前透露这些信息，违反了保密义务。
[⑤] GMC（2009：34）。

（2）在一个极富争议的判决中，法院认为以匿名形式透露私密信息并未违反保密义务。① 该判决值得进一步的探讨。

重点案例

源信息技术有限公司案②

源信息技术有限公司的主要业务是将患者的医疗信息卖给制药公司。他们做了一个工作方案，按照该方案，全科医生和药剂师将向他们提供为患者所开的处方药的信息。这些信息包括医生的姓名、开具的药物名称以及用量。患者的姓名在所提供的信息中被删除了。全科医生和药剂师因此可以获得一小笔报酬。卫生和社会保障部颁布的指导原则规定，提供这些信息（即使在这些信息中删除了患者的姓名）违反了医生对患者的保密义务。源信息技术有限公司就卫生和社会保障部的指导原则请求司法审查。上诉法院认为即使患者没有同意将他们的医疗信息提供给他人，但由于该信息是匿名的，并不构成对私密信息保密义务的违反。患者对处方或处方中的信息不享有所有权。

以下是该判决中的关键段落：

> 信息接收方对信息提供方负有诚实守信的义务。法官在判断该义务的范围以及接收方是否违反了这一义务时，依据的只是接受方自己的良心，除此之外，再无其他。因此基于本案事实，有人会问，一个理性的药剂师的良知是否会为此行为受到良心上的困扰呢？他会认为参加源信息科技有限公司的方案违反了他对顾客的保密义务吗？是昧着良心使用患者提供的信息吗？③

很明显，上诉法院对该问题的回答是否定的。由于不存在可识别的信息，患者私密信息并未遭到侵犯，因此医生以及药剂师的行为并未违反保密义务。

---

① 也见 *Department of Health v Information Commissioner* [2011] EWHC 1430 (Admin)。该案中，卫生和社会保障部被要求提供堕胎的匿名数据。由于这些数据是匿名信息，因此该信息就不是"个人数据"，应当根据 2000 年《信息自由法》（Freedom of Information Act 2000）予以透露。

② *R v Department of Health ex p Source Informatics Ltd* [2001] QB 424 (CA)。

③ Simon Brown LJ, at para 31.

源信息科技有限公司一案的判决极富争议。这里有必要区分两个问题。第一是泄露匿名信息是否违反了保密义务。第二是泄露这些信息是否是保护公共利益或者为医学研究之目的所必需。① 对该案的争论主要围绕第一个问题展开。上诉法院的态度是，因为无人知晓这是谁的医疗信息，因而不存在伤害、没有侵犯患者隐私，也就没有过错。② 但是，这一观点存有争议。如果一家报纸未经当事人的同意刊登了其裸照，尽管人像脸部作了模糊处理，不会被识别出来，但是当事人仍会感觉遭到了伤害，即使没人知道人像就是当事人本人。当事人的隐私遭到了侵犯，即使除了本人以外没有人意识到，那么，对个人医疗信息而言，这一主张仍然成立吗？此外，也有观点认为，法院的判决似乎表明只有在某人受有损失或对某人不公的情况下，泄露私密信息才是错误的，而没有将违反保密义务视为一种显而易见的过错，只有具有充分的正当理由才能泄露私密信息。该判决因此遭到了批评。③

上诉法院认为，如果患者的医疗信息经过匿名处理，民众不会反对他们的医疗信息被他人使用。这种观点值得商榷。事实上，相关调查结果呈现出一个复杂局面。有些调查表明大众对此并不反对，但另一些调查呈现出相反的结果。④ 对于反对将个人医学信息用于某个研究的人，该判决也未给他们提供其他选择。从道德上讲，部分群体可能强烈排斥避孕研究或者动物研究，但他们没有能力阻止医生在医学研究中使用他们的病历资料。⑤ 以这样的方式使用某人的信息也会（间接地）伤害他们。比如说，他们的匿名信息可能会表明一个特定种族或者文化种群的人更易患某种疾病，这类发现可能会对他们种族或种群的所有成员造成不利影响，例如，会使他们很难获得抵押权。⑥ 此外，人们可能会问，鉴于政府以及其他数据库中有涉及个人的海量信息，这种匿名处理的信息真的安全吗？⑦

---

① Taylor（2011）进一步讨论了研究数据的使用。
② O'Neill（2003）and Warnock（1998）。
③ Mason and Laurie（2006：280）。对1998年《数据保护法》（Data Protection Act 1998）解释的批判，参见 Beyleveld and Histed（2000）。
④ Willison 等（2003）的研究发现，患者不能区别可识别信息和匿名信息。但是 NHS Information Authority（2002）发现如果这些信息已经作了匿名化处理，患者接受医生可以在不征得他们同意的情况下直接处理。
⑤ Chester（2003）。
⑥ Gostin（1995：521）。
⑦ Gellman（2010）。

有人认为，那些只有患者住址的邮政编码而没有姓名的信息属于匿名信息。①如果某项研究旨在论证在本国的某个地区某些疾病是否更加流行，那么邮政编码的信息就非常有用。但也有人认为，在知道邮政编码以及其他一些少量健康信息的情形下，就可以很容易识别出患者的身份。②批评者则回应道，从这些海量的研究数据中识别某个人的身份，这担忧完全是杞人忧天。

源信息技术有限公司一案判决的基本特点是，它将关注焦点从对私密信息的保护转到对私密信息的合理使用上。只要使用者能够表明他们是本着诚信原则使用这些个人信息，他们就没有违反隐私保密义务。这种从对患者隐私的保护到关注使用者道德良心的转变非常重要。③我们甚至可以认为，该判决将本应由使用者承担的证明责任（表明他们有正当理由使用个人私密信息）转移到患者之上（要求患者证明这种使用违背了诚信原则）。因此，该判决的潜在影响巨大。但是，传统观点——人们有权获得隐私保护的权利——仍然是现有医生职业指导原则的基础，并且仍必须遵守《数据保护法》的规定。④而且，霍夫曼勋爵在坎贝尔案⑤中强调，有关私密信息保护法律的基础是个人隐私权和自主权，这种观点和源信息技术有限公司案提出的观点完全不同。

那些热衷于强调保密义务重要性的人可以尽力对源信息技术有限公司一案的判决做一些更合理的解释。卫生和社会保障部的指导原则规定如果要泄露患者的信息，则该信息应尽可能匿名化。⑥现在，准备透露患者个人医疗信息的人必须首先证明，有充足理由这么做。其次要证明为什么不能将这些信息匿名之后再透露。这一点在采集患者信息用于医学研究的领域特别重要。人们可能认为，大多数医学研究中，匿名信息都能满足研究需要。但是，为了研究目的而使用匿名数据也有困难，因为我们很难确保这些匿名数据中没有复制样本。⑦

---

① GMC（2009）认为匿名信息一定不能包含完整的邮政编码。与中国不同，英国大部分邮政编码更加细化，有些甚至可以细化到一条街道。由于部分地区人口不多，因此，一条街道可能会少至只有十来户人家。——译者注

② Chester（2003）.

③ 参见 the discussion in Laurie（2002：224）。

④ Laurie（2002：228）.

⑤ *Campbell v MGN* [2004] UKHL 22, para 51.

⑥ DoH（2004b：4.5）.

⑦ Chalmers and Muir（2003）.

3. 泄露私密信息的正当理由

如果已经认定确实存在泄露私密信息的行为，被告可能还会主张该泄露有正当理由。在下列情况下，法律允许泄露私密信息。

3.1 同意

如前所述，如果患者已经同意公开自己的信息，那么就没有违反保密义务的问题。事实上，患者很少会被问及是否同意他人查看自己的医疗信息。因为通常情况下，医生依据的是默示同意规则。① 如果患者同意全科医生将他们转诊至顾问医师处，尽管他们并没有明确表示同意将个人病史告知顾问医师，但他们已经默许了这种行为。② "默示同意"可以授权大量医务人员使用这些信息。③ 因此，更通俗地说，在一般的医学实践中，患者将自己的信息提供给医生可推定他们同意将自己的信息提供给医疗系统的其他人。④ 英国医学委员会的指导原则规定如下：

> 大多数患者理解医疗团队分享他们的病历资料以便提供直接医疗服务的做法。除非患者拒绝，否则您应向为患者提供直接医疗服务或为其提供支持的工作人员分享相关信息。⑤

将默示同意规则适用于大范围的医务工作者的困难在于，该规则推定患者知道医生会分享他们的信息。⑥ 尽管实际治疗患者的医生之间互相分享信息是合理的，但这一理由也用于证明 2002 年《卫生服务（患者信息控制）规则》中相关规定的合理性，即允许医生因为研究需要使用匿名信息。⑦ 认为患者也"同意"医生这样使

---

① BMA（2004：177）。
② 但是，顾问医师不应违背患者意愿将患者的报告交给全科医生。*Birmingham CC v O*［1983］1 All ER 497.
③ BMA（2004：180）。
④ Information Commissioner（2002）. 全科医生对这一观点的反对意见，参见 Cole（2009）。
⑤ GMC（2017：27）。
⑥ The Royal College of General Practitioners（2000：1）. 对医学实践对默示同意的依赖提出了担忧。
⑦ Health Service（Control of Patient Information）Regulations 2002. 更详细的讨论参见 Taylor（2015）。

用信息，这难道不是一种假象吗？当透露患者信息不是为了直接的治疗目的，而是为了便于管理者对医院的日常经营时，认为患者默许他们这样使用自己的个人信息，这绝对是谬误。同样，如果默示同意规则是这些制度的基础，这是否意味着对于那些明确表示不愿让自己的医生之外的其他人看到自己资料的患者，必须尊重他们的意愿呢？

有关默示同意规则的这种担心，会引导我们从两个方面进行思考。

(1) 我们应当继续承认当事人同意是透露其个人信息的正当理由，但我们需要确保患者知晓个人信息将在何种程度上在国民医疗服务体系内使用，并且应当让他们有机会对某些使用方式表示反对。如果他们提出了反对，就必须尊重他们的意愿。英国医学委员会接受了这种观点。其有关临床审计的指导原则解释说：

> 如果审计是由为患者提供医疗服务的医疗团队或者那些支持他们工作的人员进行的，比如临床审计人员，且使用匿名信息无法实现工作目标，那么您可以基于默示同意向其提供患者的可识别信息，只要能够证明患者：
>
> (a) 已经知道为了临床审计目的，他们的个人资料将会被透露给相关工作人员，且他们有权利拒绝；
>
> 但
>
> (b) 没有拒绝。[①]

(2) 另一种观点（我们将在下文讨论）是，不应使用法律批判的默示同意规则，应将把患者医疗信息提供给医疗系统内部人员的行为解释为是基于公共利益的需要。

对于患者需要什么信息才能做出有效的同意，相关的指导规定较少。法院很有可能会遵循关于同意的一般规则，只要求患者从广义上理解要用他们的信息做什么，而不需要了解细节。[②] 因此，只要患者能够理解负责其治疗的医疗护理人员会使用他们的信息就够了，他们不需要确切地知道谁会使用这些信息。

3.2 "医院的正常运转"

现代医院中，患者的医疗信息被多人分享。医院中的会计、监管及科研群体都

---

① GMC (2017: 96).
② Chico and Taylor (2018).

可能接触患者的私密信息。① 由于国民医疗服务体系内部工作人员分享患者信息是现代国家医疗系统正常运转的必要保障，突破医患之间的保密义务不可避免，因此具有正当理由。② 可以说，即使患者反对，公共政策也为透露患者私密信息提供了正当理由。按照《欧洲人权公约》第8条的规定，由于第8条第2款规定的国家利益需要，因此有正当理由干涉患者享有的第8条第1款规定的权利。

现行法中找不到太多支持这种观点的理据。在源信息技术有限公司一案③中，上诉法院法官西蒙·布朗（Simon Brown）认为，为了国民医疗服务体系的合法目的使用患者私密信息是合法的，即使这样做违背了患者意愿。但是，他并未解释这是因为此处不存在对私密信息的泄露，还是因为公共利益为透露这些信息提供了正当理由。在金融法中也存在一些案例，承认只要是银行正常运转需要而在机构内分享客户的私密信息，那么这些信息就可以在该银行范围内使用。④

3.3 有严重伤害他人的危险

有严重伤害他人的危险也是透露私密信息的一个正当理由。⑤ 很少有案例涉及这一正当理由，因此我们很难准确描述这方面的法律。设立这种例外情形的一个显而易见的解释是，保护无辜、善意的人免受伤害符合公共利益，其权重超过了保护私密信息的公共利益。⑥ 另一种说法是基于衡平法上的一个原则，即求助于衡平法者自身必须清白。如果患者会对他人构成危险，那么他就不会受到有关隐私法律的保护。但是衡平法的原则是基于道德建立的，因而不能解释一个没有任何错误的患者为何会因对他人造成威胁，从而失去法律的保护。因此，一个明显的、最受欢迎的解释是，要在尊重隐私和保护某人免受死亡或者严重伤害之间做出选择，医生必须选择后者。所以，这一例外情形在绝大多数伦理学家⑦、执业医生或者公众之间并无太多争议。⑧

但存有争议的是，不公布某私密信息可能对他人造成何种程度的严重伤害时才

---

① DoH (1996a: para 1.2).
② BMA (2004: 180).
③ *R v Department of Health exp Source Informatics Ltd* [2000] 1 All ER 786.
④ *Tournier v National Provincial and Union Bank of England* [1924] 1 KB 461.
⑤ Kipnis (2006) 以伦理为由对这一主张提出了反对，Bozzo (2018) 对此做了回应。
⑥ *Saha v GMC* [2009] EWHC 1907.
⑦ Morgan (2001: 166) 认为很少会出现有严重伤害他人危险的情况。
⑧ Jones (2003).

足以使透露行为具备正当性。英国医学委员会认为,必须有严重伤害的重大危险。①他们列举了以下的例子:"当患者不适合开车或已被诊断出患有严重的传染病,或已经不适合工作,对他人构成严重风险"。卫生和社会保障部的指导原则规定:

> 谋杀、过失杀人、强奸、叛国、绑架、虐待儿童或者其他一些有可能让人遭受严重伤害的案件都是透露私密信息的正当理由。对国家安全或者公共秩序的严重威胁以及涉及重大经济利益或损失的犯罪也属于这种情形。相反,盗窃、欺诈或财产损失不大的情形,就不是透露私密信息的正当理由。②

国民医疗服务体系的指南规定透露患者私密信息的正当理由必须是对他人有造成严重伤害的危险,而不是对患者自己。③ 英国医师协会的指导原则规定,有受到攻击的危险或发生道路交通事故的风险就构成透露患者私密信息的正当理由,但如果仅仅是经济上的损失,就不是。④ 但是,其继续指出,人身伤害危险和财产损失危险之间的界限并不那么泾渭分明。对国民医疗服务体系的严重欺诈会导致患者的治疗迟延,也可以归为有造成身体伤害的危险。

正如英国医师协会指出的那样,问题的关键在于,除非法院对该事件进行了审理,否则医生很难知晓这种伤害危险是否足以使透露隐私的行为具有正当性。这样,医生很容易成为"众矢之的"。⑤ 也许最有用的指导来自英国医学委员会,他们列出了需要权衡的因素:

(1) 披露信息对患者造成的潜在伤害或痛苦——例如,就他们未来配合治疗和他们的整体健康而言;

(2) 对医生普遍信任的潜在危害——例如,人们是否普遍认为,医生会在未经同意的情况下随意披露患者信息;

(3) 如果不公开信息,对其他人(无论是对某个人或某些人,还是对更广泛的公众)的潜在伤害;

(4) 披露信息对个人或社会产生的潜在利益;

(5) 所披露信息的性质以及相关患者的意见;

---

① GMC (2009). BMA (2004:190) 指出,严重伤害包括心理伤害。
② DoH (2004b:11).
③ DoH (2010).
④ BMA (2004:190).
⑤ Ibid.

（6）在不侵犯患者隐私的情况下，是否可以避免损害或获得利益，如果不能，最小的损害是什么。①

该指南随后指出："如果您认为不披露这些信息会使个人或社会面临严重风险，这比为患者保密这一公共利益更重要，您就应该及时向适当的个人或机构披露相关信息。"

这一例外情形的先例如下。

重点案例

W 诉艾格戴尔案②

在一起极端暴力致五人死亡的案件中，W被判犯有过失致人死亡罪。根据1983年《心理卫生法》的规定，他被一家精神病院收容。精神卫生复核法庭要求艾格戴尔（Egdell）医生准备一份报告，评估是否应当释放W。他的报告表明W极其危险。报告指出，为W提供治疗的那些人似乎并没有认识到W的危险性，尤其是W对烈性炸药的兴趣。当W的沙律师看到这一报告后，决定放弃向精神卫生复核法庭提出的申请。艾格戴尔医生想将该份报告同时提交给内政部以及为W提供医疗服务的精神病院的医疗主任。W提出申请，要求该医生不得披露该报告的内容。上诉法院认为，将这份报告的内容告诉内政部及精神病院的医疗主任正当合法。内政部以及医院的医务人员之前并不知道W的危险性，保护公共利益是透露该信息的正当理由。当确实存在有严重伤害他人的真实危险时，披露患者私密信息就是合法的。

值得重视的是，上诉法院法官宾厄姆强调，法院不是说不应保护W的隐私："艾格戴尔医生没有合法理由将这些信息出售给一家报纸……他也不能在遵守法律或职业守则的前提下，在一篇学术文章中，在他的自传中，或在和朋友的交流中讨论这个案例，除非他采取恰当的方式隐瞒了W的身份。"③

---

① GMC (2017: para. 68).
② *W v Egdell* [1990] 1 ALL ER 835.
③ At [841].

这一判决说明，在适用对他人有死亡或者严重伤害危险这一正当理由披露患者私密信息时，有一些重要限制：

（1）必须证明不披露该信息对公众有造成严重伤害的现实危险。该危险必须是对受害者造成严重伤害的危险。同时，该危险必须有非常大的现实可能性，不仅仅是想象的损害。

（2）该危险必须是正在发生的危险。[①] 如果仅在过去有伤害公众的危险，这种危险还不够严重。[②]

（3）公开该信息的对象必须是与该事件有利害关系的适格人选。在W诉艾格戴尔案中，上诉法院支持将患者的信息透露给医院以及内政部。但是将该信息向新闻媒体工作人员公开就很可能被视为违法。也有案例表明，有时将信息向公众公开也是适当的（例如一个危险的患者从精神病院逃走）。将私密信息向诸如英国医学委员会这样的职业监管机构公开也是允许的，只要这样做对于帮助职业监管机构确保公众不会受到医生不当行为的伤害具有必要性。[③]

（4）透露任何私密信息都必须限制在为保护公共利益的最低必要限度内。[④] 回到刚刚提到的那个例子，假如一个危险的患者从精神病院逃逸，尽管有正当理由告知公众该患者可能对某一特定人群（比如老年妇女）构成威胁，但这并不意味着可以将他所有的病史以及治疗细节都公之于众。但是，在斯通案[⑤]中，法院认为，只披露报告中谋杀罪罪犯的精神卫生健康状况的部分内容会产生误导，所以，应披露报告的全部内容。在萨哈案[⑥]中，要求将相关信息披露给英国医学委员会这一事实，就是认定披露私密信息之要求合法正当的关键所在。因为英国医学委员会这一机构将确保私密信息不被泄露。

如果患者已经告诉他的医生，他想杀害或严重伤害某人，医生对此保持缄默，法律的态度是什么呢？如果患者确实继续实施了杀害行为或者给他人造成了严重伤害，是否可以起诉医生？一个美国判例——塔拉索夫诉加州大学董事会案[⑦]讨论了该问题：

---

① *R v Harrison* [2000] WL 1026999. 法院认为医生没有义务对有关被告想要杀害他人的信息予以保密。另请参见 *R v Kennedy* [1999] 1 Cr App R 54.
② *Schering Chemicals v Falkman Ltd* [1981] 2 All ER 321.
③ *Re A (A Minor) (Disclosure of Medical Records to GMC)* [1999] 1 FCR 30; *Woolgar v Chief Constable of Sussex Police and UKCC* [1999] 1 LMLR 335.
④ *X v Y* [1988] 2 All ER 649.
⑤ *Stone v South East Strategic Health Authority* [2006] EWHC 1668 (Admin).
⑥ *Saha v GMC* [2009] EWHC 1907.
⑦ *Tarasoff v Regents of the University of California* (1976) 17 Cal 3d 358.

P在位于伯克利的加利福尼亚大学附属医院接受治疗。他告诉他的治疗师穆尔（Moore）医生，等他前女友塔蒂阿娜·塔拉索夫（Tatiana Tarasoff）度假回来，他就杀了她。医生将此情况告诉了警察，然后警察对P实施了拘留。但是在P承诺他不会伤害塔蒂阿娜后，警察释放了P。医生没有采取任何措施去警告塔蒂阿娜。结果P在塔蒂阿娜度假回来后杀死了她。加州最高法院的多数法官认为，摩尔医生对塔蒂阿娜负有注意义务。当医生知道他的患者会对他人构成严重暴力威胁时，他就对此负有注意义务，需采用合理手段保护可能的受害者，而穆尔医生并未这样做。该判决是否能被英格兰和威尔士遵循，尚不清楚。人们普遍认为，该判决不会被英格兰和威尔士遵循。① 这是因为，通常情况下，侵权法上，任何人不会因为第三方的行为负有法律责任。② 在帕尔默案③中，法院认为对某人实施治疗的医疗机构并不对该人所杀的其他人负有注意义务。法院给出的一个理由是医疗机构无法预见该患者将要杀死哪个人。这可能意味着如果该患者是对某个可识别的人构成危险的话，该案可能会有不同的判决。

3.4 对儿童的保护

与上文提及的例外情形相似，如果有证据表明该患者可能正在虐待儿童，那么医生可以透露患者的相关私密信息。④ 英国医学委员会认为，为了保护儿童免受虐待，医生不仅可以透露相关信息，而且必须这么做：

> 如果您认为儿童或青少年正遭到忽视或虐待，或有被虐待、被忽视的风险，您必须迅速向相关机构报告，比如当地的儿童服务署、英国全国防止虐待儿童协会（NSPCC）⑤或者警察局，除非透露这一信息不符合他们的最佳利益。您不一定要确定儿童或青少年已有遭受重大伤害的实质风险才这么做。在大多数案件中，如果儿童或青少年正遭受忽视或虐待，或有被虐待、被忽视的风险，不披露相关信息的结果造成的伤害远胜于向相关机构报告所造成的伤害。⑥

---

① Miers (1996); Morris and Ashead (1997).
② *Smith v Littlewoods* [1987] AC 241.
③ *Palmer v Tees Health Authority* [2000] PIQR 1.
④ *Re M* [1990] 1 All ER 205, 213. DoH (1999a: para 7.27).
⑤ 英文全称为 National Society for the Prevention of Cruelty to Children。——译者注
⑥ GMC (2012: 32).

第 8 条之规定也为这样做提供了正当理由。因为披露对于保护他人的利益（例如儿童的利益）具有必要性，干涉患者享有的第 8 条规定的权利就有正当合理理由。不仅如此，第 3 条对儿童权利的相关规定也要求国家能够保护儿童和弱势成年人免受虐待。①

3.5 协助警察调查

一般情况下，医生没有透露患者私密信息的义务，即使警察有要求时亦然。这多少有些让人吃惊。② 只有少数情形下，他们负有这一义务而且必须履行，比如，警察要求提供帮助识别被指控犯有交通肇事罪的司机的信息。③ 即使医生并未被特别要求，他们也负有向警察揭露恐怖活动嫌疑人的信息。④ 需要补充的是，医务工作者不应妨碍警察调查，但若能证明他们有合法理由（比如警察要求提供的信息是私密信息）拒绝回答警察的问题，他们的行为也不构成犯罪。⑤

尽管只是在有限的情形下，医生才有透露患者私密信息的义务，但还有一些情形，医生可以透露患者的私密信息。1998 年《犯罪与骚乱法》（*Crime and Disorder Act*, 1998）第 115 条允许医生将患者私密信息提供给警察局长及其他相关机构。但行使该权力的前提是得到了患者同意或者是为了维护重大公共利益。

英国医师协会以及卫生和社会保障部⑥建议，医生应当在满足以下所有条件后再考虑将信息透露给他人。

- 涉及严重犯罪（例如谋杀、过失杀人、强奸、劫持人质，危险驾驶致人死亡）。
- 若不公开相关信息，对犯罪行为的预防或者侦查会严重受阻或者遭受重大不利影响。
- 被透露的信息只能用于对被指控犯罪行为的侦查和控诉。
- 一经使用，任何被透露的信息材料都应当销毁。

---

① Choudhry and Herring (2006).
② *Sykes v DPP* [1962] AC 528, 564 (Lord Denning).
③ Road Traffic Act 1988, s. 172
④ Terrorism Act 2000, ss. 19 and 20.
⑤ *Rice v Connolly* [1966] 2 All ER 649.
⑥ BMA (2004: 23-4).

在尹尼秀服务公司诉普达利尔案①中，丹宁（Denning）勋爵似乎认为，法律允许披露涉及任何已实施的犯罪行为或者犯罪预谋的信息。如果确实如此，这就意味着，如果医生透露了涉及轻微犯罪行为的信息，其行为并不违法，但该行为违反了医生的业务守则。虽然如此，但在我们有进一步的指导规范前，我们尚不能肯定地说，这方面的法律就是这样的。

3.6 公众的讨论以及新闻出版自由

如果公开信息可以促进公众对该问题的讨论，有利于公共利益，那么这是违反保密义务的正当理由吗？以下两个案例充分揭示了这个问题：X诉Y案和H（医务人员）诉联合报业有限公司和N（卫生机构）案。

重点案例一

X诉Y案②

一家报社发现两位医生正在接受艾滋病治疗。医院向法院申请禁为令，制止该报社在报纸上登载此消息。该报社承认其获取该信息的渠道违反了保密义务，但其同时也主张公开此信息的重要性，因为它会引发公众对该问题的讨论。法院认为，应当将公共利益（不应和公众感兴趣的事项相混淆）和下列事项进行权衡：① 应当对医院病历予以保密的原则；② 医院员工不应将私密信息透露给报纸的公共利益（换言之，禁止发表可以阻止医院员工未来不再将他人的私密信息透露给报社）；③ 确保艾滋病患者可以到医院就医而不用担心他们的病情会被公之于众，这符合公共利益。综合考虑这些因素，法官总结道，报社不应登载此消息。法官指出，社会上对艾滋病问题已有广泛讨论，而本案的争议问题对现有讨论并无助益。

---

① *Initial Services Ltd v Putterill* [1968] 1 QB 396, 405.
② *X v Y* [1998] 2 ALL ER 649.

重点案例二

H（医务人员）诉联合报业有限公司和N（卫生机构）案①

H是一名医生，他被检测出HIV阳性。卫生机构（N）提议告知他的所有患者，并且建议患者，如果他们愿意的话，可以对他们进行HIV病毒检验。H向法院申请禁为令，阻止N将此情况告知他的患者。他认为患者感染上HIV的概率非常小，并且这不是公开他私密信息的充分正当理由。《星期日邮报》听闻这一争议，但H成功地向法院申请到禁为令，阻止该报社对能识别自己、所从事专业以及N这所机构的细节信息进行报道。在审理当事人的完全禁为令申请时，格罗斯（Gross）法官支持禁止报道H的身份，但是允许报道N的名称以及H的专业。H向上诉法院提起了上诉，认为当人们知道N的名称以及他的专业后，人们就能轻易推测出其身份信息。上诉法院赞同H的主张，认为N的名称以及H的身份信息都应当予以保密。否则，H的身份信息会被轻易识别出来。尤其是他的患者会在接到N机构通知，并接受适当的心理干预前看到该新闻。但是报道可以提及H的专业，因为这有助于对HIV病毒危险性展开深入讨论。

在第二个案件中，值得注意的是法院对《欧洲人权公约》第10条规定的新闻出版自由赋予了特别关注。据此，法院要求必须证明新闻发布将带来明显危害，这才是干涉新闻出版自由的正当理由。

我们应当带着以下疑问去看待这一问题：任何人试图借助法院的禁为令限制言论自由时，他唯一的理由只能是公开该信息会引发行政失序以及信息资源的枯竭。②

---

① H（A Healthcare Worker）v Associated Newspapers Ltd and N（A Health Authority）[2002] Lloyd's Rep Med 210（CA）.
② H（A Healthcare Worker）v Associated Newspapers Ltd [2002] Lloyd's Rep Med 210, para 141.

在一个非法获取个人医疗病历的案件中，法院在衡量言论自由以及隐私保护过程中，应当既考虑患者个人的利益，又考虑医院的利益，以确保维护医院病历的私密性。①

3.7 为了丧失意思能力人的最佳利益

如果患者丧失意思能力，那么一般认为，法律允许将他的私密信息透露给为他提供治疗的医务人员或者治疗过程中有必要知晓这些私密信息的其他人。② 但是，这种例外情形应当予以严格解释。正如英国医师协会所强调的那样，不能仅仅因为患者丧失意思能力，就削弱对他隐私权的保护程度。③

3.8 证据开示

如果某人向法院提起诉讼或准备提起诉讼，那么他可以申请将所有相关信息予以公示。但这并不是一项绝对权利。

在 D 诉 NSPCC 一案④中，原告希望查阅英国防止虐待儿童协会（NSPCC）的文件，找出控告她对儿童实施虐待的人的姓名，为此向法院起诉。法院拒绝了她的请求。法院认为，有必要衡量原告找出控告者的利益（这样，她就可以对这个人提起法律诉讼）和鼓励那些怀疑有虐待儿童现象的人向相关机构报告这一公共利益，法律不应让报告者担心会因此陷入诉累。权衡两种利益后，法官作出了拒绝透露私密信息的裁定。如果一个人为了支持自己的诉讼主张去寻找某人的医疗病历，保护私密信息的利益会比为赢得诉讼获取这些资料更重要吗？对此，法院可能会采取与 D 诉 NSPCC 案相同的态度。但 D 诉 NSPCC 案的审判逻辑不能直接适用于其他案件，因为该案涉及被称为"王室豁免权"⑤ 的特殊豁免权，为公益行动的组织机构享有这一豁免权。虽然如此，但法院在审理个人私密信息侵权案件时，可能仍会采取一种类似的态度。

---

① *Ashworth Hospital Authority v MGN Ltd* [2002] UKHL 29，[2002] 4 All ER 193.
② *F v W Berkshire HA* [1989] 2 All ER 545.
③ BMA（2004：178）；DCA（2007：para 4.56）.
④ [1978] AC 171.
⑤ "王室豁免权"，部分学者将其译为官方豁免权，其传统含义是指王室享有不在自己的法院被起诉的豁免权，真实源于统治者的一种特权地位，也即君主不会犯错。——译者注

3.9 善意披露

上诉法院在源信息技术有限公司一案①中认为,只有获得信息的人昧着良心披露他人私密信息时,才构成对私密信息保密义务的违反。② 换言之,如果披露是出于善意,那就没有违反保密义务。但这是否代表现行法,尚不清楚。该案的审判标准与斯温尼案③并不吻合。斯威尼案中,法官认为披露某人私密信息不需要故意,过失也构成对保密义务的违反。④ 更重要的是,坎贝尔案中,上议院的霍夫曼勋爵认为,现代对违反保密义务的理解应是:这并非基于获得信息一方应"诚实守信"的要求,相反,其更加注重对该信息所涉及的人类尊严以及个体自主权的保护。⑤

3.10 其他公共利益理由

上述例外情形都可以认为是基于公共利益的正当理由披露私密信息。此外,还有一个"兜底的例外情形",即仅以公共利益这一概括事由作为透露私密信息的正当理由。若依据这一概括事由,医生应确信为了维护公共利益,有必要透露患者的非匿名信息,且无法获得患者的同意。⑥《国民医疗服务体系业务守则》⑦ 规定,如果满足下列条件,可以以公共利益作为透露私密信息的正当理由:

- 透露私密信息是为了公共利益的需要。

并且

- 使用匿名信息数据不能实现透露信息的目的。

并且

- 透露该信息没有成文法的依据。

并且

- 因为如下原因,未获得患者的同意:

---

① *R v Department of Health ex p Source Informatics Ltd* [2000] 1 All ER 786.
② 上诉法院在 *Campbell v MGN* [2003] QB 633 案中也强调了良心在认定泄露他人隐私时的作用。同样,*Stephens v Avery* [1988] 2 All ER 477 案也对此进行了强调。
③ *Swinney v Chief Constable of Northumbria Police* [1996] 3 All ER 449.
④ 另请参见 Grubb(2000),质疑了判决的这部分内容。
⑤ *Campbell v MGN Ltd* [2004] UKHL 22, para 51.
⑥ GMC(2017)。
⑦ NHS(2010:6)。

——征求患者的同意不切实际。例如因为没有患者现在的联系方式,或者事态紧急,无法和患者取得联系。

或者

——征求患者的同意并不恰当。例如因为患者缺乏同意的能力或者因为他们是犯罪嫌疑人,所以不能告诉他们涉及犯罪调查的信息。

或者

——征求患者同意时遭到了拒绝。

有趣的是,该准则将"让公众明确受益"的情形纳入这类"公共利益"中。① 这可能包括因研究使用患者信息的情形。

在R诉克罗泽案②中,法官对这起谋杀未遂案的被告宣判是处以监禁。被告遂通知了自己的精神科医生,这位医生向公诉机关出示了他的一份医疗报告。当法官看到这份报告后,向被告做出了入院令,并根据1983年《心理卫生法》规定做出了其他裁定。法院认为,根据一般的公共利益,为了确保在刑事案件中恰当的量刑,这种透露私密信息的行为是正当的。③ 在阿克森案④中,一方主张,将儿童正在寻求流产的消息告知其父母符合公共利益,这是泄露儿童隐私的正当理由,但西尔伯(Silber)法官并不支持这一主张。事实上,西尔伯法官的意见完全相反:此处的公共利益应当是尊重儿童的隐私。

3.11 成文法的特殊规定

成文法的部分特殊规定允许甚至要求披露一些私密信息。比如,治疗吸毒成瘾者的医生必须将该患者的情况通知内政部。⑤ 此外,1984年《公共卫生(疾病控制)法》规定,霍乱、瘟疫、回归热、天花以及斑疹伤寒都属于须上报的疾病。医生一旦发现这类疾病患者,就必须向政府报告。同样,一些性病⑥以及食物中毒的病例也须上报。有争议的是,根据1967年《堕胎法》的规定,有关患者终止妊娠的情况

---

① NHS (2010:8).
② R v Crozier (1990) 12 Cr App R (S) 206.
③ 为了促进国家的经济发展,披露病例报告可能也是正当的。MS v Sweden (1997) 45 BMLR 133.
④ R (Axon) v Secretary of State [2006] EWHC 37 (Admin).
⑤ Misuses of Drugs (Notification of Supply to Addicts) Regulations 1973, SI 1973/799.
⑥ Lee v South West Thames RHA [1985] 2 All ER 385.

必须向首席医疗官呈报。① 从 2002 年开始，只需要上报患者的国民医疗服务体系编号、出生日期以及完整的邮政编码，不再需要上报患者姓名。②

2006 年《国家卫生服务法》第 251 条第 1 款规定，为医学研究之目的，允许未经患者同意透露患者的医学信息。该条规定：

（1）根据规定，为医学之目的，国务大臣可在其认为必要或适当时制定患者信息管理规定，包括：

（a）为了提高对患者的治疗水平；

或

（b）为了公共利益。

此外，根据第 253 条第 1 款，在情况紧急时，相关机构有权要求医务人员在不征求患者意见情况下披露信息。③这一条款颇有争议，因为它有可能削弱对个人医疗信息的保护。

卫生研究管理局下设的保密顾问小组的职责是在颁布任何规章制度前建议政府，是否应当考虑某些问题。

其主要依据以下原则处理数据使用请求：

• 该活动必须符合 2006 年《国家卫生服务法》第 251 条第 12 款规定的医疗目的。根据法律规定，医疗目的包括医学研究（已获得医学研究伦理委员会的批准）和卫生及社会护理服务的管理。

• 该活动必须符合公共利益或有利于改善患者治疗。

• 该活动必须符合 1998 年《数据保护法》的规定。

• 所有申请都必须接受年度审查，证明是否仍然需要支持。

此外，该机构同意，批准支持研究的条件之一是，必须建立登记和尊重患者反对意见的机制，但特殊情况除外，如流行病。④

第 251 条也遭到了批评。英国医师协会抱怨，这一规定过于笼统，应增加更多的指南指导司法适用。也有人认为，这条规定切合实际。因为如果需要开展一项大规模研究，获得每一个人的同意并不现实。如果真的去征求同意，只使用那些表达

---

① Abortion Regulations 1991, SI 1991/499.
② DoH (2002a).
③ 详细讨论参见 Grace and Taylor (2013)。
④ Health Research Authority (2019).

了同意的人的信息，那么这可能使样本出现偏差。另一方面，研究者抱怨，在大规模研究中获取人们同意耗时耗力，这会对研究设置过多限制。①

3.12 披露的程度

这里有必要重申前文反复强调的一点，即使有正当理由透露患者的医疗信息，但仍须证明：

（1）信息透露的对象必须适格。② 因此，将信息透露给一名警察很可能是正当的，但如果将信息泄露给一名记者，就涉嫌违法。③

（2）透露信息的范围和内容是在正当理由下所必需的最小限度内。换言之，如果匿名的信息足以保护公共利益，那只能透露匿名信息。

4. 1998 年《数据保护法》

1998 年《数据保护法》④ 有涉及个人数据的规定。该法并不局限于计算机上存储的数据，还包括储存在存储系统中方便使用的所有个人数据（不论是电子版，还是纸质版）。该法在第一部分附则一中主要规定了八个核心原则。

（1）应当合法使用个人数据，申言之，除非出现以下情况，否则不得使用个人数据：

（a）至少满足附则二规定的条件之一。

并且

（b）在涉及敏感个人信息时，至少满足附则三规定的条件之一。

（2）只能为一个以上的明确合法目的获取个人数据，并且不能以与该目的相悖的方式处理这些数据。

---

① Turnberg (2003).

② In *Woolgar v Chief Constable of Sussex Police and UKCC* [1999] Lloyd's Rep Med 335 由于他们担心她的行为，警察联系了英国护理、助产、健康访问中央委员会（UKCC）（一个护士群体组织）。

③ 有关法律是否要求记者透露他的信息来源，参见 *Mersey care NHS Trust v Ackroyd* [2007] EWCA Civ 101; discussed in Sandland (2007).

④ 1998 年《数据保护法》通过后，实际上是使《有关个人数据的欧洲指令》（European Directive on Personal Data 1995）（EC Directive 95/46/EC）在英国生效。

(3) 就实现合法目的而言，所收集的个人数据应当有相关性，适度且不应过量。

(4) 个人数据应当准确，必要时应及时更新。

(5) 为合法目的收集的个人数据的保存时间不应超过实现该目的所需的必要时间。

(6) 对个人数据的处理使用应符合本法关于数据主体的权利规定。

(7) 应当采取适当的技术手段和组织措施，以免个人数据遭到未授权的或非法的处理，意外丢失、破坏或者毁坏。

(8) 个人数据不应被传输带至欧洲经济区之外的国家或地区，除非该国家或地区确保在对该数据的处理过程中，能够对数据主体的权利和自由予以充分保护。

健康档案属于"敏感个人数据"，受到特别保护。该法第 68 条第 2 款对健康档案做了如下定义。

……涉及下列情形的任何一种档案：

(a) 包含个人的身体健康数据、心理健康状况或个人疾病的信息；

(b) 由对该个体进行治疗的医生或代表医生的医务工作者制作。

健康档案中的所有信息都是敏感个人数据，无论它是一个小伤，还是更加私密的信息。[①] 只有满足下列特殊条件时，才能"处理"（例如，咨询或使用）敏感个人数据。这些条件包括：[②]

(a) 患者明确同意他人使用这些信息；

(b) 为了保护患者的重要利益，有必要处理这些信息；

(c) 该数据存储在公共领域中；

(d) 医疗机构或医务人员为了获得法律建议或者是在法律诉讼中需要使用该信息；

(e) 为履行法定目的或政府职能有必要处理该信息；

(f) 为了医学研究目的，有必要处理该信息，且信息使用者是医务工作者；

(g) 为了监管目的，需要处理医学数据或涉及族裔的数据；

---

① Information Commissioner (2002).
② 完整的清单见 Data Protection Act 1998, Schs 1 and 3。

（h）为保障下述研究目的，为实质性公共利益进行的必要处理，即未经数据主体明确同意，不支持有关任何特定数据主体决策的研究，且不太可能对数据主体或者其他人造成实质性损害或实质性痛苦的研究。①

确保这些义务得以履行的责任由"数据控制者"承担。而受法律保护的私密信息的所有使用者都有义务遵守法律规定。任何一个未经数据控制者同意而窃取或者透露信息的人都构成犯罪。②对于因他人违反《数据保护法》而遭受损害或者损失的个体可以获得赔偿。医疗机构也有保护健康档案安全的责任。信息专员有权颁布执行通知（enforcement notice）要求各方采取具体行动，确保数据使用合规。③个人可以请求信息专员对该法的实施情况进行审查。④未能遵守执行通知的行为构成犯罪。⑤信息专员的另一项工作是承担起草职业行为规范的准备工作。⑥

5. 问题

我们接下来讨论涉及保密义务的一些极具争议的特殊领域。

5.1 基因信息：告知亲属

基因信息越来越重要。它应受到何种程度的保护，一直颇有争议。⑦请思考以下两种情形，这两种情形充分说明了这一问题的复杂性：

（1）一对夫妇希望生育子女，但是他们知道自己家族史上曾有基因疾病。他们向医生咨询：如果生育，他们的子女在何种情形下可能会遗传某种疾病？为了给出恰当的建议，医生需要了解夫妇两人父母的医疗史。如果这对夫妇的父母拒绝合作，那么，医生能够查阅他们相关的治疗记录从而给出建议吗？

---

① The Data Protection (Processing of Sensitive Personal Data) Order 2000，SI 2000/417 增加了（g）and（h）。
② Section 55.
③ Section 40.
④ Section 42.
⑤ Section 47.
⑥ Section 51 (3).
⑦ Dove, Chico, Fay, 等 (2019); Foster, Herring, and Boyd (2015); Weaver (2015); Gilbar (2005); Pullen (1990); Nuffield Council on Bioethics (1993); Genetic Interest Group (1998)。

(2) 医生在治疗甲的过程中，发现甲患有一种基因遗传疾病，因此，甲的亲属也很可能患有该疾病。医生想要提醒甲的亲属有关该疾病的风险，但是甲反对。如果医生径直告知了亲属有关情况，医生的行为是否侵犯了甲的隐私权利？

值得注意的是，在上述两个案例中，如果医生保密，他并未将人置于危险之中，相反，他剥夺了这些人在获知信息后选择治疗或者医学建议的权利。现在我们有了一些关于法院如何解决这类案件的指导意见。

重点案例

A、B、C案①

一名男子被诊断患有亨廷顿病（一种遗传性神经疾病），但他要求医生不要将诊断结果告诉其子女。医生遵从了他的意愿，这意味着其子女（他们有50%的概率遗传这种疾病）没有意识到他们可以接受专门的检查。后来患者子女无意中发现了这些信息。他们声称，医生们有义务提醒他们这种患病风险。在初审时，尼科尔（Nicol）法官认为，在侵权法上，医生们没有义务告诉孩子们这一信息，尽管告诉他们这一信息并不违反保密义务。然而，上诉法院认为，有理由主张医生确实对子女有披露信息的义务。上诉法院法官欧文（Irwin）援引了要求医生将影响患者治疗决策的信息告知患者的判例法，他说："至少可以争辩的是，一方面强调需要告知患者，以便他们可以做出治疗的决定，同时在医生掌握着使特定个体可能成为患者的信息却不告知时，又剥夺患者的相关法律救济，这肯定不合理。"他驳斥了以下观点，即如果在类似案例中违反保密义务，就会破坏医患关系之间的信任。他认为，恰恰相反，如果医生知道患者的重要信息却不披露，人们对医生的信任就会受损。

蒙特哥马利②认为，回归到法律原则层面，法律一般并不要求人们为他人提供好处，相反仅仅要求人们不伤害他人。这就意味着法律要求保护患者的私密信息。

---

① *A*，*B*，*C v St George's* [2017] EWCA 336.
② Montgomery（2003：277）.

但他接着强调说,在上述情形中不应采用一般的法律分析方法,应采用一种非个人主义的观点。洛安·斯基恩（Loane Skene）①也持类似观点,他比较了这种情形下可以采用的两种方法:

(1) 法律的分析方法。该观点强调特定疾病患者的个人隐私权。
(2) 家庭的分析方法。② 该观点关注对基因疾病患者的护理。其关注的重点并非个人权利,相反,其强调社群及家庭的顾虑。患者应当作为家庭的一员予以对待,而非孤立的个体。

赞同"家庭分析方法"的人基于这些信息不仅属于做了医学检查的家庭成员,也属于家庭的所有成员的事实,赞成信息共享,但并非所有人都认同这种观点。卡罗尔·斯马特（Carol Smart）指出,有时,家庭中的一些秘密可以帮助建立和维持关系。③ 还有一个可能会立即提到的问题:基因信息是否和其他医学信息不同？罗恩·斯基恩认为,二者主要存在以下不同:④

• 为了保证基因检测的准确性,需要对患者家庭的其他成员都进行检测。
• 基因测试的同意问题非常复杂,因为结果具有不确定性,可能是对未来很长时间之后才会遇到的一个疾病的预测。
• 该测试可能会引发重要的社会及法律结果。
• 测试结果可能对家庭其他成员产生重要影响。⑤

戈斯廷（Gostin）以及霍奇（Hodge）⑥批评了任何想要为基因信息提供特殊保护的观点。他们认为一个特定疾病的遗传倾向与患者可能因其他原因罹患的疾病诱因没有什么不同;如果法律将一个因基因因素而患有乳腺癌的妇女和一个因其他原因患有乳腺癌的妇女置于不同的法律地位,那肯定就是一个谬误。对此的一种回应是,并非妇女的法律地位存在不同,如果有不同的话,应是患者家属可以提出的法

---

① Skene (1998).
② Skene (1998) 将此定义为"医学的分析方法",但几年后,她又说更愿将其定义为"家庭的分析方法",Skene (2001).
③ Smart (2010).
④ Skene (1998).
⑤ 另请参见 Mason and Laurie (2006:207)。他们提出,其他的医学检测也对家庭成员具有重大影响。
⑥ Gostin and Hodge (1999).

律主张不同。另外需要强调的是，妇女接受基因检测的可能性大大高于男性，所以，要求与更多家庭成员分享信息的义务将更多地落在女人身上。①

有学者提出，基因信息本质上是由家庭成员共享的信息，因此，患者在治疗过程中发现的基因信息应当与其他可能遭受影响的家庭成员共享。② 但是，这种观点也遇到了挑战。廖（Liao）认为，因为某人有基因疾病，其他人也罹患的可能性取决于该疾病本身。③ 因此，他对将基因信息描述为"家庭信息"的观点提出了挑战。

2004 年《人体组织法》（Human Tissue Act，2004）附则四第 9 条许可人类器官管理局可授权相关机构使用甲的人体组织获取对甲的亲属有用的医学信息，即使甲没有作出同意。④ 然而，我们不知道该管理局是否真会批准此类授权，如果会的话需要什么条件。此外，法院也尚未对基因私密信息和亲属等问题展开讨论。因此，现在能做的就是总结现行法应对该问题的方法。

5.1.1 传统保密方法

有人认为有关基因信息的问题应当按照私密信息保密义务的一般规定进行处理。⑤ 换言之，只有对他人构成严重伤害的高风险时，才能透露私密信息。⑥ 因此，如果亲属患上相同疾病的危险越大，疾病严重性越高，获取这种信息可以帮助亲属接受有效治疗的可能性越大，就越应支持将基因信息通知患者家属。⑦ 因此，英国医学委员会建议：

> 如果患者反对披露对他人有益的信息，但不披露信息会导致其他人面临死亡或严重伤害的风险，那么保护公共利益也是披露信息的正当理由……如果患者拒绝透露信息，医生就需要在治疗患者的第一职责和保护其他人免受严重伤害之间寻求一个平衡。⑧

劳里（Laurie）⑨ 认为，在考虑是否将基因信息通知患者家属时，应考虑如下因

---

① Melo-Martín（2006）.
② Parker and Lucassen（2004）.
③ Liao（2009）.
④ Lucassen and Kaye（2006）深入讨论了这一问题。
⑤ Bell and Bennett（2001）.
⑥ Grubb（1999）认为，某些时候，法院会承认在这类案件中，医生有义务告知患者的家属。
⑦ Ngwena and Chadwick（1993）.
⑧ GMC（2017：75）.
⑨ Laurie（2002）.

素：① 相应治疗的可行性；② 疾病的严重程度以及发病的可能性；③ 基因疾病的性质；④ 可能需要进行的进一步检查的性质；⑤ 需要披露的信息的性质；⑥ 请求的性质（例如为了诊断亲属的疾病的目的或为了个体健康进行的检查）；⑦ 透露信息是否会促进合法的公共利益；⑧ 如果未经请求就提供这种信息，信息接受方会如何反应（例如，是否已经做了预先指示）。

对传统方法的批评意见认为，这太过个人主义，未能考虑到我们并非孤立的个体，相反，我们生活在家庭关系的网络中。① 大多数人都希望告诉亲密的家庭成员与他们有关的医学信息。② 告知家庭成员会支持和鼓励家庭纽带，但个人主义的传统态度会对它们构成威胁。然而，我们应当记住此处讨论的问题是医生是否应当违背患者意愿向患者家属提供信息。如果患者愿意医生将相关情况通知其家人，那就没有什么法律问题了。

5.1.2 人权法的方法

如果从《人权法》的角度分析，我们会得到相似的解决方案。根据第8条的规定，③ 患者有权要求对其基因信息予以保密。但是根据第8条第2款的规定，为保护他人利益，必要时可以干涉他的这一权利。需要强调的是，根据第8条第2款的规定，只有符合法律规定时，这一干涉行为才有正当理由。所以，想要以第8条第2款的规定主张有合理理由干涉他人的隐私权，首先要在成文法或普通法上找到法律依据。这很可能是指，只有当另一人将要遭受严重伤害时，透露个人基因信息这一侵犯私生活的行为才有正当理由。人们可能认为，因为基因信息更加私密，与个体最私密的部分联系更紧密，因而相比一般情况下透露医疗信息所需之正当理由，透露基因信息需要更充分的正当理由。

5.1.3 不愿知悉的权利

劳里强调，除了患者的隐私权外，法院也应考虑亲属可能主张的他们不愿知悉的权利。④ 这种"不愿知悉的权利"在《在生物学和医学应用方面保障人权和人类尊严公约》（《人权和生物医学公约》）得到了承认。其中第10条第2款规定："所

---

① Gilbar (2004).
② Benson and Britten (1996).
③ *A London Borough Council v* (1) *Mr and Mrs N* [2005] EWHC 1676.
④ Laurie (2014). 另请参见 Foster and Herring (2011)。

有人均有权知悉就其健康收集的一切信息,然而,个人不愿知悉有关信息的意愿也应获得尊重。"乍看起来,这种不愿知悉的权利听起来有点奇怪。① 但设想一下:如果你有 10% 的概率患上某种基因疾病,而目前尚无针对这种疾病的治疗方案。当你被告知这一情况时,你的生活就被这个消息笼罩上一层阴影,陷入对未来生活的恐惧,你在自己身体上的每一个阵痛及奇怪的感受中都能看到患病迹象。而实际上你可能永远都不会患上该疾病。带着这种想法,你可能对此持一种理性态度:最好还是不要知道这种基因疾病的风险。因此,如果有人说"我不想被告知有罹患某种疾病的风险,除非能让我采取相关预防措施",这才是合情合理的。② 在患者对基因疾病患病风险明显享有知情权并应受到保护的情况下,若有上述情形存在,那么就不告知患者风险既符合患者最佳利益,也符合患者不想被告知风险的自主权。更困难的情形是,个体不想知道的决定并不合理,或者对其他人带来风险时不知道如何处理。③ 当然如果患者希望知晓这些风险以便提前安排自己的生活,这也合乎情理,④ 困难在于绝大多数人没有考虑这一问题。所以,通常情况下,我们都在试图揣度一个人是否想被告知某一危险。为解决这一问题,劳里提出我们应关注的是隐私权而非不愿知悉的权利。⑤ 后文将对这一观点展开讨论。

5.1.4 一种财产的方法

另一种不同的分析方法是,一个人的基因数据不仅属于他们自己,而且属于他们的亲属。⑥ 有研究表明,这就是公众对这些信息的认识。⑦ 毕竟,一个人的基因信息中透露的有关他们亲属的信息和有关他们自己的信息一样多。例如,根据 1998 年《数据保护法》的规定,一个女儿可以主张有关她母亲的信息也是关于她自己的信息。

---

① Takala (1999).

② 参见 Andrews (2001:31-40)。有证据表明,在告知可能患有严重疾病的情况后,患者可能患上心理疾病。一项研究[Almqvist (1999)]发现,被告知患有亨廷顿病的患者的自杀率是美国平均水平的十倍。

③ Young and Simmonds (2016).

④ Hietala 等 (1995)。

⑤ Laurie (2002). 另请参见 Ngwena and Chadwick (1993)。

⑥ *R v Department of Health ex p Source Informatics Ltd* [2000] 1 All ER 786 s199。法官在该案中指出,患者对其医学信息并不享有所有权。

⑦ Kent (2003).

第六章 保密

5.1.5　一种义务的方法

另一种解决方案是坚持保护医学私密信息这一传统思路，但同时增设一项法律义务：如果基因检测受检者被查出某种基因疾病，他们就有义务将这种风险告诉亲属。① 国民医疗服务体系甚至可以考虑将其作为基因检测的一个条件，患者必须同意医生会将基因检测的相关信息通知他们的亲属。② 但是，这种方法仍面临一个困难。因为通常情况下，法律不要求人们背负告知亲人相关他们健康风险的义务。③ 比如，个体没有义务告知姐姐吸烟的危害。吉尔巴（Gilbar）④ 则建议，应在基因检测开始前，让所有可能受影响的家庭成员就是否希望被告知这些结果做出表态。

5.1.6　公共卫生的方法

戈斯廷以及霍奇⑤认为，收集、研究以及传播基因信息有助于重要公共卫生目标的实现。我们对不同疾病的致病基因了解越多，就越能通过实施教育计划或治疗措施来阻止疾病发生或改善疾病治疗。因此，如果将基因信息视为一种受到特别保护的私密信息，我们可能就会为此遭受重大利益损失。正如他们所言：

> 收集基因信息的价值对于实现社会目标而言如此重要，法律是否不应承诺对其予以绝对的甚至是重要层级的隐私保护？或许，法律应当仅仅要求基因数据以一种有序、公平的方式予以获取、使用和透露，从而与个人和社群的价值观念保持一致。⑥

5.2　照顾者

当有家庭成员或朋友照顾时，这些照顾者可能想知道被照顾者的信息。被照顾者愿意分享，那就很幸运了。但他或她可能不同意或无法表达同意。这会使照顾者陷入困境。英国医学委员会的指南指出：

---

① 参见 Brassington（2011b）。作者提出，为了保护其他家庭成员的隐私，你可能负有不知道该信息的义务。
② Genetic Interest Group（1998）.
③ King（1999）.
④ Gilbar（2004 and 2005）.
⑤ Gostin and Hodge（1999）. 另请参见 Harmon and Chen（2012）.
⑥ Gostin and Hodge（1999：8）.

> 如果有意思能力的患者拒绝与某一人或某些人共享信息，而分享信息可能有利于患者的治疗和社会生活支持，那最好鼓励患者重新考虑该决定。然而，您必须按患者意愿执行，除非披露信息符合社会公共利益。
>
> 如果患者缺乏作出决定的能力，可以合理推定患者希望最亲近的人随时了解自己的病情和预后，除非他们作出相反表示（或以前作出过）。①

《国民医疗服务体系业务守则》规定：

> 照顾者常常提供宝贵的医疗保健服务……因此，应尽一切努力支持他们并为他们的工作提供便利。只有护理患者的必要信息才能被披露，并应让患者知晓披露的这一标准。但在向照顾者披露相关信息前，必须得到有能力的患者的明确同意。对于不具备同意能力的患者，如符合其最大利益就可以披露。②

这个建议有点含糊不清。在评估患者最佳利益时，应允许照顾者获得必要信息帮助评估——但我们不清楚必要信息的范围有多大。照顾丈夫的妻子是否有权知道他行将就木？照顾糊涂邻居的朋友是否有权知道他的邻居患有阿尔茨海默病？有大量证据表明，照顾者提供了大量的日间护理服务，却不真正知道被照顾者的病情或预后。③

认为照顾者为照顾患者应获得必要信息的支持者可能有两点理由：一是，如果照顾者需要长期照顾患者，他们实际上已经成为医疗团队的一部分，因此应该有权获得信息。事实上，不告诉承担繁重护理工作的照顾者必要的信息，而一个与患者接触相对较少的医务人员却可以随时获得这些信息，这会让照顾者感到非常奇怪。二是，照顾者的生活已经与患者的生活交织在一起，这意味着医疗信息与谁有关已没有明确的区别。④

---

① GMC（2017：paras 37-8）.
② NHS（2013a：12）.
③ Herring（2013：181）.
④ Herring（2013：182）；Gilbar（2012）.

6. 侵犯私密信息的法律救济

法律汇编中，有关私密信息的侵权案例很少。这主要是因为法律提供的救济有限。① 英国法上基本只有两种救济：损害赔偿金和禁止公开信息的禁为令。

如果患者没有财产损失，就基本得不到损害赔偿金。但患者因为医疗信息泄露产生财产损失的情形本就很少，② 通常只会导致尴尬以及社会地位的降低。值得注意的是，在上文讨论的坎贝尔案中，法院只判令支付受害人2500英镑的损害赔偿金以及1000英镑的加重损害赔偿金。禁止公开信息的禁为令只有在知晓信息将要公开时才会起作用。大多数案件中，患者知道时，私密信息往往已经公开。即使这些私密信息尚未公开但即将公开，原告也面临一项艰难任务：说服法院相信，相较出版社的出版自由，应优先保护其私生活得到尊重的权利。

有人认为现在法律救济的不足与个人根据《欧洲人权公约》第6条和第8条规定享有的权利不协调，所以可以通过《人权法》请求更多保护。

如果有人确实违反了保密义务，那么针对侵权者的措施很可能是由雇主或职业机构启动纪律惩戒程序。惩戒程序的启动无须证明患者为此遭受了经济损失。也有人认为，隐私广泛得到尊重并不是因为一旦违反保密义务就有相应法律救济，而是因为从事医学工作的人对其伦理基础的广泛认同。

7. 医疗信息的获得

医生必须保存好患者的病历，这是医疗工作的一部分。到目前为止，我们一直在讨论医生对患者病历予以保密的义务，但是患者也可能想要查阅自己的病历。对此，《国民医疗服务体系章程》的规定十分清楚："您有权查阅您的病历。这些病历

---

① Stauch and Tingle（2002：260）.
② *Cornelius v de Taranto*（2001）68 BMLR 62.

都会按照您的最大利益,在治疗您的疾病时使用。"① 但是,普通法没有规定患者有查看个人医疗信息的权利,② 许多成文法却规定了这一权利。③

7.1 成文法上的规定

1998年《数据保护法》是目前为止这一领域最重要的立法。但我们将先简要讨论一下其他法律。需要注意的是,《欧洲人权公约》第 8 条也对患者获得病历的权利予以保护,因此应依照《欧洲人权公约》的规定对法律进行解释。④

(1) 1998 年《人权法》。在 KH 诉斯洛伐克一案⑤中,欧洲人权法院认为,根据《欧洲人权公约》第 8 条规定,允许患者查阅个人病历是尊重个人私生活及家庭生活权利的一部分。1998 年《人权法》实施后,其他立法和普通法必须尽可能以承认该权利的方式予以解释。但是,应当记住的是根据第 8 条第 2 款之规定如有必要,干涉这一权利也是合法的,比如,这是保护第三方利益必需的。

(2) 1981 年《最高法院法》。如果患者已经起诉或者准备起诉并且有胜诉的希望,那么他有权要求对相关证据,包括法律文件予以"开示",其中就包括病历。但如果开示会对患者造成伤害,那么这些病历只能对患者的医疗顾问开示。⑥

(3) 1988 年《获取医疗报告法》。该法适用于因保险或者求职需要医务工作者提供医学报告的情形。报告涉及的个人(患者)有权查看报告,也有权拒绝向外界透露这些报告,如果他们认为报告不准确,可以添加注释。如果医生担心透露信息可能对请求医生出具报告的人或其他人造成身体或精神伤害,或者为了保护信息提供者,医生有权拒绝透露这些信息。

(4) 1990 年《获取病历法》。该法规定,从 1991 年 11 月 1 日开始,患者有权获得所有纸质病历的权利。1998 年《数据保护法》事实上已经废止了本法的大部分内容,除了《数据保护法》中未涉及的已去世的人的相关规定。

---

① NHS (2009a:8).
② *R v Mid Glamorgan FHSA ex p Martin* [1995] 1 All ER 356,Dermot Feenan (1996) 对此提出了批评。
③ 参见 Kaye, Kanellopoulou, Hawkins, Gowans, Curren, and Melham (2013),文章讨论了个人对自己基因组信息的权利。
④ *McGinley and Egan v UK* (1998) 27 EHRR 1.
⑤ *KH v Slovakia* Application no 32881/04,ECtHR,29 April 2009.
⑥ Section 33 (2).

(5) 1998年《数据保护法》。根据1998年《数据保护法》第7、8条的规定，患者有权获取他们的病历。个人有权知晓他们的个人数据是否被使用，有权获得对其个人数据的介绍、使用数据的目的以及数据会向哪些人公开。最重要的是，该法规定，他们有权以一种"明白易懂的形式"获得他们病历的复印件。这包括在必要时对所使用的任何术语进行解释。① 如果患者查阅自己的病历后，认为继续使用这些数据会给自己或他人带来痛苦，那么他们有权要求数据控制者停止使用。② 如果信息有误，患者有权要求修正。③

《数据保护法》规定，患者对其健康信息的知情权受到两个重要条件的限制，具体内容如下：

（1）透露信息会给患者或他人的身体或心理健康造成严重伤害。④ 但这种情况须得到医务人员的证实。英国医师协会规定的指导原则表明，适用这种例外规定的情形"非常少见"。⑤

（2）透露的信息涉及第三人信息。比如，如果一位男士的医疗报告中记载有他妻子对他的担心，那么该报告的这部分内容就不得透露给他人。

当然，通常情况下，人们不能依据该法获取他人的资料。但是，承担父母责任的父母任一方都可以获取他们子女的病历，管理无意思能力人事务的责任主体也可以获取无意思能力人的相关病历，除非患者在提供信息时就要求医生不要告诉第三人。因此，如果一名未成年人自己去看医生并且基于他父母不会知道这些信息的前提下咨询医生，那么该咨询内容就不应被透露。

在罗伯茨案⑥中，一家戒备森严的精神病院的患者想要依据《数据保护法》规定，获得有关自己精神健康状况的报告。由于医院向法院提交了不予透露的充分理由，因此法院支持医院不提供该报告。

普通法上有关病历知情权的重要先例如下。

---

① Section 8（2）.
② Section 10.
③ Section 14.
④ Data Protection (Subject Access Modification) (Health) Order 2000，SI 2000/413，art 5.
⑤ BMA（2004：217）.
⑥ *Roberts v Nottinghamshire Healthcare NHS Trust* [2008] EWHC 1934（QB）.

重点案例

马丁案①

马丁要求多家医疗机构提供有关他治疗和接受社会工作服务的病历档案，涉及他在几家医院的就诊记录。但相关医院只同意将这些病历提供给他的医疗顾问，而非马丁本人。

上诉法院认为，医疗机构和医生们对这些病历拥有所有权。如果不向患者透露这些资料符合患者的最佳利益，比如，如果告知相关信息将给患者的健康造成损害，那么他们就有权拒绝患者的这一要求。将这些病历提供给马丁先生的医疗顾问是最好的解决办法。上诉法院法官罗杰·帕克（Roger Parker）指出：

> 在我看来，如果在普通法上，医生和医疗机构对患者的病历拥有绝对所有权就意味着如果真是如此，医生或医疗机构都可以按自己的主观愿望使用这些信息（似乎该主张就是这个意思），那么这一主张就站不住脚。实际上，患者或第三方是在私密的情形下向医院提供信息。因此，医方享有的绝对所有权必然受制于该情形下所生之义务。②

他同时认为，患者对其病历有不受限制的知情权的观点同样站不住脚。他接着指出：

> 在我看来，那些患者或者已痊愈的患者有权获取个人病历，查看病史的情形形形色色，因而让法院列举出什么情况下医生或医疗机构有提供信息的义务，或者相反，什么情况下患者有获得信息的权利，这既不可取，亦不可能。每个个案都必须取决于案件本身的事实。③

律师只有为了提供法律建议或者提起法律诉讼的目的，才被允许使用这些病历。

《国民医疗服务体系治疗病历保证书》（NHS Care Record Guarantee）规定：

> 当我们收到您的书面请求时，我们通常将为您提供您的所有病历，包

---

① *R v Mid Glamorgan FHSA ex p Martin* [1995] 1 All ER 356.
② At [21].
③ At [22].

括所有的纸质或电子病历。但我们不会向您提供他人的信息或者医生认为会对您或者他人的身体或心理健康造成严重伤害的信息。如果您同意，我们也可以让他人查阅您的病历。①

7.2 应规定患者有查看自己病历的权利吗？

那些支持者声称，这有以下四点好处。②

7.2.1 病历的准确性和整体质量会得到改善

人们对医疗病历中信息的准确性心存疑虑。③ 如果患者可以对病历进行检查，那无疑有助于提高病历的准确性。这将意味着病历的记录会更有效率，同时不会有对患者不当评论的内容。④ 媒体经常披露医生在患者病历中做出冒犯性评论的相关报道。英国医师协会记录了一个案例，在该案例中，病历中最开始称患者为"愚蠢的老家伙"，尽管后来这些字被改为"仍然要用吊瓶"。⑤

7.2.2 缓解患者的不安

一些患者坚信自己患上了某种事实上并不存在的疾病，或者医生向他们隐瞒了真实情况。如果他们有权接触到他们的医疗信息，这就会缓解他们的焦虑。

7.2.3 改善交流

如果患者有权查看他们的病历，那么病历就要以一种清晰的、患者可以理解的方式做好记录。这可能符合每个人的最佳利益。

7.2.4 增加信任感

在处理医患关系上，开诚布公可以增进医患的相互信任，这无疑有利于医疗工作的开展。

---

① NHS (2011b: 4).
② Gilhooley and McGhee (1991).
③ Information Policy Unit (2004). *The National Patient Safety Agency Plan* 2003-4 发现由于不良医学病历的记录，引起了 1742 件事故。
④ BMA (2004: 199).
⑤ BMA (2004: 218). 毫无疑问，在病历中，还有比这更糟的记录。英文中，此病历中最初的表达为"silly old bat"，后来改为"still holds bottle"。——译者注

但是，也有人反对向患者公开病历。① 有人提出，毫无疑问，病历包含复杂的医学术语，很容易引起误解，甚至可能会加剧本就过度担心患者的焦虑。也有人担心，病历公开后，医生可能要向患者详细解释病历的内容，这将耗费大量时间。当然，医生向患者解释他们的病情，这也可以视为一件好事。

现实考察

医学术语缩略词

不应认为病历中只包含医疗信息。英国广播公司的一则新闻报道在病历中有以下缩写词和其他短语：②

CTD—Circling the Drain（行将就木）

GLM—Good Looking Mum（相貌清奇的母亲）③

GPO—Good for Parts Only（只能捐献器官了）④

TEETH—Tried Everything Else, Try Homeopathy（已尝试其他治疗，现尝试顺势治疗）

UBI—Unexplained Beer Injury（不明原因的酒精伤害）

NFN—Normal for Norfolk（智商堪忧）

FLK—Funny Looking Kid（怪模怪样的孩子）⑤

GROLIES—Guardian Reader of Low Intelligence in Ethnic Skirt（穿民族裙子、低智商的《卫报》读者）

TTFO—roughly translated as "Told To Go Away"（大致可以翻译为"告诉其离开"）⑥

LOBNH—Lights On But Nobody Home（智商不在线）

Pumpkin Positive—指用灯照进病人的嘴，照亮了整个头部，暗讽其脑袋空空。（榆木脑袋）

---

① Ross (1986).
② BBC News online (18 August 2003).
③ 通常是儿科医生取笑患者的话。——译者注
④ 用于描述脑死亡患者的术语。——译者注
⑤ 通常指需要进行进一步检查的婴儿。——译者注
⑥ 这一术语通常用于遇到的患者情况并不严重，但患者自己感觉特别严重的情况。——译者注

8. 伦理性问题

截至目前，我们已经关注了有关患者私密信息的法律。大体上，这些法律都基于医生不应泄露私密信息的推定。但是支持这种推定的伦理性依据是什么呢？

8.1 支持保密义务的观点

8.1.1 结果论的观点

结果论通过分析保密义务的利弊结果提出主张。他们认为，如果医生承诺保守秘密，患者就乐意与医生坦诚相见，愿意跟医生讨论他们的所有症状和既往病史。[1] 据此，患者可以得到最好的诊断与治疗。这既有利于患者又有利于整个公众，并能确保医疗系统高效有序地运转。墨菲（Murphy）认为，之所以支持保密义务，是因为这能促进医患之间的"交流"。[2] 换言之，这会鼓励医生和患者建立良好的沟通机制，先讨论病情，然后商定准备采取的治疗措施，而不是医生独断地分析问题并提出解决方案，患者仅仅表示接受或者拒绝。上述观点都假定患者知晓医生负有保密义务，并且医生执业时也依据这一义务工作。事实是否如此还有待讨论。

8.1.2 道义论的观点

保密义务是必须遵守的基本原则。有人认为："我们将掌控谁能知晓我们私密信息的权利视为我们自我意识和自我认识的重要组成部分。"[3] 其他人则认为，该权利的基础是自主权：人们有权选择自己的生活。而这也仅在他们透露隐私的对象能够为他们保守秘密时才能实现。凯普伦（Capron）认为，对私密信息的泄露涉及对个人空间的不尊重。[4] 还有人强调，保密义务关心的不是隐私，而是忠实。换言之，

---

[1] 心理学的研究证明了该观点，即确保信息保密会让人们更加坦诚。McMahan and Knowles (1995).
[2] Murphy (1998).
[3] O'Brien and Chantler (2003: 37).
[4] Capron (1991).

违反保密义务就是违反承诺。① 保密义务也可以被视为反映了一个事实：患者将自己和自己的未来一起托付给了医生。②

8.1.3 公共利益/私人利益

如上所述，一些支持保密义务的观点是从公共利益角度出发的，比如，这有助于医疗系统的有效运行。违反保密义务不仅会伤害相关当事人，还会对普遍大众对医生的信任产生消极影响，进而影响整个国家国民的健康。③ 另一些观点则更加关注"私人"问题：相关当事人的权利和损害。

当然，在支持保密义务的理由中，也有人主张，这既牵涉公共利益又牵涉私人利益，不能顾此失彼。④ 换言之，医生违反保密义务不仅对患者个人造成了伤害，也对公众造成了伤害，因为患者普遍失去了对医生的信任。最近，案例法中对私密信息的衡平法保护强调在保护私密信息时公共利益比私人利益更加重要。⑤ 但是，在《人权法》颁布后，对于隐私保护请求权基础的理解可能已经发生了改变。事实上，在坎贝尔案⑥中，上议院认为隐私、尊严及自治是保护医学私密信息的基础。

可以说，将私密信息保护视为个人权利会使基于公共利益证明透露隐私信息的正当性变得更加困难。⑦ 与将其视为个人权利相比，若将隐私保护视为公共利益的一部分，就更容易通过与其他公共利益的比较证成泄露隐私的正当性。⑧ 但如果将其视为一种公共利益，又会有另外一种担心，即一些人会认为他们的权利应比其他人的权利优先得到保护。⑨ 比如，有人会认为，和一般主张隐私权的人相比，对高层政治人物的病历予以保密更符合国家利益。

---

① Beauchamp and Childress（2009）.
② Sokolowski（1991）.
③ Hall（2002）他强调在良好的医学实践中信任的重要性。
④ Childress and Beauchamp（2009）.
⑤ W v Egdell [1990] 1 All ER 835; X v r [1988] 2 All ER 649.
⑥ *Campbell v MGN* [2004] UKHL 22.
⑦ Lee（1994：291）.
⑧ Lee（1994：292）.
⑨ Murphy（1998）.

8.2 反对保密义务的观点

事实上，几乎没有人认为隐私根本不需要保护。但是，有相当一部分人认为人们对于隐私保护的关注过多。帕特森认为，隐私是对研究的一种干扰。① 事实上，隐私对医学研究的影响已经让一些人认为"隐私不利于人的健康"。② 戈斯廷教授对该问题做了很好的阐述：

> 因为决策者目前设想的医疗信息基础设施尚无法实现对隐私的高度保护，所以我们现在面临一个艰难的选择：为了保护合理层面的隐私信息，我们应当马上限制对可识别医疗大数据的大规模收集吗？限制的结果是，审慎使用医疗数据所获得的社会利益将大幅减少。或者，我们可能认为，收集信息对于实现社会健康愿望是如此重要，以至于法律根本不应允诺绝对的甚至是重要层级的隐私保护，相反，应当要求信息只有在取得授权或有限情形下才能被使用。③

他认为在现代医疗系统中，医生为患者私密信息保密的观点已经过时。相反，我们应当关注对病历的保护，确保任何医学数据（无论是如何获得的）都用于恰当的目的。

鲁宾斯坦（Rubinstein）④ 认为过度强调保密义务会有如下危险：

> 隐私权倡导者主张的排斥公共义务的理论范式的本质是拒绝承认个体对社会的责任。实际上，为了改善医疗服务，作为医疗服务的潜在消费者的每个个体都对社会担负了一种责任。因为人们相信他们的权利不应受到干扰，他们就将这种责任转嫁给其他人，让他们提供改善医疗服务及卫生政策所需的个人数据。这种个人主义观会威胁整个社会，因为当部分人选择不提供数据时，研究的最终价值就会存疑，许多有价值的协议书都可能因此被放弃。因此，在使用任何医学数据前都必须征得患者同意的政策可能会对我们的医疗服务及卫生政策产生意想不到的、我们不希望见到的后果。

---

① Paterson（2001）；Al-Shahi and Warlow（2000）.
② O'Grady and Nolan（2004）.
③ Gostin（1995：454）.
④ Rubinstein（1999：227）.

8.3 公众舆论

对一般民众的隐私保护调查可能会让那些关心隐私信息保护现状的人失望。首先，调查表明，公众对于国民医疗服务体系的隐私保护工作信心十足。① 其次，调查还表明很多人对于国民医疗服务体系的众多员工可能会接触到他们医疗资料的事实并不特别关心，② 尽管他们会对自己的信息被透露给国民医疗服务体系之外的人深感不安。③

但现状较此更加复杂。尽管公众对病历的保密工作感到满意，但事实上普通大众并不知道他们的信息如何被使用。④ 比如，在一项大型调查中，仅16%的被调查者意识到他们的信息会被透露给医院的管理者。此外，其他调查显示，当被调查者被问及他们是否乐意将自己的病历资料用于医学研究时，患者表现出很大的不安——虽然说如果明确被问及是否愿意让某个具体的研究项目（例如调查癌症致病原因的研究）使用其医疗信息时，他们表现出更乐意的态度。⑤ 一个研究哮喘和咽喉痛的团队决定写信给涉及该研究的个体，询问他们是否同意研究人员使用他们的病历，该团队发现有9.8%的人表示拒绝。这表明，认为几乎所有人都想帮助医学研究的假定没有依据。即使所做的医学研究属于无争议的研究领域。⑥

这些调查还让我们对人们更关心何种医学问题有了一些认识。不足为奇的是，在所有问题中，人们更关心终止妊娠以及精神健康的相关问题。⑦ 这似乎也支持了应当将病历资料予以分类的论断。按照这种观点，一部分病历资料是国民医疗服务体系员工可以合法地轻易获得的一般资料，另一部分是只能依据"需要知道"的理由才能查阅的敏感资料。对这一做法所做的调研显示一般大众对此非常支持，但是60%的人希望将自己的信息纳入敏感资料部分。⑧

---

① National Health Service Information Authority (2002).
② Adams 等 (2004)。
③ NHS Information Authority (2002) and van de Creek, Miars, and Herzog (1987).
④ National Health Service Information Authority (2002).
⑤ The Welcome Trust and Medical Research Council (2001).
⑥ Baker 等 (2000)。
⑦ National Health Service Information Authority (2002).
⑧ Ibid.

9. 信息性隐私权

劳里认为法律应当从关注私密信息的概念向关注信息性隐私权转变。① 他这样解释这两个概念之间的区别：

> 信息性隐私权关涉控制个人信息，并阻止他人获得该信息。当未经授权泄露个人信息的情形发生时，就构成对信息性隐私权的侵犯。私密信息是信息性隐私权的子概念，私密信息作为私密关系的内容，如果未经同意而泄露于私密关系外的其他人时，那就是侵犯了个体的私密信息。信息性隐私权的概念范围更大，它不以存在一种私密关系为前提。②

劳里认为，隐私权创造了个人的"独立状态"，应对其给予尊重："……对一个人私人空间的保护。"③ 对生存于社会中的个体而言，能够拥有他们的"私人空间"十分重要。这不但包括物质空间，而且包括精神空间。只有在人们能够发现自我信息并能控制谁能查阅这些信息的情况下，才有可能实现。劳里知道，这种主张听上去像是宣扬一个高度个人主义的社会，不关心人与人之间的关系。但是他说，保护隐私对促使人际关系的繁荣十分重要。④

因此，私密信息和信息性隐私权之间的准确界限是什么？它们的不同似乎包括如下内容：

(1) 对私密信息的经典定义要求在双方当事人之间有一种私密关系。因此，如果一方当事人不是在这种私密关系中获取了他人的私密信息，那就不适用这一定义。信息性隐私权不以这种关系的存在为前提，因此，没有这一困难。⑤

(2) 一方当事人有权不知晓某种信息的观点可以很容易地被纳入信息性隐私权的概念之中，但是这一观点与泄露私密信息概念不太相容。

(3) 劳里认为，对信息性隐私权的理解和一个人对医学资料享有财产权益相结合，就能让其恰当地控制他们的医学信息。尤其是，这意味着患者能够一直掌控他

---

① Laurie (2002: Chap 7). 有关隐私性质的更多讨论，参见 Neill (2002)。
② Mason and Laurie (2006: 224).
③ Laurie (2002: 128).
④ 参见 Andorno (2004) 他从意思自治的角度，而非从隐私角度，发展出了不愿知悉的权利。
⑤ Micholowski (2004: 16-18).

人对自己病历资料的使用。劳里担心，若使用私密信息的概念，一旦患者同意公开私密信息供他人使用，他就失去了对该信息的法律保护。

拍案惊奇

下面这个案例表明有可能对个人的私密信息保护过度。

1999年1月，美国缅因州颁布了一项严格的法律，该法律禁止未经患者书面同意，将医学信息提供给他人。① 任何违反该条规定的人将被处以严苛的罚金。人们很快发现该法不切实际：患者的亲戚打电话询问患者的治疗近况，却得不到这些信息，花商发现送花十分困难，牧师无法发现患者的行踪导致无法管理宗教事务，医生发现和患者一起讨论问题困难重重，由于实验室拒绝通过电话告知检测结果，因而常常出现诊疗延误。

有迹象表明，1998年《数据保护法》颁布后，一些医疗卫生信托会十分担心违反该法之规定，以至于他们拒绝向外界提供信息，即使在提供信息不会引起争议时亦然。②

10. 结论

一项对欧洲地区患者的调查发现他们十分重视私密信息，隐私安全是他们在咨询医生时最优先考虑的事项之一。③ 如果医生的指导原则可以作为依据的话，医疗机构的工作人员就会很认真地对待私密信息保密义务。然而，毫无疑问，医学私密信息仍遭受威胁。实践中，医院薄薄的窗帘以及放在床尾的病历表明，在那样的环境下，私密信息并未得到充分保护。④ 要确保国民医疗服务体系有效运转，就意味

---

① 参见 C. Scott（2002）。
② Boyd（2003）。
③ Grol 等（1999）。
④ Okino Sawada 等（1996）。

着卫生机构管理人员需要接触前所未有的更多患者的病历。此外,病历资料的电子化不可避免地加大了保密工作的难度。① 保险公司办理人寿保险时越来越多地要求提供被保险人的医学信息。② 所以,这也是为什么一些评论家将私密信息描述为一个"过时的概念"。③

有关私密信息概念的模糊性也可以在法院案例④以及医学指导原则⑤的话语转换中找到蛛丝马迹。相关讨论已经从保密义务转向对信息的合理使用。也许,这就是现实:国民医疗服务体系不可能向你承诺你的信息不被透露给任何人,但是它可以保证合理地使用你的信息。但也有一些相反的动向。《人权法》似乎将对个人私密信息的保护视为一项人权。⑥ 尤其是在基因信息领域,人们对该信息的使用方式普遍感到不安。同样,越来越多的人担心医患之间缺乏信任,而这是一个医疗系统得以有效运行的核心。再次强调保密的重要性可以说是重拾这种信任的一种方式。⑦

---

① Gostin, Hodge, and Burghardt (2002). 参见 Anderson 等 (2009) 认为病历电子化不可能适应私密信息保护的要求。
② Royal College of General Practitioners (2000) 对此非常担心。
③ Siegler (1982).
④ R v Department of Health ex p Source Informatics Ltd [2000] 1 All ER 786.
⑤ NHS (2007b: 1).
⑥ Evans and Harris (2004) 担心,不再将隐私作为权利进行保护。
⑦ Clarke (2002).

/思考题/

1. 有人提议提取每一个出生于英国的婴儿的 DNA 档案。该提议遭到了人类基因委员会的拒绝。① 如果建立这种数据库，会引起何种伦理问题？②

2. 国民医疗服务体系计划将系统内的所有病历电子化。这有问题吗？在对患者信息予以保密和确保医生获得治疗患者的必要信息之间，如何寻求平衡？③

3. 法律应当进一步区分不同类型的医学信息吗？比如，有人可能认为，我们可以区分私密信息（例如某人流产的事实）和非私密信息（例如某人摔断一条腿的事实）。这种区分有用吗？

4. 你能想到有无你不想知道的自己的医学信息吗？法律应该如何尊重这种想法？

5. 对医学私密信息的保护应被视为一种私人权利，还是一种公共利益，抑或两者的集合？这有关系吗？

6. 一项研究表明，患者更担心将个人信息以市场营销或者类似目的提供给商业机构相比，对个人信息将被储存于数据库之中则不太关心。④ 法律是否应当更加关注信息的使用，而不是信息的储存？

---

① BBC News online（31 March 2005）.
② 参见 Gibbons（2007）。
③ Shenoy and Appel（2017）.
④ Baird 等（2009）。

延伸阅读

有关医疗私密信息的保护，参见下列文献：

Andorno R. (2004) The right not to know: an autonomy based approach Journal of Medical Ethics 30: 435.

Case P. (2003) Confidence matters: The rise and fall of informational autonomy in medical law Medical Law Review 11: 208.

Chico V and Taylor M. (2018) Using and Disclosing Confidential Patient Informationand the English Common Law: What Are The Information Requirements of a Valid Consent?, *Medical Law Review* 26: 51.

Kipnis K. (2006) A defense of unqualified medical confidentiality, *American Journal of Bioethics* 6: 7.

Pattenden R. (2003) *The Law on Professional Client Confidentiality* (Oxford University Press).

Skene L. (2001) Genetic secrets and the family, *Medical Law Review* 9: 162.

Stanton C. (2018) Patient Information: To Share or not to Share?, *Medical Law Review* 26: 328.

Sterckx S and Cockbain J. (2014) The UK National Health Services "innovation agenda": Lessons on commercialisation and trust, *Medical Law Review* 22: 221.

Taylor M. (2011) Health research, data protection, and the public interest in notification, *Medical Law Review* 19: 267.

Taylor M and Wilson J. (2019) Reasonable Expectations of Privacy and Disclosure of Health Data, *Medical Law Review* 27: 432.

有关对基因信息的保护，参见下列文献：

Gibbons S. (2009) Regulating biobanks: a twelve-point typological tool, *Medical Law Review* 19: 1.

Dove E, Chico V, Fay M, Laurie G, Lucassen A and Postan E. (2019) Familial genetic risks: how can we better navigate patient confidentiality and appropriate risk disclosure to relatives?, *Journal of Medical Ethics* 45: 504.

Gilbar R. (2012) Medical confidentiality and communication with the patient's family: legal and practical perspectives, *Child and Family Law Quarterly* 24: 199.

Gilbar R and Foster C. (2018) It's Arrived! Relational Autonomy Comes To Court: ABC v St George's Healthcare NHS Trust [2017] EWCA 336, *Medical Law Review* 26: 125.

Laurie G. (2002) *Genetic Privacy: A Challenge to Medico-Legal Norms* (Cambridge University Press).

Lowrance W. (2012) *Privacy, Confidentiality, and Health Research* (Cambridge University Press).

Widows H and Mullen C. (eds) (2009) *The Governance of Genetic Information: Who Decides?* (Cambridge University Press).

第七章

避孕、堕胎、怀孕

引　言

很少有话题能像堕胎和避孕规定一样引起人们这么大的讨论热情。在美国，堕胎是一个重要的政治议题，在英国则不然。无论这个议题事关政治抑或道德，都会引发激烈论争。原因在于辩论双方都不能说服对方。一方面，有人认为堕胎是对最无辜和最弱小的人的杀害，另一方面，有人主张堕胎是女性平权斗争的一个重要组成部分，同时也是一项基本人权。[1] 选择堕胎还是生育应由女性自主决定，法律不应干涉。[2] 的确，我们很难对这一法律做一个"不带偏见的"讨论。你如何开始这一话题，如何提问，这都反映了某一特定立场。[3]

承认胎儿有某种利益、加强对怀孕和计划生育的医疗控制和保护孕妇权利，法律试图在这三者之间取得某种平衡，尽管这不太容易实现。在所有这些激烈辩论中，人们不应忘记一个影响数百万英国妇女生育的重大问题：在英国超过50%的怀孕源于意外。[4] 在年龄为45岁的英国女性中，三分之一有过堕胎经历。[5]

在探讨堕胎前，我们先了解一下有关避孕的问题。

1. 避孕措施的使用及其功能

许多人认为，有效避孕措施的广泛运用比其他社会进步措施更好地解放了妇女。现在在很多国家，妇女控制自己的生育已被认为理所应当。48%的育龄妇女都会使用某种形式的避孕方式。[6] 有人已将获得有效的避孕措施视为一项基本人权。[7]

---

[1] Sifris（2010）认为堕胎是享有卫生保健权利的一个基本部分。
[2] Kaposy（2011）认为堕胎辩论反映了两种完全不同的世界观。
[3] Priaulx（2017）.
[4] Bury and Ngo（2009）.
[5] Education for Choice（2013）.
[6] United Nations（2019）.
[7] Eriksson（1993）.

常用的避孕措施有避孕套、子宫环、避孕针、女用避孕药、绝育、自然避孕法等,① 但是这些避孕方法的不足之处并未得到足够的重视。在欧洲一项对现行避孕措施的满意程度的调查中,女性对避孕措施的满意程度从使用避孕环的79%到使用自然避孕法的50%之间不等。② 仍有相当一部分女性对现有避孕措施感到不满。两位英国权威临床专家认为:"我们确实需要找到一种比目前所有避孕措施更有效、更易使用、更安全的避孕方法。"③ 值得注意的是,在全世界范围内最常用来控制生育的方法是女性绝育手术。④ 新的绝育技术相较过去只是一个微创手术,可靠性高。但这种手术带来永久性的伤害⑤,伤害程度之深也注定了它的不完美。

其他的避孕措施也有不足。例如避孕药,尽管很常用,但有副作用,人们一直担心长期使用避孕药带来的健康风险。⑥ 在未证实避孕药和疾病之间有必然联系的情况下,大多数妇女使用避孕药已超过40年。避孕药的另外一个不足在于它需要每天服用。对有些人而言,要遵守这一规则去按时服药很难。

关于避孕措施的一个主要问题是这些措施的可靠性。不同避孕措施的成功率不同。久负盛名的艾伦·古特马赫(Alan Guttmacher)研究所的一份报告指出,在第一年内使用以下各种避孕方法但仍然怀孕的概率如下⑦:体外排精15%~28%,安全期避孕法14%~57%,杀精剂13%~55%,避孕套6%~51%,避孕药3%~27%,女性绝育0.5%,男性绝育0.1%~0.2%。避孕措施的失败导致的一个实际结果是最后堕胎的个案中有大的3/4的孕妇在怀孕时使用了避孕措施。⑧

尽管很多人对现在的年轻人有性滥交的刻板印象,但调查显示,在18~24岁的人中,64%的人的性伴侣不超过5人,14%的人没有性伴侣,17%的人只有一个性伴侣。对65岁以上人群的调查显示,17%的人只有一个性伴侣。⑨ 值得注意的是,

---

① 也有不利用设备或药物的避孕方法,比如主要依靠性交时妇女处于安全期,或男子在体外排精进行避孕。
② Merki-Feld(2018).
③ Baird and Glasier(1999:969).
④ Blank(1991:16).
⑤ 尽管可以尝试逆转绝育,但这是一个大手术而且并不能保证成功。
⑥ NHS(2019b).
⑦ Alan Guttmacher Institute(2004:16).
⑧ R (*John Smeaton on behalf of SPUC*) v *The Secretary of State for Health* [2002] 2 FCR 193, para 215.
⑨ Euroclinix(2018).

向国民医疗服务体系避孕诊所寻求帮助的人中，89%都是女性。① 很不幸，避孕在很大程度上仍被看作"妇女的责任"。

2. 避孕措施的获得

1925 年，上议院在一个诽谤诉讼判定中认为把避孕称之为"对人类本性的荒谬反叛"②，是一个公允的评价。丹宁勋爵在布雷弗里案中③认为，绝育使得人们在性交中获得快乐却不用负责，这违反了公共政策且有辱人格。但随着时间的推移，法官们的看法也在变化。在吉利克案中，斯卡曼（Scarman）勋爵认为避孕"在有医嘱的情况下也是一种合法、有效的治疗"。④ 芒比（Mumby）法官在斯米顿案的观点也得到了广泛认同。

> 对我而言，每个人按照他们的良心行动，遵守他们认为合适的原则，咨询合适的医疗顾问（如果他们希望的话，也可以是心理顾问），来决定是否使用子宫环、避孕药、迷你避孕药和紧急避孕药。这和政府、法官或者法律都没有关系。⑤

但事实上，法律确实把避孕当作政府事务的一部分。避孕用具被认为是医疗产品，在使用前，必须得到欧洲药品管理局（European Medicines Agency）下属的英国药品及保健品管理局（Medicines and Healthcare Products Regulatory Agency）的批准。⑥ 同样，2006 年《国家卫生服务法》附则一第 8 条也为国务大臣规定了一项义务：

……在满足合理需要的必要范围内，必须安排提供以下服务：

（a）给予避孕建议；

（b）对寻求避孕的人进行体检；

---

① NHS Informantion Authority (2019a).
② *Sutherland v Stopes* [1925] AC 45.
③ *Bravery v Bravery* [1954] 1WLR 1169, 1173, 上诉法院的其他法官并不同意他的意见。
④ *Gillick v West Norfolk and Wisbech AHA* [1985] 3 All ER 402, 418.
⑤ *R (Smeaton) v The Secretary of State for Health* [2002] 2 FCR 193, para 396.
⑥ Medicines Act 1968 s 19; Medicines for Human Use Regulations, SI 1994/3144; and EC Council Directive 65/65/EEC.

(c) 给予上述人员相关治疗；

(d) 提供避孕药物和器具。

实际上这意味着任何人都应享有国家提供的涉及避孕措施的公共服务。

但不能就此认为人们在享受相关避孕治疗时没有任何障碍。首先，口服避孕药只有医生开具处方后才能获得或从药剂师处购得。①因为口服避孕药可能给某些患者带来严重的副作用，并且避孕药也只有在医务人员指导下才能使用。但显然，避孕套和紧急避孕药在药店柜台就能轻易买到。第二个障碍是金钱，尽管在有医生处方的情况下避孕措施免费，如计划生育诊所提供的避孕工具（包括避孕套），但在超市购买一包十二支装的避孕套也会花费大概 10 英镑。虽然这些障碍对大多数人来说微不足道，但是对于年轻人而言很重要。

国民医疗服务体系也提供绝育手术，但有 1/3 的人选择在私人医院接受绝育手术。国民医疗服务体系体系内实施的绝育手术数量从 2008—2009 年度的 17562 例降到 2018—2019 年度的 12918 例，下降 26%。国民医疗服务体系完成的输精管结扎术从 1999 年的 64422 例下降到 2018—2019 年度的 12000 例。② 其中部分原因是长效避孕措施使用率的提高和私人医疗服务（尤其是绝育手术）的增长。麦昆（McQueen）的研究③指出，30 岁以下、没有生育史的女性很难获得绝育医疗服务，医务人员会说，她们还太年轻，可能未来会后悔。他注意到男性更容易获得绝育医疗服务。这说明，医务人员对避孕存在一定程度的性别认识偏差。

3. 青少年怀孕率

2017 年，英国 17 岁以下女孩怀孕的有 17.9‰。④ 近几年来这一数据一直在大幅下降。2013 年这一数据为 24.5‰，2015 年，这一数据为 21‰。2017 年，在英格兰和威尔士，18 岁以下的女性怀孕的有 16740 例。⑤ 未满 18 周岁怀孕的人中有 51.7%

---

① Jarvis（2008）赞同这一点。他解释说，要求医生看诊这类患者，医生就可以鼓励患者使用长效避孕药。Grossman（2008）认为应将这种药归为非处方药。

② NHS（2019a）.

③ McQueen（2017）. 另请参见 Lalonde（2018）.

④ ONS（2017c）.

⑤ The Nuffield Trust（2019）.

最终实施了堕胎。研究发现，25％的人在他们第一次性行为时没有采取避孕措施。[1]这些数据听起来很高，那是因为事实上就很高。在欧洲，英格兰和威尔士是青少年怀孕率和青少年生育率最高的地区,[2]而且远远高于其他地区。其青少年怀孕率是德国的2倍，法国的3倍，荷兰的6倍。

英国医师协会承认，社会在改善获取避孕措施的渠道上有"明确需求"。[3]尽管获得避孕的方式很多，但仍有很多年轻人认为很难获得避孕措施。为何如此？具体原因同样尚不明确。有可能是因为她们不知道有免费避孕措施或者担心暴露个人隐私。对她们来说，去看全科医生也有实际困难。

> **拍案惊奇**
>
> 花费上亿英镑、预防青少年怀孕的英国政府项目于2009年被弃。该项目发现，那些参加了这一项目的青少年比没有参加这一项目的青少年更容易提前发生性行为，并且不使用避孕措施，进而导致怀孕。[4]

4. 堕胎和避孕

法律调整生育问题的核心是如何区分堕胎和避孕。如果某项医疗技术被界定为堕胎或导致流产，那么其法律规则将和避孕的法律规则完全不同。如下所述，涉及堕胎时，法律有一系列的规定。

以下的判决是区分二者的一个指导性先例。[5]

---

[1] BBC News online（2 July 2007）.
[2] ONS（2014）.
[3] BMA（2004：228）.
[4] BBC News online（7 July 2009）.
[5] Keown（2005a）对这一判决做了批评。

重点案例

未出生儿童保护协会案①

未出生儿童保护协会（The Society for the Protection of the Unborn Child，SPUC）对2000年《（人类使用）处方药修正令（第3号）》[*The Presciption Only Medicines（Human Use）Amendment（No. 3）Order，2000*]②的合法性提出了质疑。该修正令允许在没有处方的情况下出售紧急避孕药。1861年《侵害人身罪法》（*The Offences Against the Person Act 1861*）第58、59条的规定（创设了导致流产罪）要求，对于流产或堕胎药物，只有两位医生证实符合1967年《堕胎法》（*Abortion Act 1967*）规定的条件后，才能施药。否则，原则上，违规使用药物可能触犯刑法。因此，法院需要处理的问题是紧急避孕药是否属于此类药物。如果属于，那么提供这一药物的药剂师和购买该药的女性都构成犯罪，除非满足《堕胎法》规定的法定条件。

为了回答这一问题，芒比法官解释了"医学事实"：

简单而言，生物学上，在性行为发生后有两个重要阶段：

（1）首先是受精。当男性的精子和女性的卵子在输卵管相遇后就会发生受精。这个过程可能在性行为后的几小时甚至几天后开始。受精的过程也会持续几个小时。

（2）其次是着床。这一阶段发生在受精卵进入子宫后。这个过程中，受精卵在子宫壁着床。着床最早会在受精开始四天后进行。着床这一过程大概也会耗时几天。③

未出生儿童保护协会指出，任何导致受精卵损坏的过程都是流产，避孕只涉及防止受精。所以，该协会认为防止受精卵在子宫壁着床就是堕胎而非避孕。紧急避孕药（以及普通避孕药）在有些情况下是防止受精，在另一些情况下，则是防止着床。但是，一旦受精卵已经着床，那么就不能再用紧急避孕药（及普通避孕药）了。

---

① R（*John Smeaton on behalf of SPUC*）*v The Secretary of State for Health*［2002］2 FCR 193.
② SI 2000/3231.
③ At［62］.

> 未出生儿童保护协会主张，至少按照1861年法律规定的理解，"流产"一词包括防止着床。议会在1861年立法时的目的是，自受精后，就禁止一切希望堕胎的企图。芒比法官主要基于以下两个理由驳回了这一主张：
>
> （1）从法律上看，判决的最终理据不是看1861年的"流产"一词指什么，而是该词现在指什么。
>
> （2）不论1861年的"流产"一词指什么，在当下，"流产"一词指孕期的结束。而在受精卵着床前，孕期并没有开始。如果受精卵在着床前就已损坏，不涉及流产问题。现在对"流产"的医学理解都不涉及使用口服避孕药以及紧急避孕药的情形。我应该补充的是，现在，人们在使用"流产"一词时也是这样的。①
>
> 因此，未出生儿童保护协会的主张不成立，按照现行制度，紧急避孕药是一种避孕措施，而非堕胎措施。
>
> 芒比法官的分析部分基于紧急避孕的可及性带来的社会效益。他赞同："紧急避孕安全、简单、有效。堕胎在医疗和心理上都是一种侵入性的行为。"② 所有证据显示，如果没有紧急避孕措施，堕胎数量还会大幅增加。他认为，这并非好事。他同时指出，如果我们认可未出生儿童保护协会的观点，那么如果使用避孕药是以阻止受精卵着床为目的，这也构成刑事犯罪。千千万万女性都在使用避孕药。议会的立法目的不可能是认定该行为违法。

所以，芒比法官在本案中的判决带来的结果是，避孕和堕胎的分界线并非怀孕前和怀孕后，而是着床前和着床后。③ 正如萨莉·谢尔顿（Sally Sheldon）④所言，这种划分标准仍会遇到问题，因为现在很多避孕药在着床后发生作用。她指出，现行在着床基础上的划分标准过于陈旧，与现有生育控制技术已明显脱节。

---

① At [67].
② At [66].
③ Jones and Stammers（2009）对这一结论提出了批评。
④ Sheldon（2015）.

5. 未成年人避孕问题

我们已经提及，法律允许医生为16岁以下的青少年提供避孕咨询。然而，这方面的法律并没有看上去那么简单。在这一问题上的指导性先例是吉利克案。

重点案例

吉利克案①

吉利克夫人请求法院审查一则卫生和社会保障部通告的合法性。该通告允许医生在未经父母的许可下，为16岁以下的青少年提供避孕咨询和治疗。上议院认为，如果一个儿童能够理解避孕涉及的医疗、社会和家庭问题，并可以做出一个有效同意，那么医生为该儿童提供咨询和治疗的行为就合法。因此，决定一个人是否具有意思能力的标准是她是否足够成熟并具备理解问题的能力，而不是年龄。多数法官强调，如果孩子有能力做出决定，即使父母不同意其接受避孕咨询，医生也有权提供咨询。有学者注意到，本案中，弗雷泽（Fraser）勋爵和斯卡曼勋爵的分析方法存在差异。弗雷泽勋爵强调，只有在符合儿童最大利益原则的情况下，才能给具有吉利克能力②的儿童提供避孕治疗。而斯卡曼勋爵没有提及最大利益，因为他认为医生只会采取有利于患者的治疗方式，这不言自明。另一种不同的解释是，斯卡曼勋爵认为一个医生可以为一个寻求治疗的有意思能力的儿童提供治疗，除非这种治疗会伤害该儿童，而弗雷泽勋爵认为，医生必须确信这种治疗有益于该儿童时才能提供治疗。

法官们还处理了其他两个问题。首先医生对这些儿童患者负有保密义务，医生不应将其私密信息告知来探望该儿童的父母。其次，他们还回应了

---

① *Gillick v West Norfolk and Wisbech AHA* [1986] AC 112.
② 指儿童对某一事项具有意思能力。比如在本案中，吉利克有能力作出接受避孕治疗的同意，法律认可其有效。这一法律术语以判例中当事人吉利克的名字命名。——译者注

> 给未成年人提供避孕措施属于协助儿童性犯罪的刑事犯罪行为的观点。上议院认为医生的这一行为不构成犯罪,因为他并没有意图让孩子发生性行为。尽管这一观点存有争议,但 2003 年《反性犯罪法》(*Sexual Offences Act*, 2003)已经对此做了规定,因此,已无必要再考虑法官在本案中的这一观点。

正如本案所示,如果一个未满 16 周岁的未成年人足够成熟,能够完全理解避孕涉及的各种问题,并基于此作出有效同意,那么医生就可以为她提供避孕咨询和措施。从弗雷泽勋爵的话语中似乎也可以看出,任何治疗都必须符合儿童利益。因为上议院已经把为有意思能力的未成年性活跃者提供避孕措施作为一项一般的社会政策,所以可能有人认为,在提供避孕咨询或措施前考虑这是否符合儿童利益,只会增加全科医生的工作负担,这完全没有必要。甚至有报道称,有医生给只有 10 岁的青少年开具避孕药。[①]

另一问题是,医生可能被认定为性犯罪的从犯而被追究刑事责任。有人担心,给未成年人提供避孕的医生可能被指控犯有协助或教唆他人虐待儿童罪。但这个问题在 2003 年《反性犯罪法》(*Sexual Offecnes Act*, 2003)中得到了解决。该法第 73 条规定:

(1) 行为人的行为目的为以下情形的,不属于本条规定的协助、教唆和辅助侵害儿童的犯罪:

(a) 保护儿童不被感染性病;

(b) 保护儿童的人身安全;

(c) 避免儿童怀孕;

或

(d) 通过咨询促进儿童的心理健康。

而且不是为了获得性满足的目的,也不是为了促进或鼓励犯罪行为或促进或鼓励儿童参与犯罪的行为。[②]

---

① BBC News online (9 May 2005a).
② 另请参见 s 16 (3)。

第七章 避孕、堕胎、怀孕

这清楚表明，如果医生出于保护儿童身体健康的目的提供避孕咨询或措施，就不会成为虐待儿童罪的从犯。

6. 行为人缺乏意思能力时的避孕和绝育

6.1 缺乏意思能力情况下的避孕

有关个体是否具有同意接受避孕治疗的能力的先例是 A 夫人和 A 先生案（第四章对此进行了讨论）①。法院判定，只需证明请求避孕治疗的人明白与避孕直接相关的问题即可，包括避孕的原因，避孕如何起作用以及未采取避孕措施时怀孕的概率，避孕的种类，各类避孕方式的效果、副作用及其利弊，以及改变避孕方式的难易程度。博迪（Bodey）法官反对申请人在接受避孕治疗前，必须证明她能理解与避孕相关的所有事项以及抚养子女的现实问题。他解释道，如果这样要求，就有"用社会制度构建剥夺个人自主权"的风险。② 他担心，这会轻而易举地断定那些被认为不是一个好母亲的人不能真正理解母亲的含义。随之而来的另一个问题是，在没有完全理解涉及避孕的所有问题的情况下做出的避孕决定是不是一个自主的决定？③

博迪法官显然也受到了实用主义思潮的影响。他认为，检验一个妇女是否真正明白照顾子女意味着什么，在现实世界中根本不可能做到。不论在计划生育诊所还是医生诊所，都没有足够的时间评估患者是否真正理解抚养子女意味着什么。

在 A 诉 P 案④中，对于如何判断女性是否有能力对避孕做出同意，该判决列出了一些有用的考虑因素：

(1) 避孕措施（包括没有在性行为中使用，可能导致怀孕的概率增加）及其理由；

(2) 可以使用的避孕措施类型以及使用方法；

(3) 每种避孕措施的优劣；

(4) 每种避孕措施可能的副作用以及如何应对；

---

① *A Local Authority v Mrs. A and Mr. A* [2010] EWHC 1549 (Fam).
② Para 63.
③ 参见 Keywood（2011）对该案的精彩分析。
④ *A v P* [2018] EWCOP 10, para. 16.

(5) 每种避免措施改变的难易程度;

(6) 每种避孕措施公认的有效性。

如果自然人没有能力做出决定,就将根据 2005 年《心智能力法》对其进行评估,判断接受避孕治疗是否符合其最佳利益。在医院信托会诉 V 案①中,法院认定该青年女性容易被利用,怀孕将对她带来巨大伤害。因此,为她进行避孕治疗符合她的最佳利益。

值得注意的是,在 A 夫人和 A 先生案②中,尽管法院认定,A 女士在决定是否避孕上缺乏意思能力,但法院判决对 A 女士实施强制避孕并不符合她的最佳利益。③法院判定,最好劝她自愿同意避孕。的确,A 诉 P 案④也显示,医务人员在决定是否对个体进行避孕治疗前,都希望得到法院的授权。在精神卫生信托会诉 DD 案⑤中,法院判定,让当事人接受避孕针剂注射对保护其最佳利益非常重要,因此,法院同意为确保当事人接受针剂注射,可以使用必要的强制力。

6.2 缺乏意思能力情况下的绝育和相关法律

未经个人同意便为缺乏意思能力的人实施绝育手术是否恰当?这听起来似乎有些耸人听闻,但现在这已成为一种合理的常规做法。不久前,这种做法还被认为是"优生学"的一部分,给"不优秀"的人做绝育手术被认为是一种恰当的方式,防止他们生下"不优秀"的子女。"优生学"被看作一种确保只有最优秀的人能够生存的方法。奥利弗·温德尔·霍姆斯(Oliver Wendell Holmes)法官在巴克诉贝尔一案(*Buck v Bell*)中就表达了这样的看法:"为了让世界更加美好,与其等着惩罚那些因堕落而犯罪的后代或者让他们因为自己的低能而挨饿,不如主动阻止那些明显不适宜继续繁衍后代的人生育后代。"⑥ 热衷于实施"优生学"的绝育措施的非纳粹分子莫属,纳粹政权曾对 350 万人做了绝育手术。⑦ 现在已经没有人公开支持这种"优生学",但出于对无意思能力人最佳利益的保护,对他们进行绝育被认为

---

① *The Hospital v V* [2017] EWCOP 20.
② [2010] EWHC 1549 (Fam).
③ 参见 Herring (2010b) 对该判决的批评。
④ *A v P* [2018] EWCOP 10.
⑤ *A Mental Trust v DD* [2014] EWCOP 44.
⑥ 274 US 200 (1927), at 207.
⑦ Lombardo (1996: 12).

是恰当的。而随着长效避孕措施的广泛使用,全面的绝育行为基本已经没有必要。

有关绝育的法律如下。按照一般规则,医生只有在患者作出同意后,才可为他实施绝育。所以如果患者是有意思能力的成年人,那医生就不能在未经其同意的情况下为其实施绝育。① 如果患者缺乏意思能力,医生认为实施绝育符合患者最佳利益,并且这也是侵害最小的一种方式,那么就可以对其实施绝育。② 但这种情况下的绝育,必须首先获得法院的许可。③ 现在,这种情形由 2005 年《心智能力法》调整。依照该法第 4 条之规定,在评判为患者实施绝育是否符合其最佳利益时,《心智能力法业务守则》④ 规定,法院必须根据先例中患者最佳利益的判断方法进行判断。然而,上议院在 F 案中⑤强调,如果实施绝育不是因为医疗原因(即绝育不是为了治疗疾病),就应先请求法院作出绝育合法的宣告。⑥ 如果当事人是一个儿童,应根据 1989 年《儿童法》或相关监护法律作出申请,如果当事人是一个缺乏意思能力的成年人,法院可以根据 2005 年《心智能力法》第 15 条宣布绝育合法。⑦ 如果绝育是出于医疗原因(比如为了解决月经过多的问题或为了治疗癌症),⑧ 只要绝育是解决该问题的最小侵害方法即可,没有必要得到法院的批准。⑨ 值得一提的是德比和伯顿大学医院国民医疗服务体系基金信托机构诉 J 案⑩,威廉姆斯(Williams)法官担心,由于医方有切除子宫侵犯生育权的担心,因此,在因为治疗原因需要实施子宫切除术时,医方总是存在延误的情形。

如果没有治疗需要,又未取得法院许可,在这种情况下实施绝育的后果是什么,法律尚不明确。从法律上讲,法院作出的指令是绝育手术合法的正式宣告。换言之,宣告只是确认了绝育手术的法律地位,并非绝育手术的合法条件。因此,如果医生没有获得法院许可而为患者实施绝育,就可能只是违反职业准则,只有在证

---

① 2005 年《心智能力法》规定了同意或拒绝接受治疗的意思能力标准。参见本书第四章。
② 2005 年《心智能力法》第 1 条第 6 款对此做了强调。
③ DCA(2007:para8.18)。
④ The Mental Capacity Act Code of Practice,DCA(2007:para8.22)。
⑤ *F v W Berkshire HA* [1989] 2 All ER 545.
⑥ *Practice Direction 9E* under the Court of Protection Rules 2007.
⑦ *A Local Authority v K* [2013] EWHC 242(COP).
⑧ *A NHS Trust v K* [2012] EWHC 2922(COP).
⑨ *F v F* [1991] 7BMLR 135;*Re SL*(*Adult Patient*)(*Medical Treatment*)[2000] 1 FCR 361. 如果案件的情形很难判断是否属于治疗性绝育,那就应该提交法庭判决(*Re S*(*Sterilisation*)[2000] 2 FLR 389,405)。
⑩ *University Hospitals of Derby and Burton NHS Foundation Trust v J* [2019] EWCOP 16.

实绝育手术违背患者最佳利益的情形下，此举才可能构成犯罪。

如果医方提出了绝育手术的授权申请，法院将依据绝育是否符合患者最佳利益做出判决。确立此方法的先例如下：

重点案例

B（未成年人）（监护：绝育案）①

本案当事人B年满17岁但心智年龄只有5~6岁。上议院法官面临的问题是有人主张应对她实施绝育手术。法官认为，这个案件的关键在于她的最佳利益是什么。作出最终判决的黑尔什姆（Hailsham）勋爵将本案焦点放在这个17岁女孩怀孕后将面临的不安和痛苦。他认为这个女孩没有担任母亲的能力，她无法照顾好孩子。布里奇（Bridge）勋爵谨慎指出，这个案件不是基于优生学而裁判，他认为唯一的考虑因素是B的最佳利益是什么。因此，他不赞成加拿大上议院在伊芙案②中所采用的审判方法。

伊芙案涉及为一位21岁的妇女伊芙（Eve）实施绝育手术的请求。伊芙患有学习障碍症，并且同一名男士发展出一段情谊。申请人指出，为伊芙实施绝育手术的唯一原因是为了防止她怀孕。法院担心实施绝育的真正原因是基于所谓"优生学"的考虑。所以，法院强调，伊芙不会比其他女性更容易从怀孕中受到伤害。与月经有关的个人卫生问题是挺麻烦，但其他个人卫生问题同样麻烦。并且，实施绝育是不可逆的。维持身体的完整性最为重要，非治疗性的绝育严重侵犯了个人权利，永远不可能合法。

布里奇勋爵对这种法律分析方法提出了批评，因为这会让法院作出一个不符合患者最佳利益的指令，这是不可接受的。

> 在我看来，这种一概而论的看法（即不允许非治疗性的绝育）完全无益。认为法院不可能为了患者的最佳利益授权绝育手术的观点犯了一个明显错误。认为只有治疗性绝育手术才可以实施，非治疗性的不行，这是将关注焦点转向了治疗性绝育和非治疗性绝育的言辞之争，而法院应关注的真正问题，即绝育是否符合患者最佳利益，却被忽视了。③

---

① *Re B（A Minor）（Wardship：Sterilization）*［1987］2 All ER 206.
② *Re Eve* ［1986］2 SCR 388.
③ ［1987］2 All ER 206 217.

法院强调，是否实施绝育，唯一的考虑因素是患者最佳利益，因此以下两个因素不应予以考虑。

法院不应考虑对当事人负有照顾义务的人的利益。① 负有照顾义务的人认为应该实施绝育，原因是他们将因当事人怀孕而增加额外的负担，但这不是为当事人实施绝育的理由。虽然如此，法院可能仍会考虑以下问题：如果当事人怀孕，监护人的负担会加重，以至于他们可能因此生病甚至无法履行正常的照顾义务。还应注意的是，法院在判断患者最佳利益时依据的信息往往来自其监护人。因此，有人认为，这赋予了他们一定的"权利"，他们可以选择性地向法院提供当事人的信息，借此达到他们的个人目的。

法院不会考虑优生学的因素。② 所以，当事人可能生出一个残疾孩子不是判定是否实施绝育的考虑因素。③

既然不必考虑以上因素，那什么是实施绝育应当考虑的因素呢？在 Re F（精神障碍患者：绝育）案④中，上议院强调，最佳利益标准完全不同于博勒姆标准。换言之，证明有受尊敬的医学专家组支持绝育还不够，法院还必须考虑和患者最佳利益相关的其他因素。⑤

在认定实施绝育是否符合患者最佳利益时，法院不仅会考虑治疗需要，还会考虑更广范围的伦理、社会、道德和社会福利因素。⑥ 在以往的判例中，法院曾提及以下因素。⑦

6.2.1 法院通常要考虑专业医学意见

如果相关的专业医学意见都认同实施绝育，法院很少会拒绝作出实施绝育的许

---

① *Re B* [1987] 2 All ER 206. 尽管在 *Re HG* [1993] 1 FLR 588 一案中照顾者的"合法需求"是应该考虑的相关因素。

② *Re B* [1987] 2 All ER 206.

③ *Re X (Adult Sterilisation)* [1998] 2 FLR 1124, 1129. *Practice Note (Official Solicitor: Declaratory Proceedings: Medical and Welfare Decisions for Adults who Lack Capacity)* [2001] 2 FLR 158, App. 1.

④ *Re F (A Mental Patient: Sterilisation)* [1990] 2 AC 1.

⑤ *Re A (Medical Treatment: Male Sterilisation)* (2000) 53 BMLR 66.

⑥ *Re S (Sterilisation: Patient's Best Interests)* [2000] 2 FCR 389, 401.

⑦ 在 *Re S (Sterilisation: Patient's Best Interests)* [2000] 2 FLR 389, 403 一案中，判决最佳利益的标准和在监护案中采用的被监护人的福利标准相同。

可。在为数不多遭到法院拒绝的案件中，也是因为专业医学意见存在分歧。① 但近年来，上诉法院强调，认定什么是当事人最佳利益的是法院，而不是医生。②

6.2.2 只有绝育是不得已的最后治疗方式时，法院才会批准③

因为根据《欧洲人权公约》第3条或第8条规定，为无意思能力人实施绝育侵害了她们的权利。④ 因此，如果要说服法院基于怀孕会使当事人承受巨大痛苦认定可以绝育，还必须证明避免怀孕的其他替代治疗方法不合适。⑤ 因此，申请实施绝育手术要想成功，往往需要证明基于某些原因，患者不适合使用避孕药。⑥ 但法院在这一问题上的判断并不特别严格。在 Re P 案⑦中，尽管在审理时，P 能够使用口服避孕药进行治疗，但存在未来她可能不会定期使用避孕药的风险，这样，她将会受到伤害，因此法院仍然批准为其实施绝育。法院也可能被说服，认定只有绝育才能有效控制严重的月经流血症，其他避孕方式做不到。⑧

6.2.3 需要向法院证明怀孕风险真实存在

实施绝育手术的申请要想获得支持，必须证明当事人是异性恋或者其正处于恋爱中，甚至她"很漂亮"。⑨ 在 Re W 案⑩中，尽管 W 怀孕的可能性微乎其微，但由于医学专家的支持，法院仍然许可为其实施绝育。在 Re HG 案⑪中，在没有任何证据表明该女子处于性活跃期的情况下，法院也许可对其实施绝育。但最近的一些判

---

① Eg *Re D* [1976] 1All ER 326; *Re LG* [1997] 2FLR 258（该案中，主要照顾患者的社会工作者反对手术）。

② *Re A（Medical Treatment：Male Sterilisation）* [2000] 1 FCR 193.

③ Lord Oliver *Re B* [1987] 2 All ER 206，218.

④ *Re A（Medical Treatment：Male Sterilisation）* [2000] 1 FCR 193.

⑤ *A Local Authority v K* [2013] EWHC 242（COP）.

⑥ *Re P（A Minor）（Wardship：Sterilisation）* [1989] 1FLR 182.

⑦ *Re P（A Minor）（Wardship：Sterilisation）* [1989] 1 FLR 182.

⑧ *Re Z（Medical Treatment：Hysterectomy）* [2000] 1 FCR 274. 据说她的月经只给她带来了疼痛和不适。但这有什么不正常的吗？

⑨ *Re P（A Minor）（Wardship：Sterilisation）* [1989] 1FLR 182 and *SL v SL* [2000] 2 FCR 452.

⑩ *Re W* [1993] 1 FLR 381.

⑪ *Re HG* [1993] 1 FLR 588.

例似乎采取了更严格的态度。① 在 Re LC 案②中，上诉法院法官索普（Thorpe）没有许可为 LC 实施绝育，因为他认为，她的监护人可以长期监护她，因此她不太可能怀孕。③

6.2.4 有时，患者具有照顾子女的能力也是法院考虑的一个因素④

女性生育子女后，因其没有抚养能力而把孩子带离其身边，这将给该女性带来巨大的痛苦。从这一角度考虑，这也具有相关性。

通常情况下，若存在上述因素，法院会作出不批准绝育的判决。但在最近的一个值得关注的案例中，法院批准实施绝育手术。

重点案例

DE 案⑤

DE 智商很低，心理年龄只有 6~9 岁。他和他的父母住在一起。法官对 DE 父母对他的照顾赞赏有加。他的父母帮助他奇迹般地实现了一定程度的独立自主生活，令人赞叹！DE 和另一位有学习障碍的人 MB 建立了长期亲密关系。法官注意到社会工作者对二人的评价："在两个有严重学习障碍的人之间能建立这么持久的关系非常难得。她说，这种关系非常珍贵，法院应予以重视，并按照符合他们利益的方式，保护这段关系。"MB 怀孕并生下了一个婴儿，随后她的孩子被带走，由他人抚养。这给 MB 和 DE 二人及其家人带来巨大的痛苦，他们的关系也产生了裂痕。DE 的父母希望给 DE 做输精管结扎手术。

---

① *Re S* (*Medical Treatment: Male Sterilisation*) [1998] 1 FLR 994; *Re LC* (*Medical Treatment: Sterilisation*) [1997] 2 FLR 258.
② *Re LC* [1997] 2 FLR 258.
③ 在 *Re S* [1998] 1 FLR 994 一案中也一样，因为存在怀孕风险的证据不足，所以法院没有许可实施绝育手术。
④ *Re X* [1999] 3 FCR 426; *Re M* (*A Minor*) (*Wardship: Sterilisation*) [1988] 2 FLR 497.
⑤ *A NHS Trust v DE* [2013] EWHC 2562 (Fam).

> 法官埃莉诺·金（Eleanor King）赞同父母的观点。她承认，就 DE 目前的智力水平而言，让 DE 使用避孕套是不可能的。如果不对其做输精管结扎手术，那么就需要有人监管他和 MB 的约会，他就会失去自主权。而且，如果不做这个手术，DE 的父母也会长期感到焦虑和担心，这也不符合 DE 的最佳利益。

在最近的剑桥大学国民医疗服务体系基金信托机构诉 BF 案①中，法官也批准了医生申请的为缺乏同意能力的女当事人实施绝育的手术。因为这是治疗癌症必需的。② 在不实施手术的情况下，她的预后为六个月。麦克法伦（MacFarlane）法官说："对明确表达想要生育的 BF 而言，不可逆转地丧失生育能力就是一个特别重要的时刻。"虽然如此，不做手术的话她将死亡，也不能生育子女。

6.3 对法院裁判方法的批判

许多人对这些案件的裁判方法提出了批判，他们的反对意见主要如下：

（1）法院总是轻易认定一个患者缺乏意思能力。③ 在 Re P 案④中，法院一方面承认 P 有结婚的心智能力，但同时又否认 P 有决定绝育的心智能力。这似乎与医事法中有关同意的一般方法不符。按照一般方法，即使有精神障碍的患者也可以自行决定某些事项，只要他们能基本理解所涉及的问题。

（2）法院总是很轻易地认定绝育是必要的。尽管法院强调只有在穷尽其他治疗手段后才许可实施绝育，但事实上，比起他们谨慎的言辞，他们在行为上就轻率多了。⑤ 正如杰克逊（Jackson）所言，法院在许可实施绝育前，并没有要求当事人出示有生育能力的证据，这十分令人吃惊。⑥

（3）法律相当重视治疗性与非治疗性绝育的区别，但进行这种区分并不总是那

---

① *Cambridge University NHS Foundation Trust v BF* [2016] EWCOP 26.
② 事实上，在这个手术过程中，可以在去掉肿瘤的同时，保留她的生育能力。
③ Jackson（2001：54）；Lee and Morgan（1988）.
④ *Re P* [1989] 1 FLR 182.
⑤ Montgomery（1989）.
⑥ Jackson（2001：63）.

么容易。① 法院承认，有些案件中，痛经是判决实施绝育的原因。但有学者坚决反对将痛经作为一种疾病，并用绝育来进行治疗。②

(4)"患者最佳利益"的定义太过模糊，这让法官可以依据自己的价值标准作出判决。③ 因此不能全面充分地保护患者权利。

(5)蒙特哥马利认为，所谓的"优生论"以暗度陈仓的方式悄无声息地进入法院判决。④ 他指出在 Re M 案⑤中，布什法官认为，如果患者怀孕生育的子女有 50% 的可能患有智力障碍，她就不得不选择堕胎，从而对身体造成伤害。布什法官坚称，这并不是一种优生论，因为这种观点关注的是当事人的利益。然而，在蒙特哥马利看来，这种推理方法已经成为一种常规手段，用以规避对优生考虑的限制。

(6)布雷齐尔和凯夫⑥担忧，对精神障碍患者实施绝育有可能为掩盖性虐待提供了方便。在精神病院等机构中，很难保证患者之间、工作人员和患者之间没有性侵犯，甚至有人担心这种性侵犯是一种常态。为精神障碍患者实施绝育意味着性侵犯的丑闻不可能因精神障碍患者怀孕而被曝光，因此，工作人员就不需要担心这一问题。他们建议，对医院的适当监管应该能避免性侵的发生，这样就可以降低实施绝育的必要性。⑦

(7)现有法律没有注意到，任何情况下的非自愿绝育都是对个体生育权的侵犯。⑧ 埃米莉·杰克逊（Emily Jackson）指出：

> 在我看来，任何崇高的目的都不能证明非自愿绝育、永久剥夺一个人生育能力的合法性。有人认为，未经无心智能力女性的同意就为其实施绝育并非侵权行为。这种观点是为了全面否定有精神障碍的女性的性能力和未来可能成为母亲的可能性而编织的谎言。⑨

值得注意的是，一项研究发现，68% 的有精神障碍的女性表示不愿绝育，并认

---

① Hale (1996: 25).
② Cica (1993).
③ Peterson (1996: 64).
④ Montgomery (2003: 400).
⑤ [1988] 2 FLR 497.
⑥ Brazier and Gave (2007: 287).
⑦ 事实上绝育并不会防止性疾病的传播。
⑧ Jackson (2001: 42).
⑨ Jackson (2001: 55).

为绝育对自己而言是一种羞耻和侮辱。①

（8）法律声称性别中立。但现实是，很难证明为男人实施绝育是出于保护男人的最佳利益，因为对他们来说根本没有怀孕的风险。② 这使得法院更倾向于许可为女性实施绝育。这是法律对男女两性实施双重标准的一个典型例子。

这些批评意见背后都有一个共同点：在未征得同意的情况下为患者实施绝育是对其权利和人格尊严的侵犯。③ 弗里曼（Freeman）指出：

> 作为人，我们应当享有基本人权。生育权是人权中的一项权利。除非由于治疗需要，否则，非自愿性绝育就是对人性的否定。④

只有在一些特殊案件中，非自愿绝育才具有正当性。据报道，门开普（MENCAP）⑤协会的一位代表说，Re B 案的判决说明，有精神障碍的女孩已经降至宠物的地位，可以任意对其实施绝育。⑥ 然而，现行法的支持者认为，如果患者不能真正认识到生育权的性质或以一种负责的方式行使该权利，生殖能力的丧失就很难等同于对其人权的严重侵犯。我们很容易站在道德制高点的立场要求人们尊重无意思能力人的权利，但这可能使无意思能力人和他们的照顾者承受由于怀孕而产生的不必要的痛苦。法院是应该更关注理论家口中高尚的理论，还是无意思能力人照顾者的需求呢？⑦ 有学者认为，事实上如果我们坚决捍卫生育自由，不对任何人实施绝育，那么这就有可能侵犯精神障碍患者的行动自由和结社自由。这是因为，如果她们没有绝育，就需要对她们进行监管，她们的行动就会受到更大的限制。⑧ 这又反过来引起了对生育权重要性的质疑。生育能力是女人身份的关键象征吗？或者，生育是作为女人不可或缺的一部分吗？抑或，法律仅允许"健康的妈妈"生育，这难道只是为了塑造一个理想的母亲形象吗？⑨

---

① Cepko (1993).
② *Re A (Medical Treatment: Male Sterilisation)* [2000] 1 FCR 193.
③ Cleveland (1997).
④ Freeman (1988: 75).
⑤ 门开普协会是致力于为学习障碍者提供支持的慈善机构。——译者注
⑥ Brian Rix, quoted in Brazier and Gave (2007: 285).
⑦ Scott (1986). 参见 Scroggie (1998)，其同情那些因为自己子女精神错乱而寻求为子女绝育的父母。
⑧ Keywood (1998).
⑨ Bridgeman and Millns (1998: 342).

7. 涉及避孕的侵权责任

避孕可能涉及很多侵权问题。主要包括以下内容:

7.1 避孕的副作用

医生在给患者开具避孕药时,没有说明该药可能产生的副作用,表面上看,这是一个过失。[1] 但如果患者声称其服用避孕药后患上了未被事先告知的某种疾病,她却很难证明这种疾病确实系因服用避孕药导致的。[2]

7.2 避孕的失败

在理查森一案[3]中,理查森(Richardson)女士由于避孕套破裂导致怀孕,因而状告避孕套制造商生产的避孕套是瑕疵产品,但她最终败诉。败诉的原因有三个。第一,原告未能证明该产品具有瑕疵,因而没有提供"人们有权期待"的避孕保护。[4] 肯尼迪法官指出,人们不能期待所有避孕方法每次都能百分之百有效。第二,在理查森已经知道避孕套破损的情况下,她并没有及时服用紧急避孕药。第三,麦克法伦案[5]的判决(见下文)已经清楚表明,法院不会支持对由此产生的抚养子女费进行损害赔偿的主张。在伍顿案[6]中,伍顿想要购买医生开出的避孕药,药剂师却卖给她另外一种避孕药,伍顿因此向法院起诉,但法院最终基于不同避孕药并不会明显增加怀孕风险这一原因,判其败诉。

7.3 错误地实施绝育

在德维案[7]中,德维本是去医院做一个妇科小手术,医院由于过错导致她绝育。

---

[1] *Pearce v United Bristol Healthcare NHS Trust* [1999] PIQR 53.
[2] *Vadera v Shaw* (1999) 45 BMLR 162.
[3] *Richardson v LRC Products* [2000] L1 Med Rep 280.
[4] 1987年《消费者保护法》(*Consumer Protection Act*,1987)第3条所使用的措辞。
[5] *McFarlane v Tayside Health Board* [1999] 3WLR 1301.
[6] *Wootton v J doctor Ltd* [2008] EWCA Civ 1361.
[7] *Devi v West Midlands AHA* [1980] 7 CL 44.

而且她信仰的宗教禁止实施绝育或者避孕。她因失去怀孕能力获得了 4000 英镑的赔偿和 2700 英镑的精神损害赔偿。在拜尔斯案①中，因医院错误建议拜尔斯做绝育手术，拜尔斯因此获赔 45000 英镑，部分赔偿费将用于资助试管婴儿（IVF）手术。

7.4 绝育手术中的过失

如果医生在绝育手术中出现失误导致患者术后仍然怀孕，该患者是否可以起诉医生？在这类诉讼时，原告会面临很多难题。②

首先，原告需要证明怀孕是因绝育手术失败所致。这通常很容易证明。医生可能辩称导致怀孕的是性行为而非失败的绝育手术，但除非申请人在性行为前已经知晓绝育手术失败，否则法院不会认同医生的这一抗辩理由。③ 法院同样不会采纳以下观点：原告如果因为绝育手术失败怀孕，那么她就负有堕胎义务，如果她不堕胎，她就无权起诉。④

第二，需要证明医生对原告没有尽到应有的谨慎注意义务。在医生为该妇女或该妇女及其伴侣同时实施绝育手术的情况下，不难证明医生负有注意义务。但如果只有妇女伴侣的输精管结扎术失败的话，就需要证明实施该手术的医生对该妇女负有注意义务。要证明这一点，就要证明医生知道该妇女是手术失败患者的伴侣。在古德威尔案⑤中，法院认为，对该男子手术三年后才开始与其恋爱的女性，医生没有注意义务。

第三，需要证明医生存在过失。这种情况下，原告可能提出两项诉讼主张。一是手术中医生存在过失。医生在手术中是否存在过失可以根据一般法律规则判断（参见第三章）。此外，原告还可以主张医生作出了有过失的错误陈述。可能医生保证手术已成功但其实并没有，或者在确认手术成功之前没有建议他们避孕，或者没有警告他们手术仍然有较小概率的失败风险。这些情况下，适用一般的法律标准判断医生履行告知义务时是否存在过失：该风险是否是负责任的医学专家组都不会忘记的、须告诉患者的风险；或者，该风险是否已经大到任何一位专家都同意应告知

---

① *Biles v Barking HA* [1998] CLY 1103.
② Hoyano（2015）对这一问题做了非常出色的分析。
③ *Sabri-Tabrizi v Lothian Health Board* (1997) 43 BMLR 190 是一个苏格兰的案例，但在其边境之南，也可能遵循这一判例。
④ *Emeh v Kensington, Chelsea and Fulham AHA* [1984] 3 All ER 1044, 1053; *McFarlane v Tayside Health Board* [1999] 4WLR 1301, at 1301 (Lord Slynn) and 1317 (Lord Steyn).
⑤ *Goodwill v BPAS* [1996] 1 WLR 1397.

患者。① 男性绝育手术几年后复通的概率为 1/2000，英国法上已经确立，医生未告知当事人这一风险，并不构成过失。② 专业机构则指出，如有 1/200 的失败概率，医生应该告知女性这种绝育手术不成功的风险。③

第四，应该证明原告因此遭受了损失。事实证明这最难证明。妇女可基于流产或死胎而遭受痛苦为由提出赔偿要求，但赔偿金额不会太高。如果她决定堕胎，她可以请求赔偿与此相关的医疗费用、自己遭受的精神损害以及其他各种可得收入的损失，但赔偿金额同样不可能太高。最大的问题在于妇女因避孕失败已经生育子女的情形。

孩子自己不能提出"错误出生"的诉求。换言之，孩子不可能因为医生在对其父母实施的绝育手术中存在过失而起诉该医生。实质上，法院认为在这种情况下声称子女不应出生有违道德。④ 天生有严重残疾的子女不该出生的说法更不道德。⑤ 刑事被害人补偿局诉初级裁判所⑥案⑦中，一审法院判定因乱伦出生、患有遗传疾病的子女不能因为是刑事犯罪行为的被害人而主张人身损害赔偿。上诉法院维持了一审法院的判决。上诉法院法官亨德森（Henderson）指出：

> 当事人主张的伤害事实上源于他继承父母的基因，而这恰恰是让他成为一个独特个体的原因。这与他遭受伤害后提出的请求不同，这个所谓受到伤害的当事人如果在没有受伤害的情况下，根本就不会存在。从逻辑上讲，他的请求是他根本就不应该被生出来。而这种性质的请求不是主张人身损害的请求，而是主张错误存在的请求，……这张请求法律不会支持……

如果因为自己的绝育手术失败而导致怀孕或生育，该妇女可以要求损害赔偿。

---

① *Sidaway v RHG Bethlem* [1985] 1All ER 643 and *Pearce v United Bristol Healthcare NHS Trust* [1999] PIQR 53.
② *Newell v Goldenberg* [1995] Med LR 6.
③ RCOG (1999).
④ *Mackey v Essex Area Health Authority* [1982] QB 1166.
⑤ 更多讨论，参见 Scott (2013)。
⑥ 英国刑事被害人补偿局负责英国政府资金支持的，旨在为刑事犯罪被害人或已死亡的被害人的近亲属遭受伤害进行补偿的计划。初级裁判所主要负责因公民不服行政决定而引起的行政争议，通过审理活动达到解决行政争议的目的。参见：王建新，《英国行政裁判所制度最新演进》，《行政法学研究》2013 年第 4 期，第 115-122 页。——译者注
⑦ *Criminal Injuries Compensation v First Tier Tribunal* [2017] EWCA Civ 139.

这种赔偿应该包括医疗费用和因怀孕和分娩遭受的精神伤害的经济补偿。在沃金案①中，法院认为，可以把因绝育手术失败而导致的怀孕认为是一种人身伤害[尽管上诉法院法官罗奇（Roch）很难接受这个结论②]。当事人也可请求赔偿可得收入的损失，同样，因生育产生的相关费用也可要求补偿。

但是抚养子女产生的费用是否可以主张赔偿呢？通常，法院不太可能支持子女抚养费的赔偿主张，主要原因如下：如果孩子发现他们的出生非但没有带来快乐反而引起一场诉讼，这可能会对他们造成伤害，③另外，社会公共政策也反对把子女的出生看成是父母的损失，因为把一个孩子能给父母带来的快乐和父母抚养子女的成本放在一起比较既不可能，又不可取。这方面的先例是麦克法伦案④。该案把子女抚养费的赔偿请求归类为一种纯粹经济损失的赔偿请求，适用于此类赔偿请求的一般侵权规则也应同样适用。这就需要证明，这种损失是可预见的，原告和医生之间具有足够密切的关系（sufficient proximity），并且，在这种关系中施加这种注意义务是公平、公正、合理的。法官大人们的分析重点在于以下的一种道德观：子女的出生应被视为一种幸福和快乐，而非一种伤害或损害。正如米利特（Millett）勋爵所言：

> 如果这件事在法律看来是有益的，原告就不能仅仅因为事与愿违而要求赔偿。至少在这一法律领域，法律通常不允许原告通过主观评价，将好事说成坏事。⑤

米利特勋爵的这一思路遭到了批判。⑥埃米莉·杰克逊反驳道："如果一个人为了彻底避孕选择绝育手术，那么要求其把手术的失败看成一件好事违背常理。"⑦

另一种观点是抚养费的赔偿水平和医生的过失严重程度不成比例。⑧尽管子女抚养费的赔偿数额可能较高，但在侵权法领域，以"比例说"为由进行抗辩并不常见。比如，司机因一时疏忽而导致别人瘫痪，人们不会认为该司机向受害者支付的必要的高额赔偿费用与其过失严重程度不成比例。这背后可能涉及公共政策的问

---

① *Walkin v South Manchester Health Authority* [1995] 1WLR 1543.
② Ibid, at 1553.
③ *McFarlane v Tayside Health Board* [1997] SL 211, Lord Gill.
④ *McFarlane v Tayside Health Board* [1999] 3 WLR 1301.
⑤ Ibid, at 1346.
⑥ Priaulx (2007a: Chap 1).
⑦ Jackson (2001: 35-6).
⑧ Lord Clyde at 1340.

题。韦尔（Weir）指出，如果认可这种主张，实际上就允许我们"将医院中为患者治疗的有限资源拿给那些不愿抚养自己健康子女的父母"。① 如果这种观点是对的，那就可以以此否认过失医疗行为的受害人对国民医疗服务体系提出的任何赔偿请求。

随后，在格林菲尔德诉欧文案②中，原告认为，1998年《人权法》要求英国法应该为这种情形下出生的儿童赔偿抚养费。这一主张未被法院采纳。原告提出的另一主张是，即使不赔偿子女抚养费，也应该赔偿父母因抚养子女放弃工作而遭受的收入损失，但该主张也未获支持。

在里斯案③中，一名有严重视力障碍的妇女绝育手术失败。她怀孕后生下了一个健康婴儿。在上议院，她想要挑战麦克法伦案判决的努力最终失败。法官们一致认为：上议院的这个判决在作出四年后就予以推翻，并不恰当。这类绝育案件是侵权法一般规则的例外。以宾厄姆勋爵为首的多数派法官以绝育手术失败侵犯了其生育自主权为由判决该妇女获得15000英镑的赔偿。但这笔钱不是赔偿出生子女的抚养费用，而是对该妇女丧失了按她希望的方式生活的机会进行赔偿。母亲是残疾人的事实不是不适用麦克法伦案的充分理由。

但如果绝育失败生育了残疾子女呢？在麦克法伦案中，上议院并未讨论这个问题。在帕金森案④中，由于绝育手术失败，该妇女生下了一名残疾孩子。在上诉法院法官黑尔的这篇著名论断中，她指出，这种情况下的怀孕其实侵犯了该妇女的身体完整权。这种对妇女自由意志的侵犯会在母亲抚养残疾子女的过程中一直持续下去。考虑到麦克法伦案的判决，上诉法院支持了向原告支付相当于（甚至超过）健康孩子抚养费的赔偿金请求。必须承认的是，黑尔法官的判决观点实际推翻了麦克法伦案的判决。在里斯案⑤中，上议院参考了帕金森案的判决，斯泰恩、霍普和赫顿三位勋爵都支持该案的判决。但是宾厄姆和尼科尔斯勋爵不赞成。斯科特勋爵认为作出该判决所依据的事实不当，即他认为只有在绝育目的是防止残疾小孩出生的情况下，才能赔偿孩子的抚养费用。米利特勋爵未发表意见。所以帕金森案判例的合理性有待进一步证实。⑥

---

① Weir (2000b: 131).
② *Greenfield v Irwin* [2001] 1WLR 1279.
③ *Rees v DArlington Memorial Hospital NHS Trust* [2004] AC 309.
④ *Parkinson v St James* [2002] QB 266.
⑤ *Rees v DArlington Memorial Hospital NHS Trust* [2004] AC 309.
⑥ 参见 Priaulx（2004）对这一问题的有趣讨论。

在格鲁姆诉塞尔比案[①]中，医生在没有注意到妇女怀孕的情况下为该妇女实施了绝育。等到怀孕被发现时，医生认为为时已晚，没办法再实施堕胎手术。孩子刚生出来时很健康，但是由于出生时受到感染，孩子在三周后得了脑膜炎。上诉法院遵循了帕金森案的判决指引，判决需要赔偿该残疾孩子的抚养费用。

上述判决提出的问题在以下案件中，以一种新的情况出现：

重点案例

ARB 案[②]

一家试管婴儿诊所为一对希望做试管婴儿的配偶存储了五个胚胎。后夫妇俩分手。但女方未告知诊所这一事实，并在使用男方配子的知情同意书上伪造了男方的签名。后女方生育了一名健康宝宝。男方遂起诉院方要求承担违约责任（他们承诺不会在未经男方同意的情况下使用他的配子）。一审中，杰伊（Jay）法官判定，尽管存在违约行为，但麦克法伦案和里斯案都判定，如果生育了健康宝宝，就不会支持赔偿的诉讼请求。上诉后，上诉法院驳回了上诉方提出的麦克法伦案和里斯案只适用于侵权诉讼的主张。上诉法院判定，麦克法伦案和里斯案的核心内容是，无法计算生育所带来的所有损失，就像我们无法评估生育所带来的收益一样。无论这样的诉讼请求是在合同法还是在侵权法中主张，都是如此。

值得注意的是，上诉法院作出判决的理据在于无法计算子女所带来的利益，而不是有某种道德原则或法律原则禁止这么做。

---

① *Groom v Selby* （2002）64 BMLR 47.
② *ARB v IVF Hammersmith* ［2018］EWCA Civ 2803.

8. 避孕涉及的伦理问题

很多有关避孕的伦理问题都与以下问题有关：生命从何时开始？① 在那些把受精看作生命开始的人看来，损害受精卵的避孕药就有违道德。在讨论堕胎前，我们将首先探讨生命从何时开始。大部分有关堕胎的著作都是从女权主义或宗教主义出发的。我们接下来将思考这些观点。

女权主义视角

在许多女权主义者看来，避孕药对女性解放作出了重大贡献。"避孕药赞美颂"一文的作者布里斯托（Bristow）写道：

> 无论避孕药有何缺点，在其被创造出来后的50多年里，它被证明是最好的避孕方式。没有它，妇女平权运动似乎也不可能走得这么快这么远。②

避孕对女性能够自由生活做出了很大贡献。能够自主控制是否以及何时怀孕，对妇女非常重要。

但是，也不乏女权主义者对避孕提出了批判。我们已经注意到，使用避孕药不可避免地会带来一些健康问题，并且改善避孕方式也并不是当前医学研究要优先解决的问题。另一种担心是避孕药其实对男性有益，因为它让男性可以和女性自由地发生性关系，而不用承担抚养子女的经济压力。波拉克（Pollock）认为当前的避孕方式满足了男性的性快感，却给妇女的身体健康带来威胁。③

有人认为，使用避孕药的妇女会以一种违背妇女利益的方式被污名化。麦金农（Mackinnon）写道："使用避孕措施意味着，承认自己将发生

---

① Marquis（2008）.
② Bristow（2002）.
③ Pollock（1985：66）.

性行为并计划发生性行为，承认自己可以满足男性的性要求，一切都按计划进行。避孕药也意味着为男人性侵提供了机会。"①

吉尔德（Gilder）则认为男性还没有理解生育控制所带来的心理影响。

> 男性在心理上尚未与现有避孕技术达成妥协。很少有人意识到，在一定程度上，这已将性权力的平衡推向了有利于女性的一方。除非在妻子的完全同意下，否则一个男人不可能轻易地成为一名父亲……在过去几个世纪里，男人都把自己的性器官当成一个强有力的工具……男性性器官的能力不仅在于勃起，而且是一个必要的生育工具。妇女对男性的这种能力有敬畏之情，男性也以此为傲。但现在，男性已完全丧失了骄傲的资本。男人的阴茎不再对生育起决定作用，……除非女人想要男人做父亲，否则男人的阴茎就只是一个玩物。②

值得注意的是，最近对成功减少青少年怀孕和性疾病传播的项目所做的调查发现，这二者都对男性的行为没有影响。③ 这表明，主要承担性安全责任的仍为女性。

俯瞰众生

关于避孕的宗教观点：

许多宗教都不反对避孕。最强烈的反对来自罗马天主教，其一贯反对使用人工避孕方法。教皇保罗六世（Pope Paul Ⅵ）认为：

> 上帝已经明智地设置了自然法和生育周期，这二者自然就会在一系列生育中产生间隔。……（这一教条）建立在夫妻性行为不可分割的两层含义上：合欢和生育。这是上帝的意志，且人类不能凭个人意愿违背之。④

---

① Mackinnon（1987：95）.
② Gilder（1986：106）.
③ Kirby（2009）.
④ Pope Paul Ⅵ（1968：300）.

第七章　避孕、堕胎、怀孕

但罗马天主教确实允许采用诸如体外排精一类的自然避孕方式。对某些人而言,"自然的"和"非自然的"避孕方式之间的区别是人为设置的,即使"安全期避孕"也可以称之为对自然胚胎的破坏。[1]

该教派的观点实质上认为性交的目的不是欢愉,而是繁育。哥马利(Gormally)解释说:

> 如果我在性交时避孕,我就违背了自己所秉持的一个观点:性的好处本质上是和孩子联系在一起。我的性行为是基于这样的假定,即性有另外一种含义,让我们能更好地理解性,也即除了婚姻之外,性行为还有一个真正的好处。[2]

一些天主教人士则认为,避孕阻止了一个新生命的形成,也违反了一个人基本的善。[3] 有人则回应道,大多数人避孕是为了自主决定怀孕的合适时间,而不是阻止怀孕。[4] 另一反对理由是,天主教的观点似乎是说不孕夫妇的性行为和同性伴侣之间的性行为没有区别。

尽管这是天主教的官方教义,但有证据证明,事实上,大部分罗马天主教徒都使用过人工避孕方法。[5] 这一观点甚至也遭到了主要的天主教神学家的批判。[6]

那些认为避孕在发展中国家发挥了重大作用的人也强烈反对这一教义,因为在发展中国家,政府鼓励使用避孕套,以避免艾滋病的传播和控制人口增长。[7] 虽然如此,教皇仍坚决反对避孕。

避孕这一问题在伊斯兰教也引发了激烈讨论。[8] 在最保守的伊斯兰教徒看来,应当禁止所有的避孕方式。[9] 在相对开放的伊斯兰教徒中,反对

---

[1] Moore (2001: 163); Bovens (2007).
[2] Gormally (1997b: 1).
[3] Grisez 等 (1988)。
[4] Moore (2001: 167).
[5] Sander (1993).
[6] Barth (1998) and Burtchaell (1998).
[7] Curran (1982).
[8] Deuraseh (2003).
[9] Ebrahim (2000).

的声音稍小一点。然而，穆斯林的传统认为婚内生育是一种宗教义务，因此穆斯林教徒反对绝育。

犹太教对避孕的态度也存在分歧。传统的犹太教不允许男性避孕（如避孕套），但女性出于健康原因（如母亲或胎儿的健康问题）而实施避孕则是允许的。但无论保守的还是开放的犹太人都认为，已婚夫妇可以避孕。

9. 堕胎概述

堕胎是我们这个时代备受争议的话题之一。一位著名评论家说"这是一个简单的常规小手术。"[①]这多少有些让人吃惊。但事实确实如此，35%～40%的英国妇女在她们的一生中至少有过一次堕胎。[②]有研究发现，有16.2%的怀孕属于意外怀孕，其中29%的女性对于怀孕非常矛盾，只有55%的女性是计划怀孕。[③]但也有人认为，堕胎现在变得非常普遍，"妇女对待胎儿就像对待坏牙一样，仅仅因为痛苦，就立刻拔掉。"[④]强烈反对堕胎者认为堕胎是对最弱小的社会成员（未出生的胎儿）的屠杀。其他人则认为堕胎是一项基本人权，是推动男女平权的一个重要方面。违反妇女意志强迫其怀孕，严重侵犯了其身体权和自主权。

在英国，人们把堕胎和优质的产科护理看成理所当然。据估计，每年全世界有44000名妇女因不安全堕胎而死亡，有690万妇女因此而住院。[⑤]据说全世界有25%的孕妇最终会堕胎。[⑥]

堕胎的方式包括以下几种：

---

① Jackson（2002：72）
② Furedi（1998：161）. 另请参见 http：//www.lin3campaign.org/；http：//mybody-mylife.org/。
③ Wellcome Trust（2013）.
④ Knight Hansard，HC（Series 5）vol 732，col 1100（22 July 1966）.
⑤ Alan Guttmacher Institute（2017）.
⑥ Alan Guttmacher Institute（2017）.

（1）堕胎药。

在怀孕早期会使用这种药（米非司酮），这种药会阻止受精卵着床所需的激素形成，从而引起流产。

（2）负压吸引人工流产。

通过子宫颈往子宫插入一个吸管，以负压吸出胚胎组织，从而终止妊娠。

（3）疏散和刮宫。

扩张妇女的子宫颈，然后吸出子宫内的胚胎组织并利用刮宫匙刮掉剩余残留物。

（4）完整的扩张和提取（半生产堕胎）。

胎儿被提取到阴道并把其大脑组织吸出。这种方法直接杀死了胎儿，然后移除死胎。

紧急避孕药和宫内节育器有时也在一些医学著作中被列为堕胎的形式，但根据法律规定，它们属于避孕方式而不是堕胎方式。①

现实考察

2018年，英格兰和威尔士的女性居民中：

• 有200608例堕胎行为，同年，英格兰和威尔士的非本地居民中有205295例堕胎行为。

• 在15~44岁的女性居民中，堕胎率为17.4‰。在过去十年中，18岁以下的女性堕胎率逐年下降，但35岁以上女性的堕胎率在增长。

• 21岁的女性的堕胎率最高，达30.7‰。

• 16岁的女孩中有1267例堕胎事件（占总数的0.6%）。其中，15岁以下的女孩有363例（占总数的0.2%）。45岁以上的女性中有746例堕胎事件（占总数的0.4%）。

• 90%的堕胎获得了国民医疗服务体系的资助。其中，超过三分之二

---

① R (John Smeaton on behalf of SPUC) v The Secretary of State for Health [2002] 2 FCR 193.

(72%）由订立国民医疗服务体系合同的独立诊所实施。

- 92%的堕胎是在妊娠十三周内实施的,81%的堕胎是在妊娠十周内实施的,与 2015 年的 80%相比,略有增长;相较 2006 年的 68%,增长明显。
- 2018 年 90%的堕胎为已婚妇女实施。
- 2019 年通过医疗方式堕胎的占比 71%。相较 2015 年（55%）有小幅增长,相较 2006 年（30%）增长了一倍多。
- 2020 年因为第四类原因（胎儿存在严重残疾的风险）实施的堕胎有 3269 例（占 2%）。
- 2018 年,有 39%的堕胎女性在堕胎前有过一次或一次以上的堕胎史。[1]

10. 堕胎相关法律

尽管 1967 年《堕胎法》（Abortion Act,1967）为针对堕胎而提起的刑事诉讼提供了大量的免责理由,但法律依然认定堕胎是一种犯罪。

10.1 刑事犯罪

处理堕胎的基本法律依据是刑法。[2] 尽管有成文法或普通法上规定的免责事由,但大多数堕胎仍被视为刑事犯罪。有关堕胎的刑事犯罪如下:

(1) 1861 年《侵害人身罪法》（Offences Against the Person Act,1861）第 58 条:

> 任何企图堕胎的孕妇,不得为此目的使用毒药或者其他有毒物质,也不得使用工具或其他手段。任何企图使妇女流产的人,不论该妇女是否怀孕,不得为此目的使用毒药或者其他有毒物质,也不得使用工具或其他手段,否则即属违法,将被判处监禁。

---

[1] 所有数据来自卫生和社会保障部,the Department of Health and Social Care（2019a）。
[2] Keown（1988）and Grubb（1990）。

对本条规定需要注意几点。第一，犯罪主体可能是孕妇本人或其他人。第二，如果被指控的是孕妇，则必须证明她确实怀孕，如果被指控的是其他人，则不需要证明被害人确实怀孕。即如果一名妇女事实上没有怀孕但她以为自己怀孕了，于是伙同自己的朋友试图使用工具让自己流产，那么此时犯罪的是朋友[①]而不是该妇女。[②] 第三，只有在被告的主观目的是引起流产时才构成本罪。因此，一名孕妇食用了违禁药品，即使她预见到使用该药品可能导致流产，但主观上并不希望流产，也不构成本罪。

（2）《侵害人身罪法》第59条：

> 任何为他人提供或购买毒药和其他有毒物质或工具等其他物品的，并知道他人的目的是非法致使妇女流产（无论妇女是否确实怀孕）的，构成犯罪，判处5年以下的监禁。

该条禁止任何人向他人提供用于非法堕胎的任何药品、物品或工具。应当注意的是，此罪不需证明妇女是否确实怀孕。在艾哈迈德案[③]中，丈夫把他的妻子（几乎不会说英语）骗到诊所试图让她堕胎（妻子并不同意）。但诊所意识到他的妻子并不明白他的意图，所以拒绝为其堕胎。但在上诉中，法院认为他并没有违反《侵害人身法》第59条，因为他并没有向他妻子提供或购买任何导致流产的物品。[④]

（3）1929年《婴儿生命（保护）法》[*Infant Life（Preservation）Act*，1929] 第1条：

> （1）任何企图伤害可能活着出生的胎儿，或在胎儿脱离母体之前故意致其死亡的人都犯有重罪，也即杀害胎儿罪，一经定罪，将被判处终生服劳役。例外规定：
>
> 若是为了挽救母亲生命而伤害胎儿，则不得依据本条判处有罪，除非其是恶意致使婴儿死亡。
>
> （2）根据本法规定，怀孕28周以上即可初步证明胎儿有活着出生的可能。

---

① *R v Price* [1968] 2 All ER 282.
② 在这种情况下，也有可能认为该妇女是犯罪未遂。
③ *R v Ahmed* [2010] EWCA Crim 1949.
④ 法院提出，根据该法第58条规定的"其他手段"提出的指控可能会成功。以蓄意攻击及重大身体伤害的罪名提出指控，这种指控的成功性可能更大一些。

本条所规定之犯罪的犯罪主体可以为任何人，包括孕妇本人、医生或其他人，如男朋友的母亲。但只有婴儿"有活着出生可能"的情况下，才能认定被告犯有此罪。① 值得注意的是，根据第（2）款规定，怀孕 28 周以上即可认为有活着出生的可能。但这只是一种推定，若有相反证据证明怀孕时间较长但胎儿确实不能活着出生或怀孕时间较短而胎儿可能活着出生，则可以推翻这种推定。根据乔纳森·蒙特哥马利（Jonathan Montgomery）的观点，在医学界普遍认为怀孕 24 周以上婴儿就有活着出生的可能。② 兰斯案把"活着出生"一词定义为"婴儿能够通过自己肺部独立呼吸并存活，不需要依靠母体或从母体处获得力量"。③

10.2　普通法上的抗辩事由

在伯恩案中④，为孕妇实施堕胎的医生遭到了刑事指控，但法官采纳了其提出的必要性这一普通法上的抗辩理由。该案中，一位知名医生免费为一名被强奸的 14 岁女孩实施了流产手术。法院认为，"为了挽救这个女孩的生命"，因此医生有正当理由为其实施堕胎。这份判决在某种程度上使法律处于一种不确定状态。但是，现在对普通法上有关堕胎犯罪抗辩理由的争议已经不重要了，因为 1967 年《堕胎法》规定了更多的免责事由。换言之，普通法上提供的"必要性"抗辩事由已经纳入 1967 年《堕胎法》的相关规定中。

10.3　1967 年《堕胎法》

该法规定了在何种情况下堕胎合法。该法虽有紧急堕胎的特别规定⑤，但通常情况下，合法的堕胎应满足下列四个条件。

（1）只有经注册医生授权才能实施堕胎手术。事实上，该法要求医生在认定孕妇有充分的堕胎理由并决定了堕胎方式后，随时待命进行堕胎手术，并对堕胎手术全权负责。实际实施堕胎手术的人可以是其他医护人员，如护士。⑥

---

① 参见 Romanis（2019）and Davis（2011）关于"活着出生"规则的详细讨论，特别是在涉及连体婴儿时。
② Montgomery（2003：391）.
③ *Rance v Mid-Downs HA* [1991] 1 All ER 1230，1241.
④ *R v Bourne* [1939] 1 KB 687.
⑤ Abortion Act 1967, s. 1 (4).
⑥ *RCN v DHSS* [1981] 1 All ER 545.

(2) 堕胎手术只能在国民医疗服务体系下属医院或其他经批准的医院实施（如私人医院）。①

(3) 须有两名医生认定该孕妇存在堕胎的法定理由之一。② 2012 年的研究发现有医生事先填写了空白的堕胎表格。这是违法行为。③ 法律并未要求两位医生都要和孕妇见面，但他们要有"想要堕胎的孕妇的所有相关信息，进而能够评估其是否符合《堕胎法》规定的法定要件。"④

(4) 实施堕胎手术必须通知有关部门。医生必须出具一份证明，陈述他们对堕胎理由的意见，还有涉及堕胎的其他表格，要求披露堕胎方法的细节。⑤

法定堕胎理由是最有争议的内容，但在对此展开讨论之前，有必要先关注以下几点：

(1) 1967 年《堕胎法》表面上并未规定有任何实际意义的"堕胎权"。只有在两名医生对堕胎理由达成一致意见的基础上才能为妇女实施堕胎手术。该法并不承认因为妇女选择堕胎，她的选择就必须得到尊重。

(2) 该法的重点是医生的意见。事实上，没有必要证明当事人是否已经具备法定的堕胎理由，只要医生同意即可。换言之，如果一个医生善意地认为当事人具有法定堕胎理由，即使她并不具备，此种情况下的堕胎仍然合法。这实际上强调堕胎是一项医疗决策。⑥ 如果医生有理由相信应实施堕胎，那么非医学专业人员不应质疑该决定。的确，正如乔治·贝克（Geroge Baker）所言：

> 任何试图去质疑 1967 年《堕胎法》授予医生自由裁量权的法官，不仅胆大妄为，而且也十分愚蠢，除非医生明显具有恶意并且确实有犯罪的企图。⑦

(3) 证明堕胎违法十分困难，因为必须证明医生认为当事人不具有任何一项堕胎的法定理由。被定罪的只有非常少的几个案件。例如在史密斯案⑧中，史密斯私

---

① Abortion Act 1967, s. 1 (3).
② 下议院科技委员会（2007）和皇家妇产科学院（2010a）建议，应修订法律，该事项只需要一个医生签字同意即可。
③ BMA (2017).
④ DoH (2014).
⑤ Abortion Regulations 1991, SI 1991/499.
⑥ Grubb (1990).
⑦ *Paton v BPAS* [1978] 2 All ER 992, 996；*C v S* [1987] 1 All ER 1230.
⑧ *R v Smith* [1974] 1 All ER 376.

自实施了堕胎手术，最终被判有罪。有证据表明，他并没有为患者做体检，也没有询问其个人病史和现状。他做的病历里只记载了患者沮丧的心情。基于医生没有诚信地作出堕胎具备法定理由的医疗意见，陪审团判决其有罪。

《堕胎法》第一条规定了堕胎的法定理由，该规定在1990年《人类受精与胚胎法》（*Human Fertilisation and Embryology Act*，1990）中被修订：①

(1) 根据本条规定，如果两名注册医生基于以下理由都作出了实施堕胎的善意决定并由注册医生实施了堕胎，那么根据法律规定，这不是犯罪：

> (a) 怀孕未超过24周，继续怀孕将给孕妇或家庭中现有子女带来身体和精神伤害的风险大于终止妊娠的风险。
> (b) 为了防止对孕妇造成身体或精神上的严重永久伤害，堕胎是必要的。
> (c) 继续怀孕将给孕妇生命带来的风险大于终止妊娠的风险。
> (d) 所生育子女有身体或精神异常的实质性风险，可能导致严重残疾。

(2) 在判断继续怀孕是否会导致本条第一款a或b项中提到的各种健康危险时，可以考虑孕妇的实际生活环境或可以合理预见的生活环境。

我们接下来将详细探讨这四个堕胎理由。

10.3.1 有造成身体或精神伤害的风险（第一类理由）

1967年《堕胎法》第1条第1款a项要求"……怀孕未超过24周，继续怀孕将给孕妇或家庭中现有子女带来身体和精神伤害的风险大于终止妊娠的风险"。这一要求有两个条件：第一，必须有两名注册医生出具继续怀孕将可能给孕妇或孕妇已有子女带来身体或精神伤害；第二，若继续怀孕，带来此种伤害的概率要大于终止妊娠的概率。

这种情况下的"精神伤害"指什么呢？法律并未明确。但公认的心理疾病，比如抑郁症显然包括在内。是否包括情绪沮丧呢？"概率"的含义同样也未明确。患

---

① 2011年《卫生和社会保健法草案》中曾准备增加一条规定，即实施堕胎手术前，应对接受手术的人进行独立的心理咨询，但这一努力最终并未成功。有人认为，堕胎与妇女的心理健康问题有关，但这并没有清晰的证据证明。RCOG（2008）.

第七章　避孕、堕胎、怀孕　　| 459

上心理疾病的概率，是"很有可能"或仅仅是"可能"呢？只有法院就此已经作出一些判决，我们才会知道这些问题的确切答案。

按照上述第 1 条第 2 款规定，在判断是否会给当事人造成身体或精神伤害时，应考虑孕妇的"实际生活环境或可以合理预见的生活环境"。如果孕妇是来自单亲家庭的未成年人，其能获得的家庭和社会支持有限，那么这就是一个需要考虑的重要因素。甚至有人建议，如果当事人所生活的社群或文化将因为胎儿的性别问题对妇女造成严重伤害，这就可以说是会对孕妇的心理健康造成不利影响，法律应允许以此为由实施堕胎。① 但这种观点备受争议。

对孕妇已有子女产生身体或精神伤害的规定很有意思。这里设想的情境是，孕妇对新生儿的照顾和关怀将影响已有子女的身体和心理健康。只有在已有子女是严重残疾并需要长时间照顾的情况下，才能证明母亲对新生儿的照顾会对已有子女产生影响。对"（孕妇）家庭中现有子女"一词的含义也存在争议。使用这一表达而非"孕妇的任何子女"，这就表明，这里的子女包括孕妇的继子女或和她一起居住的任何子女。

第 1 条第 1 款 a 项之规定仅适用于孕妇怀孕不超过 24 周的情形。② 事实上，如果怀孕超过 16 周，已经很难找到愿意为其实施堕胎的医生。③ 但是怀孕的这个时期应从什么时候开始起算呢？在英国怀孕咨询服务机构案④中，法院判定怀孕时间从末次月经的第一天开始计算。这里的第 24 周指从那一天开始到第 24 周结束。法院认为这是这一术语最自然的理解方式。另一种方法是，询问立法机关采用 24 周这一规定的原因。答案似乎是，立法机关认为怀孕 24 周的婴儿才有活着出生的可能。⑤ 因此，墨菲（Murphy）支持从估计的怀孕之日（比末次月经大约晚十四天）起 28 周内均可适用。尽管可以说，他的观点更适合用来计算胎儿存活的时间，而非计算怀孕的时间。⑥ 这种观点面临的另一个困难是，现在，怀孕 22 周甚至更小的婴儿也有活着出生的可能。

---

① Morgan（1998）.
② 下议院科技委员会（2007）认为，没有最新的医学证据支持应缩短这一时间规定。
③ Furedi（2000）.
④ R（British Pregnancy Advisory Service）v Secretary of State for Health & Social Care [2019] EWHC 1397.
⑤ House of Commons Science and Technology Committee（2007）.
⑥ Murphy（1991）.

10.3.2 严重永久伤害（第二类理由）

1967 年《堕胎法》第 1 条第 1 款 b 项要求："为了防止怀孕可能给怀孕妇女的身体或精神健康带来严重永久伤害，堕胎是必要的。"尽管第 1 款的前两项规定中都涉及身体或精神伤害，但值得注意的是，b 项规定的这一理由比起 a 项的规定明显更难证明，其必须满足以下三个要求：① 伤害必须是严重的；② 伤害必须是永久性的；③ 伤害必须是实质性损伤。

尽管证明这一理由非常困难，但这仍然说明，怀孕 24 周后的妇女仍可能实施堕胎。该法并不要求医生证明堕胎是预防伤害所必需的，只要医生善意地认为堕胎是预防伤害所必需的即可。b 项理由与 a 项的不同在于 b 项理由并不需要医生评估继续怀孕是否会比堕胎带来更大的损害风险。然而，"必要"一词在这里很重要。如果比起继续怀孕，堕胎会带来更大的伤害风险，这就很难得出"为了防止严重永久伤害，堕胎是必要的"结论。

10.3.3 对生命的威胁（第三类理由）

1967 年《堕胎法》第 1 条第 1 款 c 项要求："继续怀孕给孕妇生命带来的危险大于终止妊娠所带来的风险。"如果医生认为怀孕会给孕妇带来生命威胁，那么堕胎是正当的。因此，不需要证明继续怀孕一定会导致孕妇死亡，只要证明有这种可能，同时证明堕胎会降低此风险即可。

10.3.4 异常（第四类理由）

1967 年《堕胎法》第 1 条第 1 款 d 项要求："所生育子女存在身体或精神异常的实质性风险，可能导致严重残疾。"值得注意的是，这一理由没有时间限制，因此孕晚期时发现这一事由也允许堕胎。这一理由可从以下两个方面进行解释：首先，从儿童福利出发，如果一名儿童将遭受严重残疾的折磨，那最好还是不要出生。[①] 然而，这种严重残疾也可能并没有我们想得那么可怕。其次，抚养一个严重残疾的儿童将加重父母的负担，因此不应强迫他们承担这种负担。

应当强调的是，这种风险应具有实质性，并且残疾程度严重。这就限制了该理由的适用范围。"实质性"一词的含义颇有争议。加利安·道格拉斯（Gallian Doug-

---

① *Mackay v Essev AHA* [1982] QB 1166.

las)认为在判断残疾风险是否具有实质性时,应考虑残疾的严重程度。[1] 但其他人认为,根据残疾的性质来判断风险是否具有"实质性"并不合理。皇家妇产科学院(Royal College of Obstetricians and Gynaecologists,RCOG)发布的《指南》[2] 认为,"风险是否具有'实质性'取决于症状的性质和严重程度,诊断的时间以及残疾发生的可能性等"。在判断残疾是否严重时,法律并未明确孕妇对残疾的看法是否与此有关。[3] 有研究指出,母亲的看法是否会影响医生判断胎儿是否属于d项中规定的严重残疾,医生对此并未达成共识。[4]

皇家妇产科学院的《指南》对判断何种残疾构成严重残疾也提供了一些意见,主要包括以下两点。

(1)受助性:需要别人的帮助,即一个人只有在他人的帮助下才能实施某种行为或维持某行为状态,无论是否借助了辅助设备。

(2)依赖性:完全依赖他人,即一个人大部分时间只有在别人的陪同下才能实施某行为或维持某行为状态。[5]

该《指南》列举了下列考虑因素:① 无论在出生前或出生后,其得到有效治疗的可能;② 就婴儿而言,他或她未来可能具备自主意识或与他人沟通的能力的程度;③ 可能经历的痛苦;④ 像成年人一样独自生活、自给自足的可能;⑤ 在社会活动方面,对该胎儿而言,由健全个体为自身健康实施的行为在多大程度上需要他人帮助。

学界普遍认为,《指南》对严重残疾的定义太过宽泛。这一理由已经用来证明对患有唇腭裂的胎儿进行堕胎的正当性。[6] 皇家妇产科学院发布了一个关于唇腭裂与堕胎的指导意见,该意见指出:"因为对严重残疾有不同解释,因此胎儿异常是一个敏感话题。有证据表明,在某些情况下,唇腭裂是先天畸形的表现。"[7] 因此他们拒绝提供一般性的指导意见,对每个案件的处理都应基于个案的不同情况。然而,他们也承认"我们没有足够先进的技术,可以随时准确检查婴儿的畸形状

---

[1] Douglas(1991:94).
[2] RCOG(2010b:8).
[3] Scott(2005).
[4] Statham, Solomou, and Green(2006).
[5] RCOG(2010b).
[6] 唇腭裂协会(2005:1)描述了腭裂的情况。
[7] RCOG(2008:4).

况，也不可能每次都能准确预测残疾的'严重'程度。"① 英国医师协会认为，在适用这一理由进行堕胎时，医生应该考虑："无论在出生前或出生后，其得到有效治疗的可能；婴儿未来可能具备自主意识或与他人沟通的能力的程度；出生后，该婴儿及照顾他或她的家人可能会经历的痛苦。"② 摩根主张对该理由进行限缩解释，他提出，只有在依据判例法不给严重残疾的新生儿提供治疗是合法的情况下，才可以做以上考虑。③ 如果胎儿发育良好时，胎儿必须有严重残疾才能堕胎，那么在孕早期，是否胎儿有一个不太严重的残疾也是堕胎的充分理由？对此，也有一些争议。④

现实考察

2018 年，根据第一类理由（给孕妇带来伤害）实施的堕胎事件占堕胎总数的 97.7%（196083 例）。根据第四类理由（胎儿异常）实施的堕胎事件占 1.6%（3269 例），根据第一类理由（给现有子女带来伤害）实施的堕胎事件占 0.6%（1104 例），根据第二类和第三类理由实施的堕胎事件非常少，只有 145 例。⑤

10.4 紧急堕胎

1967 年《堕胎法》第 1 条第 4 款规定：

本条第 1 款和第 3 款规定的堕胎应得到两名注册医生的同意，以下情形除外：如果一名注册医生在善意的情形下认为，为了挽救孕妇的生命或防止对孕妇的身心健康造成永久伤害应立即实施堕胎，并对该孕妇实施了堕胎。

---

① RCOG（2008：5）.
② BMA（2019）.
③ Morgan（2001）.
④ RCOG（2008）.
⑤ Department of Health and Social Care（2019a）.

这包括由于出现紧急情况，为了防止给孕妇的身心健康带来伤害必须立即堕胎的情形。在这种情况下，堕胎可以由一名医生在法定场所之外实施。

10.5 堕胎的地点

1967年《堕胎法》第1条第3款规定：

> 除了本条第4款规定的例外情况，任何终止妊娠的治疗必须在国务大臣授权的依据2006年《国民医疗服务体系法》或1978年《国民医疗服务体系（苏格兰）法》为履行其职责目的的医院进行，或者是由初级保健信托机构医院、国民医疗服务体系信托机构，或国民医疗服务体系基础信托会授权的医院进行，或者是经国务大臣为本条之目的批准的地方进行。

这意味着，如果不在法定地点实施堕胎，即使堕胎具有法定理由，该堕胎也属非法。私人诊所只有在得到国务大臣的授权后才能实施堕胎手术。如果是在怀孕20周之后堕胎，还需要一个特别授权。怀孕24周之后的堕胎手术只能在国民医疗服务体系机构实施。

这些规定都很简单，虽然在涉及RU-486药，即米司非酮这类紧急避孕药时，问题会变得复杂一些。这种药物阻碍了孕激素的分泌（一种女性荷尔蒙），导致子宫内膜表层脱落，并阻止受精卵着床。该药物还可以驱逐已经着床的受精卵。因此，在斯梅顿案①后，这类药物也可以作为实施堕胎的一种方式。这类药物的出售已经获批，但必须由医院开出并进行管理。但问题是，通常妇女在医院服用这类药物，然后会在两个小时后离开医院，但这类药将在服用后48小时后才起作用。那么这类情形中，堕胎地点是否属于法定地点呢？

英国怀孕咨询服务机构一案②中就涉及这一问题。沙伯斯通（Supperstone）法官判定，治疗不仅包括诊断和开药，也包括服用药物。任何堕胎的发生都是治疗的结果而非治疗本身。这意味着如果是通过药物堕胎，那么必须在法定地点服药，但妇女可以回家，所以实际的堕胎可以发生在家里。凯特·格里斯利（Kate Greasley）指出，作为对成文法的解释，法官作出这一判决可以理解，但该判决对那些想要堕

---

① R (John Smearton on behalf of SPUC) v The Secretary of State for Health [2002] 2 FCR 193.
② British Pregnancy Advisory Service v Department of Health [2011] EWHC 235 (Admin).

胎的妇女没有一丝同情。① 如她所言，避孕药也可能在服用后短时间内起效。有可能就在回家的路上，这也属于该判决的一种结果。沙伯斯通法官作出的这一判决的优点在于，医护人员能够确信妇女已经服用了该药并且能控制获得药物的主体。

10.6 "堕胎"失败或患者事实上没有怀孕的堕胎

有人可能认为，1967年《堕胎法》会为那些遵守该法规定的人提供法律保护，免于追究刑事责任。但如果堕胎失败，或者患者事实上根本没有怀孕，情况则有所不同。② 事实远没有那么简单。困难在于，1967年《堕胎法》只在"终止妊娠"的情况下提供法律保护。在英国皇家护理学院案③中，威尔伯福斯（Wilberforce）勋爵顺带讨论了这几个词的含义。他认为议会希望1967年《堕胎法》的规定能涵盖流产失败或根本没有怀孕的堕胎行为，这根本是一种空想。然而迪普洛克（Diplock）勋爵认为，议会也不可能在当事人堕胎失败的情况下认定任何与该堕胎有关的人都负有刑事责任。埃德蒙-戴维斯（Edmund-Davis）勋爵则认为这些情况都不是犯罪，这不是因为1967年《堕胎法》为他们提供了保护，而是根据1861年《侵害人身罪法》，他们无罪。不管法院是参照迪普洛克勋爵还是埃德蒙-戴维斯勋爵的解释，在堕胎失败的情况下，法院不太可能会判决任何涉及堕胎行为的人有罪，因为该行为一旦成功，就是合法的。

10.7 选择性减胎

在选择性减胎手术是否合法的问题上争议颇多。这种手术主要发生在以下情形：孕妇子宫内同时有多个胚胎，为了保护孕妇健康或部分胚胎的健康成长，不得不破坏其他胚胎。为治疗不孕不育，通常会向妇女的子宫内植入多个胚胎。正如我们将在第八章看到的，在不孕不育治疗中植入胚胎数最高可达3个。这种情形下，上述做法特别常见。值得注意的是，实施选择性减胎手术时，被破坏的那个胚胎并没有从母体排出，而是被母体吸收。

这里有两个需要注意的问题。首先这个手术是否构成流产，如果是的话，就违反了1861年《侵害人身罪法》第58条规定，可能被视为犯罪行为。有人认为流产

---

① 关于本案进一步的讨论见 Greasley（2011）.
② 在这些情况下，涉及堕胎的人可能会被控指控蓄意促使流产。
③ *Royal College of Nursing of UK v DHSS* [1981] AC 800.

的自然意义是胚胎从母体排出，因此选择性减胎并不构成流产。这有一定道理。但约翰·基恩并不同意。①他认为，流产的意义是胚胎不可能出生，而不是胚胎去了哪里。

即使这一手术过程可以适用1861年《侵害人身罪法》，但也有人认为，这应适用1967年《堕胎法》。1967年《堕胎法》（经1990年《人类受精与胚胎法》修订）第5条第2款规定：

> 根据与堕胎有关法律的目的，除非根据本法第2条取得授权，否则任何企图导致妇女流产的行为（或者是在妇女怀有多个胚胎，使其中一个流产的行为）都属非法，但如果有下列情况，怀有多胞胎的孕妇被视为已根据第2条得到实施堕胎的授权：
>
> （a）第2条第（1）款d项规定的终止妊娠的法定理由适用于某一胎儿，并且所实施的行为是以致使该胎儿流产为目的。
>
> 或者
>
> （b）可以适用第2条规定的其他终止妊娠的理由。

所以，如果胎儿发育异常或者不减胎将给母体带来死亡风险，则允许减胎。肯尼迪和格鲁布（Grubb）认为，根据第5条第2款规定，不能以怀有多胎会增加风险为由允许减胎，但可以说，任何堕胎的风险都可能对母亲造成伤害。②

10.8 堕胎后子女顺利出生

如果堕胎失败并且胎儿活着娩出，医生就必须对其采取合理的治疗行为。"活着娩出"意味着胎儿从母体出来后能作为一个独立体存在。的确，杀死活着娩出的婴儿构成谋杀罪。③ 未能向已出生的婴儿提供合理的医疗护理，可能会被判谋杀或过失杀人罪。然而，在很多案例中，婴儿可能患有严重疾病，以至于不为其提供医疗服务可能会被认为符合该婴儿的最佳利益。④ 皇家妇产科学院在这些问题上的指导意见可总结如下：

> 应将因为先天异常而堕胎后依然活着娩出的婴儿视为一个儿童，并以

---

① Keown（1987）. 另请参见 Price（1988）.
② Kennedy and Grubb（2000）.
③ 1967年《堕胎法》没有规定故意杀人罪或过失杀人罪的抗辩理由。
④ 我们将在第十章中做进一步的讨论。

符合其最大利益的方式，按照已公布的婴儿护理指南对其进行合理治疗。一个因先天异常而不能存活太久的婴儿，应在其临终关怀阶段设法保护其享有相应的舒适和尊严。①

10.9　与堕胎有关的报告

1991年《堕胎条例》②规定了医护人员在实施堕胎前应填写的表格。这些表格揭示了一个有趣的问题，即允许两名医生出具不同的堕胎理由。换言之，即使这两名医生出具的堕胎理由不一致，但如果他们都同意有法定理由支持堕胎，那么堕胎就合法。2002年《堕胎条例》（英格兰修订版）③对这些表格做了修订，表格中不再记载患者姓名，而是患者的身份证号码和邮编。这些表格主要用于收集与堕胎有关的数据，尽管不清楚主管机构为什么要这样做。对于其他手术，政府并不像这样集中收集患者信息。即使有这一条例，我们仍然感觉患者的隐私没有得到充分保护。然而，在英国卫生和社会保障部诉信息专员一案④中，根据2000年《信息自由法》（*Freedom of Information Act*, 2000）的规定，卫生和社会保障部有义务公开其所收集的堕胎者的匿名信息。匿名这一事实意味着这些信息并不是依法不应公开的"个人信息"。⑤

10.10　医院之外的人员参与的堕胎

在英国皇家护理学院案⑥中，该案的焦点在于"由一名注册医生实施堕胎"的意义是什么。大部分法官认为，制订堕胎法的目的在于确保在符合卫生的条件下由医技娴熟的医生实施堕胎。而该法并不要求医生必须在堕胎手术过程中亲自完成所有工作。迪普洛克勋爵解释道："当注册医生作出了应终止妊娠的决定，医院方面完全按照该决定实施了相关治疗，而且医生对整个过程全权负责，这就符合本款规定的要求。"⑦

---

① RCOG（2010b：7）.
② SI 1991/499.
③ SI 2002/887.
④ *Department of Health v Information Commissioner* [2011] EWHC 1430（Admin）.
⑤ 更多讨论参见 McHale and Jones（2011）。
⑥ *Royal College of Nursing of UK v DHSS* [1981] AC 800.
⑦ At 821.

这里也有前文提及的 RU-486 药物的问题。如果妇女服用了这种药物，这是否也算由"执业医生"为其实施堕胎？尤其是在由该药物导致的流产发生在家里的情况下。但是，根据皇家护理学院案的判决，如果妇女是在医生指导下服药，这就应被视为由执业医生实施的堕胎，就像护士执行医生的指令一样。

11. 个人因信仰而反对

堕胎无疑是一个备受争议的话题。不可避免的是，部分医生因个人信仰原因对堕胎持反对态度。英国医师协会现在的官方立场是应将堕胎非罪化，这样，医务人员就不会因为诊所的治疗行为犯罪，孕妇也不会因为堕胎犯罪。[①] 但其也承认，在其成员中存在不同观点。

1967 年《堕胎法》第 4 条明确规定：如果一个人因个人信仰反对堕胎，那么他没有法定义务参与本法授权的任何堕胎手术。但这一规定的适用也有一些限制。首先，第 4 条并没有免除医生为了挽救孕妇生命或者防止孕妇受到严重伤害而为其实施堕胎的义务。因此，如果患者有生命危险或有遭到严重伤害的风险，医生因为反对堕胎而不实施堕胎手术，他就不能以个人信仰为由，为他的不作为所招致的法律诉讼进行抗辩。当然在多数情况下，如果涉及这种情形，一个因个人信仰反对堕胎的医生可能会找自己的同事来实施这一必要的堕胎手术。

第二，本法并没有免除医生提供建议的义务。如果患者前来就诊，并和医生讨论是否应该堕胎，如果全科医生因个人信仰反对堕胎，那么他应该建议患者去咨询其他医生的意见。[②]

第三，第 4 条不影响医生应对已实施堕胎的妇女履行相应义务。例如，如果由于堕胎中的失误导致患者需要输血时，医生就不能因为其反对堕胎而不参与该输血手术。

以下是关于《堕胎法》第 4 条规定的重点案例。

---

① BMA (2019).
② *Barr v Matthews* (1999) 52 BMLR 217，尽管不清楚这是否是一项法定义务。

重点案例

杜根案①

英国最高法院面临的一个重要问题是 1967 年《堕胎法》第 4 条规定的"参加本法授权的任何堕胎治疗"。格拉斯哥一家医院重建后,准备提供堕胎服务。产房的一些助产士因个人信仰反对堕胎,他们希望院方承诺不要求她们参与堕胎的相关治疗。尤其是她们不会"在堕胎过程中,选派、监督和/或支持员工参加患者的堕胎服务或为她们提供护理。"卫生委员会的决定是,第 4 条只适用一对一的护理情形,因此,那些因个人信仰反对堕胎的助产士有可能选派、监督和支持其他医疗人员实施堕胎。因此,助产士请求对这一决定进行司法审查。

英国最高法院支持了卫生委员会的决定,将第四条的规定限缩解释为堕胎治疗中个人对个人的情形。最高法院认定,该法授权的堕胎治疗指治疗的整个过程,通常包括"从提供引产的药物开始,到排出胎儿、胎盘以及胎膜后,结束妊娠。"黑尔法官进一步主张"无论采用何种立场,所谓'参加',绝对不会包括堕胎后或施药前的护理工作。"从政策的角度看,对成文法的这一规定做文字解读并不能得出上述限缩解释的结果。黑尔法官这样解释了她的分析:

> 在我看来,在议会通过该法时,更可能就已经想到了这一限制性的词义。第 4 条关注的焦点是第 1 条中认可的合法行为。在起草该条款时,议会很可能并没有想到堕胎行为还涉及一系列的辅助性、行政管理方面的工作任务。

值得注意的是,英国最高法院判定,如果在某一具体案件中,并没有合理考虑个人的宗教信仰而进行工作安排,那么根据《欧洲人权公约》第 9 条的规定,助产士仍可提出诉讼请求。黑尔法官认为,第 9 条规定的理由是在具体案件中主张的,并不影响对第 4 条的一般解读。也就是说,助产士仍可以主张医院可以很容易找到一个与其宗教信仰相符的人完成这一工作,但医院并没有这么做。这一判决的支持

---

① *Greater Glasgow Health Board v Doogan* [2014] UKSC 68.

者认为,如果对第四条作宽泛解释,那么这就让管理一个医院变得特别困难。① 因此,必须在二者之间划出界线,在直接参与治疗和进行辅助工作之间划分是一种较合理的方法。②

因为信仰而反对的问题相较堕胎问题更加宽泛,但我们仍放在这里讨论,因为因信仰而反对的问题常常出现在堕胎事件时。法律是否认可医务人员有权拒绝实施堕胎手术(或其他有争议的手术)已经引发了激烈争论。③

部分争论围绕"因信仰而反对"的含义展开。医务人员不想参加某个手术的原因很多:他们可能是疲惫;或者觉得患者的情况不需要自己动手术刀;他们可能认为这种治疗无效或是资源的浪费。我们不会支持任何以不愿参加为借口就怠于履职的人。对"因信仰而反对"的支持者而言,亦然。他们提出,"因信仰而反对"与其他反对理由不同。布洛克指出:

> 个人信仰上的重要道德判断是个人德行的核心部分。至少从道德上讲,这些道德判断决定了这个人是谁,她代表了哪种宗教流派,她的核心道德观念是什么。因此,保持个人德行就要求她不能违反自己的道德信念,也要求他人尊重她的这一行为选择,不是因为这些信念一定正确或有正当理由,而是因为保持个人德行是一种重要价值,是人之所以成为伦理上的人的核心。④

这种观点试图区分个人拥有的不同信念,有些是个人"德行"中的核心部分,有些则不然。个人信奉女性主义的原则,这就是构成你是谁的核心,但是讨厌臭味的信念就不是,所以,我们可以区分因为核心信念反对参加某个手术,或者仅仅因为品位和爱好反对参加某个手术。尼尔和弗瓦格(Neal and Fovargue)⑤ 提出,医疗保健人员成为道德模范非常重要。道德模范的身份要求他们在道德上评价自己的行为,并确保他们不会被强迫按照一种"破坏个人内心道德规则"的方式行事。

---

① Wicclair (2009 and 2017).
② 更多讨论参见 Fovargue and Neal (2015), Ekin (2016), Montgomery (2015), 以及 Miola (2015)。
③ Wicclair (2013).
④ Brock (2008).
⑤ Neal and Fovargue (2017).

要求个人按照自己认为是严重错误的方式行事，这严重侵犯了个人权利。① 如果有人认为堕胎是谋杀，他们就会强烈反对在堕胎治疗中担任主管工作或者支持并参与这种医疗活动。② 强迫某人实施一种他们认为是谋杀的行为似乎需要一个更充分的理由。为此，杰勒特（Gerrard）提供了一个替代方案，主张提供一个包容多元伦理观的卫生保健服务对社会有益。他们可以代表社会的不同族群，涵盖那些强烈反对某种医疗手术（比如堕胎）的人。③

"因信仰而反对"的反对者主要有三个理由。一是有一些现实的担忧。④ 如果允许部分人"因信仰而反对"，可以不参加那些有争议的手术，这是否会导致整个医疗系统崩溃？⑤ 目前就堕胎而言，似乎还没有这种不可逾越的问题。⑥ 如果有"因信仰而反对"的全科医生，那么他应将患者转介到愿意实施堕胎手术的全科医生处，有大量的医生可以提供这种医疗服务。但是，这种做法有赖于前一位医生愿意转介。考利（Cowley）指出这一点很奇怪。他说，"转介的责任对于这些医生而言也是异端邪说：'我自己不杀人，但让我告诉你这条街上的另一个人可以做。'"⑦

二是有一些道德观点。萨弗勒斯库和舒克伦（Schuklenk）指出：

> 医生应将患者利益放在个人德行之前……如果这会导致内疚或者导致他们离职，那随他便好了。医生这个职业必须要为自己的情感负责……应该讨论避孕、堕胎和安乐死的地方是在社会层面，而不是在病床边……⑧

他们接着指出，那些拒绝提供堕胎医疗服务的医生缺乏职业精神。舒克伦和斯莫林（Smalling）主张："强迫患者按照这些人的信仰标准生活，这是对患者权利的侵犯，不能接受。"⑨ 也有观点主张，宗教信仰属于个人私事，不应影响个人在公共场域的角色。⑩

---

① Lamb（2016），Lafollette（2017）认为尊重别人因信仰而反对，这是一种道德礼节，而非个人权利。
② Stammers（2017）．
③ Gerrard（2009）．
④ Giubilini and Savulescu（2017）．另请参见 Minerva（2017）．
⑤ Wilikinson（2017）．
⑥ Maclure and Dumont（2017）．
⑦ Cowley（2017）．
⑧ Savulescu and Schuklenk（2014）．
⑨ Schuklenk and Smalling（2017）。
⑩ Greenblum（2018）；McConnell and Card（2019）；对这一问题的批驳参见 Sulmasy（2017）。

三是对"因信仰而反对"这一概念的担心。① 当一个医生拒绝做某个手术时，我们怎么知道他到底是出于个人信仰还是根本就没有这个想法？一种可能是要求拒绝手术的医生进入某种裁判程序，证明他们是真正的拒绝，而且这一拒绝背后存在合理理由。② 在战时征兵遇到拒绝服役的人就采用了上述做法。但问题是这种方法有效吗，有意义吗？裁判组会问什么问题呢？这些反对有合理理由吗？③ 是真实的理由吗？④ 这些问题都很难回答。⑤ 但如果我们不问反对是否有合理理由，我们是不是也要"尊重"种族主义者、恐同主义者、厌女癖的信念呢？⑥ 也有人主张应在他们初入职场时处理这些问题。如果不愿意实施堕胎手术，他们就不应进入产科和妇科的领域。⑦

12. 阻止堕胎的行为

如果有人希望阻止堕胎，他能否向法院申请禁为令？答案是不能。相关先例如下：

（1）在佩顿案⑧中，丈夫为了阻止妻子在未经他同意的情况下堕胎，向法院申请禁止堕胎的禁为令。乔治·贝克（George Baker）爵士认为，丈夫无权申请这种禁为令。他指出，事实上，1967年《堕胎法》甚至没有要求妇女在堕胎前要与孩子的父亲协商或通知父亲。但他也没有排除另一种可能，即如果医生恶意实施堕胎，法院可以命令其禁止堕胎。佩顿先生试图辩称，即使他作为父亲无权阻止堕胎，他也可以代表胎儿起诉制止堕胎。但这一观点也被驳回，因为从法律上讲，胎儿没有任何法律地位。

（2）在C诉S案⑨中，一名男子试图阻止他的伴侣堕胎。法院遵循了佩顿案的

---

① Clarke (2017).
② Card (2014).
③ Liberman, A. (2017).
④ Cowley (2016).
⑤ Vacek (2017); Oderberg (2017a and b); Sand and Rodger (2019).
⑥ Ancell and Sinnott-Armstrong (2017).
⑦ Card (2019); Zolf (2019); Savulescu and Schuklenk (2018); Blackshaw (2019); Hughes (2018); 更多讨论参见 Saad (2018)。
⑧ *Paton v Trustees of the British Pregnancy Advisory Service* [1979] QB 276.
⑨ *C v S* [1988] QB 135.

判决，约翰·唐纳森（John Donaldson）爵士甚至认为，堕胎违法的问题（如医生恶意实施堕胎）应该留给公诉主任或总检察长处理。因为胎儿不能成为诉讼当事人，法院也驳回了该男子试图代表胎儿起诉的请求。在英国法院败诉后，他又向欧洲法院提起诉讼。欧洲人权委员会认为，父亲不仅没有权利阻止堕胎，甚至没有权利要求女方告知①她将实施堕胎一事。即使根据《欧洲人权公约》第8条第1款，从尊重家庭生活考虑，怠于告知男方已构成对其权利的侵犯，但根据该条第2款规定，出于对母亲的保护，这一行为具有正当理由。

（3）在杰普森案②中，一名牧师了解到一起因胎儿残疾而实施的堕胎事件。而所谓的"严重残疾"不过是婴儿患有唇裂。随后她把这一情况通知了英国皇家检控署（Crown Prosecution Service，CPS），但皇家检控署在调查后作出不起诉决定。于是，她向法院请求对该决定进行司法审查。法院许可了她提出的司法审查申请。面对她的申请，皇家检控署决定重新调查此案，但在全面调查后，皇家检控署判定没有证据证明医生在出具婴儿有可能严重残疾的意见时存在恶意。③

这些判例说明，如果有人反对实施堕胎，无论是为了自己的权利（例如作为胎儿的"父亲"）或是代表胎儿起诉，他们很可能会被认定为没有向法院起诉的主体资格。对堕胎合法性的任何质疑都应由检控总长或皇家检控署提出。④ 如果个人要质疑检控机关不起诉决定的合法性，可以申请对该决定进行司法审查。

13. 无意思能力成年人的堕胎

无意思能力的孕妇无法决定其是否堕胎，法律对这种情况持何种态度？我们应根据调整无意思能力人的相关法律原则来回答此问题。在本书第四章讨论的SB案⑤中，法院认定，一个有双相情感障碍的女性具有同意能力，可以自主决定堕胎问题。法院似乎尽可能地确认她具有意思能力。霍尔曼（Holman）法官这样说道：

---

① 另请参见 Re SB (A patient: capacity to consent to a termination) [2013] EWHC 1417 (COP)。

② Jepson v the Chief Constable of West Mercia Police Constabulary [2003] EWHC 3318.

③ Scott (2005) 仔细讨论了由这个案例引出的问题。

④ 参见 BBC News online (7 Oct 2013)，案件涉及医生因胎儿性别原因实施了堕胎手术，但没有被追究法律责任。

⑤ Re SB (A patient: capacity to consent to termination) [2013] EWHC 1417 (COP).

对我而言，这位女士已经做了一个决定，而且在相当长的一个时期内都未改变这一决定。可能她的部分观点受到了偏执心态的影响……我个人认为，如果认定她不具有作出这个决定需要的意思能力，这将完全是对她自主权的侵犯。①

如果堕胎符合患者最佳利益，那就可以为其实施堕胎手术。在实施堕胎手术前并不要求必须得到法院的许可②，虽然在医生有不同意见时③，或无意思能力人或其家属强烈反对实施堕胎手术的情况下，取得法院的许可更为恰当。④ 在 Re SS（成年人；治疗）案⑤中，根据1983年《精神卫生法》，一个怀孕24周的患有精神分裂症的女人（S）被拘禁。在此之前，她已经生育4个子女。为保护S的最佳利益，在决定是否实施堕胎的问题上，现有证据互相矛盾。S本人十分赞成堕胎。她不能再照顾新生儿了，所以新生儿很可能会被带离她身边。沃尔（Wall）法官在作出反对堕胎的判决时，强调了S怀孕24周的事实⑥，这就意味着堕胎手术非常痛苦，并会带来较大创伤，特别是在患者不能理解的情况下实施的堕胎手术。他认为这种痛苦远甚于分娩和把孩子带离她身边。以下案例说明，法院会特别重视丧失意思能力者本人的观点。

 重点案例一

Re CS（堕胎）案⑦

CS有一段感情经历。据称，对方对她有暴力行为。她怀孕后曾告诉家人及朋友想要堕胎。她预约了一个堕胎诊所，但去之前，她被伴侣打了，大脑受伤严重，导致她出现记忆困难。有时候，她说她想要孩子，但每次说完后，她又说她想堕胎。

---

① At [32].
② *Re SG* [1993] 4 Med LR 75.
③ *Re SS*（*Adult：Medical Treatment*）[2002] 1 FCR 73.
④ Stauch and Wheat（2004：232）.
⑤ [2002] 1FCR 73.
⑥ At [62]. 沃尔（Wall）法官批判在法院介入之前，其已经怀孕这么长时间的事实。
⑦ *Re CS*（*Termination of Pregnancy*）[2016] EWCOP 10.

贝克（Baker）法官判定 CS 没有作出堕胎决定的意思能力，因此，需要适用 2005 年《心智能力法》规定的"最佳利益"这一衡量标准。贝克法官注意到 CS 在大脑受伤前想要堕胎的情况并在诊所进行了预约的事实。她的姐姐及母亲都认为，如果 CS 有意思能力的话，她也希望堕胎。CS 目前的状态并不稳定，无法确定其真实意愿，因此，CS 现在的观点不具有实质重要性。法官也注意到，如果继续妊娠，可能存在受伤和流产的风险。因此，结束妊娠符合她的最佳利益。

重点案例二

Re AB（堕胎）案①

24 岁的 AB 有中度学习障碍，IQ 在 35 到 49 之间。她和养父母一起生活。她在回尼日利亚探亲的旅途中怀孕。负责照顾他的国民医疗服务体系信托机构认为，AB 没有同意堕胎的意思能力，但实施堕胎符合她的最佳利益，符合可以堕胎的第一类法定理由。她的养母基于宗教和文化的理由反对。等案子走到法院时，AB 已经怀有 22 周的身孕了。医生建议的堕胎程序特别复杂，需要花费三天时间。利文（Lieven）法官批准实施堕胎手术，但其母亲提起了上诉。

上诉法院法官金（King）承认，在未得到女性同意的情况下实施堕胎"严重侵犯了她根据第八条享有的权利"。批准对一个缺乏意思能力的人实施堕胎只能建立在有"明确证据"基础上，但并不需要证明妊娠对母亲健康有造成长期影响的重大风险。她认可一审法院已经仔细权衡了各种证据，最终认定和生育后将子女带走相比，堕胎给她带来的创伤更少。但是本案证据并不能"充分证明需要对其进行堕胎这样的深度干预"。她进一步指出：

---

① *Re AB*（*Termination of Pregnancy*）[2019] EWCA Civ 1215.

> 从客观角度看，让 AB 生下孩子可能并非一个明智的选择。因为生下孩子后，AB 不能自己照顾，孩子将被带走。但是，就 AB 所能理解的层面而言，她想要生下孩子。那些最了解她的人——CD 以及照顾她的社工认为，让 AB 继续妊娠符合 AB 的最佳利益。该案中为她代理的法定代表律师也这么认为。①
>
> 上诉法院总结认为，终止妊娠并不符合 AB 的最佳利益，因此撤销了一审法院批准堕胎的判决。

有争议的是，如果仅仅为了确保孕妇腹中的胎儿能够活至足月出生，就可以让一个处于昏迷状态的孕妇使用生命维持机维系生命吗？② 有人认为，一旦母亲死去，她就不再有利益，③ 或者说她虽有一些利益，但这些利益和未出生胎儿的利益相比，更应保护后者。也有人认为，让母亲以这样一种方式生存是对她人格尊严的侮辱，是将她作为一个"胎儿容器"使用。④ 还有人认为，这个问题的关键在于，孕妇清醒时的愿望是什么。如果这种观点被采纳，特别是在怀孕状态很好的情况下，如果事先不知道孕妇的态度，即可推定孕妇一定想要足月产下婴儿。⑤

14. 未成年人的堕胎

2018 年，未满 16 周岁的少女中，有 1267 例堕胎事件。其中，涉及 15 周岁以下的少女有 363 例。相较 2014 年的 2339 例，出现了显著下降。⑥ 16 岁以下的孕妇适用于与儿童医疗有关的一般规则。这意味着如果该儿童具有吉利克能力并同意堕胎，医生也认为堕胎符合其利益，就应允许医生为该儿童实施堕胎手术。医生无须

---

① Para. 72.
② 参见爱尔兰发生的一个这样的案件：*PP v Health Service Executive* [2014] IEHC 622. 对这一问题的详细讨论，参见 Heywood (2017); Sperling (2006) and Peart 等 (2000)。
③ De Gama (1998) 强烈反对这种观点。
④ Purdy (1990).
⑤ Sperling (2006) 认为，在采信这种观点前，我们需要强有力的证据证明，这是该妇女想要的。
⑥ DoH (2015a).

征得其父母的同意。这一观点在阿克森案①中得到了确认。该案中，一名母亲声称，根据1998年《人权法》，如果她的女儿要堕胎，她就有知情权和决策参与权。西尔伯（Silber）法官认为，十来岁的青少年在向医生咨询生育问题时，享有隐私权。而且，确保他们私下也能得到堕胎和避孕建议是重要的公共利益。②

A、B和C案③也采用了这一方法。该案中，A刚满13周岁。莫斯廷（Mostyn）法官在适用吉利克能力标准（参见第四章）时认定，A能够理解自己面临的选择、各项选择附带的风险及其意义。因此，A有能力就堕胎问题做出决定，她"可以自行决定"。有意思的是，和其他儿童同意医疗行为的案件不同，本案中，法院没有判定堕胎是否符合该女孩的最佳利益。的确，莫斯亭法官似乎也认为，既然A有吉利克能力，那么她就可以自己决定。法官尽可能回避堕胎是否有利于该儿童的福利这一问题，这也并不奇怪。

英国卫生和社会保障部曾公布一项指南，建议医生应该鼓励青少年和父母、亲属或承担父母责任的其他成年人讨论这些问题。④ 然而，指南也清楚表明这并非强制要求。

从法律技术层面看，如果判定该儿童具有吉利克能力并且不想堕胎，但对她负有父母责任的人同意堕胎并且医生也认为堕胎符合她的最佳利益，那么，医生仍有权为其实施堕胎。但估计没有医生愿意在这种情况下为其实施堕胎。⑤ 如果女孩是无意思能力人呢？这个问题就简单了，医生只需判断堕胎是否符合其最佳利益。如果医生认为符合其最佳利益，同时对女孩负有父母责任的人也同意实施堕胎，那么医生就无须在手术之前征得法院的许可。

15. 堕胎权

上述讨论清楚说明英国法律并没有正式承认妇女的堕胎权。堕胎是否合适，是

---

① *R (Axon) v Secretary of State* [2006] EWHC 37 (Admin), discussed in Herring (2017c); Bridgeman (2006) and Taylor (2007).
② BBC News online (23 November 2007) 据报道，有证据证明，在英国仍然存在非法的地下堕胎。
③ *An NHS Trust v A, B and C* [2014] EWHC 1445 (Fam).
④ DoH (2004b). Herring (1997b) 赞同这种方法。
⑤ Harrington (2014) 对法律的这种现状提出了强烈批评。

否有法定的堕胎理由，都由医生决定。在实践中，可能有人认为，如果一个妇女想要堕胎，又在怀孕初期，她很可能会找一个愿意为其实施堕胎手术的医生。所以，可以说，无论法律字面上怎样规定，实践中似乎已经承认堕胎权。欧洲人权法院近年来也讨论了这个问题。①

重点案例

A、B、C诉爱尔兰案②

A、B、C三人不能在爱尔兰堕胎，必须前往英格兰，所以她们提出，根据《欧洲人权公约》第2、3、8和14条，她们的权利受到了侵犯。爱尔兰法律不允许堕胎，只在极少数的情形中有例外，却允许妇女出国堕胎。三个案例涉及的问题略有不同，但总的来说，这些诉求都被驳回。

A是一个正在戒酒的酗酒者，她的子女已被送至儿童福利机构抚养。她怀孕后觉得不能照顾好这个孩子，因此想要堕胎。她不得不一个人秘密地去英国堕胎，避免让社会福利服务署的人发现，因为她担心，这会影响她探望自己的子女。

B在服用紧急避孕药的情况下依然怀孕了。她的医生们担心她的怀孕异常（后来证实胎儿并无异常）。因此她不得不去英国堕胎。

C在癌症康复期怀孕了。她担心此时怀孕会给她的身体或生命带来一定风险，但她找不到一个医生可以就此问题为她提供建议。在C的案件中，法院支持了原告的指控，即爱尔兰法律没有一个清楚的管理制度告知申请人是否可以堕胎。因此，她到英国做了堕胎手术。

欧洲人权法院（ECtHR）判定，这三个案例都涉及《欧洲人权公约》第8条规定的权利。但该法院也支持爱尔兰法律有权规定禁止堕胎：

……爱尔兰的禁止堕胎法对于第一和第二申请人而言，在尊重个人私生活的权利和代表未出生胎儿的权利之间找到了一个公平的平衡点。③

① 对欧洲人权法院处理堕胎问题的精彩讨论，参见 Fenwick（2014）and Goold（2015）。
② *A，B and C v Ireland*［2010］ECHR 2032.
③ At［241］.

> 但是，法院支持了 C 的诉求。如果一个国家允许堕胎，则必须明确规定个人能够堕胎的具体情形。在 C 的案件中，她不能确定她在爱尔兰堕胎是否合法。这侵犯了第 8 条赋予她的权利。

那些希望借助《欧洲人权公约》保护堕胎权的人对这份判决很失望，然而它也并未像一些评论家所言，关闭了承认堕胎权的大门。① 首先，应该注意到，法院承认第 8 条规定的权利包括堕胎权。因此，在一定意义上讲，它确实承认了堕胎权。只是法院认为有正当理由可以干涉此项权利。② 在 A、B、C 诉爱尔兰案中，法院认为"调节堕胎的法律涉及私生活"，包括"个人自决权、个人发展权和与他人及外界建立关系的权利"以及"个人身体和心理的完整权"。③ 在 R（A）诉卫生大臣（女性堕胎权利联盟）案④中，英国最高法院判定，要求从北爱尔兰到英格兰地区堕胎的妇女支付她们的堕胎费用侵犯了她们根据第八条享有的权利，但为了保持英国各地区之间的权力平衡，要求支付费用的行为就具有正当理由。英国卫生和社会保障部随后宣布，不再要求她们支付堕胎费用。很快，在北爱尔兰人权委员会司法审查申请（北爱尔兰）案⑤中，英国最高法院判定，北爱尔兰法律中关于在强奸、乱伦以及胎儿严重畸形的案件中禁止堕胎的规定侵犯了女性根据第八条所享有的权利。⑥

其次，A、B、C 诉爱尔兰案的判决也承认，若允许堕胎，那就必须明确规定这一权利，并具有可操作性。再次，欧洲人权法院十分重视国家裁量余地原则（the margin of appreciation）。⑦ 该法院注意到爱尔兰对堕胎的态度比《欧洲人权公约》

---

① McGuinness（2011），Ronchi（2011）.
② 在 R（A）v Secretary of State for Health（Alliance for Choice）[2017] UKSC 41 案中，这一点得到了确认。
③ A, B and C v Ireland [2010] ECHR 2032, [106] - [107].
④ R（A）v Secretary of State for Health（Alliance for Choice）[2017] UKSC 41.
⑤ Re An application by the Northern Ireland Human Rights Commission for Judicial Review（Northern Ireland）[2018] UKSC 27.
⑥ 克尔（Kerr）勋爵和威尔逊（Wilson）勋爵认为，这也侵犯了她们根据第三条所享有的权利。
⑦ 这是欧洲人权法院在国际人权法上发展出的一项原则。该原则指在缔约国就某个法律问题已有共识的情况下法院将倾向于更加严格地适用公约，而若某个法律问题缔约国国内法与公约要求差别较大，且尚未形成欧洲共识（European consensus），欧洲人权法院倾向于尊重各国国内法和国内法院的判决。——译者注

的其他签约国更为保守。然而在这一争议问题上,应允许爱尔兰采用自己的制度方法。值得注意的是,欧洲人权法院的判决强调了一个重要事实,即爱尔兰人支持对堕胎采取一种限制性立法。这份判决的言外之意是,如果爱尔兰人的态度发生转变,现行堕胎法的合法性将很难证成。

欧洲人权法院最近又讨论了堕胎问题。在 P 和 S 诉波兰案①中,一名 14 岁的女孩被强奸并怀孕。尽管波兰法律允许堕胎,但这名女孩在寻求堕胎时遭遇巨大困难。很多医生都因为宗教原因拒绝实施堕胎手术。欧洲人权法院最终认定,各成员国应确保患者不会因为医疗人员的信仰原因被医生拒绝,从而无法获得法律允许的医疗措施。判决并未指明这个女孩如何获得她依法享有的堕胎治疗。但第八条规定的对个人私生活和家庭生活的保护涵盖了个人是否希望成为父母的决定。欧洲人权法院进一步判定,综合考虑本案所有事实,包括相关机构处理她的案件时的拖延、缺少中立的治疗咨询,以及她被强制与母亲分离等,女孩的遭遇证实相关机构及人员已经违反了第三条的规定。

16. 有关英国堕胎法的讨论

英国法处理堕胎的态度有许多问题。其中一个是堕胎医疗化模式:医生的判断成了堕胎手术是否合法的关键。正如谢尔顿所言:"如果堕胎法的目的是保护或维护某些人的权利,那将不是孕妇(或胎儿)的权利,而是医生的权利。"② 事实上《堕胎法》的规定表明,堕胎甚至无须孕妇同意。相反,在其他国家,堕胎被视为孕妇的私事。③

在有关 1967 年《堕胎法》的讨论中,我们可以发现英国堕胎法的历史渊源。正如谢尔顿所言:该法的支持者侧重描述了一个妇女在走投无路的情况下寻求堕胎,若不堕胎她和她的家人可能都会陷入绝望的场景。④ 这个场景将妇女刻画为一个近乎无意思能力人,因此医生不得不决定堕胎是恰当的,并帮助这个困惑的女人作出

---

① *P and S v Poland* Application no. 57375/08 [2012] ECHR 1853.
② Sheldon (1997:42).
③ Lee (2003).
④ Sheldon (1997:38-41).

决定。事实上谢尔顿①的主张走得更远，她甚至认为，1967年《堕胎法》不是一项赋权的立法，只是设置了一个更为严格和微妙的医疗系统来控制妇女生育。她指出，该法规定堕胎决定须由医生作出。但她认为："任何堕胎制度都应确定谁有权作出堕胎决定。在我看来，只有孕妇可以作出此种决定。"② 玛丽·福克斯（Marie Fox）③也提出了一个有趣的观点，如果把堕胎看作医疗问题，这对孕妇有一点好处，因为这为男性质疑堕胎的合法性设置了障碍。堕胎是医生决定的事，与外行人无关，所以任何想要质疑堕胎合法性的人都不可能成功。

尽管如此，实践中已普遍达成的共识是至少在怀孕前三个月，妇女想要堕胎不会遇到太多阻碍。④ 许多医生实施堕胎手术的原则是，只要孕妇想堕胎，就应为她堕胎。所以，有人认为，谢尔顿等人的批评意见没有意识到该法在某种程度上只是一个善意的谎言。因为无论法律如何规定，事实是一名想堕胎的妇女，至少在怀孕前三个月是可以堕胎的。但这种观点可能忽略了本法措辞的符号意义。堕胎并没有被普遍视为一种权利，如果有的话，也是带有耻辱的权利。有趣的是，在一个有关为何青少年会作出堕胎决定的重大研究项目中，研究人员发现，大部分人是在考虑什么对胎儿最好的前提下作出的堕胎决定。换言之，这些年轻女孩并没有把堕胎看作她们的权利，而是出于什么对胎儿最好这一考虑作的决定。⑤ 这一研究给出的另一个信息是，孕妇不能对自己的身体作出决定，这也进一步强化了医务人员的权力。⑥ 正如谢尔顿所言，孕妇和医生之间的商议过程充斥着医生的强权：

> 首先是避免生育的技术控制，其次是决策控制——应该允许谁（或不允许谁）堕胎，再次是家长作风式的控制（善良的医生通过"说服"方式来执行自己的观点），最后是医生在与寻求堕胎的妇女沟通过程中的规范性控制。⑦

对堕胎法的另一种解释是其规定相对宽松。堕胎是私下作出的决定，没有事

---

① Sheldon（1997：30）.
② Sheldon（1997：4）.
③ Fox（1998）.
④ Lee（2002）认为，很少会有医生愿意为怀孕16周后的妇女堕胎，同时在很多地区，只有一小部分医生会在怀孕12周后实施堕胎手术。
⑤ Lee等（2004：16）.
⑥ Lee（2002）.
⑦ Sheldon（1997：73）. 比较 Wyatt（2002）的观点。他认为，在涉及堕胎时，为了让妇女作出决定，医生和孕妇进行的是平等的谈话。

先通知的要求，同时可供他人质疑私人做出的堕胎决定的法定理由也十分有限。可以说，《堕胎法》旨在使堕胎成为一种常规治疗，以减少"不希望生育的子女"数量。

在是否要将堕胎除罪化的问题上仍有激烈的争论。英国医师协会、皇家妇产科学院（Royal College of Obstetricians and Gynaecologists）、皇家助产士学院（Royal College of Midwives）都呼吁将堕胎除罪化。① 谢尔登②指出，堕胎罪的法律框架根植于"维多利亚中期惩罚性的保守价值观"，需要改革。这一主张并非主要针对某些特定指控，而是指堕胎是犯罪的污名。事实上，因堕胎相关犯罪被指控的人并不多。这些人大致可以分为三类。

第一类是违反1967年《堕胎法》规定提供堕胎服务的人。比如在考尔案③中，51岁的古普雷特·考尔（Gurpreet Kaur）女士售卖避孕药，最终被判收监27个月。这一案件之所以引起官方的注意，是因为服用该避孕药的部分女士因此患病。

第二类是未征得女性同意想要诱导女性堕胎或流产的人。在艾哈迈德（Ahmed）案④中，被告想要为自己不懂英语的妻子在诊所安排堕胎，但妻子完全不知道自己要做堕胎。在R诉艾琳案中，医生将堕胎药磨成粉，在其情人不知情的情况下放在她的饮料中，意图让情人流产。⑤ 还有一些案件中，被告殴打孕妇导致孕妇流产。被告因其殴打孕妇导致其流产的行为被提起公诉。⑥

第三类是自行终止妊娠的妇女。在卡特案⑦中，这位35岁的妇女为了堕胎自己在网上买了药并服下。之后，她小产了，并把死婴埋了。最后，法院认定她有促成流产的行为，被判八年有期徒刑，后减刑至三年半。英国医师协会也提到了纳塔莉·托尔斯（Natalie Towers）的案子，这位女士怀有32周到34周的身孕，通过网上买药促成流产，为此被判刑两年半。在这两个案件中，法院都被告知，当事人有精神健康方面的问题。

---

① Campbell（2017）.
② Sheldon（2016 a and b）.
③ *R v Kaur* [2015] EWCA Crim 2202.
④ *R v Ahmed* [2010] EWCA Crim 1949.
⑤ BMA（2017）.
⑥ Attorney-General's Reference（No. 3 of 1994）[1998] AC 245. 尽管该案中，孩子最终成功生下来，被告仍被判过失杀人罪。
⑦ *R v Catt* [2013] EWCA Crim 1187.

支持堕胎除罪化的主张，既有理论的理由，又有实践的理由。实践的理由在于，"可能遭受刑事制裁的现实风险和污名将给女性获得堕胎医疗服务制造障碍，这种背景下，医护人员不愿提供相关咨询或不允许被牵扯进提供安全堕胎医疗服务的相关工作中。"① 医护人员不愿涉足堕胎工作的原因是否是害怕刑事指控，这并不清楚。但在卡特案中，这位女士曾寻求堕胎医疗服务，却被告知医疗机构依法不能提供这种服务。也许更普遍的一个问题是：

> 对堕胎的刑事处罚反映了现有制度对妇女（和医生）作出合乎道德选择的强烈不信任。其否认了妇女可以就自己的身体作出选择的基本权利。堕胎应和其他医疗措施一样，予以同等对待。②

这一观点稍微有点奇怪。因为通常情况下，擅自实施手术也会被视为一种刑事犯罪，只有在征得当事人的同意后才合法。也许其观点是，正是因为有堕胎犯罪的这一特别规定才使堕胎被污名化。

有支持者认为至少部分堕胎行为应予以刑事处罚，他们的主要理由是上文提及的前两类情形。我们可能需要一些刑法罪名来处理一些诸如未经女性同意让其堕胎的案件或者提供非必要、不安全的堕胎医疗服务的案件。尽管对自行堕胎的妇女进行刑事处罚过于严苛，但最好的选择可能是修订现行法律，不再让自行堕胎的女性入罪，或加大检控的自由裁量权，而非让所有堕胎都合法化。但这也缺乏说服力，因为故意伤害罪已经能够涵盖所有的情形。③

17. 堕胎现状

如上所述，2018 年，98％的堕胎手术由国民医疗服务体系机构资助，72％的堕胎手术是根据国民医疗服务体系合同在私人医院实施的。④ 然而，不同地区国民医疗服务体系设施的使用率存在差异。

---

① BMA（2017）.
② BMA（2017）.
③ Herrings（2019a）详细讨论了上述情形中可能涉及的刑法规制。
④ DoH（2017a）.

截至目前，大部分堕胎依据的理由是《堕胎法》第1条第1款a项：身体和心理健康的风险。2018年，98%的堕胎都基于这个理由。① 这使得一些人声称实际上只要孕妇要求，就可以堕胎。② 一些医生甚至认为，因为怀孕到分娩的过程总会存在健康风险，所以堕胎给妇女健康带来的威胁要小于继续怀孕。这一观点能否被法庭接受仍有争议。③ 但是，如果法院接受这一观点，那么在每位孕妇怀孕前24周内，都可以适用这一合法理由堕胎。

如上所述，英国和威尔士的法律没有正式承认堕胎权。申言之，虽然法律明确允许只要孕妇要求就可堕胎，但其并未保证医院一定会提供这种医疗服务。只有想要堕胎的妇女找到一位愿意帮助自己的医生，才可以堕胎。④ 由孕妇自己负担私人医疗服务有一定难度。如果孕妇想要依靠国民医疗服务体系实施堕胎手术，且在她临近地区医生为数不多，又有几位医生不同意她的堕胎要求（比如他们因个人信仰反对这一手术）时，她的选择就十分有限。当然，在英国，只要有毅力和决心，一名妇女总可以找到一个与她住址较近的医生愿意为她实施堕胎手术。但是，对另一些人而言，在这个她们比较脆弱的阶段，需要尽更大的努力才能堕胎。谢尔顿认为，在是否允许堕胎上，医生的意见有重大作用。⑤

尽管堕胎已经相当普遍，但堕胎的支持者对堕胎医疗服务的质量仍有担心。他们的担心主要为：

（1）方便程度。显然，现在很少有妇女想要堕胎却不能堕胎。但在怀孕三个月后，再想堕胎就比较困难。愿意为这种情形的妇女提供堕胎的国民医疗服务体系机构较少，因此她们不得不到很远的地方实施堕胎。

（2）等待期。有证据表明，有一些堕胎医疗服务有较长等待期。⑥ 曾有报道称一些妇女为了堕胎不得不等待长达7周的时间，⑦ 而政府的建议是等待不应超过3周。⑧

---

① DoH (2017a).
② *Lord Denning MR in RCN v DHSS* [1981] 1 All ER 545, 554.
③ Sheldon (1997: 53-74).
④ Clarke (1989).
⑤ Sheldon (1997).
⑥ Lee 等 (2004: 3)。
⑦ BBC New online (22 January 2007).
⑧ DoH (2003c).

（3）专业医护人员的咨询和态度。一份关于年轻妇女在医院堕胎经历的报告发现，通常她们遇到的医生都十分尊重她们的选择，对堕胎不予置评。然而，尽管有人抱怨他们没有足够的时间与医生充分讨论其决定，但也有少数人抱怨医生在帮助他们分析堕胎的利弊时过于热情。① 曾有一名妇女抱怨她的医生试图说服她改变堕胎的想法。② 事实上，更常见的抱怨是医生鼓励那些不想堕胎的妇女考虑堕胎。③ 英国医师协会的堕胎指南建议，"医生应当确保堕胎决定是在充分了解有关信息并考虑各种选择及其后果后作出的"。④

（4）超声波检查。在堕胎前要接受超声波检查的要求让一些孕妇不安。⑤ 对有些人而言，这是对她们堕胎决定的一种批评，感到不安术可以理解了。

18. 胎儿的法律地位

英国法律明确规定，胎儿在出生前不是一个独立的人。⑥ 贝克对此做了进一步说明："在我看来，英国法上，至少在胎儿脱离母体成为一个独立的个体前，胎儿没有任何属于自己的权利。"⑦ 但这并不意味着胎儿什么都不是。在检察总长参考案（1994年第3号）⑧ 中，上议院驳回了上诉法院的下列观点：胎儿应被看作母亲的一个部分，像母亲的一条腿或胳膊一样。相反，慕斯提尔（Mustill）勋爵认为，胎儿是母亲的一个特殊器官。⑨ 这一观点必然留下很多问题。法院试图避免讨论胎儿的法律地位这一争议问题，更倾向于讨论胎儿不是什么而非胎儿是什么，但我们似乎可以得出以下几点结论：

---

① Lee 等（2004：27）。进一步的讨论参见 Woodcock（2011）。
② Lee 等（2004：27）。
③ Lee 等（2004：27）。
④ BMA（2007d：11）。
⑤ Lee 等（2004：35）。
⑥ *Re An application by the Northern Ireland Human Rights Commission for Judicial Review (Northern Ireland)* [2018] UKSC 27, para. 92. 相关讨论参见 Alghrani and Brazier（2011）。
⑦ *Paton v BPAS* [1978] 2 All ER 987, 989.
⑧ *Attorney—General's Reference (No. 3 of 1994)* [1998] AC 245.
⑨ 上诉法院在 *CP (a child) v First-tier Tribunal (Criminal Injuries Compensation)* [2014] EWCA Civ 1554 案中支持了这一方法。

第七章 避孕、堕胎、怀孕 | 485

(1) 胎儿不是人。[1] 只有在出生那一刻，胎儿才成为一个独立的人。[2] 但是一旦胎儿出生，他可以就他在胎儿期间所受的伤害向法院起诉。[3]

(2) 胎儿受1861年《侵害人身罪法》第58、59条和1967年《堕胎法》的保护。[4]

(3) 胎儿没有可以由他人代为实施的权利。[5]

(4) 胎儿不仅仅是母亲的一个部分。[6]

(5) 在S案[7]中，上诉法院法官贾奇（Judge）认为，一个36周的胎儿"并非什么都不是，不是没有生命，他当然是一个人"[8]。

(6) 不能以胎儿的名义提起任何诉讼。[9]

(7) 不能由法院担任胎儿的监护人。[10]

(8) 胎儿有受法律保护的利益。[11]

(9) 胎儿不能被绑架。所以一名男士不能阻止孕妇出国。[12]

以下案例可以帮助我们进一步理解法律对涉胎儿问题案件的处理。

---

[1] *Re An application by the Northern Ireland Human Rights Commission for Judicial Review (Northern Ireland)* [2018] UKSC 27, para. 92.

[2] *CP (a child) v First-tier Tribunal (Criminal Injuries Compensation)* [2014] EWCA Civ 1554.

[3] Under Congenital Disabilities (Civil Liability) Act 1976. 在 *Burton v Islington HA* [1993] QB 204案中，法院解释说，胎儿潜在的权利主张在出生时固化下来。

[4] *Re SB (A patient: capacity to consent to a termination)* [2013] EWHC 1417 (COP).

[5] BMA (2004: 227).

[6] *Attorney-General's Reference (No 3 of 1994)* [1998] AC 245.

[7] *St George's Healthcare NHS Trust v S* (1998) 44 BMLR 160, 163.

[8] 对这一评价的讨论和批判，参见 Fovargue and Miola (1998)。

[9] *Paton v BPAS* [1978] 2 All ER 987.

[10] *Re F (In Utero)* [1988] Fam 122 (CA) 上诉法院法官斯托顿（Staughton）对此做了简单总结，他解释说，监护涉及照顾孩子的法院，但是"在胎儿出生前，法院不能照顾胎儿或命令他人照顾，只有母亲能"。

[11] Judge LJ in *St George's NHS Trust v S* (1998) 44BMLR 160. 另请参见 *R v Gibson* 1990 2 QB 619。该案中，一名艺术家因展示一对由冻干的3~4个月人类胚胎制作的耳环而被指控蓄意伤风败俗，判定有罪。

[12] *Re J* [2006] EWHC 2199 (Fam).

18.1 埃文斯案[①]

上诉法院审理了一个关于冷冻胚胎的纠纷案,该案例将在第八章中详述。该案中,一对接受辅助生殖治疗的夫妇用双方的配子制作了胚胎并冷冻。后来,丈夫想要摧毁胚胎,而妻子希望保留。妻子主张该案应考虑胎儿的权利。但上诉法院法官索普认为,在英国法律中胎儿的法律地位非常明确,他甚至都不需要听取律师在这一问题上的辩护意见。

> 国内法再三强调,胎儿在出生前没有任何独立的权利或利益:参见 *Re F*(*In Utero*)[1998](Fam)122 和 *Re MB*(*Medical Treatment*)(1997)2 FLR 426 案。因此,冷冻胚胎更不可能享有任何权利或利益。在这方面我们的法律与欧洲人权法院的判决没有冲突。《欧洲人权公约》第2条涉及生命权的保护。但欧洲人权法院的判例并没有将这项权利的主体扩展到胚胎,更不用说在这个重要时间点上已不能存活的冷冻胚胎了。[②]

黑尔法官在北爱尔兰人权委员会司法审查申请(北爱尔兰)案[③]中表示,上诉法院法官索普在 Re MB(医学治疗)案[④]中所做的"胎儿没有利益"的类似评价过于武断。虽然胎儿明显没有超过母亲自主权和身体完整权的利益范围(如他所援引的案例所示),但这并不是说胎儿不享有任何权利。

18.2 检察总长参考案(1994年第3号)[⑤]

此案中,一名歹徒刺伤了一名孕妇,对孕妇及胎儿造成了伤害。随后孩子出生,但只存活了一小段时间。因此,该男子被控犯有谋杀罪。上议院强调,谋杀是指杀死一个人,因此杀死胎儿不算谋杀。但只要胎儿活着出生,他就是一个人。因此在这种情况下,该男子仍属于杀死了一个人。由于这个人没有杀人或想要对受害人造成严重伤害的主观故意这一必要构成要件,因此他犯下的不是谋杀罪,而是过

---

① *Evans v Amicus Healthcare Ltd* [2004] 3 All ER 1025.
② At 1027.
③ *Re An application by the Northern Ireland Human Rights Commission for Judicial Review*(*Northern Ireland*)[2018] UKSC 27,para. 92.
④ *Re MB*(*Medical Treatment*)[1997] EWCA Civ 3093.
⑤ *Attorney-General's Reference*(*No. 3 of 1994*)[1998] AC 245.

失杀人罪。关于胎儿的地位,马斯提尔(Mustill)勋爵做了如下陈述。

> 母亲与其未出生孩子之间的情感纽带非常特殊。但这种关系只是一种纽带,并不是身份。母亲和胎儿是两个截然不同,但共同生活的有机体,而不是一个有机体的两个方面。母亲的腿是她身体的一部分,但胎儿不是。①

他进一步说道:

> (从制裁杀人和暴力犯罪的立法目的考察,)胎儿不具有任何类型的人格,但他是一个特殊的有机体。在这个特殊阶段,其缺少与其有身体上联系的母亲和日后他将成为一个完整人所具有的特征……因此,我反对这样一种推理,因为(英国法上)胎儿不具有一个人所应有的"属性",那么他就应被视为母亲的附属物。不管宗教和政治上的争论,我认为胎儿既不是人,又非母亲的附属物,它是一个特殊的有机体。②

18.3 CP(儿童)诉初级裁判所(刑事被害人补偿)案③

CP母亲怀孕时经常酗酒,导致CP出生时患有胎儿酒精谱系障碍(foetal alcohol spectrum disorder)。据说,这位母亲知道酗酒的危险,但仍我行我素。因此,CP的代理人向刑事被害人补偿局提出了请求赔偿的申请。通常,刑事被害人补偿局将裁定向某些犯罪行为的被害人进行赔偿。但该机构拒绝了赔偿请求,原因是,CP的情况并非暴力犯罪所致。于是,CP申请进行司法审查,她的主张是,按照1861年《侵害人身罪法》第23条规定的要件"非法向他人提供毒药或有毒物质,给他人造成严重身体伤害",她属于犯罪行为被害人。

上诉法院认为,根据法律规定,胎儿并不是一个独立的人,所以在母亲喝酒时,声称母亲在向他人提供毒物的说法有误。所指控的"犯罪"实际发生在子宫中,尽管伤害在出生后才能看见,但实际的损害是在出生前发生的。④ 因此,不能主张CP是犯罪行为被害人。

---

① At 275.
② At 256-7.
③ CP (a child) v First Tier Tribunal (Criminal Injuries Compensation) [2014] EWCA Civ 1554.
④ 如果可以证明是在出生后发生严重身体伤害,就可以根据1861年《侵害人身罪法》第20条规定主张犯罪导致严重身体伤害,主张赔偿的请求有更大概率成功的可能。

在胎儿能否根据《欧洲人权公约》寻求保护这一问题上，也有诸多争议。① 以下案例就讨论了这个问题。

 重点案例

武诉法国案②

武（Vo）女士去做常规产前检查。因为混淆了患者姓名，医生以为她想去除避孕环。在手术过程中，医生弄破了她的羊膜囊，因而必须终止妊娠。医生因此被控过失伤害或杀死胎儿。根据法国法，法院认为，医生对胎儿不构成犯罪。因此，该案被上诉至欧洲人权法院。原告主张，法国对过失伤害胎儿的刑事救济制度的缺失意味着《欧洲人权公约》第 2 条规定的对胎儿生命权的保护在法国不能得到充分保护。

多数派法官（14 比 3）认为，法国法并没有侵犯胎儿基于《欧洲人权公约》第 2 条享有的权利。然而，他们又拒绝根据公约作出一个关于胎儿法律地位的明确判决。正如先例中的判决一样，法院重申了胎儿不是一个人，因此不能依据第 2 条得到保护。然而胎儿可否根据第 2 条要求享有一种生命权的期待权，这一问题并未解决。法院解释，即使胎儿有这样的权利，也要受到母亲权益的限制。多数派法官认为，生命权从何时开始并受公约保护，这属于国家裁量余地原则范围内的事项，各欧洲国家可自行决定胎儿的法律地位。也即不保护胎儿的法国法不违反公约，其他国家保护胎儿的法律也不违反公约。然而，欧洲人权法院认为，胎儿的潜在意思能力和成为一个人的可能性要求法律应以人的尊严的名义对胎儿予以保护，这是欧洲各国的一个基本共识。多数派法官进一步说明，即使第 2 条被认定可以用来保护胎儿，但因为可以根据民事法律保护胎儿，所以即便不把侵犯胎儿权利纳入刑事法律保护范围，也不会使胎儿权利受到不当侵犯。

---

① Stauch (2001), Ford (2008). 参见 *Paton v UK*（1980）EHRR 408（EComHR）和 *Open Door Counselling 及 Dublin Well Woman v Ireland*（1992）18 BMLR 1（ECtHR）。
② *Vo v France* [2004] 2 FCR 577（ECtHR）。

> 持反对意见的法官在他们的判词中，批评大多数法官不愿作出一个胎儿是否能根据第 2 条获得保护的明确判决。虽然他们坚持认为胎儿权利完全可以根据第 2 条受到保护，但他们仍然支持堕胎权。例如，可以说，孕妇伤害自己胎儿的情况和第三人伤害胎儿完全不同（里斯法官）。里斯法官认为，民法对胎儿的保护并不充分。穆拉罗尼（Mularoni）法官指出，如果胎儿没有任何权利，那么关于堕胎的特殊立法也就没有存在的必要。事实上，所有欧洲国家的立法都有一个共识，即胎儿享有某些权利。

欧洲人权法院大法庭（Grand Chamber）在审理 A、B、C 诉爱尔兰案[①]时遇到了同样的问题。大法庭遵循了武诉法国案的判决，法官们指出：

> 《公约》第 2 条能在多大程度上为个体提供保护，《公约》明确将其交由各成员国宽泛的自由裁量权决定：本法院已经在武诉法国案和埃文斯诉英国（Evans v the United Kingdom）案的判决中作出了明确回答，即关于生命的开始，在欧洲范围内并没有一个科学上或法律上的统一定义，所以对生命权的保护属于各国自由裁量的范围。

欧洲人权法院没有对胎儿的地位作出一个明确裁判。这让肯·梅森（Ken Mason）对此作出了以下评价："读者很可能感觉像是好不容易到了一个酒吧，但酒吧没有啤酒。"[②] 诚如斯言，目前的英国法将导致一个奇怪的结果，如果胎儿受到严重伤害以致胎死腹中，这既不是谋杀又不是过失杀人，但如果胎儿受到伤害却活着出生，之后又因之前的伤害死亡，这时就有可能犯谋杀罪或过失杀人罪。凯瑟琳·奥多诺万（Katherine O'Donovan）[③] 批评说，这一判决过于注重如何与堕胎法进行衔接。她认为，只要这是自愿的怀孕，这就涉及对妇女身体完整权的侵犯。她提出，这种对母亲的伤害行为理应受到法律制裁。

---

① A，B，C v Ireland Applicaion no 25579/05 [2010] ECHR 2032，para 185.
② Mason（2005：106）.
③ O'Donovan（2006）.

19. 堕胎的道德伦理

19.1 简介

在医事法与伦理中,几乎没有哪个领域会比堕胎更具争议。大部分人都分属以下两大阵营:一方强调在堕胎问题上"妇女的选择权"。对他们来说堕胎是个人自由的一项基本内容,妇女有权对自己的身体做出决定。另一方强调胎儿的生命权。对他们来说堕胎相当于谋杀。因此在支持妇女选择权和支持生命权的阵营之间存在明确分歧。

从上述概括可知,两大阵营的人很难达成共识。他们似乎总在强调两个完全不同的原则。有时在堕胎的公开辩论中,似乎只是一方向另一方不断重复他们的核心原则。双方对"让一步就会输"的担忧加剧了两个阵营的分歧。一旦支持生命权的阵营赞成在某些情形中堕胎应予合法化,他们就很难再坚持胎儿的生命同成年人的生命一样重要。同样,赞成妇女选择权的阵营一旦承认在某些情形下不应允许孕妇堕胎,他们就变相承认了堕胎不仅仅是妇女选择的问题。①

在深入讨论前,需要强调的是在这一法律领域,评论家会区分什么是道德,什么属违法行为。例如,堕胎是(或几乎是)不道德的这一观点值得尊重,但法律应该让个人自己选择。②有大量的案例证实,法律允许个人做一些可能是不道德的事。一种不太常见的观点是堕胎符合道德,但属于违法行为。那些认为需要鼓励人口增长的人可能支持这种观点。那些认为不孕夫妇希望收养子女的利益盖过了孕妇的权利的人也可能是这种观点的支持者。尽管如此,对许多人而言,道德和法律相互联系。如果你认为胎儿是人,你就很难解释为什么杀死人是合法的。

如前所述,这场辩论的出发点恰恰在于对这一问题的看法。支持生命权的阵营想从胎儿生命权的角度讨论问题,支持妇女选择权的阵营则从妇女选择权角度讨论问题。我们将从胎儿的法律地位展开讨论,因为如果你认为胎儿没有生命权或可保护的利益,那实际上就没有继续讨论的必要了。

---

① Hursthouse (1987).
② Boonin (2002: 5).

19.2 胎儿的地位

胎儿应该拥有何种法律地位？这一问题将我们带回到了人格问题（参见第一章第十九节）。本章对此又提出了很多问题，有必要再重新复习该节内容。在讨论之前，我们必须指出许多人反对这一讨论。他们认为，你不能撇开妇女讨论胎儿的地位，我们应该问的是孕妇和胎儿共同享有的法律地位是什么？[1] 即使这是一个错误问题，但关于这一问题已有许多讨论，所以我们仍将面临这一问题：胎儿应该拥有什么样的地位？

在回答这个问题前，有必要上一节简单的生物课。当精子进入卵子时，妇女会受孕。实际上，受精是一个较长的过程（最长可以到24小时）。然后，胚胎就从输卵管进入子宫，并附着在子宫上，我们称其为着床。下一个重要的时间点发生在受孕后的第14天左右，胚胎发育为"原条"。另一个重要的时间是胎儿具有生存能力的时间点，也就是胎儿什么时候能脱离母亲生存的能力。以目前的技术水平来看，这一时间大概是在22周。大约在26周，胎儿有疼痛感并能对外界刺激做出基本反应。[2] 生产通常发生在受孕后38周。

此外，需要区分的是，胎儿是生物意义上的人和法律意义上的人这两种说法。[3] 人们普遍认为胎儿是有生命的（他在不断生长和进化），因此可以说他是生物意义上的人（不属于其他物种）。辩论的焦点在于是否可以把胎儿看作法律意义上的人。

现在我们着手讨论胎儿法律地位的几种观点。

19.2.1 受孕论

受孕论认为从受孕时胎儿就是一个人。这是许多反对堕胎的人，特别是宗教人士所持的观点。这一观点同样得到了部分无神论者的支持。以下，我们将只讨论支持受孕论的世俗理由。

这一观点有三个重要理由。第一，自受孕的那一刻起胎儿就是一个人。第二，因为我们不知道生命何时开始，所以，最安全的假定便是假定生命始于受孕。第三，胎儿在受孕时虽然还不是一个人但有成为一个人的可能，因此应当用对待人的方式来对待他。我们将在这一节重点讨论前两个理由，然后在下一节讨论第三个理由。

---

[1] Herring and Chau（2007）.
[2] Wyatt（2000：1）.
[3] Fortin（1988）.

支持受孕论的普遍理由是，在受孕时，胎儿已具有成为一个人所需的完整基因。① 虽然胎儿会不断生长和进化，但其成为一个人的基因不会增加也不会减少，② 胚胎只是成为了一个人的普通有机体。因此，他是"我们其中的一个"。③ 反对受孕论的观点认为，尸体和活着的人一样，也是人类有机体，但我们并没有赋予尸体和活着的人一样的道德地位。④ 反对者也可以说，直到胚胎形成"原条"，才是一个人。或者他们可以反驳说，形成一个人的是心智的完整而不是"基因"的完整。无论成年人和胎儿时期的自己有无基因联系，但因为他们之间没有心理联系，所以，他们不能被看成同一个人。⑤ 受孕论支持者对此提出了批评，他们认为，这种观点过分夸大了心智完整性对个人的重要性。一个精神障碍患者心智可能不完整，但其仍是一个人。

克里斯托弗·卡乔尔（Christopher Kaczor）在最新的一个"反堕胎"报告中谈到"仅仅只是基于人类这种物种属性，每个人都有内在的道德价值"，⑥他继续说道：

> 把人类胚胎视为一个单独个体而非人体细胞的集合体，是人类智者的一员而不只是简单的"一堆"人类起源的细胞，这是恰当的。你刚掉的皮肤屑可能包含了活的人体细胞，但是皮肤屑只是一堆杂乱无序的细胞群，而你本身是一个不断自我发展自我整合的整体，身体的各部分（皮肤、眼睛、胳膊或血液）都是为人这一整体服务的。皮肤细胞只是人体的一部分，其并没有一个动态的内在的发展方向：最终发展成熟变成人。相反，胚胎是一个有生命力的完整有机体，胚胎个体的所有细胞在自我发展中协调运转，不断成熟。如果所有生物意义上的人都是法律意义上的人，那么人体的胚胎也应该是一个法律意义上的人。⑦

反对者则倾向于主张，人之所以成为人是因为他有完成或体察某事的能力，而不是因为基因组织。卡乔尔不同意。他认为，我们有合理理由支持胚胎就是人，即便胚胎和非人的动物相比，能力更弱。"吃汉堡包和吃'哈罗德肉包'存在重大区

---

① Beckwith（2007）.
② Finnis（1995b）.
③ Wolf-Devine and Devine（2009：86）.
④ Reiman（2007）.
⑤ Heathwood（2011）.
⑥ Kaczor（2011：105）.
⑦ Kaczor（2011：105）. 另请参见 Lee（2004）.

别,即使哈罗德的智力残疾导致他的智商和一头牛的相当。"① 卡乔尔的观点存在一个很大的逻辑漏洞。斯特雷认为:"早期胚胎的大部分细胞用于形成胎盘和羊膜囊,而非晚期的胚胎。因此我们不能混淆早期胚胎和晚期胚胎,因为早期胚胎在更大程度上可能是胎盘和羊膜囊。"② 这意味着,胚胎并非在受孕时就成为一个完整有机体。

一个略微不同的观点是,除了受孕,我们找不到可以作为胚胎人格开始的准确时间。库普(Koop)③指出:"我对那些支持堕胎但绝不杀死新生儿的朋友有一个疑问:'你难道会在这个婴儿出生的前一分钟杀死他吗?或者前两分钟?三分钟?四分钟?'"这种观点假设一定存在胎儿成为法律意义上的人的准确时间点,并且受孕是划分二者界限最精确的时间。在胎儿发育过程中,没有哪个时间点像受孕时一样值得注意,也没有哪个时间点像受孕时那样可以清楚指示生命的开始。

对该观点的一种回应是,我们不应假设存在一个生命开始的特定时刻。我们知道白天和黑夜不同,即使一天中存在更小的时间单位,我们仍不清楚黑夜何时开始或结束。但有人可能会反驳说,虽然人们很容易接受白天和黑夜是两个相对概念,但我们认为,在某物是不是一个人的问题上,只有绝对的是或不是:某实体要么享有生命权,要么不享有。④ 对库普(Koop)观点的另一种批评是,事实上,怀孕并不像人们有时描述的那样,有一个"清晰的界限"。相反,怀孕和受精也是一个费时的过程(通常为22小时),要在受孕过程中准确指出什么时候形成人格,这和要求其他理论准确指出生命何时开始一样困难。⑤ 反对这种"界限论"的另外一个观点认为,区分受精前几秒的精子和卵子与受精后短时间内产生的胚胎,这样做明智吗?

那些受孕论的反对者在作出上述回应的同时,提出了以下观点:令人震惊的是受精卵的命运通常是死亡。⑥ 据统计,只有不到15%的受精卵最终会成功发育至出

---

① Kaczor(2011:106)。(卡乔尔的观点是,即使哈罗德存在智力残疾,智商与牛不相上下,但吃牛肉汉堡与吃哈罗德的肉做的汉堡明显存在重大区别。——译者注)
② Stretton(2008:797)。
③ Koop(1978:9)。
④ Boonin(2002:35)。
⑤ Williams(1994)。Ford(2002:55)简单地回应道,受精结束,人格开始。Gonzalez(2016)认为是着床的时间点。参见further Oderberg(2008);Eberl(2000 and 2007),Deckers(2007a)对此做了回应。
⑥ Smeaton[2002] 2 FCR 193案的判决中布朗(Brown)教授的话。At para 129。

生。① 若人格始于受孕，那么几天之内就会有大量的人死亡。因此，有人认为这是反驳人格始于受孕的一个强有力的理由。但也有人回应道：我们能说，因为贫穷国家的婴儿死亡率为90%，在这些国家出生的孩子的道德地位就低于那些婴儿死亡率较低的国家的孩子吗？② 而且，在引发流产的情形下，就会有两个悲剧（胎儿死亡；有人杀死了胎儿），这甚至比小产更糟糕，因为后者只有胎儿死亡这一个不幸事件。③ 不管怎样，按照受孕论的定义，那就意味着几天内就有很多人死去，这种定义方式相当奇怪。④

最后，如果人格始于受孕，那么很多避孕措施，也即在受孕后的避孕措施，包括避孕药等都是不道德的。⑤ 涉及丢弃胚胎的所有胚胎研究，以及试管授精（IVF）工作也是不道德的。所以，有人主张这种受孕论不能接受。但如果这种观点正确，我们是否应该因为有这些"不良后果"就否认这种观点呢？

19.2.2 潜能论

潜能论认为，胎儿基于其潜在能力享有道德权利。赞成受孕论的另一种观点是即使我们接受胚胎在受孕时并非一个人，但他有成为一个人的可能。因此我们必须尊重胎儿，不是因为他是一个人，而是他有可能成为一个人。若杀死胎儿，就剥夺了他们本可以享有的未来生活的权利。杀人的本质错误在于对受害者未来生活权的剥夺。⑥ 因此我们必须把胎儿看作一个人。⑦ 这种对一个人潜在意思能力而非目前意思能力的关注可以在下列情形中找到相似点：一个沉睡的人不因其没有行使权利就不再是一个人，正是因为他们有行使这些权利的可能，才赋予他们生命的价值。⑧ 对胎儿来说也一样。

---

① Harris（2003a）. 这个数据是有争议的。Kaczor（2011：131）认为，这个数据应该是50%。Blackshaw and Rodger（2019）主张，小产的主要原因是染色体异常，我们无法阻止这种情形。

② Beckwith（2005）. Keown and Jones（2008）回应道，自然允许它发生的这个事实并没有授权我们可以伤害胎儿。

③ Friberg-Fernros（2018）. 不过，这一主张遭到了驳斥。参见 Simkulet（2019）。

④ Simkulet（2017）.

⑤ 这种避孕药要么防止受精，要么防止着床。

⑥ 对这一观点的质疑，参见 Strong（2008 and 2009），although see Di Nucci（2009）。

⑦ Marquis（2006, 2002, and 1989）；Wilkins（1993）；and P. Lee（1996 and 1997）. 对这一观点的反对，参见 Savulescu（2002b）。

⑧ 相关讨论参见 Cox（2011）and Finnis（2013）。

克里斯托弗·诺布斯（Christopher Nobbs）[1]则进一步发展出以下观点：胎儿成为人的可能性越大，其价值也越大。因此胚胎的价值较小，出生前夕的胎儿享有更大的价值。[2]

这种观点难免会遭到批评。通常我们不会把某人有可能成为什么视为好像他已经得到它一样。你有可能会是一名医生，但这不意味着我们就把你看作一名有资质的医生。一个重病的人很有可能死去也不意味着我们能把他看作一个死人。[3]将潜能论的逻辑发挥到极致，我们是否可以说，禁欲剥夺了一个人的未来。[4]此外，剥夺一个人意识不到的未来是否符合逻辑，仍有争议。[5]的确，如果胚胎都没有以人的方式存在，我们说剥夺了他什么权利还有何意义？[6]可以说，杀死一个对未来有自我意识的人比杀死没有这种意识的人更糟。[7]所以，尽管杀死胎儿是一种过错，但这种过错和杀死儿童或成年人的过错并不相同。[8]如果一个人没有意识到自己未来的价值，杀死他就不会带来伤害。这是否意味着，一个暂时昏迷的人（或处于严重抑郁、想要自杀状态的人）就没有活下去的权利？

对潜能论的另一种回应是，该主张也可以适用于接受试管婴儿治疗但又不使用他们储存的受精卵制作胚胎的情形，甚至包括妻子有生育能力但夫妻决定暂时不发生性行为的情形。那么可以说，这些夫妇也剥夺了某个人的未来[9]，即使有人会认为，在这种情形下，并没有剥夺一个确定个体的未来。[10]

这种主张的另一种版本可以这样解释。如果一名孕妇因怀孕期间滥用酒精，让自己的孩子患上酒精依赖综合征，这种行为有错（大多数人都这么认为），那么杀死这个胎儿就是一个更大的错误。[11]前一情形下，儿童只是损失了生活的某些利益，

---

[1] Nobbs (2007).
[2] 另请参见 Card (2006)。
[3] Clune (2011).
[4] Savulescu (2002b). Clayton Coleman (2013).
[5] M. Brown (2000). Stretton (2000) 认为，如果某事物对其他人没有价值的话，那么它也就不会有内在价值。
[6] Christensen (2019).
[7] McMahan (2002).
[8] Dworkin (1993: 19) 认为，"堕胎是否违反胎儿利益必须取决于在堕胎时胎儿是否本身具有利益。而不取决于如果不堕胎的话，胎儿就会享有利益。"参见 McLachlan (2019)。
[9] Savulescu (2002b).
[10] Marquis (2006).
[11] Hendricks (2018). 即使胎儿不是人，堕胎也违背道德：损害论的观点。Bioethics 33 (2) 245-53。

但如果不让他出生，他损失的会更多。对此的一种回应是，在堕胎的情况下，并没有人被剥夺了生活的任何利益，这和出生即患上酒精依赖综合征的婴儿存在根本不同。① 另一种回应是，强迫女性继续妊娠是对女性权利的更大干预，远甚于不让她饮酒的情形。

当然，潜能论的观点也受到那些认为胎儿人格始于受孕的人的批判。菲尼斯（Finnis）认为："他是一个自然人，是一个有各种可能性的法律人，而不仅仅是一个有潜能的自然人或法律人。"②

19.2.3　谨慎行事

这一观点可能最好放在所有观点之后。但我们将在这一节讨论，因为它是支持受孕论的一个强有力的观点。如果你读完所有关于胎儿地位观点的著作后仍无法得出结论，你就可能会赞同布雷齐尔的观点：

> 对胎儿地位的不同看法在很多情况下受到了宗教信仰的影响……这一争论现已陷入僵局……胚胎的人格是未经证实也无法证实的。但其作用是双向的。正如我无法证明人类是由上帝创造并且我们每个人都有一个邪恶的灵魂一样，我也无法证明人类不是这样。③

如果我们不能确定胎儿何时能成为一个法律人，那么以支持生命的方式解决这一疑问，判定胎儿就是在受孕时成为法律人的，岂不是更好？④ 换言之，把非法律人看作法律人比把法律人当成非法律人，不是要好得多吗？对此的回应是，如果支持上述观点，那么这是否是一个充分的正当理由，足以迫使妇女继续坚持一段计划外的怀孕，接受与之相伴的对妇女身体完整权的侵犯和自主权的损害呢？

贝克威思（Beckwith）⑤指出，如果打靶场附近有学校，那就不允许开设这样的打靶场，因为有可能会误杀学校的小孩，哪怕概率很小。同样，如果胎儿有可能成为一个人，即使概率很小，也不应该允许堕胎。

这个比喻并不十分准确，因为避免被射杀的人并未遭受严重的自由限制。斯特雷（Stretton）用了一个更贴切的比喻——我们不会因为有很小的死亡风险，就

---

① Blackshaw（2019）.
② Finnis（1994：14）.
③ Brazier（1990a：134）. 更多内容请参见 Brazier（2013）.
④ 有关这一观点的发展，参见 Smith（2008）.
⑤ Beckwith（2007：60）.

禁止人们驾驶汽车。① 但弗里伯格-费恩罗斯（Friberg-Fernros）回应说，对于一个患有致命传染病、可能威胁他人生命的人，我们很可能认为将其隔离是正当的。②

19.2.4 怀孕 14 天论

怀孕 14 天论认为，在怀孕第 14 天时（当"原条"出现时），胎儿就是人了。支持这一观点的人往往以上文提及的受孕论支持自己的观点。③ 但他们认为，胚胎成为一个独立的实体是在受孕第 14 天而不是在受孕时。④ 因为只有等到第 14 天后，才能清楚知道胚胎是否会分裂成两个（双胞胎）。⑤ 只有到那时，我们至少才能从基因方面确定胚胎已经形成一个确定的人。⑥ 此观点的一个难题在于，其不能提供一个生命从何时开始的精确时间点。"原条"形成的具体时间也不清楚。

19.2.5 胎动/人的外表

历史上把"胎动"时刻视为具有道德和社会意义的时间。这是母亲能够感受到胎儿在体内活动的时间，一些人认为这是生命开始的时刻。现在利用现代科技和彩超技术，在怀孕早期就可以看到婴儿图像。准妈妈在翻阅怀孕指导书中有关胎儿的图片，当图片中的胎儿能看出人形时（通常是 8 周），她们的兴奋可想而知。其中大多数图片能看到胎儿似乎在挥手和微笑。⑦ 这些时间点在情感上无疑具有重要意义，但几乎没有人认为这些时间点也应具有道德意义。⑧ 约翰·伯吉斯（John Burgess）⑨认为关键的时间点应该在 6 周后，即胎儿的心血管系统开始工作时。他的观点是，正如死亡的标志是心脏停止跳动一样，生命的开始也应是心脏的第一次跳动。彭纳（Penner）和赫尔（Hull）认为，关键的时间是大脑中出现感受器，这大约是在 23

---

① Stretton（2008：793）.
② Friberg-Fernros（2014）.
③ Nathanson（1979：216）.
④ McMahan（2002：82）. Warnock（1998：64）认为在"原条"发展到 14 天时，就表明它具有一个道德地位，尽管还没有人格。
⑤ Burgess（2010）.
⑥ 参见 Oderberg（2008）and Curtis（2011）. 他们反对这种观点，即如果怀有双胞胎的话，就意味着在怀孕时没有形成人格。
⑦ Kirklin（2004）声称，这些图片在某种程度上都是骗人的。
⑧ Gillon（2001a）.
⑨ Burgess（2010）.

周的时候。①

19.2.6 生存能力论

生存能力论认为，胎儿有生存能力时是判断的关键。② 这是胎儿能够脱离母亲独立存在的时刻（在适当的医疗帮助下），换言之，就是早产情况下，早产儿能够存活的时间，现在大概是 22 周。③ 生存能力的重要性可以从以下两种不同观点中得到支持：① 在有生存能力时，胎儿就成为一个人；② 当胎儿有生存能力时，母亲有权不再孕育胎儿（即她可以将胎儿从身体剥离），但并不是用这一方式杀死胎儿。我们先讨论第一种观点。第二种观点强调母亲对胎儿的责任，没有把重点放在胎儿的法律地位上。

有人把生存能力视为一个重要时刻，因为它标志着一个依靠他人存活的人类个体转变为一个能够独立生活的个体。此时，胎儿被明确认为可以脱离母亲，有足够的独立生活能力。伊丽莎白·维克斯（Elizabeth Wicks）指出，关键在于在什么时间点上，"人体组织就具有了整体性的功能"。④ 大卫·詹森（David Jensen）认为，出生的时间依赖于一系列内在因素，并不必然与胚胎的物理性质有关，而生存能力明显建立在胚胎自身的能力基础上。⑤

生存能力论也遭到了反对。有人认为这种观点具有不确定性。很难确定胎儿是否能脱离母体独立生存。⑥ 还有人认为，胎儿能成为一个人的具体时间点取决于你生活的时代，甚至是你生活的地点。一个 26 周的胎儿在英国可能具有生存能力，但在医疗条件有限的发展中国家，就不具备生存能力。⑦ 胎儿的道德地位应该取决于母亲居住的地点吗？⑧ 另一种观点与生存能力论的意义有关。如果把胎儿放在保育箱里，同时接受全天护理，早产儿也可以算有生存能力，但这样的婴儿完全依靠他人提供生存的必备要件。因此，婴儿完全脱离他人独立生活的事实并不现实，如果要独立生活的话，也要到孩子几岁之后。

---

① Penner and Hull（2008）.
② 例如：Jensen（2015）；Lee, Ralston, Drey, 等（2005）.
③ 正如 Gillon（1989）指出的那样，科技和人工保育箱的发展最终可能使胚胎从怀孕时就能存活。进一步的讨论参见 Romanis（2019）；Blackshaw and Rodger（2018）；Kaczor（2018）；Overall（2015）；Alghrani（2008）.
④ Wicks（2010：78）.
⑤ Jensen（2015）.
⑥ Cave（2004：15）.
⑦ Kaczor（2012：70）提到了阿米莉亚·泰勒（Amilia Taylor），她在怀孕第 21 周出生。
⑧ Watt（2002b）对这种观点做了延伸讨论。

19.2.7 知觉论

知觉论认为,在胎儿有知觉时就成为一个人。一个主流的观点是当胎儿有知觉、感觉①或者欲望②时就成为一个人。这一时间点大概是怀孕第20到24周,尽管对此还有争议。③ 证明这种观点的一种方法是我们应立足于"生命何时结束"来回答"生命何时开始"的问题。对于死亡,大部分人赞成脑死亡(大脑停止活动)的观点。如果这一观点成立的话,大脑开始活动就应被看作生命的开始,这也合情合理。④ 约翰·哈里斯是这样论证的:

> 我认为胚胎以及任何个人的道德地位是由他们拥有的一些特质决定的,这些特质使一个正常成年人比绵羊、山羊或胚胎具有更重要的道德意义。⑤

这种观点下,人们可能认为,婴儿出生经过一段时间后,生命才开始。因为使胎儿成为人的不仅仅是感觉或知觉(动物也可能有),而是成为一个"理性自觉的人",这可能要在婴儿出生一段时间后才开始形成。我们将在下文进一步讨论这一观点。上文论及的卡乔尔的观点认为,一个人生活的价值不在于他的行为或思想,而在于他是什么——一个活着的人。⑥ 确实,把大脑开始活动作为生命开始的标志,这就人为地区分了人体的大脑和身体。也有人表达了另一种担忧:如果我们支持知觉论的观点,那么随着胎儿学的发展,很可能以后会越来越早就发现胎儿有知觉。

19.2.8 出生论

出生论认为,胎儿在出生时成为一个人。毫无疑问,出生是人一生中的一个重大事件。有人认为,把胎儿看作独立存在的个体最自然的时刻就是出生。此时,胎儿完全脱离母体成为一个独立实体。也就在此时,胎儿可以与这个世界互动。正如阿卡斯·布林(Achas Burin)所言,在怀孕期内:"胎儿和世界存在根本性的分

---

① Martin (2006).
② Steinbock (1992: 5). Martin (2006) 对何时胎儿能感受到疼痛做了详细讨论。
③ Boonin (2002); BMA (2007d).
④ Savulescu (2002b).
⑤ Harris (1998: 79).
⑥ Kaczor (2011).

离——世界不能展现在胎儿面前，胎儿也无法接触这个世界。"① 所有这一切都在出生这一刻得以改变。

然而，也有人认为，从本质上说，出生是一个任意的时间点。显然，出生对母亲和她的生下的婴儿具有重大意义，但这能改变胎儿的法律地位吗？为什么在怀孕30周出生的但只能在保育器里生活的婴儿的道德地位和一个尚未出生的30周大的胎儿的不一样？虽然他们所处地点不同，但这能改变他们的道德地位吗？正如查尔斯·福斯特所言，难道这几厘米的产道就能使胎儿的道德地位产生巨大差异吗？② 对此的回应是，法律往往不得不选择一些随意的时间点来赋予人们相应的地位（例如18岁生日）。③ 另一种回应是，出生通常会对胎儿和其母亲及社会之间的关系产生根本变化，这种变化改变了胎儿的法律和道德地位。我们将在后文进一步探讨这一观点。④

19.2.9 理性自觉论

理性自决论认为，婴儿在出生一段时间后才成为一个人。只有在个体具有"理性自觉"时才成为一个人，这一理论似乎得到越来越多的支持。这意味着胎儿不是一个人，⑤ 新生婴儿也不是。⑥ 彼得·辛格指出：

> 如果胚胎没有像人享有的那种生命权，似乎新生儿也没有。一个新生儿的生命对新生儿的价值甚至不及一头猪、一条狗或者一只黑猩猩的生命对这些生物的价值。⑦

如果接受"理性自觉论"，就会得出一个荒唐的结论：法律允许杀婴！

朱比利尼（Giubilini）和米内尔娃（Minerva）在一篇极富争议的文章中就准确推出了这一结论。⑧ 因为一个新生儿尚不具备成为人的足够的品性，因此，法律应该允许"出生后堕胎"。正如第一章所言，这一文章引发了公众关注和争议。⑨ 然

---

① Burin (2014).
② Foster (2009). 对这一观点的反驳见 Herring (2011b).
③ Norrie (2000: 226).
④ Herring (2011b).
⑤ Kuhse and Singer (1985: 133).
⑥ Tooley (1983).
⑦ Singer (2000: 160).
⑧ Giubilini and Minerva (2013). 另请参见 Räsänen (2018).
⑨ Schüklenk (2013).

而，正如该文作者主张的那样，如果我们主张人格的产生是因为具备了人的能力，那么由此推出上述结论符合逻辑。当然，有人会用这会导致杀婴的问题驳斥这一观点。杰奎琳·莱恩（Jacqueline Laing）曾一针见血地指出：

> 不论我们是否行使我们的能力，是否有痛苦或让他人满意，这些都不足以构成判断人的道德价值的基础。同样，明显的理性思维、自我反思的能力或道德智慧，以及伦理哲学教授一生都不具备的特点等品质亦然。甚至人的尊严并不是变化的，也不应看作具有变化性。①

另一种可能的回应是婴儿具有足以识别其人格的某些道德特质，比如形成个人喜好的能力（他们饿了的时候会哭）。②

安德鲁·麦基（Andrew McGee）也提到了爱护后代的强烈本能，这也有助于建立我们道德准则的基础：

> 在很大程度上，我们的生命是由我们与我们的挚爱之间的关系界定的，尤其是与我们后代的关系。我们对生命提供的价值源于我们的挚爱在我们的生命中扮演的中心地位以及他们对此所赋予的意义。③

的确，对朱比利尼和米内尔娃的强烈反对会让我们支持麦基的主张。麦基认为，这些深入骨髓的本能是我们相应道德主张的基础。有意思的是，朱比利尼和米内尔娃运用逻辑方法再次捍卫了他们的文章。④麦基的评论也许能帮助我们理解著名伦理学者罗伯特·乔治（Robert George）的主张，即支持杀婴的观点就是一群"道德疯子"的主张。⑤事实上，他认为，这一问题根本不值一提，因为"任何人都能立即发现杀掉自己不想要的婴儿是不可接受的"⑥。批评者会说，我们的本能反应肯定不会做这种事，但我们需要从逻辑层面提供一个前后一致的分析，为什么婴儿在道德上与胎儿不同。⑦

大多数人都认为，这样惊世骇俗的观点绝不能接受。⑧然而，这一观点确实具

---

① Laing（2013：337）. 另请参见 Kaczor（2018）。
② McGee（2013）。
③ McGee（2013：337）。
④ Giubilini and Minerva（2013b）。
⑤ George（2013a）。
⑥ George（2013b：229）. See also Finnis（2013）。
⑦ McMahan（2013b）。
⑧ Maclean（1993：32）。

有一定的逻辑性。如果我们寻找人类和其他实体的区别,传统的宗教答案可能是灵魂。但如果用世俗的眼光看,我们就不难得出人最明显的标志是其所具有的意思能力,比如理性或自我意识。① 然而,新生儿似乎缺少这些能力。因此,我们是否基于不缜密的思维逻辑或对婴儿的感情而反对杀婴?又或者,这种观点的支持者的逻辑走向了极端?安妮·麦克莱恩指出:

> 生物伦理学家要求我们解释们为何要用某种特定的态度对待婴儿,比如,我们不能像对待物品一样随意控制他们的生活。但这根本没有原因——或者换个说法,原因就在于他们是婴儿,这就是所有问题的原因。②

杰夫·麦克马汉(Jeff McMahan)③和库泽(Kuhse)与辛格(Singer)的观点相似,他认为严重精神障碍患者并不拥有普通人的法律地位,因为他们缺乏自我意识或者理性思考的能力。伊娃·费德·基特④认为,这种观点的实质是,"基于人的内在价值属性创造一种可以适用于某些人群(不同于一般的、理论上的其他人),不适用于另一些人群的道德地位,这就像邪恶种族主义者和民族主义者所做的那样,极其危险"。

19.2.10 发展主义者的观点

关于如何确定胎儿地位最主流的一种观点也许是回避确定胎儿成为人的具体时间点的做法。相反,我们应意识到,在怀孕期间,胎儿的地位随着时间的推移在不断变化。⑤ 正如格里斯利⑥所言:

> 我们没有理由认为在有无人格之间存在一个黑白分明的界限。因为我们并无合理理由认为人格就像某种财产,转瞬之间就全都有了。

如果我们认可这一点的话,我们就没有必要识别获得人格的具体时刻。相反,胎儿的地位呈现渐进发展之态,胎儿越大,越应得到更多尊重。⑦ 珀金霍恩委员会(The Polkinghorne Committee)认为,"胎儿在不同发展阶段都有不同的特殊地位,

---

① Lockwood(1985:10)。Harris(1999)认为,要成为一个人,你必须能证明自己存在的价值。
② Maclean(1993:36)。
③ McMahan(2002)。
④ Feder Kittay(2005:131)。
⑤ Eg Feinberg(1992:49)。
⑥ Greasley(2017:147)。
⑦ BMA(2004:228)。

基于胎儿有成为完整的人的潜能,我们希望将这种地位描述为一种值得敬重的存在"。① 也有人认为胎儿是从人体器官变成一个自然意义上的人,再变为法律意义上的人。② 确实,有人主张,我们不应围绕胎儿是否是一个人展开讨论,而应围绕与胎儿特殊属性相关的道德性讨论胎儿地位。③

这种观点试图在胎儿是人或胎儿不是人这两个观点之间开辟一条中间道路,而并不是说胎儿的地位处于二者之间的某个位置。一些人补充道这种观点会使我们意识到随着胎儿不断长大,他应获得更多尊重,直到他成为一个人为止。④ 麦肯齐认为这也符合孕妇的经历,孕妇在妊娠过程中的体验不断变化:

> 首先,从孕妇角度看,随着她身体曲线的变化,胎儿和她之间的身体分化越来越明显。第二,这种身体的逐渐分化……与孕妇和胎儿之间的心理分化相伴相生,前者又导致了后者的发生。……第三,随着身体和心理的分化,孕妇对胎儿的情感依恋会越来越深,这种依恋是基于她和胎儿之间的身体联系和未来与从她身体里分离出的个体之间的亲密关系的期待上产生的。⑤

典型的发展主义者主张,尽管胎儿是逐渐获得道德地位的,但法律需要有一个明确的界分点,借此可以识别其是否是法律上的一个人。出生就提供了这一分界点,自此,胎儿就获得了一系列的人格标志,足以表明其已成为一个人。

这种有关胎儿地位的折中观点和这场胎儿地位论战中其他许多流派的真正看法一致。⑥ 许多坚定的反堕胎者都承认堕胎不像谋杀那么残忍,⑦ 同时许多坚定的堕胎支持者也会对妇女在怀孕第 38 周时无理由堕胎感到不满。这是不是表明:许多反堕胎者认为胎儿的生命并不等同于成人的生命,同时堕胎支持者也承认至少胎儿的生命是有一点价值的?正如沃尔夫指出的那样,大部分人对胎儿的态度取决于受孕是否是孕妇自愿:"所以胎儿到底是什么?自愿受孕的胎儿是一个迷人的、复杂的、在快速眼动睡眠期做梦的小生命,其声像图的轮廓很像父亲,但非自愿的怀孕的胎

---

① Polkinghorne (1989:9).
② 这种方法在 Fortin (1988) 中曾讨论过。
③ Beauchamp (1999).
④ 参见 Sanger (2004)。
⑤ Mackenzie (1992:148-9). 进一步参见 Stychin (1998)。
⑥ Quinn (1984).
⑦ Wolf-Devine and Devine (2009:99).

儿仅仅只是'子宫生物材料'?"[1]

发展主义者的一个主要问题在于，一旦一个人出生，我们通常不能接受他或她更是一个人或不太像一个人。认为有精神障碍的人不太像一个人的观点就让人十分反感。我们对所有出生的人都按照人对待。所以，我们为什么还愿意接受胎儿有不同程度的人格呢？

19.2.11 关系论

另一派学者认为许多关于胎儿地位的讨论都被误导了。[2] 我们不能撇开孕妇单独考虑胎儿的地位。[3] 孕妇不仅只是一个胎儿容器而已。[4] 因此我们的讨论应该聚焦于母亲和胎儿之间的关系：他们既可以说是两个人，又可以说是一个人。[5] 任何对胎儿的处置都必然有母亲的介入。[6] 德沃金指出：

> 胎儿不是待在"孕妇身体里"的一个无生命之物，也不是植入她身体的有生命的外星人。胎儿是"母亲的，为母亲所有，而非其他人"，因为胎儿是孕妇，而非其他人创造的，孕妇对其负有责任，因为母亲使胎儿有生命，胎儿才具有生命。[7]

相反，卡米拉·皮克勒斯（Camilla Pickles）提出了"非一/非二论"。这种关系论指：

> 我们应该直接关注怀孕期间孕妇和胎儿不可分离状态展示的这种关系。这种特殊关系要求在适用法律时应致力于促进一种良性关系，即有利于女性的自主权，又有利于胎儿的利益。[8]

凯瑟琳·麦金农（Catherine Mackinnon）指出，"承认胎儿人格或胎儿是独立实体的唯一要点在于主张胎儿利益与孕妇利益有冲突"。[9] 麦金农也认为，把胎儿看

---

① Wolf (1995: 4).
② Seymour (2000).
③ Herring (2011b and 2019).
④ Annas (1986).
⑤ Seymour (2000); Herring (2000).
⑥ Gallagher (1987); Gibson (2007).
⑦ Dworkin (1993: 55).
⑧ Pickles (2017: 320).
⑨ Mackinnon (1991: 1315).

作母亲身体的一部分是错误的："实际上，身体上没有哪个部位像胎儿一样对母体吸收那么多却贡献那么少，胎儿也不像其他身体部位那样为了服务母体而存在……身体其他部位也不会长大并最终离开母体。"① 我们需要一种承认孕妇和胎儿的亲密关系的分析方法。

笔者认为，如果我们可以在让人受益的照顾关系中找到道德价值，这就可以帮助我们区分什么是女性想要的怀孕和女性不想要的怀孕：②

> 在不想要的怀孕中没有相互的关爱，因此，不具有道德价值。法律也没有理由让这种关系继续维持下去，事实上，也不能强迫当事人继续维持，尤其是在怀孕和生产中涉及某种身体干预时。强迫关系恰恰是照顾关系的对立面。在其他任何情形下，法律都不会强迫一方当事人为了拯救他人放弃自己的身体完整权，即使是最轻程度也没有，更不要说是怀孕时的这种程度了。法律必须让当事人可以自行终止她们不想要的怀孕，这样才能实现真正的照顾关系。
>
> 与此相对，采用关怀伦理学的分析方法意味着我们应该对当事人想要的怀孕赋予最高的道德尊重。因为这种关系是强意义上的照顾关系。在就业法、刑法和社会福利法上都应对这种关系予以保护。

尽管笔者不会这样解释，但以上的观点可以证明在当事人想要的怀孕场合，胎儿就有人格，但在当事人不要想的怀孕情形下，则相反。

关系论的反对者主张，关系论过于关注胎儿与孕妇之间的关系而非各自利益，虽然这一观点有一个颇有价值的目标，但具有误导性。在没有确定胎儿是否等同于孕妇的一根头发③或和成年人具有同样地位的情形下，我们怎么用一种有意义的方式讨论胎儿和孕妇的关系呢？还有人担心，过度强调二者间的关系而非各自利益可能很容易忽视妇女权利，特别在我们的社会中，母亲被赋予了一个非常高尚的形象。④ 或者这种观点也可能走向另一个极端，即强调把胎儿和妇女视为"一个人"，在关系发展过程中赋予妇女发言权，从而淡化对胎儿的保护。

关系论并没有为有关堕胎的争论指明方向，这种观点也可以用来支持堕胎。佩奇克斯基（Petcheksy）认为：

---

① Mackinnon（1991：1316）.
② Herring（2019）.
③ Warren（1992）认为在道德上堕胎和理发可以等而视之。
④ Fovargue（2002）.

质疑胎儿中心论的女权主义者断言，虽然在某种程度上胎儿可移植到孕妇体外，但移植后胎儿无法生存。胎儿在生理上依赖孕妇，即使出生后，仍在生理上和社交上依赖母亲。这种依赖为母亲负有照顾胎儿的道德义务和是否享有堕胎的道德权利提供了基础。①

关系论也得到一些反堕胎女权主义者的支持。他们强调养育、关怀的女性主义价值观以及生命价值观。② 沃尔夫-迪瓦恩（Wolf-Devine）指出：

> 表面上，堕胎和关怀伦理学并不一致。这很容易理解，堕胎是妇女没有照顾好一个与自己有特殊亲密关系的有机体。如果同情、养育、承担照顾责任是女权主义价值观的特征，那么针对意外怀孕，堕胎似乎就不是女权主义应有的观点。③

19.2.12 财产论

这种观点把胎儿看作母亲所属之物。玛丽·福特（Mary Ford）解释了这种分析方法的优势：

> 把胎儿看作孕妇的财产，我们就能理解为什么法律只保护胎儿免受第三方行为的伤害，而不是孕妇行为的伤害。在财产权理论下，妇女有权处置自己的财产且不受法律干涉，她也可以向侵犯她财产的人请求民事赔偿和刑事制裁。④

她否认这一观点会导致胎儿没有任何利益的结论。把胎儿视为孕妇的财产，就应承认其具有受法律保护的价值和利益。但对胎儿的危害也会被视为对母亲的危害。这一观点的问题是其与妇女本身对怀孕的理解不符。至少在自愿怀孕的情况下，不会有妇女把她们的胎儿比作她们家的微波炉。虽然对此观点的一种回应是没有哪种法律分析方法能恰当地描述怀孕的经历。

19.2.13 胎儿法律地位的总结

上述所有观点似乎都有"问题"。⑤ 有些观点可以推出大多数人都认为极其荒谬

---

① Petcheksy (1994: xii).
② Wolf-Devine and Devine (2009); Castonguay (1999); Maloney (1995).
③ Wolf-Devine (1989: 121).
④ Ford (2005b: 263).
⑤ Gillon (2001a).

的结论，如杀婴合法和避孕药非法。另一些观点似乎建立在一种不确定或过于随意的区别上，如胎儿是否出生或当下的技术水平如何。最后，生命何时开始的问题取决于你赋予生命怎样的意义或价值，因为这些问题的答案五花八门，因此对生命何时开始有很多争议就不足为奇了。

19.3 选择权

许多堕胎支持者反对胎儿出生前享有任何权利或利益的观点，他们认为妇女的自主权和身体完整权才最重要。这种观点相对直接：如果胎儿出生前没有自己的利益，那就很难找到一种有说服力的观点来驳斥妇女堕胎权的正当性。①

更难证明的是以下观点，即胎儿是一个人并且有理应受到保护的利益，而这些利益比不上妇女享有的自主权和身体完整权。在北爱尔兰人权委员会司法审查申请（北爱尔兰）案②中，黑尔法官指出："对那些孕妇或有义务生下孩子的妇女而言，在她们的自主权和身体完整权上，没有比违背意愿这种更严重的侵权形式了。"她接着引用了朱迪思·贾维斯·汤姆森（Judith Jarvis Thomson）的一篇重要文章，这一文章在这场争论中一直占有显要地位。③

19.3.1 汤姆森的小提琴家案例

汤姆森的文章主要讨论了以下假设案例：

> 早上醒来，你发现自己背后躺着一个无意识的小提琴家，一个著名的小提琴家。他患有严重的肾病，音乐爱好者协会调查了所有的医疗记录，发现只有你的血型匹配。因此他们绑架了你，并在昨晚把小提琴家的血液循环系统通过导管与你的连在一起，方便使用你的肾脏从他和你的血液中排出有毒物质。现在医院负责人告诉你："对音乐爱好者协会的所作所为，我们感到很抱歉，如果我们事先知晓，我们绝不允许他们实施这样的行为。但是事已至此，现在小提琴家已经和你连为一体。如果拔出导管，他必死无疑。但是不要担心，这种状况只会持续9个月。到那时他的疾病就

---

① 有人认为，孕妇并不知道堕胎导致的心理伤害，因此她们作出的同意不是充分知情的同意。但堕胎是否会带来心理伤害尚需要讨论：参见 Dadlez and Andrews (2010)。

② *Re An application by the Northern Ireland Human Rights Commission for Judicial Review (Northern Ireland)* [2018] UKSC 27.

③ Thomson (1971).

会痊愈,就能安全地和你分开。"①

汤姆森假设你享有从自己体内抽出导管的权利,但如果你天性善良,她希望你会同意做出这种牺牲,让导管继续留在你体内,但是你对此没有任何法律义务。许多人认可这种分析。汤姆森认为,如果你同意她的假设,那么同理,你也应该同意法律应允许堕胎。如果你认为你享有身体完整权,意味着你不必同意让小提琴家的血液循环系统与你的相连,同理,你也可以认为自己不用在怀孕后继续保持怀孕状态。但如果你认为被插入导管拯救小提琴家的人无权决定拔除自己身体上的导管,那么这篇文章也不能为支持堕胎提供证据。

许多人认为汤姆森的这一假设颇有说服力。但也有人试图将她的这一假设和堕胎辩论区别开来。② 他们的观点如下:

(1) 责任。

汤姆森假设这个人是被绑架的,被迫与小提琴家产生联系。这种情况只与强奸导致怀孕的情况类似。③ 因此,汤姆森的假设为证明在强奸情况下堕胎的正当性提供了有力例证,但对其他情况下的堕胎并无说服力。④

汤姆森预料到了这种反驳,举了另一个例子:

> 假设人的胚胎就像随风飘扬的花粉,一旦打开窗户,它就可能飘进来并在你的地毯或其他家具套等装饰品上扎根。你不想要孩子,所以你在窗户上装了你能买到的最好的细纱网。但只要细纱网有一点点破洞,花粉种子就可能飘进来并在家中扎根。飘进来的人类种子开始在你家生长,它现在就有权使用你的房子吗?当然不是——尽管你主动打开了窗户,毯子和其他室内装饰也是你故意放置的,同时你也知道细纱网有时也会有破洞。⑤

汤姆森认为,如果妇女已经采取了预防胎儿出生的措施,那么不应让妇女为对胎儿的弱势地位负责;⑥ 未经妇女同意,胎儿无权进入她的身体。⑦ 如果避孕失败,

---

① Thomson (1971: 132).
② Wiland (2000) 提出了一个有用的总结。另请参见 Taylor (2009)。
③ Tooley (1983: 45).
④ Meilaender (1998).
⑤ Thomson (1971: 137).
⑥ Thomson 并没有清楚说明,妇女在发生性行为时没有使用避孕措施的情形如何处理。
⑦ Thompson (1971: 138).

第七章 避孕、堕胎、怀孕 | 509

显然也是妇女没有同意的情形。通过这个比喻，汤姆森[①]认为房主打开窗户的事实并没有给盗贼进入房间或在房间居住的权利。她的观点是妇女有性行为的事实并不是认定她愿意怀孕的理由。

有学者认为上述种子或盗贼的比喻没有说服力。梅拉德尔（Meilaender）指出，子宫是胎儿发育的天然场所，不应把胎儿类比为入侵者或干扰者。[②] 马奎斯（Marquis）认为，盗贼应为闯入他人房间负责并且房主可以强行驱离，然而胎儿不能为其进入子宫负责。[③] 也有人主张，妇女知道使用避孕措施并不是百分之百可靠就意味着她接受了可能怀孕的风险，应对胎儿负责。[④] 沃伦[⑤]修改了汤姆森的小提琴家案例：如果你是音乐爱好者协会的一员，也接受如果有小提琴家生病，那么你就有1%的概率会被选中插入导管，将小提琴家的血液循环系统与你的相连长达9个月。在这种情况下如果选中了你，你就负有道德义务保持这种状态，因为你选择加入这个俱乐部就意味着你接受了这份责任。同样如果你有性行为，你也自愿承担了怀孕的风险。但其他人并不认同这种说法。他们认为，你不能提前放弃你的身体完整权。[⑥] 就像一个人同意做10次骨髓移植手术，但我们并不能据此认为，如果他中途改变主意，仍可以强迫他继续接受这一手术。[⑦] 博宁（Boonin）[⑧]认为，最后这归结为一个社会观念问题：作为社会的一员，我们是否支持，如果妇女有性行为她就应该为因此而产生的胎儿负责？他认为社会大众并不支持这种说法。但不是每个人都同意他的观点。[⑨] 马奎斯（Marquis）就认为，妇女应该对其胎儿负责：

> 所有的哺乳动物都有母亲。胎儿是哺乳动物，因此胎儿也有母亲。只有孕妇有资格成为她腹中胎儿的母亲。所有的母亲都对子女负有严肃的、特殊的照顾义务（除非在特殊情况下）……胎儿就是其子女，因此，所有的孕妇都对她们的胎儿负有严肃的、特殊的照顾义务。[⑩]

---

① Thompson（1971：58）；另请参见 Manninen（2010）。
② Meilaender（1998）。
③ Marquis（2010）。尽管值得注意的是法律允许你赶走一个正在梦游或精神失常的闯入者。
④ 参见 the discussion at Steinbock（1992：78）。
⑤ Warren（1973）。
⑥ Long（1993：189）。
⑦ Kamm（1992）。
⑧ Boonin（2002：164）。
⑨ Bernstein and Manata（2019）。
⑩ Marquis（2010：65）。

在评价这种观点时应该注意到，如果父母不想继续照顾他们的子女，他们有权把照顾子女的义务交给地方政府。孕妇却没有这种选择。① 那么这一观点又给我们留下了什么呢？

区分两种情况进行讨论可以帮助我们厘清这一问题。② 首先，可能有人认为，女性通过性行为将胎儿带到这个危险的世界上来，因为孕妇将胎儿置于这样的危险中，所以，孕妇对胎儿就有保护之责。就像司机不巧撞到了一个自行车骑手，因此，他有义务停车帮助这个骑手。其次，可能还有人主张，这种保护义务源于孕妇是那个可以提供帮助的人。更普遍的情形下，我们可能会认为，如果某人有迫切需要而你恰好可以为他提供帮助，那你就有给予帮助的义务。比如，在山区徒步跋涉的旅人正好遇到一位伤者，就可以适用上述规则。第一种主张主要建立在行为与伤害的因果关系基础上。第二种主张则建立在可以提供照顾的人的能力上。在英格兰法中，一般而言，仅有你可以提供帮助这一事实并不导致法定救助义务。

就第一种主张而言，反对者可能声称孕妇与撞倒自行车骑手的司机完全不同。首先，她让胎儿处于一个危险境地的因果关系并不清晰。她未对胎儿做任何事。而且也无法证实因为她的行为导致胎儿处于一个更糟糕的境地。的确，要不是因为性行为，根本不会有胚胎。无论如何，即使存在因果关系，负责任的也应该是男性。而且，尽管撞到自行车骑手的确给骑手造成了伤害，但性行为只有伤害胚胎的风险。

从法律合理性的要求观察，以照顾为基础的责任是一种有限责任。法律可能只希望山区的步行者打个求助电话或做一些辅助性的基础工作。任何一个法律制度都不会要求他们以伤及自身的方式提供帮助或实施有沉重负担的行为。虽然一旦实施这种行为也被认为是英雄壮举。

（2）杀死或让其死亡。

汤姆森的小提琴家案例和堕胎之间的另一个区别是，在小提琴家的案例中，拔出导管会让小提琴家死亡，③ 但部分堕胎的方法却是杀死胎儿（例如把他切碎）。④

---

① Simkulet（2018）.
② McDanile（2015）提供了一个有益的讨论。
③ 但是 Tooley（1983：43）认为，不拔出导管是一种作为。
④ Brody（1975：27-30）；Alward（2002）。有人认为，如果是其他形式的堕胎（包括将胚胎强行排出子宫导致流产的这种方式），小提琴家的例子就很有说服力。

这种情形比较少见。大多数的堕胎方法实际上是将胎儿从子宫剥离，这似乎只是不作为（撤出帮助）而不是积极的杀害行为。你可能认为，上述类比在大多数早期堕胎中都可以适用，但在后期堕胎的情形中就不行，因为这种情形下是直接杀死胎儿。实际上，这个问题比以上论及的更加复杂。

第一，这种说法正确与否，某种程度上取决于你是否认为作为和不作为之间存在差异。第十章专门讨论了这一问题。虽然这种区别在法律上有重要意义，但很多哲学家认为这种区分在伦理上几乎没有什么意义。

第二，在英格兰的刑法上，如果一个人有作为义务又没有作为，他就要为此担负刑责。我们不能主张孕妇对胎儿负有特别的责任吗？所以，有人认为，小提琴家的案例和怀孕之间的关键区别在于，对你而言，小提琴家是陌生人，而对胎儿来说，孕妇并非陌生人。陌生人对他人无须承担义务。看看汤姆森的另一个比喻：

> 如果我病得快要死了，唯一能拯救我的就是亨利·方达（Henry Fonda）用他冰冷的手抚摸我滚烫的额头，同样的，我没有权利要求亨利·方达（Henry Fonda）用他冰冷的手抚摸我滚烫的额头。①

然而父母和陌生人不同，父母有义务采取合理措施保护其子女免受伤害。② 堕胎支持者会反驳说，即使为了挽救子女生命，法律也不能强迫父母向子女捐献肾脏或血液。③ 所以，即使法律规定了父母有保护子女的义务，但该义务也未强制要求他们必须牺牲自己的身体完整权。

即使我们将后期堕胎看作作为，仍可以主张若因正当防卫需要杀害他人的作为也是法律允许的。我们接下来就进一步讨论这一问题。

（3）主观故意。

还有人希望从主观目的的角度区分这两种情形。在小提琴家的例子中，当你拔出导管时，你主观上并无杀死小提琴家的故意。④ 如果他能活下来，你也会很高兴，尽管你知道这不可能。然而，大部分堕胎手术都是为了杀死胎儿。如果子宫内的胎儿幸存，堕胎就失败了。即使妇女不想胎儿死亡，但她同意实施的堕胎手术的结果

---

① Thomson（1971：31）.
② Beckwith（1992）.
③ See Shrage（2003：63）.
④ Finnis（1973）. See by way of reply, Thomson（1973）.

将不可避免地导致胎儿死亡。① 这种观点建基于双重因果关系学说（第十章将对此展开讨论）和对意图和预见之间的区分，尽管这种区分尚有争议。同时，似乎可以说，如果堕胎的孕妇不能再怀孕，而堕胎后胎儿依然活着娩出，她们还是会开心。甚至可能有人还愿意收养该婴儿。

有趣的是，一些堕胎支持者对汤姆森的文章也提出了批评。这些批评意见包括：

① 文章没有强调只有妇女才能怀孕的事实。换言之，小提琴家的例子忽略了男女平等在某种程度上可以证明堕胎是正当的。② 在讨论堕胎问题时不考虑妇女和母亲在社会中的地位，等于忽略了这场争论的一个重要背景。③

② 汤姆森似乎认为堕胎是一种自私的行为。她认为法律并不期待人们都是"好撒玛利亚人"④，会为了他人不惜一切。法律只要求我们是"最低程度的正派的撒玛利亚人"。这种对选择堕胎的人的暗中批判遭到了部分人的反对。⑤

③ 汤姆森认为，将连接小提琴家血液循环系统的导管从自己体内拔出是不对的。这一推定本身就是错误的。卡姆（Kamm）认为，这样做不过是让小提琴家回到他与你血液循环系统连接前的状态，他对这种支持系统没有任何权利。所以这一行为并非为了伤害他，只是让他回到原初状态。⑥ 同样，就堕胎而言，堕胎对胎儿没有任何过错，胎儿只是回到了他未得到妇女子宫支持之前的原本状态。

④ 汤姆森的文章基于胎儿就是一个人的假设，她明确表示，她做这个假设仅仅是为了行文方便。但是一些堕胎支持者认为，她从接受胎儿是一个人到主张胎儿享有生命权，这种变化太快。尽管有人会说，如上所述，如果妇女选择了性行为，也就因此接受了怀孕的风险，所以也应对胎儿负责。⑦ 但如果一个人的生存依赖于他人的身体，他就不能对他的母体主张生命权。胎儿的情形正是如此。⑧

---

① Lee (1996).
② Jaggar (2009).
③ Markowitz (1990).
④ "好撒玛利亚人"（The good Samaritan）是基督教文化中一个著名成语和口头语，是伤者、病者的自愿救助者，表示好心人、见义勇为者。——译者注
⑤ Markowitz (1990).
⑥ Kamm (1992).
⑦ McMahan (2002).
⑧ Kamm (1992).

19.3.2 自卫权/救助义务

在围绕汤姆森文章进行讨论的背后，隐藏了这样一个问题：是否应把堕胎视为"不再救助"胎儿或是为了自卫而杀死胎儿？这一问题值得进一步探讨。如果把堕胎视为杀死胎儿的积极行为，那么就应类比为自卫；如果把堕胎视为母亲撤回对胎儿的供养，那么就应类比为不再救助。对此，我们有必要区分各种堕胎方式。比起将堕胎视为为自卫而杀死胎儿，将其视为不再救助更难被认定为犯罪。

首先，把堕胎视为一种自卫行为的看法似乎有点奇怪。这种观点认为孕妇是在保护她自己免受怀孕过程中遭受的疼痛、伤害、侮辱和对身体的侵犯。麦克唐纳（McDonagh）写道："一个即将诞生的新生命自行进入孕妇的身体，在未经妇女同意的情况下使用和改变她的身体长达 9 个月，就像未经同意强奸、绑架、奴役或者殴打她一样侵犯了妇女的身体完整权和自由权。"① 上诉法院法官黑尔（当时还在这一职位）在帕金森案中②清楚阐释了怀孕对妇女的影响：

> 妇女从怀孕那一刻起，她的身体会发生重大生理变化，这种变化不仅发生在怀孕期间，也会一直持续到产后。这些生理变化与非孕期相比，会给孕妇的生命和身体带来更大的伤害风险……除了这些生理变化，也会产生心理变化……这些变化可能导致我们知道的精神错乱，也可能是有益的心理变化，有些则介于两者之间……这些生理和心理变化的结果将会导致个人自主权的严重萎缩。毫不夸张地说，孕妇的生命不仅是她自己的，还是别人的……继续怀孕会给孕妇带来不少生理变化，或者因对不断成长的胎儿之责任，进而对与此相关的自主权带来一定程度的轻微侵犯。

这样的观点也有瑕疵。自卫致人死亡通常是为了避免本人受到严重伤害或死亡威胁，但怀孕是否有如此严重的影响，需要杀死胎儿？此外，构成自卫的要件之一是有迫在眉睫的威胁，而堕胎并不具有这样的现实威胁。最后，自卫通常还是针对有过错的侵害人的防卫，但很难说胎儿是这样的侵害人。胎儿会对妇女构成更不合理的威胁吗？这与大多数妇女对怀孕的理解和经历来说都不相悖。③ 或者我们应该

---

① McDonagh (1996: 169).
② *Parkinson v ST James and Seacroft University Hospital NHS Trust* [2001] 3 WLR 376, 381. 另可参见她在 *R (A) v Secretary of State for Health (Alliance for Choice)* [2017] UKSC 41 案中的观点。
③ Shrage (2003: 68).

质疑,不允许母亲消除胎儿给自己带来的风险,这是否不公?

如果堕胎关涉的是妇女是否有救助胎儿的义务,这就能较容易地证明堕胎的正当性。即使英国法通常要求父母救助他们的子女,但是怀孕对孕妇身体的侵犯程度不同于其他道德救助义务。法律确实并未要求父母须向子女捐献肾脏。① 因此,我们能要求妇女必须继续怀孕吗?没有任何法律可以强迫某人经历类似怀孕这样的身体侵犯,即使这是拯救性命所必需的。

19.3.3 德沃金

罗纳德·德沃金认为,不管表面如何,"支持堕胎者"和"反对堕胎者"两大阵营之间实质并无太大分歧。② 首先,他认为这两个阵营都过于"夸大"自己的观点。支持堕胎者并不认为胎儿是毫无道德价值之物。大多数的反对堕胎者也并不认为,胎儿的死亡和人的死亡一样严重。他们没有意识到,两个阵营都在强调生命的神圣性,尽管他们强调的维度不同。德沃金指出,生命的神圣性来源于两个方面:生命既是自然的馈赠,又是人类的付出。他解释说,所谓生命是自然的馈赠,是指生物进化过程中新生命带来的奇迹和敬畏。相反,人类的付出指的是人们自己及其他人为新生命所付出的努力和爱。这就是为何我们认为年轻人的死亡比老年人的死亡多了几分悲情。年长者从他们一生经历的丰富生活中已经看到了他们和其他人对生命投资的回报。对青少年而言,生命投资的回报才刚刚开始。

他认为生命中的这两种不同力量是堕胎争论中产生分歧的关键:

> 如果你认为生命中自然的馈赠非常重要,重要到超过任一个体能为自己做的任何事情,那么你也会认同过早地故意杀害一个生命是最大的挫败,无论继续生活下去可能会多么受限、残缺或不成功。另一方面,如果你认为人类的贡献对生命的创新价值更为重要,那么你就会认为这种贡献所遭遇的阻碍更加糟糕,相应地,如果人类的重大付出注定失败,那么在此之前,决定结束一个生命就会变得更有意义。③

德沃金认为关键的问题是,仅仅为了避免对自己生命或他人生命的付出付之东流(这是一种浪费),就足以阻止一个生命的诞生吗(这也是对人类生命的浪费)?④

---

① Scott(2002:90).
② Dworkin(1993).另一精彩讨论参见 Greasley(2016).
③ Dworkin(1993:138).
④ Dworkin(1993:140).

尽管很多人认为德沃金的观点为这场辩论提供了非常有价值的观点，但这些观点未得到一致赞同。如果德沃金能用这种方式成功解决这一问题，让那些长期争论的斗士们放下武器，意识到他们之间的唯一分歧在于对生命神圣性本质的不同认识，这就令人惊愕了。反堕胎者认为德沃金轻易忽略了他们的观点。[1] 当然，德沃金认为大部分反堕胎者都同意在强奸致孕时允许堕胎，就忽略了罗马天主教会（可以说是反堕胎运动中最有影响力的组织）一直对堕胎持强硬反对立场，他们认为即使在强奸致孕时也不允许堕胎。[2] 基恩指出，德沃金的观点似乎表明他认为需要更多付出的生命比其他生命具有更大价值。也即，需要很多人照料的重症监护室的新生儿的价值比健康的新生儿价值更大。这种看法正确吗?[3] 然而，德沃金的"付出"论，不仅涉及投入而且包括"增值"，因此他区分了需要重症监护的婴儿和正常婴儿之间生命的价值。

那些堕胎支持者对他的观点也表示了担忧：他对胎儿价值的强调并不合理。毫无疑问，胎儿让人感觉神奇和敬畏，但人类的精子和卵子也能做到，但它们却没有同胎儿一样神圣的地位。[4]

19.3.4 隐私权，平等权和身体完整权

目前为止我们仍没有明确阐述，如果胎儿有利益的话，妇女的哪项权利或哪些权利优于胎儿的利益。最常提及的是以下三种权利：

（1）隐私权。这种观点认为堕胎应是妇女的私事。其涉及的重要道德、社会和个人问题都应由妇女本人决定，而非其他人。[5]

（2）身体完整权。这一观点强调，怀孕在一定程度上构成对妇女身体的侵犯。孕妇与其他人一样，有权控制她的身体，堕胎是这一权利的核心内容。的确，违背个人意愿强迫女性继续怀孕相当于酷刑、不人道或侮辱性的待遇。[6]

---

[1] Bradley (1993).

[2] Kingston (1996).

[3] Koewn (1994b: 675).

[4] Boonin (2002: 31).

[5] In *Tysiac v Poland* (2007) 22 BHRC 155，欧洲人权法院认为，禁止堕胎会侵犯妇女私生活的权利。

[6] 在泰西雅克诉波兰（*Tysiac v Poland*）案中，妇女的堕胎请求遭到拒绝，尽管怀孕会对她的视力造成极大的风险（视力会严重受损），法院判定，这并没有侵犯她依据第3条所享有的权利。

(3)平等权。和男性相比,堕胎在处理女性面对的劣势时起着重要作用。只有在妇女被压迫和不自由的背景下,才能显示出堕胎的重要意义。凯瑟琳·麦金农指出:"堕胎保证女人与男人性交时,享有男人与女人性交时所享有的平等生育地位。"① 我们不应忘记,正如贾格尔(Jaggar)所言:"控制性交过程的通常不是女人,她们通常也得不到相关避孕药具,怀孕和分娩护理的可及性也较差,需要自己负责抚养怀孕后所生育的子女。"② 另一个经常被忽略的要点是家庭暴力和堕胎之间存在密切联系。③ 有研究证实,20%想要堕胎的妇女在前一年都曾遭受她们伴侣的暴力。④

堕胎支持者对应该保护哪个权利存在分歧。我们现在就来讨论他们关心的一些问题。

隐私论的优势在于它强调堕胎只能由妇女自主决定。⑤ 胎儿的父亲、她的医生或事实上的"道德多数派"的意见都不重要。堕胎支持者普遍认为反堕胎者把他们的宗教信仰强加于别人。但一些人也看到了隐私论的缺点。

第一,它似乎并不要求政府确保提供恰当的堕胎设施。⑥ 如果堕胎是私事,政府的义务可能仅限于不阻止妇女去堕胎诊所,这也意味着政府不需要确保有足够的卫生机构可以实施堕胎。⑦ 相反,如果堕胎被视为平等权或身体完整权的一部分,则政府有责任提供可以实施堕胎的卫生机构。

第二,简单把堕胎视为一种选择似乎淡化了其所涉及的一些重要问题。堕胎不仅是一种"生活方式的选择",而且与妇女身体密切相关。这就是身体完整权强调的一个因素。

第三,把堕胎简单看作一项隐私忽略了堕胎对女性的特殊意义。的确,在不了解妇女所遭受的各种形式的压迫的情形下,一些学者根本不可能理解堕胎涉及的各种问题。⑧ 正如布里奇曼(Bridgeman)所言:

---

① Mackinnon (1987: 99).
② Jaggar (2009: 133).
③ Aston and Bewley (2009).
④ Aston and Bewley (2009).
⑤ Fox (1998b).
⑥ Mackinnon (1987: 96-7).
⑦ Clarke (1989); Kingdom (1991).
⑧ Thomson (1998).

导致妇女堕胎的既不是由于怀孕对妇女所造成的副作用或其他健康风险，又不是社会不对抚养子女的开支进行补贴，抑或成功率较低的不孕不育治疗带来的生理和心理痛苦。对选择权的关注让妇女做出怀孕和生育决定的环境因素都变得不相关。①

一些堕胎支持者不喜欢过于强调权利。上文中提到的关系论观点强调胎儿和母亲之间的关系。持这种观点的人担心过于强调妇女的权利可能会忽视胎儿的权利。希默尔维特（Himmelweit）指出：

权利论最大的瑕疵在于，其无法解释孕妇和胎儿之间照顾和相互依存的关系。这意味着基于妇女个体权利出发的立场难免以自我为中心和冷酷无情。以妇女的个体权利为由主张堕胎权，将迫使女权主义者在胎儿地位问题上保持一种毫无希望的麻木立场。②

19.3.5 遗憾

反堕胎人士普遍使用的一种观点是女性在事后会有遗憾。事实上，反堕胎网站上经常有女性希望自己没有堕胎的描述。③ 这种主张主要用来揭示堕胎给女性带来了伤害，因此，女性在回忆这段经历时就会认为堕胎是错误之举。凯特·格里斯利指出这一主张并无说服力。④ 她认为，遗憾并不必然表示承认堕胎是错误的。比如，父母可能会感到为子女离家外出读大学感到遗憾，但这种遗憾并不代表父母做了什么错事。⑤ 有人可能会为离婚感到遗憾，即使他们承认结束这段感情是对的。遗憾和承认作出了一个错误决定并不是一回事。值得注意的是，美国的一项研究发现，95%的受访女性认为，堕胎对她们而言是一项正确选择，即使她们有一些遗憾。

---

① Bridgeman（1998：86）.
② Himmelweit（1998：49）.
③ 一项对孕早期实施堕胎的女性开展的研究发现，72%的人认为堕胎带来的弊大于利：Greasley（2012）.
④ Greasley（2012）.
⑤ 这不是她用的例子。

19.4 堕胎入刑的可行性

即使是坚定的反堕胎者也认同这个观点：法律规定堕胎非法也不能阻止人们堕胎。堕胎非法会让堕胎转入地下。[①] 贾格尔认为，拉丁美洲有"世界上最严格的反堕胎法，但同时也以离堕胎率冠绝全球"。[②] 令人担忧的是这些地下堕胎行为不仅可能危及妇女的生命，并且也将她们推入剥削的牢笼。据估计，在尼泊尔每天有6名妇女死于非法堕胎[③]，在全世界范围内，每年有47000名孕妇死于非法堕胎。[④] 所以，有人认为，无论道德如何评价，规定堕胎非法将造成灾难性的实际后果，故我们不应采用堕胎非法的立法道路。然而，坚定的反堕胎者认为如果堕胎非法意味着只有几百例或更少的堕胎行为，则即使一些妇女会因此死亡也是值得的。[⑤]

19.5 在堕胎问题中"父亲"的作用

如上所述，在有关堕胎的辩论中法律几乎没有赋予"父亲"任何权利。[⑥] 对于妇女的堕胎决定，他们既不享有决策参与权，又不享有否决权。如果他们想以胎儿而非自己的名义起诉，也不会有太大帮助。许多学者都认为这是正确的。女权主义者尤其强调，堕胎决定权只属于孕妇所有。然而，如果我们希望鼓励父亲在避孕中承担更大的责任并在子女出生后进行抚养，法的公平精神就要求承认父亲在堕胎决定中享有一定利益。一位著名的女权学者因此建议，父亲至少应在咨询堕胎的过程中扮演一定角色。[⑦] 也有人主张，如果夫妻俩想共同生育子女，那么就对正在发育的子女享有一定的自主利益。[⑧] 但是，很难证明，父亲的这种自主利益能够对抗女性的身体完整权。在考虑这些建议时，我们也不应忘记，孕妇比未怀孕的妇女更容易遭受她们伴侣施加的家庭暴力。

---

① 不过，在英国似乎仍然存在非法的地下堕胎。BBC News online（23 November 2007）.
② Jaggar（2009：165）.
③ IPPF（1999）.
④ Alan Guttmacher Institute（2011）.
⑤ Watt（2000b）.
⑥ 关于通常情况下父亲在孕期的作用的一个有益讨论，参见 Collier（2011）.
⑦ Fox（1998b）.
⑧ Di Nucci（2014）.

俯瞰众生

宗教关于堕胎的观点

罗马天主教会和许多其他的基督教派都强烈反对堕胎,教皇保罗六世(Pope Paul Ⅵ)称堕胎是一种"可耻的罪行"。[①] 对他们来说,一旦一个实体有了灵魂,该实体便成为一个人。[②] 通常这一刻是指受孕时。然而,值得注意的是,在不同历史时期,基督教神学家眼中具有灵魂的时刻是在怀孕的不同阶段。[③] 天主教愿意做出的唯一让步是,如果继续怀孕会对妇女生命构成严重威胁,此时就允许堕胎。[④] 英国国教一般反对堕胎,但其认为,在一些特殊的情况下可以堕胎。[⑤]

伊斯兰教也坚决反对堕胎。由于怀孕产生的胚胎具有生命权,因此堕胎被视为一种谋杀。[⑥] 这一观点产生的一个结果是,如果一名孕妇被判死刑,那么必须推迟到该孕妇生产后方可执行。[⑦] 一些穆斯林对堕胎采取一个更为温和的态度,认为:尽管堕胎有错,但在孕早期,应该允许堕胎,至少不应该被惩罚。

犹太教反对堕胎的立场通常不那么坚定。[⑧] 这可能是因为在犹太人的观念里,胎儿直到出生时(或者至少孩子的大部分身体已经脱离母体时),才是一个人。尽管胎儿不被视为一个人,但仍然存在残杀胎儿罪,犯罪的主体通常是母亲之外的其他人,例如,由于他人行为导致妇女流产。当然也有许多从犹太教的角度反对堕胎的文章。

佛教对堕胎的态度有一些争论。似乎大部分佛教徒认为,生命始于重生的那一刻,即当前世的生命进入胚胎时。普遍认为这一时刻是指受孕时。[⑨]

---

① Pope Paul Ⅵ (1977).
② Moreland and Rae (2000).
③ Maguire and Burtchaell (1998).
④ 参见 Lee (2004)。
⑤ Church of England (2005).
⑥ Ebrahim (2000).
⑦ Ebrahim (2000).
⑧ Sinclair (2003: ch. 1).
⑨ Keown (2002: ch. 1).

也有人认为生命开始的时间在更晚的时间，因此佛教不应该反对堕胎。①

印度教通常反对堕胎，因为他们认为，堕胎违反了不杀生原则（非暴力原则）。通常认为，正确的做法是选择对母亲、父亲、胎儿和社会伤害最小的做法。因此，在某些情况下允许堕胎。值得注意的是，在印度大部分的印度教教徒中，堕胎很常见。

舆论

在最近的一次大型舆论调查②中，93%的受访者支持在妊娠危及女性健康时可以堕胎；70%的受访者支持女性不想生育时可以堕胎；65%的受访者支持伴侣双方无力抚养更多子女时可以堕胎；有意思的是，63%自称是天主教徒的受访者同意女性不想生育时可以堕胎（相较1985年的调查中33%的支持率出现了大幅增长）。

20. 特别有争议的堕胎

假设到目前为止，堕胎支持者的观点最有说服力。这是否说明任何堕胎都一定合法，还是说某些堕胎属于例外？以下几种情形就是有问题的堕胎。

20.1 晚期堕胎

一项关于在孕中期堕胎（第13～24周）的研究调查了孕妇会在孕中期选择堕胎的原因。有一些是因为妇女没有意识到她已怀孕，或是因为发现胎儿异常的时间较晚，或是妇女与其伴侣的关系发生变化，有些是因为担心堕胎涉及的问题迟迟不能

---

① LaFleur（1992）.
② NatCen（2017）.

决定，还有人因为提供堕胎医疗服务的延期。① 晚期堕胎之所以特别有争议，主要有下列原因：②

（1）对生存能力论或知觉论的支持者而言，在孕中期堕胎时，胎儿可能已经成了一个人。

（2）可能大众都认可的一个观点是，尽管对一个非自愿怀孕的妇女而言怀孕9个月会牺牲很多，但如果胎儿发育良好并且没有几个星期就会生产，那么为了拯救胎儿的生命让孕妇承受这个负担就是合理的。

（3）有人可能认为，如果妇女推迟堕胎，那么她实际上已经放弃了堕胎权。③

（4）如果胎儿有生存能力，尽管妇女有权撤回她对胎儿的支持和供养，但她无权杀死胎儿。

然而，对堕胎支持者而言，不管怀孕多久，妇女都有权选择孕期应该怎么做，是否堕胎。④ 换言之，孕妇有权去除侵犯她身体自主权的东西，无论是在最后几个月还是最后几小时。

克里斯托弗·卡乔尔⑤认为堕胎没有任何合理理由，晚期堕胎或杀婴比孕早期堕胎更糟，为此，他给出了五个理由：

> 首先，在孕早期，这个胎儿期的小生命感觉不到疼痛。而出生前进行堕胎，它就能够感到疼痛了。以一种痛苦的方式杀死一个人，这一行为的性质更加恶劣。第二，在孕早期，相对孕中期和孕晚期而言，怀孕的负担尚不沉重。相反，在孕晚期，怀孕的工作已经完成了大半，因此，完成整个怀孕生产过程（相对）容易一些。逃避一个（相对）容易的责任和逃避一个（相对）较难的责任相比，前者更糟。第三，在孕早期，还不太容易感受到胎儿期小生命的人性。而在出生前的一段时间，几乎每个人都能明显感受到我们所谈论的这个生命是活着的，他是一个人。过错方是否知情部分决定了过错方是否有罪。……最后，和孕早期相比，晚期堕胎对孕妇而言也有更大的身体和心理上的健康风险。

---

① Ingham 等（2008）.
② 参见 Greasley（2014a）。文章对在美国多次实施晚期堕胎的 Kermit Gosnee 判定有罪进行了深入探讨。
③ Regan（1979）.
④ 对当前晚期堕胎的争论的一个有力评述，参见 Lee（2007）。
⑤ Kaczor（2018）.

20.2 堕胎和残疾

如果妇女知道腹中胎儿患有严重残疾,她可能会选择堕胎。[1] 许多人也理解这种决定。但是,这也是一个有争议的话题,特别是在胎儿残疾并不严重的情况下。若孕妇发现胎儿患有唐氏综合征因而选择堕胎,她是不是认为患唐氏综合征的孩子死了会更好?[2] 若是这样,这种观点对那些该疾病的患者来说是不是一种严重的冒犯,尊重这种决定(允许堕胎)的法律是不是同样冒犯了他们?如果我们不允许人们基于性别歧视堕胎(例如,因为他们不想要女孩而选择堕胎),那么我们是否应允许基于歧视残疾的堕胎?有趣的是,尤其在年轻人中,他们并没有把残疾看作可以接受的堕胎理由。一项调查发现,只有11.4%的年轻人认为唐氏综合征是可以接受的堕胎理由。[3] 在15~24岁年龄段的人中,只有47%的人认为身体残疾是可以接受的堕胎理由。[4] 理查德·道金斯(Richard Dawkins)[5] 就曾在社交媒体上对一个怀有患唐氏综合征的胎儿的孕妇建议:"堕胎,然后重新怀一个。如果你有选择,还把他带到这个世界上,这是不道德的。"[6] 他的此番言论引发了强烈抗议。

议会也曾对这一问题做过调查。调查发现,许多受访父母都表示,一旦发现胎儿有残疾,医务人员都强烈建议堕胎。[7] 2018年,有618例堕胎是因为诊断出胎儿有唐氏综合征。据说,大约有90%的怀有患唐氏综合征的胎儿的孕妇都实施了堕胎。[8]

我们已经提到,过去基于优生学原因对残疾胎儿进行流产并无不当。现在,我们的社会强烈反对优生学观点。然而,有人担心,过去我们在公众层面推行优生理念,现在我们已转向私下推行优生理念。[9] 换言之,尽管有关机构不直接阻止残疾胎儿出生,但会鼓励孕妇做胎儿异常筛查,一旦发现残疾,就会建议她们堕胎。事

---

[1] 2016年,以此为由实施的堕胎大概有3208例。DoH(2017a)。

[2] S. McGuinness(2013b);Field(1993). 另请参见 Lindemann Nelson(2007);Mahowald(2007);Asch and Wasserman(2007)。

[3] Lee and Davey(1998:21)。

[4] Furedi(1998:166)。

[5] 英国著名演化生物学家、英国皇家科学院院长、牛津大学教授,是一位世界闻名的无神论者和演化论的拥护者。——译者注

[6] Dawkins(2013)。

[7] Bruce(2013)。

[8] Gee(2016)。

[9] Parens and Asch(2000)。

实上，这就是推行优生学。① 有人也担心如果产前检查发现异常，人们会倍感压力，从而选择堕胎。② 维多利亚·斯维拉克莱恩（Victoria Seavilleklein）③ 就列举了孕妇在面对产前检查结果时的压力：

> 技术普遍化导致一种对信息的文化渴望，认为妇女和母亲应对胎儿健康负责的文化环境也滋生了医疗技术会促进健康婴儿出生的误解。将孕妇归为健康风险人群的同时，也带来降低风险、给予她们信心的医疗技术以及决定孕妇可以作何选择并予以支持的医疗和社会价值观。

她认为，所有这些压力意味着，提供孕期检查并不一定会增加妇女的选择。

有研究证实，出现胎儿异常时，医生往往过分强调抚养残疾子女的困难。④ 一些残疾人组织则把批评的矛头指向人力和财力投入在产前检查和改善残疾人生活两方面的差距。⑤ 这不仅仅涉及严重残疾情形。我们已经提到因为唇腭裂而堕胎的案例，有人预见说，未来还可能会因为外貌而堕胎，也就是说即使是外貌上"微不足道的瑕疵"也会成为堕胎的理由。⑥

一些人认为残疾是一种社会构想，不应作为堕胎的理由。残疾不是人的身体出了问题，而是社会未能为残疾人提供合适的支持。第一章已经对这一观点做了讨论。这里是指，允许以残疾为由的堕胎需要依赖一个毫无意义的区分标准（在残疾和健康之间的区分）。值得注意的是，有研究表明，和身体残疾的影响相比，残疾儿童的父母更担心社会给残疾儿童贴上耻辱标签。

支持基于胎儿残疾为由堕胎的杰克逊认为：

> 在选择对象时残疾不是一个合法理由，但胎儿并没有法律人格，因此子宫内的胎儿并不适用不歧视原则。我们并不认为残疾人的价值较低，而是说残疾会使人的生活满意度降低，这是有道理的。⑦

弗雷迪（Furedi）和李（Lee）则认为：妇女因为这一理由选择堕胎，并不是对残疾人做出的一种社会性或政治性声明。这是对她自己的一种声明，即这是她希望

---

① Field (1993).
② Tomlinson (1999).
③ Seavilleklein (2009: 69).
④ Alderson (2002).
⑤ Shakespeare (1999).
⑥ Gosden (1999: xiv). Jackson (2001: 97) 认为，这难以置信。
⑦ Jackson (2001: 98).

的结果。① 换言之，堕胎决定应该仅仅是母亲的选择。② 普里奥（Priaulx）③ 认为，怀有健康胎儿的妇女和残疾胎儿的妇女之间没有区别。她们对自己的怀孕状况都应拥有同等的控制权。

反对胎儿残疾这一堕胎理由的人则主张，应该将这一理由从《堕胎法》规定的法定堕胎理由中删除。而支持者则认为，上述争论说明，一旦妇女决定堕胎的理由受到他方审查，就会出现很多困难。因此，最好不用审查妇女所做决定的理由就允许其堕胎。④

20.3 堕胎和性别选择

以胎儿性别为由决定堕胎的情形又如何呢？⑤ 英国卫生和社会保障部明确规定："仅以性别为由的堕胎违法。"⑥ 然而，英国卫生和社会保障部又进一步解释了，如果残疾与性别相关，堕胎可以避免残疾，那么以残疾为由而非性别原因实施的堕胎，就是法律允许的。英国医师协会⑦也建议，在以下情况下，可以以胎儿性别为由实施堕胎：

> 在某一具体个案中，医生可能得出以下结论：该孕妇在怀有某一特定性别胎儿时可能对其身体和精神健康造成严重影响，这就为结束妊娠提供了法律和伦理上的正当理由。⑧

杜巴克（Dubuk）和科尔曼（Coleman）⑨ 估计，在英国，仅仅由于胎儿性别发生的堕胎每年就高达 100 例。全世界可能都比较偏爱生育男孩。⑩ 据估计，要达到正常的性别比，印度还差 4000 万女性。⑪ 所以尽管一般把堕胎视为妇女的私人决

---

① Furedi and Lee（2001：124）。另请参见 Furedi（2001）。
② Scott（2003）。对堕胎和因为严重残疾而杀害新生儿的讨论，参见 Smith（2007）。
③ Priaulx（2007b）。
④ Savulescu（2001a）。
⑤ Greasley（2016）。现在，胎儿在第 12 周时就可以辨别性别，Gosden（1999）。参见 BBC News online（7 Oct 2013）。新闻报道了在一起所谓的以性别为由的堕胎案件中，检察总长拒绝向该行为人提起公诉。
⑥ DoH（2014）。
⑦ 值得注意的是 DoH（2014）并没有将这一观点放在他们的讨论中。
⑧ BMA（2017a）。
⑨ Dubuk and Colman（2007）。
⑩ Jackson（2001：107-9）。
⑪ Gosden（1999：47）。

定，但法律是否应该坚持，如果堕胎是因为性别歧视就不允许其堕胎？① 值得注意的是，现在越来越多的医院拒绝将胎儿性别告诉孕妇，因为他们害怕这个信息会成为妇女堕胎的理由。埃米莉·杰克逊（Emily Jackson）坚持认为，堕胎决定权在于女性，即使我们不同意以性别为由实施堕胎，也不意味着应强迫她继续维持非自愿的怀孕状态。② 她认为对胎儿性别选择的正确应对方法是教育人们抵制这种观念。然而，德里克·摩根（Derek Morgan）认为，如果允许将性别作为堕胎的理由，就违反了男女平等原则。③ 其他人则质疑，如果妇女基于性别原因决定堕胎，这是否真是她们的自主决定呢？④ 值得强调的是，虽然可以通过检测发现胎儿的性别，但这不一定是这个孩子长大后愿意选择的性别。因此，有人主张，告诉父母他们的子女是男是女具有一定的误导性。⑤

21. 怀孕和分娩

妇产科和胎儿医学已经取得了显著进步。过去，怀孕和分娩会给孕妇带来较大的死亡风险，事实上现在世界上很多国家仍然存在这一风险。但在英国，怀孕几乎不会给妇女带来任何风险，同时在怀孕或分娩时期，胎儿死亡率也有所下降。近几年，我们一直强调为孕妇提供社会支持。孕妇在怀孕期间和生产后的一年内接受医疗服务免收处方费。政府为孕妇怀孕、生产和生产后提供相关医学知识宣讲服务、产科服务和其他各种广泛服务。⑥ 劳动法也为孕妇提供了一些保护，例如，雇主基于怀孕的理由解雇女性职员属于违法。

随着现代妇产科医学的发展，担忧也随之而来。

第一，现代医学为怀孕提供医疗服务，甚至剖宫产手术的开展无形中都支持了胎儿和产妇一样都是患者的观念。有人担心这样做很容易忽略母亲的利益，⑦ 仅关

---

① Moazam（2004）讨论了女权主义者在处理这个问题上的困难。
② Jackson（2001：110）. 诚如斯言，如果孕妇被告知不能以胎儿性别为由进行堕胎，那么她也很容易找到其他堕胎理由。另请参见 Zilberberg（2007）。
③ Morgan（2001）.
④ Rogers, Ballantyne and Draper（2007）.
⑤ Browne（2017）.
⑥ 尽管 Jackson（2001：116）认为，在产科服务标准上，存在地区差异。
⑦ McLean（1999：48）.

注胎儿的利益很容易造成孕妇和胎儿之间的冲突。此外,胎儿医学的进步意味着想要生育的妇女应该生育一个健康(或更健康)的宝宝,同时也提高了对影响胎儿健康因素的社会意识,比如污染和吸烟。①

第二,人们也担心怀孕过度"医疗化"。在2005~2006年只有47%的分娩是"普通分娩"(即指没有手术,没有使用仪器、电磁感应、硬膜外麻醉或全身麻醉)。② 有人认为怀孕应该是一个自然、简单的过程,但这一过程已经被妖魔化成一种疾病。安·奥克利(Ann Oakley)写道:

> 在产前检查刚开始实施时,其目的在于对普通孕妇进行检查,以便发现那些少数患有疾病或死亡风险的妇女。但在今天,情况完全相反。产前检查的目的在于为所有怀孕妇女进行检查,很少有妇女能在产科不怎么关注的情况下正常生产。③

孕妇必须定期与医生会面,医生会监督她们,鼓励或阻止她们的某些行为。尽管有支持自然分娩和家中分娩的运动,但仍只有不到4%的孕妇在家中生产。④ 虽然有很多声音鼓励孕妇自己"控制"生产过程,但这常常表现为医生让她这么做。⑤ 所有这一切都削弱了妇女对生产的控制权。这也导致社会形成一种观念,认为孕妇缺乏应对怀孕的专业知识和技术,需要专业护理人员帮助。当然,应在医疗干预怀孕对提高母婴健康带来的利益背景下对这些担忧进行衡量。⑥ 要在建议、支持和授权妇女中达到一个微妙平衡,难度很大。英国卫生和社会保障部《改变分娩》的文件中这样写道:

> 产科护理的重点在妇女。应帮助她感觉到她能控制她身上所发生的一切,并能基于个人需要,在和医生就相关问题进行充分讨论的基础上,作出相应决定。⑦

许多人认为,这是一个理想的声明,但并不具有操作性。⑧

---

① 有证据表明胎儿在怀孕第26周时就能感觉到疼痛。Wyatt(2000:1)。
② Richardson and Mmata(2007:vii)。
③ Oakely(1984:213)。
④ Richardson and Mmata(2007:vii),但在全国范围内,这一情况有较大差异。
⑤ Jackson(2001:118)。
⑥ Fitzpatrick(2003)有点怀疑这种治疗带来的好处。
⑦ DoH(1989:21)。
⑧ 有关分娩时孕妇们的不快经历的调查,参见BBC News online(13 June 2005a)。

第三，还有对剖宫产率（2019年是28%）的特别担心。① 世界卫生组织建议的剖宫产概率为10%～15%。② 一般认为，这种变化的原因不在于孕妇的身体情况，而是在于下列因素。③ 原因之一是对诉讼的恐惧。一旦生产时出现并发症，通常立即实施剖宫产被视为比继续生产更"安全"。与帮助孕妇进行可能痛苦而漫长的自然生产相比，实施剖宫产更快速、便宜和简单。大众媒体甚至注意到，有些妇女为了免去生产的痛苦，主动要求剖宫产。她们"太时髦了，根本劝不动"。④ 在没有实证的情况下，这似乎只是一个谜，但值得注意的是，在两家最昂贵的私人医院，剖宫产率确实相当高（分别是34%和38%）。⑤ 产科护理工作协会指出：在剖宫产文化流行的背后，国民医疗服务体系付出了高昂的代价。而妇女和她们的家人在后期产后恢复、增加的生产风险、术后不适和疲劳问题上付出了更大代价。⑥ 国家卫生和保健优化研究所在关于开展剖宫产手术方面也发布了一个指南，强调孕妇意愿是一个重要考虑因素。其正在考虑是否应该向所有妇女提供剖宫产的选择。⑦

第四个担忧是产前检查的广泛运用。几乎只有不到1%的英国孕妇不做产前检查。⑧ 并且研究表明许多妇女没有认识到常规的产前检查并非必须。⑨ 产前检查的明确目的在于确定胎儿是否异常或其他问题。一方面，有人认为产前检查的主要目的在于能让夫妻打掉一个被检查出残疾的胎儿（前文对此已做过讨论）。另一方面，也有人担心产前检查，特别是彩超检查，是用来向母亲强调她怀孕的事实，因此对一个准妈妈应该或不应该吃什么或做什么施加了巨大关注。⑩ 这些都增加了对孕妇的医疗控制。但所有的这些担心都应与改善新生儿的身体健康这一利益进行衡量，后者对许多妇女而言最重要。许多孕妇都想知道，为了改善胎儿的身体健康，她们能做什么或应该避免做什么。

---

① Health and Social Care Information Centre (2015).
② RCOG (2001a).
③ 北欧国家的剖宫产率已经有大幅下降，但这也没有带来什么不利后果。RCOG (2001a)。
④ NHS (2010b).
⑤ Jackson (2001: 117).
⑥ Materity Care Working Party (2001: 6).
⑦ NICE (2011).
⑧ Graham 等 (2000: 157)。
⑨ Kolker and Burke (1994: 5).
⑩ Jackson (2001: 121).

22. 对孕妇的规制

现在我们知道母亲在孕期的一些行为会伤害胎儿，比如酗酒、吸毒和不当饮食。① 鲜为人知的是父亲的行为也会对胎儿造成影响。例如，性行为前的滥用毒品行为会伤害父亲的精子，因此也会对出生婴儿产生伤害。甚至环境因素，如污染或医院的清洁程度，也会对胎儿造成伤害。我们应该为了保护胎儿而限制他人的行为吗？母亲的行为一直是关注的重点（这一点本身值得注意）。② 例如为了保证胎儿免受母亲吸毒造成的伤害，我们是否应该监禁一个吸毒的母亲，就像美国那样？③

也许首先要说的是，滥用毒品或酒精对胎儿造成伤害的观点把问题简单化了。研究④表明，70.9%的贫穷妇女每天饮用的酒精量超过标准3个单位，因而生下患有酒精综合征的婴儿，但这一比率在富裕阶层只占4.5%。这表明胎儿酒精综合征不光涉及滥用酒精问题。但也不应忽视孕妇滥用毒品和酒精会对胎儿造成伤害的事实。

如果你认为胎儿直到出生（或出生后）才是一个人，那么这个问题可能就简单了：胎儿不能对母亲提出任何请求。然而得出这个结论可能过于草率。第一，即使胎儿不是一个人，你可能仍然认为，他享有受法律保护的利益。⑤ 第二，即使以胎儿的名义进行干预理由不足，但保护即将出生的胎儿免于母亲孕期行为的伤害也会是法律干预的充分理由。第三，有人认为，更大的社会目标，例如为国民医疗服务体系节约开支，也是法律干预的正当理由。

假设研究证实某种行为确实会对胎儿造成伤害，这是否就能成为对妇女生活方式施加法律限制的正当理由？反对者倾向于主张以下三个理由：第一，因为妇女和

---

① Seymour（2000：223）对能给胎儿造成伤害的母亲行为做了一个有用的总结。研究证实，孕期吸烟会伤害胎儿。[Hultman 等（1999）] 有更多争议的是关于素食 [North 和 Golding（2000）] 或心情抑郁 [Hultman 等（1999）] 也会对胎儿产生伤害。

② Meredith（2005）.

③ Cave（2004：Ch. 3）讨论了美国刑法对这些情形的处理。

④ Bingol 等（1987）。

⑤ Norrie（2000：227）指出不是人的物也能受到保护，甚至不享有任何利益的物也能得到保护（例如已登记的名胜古迹建筑物）。

胎儿之间亲密的关系——妇女已经为胎儿做的牺牲以及她还将做的牺牲——法律不能对她提出更多要求。① 正如伊克拉（Eekelaar）② 所言，在父母和孕妇之间有一个重要的区别。对父母而言，如果他们选择的生活方式会伤害子女，适用刑法可能是恰当的。这是因为我们可以对孩子的父母说：你可以按你选择的方式自由生活，但如果你这样做，就必须保证你的子女能得到照顾（例如要求地方政府或亲戚照顾子女）。但对孕妇来说，我们并无这种选择。（除非你赞同孕妇为了在孕期继续饮酒有权选择堕胎。）斯科特（Scott）仍然认为，为了胎儿利益，妇女不能因为微不足道的理由拒绝对胎儿有利的治疗。③

第二个理由是这种法律干预可能会适得其反。如果一个吸毒或酗酒的孕妇知道她这种行为可能是犯罪，她可能根本不会寻求医疗帮助。许多沉迷于酒精或毒品的人不太可能因为潜在的刑事制裁而改变他们的行为。罗伯逊（Robertson）④ 问道："我们想要怎样的社会？一种糟糕的情形是，政府委托专门的警察监视孕妇，一旦犯错，她们就会被污名化，会因此被罚款或监禁。"

第三个原因是法律对此的回应似乎特别针对女性。男性的生活方式也可能导致精子"受损"进而对子女造成伤害，但不用负责。⑤ 尽管有报道称，法国葡萄酒制造商因为未在产品上明确标记"孕期饮酒有害健康"的警示标识正面临一个与新生儿出生缺陷有关的诉讼。⑥ 但是社会中可能伤害胎儿的许多行为都未遭到太多质疑。

总之，众多学者赞同孕妇对胎儿负有一种道德义务，不应沉溺于可能给胎儿造成伤害的行为。⑦ 但英国几乎没有学者认为这种道德义务应该转变为法律义务。⑧ 法律最严厉的惩罚措施也只是在子女出生时将子女带走，理由是产妇在孕期的行为表明，她会对新生儿的健康造成威胁。⑨ 通过教育、鼓励和社会支持来阻止孕妇的这

---

① Herring（2000：281）。

② Eekelaar（1988）。也参见加拿大联邦最高法院对 *Winnipeg Child and Family Services v G* (1997) 152 DLR 193 案的分析。

③ Scott（2003：114）。

④ Robertson（1994b：180）。

⑤ Daniels and Golden（2000）详细讨论了父亲怀孕前选择的部分生活方式将伤害他们的后代。

⑥ Burgermeister（2004）。

⑦ 但是注意 Jackson（2001：115）的这个观点，"每一位孕妇都应自主选择她想为自己的胎儿承担义务的性质和范围"。

⑧ Cave（2004）；Seymour（2000：239）；Norrie（2000）；Brazier（1999b）。

⑨ *D v Berkshire CC* [1987] 1 All ER 29。

些有害行为很可能比刑法的效果更好。① 最后，我们不应忘记，用一位产科医生的话说，大部分孕妇"为了拯救她们的宝宝，愿意牺牲自己的生命"。②

23. 产科暴力

2014年，世界卫生组织发布了一项声明。③ 该声明详细记载了许多妇女分娩时"令人心神不宁"的遭遇：

> 全球许多妇女在医疗机构生育时都遭遇了不被尊重、恶语谩骂或者被忽视……尽管妇女遭受轻视和谩骂可能发生在怀孕、临产和分娩阶段，但分娩阶段是她们最脆弱的时候。

有学者使用了"产科暴力"一词指称孕妇在分娩过程中遭受的虐待。④ 在英格兰，大多数走上法院的当事人都涉及强制实施剖宫产。

23.1 剖宫产案例

强制实施剖宫产的问题曾引发学者和法院的广泛关注。⑤ 我们讨论的这类案例是，孕妇在分娩时被告知如果不选择剖宫产的话，她和胎儿都有生命危险，然而孕妇仍坚持自然分娩。有一审判决表明这种情况下可以实施剖宫产手术。⑥ 在上诉法院对 Re MB（成年人；剖宫产）案⑦和 S 案⑧作出判决后，法律对这一问题的态度就更清楚了。

---

① Cave (2004: Ch. 6).
② Quoted in Rhoden (1987: 1959).
③ World Health Organization (2014).
④ See Pickles and Herring (2019).
⑤ 关于这种情形，已经写了很多文章，包括 M'handi and de Beaufort (2019); Scott (2002); Wells (1998); Herring (2000); Brazier (1997); Plummer (1988); Draper (1996); Widdett and Thomson (1997); 以及 Weaver (2002).
⑥ Wells (1998: 250).
⑦ *Re MB (An Adult: Medical Treatment)* [1997] 2 FLR 426, discussed in Michalowski (1999).
⑧ *St George's Healthcare NHS Trust v S* [1998] 3 WLR 936. Fox and Moreton (2015) 对案例法进行了精彩讨论。

重点案例

S案①

S怀孕35周并患有包括子痫前期在内的多种并发症。医生告诉她需要实施剖宫产手术。但她坚持要自然生产,即使她和孩子都会死亡。她的医生知道,她有能力作出这种决定。然而医院根据1983年《精神卫生法》第2条将她拘禁。该国民医疗服务体系信托机构向法院提交了申请,请求对她强制实施剖宫产手术,霍格(Hogg)法官同意此申请。S没有拒绝实施该手术,因为那样做会有失体面。术后,一个小女孩出生了。S要求对医院的行为进行司法审查,同时也对霍格(Hogg)法官的判决提起上诉。

上诉法院同意其提出上诉,并判决拘禁和剖宫产手术都不合法。上诉法院法官LJ警告说,如果仅仅只是因为她的决定不合理或有些奇怪,就认定她无意思能力或有精神病,这十分危险。S的抑郁尚达不到《精神卫生法》所规定的精神疾病的标准。上诉法院在认定S有意思能力后,这个案件从法律的角度来看就很简单了。上诉法院法官LJ解释道:

> 在我们看来,虽然怀孕增加了妇女的个人责任,但这并没有削弱她的权利,她有权决定是否接受治疗。尽管胎儿属于自然意义的人,并被法律以一些不同的方式予以保护……但一个未出生的胎儿并未和其母亲分离,不是一个独立的人。胎儿需要医疗救助的事实不是忽略母亲权利的理由。她有权拒绝接受对她身体实施的手术,无论她或胎儿的生命是否依赖于此;也不能仅仅因为她的决定令人难以接受,就削减她的权利。②

因此,如果一个有意思能力的孕妇拒绝接受治疗,即使这可能导致她或胎儿死亡,也不能强迫她接受治疗。

所以在法律分析中,此类案件的第一个问题就是该妇女是否有意思能力。如果她有意思能力并且拒绝实施剖宫产,那么实施此手术就属非法,同时法院也不应授

---

① *St George's Healthcare NHS Trust v S* [1998] 3 All ER 673.
② At 692.

权实施剖宫产。① 法院已明确否认为拯救胎儿生命实施剖宫产具有合法性。如果该妇女没有意思能力，那么医生可以基于该妇女的最佳利益实施手术，无须考虑胎儿利益。因此，如果剖宫产是为了挽救无意思能力妇女的生命，那么强制实施在法律上就没有任何困难。但如果只是为了胎儿利益，那就可能不会实施该手术。

现在，法院仍会审理涉及剖宫产的案件。在以下五件新近案件中（AA 案②；国民医疗服务体系皇家自由基金信托会诉 AB 案③；P 案④；国民医疗服务体系西部医院基金信托会诉 AA 案⑤；NHS 大学医院信托会诉 CA 案⑥），当事人都被认定为缺乏同意能力，医疗团队希望进行剖宫产的诉讼请求都得到了准许。我们将分析上述案件的差异。在 AA 案⑦中，在评估患者最佳利益时，法庭关注到了患者子宫有 1% 的破裂风险这一医学证据，医疗团队据此认为应对当事人进行剖宫产。而在国民医疗服务体系西部医院基金信托会诉 AA 案⑧中，评估患者最佳利益的焦点不是医学证据，而是如果她没有精神障碍的话她的个人意愿。来自她家人的证言证实，她希望生育子女并抚养她们。在国民医疗服务体系皇家自由基金信托会诉 AB 案⑨中，海顿（Hayden）法官判定强制实施剖宫产非常残忍，只有法院判定这种医疗措施是当事人有意思能力时希望实施时，这么做才有正当理由。在 P 案⑩中，法官关注的重点在于自然生育可能导致婴儿出生即残疾的严重风险，抚养一个残疾儿童并不符合 P 的最佳利益。在 NHS 大学医院信托会诉 CA 案⑪中，尽管 P 强烈反对剖宫产，但如果自然生产的话，很可能需要紧急实施剖宫产，这和计划剖宫产相比，很可能带来更大伤害。

因此，如上所述，现行法强调法律赋予孕妇自主权的重要性。的确，这也是对后续审判有深远影响的蒙特哥马利（Montgomery）⑫案判决的核心内容。该案中，医生被判定没有为原告提供剖宫产的信息，存在过失。是否应对自主权赋予如此重

---

① 有人认为法律需要做更多的努力来保证妇女做出真心的选择，参见 Kukla 等（2009）。
② *Re AA* [2012] EWHC 4378 (COP)，Warmsley（2014）对此进行了讨论。
③ *Royal Free NHS Foundation Trust v AB* [2014] EWCOP 50.
④ *Re P* [2013] EWHC 4581 (COP).
⑤ *Great Western Hospitals NHS Foundation Trust v AA* [2014] EWHC 132 (Fam).
⑥ *University Hospital NHS Trust v CA* [2016] EWCOP 51.
⑦ *Re AA* [2012] EWHC 4378 (COP)，Warmsley（2014）对此进行了讨论。
⑧ *Great Western Hospitals NHS Foundation Trust v AA* [2014] EWHC 132 (Fam).
⑨ *Royal Free NHS Foundation Trust v AB* [2014] EWCOP 50.
⑩ *Re P* [2013] EWHC 4581 (COP).
⑪ *University Hospital NHS Trust v CA* [2016] EWCOP 51.
⑫ [2015] UKSC 11，第四章对本案有深入讨论。

要的地位也有争议,第四章已对此做了讨论。现行法也引发了各方担忧:

(1) 有学者指出,法院很容易认定一个正在分娩的妇女没有意思能力。之所以这样,是因为法院认为分娩会让妇女感到紧张和痛苦。① 实际上,所有的分娩都会导致紧张和痛苦,那么上述观点是否意味着每一个正在分娩的妇女都没有意思能力? 的确,有人认为基于母亲的身份,任何不同意通过实施手术来拯救胎儿生命的孕妇都应被视为没有意思能力。② 这意味着在认定是否具有意思能力时,女性比男性面临更多障碍。③ 甚至,一些妇女没有意识到她们有权对此说不。④ 如果这样,法院大肆宣扬孕妇的自主权就几乎没有意义。另一方面,也有人认为,如果在这种情况下涉及自主原则,即尊重妇女自主权就意味着妇女和胎儿的死亡,那么法律应保证拒绝挽救生命的治疗是一个充分知情下的自主决定。⑤

(2) 在很多案例中,法院授权医院强制实施剖宫产,术后,许多妇女都感谢法院的这一判决。⑥ 这是否说明现行法过于强调妇女"瞬间"意愿的做法十分危险?⑦ 或者这是否证明医生家长式作风具有合理性呢?

(3) 人们非常担心,通常法官审理这些案件时孕妇的状态都十万火急,所以法官几乎没有太多时间慎重审理这些问题。⑧

(4) 有人认为,对孕妇权利的强调忽视了她应承担的责任。克鲁格(Kluge)⑨指出:

> 母亲自愿让胎儿成为一个人,拥有生命权,那么事实上,母亲就接受了在这一过程中会出现的所有问题——也就是说,既然她知道胎儿对她的依赖性质(或者应该知道),她就自愿接受了与这种依赖性相伴相生的责任,事实上也就将她在其他情况下不受任何干涉的自主权,置于胎儿的生命权之后。

---

① *Rochdale v G* [1997] 1 FCR 274 and Widdett and Thomson (1997).
② Diduck (1993) 表达了这种担忧,即如果一名妇女不能像理想的"母亲"一样行动,她就很可能因此被认定为没有意思能力。
③ Widdett and Thomson (1997).
④ Donohoe (1996).
⑤ Herring (2000).
⑥ Eg *Re L* (*Patient: Non-consensual Treatment*) [1997] 2 FLR 837.
⑦ See the discussion at Wells (1998:250).
⑧ Wells (1998:62).
⑨ Kluge (1998:205). 另请参见 Robertson (1983:456)。

但是斯科特①反驳说:"妇女选择不堕胎而选择足月生产,并未同时承诺为了防止胎儿受到伤害和确保胎儿的生命和身体健康,承担为此所产生的任何责任,尽管道德义务要求她应竭尽所能。"

(5) 如上所述,法院在考虑无意思能力妇女的最佳利益时不会考虑胎儿的最佳利益。然而,有人认为,法院需要考虑的是,如果孕妇已经到了要生产的阶段,那么可以认定她想要胎儿活着出生,因此,从这个意义上看,应该考虑胎儿的利益,因为胎儿的幸福对母亲的幸福来说很重要。② 但即使有这些担忧,鉴于现行有关同意的法律规定,堕胎法这样规定也就不足为奇了。如果一个六岁的儿童需要做肾脏移植手术,不应违背她父母的意愿而强迫他们捐献。事实上,如果孩子只是需要父母捐献一点血液,法律也不能强迫父母捐献。那么,为什么要求孕妇为了胎儿实施剖宫产呢?

23.2 产科暴力的其他形式

尽管在英格兰的案例法中强制实施剖宫产的问题最普遍,但有越来越多的人关心妇女分娩时的遭遇,包括忽视妇女本人的意愿,妇女被当作生育健康婴儿的工具,那些没有听取医生建议的女性被辱骂甚至虐待。③ 我也曾提出,这一行为

> 强化了父权主义的态度和传统力量,比如,女性就应恭敬从顺,女性的主要角色就是母亲,女性的身体必须符合异性恋男性观察以及发生性行为所设想的理想模式。④

24. 结论

你对避孕、堕胎、怀孕的看法决定了你眼中的本章主题。对有些人而言,本章揭示了现行法律制度不能保护我们社会中最脆弱的成员——未出生的胎儿,这是重

---

① Scott(2002:273).
② Jackson(2001:116)批判了法院在孕妇是无意思能力人时,特别是当这个决定考虑了胎儿的健康问题的情形下,愿意批准剖宫产的做法。对此的回应是已经怀孕至快生产的孕妇希望,如果可能的话,产下一个健康的宝宝。Herring(2000:277)。
③ Shabot(2019).
④ Herring(2019).

大失败。对另一些人而言，本章揭示了妇女在控制自己身体上的斗争，特别是在孕期。尽管现在妇女对她们的生殖器官已经享有一定的控制权，但有人说，这种控制权的取得只能在男性主导的法律和医疗机构所允许的范围内。① 对那些试图寻找一条同时尊重胎儿利益和母亲权利中间道路的人来说，要实现二者微妙的平衡困难重重。

---

① Thomson（1998）．

/思考题/

1. 思考以下观点："选择怀孕并生育无疑是一个女人所做的最重大决定。在我看来,这不是一个其他人可以否决或强迫她所做的决定。"① 你是否认为这是一个指导性原则,可以适用于本章讨论的所有话题?

2. 现在一些诊所可以提供"快速堕胎",即妇女只需在诊所待一到两个小时就能完成整个堕胎过程。这是争取堕胎权的重要里程碑吗?

3. 思考以下观点："设想我们让这个孩子先生下来,不是把他从子宫中摘除。想想这个可能的婴儿和现在的胎儿,我们很多人都会在良心上备受煎熬。胎儿被杀害与婴孩被杀害不同。但是,我们负罪的心灵并没有这样一杆秤。"② 你认为,堕胎讨论中,是否应该让各方更充分地意识到被堕胎影响一方受到的伤害呢?抑或这一观点传递的信息是,堕胎只是一个标准的医疗程序呢?

4. 罗纳德·德沃金是堕胎权的一个主要支持者。他提出："在一个更好的社会里,人们既热情地支持抚养子女,又积极反对堕胎,这种情况下,胎儿的地位可能发生改变。因为妇女对怀孕和母亲制造生命的感受将会更真实,而非一种妥协,同时她们自己生活的内在价值也不会受到外界太多威胁。"③ 你同意这个观点吗?

5. 一个反堕胎者的常见观点是,按照当前的医学实践,贝多芬很有可能在胎儿时期就会被打掉。那么通过堕胎,人类会损失多少天才?黑尔用一个更具体的方式陈述了这个观点:我们很高兴我们的父母没有堕胎,因此我们也不应该堕胎。④ 哈里斯回应说："选择打掉一个带有遗传性梅毒的胎儿并不是认为世界没有贝多芬会更好。我们惋惜没有选择孕育一个'贝多芬',就和庆祝通过避孕阻止了一个'希特勒'的诞生一样,都是没有意义的。"⑤ 道金斯也否认这种说法,他认为这样的观点甚至可以用来反对妇女抵制强奸的行为,因为强奸也可能会孕育一个贝多芬。⑥ 麦克拉克伦(Mclachlan)针对这种看法回应道,杀人和不把胎儿生下来之间有所不同。⑦ 这些观点有价值吗?

---

① Jackson (2001: 71).
② Morrison (1998: 55-6).
③ Dworkins (1993: 57).
④ Hare (1975).
⑤ Harris (2001: 61).
⑥ Dawkins (2007: 399).
⑦ Mclachlan (2009b).

6. 如果妇女做了详细检查，但由于医疗过失，她并未被告知胎儿患有明显残疾，她是否可以基于如果她知道孩子是残疾的，就会选择堕胎这一理由来主张损害赔偿？①

7. 对那些认为胚胎有某种道德地位的人来说，未来可能会面临很多难题。应该赋予一个人类配子和非人类配子的混合物，或者类似于胚胎的产物什么样的地位？（例如一个"无头克隆"？）②

8. 如果生育诊所发生火灾，只能救一个两个月大的婴儿或 100 个冷冻胚胎，即使是最狂热的反堕胎者也会选择置婴儿生命于不顾吗？这不正表明，事实上反堕胎者也并不认为胚胎享有和婴儿同等的生命权？③

9. 如果科技很先进以至于胎儿能够脱离母体并在一个人为的环境中生长直到他能独立存活，这会改变涉及堕胎的伦理问题吗？④

10. 如果一个持女性主义立场的医生反对整容手术，理由是这在推广一种理想化的身体形象，那么是否也应像对待反对堕胎的罗马天主教医生一样对待来整容的人呢？⑤

---

① Scott（2003）对此进行了详细讨论。
② 参见 Watt（2007）。
③ 对这一问题的讨论，参见 Hendricks（2019）；Deckers（2007c）；Mathison 和 Davis（2017）。
④ 参见 Jackson（2008）让人深思的观点。
⑤ Minerva（2017）.

/延伸阅读/

有关堕胎的书籍，参见下列文献：

Beckwith F. (2007) *Defending Life: A Moral and Legal Case Against Abortion Choice* (Cambridge University Press).

Boonin D. (2002) *A Defense of Abortion* (Cambridge University Press).

Dworkin R. (1993) *Life's Dominion* (Harper Collins).

George R and Tollefsen C. (2008) *Embryo: A Defense of Human Life* (Doubleday).

Greasley K. (2017) *Arguments about Abortion* (Oxford University Press).

Kaczor C. (2011) *The Ethics of Abortion* (Routeledge).

Lee E. (2002) *Abortion: Whose Right?* (Hodder and Stoughton).

Manninen B and Mulder J. (2018) *Civil Dialogue on Abortion* (Routeledge).

Sanger A. (2004) *Beyond Choice* (Public Affairs).

Sanger C. (2017) *About Abortion* (Harvard University Press).

Sheldon S. (1997) *Beyond Control: Medical Power and Abortion Law* (Pluto).

Tooley M. 等 (2009) *Abortion: Three Perspectives* (Oxford University Press).

有关堕胎的经典文章，参见下列文献：

Fenwick D. (2014) Abortion jurisdiction at Strasbourg: deferential, avoidant and normatively neutral?, *Legal Studies* 34: 214.

Finnis J. (1973) The rights and wrongs of abortion, *Philosophy and Public Affairs* 2: 117.

Greasley K. (2012) Abortion and regret, *Journal of Medical Ethics* 38: 705.

Greasley K. (2016) Is sex-selective abortion against the law?, *Oxford Journal of Legal Studies* 36: 535.

Herring J. (2019) Ethics of Care and the Public Good of Abortion, *University of Oxford Human Rights Hub* 1.

Mackenzie C. (1992) Abortion and embodiment, *Australasian Journal of Philosophy* 70: 136.

Manninen B. (2013) The value of choice and the choice to value: expanding the discussion about fetal life within prochoice advocacy, *Hypatia* 28: 663.

Marquis D. (2006) Abortion and the beginning and end of human life, *Journal of Law, Medicine and Ethics* 34: 16.

McGuinness S. (2013b) Law, reproduction, and diability: fatally "handicapped"?, *Journal of Law, Medicine and Ethics* 34: 16.

Priaulx N. (2017) The social life of abortion law: on personal and political pedagogy, *Medi-*

cal Law Review 25: 73.

Scott R. (2005) Interpreting the disability ground of the Abortion Act, *Cambridge Law Journal* 64: 388.

Sheldon S. (2016) The Decriminalisation of Abortion: An Argument for Modernisation, *Oxford Journal of Legal Studies* 36: 334.

Sifris R. (2010) Restrictive regulation of abortion and the right to health, *Medical Law Review* 18: 185.

Thomson J. (1971) A defense of abortion, *Philosophy and Public Affairs* 1: 47.

West R, Murray J and Esser M. (2011), *In Search of Common Ground on Abortion* (Ashgate).

有关调整怀孕的法律制度，参见下列文献：

Cave E. (2004) *The Mother of All Crimes* (Ashgate).

Fovargue S and Miola J. (2016) Are we still policing pregnancy? //Stanton C, Devaney S, A-M. Farrell, and A. Mullock (eds). *Pioneering Healthcare Law: Essays in Honour of Margaret Brazier* (Routledge).

Halliday S. (2016) *Autonomy and Pregnancy* (Routledge).

Herring J. (2019a) Identifying the wrong in obstetric violence//Pickles C and Herring J (eds). *Childbirth, Vulnerability and Law* (Routledge).

Meredith S. (2005) *Policing Pregnancy: The Law and Ethics of Obstetric Conflict* (Ashgate).

Seymour J. (2000) *Childbirth and the Law* (Oxford University Press).

Scott R. (2018) Reproductive Health: Morals, Margins and Rights, *Modern Law Review* 81: 422.

Shabot S. (2019) Amigas, sisters: we're being gaslighted: obstetric violence and epistemic injustice//Pickles C and Herring J (eds). *Childbirth, Vulnerability and Law* (Routledge).

Sperling D. (2006) *Management of Post-Mortem Pregnancy: Legal and Philosophical Aspects* (Aldershot).

讨论胎儿地位的问题，参见下列文献：

Burin A. (2014) Beyond pragmatism: Defending the "bright line" of birth, *Medical Law Review* 22: 494.

Ford M. (2005b) A property model of pregnancy, *International Journal of Law in Context* 1: 261.

Ford M. (2009) Nothing and not-nothing: law's ambivalent response to transformation and transgression at the beginning of life//Smith S and Deazley R (eds). *The Legal, Medical and Cultural Regulation of the Body* (Ashgate).

Ford N. (2002) *The Prenatal Person* (Blackwell).

Fox M and McGuinness S. (2016) The science of muddling through: categorising embryos//Mullock A et al. (eds). *Pioneering Healthcare Law: Essays in Honour of Margaret Brazier* (Routledge).

Herring J. (2011b) The loneliness of status: the legal and moral significance of birth//Ebtehaj F, Herring J Johnson M and Richards M (eds). *Birth Rites and Rights* (Hart).

Herring J. (2019b) The termination of pregnancy and the criminal law//Reed A and Bohlander M (eds). *Homicide in Criminal Law* (Routledge).

Morgan L and Michaels M. (1999) Fetal Subjects, Feminist Positions (University of Pennsylvania Press).

Warren M. (1997) Moral Status: Obligations to Persons and other Living Things (Oxford University Press).

Watt H. (2016) *The Ethics of Pregnancy, Abortion and Childbirth: Exploring Moral Choices in Childbearing* (Routledge).

有关强制节育的内容,参见下列文献:

Freeman M. (1988) Sterilising the mentally handicapped//Freeman M (ed.). *Medicine, Ethics and the Law* (Stevens).

Keywood K. (2002) Disabling sex: some legal thinking about sterilisation, learning disability and embodiment//Morris A and Nott S (eds). *The Gendered Nature of Health Care Provision* (Dartmouth).

Keywood K. (2015) People Like Us Don't Have Babies: Learning Disability, Prospective Parenthood and Legal Transformation//Herring J and Wall J (eds). *Landmark Cases in Medical Law* (Hart).

节(绝)育过失和错误出生的内容,参见下列文献:

Hoyano L. (2015) McFarlane v Tayside Health Board//Herring J and Wall J (eds). *Landmark Cases in Medical Law* (Hart).

Priaulx N. (2007a) The Harm Paradox: Tort Law and the Unwanted Child in an Era of Choice (Routledge).

第八章
生殖

引　言

我们生活在一个千姿百态的时代，看看近年来的一些新闻标题吧：

- 美国一名男子怀孕生下了一个女婴①
- 21岁生育第七子②
- 不分性别的人类胚胎已经诞生③
- 祖母代孕的双胞胎获准回到伦敦的家④
- 53岁的母亲为女儿代孕⑤
- 英国考虑增加精子的进口⑥
- 有两个母亲的克隆技术成功⑦
- 67岁女性成为"有史以来最老的母亲"⑧
- 一对夫妇通过两个代孕母亲生育四个子女⑨
- 精子质量随年龄增长快速下降，男性应该尽早冷冻精子⑩
- 第一个有三位父母的孩子降生到不孕不育夫妇家中⑪
- 天才精子库⑫
- "死亡"的母亲孕育出一名女婴⑬
- 精子库拒绝红发人⑭

---

① BBC News online (3 July 2008).
② BBC News online (2 July 2006).
③ BBC News online (3 July 2003).
④ BBC News online (26 July 2004).
⑤ BBC News online (30 September 2005).
⑥ BBC News online (21 October 2003).
⑦ BBC News online (8 September 2005).
⑧ BBC News online (3 May 2005).
⑨ BBC News online (28 October 2013).
⑩ *Daily Telegraph* (2015).
⑪ BBC News online (18 January 2017).
⑫ BBC News online (15 June 2006). 男性读者可能是这本书的合适人选。(http://www.geniusspermbank.com)
⑬ BBC News online (12 January 2009).
⑭ HFEA (2015).

第八章　生殖 ｜ 545

此类新闻常常引起社会的强烈反响。有人感到恐惧，有人感到好奇，还有人感叹现代科技的神奇。可以肯定，"单一"的生育方式已经一去不复返。的确，亨利·格里利（Henry Greely）曾写过一本名为《性的终结》的书，预测未来人类将不再使用自然生育方式。[1] 在传宗接代上，科技进步给了我们更多选择。第一个"试管婴儿"于1978年诞生。目前在英国，每80个婴儿中就有一个是通过人工辅助生殖技术诞生的。[2] 伴随科技的发展，大量复杂的法律和伦理问题纷至沓来。本章将对这些问题进行讨论。首要的问题是不孕不育。正是不孕不育激发了科学技术的进步，现在越来越多的非不孕不育症患者也开始使用辅助生殖技术。

1. 不孕不育

1.1 不孕不育的定义

不孕不育一般指一对夫妇有一年无保护措施的性行为仍未怀孕，或者已经经历三次甚至更多的流产或者死产。[3] 然而世界卫生组织认为，在被诊断为不孕不育前，至少应该有两年无保护措施的性行为且没有怀孕。值得注意的是，超过一半在一年内无保护措施且没有怀孕的夫妇最后在没有医学介入的情况下怀上了孩子。[4] 鉴于此，一些人批评"辅助生殖行业"对不孕不育采用了一个过度宽泛的定义以增加其潜在客户的数量。[5] 即使如此也应该指出，夫妇的年龄对于辅助生殖治疗的成功率有着至关重要的影响，一对夫妇如果推迟治疗可能会降低治疗成功的概率。

1.2 不孕不育率

不孕不育影响了大概16%的夫妇。[6] 在英国，大约有350万人受到不孕不育的影响。2017年，在英国，超过64760名女性接受了75425次不孕不育治疗。[7] 总体

---

[1] 书名为 *The End of Sex*。他认为，性仍会为了其他目的而使用。——译者注
[2] Jackson（2001：161）.
[3] Jackson（2001：162）.
[4] Ibid.
[5] Faludi（1992：47）.
[6] HFEA（2019c）.
[7] HFEA（2019b）.部分患者一年内接受了多次治疗。

上，有22%的使用体外授精技术（IVF）治疗的患者成功怀孕，然而影响成功率的因素众多。①

1.3 不孕不育的原因

不孕不育的准确原因尚不知晓。毫无疑问，其影响因素众多：肥胖②、吸烟、过度饮酒③、紧身内衣、使用笔记本电脑④、浴缸洗澡⑤，以及女性结婚年龄推迟⑥等。有证据表明不孕不育率正在上升。⑦ 但是，导致不孕不育增加的原因尚不清楚。

1.4 对于不孕不育的回应

对想要生育的人而言，不能生育让这些人非常痛苦。他们为了能生育子女接受辅助生殖治疗，在经济、感情和身体上的投入之深就充分证明了这一点。这种痛苦在那些人工生殖成功率很低的方式中，表现得特别明显。比如，供体人工授精的失败率高达78%。⑧ 目前，用自己的卵细胞进行体外授精，一个周期的成功率是30%。⑨ 然而，这也取决于年龄——对超过44岁的女性来说，使用自己的卵细胞的成功率只有2.6%。⑩ 尽管这些人工生殖技术成功率如此之低，却仍有很多人愿意尝试，这颇让人意外。

加拿大皇家委员会对不孕者的经历做了这样的描述：

> （不孕不育者）常常感觉没有自尊，同时混杂了悲伤、愤怒，有时对自己的不孕不育感到自责。许多人也会为此疏远家人和朋友。他们说，这并不是一个容易面对而且可以轻松前行的问题，因为生育已经深深嵌入我们每个人的日常社会交往以及家庭生活中。伴随朋友和兄弟姐妹们的生活

---

① HFEA (2016).
② BBC News online (23 June 2005).
③ National Collaborating Centre for Women's and Children's Health (2004).
④ BBC News online (5 March 2007).
⑤ Ibid.
⑥ Templeton (2000).
⑦ BBC News online (23 June 2005).
⑧ HFEA (2019b).
⑨ Ibid.
⑩ 使用捐助者的卵细胞的成功率为29%。

经历，他们子女生活的大事——学校中的遭遇、毕业、结婚、孙子女的出生——都在不断提醒那些没有生育的人膝下无子的事实。①

还有人写道，对不孕不育夫妇而言，"在他们的日常生活中，由于经常幻想宝宝的出现而使他们很痛苦"。② 一些女性将生儿育女视作她们的首要任务，因此，在某种意义上，不孕使她们认为自己不是一个"真正的女人"。同样，男性将不育视为缺乏男子气概③。令人遗憾的是，很多不能生育的夫妇本可以成为非常优秀的父母。正如沃尔法官所言：

> 不幸的是，大自然经常赋予最不合适和最缺乏能力承担父母责任的夫妇很强大的生育能力，同时却剥夺愿意认真履行父母责任的夫妇成为父母的能力。高等法院家事法庭对此早已习以为常。④

必须强调的是，很多人并不认为不孕不育是个悲剧。他们也许根本不想要孩子。对他们来说，不孕不育甚至是一种福利，因为它解决了避孕的麻烦和养育的负担。还有人认为不孕不育是他们的"命运"，这不是什么巨大的损失。当然，很多人强烈反对女性应将生育作为第一要务或者男性需要生育以证明自己的性能力。⑤ 因此，用一种单一的观点定义"不孕不育"可能并不合适。不孕不育的意义、影响、治疗及其相关问题因人而异。⑥ 生育也有其社会影响。如今，一些学者甚至哀叹英国新生儿数量太少，他们主张必须采取措施提振生育率。⑦ 而其他人认为，在这个人口爆炸的地球上，这种做法既不道德，又不合理。⑧ 社会上甚至出现有关以下议题的争辩：辅助生殖可以给国家带来经济利益，因为通过辅助生殖生育的子女将来都会成为纳税人！⑨

---

① Canadian Royal Commission on New Reproductive Technologies (1993: 171).
② Raphael-Leff (2002: 223).
③ Hardy and Yolanda Makuch (2001).
④ *Evans v Amicus Healthcare Ltd* [2003] 3 FCR 577, para 318.
⑤ Morgan (1998).
⑥ Philips (2002).
⑦ Häyry (2004).
⑧ Heitman (2002).
⑨ Connolly, Hoorens and Ledger (2008).

2. 生育自主权的概念

生殖技术理论纷争的核心是生育自主权。[1] 尽管这一概念众所周知，但其含义并不清晰。[2] 首先，有必要区分生育自由和生育自主权这两个概念。

生育自由是指一个人有选择生育的自由（即在何时何地、以什么样的方式、和谁实施生育行为），这是个人私事，国家不应干涉。[3] 因此，如果国家以一名女性将是一位坏母亲为由阻止其生育，这就是错误的。同样，国家也不能以某对夫妇不能成为合格父母为由阻止该夫妇接受试管婴儿的治疗。这一自由也被用作支持女性堕胎权的理由。本质上讲，生育自由是一项消极权利，它要求国家不干预公民的生育选择，但并未赋予公民接受相关治疗的权利。

生育自主权除了包括生育自由的所有内容外，还涵盖其他内容。对个人而言，生育子女的决定既重要，又私密；对大多数人来说，这是他们期盼的未来的重要部分。因此，国家应该在其切实可行的范围内帮助那些想要生育的夫妇接受治疗或帮助。在这个意义上，不孕不育就是一种严重疾病，国民医疗服务体系有义务提供相应治疗。因此，这一概念要求国家承担积极义务，要为那些不孕不育群体提供治疗。请注意，即使在最广泛的意义上，生育自主权也不是获得子女的权利，而是一个人可以使用相关设施以便能够怀孕的权利。

众所周知，生育自由或生育自主权涵盖了一系列生殖问题：从避孕到堕胎，从克隆到选择植入胚胎的性别。[4] 而且，对这一语境下生殖的定义仍存在争论。具体而言，我们究竟是在讨论生育的权利还是养育的权利？斯坦博克（Steinbock）曾质疑，一个人生育一个与其有血缘关系的子女的利益能否足以证成这是一项权利。[5] 她认为，只有当一个人不仅希望生育子女而且愿意抚养时，才能证成这是一项值得保护的权利。[6]

值得注意的另一个问题是有关生育自由的讨论，主要围绕妇女权利展开。埃

---

[1] Quigley (2010); Priaulx (2008); Purdy (2006); Robertson (1986).
[2] Murphy (2009) 对此概念做了有力的批判。
[3] Harris (1998).
[4] Nelson (2013).
[5] Steinbock (1995). 另请参见 Di Nucci (2018)。
[6] Quigley (2010).

琳·尼尔森（Erin Nelson）指出，"生育发生的场景中，女性的身体、需求和利益都至关重要。严格说，生育活动也发生在女性体内。"① 但这并不是说男性就没有生育权，但至少在现有的科技条件下，生育仍不可避免地涉及女性的身体，因此，在生育问题上强调女性利益的主导地位也可以理解。②

我们将进一步讨论有关论证生育自由或者生育自主权的观点。

2.1 对生育自由或者生育自主权的支持意见

2.1.1 伤害原则

这一原则由约翰·斯图尔特·密尔（John Stuart Mill）的著述发展而来，并获得了广泛认同。简言之，该原则主张，即使某行为被认为是不道德的行为，但除非该行为伤害了别人，否则国家就应承认其合法性。该原则认为国家不应对生育自主权进行干涉，除非该行为伤害了他人。例如，认定克隆生殖违法就可以依据这一原则，因为这会伤害他人，而不仅仅是因为这违反了自然规律或道德准则。③ 同样，如果一对夫妇想要购买人工辅助生殖治疗服务，我们也应允许。尽管我们并不认为这对他们而言是一个好的决定。④ 更棘手的一个观点认为，不应让夫妇接受相关治疗，因为人工出生的子女会遭受伤害。这一观点的困难在于，首先，我们并不知道夫妇俩是否会是好的父母。其次，如果我们观察儿童受到的伤害，和出生在不合格父母的家庭相比，不出生不是对儿童更好吗？这就是"非同一性问题"。我们将在后文对此展开进一步的讨论。

2.1.2 歧视：平等对待原则

该原则主张不孕不育夫妇不应遭受与正常夫妇不同的不平等对待。基于此，约翰·哈里斯主张：

> 要求需要辅助生育的夫妇接受正常夫妇不会接受的评估，这会让人反感。如果我们要求人们在被允许生育前必须满足胜任父母一职的条件，那

---

① Nelson（2013）.
② 尽管在 R（Rose）v Thanet Clinical Commissioning Group [2014] EWHC（Admin）1182 案中，法院驳回了以下主张，即认为用不同方式存储精子和卵子的政策构成性别歧视。
③ Blackford（2006）试图对违反自然规律的行为这一概念增加一些哲学内涵。
④ Harris（2015a）.

么我们就应给所有父母发放生育许可。既然我们没有这么要求,我们就不应歧视那些需要辅助生育的人。①

对此,有人认为,不孕不育应属于一种残疾。② 这种观点主张不孕不育是一种疾病,人体的正常功能因此遭到损害。③ 国家应竭尽所能地减少这种疾病的消极影响。但对某些人而言,不能生育并非残疾。④ 我们也许想要美丽的外表、风驰电掣的汽车或者宽敞明亮的房子,但这并不意味着没有这些,我们就残疾了。同理,如果我们不能生育,并不代表我们"残疾"。⑤ 还有人认为,这样说是为了强化生育是女人的本质任务。玛丽·沃诺克(Mary Warnock)女男爵试图提出一种比较中立的观点:不孕不育者没有获得不孕不育治疗的权利;只是由于不孕不育者迫切需要,所以存在一种期望,即国民医疗服务体系应该满足不孕不育者的医疗需求,但这并非权利。⑥

2.1.3 生育问题的亲密性本质

那些支持生育自主权的人常常强调生育决定对个人的重要性。⑦ 他们认为,生育自主权与宗教信仰自由或言论自由一样,都涉及个人身份认同的深层次问题。⑧ 奥娜·奥尼尔(Orna O'Neill)认为,将生育类比言论自由和宗教信仰自由极具误导性,因为生育涉及创造一个人,而这个人的利益将不可避免地影响所谓生育权利的内容和范围。⑨ 这个观点很好,但也可以理解为,我们很容易找到干涉生育权的理由,而不是将其理解为生育权利自始至终都不存在。

生育的重要性在《欧洲人权公约》中也有所反映,该公约第12条规定:"达到结婚年龄的男女有依照有关行使此权利的国内法,结婚和成立家庭的权利。"⑩ 上诉法院在梅勒案⑪中指出,这一规定并没有赋予民众获得辅助生殖技术的绝对权利,

---

① Harris (2005a:292).
② RCOG (2010b).
③ Maung (2019).
④ Lauritzen (2014).
⑤ Warnock (2002:50).
⑥ Warnock (2002:52).
⑦ Robertson (1994b) and Walker (2003).
⑧ 参见 Alghrani and Harris (2006)。
⑨ O'Neill (2002).
⑩ 参见 Eijkholt (2010)。该权利也可以被看作个人私生活的一部分,因此受到第8条尊重个人私生活和家庭生活的权利的保护,Blyth (2003)。
⑪ *R v Secretary of State for the Home Dept exp Mellor* [2001] 2 FCR 153.

也没有给国家施加一项提供辅助生殖医疗服务的义务。然而欧洲人权法院大法庭在迪克逊诉英国案（Dickson v UK）中否定了这一观点。①在该案中，大法庭认为对于不孕不育夫妇来说，获得辅助生殖医疗服务受到《欧洲人权公约》第8条规定的保护。在SH诉奥地利案（SH v Austria）②中，欧洲人权法院承认，"《欧洲人权公约》第8条赋予夫妇孕育子女的权利，他们有权为此目的使用辅助生殖医疗服务，这种选择就是个人私生活和家庭生活的一种表达方式。"但该法院进一步解释道，根据第8条第2款，一国可以在有充分理由的情况下对这一权利的行使进行干预，如果一国提供了这些充分理由，那么该法院将根据这一问题的争议性质，尊重该国的国家裁量权。③尽管政府在一些具体案件中有权限制为当事人提供试管婴儿医疗服务，但这些限制必须具有充分理由。

2.1.4 生育自主权或生育自由

如前所述，对于生育权利究竟是一项积极权利还是一项消极权利，仍有较大争议。持"消极权利说"的人反对政府对个人生育决定进行干涉，持"积极权利说"的人认为政府必须尽可能地提供合理服务帮助人们实施他们的生育选择。必须承认，即使是生育自主权最激进的支持者也不认为这一权利是绝对权利。④当面临更重要的利益时，一个人的生育选择就应受到限制。例如，如果国民医疗服务体系的资源有其他更紧急的需求，让国民医疗服务体系为那些需要治疗不孕不育的人提供服务就不太可能。而且，可能还有人主张，国家对照料困境儿童的寄养和收养家庭有巨大需求。因此，我们应该鼓励不孕不育夫妇去照顾那些失去了父母的孤儿。⑤另一种主张却认为，为同性伴侣提供辅助生殖技术可以保障他们不会因为同性恋遭受歧视。⑥这也留给我们一个问题：这一权利究竟包括哪些内容？换言之，以保护何种公共利益为由就能对该权利进行干涉？

---

① Application no. 44362/04（2008）46 EHRR 41.
② Application no. 57813/00 [2011] ECHR 1878，[82]，McGuinness (2013a) 对此进行了讨论。
③ Sanderson (2013) 对这一判决进行了批判，因为一国法律的相关限制性规定对女性的影响远胜于男性。
④ Robertson (1994).
⑤ McTernan (2015).
⑥ McTernan (2015) 认为，基于以上理由，应为同性伴侣提供辅助生殖医疗服务，但异性伴侣就不可以。更多的讨论参见 Murphy (2018)、Leibetseder (2018)。

2.1.5 生物血缘关系的重要性

在前述诸多议题中，都隐藏着另一个问题：一个人是否将生育亲生子女视为合法需求或重要需求。争论是否应鼓励不孕不育夫妇收养或寄养儿童的核心即在于此。因为只有我们认为生物血缘关系不重要时，这才是一个有效的替代选择。一方面，有部分人主张，希望生育一个亲生子女顺理成章，他们甚至认为对自己亲生子女照顾有加也有进化论上的原因。莫谢拉（Moschella）提出："血缘关系本身就构成一种亲密关系，由此引发一种对亲情的特殊身份义务——在大多数情况下，抚养自己亲生子女的身份义务……"[①]

与此不同，另有观点认为父母身份与血缘关系无关。笔者曾提出："父母身份的取得是因为对儿童进行了照料与抚养，而这并不能完全通过血缘关系得以证实。是换尿片、擦眼泪、辅导数学作业等所有抚养教育事实成就了父母身份，而不是提供了一个精子或卵子。"[②]认同这种观点的人可能会说，国家不应在认定父母身份时强调血缘关系的重要性。否则，这就会削弱寄养家庭或收养家庭父母的地位。的确，如果一个家庭既有亲生子女，又有收养子女，对亲生子女和收养子女区别对待，这明显是错误的。罗奇（Roache）主张，父母想要有一个"像自己"的子女，这种观点是有害的。[③]

迪·扭什（Di Nucci）[④]提出的折中观点认为，偏好亲生子女，这并不让人反感，还应提倡。因此，可以据此得出如下结论：国家不应阻止人们采用人工授精等人工辅助生殖技术，但不应正面鼓励，尤其是社会上还有需要收养或寄养的儿童时。

2.2 对生育自主权或者生育自由的反对意见

也有人对支持生育自主权的意见提出了反对。这些反对意见可分为两类：一类针对辅助生殖技术，另一类则基于其他理由。我们首先讨论后者。[⑤]

---

① Moschella（2016：105）.
② Herring（2013b：121）.
③ Roache（2016）.
④ Di Nucci（2016）.
⑤ Laing and Oderberg（2005）认为，辅助生殖对社会的危害意味着国家不需要提供辅助生殖服务。

保守主义者可能承认生育选择具有重要价值，但仅在婚姻内是如此。婚外生育（比如一个单身女人想要养个孩子）是不负责任的。这一选择就不该获得作为权利应获得的尊重。支持这种想法的人接受"生育自由"概念，但认为这一概念只适用于传统婚姻中想要抚养子女的夫妻。奥尼尔没有这么极端，但她也反对任意生育的权利。她写道："生育旨在创造一个依赖他人的人，除非这些人能够为他们想要的孩子提供合理的照顾和持续的供养，否则他们的生育决定就是不负责任的。"[①] 如果个体想要生育，又不想承担子女出生后的责任，那她就无权生育。[②]然而支持人工辅助生育自由的人会认为，有生育能力的夫妇在没有抚养孩子的意图时也可以生育。为什么不孕不育的夫妇在没有抚养子女意愿时就没有生育自由？

享有生育自由权利的一个难点是如何确定对应的义务。如果我们有生育的权利，那么谁应承担义务来实现我们的权利？很显然，政府不应承担这样的责任——为全国民众提供生育或代孕服务。然而，有人主张即使没有相应的义务，一个人对某事享有权利也完全可能。伊莱恩·萨瑟兰（Elaine Sutherland）认为该项权利可以被理解为一个不被剥夺生育机会的权利。[③] 但如果这样说，其更像是生育自由而不是生育权利。

3. 对辅助生殖的批评

对很多不孕不育者来说，辅助生殖的"美妙"在于一个他们以为永远不会有的孩子给他们的生活带来了诸多快乐。要反对这样一种创造新生命和制造快乐的技术可能十分困难。但仍有批评辅助生殖的观点，主要表现在如下诸方面。

3.1 违背自然规律

对辅助生殖的一种批评是它违背了自然规律。它在"扮演上帝"，干涉自然中最珍贵的创造生命的行为。[④] 生命和生命的开始应该是一个神秘的神圣过程，不应

[①] O'Neill (2002: 62).
[②] O'Neill (1979).
[③] Sutherland (2003).
[④] Watt (2002a).

是被设计和生产出来的婴儿。① 孩子应该是上天的礼物，而不是可以随意创造或者毁灭的产品。正如一些天主教主教所言："越来越多的人将孩子视为'消费选择'的结果，而非一个被无条件接受的新人类。"② 杰奎琳·莱恩和戴维·奥德尔贝格（David Oderberg）认为辅助生殖将生命商品化了。③

对于支持辅助生殖技术的人来说，这些观点模糊不清，毫无意义。正如杰克逊④所言，很多夫妇故意在排卵期发生性关系，以便提高怀孕概率，这很常见。这种怀孕生子的"设计"从未被否定。事实上，在"自然生育"过程中，很多药物都可以视为一种人为设计。

3.2　对胚胎的伤害

很多辅助生殖技术通常需要制作多个胚胎，然后从中选择两个植入子宫。治疗成功时或者治疗夫妇选择终止治疗时，未使用的胚胎就会被销毁。⑤ 这一点遭到那些将胚胎视为有生命权或者具有重要象征意义的人的强烈反对。⑥ 当然这种担心是可以解决的。立法可以规定，一次只能制作一个胚胎并且必须立即植入女性身体。这就意味着没必要先储存再销毁这些胚胎。然而，这将大幅降低这种手术的成功率。另一种选择是将剩余胚胎捐赠给其他有需要的夫妇。⑦

3.3　捐赠的精子

也有人担心捐献精子在辅助生殖技术中的使用。反对者的关注焦点在于社会意义的父亲与生物学意义的父亲的分离。⑧ 子女不由生物学上的父亲来抚养，这与传统上子女应由生父抚养存在根本区别。但如今，很多子女都不是由他们的生物学父亲抚养的（比如由继父抚养）。没有证据表明这些子女因此遭受了很大的痛苦（远不及他们父母离异时所遭受的痛苦）。

---

① Gormally (2004).
② Catholic Bishop's Conference (2004: 2).
③ Laing and Oderberg (2005).
④ Jackson (2001).
⑤ Karnein (2012) 建议，剩余的胚胎应该捐给他人。Murphy (2015) 对此提出了反对意见。
⑥ Catholic Bishop's Conference (2004: para 8).
⑦ Savulescu (2003a).
⑧ Giesen (1997: 260).

3.4 儿童福利

和自然性行为相比,辅助生殖技术导致多胞胎的概率大幅提高。在英格兰和威尔士,2017年采用体外授精生育的人中,十分之一生了多胞胎。① 多胞胎会大幅增加孕妇和胎儿的健康风险。此外,多胞胎也会大幅增加医疗服务体系成本。一些执业医师抱怨,私人诊所提供多胞胎的试管婴儿治疗,导致国民医疗服务体系护理工作增加,进而促使医院运营成本激增。② 正是基于这个原因,英国人类受精与胚胎管理局鼓励单胚胎移植。

3.5 失败的成本

公众对于人工授精的印象是一个"奇迹宝宝"的神奇诞生过程。这种公众印象掩盖了现实中个人为此遭受的许多痛苦。官方统计了借助辅助生殖技术诞生的婴儿数量,却没有统计那些治疗失败的夫妇数量,对他们而言,这种经历就是一场噩梦、巨大的开支、高度侵入性的手术以及难以忍受的悲伤。③ 我们不应忘记辅助生殖成功率不高的事实。值得注意的是,即使缺乏坚实的研究基础,辅助生殖技术也已得到广泛运用。2017年,接受人工授精治疗的病例中,78%没有成功。④ 尽管这一成功率随年龄不同而有所不同。

女权主义视角

辅助生殖

女权主义者未对辅助生殖作出任何回应,这一点不奇怪。尽管部分女权主义者更支持辅助生殖,但也有部分激进的女权主义者反对辅助生殖技术。我们将先讨论这些反对的声音。

---

① HFEA (2019a),国家为减少多胎生育投入了大量富有成效的工作,这一比率从2008年的1/4下降到现在的1/10。
② Braude and El-Toukhy (2011).
③ Franklin (1997).
④ HFEA (2019b).

女权主义者担心辅助生殖技术强化了女性人生的主要目的是成为一名母亲的传统观点。它延续了生育对于一名女性来说必不可少的信息；如果一名女性不能生育，那就有理由对其进行侵入性的治疗。正如卡拉汉和罗伯茨[①]所言："辅助生殖技术……通过将女性的价值与生育联系在一起，强化了女性的附属地位。"如果一名女性不能生育，社会观点不应是"你必须把它解决"，而应是"那并不重要"。女性不顾一切想要使用辅助生殖技术明显反映了社会大众对女性角色的认知。我们需要重塑这些观念而不是强化它们。如果我们生活的社会推崇不生育子女也是"值得尊重的"选择，那么我们对于女性对辅助生殖技术的选择就更有信心。[②] 然而，正如埃米莉·杰克逊[③]所言，尽管有人说，那些使用辅助生殖技术的女性并不是"真心"同意生育，但对那些自然怀孕的女性，我们就不会这样评价。这难道不是双重标准吗？难道选择辅助生殖技术生育与其他生育决定应经受不同的社会压力吗？那些对辅助生殖技术下女性压力太大的担心可能认为，大量接受人工生育治疗的妇女购买了增值医疗服务，尽管并无太多证据证明这些服务的有效性。也有人认为，这是"生育产业"利用了这些客户的绝望心理。[④]

有人担心辅助生殖技术赋予医务人员（通常是男性）太多权利。罗西·布雷多提（Rosi Braidotti）指出："如今的试管婴儿技术标志着炼金术士长久以来梦想的成功，即通过自我授精、自慰的方式，主宰大自然……"[⑤] 尽管这有些言过其实，但那些接受辅助生殖治疗的女性普遍认为自己的身体就像一个实验室。[⑥] 为了实现生育的最终目标，女性身体所遭受的所有侮辱与痛苦都具有了正当性。即使不孕不育的原因在于男性，通常也是女性接受侵入性治疗，而提供这些治疗的常常是男性医生，正如科里亚（Corea）所说："生殖技术是男性社会的现实产物。其所展现的价值——对象化、控制——

---

① Callahan and Roberts (1996: 1211).
② Maclean (1993: 30).
③ Jackson (2001).
④ 相关讨论参见 Zemyarska (2019)。
⑤ Rosi Braidotti (1994: 88).
⑥ Corea (1985).

都是男性文化的典型特征。这一技术产生于男性,也支持男性对女性的控制权。"①

当然并不是所有女权主义者都同意这种观点:有人认为,这种观点导致的结论是女性不应选择生育。和一个通过辅助生殖技术怀孕的女性相比,难道一个能够生育的女性通过性行为怀孕就没有强化母亲角色吗?

詹妮弗·帕克斯(Jennifer Parks)主张,辅助生殖技术本身并不必然反女性,只是该技术的运用反映了社会的一种紧张局面。② 她认为,"该技术对家庭是什么以及家庭可以是什么描绘了两个相互矛盾的画面:一方面,它发展出激进的家庭概念,脱离了传统的、'年龄相当的'异性恋限制;另一方面,它强化了生育功能的重要性,这又与传统的异性恋家庭密切联系。"③ 因此,辅助生殖技术既有解放的一面,又有压抑的一面。

女权主义者的另一种观点认为,那些反对辅助生殖技术的女权主义者并没有真正倾听女性的声音。认真聆听身边不能生育的姐妹的心声有助于我们更好地理解她们的需求和处境。辅助生殖技术极大地提高了女性选择生育的机会。提高女性的生育自主权不能被看作反女权主义。

一些女权主义者也认为,辅助生殖有很大可能挑战传统家庭概念。辅助生殖技术为单身女性和女同性恋者提供了生育子女的希望,没有这项技术,她们就不可能拥有子女。④ 事实上,反对辅助生殖的女权主义者最后可能面临以下这种尴尬,即不得不接受男女之间的性关系是怀孕的唯一合法途径。

另一种反对辅助生殖的观点是,它反映了血缘关系的重要性。⑤ 一些夫妇特别是父亲使用辅助生殖技术的原因是,他们渴望一个属于他们自己的子女。换言之,一个与他们有血缘关系的子女。一些女权主义者认为,我们需要挑战基因决定父母的传统观点。他们主张对子女的日常照料才是成为父母的要件,但其他人认为这忽略了人们因血缘关系产生的强烈感情。

---

① Corea(1985:4).
② Parks(2009).
③ Parks(2009:22).
④ Lublin(1998).
⑤ Wilkinson and Williams(2016).

> 对女权主义者而言，辅助生殖技术的进步也许是一把"双刃剑"。① 我们应该尊重女性的生育意愿并提高她们的生育自主权，还是基于家长制的旧思维而反对这些意愿？有人提出辅助生殖技术是错误问题的错误答案。② 女权主义者对不孕不育的回应反映出女权主义不愿意支持我们目前所处的社会现状：无子被认为是一个不好的选择，特别是对女性而言；并且血缘关系非常重要。当然，如果我们认真对待生育自主权这一概念，我们就应该让当事人感觉作出不生育的选择与作出生育的选择一样容易。

4. 其他不同的辅助生殖技术

本章，我们将只讨论现在可行的合法技术。目前，克隆生殖仍属非法，但在本章中我们也会讨论。

4.1 冷冻保存

精子、卵子和胚胎都能进行冷冻保存。这意味着可以检测捐献者的精子或冷冻胚胎以便能在女性生理周期的最佳阶段将其植入体内。因即将接受外科手术或治疗而导致不孕不育的部分患者也会使用冷冻保存技术，这能为他们未来的生育保留一丝机会。尽管科技进步提高了冷冻卵子的成功率，但冷冻卵子的失败率依旧很高。

4.2 同质人工体内授精（配偶/伴侣人工体内授精，AIH/AIP）

同质人工体内授精是把丈夫或者性伴侣的精子放入女性体内产生卵子的地方。该技术通过卵胞质内单精子显微注射技术（ICSI）（见下文）实施，这意味着目前很少使用该技术，除非男性的精子已经提前作了冷冻保存。用丈夫或者性伴侣的精子

---

① Stanworth（1988：16）.
② Smart（1993：223-4）.

进行人工授精不属于 1990 年《人类受精与胚胎法》所规定的术前须取得许可的手术。

4.3 异质人工体内授精（DI）

该技术用于女性没有配偶或者丈夫不能生育的情况，主要涉及用捐献者的精子在女性体内人工授精的过程，精子通过女性的阴道进入子宫颈管或者女性子宫。这种方式通常是最后一种办法。卵胞质内单精子显微注射技术的使用意味着如果丈夫精子质量低，过去只能选择异质人工授精，现在也能采用同质人工授精技术了。

4.4 卵子（卵母细胞）捐赠

如果女性没有健康的卵子，想要生育子女就需要捐赠的卵子。愿意捐献卵子的女性将会接受激素治疗，然后从她体内取出卵子。这是一个让人不适的侵入型手术，而且和捐献精子相比，捐献者会更难受。捐赠的卵子将会和求助者伴侣的精子或者捐赠的精子进行人工授精，然后放入求助者的子宫。

4.5 体外授精（体外授精）（IVF）

在体外授精过程中，为了刺激卵子的生产，将进行激素治疗。人体产生的卵子将从卵巢中移出，放在培养皿中，使其进一步发育成熟。然后，在培养皿中用来自她配偶或者捐献者的精子让该卵子授精，得到的受精卵或被冷冻，或被放入女性的子宫。

4.6 配子输卵管内移植（GIFT）

配子输卵管内移植中，通过体外授精技术取出卵子，将卵子与精子混合，再移回输卵管，帮助它们在输卵管内授精。从法律上讲，这个过程无须获得许可，但很少有未获许可的机构实施这种治疗。

4.7 卵胞质内单精子显微注射技术（ICSI）和带下人工授精（SUZI）

该技术需要用一根非常精细的针将一个精子注入一个卵子中。如果人工授精成功，这个受精卵将会以与体外授精相同的方式被移入女性子宫。当男性的精子不能自然进入卵子或者精子的活动力很差时,卵胞质内单精子显微注射技术特别有用。①带下授精是一个相似的过程,但显微注射的是多枚精子。

4.8 体外成熟（IVM）

这是一种新的治疗方式,英国只是偶尔使用这种技术。该技术涉及将一个未成熟的卵子从女性的卵巢中移出,让其在实验室中发育成熟,然后对其人工授精,最后放入女性的子宫。②

5. 对辅助生殖技术的规制

调整辅助生殖技术的法律是 1990 年《人类受精与胚胎法》(Human Fertilisation and Embryology Act, 1990; HFE Act)。根据该法规定,政府还创建了人类受精与胚胎管理局(HFEA)。人类受精与胚胎管理局就辅助生殖技术问题发布指导意见并授权卫生机构使用。

在英国,如果科学家希望进行辅助生殖治疗或研究,他们需要经过有关政府机构的批准。我们已经对此习以为常。从世界范围看,这是一个有争议的问题。有国家认为,政府限制研究人员应该或者不应该研究什么,以及医生应该提供什么样的治疗,这是不当干预。但是,英国在这个领域的法律规范已被广泛接受,而且世界上的很多国家也将英国制度视为典范。③但是监管的正当理由是什么?

政府规制的优点在于可以对这一争议领域提供一个灵活的办法。人类受精与胚胎管理局能够快速合理地对医学技术的新发展或者新的伦理问题作出回应,而让议会通过立法来应对变化就十分缓慢。人类受精与胚胎管理局也能在不受政治压力的情况下对相关问题进行规制:与政客相比,他们受媒体的干扰较小。维罗妮卡·英格利希(Veronica English)列举了由人类受精与胚胎管理局这一机构进行规制的四个主要优点,即保护患者,减轻公众的担心,为科学进步提供一个有利环境,保护实施体外授精术的医生不会遭受不道德行为的批评。④

---

① HFEA (2014).
② 对未来医学的发展,包括子宫移植等,参见 Alghrani (2016)。
③ Deech (2003).
④ English (2006: 304-8).

马丁·约翰逊（Martin Johnson）列举了需要政府监管予以保护的主体，包括以下内容：① 体外的胚胎；② 用这些胚胎孕育的婴儿；③ 患者（特别是女性，也包括性伴侣、捐精者和代孕者）；④ 社会（公共利益）；⑤ 卫生保健团体（医生、咨询师、护士、生物医药科学家）。①

政府规制的缺点主要是存在"滑坡理论"（slippery slope）②的危险。如果以个案的优缺点为考虑根据，我们就无法看清这一问题的全貌。每一个具体案例都会有一个明显合理的决定，这一决定与以前的情况相比有细微改变，而最终我们到达的终点可能并非我们想要的结果。政府规制需要支付成本，这些费用最终将转嫁给消费者。这可能导致由于费用问题而不能进行辅助生殖技术治疗的人数增加。

设立人类受精与胚胎管理局有两个基本目的：确保辅助生殖治疗和研究符合伦理要求并保证其安全。管理局出台了指导方针管理被授权的机构。这些指导方针通常不涉及具体个案，除非某个个案涉及特别复杂的问题。英国卫生大臣先后任命了管理局的14名委员。他们由一般民众和拥有医学或法律专业资格的人士组成，主要负责对那些希望提供辅助生殖技术治疗的机构或者想要进行胚胎研究的机构或个人进行审查许可。获得许可的机构至少每三年须接受一次全面检查，并接受不定期的临时检查。获得授权的机构必须遵守管理局公布的《业务守则》。③

在辅助生殖技术领域，可以将这些治疗和研究行为分为三类：① 非法的治疗和研究；② 须经授权才能开展的合法治疗和研究；③ 无须授权的合法治疗和研究。我们接下来将讨论这三种不同的行为。

5.1 《人类受精与胚胎法》禁止的行为

《人类受精与胚胎法》规定某些行为非法，并且不允许人类受精与胚胎管理局对这些行为进行授权，这些行为包括以下内容。

- 配子混合十四天后（胚胎出现原条后），不准存储或使用。④ 这意味着胚胎研究可以对十四天内的胚胎进行研究，但一旦原条出现，人类受精与胚胎管理局就无

---

① Johnson（2007）.

② 滑坡理论在应用伦理学上指，一个看似微不足道的一小步行动（在结果上并不太大影响），就会导致一连串的相关行为，最终积累成最后会带来严重后果的行为。就好像在一个斜坡上推动一个小小的物体，最终该物体就将会不断加速滑到坡下，并且这一结果无法逆转。——译者注

③ HFEA（2017）.

④ HFE Act, s. 4（3）.

权准许存储、使用这类胚胎。

- 将一个未"获得允许"的胚胎或配子放入女性的身体违法。① "获得允许"的胚胎这一概念实际上授权人类受精与胚胎管理局制定规则,可以允许使用动物的配子制作胚胎。②
- 将人类胚胎放入一个非人类的动物体内违法。③
- 禁止从不孕不育治疗的胚胎中提取卵细胞使用。④

如果法律禁止在某种情形下存储或者使用胚胎,那么该情形下的此类行为违法。⑤ 对于构成胚胎的细胞,禁止改变其基因结构。⑥

5.2 须经授权才能开展的合法行为

《人类受精与胚胎法》授权人类受精与胚胎管理局可以批准某些行为,未经批准的这类行为违法。

- 只有经管理局批准,才能存储胚胎。⑦
- 只有经管理局批准,才能存储和使用配子。⑧ 自 2008 年《人类受精与胚胎法》出台后,这也包括提供精子运送服务的行为,即将精子送到女性家中。2009 年,两名男性因此被起诉。因为他们私自建立了一个网站,以 450 英镑的价格提供"送货上门"的精子运送服务。⑨

5.3 无须授权的合法行为

当然,辅助生殖中的一些行为无须管理局许可。这些行为不涉及在人体外制作胚胎或者存储任何配子。"DIY 授精术",即用新鲜的精子和一个胶头滴管(或者类

---

① HFE Act, s. 3 (2),第 32A 条规定了"获得允许"的胚胎的定义。
② 参见本章后文。
③ HFE Act, s. 3 (3).
④ HFE Act, s. 3A.
⑤ HFE Act, s. 4 (2).
⑥ HFE Act, para 1 (4), Sch 2.
⑦ HFE Act, ss. 3 and 4,未经批准的这种行为是一种刑事犯罪(HFE Act, s. 41)。
⑧ 第四条禁止了人类配子的储存和使用。当配子的储存是为了研究或医药和避孕产品的研发,或者用于教学时,这些属于例外情形。[Human Fertilisation and Embryology (Special Exemptions) Regulations 1991, SI 1991/1588].
⑨ Jones (2009).

似的装备）进行人工授精就不属于该法规制的对象。此外，虽然法律规定赠予精子非法，但这样的法律很难监管实施。

5.4 线粒体替代疗法

2015年《人类受精和胚胎（捐献线粒体）条例》首次批准了线粒体替代疗法。这种治疗主要用于女性卵子存在线粒体疾病的情况。此时，会使用捐献者的卵细胞，去掉细胞核，植入准备生育的母亲的细胞核。这时得到的卵细胞中，主要物质来自母亲，但线粒体中的DNA来自捐献者。然后用准备生育的母亲伴侣的精子进行人工授精（或使用捐献者的精子）。这一手术的重要性在于因为线粒体的DNA来自捐献者，这样就不会再遗传线粒体疾病。[1] 严格说，这时生育的子女与三个人都有生物血缘关系，即便主要的基因遗传信息来自准备生育的母亲和精子捐献者。该规则明确规定了，卵子捐献者不是所生育子女的母亲。[2] 其母亲是怀孕生育的女性，父亲则按照亲子关系的一般规则确定。

有人可能认为，这一条例的好处十分明显：为线粒体疾病患者提供了一个生育健康宝宝的机会。但是，也有人担心，这可能需要更多捐献的卵子[3]，进而给这种有三亲的子女带来生物血缘上的混乱。[4] 这一新技术证明了我们已经进入一个新时代，已经不再是任何子女都是一男一女平等贡献基因遗传信息的时代了。[5]

5.5 同意至上

《人类受精与胚胎法》的一个关键原则是，在未征得提供者同意的情况下，不能使用其配子或者胚胎。因此，一对夫妇如果已有冷冻胚胎，这些胚胎只有在该夫妇同意的情况下才能存储。如果他们要求销毁胚胎，机构不这么做就是违法的。胚

---

[1] 参见 Chau and Herring (2015); de Melo-Martin (2017); Harris (2016); Holm (2018) 对此做了更详细的讨论。

[2] 所生育子女也无权知晓捐献者的身份。这一点存在争议。参见 Appleby (2018), Brandt (2016) 和 Appleby (2015)。

[3] 有学者认为，这一条例没有保护捐献者的利益。参见 Dickinson (2013 and 2017); Rulli (2017) and Bayliss (2017)。

[4] Saunders (2015); Bayliss (2017, 2018); Palacios-Gonzalez and Cavaliere (2018, 2019); Scully (2016 and 2017)。

[5] Liao (2016)。

胎和配子的最长存储时间是十年。① 如果该夫妇不孕不育或者有可能不孕不育，他们的胚胎最长可存储五十五年。

关于同意的最大争议是当一对夫妇已经进行胚胎冷藏，但在是否销毁胚胎时产生分歧的情形。② 以下的案例就反映了这一争议问题。

重点案例

埃文斯案③

2001年10月，已经订婚的娜塔莉·埃文斯（Natalie Evans）和霍华德·约翰斯顿（Howard Johnston）接受了体外授精治疗。本案基本事实为，娜塔莉·埃文斯的子宫上发现有肿瘤，必须尽快切除，该机构要求娜塔莉尽快决定是否希望取出一些卵子进行冷冻。她有三种选择：直接冷冻她的卵子，将她的卵子与捐献的精子进行授精后冷冻，或者将她的卵子与约翰斯顿先生的精子进行授精后冷冻。娜塔莉选择了最后一种，一个最后让她无比后悔的决定。这主要有两个原因：第一，她的卵子没有被冷冻好，很多没有存活；第二，约翰斯顿先生向她保证他想成为两人孩子的父亲，他们不会分开，让她不要担心。娜塔莉的六个卵子被取出、授精并冷冻。当月晚些时候，她的子宫被切除。2002年5月，这对情侣分手。约翰斯顿先生写信给该机构，请求销毁胚胎。埃文斯女士上诉到法院，要求阻止销毁胚胎。

上诉法院认为从法律角度看，本案并不复杂，该院裁定不支持埃文斯女士的请求，准许该机构销毁胚胎。这一判决主要基于对《人类受精与胚胎法》的解释做出。该法明确规定，只有当每一个提供配子以形成胚胎的个体都做出有效同意时，获得授权的机构才能存储在体外产生的胚胎。④ 尽管约翰斯顿先生最开始同意储存精子，并同意将其精子用于卵子受精，但现在，他已撤回了他的同意，所以该机构不允许再存储他的精子以及由其精子产生

---

① The Human Fertilisation and Embryology (Statutory Storage Period for Embryos and Gametes) Regulations SI 2009/1582.
② Harris-Short (2009); Shenfield (2000); Daar (1999).
③ *Evans v Amicus Healthcare Ltd* [2004] 3 All ER 1025.
④ HFE Act 1990, Sch 3, paras 6 (3), 8 (2).

的胚胎。上诉法院法官索普解释道:"很明显,《人类受精与胚胎法》的理念是确保从治疗开始到胚胎被移入子宫的时间内,卫生机构获得了当事人的持续同意"。① 上诉法院也强调,从埃文斯女士和约翰斯顿先生的签名陈述中可以看出,胚胎可以用于对"自己(埃文斯女士)和指定伴侣(约翰斯顿先生)"的治疗,很明显他们是以一对夫妇的名义同意治疗的。

上诉法院确信应对《人类受精与胚胎法》做上述理解,这不仅因为有成文法的规定,而且这部法律还有两个基本原则。

(1) 因治疗而将要出生的子女的福利至关重要。

(2) 被授权的机构只有在提供者作出知情同意的情况下才能保存配子,在胚胎被转移到女性的身体之前的任何时间,提供者都能够撤回同意。

这两个原则都支持胚胎被销毁的判决。首先,就胎儿利益而言,当供精者不愿意孩子出生时,孩子的出生不符合孩子的利益。其次,就第二原则而言,男方明确要求销毁胚胎。

上诉法院也考虑了1998年《人权法》对《人类受精与胚胎法》的裁判解释路径的影响,以确保与《欧洲人权公约》中赋予当事人的权利保持一致。上诉法院很快得出结论,根据《欧洲人权公约》,胚胎不存在权利。根据该公约第8条之尊重个人私生活和家庭生活的权利,我们必须衡平埃文斯女士想要生育的权利与约翰斯顿先生不想生育的权利。这非常困难,因为这涉及"两个完全不能比较的事物的平衡问题"。② 从本质上说,上诉法院认为《人类受精与胚胎法》已经给出一个合理办法来平衡这些权利,因此不应说它与该公约存在矛盾,尽管如果该法允许将胚胎植入埃文斯女士体内,可能也与人权公约的规定保持一致。

法律是否因为埃文斯女士的疾病(她不能生育)而歧视她,上诉法院对此存有分歧。事实上,对于一名有生育能力的女性而言,一旦男性提供精子,该男性就无权阻止孩子出生的结果。而《人类受精与胚胎法》的规定意味着不能生育的女性面临提供精子的男性能够阻止孩子出生这一风险。上诉法院法官阿登(Arden)认为这是对不孕不育女性的歧视。索普法官和塞德

---

① At [37].
② At [66].

> 利法官（Sedley）认为这不构成歧视，他们认为"《人类受精与胚胎法》并没有以埃文斯女士不能生育为由歧视她；相反正是这部法试图在一定条件下改变自然界的歧视；在诉讼中遭受攻击的正是该法改变歧视的前提条件。"① 然而他们三人都同意，即使存在歧视，但是为了保护约翰斯顿先生的利益，这种区别对待也有正当理由。
>
> 埃文斯女士将这个案件上诉到欧洲人权法院和欧洲法院大审判庭。② 两个法庭都认为，根据公约第 8 条规定，埃文斯女士享有私生活得到保护的权利。欧洲人权法院解释说，这个案件涉及"敏感的道德和伦理问题"，并且"各成员国没有达成明确共识"。③ 这意味着不同国家在此问题上有不同的自由裁量余地。所以，不允许埃文斯女士移植胚胎的英国法并不违背公约，尽管准许她可以使用胚胎的法律也不违反公约。欧洲人权法院认为，在这个案件中，根据公约第 8 条规定，埃文斯女士和约翰斯顿先生的权利存在冲突。从根本上说，埃文斯女士有权利成为一个母亲，而约翰斯顿先生有权不成为一个父亲。英国法律试图对这两种权利予以平衡，这并没有超出该国的自由裁量余地。在这种案件中，法律的明确性以及公众对于辅助生殖技术条款的信任非常重要。这些政策因素都说明，英国的做法并无不当。

该案对《人类受精与胚胎法》的解释基本没有太大争议。然而，人权问题并没有那么简单。上诉法院裁决埃文斯女士与约翰斯顿先生享有的第 8 条的权利几乎有同等程度的价值，这也引起了争议。所谓植入胚胎成为母亲的权利和所谓销毁胚胎避免成为父亲的权利，尽管二者都可以看作公约第 8 条规定的尊重私生活与家庭生活权利的一方面，但这并不意味着二者可以画等号。很多人同意上诉法院法官索普

---

① At [72].
② Application no. 6339/05 [2006] ECHR 200. 需要注意的是欧洲法院是根据欧洲联盟设立的最高法院，位于卢森堡市，主要负责解释欧盟法律，确保欧盟法律在各欧盟成员国平等适用。欧洲人权法院是根据《欧洲人权公约》第 19 条设立的常设机构，设在法国的斯特拉斯堡，主要受理成员国自然人、非政府组织以及成员国政府提出的涉及违反《欧洲人权公约》的案件。二者相互独立。截至 2018 年 11 月，现《欧洲人权公约》共有 47 个成员国，包括欧洲理事会的成员国，也包括欧盟的成员国。自 2018 年 8 月 1 日起，欧洲人权法院可以就内国最高法院的某未结案件的相关争议问题接受咨询。——译者注
③ At [62].

的观点,即这些权利并不相同。① 只有最铁石心肠的人才会残忍剥夺埃文斯女士拥有生育亲生子女的唯一机会。但是很多人也理解约翰斯顿先生的反对,因为成为这些胚胎的父亲违背了他现在的意愿。我们应该回到此处谈及的权利本质。本质上,这是一种自主权,即按自己的愿望过自己生活的权利。在鼓励人们找寻与实现自己认为的"美好生活"而不受政府干涉时,自主权是一个被普遍使用的术语。当我们衡量这些互相冲突的权利时,自主权也给了我们一些标准。试想,对埃文斯女士而言,剥夺她极度渴望拥有的子女对她认为的"美好生活"的阻碍更大呢,还是对约翰斯顿先生而言,知道自己有一个素未谋面的孩子而且不用承担子女抚养责任对其认为的"美好生活"的阻碍更大?②

本案最能说明的问题是,确保夫妇在进行治疗前接受合适咨询的重要性,确保他们已经充分考虑了将要签署的表格所带来后果的重要性。③ 然而,自本案判决以后,相关表格中的内容已经修订的更清楚,但仍不能禁止当事人撤回已作出的同意。④ 这是因为双方都应有改变他们决定的自由。

埃文斯案可以和沃伦案⑤进行对比。第二个案件中,32岁的丈夫死亡。在死亡前,他提供了部分精子,为妻子未来可能进行的人工生育做准备。但他签署的表格中只允许精子在未来三年内使用。在他死亡时,三年已经过去了。在未获得继续保存精子的同意时,诊所准备销毁这些精子。霍格法官没有同意。尽管《人类受精与胚胎法》指出,需要个人书面同意的规定应从1998年《人权法》的角度进行解读。霍格法官判定:"(沃伦女士)有权决定是否成为其仙逝丈夫子女的母亲,因为其丈夫生前已通过个人意愿及书面同意作出了授权。"最后,她在结论中进一步强调,即使没有沃伦先生的书面同意,从一般人伦逻辑上看,她丈夫也希望妻子能够使用精子。的确,诊所未能及时询问沃伦先生是否继续延长使用年限,存在过错。这表明法院将在双方当事人有明确同意的意思表示时尽力确保立法不会阻止他们实现自己的生育计划。⑥ 强调同意生育的现实状态也可以在IM案⑦中找到。在该案中,人

---

① 参见 Frith and Blyth (2019) 中的讨论。
② Harris-Short (2010); Dochin (2009); C. Morris (2007); Lind (2006); Alghrani (2005); and Sheldon (2004) 讨论了该案中的论证过程。
③ 参见 HFEA (2013c)。
④ Sozou, Sheldon, and Hartshorne (2010) 认为,这也应该是一种选择。
⑤ *Warren v Care Fertility (Northampton) Limited* [2014] EWHC 602 (Fam), Herring (2014b) 对此做了讨论。
⑥ 参见 *Re A* [2015] EWHC 2602 (Fam)。该案中,相关文件存在错误,这并不导致冷冻配子存在错误,因为双方当事人的行为明确表明双方希望冷冻自己的配子。
⑦ *R (IM) v HFEA* [2016] EWCA 611.

类受精与胚胎管理局不同意父母取出自己女儿身上的卵子,上诉法院允许父母就此上诉。尽管在初审中,乌斯利(Ouseley)法官判定没有明确证据证明女儿生前同意父母这么做,但上诉法院并不同意。有证据证明,女儿生前曾说过,"她希望自己的母亲为自己生育子女"。上诉法院认为,奥西利法官在判断女儿需要什么信息才能作出同意的问题上过于严格。这一判决也预示着法院在判断当事人是否同意的问题上也会采取一个粗放的审查态度。

6. 对人类受精与胚胎管理局的批评

我们接下来讨论对人类受精与胚胎管理局的批评。尽管批评意见很多,但必须强调的是,人类受精与胚胎管理局的监管领域是一个快速发展、极富争议的科学领域,很明显该机构并未失去普通公众或者议会的支持,其在全球仍是一个监管典范。所以,尽管我们更多谈及管理局遭到的批评,但这只能反映批评者与支持者相比,更善于表达罢了。

6.1 对质量控制的担心

在全英范围内,不同机构提供不孕不育治疗的成功率有很大差异。因此,有人抱怨人类受精与胚胎管理局没有确保全英都有高质量的医疗服务,也没有向患者解释不同机构提供的治疗存在差异。在 Re A 案[①]中,芒比法官在审查了七个医疗事故案件后,认为生育行业"广泛存在不能胜任的问题"。他对人类受精与胚胎管理局是否能有效监管这一领域提出了质疑。管理局承认各机构的不孕不育治疗成功率存在很大差异,但应该谨慎对待这些数据。一些卫生机构愿意治疗"疑难杂症"的患者,其治疗的成功率低,而其他机构可能在病患选择过程中有更严格的标准。社会经济因素也可能影响各卫生机构的治疗成功率。低成功率并不一定意味着治疗效果差。虽然如此,但当成功率差距很大时,我们很难避免这样的结论,即不同卫生机构提供的医疗服务质量必然有所不同。

---

① *Re A* [2015] EWHC 2602 (Fam).

6.2 不良事件

在授权可以开展不孕不育治疗的机构中已经发生了大量不良事件。① 这些事件包括意外毁坏配子或胚胎。② 2017 年，获得授权的机构中共发生了 606 次不良事件。③

6.3 对胎儿保护的担心

不出意外，人类受精与胚胎管理局还受到了胎儿保护组织的批评，他们认为管理局没有采取合理措施，促进社会对胚胎利益的尊重。④ 长期以来，法律允许涉及胚胎毁坏的辅助生殖技术的开展和研究，而很多人认为这些胚胎具有生命权。偶尔也有抱怨声称人类受精与胚胎管理局掌控在希望科技取得最大进步的科学家手中，却没有保护尚未出生的胎儿的权益。

6.4 对研究的限制

另一方面，有人批评人类受精与胚胎管理局对辅助生殖技术等研究的限制过于苛刻。罗伯特·温斯顿（Robert Winston）勋爵是这一观点的主要支持者，他称人类受精与胚胎管理局"不称职"。⑤ 他抱怨道，管理局官僚作风严重，阻碍了相关研究的发展。⑥ 比如，他的机构每年大约治疗 1000 例患者，却必须雇佣两名人员全职负责处理管理局要求的各种书面文件。⑦ 他抱怨管理局的检查很随意，同样的工作可能受到一个检查组的表扬，但受到另一个的批评。⑧ 公平地说，任何接受外行人员检查的专业人士可能都会作出类似的评价。而大部分的文件工作都是为了确保获得当事人的有效同意。所以，尽管文件工作十分"烦琐"，但对于保护患者的权利而言却非常重要。

---

① HFEA（2014）.
② *Yearworth v North Bristol NHS Trust* [2009] EWCA Civ 37.
③ HFEA（2019a）.
④ SPUC（2000）.
⑤ BBC News online（10 December 2004）.
⑥ Winston（2005）.
⑦ 多个案件中都出现了诊所文件工作出错的情形，但一般而言，法院都会尽可能找到方法确保有生育意愿的夫妇能够成为父母。比如，*In the Matter of the Human Fertilisation and Embryology Act* 2008（*Case AL*）[2018] EWHC 1300（Fam）.
⑧ Winston（2005）.

6.5 角色冲突

有人担心人类受精与胚胎管理局扮演了卫生机构管理者和卫生机构运营建议者的不同角色。管理局负有执行《人类受精与胚胎法》的职责,并颁布相关实施细则,同时管理局也负责为政府就完善相关立法提出建议。① 因为成为管理局委员的要求之一就是基本赞同该法的立法目的,所以,让管理局为立法完善提建议不无问题。

7. 获得治疗的途径

如果我们认真对待生育自主权,那么任何来接受治疗的人都应具有该权利,除非有更充分的理由证明他们没有。② 事实上,在英格兰和威尔士,要接受不孕不育治疗存在诸多障碍,接下来我们将讨论这些障碍。③ 人类受精与胚胎管理局解释说,这一问题在全英范围内表现各异:

> 全英范围看,获得国民医疗服务体系资金支持接受不孕不育检查在各地区呈现出显著差异。苏格兰和北爱尔兰使用的公共资金在增长,威尔士保持稳定,但英格兰出现了下降。现在,苏格兰有62%的不孕不育治疗周期得到了国民医疗服务体系的资金支持,北爱尔兰有50%,威尔士和英格兰得到国民医疗服务体系资金支持的只有39%和35%。④

以下我们将讨论其中一些障碍。

7.1 经济的限制

也许目前辅助生殖技术治疗的主要障碍是费用问题。国民医疗服务体系提供的辅助生殖治疗并未实现全覆盖,目前也没有统一的政策。2017年,英格兰只有35%的体外授精治疗得到了国民医疗服务体系的资金资助,尽管相对2006年的25%已

---

① House of Commons Science and Technology Committee (2005: para 209).
② Peterson (2005b).
③ 参见 Riley (2007)。
④ HFEA (2019b).

经出现了增长。① 大多数地区的国民医疗服务体系都没有提供辅助生殖治疗，因此那些寻求治疗的夫妇只能依靠私人诊所。当然，只有有经济能力的人才能做此选择。一个体外授精治疗疗程大概需要 5000 磅，这并不便宜。② 即使有国民医疗服务体系提供的治疗，也有相当长的一段等待期。英国政府已经承认，一个人能否获得国民医疗服务体系提供的辅助生殖治疗就像"邮编彩票"，他们正试图采取措施完善相关机构。③

国家卫生与保健优化研究所分析了国民医疗服务体系提供辅助生殖服务的问题，并建议，如果一个女性满足以下两点中任一点，就应获得最多三个疗程的体外授精治疗（IVF）,④

- 她在努力怀孕，且经常有未受保护的性行为已满两年；

或

- 经过人工授精的 12 个疗程后，仍无法怀孕。

如果有检查结果证明体外授精是帮助她怀孕的唯一方式，那么就无须再进行等待。

对于 40~42 岁的女性而言，需要满足以下四个条件：

- 她在努力怀孕，且经常有未受保护的性行为已满两年；

或

- 她从未接受过体外授精治疗；
- 没有证据表明她有卵巢储备能力低下的问题（也即卵巢内的卵子数量少或质量差）；
- 她已经知悉在这个年龄进行体外授精和怀孕可能引发的并发症。

要满足这一要求，初级卫生保健信托机构将承担巨大经济压力。国民医疗服务体系也承认，并非所有的临床执业联盟都能满足国家卫生与保健优化研究所指南的要求，而且也没有统一的标准："在谁可以获得国民医疗服务体系的资金支持方面，

---

① HFEA (2016).
② NHS (2019c).
③ DoH (2009g); NICE (2011). Lee, Macvarish and Sheldon (2014) 的研究认为，全国来看，在提供人工辅助生殖医疗服务方面仍存在地方差异。
④ NICE (2013), 尽管 Krajewska (2015) 的研究认为，只有 30% 的初级医疗服务信托组织严格遵守了国家卫生与保健优化研究所的指南。

国民医疗服务体系的各临床执业联盟在其负责区域具有最终决定权。他们的标准可能比国家卫生与保健优化研究所指南规定的标准更严格。"① 有报告称，2017年，只有12%的临床执业联盟遵照国家卫生与保健优化研究所指南的规定执行。越来越多的临床执业联盟根本就不提供体外授精治疗。② 即使生育自主权最坚定的支持者也认为，让国民医疗服务体系为所有想要接受治疗的人无限提供辅助生殖治疗并不现实。玛格丽特·布雷齐尔提醒我们，考虑到国民医疗服务体系有限的资源，我们对于生育自主权的需求必须与其他需求相匹配：

> 女性的生育权利必须与以下权利进行权衡：她的母亲进行预防保健的权利，确保乳腺癌被及早发现；她的奶奶髋关节置换术的需要，甚至是她奶奶的生命本身。③

如上所述，对于所有大胆谈论生育自主权的人来说，存在国民医疗服务体系经济上不能负担的风险。在此情况下，生育自主权将会被归入仅为富人享有的可耻权利名单中。如果这些权利仅是富人的权利，它们还能被称为权利吗？

7.2　子女的福利

在医疗机构为一对夫妇或者个人提供不孕不育治疗前，他们必须考虑《人类受精与胚胎法》第13条第5款之规定：

> 只有充分考虑了由于某项治疗而出生的子女福利（包括该子女对支持性抚养（supportive parenting）的需要，以及由于该子女的出生而可能受影响的其他子女的需要），才能为一名女性提供治疗。

2008年《人类受精与胚胎法》修改了这一条款。此前，医疗机构需要考虑"子女对父亲的需要"。人们认为这给单身母亲或者女同性恋者制造了障碍。④ 要求考虑子女对"支持性抚养"的需求仍可能意味着，由于单身母亲的社会支持网络有限，医疗机构可能拒绝为单身母亲提供此种服务，⑤ 但不会拒绝为女同性恋伴侣提供服务。

---

① NHS (2019c).
② Fertility Fairness (2018).
③ Brazier (1998: 74).
④ Riley (2007: 87).
⑤ Krajewska (2015).

尽管 2008 年的法案对此进行了改革，但卫生机构仍须评估提供辅助生殖治疗是否有利于子女利益。[①] 人类受精与胚胎管理局的《业务守则》规定如有以下情况，治疗中心应拒绝治疗：

（1）治疗中心认定进行治疗可能导致未来出生的子女或家庭中的现有子女遭受严重身体伤害或精神伤害或者被忽视的情形；

（2）现有证据无法证明没有重大风险。[②]

这就说明，诊所评估的重点是治疗是否对未来出生的子女或家庭中现有子女存在重大伤害风险或被忽视的风险，而非准父母是否是合格的父母。他们应考虑的因素如下：

① 过去有会导致上述子女遭受严重身体伤害或精神伤害或者被忽视的情形或现在有这些情形，例如：

（a）有伤害子女的前科；

（b）现有子女曾接受儿童保护措施保护；

（c）家庭中有家庭暴力或者严重不和；

② 可能导致在子女在出生后未成年阶段得不到照料，或者已经出现这些情形或已严重影响对现有子女的照料的情形，比如：

（a）精神或者身体疾病；

（b）滥用酒精或者药物；

（c）相关病史，该病史表明子女出生后将会遭受严重的医学疾病；

（d）治疗中心认为很可能对上文提及的任一子女造成严重伤害的其他情形。

治疗中心在支持性扶养中考虑儿童需求时，应结合其概念来认识："支持性扶养是对子女健康、幸福和发展所做的承诺。如果没有合理理由证明生育的子女或其他子女存在受伤害或被忽视的重大风险，那么就推定所有的准父母都是支持性的父母。如果治疗中心担心这一问题，他们可能会考虑更大范围的亲属们的意见以及子女所在的社会网络支持情况。"[③] 生育自主权的支持者并不赞同上述规定，主要的反对意见如下：

---

① HFE Act 1990，s. 13（6）也要求对该夫妇进行咨询辅导。
② HFEA（2017：para. 8.15）。
③ HFEA（2017：para 8.11）。

（1）该规范要求医疗机构对那些求子心切但不能生育的个人进行是否适合担任父母的评估，而对自然怀孕的夫妇却不要求评估。这是对不孕不育者的一种歧视。

（2）该规范向医疗机构提出的问题根本无法回答：我们怎么知道一个人是否会成为好父母？这根本是一种猜测，只会导致偏见。不管怎样，医疗机构的工作人员并非社会工作者，他们没有接受相关培训，无法对个体担任父母履行抚养责任的能力进行评价。即使他们具有这样的能力，他们如何获取证据并做出一个有理有据的决定呢？

（3）这一标准毫无意义。这就是所谓的"非同一性"问题。[①] 如何评价一个根本就没有来到这个世界的儿童的利益？换言之，怎样才符合将要出生儿童的利益？[②] 也许该子女的生命注定短暂、充满痛苦。但如果属于这种情况，那就没有一个卫生机构会提供治疗。这一规定并没有准确地解释机构进行评估的具体标准，只要求考虑子女福利，但子女福利又不是儿童法中规定的那样，作为"首要考虑因素"。[③] 这似乎表明，在某些情况下，即使不利于潜在儿童的利益，给予治疗也是恰当的。但是，这是议会立法的目的吗？

（4）该条款很少被用来拒绝为患者提供治疗。[④]

（5）该条款没有对当事人的人权给予充分关注。在迪克逊诉英国（*Dickson v UK*）案[⑤]中，欧洲人权法院大审判庭认为，拒绝为犯人及其配偶进行体外授精治疗侵犯了该犯人和他的配偶依据公约第 8 条享有的权利。然而我们应该记住，第 8 条规定的权利并不是绝对权利，如果必要的话，也可以为了保护其他人的利益对其进行干涉。因此拒绝提供体外授精治疗构成对第 8 条权利的侵犯，除非能证明干涉行为具有正当理由。然而，法院很可能裁定治疗对将出生子女有可预见的伤害，是拒绝提供治疗的正当理由。

生育自主权的支持者认为，对可以接受辅助生殖治疗的人而言，不应设定任何限制。所以，即使是一对有虐待子女史的夫妇想要寻求治疗，他们也应得到治疗。毕竟如果他们有生育能力，政府并不能阻止他们生育子女。当然，在这类案件中，子女一出生就会将其从那对夫妇身边带走。因此埃米莉·杰克逊写道：

---

① Boonin（2014）；Lawlor（2015）；Takala（2019）。

② Smajdor（2014）。尽管至少有一位哲学家提出，对个体而言，最好他们就从未出生。这在每个人身上都成立。Benatar（2006b）。

③ Children Act 1989，s. 1.

④ House of Commons Science and Technology Committee（2005：96）.

⑤ *Dickson v UK* Application 44362/04（2008）.

如果我们尊重嗜酒者、有暴力和虐待史的人的生育选择权,即使我们知道他们的孩子可能会处于不利的地位,那么要求那些不能生育的夫妇在生育前满足一个概念上不一致的儿童福利原则,这难道不虚伪吗?①

生育自主权的反对者质疑,明知他们的子女在出生后不久会被带离父母身边,还为这类夫妇提供治疗,这正确吗?②我们不阻止那些不合格的夫妇通过自然的性行为怀孕,因为我们不能,但是当我们可以时,我们就应那么做。

也有人认为现行法律毫无价值。他们主张,对想要接受辅助生殖治疗的人应设置一个更严格的限制标准。正如收养一样,我们应该保证收养人具有稳定的婚姻关系,且能够抚养好被收养人。③反对者反对将辅助生殖与收养进行类比。在收养中,国家要照顾那些得不到父母照顾的儿童,并为他们寻求可以代替父母的抚养人。在这种情形下,国家有义务为孩子找到最佳抚养人。而在辅助生殖治疗中,政府无须承担同样的责任。辅助生殖应该与自然怀孕进行类比,自然怀孕时,没有人试图对谁能成为父母进行管理。

7.3 同性伴侣

当1990年《人类受精与胚胎法》通过时,女同性伴侣能否接受辅助生殖治疗仍有很大争议。目前争议渐渐平息。④2002年《收养儿童法》(Adoption and Children Act, 2002)允许同性伴侣收养子女,2013年《同性伴侣结婚法》[Marriage (Same Sex Couples) Act, 2013]对于同性婚姻给予了官方认可。有证据表明,与异性伴侣抚养的子女相比,在女同性伴侣家庭中长大的孩子并没有受苦。⑤尽管医疗机构确实可以为同性伴侣提供辅助生殖治疗,但有证据表明一些女同性伴侣并不愿到医疗机构接受辅助生殖治疗,因为她们担心在医疗机构将遭受歧视,因此她们更愿意采取一些不受管理的途径。⑥《业务守则》明确指出,人们不应因性取向而受到歧视。⑦

---

① Jackson (2001: 195). See also Alghrani and Harris (2007).
② McMillan (2014).
③ Overall (2014),讨论了代孕的情形。
④ 涉女同性恋母亲的法律应对的详细讨论,参见 Smith (2013)。
⑤ Brewaeys (2003).
⑥ Wallbank (2004).
⑦ HFEA (2017: para 8.7).

7.4 年龄

当医疗机构决定是否提供治疗时,关于年龄能否成为一个考虑因素的问题尚有争论。[①] 人类受精与胚胎管理局制定的《业务守则》只简单规定:患者不应因其性别、种族、疾病、性取向、宗教信仰或者年龄受到歧视。[②] 国家卫生与保健优化研究所的指导意见建议,只对42岁以下的女性提供辅助生殖治疗。然而,这些指导意见不能阻止寻求治疗的超龄女性。调查发现,只有35%的机构将该年龄作为提供不孕不育治疗的年龄上限。[③] 但多数机构都不会对高龄妇女提供这种治疗,特别是那些已经绝经的女性。[④] 如上所述,年满40岁的女性体外授精治疗的成功率显著下降。在西尔案中[⑤],法官认为禁止超过35岁的女性接受辅助生殖治疗是正当的,理由是35岁以上的女性接受治疗成功的概率大幅下降。但也有治疗成功的新闻报道:在罗马尼亚,一位67岁的女性就通过辅助生殖技术成为了一名母亲。[⑥]

为什么年龄是一个相关因素?有必要区分两个原因。第一个原因如上所述,辅助生殖治疗的成功率随着年龄增长而降低。[⑦] 第二个原因是,出生的孩子可能会遭遇一个特殊问题:父母年龄比正常父母年龄大。罗伯特·温斯顿勋爵曾指出:"子女对父母年龄有合理期待,他们希望自己的父母足够年轻,可以享受子女与家人一起成长的全部历程。"[⑧] 反对者认为,当一对夫妇选择通过"自然"方式怀孕,就不会考虑这一问题。没有人会质疑,他们太老了,不能生孩子。[⑨] 特别是,有的男性在很年长的时候成为父亲。据说,煤炭工人莱斯·科利(Les Colley)在93岁时成为一个孩子的父亲。这很少被看作不负责任,相反,这是他们仍有生育能力的体现。事实上,有人指出,几十年前,女性的平均年龄只有47岁,因此根本无法保证

---

① Goold and Savulescu (2009);Cutas (2007);and Biggs (2007b) 讨论了高龄妇女怀孕引发的系列问题。
② HFEA (2013c:8.7).
③ Brown (2005).
④ Lee, Macvarish, and Sheldon (2014).
⑤ *R v Sheffield AHA ex p Seale* (1994) 25 BMIR 1.
⑥ Cutas (2007).
⑦ De Wert (1998).
⑧ Quoted in Harris (1999:20). 哈里斯评论道,这种言辞会冒犯残疾人父母。
⑨ Goold (2017).

一位母亲能够活到她的孩子长大成为一名青少年。① 难道我们能说在那个时期母亲生育孩子是不道德的吗？

另一个关注较少的问题是寻求辅助生殖治疗的年轻女性。很明显，青年在经过两年性行为仍不能怀孕时会寻求辅助生殖治疗。② 值得注意的是，国家卫生与保健优化研究所的指南将辅助生殖治疗可适用对象的最低年龄设定为 23 岁。

7.5 基因疾病

如果父母患有基因疾病，并且有证据证明他们的胎儿有 25% 或者 50% 的概率遗传该疾病，这是否能证明不给该夫妇提供辅助生殖治疗具有正当性？《业务守则》中要求不能以疾病为由对夫妇进行歧视，换言之，医疗机构不应将其作为考虑因素。③ 此外，有观点认为，如果一对夫妇通过自然怀孕生育，他们将不会受到任何限制，难道一个人由于需要接受医学治疗就应该被施加额外的要求吗？当然，也有评论者认为，父母明知子女可能罹患基因疾病仍然选择生育，这是不道德的。④

8. 亲子关系

8.1 现行法律的立场

在家庭法中，有关父母子女关系的规定相对简单清楚。⑤ 生育子女的女性是母亲，推定为子女遗传学上的相关的男性是父亲。⑥ 有关亲子关系的推定（即推定母亲的丈夫是孩子的父亲）现在没有那么重要，因为如果对亲子关系存疑，可以进行 DNA 鉴定。然而这些规定并不能很好地应对辅助生殖的情形。因此，《人类受精与胚胎法》就亲子关系的权利问题做了特别规定。⑦ 这方面的规定可以概括如下。

---

① Jackson (1999).
② Anon (2004a).
③ HFEA (2017: para 8.7).
④ Purdy (1999).
⑤ 家庭法对父母和具有父母责任的人做了区别。此处，我们只简单讨论谁将会被视为父母。
⑥ HFE Act 2008, s. 33.
⑦ Jones (2007) 对亲子关系的规定做了有意义的讨论。McGuinness and Alghrani (2008) 认为，现行法律不能合理应对使用辅助生殖技术的变性人的情形。

（1）法律上的母亲是生育子女的女性，即使她是通过捐赠的卵子而怀孕的。① 所以，即使一名女性与生育子女没有血缘关系，她怀胎十月与分娩的事实也能使她成为孩子的母亲。在涉及捐献卵子的案件中，捐赠者对于子女没有法律上的权利。

（2）在涉及捐献精子的情形中，谁是孩子的父亲？当一名女性使用捐献的精子时，我们需要考虑下列四种人。

① 捐精者。按照附则三的规定，当一名男性同意使用其配子时，他并不会被视为孩子的父亲。② 具体规定参见 2008 年《人类受精与胚胎法》第 41 条。因此，捐精者不必担心未来会有人根据《儿童抚养法》（Child Support Act）提出权利要求或者要求其承担父亲责任。

② 女性的丈夫。根据 2008 年《人类受精与胚胎法》第 35 条，如果一名女性使用了捐献的精子，那么在法律上她的丈夫将被推定为所生育子女的父亲，除非有相反证据证明他不是该子女生物学意义上的父亲而且他不同意将胚胎植入女性的身体中。由于医疗机构行业标准要求患者的丈夫写下书面承诺，因此，丈夫不被推定为父亲的情形很少见。

③ 女性的民事结合伴侣或配偶。③ 2008 年《人类受精与胚胎法》第 42 条规定：当在女性的身体里植入胚胎、精子和卵子或者进行人工授精时，如果女性是民事结合关系的一方当事人，那么应适用第 45 条第 2 款至第 4 款的规定，民事结合关系的另一方当事人也将被推定为孩子的父母，除非有证据表明其不同意在该女性的身体里植入精子和卵子或者进行其他形式的人工授精（根据案件具体情形而定）。

我们应该注意的是，同性关系的当事人将不会成为孩子的父亲或者母亲，而是成为孩子的"亲职责任人"（parent）。这似乎有些奇怪，但这反映了法律的传统观点，即一个孩子只能有一个父亲和一个母亲。④

④ 女性的同居伴侣。如果一名女性并未结婚，也没有已登记的民事结合关系，而是与他人同居（可以是男性，也可以是女性），如果满足所谓的"双方同意的父母"，她的同居伴侣就能成为父母，⑤ 即女性和她的伴侣都同意，她的伴侣将成为人工生育子女的一方父母。人类受精与胚胎管理局《业务守则》规定：

---

① HFE Act 2008，s. 33.
② HFE Act 2008，8.41.
③ 自 2013 年《结婚（同性配偶）法》[Marriage (Same-Sex Couples) Act, 2013] 生效后，本条规定也包括已婚同性配偶。
④ 参见 McCandless and Sheldon (2010)。
⑤ HFE Act 2008，s. 44.

当女性使用捐献的精子或者用捐献的精子制作的胚胎进行治疗,并将卵子和精子或胚胎植入女性身体时,如果满足以下条件,那么陪伴她接受治疗的男性伴侣将被视为由此生育子女的法律上的父亲:

(a) 该女性及其男性伴侣同时向治疗中心签署了书面同意书(没有疾病、受伤或者身体上的残疾),认同该男性伴侣为出生婴儿的父亲;

(b) 在人工授精或胚胎植入前,双方都未撤回同意,或用一个新的书面同意书取代该同意书;

(c) 该女性和男性伴侣并不处于禁婚亲的范围内(2008 年《人类受精与胚胎法》第 58 条第 2 款对其作了界定)。①

对女性的同性伴侣,也有类似规定。

(3) 一个儿童可能没有法律上的父亲。如果一个儿童的出生使用了捐赠的精子,而且其母亲没有结婚或者没有伴侣,那该儿童就没有父亲。然而,上诉法院法官黑尔在 Re R(儿童)案②中认为,如果可能的话,有一个父亲更符合儿童利益,这样该儿童更可能获得足够的抚养费。

(4) 2008 年《人类受精与胚胎法》第 39 条和第 40 条规定,在特定情形下,一个已故的人可以成为人工生育子女的父母。这要求男性在死亡之前同意一名女性用他的配子生孩子。在 L 案③中,查尔斯法官认为,没有经过已故男性的同意,而从其身体里取出精子侵犯了该男性的人权,还有可能构成犯罪。④

(5) 人工生育子女不能有超过一位的父亲或母亲(收养除外)。如上所述,法律确实允许一名女性的女性伴侣成为人工生育子女的亲职责任人(parent),但不是一名母亲。

下面的案例说明了适用这些条款可能遇到的复杂情形。尽管该案例是在 2008 年《人类受精与胚胎法》颁布之前作出的判决,但在现在,法院也会作出相似的判决结果。

---

① HFEA (2013c: para 6.11).
② *Re R (A Child)* [2003] 1 FCR 481, para 27.
③ *L v HFEA* [2008] EWHC 2149 (Fam).
④ 在 *Y v A NHS Trust* [2018] EWCOP 18 案中,法院认定从一个昏迷的人身上取出精子符合他的最大利益,因此,根据 2005 年《心智能力法》允许医院这么做。

重点案例

利兹教学医院诉 A 案①

A先生和A女士以及B先生和B女士都去了利兹市的同一家人工受孕机构接受不孕不育治疗。他们所做的治疗都是将丈夫的精子注入妻子的卵子中。由于一次失误,A女士的卵子与B先生的精子混在了一起。所得的胚胎被植入了A女士的身体,最后A女士生下一对健康的双胞胎。由于A先生和A女士是白人,而B先生和B女士是黑人,所以他们立即发现了该机构的失误。DNA检测结果证实,B先生是那对双胞胎遗传学上的父亲。B先生和那对双胞胎没有任何联系,他也不希望在那对双胞胎的生命中扮演任何积极角色。然而A先生很乐意承担父亲的责任,并希望在法律上得到认可。

对法院而言,关键问题是谁应该被认定为两个孩童的父亲。女爵士巴特勒-斯洛斯(Dame Butler-Sloss)审理此案时的核心观点是,确认亲子关系的基本原则是孩子生物学意义上的父亲是孩子法律上的父亲,除非成文法另有规定。这就意味着B先生将被视为这对双胞胎法律意义上的父亲。

法官首先考虑了B先生的情况,B先生是否能够根据1990年《人类受精与胚胎法》第28条第6款a项主张自己是一名捐精者,而非双胞胎的父亲。法官认为采纳这一观点存在困难:本条仅适用于捐精者同意其精子被使用的情况。在此案中,B先生并未做出同意。他只同意使用他的精子和他妻子的卵子培育受精卵。因此,不能适用该条款的规定。

法官随后又考虑了A先生是否可以根据第28条第2款规定主张他是这对双胞胎的父亲。毕竟他是孩子母亲的丈夫,并且他也同意他的妻子接受辅助生殖治疗。但这一观点也未被采纳。尽管A先生同意他的妻子接受辅助生殖治疗,但是他并没有同意他的妻子接受这种治疗(即用另一名男性的精子制作的胚胎)。因此,他不能依据第28条第2款主张他是孩子的父亲。

那么A先生能否根据第28条第3款主张以自己和妻子一起进行治疗为由申请成为双胞胎法律上的父亲?女爵士巴特勒-斯洛斯认为这仅适用于没有结婚的伴侣,因此A先生不能适用这一条。

---

① *Leeds Teaching Hospital v A* [2003] 1 FRL 1091.

> 这就导致法院判定 B 先生是这对双胞胎法律上的父亲。不过 A 先生和 A 女士可以通过收养解除 B 先生与这对双胞胎的父子关系。

8.2 成为父母的条件

辅助生殖和父母身份的规定存在争议，也凸显了法律应如何规定成为父母的条件这一问题及其复杂性。① 学界对此主要有以下四种观点：

(1) 血缘说。有人主张我们应该采取血缘主义的严格方法，父母是与子女有血缘关系的人。② 换言之，捐献精子的人是孩子的父亲。这也许让人无法接受，但事实就是如此。正如丹尼尔·卡拉汉所说，"父亲身份是一种生物联系，不能被个人意愿或者法律裁定取消"。③ 这种观点的支持者反对按照《人类受精与胚胎法》的规定认定亲子关系。他们主张应将父母责任赋予丈夫以及使用了捐献的精子怀孕的女性的伴侣，而非法律上的父母身份。④

一个稍微不同的观点认为，我们对于自己的生物后代负有责任。因此，捐精者在捐精时完全不关注可能出生的孩子，他们就没有充分尊重这份道德责任。⑤《人类受精与胚胎法》鼓励了这种不负责任的行为。但是，有人可能认为，捐精者将精子捐献给负责任的获得授权的卫生机构时，捐精者可以相信他的精子将会帮助那些想要子女，而且会照料子女的夫妇。

(2) 社会关系说。也有人主张，使一个人成为父母的条件并不仅是血缘关系，而是对子女的日常照料：洗澡、喂饭、穿衣和日常教育。为他们赢得父母头衔的是这些日常照料工作，而不是血缘关系，血缘关系的产生可能仅仅是因为"一夜情"。总之，这种观点支持《人类受精与胚胎法》的现有规定。例如，我们可以推定，接受体外授精治疗的女性的丈夫或其伴侣将会承担一些父母的工作，而捐精者却不会。因此，认定女性的丈夫是人工生育子女法律上的父亲具有合理性。

---

① 有意义的讨论，参见 McGuinness 和 Alghrani (2008)，以及 Horsey (2007)。
② Moschella (2014)。
③ Callahan (1992a：739)。
④ 有关捐献者的道德责任的有趣讨论，另请参见 Weinberg (2009)。
⑤ Benatar (1999) and see the reply in Bayne (2003)。

（3）主观意向说。有人主张，在辅助生殖治疗中，父母身份认定应以当事人的主观意愿为标准，愿意成为父母的人应被认定为人工生育子女的父母。① 同样，这一观点也可以用来解释《人类受精与胚胎法》的部分条款。在所有当事人中，捐精者并不想成为父亲，然而丈夫或者女性的伴侣有成为孩子父亲的意愿。可以说，《人类受精与胚胎法》正是为了让愿意承担亲职责任的人成为父亲。这种观点的批评者认为该标准含糊不清。一个人不能因为有做父亲的意愿，就认定其为人工生育子女的父亲。

（4）因果关系说。丽贝卡·普罗伯特（Rebecca Probert）② 认为，谁是创造孩子的首要原因或者谁最应为孩子的出生负责，谁就应被推定为孩子的父母。她承认有很多人在孩子的出生问题上都有责任：捐精者、医疗团队以及寻求治疗的夫妇。但她将夫妇视为孩子出生的首要责任人，因此使用捐献的精子生育孩子的夫妇应被认定为人工生育子女的父母。

成为父母的条件这一复杂概念也许还会遭遇未来科技进步的威胁。生殖克隆和人工配子③让新生儿与两个同性伴侣都可能具有血缘关系，甚至也为新生儿仅与一个人或者两个以上的人有血缘联系提供了可能。④ 我们传统的家庭观念，即一个孩子有一位母亲和一位父亲的观念可能很快就会遭遇更多挑战。

9. 匿名配子捐赠

使用捐献的精子出生的子女是否有权知晓捐精者的身份，这一问题也颇有争议。⑤ 直到现在，以这种方式出生的人工生育子女都只能获得极其有限的家族亲缘信息：他/她能知晓自己是否因捐献的配子而出生，以及他与他想要结婚的人是否有亲属关系。⑥ 然而1990年《人类受精与胚胎法》第31ZA条赋予他们获得更多信息的权利。尽管那些规定的溯及力只涉及自2005年4月1日后的捐献行为，即因该

---

① Horsey（2010）.
② Probert（2004）.
③ Newson and Smajdor（2005）.
④ Jackson（2008）.
⑤ Blyth 等（1998）.
⑥ 自2004年7月1日起，可以为人工生育子女提供捐献者的部分非识别性的信息，比如头发颜色等。

日期后的捐献行为出生的子女才适用这一规定。一旦他们年满18周岁，就有权知晓以下身份信息：捐献者的名字（以及其出生时的名字，如果与现在不同）和地址；捐献者的出生日期以及自己出生的城镇或者区域；捐献者的外貌；对捐献者的简短说明；使用该捐精者的精子而出生的其他子女的信息。①

这些规定并不会在法律上给予捐精者或者捐卵者以父母地位，也不意味着他们须承担子女抚养费或者其他经济责任。这一规定的意义只在于人工生育子女可以知晓捐献者的身份。

法律的修订也许并不会带来巨大影响。这是因为孩子无权知晓他们是由于体外授精治疗而出生的。②如果一个孩子不知道自己因使用了捐献的精子而出生，那他就不会要求知道捐精者的信息。事实上，很少有人告诉人工生育子女他们的基因起源。一项调查发现，通过捐卵怀孕出生的儿童中，有41%的儿童获得了这一信息，使用捐精怀孕出生的儿童中，有28%获得了这一信息。③而十二年前的调查发现，使用捐献精子出生的子女中，只有不到10%的儿童知道他们的基因起源。④相较十二年前的调查，获知自己基因起源的比例有所增长。捐卵出生和捐精出生中，这些数字的差异很有意思。一种解释是，这一差异反映了男性更重视血缘关系；另一种解释是，如果涉及捐卵，被告知的比例可能稍高。因为几乎1/3的卵子捐献者在捐献前已为受赠的夫妇所识。⑤

支持孩子有权获得捐精者"父亲"或者捐卵者"母亲"身份信息的观点包括以下几种。

（1）认识自己的亲生父母是人们自我认知的重要组成部分。⑥比如，被收养人试图找回他们亲生父母的努力就反映了这一点。使用捐献的精子生育的子女曾提及，如果他们不知道他们生物学意义上的父亲，他们就是不完整的。然而，并无研究证明，他们在得到这些身份信息后，就获得了他们所期望的完整感。⑦捐精的故事也不如收养那样富有戏剧性，最终结果很可能是一名学生为了换点酒钱去捐精。⑧

---

① 他们的数量、他们的性别，以及出生的年份。
② 2008年《人类授精与胚胎法》并未修订这一规定。HM Government (2007a) 更倾向于教育父母告知孩子，而不是强迫父母告知孩子这些信息。
③ Murphy and Turkmenda (2014).
④ Golombok (2002).
⑤ Abdallah 等 (1998).
⑥ Siegel, Dittrich, and Vollmann (2008).
⑦ Turner and Coyle (2001) and McWhinnie (2001).
⑧ Deech (1998).

(2) 如今，个人的基因信息包含重要的医学信息，否定人工生育子女获得捐精者身份信息的权利将会剥夺他们获取个体重要的医学信息，但若只是为了获取这些医学信息，也可以用一种不暴露捐献者身份的方式进行。

(3) 孩子有权知晓他们的生物起源，正如露丝案①法官承认的那样。约翰·伊克拉就曾问道，谁会喜欢在被隐瞒自己生物起源的情形下被抚养长大？②他认为没人愿意。另一方面，也许有人会说，在有些情况下，我们宁愿不知道真相。如果一个人知道他的亲生父亲会毁掉他从小到大的快乐童年的记忆，他还愿意知道真相吗？

(4) 公众普遍担心使用捐献的精子生育的子女可能与使用同一个人的精子生育的其他子女相恋（同父异母的兄弟或姐妹）。③尽管这种焦虑也许更多源于肥皂剧而不是真实数据，但是公开人工生育子女的基因背景将会减轻这种担心。

反对人工生育子女有权获得捐献者身份信息的主要观点如下：

(1) 捐献者有隐私权。值得注意的是，新规定只适用于2005年4月1日后的捐献者，因此，此前基于其身份信息会被保密而捐精的捐献者的权利仍会得到保护，除非1998年《人权法》有相反要求。将来，捐献者将在捐献前被告知，使用他们的精子而出生的孩童能够获得他们的身份信息，所以如果将信息透露给他们的子女，捐献者不能主张自己的权利被侵犯。

(2) 使用捐献精子生育的夫妇对于子女发现他们的基因起源的权利十分谨慎。如果他们的子女不把他们视为真正的父母，这些信息就会破坏他们的家庭关系。④有证据表明，当瑞典修法废止了匿名捐精的制度后，很多瑞典夫妇都选择去允许匿名捐精的国家接受治疗。⑤当然，不孕不育夫妇的愿望是否能够阻止"孩子知道其基因起源的权利"尚有争议。

(3) 禁止匿名捐精将遏制捐精者的积极性。支持新规定的人认为，尽管愿意捐献的人的类别可能会改变，但是捐献数量并不会有明显下滑。这恰恰是一个问题，特别是目前有人试图使捐献者和不孕不育的人进行"匹配"以保证捐献者和受赠人是同一人种，甚至是同一发色。⑥可以看出，自从英国卫生和社会保障部公布了关

---

① *R (Rose) v Secretary of State for Health* [2002] 3 EWHC 1593 (Admin).
② Eekelaar (1994).
③ Edwards (1999).
④ Roberts (2000).
⑤ Jackson (2001: 213).
⑥ Anon (2004a).

于修订匿名捐精的制度后，捐献人的数量明显下降。① 新注册的精子捐献者数量从1993年的422人降至1998年的254人。但从2005年开始，新的精子捐献者的数量逐年上升：2011年，有501人新注册为捐献者。2014年则有587人。② 但是，人类受精与胚胎管理局仍承认捐献的精子和卵子数量严重不足，治疗不孕不育需要长时间的等待。③ 2014年，英国设立了精子银行，以此鼓励捐献者。但由于只招募到6位捐精者，2016年就关闭了这一机构。④

人类受精与胚胎管理局指出，一个捐献者最多可为十个孩子提供配子。⑤ 解决精子不足的方法之一就是从丹麦"批量进口"精子。⑥ 2011年，登记的捐精者中有7%居住在丹麦，是被招募来捐献精子的。⑦ 精子的缺乏和公开捐献者身份的规定致使更多夫妇选择去国外治疗不孕不育。⑧ 丹麦也是一个受人欢迎的目的地。⑨

精子的缺乏引来了人们对废止匿名捐精规定的批评。伊尔克·土库曼达格（Ilke Turkmendag）、罗伯特·丁沃尔（Robert Dingwall）和特雷泽·墨菲（Therese Murphy）指出：

> 废止匿名捐精带来了一些显而易见的负面影响：捐精者不愿捐精；英国医疗机构配子数量不足；希望接受不孕不育治疗的患者排着长队；越来越多的人为了规避法律选择国际医疗旅游。这些后果都是可预见的。⑩

（4）也有人主张，我们应该反对仅以血缘关系作为认定亲子关系的重要依据。⑪ 成为父母的条件并非血缘关系（那顶多是一次偶然性关系的结果），而是一天天手把手地照料。一个与孩子没有血缘关系的男性也可以成为孩子的好父亲。⑫ 鼓励人们将血缘关系放在重要位置，其实是在鼓励一种过时的血统观念。不知道一个人的基因身份就会感到生命不完整的感觉是社会构建的产物，我们应该挑战而不是纵容

---

① House of Commons Science and Technology Committee (2005：para 152).
② HFEA (2014).
③ HFEA (2011d).
④ BBC News (26 Oct 2016).
⑤ HFEA (2011f). Millibank (2014) 对此提出了质疑。
⑥ BBC News online (21 October 2003).
⑦ HFEA (2013b).
⑧ 有关生殖旅游的更多问题，参见 Beers (2015) and Jackson 等 (2017)。
⑨ BBC News online (20 May 2011).
⑩ Turkendag, Dingwall, and Murphy (2008).
⑪ 更多讨论参见 Douglas and Devolder (2019).
⑫ Golombok 等 (2005).

这一观念。① 正如哈里斯所言，任何两个人之间都有 99.9% 的基因是相同的。② 事实上，我们和香蕉分享了 50% 的相同基因。因此，一个人与父母的血缘关系是非常重要的观点必须予以纠正。然而，不管社会现状如何，使用捐献精子出生的子女想知道捐献者的强烈愿望并不能被否认。③

10. 捐献配子的报酬

人类受精与胚胎管理局并不禁止购买配子或以某种利益换取配子的行为，但只能经人类受精与胚胎管理局发布授权指令后方可进行。人类受精与胚胎管理局建议，捐献者可以以辅助生殖治疗折扣费的方式收取报酬。正常情况下，捐精者可因自己的合理开支获得报酬，并获得因捐精造成的经济损失的补偿。实际上，捐精者只能获得很少的报酬。但《欧盟人体组织与细胞指令》(EU Tissues and Cells Directive)要求配子的提供只能以非盈利方式进行。④ 该指令第 12 条规定，"捐献者可以获取报酬，但必须只限于补偿因捐献造成的开支和不便"。

配子捐赠者是否应该获得报酬仍有争论。⑤ 停止支付报酬和禁止匿名捐献的规定导致捐献人的类别发生了变化。人类受精与胚胎管理局解释道，"如今的捐精者更多是 30 岁左右的家庭男士，而不是以往缺钱的医学院学生"。⑥

福克斯（Fox）主张，给予捐献者报酬，特别是根据捐献者的不同情况支付不同的报酬，是对辅助生殖治疗的贬损：

> 生殖市场将后代变成了一个数量单位，借此，生育一个经基因编辑的儿童的市场价值可以用品牌服装价值之类的术语去表达……以一种共同价值标准评估辅助生殖产品的价值，会使婴儿变成可交换、可交易以及可以排名的商品。⑦

---

① Harris (2003a).
② Harris (2003a).
③ See Fortin (2009).
④ Directive 2004/23/EC.
⑤ Daniels (2000); Draper (2007).
⑥ HFEA (2005c).
⑦ Fox (2008: 164).

与此相对，也有人认为不给予报酬反映了对卵子捐献工作的价值缺乏认同。①

如果寻求体外授精治疗的女性无法支付治疗费用，医务人员可能会询问她是否愿意捐献卵子以减少治疗费用。批评者认为这种"分享卵子"的请求掩盖了对卵子进行付款的现实。②而且，这种想法还会引发一系列潜在的心理障碍。如果一名女性捐献了卵子，但是她的治疗不成功，而其他使用她的卵子进行治疗的患者却成功了，该怎么办？尽管存在这些担心，但研究发现进行过卵子分享的女性中有65%的人都愿意再次分享。③然而，也有35%的人不愿意再这么做。④

11. 代孕

11.1 代孕的定义

沃诺克报告（Warnock Report）将代孕定义为"一名女性为另一名女性怀孕生育，并且其目的是在子女出生后将子女转交给委托方"。⑤实践中，这种方式所生育的子女通常在出生后一天内就予以转交。⑥人们通常会区别全部代孕与部分代孕。部分代孕指采用委托母亲的卵子进行人工授精并置入代孕母亲体内，而在全部代孕中，使用的是代孕母亲的卵子，所以代孕母亲既是孩子生物学意义上的母亲，又是孕育孩子的母亲。2014年的官方数据显示，当年有167例因代孕出生的婴儿。官方没有统计到的数据可能更多。⑦

11.2 代孕是合法的吗？

达成代孕协议并不违法，但也有与代孕相关的一系列刑事犯罪。

---

① Case（2009）.参见Pattinson（2012），他建议建立一个全国的配子捐献系统。
② Lieberman（2005）.
③ Ahuja等（1997）.
④ Wilkinson（2013），其对卵子捐献的问题进行了深入的探讨。
⑤ Warnock（1984：para 8.1）.
⑥ Jadva等（2003）和MacCallum等（2003）.
⑦ Hoyle（2015）.

(1) 基于商业目的安排或协议代孕违法。① 非商业团体帮助达成代孕协议则不被禁止，也确实有从事这方面工作的机构。② 代孕母亲或者委托母亲不会构成这一犯罪的犯罪主体。③ 帮助促成代孕协议的商业团体则可能构成这一犯罪。

(2) 任何代孕服务的广告行为都属于违法行为。

(3) 尽管受孕母亲可就其损失获得补偿，但向受孕母亲承诺给予奖励或者利益的行为违法。④

从本质上说，如果代孕由个人或者非营利性机构组织进行，并且没有报酬，那么，这种代孕是法律允许的。但即使在该情形下，代孕协议也不能强制执行。1985年《代孕协议法》（Surrogacy Arrangements Act，1985）第 1A 条对此做出明确规定："任何代孕协议都不具有强制执行力，不能由或对达成代孕协议的人强制执行。"

代孕协议的当事人可能希望获得授权的医疗机构帮助她受孕。对此，法律没有禁止。但是人类受精与胚胎管理局《业务守则》要求医疗机构要"考虑代孕协议无法执行的可能性，以及是否会对将要出生的婴儿或者代孕家庭里已有儿童造成重大伤害或者被忽视的风险"。⑤ 医疗机构也必须确保当事人都知晓代孕所涉及的法律问题，并考虑代孕对于将要出生的儿童以及家中其他的儿童可能造成的影响。⑥

在以下案例中，法院对于代孕采取了一个积极态度，甚至判决违约方支付赔偿，以帮助原告使用代孕方式。

重点案例

XX 案⑦

X 女士患上了宫颈癌，但由于医院疏忽，未能及时诊断出这一疾病。发现时太迟，进行相关必要的治疗将导致其丧失生育能力。尽管她已经提前取

---

① Surrogacy Arrangements Act 1985, s. 2 (1).
② Surrogacy Arrangements Act 1985, s. 2 (2).
③ Surrogacy Arrangements Act 1985, s. 3.
④ *Re C (Application by Mr and Mrs X)* [2002] EWHC 157 (Fam).
⑤ HFEA (2013c: para 8.12).
⑥ Brinsden 等（2000）。
⑦ *XX v Whittington Hospital NHS Trust* [2018] EWCA 2832，Alghrani and Purshouse (2019) 对此进行了讨论。

第八章　生殖

> 卵，但由于癌症治疗需要，她无法怀孕生子。因此，她决定和配偶一起到美国加州进行商业代孕。她向法院起诉要求医院赔偿代孕生子的费用。上诉法院驳回了初审法院的判决，判定其有权主张请求医院赔偿代孕费用，即使代孕需要使用捐献者的卵子亦然。

11.3 根据代孕协议出生儿童的法律地位

根据代孕协议出生儿童的亲子关系问题按照如下原则处理。孕育孩子的女性是代孕子女的母亲。[①] 委托母亲不是其母亲，即使代孕使用了她的卵子。代孕子女生物学父亲是其父亲，但在授权卫生机构进行捐精的捐精者除外。

如果已将代孕子女转交给委托父母，且委托父母希望与代孕子女建立法律上的亲子关系，他们通常有两个选择：收养，或者根据 2008 年《人类受精与胚胎法》第 54 条申请法院作出父母令（Parental order）。为了获得父母令，必须证明如下事项：

（1）精子、卵子或者两者都来自委托人。

（2）委托人必须已婚，或者是同性结合的伴侣，或者双方以一种稳定的家庭关系共同生活。[②]

（3）代孕子女必须与委托人共同生活。

（4）代孕母亲必须同意这个决议。

（5）儿童的任何亲职责任人都必须同意这个决议。[③]

（6）应向法院证明未向代孕者支付法律禁止支付的报酬，除非获得了法院的批准。[④]

（7）申请应该在代孕子女出生后六个月以内提出。

（8）申请者至少年满 18 周岁。

[①] 请比较加利福尼亚州的观点（Johnson v Calvert 851 P 2d 776 (Cal, 1993)）。该案中，委托夫妇被认为是孩子的父母。

[②] 委托夫妇双方不属于禁婚亲的范围（比如兄弟姐妹）。参见 A v P [2011] EWHC 1738 (Fam)。该案中，尽管委托父亲在婴儿出生前不久就死亡，但法院仍然为委托父母做出了父母令。

[③] 通常，这包括代孕者的丈夫或同性结合的伴侣。

[④] HFE Act 2008, s. 54 (8)。值得注意的是，如果代孕发生在国外，即使有大量的金钱交易存在，法院也倾向于签发父母令：Re L [2010] EWHC 3146 (Fam)。

(9)法院做出父母令符合代孕子女的福利。① 这是法院首要考虑的因素。②

但在部分案件中，如果不能满足上述要件中的一个或几个，法院也不会因此驳回父母令的申请。在 Re X（儿童）（代孕；时间限制）案③中，委托夫妇在代孕子女出生两年零两个月后申请父母令，远远超过第 54 条规定的六个月申请期限。法院并未严格按照这一要求执行，仍做出了父母令。该案中，法院面对的困难是夫妇俩已经回到了英格兰，而代理孕母在印度。如果法院不做出父母令，这个儿童就无权和这对夫妇共同生活。只有做出父母令才更符合该儿童的利益。同样，如果夫妇已经分居，法院也愿意做出父母令；④ 也有申请人在子女出生三年后才申请父母令，也得到了法院支持；⑤ 代孕母亲找不到了，无法获得其同意的情况也不是法院做出父母令的阻却事由。罗素法官对现行司法的立场做了很好的总结：

> 如果从儿童福利考虑，法院需要做出父母令，那么只有在能"充分证明违背公共政策"的情况下，法院才会驳回父母令的申请。⑥

到目前为止，只有一个案例中，法院坚持必须满足第 54 条规定的所有要件后，才会做出父母令，即 Re Z（儿童；人类受精与胚胎管理局；父母令）案⑦。该案中，一位单身男性通过海外代孕为自己生育了一个子女，因此，他想为自己申请一个父母令。第 54 条规定要求必须要有两个申请人是该制度的"基本特征"，因此，这一条件不可或缺。芒比法官没有进一步解释为何这一要件是基本要件，而其他要件不是。随后在 Re Z（儿童）（2 号）案⑧中，政府承认 2008 年《人类受精与胚胎法》第 54 条第 1、2 款的规定存在瑕疵，不能保护这位父亲和代孕子女根据《欧洲人权公约》第 8 条和第 14 条所享有的权利。因为父亲不是法律规定的"伴侣"中的一方，而是单身，他就不能获得父母令。⑨

---

① Human Fertilisation and Embryology（Parental Orders）（Consequential, Transitional and Saving Provisions）Order 2010.
② *Re L* [2010] EWHC 3146 (Fam).
③ *Re X（A Child）（Surrogacy：Time Limit）*[2014] EWHC 3135 (Fam).
④ *A and B（No. 2）（Parental Order）*[2015] EWHC 2080 (Fam).
⑤ *AB and CD v CT（Parental Order：Consent of Surrogate Mother）*[2015] EWFC 12 (Fam).
⑥ *Re A and B（Children）（Surrogacy：Parental Orders：Time Limit）*[2015] EWHC 911 (Fam).
⑦ *Re Z（A Child：HFEA：Parental Order）*[2015] 2 EWFC 73.
⑧ *Re Z（A Child）（No. 2）*[2016] EWHC 1191 (Fam).
⑨ 对于这一问题的有益讨论，参见 Horsey (2016)。

在这些案例中，我们发现法官严格落实了保护儿童福利理念，法院愿意从保护儿童利益出发搁置法律规定的要求。但这一系列案件也有让人疑惑之处，即法院很少考虑收养令的适用情况。即使做出了父母令，仍有收养的适用空间。奇怪的是法院宁可罔顾做出父母令的法定条件，也不鼓励父母申请收养令。①

如果委托夫妇与代孕母亲对谁应抚养子女发生争议，双方很可能通过申请居住令（即决定儿童应该与谁居住的指令）②的方式将这一问题交由法院解决。③法官将会基于谁将更好地保护儿童利益而做出指令。④而儿童目前的居住情况很可能是一个重要的考虑因素。⑤如果代孕母亲生产后，一直抚养该子女，那么法院一般不会命令代孕母亲将孩子转交给委托夫妇，除非有证据表明代孕母亲会对孩子造成严重危险。⑥另一方面，如果代孕母亲已将孩子转交给委托夫妇，在一段时间后又改变了主意，想要通过法院把孩子要回自己身边，她一般也不会成功。⑦

11.4 支持代孕的观点

代孕的支持者常用的观点如下：

(1) 支持代孕的主要观点是自主权。如果一名女性想要成为代孕母亲，为什么不允许呢？⑧她并没有伤害其他任何人。相反，她的行为为委托夫妇带来极大的快乐。

(2) 代孕是不可避免的，《圣经》对此已有记载。如果这是非法的，只会导致代孕黑市的产生。最好是允许代孕，对其进行管理，而非让代孕转入地下。⑨

(3) 代孕扩大了家庭模式的种类。男同性恋伴侣现在可以安排生育计划了；单身男子也可以了；甚至祖父母可以用已故儿子的精子生育一个他们本不会有的孙子。⑩当然，这些科技进步到底是受欢迎的突破与传统核心家庭的创举，还是对科

---

① 这也许是因为收养会将当地的收养机构牵涉其中。
② 如果没有递交申请，那么生育代孕子女的女性将被认定为代孕子女的母亲（HFE Act 2008, s. 33）。
③ Children Act 1989, s. 8.
④ *Re TT* [2011] EWHC 33 (Fam); *Re N* (*A Child*) [2007] EWCA Civ 1053.
⑤ *Re TT* [2011] EWHC 33 (Fam).
⑥ *A v C* [1985] FLR 445.
⑦ *Re ME* (*Adoption*; *Surrogacy*) [1995] 2 FLR 789.
⑧ Freeman (1999).
⑨ Freeman (1999: 10).
⑩ Laurance (2000). See also Carroll (2013) and Rao (2013).

技的滥用，这仍是一个值得争论的问题。正如库克（Cook）、戴·斯克莱特（Day Sclater）和卡格纳斯（Kaganas）所言：

> 与其他辅助生殖技术相比，代孕也许更能让我们清楚意识到我们对未来家庭的担忧。代孕威胁到了我们已有的观点，比如家庭是什么，与性别相符的父母行为，以及在生殖领域什么是自然生殖行为。①

11.5 反对代孕的观点

以下是一些最常见的反对代孕的观点：

(1) 代孕对子女存在潜在伤害，父母很可能因为子女而提起诉讼。② 代孕母亲也许会对子女产生强烈的感情而不愿交出该子女。③ 但这是否会发生存有疑问，④ 两个关注代孕母亲的研究发现大多数代孕母亲并不认为她们与代孕子女之间有特殊的联系。⑤ 而且，仅就英国有限的代孕数据而言，代孕协议双方就子女发生争议的情况十分少见。⑥ 截至目前，在英国收入案例汇编的案例中，没有一例委托夫妇拒绝接受代孕所生子女的案件。⑦

(2) 代孕是对代孕者的剥削。⑧ 有证据表明，在美国的商业代孕模式下，商业公司获取了高额利润，要承担这一极具危险性的工作的代孕母亲却得不到充分的照顾。⑨ 有人甚至说她们就像奴隶。⑩ 在当下代孕全球化的浪潮下，有人对此感到特别担心，代孕行为已经全球化。⑪ 沃诺克报告认为，"让一个女性用她的子宫去赚取经济利益有损人类尊严"。⑫ 然而，支持代孕的人主张，我们通常允许人们做一些我们

---

① Cook, Day Sclater, and Kaganas (2003: 5). See also Mackenzie (2007).
② Eg *W v H* (*Child Abduction: Surrogacy*) (*No* 2) [2002] 2 FLR 252.
③ Tieu (2009).
④ Hanna (2010).
⑤ Jadva 等（2003）and MacCallum 等（2003）。
⑥ Dodd（2003）发现只有 2% 的代孕事件存在争议；Brazier（2003b: 3.38）发现比例在 4%~5%。
⑦ Van der Akker (1999).
⑧ Wilkinson (2016), Tieu (2009), Callahan and Roberts (1996), and Purdy (1989) 对该论点进行了详细的分析。
⑨ Ince (1984).
⑩ Roberts (1986).
⑪ Parks (2010).
⑫ Warnock (1984: 45).

认为愚蠢甚至是被利用的事情。① 大多数对代孕的担心主要基于这样的观点，即让一名女性放弃她刚刚出生的孩子是不正常的，她只在极度缺钱的情况下才会这么做。

（3）还有人特别反对为代孕母亲进行金钱补偿。他们认为，这种行为和"贩卖婴儿"没什么两样。这个观点本身就存在争议。支持者认为，一旦孩子发现她的出生背景，她将会非常失望。也有人认为这是将代孕从本质上的利他行为转变成一种商业行为。② 迈克尔·弗里曼（Michael Freeman）曾指出，支付给代孕母亲的补偿并不是买孩子，而是补偿一种"具有潜在风险、十分耗时而且不舒服的过程"。③我们对帮助实施代孕的医护人员支付了报酬，为什么不能对承担孕育的代孕母亲提供报酬呢？

11.6 代孕协议的执行

即使代孕合法，仍有代孕协议是否可以强制执行的问题。换言之，如果代孕母亲在生育子女后拒绝将子女交给委托父母，可以强制要求其交出子女吗？支持这一主张的最常见的观点是代孕协议应按照其他协议一样对待，因此，也应同样具有可强制执行性。④ 但是，这一观点并不像它听上去的那样具有说服力。合同违约的通常的救济是支付违约金。⑤ 因此，延续这一思路，如果代孕母亲不交出子女的话，她应支付违约金（比如委托父母支付的任何费用），但这并不意味着应要求她交出子女。另一种观点主张，委托父母开启了让该子女得以出生的程序，而且很可能与该子女具有血缘关系。承认他们在这些方面的贡献，就应作出指令，执行协议。⑥ 但也有人主张，代孕母亲在怀孕生子过程中与该子女建立的身体和情感上的联系胜过委托父母的上述请求。⑦

---

① Steinbock (1988: 44).
② Brazier (1999c: 345).
③ Freeman (1999: 9).
④ Straehle (2016).
⑤ Purshouse and Bracegirdle (2018) 认为，也可以主张不当得利。
⑥ Parks and Murphy (2018).
⑦ Gerber and O'Byrne (2015); Baier (2015).

11.7 代孕制度改革

法律委员会[①]最近制作了一份有关代孕制度改革的咨询文件。其主要的法律改革建议如下：

(1) 建立认定代孕亲子关系的新机制，让委托父母在子女出生时即被认定为代孕子女法律上的父母。

(2) 这种新机制的法定要件以及保障措施。

(3) 建立代孕的管理者，创设代孕管理机构，由其对新机制下的代孕协议进行监管。

(4)（在新机制下）如果医疗上认为必要的话，可以不要求委托父母必须要和代孕子女具有血缘关系。（对所有国内的代孕协议都应适用，但跨国代孕仍需要双方具有血缘关系）。

(5) 对于跨国代孕协议的制度改革，在国籍以及移民问题上，应建立统一的指导意见，在适当的情况下，认可跨国代孕中委托父母的法律上的父母身份，从而帮助那些跨国代孕人士将代孕子女顺利带回英国。

这些建议中，可能最有争议的就是第一条建议。法律委员会建议建立一种新机制，在该机制下，代孕母亲和委托父母在经过相关的医学检查和犯罪记录审查，接受法律和医学的咨询后，可以签订代孕协议。该代孕协议将接受儿童福利的相关评估审查。如果履行了上述程序，代孕子女出生时，委托父母就将被认定为代孕子女法律上的父母，但代孕母亲有一个反对期。法律委员会认为这一机制可以更好地反映代孕母亲和委托父母双方对于谁是代孕子女父母的意愿，同时，也能确保委托父母在代孕子女一出生就可以行使父母责任。未来，法律委员会是否还会改变观点，更重要的是，政府是否有意将这些改革诉诸法律，还有待时间的观察。

---

① Law Commission (2019).

12. 胚胎植入前遗传学筛查[①]

体外授精治疗的常规程序是培养多个胚胎，然后将其中一到两个同时植入女性体内。这里要讨论的问题是，我们是否可以从已制作好的胚胎中有目的的选择准备植入的胚胎？[②] 选择最可能顺利出生的胚胎，这一般都不会有人反对。有争议的情形是，如果一对夫妇生育的子女可能罹患基因缺陷，他们很可能希望选择那些未携带基因缺陷的胚胎。这就需要对各个胚胎进行评估，确定胚胎是否携带基因缺陷。医学上称之为胚胎植入前遗传学筛查（preimplantation genetic screening，PGD），这种筛查需要获得人类受精与胚胎管理局的许可。

1990年《人类受精与胚胎法》规定了可以进行胚胎植入前遗传学筛查的情形，包括"证明存在不能顺利出生的异常情形"和"避免出现严重的疾病"。[③] 这种诊断尚有争议，因此人类受精与胚胎管理局为这种诊断设置了严格的审批条件。[④]《业务守则》解释道：

> 只有在以下两种情况下，才能因为遗传病进行胚胎植入前遗传学诊断：
>
> （1）如果被测试的胚胎有基因异常、线粒体异常或染色体异常的特定风险，并且管理局认定有这种异常的人将会有残疾、疾病；
>
> （2）人工生育子女有罹患与性别相关的残疾、疾病的特定风险；如果管理局认定某种疾病只与一种性别相关，或者对某种性别的人的影响远远大于对另一种性别的影响，那么这种疾病就是与性别相关的疾病。
>
> 在第一种情形下，可以用胚胎植入前遗传学诊断筛查胚胎是否具有某种异常。在第二种情形下，胚胎植入前遗传学诊断可以用来检查胚胎的性别以避免出现与性别相关的疾病。[⑤]

[①] 早前的文件用了胚胎植入前遗传学诊断（preimplantation genetic diagnosis，PGD），现在则使用了胚胎植入前遗传学筛查。——译者注
[②] Krahn（2011）讨论了用胚胎植入前基因诊断来检查唐氏综合征的情形。
[③] HFE Act 1990，Sch 2，para 1ZA.
[④] 相关讨论参见 Gilbar（2009）；Gavaghan（2007）；and Scott（2006）.
[⑤] HFEA（2017：10.2），1990年《人类授精与胚胎法》附则二中第1ZA条体现了这一点。

《人类受精与胚胎法》明确规定不能选择可能有严重身体疾病、精神障碍或其他疾病风险的胚胎。①

人类基因委员会（Human Genetics Commission）支持放宽法律对孕前遗传基因检测的限制，因为对婴儿或者儿童进行遗传病基因检测基本没有争议。② 他们认为："有充分理由表明早检查比晚检查好，因为它为患者提供了更多选择，拓宽了信息渠道，帮助我们作出辅助生殖决定。"③

支持胚胎植入前遗传学诊断的人提出了如下观点。首先，选择植入哪个胚胎的问题应该由进行治疗的女性自己决定。这是她生育自主权的一部分。④ 任何人都无权阻止该女性选择她自己想要植入的胚胎，就像没有人可以阻止一名女性为了希望自己的孩子具有黑头发，选择与一名黑头发的男性发生性行为一样。第二，有人主张受精卵没有道德地位，因此关于受精卵和销毁受精卵的讨论没有意义。⑤ 第三，有人主张，我们有避免伤害他人的基本道德义务。因此，如果可以通过选择胚胎，避免子女因携带父母的致病基因而遭受伤害，我们就应该那样做。事实上，有人甚至主张，遗传基因检测应是强制的法定义务，避免出现缺陷儿。⑥ 法律上，我们将不对孩子进行必要治疗、由此导致孩子残疾的父母视为疏于照顾子女的父母。这甚至可能构成刑事犯罪，而这与父母没有进行产前基因测试或者治疗以免婴儿残疾的情形又有什么不同呢？⑦

由于可以进行植入前基因诊断的原因不同又会引发不同的观点，因此，有必要对此进行分开讨论。

12.1 残疾

如果患者夫妇从他们的胚胎中选择了没有携带不利基因——比如囊性纤维变性——的胚胎，我们可以推测那些携带不利基因的胚胎将被抛弃。但是这种做法对那些罹患囊性纤维变性的患者意味着什么？这难道不是一种歧视吗？用最直白的话说，这种观点认为有囊性纤维变性的生命没有一个健康人的生命宝贵。难道我们应

---

① HFEA (2017).
② Human Genetics Commission (2011).
③ Human Genetics Commission (2011: 3).
④ Harris (1998: 133).
⑤ Holm (1998).
⑥ BBC News online (19 May 2005b).
⑦ Hammond (2010).

允许患者夫妇表达这种态度,并且允许医疗人员据此实施吗?[1] 抑或这是社会释放的一种信息,鼓励对最令人担忧的疾病进行检测?[2] 这难道不是在延续人性的理想主义神话——任何不完美的孩子都可以被夫妇拒绝生下来?而且,这种做法也将人按是否残疾进行划分,鼓励仅仅通过残疾的判断来对待世人。[3] 但也有如下的回应,一方面,确保残障人士不遭受歧视是合理诉求,但与此同时,也应尽可能地阻止残疾。[4] 因此,一对父母有正当理由选择生育一个正常儿童,而非有缺陷的儿童。毕竟,具有某种特点的人不值得活下去的说法与最好不要具有某种特点的说法之间仍有差别。通常人们会采取一些安全措施避免成为残疾人,这难道也对残疾传递了消极信息吗?[5] 阿德里安娜·阿施(Adrienne Asch)指出,父母应有权知晓胚胎特征的全部信息,他们有权选择胚胎。她反对将与疾病有关的某一具体特征选出来并强调其不利的一面,她建议应将每个胚胎的所有特征都告诉父母,以便他们做出选择,而不应向父母暗示,医学认为某些特征是有害的特征,而其他的不是。[6] 但也有观点认为,因为那些未被选择的胚胎已被抛弃,因此,他们根本就不存在,也就不存在他们被伤害的说法。[7]

更有争议的是一对夫妇能否选择具有疾病的胚胎。人类受精与胚胎管理局现在禁止实施此种行为。[8] 例如,一对失聪的夫妇想要选择失聪的胚胎,而不是一个有听力的孩子,法律应该允许吗?[9] 强烈支持生育自主权的人也许不得不说可以。毕竟,一个人可以通过选择性伴侣,来增加得到一个残疾婴儿的概率,而这不可能被阻止。其他人则认为,故意选择一个与其他婴儿相比处于不利地位的孩子是不对的。如果一对夫妇有一个失聪的子女,而且该子女的失聪可以治愈,但是那对夫妇不同意对该子女进行治疗,这难道没有错吗?[10] 于是,有人主张,即使一对夫妇要选择这样的子女,他们也应尽其所能帮助该子女恢复听力。如果是这样的话,那么

---

[1] Kaplan (1999); Peterson (2005a).
[2] Asch 和 Wasserman (2007),也可参见 Rubeis 和 Steger (2019),以及 Kater Kuipers、de Beaufort、Galjaard 等 (2018)。
[3] Soniewicka (2015).
[4] Asch (2003); Mahowald (2007).
[5] Malek (2010).
[6] Asch (2003).
[7] Walker (2014).
[8] HFEA (2017: 10.4).
[9] Anstey (2002).
[10] Kahane (2009).

最开始允许他们选择失聪的孩子难道不是很滑稽吗？但是，也有人认为选择生育一个失聪婴儿并没有伤害任何人。这样，如果希望生育这样的子女，我们也很难批驳这是错的。①

另有观点将失聪认定为一种需要治疗的残疾。这一争论的焦点是将要出生的孩子患有何种疾病是可以接受的。② 人们对此有很多分歧。③ 毕竟，在其他情形下，我们给予父母很大的自由，他们有权决定如何抚养子女，他们甚至有权以一种不健康的方式抚养子女。④

12.2 性别选择

人类受精与胚胎管理局不允许以性别为由选择胚胎，除非存在与性别有关的遗传疾病。⑤ 因此，人类受精与胚胎管理局不会接受基于社会原因而做出的性别选择，⑥ 包括以家庭平衡⑦（希望家里既有儿子又有女儿）为由，或者以生育一个与夭折儿童同样性别的孩子为由的性别选择。

生育自主权的支持者主张应该允许性别选择，因为这是个人控制他们生育权的一部分。⑧ 毕竟，当一个人通过性行为想要一个男孩或者女孩时，有很多的民间规则告诉他们可以怎么做。没有人说使用这些民间偏方是不合适的。

反对性别选择的理由如下：

（1）人口统计学的影响。人们担心这样做会导致男女性别比失衡。在一些国家，男女性别比是107：100，甚至更高。据说，这是由于对女性胎儿进行流产造成的。⑨ 然而，没有理由相信性别选择在英国也会导致这样的结果。事实上，很可能英国夫妇更喜欢女孩。不管怎样，如果很多父母都进行性别选择，这将对男女性别

---

① Hope and McMillan（2012）.
② Mand，Duncan，Gillam，Collins，Delatycki（2009）；Shaw（2018）调查了聋人父母的正常孩子对这一问题的观点。大部分不同意为了避免或确保后代的耳聋进行基因选择。
③ 有意义的讨论参见 Hull（2006）.
④ Murphy（2011）.
⑤ 《人类受精与胚胎法》附则二第1ZA条规定，为筛查"与性别相关的严重医学疾病"，允许进行胚胎检测。
⑥ 参见 Seavilleklein and Sherwin（2007），他们讨论了网上和国际社会中可以找到的性别选择服务，这颇让人不安。
⑦ 有关"家庭平衡"的伦理问题的有趣讨论，参见 Wilkinson（2008）.
⑧ McCarthy（2001）.
⑨ House of Commons Science and Technology Committee（2005：135）.

比造成严重影响,但这发生的概率不大。

(2) 国际意义。有人担心,如果英国允许性别选择,英国就无法指责其他国家允许通过一些不可接受的方式进行胚胎性别选择。

(3) 社会心理影响。有人担心由于性别选择而出生的孩子会有心理问题。这些儿童也许会担心他们仅仅是因为性别原因而被选出来的。① 我们不知道是否真有这种担心,如果确有其事,我们也不知道这种担心是否有害。

(4) 性别歧视。② 有人认为,允许人们选择子女性别将会迎合他们性别歧视的观念和态度。社会应该鼓励人们接受他们的子女,不论子女是何性别。而且可以说性别选择揭示了社会过度强调某一性别的重要性。③

(5) 公众意见。人类受精与胚胎管理局的报告发现,受访人群普遍反对性别选择。80%的受访者认为不应允许人们因社会原因进行性别选择。④ 一个普遍的观点是父母应该爱他们的孩子,不管孩子具有什么特点。⑤

以下案例说明性别选择将会引发许多复杂问题。

现实考察

马斯特顿案

1999年,来自默尼费斯(Monifieth)的艾伦(Alan)和路易丝·马斯特顿(Louise Masterton)在一次篝火事故中不幸丧失了一个三岁大的女孩妮科尔(Nicole)。对他们而言,失去这个女儿令他们特别悲痛,因为他们努力了十五年才得到一个女儿,妮科尔的到来给他们带来了巨大的欢乐。已有四个儿子的马斯特顿夫妇为了重建一个有女儿的家庭又开始努力。他们坚持认为他们想要再生育一个女儿并不是为了取代妮科尔。在妮科尔出生后,路易丝·马斯特顿做了绝育手术。因此,马斯特顿夫妇请求人类受精与胚胎管理

---

① Baldwin(2005),对其观点的回复,参见 Harris(2005b)。
② Dickens(2002);Robertson(2003)。
③ 相关讨论,参见 Wilkinson(2008)。
④ HFEA(2004b:25)。
⑤ Herrisone-Kelly(2007)讨论了这种观点。

局允许他们进行体外授精治疗,并通过胚胎植入前基因诊断选择一个女性胚胎。人类受精与胚胎管理局只受理机构提出的申请。然而马斯特顿夫妇找不到一个愿意帮助申请的医疗机构。马斯特顿夫妇最后去了意大利,他们花了30000英镑进行体外授精治疗,但不幸的是,他们只产出了一个男性胚胎,他们将这个胚胎捐给了另一对夫妇。通过手术植入体内的女性胚胎也没能存活。2001年,人类受精与胚胎管理局因为错误地处理了他们的案子而向马斯特顿夫妇道歉。他们应该考虑这个案子的特殊情况,直接受理这对夫妇的请求。[1]

12.3 "琐碎的理由"

有些选择胚胎的理由相当琐碎,例如头发或眼睛的颜色,这又该如何处理呢?[2] 在一定程度上,也许有人会说,这更容易被接受。也就是说,一对父母选择胚胎的理由是基于他们想要一个卷发的孩子而不是直发的孩子。但这并不表明直发儿童的人生没有价值或者歧视直发儿童,就像我们对残疾的认识那样。哈里斯认为,这样的决定可以留给父母:

> 对我来说,似乎可以得出这样的结论:诸如头发、眼睛的颜色,性别以及类似的胚胎特征要么重要,要么不重要。如果它们不重要,为什么不留给人们去选择呢?如果它们重要,那么将这么重要的事情交给运气对吗?[3]

应该注意的是,虽然目前在技术上不可能通过胚胎植入前基因诊断来选择如下特征,例如智力、身高、头发的颜色或者性特征,但将来也许有可能。[4] 作为回应,斯科特[5]主张,尽管父母有合法利益避免子女出生后具有严重缺陷,但在这些不重

---

[1] BMA (2004:297).

[2] BBC News online (2 March 2009) 报道,一所美国的卫生机构提供了新服务,允许父母选择孩子眼睛和头发的颜色。

[3] Harris (1999:29).

[4] House of Commons Science and Technology Committee (2005:143).

[5] Scott (2006).

要的事情上,他们的利益并不明显。事实上,允许父母因为这些琐碎理由作出选择胚胎的决定会导致人们对什么是亲子关系的认识变得狭隘,或者让父母对孩子产生不切实际的期望。这些都会对子女造成伤害。

12.4 救星同胞

带有感情色彩的术语"救星同胞"(saviour siblings)产生于这样一类案件中,即患儿父母想要再生一个子女,以便为患儿的治疗提供相应的组织或细胞。① 这就是学界所谓的"植入前组织配型"。

以下这一案件就展示了这类案件涉及的相关问题。

重点案例

"生育伦理学评论"公益组织案②

该案的诉争焦点是人类受精与胚胎管理局准许卫生机构利用白细胞抗原分型(HLA typing)的方法检查胚胎是否带有治疗扎因(Zain)的干细胞,这种做法是否合法。根据1990年《人类受精与胚胎法》第3条第1款,制造胚胎是刑事犯罪,除非得到了人类受精与胚胎管理局的授权。医生建议的治疗方法涉及制造和使用胚胎,需要该管理局的许可,该管理局也批准了。"生育伦理学评论"(CORE)③这一公益组织向法院起诉,对这一许可提出质疑。他们在莫里斯(Maurice)法官那儿得到了支持,但在上诉法院和上议院的审理中失败了。

此案涉及的关键条款是《人类受精与胚胎法》第11条,其准许人类受精与胚胎管理局就特定活动进行授权。其中,附则二中的第1条第3款规定,这些活动包括"旨在确保胚胎是适合于植入女性身体的医疗行为或者用于决定胚胎是否与此目的相符的医疗行为"。人类受精与胚胎管理局成功地在上议院的法官们面前论证了"适合"意味着"对接受生殖技术服务的女性而

---

① 参见 Taylor-Sands(2014 and 2016)的精彩分析,也可参见 Jackson(2016)。
② *Quintavalle (on behalf of Comment on Reproductive Ethics) v HFEA* [2005] UKHL 28.
③ 全称为 Comment on Reproductive Ethics。——译者注

言，是适合的"。哈仕米女士（Hashmi）有权认为只有与扎因治疗相匹配的胚胎才是适合的。"生育伦理学评论"组织争辩说，这一解释太过宽泛，这将导致人类受精与胚胎管理局可以对一系列有特殊意愿的治疗进行授权，比如头发颜色。"生育伦理学评论"组织指出，对该条款的正确解释应该是"适合意味着孩子是健康的，没有不正常"。这种解释允许医疗机构使用胚胎植入前基因诊断检测一个孩子是否异常，但不允许测试孩子的组织是否与其兄弟姐妹相匹配。该组织的这一主张未被采纳。首先，上议院指出，尽管人类受精与胚胎管理局的解释意味着对于一些不重要的理由可能做出许可，但没有任何理由去相信人类受精与胚胎管理局真会为这样的理由进行授权。其次，更重要的是，《人类受精与胚胎法》就是将这些复杂的道德问题留给人类受精与胚胎管理局裁决。制定该法是为了限制一些非法行为（比如克隆胚胎），而其他问题则留给了人类受精与胚胎管理局，该管理局会在其认为适当的时候授权医疗机构。本案中的问题依照该法规定并不违法，因此，人类受精与胚胎管理局是可以授权。如果议会认该管理局有滥用职权之行为，议会可以对该管理局进行改革。

值得注意的是，上议院在审理该案时只解决了一个法律上的小问题，即人类受精与胚胎管理局是否有法定授权资格批准医疗机构的某种治疗。这种治疗是否符合伦理或者待子女出生后使用其组织的行为是否合法，上议院并没有予以详细阐述。

2008年《人类受精与胚胎法》对1990年法做了修订，允许对胚胎进行检测，以确保植入的胚胎可能是一个"救星同胞"。该法附则二的第1ZA条第1款第d项允许进行如下的测试：

……某人（即"这个同胞"）患有严重疾病，他的父母（或者他的父母中一方）用配子创造胚胎，并用即将出生子女的脐带血干细胞、骨髓或者其他组织为他进行治疗时，检测将要出生子女的组织是否与他相匹配。

但是，使用胚胎植入前基因诊断选择"救星同胞"也有限制。首先，法律明确规定只能在兄弟姐妹间使用这一技术。如果胚胎与患儿属于堂表兄弟姐妹关系，就不能使用这种技术进行胚胎选择。第二，第1ZA条1款d项的规定十分明确，如果打算捐献新生儿的一个完整器官（比如肾）来进行治疗，那也不能做这种选择。治疗计划只能是使用将要出生儿童的脐带血干细胞、骨髓或者其他组织。① 这并非指该儿童不能为其兄弟姐妹捐献器官，而是指在胚胎阶段，不能基于此目的进行胚胎选择。

在某一具体案件中，当决定胚胎植入前组织配型是否合适时，机构应当考虑患儿病症，这包括以下情形：

(a) 疾病痛苦程度；
(b) 在渐进性疾病中，病情恶化的速度；
(c) 如果有智力损伤，智力损伤的程度；
(d) 所有可能的治疗方案及其预后；
(e) 现在和将来，是否有可用于治疗的其他组织；
(f) 现在和将来，是否有其他有效治疗。②

在涉及"救星同胞"的情况下，还要考虑这对将要出生儿童可能造成的后果，包括：

(a) 与胚胎活检相关的任何风险；
(b) 可能发生的长期心理影响；
(c) 为了治疗患儿，他们是否可能会接受侵入性外科手术（是否会多次实施这种手术）；
(d) 与被选择的组织相关的任何并发症或者易染病体质。③

还应考虑寻求治疗夫妇的家庭环境因素，包括以下情形：

(a) 他们的生育经历；
(b) 他们与患儿对该疾病的观点；
(c) 综合考虑如下因素，预判治疗成功的可能性：

• 他们的生育条件（即在每轮治疗中，他们能够提供用于检测的胚胎数量，适合移植的胚胎数量、载体胚胎能否被移植以及可能进行治疗的次数）；

---

① Devine（2010）对脐带血采集问题做了完美的综合阐述。
② HFEA（2017：10.25）.
③ HFEA（2013c：10.25）.

- 对患儿而言，可能的治疗结果。

（d）治疗不成功时会有什么结果；

（e）在照顾患儿的同时，体外授精或胚胎植入前遗传学检查对夫妇俩时间和精力的要求；

（f）可以获得的社会支持程度。①

"救星同胞"的批评者称，这种做法将帮助其兄弟姐妹作为生育子女的唯一目的，违背了人不应仅仅被当作实现某种目的的手段这一原则。"救星同胞"的支持者从以下两方面对此作了回应。挽救一个兄弟姐妹的生命对于捐赠者来说是有利的，至少对他们来说不是有害的。②或者，他们还可以主张，父母绝不可能仅仅将"救星同胞"视作某种人体组织来源。我们很难相信如果患儿成功治愈，父母会抛弃"救星同胞"。被创造出来的儿童有被爱的权利，同时也可以帮助其兄弟姐妹。另一种稍有不同的意见认为，当孩子长大时，他可能会认为自己仅仅是为了救助自己的兄弟姐妹才被创造出来，这会导致一些心理问题，特别是配型不成功时。③但这也只是一种可能，我们并不知道现实是否的确如此。"救星同胞"对其能够或者尝试挽救别人的生命也许会感到欣慰，并认为这种帮助行为丰富了自己的人生。④约翰·哈里斯主张，对"救星同胞"可能遭受感情伤害的猜测不是拒绝这种能够挽救生命的治疗的正当理由。⑤另一个可能需要法院处理的问题是生育了"救星同胞"却不能治愈患儿时可能引发的法律责任争论。⑥

13. 克隆

克隆引发了高度关注。对一些人而言，将人类的生殖方式扩展到超越正常性行为之外十分可怕，同时也会引发身份认同的深层次问题。另外一些人则认为，克隆为那些用其他方式不能生育的夫妇提供了生育的可能，这会让他们非常兴奋，也对

---

① HFEA (2017: para 10.26).
② Spriggs (2005).
③ Delatycki (2005).
④ Foster and Herring (2016); Strong, Kerridge, and Little (2014).
⑤ Harris (2002).
⑥ Chico (2006) 讨论了可能出现的问题。

一些目前没有治愈希望的疾病提供了治疗的希望。尽管克隆技术曾一度引发激烈论争,但随着其他生殖技术的发展,这场争论也已停息。

美国总统生物伦理委员会(The United States' President's Council on Bioethics)对克隆的定义如下:

> 无性地创造一个新人类有机体,其在发展的所有阶段在基因上与现存的或者以前存在的人具有实质的同一性。它通过以下方式完成:将一个人类体细胞的细胞核(捐赠者)植入一个卵母细胞中,该卵母细胞的细胞核已被移除或者失去活性,从而可以得到一个基因组成与捐赠者的体细胞具有同一性的人类。①

2008年《人类受精与胚胎法》允许授权开展某些形式的人类克隆,但仅能用于研究目的。法律禁止将一个克隆的胚胎植入一名女性身体中。

14. 胚胎研究

有关胚胎研究的问题常常围绕胚胎地位展开,我们已在第六章深入讨论了这个问题。

14.1 胚胎的地位

有关胚胎的道德地位,目前存在着各种观点。② 有人认为,胚胎是一个人,和其他人一样享有生命权,也有人认为,胚胎只是一系列细胞的集合体,并没有特殊的道德意义。

《人类受精与胚胎法》允许在胚胎形成原条前开展胚胎研究。在受精后第十四天,原条就会产生。对此,女男爵沃诺克——正是她的报告最终促成了《人类受精与胚胎法》——做了如下解释:

---

① President's Council on Bioethics (2002),美国总统生物伦理委员会指2001—2009年间,小布什政府设立的委员会。2009年11月24日,美国总统奥巴马宣布设立新的生物伦理研究总统顾问委员会(the Presidential Commission for the Study of Bioethical Issues),国内通常将此译为美国生物伦理委员会。——译者注

② 参见Polkinghorne (2004) and Brooke (2004)。有关克隆是否已经改变了关于受精卵伦理地位的争议,参见Cameron and Williamson (2005) and Harris and Santon (2005)。

正如科学界所知，在第十四天之前，胚胎或者说前胚胎首先是两个，然后是四个，其次是十六个未分化细胞的松散集合体。一个未分化的细胞可能发展为任何一种细胞，它将构成人身体的一部分，而其中一些将不会成为胚胎的一部分，而是发展成胎盘或者脐带。在十四天之后，将会开始出现最先的痕迹，即什么会变成胚胎的中枢神经系统，也就是原条。①

以十四天作为胚胎研究的截止时间还有一个支持理由，即这是最接近胚胎可能会感觉到疼痛的时间。② 在这段时间后，胚胎成为统一的实体，我们可以清楚知道它将不会发展成为双胞胎。

《人类受精与胚胎法》就胚胎研究规定了一系列重要的限制条件，包括以下内容：

（1）在原条产生后，不能存储或研究胚胎。原条产生的时间是从配子混合后到第十四天。③

（2）存储或者使用胚胎须获得许可，该许可只能由人类受精与胚胎管理局基于特定目的颁发，这些特定目的包括帮助治疗不孕不育、处理流产、避孕以及先天性疾病的病因研究。④ 2008年《人类受精与胚胎法》在原先五个目的的基础上新增了三个目的：促进对胚胎发展的认识，促进对严重疾病的认识或者严重疾病治疗方法的应用研究。

（3）不得将人类与动物的配子混合在一起或者将人的胚胎放入一个非人类的动物体内，除非已经得到2008年《人类受精与胚胎法》的允许。⑤（详见后文）⑥

（4）一项研究只有在得到研究伦理委员会（Research Ethics Committee）许可的情况下，人类受精与胚胎管理局才会考虑颁发许可。

有争议的是，《人类受精与胚胎法》不仅允许将不孕不育治疗中剩下的胚胎用于研究，也允许专门制造胚胎开展相关研究。⑦ 此举旨在允许对治疗性克隆进行研究。

---

① Warnock（2002：35）.
② Warnock（1984：paras 11.19-11.21）.
③ HFE Act 1990, s. 3 (3) (a) and (4).
④ HFE Act 1990, Sch 2, para 3A (2).
⑤ HFE Act 1990, s. 3 (3) (b) and (d).
⑥ 参见"14.3 杂种和胞质杂种"。
⑦ 尤其是《欧洲生物伦理公约》第18条规定，不允许国家创造专门用于研究的受精卵，这是英国没有签署该公约的主要原因。

支持胚胎研究的大多数人要求在对待胚胎时给予足够尊重,为《人类受精与胚胎法》奠定基础的沃诺克委员会(Warnock Committee)也持同样立场。许多人都同意约翰·波金霍尔(John Polkinghorne)的观点。

> 最早期的胚胎应该给予足够的尊重,因为它是潜在的人类。所以它不仅仅是一群原生质,不能任由个人喜好随意处置,然后将其倒入水槽。它是一个并未完全形成的人。[1]

在这一语境中,足够的道德尊重这一概念并不清楚。[2] 在进行胚胎实验、丢弃胚胎时,什么样的方式是给予了尊重的方式?上议院干细胞研究特别委员会(House of Lords Select Committee on Stem Cell Research)最近得出结论,《人类受精与胚胎法》对于研究使用的胚胎表现出了尊重,比如只允许在没有其他替代方法的情况下进行胚胎研究,以及只能就一个被许可的目的进行研究。[3]

约翰·哈里斯认为"自然"本身并没有更尊重胚胎[4]。他指出,通过自然性行为的一次成功怀孕,就有五个胚胎死亡或者流产。

> 一个明显的必然结论是,上帝或者说自然注定对每一次怀孕都生产了多余的胚胎,这些胚胎中的多数都会死亡,只有其中一个胚胎可以出生。因此在生殖过程中,牺牲一部分胚胎本就不可避免。[5]

事实上,他主张如果一个人真的相信胚胎自怀孕起就是一个人,他就不应该进行性行为,因为制造出来的胚胎很可能还未被植入女性体内,就被毁掉了。[6] 这一荒谬的结论让他确信我们不应将胚胎视为一个人。

14.2 胚胎研究的可行性及时间限制

大体上,这里讨论的问题与第七章讨论的问题十分相似。那些强烈"反对堕胎"的人常常也会反对胚胎研究,而那些赞成堕胎的人则会支持胚胎研究。[7] 但对部分人而言,问题并没有这么简单。请思考以下观点:

---

[1] Polkinghorne (2004: 594).
[2] 参见 eg Brazier (1999a); Brownsword (2003c).
[3] Brownsword (2002).
[4] Harris (2002).
[5] Harris (2002: 129).
[6] Chan and Harris (2010).
[7] 更多讨论参见 Harman (2007), Pugh (2014) and Deckers (2007b).

(1) 不可知论者。在不能确定胚胎的法律地位时,个体很可能采取以下观点表达他们对胚胎的完全尊重:"基于我对胎儿地位的疑惑,我不反对堕胎,因为对我来说,让一名女性违背个人意志妊娠是不对的,这构成对其权利的侵犯。另一方面,在涉及胚胎研究时,因为没有侵犯他人的权利,我心中对胎儿地位的疑问会更加凸显,据此,我认为不应将胚胎用于研究。"但请注意,禁止胚胎研究不会干涉他人的权利,这一假定很可能会受到挑战。如果胚胎研究可以为患者找到治疗方法,那么禁止胚胎研究难道没有干涉这些人的权利吗?

(2) 流产的胎儿。强烈反对堕胎的人可能也会找到充分理由支持用流产的胎儿进行研究。尽管他们讨厌堕胎,但他们赞成至少应在悲剧中做点有益之事。如果对流产的胎儿开展研究能够促进医学进步,那么就应支持。① 当然,必须限制能够实施的研究种类。

(3) 关于胚胎发展潜力的观点。一个支持胎儿应该得到道德尊重的观点是,"任其自己发展",胚胎将会变成一个人。堕胎是错误的,因为堕胎干涉了一个潜在的人的权利。可以说,实验室创造出来的胚胎与此不同。因为任其自由发展,它也不会变成一个人。这会导致部分人得出此种结论,即子宫中的胚胎的道德地位与试管中胚胎的道德地位不同。②

(4) 母亲的重要性。伊莎贝尔·卡尔平(Isabel Karpin)批判了那些假定母亲身体里的胚胎与试管中的胚胎地位相同的人的观点。她认为:

> 胚胎只有在女性的身体里才可能具有潜在的人格。一些人希望得出所有的胚胎都具有同样价值的结论,但这会使女性的身体在相关讨论中失去相关性。为此目的,就要采取一个让女性身体消失的复杂程序。如果我们回头再让女性身体出现在我们的视野中,那这个讨论的基础将发生根本改变。③

阿梅尔·阿尔葛拉尼(Amel Alghrani)和玛格丽特·布雷齐尔认为如果一个胚胎在母体外,比如说在实验室或者人工卵巢中,这个胚胎就应拥有我们应予以重视

---

① Harris (1998a).
② 这是爱尔兰最高法院在 *Roche v Roche* [2009] IESC 82 案中所采用的方法。在此案中,法院认为子宫内的胚胎受到生命权的保护,但是实验室的胚胎不享有相关权利。Agar (2007); Kuflik (2008),相关讨论另请参见 Brazier (2006b).
③ Karpin (2006: 603).

的独立的利益。①

(5) 胚胎有部分价值的观点。也许有人认为，尽管一个胚胎没有人的道德地位，但它有其自身的道德地位。② 尽管这种道德地位并不足以论证堕胎是非法的，但这也许意味着，胚胎不应用于科学研究。③

14.3 杂种和胞质杂种

2008年《人类受精与胚胎法》授权人类受精与胚胎管理局调整涉及下列混合物种的胚胎的行为。④ 如果制作胚胎是实现法定目的所必需的或有利于该目的的实现，那么该管理局可以颁发许可，准许制作这样的胚胎。⑤ 2008年《人类受精与胚胎法》在1990年法的基础上，新增了第4A条：

(1) 任何人都不能在女性的身体中放入：

(a) 一个人兽混合胚胎；

(b) 不是人类胚胎的任何其他胚胎；

或

(c) 不是人类配子的任何其他配子。

(2) 除非获得了许可，任何人都不得：

(a) 将人类配子与动物配子混合在一起；

(b) 制作一个人兽混合胚胎；

或

(c) 保存或者使用一个人兽混合胚胎。

(3) 在出现下列任一情形后，不得许可保存或者使用人兽混合胚胎：

(a) 出现原条；

或

---

① Alghrani and Brazier (2011)。Smajdor (2012) 主张，我们应该尽快研发出人工子宫。
② Farsides and Scott (2012) 发现，使用胚胎的研究者认为胚胎具有一定的价值。
③ 参见 Savalescu and Perrson (2010)，相反观点参见 Chan and Harris (2010)。
④ 一般性讨论，参见 Academy of Medical Science (2011)；Camporesi and Boniolo (2008) and Munzer (2007)。
⑤ R (Quintavalle) v HFEA [2008] EWHC 3395 (Admin) 案中，法院认定，在2008年《人类受精与胚胎法》生效前，就已经允许制造人兽混合胚胎了。

(b) 在创造人兽混合胚胎的十四日期满，不包括混合胚胎被储存的时间。

(4) 不得许可将一个人类的胚胎植入一个动物体内。

所以，该法只允许这种人兽混合胚胎存活最多十四天，并且不允许将这样的混合胚胎植入女性体内。只有在获得许可后，才允许制造人兽混合胚胎。

调查研究发现公众似乎反对为了特定研究目的而制造人兽混合胚胎。① 但当公众被问及是否支持将人兽混合胚胎用来研究治疗特定疾病时（比如帕金森综合征），赞成的比例发生了显著变化，多数人都支持使用人兽混合胚胎。② 2008 年《人类受精与胚胎法》没有回答人兽混合胚胎是否是人这一困难问题。也许只有在人兽混合胚胎全面进入我们生活时，那才是一个需要解决的问题。③

15. 强化优秀基因和优生学

截至目前，我们已经讨论了夫妇在他们已经制作出来的配子中选择胚胎的情形。接下来，我们将讨论是否允许夫妇在胚胎被植入前操纵基因图谱。④ 目前开发的新技术已经可以通过基因编辑的方法实现上述目的。最复杂的技术是 CRISPR（成簇的规律间隔短回文重复序列，Clustered Regularly Interspaced Short Palindromic Repeats）。实际上，这种技术可以帮助研究者切除部分基因。一旦一组 DNA 序列被破坏，细胞就会修复这个序列。人类受精与胚胎管理局已经授权部分诊所可以开展 CRISPR 技术，但只限于研究目的。⑤

我们很容易区分选择与操纵。选择是为了移除不正常的基因以便胚胎能够达到平均的健康水平。而操纵的目的是增强胚胎的某些特征（比如，使胚胎特别聪明或强壮）。与那些希望子女有某些特别优秀的性格特征的夫妇相比，普通大众更愿意

---

① Jones (2009).

② HFEA (2007a).

③ Bernat (2008).

④ 有关这一问题的精彩讨论，参见 Savulescu and Bostrom (2008) and Gordjin and Chadwick (2009) 完美地讨论了这个问题。Harris (2011a) 认为，需要注意的是，在科学技术可以通过我们谈及的这些方式"增强"人类前，可能还需要相当长的一段时间。

⑤ 对于这一技术的不同观点，参见 Gyngell, Bowman-Smart, and Savulescu (2019) 和 Gumer (2019).

同情那些希望子女没有残疾或者疾病的夫妇。① 有人期望会有"一个美好的新世界，基因学和药学获得显著进步，人们智力超群且长寿"。② 有趣的是，有两位艺术家在美国的购物广场前为"生物技术精品"立了个广告牌，为人们提供基因改造，比如增强男子气概或者思维创新性。人们纷纷前去咨询，广告位前人潮涌动。③

另一个不同的问题是父母能否选择某种他们喜欢而其他人并不喜欢的特征。④ 一个讨论得较多的情形是一对失聪父母想要选择一个长大后也失聪的胚胎。⑤ 支持这种选择的人强调，认为这种选择会对子女造成伤害的观点是不对的：父母要么选择生育一个失聪的子女，要么选择不生，那么选择生育一个失聪的子女并没有让该子女受到伤害。

这方面的法律规定也很清楚：人类受精与胚胎管理局不能对胚胎构成部分的细胞基因结构改造进行授权。⑥ 这一行为违法。《人类受精与胚胎法》附则二第 3 条第 4 项规定议会有权通过法律允许改变胚胎的基因结构，但只能为了科学研究目的才可以。

不仅胚胎的基因改造违法，这种技术也远未成熟。然而，随着该技术的发展，这一问题将成为争议话题。如果法律想要放宽限制，选择之一就是对上文提及的情形进行区分：允许去除不利的基因，禁止强化某些属性。⑦ 然而，这种区分必须假定我们能够就什么是优点和缺点达成一致。⑧ 但人们在许多问题上仍未达成一致，比如同性恋、宗教信徒，或喜怒无常的性格是有益的还是消极的性格。⑨

一些反对强化优秀基因的人主张，违背自然，通过技术手段改变身体是不恰当的。所以，安装假肢并不是增强而是让身体恢复到自然状态。⑩ 相反，将第三条仿生的手臂安在一个健康人的身体上就是强化。这一观点取决于自然指什么，并且，还留下了一个问题：帮助一个人治疗他的先天性疾病是否违背了他的自然属性？索伦森（Sorensen）认为，展现一个人的最好一面，这并没有什么不好。但是人们反

---

① Richards（1999）.
② Lewens（2009：11）.
③ Fox（2008）.
④ Wilkinson（2010）对此做了精彩讨论。
⑤ Fahmy（2011）；Shaw（2008）.
⑥ HFE Act 1990, Sch 2, para 1（4）.
⑦ Farrelly（2004）；Pattinson（2002b：103）.
⑧ Buchanan 等（2000）。
⑨ Lewens（2009）.
⑩ Holtug（2011）反对将强化和治疗进行区分。

对的是基因改造，因为这将改变一个人的个性。① 然而，二者区分的标准并不明确。难道生出一个跑得特别快的孩子就改变了其个性吗？

斯蒂芬·威尔金森（Stephen Wilkinson）认为，在改变一个儿童某些能力（比如将具有听力能力的儿童变成失聪的儿童）与从很多具有听力的胚胎中选择一个失聪的胚胎之间，存在重大区别。后者是可接受的，而前者不行。② 并不是每个人都赞同这种区分方法，特别是那些认为胚胎具有特殊地位的人更是如此。那些未被选中的失聪胚胎难道不会因此被毁掉或者被伤害吗？但这一观点实际上反对的是在辅助生殖中使用大量的胚胎，而不是反对选择本身。

很多伦理争论关注的是，是否应该允许父母在产前提高儿童的某些能力。桑德尔（Sandel）反对这种观点，他认为：

> 如果我们认为孩子是上天赐予的礼物，当他们降临时我们就该接受他们，而不是把他们当成我们设计的产品、我们意志的产物或者实现我们抱负的工具。父母的爱不应该基于孩子恰巧拥有的才能和属性。……我们不能选择我们的孩子。他们的品性不可预测，即使是最有爱的父母也不能对他们的孩子将来可能会有的能力负全部责任。这就是为什么是父母关系，而不是其他的人类关系，教会了神学家威廉·F·梅（William F May）所说的"顺其自然"。③

尽管他提倡的子女抚养方式令人钦佩，但留下了另一个问题：父母试图强化子女某种能力的做法是否有错，需要法律进行干预吗？

另一种方案是赋予父母选择权，他们可以按照个人意愿改变子女的基因结构。④ 比如，允许父母将子女的基因结构改为失聪。很多人认为这让人无法接受，但是严格按照生育自主权逻辑思考的人就会支持以上观点。一些人几乎已经得出了相反的结论，即我们有责任通过基因改造的方式预防或者改善严重的残疾或者疾病。⑤ 他们认为，正如向这个世界释放一种可能致残的物质一样，故意选择生育一个失聪的儿童，这同样让人感到恐怖。⑥

---

① Sorensen（2009）.
② Wilkinson（2010）.
③ Sandel（2007：12）.
④ Savulescu（2001c）.
⑤ Buchanan 等（2000）.
⑥ Sparrow（2015）. 另请参见 Wasserman（2015）.

朱利安·萨弗勒斯库甚至走得更远，他提出了"生育善行"的主张，即父母应该从他们所能生育的子女中选择一个最好的。[①] 他最激进的观点是父母应该进行选择以确保子女不会患有"严重阻止人类繁荣的障碍"。[②] 这种观点的批评者指出，这一观点假定我们能够判断对于一个人而言什么是好和什么是坏，但在个人的生命和性格中，既有好的，又有坏的，这才使我们的存在更有意义。批评者认为萨弗勒斯库的观点会让子女遭受父母过高期望带来的痛苦，并且，他也忽视了广泛的社会因素对人们眼中的美好生活的重要影响。[③] 比如，萨弗勒斯库推定高智商可以增加个人幸福，但这一主张存在争议。[④] 一些人主张，即使萨弗勒斯库的观点支持强化优秀基因，他也未能成功证明这是一项义务。[⑤] 丽贝卡·贝内特（Rebecca Bennett）指出，只要认为因为父母有责任为其子女提供最好的生活，父母就有义务去生育最好的子女，这一观点并不正确。[⑥] 事实上，她主张，生育善行原则实质上就是优生学。残疾人同样为我们社区的文化、教育以及社会生活作出了重要贡献。[⑦] 要消除某种残疾就像要消除某种宗教或少数族群一样，根本就是一种错误。批评者的另一个回应是：父母是否可能知道，哪个是他们所能生的最好的孩子？[⑧] 考虑到人们对什么样的儿童是最好的这一问题的看法本身存在巨大差异，给人们施加生育最好子女这一义务根本不可能。而且，为什么父母要为子女提供最好的基因呢？难道他们没有义务为社会生出最好的孩子吗？[⑨] 或者，实际上，生育这个理念本身只是说要爱自己的子女？[⑩] 父母难道不应该向子女学习，并尽可能将子女塑造为某种特定的个体吗？[⑪]

笼罩在这场争论之上的是对优生学的担心，[⑫] 纳粹希特勒就曾想要生育纯种雅利安人。许多人对此感到十分反感，以至于任何想要开始强化这种愿望的过程

---

① Savulescu（2001c and 2006）. 对此的批评参见 Bennett（2014）。
② Kahne and Savulescu（2010）。
③ Parker（2007）。
④ Saunders（2015）。
⑤ Saunders（2015）. Brassington（2009）。
⑥ Bennett，R.（2009）。
⑦ Wasserman（2015）。
⑧ Karpin and Mykitiuk（2008）。
⑨ Elster（2011）。
⑩ Draper（2014）；Gheaus（2016）。
⑪ Herring（2017）。
⑫ Glover（1998）。

都必须被禁止。另一个对允许强化优秀基因的担心是，如果人们对于这种技术没有平等的获取机会，将会产生不公。① 正如沃尔特·格兰农（Walter Glannon）所言：

> 如果强化优秀基因技术的获得是基于人们的支付能力，那么这不公平；如果允许强化优秀基因，这会让社会付出不可接受的沉重代价，其副作用是有些人会认为受到了精神伤害。这样做还会威胁到平等，而平等是个人自尊、社会稳定和团结的基础之一，它还会威胁到个人的自主权和责任感。②

所以，人们担心有钱的父母能够确保他们的子女在许多方面比那些没有支付能力去接受强化优秀基因技术的父母的后代更优秀。③ 另外，鼓励强化优秀基因也许意味着那些残疾子女或者没有进行优秀基因强化的子女会处于一种更加不利的地位。④ 这也可能被看作一种信号，标志着传统父母无条件地接受和疼爱自己所生育子女的行为开始转向把子女看作父母想要取得的成功项目。⑤ 另一种类似的担心是，如果我们要生育一种强化了优秀基因的人群——有学者称其为"后人类"（post-humans），那么他们将最终压迫我们。⑥ 也有人主张，如果人们有不同的技能和能力，社会就会更美好。⑦

如果我们要增强优秀基因，那么他们很可能不仅仅是"超人"，而且是"超级完美物种"，当然，这不太可能为真。⑧ 但这也带来更多问题。⑨ 如果我们增强这些人的基因，让他们更加高尚，那是不是剥夺了他们选择不道德行为的自由，这反过来会让我们怀疑，如果他们根本没有选择权，那他们还算真的好人吗？⑩ 而且，我

---

① Douglas and Devolder (2013); Lev (2011).
② Glannon (2001: 107). 更多讨论参见 Giubilini and Minerva (2019).
③ Sorensen (2009).
④ Holm (2009).
⑤ 对这一问题的相关讨论，参见 Wilkinson (2011).
⑥ 参见 Agar (2010) 对这一问题的讨论。至少，我们很难在二者之间建立联系。Agar 和 McDonald (2017).
⑦ Gyngell and Douglas (2015).
⑧ Persson (2012); Persson and Savulescu (2013, 2015, 2019).
⑨ 参见 Chan 和 Harris (2011)，以及 Johnston, Bishop, 和 Trotter (2018).
⑩ Chan (2017); Crutchfield (2018); DeGrazia (2014); Rakic (2013). Harris (2013, 2016) 提出，只是强化道德品质，这是不可能的。

第八章　生殖

们真的不需要具有不同道德品质的人吗?① 尽管一般而言,同情心是一个好事,但我们可能需要一个不太具有同情心的颅脑外科专家,因为这很可能干扰他的工作。② 阿加(Agar)③也提出了自己的担心,随着道德品质的强化,一个小错也可能成为一个大错。一个同情心稍强的人也可能因此陷入重度抑郁。这些担心导致有学者主张,与其谈论增强道德品质的问题,我们不如考虑一下,我们是不是应该思考通过强化优秀基因,让个体变得对社会更有用这一议题本身。④

最后一个问题如下。假设有这样一个世界,每个人都做了基因改造,有着完美的身体与智力。斯帕罗(Sparrow)主张,如果我们只选择最好的胚胎,我们就只选择了女人(有很多的原因,包括她们能够更长寿)。⑤ 人类将会更快乐或更好吗?一个没有阿斯伯格综合征或者唐氏综合征的世界真的会是一个更好的地方吗?⑥ 事实上,有人主张,生命中的部分快乐和价值是尽力达到身体或者智力的高点。如果我们生来就具有这些,那么人们在他们的生命中还要做什么?⑦ 如果一个人的基因已经改善以至于他可以毫不努力地完成马拉松,那么完成马拉松将不再是什么令人高兴的事。⑧ 这可能预示着,我们只应在人们可以达到的范围内,允许针对部分基因进行有限的强化,而非优化基因制造出超人。⑨

16. 结论

科技进步大幅提高了生育的选择范围。由此带来了一系列困难的法律问题以及伦理问题。本章针对部分问题进行了讨论。首先,如果我们仍然坚持传统的父母称谓的话,那么在通过科技手段生育子女的情况下,就有父母是谁的问题。我们是否要超越原有的一父一母的异性恋传统模式,认可在生物血缘关系以及社会关系上担

---

① Gyngell and Douglas (2017).
② Wassermann (2014).
③ Agar (2015).
④ Fabiano and Sandberg (2017). 参见 Hauskeller (2016) 对这一问题的讨论。
⑤ Sparrow (2010). Kahane 和 Savalescu (2010),以及 Harris (2011) 持反对意见。
⑥ Walsh (2010) and Wilkinson (2015).
⑦ Holland (2003:152).
⑧ Tännsjö (2009).
⑨ Kahane and Savalescu (2015).

任父母角色的复杂性。其次，国家应该在生殖技术中扮演什么角色的问题。国家应该提供生殖技术服务吗？如果应该的话，国家应该给每个人都提供吗？还是说应该只为那些可以做个好父母的人提供？再次，我们如何回应修改胚胎基因的可能性？通常认为，应区分具体情况，对于消除残疾的致病基因的修改是允许的，但强化优秀基因的做法不可以。但是，这种区分并不容易。而且，那些为残障人士主张权利的激进派也强烈反对这种区分方法，因为这就给残疾涂上了负面色彩。如本章所述，这些都是富有争议的复杂问题。

/思考题/

1. 有人认为，在我们的社会中选择丁克是一种极端自私行为。① 你同意吗？不生孩子自私吗？甚至有观点认为，生孩子在道德上站不住脚，不生孩子则意味着在这个问题上中立。生孩子似乎更会产生不快而不是快乐。因此生孩子是不道德的，提供服务帮助别人生孩子也是不道德的。② 你同意吗？

2. 思考以下的案例：一个62岁的女性去了洛杉矶并用她兄弟的精子怀孕。很明显，这个行为是为了在与其他家庭成员间的继承权纠纷中获胜。③ 这是否表明，任何有关生育自主权的主张都必须有一定的限制？

3. 阿加描述了这样一个人类生殖细胞储备库，库里存储了包含来自全世界最有能力和最活跃的人的精子和卵子。④ 这些细胞可供出售或进行研究。是否应该有更多的这种人类生殖细胞储备库？为什么我们不能只用有最优秀基因的配子？

4. "即使我们的基因能够通过改造使我们的行为在任何场合下都符合完美的道德标准，我们也不愿意这样做。大多数人都愿意按照个人意愿去行事，哪怕这并不符合完美的行为准则。这是因为与在不确定时做出决定相伴的是道德成长与道德成熟，这非常重要。正是我们对自己的自我提升行为——尽管其不完美，使我们的生命具有价值。"⑤ 你同意吗？对于反对"改善"胚胎而言，这是否是一个具有说服力的理由？

5. 一项最新研究表明，在抚养与自己没有血缘关系子女的男性中，每25位中有一人会认为他们之间有血缘关系。⑥ 这重要吗？为什么对一些人而言，在其一生中扮演父亲角色的那个人是否与其有血缘关系有那么重要？

6. 因为辅助生殖技术有大量资金支持，私人机构收费昂贵，所以存在以下可能："辅助生殖医疗行业"夸大了它的成功率，这一观点有说服力吗？⑦ 为什么辅助生殖技术成功率的信息如此少？为什么很少有人努力找出避免夫妇不孕不育的办法呢？

---

① Callahan and Roberts (1996: 1225).
② 参见 Häyry (2004) 和 Bennett (2004)。
③ Warnock (2002: 48).
④ Agar (2004: 1).
⑤ Glannon (2005: 113).
⑥ Ives and Draper (2005).
⑦ Callahan and Roberts (1996).

7. 正如布雷齐尔所言，人类受精与胚胎管理局面临的一个困难是"英国法律相互矛盾，在生育医学方面的法律缺乏统一的指导思想"。① 她指出胚胎应该得到尊重，至少在第 14 天之前，她质疑："实践中，胚胎得到的待遇是否与实验室中的人工制品有所不同？"② 是否有可能既尊重胚胎又允许对其进行毁坏？

8. 德沃尔德和萨弗勒斯库主张不应允许生殖克隆，但是对研究治疗性克隆，我们则有道德责任。③ 你同意吗？自然生育下出生的儿童"异常"率为 6%，④ 这是否足以支持所有的配偶应进行人工辅助生育的要求？

9. 有新闻报道，一名男性私下捐赠活体精子。⑤ 这并不受人类受精与胚胎管理局管理（因为没有存储）。⑥ 法律是否应该管制这种行为，可以管制吗？

10. 奎格利提到了一种（合法的）药物，用通俗的话说就是"教授的小助手"，据说，它能提高一个人的认知技能和学术表现。⑦ 如果一位学者在使用了该药之后创造出成果，你对此做何评价？如果在出生之前，就通过科技手段强化了孩子的优秀基因，这会有什么不同吗？增强心智能力与增强身体素质之间是否有所不同？

11. 在 A and B v Health and Social Services Trust ［2011］NICA 28 案中，在错误使用捐赠的精子后，一对白人夫妇生出了一个非白人的宝宝。他们起诉要求赔偿。但他们没有得到任何赔偿。你认为，他们应该得到赔偿吗？

12. 哈里斯指出："自然生育有传播性疾病的风险，由此出生的婴儿异常率较高，从胚胎死亡或毁损的情况看，自然生育的效率也较高（每活着出生一个婴儿，死亡的胚胎数为三到五个）。如果这不是我们身体进化的结果，而是一项生殖技术，管理机构会批准采用这一技术吗？"⑧ 我们要禁止自然生育吗？

---

① Brazier (1999c: 197).
② Brazier (1999c: 198).
③ Devolder and Savulescu (2006).
④ Harris (2014).
⑤ BBC News online (18 September 2009).
⑥ 另请参见 (http://www.feelingbroody.com/).
⑦ Quigley (2008).
⑧ Harris (2016).

/延伸阅读/

有关本章提出的一般问题,参见下列文献:

Alghrani A and Brazier M. (2011) What is it? Whose is it? Repositioning the fetus in the context of research?, *Cambridge Law Journal* 70: 51.

Alghrani A and Harris J. (2006) Reproductive liberty: should the foundation of families be regulated, *Child and Family Law Quarterly* 18: 191.

Boonie D. (2014) *The Non-Identity Problem and the Ethics of Future People* (Oxford University).

Brownsword R. (2008) *Rights, Regulation and the Technological Revolution* (Oxford University Press).

Deech R and Smajdor A. (2007) *From IVF to Immortality* (Oxford University Press).

Douglas T and Devolder K. (2019) A conception of genetic parenthood, *Bioethics* 33: 54.

Donchin A. (2011) In whose interest? policy and politics in assisted reproduction *Bioethics* 25: 92.

Firth L and Blyth E. (2019) The point of no return: Up to what point should be allowed to withdraw consent to the storage and use of embryos and gametes?, *Bioethics* 33: 1.

Gerber P and O'Byrne K. (2015) *Surrogacy, Law and Human Rights* (Routledge).

Goold I. (2017) Postponing Motherhood: Ethico-Legal Perspectives on Access to Artificial Reproductive Technologies//Francis L. (ed.), *Oxford Handbook of Reproductive Ethics* (Oxford University Press).

Gunning J and Stoke H. (2003) *The Regulation of Assisted Reproductive Technology* (Ashgate).

Harris J and Holm S. (2004) *The Future of Reproduction* (Oxford University Press).

Horsey K. (2011) Challenging presumptions: legal parenthood and surrogacy arrangements *Child and Family Law Quarterly* 22: 449.

Horsey K and Biggs H. (eds), (2007), *Human Fertilisation and Embryology: Reproducing Regulation* (Routledge).

Horsey K. (2015), *Revisiting the Regulation of Human Fertilisation and Embryology Regulation* (Routledge).

Jackson E. (2008), Degendering reproduction *Medical Law Review* 16: 346.

Krajewska A. (2015), Access of single women to fertility treatment: a case of incidental discrimination?, *Medical Law Review* 23: 620.

Laing J and Oderberg D. (2005), Artificial reproduction, the welfare principle, and the common good, *Medical Law Review* 13: 328.

Lublin N. (1998), *Pandora's box: Feminism Confronts Reproductive Technology* (Rowman and Littlefield).

McTernan E. (2015), Should Fertility Treatment be State Funded?, *Journal of Applied Philosophy* 32: 227.

Maung H. (2019), Is infertility a disease and does it matter?, *Bioethics* 33: 43.

Murphy T. (2009), The texture of reproductive choice//Murphy T. (ed.), *New Technologies and Human Rights* (Oxford University Press).

Nelson E. (2013), *Law, Policy and Reproductive Autonomy* (Hart).

Priaulx N. (2008), Rethinking progenitive conflict: why reproductive autonomy matters *Medical Law Review* 16: 169.

有关基因优化/选择问题的文章，参见下列文献：

Agar N. (2004), *Liberal Eugenics* (Cambridge University Press).

Agar N. (2012), *Humanity's End* (MIT Press).

Bennett R. (2014), When intuition is not enough: Why the principle of procreative beneficence must work much harder to justify its eugenic vision, *Bioethics* 28: 447.

Brownsword R and Wale J. (2018), Testing Times Ahead: Non-Invasive Prenatal Testing and the King of Community We Want to Be, *Modern Law Review* 81: 646.

Buchanan A, et al. (2000), *From Chance to Choice* (Cambridge University Press).

Douglas T and Devolder K. (2013), Procreative altruism: beyond individualism in reproductive selection, *Journal of Philosophy and Medicine* 38: 400.

Gavaghan C. (2007), *Defending the Genetic Supermarket* (Cambridge University Press).

Haker H and Beyeveld D. (2000), *The Ethics of Genetics in Human Reproduction* (Ashgate).

Hammond J. (2010), Genetic engineering to avoid genetic neglect: from chance to responsibility, *Bioethics* 24: 10.

Harris J. (2016), *How to be Good: The Possibility of Moral Enhancement* (Oxford University Press).

Herring J. (2017c), Parental Responsibility, Hyper-parenting and the Role of Technology//Brownsword R, Scotford E, and Yeung K. (eds), *The Oxford Handbook of Law, Regulation and Technology* (Oxford University Press).

Hofmann B. (2017), "You are inferior!" Revisiting the expressivist argument, *Bioethics* 31: 1.

Kahane G and Savulescu J. (2015), Normal human variation: refocussing the enhancement debate, *Bioethics* 29: 133.

Liao M. (2019), Designing humans: Ahuman rights approach, *Bioethics* 33: 98.

Pattinson S. (2002b) *Influencing Traits Before Birth* (Dartmouth).

Persson I and Savulescu J. (2012), *Unfit for the Future: The Need for Moral Enhancement* (Oxford University Press).

Savulescu J. (2006), In defence of procreative beneficence *Journal of Medical Ethics* 33: 284.

Soniewicka M. (2015), Asperger syndrome and the supposed obligation not to bring disabled lives into the world, *Journal of Medical Ethics* 36: 521.

Walsh P. (2010), Asperger syndrome and the supposed obligation not to bring disabled lives into the world *Journal of Medical Ethics* 36: 521.

Wilkinson S. (2010), *Choosing Tomorrow's Children: The Ethics of Selective Reproduction* (Oxford University Press).

第九章

器官捐献和对身体及其组成部分的所有权

引　言

2001 年，媒体上有两则新闻报道曾引起数周热议。这两则报道都涉及悲痛欲绝的父母和他们深爱的孩子。一则报道中，父母发现医方在其子女逝世后未经他们同意就摘除了子女的器官组织并予以保存，用于医学研究。其父母认为这种做法是对他们子女的玷污和侮辱。另外一则报道中，一位儿童身患恶疾，亟须器官移植，否则将不治身亡。他的父母正在恳求他人捐献器官。[①] 这两则新闻报道都涉及本章将讨论的问题。一方面，大众已经接受保护身体完整甚至遗体完整的重要性，另一方面，我们也迫切需要用于移植的身体器官以及用于研究的人体物质，以便寻求治愈人类疾病的可能。

不久前，在立法规制人体组织器官的讨论中，器官移植还是一个主要话题。近年来，尽管器官移植仍占据重要位置，但许多其他问题也接踵而至：患者对手术中摘除的人体组织是否享有支配权？如果一位科学家利用某人的人体组织样本做出一项重大发现，为此获得丰厚回报，那么人体组织样本的提供者是否有权主张分享该收益？个人是否可以或应该就自己的 DNA 序列申请专利？

讨论涉及人体物质的法律规则，需要从 2004 年《人体组织法》（Human Tissue Act，2004）开始。

1. 2004 年《人体组织法》

1999 年到 2000 年，英国布里斯托尔皇家医院和皇家利物浦阿尔德黑儿童医院 [the Royal Liverpool Children's Hospital（Alder Hey）] 接连爆出丑闻。随后，2004 年《人体组织法》得以通过。这两起医院丑闻的详细情形可以在《肯尼迪和雷德芬调查报告》（Kennedy and Redfern Inquiries）中找到。该报告发现保存死亡儿童的组织和器官是一种非常普遍的做法。医院保存器官时，通常不会事先告知这些死亡的儿童的父母或征得父母同意。某些情况下，父母会被医院误导，他们认为，

---

① Herring（2002：43）.

他们所同意的是因为某些疾病而需要进行尸检,而这些情形却被人为忽略了。一些父母同意医疗机构保存某一组织,他们认为这些"组织"只是孩子身体上很小的一部分"组织",却没有意识到,这个"组织"在医学领域也包括完整的器官。

医院爆出的丑闻让公众出奇愤怒。玛格丽特·布雷热尔和埃玛·凯夫在谈及此事时表示:

> 某些案件中,婴幼儿实际上被剥夺了所有的器官和组织,他们家人收到的遗体只是一具空壳。大量案件中,这些被摘取的器官和组织只是被保管起来,并没有得到充分利用。最不幸的是,整个胎儿或出生是死胎的婴儿被完整保存在玻璃罐中。①

然而涉事医生认为他们的所作所为并不过分。大量医学证据可以证明摘取死者器官和组织的合理性:这有助于确认死因;有助于诊断患者所患疾病;有助于发现致人死亡的环境因素;有助于医生在治疗相关疾病时获取宝贵经验。② 对医生而言,在研究、教学以及手术准备过程中,收集和参考前人的器官和组织是有用的。当然,对外科医生而言,在贮存的标本中找到类似疾病的心脏,熟悉该心脏的情形,再对患有这种疾病的心脏进行手术,这可以对成功实施手术提供帮助。而且,人体物质标本库可以促进医学研究,从而发现某种特定疾病背后是否存在某种共同基因,携带这类基因的人更易罹患这种疾病。③ 正如首席医疗官所言:

> 过去,对死者人体组织的研究曾多次带来医学领域的诸多发现,这些发现挽救了患者的生命,缓解了病患的痛苦。这一点在癌症领域特别明显。④

除了器官和组织的保管对医学发展至关重要外,也有人认为征求患者父母的同意只会增加他们的痛苦。《肯尼迪报告》(Kennedy Report)将涉事医院的这种观点称之为"体制性的家长做派"。⑤ 在外科医生看来,似乎存在一种"父母不知道就不会伤心"的逻辑。另外还有一种真实想法,父母埋葬的是他们子女的完整遗体或是遗体的大部分,这对父母没有什么实际影响。因此,当一个心脏能够用于拯救生

---

① Brazier and Cave (2007: 470).
② Chief Medical Officer (2001: 5).
③ Chief Medical Officer (2001: 5).
④ Chief Medical Officer (2001: 6).
⑤ Morrison (2005).

命、促进医学发展时，为什么要将之埋葬，浪费一个畸形心脏的好样本呢？

媒体揭露的两家医院的行为引发了公众的愤怒。许多人认为这样的行为难以接受，特别是涉事父母。① 有趣的是，丑闻中涉及的大多数父母都表示，如果被询问是否愿意捐献孩子的器官，他们都会同意。他们所反对的是医生轻蔑地对待他们孩子的遗体，在未征得同意的情况下，就侵占孩子遗体并摘除人体器官。② 正如保罗·布拉德利（Paul Bradley）这位父亲所言："我们认为这些人就是罪犯。我们就是这么认为的。他们做的事就是对我们孩子尊严的蔑视，我们看到的是，他们侵犯了我们孩子的身体，并偷取了部分遗体。"③

梅维斯·麦克莱恩（Mavis Maclean）强调，一个在医院亲眼看着子女离世的父母，其绝望和内疚的心情无法形容。④ 而父母的最后责任——为子女举办一个适当的葬礼——就成了最悲痛、最重要的任务。由于子女遗体的器官被医院摘取，导致子女葬礼不能正常举办，这会让他们感到失败、愤怒和伤心。当病患家属发现子女遗体的部分器官被摘取后，放入黄色袋子，被堆积在弃置场中，家属会有一种子女遗体被当作垃圾处理的感觉。⑤

更严重的事情接踵而来。2000 年英国首席医疗官开展的人口调查⑥和 2003 年《艾萨克斯报告》（Isaacs Report）⑦发现，阿尔德黑和布里斯托尔的这种医疗行为在整个英国广泛存在。调查发现，各卫生机构保存的儿童器官和组织或胎儿的器官和组织总计有 54000 例，大部分都未征得父母的同意。⑧

除了揭露私自保存遗体器官的医疗行为外，这两个调查报告也发现，相关法律规定模糊混乱。很明显，推出新的立法迫在眉睫，2004 年《人体组织法》应运而生。

该法的核心是同意。只有获得患者本人或者未成年人父母的同意，才能储存或使用该患者的人体物质。问题在于，可能许多人都与这些案例中医生的态度一致。如果医生摘取一点点人体组织用于科学研究，对病患个人十分要紧吗？现实是的确

---

① Retained Organs Commission（2004：para 2）.
② Brazier and Cave（2007：471）.
③ Maclean（2001：80）.
④ Maclean（2001：80）.
⑤ Chief Medical Officer（2001：18）.
⑥ Chief Medical Officer（2001）.
⑦ HM Inspector of Anatomy（2003）.
⑧ DoH（2001h）.

有人反对。比如,某些有信仰的人讲求死亡后遗体的完整性,希望入土为安。遗体是否完整入土,对这些人意义重大。为了尊重关于人体的不同观点,我们需要先征得患者同意,而获取同意意味着对病患及其家属表现出应有的尊重。

1.1　2004年《人体组织法》的调整范围

英国政府对 2004 年《人体组织法》的立法目的解释如下:

> 本法旨在为整个遗体捐献和单个器官和组织的摘取、储存和使用等问题提供一个统一的立法框架。本法将患者或家属同意作为一项基本原则,以此规范合法的人体、躯干、器官和组织的储存和使用以及死者人体组织的摘取。本法将设立一个职权广泛的管理局,旨在对现有调整移植和解剖的法律进行合理改革,并对尸体解剖以及利用人体组织进行医学教学、培训和研究等活动引入新的立法。本法致力于在个人和家庭的权利和期望与对所有民众而言更深远的考虑之间达成一种平衡,这些更深远的考虑包括医学研究、教学、训练、病理学和公共卫生监测。①

总体而言,2004 年《人体组织法》的适用范围限于以下四个重要方面:

(1) 该法的第一部分不适用于人体物质的提取,而是人体物质的储存和使用。② 该法不适用于应对病患的下列投诉:医生没有正确实施手术或者手术前没有获得有效的知情同意(这些问题由过失侵权法律处理),只适用于规范人体物质被提取后的储存和使用过程。

(2) 该法只适用于某些人体物质,不适用于动物或其他特殊人体物质,诸如精子、卵子和受精卵,也不适用于人体物质的图像或者其他影像资料。③

(3) 该法只适用于特定目的下人体物质的储存和使用。

(4) 该法第一部分并不试图影响验尸官履行职责的方式。④

1.2　第一条:合法储存和使用人体物质

2004 年《人体组织法》开篇就对什么是对人体物质的合法处理行为进行了界

---

① DoH (2004f: para5).
② HTAct 2004, s. 9.
③ Human Tissue Authority (2014).
④ HTAct 2004, s. 11.

定：只要有必要的同意，且行为目的符合本法附则一的目的，那么就可以保存、使用一个完整的躯体，从死者身上摘取、保存和使用人体物质，保存、使用活着的人身上的人体物质。

我们需要对上述概述中的一些术语进行解释。

1.2.1 人体物质

2004 年《人体组织法》规定了人体相关物质的范围。根据 2004 年《人体组织法》第 53 条规定，人体相关物质是指人类的组织、细胞和器官，不包括配子、体外的胚胎，以及活着的人的头发和指甲。根据该法第 54 条第 7 款之规定，培养的细胞系和其他体外培养的人体物质一样，均被排除在外。对这一概念，也有一些疑问，即这一概念是否涵盖在人体内生活、不属于人体部分的不同组织和细菌。① 但是，人体物质的概念十分宽泛，即使是单一细胞也可以被看作人体物质。

1.2.2 有效同意

为特定目的储存和使用人体物质，必须获取病患或其家属的同意。② 例如，对移植使用某一器官的同意就不是对研究使用该器官的同意。但是，如果病患同意将自己的人体物质用于实验研究，那么不用每个实验项目都征求病患的同意。同意可以是具体的（比如，只针对某个具体的研究项目）或抽象的（比如，针对一项尚未明确的项目）。③ 个人也可以为自己的同意附加条件。④ 同意也可以随时撤销。⑤ 可以通过口头的方式表达同意，除非涉及解剖检查和公众展览问题，此时需要个体签名，且有证人见证。⑥

这里的同意指什么呢？是我们必须得到明确的同意。患者或家属不反对并不足以构成有效同意。⑦ 正如第四章中讨论的那样，个人是否有能力做出有效同意，由有关同意的一般规定决定。《人体组织管理局业务守则》［Human Tissue Authority（HTA）'s Code］中指出：

---

① Herring and Chau (2013a).
② 参见 McHale (2006a)，他对有效同意的概念做了有意义的阐述。
③ Human Tissue Authority (2017a：para 29).
④ Human Tissue Authority (2017：para 48).
⑤ Human Tissue Authority (2017：para 51).
⑥ Human Tissue Authority (2017：para 57). Human Tissue Authority (2017b).
⑦ Human Tissue Authority (2017：para 30).

同意必须由当事人在充分知情，且在诉争事项上有同意能力，自愿做出时才有效。患者必须理解该事项涉及内容，任何合理的治疗或可能的治疗，可能的话，该治疗涉及的实质风险是什么。实质性标准是"在某一具体案件中，一个理性人处在患者的情况下，是否可能对该风险赋予重要性，或者医生应该合理预见某个特定患者很可能对该风险赋予重要性。"①

但是谁可以做出同意的决定呢？

（1）成年人。

该法第3条规定，对于有意思能力的成年人，有效同意只能由本人做出。第四章中讨论的有关同意的一般规则可以适用。

（2）死亡患者。

在患者已经死亡的情形下，有效同意可以由以下三种人做出：

① 死者本人。如果死者生前已经明确表明自己的观点，则以死者的意见为准。如果人体组织的使用涉及公开展览或解剖检查，那么必须有书面的同意。② 但是，对于该法规定的其他行为，不必获得书面的同意。死者的决定必须是在他临死前做出的有效决定。因此，如果死者生前曾经表示愿意捐献个人遗体用于医学研究，但在临死前又表示不愿捐献的，那患者就撤回了捐献遗体的有效同意。

② 指定代理人。如果患者死亡时没有就自己的人体物质的使用做出决定，但其生前曾指定一位代理人，那么代理人可以代表他做出决定。指定代理人须符合第4条的要求。指定代理人可以采用口头形式，也可以采用书面形式，如在遗嘱中指定。

③ 具有适格亲属关系的近亲属。如果患者死亡时没有做出任何决定，也没有指定代理人，那么具有适格亲属关系的近亲属可以代替死者做出决定。第27条第4款规定了可以做出有效同意的亲属顺序：a. 配偶或同居伴侣；b. 父母子女；c. 兄弟姐妹；d. 祖父母、外祖父母、孙子女、外孙子女；e. 侄子女；f. 继父母；g. 半血缘关系的兄弟姐妹；h. 长期的朋友。如果两人属于同一顺序，则只需其中一人的同意即可。③

---

① Human Tissue Authority（2017a：para 40）.
② HTAct 2004，s. 2（5）. 有关公众展览的指南，参见 Human Tissue Authority（2017b）.
③ 政府承认，该法没有规定叔伯和姑姨的事实在实践中产生了一些问题。政府宣称，其正在考虑相关事宜。HM Government（2007a）.

（3）儿童。

2004 年《人体组织法》第 2 条对涉及儿童①时的有关同意做出了规定。如果儿童有能力做出决定，②那么可以自己做出有效同意。事实上，有能力的未成年人可以提前做出同意决定，该决定必须得到尊重。③ 如果儿童没有能力做出决定，那么具有父母责任④的人可以代替儿童做出有效同意。⑤ 因此，当有能力做出同意的儿童没有就此做出任何意思表示，具有父母责任的人可以就捐献该儿童的器官用于器官移植做出有效同意。⑥ 如果儿童死亡时，没有负有父母责任的人，那么具有适格亲属关系的人可以就其人体物质的摘取、储存和使用做出同意。⑦

（4）欠缺意思能力的成年人。

如果成年人欠缺意思能力，那么根据 2006 年《2004 年〈人体组织法〉（缺乏同意行为的人和移植）管理条例》⑧之规定，某些情形下，可以视作其已做出了同意。该条例允许在符合欠缺意思能力人最佳利益的情况下，为"附则一规定的目的"，存储和使用相关人体组织。

1.2.3 附则一 规定的目的

2004 年《人体组织法》第 1 条规定，如果行为目的符合附则一规定的法定目的，这类行为就是合法行为。该附则将合法目的分为两类。下面我们就讨论制度这样安排的理由。

第一类

需要获得同意的目的：一般情形。

① 解剖检查；② 确定死因；③ 患者死亡后，论证患者接受药物或其他治疗的有效性；④ 获取与其他人（包括未来患者）可能有关的患者或死者的医学信息；⑤ 公共展览；⑥ 人体功能紊乱或人体机能运行不良的研究；⑦ 器官移植研究。

---

① 儿童指未满 18 周岁的人。
② Human Tissue Authority（2017a：para 87）.
③ 如果涉及解剖检查和公众展览，儿童的同意必须以书面形式做出且有见证人见证。
④ 第四章阐述了何人对子女享有父母责任。
⑤ 具有父母责任的人不能同意将孩子的遗体用于解剖检查，只有孩子自己才能表示同意与否。
⑥ Human Tissue Authority（2017a：para 90）.
⑦ HTAct 2004，s. 2（7）. 更多的讨论，参见 Lyons（2011b）.
⑧ SI 2006/1659.

第二类

需要获得同意的目的：死亡个体。

⑧ 临床审计；⑨ 有关人体健康的教学或培训；⑩ 医学行为评估；⑪ 公共卫生监控；⑫ 质量保证。

根据第一条第一款的规定，只要行为目的符合以上十二种情形之一并获取了有效同意，医务人员就可以采取以下措施：

(1) 保存死者的遗体（不包括解剖检查）。

……

(3) 从死者遗体上提取任何"相关物质"。

如果属于第一类合法目的并获取了有效同意，医务人员就可以采取以下措施：

(4) 保存或使用来自人体的"相关物质"。

如果属于第二类合法目的，即使没有获得同意，医务人员也可以采取以下措施：

(5) 保存或使用来源于死者遗体的"相关物质"。

……

值得注意的是，对保存用于解剖检查的遗体，有专门规定。①

如果个人使用人体物质的目的不属于附则一规定的目的，那么根据该法的解释，该法将不予适用。因此，如果一个艺术家摘取尸体的一部分用于雕塑，此行为就不属于2004年《人体组织法》的调整范围。虽然不能依据该法判定该行为是否合法，但行为人可能因此犯有其他罪行，如偷窃罪。

1.3 未经同意保存和使用人体物质

2004年《人体组织法》中的一项基本原则是使用人体物质必须征得本人同意。但在以下八种情形下，未经当事人同意，保存和使用某人的人体物质仍然合法。

1.3.1 符合附则一规定的第二类目的（例如教学、培训和审计）

如上所述，如果为了附则一规定的第二类目的，那么保存尚在世个体的人体物

---

① HTAct 2004, s. 1 (2) and (3).

质无须征得该主体的有效同意。虽然研究和教学、培训之间的界限模糊不清,但是第二类目的并不包括研究。为了上述目的保存使用人体物质无须同意的原因在于这是病患得到正常治疗或国家卫生管理工作的一部分。① 但请注意,这不适用于从死者身上提取人体物质。

1.3.2 人体组织管理局可以认定存在有效同意

如果不能追溯人体物质的来源,人体组织管理局有权认定存在使用人体物质的有效同意。② 但人体组织管理局的这一权限较窄,只有当病患亲属的相关组织的基因检测可以帮助患者疾病诊断或治疗时,人体组织管理局才会行使此权力。如果人体物质来源于尚在世的个体,且获取其医学信息对另一人有利,且没有理由认为人体物质的提供者已经死亡或者已经决定不同意使用他的人体物质,这种情况下,该管理局有权认定存在有效同意。如果已经采取合理措施鼓励个体对如何处理他的人体物质做出决定,但个体没有做出决定,管理局也有权认定存在同意。

1.3.3 高等法院的指令

为开展治疗人体功能紊乱或人体机能失常的医学研究需要保存使用人体物质时,高等法院可作出指令,认定存在有效同意。③ 这类指令的适用范围包括保存从活体或死者身上提取的人体物质,摘取和使用人体的相关物质。只要符合公共利益,高等法院就可以作出这一指令。但是,政府已经声明,只有在特殊情况下,高等法院才能行使这一权力。④

1.3.4 为研究目的保存人体物质

为开展治疗人体功能紊乱或人体机能失常的医学研究,可以未经同意保存从活体上提取的人体物质,只要:① 该项研究在伦理上符合国务大臣发布的相关条例;② 人体物质是匿名的,不能从人体物质本身确定该物质的提供者。⑤ 这一点非常重要。显然,即使患者明确反对,法律也允许研究者为研究目的使用人体物质。但如

---

① Ibid (2004f: para 13). McHale (2006a) 讨论了以下问题:如果未经同意,就使用了某人的人体物质,该主体是否可以主张侵犯了他们的人权。
② HTAct 2004, s. 7.
③ HTAct 2004, s. 7 (4).
④ Price (2005a: 801).
⑤ HTAct 2004, s. 1 (7) - (9).

果病患明确表示反对,研究者通常不会使用他们的人体物质。值得注意的是,有这类研究目的并不是未经同意摘取人体物质的充分理由。因此,这一规定只适用于患者同意摘除的人体物质,例如手术中被摘除的人体物质。

1.3.5 多余的人体物质

如果在治疗、诊断或研究过程中,人体物质已被摘除,那么该物质可被视为多余的人体物质,对于该人体物质的处理可不用征求患者的同意。[①] 因此,处理一个手术中摘除的肿瘤可以不经患者的明确同意。通常认为,对手术的同意包括了对处理肿瘤的同意。

1.3.6 进口的人体物质

如果人体或人体物质是从国外进口的,那么无须征得同意。[②] 因此,如果英国的医院收到从丹麦托运来的用于研究的人体器官,英国医院无须确保已经获得了该器官来源者的同意。法律推定器官来源国的法律足以保护该国公民的权利。

1.3.7 已有的人体物质

如果医院或外科医生在该法实施前,已经为了附则一规定的目的,保存了一些人体或人体物质,那么这些人体物质的使用无须征得患者的同意。[③] 人体组织管理局已经对现有人体物质的保存、使用和处理颁布了业务守则。[④]

1.3.8 验尸行为

验尸官的行为不受本法限制。因此,验尸官可以不遵从 2004 年《人体组织法》的规定,自行授权保存某些器官。

可见,在很多特殊情况下,可以不经患者同意使用人体物质。

但以下案例说明,上述规定不能涵盖所有情形。在法律没有规定时,法院会根据其固有管辖权处理这一问题。[⑤]

[①] HTAct 2004,s. 44. HTA (2017a:para. 25) 中指出,处理前获得同意是一种好的做法。
[②] 特别条款规定,先出口再进口的躯体或人体物质不能作为例外的情况,否则这会导致规避法律的情形。
[③] HTAct 2004,s. 9 (4)。
[④] Human Tissue Authority (2017c)。
[⑤] 类似的案件还可参见 *Anderson v Spencer* [2018] EWCA Civ 100。

重点案例

CM 案①

CM 医生开车回家，途中遇到了 EJ，EJ 正大量流血。她尝试进行急救，但 EJ 仍死亡。CM 医生双手因此沾染了 EJ 的血液。事后她担心自己是否会感染艾滋病，立即服用了抗逆转录病毒的药物。她想要获得 EJ 的一份血样进行检测，EJ 的家人同意，验尸官也同意，但不清楚要依法使用这种血样需要何种法律授权。

法院认定，既然 EJ 的近亲属已经同意，验尸官也同意，那么这属于法院的固有管辖权。CM 医生是出于人道的原因施救，如果不让其使用这种血样，她就无法知晓自己是否感染这种疾病。而且让 CM 医生回到自己的工作岗位上也符合公共利益。因此法院裁定相关机构可以对血样进行检测。报告最后显示检测已完成，检验结果为阴性。

1.4 人体组织管理局

2004 年《人体组织法》第二部分创建了人体组织管理局，其职权范围覆盖了人体物质的摘除、使用、保存以及处置。② 该管理局建立了一个授权机制，在该机制下，一系列与人体组织相关的行为都需要获得授权，未经授权径行实施属违法行为。③ 如果相关机构违反了授权的内容，那么管理局可以撤销授权。人体组织管理局同时制定了涉及人体组织处理的业务守则，④ 该管理局无权干涉涉及人体组织的刑事司法行为，比如验尸官的尸检。⑤

---

① *CM v Executor of the Estate of EJ* [2013] EWHC 1680 (Fam).
② Human Tissue Authority (2017g) 描述了该管理局近来的工作。
③ Human Tissue Authority (20017g) 报道，有 573 家机构和 288 家卫星机构获得了授权许可。
④ Human Tissue Authority (2017e).
⑤ HTAct 2004，s. 39；Human Tissue Authority (2017d).

人体组织管理局的职权范围如下：

- 为附则规定的目的，保存和使用人体及人体组织，以及从人体摘取组织；
- 为附则规定的目的，进口和出口人体及人体组织；
- 为附则规定的目的，或者医学治疗使用后，对人体组织的处置，包括进口的人体组织。

在人体组织管理局职权范围内的事项，人体组织管理局必须履行以下职责：

- 为公众和国务大臣提供信息。
- 制定业务守则。① 除其他事项外，还包括知情同意、与死者家属交流尸检、人体组织的进出口和处置等。
- 负责授权事项。涉人体组织的相关行为必须向人体组织管理局提出申请，在获得许可后进行。须获得授权的事项包括以下内容：

——用于解剖检查和相关研究的人体的保存和使用；
——尸检，包括人体组织的摘取和保管；
——除移植外，为附则规定的其他目的，从死者身上摘取人体组织；
——用于公开展览的人体或部分人体的保存和使用；
——为附则规定的目的，保存人体组织，比如为了移植和研究，保存人体组织。

- 人体组织管理局有义务开展检查，以确保相关机构严格遵守《人体组织法》的规定以及授权许可的范围。人体组织管理局应确保，授权和检查是"适当的"，并不会增加不必要的麻烦。人体组织管理局有权决定如何开展检查和授权。

人体组织管理局同时制定了其工作的指导原则。

1. 同意

在摘取、存储和使用人体组织时，捐献人或他们指定的代理人或亲属的同意和意愿居于首位。这意味着：

（1）人体组织或死者遗体应按照捐献人及其亲属的意愿予以使用；

（2）捐献人及其亲属应知晓所有相关信息，以便他们做出符合真实意愿的选择；

（3）寻求同意时，应根据每个个案的具体情形细致开展工作，并适时表达感激。

---

① Human Tissue Authority (2017a-e).

2. 尊严

在处理人体组织和遗体时，维护个人尊严应处于首位。这意味着：

（1）应始终尊重捐献者的尊严；

（2）应有相应机制保护人体、人体器官和组织免于遭受损害；

（3）应维护个人隐私；

（4）应小心处理人体组织，处理方法应与该材料的性质相符；

（5）如果知晓死者或死者亲属意愿的话，对来自死者的人体组织的处理应尽可能符合死者的遗愿，或者死者亲属的意愿；

（6）如果是进口的人体组织，进口商应尽力确保该人体组织源于有相应伦理和法律框架的国家。

3. 质量

质量管理是涉人体组织和遗体工作的基础。这意味着：

（1）应有称职的医务人员开展相关工作，他们根据业内规范和相关职业指南进行了适当的培训并开展治疗工作；

（2）建立了医务工作监管机制，确保人体组织的存储和使用适当、安全，足以保护生者或逝者的尊严；

（3）相关机构和设备应保持干净、安全，并定期维护；

（4）应做好死者遗体、人体组织和捐献者的人体组织的准确适当的记录，确保可以全程追踪和溯源；

（5）患者信息的处理应安全、保密。

4. 坦诚

在涉及人体组织和遗体事项时，坦诚是交流的基础。这意味着：

（1）和捐献人以及您寻求同意的其他人的交流应开放、坦诚、清晰和客观；

（2）涉及人类身体和组织的严重事故将接受严格调查，以确保吸取相应教训，最大限度减小再次发生事故的风险；

（3）相关机构在处理相应事故时应采取公正、透明的机制，在适当的情形下，也应遵守其他法定职业要求，保持坦诚；

（4）有关医学调查或治疗的讨论应与为特定目的寻求同意的讨论完全分开；

（5）相关机构应在收费和补偿等问题上公开透明。

1.5 刑事犯罪

2004年《人体组织法》也规定了几项刑事犯罪。

1.5.1 未能获得"有效同意"

该法第5条规定:

(1) 未征得"有效同意",实施了符合第一条第一、二或三款规定行为的,构成犯罪。除非他有合理理由相信:

a. 他获得了有效同意;

或者

b. 他的行为不是这几条规定的行为。

如上所述,第(1)条规定的行为包括完整人体或人体物质的保存或使用;死者身上的人体物质的摘取、保存和使用。这说明,现在医生未征得同意擅自保存一名儿童的器官的行为已属于刑事违法行为。正是这种行为造成了阿尔德黑医院的丑闻。该罪最高量刑标准为3年有期徒刑。有人认为该量刑过高,但政府认为对于这类犯罪中最严重的情形,这一规定是合适的。[①]

"有合理理由相信"的抗辩理由很重要。举个例子,如果有书面文件让医生相信父母同意使用孩子的躯体,但事实上该文件系伪造,该医生就属于这种情形。当然,是什么构成了"有合理理由相信"还需依据具体情形判断。

1.5.2 同意的虚假陈述

如果有人假称存在"有效同意"或某行为依法不需要征得同意,而其明知自己所做陈述是虚假陈述,其行为就构成刑事犯罪。[②]

1.5.3 未能获得死亡证明

在无死亡证明时,保存或使用人体用于解剖检查的行为构成刑事犯罪。[③] 如果实施行为者认为存在死亡证明,或者其行为不受本法调整,那么可以此作为抗辩理由。

---

① Price (2005a:809).
② HTAct 2004, s. 5 (2).
③ HTAct 2004, s. 5 (4).

1.5.4 为不当目的保存或使用捐献的人体物质

除非基于以下目的，否则保存或使用捐献的人体物质构成犯罪：① 附则一规定的目的；② 医学诊断或治疗；③ 对人体物质进行适当处理；④ 符合国务大臣制定的相关条例规定的目的。[①]

如果某人合理相信他或她处理的不是捐献的人体物质，这也可以构成一项抗辩理由。[②]

1.5.5 未经同意的DNA分析

在未获得有效同意时，擅自对个人占有的人体物质进行DNA分析的行为构成刑事犯罪，除非这是为了某些"特殊目的"。[③] 这些"特殊目的"包括以下四种。

（1）一般的特殊目的：

① 为了对患者进行医学诊断或治疗，对该患者进行DNA检查；

② 验尸官履行其职务或以为了验尸实施的行为；

③ 与该死亡调查相关的检察官履行职务的行为或为此目的实施的行为；

④ 犯罪的预防或侦查；

⑤ 起诉行为；

⑥ 为了保护国家安全；

⑦ 执行法院或审裁处的命令或指示，包括英国之外的法院或审裁处。[④]

（2）另一个例外是根据高等法院的指令，出于医学研究的目的。

（3）根据法律规定，允许现有人体物质的占有者，为了某些目的进行DNA分析。

（4）如果人体物质是从尚在世的个体身上提取的，那么为了以下目的，可以不经同意使用DNA：

① 研究；

② 临床审计；

③ 教育；

---

① HT Act 2004, s. 8 (4).
② HT Act 2004, s. 8 (2).
③ HT Act 2004, s. 45.
④ HT Act 2004, sch. 4, para. 5 (1).

④ 医疗行为评估；
⑤ 根据人体组织管理局的指令；
⑥ 为了另一人的利益。①

如果不是为了上述某种特殊目的，但获得了有效同意，那么也可以对其占有的人体物质进行DNA分析，这很有意义，因为这意味着为2004年《人体组织法》规定的目的获得了使用人体物质的同意也可以视为获得了对DNA分析的同意。

1.5.6 非法交易用于移植的人体组织

用于移植的人体组织不得非法买卖或交易，否则构成刑事犯罪。② 我们将在下文予以详细讨论。③

1.5.7 未经授权的行为

未经人体组织管理局授权，实施须获得授权许可才能开展的行为是刑事违法行为。④ 如果无法出具相关行为记录或妨碍管理局执行公务，也构成犯罪，但罪行较轻。⑤

1.6 其他条款

2004年《人体组织法》第43条明确规定，在获取有效同意过程中，卫生机构可以采取措施保存死者的器官。⑥ 第44条规定了对不再保留的人体物质的处理问题。第47条规定，某些国家博物馆有权从他们的收藏品中将人体组织转移，只要他们认为这样做是合理的。

---

① 2006年《2004年〈人体组织法〉（缺乏同意能力的人和移植）管理条例》（SI 2006/1659）规定了有关主体缺乏意思能力的例外情形。
② HTAct 2004, s. 32. Human Tissue Authority (2009h).
③ 参见本章第八节器官出售。
④ HTAct 2004, s. 16.
⑤ HTAct 2004, s. 16.
⑥ Bell (2006) 认为，这一条款对个人自治权保护不足，且容易成为推定同意器官捐献的不正当途径。

2. 对 2004 年《人体组织法》的评述

2004 年《人体组织法》试图在众多利益冲突中实现微妙的平衡。一方面,《人体组织法》承认确保摘取和使用人体组织应得到有效同意的重要性。另一方面,该法也承认人体组织的使用对医学研究或医学教育非常重要。① 重建人们对基因研究和收集人类生物样本②的公信力不能以严重影响绝症研究为代价。

2004 年《人体组织法》草案在议会审议时,做了大量修正。许多修订内容是为了应对科学家和医学专家提出的担忧,他们认为草案的规定对他们施加了太大压力。③ 然而,该法也因为一些模糊规定遭到了批评,主要包括以下内容。

2.1 刑事犯罪规定

2004 年《人体组织法》的核心概念并不清晰。如上所述,该法第 5 条第 1 款规定,未征得有效同意,实施了第 1 条第 1、2、3 款规定的行为的,构成犯罪。第 1 条第 1 款规定,在征得有效同意的情形下,下列行为合法:为附则一规定的目的,保存死者的遗体,但解剖检查除外。

如果保存死者遗体的目的不符合附则一的规定(如将一具躯体作为私人艺术展品),该行为是否触犯刑律,法律没有明确规定。某一行为是否为犯罪行为取决于是否是"第一款规定的行为"。按照第 1 条第 1 款 a 项之规定,该行为是否仅仅指保存死者遗体?如果是,被告则有罪。或者指为了附则一规定的目的,保存死者遗体?如果是,根据第 5 条之规定,被告则无罪。

《英国卫生和社会保障部〈人体组织法〉适用指南》对该法规定的犯罪做了如下解释:"未经有效同意,为附则中规定之目的摘取、保存或使用人体组织的行为。"④ 这似乎是说,如果某行为的目的不属于附则一规定的范围内,那么根据 2004 年《人体组织法》,这一行为不构成犯罪行为。尽管这可能构成其他刑事犯罪行为(如盗窃罪),但是法律并未明确规定什么情况下就构成其他犯罪行为。另一方面,

---

① Genetic Interest Group(2004).
② Human Genetics Commission(2006).
③ 更多关于这一法律如何影响医生的日常工作,参见 McLean 等(2006)and Wilton(2007).
④ DoH(2005m).

争议在于，医生为了研究目的未经同意从尸体上摘取人体组织的行为有罪，而摘取身体部分组织以满足个人淫欲的人却可能无罪，这样的法律规定意义何在？

而且，第 1 条中使用的"合法"一词所指也有不明确之处。我们可以推定，第 1 条可能表示，如果与本法其他法律规定不符，但符合第 1 条规定，则该行为并不违法，而并非表示第 1 条规定的行为在其他法律或规定中就不会违法（比如过失侵权的法律或《数据保护法》）。①

2.2 同意原则的例外

从该法颁布前各种丑闻引发的公众愤怒到政府对该法所采用的措辞，有人可能认为，在涉及人体物质时，我们有一个明确原则，即只有征得同意，才能保存人体器官和组织。尽管这是一项基本原则，但也有一些例外规定。这些例外规定严重削弱了该原则的至上性。我们不能对患者保证，"未经您的同意，我们不能从您身体上提取任何人体物质"，我们只能说"未经您的同意，我们不能从您身体上提取任何人体物质，除非人体组织管理局允许"。比如，一个人的人体物质可以在未经同意下用于培训、审计或教学。例外规定是否有充分的合理性（即这些行为"是否是治疗病患本应实施的合理行为，或者……是维护国家公共卫生所必需的"），人们并无共识。② 为什么研究不属于"维护国家公共卫生所必需的"？③ 教育和研究之间有明确的界限吗？第 1 条第 7 款至第 9 款规定，如果这些条文中提及的因素（最重要的是，对样本进行匿名化处理以及获得研究伦理委员会④支持）都得到了满足，那就可以不经本人或家属同意使用人体物质开展研究。这一规定使得区分教育和研究变得更加复杂。

如何区分死者遗体和活人的身体也可能存在疑问。为什么教学时（没有明确的同意）使用活人的人体物质合法，但使用一具尸体就违法？当然，考虑到新闻报道的医院丑闻，政府总是把父母的意见和儿童尸体放在首要考虑因素。但是活人身体和死者遗体二者之间有逻辑上的区别吗？

---

① Zimmern，Hall and Liddell (2004).
② DoH (2004f：para 13).
③ Parry 等 (2004)。
④ Zimmer、Hall、Liddell (2004) 质疑研究伦理委员会是否有足够的资源应对由此产生的新增工作量。

2.3 权利和功利

对阿尔德黑和布里斯托尔事件的一种解释方法是，医生依靠的是一种功利逻辑，摘取组织而不告诉父母是最好的选择。他们未采用基于权利的分析思路：承认个体对自己的人体物质拥有支配权。①《人体组织法》可以看作权利分析方法和功利分析方法之间的妥协。尽管该法首先明确规定了个体所享有的权利，即没有当事人的同意，其人体物质不能被保存或使用，但是该法规定的以公共利益为名的例外规定显示出功利主义思想的影响。有人可能认为，这种个人权利和公共利益（例如研究）之间的平衡很有必要。② 当然，还有一种意见认为任何权利分析都需要平衡部分群体的利益与一般大众的利益。③

2.4 《人体组织法》的基本原则

有学者认为，尽管《人体组织法》没有明确提出其基本原则，但是该法建立于这样一个假设上，即人们确实拥有他们自己的身体。④ 帕廷森（Pattinson）指出：

> 我们已经看到 2004 年《人体组织法》赋予捐献者及其代理人一种消极权利，这导致捐献者对其器官有消极性的排他控制权，而且这种控制权仅仅取决于捐献者是该器官的供体来源。换言之，2004 年《人体组织法》的一个原则是，器官供者和器官之间的关系是器官供者对器官享有消极性的排他控制权，即使器官供者对器官的使用没有任何主体利益。⑤

这一观点的实质是，只有我们对被摘取的自身人体物质享有物权，该法规定的权利才有意义，这些权利才有存在的正当理由。但也并不尽然。法律可以规定一些旨在保护自主权和人格尊严的条款。一种最好的解释可能是，《人体组织法》的立法理念与人们对自己的身体及其组成部分享有物权的观点具有一致性。

值得注意的是，2004 年《人体组织法》第 32 条第 9 条 c 款对禁止进行商业交易的人体物质做了例外规定，即"由于人类技术的应用，该物质可以成为物权的客

---

① Morrison (2005).
② Parker (2011).
③ Harmon and McMahon (2014).
④ Price (2009b); Pattinson (2011).
⑤ Pattinson (2011: 122).

体"①。周（Chau）博士和笔者②认为，这表示，该立法并不承认一般情况下个体对其自身享有物权，帕廷森③对此持相反意见，他认为由于人体为个体所有，因此人体物质当然属于供者。所以，2004年《人体组织法》第32条不能适用于所有的人体物质，否则禁止对这类物质进行商业交易的例外规定就没有任何意义。这一解释的难点在于对第32条术语的理解。该条规定，由于人类技术的应用，人体物质成为"财产的客体"。这一用语表示，只有在人体物质上适用某项技术后，该人体物质才成为物。

2.5 《人体组织法》的实用性

有观点认为，《人体组织法》没有意识到与悲痛欲绝的死者家属谈论这些问题的实际困难。在儿童死亡不久，工作人员就与家属详细讨论尸检和摘取器官是不适合的，即使是用于研究。他们要顾及他人感受，不要表现得麻木不仁。取得患者或家属的同意，也许是我们应该努力的方向，但在实际工作中并不简单。值得一提的是，尽管涉及器官移植的决定需要患者家属在患者死后不久就做出，但是尸检决定在时间上没有如此敏感。这就使在体谅家属感情上获得他们同意成为可能。④

基于上述理由，有人建议，该法应更关注授权行为，而非征得患者及家属同意。⑤ 他们认为，让父母同意医生对自己的孩子开膛破肚，摘取并保存器官，这会让父母非常难过。但如果只是让他们允许一项手术，他们的感受就会好一些。有人认为，在涉及未成年患者的情形中，授权可能更恰当：应该允许父母可以就儿童治疗做出授权，但他们不能就此做出同意，因为被治疗的并非他们自己的身体。但也有人认为，授权和同意之间的微妙区别连法律人都甚感困扰，对悲伤的父母而言，要理解这一点就更不可能。

一个不同的观点是，如果法律上对同意的要求过于官僚和繁重，这将严重限制一些重要的医学研究。⑥ 至少，违反同意规则将入刑的事实很可能会导致一种过度

---

① 该条规定，一般的人体器官交易行为仍然属于违法行为。例外规定中还列举了配子和胚胎。——译者注
② Herring and Chau（2007）.
③ Pattinson（2011）.
④ Morrison（2005：187）.
⑤ 该观点，参见 Brazier（2003a）。
⑥ Nuffield Council（2004）.

谨慎的氛围。① 如果同意很难获取，医学研究可利用的人体物质就会更少，这将延缓科学发展的进程。

2.6 父母的角色

医院发生的各种丑闻反映出让父母参与子女遗体处置这一事项的重要性。一般认为父母应参与其中。但这只与情感问题有关吗？父母对孩子遗体的处理决定应该阻碍科学的进步吗？② 布雷齐尔提出的应尊重父母的观点颇具影响力。

> ① 孩子是父母的，人属于父母，身体也属于父母。即使孩子死亡，孩子的父母仍是父母。② 他们是家庭价值观的守护人，不管这一观点是源于他们的宗教或文化，还是只是他们个人的想法。③ 孩子去世后，父母需要接受现实，正视他们失去子女的痛苦。他们需要一些方法调整他们的生活。④ 子女的辞世会严重影响父母的精神健康和情感状态。⑤ 父母挚爱的孩子的音容笑貌仍留在他们的脑海中。理智上，父母知道孩子没有痛苦，不再流血。但在思想上，噩梦一直挥之不去。③

我们应对悲伤的父母抱以强烈同情，这可以理解，但是法律必须脱离"纯粹的感情"。优先考虑父母的具体愿望，而不顾有关儿童疾病研究的公共利益，不顾最终可能拯救其他儿童性命的公共利益，这是否正确？毕竟父母的悲伤感受在法律上并非阻止尸检的充分理由。尸检更多的是为了公众利益而不是儿童疾病研究。④ 约翰·哈里斯更明确地指出，"在阿尔德黑事件后，有关保存人体组织和器官的讨论被尊重人体组织的论调所主导，虽然这种观点可以理解，但其非常荒谬"。⑤

2.7 人体物质的定义

2004年《人体组织法》对人体物质的界定过于宽泛，这也引发了人们的担心。尽管人们广泛认同，在未经适当同意时，从尸体中摘取器官是非法的，但是如果我们只是从尸体上取一小份组织放在显微镜下，那么这一行为同样违法吗？如果丑闻

---

① Parry 等（2004）。
② 更多讨论，参见 Lyons（2011b）。
③ Brazier（2003a：31）。
④ 参见 Harris（2002）。
⑤ Harris（2002：546）。

中孩子的父母发现医生只是从孩子身上取走很小一部分细胞,他们还会感到震惊吗?① 有人指出,《人体组织法》应该区分样本(一块很小的人体物质)和器官或大块物质。而且,有人可能会质疑,这一定义是否忽略了一个事实,组成身体的物质中有一部分不是人类细胞,而是微生物,包括细菌。②

2.8 对人体物质的所有权

当人体物质被移除后,当事人是否对其享有所有权,《人体组织法》没有直接解决这一问题。该法的关注点在于同意,而非物权。同意是该法的指导原则。一般情况下需要同意才能获取人体物质的法律规定,特别是在某些情况下,可以不经同意获取人体物质的法律规定都表明,医疗过程中,当事人对从自己身上摘取的人体物质不具有所有权。但如果真是如此,该法就应对此予以明确规定。

2004年《人体组织法》第32条第9款涉及通过应用人类技术,成为物的人体物质。遗憾的是,该法并未进一步规定,什么情况下人体物质可以成为物,以及如果成为物,谁对其拥有所有权。考虑到该法旨在为人体物质的保存和使用提供一个全面的法律框架,这一疏漏就更让人失望。个体是否能够对自己身体或身体组成部分享有所有权,这是一个十分复杂的法律和道德问题。我们将在后文进一步讨论这一问题。

2.9 死者意愿的重要性

人们普遍认为,涉及死者遗体时,如果死者就此表达了个人意愿,就应遵从其意愿。③ 即如果一个人清楚表示,在他死后,他不想将自己的身体用于医学研究,那就应尊重他的意愿。《人体组织法》反映了这一原则。但这种观点并未得到广泛认同。约翰·哈里斯提出,尽管个体对自己身体享有一定权益,但这些权益仅具有一定程度的重要性。简言之,这是因为一个人在死后不可能再受到伤害:尽管部分权益还存在,但对这些权益的侵犯不会让死者受到伤害(因为法律意义上的人已经不存在),因此,法律对他们权益的保护程度也较弱。④ 考虑到医学研究所带来的巨大利益,让研究者使用死者人体物质的公共利益的重要性远远超过遵从死者意愿的

---

① Skene (2002); Mason and Laurie (2001).
② Herring and Chau (2013a).
③ 关于死者对其遗体利益的精彩讨论,参见 McGuinness and Brazier (2008)。
④ Harris (2002: 537).

价值。他继续阐述道，我们通过肠道运动、梳头发、月经等也会有规律地排出人体的部分组织。与失去这些人体物质相比，我们不应对医生提取我们身上的微量组织感到担心。哈里斯承认，确保以一种不伤害健康的方式处理人体，尊重风俗，对死者的合法权益予以适当尊重，这些都是我们应享有的权益。但除此之外，就没有其他应关注的权益了。他以一种极具煽动性的方式总结了他的观点：

> 我认为，考虑死者的权益，并对这些权益予以哲学方式的关注，往好了说，这是一种自我放纵式的无意义，往坏了说，这就是对人性的一种犯罪。真正的问题是不用死者的人体组织、器官、细胞和 DNA 以及其他生物材料可能给我们带来多大程度的伤害，使用这些物质又可以让我们在多大程度上受益。①

布雷齐尔回应了哈里斯的观点，她认为哈里斯的观点背后展现的是"冷酷理性主义"。② 她指出，我们很容易过度强调这是为了研究。在阿尔德黑和布里斯托尔丑闻中，大量的器官只是单纯被保存，事实上并没有被用于医学前沿开拓性研究。而布雷齐尔的核心观点是人们（或者他们亲属）就其死后遗体被怎样对待的意愿应得到最大的尊重。他们的意愿也许代表了个人强烈的宗教信仰。正如她所言：犹太教、伊斯兰教和基督教的传统对如何处理遗体都有特别要求。如果阻止个体按照其宗教信仰埋葬尸体（即授权可以不经同意就摘取器官），这会侵犯个体的宗教信仰自由。③ 对宗教人士而言，一个不合适的葬礼意味着一个糟糕的来生。"人们很容易用无神论、不可知论或者其他的自由观点嘲笑这些信仰。但这些信仰所带来的痛苦十分严重。"④

但是布雷齐尔所担心的并不仅仅是宗教信仰。很多人即使"不理智"，他们对于死后应如何处理自己的遗体也有强烈意愿。

> 刚去世的人的音容笑貌尚留在其家人的心里，对遗体的破坏就意味着对其形象的破坏。理性也许会告诉家人，摘取器官时死者不会感到痛苦。但悲伤会压倒理性。由于家庭生活的不同，家庭的悲伤程度也不一样。尊重个人的家庭生活就要求尊重这些差异。⑤

---

① Harris（2014）.
② Brazier（2002：551）.
③ Brazier（2002：560）.
④ Brazier（2002：560）.
⑤ Brazier（2002：566）. 参见 Re JS (A Child) (Disposal of body) [2016] EWHC 2859 (Fam). 该案中，一位濒死的年轻人非常希望自己死后能被冷冻起来。法官判定，应尊重她的观点。

对哈里斯而言，这些感觉完全是不理智的表现，尽管家人的感受应得到尊重，但这不应导致我们采用一部会阻碍医学进步的法。而布雷齐尔认为，哈里斯试图将自己的观点强加给世界上的每个人。

布雷齐尔指出，我们允许人们通过遗嘱的方式处置自己死后的财产，即使立遗嘱人要把自己的财产捐给许多人认为极不理性的事业。在对待自己的身体时，难道我们不应允许人们做出同样的决定吗？她赞同无私捐献自己的器官给科学研究的善举，但是，布雷齐尔也指出，当人们在世时，我们不应强迫他们做这种无私选择。当他们死亡后，我们也不能这么做。她强调，忽视个人对自己死后身体应该如何处理的意愿，这就给他们带来了伤害。

在我们生活的世界，福祉建立在我们与家人和朋友的相互关爱和慰藉之上。我们带着人必有一死的信念生活着。我们死后将被如何对待也会影响我们现在生活的福祉。①

3. 器官移植

3.1 引言

有必要先对与器官移植有关的科技问题做一个简短概述。

（1）活体器官捐献。这是指从生者体内取出一个器官并捐给另一人使用。很明显，这种情形下，能被捐献的器官种类十分有限。常见的一种活体器官捐献就是肾。

（2）死者器官捐献。这是指从一个刚去世的人体内取出器官并植入另一人的体内。

（3）异种移植。这是指从动物的体内取出一个器官并植入人体。

（4）用基因制造的器官。科学家们目前正致力于这项研究。未来有望从人身上提取基因，在实验室中制造一个器官，再将其植入此人体内。

（5）人造器官。目前在制造用于移植的机器器官或机械器官方面也开展了相关研究，并取得了一些成功。

---

① Brazier（2002：566）. 另请参见 Brazier（2015）。

> **现实考察**
>
> **有关器官捐献的数据**
>
> 移植的数量：2018—2019 年，有 4990 人接受了器官移植手术，挽救了他们的生命或大幅提高了他们的生命质量。这些器官来自 1600 位捐献遗体者和 1039 位活体捐献者。
>
> 未来的捐献者：政府致力于推动让更多志愿者在国民医疗服务体系器官捐献登记簿上登记。到 2019 年 3 月，在国民医疗服务体系器官捐献登记簿上登记的人有 2529.2513 万人，占人口总数的 38%。
>
> 不捐献器官者：英国有 64.0645 万人选择不捐献器官，占人口总数的 1%。
>
> 需要器官捐献的人：官方数据表明，截至 2019 年 3 月，在器官移植候诊名单上有 6077 位患者。不幸的是，2018 年至 2019 年间，有 400 位患者因没有等到可移植的器官而去世，另有 777 位患者从名单中移出（通常是因为他们病情恶化，不能接受移植了）。
>
> 器官移植的成功率：对于接受者是成年人的器官移植，接受刚死亡者捐献的，肾移植后五年存活率是 86%，如果是活体捐献，五年存活率为 91%。心脏移植的五年存活率是 83%。[①]

我们将先讨论调整活体捐献的法律，然后再讨论捐献遗体的法律。

3.2 涉及活体捐献的法律

如果捐献者想要捐献再生组织（比如血液或者骨髓），基本不会遇到法律或道德上的障碍。这里涉及的主要问题是是否获得了捐献者真实的同意。但在捐献不可再生组织（比如肾）的情形中，会涉及更多问题。因此，我们的讨论将主要集中在后一种情形。

活体捐献主要有三个重要的原则：

---

① 所有数据来自 NHSBT（2019）。

- 不允许对可能导致死亡或者严重伤害的活体捐献手术做出同意。① 因此，父母不能将自己心脏捐献给他的子女，因为这会导致捐献器官的父母死亡。如果捐献者身体健康，他可以捐献一个肾、一片肝，或一片肺叶。
- 器官捐献前须获得捐献者的同意。捐献者必须充分理解相关手术。② 如果捐献者没有能力做出同意，那么只要能够证明捐献有利于患者最大利益，法律就允许这类捐献。③ 如何证明捐献器官符合无意思能力的患者的最大利益，仍有疑问。正如我们看到的那样，1989年《人类器官移植法》（Human Organ Transplants Act, 1989）的规定意味着，如果器官是捐献给予其没有血缘关系的人，就不太可能认定一位无意思能力的人捐献器官合法。
- 手术必须符合《人体组织法》的规定。

最后一项原则需要做进一步的解释，2004年《人体组织法》第33条规定：

(1) 除第3、5款外，实施下列行为的，构成犯罪：
　① 为了移植，从活体捐献者的体内取出任何可用于移植的组织；
　② 摘取组织时，行为人知道或者我们有合理理由认为他知道，这一组织是从活体捐献者身上摘取的。

(2) 除第3、5款外，实施下列行为的，构成犯罪：
　① 为了移植，使用了任何来自活体捐献者的可移植组织；
　② 使用该组织时，行为人知道或者我们有合理理由认为他知道，这一可移植的组织来自活体捐献者。

(3) 国务大臣可以通过行政规章规定第1、2款规定不适用于以下情形：
　① 人体组织管理局认为：
　　(a) 在这一过程中，没有违反第32条的规定，即将要支付或已经支付报酬的情形；
　　(b) 且符合法律规定的其他情形。
　② 符合法律规定的其他具体要件。

正如本条之规定，法律的出发点是从活体捐献者体内摘取器官进行移植和使用

---

① Law Commission Consultation Paper No. 139 (1995: para 8.32).
② Glannon (2008) 认为，患者无法完全理解肝脏捐献的风险，但是Cronin (2008) 持相反意见。
③ Mental Capacity Act 2005, s. 4.

从活体捐献者体内非法摘取的器官均属违法①，并会招致刑事指控。但在（1）没有支付报酬；且（2）符合人体组织管理局制定的法规时，可以合法摘取并使用器官。下面有必要对这两个要件进行进一步的阐明。

（1）这一器官并不属于第 32 条禁止的"商业交易"的标的物。我们将在后文讨论这一规定。②

（2）人体组织管理局已经颁布了有关活体捐献的法律。③《人体组织管理局业务守则》规定，在进行活体器官移植手术前，需要与供体讨论很多问题，包括器官捐献手术可能涉及的风险以及不能完全保证受体会从捐献的器官那里获益。在供体与受体有血缘关系或者感情上的联系时，只要他们已充分知情，并已经和临床医生、独立评估人员进行了交谈，就可以无须向人体组织管理局申请许可，开展器官捐献手术。但如果供体与受体之间没有血缘关系或者感情上的联系，就需要获得人体组织管理局委员会的特别许可。必须向受体说明的是，接受器官的人的身份会予以保密。④《人体组织管理局业务守则》指出，捐献者必须与心理医生进行会面，确保捐献者真正同意器官捐献。⑤

3.3 未成年人捐献器官

案例法上对于这一问题没有具体指导案例，《人体组织法》对此也没有具体规定。《人体组织管理局业务守则》指出，未成年人进行活体器官捐献极其罕见。⑥任何来自未成年人的捐献都须得到人体组织管理局专家组的许可。如果捐献涉及整个或部分器官，就需征得法院的许可。⑦

该规范并未特别提及儿童是否具有吉利克能力⑧，或已年满 16（17）周岁。所以，这似乎是说，如果儿童要活体捐献整个或部分器官，不论是否具有吉利克能力，都需要法院的指令。但是，法院在判断捐献器官是否有利于未成年人的最大利

---

① *Re SW* [2017] EWCOP 7.
② 参见第八节器官出售。
③ Human Tissue Authority (2017f).
④ 没有必要说明，供体会从捐献中受益。参见 Williams (2017) 的讨论。
⑤ 参见 *Re SW* [2017] EWCOP 7. 当事人奇怪地要求法院批准，不按照《人体组织法》的规定，从一个缺乏意思能力的女性身上抽取骨髓。
⑥ Human Tissue Authority (2017f: para 44).
⑦ Human Tissue Authority (2009b: para 47).
⑧ 对这一概念的讨论，参见第四章。

益时，如果该儿童有能力做决定，而且愿意捐献，法官很可能会做出同意捐献的指令。

人们也许会怀疑捐献器官怎么可能会有利于未成年人的最大利益？当然有可能。① 首先，如果捐献器官是为了与捐献者有血缘关系的姐姐的疾病，并且如果没有这个捐献，姐姐将会去世，那么法院就很可能裁定捐献器官行为符合捐献者的利益。如果捐献者与受赠者之间的亲属关系较远，这一论点就很难成立。或者当儿童是作为"救星同胞"而出生时，难道我们就可以用孩子将来可能得到的利益来证明现在的捐献行为合理吗？

其次，正如《人体组织管理局业务守则》所言，须考虑器官捐献者的感情与社会利益。所以，儿童由于捐献可能遭受的痛苦也必须与儿童由于捐献行为可能得到的感情和心理上的利益进行权衡。

在哈什米（Hashmi）案②中，上议院裁决许可人类受精与胚胎管理局做出决定，即允许相关卫生机构开展胚胎筛查工作，以确定未来胚胎是否适合骨髓移植或者脐带血移植。尽管该案并没有直接肯定取出骨髓或者脐带血用于捐献的合法性，但授权卫生机构开展筛查工作似乎暗示着，接下来的捐献行为将会被视为合法。

值得注意的是，世界卫生组织③建议，应该全面禁止使用未成年人作为器官捐献者。实践中，英国似乎从来就没有听说过儿童捐献者。在欧洲脏器移植基金会覆盖地区，也只有 5 例未成年人作为活体捐献者捐献了器官。④ 很多人都会同意加伍德-高尔斯的观点。

> 也许只有在下列情形中，无意思能力的未成年人才能作为捐献者——捐献是必需的。例如，这是保护受赠者生命的唯一选择，而该受赠者是无意思能力的未成年人自身幸福的关键因素。⑤

3.4 缺乏意思能力的捐献者

对于缺乏意思能力的成年人（包括植物人）作为捐献者，法律的态度如何呢？2004 年《人体组织法》第 6 条规定，如果成年人缺乏意思能力，不能就保存或

---

① 参见 generally Herring 和 Foster (2012)。
② *Quintavalle (on behalf of Comment on Reproductive Ethics) v HFEA* [2005] UKHL 28.
③ WHO (1994)。
④ Garwood-Gowers (1999：122)。
⑤ Garwood-Gowers (1999：145)。

使用其组织进行器官移植做出同意,在特殊情况下,可以推定其做出了同意。如果未获得捐献者有效的同意,那么捐献在得到人体组织管理局至少由三位专家组成的专家组的同意的同时,还须征得法院许可。①

涉及缺乏意思能力患者的同意问题主要规定在 2005 年《心智能力法》,第四章详细讨论了这个问题。在此,我们将简要解释该法如何处理器官捐献问题。

在以下三种情形下,法院可以许可从缺乏意思能力的成年人体内取出和移植身体组织。

(1) 预先指示。

如果一个无意思能力人在丧失能力前做了一个预先决定,准许移植其器官,该决定可作为他同意捐献的依据。但《心智能力法》规定,预先指示只适用于放弃治疗的情形。

(2) 持久委托书。

无意思能力人在丧失能力前已经签署了一份持久委托书,授权某人可以就涉及他(她)的利益事项做出决定,并且该代理人已经同意了捐献组织和器官进行移植的建议。但是,和预先指示一样,立法仅仅准许代理人行使同意治疗的权利,而捐献身体组织并不是治疗。另外,代理人只能许可符合患者最佳利益的事项,而人们很少会认为捐献身体组织符合患者的最佳利益。

(3) 患者最佳利益。

这一关键原则被规定在《心智能力法》第 1 条第 5 款:"依据本法为缺乏意思能力人或代表缺乏意思能力人所做的任何行为或者决定必须符合他/她的最佳利益。"所以,现行法律的基本立场是,如果捐献符合捐献人的最佳利益,就可以从捐献人体内摘取组织器官并用于移植。要确认某一行为是否符合患者最佳利益,需要法院的批准。②

然而,捐献组织器官符合一个人的最佳利益吗?在 2004 年《人体组织法》通过前,这方面的重点案例是 Re Y 案。③ 本书第四章对该案做了详细阐述。该案中,康奈尔法官认为,为患者的妹妹捐献骨髓符合患者的最佳利益,因为不那么做,患者

---

① Human Tissue Act 2004 (Persons who Lack Capacity to Consent and Transplants) Regulations 2006,SI 2006/1659; see Human Tissue Authority (2009b).
② Human Tissue Authority (2017f: para 55).
③ Re Y (Adult Patient) Transplant: Bone Marrow [1997] Fam 110. 对这个案例的讨论参见 Feenan (1997) and Mumford (1998).

妹妹的疾病将进一步恶化甚至死亡。这将影响到 Y 的母亲对 Y 的照顾和支持。应该强调的是，这个案例涉及的是骨髓移植，连康奈尔法官自己也怀疑，如果涉及一个更具侵犯性的手术，比如捐献肾脏，他的判决是否还可以作为一个有用的先例？

有人认为，在没有预先指示或者指定代理人时，不允许使用无意思能力人的器官或者组织进行移植，即不能将无意思能力人作为帮助他人的手段。从伦理上说，为了别人的利益而将这些人作为手段，这是错误的。这就是"剥削"。[1] 正如我们在第四章中讨论的那样，有人认为，没有意思能力的捐献者可能会从捐献中获益：他们也许会因为与受赠者的特殊关系而获得关心或者利益，他们可能因为捐献会获得更好的照顾，有人甚至主张，允许这些无意思能力人参与捐献有利于他们的生活。作为回应，也有人主张，强迫的利他主义不是真正的利他主义，[2] 这些观点很容易导致将无意思能力人作为实现他人某种目的的手段。

3.5 关于活体捐献的伦理问题

英国活体器官捐献数量低得令人震惊。在欧洲，英国活体捐献的比例最低。[3] 因为我们不太接受活体器官捐献，对此也缺少鼓励措施，所以，很多人正因此濒临死亡。临床实践中，捐献者活体捐献器官移植成功率更高，[4] 甚至有证据表明受赠者更愿意接受活体捐献的器官。[5] 事实上，一位著名的评论家曾指出，活体器官移植不应被视为最后的救济手段，而应成为器官移植的主要来源。[6] 我们也看到活体肾捐献有了很大的增长：从 2005—2006 年的 589 例到 2016—2017 年的 1009 例。[7] 这些器官中的绝大多数都来自受赠者熟悉的人。在 2016—2017 年，1218 例活体器官捐献得到了人体组织管理局的批准，但只有 88 例"利他的捐献"得到了人体组织管理局的批准[8]，这 88 例中的捐献者并不认识受赠者。

尽管有支持活体器官捐献的观点，但这也引发了如下复杂的伦理问题。

---

[1] Foster and Herring（2016）.
[2] Keown（1997b）.
[3] Choudhry 等（2003）.
[4] Garwood-Gowers（1997：37）.
[5] Kranenburg 等（2005）.
[6] Garwood-Gowers（1999：206）.
[7] NHSBT（2017）.
[8] Human Tissue Authority（2017g）. 在八个案例中，双方通过网络认识，并同意向对方捐献器官。可见，通过网络寻找捐献器官的人非常少。

3.5.1 器官捐献的限制

如果捐献者因捐献器官可能会遭受严重伤害甚至死亡,法律是否应该允许这种捐献?刑法通常不允许个体对他人对自己实施的严重伤害表示同意,除非有充分理由。这是否让活体肾捐献也成了一个刑法问题?并不尽然。首先,活体捐献受伤的风险很小:据报道,活体肾捐献的死亡率在 0.03% 至 0.06% 之间。肾切除手术的并发症比例是 2%,伤口疼痛的比例是 3.2%。尽管当受体接受捐献后死亡时,捐献者可能会遭受一定的心理伤害,但研究表明,成功的捐献能够为捐献人带来巨大的心理满足。① 一个对活体捐献者的调查显示,84 位受访者中,只有 3 人表示,如果重来,他们将不会进行捐献。②

其次,这是为了拯救另一个生命这一理由而造成这些严重伤害。我们允许人们以拳击和蹦极跳的名义遭受严重伤害,为什么我们不能允许他们以拯救另一个生命的名义遭受伤害呢?

但我们在多大程度上可以接受这一观点呢?请思考以下案例。

请思考

捐献所有的器官?

英国医师协会曾做过这样一份报告:外科医生拒绝答应患者的请求。

P 先生有两个儿子,分别是 33 岁和 29 岁。他的两个儿子都有阿尔波特氏综合征(Alport's syndrome),一种会导致肾功能衰竭的先天疾病。P 先生成功地将他的一个肾捐献给了他的小儿子。他的大儿子 R,接受了一名死者的肾,但移植失败。由于错误的配对,R 的身体里形成了一种抗体,使得他与 96% 的人都不能成功配对。因此,为他找到一个合适的肾源极其困难,除非他的父母是合适的捐献者。P 女士被告知不适合,因此 P 先生想要将他的第二个肾捐献给大儿子。

---

① Garwood-Gowers (1999: 49).
② Garwood-Gowers (1999: 37).

> P先生认为，与他的儿子相比，让他做肾透析更好。他已经退休了，已经做好了准备迎接透析可能给生活方式带来的改变。尽管他的想法得到了一些医生的支持，但P先生的请求先后被三个手术移植团队拒绝。第三个团队对此展开的讨论被拍摄了下来，并在电视上播出。
>
> 对于P先生的请求，器官移植团队的成员无一致意见。有人认为，他们也会为自己的子女做同样的事情。如果移植成功，P先生与P女士将会非常开心。但也有人认为，移植只会让大儿子获益。也有人担心这会对那个家庭造成不利影响（小儿子反对手术），特别是这个手术给他父亲的生命质量和寿命所造成的影响，大儿子将有何感受。移植团队还讨论了另一种情形，如果移植不成功，最终两个人都可能要进行肾透析治疗。
>
> 是否实施移植手术的决定最终由实施器官移植手术的医生做出。尽管医生知道P先生理解自己所做请求的性质及其含义，医生也明白实施手术有合理的道德理由，但最终，医生决定不实施手术。
>
> 作为最后的救济手段，P女士再次做了测试，以检查她是否与她的儿子匹配。尽管过去几次她都没有配对成功，但这次，她配对成功了。①

我们甚至可以设想一个更加极端的例子：一对父母想要捐献心脏给他们的孩子。当然，这会导致捐献者死亡。但是，有什么正当理由可以阻止这个人做出这一决定，去实施一件别人认为彰显美德而又不伤害他人的行为？②

答案是它违反了行善的原则：医生不应该伤人。但这种说法并不能说服每个人。正如加伍德-高尔斯所说："法律对此进行干涉的正当理由不在于阻止人们自愿承担风险，而是阻止他人利用别人同意捐献的事实，实施让捐献者致残的行为。"③换言之，对于父母来说，希望捐献一颗心脏来挽救子女的生命固然没错，但是医疗团队依靠父母的同意来证明实施手术的正当性就是错误的。

3.5.2 血缘关系的重要性

捐献者与受赠者之间是否有血缘关系，这有重要区别。所有"利他的非定向捐

---

① BMA (2004: 91).
② Glannon and Rose (2002).
③ Garwood-Gowers (1999: 62).

献"必须向人体组织管理局报告以获得许可。而在亲属捐献的案例中,多数情况并不需要。这是因为,没有血缘关系的捐献者很可能心怀不当动机,很可能是为了钱,所以需要更加谨慎。与此相反,若捐献者与受赠者之间有血缘关系,我们可以推定捐献是利他的,这种情况就不需要严格审查。①

并不是每个人都赞同这种区分。有人指出,即使捐献者与受赠者之间有血缘关系,可能也缺乏供体真正的同意。事实上,感情上的压力远比经济压力大。② 而且,一个陌生人也很可能基于利他原因而自愿同意捐献,并不必然是出于金钱原因。因此,有人主张,法律应该允许活体捐献,不管捐献者与受赠者之间是否存在血缘关系。③ 尽管如此,本·桑德斯(Ben Saunders)也警告说,过分利他可能导致自我否定,这并不是一件好事。④

3.5.3　可再生和不可再生器官的区别

法律上,区分捐献的器官是否可再生有重要意义。对此,大多数学者也十分赞同。与捐献不可再生的人体器官相比(比如肾),捐献可再生的人体组织(比如血液或者骨髓)所引发的争议相对较小。⑤ 这意味着,对于献血与捐献骨髓,法律并无太多限制,法律也乐于接受无意思能力人捐献血液或者骨髓。⑥ 少数学者认为这种区分不具有说服力。他们指出,即使是不可再生的器官,也在不断变化并重塑这些器官本身。⑦ 尽管如此,失去肾脏后可能对个人健康带来的长期影响仍不能与失去血液的影响相比。

3.5.4　报酬

如果我们允许活体捐献,我们是否应当允许给予捐献者一定报酬呢?这个问题我们在讨论人体物质商业化时还会进一步阐述。但器官交易违反了医生执业行为指

---

① 即使大家希望如此,但 Moorlock, Ives and Draper(2014)对活体捐献一定要以利他为前提的推定提出了质疑。
② Biller-Andorno and Schauenberg(2001). 但 Burnell、Hulton 和 Draper(2015)分析了父母为子女捐肾的情形,否认情感因素就否定了他们的自主权。
③ Roff(2007)讨论了无亲属关系的器官捐献者的动机,并呼吁更多人接受,这可能存在真正的利他动机。
④ Saunders(2018). 也可参见 Tonkens(2018)。
⑤ 关于子宫移植的讨论参见 Catsanos, Rogers, andLotz(2011)。
⑥ 关于血液捐献的相关规定的讨论参见 Farrell(2006)。
⑦ Herring(2002:55)。

南，属非法行为。①

现在，我们只谈一种情形，如果一个人想要购买器官，那是有可能的。1989年英国颁布了禁止买卖器官的禁令后，紧接着就发现有人从土耳其买回肾脏，并将它移植到英国的一位患者身上。网上也能找到交易肾脏的信息。② 这类信息甚至出现在 eBay 网（一个拍卖网站）上面。③ 英国已经禁止医生安排人体器官交易。④ 一位记者在网上发布了一则广告，声称自己迫切寻求一个肾，结果他收到了大量来自英国和美国的回复。⑤ 许多回复的人本身需要治疗，因此他们选择捐出一个肾以换取治疗的医疗费。也有人指出，在很多发展中国家，人体器官交易正日趋活跃。2007年，一位试图以24000英镑卖肾的男子被判处缓刑。⑥ 美国最近的一项公众调查发现，有27%的人会考虑卖肾。但是这些人中，66%的人只会在经济特别困难时才这么做。⑦

3.5.5 强制器官捐献

我们是否应该强迫人们捐献器官呢？乍看起来，这种观点十分荒谬。设想阿尔弗雷德急需做心脏移植手术，贝莎急需做肺部移植手术，我们可以杀死查尔斯，用他的心和肺拯救阿尔弗雷德和贝莎的生命。为了救两个人而杀死一个人，这个理由充分吗？约翰·哈里斯在他的文章《生存彩票》（*The Survival Lottery*）⑧ 中指出，如果查尔斯是被随机选中的（比如通过电脑程序），这一建议就可以接受。在反驳杀死一个无辜的人是不对的观点时，他回答说，让两个无辜的人死去也是不对的。在上述案例中，阿尔弗雷德、贝莎与查尔斯同样无辜。这一观点也让哈里斯承认，如果个体对自己器官的损坏有责任（比如过量饮酒），他就不能作为受赠者接受他人捐献的器官。

---

① GMC (1992: 2).
② Hayward and O'Hanlon (2003).
③ BBC News online (26 April 2004).
④ Dyer (2002).
⑤ Hayward and O'Hanlon (2003).
⑥ BBC News online (11 May 2007).
⑦ Rid 等 (2009).
⑧ Harris (1975). 生存博彩也可采用其他不同形式，相关讨论参见 Rosoff (2018) and Øverland (2007).

哈里斯的观点并未得到普遍认同，并且我们很难相信，这种观点会被执政党采纳。但我们也很难解释这种观点错在哪里。一种回应是，杀死一个人与让一个人自然死亡不同。让阿尔弗雷德和贝莎因为缺少可用于移植的器官而死亡不对，但杀死查尔斯更不对。这也可以从人权角度进行阐述：我们有不被杀死的权利，但并不必然有接受延长生命治疗的权利。这些差别体现在杀死一个人的作为与没有挽救一个患者的不作为之间的区别。正如我们将在第十章中看到的那样，这种区别富有争议，也有人不认可这种区别。

哈里斯的观点是实用主义的，也有人用哈里斯自己的话来反驳他。尽管牺牲一个人来拯救两个人的生命，乍看起来会产生更多利益，但可以这么说，这种方案给社会带来的不利影响将远远超过其带来的利益，每个公民都会担心自己将要大难临头。哈里斯认为这种担心只是一种空想：与他的建议相比，在交通事故中死亡的人数会更多，人们却不会那么担心。不管怎样，这个计划将会以鼓励人们为他人牺牲的方式进行推广。

3.6　来自死者的器官移植

2019 年《器官捐献（默认同意）法》[Organ Donation (Deemed Consent) Act, 2019] 修订了有关捐献死者器官的法律。2004 年《人体组织法》第 1 条规定，在征得"有效同意"前提下，允许从死者体内摘取、保存器官并将其用于移植。有效同意可以由死者自己或死者指定的代理人，或与死者有法定关系的人做出。

但 2019 年《器官捐献（默认同意）法》规定，除以下四种情形外，默认死者同意捐献器官。

（1）"除非与死者具有法定关系之人在死者将死之时提供了充分信息，足以让一个理性的人认为死者不同意。"① 2004 年《人体组织法》第 27 条第 4 款对法定关系之人的顺位规定如下：① 配偶或伴侣；② 父母或子女；③ 兄弟姐妹；④ 祖父母或孙子女；⑤ 侄子女；⑥ 继父母；⑦ 半血缘关系的兄弟姐妹；⑧ 长年交往的朋友。具有法定关系之人（PQR）证明死者不同意的最简单的办法是死者已经在国民医疗服务体系器官捐献登记簿上登记说他们不愿捐献器官。具有法定关系之人也可以通过其他方式证明死者明确表达了不愿捐献器官的意愿。他们甚至可以通过间接证据证明，比如死者生前皈依了反对器官捐献的宗教组织。需要注意的是，所提供

---

① HTAct 2004, s. 3 (9).

的证据要达到让"理性人"认为死者不同意捐献器官的标准。所以，如果证据证明力不强，那么仍会推定死者同意捐献器官。

（2）死者属于"例外"，因为其"在死亡前至少一年内，并不是英格兰的普通居民。"据估计，这一规定旨在将部分特殊人群排除在外，也即那些因为在域外居住而不知道英国推定同意捐献器官的规定，或者没有告诉亲属自己意愿的人。

（3）死者属于"例外"，因为"在死亡前的很长一段时间"①，他们都缺乏意思能力，不能理解推定同意规则。

（4）死者属于未满18周岁的未成年。

2019年《人体组织规则（允许移植的材料及其例外）（英格兰）》（草案）在本书写作时尚未实施，但该规则明确规定了默认同意规则只适用于普通移植手术中的器官和材料，比如，心、肺、肾和眼睛。对于新兴移植项目，比如面部移植，并不适用。对于后者，仍需要明确的同意才能实施。

如果外科医生在未获得有效同意的情形下，从一位死者体内摘取器官进行移植，这就触犯了刑律，最高可判处三年有期徒刑。② 然而，相关医务人员也可以提出抗辩，他们有合理理由相信自己已经获得了有效的同意。③ 所以，如果一名外科医生依据死者配偶做出的同意摘取死者器官用于器官移植，但他并没有注意到事实上死者已经留下字据，表示不愿捐献其器官，那么医生可以配偶的同意作为自己的抗辩理由。但只有在医生有合理理由相信不存在患者留下的字据时，医生的抗辩才有可能成功。

3.7　器官捐献的特殊问题

3.7.1　附条件的捐献

如果有人想要捐献器官，是否允许捐献者对谁可以接受此器官做附加条件呢？比如，一位捐献者表示，只有向他保证，受赠者必须是特定性别、种族或者信仰特定宗教的人，他才愿意捐献，那么这种捐献是否应被拒绝？

---

① HTAct 2004，s. 3（10）解释了："很长一段时间指足够长的一段时间，足以让一个理性人认为，推定同意是不恰当的。"
② HTAct 2004，s. 5（1）and（7）.
③ HTAct 2004，s. 5（1）（b）.

官方的回答是不允许附条件的捐献。2000年，有报道称，一家医院接受了一个器官，条件是该器官只能用于白人。事实上，排在等候名单最前面的也是白人，因此器官被用在了这名患者身上。换言之，这个种族条件并没有影响器官的使用。当新闻被报道时，政府称他们感到震惊，并对此展开调查。①

人体组织管理局颁布的指南中指出：

> 如果同意书中包含有对受赠者阶层的限制，包括基于受赠者的性别、种族、肤色、语言、宗教、政治或其他观点、民族及社会出身所做的任何限制，以及涉及少数族裔、财产、出身或其他地位（包括2010年《平等法》所保护的身份）②的限制，那么根据这一同意书，不能进行任何器官的移植。

这一规定颇有意思，因为这似乎只允许那些与身份无关的条件的捐献。比如，是否可以将器官留给只上过私立学校的人呢？《人体组织管理局业务守则》对此做了解释。

> 国民医疗服务体系血液和移植部门（NHS Blood and Transplant, NHSBT）负有在全英境内进行器官分配的职责。从政策上讲，该机构不接受附加任何条件的器官移植。但是，捐献者分配器官的特定请求在符合国民医疗服务体系血液和移植部门规定的情况下，也可以予以考虑。

由此可见，当局并不允许基于上述理由设定条件。国民医疗服务体系血液和移植部门也将捐献不附条件作为一项基本政策，尽管在个案中可能存在例外。国民医疗服务体系血液和移植部门在符合一般政策的情况下会考虑某个分配请求，但不能将此设为捐献条件。

英国卫生和社会保障部就此发布指导原则，规定应在何时考虑，捐献者希望将器官移植到某些人的意愿。③ 指导原则表明，器官捐献者的意愿只有在极少数情况下才会予以考虑：① 捐献是无条件的；② 有证据表明，患者想要成为活体捐献者；③ 且没有优于被指定的受赠者的其他等待器官移植的患者。要满足这些条件非常困难，当无法满足这些条件时，医疗机构会遵循一般的器官分配原则。道格拉斯和克

---

① DoH（2000e）.
② 最后一项涉及基于年龄和性取向方面的限制。
③ DoH（2010a）.

罗宁（Cronin）[1]对指导原则的合法性提出了质疑。诚如其言，2004年《人体组织法》要求器官移植须得到死者的同意。如果死者仅仅同意将他的器官捐献给特定的人或者某一类人，能否将其器官用于他人，法律并未明确。

"器官配对交换"是允许的。设想甲乙都需要一个肾，甲的妻子和乙配对成功，乙的妻子也和甲配对成功。在这种情况下，这两对夫妇可以达成协议，同意将甲妻子的肾捐给乙，将乙妻子的肾捐给甲。英国移植协会认为这种做法可以接受。[2] 在英国有记录的案例中，至少已经有一例。[3]

3.7.2 "心脏跳动下的捐献"

实践中可能引发问题的是从一个脑死亡的人的体内摘取器官，但是这个人看起来还活着，因为其心脏仍在跳动。[4] 对此，我们可以做如下区分。

- "心脏跳动"的捐献者。患者在生命支持系统下死亡，其死亡已经被脑干死亡标准证实。
- "心脏停止跳动"的捐献者。患者没有依靠生命支持系统，他的死亡是基于其他的传统标准（即停止呼吸和心跳）。

在2016—2017年度使用的1413例器官的死亡捐献者中，有829人属于"心脏跳动"的捐献者（脑死亡情形），584人属于"心脏停止跳动"的捐献者（呼吸衰竭情形）。[5]

我们将在第十章讨论死亡的定义，但在器官移植问题上，死亡也是一个关键问题。[6]什么时候可以宣告死亡并摘取器官，对于移植的器官质量至关重要。批评者指出"脑干死亡"标准十分利于医生做出宣告死亡的判断[7]，这使摘取器官之举过于方便。[8]然而其他评论者抱怨说，死亡的现行法律定义阻碍了鼓励器官捐献政策

---

[1] Douglas and Cronin (2010) and Cronin and Douglas (2010).
[2] British Transplant Society (2005). 在美国，有这样一个协会，该协会的成员只同意将自己的器官捐献给本协会的成员，相关讨论参见 Murphy 和 Veatch (2006)。
[3] BBC News online (4 October 2007).
[4] Ducharme (2000); Gardiner and Sparrow (2010).
[5] NHSBT (2017).
[6] Miller (2009); Campbell (2004).
[7] Holland (2003: 72). 更大范围的讨论，参见 Lock (2002)、Machado 等（2007）探寻了脑死亡概念的历史，他提出一个令人信服的观点：脑死亡概念的诞生并不是为了帮助人体器官移植。
[8] Linacre Centre (2002).

的实施。① 有人指出，依据《心智能力法》规定的患者最佳利益标准，对于希望捐献器官的患者，最好能以尽可能让该器官得以使用的方式对待。② 从《心智能力法业务守则》看，捐献意愿是决定何时可以撤回治疗的一个因素。

对于一个绝症患者而言，医疗团队可以和家属商量是否撤回维持生命治疗。一旦决定撤回，这通常会导致患者呼吸衰竭而死，并可能在其死亡之前，捐献器官。如果患者缺乏意思能力，涉及撤除维持生命治疗的时机、开展有助于捐献器官的新理疗方法或治疗等，这所有决定都必须符合患者最佳利益。患者是否有器官和组织捐献的明确意愿，无论是已经录制音视频还是向家属表达的，都是评估患者最佳利益的考量因素之一。

选择性通气技术（elective ventilation）③ 也引发了一些特别争议。④ 这种技术主要适用于为濒死期患者安上生命支持系统，保障他的器官用于移植。但是医疗机构不会为了有移植的可能性而使用生命支持系统。目前，这种做法被英国卫生和社会保障部视为非法，因为这样做对患者毫无利益。⑤ 但人体组织管理局在其《业务守则》中指出：

按照《人体组织法》的规定，为了未来可能的移植，采取最基本的措施保存器官，并不违法。包括正在确认患者是否或将要做出一个同意决定的情形。⑥

上述措施的支持者主张，同意器官捐献应被视为也同意使用选择性通气技术。⑦ 朱利安·萨弗勒斯库指出，不使用选择性通气技术导致器官无法被移植，这有悖患者的"整体利益，未尊重其自主权，违背了分配正义的原则。即使采用医学上的狭隘解释，也不符合患者利益"。⑧

---

① Coggon 等（2008）。
② Coggon 等（2008）。这不能证明杀死一名病患的合理性，但可以证明延长病患生命时间的合理性。
③ 选择性通气是指在确认脑干死亡和器官摘除前，将因快速进行性颅内出血死亡的患者从普通病房转移到重症监护病房，使用呼吸机暂时帮助患者维持器官正常运行。——译者注
④ Gillett（2013）；Coggon（2013）；Price（1997a）。
⑤ DoH（2002e：para 13.13）。
⑥ Human Tissue Authority（2017f：para 140）。
⑦ Coggan，Brazier，Murphy 等（2008）。更多的讨论参见 Price（2011）。
⑧ Savulescu（2013：129）。另请参见 McGee and Gardiner（2017）。

3.7.3 器官分配

器官分配办法是一个高度敏感的问题，特别是有很多患者同时急需一个器官时。相关咨询团体对部分器官的捐献分配提供了一些可供参考的指导原则。[①] 例如，肾脏捐献的指导原则如下。

所有来自心脏跳动的捐献者的肾脏根据国家系统予以分配。国家系统分为以下五个层级：

（1）与未成年人（18岁以下，属于很难找到配对肾源的患者）完全配对；

（2）与未成年人（其他情况）完全配对；

（3）与成年人（属于很难配对的患者）完全配对；

（4）与成年人（其他情况）完全配对和与未成年人配对较好的情况；

（5）所有其他有资格的患者（成年人和未成年人）；

在前两个层面，主要根据未成年人的等候时间确定优先顺序。在其余三个层面，主要根据患者得分确定优先顺序，器官将被分配给得分最高的患者。患者计分系统的设计主要基于一系列的考虑因素：

（1）在等候名单上等待的时间（等得最久的人优先）；

（2）人体组织配对加上年龄因素（完全配对的年轻人优先）；

（3）供体与受体之间的年龄差（年龄差距最小的优先）；

（4）供体与受体之间的空间距离（选择距离最近的，以便减少转移肾脏的时间）；

（5）三个其他因素包括血型匹配情况和患者组织类型的稀有性[②]。

计分系统涉及由以上因素所决定的复杂运算。

4. 器官移植医疗事故的法律责任

如果移植到受体的器官带有某种疾病，或者器官移植导致受体感染，受体是否

[①] 参见 R (BA) v Secretary of State for Health and Social Care [2018] EWCA Civ 2696. 该案对没有在英国有合法居住地位的人会被安排在靠后位置这一规则提出了质疑，但并未成功。

[②] NHSBT (2013a).

有权请求法律救济呢？到目前为止，这方面并无判例法可循。① 如果能够证明国民医疗服务体系信托机构本可以通过疾病筛查程序发现移植器官的问题，那么就可以提出过失侵权之诉。另一种可能的请求权基于1987年《消费者权益保护法》（Consumer Protection Act，1987），因为该法对产品的定义包含了器官组织。

5. 器官缺乏

多年来，供体缺乏一直是困扰器官移植的大问题。② 有人将这称为"可怕的和不必要的悲剧"。③ 坦率地讲，很多人因为缺乏可移植的器官而死亡。④ 官方统计表明，2018—2019年度，器官移植等候名单上有400人因等不到可移植的器官而死亡；⑤ 总共有777人从器官移植等候名单上移除，其中多数人都是因为病情恶化，已经不适合接受器官移植了。有人甚至还没有被登记在这个等候名单上就去世了。2019年的新法是否能够大幅减少这一数字，现在得出结论还为时尚早。但2013年《（威尔士）器官移植法》为威尔士地区设立了器官捐献"选择退出机制"后，移植器官的数量出现了18%的增长。⑥

希克坦茨（Schicktanz）和斯威达（Schweda）⑦ 批评了缺乏可移植器官的说法，他们认为缺乏器官的说法假定人们存在合理期待，认为社会将提供大量捐献的器官。他们认为，对于每一个器官，我们都应该以感激和感到幸运的心态去接受，而不应认为，我们有权利或者期望别人应当捐献器官。

以下是一法域处理可供移植器官数量的不同方法。

（1）选择加入。这是英国的旧法。只有在愿意捐献器官的名单上登记，才能捐献他们的器官。在这种制度下，只能通过公众宣传（甚至通过物质激励措施），增加捐献器官的人数。

---

① See Cronin and Douglas (2013).
② Gil-Diaz (2009) 讨论了西班牙对于这一问题的解决办法，在他们的制度下，可供捐献的器官更多。
③ Harris (2003：b).
④ 尽管 Persad (2019) 对此也提出了质疑。
⑤ NHSBT (2015).
⑥ The Welsh Government 2018.
⑦ Schicktanz and Schweda (2009).

(2) 强制选择。这种方法要求人们提前告知，在他们去世时，他们想要怎样处理自己的器官。

(3) 选择退出。这是现在的新法。法律推定每个人都愿意捐献自己的器官，如果他们没有在拒绝捐献器官的名单上登记，那么就可以将他们的器官捐献给他人。[1]

(4) 无须选择。在这种制度下，一旦个体死亡，无须征求个体意愿，就可捐献他们的器官。这甚至包括可以违背个人意愿进行活体捐献。

接下来我们将详细讨论这几种制度涉及的问题。

5.1 强制捐献

我们先前已经提到了约翰·哈里斯激进的"生存彩票"理论，即通过随机方式选择活体捐献者提供器官。因此，听闻他主张不管死者或者死者家属的想法如何，都可以从死者体内摘取器官时，就不会让我们感到惊讶。[2] 他指出，我们现在开展的部分工作实际上已经违背了死者关于如何处理他们身体的愿望。不管死者在生前如何反对，在其死后，我们都可以进行尸检。只要这是维护公共利益所必需的，那这就是进行尸检的正当理由。如果尸检中维护公共利益的理由足以推翻个体意愿，那么通过移植来拯救一个人的生命这一理由还不够充分吗？[3] 对此，有人回应道，允许以违背当事人意愿的方式摘取器官是对个体自主权的严重侵犯，尤其在当事人是基于宗教信仰反对器官移植时。然而，克罗宁和哈里斯对基于个体自主权提出反驳。

> 当我死去的时候，我丧失了意思能力，而这是法律保护自主权的核心。我不能理性地思考自己的喜好和愿望。我不能做决定。"我"根本就不存在了。[4]

对此，并非所有人都同意。相信来生的人认为在他们死后，人们如何对待他们的身体仍很重要。也有人主张，尊重个体自主权意味着尊重一个人在世时所做的选择，即使他们现在已经离世。

---

[1] Den Hartogh (2019).
[2] Harris (2003b).
[3] Harris (2003b).
[4] Cronin and Harris (2010: 628).

5.2 有应予捐献的道德义务吗?

一种观点主张,我们应该"推定同意"甚至"施加同意义务",因为有德之士都应同意捐献器官。① 英国卫生和社会保障部主张:"如果你准备为自己或家人接受器官移植手术,那么只有你也成为一名捐献者时才公平。"② 问题是,法律通常不以一种高尚道德标准强迫人们行事。个人捐钱来改善社会居民的饥饿状况的高尚案例并不能得出政府应该强迫人们捐献自己器官的结论。萨弗勒斯库并不同意这一反对观点。他指出:

> (器官捐献)并不仅仅是一个简单的施救,还是一个零成本的施救。当我们死后,我们的器官就对我们没有用了。但这些器官对于他人而言可以拯救生命。虽然如此,大多数人却选择埋葬或烧掉这些可以挽救生命的资源,而且法律也允许。国家会收取死亡税和遗产税,但不包括这些最珍贵的资源——他们的器官。③

有人主张,应区分家庭成员和陌生人的道德责任。父母也许会因为没有给子女提供生活必需品而承担刑事责任。但我们能够把这种义务延伸到人体器官吗?④ 当然不能。尽管父母有抚养与照顾子女的法定义务,但这并不能延伸到因为子女需要器官移植,就可以侵犯父母的身体完整权。

5.3 "推定同意"制度就可以了吗?

有人认为,退出机制更具合理性,因为这样,我们就能推定同意。⑤ 这种论点常常用大量的舆论调查数据作为支持,这些调查显示,尽管很多人想要在他们死亡时捐献器官,但只有少数人会抽出时间注册、领取器官捐献卡。⑥ 因此,推定任何人在他们死后都愿意捐献自己的器官,这是有合理基础的。我们可以只对那些反对在死后捐献器官的人进行注册,如果没有注册,我们就可以推定他同意。这种主张的另一种表达是,我们可以建立一个"沉默构成同意"的规则。就好像在会议中,

---

① Saunders (2010).
② DoH (1999b).
③ Savulescu (2015a).
④ 对这些问题的充分讨论,参见 Glannon and Ross (2002) and Spial (2003)。
⑤ Organ Donation Taskforce (2008a: 1. 12); Hartogh (2011).
⑥ BMA (2005).

如果主持人问，是否有人反对，如果没有人反对，就推定与会人都表示支持。[1] 这种"推定同意"只有在明确告知公众后，才有实施的合理性。也有人认为，我们不应对大部分民众都知晓这一制度过于自信。[2]

批评者回应说"推定同意"是一个误称。[3] 在推定同意的情况下，根本没有同意，没有得到当事人的同意就摘除一个人的器官有违道德。[4] 特别是在多元社会中，尽管一些人对于自己死后应如何处理遗体没有表达个人意愿，但也有一些人根据自己的宗教信仰或者文化传统，非常在意自己的身后事。没有明示的同意就摘取器官，可能有引发宗教或者文化冲突的风险。

解决这个争论的一个办法就是讨论哪种情形更糟糕：当你愿意时却不摘除你的器官（这发生在参与机制下）；还是当你不愿意时却在你死后摘除你的器官（这发生在退出机制下）。对于支持退出机制的人而言，两种情况都不对。考虑到人们由于缺乏器官而死亡，我们应该推定同意。由于多数人都愿意成为捐献者，因此对少量不想捐献器官的人进行注册登记，这更高效经济。[5]

5.4 死者利益是否重于生者利益？

如果你认为退出机制侵犯了死者的权利，所以不合适，那么随之而来的另一个问题是，死者的利益是否比潜在的受赠者的利益更重要？我们忽视或者不重视死者意愿会给死者带来任何伤害或损失吗？有人认为死者没有利益，正如哈里斯所言："死者不可能会因为违背他们的意志移植了器官而受到伤害，因为他们没有意志——他们不可能受伤。"[6] 对此持反对意见的人指出，在我们死后，我们对自己如何被对待确实享有权益。对很多人而言，死亡和葬礼是我们人生的最后篇章，[7] 他人如何回忆与悼念我们，对我们也具有重要意义。[8]

露丝·查德威克（Ruth Chadwick）主张，尊重死者利益就是对生者利益的尊重。

---

[1] Saunders (2012).
[2] Mackay (2015).
[3] Manson (2013); Price (2003).
[4] Glannon (2008b).
[5] BMA (2005).
[6] Harris (1984: 119). See also Sneddon (2009); Callahan (1987).
[7] Herring (2002: 56).
[8] McGuiness and Brazier (2008).

对死者所负的义务可以被看作是对生者的间接义务。生者在这方面的主张既包括死者的挚友亲朋的主张——他们不敢想象,他们的朋友或亲人由于器官移植手术而被肢解,也包括生者自己的主张——他们不希望死后摘取器官的这种手术会发生在自己身上。①

哈里斯则强调,即使死者对自己死后身体会被怎样对待享有权益,我们也需要平衡死者的利益与其他利益。②

我们应该记住,尽管器官捐献者处理个人遗体的意愿可能受挫(对此,以后再谈),他的亲属会伤心和失落,但是潜在的受赠者承受着失去生命的危险。一旦失去生命,人世间又会增加更多的悲伤。③

哈里斯没有提到的一个问题是,如果我们知道,我们将无法控制自己死后遗体的处理,那么我们所有人都将为此苦恼。④

5.5 退出机制是否真的有用?

比利时、意大利和希腊都采用了退出机制,这一机制确实增加了可用于移植器官的数量。⑤ 然而,建立退出机制与增加捐献器官之间的联系并不如我们最先看到的那样明了。⑥ 的确,一些国家的器官捐献数量有了明显提高,⑦ 但是当澳大利亚采取退出机制时,这个机制对于器官捐献数量几乎没有影响。⑧ 因此,退出机制似乎只有在得到医疗团队和公众支持时才会增加器官捐献的数量。⑨ 在一些实施退出机制的国家,医生仍在寻求家属的同意,医护人员不愿违背悲伤亲属的意愿进行器官移植手术。⑩ 也有人主张,不用采取退出机制也能增加捐献器官的人数。值得注意的是,西班牙在没有采取退出机制的情况下也显著提高了捐献器官的人口比例。⑪

---

① Chadwick (1994: 58).
② Harris (2002).
③ Harris (2003b: 205).
④ Hamer and Rivlin (2002).
⑤ De Cruz (2001: 552).
⑥ Rithalia 等 (2009)。
⑦ Chouhan and Draper (2003).
⑧ New 等 (1994)。
⑨ English and Sommerville (2003).
⑩ De Cruz (2001: 595).
⑪ English and Sommerville (2003).

我们还应注意的是，除了法律机制外，还有一系列其他因素也会影响器官捐献率：死亡原因，①需求器官的种类，器官移植外科医生的人数以及重症监护室的床位和医护人员。②器官捐献工作组也注意到了以下人们担心的问题：退出机制会增加医患之间的不信任感。③事实上，该工作组担心，如果患者不信任医疗体制，将会导致更多患者选择退出器官捐献行列，最终反而减少供体器官数量。④因此，该工作组倾向于采取措施鼓励更多的人选择器官捐献。⑤

5.6 家属的愿望

在如何对待死者的问题上，家庭成员是否享有发言权呢？⑥实际上，家庭成员能够以两种方式参与其中：其一，他们可以提供证据证明死者生前意愿；其二，他们自己也有相应的权益。这里，我们主要谈论第二种方式。这种方式主要涉及两个问题：亲属的意见是否能够推翻死者的意见？在死者未表达意见时是否应考虑亲属的观点？⑦

有人主张，忽视亲属意愿可能导致公众对器官移植更加抵触。而且，正如英国器官移植协会（UK Transplant）指出的那样，通常在检查死者病史时，亲属的配合很重要，这是成功实施器官移植的必备要件。⑧并且已经有人指出，尊重家属的想法就是尊重死者意愿，因为我们可以推定，死者并不想让自己的亲属伤心和失望。⑨即使我们认同家属的意愿很重要，但仍有一个问题需要回答，即：死者家属的意愿是否比需要器官的患者及其家属的利益更重要？⑩甚至有人主张，死者的器官可以视为财产，应由其近亲属继承。⑪另一种观点是亲属有权决定应如何处理患者的遗体，这是尊重他们家庭生活权的应有之义。⑫

---

① 某些死亡情形，死者的器官不适合用于移植。
② English and Sommerville（2003）.
③ Organ Donation Taskforce（2008a）.
④ Rieu（2010）批评了器官捐献工作组对证据和论证的评估工作。
⑤ Organ Donation Taskforce（2008b）.
⑥ Wilkinson（2007b）；Boddington（1998）.
⑦ Haddow（2005）研究了影响死者家属的遗体态度的因素。
⑧ UK Transplant（2004）.
⑨ Murphy and Younger（2003）.
⑩ Cronin（2007）.
⑪ Voo and Holm（2014）.
⑫ *Elberte v Latvia*，Application no 61243/08，13 January 2015.

我们应该记住的是，事实上一些选择不捐献器官的家属，当他们冷静下来重新思考捐献问题时，又会为之前的行为感到后悔。①

 俯瞰众生

各宗教对于器官捐献的观点

英国器官移植协会（UK Transplant）（2004c）的一份传单得到了很多宗教领袖的支持，包括佛教、基督教、印度教、伊斯兰教、犹太教和锡克教。这份传单写道："我们所有主要的宗教都支持器官捐献与器官移植。"②

教皇约翰·保罗（John Paul）二世在器官共享协会（Society for Organ Sharing）的一次大会上做了发言："伴随着以输血为开端的器官移植时代的到来，人类找到了将自己的血液和身体捐献给他人，以便让其他人能够继续活下去的方式。"③

对于捐献，佛教采取了中立的观点。捐献与否是个人选择，并不存在正确与否。一些佛教徒认为，在心脏停止跳动后的短暂时间内，意识仍然停留在人的身体里，对于他们来说，在人类死亡后就立即进行器官移植，这存在困难。

在印度教内部，人们强烈反对对遗体的不必要干涉，应尽快埋葬完整的遗体。然而，多数观点认为，为了拯救生命而捐献器官是正当的，但为了医学研究而捐献器官就不可接受。

对于侵犯个人身体，伊斯兰教也采取了严格限制的态度。然而1996年伊斯兰教法委员会发布了一项裁决，允许在必要的情况下捐献器官。器官捐献作为减少疼痛或者拯救生命的方法，具有正当理由。④

对器官捐献有严重担心的一种信仰是日本神道教。在日本神道教的信仰下，身体的纯洁与完整性非常重要。从死亡发生时起，身体就被认为是不纯洁的，因此器官捐献通常被认为是不合适的，因为它也许会伤害死者与其家人之间的关系（the *itai*）。

---

① Sque, Long, and Payne (2005).
② UK Transplant (2004c: 23).
③ 引于 UK Transplant (2004: 12).
④ 另请参见 Aasi (2003).

6. 异种移植

异种移植涉及将一个物种的器官移植到另一个物种上。① 英国卫生和社会保障部对此做了如下定义：

> 涉及在人类体内移植、植入或者注入从动物体内提取的活体组织或者器官，或者与其他动物的细胞、组织或器官发生了体外接触的人类的体液、细胞、组织或者器官。②

目前，异种移植仍是一个比较复杂的手术，因为受体会产生排斥反应。事实上，这种手术仍在实验阶段。③ 抗排斥反应方面的药物正不断得到改良。所以，仅仅在最近几年，异种移植才具有可行性。④ 英国卫生和社会保障部鼓励就这方面开展研究："在这种研究处于被管制的背景下，采取谨慎、渐进的方式探索异种移植是正确的。"⑤

任何希望接受异种移植手术的人都需要得到医学研究伦理委员会的许可。医学研究伦理委员会将按照相关规定严格审查，符合规定的方给予许可。⑥ 异种移植最成功的一个案例是患者接受了一个狒狒的肝脏，但那个人仅活了 70 天。⑦ 可以说，这一事实说明，现在允许开展这种医疗实践，将使接受异种移植手术的受体变成"人类小白鼠"。随着科技进步，有科学家声称，目前将猪的器官用于人类是安全的。然而，截至目前，英国并没有这样的异种移植案例。⑧

除了成功进行异种移植存在困难外，人们还担心这可能会将一些其他物种的病毒传染给人类，并发展成一些新的病毒，对人类社会造成更严重的影响。⑨ 当涉及

---

① 详细讨论参见 Fovargue and Ost (2010); Fovargue (2013); McLean and Williamson (2005); Fovargue (2005), and Anderson (2007)。
② DoH (2006a: 1)。
③ Mason and Laurie (2006: 422)。
④ Nuffield Council on Bioethics (1996: 7)。
⑤ DoH (2006a: 2)。
⑥ DoH (2006a). Mclean and Williamson (2007) 对该指南进行了批评。
⑦ Starlz, Fung and Tzakis (1993)。
⑧ BBC News online (1 September 2004)。
⑨ Muir and Griffin (2001)。

异种移植的相关医学实验时，这也是一个与同意相关的特别重要的问题。① 由于担心可能会给人类带来灾难性的疾病，这也导致一些评论者反对使用异种移植。②

另一个问题是，是否有一些动物不应被用于器官移植。目前存在的普遍观点是，我们不应该从灵长类动物那里取得器官，尽管灵长类动物在生物学上与人类最接近，是最好的器官供体。③ 因此，猪成为最普遍的选择。尽管对于动物是否享有权利，目前尚有许多争议，但即使它们没有权利，也不意味着动物没有享有获得保护的利益。

7. 器官出售

我们是否应该允许人们出售自己的身体器官或者身体的组成部分呢？官方对此一直持否定态度。几十年前，参与器官买卖属于刑事犯罪。参与器官买卖的医生一旦被发现，将被医疗注册机构除名。④

7.1 刑事犯罪

2004 年《人体组织法》将为了移植买卖人体器官的系列行为规定为刑事犯罪。该法第 32 条规定如下。

(1) 实施以下行为的，构成犯罪：
① 为了供给或者答应供给管控物质而给予或者收取报酬的；
② 试图寻找一位为获取报酬愿意提供管控物质的；
③ 为获取报酬提供管控物质的；
④ 发起或者商讨涉及为获取报酬而提供或者答应提供管控物质的协议的；
⑤ 参与、管理或控制包含了发起和商讨上述协议这类业务的社团法人或者非社团法人的。

---

① Mclean and Williamson (2005: Chap 7).
② Fovargue and Ost (2011).
③ Fox and McHale (1998).
④ Dyer (1990).

这里的报酬包含经济利益或其他物质利益。因此不能通过不付现金而提供其他财产或者其他经济利益的方式规避这些条款。

接下来，该条接着规定了广告宣传或者促进人体组织交易也可能会构成犯罪。

（2）在不妨碍适用第一款②、③项的前提下，如果帮助出版或发布以下广告，或者故意出版或发布以下广告的，构成刑事犯罪：

① 为了经济利益，邀请他人提供或承诺提供任何管控物质的；

② 暗示广告者愿意发起或协商第一款④项提及的协议的。

这种禁止对人体器官给予报酬的禁令并不像看起来的那么严格。最重要的是，第32条第7款规定，禁止给予报酬的规定并不适用于因为摘取、保存或者移植器官过程中所发生的合理费用的补偿，也不适用于对捐献器官者个人收入损失的补偿。对于这里提及的"合理费用"和"收入损失"应做何种解释，还有待观察。① 在代孕问题上，法律也有类似规定，而部分案件中，法官在解释各种费用是否合理的问题上非常慷慨。② 国民医疗服务体系建议，如果当事人的收入超过了国家的平均工资水平，那么各信托机构也可以决定对这些收入损失不予补偿。③

当管控物质包含了人体组织，而且这些物质用于移植时，才会构成上述犯罪。管控物质不包括配子、胚胎或者由于人类技术应用而成为物权客体的物质。④ 最后这一表述存有疑问，因为（正如我们将要看到的）某种物质何时会成为物权客体，法律并未明确。事实上，当器官从人体内取出并为了移植而保存起来时，它就成了物权的客体。如果果真如此，那么该条款将无法实现其阻止非法买卖人体器官的目的。

第32条第3款规定，人体组织管理局可以任命一个可合法从事人体组织交易的机构。比如理论上，必要时，英国国家血液中心（National Blood Service）有权从国外买血。

7.2 伦理问题

尽管法律处理人体器官买卖的规定十分严格，但伦理学家对于器官买卖已经做了许多讨论。讨论的一个出发点是谁应当承担证明责任：是由那些希望允许器官买

---

① 报酬只能由适格的机构（如一家国民医疗服务体系信托机构）支付，而不能由受赠者的家属支付［Human Tissue Authority（2009a：para 43）］。

② 有关有相似条款的其他国家，这些条款如何被规避的证据，参见 Dickenson（2008）。

③ NHS（2009b）。

④ HTAct 2004，s. 32（9）（c）。

卖的人承担证明责任，证明为何允许器官买卖，还是应该由那些反对器官买卖的人承担证明责任，证明为何不允许器官买卖？对于赞同放开器官买卖的人而言，他们的立论基础是个人的自主权。① 如果有人想出售自己的器官，除非有导致伤害的明确证据，否则就应允许他们这么做。② 正如他们主张的那样：

> 如果富人为了享乐有从事危险体育活动的自由，或者穷人为了高收入有从事危险工作的自由，那么我们很难证明为什么穷人为了获得更多回报，采取风险更小的卖肾行为，会被认为误入歧途，即便是为了拯救亲属的生命或者使自己摆脱贫穷和债务。③

而反对者则认为，对器官买卖本身，社会普遍存在着本能的不安，所以我们应该依靠"最基本的本能"处理这一问题，即不允许器官买卖，除非有非常充分的理由。

所以，支持与反对器官买卖的论点有哪些呢？

7.2.1　反对器官买卖的观点

（1）让富人获益。有人担心，一旦建立了人体器官买卖市场，能够购买器官的将只有富人，而穷人不能。器官分配将基于财富而非需要。这种担心尤甚。尽管我们应该注意到，未来制度有可能只允许国民医疗服务体系购买器官，然后根据患者的需要分配器官。④ 换言之，我们并非不能设计出一种制度，既可以激励人们捐献器官，又能让所有人受益。但是，要求只能由国民医疗服务体系收购所有的器官，对于阻碍"器官黑市"并无太大帮助。⑤ 另一种回应是，目前的私人医疗服务事实上为富裕阶层提供了很多又快又好的治疗途径，尽管我们并不想承认这一点。如果钱能帮你买到更及时的治疗，有更大机会拯救生命，为什么这不能包括器官呢？

（2）出售器官的人是被迫的或者并未做有效同意。反对器官自由买卖的人担心，那些出售自己器官的人通常是因为贫穷或者受到债主的威胁。⑥ 任何想要卖肾的人一定是出于这样的绝望境地，以至于他们的同意应该被视为无效。支持器官自由买卖的人倾向于做两点回应：第一，如果器官买卖合法化，我们就能对其进行适

---

① Stacey Taylor（2005）.
② Fabre（2006）.
③ Radcliffe-Richards，Daar，Guttmann 等.（1998：1951）.
④ Harris and Erin（2002）.
⑤ 有关器官黑市，参见 Jacob（2012）。
⑥ Malmqvist（2014）.

当管理，并确保只有那些真正同意的人方能捐献器官。第二，由于贫穷而出售器官的情形，属于被迫的行为吗？在金钱的驱使下，人们经常会做一些原本不会做的事情。很多人之所以工作，是因为他们害怕不工作就会陷入贫困：难道他们没有行动自由了吗？威尔金森提到的一项调查显示，65％的受访者坦诚，如果有100万英镑的报酬，他们就愿意和一个陌生人睡觉。① 难道我们认为这些人的行动并非自愿，而是被迫的吗？在合同法上，当我们考虑一个人是自愿签订合同还是受到胁迫时，法院关注的关键问题是压力的合法性。② 而有关器官买卖的讨论只关注什么是正确的做法，不关心个人面对的压力大小，因此，这场讨论不可能找到没有争议的答案。

有人也会从自主权的角度论述自己的观点：允许器官买卖是否侵犯了一个人的自主权？这一主张乍看起来颇为奇怪：允许器官买卖不是扩大了个人选择的范围吗？然而，一些哲学家主张，有时给予人们更多选择会抑制个人的自主权。③ 如果某项选择的结果只会限制他们选择自己的生活方式，那么提供这种选择只会适得其反。④ 毕竟，如果我们认为某个选择是一个坏的选项，我们就会避免有选择这一选项的机会。一个节食者只会给自己买健康食物，以免他们饥饿时会选择不健康的食物。他们的确减少了自己的选项，但这样做对他们而言并无伤害。同样，节食者也会以同样的理由支持政府禁止不健康食物。这种思路也可以适用于器官买卖的场合。正如里彭（Rippon）所言，"贫困群体很可能非常笃定，他们不想要那些强加给他们的合法选择。"⑤

里彭还指出了一个事实：只有极其绝望的人才会出售自己的器官，也即这几乎不可能是一个自由选择。⑥ 这里提出的另一个问题是，出售器官到底应被看作是对个人身体的不尊重，还是只是一种在拯救生命的同时提高个人经济地位的方式？⑦ 设想一个催债者到你家，扣押了你所有的财产，但仍不能清偿。于是，他指着你的肚子说，你还有一些东西可以卖。这个例子就很好地说明了里彭论及的情形：让他们没有这个选择直接破产更好，而不是出售自己的器官。但这一主张可能忽视了一个重要事实，除非可以找到与这一器官配型成功的人，否则这个器官也没有用。所

---

① Wilkinson（2003：118）.
② Herring（2002：53）.
③ Rippon（2014a）.
④ Hughes（1998）.
⑤ Rippon（2014a）. 另请参见 Koplin（2018）.
⑥ Rippon（2014b）. 参见 Radcliffe-Richards（2014）和 Dworkin（2018）对此的回应.
⑦ Boyle（1999）.

以，一般人不太可能被迫出售自己的器官。①

（3）这是一种剥削。有人担心那些愿意为了钱而捐献器官的人的地位。② 据估计，世界范围内，每年非法交易的器官至少有 7000 例。③ 在这个世界中，我们竟然允许贫困者试图通过出售自己器官来改善自己的经济地位，这难道对吗？④ 这是我们想要的那种社会吗？⑤ 一个更精彩的观点是，并不是捐献者没有选择自由，而是社会经济地位的不公导致他们出售自己的器官。他们的弱势地位玷污了"同意"。⑥

器官买卖最坚定的反对者把器官买卖看成与奴隶制一样。⑦ 托马斯·乔治（Thomas George）这样写道：

> 人类文明的发展见证了严重剥削人类的几个阶段：奴隶制、杀死六百万犹太人以及如今的出于经济考虑，将一个人的器官卖给另一个人，这是认为人有高低贵贱的价值观的延续。我们反对肾脏交易，我们想要改变的正是这一价值体系。⑧

毫不夸张地说，将器官买卖和奴隶制、纳粹的种族灭绝行为类比，这多少有些牵强。但这也显示出这一观点的优势。劳勒（Lawlor）指出，应区分不公平地利用某种情形（这是不当的）和利用某种不公平的情形（法律可能允许），这是有帮助的。⑨ 他认为，器官买卖属于后者而非前者。

当然，那些有迫切经济需求的人为了钱可以做任何事情。我们允许他们去做一些危险或者糟糕的工作。那买卖器官又有何不同呢？凯特·格里斯利指出，二者之所以不同，是因为器官买卖必然带来伤害，而危险工作只是有伤害的风险。⑩

（4）公众反对器官买卖。有人指出，公众强烈反对买卖器官，立法也应该反映公众这种意见。但事实上，调查表明，公众的反对意见也许并不像我们想象的那样

---

① Semrau（2017）.
② 参见 Greasley（2014）。
③ Mackellar（2014）.
④ Koplin（2014 and 2017）举出了这样的证据，来自发展中国家的人更容易遭到器官市场的伤害。
⑤ Epstein（2011）.
⑥ Epstein（2011）.
⑦ 有关"剥削"含义的讨论，参见 Lawlor（2011）。
⑧ George（2005：1）.
⑨ Lawlor（2014）.
⑩ Greasley（2013a）.

强烈。有调查发现,有 40%～50% 的受访者认为应该允许买卖器官。① 不管这些数据如何,还有一种争议是,这些对买卖器官的厌恶是否足以否定为将死之人提供治疗。

(5) 这是将人体物质商品化。有人认为,这会导致人体物质商品化。允许对人体器官进行买卖,就把人体的价值降到了类似我们的汽车或者电视机那样的地位,② 这是对人类身体和生命的贬低。身体只是简单被看成可以随意处分的各个组成部分的集合。③ 在我们这个社会中,亿贝网(eBay)上出现了卖肾的广告,当竞标达到了 570 万美元时,网站的管理者删除了该广告。这难道没有什么不对的吗?④ 唐娜·迪肯森写道:

> 人体既是人本身,又不是人本身。但是它绝不应该只是一个消费品、物质愿望的一个模糊对象、一种资本投资、一种可转移的资源,绝不应该只是物而已。我们的良知、尊严、能量和人的本质都包含在我们脆弱的人体中。人体并不像地球上的其他任何物体,它不是某个人的物,根本就不是物。⑤

很多人认为,以上论断很有说服力。但也有人认为,人体物质的商品化是一个完全模糊不清的概念,⑥ 我们很难判定它对一个人造成的确切伤害。

(6) 这是对利他主义的伤害。目前的器官捐献体制鼓励宣扬利他主义,这是一个我们应该继续坚持的优点。如果有了器官买卖市场,就可能出现以下风险:更少人会捐献器官,多数人开始转向出售自己的器官。⑦ 斯蒂芬·威尔金森回应说,认为存在报酬就没有利他主义的观点是错误的。⑧ 人们经常买彩票来支持他们所喜欢的慈善事业——他们这样行动的原因既有为值得的事情奉献的愿望,又有赢钱的可能。后一个动机并没有否定前一个动机。同样,不能认为政府向那些捐助慈善事业的人提供税收优惠就破坏了这些捐献的利他性质。⑨

---

① Guttmann and Guttmann (1993).
② Bjorkmann (2007) 反对基于美德伦理而出售器官。
③ Cherry (1999:9).
④ Wilkinson (2003:107).
⑤ Dickenson (2008:34).
⑥ Castro (2003b).
⑦ Keown (1997b).
⑧ Wilkinson (2003).
⑨ Herring (2002:55).

7.2.2 支持器官买卖的论点

(1) 这是个人自由。支持器官买卖的一个经常被提及的理由是器官买卖没有造成伤害,因此应该允许人们按照个人意愿出售自己的器官。这是自主权的一部分。[①] 我们允许人们出售自己的头发、从事危险运动,为什么不允许出售自己的器官?我们甚至允许人们从社会认为不道德或不适当的东西中获利。

(2) 器官买卖可以增加供体器官数量。有人指出,如果我们允许器官买卖,供体器官可能会大幅增加,因此会有更多的生命得到救助。[②] 然而,一些人却质疑这种观点。他们认为,过去基于利他主义而捐献器官的人将会推迟捐献器官,因为器官商品化玷污了器官捐献行为的崇高性。当然,这只是一种猜测。事实上,有人通过音乐谋生的事实并不意味着业余者不愿意免费创作音乐。实际上,由于多数器官都是捐献给亲属,所以,他们也不太会因为金钱问题拒绝为亲属捐献器官。因此,支持者主张我们可以放心地推定,允许器官自由买卖将会增加供体器官数量。[③]

(3) 这可以避免剥削。有人提出,允许器官买卖将会避免剥削。目前的体制下,捐献者奉献了一个非常宝贵的资源,却没有任何报酬。器官移植手术的专业人员都得到了报酬,但器官的提供者没有。[④] 休斯(Hughes)认为买卖器官假定存在一种依附关系,并且强化了这种关系。[⑤]

(4) 这可以避免"器官黑市"。由于官方视器官买卖为非法行为,所以器官买卖在"猖獗的"地下市场进行。[⑥] 有充分证据证明,确有其事。[⑦] 地下市场很容易侵害器官捐献者的利益,因为捐献者担心会被指控为犯罪,所以他们不敢抱怨受到了很差的治疗或者没有付款。建立器官市场可以使器官捐献者获得公平的回报,相应的管理制度也能确保他们的健康需求得到保障。[⑧]

---

① Stacey Taylor (2005).
② Erin and Harris (2003).
③ Radcliffe-Richards 等 (1998).
④ Larijani, Zahedi, and Ghafouri-Fard (2004:2540).
⑤ Hughes (1998).
⑥ Larijani, Zahedi, and Ghafouri-Fard (2004:2539).
⑦ Allain (2011).
⑧ Castro (2003b).

7.2.3 一种折中的观点？

尽管器官买卖不被允许，但我们应确保器官捐献者的付出得到合理补偿。加伍德-高尔斯建议应提供包含如下内容的补偿。

（1）某组织器官对捐献者的合理价值以及由于捐献而造成的必然的或偶发性的疼痛。

（2）有权接受与器官捐献有关的免费治疗以及定期体检。

（3）对捐献者在捐献活动所投入的时间，其有权获得公平补偿。

（4）对于捐献及其附带活动所引发的合理支出，捐献者有权获得合理补偿。

（5）捐献者对于捐献活动而遭受的歧视有权获得合理补偿。①

8. 新型移植

8.1 面部移植

最近一些科学家已经能够开展面部移植手术。② 如果患者面部被严重毁容，就可以实施面部移植手术，比如将一位死者的脸移植到患者脸上。有学者认为，与前面提及的肾移植相比，这种移植不会引起特别的法律或伦理问题。迈克尔·弗里曼（Michael Freeman）和波林·贾乌德（Pauline Jaoude）并不同意，他们指出：

> 脸是我们身体表达的一部分，它以一种身体其他部分不可代替的方式代表我们的身份。它是我们身体中最隐私和最具有个人特征的部分。正是脸使我们可以自我识别，也让别人可以识别我们。③

他们担心，由于面部移植对个人身份有十分重要的影响且可能存在很大程度的排斥风险，所以人们对于面部移植不可能做出适当的知情同意。而且，有人担

---

① Garwood-Gowers（1999：192-3）.
② 专业术语是面部同种异体移植。
③ Freeman and Jaoude（2007：76）. 另请参见 Dickinson（2009：143）.

心捐献者的家人无法接受,因为将会出现一个与他们刚去世的亲人非常相像的人。还有人担心如果面部移植普遍化,这将对那些破相的人群带来重大影响。① 迪金森(Dickinson)更是质疑道:"我们痴迷于美貌的社会是否使不正常的脸变成了一个医学问题——正如整容手术将胸部小和阴茎短小变成了不正常的畸形一样?"②

尽管这些担心都有一定道理,但这些担心是否足以支持将面部移植手术定性为非法,对此仍有争议。③ 不要忘记,那些寻求面部移植手术的人已经毁容,对于个人自我认同的影响已成既定事实。④ 因此,面部移植手术与那些旨在提高自己的自然容貌的整容手术并不相同。而且,那些以道德理由来反对面部移植的人并没有考虑到面部毁容给当事人带来的痛苦。⑤ 可能有如下的主张:器官捐献可以挽救生命时和器官捐献可以改善个人生活时,两种情况下涉及的伦理问题起了不同的作用。⑥

8.2 子宫移植

新近的一场新争论主要围绕移植子宫是否可能或是否应予鼓励展开。⑦ 在这个问题上,也有一般器官移植中涉及的问题,但就子宫而言,还存在一些特殊的问题。首先,子宫移植的主要目的在于帮助受体生育子女。因此,可能有观点认为,鼓励或帮助生育强化了女人生育的角色。⑧ 其次,考虑到子宫移植对于供体和受体身体的重要影响,可能有人质疑,这种移植提供的利益是否足以胜过其带来的弊端。这两种观点都无法说服第三种观点。他们认为,应交由个体自行选择。如果供体和受体都认为这样做有益,就应允许她们这么做。⑨

---

① 另请参见 Huxtable and Woodley(2005;2006)。
② Dickenson(2009:142)。
③ Agich and Siemionov(2005)。
④ White and Brassington(2008)。
⑤ Agich and Siemionov(2005)。
⑥ Caplan and Purves(2017)。
⑦ O'Donovan(2018)。
⑧ McTernan(2018)。
⑨ Caplan and Purves(2017)。

9. 作为物的活的身体

9.1 法律

对于身体是否是物这个问题已经有诸多学术讨论。[①] 事实上，法律对于身体的规定很模糊。盖奇法官也承认，对于该问题，英国法律模糊不清。[②] 可以明确的是，某些方面，身体可以被当作财物对待，而其他方面不能。

传统法理认为，人类身体不是物。这代表了普通法的观点，[③] 尽管事实上对这一命题的明确权威意见极其有限。[④] 当然，传统方法中也有一些例外。表面上看，法律似乎不愿承认可已分离的身体器官或人体产物也属于物。而头发[⑤]、血液[⑥]、尿[⑦]在1968年《反偷盗法》中都被认为是物。之后，在凯利案[⑧]和多布森案[⑨]中，上诉法院确立了一项规则：如果在身体的某一部分已经使用了人类的"工作和技能"（例如保存它们），那么它就可以成为物并且所有人对其拥有所有权。

但在耶尔沃斯（Yearworth）案[⑩]中，上诉法院宣称'人体不属于物'的规则已经过时，需要重新检视。对于它会被什么样的规则所取代，尚不清楚。

[①] Hardcastle (2007); Herring and Chau (2007); Dworkin and Kennedy (1993); Matthews (1995).

[②] *AB v Leads Teaching Hospital NHS Trust* [2004] 3 FCR 324, para 135.

[③] *Doodeward v Spence* (1908) 6 CLR 906.

[④] "人体不属于物"规则大部分都出现在判决的附带意见中：Magnusson (1998)。

[⑤] *Director of Public Prosecutions v Smith* [2006] EWHC 94 (Admin); *R v Herbert* (1961) 25 JLC 163.

[⑥] *R v Rothery* [1976] RTR 478.

[⑦] *R v Welsh* [1974] RTR 478.

[⑧] R v Kelly. [1998] 3 All ER 714.

[⑨] Dobson v. North Tyneside Health Authority. [1996] 4 All ER 474.

[⑩] Yearworth v North Bristol NHS Trust [2009] EWCA Civ 37. 相关讨论参见 Skene (2015), Lee (2014), Rostill (2012), Cordell、Bellivier、Widdows 和 Noiville (2011), Laurie 和 Harmon (2010).

重点案例

耶尔沃斯案[①]

该案涉及六位被确诊为癌症的患者。在接受化疗前,医院建议他们保存一些精子,因为该疗法可能会影响他们的生育能力。之后,他们在该医院储存了精子。但由于失误,这些精子没有在适宜的温度下保存,导致精子全部死亡。患者在得知这一事实后遭受了心理伤害,随后起诉了医院。

法院认为,精子不是人类身体的一部分,他们不能以人身损害为由起诉。因此,本案的关键问题是,原告能否主张精子是他们所有的一种物,因此双方成立一种寄托关系。法院检视了法律对身体及身体组成部分之所有权的传统规则,最终得出以下结论:"在本法域下,无论是基于当下的目的(即过失侵权之诉)还是其他医学的新发展都需要对普通法如何对待人体组成部分或人体物质的问题进行重新分析。"[②]

虽然他们认为该案可以适用杜德沃德案[③]中"使用了人类的工作和技能"的例外规则,但是不应适用该案的分析方法。

> 我们不同意这一领域的普通法是建立在杜德沃德案中确立原则的基础上。该案在处理人类尸体所有权方面,本就是一项原则的例外规定,具有适用的特殊性。这种特殊性使其不可能成为本领域法律的基本规则。而且,对拥有已经"运用了人类工作和技能"的身体组成部分及人体物质和没有运用这些工作和技能的身体组成部分及人体物质的权利性质的区分,逻辑上并不严密。比如,如果患者在工厂的一次事故中被割断手指,医生将要把断指重新接上,但其不小心在开始接指手术前损害了断指,他能以该身体组成部分尚未运用人类工作和技能,其性质尚未改变为由,逃避责任吗?[④]

基于以下原因,法院最后得出结论,精子属于个人所有的物:

(1) 人类自己可以产生和释放精子。

(2) 释放精子的唯一目的是,未来在一定情形下,可以为了他们自己的利益而使用……

---

① *Yearworth v North Bristol NHS Trust* [2009] EWCA Civ 37.
② At [33].
③ *Doodeward v Spence* (1908) 6 CLR 906.
④ At [41].

诚然，将精子的存储以及储存精子的使用都限定在获得专门许可的从业者手中，法律实际上在个人意愿和精子的使用间增设了医生的专业判断。所以斯托尔沃思（Stallworthy）先生有理由主张，人们不能决定自己精子的使用。然而，在我们看来，他们缺乏主导精子使用的能力并不影响他们对精子的所有权，其原因有二。首先，许多成文法都对个人使用其所有物的能力做了限制，但这并没有否定他们的所有权。例如，土地所有者在自己的土地上建造房屋的能力或者在承租期满时驱逐他的承租人或者药剂师出卖自己药品的能力。其次，通过同意权的规定，法律致力于保护个体有权决定精子不以某种方式使用：他们对精子使用的消极控制仍然属于绝对权。

（3）因未来使用的目的产生了临时存储精子的需要。由于法律规定只有获得专门许可的从业者可以存储精子，因此斯托尔沃思先生强调：法律实际上剥夺了人们将精子交由其他未经许可的人或其本人储存的能力，人们也不能要求这些获得专门许可的从业者在法律规定的最长存储期届满时延长储存时间。在这方面，公共政策要求对所有权的一般法律后果进行重要限制，而这种限制的重要性因人们对精子的消极控制权大幅降低。这种消极控制表现为，法律规定，没有持续的同意，精子不能被储存或继续被储存。因此法律承认人们对其精子享有一种具有基本特征的所有权，即任何时候他们可以要求销毁精子。

（4）上述（2）（3）中有关使用和保存精子的权利分析必须在特定环境中予以考虑，即当获得专门许可的从业者有一种与个人意愿有冲突的责任时，比如一旦最长储存期届满时销毁精子的问题，无论是个人还是公司，除了他自己，没有人对其产生的精子有任何权利。

（5）男性对其精子的受限制的基本权利（即未来使用权）和本案中的信托机构违反其义务的结果（即阻止其未来使用权）之间的准确联系进一步强化了我们的结论，在本案中，男性对其精子享有所有权。①

虽然上诉法院已经明确否定有关人体物质是否属于物的传统分析方法，即除非可以适用"运用工作和技能"这一例外规则，但他们并未说明，何时可以提出所有权之诉。他们在判决中列出了一系列的参考因素，但我们并不知道，如果人体或身体组成部分要变成可支配的物，需满足哪些因素。②

粗略看，焦点似乎在法庭提及的因素上，即人体自己产生和射出精子。但这一

---

① At [61].
② 更多讨论参见 Skene（2012）。

因素也可以适用于其他人体物质。法院随后列出了其他考虑因素。这表明，仅仅因为人体能够产生某种人体物质，还不足以使其成为物权的客体。

仔细看，焦点是按照《人类受精与胚胎法》之规定，法院如何权衡医院存储精子的义务和该法赋予人们可以控制医院处理精子的权利。这可能表明，只有当他人负有以特殊方式照顾人体物质的义务时，才会产生物权。

所以，最好的解读方式为，在上述两种方式之间采取一种中间道路，并且需要证明，不仅人体产生了这些人体物质，而且这些物质以独特的目的被保存，在这种情形下，法律赋予相应的法律权利和义务就是合理的。①

西蒙·道格拉斯（Simon Douglas）和伊莫金·古尔德（Imogen Goold）对法院过快的行动提出了反对：

> 当法院在对"精子是否构成了物权的客体"这个问题给出积极回答时，他们并没有接着问接下来的另一个问题："这个权利的主体是谁呢？"②

正如他们注意到的那样，法院简单推定，如果精子属于物权客体，那么所有人应为男性。对此，二位学者提出了四个问题，帮助法院考虑是否应在人体物质上设定物权主张：

（1）某项生物物质是否能够构成物权的客体？
（2）某项生物物质应否被视为物权的客体？
（3）这项物权应归谁享有？
（4）对这一物权是否有任何抗辩理由？

9.2 作为一种物的人体：伦理问题

有人认为，将人体等同于其他财产，等同于可以被交易的事物，这是对人体的不尊重。对此的一种回应是，付钱购买人体器官可能有损人格，但是不付钱购买人体器官同样有损人格。

对这种颇有说服力的观点的另一种回应是，不管思想多么高尚，这些想法根本不切实际。在西方，生物科学家和他们的雇主通过对人体物质的研究获取了大量收益。为什么他们应该从人体物质中获得收益，而提供原始样本的个人却不能呢？③

---

① Pawlowski（2009）.
② Douglas and Goold（2016）.
③ Gold（1996：37）.

以下案例就提出了这样的问题。

 重点案例

摩尔诉加州大学董事会案①

约翰·摩尔（John Moore）患有毛细胞白血病，他的脾脏被摘除。戈尔德（Golde）医生发现他脾脏的细胞包含潜在的有利性能。戈尔德从摩尔的脾脏中培育了细胞株，最终卖了1500万美元。据说，最终产品可能价值几十亿美元。戈尔德对于该脾脏的研究未经摩尔的同意，摩尔也不知情。

摩尔以戈尔德违反了诚信义务，违反了他的知情同意权，侵占财产为由提起了诉讼。加利福尼亚州最高法院驳回了侵占财产的权利主张，该法院宣布：没有先例认为个人对自己的身体组织享有物权权利，并且，法律现在承认这一点也不合适。确实，若承认这一点将带来许多困难：限制医生获取人体物质会阻碍医学研究，并且导致"诉讼博彩行为"。患者们寻找出价最高的地方出售自己的人体物质或人体产物，这绝不是我们希望见到的结果。他们认可了摩尔在违背诚信义务的这一主张上享有一定权利。

与摩尔案初审中多数法官的观点不同，加利福尼亚州最高法院法官莫斯克（Mosk）认为，法律至少应当承认摩尔处理自己器官组织的权利，不管被告（包括他的医生和该大学）做了什么，即摩尔可以与研究人员和药剂公司订立合约，就他的人体组织及人体物质进行研究，并挖掘其中蕴含的巨大商业价值。②

身体是否应被视为一种物，或者是否应采用其他法律规则调整这一领域的法律关系，这一问题已经引发诸多讨论。在继续探讨这一问题前，有必要总结一下现有观点。

（1）我们需要承认，我们拥有自己的身体。这样，当器官被摘取后，个人有权控制他们这些被摘取的部分。个体可以出卖、担保，或出借被摘取的部分。如果这

---

① *Moore v Regents of the University of California* 793 P 2d 478 (Cal, 1990).
② At 488.

些组织器官被错误摘除，他们（或他们的代理人）可以主张返还，这意味着如果未经他人同意而从其被摘取的部分器官中获得利益，他们可以要求赔偿。

（2）将人体视为物将会贬低人体的价值。[1] 世界上存在一些不能被我们支配的珍贵事物。调整涉及人体的法律关系的原则是同意权、尊严和尊重。[2] 现有的物权模式不能完全囊括这些内容。因此我们需要关注自主权利或者身体获得有尊严对待的权利，而不是财产权利。[3]

（3）虽然将身体视为物没有伦理上的困难，但在立法技术上存在困难。某物要成为民法上的物，必须具备一定特征，且可以接受一定的处分。但由于身体不能被转移，也不可分割，因此我们不能将其视为物。而且，法律上的物权通过许多法律认可的方式获得（例如劳动收益）。所以，尽管我们可能感觉自己拥有自己的身体，但不能以物权法中所理解的"物"来看待我们的身体及其组成部分。[4]

现在我们将探讨引发争论的问题。

9.2.1　物的本质

在某种程度上，宣称自己的身体是物在立法技术上存在困难。[5] 这个问题十分复杂，并且也不能妥善处理物的概念问题，[6] 但是可以明确以下几个基本要点。"物"一词不仅被用来描述一个物，还表示人与物的关系。因此，一本书是一个物，但是说这本书是笔者的物，则指笔者和笔者的书之间的法律权利和义务。当一个人拥有一个物，通常意味着他有一些权利。例如，使用或享受该物的权利、排除他人使用该物的权利、将该物出售或转移给其他人的权利。[7] 完全所有权包括以上所有权利。但是一个较低层级的所有权可能仅涉及这些权利的一部分。罗杰·布朗斯沃德主张，那些具备所有权全部权能的权利是专有的排他性权利：这项权利可以阻止他人取走我的物，不管其主张有多强的道义性（例如，允许或不准一个饥饿的人拿走我的食物）。[8] 他指出，这些观点和我们如何看待身体有很强的联系，因为我们会

---

[1] Munzer（1994）.
[2] Brazier（2003a：479）.
[3] 参见 Brownsword（2003c）的讨论.
[4] Harris（1996：59）.
[5] Harris（1996）.
[6] Davies and Naffine（2001）.
[7] Douglas（2014）；Quigley（2007）.
[8] Brownsword（2002）. 更多讨论参见 Douglas（2013）and Wall（2013）.

坚定地拒绝其他人对我们的身体主张权利。

认识到物权分析方法的灵活性非常重要。如上所述，我们把某个物称为民法上的物，但同时限制个人可以行使的所有权。国家公园是一个物，但对于人们如何使用它有严格限制，而财产信托为我们控制物的使用提供了更多方式。① 所以，我们可以同意身体是物，但在此之后，对于什么时候以及怎样使用这些权利，应该有严格的制度。我们甚至可以说身体是物，但其不能出售。

哈里斯警告我们这种错误的分析思路可能带来危险。② 仅仅因为法律对待身体的态度在某种方式上类似于物权，这并不意味着身体属于物。所以，尽管我们的身体是我们的，我们可以对我们的身体为所欲为，同时阻止别人对我们身体实施任何行为，但这并不是说，我们享有对我们身体的所有权。这可能只是独处权③或身体完整权，而不是所有权。而且认为，因为没有其他人拥有我们的身体，所以我们拥有我们的身体的想法也是错误的，因为可能没有任何人享有我们身体的所有权。

还有人认为，我们拥有我们身体的所有权，但我们需要对所有权的主体和客体进行明确区分，这一观点存在逻辑问题。④ "我们"和"我们身体"之间存在明确的区别，我们只能说我们拥有自己的身体。⑤ 这种分析方式使得部分学者更乐意将涉及身体方面的权利源头归于隐私权，因此，对身体的干涉就是对个人的干涉，侵犯了个体的隐私权。拉迪卡·拉奥（Radhika Rao）提出：

> 物权说割裂了身体和它的所有者（即身体内的人）之间的关系。这与隐私权不同，其产生一种不可分的物质统一性。物权分析范式通过将身体与人分离，瓦解了人的物质统一性，进一步促使身体本身分裂。这既是字面上的分离，又是深层内涵上的分离。
>
> ……另一方面，隐私权理论通过个人的物质外在识别个人存在，以阻止那样的分裂。因此，隐私权保护个人免受身体物质上的侵害和改变，并且保护个体的统一性和完整性。⑥

---

① Winickoff and Winickoff (2003).
② Harris (1996).
③ 在英国，独处权（right to be left alone）是隐私权下的一个内容。——译者注
④ 对这一观点的反驳，参见 Quigley (2012b).
⑤ Naffine (1997); Morgan (2001: ch. 6).
⑥ Rao (2000: 364).

我曾指出，物权分析范式给了我们太多权利。实际上对于我们身体产生的大量废物，或者是从我们身体中分出的部分物质，我们并不希望享有任何权利或责任。① 如果扔掉我们掉下的一根头发，我们就会感到罪过，这极其荒谬。如果我们要为我们产生的废物负责，这会让我们不堪重负。诚然，民法上的抛弃原理，也即允许个人放弃所有权，可以帮助解决部分问题。② 但是抛弃原则并不清晰。正如道格拉斯（Douglas）和古尔德所言，③ 法律要求在适用抛弃原则时，须有抛弃意思表示的明确证据。所以，赋予我们对我们身体部分物质的所有权就很奇怪，因为我们真正想要行使所有权的情形非常罕见。④

9.2.2 摩尔案判决和对摘除的身体组织的控制

摩尔（Moore）案⑤的判决也引发了更多的争论。⑥ 有人认为，该案揭示了不采用物权分析方法所带来的问题。涉案科学家赚了大笔的钱，但是让这一切发生的个体却什么也没有得到。物权分析方法可以确保这个个体有足够的回报，但这种方法可能导致过度补偿的问题。如果我们将该基因序列视为他拥有的物，他就可以向根据该序列所有物所生之收益主张权利，在理论上他应当被授予所有收益。确实，人们担心，如果有患者向其人体物质主张权利的风险，那么干细胞系和DNA的科学研究将会受阻。⑦ 的确，如果法庭需要花几个星期去确认某一产品的创造过程中是否使用了谁的人体物质，律师们就要忙活好一阵了。

斯基恩总结了这里需要权衡的一些问题：

> 我们需要法律规则来提升医疗保健水平，推进医学科研教育，开发新药，但同时我们需要考虑人们对于个人的人体物质的摘取、保存、使用以及切除的身体部分及组织的敏感性。⑧

她认为，依靠个体对身体物质的自主权而非物权才能实现最好的平衡。

杰西·沃尔提出了一个重要观点：我们不应推定只有通过物权模式才能保护我

---

① Herring (2014d).
② 参见 Goold (2014).
③ Douglas and Goold (2017).
④ Skene (2014).
⑤ *Moore v Regents of the University of California* 793 P 2d 479 (Cal, 1990).
⑥ 参见本章对身体属于财产说的伦理问题的相关讨论。
⑦ DoH (2002e: para 17.20), Cohen (2007) 对干细胞的研究做了一般性讨论。
⑧ Skene (2002: 102-3).

们控制利益的权利。① 大多数人都赞同，一个人有权控制发生在他们身上的事的人很可能会进一步主张，法律应通过立法或人权分析的方法来保护人们的这种控制权。但是，对此问题的一种回复是，用物权模式保护利益的做法由来已久，可以肯定的是，这种模式可以保护所有权人提出的权利主张。但通过成文法的方式对某种利益进行保护可能挂一漏万，或者规定过于复杂。②

9.2.3 隐私权和人格尊严

有人认为，物权说无法保护我们在尊严或隐私方面的利益。③ 拉奥（Rao）倾向于用自主权的分析方法保护个体的身体权，她主张，物权模式在保护市场价值方面十分有用，但是隐私权更适宜保护精神上的价值。④ 我们的身体不仅仅是物：它们是我们与这个世界交流的媒介。我们与我们身体的关系不是"拥有"而是"存在"。⑤ 我们的身体并不是我们可以随意操控或丢弃的机器。观察耶尔沃斯案⑥，我们还可以补充一点，该案中真正的过错行为是损毁精子对涉案男子自主权造成的巨大影响：一个人拥有自己血脉子女的人生目标将无法实现。与物权分析方法相比，这似乎能更好地描述他们因他人过错遭受的损失。⑦

有人对此并不赞同。很多的物所承载的价值都超过了物本身的价值，比如结婚戒指。只要我们不将物作为评价身体的唯一方式，就不会有什么反对意见。⑧ 事实上，我们有可能将一些特殊的物视为民法上的物，即使法律对于这些物的取得方式或交易设有限制。⑨

而且，依靠隐私权来保护，保护范围无疑有限。隐私权是一种消极权利：在阻止人们实施特定行为时，它很有用，但物权是赋予权利人可以以某种方式作为的积极权利。隐私权能够有效地保护身体免受物理伤害，而物权提供了让个体按照个人意愿使用自己身体的自由。

---

① Wall（2011 and 2015）.
② Nwabueze（2016）.
③ Skene（2002）；Mason and Laurie（2006）.
④ Rao（2000）.
⑤ Toombs（1999）.
⑥ Yearworth v North Bristol NHS Trust [2009] EWCA Civ 37. 参见前文。
⑦ Cordell, Bellivier, Widdows, and Noiville（2011）.
⑧ Gold（1996）.
⑨ Brownsward（2003c）.

查尔斯·福斯特指出，物权模式不能囊括我们对我们身体拥有的尊严利益。①以下是他给出的两个例子。

(1) 人耳烟灰缸：几个医学生从他们解剖的尸体上偷了一只耳朵。他们给耳朵上漆后，当作烟灰缸使用。捐献者捐献尸体是为了医学教育的目的，虽然捐献者是一位自由主义者，但他不会把将耳朵当作烟灰缸使用作为医学教育的目的之一。

(2) 无名尸头：孩子们在街上踢足球，但他们踢的不是一个足球，而是一个无名尸头，是一条狗从一片中世纪的墓地中叼出来的。②

他指出，如果我们从物权关系分析上述例子，我们就无法识别这些行为的真正过错。福斯特分析道：

> 用来描述上述任一个例子中真正伤害的最佳方法是用类似尊严一样的话语体系（这让许多人都觉得尴尬）。耳朵不应用作烟灰缸，头也不能拿来当作足球，因为这有违人的尊严。③

物权说的另一个问题是，这种理论看不到某个物中的"自己"。④如果将我身体的一部分给了医生，即使取得了我的同意，我仍然会认为其具有代表性的价值。这和我卖给别人的车不同，这个部分对我仍有重要的意义。如果你认同这一主张，那么你就会认为物权说的确不能涵盖这一观点。

9.2.4 社会利益和个人利益的平衡

当然，存在一些特殊情形，身体某个部分对社会具有重要利益。我们在《人体组织法》中就能找到例子：为教育、研究、审核、尸检等目的，需要保留身体的某些部分。物权说倾向于保护个人的权利，而非社会的权利。正如拉丽萨·卡茨（Larissa Katz）所言：

> 物权说为财产所有人刻画了一个拥有权力的位置，这既不源于他人，又不从属于他人。这样的规则创设了一个机制：允许财产所有人作为一个最高级的决定者为获取资源服务。

---

① Foster (2014).
② Foster (2013: 7).
③ Foster (2013: 7).
④ 这是杰西·沃尔（Jesse Wall）给作者推荐的词。

据此，笔者认为，物权保护模式不能很好地保护我们对各自身体享有的社群利益、关系利益，以及社会利益。① 道格拉斯和古尔德不赞同这一观点。他们给出的例子是伦敦国家美术馆的艺术品，这些艺术品的所有权人允许为了公共利益展出，他们不担心这些艺术品会在没有法律追索权的情况下被偷走。但通常情况下，所有权人完全有权禁止他人看到他们的艺术作品。虽然，这种情况极其罕见。

9.2.5 身体的相互作用

自主权和隐私权的方法是基于我们的身体是我们自己的推定。这种观点也遇到了挑战，有人认为，这一观点忽视了我们身体的各组织器官间相互作用与相互依赖的关系。② 在怀孕的过程中，胎儿与母亲的身体相互依赖，甚至在婴儿时期，子女的身体也与父母的身体相互依赖：孩子依靠父母去行动。同时，父母的身体也与子女的身体相互联系。在依赖关系中，扶养人与被扶养人的身体之间也相互联系。如果扶养人的身体受到伤害，这将会影响到被扶养人的身体。而且，我们的身体与我们周围的世界也有相互联系的关系：我们的身体吃饭、喝水以及吸入空气，这些东西在适当的时候会以另一种形式排出体外。事实上，我们的身体一直在改变，在我们死亡时，我们的身体中几乎没有留下与出生时一样的东西。③ 因此，有学者主张，器官买卖和捐献应该被认为是自然和正常的，这是一个人们应该参与，而且我们推定他们也愿意参与的过程。④ 也有人借此主张，这种物权分析模式并不合适，不能体现身体物质所具有的相互关联的性质。⑤

反对的观点也许会回应说，人与人之间身体相互作用的例子非常少见。我们确实将自己的皮肤作为区分自己与他物的重要分隔层。器官捐献很难说是一种自然的过程，因为只有在有效药物的帮助下，这些捐献才会有效。

9.2.6 反对单一方法

这一领域内的很多文章都在概括层面上提出了诸如身体组成部分是否是物这样的问题。但是，我们不应推定身体的每个部分都应以同样方式对待。绝大多数人对

---

① 也可参见 Goodwin（2017）。
② Herring and Chau（2013）；Herring and Chau（2007）；Herring（2002）；Lindemann Nelson（2011）；Harmon and McMahon（2014）。
③ Leder（1999）；Shildrick（1997）。
④ Herring（2002）。
⑤ Herring（2014d）。Dickinson（2014）却提出了财产的共有模式。

待自己身体排泄物的态度与对待自己心脏的态度截然不同。我们身体的一些微小部分一直都在脱落,但我们并不为此担心。然而,对于身体的某些部分我们却有更大的利益。同样,对于不同的身体部分,国家也有不同利益。国家或社会对于头皮屑几乎没有利益,但是对于可用于移植的心脏或者会腐败并诱发疾病的身体部分就是另一个问题了。① 所有这些都表明我们不应试图用一种单一方式去解决我们身体的所有部分,而是应该通过立法在不同的情境下对身体的不同部分制定专门规则。这是支持使用立法来调整身体不同部分的观点。

10. 知识产权

是否应该允许一个人就其人体物质声称享有知识产权,比如就 DNA 序列申请专利?② 这是一个很大的问题,并且如果没有知识产权法的背景,将很难解决。因此,本书中我们不讨论这个问题。③

11. 结论

这一章涉及一些深刻的问题。我们与我们身体的关系是什么?我们能够按照个人意愿任意处置身体,还是我们需要尊重身体的尊严?随着科技进步,我们更容易改变我们的身体,这不仅仅包括在体内植入器官、摘取器官,还包括改变我们身体的基因。未来,问题会变得更加复杂。科技进步日新月异,在很多人对身体的改变赞不绝口的同时,也会有一点担心,我们可能并不知道围绕器官移植和身体所有权这些问题可能带来的后果。

---

① *Lakey v Medway NHS Foundation Trust* [2009] EWHC 3574 (QB). 该案中,丈夫不同意对其妻子的尸体进行合理处理。
② 详细讨论,参见 Gibson (2009)。
③ 参见 Millum (2008)。

/思考题/

1. 鲍勃·布雷彻（Bob Brecher）指出，"不管土耳其的农民卖肾是因为他们多么需要钱，不管他们在这种需要胆量的努力中是多么希望行使自主权……不管他们希望通过卖肾获得的收益让家人受益的愿望是多么真切，不管他们的需求有多大，他们的这种做法都是不对的。"① 你认为，这个问题就是那么简单吗？

2. 为什么 2004 年《人体组织法》没有采取一种不得违反的绝对原则，即在没有取得有效同意的情况下，不能摘取或保存人体中的任何物质？

3. 普赖斯（Price）认为："立法机关最终会将 2004 年《人体组织法》规定的法定管理框架主要建立在侵犯身体完整权的原理基础上，即调整摘除组织的同意的有效性（默示同意未来的使用，即这些内容是接受治疗协议中的一部分）。但从学理上讲，可以说，该法仍主要基于物权的分析方法，即使对该法案的修订是为了明确界定可免除同意的特殊情形，但这些特殊情形只适用于医学研究时不具有可识别性的人体组织。"② 你同意上述观点吗？

4. 是否应该允许某人为自己生病的子女捐献心脏？我们赞扬那些为了别人的利益而放弃自己生命的行为，那么，为什么不允许父母为子女捐献器官呢？

5. 思考以下观点："每个人都是自己的所有权人，这在道德上是正确的。作为一种道德权利，他拥有他自己，就像一个奴隶主在法律上对自己的奴隶动产拥有所有权。并且从道德上讲，他有权处理自己，就像奴隶主在法律上有权处理他的奴隶一样。"③ 你同意吗？

6. 即使在愿意捐献其他器官的人中，眼角膜的捐献率也很低，这很有意思。④ 为什么会造成这种现象？对于人们如何理解身体的各个部分这一问题，上述现象给我们带来什么启示呢？唐娜·迪肯森研究了关于手的移植问题："对于捐献者的家庭来说，每每想到曾经摸过你的手现在可能在摸另一个人，他们就会感到非常不安"。⑤ 对此，你做何评价？

7. 斯皮塔尔（Spital）探讨了以下情形：在一些医院中，医院给了不愿捐献器官的患者一些"医学上可接受的"不能捐献的理由（比如他们的器官不能使用），从而避免患者受到来自家人

---

① Brecher（1994：1001-2）.
② Price（2005a：817）.
③ Cohen（1986：109）. 参见 Edozien（2013）.
④ Kounougeri-Manoledaki（2000）.
⑤ Dickenson（2009：143）.

或者朋友的压力。① 这种做法可以接受吗?

8. 2009 年,一名 22 岁的男子由于被拒绝进行肝脏移植而死亡。② 这名男子在 13 岁就开始饮酒,酗酒成瘾。他在少不更事的年龄成为酗酒者,这是否意味着在器官移植时,他的酗酒行为不应作为拒绝提供器官移植的考虑因素?③

9. 如果科学家用你大脑的一部分制作了一个实验室里的"大脑",这还是你的吗?这是你吗?如果把它放在一个机器人体内,它就成了一个人了吗?④

10. 我们是否应该更关心如何保护我们的医疗信息,而非我们身体中的细微部分?⑤

11. 调查表明,只有 1% 的女性对她们的形体满意。⑥ 男性中,有 20% 的人对自己的形体感到苦恼。⑦ 为什么我们总是和我们的身体过不去呢?

---

① Spital (2008).
② BBC News online (20 July 2009).
③ 有关这类案件的职业指南,参见 UK Liver Transplant Group (2009)。
④ Boers, van Delden 和 Bredenoord (2019)。
⑤ Manson (2019).
⑥ BBC News online (21 February 2001).
⑦ BBC News online (12 September 2008).

/延伸阅读/

关于异体移植,参见下列文献:

Fovargue S. (2007), Oh pick me, pick me—selecting participants for xenotransplant clinical trials, *Medical Law Review* 15: 176.

Fovargue S and Ost S. (2010), When should precaution prevail? Interests in (public) health, the risk of harm and xenotransplantation, *Medical Law Review* 18: 302.

Fox M and McHale J. (1998), Xenotransplantation: the ethical and legal ramifications, *Medical Law Review* 6: 42.

McLean S and Williamson L. (2005), *Xenotransplantation: Law and Ethics* (Ashgate).

关于人体的法律地位,参见下列文献:

Beyleveld D and Brownsword R. (2001), *Human Dignity in Bioethics and Biolaw* (Oxford University Press).

Brazier M. (2015), The body in time, *Law, Innovation and Technology* 7: 161.

Campbell A. (2009), *The Body in Bioethics* (Routledge).

Dickenson D. (2009), *Body Shopping: The Economy Fuelled by Flesh and Blood* (Oneworld).

Douglas S. and Goold I. (2016), Property in human biomaterials: a new methodology, *Cambridge Law Journal* 75: 504.

Fabre C. (2006), *Whose Body is it Anyway? Justice and the Integrity of the Person* (Oxford University Press).

Farrell A-M. (2012), *The Politics of Blood: Ethics, Innovation and the Regulation of Risk* (Cambridge University Press).

Fletcher R, Fox M and McCandless J. (2008), Legal embodiment: analysing the body of healthcare law, *Medical Law Review* 16: 321.

Freeman M. (1997), Taking the body seriously? //Stern K and Walsh P. (eds), *Property Rights in the Human Body* (Kings College London).

Gibson J. (2009), *Intellectual Property, Medicine and Health* (Ashgate).

Goodwin M. (2017), Human Rights, Human Tissue: the Case of Sperm as Property//Brownsword R, Scotford E, and Yeung K. (eds), *The Oxford Handbook of Law, Regulation and Technology* (OUP).

Goold I, Greasley K, Herring J and Skene L. (2014), *Persons, Parts and Property* (Hart).

Hardcastle R. (2007), *Law and the Human Body* (Hart).

Herring J and Chau P-L. (2007), My body, your body, our bodies, *Medical Law Review* 15: 34.

Herring J. (2016c), The law and the symbolic value of the body//van Klink B, van Beers B and Poort L. (eds), *Symbolic Legislation Theory and Developments in Law* (Springer).

Hoppe N. (2009) *Bioequity—Property and the Human Body* (Ashgate).

Machado N. (1998) *Using the Bodies of the Dead* (Ashgate).

McGuinness S and Brazier M. (2008), Respecting the living means respecting the dead too, *Oxford Journal of Legal Studies* 28: 297.

Nuffield Council on Bioethics. (1995), *Human Tissue: Ethical and Legal Issues* (Nuffield Council).

Nwabueze R. (2016), Proprietary interests in organs in limbo, *Legal Studies* 36: 279.

Phillips A. (2019), *Buying Your Self on the Internet* (Edinburgh University Press).

Prainsack B and Buyx A. (2017) *Solidarity in Biomedicine and Beyond* (Cambridge University Press).

Price D. (2007), Property, harm and the corpse//Brooks-Gordan, et al. (eds), *Death Rites and Rights* (Hart).

Quigley M. (2018), *Self-Ownership, Property Rights, and the Human Body: A Legal and Philosophical Analysis* (Cambridge University Press).

Wall J. (2015), *Being and Owning* (Oxford University Press).

关于器官捐献和器官买卖的问题,参见下列文献:

Caplan A and Purves D. (2017), A quiet revolution in organ transplant ethics, *Journal of Medical Ethics* 43: 797.

Cherry M. (2005), *Kidney for Sale by Owner* (Georgetown University Press).

Cronin A and Douglas J. (2010), Directed and conditional deceased donor organ donations: laws and misconceptions, *Medical Law Review* 18: 275.

Cronin A and Harris J. (2010), Authorisation, altruism and compulsion in the organ donation debate, *Journal of Medical Ethics* 36: 627.

Farrell A-M, Price D and Quigley M. (eds). (2011), *Organ Shortage: Ethics, Law and Pragmatism* (Cambridge University Press).

Gillett G. (2013), Honouring the donor: in death and in life, *Journal of Medical Ethics* 39: 149.

Glannon W. (2008b), The case against conscription of cadaveric organs for transplantation, *Cambridge Quarterly of Healthcare Ethics* 17: 330.

Goodwin M. (2007), *Black Markets: The Supply and Demand of Body Parts* (Cambridge University Press).

Lindemann Nelson J. (2011), Internal organs, integral selves, and good communities: opt-out organ procurement policies and the "separateness of persons", *Theoretical Medicine and Bioethics* 35: 289.

Malmqvist E. (2014), Are Bans on Kidney Sales Unjustifiably Paternalistic? *Bioethics* 28: 110.

Miller F and Troug R. (2012), *Death, Dying and organ Transplantation: Reconstructing Medical Ethics at the End of Life* (Oxford University Press).

Pattinson S. (2011), Directed donation and ownership of human organs, *Legal Studies* 31: 322.

Price D. (2009), *Human Tissue in Transplantation and Research: A Model Legal and Ethical Donation Framework* (Cambridge University Press).

Rosoff P. (2018), Compulsory Organ RetrievalMorally, But Not Socially, Justified, *Cambridge Quarterly of Healthcare Ethics* 27: 36.

Stacey Taylor J. (2005), *Stakes and Kidneys: Why Markets in Human Body Parts are Morally Imperative* (Ashgate).

Sunders B. (2010), Normative consent and opt-out organ donation, *Journal of Medical Ethics* 36: 34.

Wilkinson T. (2011), *Ethics and the Acquisition of Organs* (Oxford University Press).

关于器官保存问题及2004年《人体组织法》，参见下列文献：

Brazier M. (2002), Retained organs: ethics and humanity, *Legal Studies* 22: 550.

Devine K. (2017), *The Umbilical Cord Blood Controversies in Medical Law* (Routeledge).

Harris J. (2002), Law and regulation of retained organs: the ethical issues, *Legal Studies* 22: 527.

Price D. (2005), The Human Tissue Act 2004, *Modern Law Review* 68: 798.

第十章
死亡过程和死亡

引　言

近年来，我们对待死亡的态度已经发生了改变。过去，死亡就是一件命中注定的事情，我们只能接受。如今，随着科技的发展，我们对自己的死亡过程施加更多的控制已然成为可能。许多人都期望自己能够平静、安宁而且在自己的掌控中逝去。低温冰冻保存技术和医学的显著进步，意味着就连长生不老也未必是可望而不可及的。① 或许很快我们就可以说，死亡虽不可避免，但你能自己掌控。② 2015 年 10 月，一位公司经理就在他的社交媒体网站上更新了自己的状态，宣布他将在瑞士接受由他人协助下的死亡，并公布具体日期。③ 但是人们对自己或者他人的死亡应有多大的掌控程度，却颇有争议。本章将重点讨论下列问题：是否准许医生在患者的请求下实施安乐死？是否准许医生向患者提供用于自杀的药物？人是否有自杀的权利？④

对于这些问题，人们莫衷一是，争论激烈。在围绕相关法律与道德问题的学术论辩中，支持者与反对者各执一词，激烈交锋，觉得对方没能理解甚至歪曲了己方的主张。安乐死以及相关问题是众多法院难以应付的问题，英国上议院已经不止一次呼吁议会对此进行立法。⑤

有关死亡争论的核心是死亡的本质。但在某种程度上，这一争论的主题其实是生命的本质。对某些人而言，死亡是不惜任何代价都要设法避免的。⑥ 正如狄兰·托马斯（Dylan Thomas）所言，我们必须"怒斥，怒斥光明的消逝"。另有学者则反其道而行之，提出美好的死亡应宁静且充满力量，并辅以"具有平静、镇定、克制、含蓄，并且情感与激情得到克制和牢固掌控等特点"⑦。人们对待死亡的态度往往会带有道德或者宗教信仰的痕迹。⑧ 有些人将死亡视为通往极乐来生的过程，另一

---

① Harris（2004a）.
② 有关对死亡态度的这种改变，参见 Battin（1998）and Brooks-Gordan 等（2007）.
③ Khomami（2015）.
④ 对本章提出问题的详细讨论，参见 Herring（2011a）.
⑤ R (Nicklinson) v Ministry of Justice [2014] UKSC 38 Airedale NHS Trust v Bland [1993] 1 All ER 821, at 880, 885, and 899; R (Pretty) v DPP [2002] 1 All ER 1, at para 96.
⑥ Freud（1911）.
⑦ Kolnai（1995: 151）.
⑧ Bedir and Aksoy（2011）从伊斯兰教的视角做了阐述。

些人则将死亡看作自己故事的最后一章，应该反映自己毕生珍视的价值观与原则。①但是，将这场争论视为"自由派"和"一小撮保守的宗教狂热分子"之间的论战，这并不公平。②事实上，宗教和世俗的论著中都有支持任何一方的观点。

近年来，追求有尊严的死亡已经不再鲜见，部分提倡安乐死合法化的著述正是以这一意愿为根基发展起来。③对于那种令很多人感到害怕的死亡，《时代的辩论》（The Debate of the Age）做了如下总结：

> 很多人惧怕死亡，或者更准确地说，很多人惧怕死亡的过程。展望可能的死亡过程，人们往往是身上连着医疗设备，忍受令人不适的干预措施，遭受种种屈辱，几乎没有或者干脆没有任何隐私。人们被大量使用镇静剂，以至于对自己的状况和周围的环境知之甚少，甚至浑然不觉。并且他们根本没有机会告别，在遭受了巨大的痛苦后，死在医院里。④

另一方面，有些人则对死亡应是"一个有尊严的经历"这种错误的期望不以为然。⑤死亡通常是丑恶和痛苦的，我们应当将死亡当作生命中一个不争的事实来加以接受。有人提出，推动安乐死和在医生协助下的自杀是我们这个时代的一个标志，它反映了现代人醉心于快节奏生活，回避依赖性关系，厌恶神秘和模糊，强调成本和效率的态度。⑥

当人们思考死亡时，很容易完全从垂死之人的角度来看待这个问题。当然，死亡通常会给那些"遗属"带来无法言说的悲痛。西尔（Seale）曾经写道，死者的亲属们感到自己有责任确保死者死得其所。⑦不过，在一个人的逝去不被公众承认为死亡的情形下，做到这一点可能格外困难。流产或死产可能会对胎儿的父母造成重大创伤，但是这种生命的流逝往往得不到正式的承认。⑧

在进一步讨论关于生命终止的法律规制时，应该注意这场讨论中最近出现的两

---

① 对什么是好的死亡的有趣讨论，参见 Dekkers、Sandman 和 Webb（2002），Bradbury（2000）。
② Yuill（2012：3）。他就在文中描述了反对协助他人死亡的世俗观点。
③ Biggs（2001）。
④ Age Concern（1999：18）。请进一步参阅 Hardwig（2009），该作者表示，在那些听他讲座的人中，有些人最担心的是死亡对他们而言来得太晚。
⑤ Nuland（1993：xvi）。
⑥ Mann（1998）。
⑦ Seale（1998）。
⑧ Biggs（1998）。

种动向。首先,约翰·科根指出,有关安乐死的讨论的实质是"死亡时可以做什么"。① 如他所言,这场争论很难取得任何进展,双方都在老调重弹,始终无法达成一致意见。

其次,和协助他人死亡相比,死亡还涉及其他一些关键问题,认识到这一点很重要。

> 在我们讨论协助他人死亡的对错时,正有深陷贫困、寒冷和极度饥饿的老人在死去。他们被自己的社群忽视,被家人遗弃,在一种孤独、被社会排斥的状态下生活。这些不幸的人在生命的最后一段旅途中,在养老院中遭受虐待,医护人员照料不周,随意施药。虽然最近一个月里,我们没有再看到养老机构严重虐待老人的新闻,但比虐待身体更普遍的是那种极度无聊的环境,人际交流减至极限。没有爱,没有关怀,也没有希望。

在这种背景下,我们还敢讨论死亡的权利吗?那些支持死亡是权利的人们就不关心老人们面临的这些悲惨遭遇,这些甚至可以导致他们求死的悲惨遭遇吗?那些死亡权利的反对者知道我们留给这些老人的境遇吗?……当我们将更重要的一些问题搁置一旁,比如改善老人居住环境,提高临终关怀质量,与社会上歧视老人的普遍现象做斗争等,花大量的时间、精力和政治压力处理死亡权利的问题,我感到非常悲伤。前述这些更重要的问题也是需要我们著书立说、组织游行和到网上请愿的事情。考虑到我们对待老人的方式,那些为精神卫生问题和残疾人呼吁的人,那些宣扬生命的神圣或死亡权利的人都应该为此感到羞愧。②

现实考察

死亡

2018 年,英格兰和威尔士登记的死亡人数为 541582 人。③ 2019 年,每 100 万男性有 11209 人死亡,每 100 万女性则有 8380 人死亡。

---

① Coggon (2013b: 402).
② Herring (2013d: 493).
③ Office for National Statistics (2019d).

> 民众的预期寿命持续增长。今天，英格兰新生男婴预期可以活到79.3岁，新生女婴的寿命可达82.9岁。① 1991年，对应的数字为73.7岁和79.1岁。但逾期寿命和居住地的确相关。住在肯辛顿和切尔西地区的人的预期寿命为83.3岁，而生活在布莱克浦的人的预期寿命为74.7岁。
>
> 不久前对全科医生所做的一项调查发现，在英格兰地区的死亡人员中，63%的患者由医务人员做出"终结生命的决定"。② 在这些死亡案例中，32.8%涉及医生的介入，帮助患者减轻痛苦或不良症状（但是这种介入可能具有缩短患者寿命的效果）；30.3%的案例中，存在可能挽救生命的疗法，但是未对死者进行这样的治疗。有人提出，英国大约有18000名患者是在医生协助下死亡的。③
>
> 在使用这些统计数据时固然应当小心谨慎，④但它们揭示了卫生专业人员在多大程度上参与了"终止生命"的决定。

1. 死亡的概念

1.1 死亡的定义

对死亡进行界定困难重重，而且各方也颇有争议。⑤这一问题也会引发许多有关人性问题的讨论：怎样才算一个人？生命的基本要素是什么？通常情形下，即使我们对某人的死亡时间存在分歧，但判定其是否死亡的事实并不困难。但是，当患者丧失意识，只是通过人为手段维系生命时，关于他是否还活着可能就有争论。在器官捐献领域，这一问题具有切实而重大的相关性，正如我们在第九章中所讨论的那

---

① Office for National Statistics (2019c).
② Seale (2006).
③ Price (2009).
④ 例如，很多安乐死可能因为害怕遭到刑事调查而未被报道。
⑤ Chau and Herring (2007), Lizza (2006), and Veatch (2005).

样。如果人们认同只有人死之后才能摘取器官这一观点,那么知道死亡的确切时间就至关重要。如果将摘取器官的时间推迟太久,那死者的器官很可能无法再用于器官移植。在临终关怀阶段,这一问题也十分重要。如果认定这样的患者确已死亡,那么关掉维系他们生命的设备在道德上和法律上也就不存在困难。但如果患者并未死亡,这些就都成了问题。

1.2 法律规定的死亡标准

令人惊讶的是,法律规定的死亡标准并未引起法院的注意。在布兰德(Bland)案[1]中,布朗-威尔金森勋爵、戈夫(Goff)勋爵和基思勋爵三位法官承认,就医学与法律目的而言,应将死亡界定为脑干死亡。尽管当时托尼·布兰德(Tony Bland)处于持续性植物状态,但是其脑干尚未死亡,因而他并未死亡。[2] 这一点在 Re A(儿童)案[3]得到了证实。虽然约翰逊(Johnson)法官接着说,我们不能由此推出,如果家属的观点与法律规定的死亡标准不同,那么就可以进行尸检。他说:

> 本案事实再次提醒我们,在一个文化多元的社会中,必须承认存在一部分虔诚的宗教信徒,他们对于人何时死亡与医生有不同的观点。在教徒的眼中,"生命的气息"这一概念能引发古老而且重要的共鸣。因此,在他们看来,即使"呼吸"完全依靠机器维持,一个静止的、只能呼吸的身体仍被认为是活着的,这一观点理解起来并不困难。在这种极富挑战性的时间节点,坚持法律对死亡的准确定义,让验尸官牵涉其中,在我看来,存在明显错误,以至于任何一种反驳的观点都只是一种无意义的重复。

最保险的说法或许是:目前法律规定的死亡标准与医学上的死亡标准基本一致。但问题是医学上的死亡标准也存有分歧。

---

[1] *Airedale NHS Trust v Bland* [1993] 1 All ER 821. Foster(2015b)对本案也做了有用的分析。

[2] 在 *Re A* [1992] 3 *Medical Law Review* 303 and *R (Smeaton on behalf of SPUC) v The Secretary of State for Health* [2002] 2 FCR 193,[57] 案中被证实。(译者注:该案中,儿童靠呼吸机维持生命,并且已被认定为脑干死亡,他在法律上也已死亡。这与医学专家的观点一致,但该儿童的父母坚持认为这个孩子还活着。)

[3] *Re A (A child)*.

1.3 死亡的其他标准

尽管表面看来英格兰和威尔士的医生和律师都将脑干死亡作为认定死亡的标准，但有一点很重要，那就是我们应当明白，这不过是众多死亡标准中的一种，而且这一标准本身也存在争议。① 现在，我们来看一下关于死亡的其他标准。

1.3.1 脑干死亡

如上所述，在英国，医学上的死亡指脑干死亡，这一观点在英国被广为接受。② 有人声称，脑干死亡的人除了机械地生存之外，已经不具有生命。③ 目前，英国卫生部的《诊断脑干死亡业务守则》中详细规定了认定脑干死亡的标准。④ 该定义列出了医生做出脑死亡诊断前必须满足的三个要件：

（1）昏迷不是由诸如用药过量等可逆的原因造成的；

（2）脑干的各个组成部分均已遭到永久破坏，但值得注意的是，这其中包括呼吸中枢遭到永久破坏；

（3）患者无法自主呼吸。

该规范提出，应有两名职业医生（已经注册5年以上且是该领域的专家）一致同意，患者已经脑死亡，然后方可宣布患者死亡。⑤

支持以脑干死亡作为死亡标准的人主要有以下两点依据。首先，一旦大脑停止运转，人的身体就失去了完整性。一只鸡失去头部后或许还会扑腾一会儿，但是多数人会认为这只鸡已经死了，哪怕它还有一丝活着的迹象。⑥ 其次，脑干一旦死亡，使生命具有价值的东西也就随之没有了。⑦ 尽管从某种技术与生物学意义上讲，脑干已经不再活动的身体依然活着，但是所有使生命具有意义和价值的功能已经全部

---

① 对脑干死亡概念的详细批评，参见 Kirkpatrick、Beasley 和 Caplan (2010)，以及 Shewmon (1998)。

② Pallis and Harley (1996).

③ 尽管 Karakatsanis and Tsanakas (2002) 提出，脑干死亡就没有意识了，但这并未得以证实。也可参见 Nair-collins and Miller (2017)。

④ DoH (1998).

⑤ Fost (1999) 抱怨没有对脑死亡进行定义。

⑥ 参见 Miller 和 Troug (2010)。

⑦ Sarvey (2016).

丧失。① 有学者支持应以全部脑死亡为标准，这样我们就能确定这个人已经完全丧失了感知和意思能力。②

也有人从本质上对脑死亡标准提出了挑战：这一标准抬高了大脑的地位，将其视为人体最重要的器官。③反对脑死亡标准的人指出，人体的组成部分除了大脑之外还有很多。格兰农（Glannon）④认为：

> 我们的身体不仅仅是由大脑组成的，相反，我们的心理状态，无论是正常有序还是混沌不堪，都是大脑、身体以及社会和自然界之间不断相互作用的产物。大脑不是决定心理状态的唯一因素，而是一个关联器官，它在人体与世界的互动中起着中介作用。在这一过程中，大脑既塑造了心态，又反过来接受心态对它的塑造。

当身体的某个部分不再运转时就宣布整个身体死亡，这种观念暴露出一种对身体的狭隘理解。约菲（Joffe）认为，即便脑干死亡，身体许多其他功能（如生长、排泄、妊娠）仍然可以继续运转。⑤维奇（Veatch）还设想，未来某个时间，对人进行大脑移植将会成为可能。他提出，如果以脑干死亡作为检验死亡与否的标准，那么就有可能导致脑干死亡，但身体其他功能仍在运行的人被认定为死亡，哪怕他们显然还活着。⑥还有人主张，一个人可能会被定性为已经脑死亡，尽管他的身体还是温热，并且还在呼吸，此举会导致死亡的法定含义与非专业人士对死亡的理解之间产生一道无可逾越的鸿沟。⑦

1.3.2 呼吸停止

死亡曾被界定为患者心脏停止跳动并停止呼吸的时刻。但是，医学的进步已经导致这一死亡标准出现了问题。现代科技已经证明，心脏停止跳动不会导致大脑停止活动。此外，即便呼吸停止，采用呼吸机或者电刺激（在心脏病发作时）等医学干预手段，照样可以将患者从死亡线上挽救回来。

---

① Lee and Grisez（2012）.
② Lee（2016）；Condic（2016）；Moschella（2016）.
③ Glannon（2009）；Joffe（2010）.
④ Glannon（2009：329）.
⑤ Joffe（2010）.
⑥ Veatch（1999：14）参见 Biggs 对这一问题的讨论（2002：18-20）.
⑦ Byrne and Rinkowski（1999：42）.

丹麦伦理委员会（Danish Council of Ethics）是以心脏丧失功能作为死亡标准的重要支持者之一。相较于以脑死亡作为死亡标准，该委员会更倾向于将心脏功能丧失作为死亡标准。①该委员会主张，死亡标准并不只是一个技术问题，相反，我们必须根据整个社会对死亡的理解来确定死亡标准。它指出，普通人会将心脏停止跳动作为死亡的标准，因为人们广泛将心脏视为生命的象征。②因此，即便将心脏的跳动视为生命的关键在逻辑上或者哲学上并不合理，人们依然根据直觉将心跳作为生命的根本标志。

1.3.3 有机体的终结

如果将人体视为一个具有多种功能"不断运转的有机体"，那么或许可以将死亡标准定为该有机体不再具备这些功能的时刻。③人体的各个功能可能包括呼吸、循环、摄取营养以及排除废物等。只有当人体的这些功能都停止时，才能说人体死亡了。不过，在反对者看来，这种观点将人体当成了一个机器，而多数人认为自己的身体不只是一个呼入和排出空气的有机体。这种死亡标准忽视了那些被多数人视为自己身体最为重要的内容，譬如感觉、思想、情感等。

1.3.4 所有细胞的死亡

还有一种关于死亡的极端观点，该观点认为，直到一个人体内每一个细胞都停止运转时才算死亡。④按照这种观点，就应将死亡的时间点定为身体开始腐烂之际。这种观点不大可能为多数人接受。

1.3.5 死亡是一个过程

虽然大多数人将死亡看作某一个时刻，但从医学上讲，最好还是把死亡看作是一个过程。少数情形下，死亡有一个明确的时刻，例如，一个人被炸得粉身碎骨。但是，如果是"自然死亡"，那么要在活着和死亡之间找到一个明确的分隔节点，这就不容易了。正如一位垂死的患者所说："死亡正在一点一点地吞噬我。"⑤

---

① 参见 Rix（1990），Gillon（1990）和 Lamb（1990）的讨论。
② Truog（1997：29）
③ Lamb（1985）；Moschella（2017）；Maguire（2019）。
④ 比如，可能将血液停止循环的时候作为死亡时间。
⑤ 名言取自 Kafetz（2002：536）。

将死亡看作一个过程的主要难点在于法律、死者亲属和专业人士都要求为死者的死亡确定一个明确时间点,① 但认为死亡是一个过程的支持者可能提出,如果目的不同,那么认定某人死亡的时间点也就不同。如果是为了摘取死者器官进行移植,可以宣布他是在死亡过程中的某个时间点死亡,但如果是为了下葬或者火化,则可以宣布死者是在死亡过程中的另一个时间点死亡。②

1.3.6 失去灵魂

对于有宗教信仰的人而言,死亡往往被解读为灵魂③离开了身体,并转到来世。当然那些否认灵魂存在的人不会接受这种解读。就算是承认灵魂的存在,依然有一个问题:凡人无从感知丧失灵魂的那一刻。因此,失去灵魂不能作为死亡的法定标准或者医学检验的标准。④

1.3.7 意识或社会互动

有人认为,死亡标准应当取决于我们对人性的理解。他们认为,人性是对于自我或者他人的认识,以及与他人互动的能力。这种死亡标准的支持者认为,如果一个人永远失去与他人沟通或者交流的能力,或者永远失去对自身或者周围环境的清醒认识,那么他已经失去了人性中的根本内容。如果采用这一标准,会被认定为死亡的范畴就将远远超出现在使用的死亡范畴。例如,那些处于持续性植物状态的人就会被视为已经死亡。更为惊悚的是,大量的严重精神障碍患者也会被归类为死人(或者至少是非人)。

1.3.8 自行选择死亡标准

巴盖里(Bagheri)⑤曾经提出,死亡标准多种多样,个人的宗教、精神或者政治信仰不同,所认可的死亡标准也不同,因此最好还是让人们自行决定希望采用的死亡标准。这一主张具有一定吸引力,不过我们还是要在这一标准之外"留有余地",以便在死者生前并未表明选用何种死亡标准时有迹可循。此外,不难想象,

---

① Stanley (1987).
② DuBois (2002) 认为死亡应认定为一种状态而不是一个过程或者事件。
③ 这里的"灵魂"大概指一个人死亡之后组成其精神的重要因素。
④ 更多的讨论参见 Tonti-Filipinni (2011)。
⑤ Bagheri (2007).

有些人选择的死亡标准或许根本无法接受,因而也不应允许。例如,如果某人决定,当自己患了阿尔茨海默病后就应当视为死亡,对此我们的社会是否会接受呢?[1] 很可能不会。蔡勒(Zeiler)提出,应当有多种可接受的备选标准,供人们按照偏好自行选择。[2]

1.3.9 回避死亡的话题

对设定死亡标准存在重重困难的另一种回应是,建议大家换一个角度处理这个问题,这个角度是:对死亡究竟发生于何时这一问题避而不谈。[3] 例如,我们可以这样提问:什么时候准许掩埋遗体比较合适?什么时候可以摘除死者的器官并移植给另外一个人?[4] 对于一个使用人工呼吸机的患者,什么时候可以关掉他的人工呼吸机?对于这些问题,人们心中可能存在不同答案。

1.4 在不同标准之间进行选择

在上述各标准之间进行选择时,考虑一下兰姆(Lamb)的主张或许有帮助:"把生者当作死者和把死者当作生者,两者同样都是错误的。"[5] 这一说法背后的主张是,不应把死亡的节点定得过早,也不应定得太晚,二者都非常重要。不过,并非人人都赞同兰姆的观点。将死人当作活人或许是在浪费资源,或者是不当地耽误亲属治丧,但是这样做真的和在一个人还活着的时候就把他下葬一样严重吗?[6]

这些不同的死亡标准往往可以归为两类:一类强调生命是指有清醒意识的个体;另一类将人体理解为一个活的有机体。[7]问题是,很多人认为这两种对于人体和生命的理解都站得住脚。[8]对此,一种解决方案是接受我们其实是死亡了两次的事实:一次是在我们失去意识之时,一次是我们的身体这一生物有机体停止运作之

---

[1] Molina, Rodriguez-Ariasand, and Youngner (2008).
[2] Zeiler (2009).
[3] Chau and Herring (2007). 参考 Moschella (2016) 中对为什么死亡被视为单一的事件的讨论。
[4] 参见 McGee and Gardine。
[5] Lamb (1994: 1028).
[6] Brugger (2016).
[7] Gervais (1986: 15) 区分了那些将死亡视为生物问题的人和那些将死亡视为道德问题的人。
[8] Holland (2003: 75).

时。①那些认为我们既非只是精神，又非仅仅是肉体，而是"有肉体依托的精神"的人肯定会支持这种观点。②

这些不同标准之间的另一个区别是理解死亡的出发点不同：是站在濒死者的立场还是站在照顾家属的立场。可以说，脑干死亡是濒死的人失去对自己生命的一切感知的时刻，而停止呼吸则是旁观者认为的死亡节点。但是，应当指出的是，呼吸停止是导致脑干终止运转的最常见的原因。③

还有一个关键问题，那就是应当由谁来确定死亡标准？如上所述，近些年来，英格兰法院倾向于遵从医学上的死亡标准。此举尽管得到了部分法律人的支持，④但也有法律人提出，在这个问题上还应考虑有关哲学和道德的主张，因此法院不能对医学界的观点亦步亦趋。⑤特鲁格（Truog）、沙（Shah）和米勒（Miller）认为，出于政策原因，法律应当承认一种"虚拟"的死亡标准（脑干死亡），而不应当试图装出一副采用了"真实"死亡标准的样子。⑥

最后，要制定一个法定的死亡标准，不仅要考虑有关的哲学观点，而且采用的检验标准必须可行，符合一般公众对于死亡的理解。⑦换言之，从哲学上看最为可取的或许无法使用，因为它无法转化为一种清晰明确而且切实可行的判断标准。⑧

2. 与生命终结有关的法律

本节将竭力阐明涉及多种"生命终结问题"的法律规定，包括安乐死、协助自杀和拒绝接受治疗。要理解法律对此所持的立场，就必须了解一下刑法有关谋杀、

---

① McMahan (1995).
② McMahan (2002: 426). Shewmon (1998).
③ Pallis (1990).
④ Kennedy (1969).
⑤ Skegg (1974).
⑥ Shah, Truog and Miller (2011). 他们解释脑死亡为一个人"真正的死亡"，即使在技术上没有死。
⑦ Devettere (1990).
⑧ Wicks (2010: ch. 7).

杀人、自杀和拒绝接受挽救生命的治疗的患者的法律地位的相关规定。[①] 在尼克林森案[②]中，森普申（Sumption）勋爵就涉及生命终结的相关法律做了一个帮助我们理解的总结。

（1）在法律上，一个有完全意思能力的人打定自杀主意，国家无权干涉，也不能阻止他这么做。但是，这个人无权请求第三人帮助他结束自己的生命。

（2）一个法律上被认定为有意思能力、心智健全的人有权绝食，有权拒绝接受任何侵入性治疗或其他形式的治疗，包括人工喂食。如果他拒绝，医护人员就必须尊重他的意愿，即使在不接受这些治疗的情况下他会死亡。一个患者或未来可能生病的人可以通过预先指示或生前预嘱的方式就上述问题表达自己的意愿。

（3）医生不能建议患者如何自杀，但医生可以对某些医疗选择进行客观建议（比如镇静剂和其他临终关怀选择）。一旦患者决定自杀，这些都可能是他的选项。如果医生是在患者没有自杀倾向的时候，提前同意使用舒缓疼痛和不适的药物，他不会因此为自己招来刑责。这种建议仅仅是医生的职责。法律不赞同协助自杀的行为，但法律也没有要求医务人员向患者隐瞒任何有可能鼓励患者自杀的事实。《欧洲人权公约》第10条明确规定，医生有给出信息的权利，患者也有获得信息的权利。如果法律并非如此，我认为其适用就有巨大困难。

（4）旨在舒缓疼痛和不适的治疗不会因为这个治疗有缩减寿命的副作用（无论副作用的发生率多高）而违法……

（5）不管公诉主任公布的政策是否明朗，事实是，因鼓励或协助自杀而起诉的案件都非常罕见……

即使是上述法律总结也并未得到一致赞同，这也再次说明调整本领域法律的复杂性。尤其是第一点似乎忽视了一个重要内容：国家在某种情况下有义务阻止个人实施自杀行为。本章后文将对此进行探讨。

我们现在开始讨论有关生命终结的法律的具体内容。

---

① 还包括与健康和安全相关的立法（R v Southampton University Hospital NHS Trust [2006] EWCA Crim 2971）。

② R (on the application of Nicklinson) v Ministry of Justice [2014] UKSC 38 at [225].

2.1 谋杀

要判定被告犯有谋杀罪,必须就下列事项说服陪审团,使他们排除合理怀疑并相信:

(1) 被告导致了患者的死亡;
(2) 被告有致人死亡或者对其造成严重身体伤害的故意;
(3) 被告为自己所做的辩护不成功。

就医学方面的"生命终结"案件而言,还需要对上述要件做进一步的说明。

2.1.1 被告导致了被害人的死亡

在判定被告是否导致被害人死亡这一问题时,必须区别以下两种情形:被害人的死亡是由被告的作为造成的(例如,医生对患者注射了致命针剂),被害人的死亡是由被告的不作为造成的(例如,一名绝症末期的患者陷入昏迷后,他的护理人员没有采取措施使之复苏)。

(1) 被告的作为导致被害人死亡。在谋杀案中,必须证明被告的作为是导致被害人死亡的实质性和可操作性的原因[①]。这就意味着,医生的行为不必是导致死亡的唯一原因,但是必须是导致死亡的实质性原因[②]。换言之,如果尸检证实患者是由于疾病和医生注射的药物在共同作用之下死亡的,依然可以认定医生的作为导致了患者的死亡。

这里要澄清两点。首先,如果被害人使用的药物只是将其生命缩短了几秒钟,那就不构成实质性原因。但是,正如德夫林(Devlin)法官在审理亚当斯(Adams)医生一案时所言:"如果嫌疑人的行为意在致人死亡,并且确实致人死亡,那么无论其行为导致被害人的生命缩短了几周还是几个月,都如同将被害人的生命缩短了数年一样,属于谋杀。"[③] 其次,法院一般不会判定"正常"的医学治疗构成了因果关系链。[④] 当然,在被告刺伤了被害人,并且被害人在接受医学治疗后死亡的情形下,只有该医学治疗"存在明显问题",否则法院很可能判定被害人并不是因为被

---

① *R v Norris* [2009] EWCA Crim 2697.
② *R v Cheshire* [1991] 3 All ER 670; *R v Mellor* [1996] 2 Cr App R 245.
③ Palmer (1957) 对此做了讨论。
④ Tur (2002) 认为,正常的医学治疗不会构成因果关系的链条。如果医生遵循正常的医学意见进行治疗,不能说这导致了患者的死亡。

刺伤而死亡的。①

（2）医生的不作为导致患者死亡。如果有人诉称，患者的死因是医生未能对患者进行治疗，那么情形就比较复杂了。一般而言，在刑法中，被告不会因为不作为而承担刑事责任。很多刑事律师指出，如果被告经过某个水塘，看到有个陌生人溺水却没有出手相助，他不会为这位陌生人的死负刑事责任。但是，也存在可以对不作为的人提出刑事诉讼的特殊情形。这种情形是：被告对被害人负有义务，被告未能履行该义务，并且如果被告履行了该义务，被害人就不会死亡。②不过，叶克宁案③中，法官强调，如果死者此前明确表示不愿接受医疗救治，那么在死者临死前未向其提供救治就不算犯罪。④但是，如果死者生前拒绝他人施救时缺乏相应的意思能力，那就另当别论了。

通常情形下，要判断医务人员对患者是否负有注意义务并非难事。⑤但是，对于医生不向一名濒临死亡的患者提供治疗是否违背其义务这一问题，答案就没有那么直截了当了。一般而言，医生不对濒临死亡的患者进行恰当治疗就违反了自己所承担的义务，但是也不尽然。在以下三种情形下，医生不对患者进行治疗并不违反其承担的义务。

① 如果有意思能力的患者不同意接受治疗，那么医护人员不必对其进行治疗。并且，在这种情形下对其进行治疗属违法行为。

② 如果某种治疗并不符合患者最佳利益，医生就不必进行这种治疗。⑥当然，接受挽救生命的治疗只有在例外情形下才会与患者的利益相反。⑦在布兰德案⑧中，布朗-威尔金森勋爵声称：

> 如果在某个阶段，主治医生得出了一个合理结论（与负责任的医学专家组观点一致），认为继续使用某种侵入性生命支持系统并不符合患者的最佳利益，那么该主治医生就不能继续合法使用该生命支持系统。如果继续使用，就会构成侵犯人身罪和侵犯人身权利的侵权行为。

---

① *R v Cheshire* [1991] 3 All ER 670.
② *R v Stone and Dobinson* [1977] QB 354.
③ *R（Jeknins）v HM Coroner for Portsmouth* [2009] EWHC 3229 (Admin).
④ 更多讨论参见 Herring (2010a)。
⑤ 见第三章。
⑥ *A NHS Trust v X* [2014] EWCOP 35.
⑦ *R（Burke）v GMC* [2005] 3 FCR 169.
⑧ *Airedale NHS Trust v Bland* [1993] 1 All ER 821, at 882.

③ 由于卫生资源稀缺，医生不得不在多名患者之间分配卫生资源，经过理性思考决定不向部分患者提供该资源。这方面最明显的例子是，有几名患者都急需进行肾脏移植，但是只有一个肾脏可供使用。在涉及医生不作为的案例中，或许很难分清一名病重的患者究竟是死于未获得相应的治疗还是死于所患疾病。

2.1.2 被告有致人死亡或者对其造成严重身体伤害的故意

一般而言，在刑法中，有两种方式可以认定某人有意促成某个结果。

（1）直接故意。如果某人有意造成某一结果，那么他就是故意造成该结果。

（2）非直接或者间接故意。这里采用的是英国上议院在伍林案[①]中形成的评判标准。在下列情形下，陪审团有权认定被告故意造成某一结果：

① 该结果几乎肯定是被告行为的结果；

② 被告意识到了这一点。

医生为了杀死患者而给他药物，那么该医生就是故意杀死该患者（即直接故意）。哪怕医生的动机在有些人看来是出于结束患者痛苦这样的"善意"，医生依然是故意杀死该患者。刑法在判定行为人的意图时，关注的是被告的目的而不是被告抱有该目的的原因。[②]

如果医生出于缓解病痛的目的给患者使用止痛药物，但医生知晓该药物会缩短患者的生命，那么适用一般刑法理论，陪审团有权认定（但是未必非得认定）[③] 医生此举是故意的。可以想见，很少有陪审团会在这样的案例中认定医生具有犯罪故意。从涉及医生在施用止痛药物后被控谋杀或者谋杀未遂的汇编案例来看，法官在对陪审团进行法律指示时，也会避免做出关于间接故意的指示。这和刑法的一般原理不同。相反，法官会告诉陪审团，如果医生并非故意造成患者死亡，那么他的行为就不构成谋杀罪。[④]

2.1.3 辩护事由

面对谋杀的指控，被告或许会竭力提出多种辩护理由，包括自卫和紧急避险。

---

① *R v Woollin* [1999] 1 AC 82.
② R (Nicklinson) v Ministry of Justice [2013] EWCA Civ 961. [26] 中确认了这一观点。
③ Lord Neuberger in R (on the application of Nicklinson) v Ministry of Justice [2014] UKSC 38 at [18].
④ 参见 Huxtable (2007: Chap2)。

在协助自杀中最有可能出现的辩护理由有责任能力减弱①或失控。最有可能以责任能力减弱为辩护理由的情形是,由于一天24小时不停地照看自己患有绝症的亲人而筋疲力尽、不堪重负。②应该注意的是,这一辩护理由只是减轻责任的辩护理由,即便辩护成功,被告人依然犯有非预谋杀人罪。不过具有重大意义的是,这样一来,被告就不用承受与谋杀罪对应的强制性终身监禁了。③

如果被告和被害人有自杀协议,在被告协助被害人自杀之后,因其有意实施自杀,那么被告在面临谋杀罪指控时,可以自杀协议作为辩护理由。但是即便如此,被告依然犯有非预谋杀人罪。④被告应承担举证责任,证明自己是在履行自杀协议的过程中杀死被害人的。

学界曾有观点认为,杀死一个想死之人可以依据必要性提出抗辩。但这种抗辩理由只在极端的情况下才成立。一个极端的案例就是连体婴儿（Re A）案⑤,为了挽救该案中的连体婴儿,医生只能拯救其中一个婴儿的生命,就不得不杀死另一个。必要性就为医生提供了辩护理由。但是,在尼克林森案⑥中,在协助自杀的情境下,上诉法院没有适用必要性这一抗辩事由。

曾有人主张,如果因长期照顾患有绝症的亲人不堪重负,因不忍患者承受痛苦杀死该患者,杀人者可以以安乐死作为辩护理由,但是,法律并不认可这一辩护理由。⑦ 在英格利斯案⑧中,尽管该案的被告被判犯有谋杀罪,上诉法院却将最低刑期判为异常之低的5年,这表明上诉法院法官固然承认被告犯下了严重的罪行,但同时也对被告的不幸遭遇抱有同情（该被告杀死了自己的残疾儿子）。⑨ 在尼克林森案⑩中,纽伯格（Neuberger）勋爵对此做了如下解释:

---

① Homicide Act 1957, s. 2.
② Dell (1984).
③ 参见 BBC News online（10 October 2008）登载的一位86岁的丈夫因为杀死了他生病的妻子被判处缓刑。
④ Homicide Act 1957, s. 4.
⑤ *Re A (Conjoined Twins)* [2001] Fam 147.
⑥ *R (Nicklinson) v Ministry of Justice* [2013] EWCA Civ 961. 最高法院以一种含蓄的方式对这一判决表示赞同。
⑦ R v Ingliss [2010] EWCA crim 2637 • Huxtable（2007：172）认为,安乐死只是减轻刑事责任的辩护理由。
⑧ R v Ingliss [2010] EWCA crim 2637.
⑨ Keating and Bridgeman (2012) 和 Hurable (2013c) 案件为激情杀人作为辩护事由提供了有力说理,参见 Biggs (2007c)。
⑩ *R (on the application of Nicklinson) v Ministry of Justice* [2014] UKSC 38 at [17].

怜悯杀人这一术语意味着杀死一个人的动机，至少在杀人者眼里，是心存善意的，是为了减轻被害人的痛苦，且通常是在被害人的要求下实施。虽然如此，怜悯杀人实际上是杀人者故意杀害另一个人，因此，即便被害人有想死的心愿，或者杀害行为纯粹是为了同情和爱，法律目前仍将这种杀害行为认定为谋杀或者（如果有一个或多个从轻的情节）过失杀人。

2.2 非预谋杀人

要判定被告犯有重大过失杀人罪，必须证明：
（1）被告对被害人负有注意义务；
（2）被告违反了该注意义务；
（3）被害人的死亡是由违反该注意义务导致的；
（4）上述违反义务的行为非常严重，足以作为刑事定罪的依据。[1]

如果某个医疗保健专业人士的作为或者不作为是疏忽大意所致，陪审团据此认定，应判定该医务人员触犯了刑法，那么他就会被判犯有重大过失杀人罪。[2]如果被告的作为或不作为存在明显的死亡风险，那么判定被告有罪就是适当的。[3]如果医生对一个濒死之人进行治疗或者不对其进行治疗，并且某个有声望的专家组也认定医生的行为恰当，那么医生就不存在过失[4]，因而也就不构成重大过失杀人罪。值得注意的是，在判定该罪名是否成立时，不必证明被告存在伤害被害人的故意。的确，在巴瓦—加尔巴案[5]中，巴瓦-加尔巴医生虽然被判重大过失杀人罪，但英国医学委员会并没有将其除名。英国医学委员会认为，她是一个好医生，只是在一个特殊情况下犯了一次错误。

---

[1] *R v Adomako* [1995] 1 AC 171.
[2] *R v Sellu* [2016] EWCA Crim 1716. 一案的判决表明这一行为应当"极其恶劣"才能认定重大过失杀人罪。
[3] *R v Rudling* [2016] EWCA Crim 741.
[4] 这里采用了 *Bolam v Friern HMC* [1957] 1 WLR 582 中所采用的博勒姆标准。
[5] *Bawa-Garba v GMC* [2018] EWCA Civ 1879. 更多讨论参见 Samanta and Samanta（2019）; Hodson（2019）.

2.3 自杀

 现实考察

官方数据

2018年,英国共登记有6507例自杀事件,每两小时就有至少1人自杀。[①] 2018年,每10万人中有11.2人自杀,相较2017年的10.1人有明显增长。但是,这和年龄、性别有很大关系。对45—49岁的男性而言,每10万人中有27.1人自杀(同年龄段的女性只有9.2人)。占比3/4的自杀由男性实施。自杀的死亡率是交通事故死亡率的两倍。在50岁以下的成年人中,自杀是第一死因。

非官方数据

上述数据是官方数据。据估计,真实的自杀率比官方数据要高出50%～60%,尽管我们很难得到准确的数字。[②] 官方的数据中并不包括15岁以下的未成年人。据估计,每年英国大概有14万人企图自杀。每5人中就有一人会再次实施自杀行为,其中10%的人会成功。2018年,撒玛利亚人组织接到了360万次电话求助,67.5次短信求助,33万次电子邮件求助。[③] 成年人中,有20.6%的人报告,他们在生命中曾有过自杀念头。[④] 据估计,每15人中就有1人在他们生命中曾企图自杀。[⑤]

法律对自杀的态度很复杂。自杀曾经一度属于犯罪,而且吊诡的是,自杀未遂可能会被判死刑。[⑥] 现行法律规定(正如1961年《自杀法》规定的那样),自杀和自

---

① Office for National Statistics (2019f).
② Brock and Griffiths (2003).
③ Samaritans (2019). 尽管并非所有的求助都涉及自杀。
④ Mental Health Foundation (2017).
⑤ Mental Health Foundation (2017).
⑥ Williams (1957:274). 这是因为自杀被视为对自我的谋杀(R (*Purdy*) v DPP [2009] UKHL 45, para5)。

杀未遂不属于犯罪。①森普申勋爵在尼克林森案②中对自杀除罪化背后的原因解释如下:

> 自杀除罪化并不是因为道德上已经认可自杀行为,而是因为对自杀者施加刑事制裁,既不人道也没有效果。说它不人道是因为,制裁自杀者的旧法只有在企图自杀但又失败的人身上才能实施,将这些痛苦的绝望人士从病床上拖起来,惩罚他们实施自杀的行为,这和自杀行为一样让人感到厌恶。说它没有效果是因为,如果他们真的想死,按照"刑法阻吓"的定义,刑事制裁也无能为力。

所以,认为自杀除罪化表示认可个人有自杀权,这种观点是错误的。③自杀除罪化只是为了确保自杀群体能够得到他们需要的支持。

不过,1961年《自杀法》规定,被告人故意"实施鼓励或者协助他人自杀或者自杀未遂的行为"属于违法行为。④如此一来,尽管患者为了自杀而过量服用药物并不违法,而向他提供药物的医生却可能触犯法律。为进一步厘清鼓励或者协助自杀这一违法行为,有必要探讨以下问题。

2.3.1 何谓自杀?

一般观点认为,自杀是指一个人故意杀死自己。⑤围绕自杀的法定定义,主要有两个争议焦点。首先,自杀是否包括不作为?如果一个人由于轻生而拒绝接受救治,这是否属于自杀?⑥其次,如果一个人明知自己的行为会导致死亡却依旧出现这样的行为,但是其目的又不是为了寻死,那么这是否属于自杀?目前,法院尚未就此明确表态。上诉法院法官索普在罗布案中⑦认定,囚犯进行绝食并因此身亡并不属于自杀。他并未解释如此认定的原因。这或许是因为绝食者并没有求死的意

---

① Suicide Act 1961, s.1;尽管有报道称,一个多次自杀未遂的女人被判处反社会行为禁令。(ASBO)[MacDonald(2006)]。反社会行为禁令一般是针对10岁以上的青少年所做的一种民事制裁令。如果发现某个个体存在反社会行为,比如,酗酒、故意破坏、涂鸦等,但又尚未构成刑事犯罪,就可以颁发反社会行为禁令。——译者注
② R (on the application of Nicklinson) v Ministry of Justice [2014] UKSC 38 at [212].
③ 相关伦理问题的讨论参见Vong(2008)。
④ 2009年《验尸官和司法法》修订了1961年《自杀法》中的措辞。
⑤ Donnelly(1998)认为,事实上,定义自杀是一个非常复杂的问题。
⑥ Lanham(1990)详细讨论了这一点。Otlowski(1997:64)认为不作为也可以自杀。
⑦ Secretary of State for the Home Department v Robb [1995] Fam 127.

愿；相反，绝食者是为了让自己的诉求能够得到解决。也可能是因为索普大法官认为，自杀离不开积极行为。乔尔比（Cholbi）为此建议，应当创设一个叫作过失自杀的新概念，用来涵盖那些由于采取冒险行动而丧命，却并非有意自杀的行为。[①] 丹·哈托格（Den Hartogh）[②] 提出，我们应该区分理性自杀（自杀者有合理的理由，比如他们正在遭受巨大的痛苦）和非理性自杀（自杀者没有合理理由）。这种区分存在争议，因为对痛苦和理性的定义都非常复杂。

2.3.2 何谓鼓励或者协助自杀？

要详细探讨这两个术语，应当查阅一下刑法著作。协助自杀的一个典型例子是提供帮助他人自杀的设备或建议。鼓励自杀包括敦促或支持他人自杀。如果某人鼓励他人自杀，无论被鼓励者是否自杀，前者都犯下了鼓励他人自杀的违法行为。被告必须故意鼓励他人自杀或尝试自杀，才能被判定犯有鼓励他人自杀罪。因此，如果某部小说的作者在该小说中描写了自杀的方式，对某人的自杀起到了帮助作用，在这种情况下该作者并未犯有协助或鼓励他人自杀罪，因为（可以推定）该作者无意帮助或者鼓励他人自杀。

2.3.3 在何种情况下协助和唆使他人自杀会受到起诉？

近年来，英国皇家检察署并不会对每一桩协助自杀案件提起公诉。这一点显而易见。在英国上议院就珀迪案[③]和尼克林森案[④]作出裁决后（稍后会对此进行探讨），有关方面要求英国皇家检察署制订一份清单，列明在决定是否对协助自杀案件提起公诉时需要考虑的各种因素，并不断对其进行修订。随后，皇家检察署制订了下列清单，规定了支持和反对提起公诉的诸多因素。[⑤]

支持提起公诉的公共利益因素：

（1）被害人年龄不满 18 岁；
（2）被害人无意思能力（按照 2005 年《心智能力法》的标准判断），做出知情

---

① Cholbi（2007）. 另请参见 Williams（2007：Chap 5）.
② Den Hartogh（2015）.
③ R（Purdy）v DPP [2009] UKHL 45. 参见 Greasley（2015）中有用的分析。
④ R（Nicklinson）v Ministry of Justice [2013] EWCA Civ 961. 最高法院以一种含蓄的方式对这一判决表示赞同。[2014] UKSC 3438.
⑤ Crown Prosecution Service（2010）.

决定，实施自杀；

（3）被害人在自杀前并未就自杀做出自愿、明确、确定的知情决定；

（4）被害人在自杀前并未清晰、明确地向嫌疑人表达自杀的决定；

（5）被害人并未亲自或者主动向嫌疑人寻求鼓励和协助；

（6）嫌疑人的行为并非完全出于同情，例如，嫌疑人的动机是他本人或者与他有密切关系的人可能会以某种方式从被害人的死亡中捞取好处；[1]

（7）嫌疑人迫使被害人自杀；

（8）嫌疑人没有采取合理措施，确保没有任何其他人迫使被害人自杀；

（9）嫌疑人有对被害人使用暴力或虐待被害人的行为；

（10）被害人具有相应的身体条件，能够自行实施构成协助的行为；

（11）被害人并不认识嫌疑人，嫌疑人系通过诸如网络或者出版物的方式向受害人提供特定信息，鼓励或者协助受害人自杀或者尝试自杀；

（12）嫌疑人向一名以上、彼此互不相识的被害人提供鼓励或者协助；

（13）被害人或者与被害人关系密切的人就嫌疑人提供的鼓励或者协助向其支付报酬；

（14）嫌疑人（在协助或者鼓励受害人自杀时）是以医生、护士、其他卫生保健专业人员、专业护理人员（无论是否领取报酬）或者权力机关工作人员（例如狱警）的身份行事，且被害人是在他的照看之下；

（15）嫌疑人知晓被害人有意在一个可以合理预见会有公众在场的公共场所实施自杀；

（16）嫌疑人（在协助或者鼓励受害人自杀时）是某个以向他人提供实体环境（无论是否收费）供其自杀为宗旨之一的组织或者团体的管理人员或者雇员的身份行事。

反对提起公诉的公共利益因素：

（1）被害人在自杀前已经就实施自杀做出了一个自愿、清晰、确定的知情决定；

---

[1] 该《指南》规定："就某人是否有利可图这一问题［第43（6）款，参见上文］，警方与负责审查的检察官应当采用依据一般常识的分析方法。嫌疑人在作出鼓励或者协助被害人自杀的行为之后，如果被害人因此自杀，那么，嫌疑人或许可能从中获得某种好处——可能是财物方面的，也可能是其他方面的。其中最关键的要素是嫌疑人行为背后的动机。如果证据证明嫌疑人行为的唯一动力是同情，那么纵然嫌疑人从被害人的自杀中确实获得了好处，在通常情况下，这也不会作为应提起公诉的因素。但是，每一例案件均应根据其自身的是非曲直和实际情况进行考虑。（第44段）"

（2）嫌疑人的行为完全是出于同情；

（3）嫌疑人的行为虽然已经足以满足协助或者鼓励他人自杀罪的构成要件，但嫌疑人的鼓励或协助行为程度较轻；

（4）嫌疑人（在被害人自杀之前）曾经试图劝阻被害人不要采取后来导致被害人自杀的行为；

（5）嫌疑人的行为可以定性为面对被害人坚定的自杀意愿所作出的勉强的鼓励或者协助；

（6）嫌疑人向警方报告了被害人的自杀，并充分配合警方对被害人的自杀或者自杀未遂，以及嫌疑人在提供鼓励或者协助方面的作用所做的调查。①

英国皇家检察署明确表示，他们发布上述指导方针并不是为改变有关法律：

> 本政策没有以任何方式为鼓励或者协助自杀这一违法行为"脱罪"。本政策中的任何内容均不得视为对任何作出鼓励或者协助他人自杀或者自杀未遂的人做出的免于起诉的保证。②

1961年《自杀法》第2条第4款规定，在就协助自杀提起公诉前，必须征得公诉主任（Director of Public Prosecutions）的同意，并借此明确了一点，即对每一件此类案件都提起公诉未必正确。这一指导意见旨在帮助检察人员判定提起公诉是否恰当。英国皇家检察署强调，在运用前文所列的各项因素时必须小心谨慎。

> 评估公共利益并不是将正反两面的各项因素简单相加，然后看哪边的因素在数量上占优。对于每个案件都要根据其本身的实际情况与是非曲直进行评判。检察官必须根据案件的具体事实来判定每个公共利益因素的重要程度，并进而做出总体评估。某个因素的重要性完全有可能超过多个相反因素的重要性的总和。在某一具体案件中，虽然可能有多个不主张提起公诉的公共利益因素，检察官依然要考虑是否应提起公诉，并在法院量刑的时候将这些因素提交法院考虑。③

---

① CPS (2015). In R (AM) v GMC [2015] EWHC 2096 (Admin) 法院认为最新的指南符合保护人权的要求。
② CPS (2015: para 6).
③ CPS (2015: para 39).

珀迪案的判决结果以及随后产生的指导意见招致了一些批评。① 约翰·斯潘塞 (John Spencer) 在对有关法律自由化表示支持的同时，也对有关宪法原则表达了担忧：

> 议会法令将某种行为定为刑事犯罪，而检察长却大谈在何种情形下应对这种行为提起公诉，何种情形下不应提起公诉，从而事实上部分或完全将这种行为脱罪化了，这样做与法治要求相容吗？正统的答案是"不相容"。议会通过的法律一旦规定了某种违法行为，那就只有议会才有权重新划定该违法行为的界限，从而减少由该违法行为而落入法网的人数。试图这样做的其他任何国家机关都违背了宪法的第一项原则，即议会的至上性。②

人们对指导意见的回应褒贬不一。在"反对安乐死"的游说团体看来，该指导意见是"危险的"③，实质上为协助自杀合法化打开了大门。彭尼·刘易斯（Penney Lewis）则担心，该指导意见关注的是被告的行为，而不是被害人的状况，结果却两头落空。④ 它一方面没有能够保护弱者，另一方面也没有保证在适当的案件中不提起公诉：

> 该政策力求解决的重点问题在于，不讲道德甚至对受害人进行虐待的家人或朋友以及医疗卫生专业人员或激进分子给被害人造成的危险。该政策将重点从被害人移往别处，并力求避免以一种新创建的监管机制的形象出现，从而给那些多数现有监管机制都不准许的协助自杀大开方便之门，而且还导致那些拥有急需的专业技能以及同意被害人所做决定的人员面临被检控的风险。⑤

凯特·格里斯利担心，该指导意见正式肯定了协助自杀的可制裁性。⑥ 相形之下，她更支持珀迪案之前法律所持的立场：协助他人自杀的人往往并不会受到起诉，哪怕从形式上看，他们确实犯有协助他人自杀的犯罪行为。她给出了反对这种

---

① Eg Finnis (2009).
② Spencer (2009: 495). 也参见 O'Sullivan (2015)。
③ Christian Concern (2011).
④ Lewis (2011).
⑤ Lewis (2011: 120).
⑥ Greasley (2010: 311).

做法的两个理由:

> 首先,这一指导意见不可避免地带有一种不受欢迎的象征意义——它认定处于某些情形下的人不值得活下去。其次,这向朝着培养一种有利于可控死亡的社会环境迈出了重要一步。在这样的社会中,可控死亡成为一个正常选择,并导致迫使人们了结自己生命的内在和外来压力大幅增加。此外,前述两个担忧之间存在明显的相辅相成的关系。在某些情形下准许协助自杀就等于做出了象征性的声明,这样的声明可能导致重度残疾人及其身边人员对这些残疾人的身体状况及其选择的看法发生变化,并进一步提高了社会对这些弱势群体施加压力并进行操纵的可能性。我的观点是,我们所看到的,其实是有人在强烈主张实行一种对协助自杀旅游装聋作哑的法定政策。①

关于最后一点,这一政策意味着亲属可以将一个病入膏肓之人带到瑞士,那里可以实施协助自杀。对此,查尔斯·福斯特做了以下评价,这实际上是承认"跑到国外去做你的肮脏之事,这一行为即使道德上没有,智识上也会认为存在一些不妥之处。"②

但是,支持该指导意见的人则辩称,这些指导意见在多种相左的意见之间实现了合理的平衡。鉴于可以进行协助自杀的情形广泛存在,要做出绝对明确的规定是不可能的。

在评判这些指导意见时有一点很重要,那就是必须牢记出台这些指导意见的背景。该指导意见规定的是什么情况下被告应当受到刑事处罚。这一问题与考虑何种情况下协助他人自杀在道德上是恰当的或者国家应当予以支持略有不同。正如刘易斯指出的那样,这或许能够解释为什么该指导意见把重点放在被告身上,而不是放在受害人的意愿上。③ 或许这也可以解释为什么该指导意见突出强调被告的动机是否出于同情。④

2.3.4 人们有自杀的权利吗?

对于是否存在自杀权这一问题,学界尚有争议。诚然,1961 年《自杀法》意味

---

① Greasley (2010).
② Foster (2015).
③ Lewis (2011).
④ Mullock (2011).

着自杀不再属于犯罪，但是这并不意味着人们有权这样做。正如纽伯格勋爵在尼克林森案①中强调的那样。

在珀迪案②中，法院认为，自杀的决定属于《欧洲人权条约》第 8 条的管辖范围（该条保护的是个人私生活与家庭生活得到尊重的权利）。该判例明确了一点：作出自杀的决定是一项受保护的权利，但这一权利的行使有两项重要的限制。首先，第 8 条第 2 款准许对第 8 条保护的权利进行合法干预。在珀迪案中，法官们毫不含糊地指出，在有些情形下必须对自杀决定进行干预。

第二，法官们所做的判决并未表明，是所有自杀决定都受到第 8 条的保护，还是只有部分决定受到保护。鉴于第 8 条保护的是"自主选择"，那么由缺乏相应能力的人做出的自杀决定受到第 8 条保护的可能性似乎不大。相当多的自杀企图都属于这种情况。

在雷博恩案③中，黑尔女男爵就明确提及了"阻止自杀的权利"，这一权利受到《欧洲人权公约》第 2 条有关生命权规定的保护。据此，国家有义务保护个人，阻止个人实施自杀行为。法院判定，如果某人正在一个公共服务机构接受照顾，比如患者在医院接受治疗，该公共服务机构就有义务采取合理措施阻止他们自杀。该案中，精神病医院疏忽而放走了一位年轻女患者，患者出院后就自杀。④

我们很难找到上述不同权利的平衡方法。根据《欧洲人权公约》第 8 条的规定，如果一个人得了不治之症且自愿做了选择自杀的知情决定，那么他有权这样做，而且有权获得协助。但是，在符合第 8 条第 2 款规定的情形下，可以对上述权利进行干预。但同时第 2 条又规定了有保护个人阻止其自杀的权利，尽管这一权利的范围十分模糊。这可能是指，如果一个人自愿决绝地决定自杀，那么任何人想要干预都是违法的。⑤ 但是，如果一个人在接受公共机构的照顾，或者他们丧失了意思能力或是无法确定其意思能力，那么就有义务保护他们，防止他们自杀。⑥

---

① *R (on the application of Nicklinson) v Ministry of Justice* [2014] UKSC 38 at [17].
② *R (Purdy) v DPP* [2009] UKHL 45.
③ *Rabone v Penine Care Foundation Trust* [2012] UKSC 2.
④ 如果自杀者想要寻求医生的帮助，因为治疗存在疏忽，由此导致患者自杀，那么可以直接提起过失侵权之诉。但有自杀者自杀未遂后，配偶提出过失侵权之诉却失败的例子，参见 *Morgan v Somerset Partnership* NHSFT [2016] A61YP222.
⑤ Richardson (2013).
⑥ *Re Z (An Adult: Capacity)* [2004] EWHC 2817.

拍案惊奇

在以 Re X（儿童）案①结束的一系列案件中，芒比法官做了涉及一个年轻女子 X 的系列判决。该女子麻烦不断。当时，她住在一个安全的病房中，即将出院。医护人员很担心，X 出院后会马上自杀。他们写道：

> 准备将她转回社区她家里的照顾计划"危机四伏，将导致自杀的灾难性后果"。工作人员预计，在出院一到两天之内，他们就会接到电话，告知 X 已经自杀身亡……在社区，X 无法控制自己的生活……她需要在青少年精神卫生机构接受长期治疗。

尽管有这些担心，但仍无法为她找到适当支持，或在精神卫生机构为她找到一个床位。芒比法官在他的判决中令人吃惊地表达了他的恳切请求。

> 十一天后，她将从 ZX 医院出院。如果我们，这个系统、社会和国家，都不能为她提供一个满足她迫切需要、为她提供各种支持的安全住处，那么，她就有再一次实施自杀的可能。到那时我只能黯然强调，我们的双手就会沾满鲜血。

国家能够提供的似乎是如果她自杀未遂，那么警察可以将她带走，送去监护机构。芒比法官问道："我们的医疗体制和家事司法制度能够做的真的就只有这些了吗？"

出乎意料的是，他的这些发言一开始并没有引起任何反响。芒比法官曾自嘲道："我很可能是在撒哈拉沙漠上自言自语。"最终，国民医疗服务体系英格兰部为她找到了一处合适的地方接受治疗。

2.4 拒绝接受医学治疗

违背有意思能力的人的意愿，强行对其进行治疗则属于违法。这是一项基本法

---

① *Re X（A Child）* [2017] EWHC 2084 (Fam).

律原则,即便是在如不治疗患者就会死亡的情形下亦然。①因此,如果一名已成年的特定宗教信仰的人急需输血以挽救他的生命,但他拒绝接受输血,那就不得强行给他输血。否则,就会犯侵人身罪(Battery)。2013年,詹姆斯案②中,黑尔女男爵强调了这一问题的核心原则。

一般而言,只有征得患者同意,侵入性的治疗才是合法的。如果患者有意思能力而且拒绝治疗,那么再进行这种治疗就违法;如果患者缺乏意思能力,但他有一份合法有效而且可以适用的预先指示明确拒绝治疗,这种情况下进行这种治疗也不合法,参见2005年《心智能力法》第24~26条。如果患者(根据第10条)签署了一份持久性委托书,或者法院(根据第16条)指定了代理人,并授予代理人就某一治疗有作出同意的权利,而代理人没有作出同意,那么对患者进行这种治疗也不合法;如果相关文件明确规定,代理人只有针对继续接受维持生命的治疗的同意权(第11条第8款),那么代理人就无权拒绝某种治疗(第20条第5款)。

不过,这一点仅适用于患者有意思能力的情形。认识到这一点非常重要。因此,如果医生确信患者患有严重心理疾病,没有做相应决定的能力,而治疗符合患者的最佳利益,那他就可以对患者进行治疗,以挽救患者的生命。③

法院在一桩轰动一时的案件中确认了患者拒绝接受医学治疗的权利:

重点案例

Re B(成年人;拒绝治疗)案④

B女士,41岁,患有颈部脊髓内出血。虽然治疗多年,她的病情仍在继续恶化,颈部以下全身瘫痪,全靠使用呼吸机维持生命。之后,她明确表示希望关掉呼吸机,哪怕此举意味着她会因此死亡。负责治疗工作的医生都承认,B女士确实有做该决定的能力,但在治疗过程中已经和她熟悉,不忍心

---

① *St George's Healthcare NHS Trust v S* [1998] 3 All ER 673.
② *Ainstree University Hospital v James* [2013] UKSC 67,[19].
③ *Re MB*(*Caesarean Section*)[1997] 2 FCR 541.
④ *Re B*(*Adult:Refusal of Medical Treatment*)[2002] 2 FCR 1.

顺从她的这一意愿。巴特勒-斯洛斯法官也确认，B 女士确实具有做停止治疗决定的能力。巴特勒-斯洛斯法官重申了涉及这一问题的根本原则："如果……向患者提供了有关信息和可供选择的选项后，患者决定拒绝接受治疗，那么医生必须尊重这一决定。这种情况下，对于患者最佳利益的考虑就无关紧要了。"① 诚然，本案中医生觉得患者的决定是错误的，但是这并不是医生无视患者决定的理由。尤其值得一提的是，巴特勒-斯洛斯法官本人还补充道："（B 女士）无疑是个非常出色的人。像她这样才华横溢的人却被病魔无情地击倒，这着实令人扼腕。我要诚惶诚恐地说，假如她能重新考虑一下自己的决定，她一定能为社会做出很多贡献。希望我的这番话能够得到她的原谅。"② 由于此前医生没有遵从 B 女士的意愿，因此，他们的行为也就触犯了法律，国民医疗服务体系必须支付一小笔赔偿金。此后 B 女士转到另外一家医院，并由该医院安排关闭了人工呼吸机。随后不久，B 女士死亡。

但需要注意的是，对于未满 18 周岁的未成年人，这一方法未必适用。

重点案例

P 案③

P，17 岁，因过量服用对乙酰氨基酚（扑热息痛）收治住院。她曾有过自残行为，也曾依据 1983 年《精神卫生法》短暂收治过。她拒绝所有治疗，声称她的生活糟透了，想要去死。经评估，按照 2005 年《心智能力法》的规定，她具有意思能力。P 的母亲也同意进行治疗。

贝克法官解释说，P 还不满 18 岁，因此本案将依据法院的固有管辖权进行审理，这就意味着 P 的最大利益将作为首要考量因素。他总结说：

---

① At [100].
② At [95].
③ *NHS Foundation Hospital v P* [2014] EWHC 1650 (Fam).

> 评估本案的各种因素后，我会毫不犹豫地得出结论，不应遵从 P 的意愿。我知道做这样的决定并不轻松。对于一个 17 岁的年轻人而言，她的意愿十分重要。当然，根据《欧洲人权公约》第 8 条的规定，她的意愿作为她自我的一部分，也应该予以考量。另一方面，这一权利并不是绝对的。本案中，根据第 2 条规定——任何人的生命权都应受到法律的保护，她的生命权优于她的自主权，因此，法院有责任采取相应措施保护这个生命受到威胁的人。

P 案[1]判决的批评者可能会问，为什么儿童的生命权就要优于其自主权，而成人不是。贝克法官并未就此做出解释。

2.5 1998 年《人权法》的影响

一直以来，针对安乐死或者协助自杀的法律的讨论及其发展都以 1998 年《人权法》为基础。[2]对该法规定的各项权利进行一番探讨是大有裨益的：

2.5.1 第 2 条：生命权

本条规定禁止国家杀死一个人。在雷博恩案[3]中，法院判定，国家有义务保护被照顾者，防止他自杀。黑尔法官进一步主张，个人有被阻止自杀的权利，即使他们有心智能力并已经作出自杀的决定。但是，只有在个人处于国家的照顾中时（比如他们在监狱或公立医院中），阻止自杀的义务才具有可执行性。

在普雷蒂案中[4]，普雷蒂女士的代理律师提出，《欧洲人权公约》第 2 条所规定的生命权中包含控制死亡方式的权利，因而也包括自杀权。英国议会上议院以及欧洲人权法院[5]则认为，《欧洲人权公约》第 2 条规定国家负有保护生命的责任，不能认为该规定包含了死亡权。普雷蒂女士想要寻求的解释是对条文措辞过于牵强的曲解。实际上，第 2 条要求国家采取合理措施保护公民生命。[6]因此，如果某个法律

---

[1] *NHS Foundation Hospital v P* [2014] EWHC 1650 (Fam).
[2] See Wicks（2007：Chaps 11 and 12）.
[3] *Rabone v Penine Care Foundation Trust* [2012] UKSC 2.
[4] *R（Pretty）v DPP* [2002] 1 AC 800.
[5] *Pretty v UK* [2002] 2 FCR 97.
[6] *Oyal v Turkey*（2010）115 BMLR 1.

准许非自愿的安乐死，就存在违反第2条的风险。

2.5.2　第3条：免于遭受酷刑或不人道和有辱人格待遇的权利

普蕾蒂女士还主张，国家不准她丈夫杀死自己，就是在对她施加酷刑或者让她遭受不人道或者有辱人格的待遇。而欧洲人权法院则认定，即便普蕾蒂女士的病情算得上酷刑折磨、不人道或者有辱人格的待遇，依然不能说这一切是由国家施加的，或者是由于国家的所作所为造成的。①欧洲人权法院声称，《欧洲人权公约》第3条规定的权利必须与第2条规定的生命权结合起来解读。这样一来，就不能主张人们有权根据第3条的规定要他人杀死自己或者在他人协助下自杀，因为此举势必与第2条规定的生命权相悖。不过，在伯克案②中，上诉法院声称，第3条赋予了患者一项免于接受治疗的权利（如果接受治疗会导致患者痛苦地死去，且这些痛苦是可以避免的）或者避免得不到治疗的权利（与前一种情形相同，得不到该治疗同样会导致患者痛苦地死去，且这些痛苦是可以避免的）。

2.5.3　第8条：尊重个人私生活和家庭生活的权利

对于"决定与自己死亡有关的事务属于个人私生活的一部分"这种主张，欧洲人权法院在普蕾蒂诉英国一案③中似乎持开放态度。该法院表示：

> 《公约》的精髓在于尊重人的尊严和自由。法院虽然无意以任何方式否定受《公约》保护的生命神圣原则，但依然认为，正是第8条的规定，让有关生命品质的理念具有了重要意义。在一个医学日渐成熟发达，并且预期寿命不断增长的时代，很多人都期望自己不要被迫长期陷于老龄，或者与个人对于自我和个人身份矢志不渝的信念相悖的、生理或者心理上的重度衰老状态。④

但是，第8条也要求保护那些无意思能力的人，阻止他们自杀。欧洲人权法院要求各成员国应在允许人们结束自己的生命和保护弱者之间达到某种平衡。在普蕾蒂诉英国一案⑤中，欧洲人权法院认为英国的做法达到了法律允许的某种平衡。而

---

① Ibid，para 53.
② *R（Burke）v GMC* [2005] 3 FCR 169，discussed in de Cruz（2007）.
③ [2002] 2 FCR 97，欧洲人权法院的判决与上议院的存在分歧。
④ At [65].
⑤ [2002] 2 FCR 97，欧洲人权法院的判决与上议院的存在分歧。

在哈斯诉瑞士一案①中，欧洲人权法院认为瑞士法虽允许协助自杀，但协助自杀需满足某些保护性条件，因此瑞士法也达到了法律允许的某种平衡。在哈斯（Haas）案中，法院接着指出，不能依据第8条主张个人有权从国家处获得帮助其死亡的积极权利。在该案中，原告希望国家为他提供一种特定的药物帮助他自杀，但是第8条并没有赋予个人这样的权利。②

在这个问题上，法律的最新发展非常有意思。在科克诉德国一案③中，一个照顾自己重病妻子的丈夫主张，他无法获得相关药物帮助妻子结束她的生命，这侵犯了他根据第8条享有的尊重其家庭生活和私生活的权利。法院同意了他的主张，但需要注意的是，这个权利常常有一些正当干涉的理由。

2.5.4 第9条：思想、良心和宗教自由权

普蕾蒂女士认为，有人在阻挠她按自己的信念——终结自己的生命是最佳选择——行事。她的这一主张遭到了否决，理由是并没有人阻止她这样想或保持这样的信仰。法律准许对某人在信仰指引下采取的行动加以禁止。《欧洲人权公约》第9条只针对禁止他人表达自己信仰的行为。

2.5.5 第14条：免受歧视的自由

有人主张，允许有能力自杀的人自杀，但是禁止没有能力自杀的人安排他人协助自己完成自杀，这等于是以失能为由进行歧视，违反了《欧洲人权公约》第14条的规定。欧洲人权法院承认，普蕾蒂女士确实遭到了这样的歧视，但是该法院认为这种歧视具有客观和合理的理由，即允许协助自杀可能会导致弱势人群在他人操纵下自杀。

将上述几项权利放在一起，似乎可以认为，根据第8条规定，人们确实享有与自杀有关的自决权，但是有四个限制条件。第一，该权利仅适用于那些有能力做自杀决定的人；第二，该权利的权利主体似乎仅限于那些有能力实施自杀意愿的人；第三，第8条第2款准许在必要情况下，为了他人的利益考虑，对该权利进行干预，

---

① Application No. 31322/07（2011）ECHR 10.
② 需要说明的是，法院并不是说提供这样的药物违背了《欧洲人权公约》，而是说他不能用《欧洲人权公约》主张享有这一权利。
③ （2013）56 EHRR 6.

尽管法律必须明确规定有关干预规则。① 此外，该权利还应当与第 2 条中保护生命权的规定结合起来解读；第四，该权利并不要求国家承担帮助他人自杀的积极义务。

以下的这一重要判例也涉及人权问题。对该案而言，有观点认为现行英格兰法和欧洲人权公约出现了矛盾。②

重点案例

尼克林森案③

有两位上诉人向法院提起了上诉。托尼·尼克林森（Tony Nicklinson）更出名一些。在高等法院审理本案过程中，尼克林森死亡。但该诉讼仍以他的名字继续进行。他患有闭锁综合征，脖子以下全身瘫痪，而且不能说话。他妻子举了一块板子，他就通过眨眼示意板子上的字母来交流，或者通过"眨眼电脑"（eye blink computer）进行交流。他告诉法院：

> 我的生活极其无聊、痛苦、可怜，没有任何尊严，让人无法忍受……生活中无数小事堆积之后，就带来了这种悲惨生活。这些琐碎的小事堆积到一起，毁掉了我后续的人生。比如……不停地流口水，一直吊着，无法独立生活，……尤其是上厕所、洗澡，所有的身体功能丧失（这是目前为止我最难适应的）；不得不放弃我喜爱的食物；……不得不等到十点半再去厕所……在极端的情况下，我坐在椅子上尿了，然后就坐在那里直到护理人员按照通常的时间过来。④

另一位上诉人叫马丁（Martin），也患有闭锁综合征。初审法院判决认定，英国现行有关协助自杀的法律并未侵犯当事人的人权。二位上诉人都对判决结果提出了上诉。法院还发出了一份指令，要求公诉机关就协助自

---

① *Gross v Switzerland* [2013] ECHR 429.
② 更多讨论参见 Wicks (2015)。
③ *R (Nicklinson) v Ministry of Justice* [2014] UKSC 38.
④ *R (on the application of Nicklinson and another) (Appellants) v Ministry of Justice* [2012] EWHC 2381 (Admin) at [13]. 高等法院判决出来后，尼克林森就死了。他拒绝进食，也拒绝营养治疗。

杀公诉指南在涉及医务人员时的规定进一步予以完善。公诉主任就这一指令也向上诉法院提出了上诉。

9名法官中，有7人不赞同以下观点：禁止协助自杀实际就是"全面禁止"，所以根据《欧洲人权公约》，也不允许协助自杀。只有黑尔法官和克尔法官持相反意见。多数法官认为，欧洲人权公约已经清楚规定，协助自杀的规制属于裁量余地原则（margin of appreciation）调整范围。也就是说，各国可以自行决定如何平衡公约第2条和第8条规定的权利，进而对协助自杀进行规定。多数派的意见认为，最好的办法是议会对这一问题进行立法，决定哪种方式对英格兰而言最合适。只有议会未就此立法时，才由法院作出裁判。

多数派的意见认为，理论上，法院可以判定禁止协助自杀侵犯了公约保护的权利，但应先让议会考虑修法。纽伯格勋爵分析了原因，并总结如下：

> 第一，第2条规定是否应予修改，这是一个极其困难、敏感和有争议的问题。既涉及道德问题，又涉及宗教问题。毫无疑问，这就要求法院采取一个相对谨慎的态度。第二，本案和Re G案不同。Re G案的问题容易发现，也容易解决。要修订第2条规定，以及如何修订，这需要立法机构深思熟虑。这也提示法院在处理这些问题时，应一如既往地慢一些。第三，如前所述，议会已经对第2条的规定进行了几次讨论，很快这一问题就会提交上议院进行讨论。也即立法机构目前正在积极商讨这一问题的对策。第四，大约十三年前，上议院就在普雷蒂案中提醒议会注意，直接宣布第二条和第八条保护的权利之间存在矛盾并不合适。对本案而言，分区法庭①和上诉法院都在它们的判决中强调了这一点。在上诉审中，宣布有这种矛盾就代表着这一制度发生了突如其来的重大转变。②

多数派意见认为，在目前的时间节点上，宣告第2条与第8条存在矛盾并不合适。但是，纽伯格勋爵、黑尔女士、曼斯（Mance）勋爵、克尔勋爵、威尔逊勋爵五位大法官示意，未来法院可能判定禁止协助自杀违背

---

① 分区法庭是高等法院下设的皇座法庭（Queen's Bench Division）、衡平法庭（Chancery Division）、家事法庭（Family Division）中临时设置的一种审判形式，三个法庭中都可能有分区法庭。分区法庭审理相对复杂一些的案件，常常需要至少两名以上法官审理案件。——译者注
② At [116].

> 了《欧洲人权公约》的规定，正如英格兰法院所解释的那样。五位法官中，黑尔女士和曼斯勋爵似乎愿意立即宣布这一矛盾之处。但纽伯格勋爵、克尔勋爵和威尔逊勋爵三位大法官则不同意现在就宣布。但他们强烈暗示，除非有强有力的新证据，那么在议会不立法的情况下，他们就会宣布第 2 条与第 8 条之间存在抵牾。森普申勋爵、休斯勋爵、里德勋爵以及克拉克勋爵目前认为，这属于一个立法问题，他们不同意宣告有这个矛盾。①

因此，在康威案②中，上诉法院法官比特森（Beatson）对法官的上述三种观点做了很好的总结：

（1）森普申勋爵和休斯勋爵认为，解释第二条第一款规定的工作应留给立法机构解决。议会可以解释说，全面禁止协助自杀符合第八条规定的目的，而且立法机构已经这么做了。

（2）黑尔女士和克尔勋爵对该判决持异议。他们认为应立即宣布这一矛盾。因为除非议会规定了第二条第一款的例外情形，否则现行法中就存在矛盾。尽管他们也承认，议会可能会持不同观点，并且不同意修订 1998 年《人权法》的内容。

（3）其余五位大法官的立场是上述两种观点的折中。纽伯格勋爵、曼斯勋爵和威尔逊勋爵总结说，本上诉案应按照传统方式处理，但他们同时认为，如果未来再出现这一情形，那么主张两条规定存在矛盾的诉讼请求就可能得到支持……纽伯格勋爵给了四个理由。他说，把这四个理由"放在一起，就可以得出结论，在这个时间节点，由法院宣布第 2 条与第 8 条存在矛盾并不合适，应由立法机构先行考虑法律是否修订的问题"。概言之，这四个理由分别如下：① 这一问题非常敏感，富有争议；② 对于这样的矛盾很难找到解决办法；③ 议会最近一直在对第 2 条的理解进行反复讨论，目前议会正在审议一个相关的草案；④ 在普瑞迪（Pretty）案③中，上议院已经告知议会，让法院来宣布这一矛盾是不合适的。

---

① *R*（*AM*）*v GMC* [2015] EWHC 2096（Admin）.
② *R*（*Conway*）*v Secretary of State* [2017] EWCA Civ 275.
③ *R*（*Pretty*）*v Director of Public Prosecutions* [2002] 1 AC 800.

尽管在尼克林森案中，申请法院宣布存在这一矛盾的请求失败了，但是，英国最高法院向公诉主任建议修订其公诉指南，以便该指南可以适用于协助自杀的医务人员。在尼克林森案判决后，公诉主任修订了其在珀迪案后制订的公诉指南。修订后的指南针对协助自杀的情形，列举了一系列是否要提起公诉的考虑因素。① 后来，该案被上诉至欧洲人权法院，欧洲人权法院维持了英国最高法院的判决。②

未来法院也许仍要面对这一问题。

重点案例

康威案③

诺埃尔·康威（Noel Conway）认为1961年《自杀法》第2条第1款违反了《欧洲人权公约》，请求法院进行司法审查。67岁的他患有运动神经元疾病。分区法庭拒绝了他的申请。因此，他向上诉法院提出了上诉。他的预期寿命只有半年到一年半。他失去了行动能力，日常生活也需要他人帮助。因此，他希望医护人员帮助自己"以一种平静和有尊严的方式"结束生命。他的家人也支持他的决定，但没有能力带他去瑞士尊严诊所④。康威建议，应允许那些只有半年预期寿命的人请求协助自杀，这一建议也得到了一位高等法院法官的支持。分区法庭判定，现行有关协助自杀的法律已经很好地平衡了各方利益，既保护根据第8条规定享有的自主决定何时结束自己生命的权利，又保护与之有冲突的权利，即：① 对弱势群体的保护；② 对神圣生命这一道德原则的保护；③ 促进医患之间建立信任，保护患者隐私。上诉法院支持了这一判决。该判决体现了以下几个重点：

（1）法院确认第8条第1款赋予个人可以自行决定何时以何种方式结束自己生命的权利。1961年《自杀法》第2条侵犯了这一权利，但根据第8条

---

① CPS (2015). In *R (Kenward) v DPP* [2015] EWHC 3508 (Admin). 该案就这一指南在涉及医务人员的适用问题上提出了质疑，但并未成功。

② *Nicklinson v UK* 2478/15 and 1787/15. 相关讨论参见 Wicks (2016)。

③ *R (Conway) v Secretary of State for Justice* [2017] EWCA Civ 1431.

④ 瑞士安乐死组织开办的协助他人结束生命的机构。——译者注

第2款之规定，这一侵犯具有合理理由，因为这对于保护其他人的健康、道德和权利是必要的。第2条对第8条规定的权利的限制具有必要性和适当性。公诉人忠实执行了公诉指南，对于协助自杀是否起诉的问题也向民众提供了合理的期待。议会考虑了这一问题，并且对考虑是否需要修法的问题，并没有逃避职责。

（2）法院强调，第8条第2款对第2条规定的权利行使限制提供了空间，其立法意旨为保护弱势群体。但也容许用道德标准评判问题。所以，即使某一方案的确保护弱势群体，但也可能根据道德理由证明自杀具有正当性。无论如何，现行制度都不能避免一种必然出现的风险：某人可能会被错误评估为有权利自杀。

（3）对于涉及自杀的政策问题，议会是一个更合适的决策机构，可以更好地平衡相互冲突的伦理和道德问题。

康威先生请求向英国最高法院上诉，但遭到了拒绝。黑尔女士做了如下的解释：

摆在我们面前的问题是，他的案件是否提出了一个对普通民众都具有重要意义的法律争点，如果是，那么英国最高法院应该马上审理。没有人怀疑他提出的问题具有普遍的重要性。它关乎我们每个人。我们都经历过我们关爱的亲人去世的情形。我们都不得不思考我们自己的死亡……

最终，我们审判小组遇到的问题是康威先生在英国最高法院胜诉的可能性，以及这对他、对他的家庭、对这场多维度辩论的任一方、对普通大众意味着什么，这些问题的答案是否足以说服我们同意他的上诉申请。毫无疑问，最终的结论是，本案中，这所有的可能并不足以说服我们同意他的上诉申请。①

"马上""毫无疑问"这些用词都说明，未来英国最高法院会考虑这个问题。到那时，下级法院就不大可能通过解释续造法律了。他们又把改革法律的"球"踢给

---

① *R（Conway）v Secretary of State for Justice*, 28 Nov 2018.

了议会。问题是，尽管议会最近几年都曾讨论修法，但似乎目前的议员中，大多数都支持现行法的立场。

2.6 维系生命的人权主张

通常，那些希望自杀的人会采用人权理论作为支持自己主张的理由。但那些希望维系生命的人也会用人权作为理由。以下案例就是一个典型案例：

 重点案例

伯克案[①]

莱斯利·伯克（Leslie Burke）患有小脑性共济失调。这就意味着从日后某个时间点开始，必须对他提供营养支持，即人工营养及水化治疗（artificial nutrition and hydration, ANH）。他想要法院出具一份声明，明确在何种情形下医生可以合法地终止人工营养和水化治疗，因为他担心英国医学委员会针对人工营养与水化治疗发布的指导意见与法律不一致。他不希望自己在失去相应能力后，自己的人工营养及水化治疗被终止。为此，他希望法院出具声明，其中最重要的内容如下：

（1）如果拒绝提供或者终止提供人工营养和水化治疗，并因此导致患者死于饥饿或者缺水，那么此举就违反了伯克先生根据《欧洲人权公约》第2、3、8条享有的权利，并且根据英国的国内法，此举也违法。

（2）如果有相应能力的患者请求获得人工营养和水化治疗，或者一个无意思能力的患者在丧失意思能力之前明确表示希望获得该治疗的，那么拒绝提供或者终止提供该治疗，并因此导致患者死于饥饿或者缺水，此举就违反了患者根据《欧洲人权公约》第2、3、8条享有的权利，并且根据英国的国内法，此举也违法。

（3）拒绝向无意思能力的患者提供人工营养和水化治疗违反了《欧洲人权公约》第2条的规定，除非提供该治疗构成有辱人格的待遇，违反了《欧洲人权公约》第3条的规定。

---

① R（Burke）v GMC［2005］3 FCR 169.

英国上诉法院拒绝了伯克先生的请求。部分原因是因为当时伯克先生还没有到无意思能力的地步，因此对于他日后的治疗还只是一个假设性问题。相反，英国上诉法院坚称，患者无权要求自己想要的任何治疗。法院肯定了英国医学委员会提出的下列观点：

（1）应由医生通过专业临床诊断，根据临床指征判定需要对患者进行何种治疗（即该治疗能够为患者带来全面的临床益处）。

（2）然后医生应向患者提出若干治疗方案，在此过程中医生应向患者解释每个方案的风险、益处、副作用等。

（3）接下来由患者决定这些治疗方案中是否有可以接受的，如果有，是哪一个。在绝大多数情况下，患者当然会根据自己的最佳利益进行判断，可能同时会考虑其他非临床因素。不过，如果患者愿意，他可以根据非理性的原因或者在没有理由的情况下，决定接受（或者拒绝）某个治疗方案。

（4）如果患者选择了某个治疗方案，医生就应着手提供该治疗。

（5）但是，如果患者拒绝了所有供其选择的治疗方案，并告知医生，自己想要的是一种医生并未向自己提供的治疗方式，那么医生毫无疑问应当就该治疗方式与患者进行协商（假定医生了解该治疗方式）。但如果医生的结论是患者不具备接受该治疗方式所要求的临床指征，那么医生不必（即医生并没有法定义务）向患者提供该治疗，不过医生应当安排患者就此向另一位专家征求第二诊疗意见。

上诉法院坚持认为，患者无权以自主权为由要求接受某项治疗。英国上诉法院解释道：

> 自主权和自决权并没有赋予患者无视某种治疗的性质而坚持要求接受该治疗的权利。即便医生负有提供治疗的法定义务，该义务也不能仅仅构建在患者要求接受该治疗这单一事实的基础之上。还需其他理由支持，才能产生这一法定义务。[①]

不过，这并不意味着医生没有提供人工营养和水化治疗的责任。上诉法院就此解释说：

---

① At [31].

> 一旦医院收治了患者,那么根据普通法,医务人员就承担了照顾该患者的积极义务……该积极义务的一个基本内容就是采取合理措施维持患者生命的义务。如果需要人工营养和水化治疗维持患者生命,那么该义务就要求医生提供该治疗。①
>
> 但是,按照上诉法院的解释,提供人工营养和水化治疗的义务并非绝对义务。该义务并不适用于患者有意思能力并拒绝接受人工营养和水化治疗,或者患者无意思能力,但接受人工营养和水化治疗并不符合患者利益的情形。上诉法院就此解释道:
>
>> 法院承认,如果患者活着就要承受一定程度的痛苦、不适或者无尊严的生活,且患者尚有知觉但是无意思能力,并明确表示不愿继续活下去,那就解除了医生承担的维持患者生命的积极义务。同样,法院还承认,如果患者处于持续性植物状态,医生也没有义务维系患者的生命。②
>
> 不过,这一点并不适用于患者有意思能力且希望得到人工营养和水化治疗的情形。违背有意思能力的患者意愿,强行撤除人工营养与水化治疗,势必会侵犯患者根据《欧洲人权公约》第 2 条享有的生命权,等同谋杀,除非人工营养和水化治疗会加速患者死亡,但这种可能性很小。如果对于撤除人工营养与水化治疗的合法性有疑问,可以征询法院的意见。

伯克先生将自己的案子告到了欧洲人权法院③,但他并没有胜诉。欧洲人权法院认为,如果他失去了相应能力,那么应责成一名医生审查该申请人以及与其关系密切的人员此前所表达的意愿,并考虑其他医务人员的意见;如果就该申请人的最佳利益存在任何冲突的观点或者疑惑之处,则应提交法院审理。在本院看来,此举并未表现出任何对申请人所援引的关键权利缺乏应有的尊重。④

---

① At [32].
② At [33].
③ *Burke v UK* Application no. 19807/06,11 July 2006,ECtHR.
④ At [21].

对于这一案件，学者的意见存在分歧。有人赞同该案坚持了现有的原则："如果患者无行为能力，则医生的治疗应有利于患者的最佳利益，并且患者不得要求医生采用对患者有害方式进行治疗。"[①]与之相对，黑兹尔·比格斯（Hazel Biggs）则认为该案"仍在支持医学家长主义作风（medical paternalism），这十分危险"[②]，也未能认识到关于什么才符合某人的最佳利益这一问题，可能存在多种不同观点。选择听信医生的观点而不是患者本人的观点是不合适的。

2.7 "不做心肺复苏"的指示

如果担心患者可能需要接受维持生命的治疗，但却不适合接受这一治疗，那么可以在患者的病历中附上一个"不做心肺复苏"的提示。[③]这样就可以使医生不必在患者病情危急时做仓促决定。或许有人认为，如果患者依然具备相应能力，那么在给他们的病历中附加这样一个提示之前显然应当征求患者的意见，但是在一项调查中，只有80%的实习医生认为有必要这样做。[④]在翠西案[⑤]中，上诉法院就这一问题给出了权威性的意见。法院判定，在给患者病历中增加"不做心肺复苏"的指示时，必须先咨询患者意见。根据《欧洲人权公约》第8条的规定，这是必须的要求。即使医生认为心肺复苏无效，也应履行这一要求。唯一的例外情形是医生认为和患者讨论这一情形会给患者带来身体或精神的伤害。在温斯皮尔案[⑥]中，法院判定，如果患者缺乏意思能力，仍然要适用同样的方法。如果可能的话，要和患者讨论这一问题，不行的话，就要和家属讨论这一问题。值得注意的是，法律只要求与患者及家属讨论，上述判例都没有说，如果医疗团队认为心肺复苏无效，患者及其家属有权要求医护人员实施心肺复苏。[⑦]

---

① Gillon（2004）. 事实上，无论如何医生都不能按照病人要求进行治疗：*An NHS Trust v L* [2013] EWHC 4313（Fam）.
② Biggs（2007a）.
③ An NHS Trust v L [2013] EWHC 4313（Fam）.
④ Schildmann 等（2006）。
⑤ R（Tracey）v Cambridge University Hospitals [2014] EWCA Civ 822，Samanta（2015）和 Auckland（2016）对此做了讨论。
⑥ *Winspear v City Hospitals Sunderland NHS Foundation Trust* [2015] EWHC 3250（QB）.
⑦ Anthony Pillai（2017）担心，有这些判例后，患者及其家属可能就会这样要求。

3. 疑难案件的法律适用

截至目前，我们已经对涉及临终决定的主要法律原则做了概括总结。现在有必要考察一些适用这些法律原则的疑难复杂案例。下面，我们将探讨三个问题，分别是止痛药的使用、严重残疾新生儿的治疗以及处于持续性植物状态患者的法律地位。

3.1 止痛药的使用

显然，如果医生出于杀死患者的目的给患者服用药物，并且患者因此丧生，那么这就属于谋杀。戈夫勋爵在布兰德案中重申："医生为终止患者生命而给患者服用药物是不合法的，即便医生这样做是为了结束患者的痛苦，也无论该痛苦有多么严重"。① 不过，医生是否可以合法地向绝症晚期患者提供止痛药，即便该药物有缩短患者生命的副作用？②

观察那些医生给患者服用大量止痛药致人死亡的案例，不难发现，这类案例有两个突出特点：第一，医生很少被提出公诉；第二，即便提起公诉，也很少判决医生有罪。卡尔（Carr）③、亚当斯（Adams）④ 和摩尔（Moor）三名医生都被无罪开释了。⑤ 这或许是由于在这几个案件中，和负责审理摩尔医生一案的法官对陪审团所做指示一样，陪审团都受到了同样的司法态度的影响：

> 想必各位已经听到了，这名被告品格高尚，不仅没有任何犯罪前科，而且证人们都对他的诸多优秀品质交口称赞。如果一个医生在死者生前千方百计照顾他，到头来却像这位被告一样面临这种指控，你们或许会觉得这是一个莫大的讽刺。⑥

纽伯格勋爵在尼克林森案⑦中认为，医生在治疗患者时，为了降低患者病痛程

---

① [1993] AC 789, 865.
② R（Nicklinson）v Ministry of Justice [2013] EWCA Civ 961, [26] 确认了这一观点。
③ *Sunday Times*, 30 November 1986.
④ Palmer（1957）讨论了对他的审判。
⑤ 更多请参见 Kennedy and Grubb（2000: 2115）。
⑥ Quoted in Dyer（1999: 1306）.
⑦ R（*on the application of Nicklinson*）v *Ministry of Justice* [2014] UKSC 38, para. 18.

度，以一种加速死亡的方式（所谓的"双重因果关系"）治疗患者的疾病，这没有触犯刑律。也就是说，在这类案件中，有认定医生无罪的法律规则。

不过，不应由此认定，如果医生给他人实施安乐死，一定不会因此被判有罪。在考克斯（Cox）案中①，考克斯医生给一位备受类风湿性关节炎折磨的患者注射了致死剂量的氯化钾，以结束该患者的生命。对此，专家的意见是该药物缩短了患者的生命，并且没有止痛价值。陪审团认定考克斯医生故意杀人未遂。考克斯案涉及的多个因素使这一案件与众不同：患者并不属于绝症晚期；注射的药物没有治疗作用（例如并没有减轻病痛或者治疗症状的作用），这些药物的唯一效用就是致人死亡；考克斯不能主张自己是为了缓解患者病痛。尽管考克斯被判有罪，但值得注意的是，对他而言被定罪的刑罚后果并不严重。幸运的是，他面对的指控是谋杀未遂而非谋杀，因为如果被判犯有谋杀罪，势必会被判强制性终身监禁。而如果考克斯被控谋杀未遂，那么法官就可以进行自由裁量；在该案中，法官采用了缓刑。②此外，英国医学委员会对考克斯进行了训诫，但是训诫的理由是尽管他是出于善意，但他未能达到医学界人士应当达到的崇高标准。他所在地区的卫生机构在设定一定限制的前提下仍继续雇用考克斯医生。各方对考克斯被判有罪一事采取了"大事化小"的处理方式。其原因似乎是大多数人仍认为他是出于同情才这样做的。即便他杀人的意图应遭到谴责，但背后的动机并非如此。③

> **现实考察**
>
> 法律对安乐死所持的立场看上去似乎简单明了。出于杀死他人的意图向他人提供致死剂量的药物违法。但在实践中，医生真的经常参与安乐死或者协助自杀吗？

---

① （1992）12 BMLR 38.
② 也可参见迈克·埃尔文医生（Dr Michael Irwin）的案例。他为了帮助朋友自杀，给朋友开了安眠药。他只是被警察警告了（尽管他被英国医学委员会的医生注册处除名）。BBC News online（27 February 2005）.
③ Boyd（1998）.

下列调查能让我们对这一问题有所了解：

(1) 英国医师协会的一项调查发现，在750名医生中，有22名表示他们曾经主动结束过患者的生命。①

(2) Medix-uk.com 2003年做的一项调查报告称，在1002名英国医生中，有40%的医生表示，曾经有患者要求他们协助自己自杀或者提供安乐死。55%的医生认为，如果一个人患有绝症并且遭受着不堪忍受的病痛，就应当准许他在医生协助下自杀。②

(3) 英国医师协会强烈反对一切形式的安乐死和协助自杀。③2019年，该协会决定对其成员展开一项调查，进而决定是否仍要继续坚持这一立场。

(4) 2019年，对伦敦皇家内科医学院的成员所做的一项调查发现，43.4%的受访者反对修改现行法律，31.6%的人支持修法，放松对协助自杀的监管。25%的人采取中间立场。因此，伦敦皇家内科医学院仍采取中间立场。④

(5) 2007—2008年，在英国所做的一项关于医学终止生命决定的研究发现，在英国，有0.21%的死亡涉及自愿安乐死；0.0%的死亡涉及在医生协助下的自杀；在终止生命的病例中，有0.3%的案例涉及未明确请求下的终止生命。⑤但有一点清楚无误，那就是医生对终止生命的行为的参与度非常高。在所有死亡案例中，21.8%的人是在做了终止生命决定后死亡的，有17.1%属于"双重因果关系"案例（例如给患者服用了镇痛药，尽管该药物具有缩短患者生命的效果）。在所有死亡案例中，有16.5%的人是在接受深度镇静之后死亡的。

尽管这些统计数据并不能提供一个完全一致的图景，但是人们依然可以清楚地看到，多数医生都收到过要求他们协助结束生命的请求。显然，少部分医生愿意在某种程度上协助患者结束生命，而更多的全科医生希望制度允许他们这样做。但是，大多数医务人员反对修改现行法。

---

① BMA (1996).
② Voluntary Euthanasia Society (2003).
③ BMA (2009c, 2016).
④ Royal College of Physicians.
⑤ Seale (2009).

3.2 意识障碍

如果医生关闭一个意识障碍患者（Disorders of Consciousness，DoC）的生命维持机，法律对该医生持何立场？过去，我们经常讨论处于持续性植物状态（persistent vegetative state）的患者。但现在我们已经不用这一术语。这部分是因为学界认为，意识障碍涵盖了一系列情形，而且我们很难分清处于植物人状态（没有意识）和处于最小意识状态（MCS）（该状态下，我们可以感知到患者具有一点有限意识）。① 处于植物人状态的患者并非一动不动，还保留一定的颅神经和脊髓反射，而这些反射中可能包括对视觉与听觉刺激的反应。反应程度的高低反映了植物状态的深浅。

当前法律所持的立场可简要概括如下。② 意识障碍患者依然活着；他们还没有脑死亡。因此，关闭生命维持机应当视为一种不作为。尽管这种不作为会导致患者死亡，但如果提供生命维持机的治疗并不能让患者受益，那么撤除生命维持机就没有违反医生对患者承担的责任，因此医生并未犯罪。2005年《心智能力法》规定，如果患者做了一个有效且可适用的预先指示，声明自己不愿意接受维持生命的治疗，医生就应当遵从该指示。如果患者并未做出有效且可适用的预先指示，就应当以治疗是否符合患者最佳利益作为判断标准。过去曾认为，在撤除提供给意识障碍患者的水分与营养之前，必须征得司法机关批准。③ 以下判例删除了这一要求。

重点案例

Y案④

Y患有意识障碍已经很长一段时间了，需要依靠临床营养支持（clinical assisted nutrition and hydration，CANH）维持生命。他的主治医生最终认为，他几乎不可能恢复意识了。即使恢复了意识，他也有身体和认知方面的深度残疾。医疗团队和Y的家庭达成了一致意见，他们认为撤除临床营养支

---

① Kitzinger, Kitzinger, and Cowley (2017).
② 参见 BMA (2009c).
③ DCA (2007: paras 6.18, 8.18, and 8.19).
④ *An NHS Trust v Y*; *Re Y* [2018] UKSC 46.

> 持符合 Y 的最佳利益。英国最高法院要处理的问题是，是否有必要在撤除临床营养治疗前作出撤除的指令。早前的判例法布兰德判例要求撤除营养治疗需要法院同意。
>
> 英国最高法院强调，重点问题不是撤除营养治疗是否合法，而是是否应为他提供营养治疗。只有在某种治疗符合患者最佳利益时，才应提供治疗。法官们研究了之前的案例法，最终判定，虽然获得法院指令更好，但法律并未要求医生必须在获得法院指令后才可以这么做。如果医生按照执业指南的规定工作，家属和医生也同意，这么做符合患者的最佳利益，那就不需要在行动前获得法院指令。但是，如果家属和医生存在分歧或不确定因素，那就有法院介入的必要。

令人吃惊的是，布莱克（Black）法官的判决主要回应的问题是，法律是否要求医生应在得到法庭允许后才能实施上述行为，而不是法律是否应该这样要求。最有力的观点来自上诉法院法官金在布里格斯案[①]的判词，该判词也为英国最高法院所引用：

> 即使案件所有当事人已对何为患者最佳利益达成一致，也建议每个案件当事人都寻求法官的帮助，这种建议不但会为已经超负荷运转的国民医疗服务体系信托机构资源造成不必要的压力，而且也增加了法院的负担。最为重要的是，对那些不得不面对无法想象的悲痛决定的家庭而言，这也大幅增加了他们的压力。

对该判决的批评意见主张，法院的许可，尤其是有法定代表律师代表患者利益的情况下，意味着医方、家属和患者的利益都会予以考量。如果不需要法院的指令，那么案件处理时就只会考虑医方和家属的利益。[②] 尽管如此，大部分人都认为，如果案件涉及任何疑难问题，通常都会诉至法院，请求法院作出指令。[③]

与 Y 案和尼克林森案的判决不同，伊丽莎白·维克斯做了进一步的分析：

---

① *Re Briggs* [2018] Fam 63, 66.
② Wicks (2018); Foster (2019).
③ Kitzinger, Kitzinger, and Cowley (2017); Kitzinger and Kitzinger (2016); Fritz (2017); Holland (2017); Wade (2017); Huxley and Birchley (2017).

根据 Y 亲人所说的证据，我们可能推定 Y 先生不希望自己在持续意识障碍的状态下继续生活，但就尼克林森先生而言，我们可以确定他不想继续这样的生活，因为他已经明确告诉世人了。法律支持了 Y 的死亡，却固执地否定尼克林森的死亡请求，这明显相互矛盾，难以理解，而且也有违公平。英国最高法院在 Y 案中的判决不但关注了这两个案件的区别而且也放大了这一区别。

当然，这两个案件的区别是，第一个案件涉及以不作为的方式（撤除治疗）结束 Y 的生命，但第二个案件涉及以作为（安乐死）的方式结束尼克林森的生命。但上述区别是否足以证明有理由采用不同治疗，这一点仍有激烈争论。

对 Y 案采用的分析方法的一个更极端批评是，撤除意识障碍患者维持生命的治疗是否合法。① 查尔斯·福斯特注意到，法院很清楚，人们普遍支持生存而非死亡。他指出，因为我们不知道意识障碍是什么情况，我们就不应该终止他的生命。

> 就我们所知，意识障碍患者很可能处在一种极度平和的自我实现状态。因此，他们根本不用有意识的动物通常使用的、易被外界察觉的丰富方式表达他们的意识。这种说法似乎有些荒谬，但除非我们能够证明这种荒谬（显然不能），否则相应的法律后果——合乎道德的后果就应该是继续维持他们的生命。

在法国诉兰伯特一案②中，当事人提出"停止向持续植物状态患者提供水分等同于折磨或者不人道或者有辱人格的待遇，因而违反了《欧洲人权公约》第 3 条的规定"，欧洲人权法院驳回了这种主张。③在 D 女士（Ms D）案中④，虽然患者家属表示反对，但法院裁定，准许医生不向持续植物状态患者提供某些形式的挽救生命的治疗。对此，科尔德里奇法官（Colderidge）解释说，让 D 女士有尊严地死去符合她的最佳利益。

3.3 无意思能力的成年人

如果无意思能力的成年人需要维持生命的治疗，那么就会适用第四章规定的一

---

① Foster（2019）.
② *France v Lambert* Application 46043/14. 也可参见 A Hospital v SW [2007] 425 (Fam).
③ 有关停止为持续植物状态患者提供水分的政治问题的深入讨论，参见 McLean (2006)。
④ *Ms D v An NHS Trust Hospital* [2005] EWHC 2439 (Fam).

般原则。这时的首要问题是这个人是否做出了一份有效的预先指示,声明自己不愿接受治疗。如果属实,那么按照 2005 年《心智能力法》第 24 条规定,医生就必须遵守该指令,哪怕这样做会导致患者死亡。医生不能以维护患者最佳利益为名推翻有效的预先指示。但如果预先指示语焉不详,或者其有效性存疑,且如果采信该指令会导致患者死亡,法院很可能就不予采信。① 如果有有效的预先指示且该指示声明患者确实愿意接受治疗,那么在伯克案② 后,除非有特殊情形,否则应当为患者提供挽救生命的治疗。例外情形是,实施预先指示中请求的治疗会给患者带来真正的伤害。

如果患者已经签署了持久委托书,且委托书明确声明受托人对此类治疗有决定权,那么受托人有权就挽救生命的治疗做决定。③ 而进行维持生命的治疗则需要得到法院指定的代理人的同意。④

如果没有预先指示,就应由 2005 年《心智能力法》进行调整。该法第 62 条明确规定,该法无意修正关于杀人或者协助自杀的法律。该法中的任何内容均不允许医务人员有导致患者死亡的故意行为。该法还特意就"维系生命的治疗"做了特别规定,指:"在卫生保健服务的提供者看来是维系该人生命所必需的治疗。"⑤ 在考虑这一治疗时,关键是患者最佳利益。该法第 4 条对患者最佳利益做了定义。在确定最佳利益时,通常采用一般途径。本书第 4 章对此已做论述。在考虑患者最佳利益时,该法第 4 条第(5)款明确规定了医生应考虑的因素:"如果判断工作关系到维持生命的治疗,在考虑该治疗是否符合有关人员的最佳利益时,不得以导致该人死亡为动机。"这一规定体现了法律在该问题上的态度:尽管允许医生出现他预计会导致患者死亡的行为,但他绝对不能做出任何以导致患者死亡为动机的行为。⑥ 在詹姆斯案⑦ 中,黑尔法官指出,这一条款绝不意味着会为患者提供不符合患者最佳利益的治疗。该案的判决就成了在生命终点阶段患者最佳利益标准如何适用的一个重点判例。

---

① Bartlett (2005).
② *R (Burke) v GMC* [2005] 3 FCR 169.
③ Mental Capacity Act 2005, s. 11 (8).
④ Mental Capacity Act 2005, s. 20 (5).
⑤ Mental Capacity Act 2005, s. 4 (10).
⑥ Coggon (2007) 对这一规定做了讨论。
⑦ *Ainstree University Hospital v James* [2013] UKSC 67.

重点案例

詹姆斯案①

大卫·詹姆斯（David James）患有癌症，病情严重，已经有一系列的并发症，最终导致他需要使用呼吸机，并开始接受人工营养及水化治疗。他已经几乎没有意识。他没有自主决定的意思能力。医院因此向法院申请，请求法院作出指令，"一旦患者情况发生恶化"，就应撤除这些治疗。申请中没有明确指明是呼吸机还是人工营养及水化治疗。家属不同意这一请求。他们认为，詹姆斯先生一直都乐于和家人及朋友相处，他也一直有坚定的意志和病魔抗争。于是，初审法官拒绝作出这一指令，但上诉法院同意了医院的上诉申请，案件最终走到了英国最高法院——尽管詹姆斯先生在案件到了英国最高法院时，已经死亡。

对这类案件中如何适用 2005 年《心智能力法》规定的患者最佳利益标准，黑尔法官做了重要评论。她强调，询问"让患者死亡是否符合其最佳利益"这样的问题是错误的，同样，询问"撤除治疗是否符合患者的最佳利益"这样的问题也是错误的。相反，问题在于接受治疗是否符合患者的最佳利益。如果某项治疗并不符合患者的最佳利益，那么给他提供这样的治疗就违法。

根据 2005 年《心智能力法业务守则》，黑尔法官解释道，在适用患者最佳利益标准时，有采用"替代判断"的强烈倾向，考虑患者过去的意愿和情感，包括"关心他人的利他性情感"。重视家庭生活是对的。黑尔法官赞同这类案件的出发点是：

> ……人们普遍认为，让患者活下来符合他的最佳利益……虽然如此，大家也一致同意这一规则并不具有绝对性。在某些情形下，让患者接受维持生命的治疗并不符合患者的最佳利益。②

---

① *Ainstree University Hospital v James* [2013] UKSC 67
② At [35].

> 她将自己的观点总结如下：
>
> > 因此，我们最多能说，在某个具体时间考虑某位患者的最佳利益时，决策者应该考虑其最宽泛意义的福利，而不仅仅是医疗上的利益，还包括社会和心理上的利益；他们需要考虑所争议治疗的性质，该治疗涉及哪些方面，成功的概率如何；他们必须考虑患者在接受这种治疗后可能的后果是什么；他们必须尽可能站在患者的立场考虑，他对这种治疗的态度，或可能的态度；他们必须咨询照顾患者的人或与其利益相关的人，尤其是他们眼中，患者的态度是什么。①
>
> 黑尔法官承认，考虑治疗是否无效的确与决策有关联，但在这个问题上，法院还应考虑该治疗的无效是否是从对患者利益无益这个角度做出的结论。她在这么说时，也注意到某些治疗并不是为了治疗疾病，而是为了让死亡过程尽可能有尊严或不那么痛苦。

涉及生命结束的案件出发点总是推定患者希望活下来。② 但是，这要服从于对患者角度的最佳利益的评估结果。③ 在 M 诉国民医疗服务体系信托机构案④中，贝克法官审理了一个涉及处于最小意识状态（MCS）的患者的案件。他总结道：

> M 女士确实遭受了痛苦和不适，她的失能严重限制了她能做的事情。但是，在对全部证据进行考虑后，我发现她确实有过一些积极体验。重要的是，我们可以合理预期，通过有计划地增加刺激，可以扩展这些积极体验。⑤

值得注意的是，在该案中，他认定，如果 M 有意思能力自主决定的话，也不能判断 M 想要什么。该案可以被视为一个很好的例子（这是一个有争议的判决），证明"推定患者希望活下来"确实占了上风，因为没有证据表明她在遭受痛苦，或者她不希望继续这样生活。

在大多数案例中，讨论的焦点主要围绕以下议题展开："如果有意思能力，他

---

① At [39].
② *A NHS Foundation Trust v D and K* [2013] EWHC 2402 (COP)，[23]；*Kirkless Council v RE* [2014] EWHC 3182 (Fam)；*United Lincolnshire Hospitals NHS Trust v N* [2014] EWCOP 16.
③ *Cunmbria NHS Clinical Commissioning Group v Miss S and Ors* [2016] EWCOP 32.
④ *M v A NHS Trust* [2011] EWHC 2443 (Fam). Heywood (2014) 对此做了精彩分析。
⑤ At [8].

第十章 死亡过程和死亡 | 749

或她会做出什么决定，所以，行使其自主权就能帮助做出决定。"① 在布里格斯案中，法院判定"考虑并尊重他的观点和愿望符合 P 的最佳利益"。② 大多数案件中，这既可能导致法院判决继续维持治疗，又可能导致法院批准撤除治疗。一个很好的例子就是海登法官在 M 诉 N 案③ 中的判决。海登法官在听取了患者家人和朋友的意见后，得出结论，患者会认为其目前的处境让她颜面尽失，对给家人带来的痛苦非常敏感。这和前述第四章论及的评估患者最佳利益的一般方法相符。按照这种方法，法院似乎越来越看重 P 生活中所信奉的价值观。④

要确定患者的愿望并不一定总是这么直接。海登法官在 M 诉 N 案⑤ 中指出，家人、朋友的观点以及那些熟悉患者的人的观点都非常"关键"。法院不但会调查他们过去所说的，也会综合考察他们的生活状态、行为模式、个人信仰和性格特点。如以下案例所示，法院在考虑家属的观点时也会十分谨慎，不能过于看重这些观点。

重点案例

RY 案⑥

RY 已经 81 岁了，只有微弱意识。法院要处理的问题是，如果治疗需要的话，是否可以为其施行气管切开吸痰术。他女儿 CP 坚信，自己的父亲是一个"虔诚的基督徒，每天都要祈祷"。她说，父亲相信，有生命总比没有生命好，只要活着做什么都行。海登法官认为不能仅仅依靠 CP 的话判断她父亲的意愿。他注意到 CP 自己也是虔诚的宗教徒，但没有证据表明 RY 有什么观点。法官还特别关注了这一手术对于患者而言是否"负担过重"的问题。开展深度吸痰明显会让 RY 增加痛苦，而且不清楚这是否会有助于疾病的治疗。他总结道，吸痰术只会带来痛苦，且没有任何治愈目的，还会减损患者的尊严。但法官最终并没有发出指令，因为他希望 CP 能和医疗团队达成一致。而且 RY 的身体状况也好些了，可能不再需要实施吸痰术了。

---

① *Briggs v Briggs* [2016] EWCOP 53.
② Para. 56.
③ *M v N* [2015] EWCOP 76.
④ *Rao v Roo* [2018] EWCOP 33.
⑤ *M v N* [2015] EWCOP 76.
⑥ *Abertawe Bro Morgannwg University Local Health Board v RY* [2017] EWCOP 2.

有时，患者是否配合是治疗是否成功的关键，所以，对于一个没有做出同意的患者进行强制治疗，效果并不好。这是 Re W（厌食症治疗）案①给出的结论。该案中，患者因为厌食症导致缺乏意思能力，不得不在违背其意愿的情况下接受治疗。强制治疗从长期来看，疗效并不显著。法院由此判定，现在已经超过了医生和家人能够帮助她恢复健康的阶段了。最好停止治疗，让她自己决定是否需要治疗，即便在没有治疗她就会死亡的情形下。

3.4 对严重失能儿童的治疗

在医疗领域，最令人痛心的莫过于那些涉及严重失能的儿童和婴幼儿的病例了。②现在，大家肯定对此类情形适用的基本法律原则已经了如指掌了。不得故意实施导致患者死亡的行为，但是，如果不对患者进行治疗符合患者的最佳利益，并且与既定的医学实践规范一致，那么医生可以拒绝对患者进行治疗。困难在于，在涉及成年人时所采用的方法——考虑患者的价值观和信仰——不能适用于未成年人。

对未成年人而言，首要的标准是继续治疗是否符合儿童最佳利益。评估时必须从该儿童自身的角度出发，而非从第三人的角度出发。正如上诉法院法官泰勒在 Re J（未成年人）（监护；医疗）一案③中强调的那样："某种生活品质或许是健康人群显而易见无法忍受的，但是严重残疾的人依然会觉得这种生活品质值得拥有。"

最为棘手的情形是医疗团队与父母之间意见相左。此类情形可分为两类：

（1）医生想要停止治疗，但父母不愿意。

存在这种争议时，法院会判定何为儿童最佳利益。父母的观点是一方面，但其并不能起决定作用。④ 如果法院判定治疗并不符合儿童最佳利益，那么不论父母多么希望治疗，医院也不会进行治疗。⑤ 如果医疗团队意见存在分歧或态度模糊，那

---

① *Re W* (*Medical Treatment: Anorexia*) [2016] EWCOP 13.

② 有关这些问题的总结，参见 *Nuffield Council* (2007)。有观点认为，有些残疾过于严重，致使这类患者不应被视为一个人。例如 McMahan (2002: 449) 关于无脑婴儿的讨论。

③ *Re J* (*A Minor*) (*Wardship: Medical Treatment*) [1990] 3 All ER 930, 935.

④ 即使父母缺乏心智能力，也要考虑父母的观点。*Re Jake* (*a child*) (*withholding of medical treatment*) [2015] EWHC 2442.

⑤ *An NHS Trust v W* [2015] EWHC 2778 (Fam); *Great Ormond Street Hospital for Children NHS Foundation Trust v NO* [2017] EWHC 241 (Fam); *Re C* [1998] Lloyd's Rep Med 1.

么在是否治疗的问题，父母的意见就会占上风。① 但是，法院不会作出指令，让医生开展其认为不应开展的治疗。②

法院也清楚表明通常会支持维持生命的决定。③ 但如果儿童的未来的确十分渺茫，医生也认为继续治疗没有多大帮助，那么就可以暂停治疗，即使这么做会导致儿童死亡。④ 在柯克利斯委员会诉 RE 案⑤ 中，摩尔法官提到了《皇家儿科及儿童健康学院指南》（Royal College of Paediatrics and Child Health Guidelines）中"暂停和撤除儿童维持生命治疗"的内容，指南中明确规定，在两种情况下，可以暂停患病儿童的维持生命治疗：

27. "无治愈机会"是指儿童"患有严重疾病，维持生命治疗只是延迟死亡，而且不能大幅减轻患者的痛苦"。在这种情况下，治疗只能延迟死亡，既不能提高生存质量，又不能改善治愈机会，因此，继续治疗被界定为"无效、负担沉重，不符合患者最佳利益"。

28. "无用治疗"是指，尽管患者"可以在治疗后活下来，但该治疗对身体或精神的伤害非常严重，患者不能忍受这种结果。"指南进一步补充道，在这种情况下，"继续治疗可能让儿童的境遇进一步恶化，导致其陷入一个惨绝人寰的生活境地。"

法院会特别关注患儿是否正在自己的生活中受益。在 MB 案⑥ 中，患者是一名患有脊髓性肌肉萎缩症（一种严重的退化病症，该病症意味着这名患儿几乎无法做任何动作，并且预计会在一年内死亡）的儿童，医生想要关闭他的人工呼吸装置。这名患儿的父母主张，患儿依然能从现在的生命中获益，"一名幼儿最重要的快乐与情感的唯一来源是他与父母及其家人的关系"。⑦ 他们成功地说服了法官。法官非

---

① *Great Ormond Street Hospital for Children NHS Foundation Trust v NO* [2017] EWHC 241 (Fam).

② *Great Ormond Street Hospital for Children NHS Foundation Trust v NO* [2017] EWHC 241 (Fam).

③ *Re C（baby：withdrawal of medical treatment）*[2015] EWHC 2920 (Fam).

④ *The Charlotte Wyatt Litigation* [2005] EWHC 2293；[2005] EWCA 1181；[2005] EWHC 693；[2005] EWHC 117；[2004] EWHC 2247；[2006] EWHC 319 (Fam); see also *Re Winston-Jones (A Child)* [2004] All ER (D) 313; *Re K* [2006] EWHC 1007 (Fam).

⑤ *Kirklees Council v RE* [2014] EWHC 3182 (Fam).

⑥ *An NHS Trust v MB* [2006] EWHC 507 (Fam).

⑦ At [28].

常看重以下事实：尽管这名儿童只能以非常有限的方式与父母和家人进行交流，有证据表明他与亲人在一起时确实感受到了快乐。与此相对，在 X 婴儿案①中，法官赞同撤除医学治疗，他认为，儿童已经意识不到自己身边的人了。

下面这个案例就是说明法院处理这类案件的一个经典先例。②

 重点案例

耶茨和加德案③

这个复杂的案件涉及一个 8 个月大的婴儿查理·加德，案件引发了全世界的关注。查理患有严重的基因疾病，病情非常严重，导致严重的脑损伤。大家都认为，他现在的生活状态已经没有继续维持生命治疗的必要了。大奥蒙德街医院（Great Ormond Street Hospital）向法院请求批准，要求撤除呼吸机，只提供临终关怀。父母不同意医方的做法，他们希望医方为查理提供一种新型的核苷治疗。医方认为这种治疗并不合适，因此要求法院作出指令不为查理提供这种治疗。审理该案的一审法官弗朗西斯（Francis）采用了审理这类案件的一般规则，即推定优先采用可以延长生命的治疗，尽管这种推定并非不能推翻。但是，儿童福利是最优先的原则，法院需要考虑医学、情感，以及其他儿童福利问题。弗朗西斯法官注意到给查理治疗的医生们都赞同撤除呼吸机，让他有尊严地平静死去，因此，他同意了医院撤除呼吸机的请求，做出了指令。实际上，美国可以提供查理父母希望医院提供的治疗，查理父母为此还筹集了资金。但这种"新的治疗方式"以前未曾用于治疗查理这种疾病。弗朗西斯法官听取了相关证据，美国医生也认为成功的概率非常小。但是，如果查理的父母愿意支付相关费用，他们愿意尝试。弗朗西斯法官判定，到美国接受一个成功概率很小的治疗，这会给查理带来严重伤害。我们不能由此得出这符合他的最佳利益。

---

① *NHS Trust v Baby X* [2012] EWHC 2188 (Fam).
② 也可参见 *Re Winston-Jones* (*A Child*) [2004] All ER (D) 313，以及 *Re K* [2006] EWHC 1007 (Fam).
③ *Great Ormond Street Hosptial v Yates and Gard* [2017] EWHC 927 (Fam)；[2017] EWCA Civ 410；(2017) 65 EHRR SE9；[2017] EWHC 1909 (Fam).

案子上诉到了上诉法院。上诉审中，查理的医疗团队证实，他们认为没有任何治疗可以改善查理的症状，而且，查理的疾病还在恶化。但查理的父母仍然希望可以尝试一下核苷治疗。一位美国医生证实，他们和英格兰的医疗团队在科学上有共识，但双方有文化差异。她愿意尽其所能拯救查理的生命，尽管治疗成功的概率很小。英格兰的医疗团队不希望查理因去美国治疗而遭受更多的痛苦，而且，这一治疗成功的希望渺茫。上诉法院维持了弗朗西斯法官的判决。对上诉中上诉一方认为一审法官未能充分注意到推定选择支持生命的做法的观点，上诉法院没有支持。上诉方还要求法院尊重父母希望尝试治疗的愿望，除非这么做会对患者造成巨大伤害。但法院也未采纳这一主张。法院对此总结道：

> 对于那些关心子女、负责任的父母，他们经过深思熟虑提出了治疗子女疾病的可行方案，法院会慎重考虑……法院会站在儿童的角度，仔细评估每个方案……法院会从儿童福利的角度审视整个案件，并考虑每一种方案的优劣，由此判定儿童的最佳利益……但是本案的情况是，法官已经明确判定，到美国进行治疗是无效的。这不会给儿童带来任何利益，只会延长他目前所处的痛苦境地。基于以上事实，法官完全有理由做出这种决定。据此，父母提出的核苷治疗建议并不是一个可行方案。

查理的父母请求英国最高法院受理他们的上诉请求，但英国最高法院没有同意。其理由主要在程序问题上。值得注意的是黑尔法官提到了上诉法院提出的"重大伤害"理由，她认为这一主张并不成立，因为查理正在遭受的病痛也非常严重。对驳回查理父母上诉申请的理由做过多解读十分危险，但未来法院很可能会重新考虑这一观点。

于是，查理的父母将本案诉至欧洲人权法院［Gard v UK（2017）65 EHRR SE9］。欧洲人权法院驳回了原告的主张，认为查理根据《欧洲人权公约》第二条享有的生命权并未被侵犯：

> 法院考虑到在生命终止的阶段也和生命开始的阶段一样，各国享有自由裁量余地（margin of appreciation），这不光涉及是否允许撤回维持生命治疗及其相关细节工作，而且涉及如何在保护患者生命权和保护他们享有的私生活和自主决定权之间达到某种平衡。

> 英国法院从儿童的视角考虑了这一问题,听取了医方和患儿父母的意见。他们在查理的权利和查理的父母权利之间达到了一种法律允许的平衡。
>
> 最终,案件又回到了弗朗西斯法官那里。查理父母希望向法官提交新证据,证明有许多国家的治疗机构都愿意为查理提供治疗。弗朗西斯法官在审查了这些证据后,仍然维持了之前的判决。实际上,查理的核磁共振检查报告显示,查理已经病入膏肓,未来治疗成功的概率为零。

媒体对本案的报道认为是否继续治疗应由父母决定,而不是医生:

> 无论医生的医术多么高超,这都不是他们能决定的事情。当然,他们应该对治疗提出建议,但绝不应让他们认为他们有权利将他们的意愿强加给患儿父母。①

仔细梳理本案事实,我们很难理解为何这一案件引起了公愤。已经有充分的证据证明治疗没有成功的希望,让他飞去外国治疗,只会增加痛苦。任何一位法官都很容易得出这一结论,允许查理到外国治疗并不符合他的最佳利益。但是,公众的愤怒反映了两个问题。首先,民众的普遍感受是医生不听患儿父母的意见,直接代替他们做出决定。其次,即使这个旅行的过程会增加痛苦,但只要有改善健康的渺茫希望,也值得尝试。②

对查理·加德案需要特别强调两个问题,这两个问题也是理解后续系列案件③的关键,特别是拉奇卜案④。首先,加德案中,医生对自己建议的新治疗没有提供证据充分的疗效(这种治疗只在动物身上尝试过),医生自己也没有太多机会可以

---

① Charlie Gard's parents refused permission to spend his last night before his life support machine is switched off on Friday, *The Telegraph*, 2017-06-27. https://www.telegraph.co.uk/news/2017/06/29/charlie-gards-parents-refused-permission-spend-last-night-home. (2019-03-20)

② 更多讨论参见 Hain (2018); Wilkinson and Savulescu (2018)。

③ *Great Ormond Street Hosptial v Yates and Gard* [2017] EWHC 927 (Fam); *Great Ormond Street Hosptial v Yates* [2017] EWCA Civ 410; *Alder Hey Children's NHS Foundation Trust v Evans* [2018] EWHC 308 (Fam); *Kings College Hospital NHS Foundation Trust v Haastrup* [2018] EWHC 127 (Fam); *Raqeeb v Barts NHS Foundation Trust* [2019] EWHC 2531 (Admin) and [2019] EWHC 2530 (Fam).

④ *Barts NHS Foundation Trust v Raqeeb* [2019] EWHC 2531 (Admin) and [2019] EWHC 2530 (Fam).

评估查理接受这种治疗的效果。这类案件中，法院不是在两种相冲突的医学专家观点中做选择。在拉奇卜案中，法院最终同意父母将患儿塔菲达带出国接受治疗，但我们可以注意到，该案的专家证言建立在同类治疗的基础上，意大利有知名专家可以提供这种治疗。此外，国外的治疗专家不是提供一种"奇迹般的治疗"，而是让他舒服地活下去。毫无疑问，这些都有益于帮助法官得出结论，医生的观点代表了值得尊敬的医学专家组的意见。

其次，尽管证据证实查理已有深度心智障碍，但证据也显示，他能够感受到疼痛。因此，到另一个国家进行其他治疗会给他带来痛苦。在拉奇卜案中，证据证实，塔菲达在很大程度上已经感受不到痛苦，因此父母提议的旅行和治疗并不会给她带来痛苦。麦可唐纳（MacDonald）法官解释道：

> 在这种情况下，尤其是儿童感受不到痛苦，也不知道自己所处的危险情形时，这类案件就可以采用一个相对客观的患者最佳利益标准，即不受痛苦事实和感受的干扰。那么在寻找什么是客观的患者最佳利益时，就可以考虑儿童之外的涉及伦理、道德或宗教的附有较高价值判断的主观因素，比如，是否有用（从非医学角度考虑）、有尊严、有生命的意义，是否符合生命神圣原则。在一个多文化、多信仰的多元社会，这些因素对不同的人而言都有着不同的含义。[①]

有时我们不可能通过分析怎么做会给他们带来最多快乐、经受最少痛苦，决定什么是患者的最佳利益。诸如尊严和生命神圣等其他考虑因素也有很大影响。正如麦可唐纳法官所言，这些因素并不那么明显，而且对不同的人有不同的意义。麦可唐纳法官没有明确表示，基于以上考虑，所以就要采纳家属的观点。但他为这一判决给了另一个理由："让塔菲达接受维持生命治疗更符合她生活的宗教信条和文化。"[②]

值得注意的是，塔菲达家庭的宗教和文化并不是支持其父母意愿的直接理由。相反，这些因素用来推断：如果患儿有意思能力的话，她会怎么办？

> 如果问塔菲达她会怎么办，我相信，她不会立即拒绝继续活下去，尽管这种状态毫无生机，她处于最小意识状态。但她没有痛苦，在家人的关爱下生活。这符合她对珍贵生命的认识。她也愿意按着父母的宗教信仰

[①] para. 191.
[②] para. 182.

生活,并不会歧视残障生活。①

尽管如此,我们通常遇到的问题是:对于患儿的治疗,谁享有决定权?父母、法院还是医生?在讨论各种观点之前,有必要强调现行法律并没有将这一决定权赋予父母、医生或法院中的任一方。

父母:加德案已清楚说明,法院可以驳回父母的反对意见,同意提供治疗或撤除治疗,只要这符合儿童的最佳利益,但这并不意味着父母没有什么权利。医生不能在未得到父母同意的情况下为儿童提供治疗,除非他们获得了法院的许可。②

法院:医生提出实施治疗或撤除治疗的建议后,法院将最终决定是否同意,但认为法院是最终决定者,这极具误导性,因为法院不能要求医生提供医生不同意的治疗。所以,法院的权力有限,只能就医生所做建议做出同意或拒绝。

医生:如前所述,医生不能仅仅因为某项治疗符合儿童最佳利益,就径直开展治疗。除非处于紧急情况,否则他们需要父母或法院的同意。③ 只有在医生的建议符合儿童最佳利益时,法院才会作出同意的指令。

我们最好将这看作是三方参与的、微妙的权力制衡机制。④

改革派的学者主张,法院应顺从父母意愿,只有在父母意愿将给儿童带来"重大伤害"时才予以否决。⑤ 相对折中的观点是,如果父母提供了一个"可行的替代方案",那么就应遵从父母意愿。⑥ 一般情况下,我们允许父母对儿童的下列问题做出决定,包括宗教、教育、饮食等,除非这些决定会给儿童造成"重大伤害"。这样做的理由如下:第一,父母比其他人更了解自己的子女;第二,对于谁可以作为替代决策者,并没有统一的意见。比如,让首相决定儿童的睡觉时间或者儿童应该在什么样的宗教环境当中长大,可能没有人认为这是合适的。第三,社会的多样性是一件好事,所以让社会保持其文化多样性,就应允许不同的养育方式。

但是,在涉及治疗问题时,这些主张都没有说服力。在医疗问题上,有大家认可的专家——那些医务人员。通常情况下他们比父母更清楚怎么做对儿童更有帮助。尽管我们希望社会的信仰和文化更加多元,在健康问题上,我们也在追求多元

---

① Para. 168.
② *Glass v United Kingdom* (No. 61827/00) [2004] 1 FCR 553.
③ *Glass v United Kingdom* (No. 61827/00) [2004] 1 FCR 553.
④ Herring (2017).
⑤ Auckland and Goold (2019). 相关讨论也可参见 Birchley (2018)。
⑥ Bridgeman (2018).

文化，但我们更希望每个儿童都健康生活。

那些坚持"重大伤害"标准的支持者认为，至少对加德案这样生死攸关的案件而言，它并非一个简单的医疗案件，涉及的问题涵盖伦理、宗教、文化和家庭关系。在这些问题上，并不是"医生最清楚"。所以，尽管上述主张可以解释，在胳膊摔断时，应该由医生而不是父母决定，但在涉及生命末期的复杂案件中，采用这种模式并不合适。在这类案件中，我们应该综合考虑医生的专业意见和父母意愿。对于负有父母责任的父母而言，作为全身心（感情上和物质上）照顾子女的照顾者而言，作为和儿童生命深度捆绑并受最终决定深刻影响的个体而言，父母在这一问题上享有重要利益。正如布里奇曼[①]所言：

> 对自由法治理论下一个抽象自觉主体的权利而言，与其试着为一种强制治疗进行解释并表达公正，或以一种法律父爱主义的姿态否决这些权利，不如倾听一下患儿父母的意见、相互合作的医疗人员和律师的意见，进而确保儿童福利。如果我们可以听取各种"不同的声音"，那我们就可以从照顾责任的角度，对涉及儿童治疗的决定给出一个更有说服力的解释，而不仅仅通过自主权的表述方式予以解释。我们听到的意见可以帮助我们从模糊的儿童最佳利益标准出发，发展出一种适用于儿童医疗决定的关怀伦理学模式，帮助解释为什么有时候应违背他们的意愿，做出相反的医疗决定——因为我们关心他们。

采用这种方法可能意味着我们没有一个放之四海而皆准的规则：要么听父母的，要么听医生的。相反，解决方法依赖于父母关系本身。因为不管做出什么样的医疗决定，儿童和他的照顾者仍然会继续维持他们的关系，而且这些关系比任何抽象的法律权利更有价值。法院的角色应该是帮助医生和父母进行对话，发现新的信息，找出事实，鼓励双方调解。[②]只有在上述努力都失败的情况下，法院才做出最后的判决。布里奇曼[③]注意到，在加德案中，调解的解决方案十分渺茫，法律程序也并无太多助益。

> 医院决定不尝试进行核苷治疗，其理由是，用三个月的时间决定这项新治疗是否有效，让查理多使用三个月的呼吸机维持生命，这违背伦理。

---

① Bridgeman (2018).
② 参见 Huxtable (2018)。他认为建立一个专家委员会履行这一智能，这比法院更好。
③ Bridgeman (2018). 也可参见 Cave and Nottingham (2018)。

在查理 5 个月大的时候，法院结束了审判。查理没有得到他父母认为非常有帮助的治疗……冗长的法律程序给查理父母带来了痛苦，也让治疗查理的医护团队倍感压力。黑尔法官说，这让司法人员处于一个"让行动更加复杂化的境地，这并不符合查理的最佳利益"。

（2）父母希望停止治疗，但医生却不愿停止治疗。

在 Re B 案①中，一名叫作亚历山大的婴儿患有唐氏综合征和肠梗阻。肠梗阻可以通过手术治愈，如果她没有唐氏综合征，医生肯定就会实施手术。但是，这名婴儿的父母却不愿医生实施手术，只想让她自生自灭。上诉法院有意让法院担任这名女婴的监护人。接受该手术治疗符合这名女婴的最佳利益。很难说，在做完手术后，她的预后就一定会充满痛苦和折磨。在该案中，必须记住关键的一点，那就是如果这名婴儿的父母不愿意抚养患有唐氏综合征的子女，他们可以请求当地相关机构为这名女婴寻找愿意抚养她的寄养家庭或者收养人。

收入汇编的案例中也有极少数案件，患儿父母成功阻止了医疗团队的治疗行动方案。在 Re T 案②中，一名男孩被查出肝功能衰竭，医疗团队想让他接受肝脏移植，否则他就会死亡。这名男孩的父母成功地申请到一项指令，未经父母同意不得进行肝移植手术。该案中，起关键作用的有三个因素。第一，这名男孩的父母都是卫生行业专业人员，他们的观点显然是根据医学推理得出的。第二，这名男孩的父母此前不久刚刚移居国外就业，如果进行手术，势必要求他们放弃刚刚到手的工作回到英国。第三，上诉法院听取了医学证据，发现移植手术要想成功，父母必须全面参与漫长的术后恢复过程。巴特勒-斯洛斯法官解释说，在考虑做出何种指令有助于促进这名儿童的福祉之时，就前述申请而言，儿童与母亲是"一体的"。如果母亲不愿意参与肝移植的术后恢复过程，那么该手术取得成功的概率就要大打折扣。③不过，必须强调，该案属于例外情况。通常情况下法院都会采用医学专家的观点而不是父母的观点，哪怕父母的观点十分理性，且符合常理。④

在曼彻斯特大学医院国民医疗服务体系基金信托机构诉 M 案⑤中，法院同意医

---

① [1990] 3 All ER 927.
② [1997] 2 FCR 363.
③ 事实上，本案审结后，母亲改变了主意，同意接受治疗。
④ *Re MM* [2000] 1 FLR 224; *Re A (Conjoined Twins)* [2000] 4 All ER 961; *The NHS Trust v A* [2007] EWHC 1696 (Fam).
⑤ *Manchester University Hospital NHS Foundation Trust v M* [2019] EWHC 468 (Fam).

生对患儿继续进行治疗，没有同意父母要求停止治疗的请求。有意思的是，海顿法官特别重视以下事实："这个小女孩……展现出她想要与生活抗争的一面。"① 女孩还只有13个月大，我们是否可以推断她的观点也存疑。但这是跳越这类案件"医生对父母"的传统对抗思维的有趣尝试。

因此，在多数涉及严重失能儿童的疑难案件中，法院通常会遵从医生的意见。

拍案惊奇

希普曼医生案

2000年1月，哈罗德·希普曼医生被判谋杀了15名患者。此后珍妮特·史密斯女爵士（Dame Janet Smith）领导的调查组发现，事实上希普曼医生从1975年到1998年间共杀死了215人。② 此外，还有45例死亡疑似谋杀，但是无从证实，另有38例死亡由于信息过少，调查组无法得出相关结论。死在希普曼手上的受害人多数为健康的老年妇女。他在对这些老年妇女进行普通接诊时，对她们注射了由多种药物混合而成的致命针剂。现在还没有完全弄清他究竟为何要这样做。在判决希普曼犯有谋杀罪时，福布斯法官（Forbes）指出："你的受害人都不曾意识到，你的手并非回春之手。她们谁也不知道，事实上正是你导致了她们的死亡，一种在心怀仁爱的医生悲悯关注下出现的死亡。"③

该案有几点惊悚之处。在谢普曼行医的海德市，他被很多人视为当地最好的医生，广受人们尊重，事实上他却是英国历史上杀人最多的谋杀犯之一。此案向人们传递了多个方面的信息：这是否是医生傲慢品性的极端实例？只有从他的话语受到人们的高度尊崇，并且他自己肯定也自视甚高这一点才能解释为什么他能够犯下这么多桩罪行。这是否也彰显了支持安乐死的理由本身存在的危险：这种"有尊严地死去"是走火入魔了吗？或者，这就是一名特立独行的医生而已，从他身上并不能得出什么普遍适用的教训？

---

① Para. 40.
② J. Smith (2002).
③ 转引自 J. Smith (2002: 1)。

> 2004年1月13日，希普曼自杀身亡，这些问题的答案也就永远无从知晓了。
>
> 珍妮特·史密斯女爵士的调查呼吁改革死亡登记和火化证明，严格控制向医生提供药物，改进验尸官的培训，确保不再出现一个人夺去多人生命却不被他人怀疑的情形。①

4. 现有法律的矛盾

现行法律反对安乐死和协助自杀，有人认为这样的法律不合逻辑且没有理据。②他们主张，现行法律构建在两个无法自圆其说的区别之上：意图和预见的区别；作为和不作为的区别。下面，我们分别来探讨这两个区别。

4.1 意图与预见的区别

如上所述，意图和预见之间存在重大区别，不仅法律上如此，很多学者也都这么认为。③这种区别的依据是想要取得某个结果和认识到自己的行为可能会导致某个结果之间存在重大区别。④你或许能预见到如果自己饮酒过量，就会发生宿醉，但这不意味着你故意让自己出现宿醉；老师或许会预见到自己的讲座会让学生摸不着头脑，但这并不是说其有意而为之。一个人实施行为的意图远比在做出行为时预见的结果更能揭示他的性格。⑤例如，我们对一个在给他人钻牙并预见患者会疼痛的牙医的看法肯定和对一个钻牙就是为了让人痛苦的牙医的看法截然不同。多数支持意图和预见之间相区别的人还支持双重因果关系论。该理论认为，在某些情形下，即便

---

① J. Smith (2002).
② 参见 Williams (2007).
③ 双重因果关系论的定义请见前文。参见 Somerville (2003: Chap 1); Foster, Herring, Melham, and Hope (2011).
④ 参见 eg Keown (2002: Chap 2); Finnis (1991); 以及 Garcia (1997).
⑤ Maclean (1992: 90-4).

可以预见某个结果，它也不是行为得以实施的意图。① 不过，对于在某种结果是不可避免时是否可以依赖双重因果关系论，该学说的支持者之间存在一定争议。② 如果一个人明知自己的行为必然产生某个后果，那么还可以说该结果不是行为人实施行为的意图吗？基恩认为，即便该后果必然发生，只要它是行为的副作用，则就情有可原，不应算作意图。③ 但其他一些人则表示，只有在该副作用的出现概率是高度可能或者几乎不可能的情况下，才能使用双重因果关系论。④

双重因果关系论的另一个难题是就该理论多数成熟完善的版本而言，其并不仅限于意图和预见之间的区分。例如在基恩的建构中，必须证明存在"充分理由容忍出现该不良后果"。⑤ 但这一要求就需要做大量的工作以确保使用双重因果关系论可以产生适当的结果（例如使用致命剂量的止痛药来处理并不严重的病痛就不符合这一要求）。⑥ 额外增加这一要求表明，重要的不仅仅是某一结果究竟是有意为之还是事先预见。其可能也意味着，不管双重因果关系论在哲理上多么有吸引力，但该理论本质上并不清晰，也很难证明这是一个有用的法律原则。⑦

不过，也有不少人并不认可意图和预见之间的区别以及双重因果关系论。⑧ 沃诺克认为区分意图和预见"迂腐得可笑"。⑨哈里斯⑩也批评双重因果关系论过于依赖人们对问题的表达方式。他设想了一个场景：一群洞穴探险者困在洞穴里，脱身的唯一办法是移动一块巨石，但这么做的话就一定会导致一个人被砸死。你可以把这种情形描述为"意图打通脱身之路，同时预见到这样做会导致有人丧命"，或者"意图通过杀死一个人来打通脱身之路"。他主张，某个行为是否符合道德应取决于对该行为的总体评价，而不是行为人如何描述自己的行为。以上观点也可以这样表达：我们是以一个整体来接受行为后果。例如，我需要补牙，于是我就去看牙科医生。这种情况下可以说我有接受这种治疗的意图。诚然，我不愿经历补牙的痛苦，但是这种痛苦与之俱来，因此我接受这一"整体后果"，因为我判定，即便补牙治

---

① Riisfeldt（2019）.
② Huxtable（2004）探讨了这一概念的模糊之处。
③ Keown（2002）.
④ Cantor and Thomas Ⅲ（2000）.
⑤ Keown（2002：72）. 详见后文有关意图和预见及双重因果关系论的论述。
⑥ See Billings（2011）.
⑦ Foster, Herring, Melham, and Hope（2013）.
⑧ Price（1997b）. 关于这个概念的有趣讨论，参见 Gurnham（2007）.
⑨ Warnock（2001：39）.
⑩ Harris（1984：44）.

疗很疼，但从长远看对我是利大于弊。① 我不能说"我的意图是补牙，不是经受补牙的疼痛"，因为人生并非如此。

对于饮酒只是预见宿醉但不是为了宿醉的例子，哈里斯②回应说，即便我们承认这个人不是为了宿醉，他却依然要对宿醉负责。假如这个人由于宿醉第二天无法正常工作，那么我们仍有正当理由谴责他。他主张，在判定对绝症患者施用致命剂量的止痛药物是否正当时，关键问题不是看医生施用这种药物的目的，而是这个人是否该死。③ 较之医生的意图，下面这些问题肯定要重要得多：患者是否同意结束生命？④ 或者，医生的动机是什么？

想要强调意图和预见之间区别的人还面临一个可行性的难题。如果发现医生给患者注射了致命剂量的止痛药物，我们如何知道他的意图或者预见是什么呢？⑤ 按照现有强调意图的法律，只有愚蠢到承认自己是故意杀死患者的医生才会被起诉。⑥ 进一步讲，假如医生想要给患者使用大剂量的止痛药物，但先征求律师的意见，律师的意见是"你可以进行这个注射，但是请务必确保在注射的时候你不希望患者死亡，只希望缓解病痛"。这有意义吗？这一担忧也促使有人指出，无论双重因果关系论在伦理上有何优点，它并不能为医学实践提供任何指导。⑦

4.2 作为与不作为的区别

现行法律的第二个争议是主动安乐死和被动安乐死之间的区别，即医生的作为导致患者死亡的情形和医生的不作为导致患者死亡的情形。⑧ 戈夫勋爵在布兰德案中对现行法律做了如下概括。

> 医生对患者施药导致患者死亡属于违法行为，哪怕此举是出于结束患者痛苦这一人道主义意愿，也无论患者的痛苦多么剧烈……这样做就等于越过了楚河汉界——一边是救死扶伤，另一边则是安乐死，即主动行动导

---

① Shaw（2002）总结了对双重因果关系论的批评。
② Harris（1995b）.
③ Harris（1995b）.
④ Davies（1988）认为，谋杀和安乐死的区别与强奸和做爱的区别一样："受害者"是否同意。
⑤ Wilkinson（2000）.
⑥ Griffiths（2007）.
⑦ Foster, Herring, Melham, and Hope（2011）.
⑧ 参见 Miller、Truog、Brock（2010）的讨论，以及 Coggon（2008）和 McLachlan（2008, 2009）。

致患者死亡，以避免患者受苦或结束患者的痛苦。安乐死在普通法中不合法。①

这种说法反映了一个普遍观点：不伤害他人的责任要高于帮助他人的责任。②

这种区别也可以从因果论中得到支持。不作为不会导致死亡，导致死亡的是患者的疾病。不作为或许是死亡的必要条件，但不是充分条件。相比之下，作为却可以代替疾病，对患者死亡承担全部责任。③菲利帕·福特（Philippa Foot）提出了以下问题：我们让第三世界民众死于饥饿的罪责和假设我们通过向他们供应有毒食物杀死他们的罪责是否一样？作为和不作为之间肯定存在重大区别。这种"常识性"直觉似乎已经成了在这一领域工作的许多卫生保健人员的共识。一项针对英国医务工作者的调查表明，75%的人承认划分主动安乐死和被动安乐死在道德上具有重要意义。④但是，无论人们认为这种区别在实务层面的证明和解释中有多大作用，它在哲学家群体中却不怎么受欢迎。⑤例如，马斯迪尔（Mustill）勋爵就对作为和不作为的区分颇不以为然，并且他还担心，在布兰德案后，法律"在道德上和知识上扭曲变形了"："既然有法律，我们就必须接受法律现状。"⑥医学伦理学的两位领军人物，比彻姆和丘卓斯声称："剥夺他人生命和放任别人死亡之间的区别存在模棱两可、在道德上混沌不清的问题。对剥夺他人生命的表述混乱得一塌糊涂，因果关系上、法律上、道德上皆如此，这样的表述对协助死亡的讨论几乎毫无助益。"⑦具体来说，在这方面存在下列忧虑。

首先，可以说这种区别导致了不合逻辑的结果。正如戈夫勋爵在布兰德案中所承认的那样：

> 假如医生有权通过终止治疗让患者死亡，那为什么注射致命针剂直接让他摆脱痛苦不合法？这不是比让患者在病痛中煎熬至死更人道一些吗？

---

① [1993] 1 All ER 821, 867. See *Quill v Vacco* (1997) 117 S Ct 2293 一案中，大多数法官认为，协助自杀和撤掉生命维持系统的区别非常重要（2298）。

② Foot (1976).

③ Stauch (2000). 此外，Asscher (2008) 认为，在这种语境下，责任比区分作为与不作为更重要。

④ Coulson (1996).

⑤ 支持将人杀死与让人死亡之间的区别的观点，参见 Callahan (1993) 和 Kamm (1998) 的文章。

⑥ [1993] 1 All ER 821, at 885.

⑦ Beauchamp and Childress (2009: 31).

但是法律却不允许安乐死,即便是患者在痛苦不堪中煎熬也不行,因为一旦承认安乐死在这些情形下是合法的,那么就很难找到什么逻辑依据可以在其他情形下认定安乐死违法。①

在这方面格外值得一提的是持续深度镇静。② 持续深度镇静是指使用止痛药对患者进行镇静,使他们处于类似昏迷的状态中,然后就可以撤除营养支持和水化治疗,随后患者就会死亡。这样一来,医疗团队可以主张患者的死亡是由不作为(未能提供营养支持和水化治疗)而不是作为所致。但有人可能主张,这不过是利用作为和不作为之间的区别规避法律,达到使患者死亡的目的。③

就连安乐死的部分反对者也对区分作为和不作为的做法持批评态度。在基恩④看来,一味关注作为和不作为的区别回避了医生是否有意导致患者死亡这一关键问题。他主张,如果医生确实有致人死亡的故意,那这就是错的。医生是通过作为还是不作为的方式导致患者死亡不过是杀人方法的一些细枝末节,在道德上不应有任何分量。⑤ 尽管可能有人会问:医生让患者解除痛苦的做法到底是故意杀人还是帮患者从有负担的治疗中解脱?⑥

其次,有时候很难判断某一行为究竟是作为还是不作为。关掉别人的生命维持机究竟算是作为还是不作为?⑦纽伯格勋爵在尼克林森案⑧中似乎对这一问题感到非常纠结,他说,"认为撤除机器是一种不作为,这种观点必然带有可以理解的不安。"对于这一点,威廉姆斯做了如下阐述:⑨

> 这就出现了一个问题:关上呼吸机究竟是杀人行为,还是属于顺其自然的决定?常识告诉我们,是后者。假设呼吸机必须在医生摇动手柄的情形下才能运作,那么如果医生停止转动手柄,就可视为他不过是在挽救患者生命方面开始不作为了。换一种假设,假如呼吸机是电动的,但是被人为关闭了,那么这就属于不作为。将呼吸机解释为可以连续工作,需要人

---

① [1993] AllER 821, 831.
② Smith Ⅱ (2013) 对此有非常精彩的讨论。
③ 更多讨论,参见 Raho and Miceinesi (2015), Raus (2011) 和 Bressington (2011)。
④ Keown (2002: 14).
⑤ Bennett (1966).
⑥ McGee (2011).
⑦ Leng (1982).
⑧ R (on the application of Nicklinson) v Ministry of Justice [2014] UKSC 38 at [225].
⑨ Williams (1978: 237).

为关闭，这并不会在道德上带来任何变化。关闭呼吸机并不是为杀死患者而采取的积极行动，而是决定不再竭力挽救患者的生命。

有学者认为，区分作为与不作为的困难表明，调整医生所做决定的道德原则不应关注不给予治疗和撤回治疗之间的区别，而应关注医生应对患者承担哪些责任。当我们将关闭呼吸机（这被视为不作为）和关闭体内设备（例如心脏起搏器）（这被视为作为）进行对比时，这一难题的难度就更高。当我们面对 LVAD（左心室辅助装置机械心脏泵）这样一种部分在体内、部分在体外的设备时，又该如何是好呢？[1]

再次，有人提出，不作为不会导致任何结果。从逻辑上讲，没有行为就不会导致什么事情发生。其他人则反驳说，我们经常会说不作为导致了某个结果。学生考试不及格，因为他学习不够努力。[2]就身患重病的患者而言，顺其自然（即不作为）和采取一种打断自然进程的行为之间难道没有区别吗？[3]如学者所言，撤除治疗"导致死亡的后果，这和同意维持治疗构成根本区别"。[4]因此，从结果上讲，撤除治疗和维持治疗存在根本不同。[5]但霍尔曼法官明确表示了反对：

> 维持使用人工呼吸机的决定和撤除或停止使用人工呼吸机的决定并无法律上的区别，也无伦理上的区别。任何一种决定都不涉及杀死儿童。这并没有杀死儿童。儿童的死亡是自然结果，或者说是他身体疾病的结果。[6]

关于作为与不作为之间区别的哲学讨论很大一部分是围绕詹姆斯·雷切尔斯（James Rachels）所提出的一个假设展开的：[7]

> 假设史密斯六岁的表弟发生任何不测，他就能获得大笔遗产。一天晚上，当表弟正在洗澡时，史密斯偷偷溜进浴室，溺死了他，并制造假象，让整件事情看上去像是一场意外。后来无人知道内情，于是史密斯拿到了那笔遗产。

---

[1] Kraemer (2011); Sulmasy and Courtois (2019); Huddle (2019); Hester and Swota (2019).
[2] Garrard and Wilkinson (2005: 66).
[3] McGee (2005).
[4] Miller and Truog (2012).
[5] 详细讨论参见 Wollard (2015).
[6] *Central Manchester University Hospitals NHS Foundation Trust v A* [2015] EWHC 2828 (Fam).
[7] Rachels (1986: 112).

假设琼斯的堂弟也发生不测的话,琼斯也能得到大笔遗产。跟史密斯一样,琼斯也偷偷来到浴室,想要趁堂弟洗澡时把他溺死。可是当琼斯进入浴室时,他看到堂弟滑到了,然后撞到了自己的头,脸朝下倒在了水中。琼斯喜出望外,他站在一旁,准备在必要时把堂弟的头按到水里。但完全没有这个必要,堂弟只是扑腾了几下,然后就"意外地"自己淹死了,因为琼斯只是袖手旁观,什么都没有做。没有任何人知情,于是琼斯拿到了遗产。

雷切尔斯认为,在上述场景中,史密斯和琼斯之间没有任何区别,这说明作为和不作为之间在道义上没有任何区别。他承认,一般情形下,不作为不应受到谴责,但这是由于不作为通常情况下是由于意外或者疏忽导致,而作为很少是这样的。①一个人从另一个快要淹死在河里的人身边经过却没有施以援手,通常情况下他并没有想要这个人去死的意图;但是如果一个人把另一人推到河里,他就有这样的意图。雷切尔斯指出,自己提出这个假设旨在表明,史密斯和琼斯都有杀人的主观意图。既然二者在主观意图上没有区别,那么他们的行为在道德上也就没有区别。他还指出,故意饿死一个孩子是杀死他的最残忍的手段之一,尽管这样做属于不作为。

内斯比特(Nesbitt)巧妙地对雷切尔斯的观点进行了有力回击。② 他主张,自己宁可活在一个当他遇到困难时别人不愿出手相助的世界里,也不愿活在一个人们会主动杀死他的世界里。他认为,如果对雷切尔斯的假设场景稍做修改,假设琼斯没有准备在必要时将他表弟的头按到水里去(即他只想通过不作为的方式杀死这个孩子),琼斯和史密斯之间就有明显的区别。这说明作为和不作为之间有重大差别。库泽对此回应道,假如她死亡的过程非常痛苦,那么她宁肯让别人采取行动来杀死她,也不愿别人袖手旁观。她认为,问题在于杀死他人是否是好事,而不在于这一行为属于作为还是不作为。③要紧的是结果,而不是结果是怎样产生的。对雷切尔斯所设定的场景还有另一种回应:该场景中的两个案例是不同的,因为可供史密斯和琼斯选择的选项范围存在差别,即便他们二人行为的最终结果一样。二者的区别在于:琼斯要想避免对方死亡的最终结果,唯一能做的就是出手施救;而对史密斯而言,要想避免这一结果,只要他不溺死这个孩子就可以了。由于二者当时可选的选

---

① Tooley (1980) 认为,作为比不作为更可能导致严重伤害,也更可能危害整个社会。
② Nesbitt (1995).
③ Kuhse (1998);Kuhse and Singer (2001).

项不同，因而其行为的道德性质也就有所不同。①

　　明确区分作为和不作为的做法存在很多问题。不过，尽管存在这些哲学困惑，很多人认为这一区分仍提供了一个有用的指南。②对于那些停止对患者进行治疗的医生而言，这种区分表明他们并未杀死患者，从而给这些医生带来了慰藉，③与此同时这一区分还保住了滑坡效应的观点。虽然可以说这种区分并不符合逻辑，但是它符合多数人的直觉。④麦考尔·史密斯（McCall Smith）认为，尽管这种区分面临许多理论困难，它依然为很多人提供了思考和行动的依据。⑤抛开那些难以区分作为与不作为的案例不说，很少有案例中杀人是合理的（出于自卫的目的可能除外），而一般情形下"任凭他人死去"则是法律许可的（对于未能确保其他国家挨饿的人不会死亡一事，我们没有责任）。所以，从广义上讲，这种区分还是有益的。⑥的确，安德鲁·麦基和罗伯特·特鲁戈对区分让其死亡和杀人做了非常有力的辩护：

　　　　那么，哪些作为属于让人死亡呢？其要求是，当死亡尚未完全控制局面时，这样的行为不会导致死亡。因为我没有引发一种状况，即如果没有（持续的）干预，这种状况就会导致死亡，所以，我就没有造成死亡的结果。因为我可以采取干预措施阻止死亡的结果，因此足以导致死亡的状况必须单独出现，并能够引发相关后果（除非我进行了干预）。这种充分的因果条件只能通过我的干预得以阻止，而且一旦我停止阻止，就将继续发挥效果。⑦

5. 安乐死的伦理问题

　　在本部分，我们将先从安乐死的伦理问题引发的争论讲起，然后转向协助自杀与终止治疗的问题。正是在关于安乐死的争论中，许多伦理问题都凸显出来。

---

① Mohindra (2009: 293).
② Glover (1977: 186-8).
③ Gillon (1999a).
④ Gillett (1988).
⑤ McCall Smith (1999). Kamisar (1998: 34) 借助"深度需要"来区分将人杀死与让人死亡。
⑥ McLachlan (2017).
⑦ McGee and Truog (2019: 34).

5.1 争议的核心问题

在详细探讨有关安乐死的争论前,应简要了解一下关于安乐死的两种极端观点。

5.1.1 支持安乐死

支持安乐死的人认为,没有什么比缓慢延宕、痛苦不堪、毫无尊严的死亡更令人感到难过了。可能会以这种方式死去的人有权自行选择死亡的时间和方式。我们生活在一个强调自主权的时代,我们有权决定自己的生活方式。将杀死一位急于求死的人定性为非法就是在剥夺这个人做出自己人生中最重要也最私密的决定的权利。有些人或许会以道德为由反对安乐死,但是他们不应将自己的观点强加给别人。安乐死属于个人选择问题。

5.1.2 反对安乐死

反对安乐死的人认为,准许一个人杀死另一个人严重违反了生命神圣性这项至关重要的道德原则。安乐死合法化动摇了众生皆平等这一原则。支持安乐死的前提是认为有些生命不配活下去。这不啻暗示着有些生命的价值高于其他生命,这种观点令人深恶痛绝。此外,禁止安乐死法律的任何松动都会严重影响弱势群体,因为这样一来他们就会轻而易举地在他人操纵下同意接受安乐死。

5.2 概念定义

在探讨支持和反对安乐死的各种理由前,有必要对某些概念进行定义和区分。想要了解安乐死的任何人都会面临的一个困难是人们对于很多重要术语各执己见。这就导致人们因为对诸如"安乐死"以及"生命的神圣性"等术语存在不同理解而发生争执。下文对若干术语的定义和区分不可避免地无法得到所有人认同,但是笔者仍将尽力采用得到更多人接受的版本。

5.2.1 自愿/无意愿/非自愿安乐死

对涉及这一主题的很多著述而言,区分以下术语至关重要。

(1) 自愿安乐死:经患者请求,导致患者死亡的行为。

(2) 无意愿安乐死：在未经患者同意或者反对（即患者没有表示同意或者反对的能力）的情况下导致患者死亡的行为。

(3) 非自愿安乐死：有意思能力的患者没有明确同意死亡，但被夺去了生命。

很少有人能接受非自愿安乐死的合理性。有学者甚至主张应该直截了当地把非自愿安乐死定性为谋杀，而不是美其名曰"安乐死"。[①]

5.2.2 主动/被动的自愿安乐死

根据英格兰和威尔士的法律，由于作为导致患者死亡的情形与由于不作为导致患者死亡的情形存在重大区别，[②]有人认为，医生故意给患者注射致死剂量的药物和医生决定不给患者实施可以救命的手术或者终止提供维持生命的治疗区别明显。有人甚至提出，只有他人的作为导致患者死亡的情形才算得上安乐死。如下所述，还有人主张，如果故意导致他人死亡，那么作为和不作为在道德上并无区别，对二者应当一视同仁。[③]在他们眼中，重要的不在于一个人是通过作为还是不作为杀死另一个人，而在于他是在何种情形下杀死他人或者他杀人的意图是什么。[④]

5.2.3 意图/预见和双重因果关系论

有人认为，只有行为人故意杀死患者的情形才算得上安乐死。例如，如果医生向患者提供止痛药来缓解患者痛苦，那么尽管医生知道这种药物在减轻病痛的同时也会导致患者死亡，这种情形依然算不上安乐死，因为医生并无杀死患者的主观意图。[⑤]其他评论人士则拒绝将意图和预见区别开来，并主张如果医生预见到他所进行的治疗会导致患者死亡，那么这就等同于意图。

上述观点的支持者中，很多人也支持双重因果关系学说。[⑥]这种学说的核心主张是，在某些情形之下，如果某人为了结果 A 之目的做出某种行为，但是预见到自己的行动可能导致结果 B，那么应认为其想造成的是结果 A。[⑦]对这一主张的确切含义

---

① Biggs（2001：12）.

② Garrard and Wilkinson（2005）提供了一个有用的讨论。

③ Miller, Truog and Brock（2010）.

④ 关于这些观点的有益讨论。参见：Dworkin, Frey, and Bok（1998）；Kamm（1998）；and Brock（1992）.

⑤ Keown（2002：Chap 2）.

⑥ 参见 Foster 等（2011）对这一学说有不同的解释，认为其只有一种解释，将是危险的。

⑦ 参见 McGee（2013a）.

还存在争议。基恩的解释版本引用了四项原则。只要符合这四项原则,就准许做出带来不良后果的行为:

(1) 该行为本身并非坏事;

(2) 不良后果并非达成良好后果的手段;

(3) 已经预见到不良后果,但并非故意为之;以及

(4) 有充分理由容忍出现该不良后果。①

该学说的支持者依据这一理论,声称如果医生为减轻患者痛苦给他们服用止痛药,尽管他们预见到该药具有导致患者死亡的效果,但也不能说该医生有杀死患者的故意。

5.2.4 合乎情理的安乐死/情有可原的安乐死

有关安乐死的另一种区分是合乎情理的安乐死和情有可原的安乐死。这一区别的内容如下:②

(1) 所谓合乎情理是指导致他人死亡是法律准许的或者甚至于在道德上是正确的;

(2) 所谓情有可原是指杀死他人是法律不准许的,但是杀人者并不应受到指责。

安乐死的支持者认为,有些情形下,有充分理由主张杀死他人合乎情理。而反对者则不接受上述主张。不过,有些反对安乐死的人也同意,一些情形下,杀死他人情有可原。例如,某人由于照顾患病的配偶,已经不堪重负,后来在配偶的请求下将其杀死。尽管反对安乐死的人主张,在这种情况下杀死他人是不对的,但或许还是得承认,鉴于杀人者此前饱受精神压力的折磨,因而杀人者的行为情有可原。

5.2.5 生命神圣性/活力论/生命质量

关于安乐死的很多争论的核心是生命神圣性原则。但可惜的是,关于该原则的确切含义存在相当大的分歧。显然,法官和学者使用这一原则时,其含义大相径庭。③因此,有必要区别活力论原则、生命神圣原则和生命质量原则。④

---

① Keown (2002:20). 另请参见 Gormally (1995)。
② 实际上,这些概念比这里概括的内容更加复杂[参见 Herring (2010c:Chap 12)]。
③ Keown (1999:253)认为,在世界范围内,对生命神圣性原则的尊重已经崩溃。
④ Keown (2002:43 and 2006c:109)强调了这一区别的重要性。

(1) 活力论原则。① 该原则认为，人的生命拥有绝对道德价值。在任何情况下杀死他人都不是合乎情理的。医生应当采取一切合理措施维系患者生命。所以，医生不得采取任何致使患者死亡的行为，或者医生必须采取合理措施维系患者生命。

(2) 生命神圣性原则。这一原则也认为人的生命是一种根本性的、基础性的美好事物。该原则指出，无论是通过作为还是不作为的方式，人们都不应故意杀死他人。生命神圣性原则主张珍视生命本身的美好。这一美好性独立存在，不受身体是否残疾或者失能的影响。克雷格·佩特森（Craig Paterson）认为："无论何时，无论何地，无论人们有何动机或产生什么后果，故意杀死无辜的人都不对。"② 不过，可以从两个方面区分生命神圣性原则与活力论原则：

第一，生命神圣性原则承认，如果实施缩短患者生命的行为人并不具有杀死患者的主观意图，那么这一行为具有合理性。该原则反对的是故意杀人，因此，该原则肯定支持双重因果关系论。

第二，该原则认为，如果治疗根本没有希望能给患者带来任何益处，那就可以准许以此为由终止治疗。不过，该原则却不支持以患者的生命不值得活下去为由停止治疗。③ 所以，该原则也就不会同意活力论原则关于应当不惜一切代价保护生命的主张。

(3) 生命质量原则。依照这一原则，开展相关工作的基本途径是对患者的生活是否值得继续进行评估。该原则主张，某些生命不值得继续活下去，终止这样的生命也就无可厚非。对于生命神圣性原则的支持者提出的生命本身就是美好的这种主张，该原则不予接受。相反，该原则主张，生命的美好源于经历、体验和人际交往。如果已经无法继续体验人生，也无法维系与他人的人际交往，这样的生活就失去了其美好性。生命质量原则的支持者非常看重患者对自己生命价值的自我评估。

5.2.6 自主原则

自主原则是很多自由派政治思想的根基，本书第一章和第四章对此有过详细探讨。对安乐死的多数支持者而言，最重要的伦理概念莫过于自主原则了。简言之，

---

① 活力论，又名生机论、生命论，是关于生命本质的一种唯心主义学说。该观点认为生物体内有一种特殊的生命"活力"，它控制、规定了生物全部的生命活动和特性，不受自然规律的支配，这也是生物体区别于非生物体的关键。——译者注

② Paterson (2008: 181).

③ Keown (2002: 43).

这一原则准许人们按照自己的意愿生活,只要他们的选择不会给他人造成恶劣影响。与之相对,在很多人看来,家长主义作风,也即政府或者其他人指示我们应该如何生活,不可接受。①

5.2.7 普通治疗/特殊治疗

有学者认为,医生有义务向患者提供的普通治疗与医生并没有义务提供的特殊治疗之间存在根本区别。在这一论争背后,是对医生应当尽多大努力来延缓患者死亡或者延长患者生命的争议。出于维护患者尊严的需要,进行这样的区分颇有道理:为了挽救患者生命,就为患者尝试一切可使用的手段,这将损害患者尊严。②

此外,将治疗区分为普通治疗和特殊治疗的另一个理由是,这是合理分配卫生资源的需要。将大量卫生资源花费在挽救一个成功概率微乎其微的患者生命的治疗上,这绝非明智之举。

有学者认为,这一区分固然有用,但是"普通"和"特殊"这两个词并不能提供多大帮助。区分的关键不在于相应治疗是否常用,而在于该治疗与患者病情是否相称或者是否对患者有益。杰拉德·凯利(Gerald Kelly)曾经说过一番经常被引用的话:

> 普通手段是指一切符合合理预期、对患者有益,且无须消耗过多费用、带来过度痛苦或者造成过多其他不便的情况下即可获得的药物、治疗和手术。特殊手段则指,只有在消耗过多费用、带来过度痛苦或者造成过多其他不便的情况下才能获得或者使用的药物、治疗和手术,或者即便使用,其也不能提供符合合理预期的收益。③

这一解读表明,特殊治疗与普通治疗之间的区分也不过是对治疗的利弊进行权衡,这样的话,使用别的术语或许更好一些。

5.2.8 治疗和基础护理的区别

有学者主张,医学治疗与基础护理之间存在重大区别。④他们认为,停止对患者

---

① 有关在这种情形下对患者意思能力检验标准的建议,参见 Stewart Peisah and Draper (2011)。这一建议篇幅冗长,但这也说明这一问题的困难程度之大。
② *Ms D v An NHS Trust Hospital* [2005] EWHC 2439 (Fam).
③ Kelly (1951: 551).
④ Anscombe (1981).

进行治疗或许合法，但是停止为患者提供诸如喂食或者清洗等基础护理服务，则绝不允许。他们的理由是，拒绝提供基础护理不仅有损患者尊严，而且不人道。因此，尽管患者有权拒绝接受治疗，但他无权拒绝接受基础护理服务。

5.3 自主权

5.3.1 选择死亡时间和方式的权利

如上所述，自主权指应当允许人们按照个人意愿生活，并对自己的身体享有控制权。个人关于如何生活的决定理应得到尊重，哪怕他人觉得这些决定愚不可及。① 之所以要尊重他人的决定，不是因为该决定属于一个明智的选择，而在于这是他们的选择。② 不尊重他人的观点是对他们最大的不尊重。③

对于诸如何时死亡这类高度私密的问题而言，这种尊重尤为重要。德沃金曾经写道："强令一个人按照别人赞同、他本人却认为与自己生活理念格格不入的方式死去，这是一种惨绝人寰、令人发指的暴行。"④ 对于什么才算是善终，人们见仁见智。或者是竭力活得越久越好，或者是在生命变得毫无尊严或充满痛苦之前就逝去。⑤ 每个人都应有选择自己死亡方式的自由，如果该方式需要他人帮助，那么帮助者应当有按照对方的要求行事且不必担心因此受到刑事起诉的自由。安乐死的支持者们声称，那些反对安乐死的人其实是试图将自己的伦理观念或者宗教信仰强加在他人头上。⑥ 约瑟夫·拉兹（Joseph Raz）就曾建议，给予人们死亡上的自主权有助于个人在生命上实现自主权。

> 毫无疑问，掌控自己的死亡有助于自我的构建，有助于构建个人生命的形态和意义。那些对自己的死亡进行思考、计划和做决定的人会认为死亡是他们生命的一部分。如果他们把自己的死很好地融入了自己的生命，那么，他们就丰富了自己的生命。

---

① Seale and Addington-Hall（1994）讨论了为何人们希望以某种特定方式死亡。
② Pedain（2003：203）.
③ Harris（1995）.
④ Dworkin（1993：217）.
⑤ Logue（1996）讨论了"善终"的社会学意义。
⑥ 参见 Williams（2005）and Dworkin 等（1998：431）.

掌控自己的死亡可以改变个人对生命的认识，减少自我感觉陌生的地方，或者说让人感到无助和恐惧的地方。这种改变可以让人对自我的认知找到一些新的角度，借此帮助自我远离负面认知，更真实的感受自我和自己的生活。[①]

德沃金认为，在死亡方面，尊重主体意愿格外重要。他将选择区分为两种：关键利益和体验利益。[②] 体验利益指在那些我们发自内心喜欢的事物之中所具有的利益，例如享用某些食物等。而关键利益则是指那些在我们看来使我们得以成为自己的事物中的一部分，例如，人的宗教信仰或者道德理念。关键利益得到尊重，这一点尤为重要。[③]他主张，对多数人而言，死亡方式与关键利益有关（他们的死亡方式应当"忠实于"自己的生活方式）。因此，尊重他们的意愿至关重要。[④] 并非所有支持自主权的人都认同德沃金的分析，因为这一分析似乎为某些人大开方便之门，他们可以对另外一个想要结束自己生命的人说："我知道你现在在说不想活了，但是你活下去才更符合你的人生信念（你的关键利益）。"[⑤]凯特·格里斯利[⑥]也曾质疑，对大多数人而言，死亡方式真的属于关键利益吗？通常情况下，人们并不认为一个人的死亡方式能够反映他的人生信念。

5.3.2 对自主权主张的挑战

安乐死的反对者往往采用以下四种理由反驳以自主权为由支持安乐死的观点：① 他们承认自主权是一项重要原则但同时主张除此之外还有其他重要利益，需要与自主权放在一起权衡；② 就安乐死而言，根本不可能有把握地确定当事人确实是自愿做出的选择；③ 他们主张不能以自主权为由做出导致死亡的行为；④ 安乐死是个人自主权的主张过于强调自由，可能会在不可接受安乐死的情形下为实施安乐死提供借口。下面，我们分别对这四种理由进行探讨。

---

① Raz（2012：12）. 也可参见 Davis（2013），该文作者主张人们之所以会选择自杀，是因为他们担心在此之后就无法控制自己的死亡。
② Dworkin（1998）.
③ 因此，达沃金对布兰德案中的分析思路提出了批评，该案主审法官过于关注托尼·布兰德不能感受到发生了什么，而没有考虑他的死亡是否符合他的价值观（他的关键利益），Dworkin（1998）.
④ 更多讨论参见 Grubb（1997）.
⑤ Harris（1995）.
⑥ Greasley（2010）.

5.3.3　自主权和其他利益

首先，有人主张，在价值位阶上，有高于自主原则的其他原则或价值观。这样的原则或者价值观到底是什么呢？可能有三种：

(1) 患者选择死亡的权利必须与社会整体利益相权衡。死亡不是个人私事，它对他人和社会整体都会产生影响。不过，允许安乐死可能给患者家属或者整个社会带来什么伤害，很难准确评估。患者家属显然会深感悲痛，但是这种悲痛与眼睁睁地看着患者缓慢而痛苦地死去相比，又如何呢？除此之外，是否还有其他因素？英国议会上议院特别委员会（The House of Lords Select Committee）①认为：

> 我们承认，在某些个案中，安乐死在有些人看来是适当的。然而，个案尚不足以构成一项政策的合理基础，尤其对一项会产生如此严重和广泛影响的政策而言，更是如此。此外，死亡并非仅仅是个人私事。一个人的死亡会影响到其他人的生活，并且产生影响的方式和程度往往无法预知。我们认为，在安乐死这一问题上，不能将个人利益与社会整体利益分开。②

(2) 必须将死亡权与围绕不愿意死亡的患者会在他人压力下表示愿意死亡的担忧相权衡。③换言之，宁肯要一个拒绝赋予某些人按个人意愿结束生命的自主权的法律体系，也不能要一个可能致使某些人在安乐死的幌子下被人夺去生命的法律体系。从本质上讲，这种主张与后文所述的"滑坡效应"有关。④ 如下所述，围绕着自愿安乐死被准许后，是否可能构建若干机制来确保非自愿安乐死不会被批准这一问题存在激烈争论。即使这是有可能的，森普申勋爵在尼克林森案中还提出了"间接社会压力"的问题：

> 这就提到了下列情形带来的一些问题：许多老年人或有严重疾病、需要依赖他人的人常常贬低自我，他们总是认为，周遭人都对自己抱持负面感受。大多数因为健康原因想要自杀的人很可能认为他们的疾病让他们不得不依赖他人。他们对这点非常敏感。这些依赖状态可能是因为他们的疾病或损伤引起的，或者因为年老带来的身体机能下降（更多人属于后者）。

---

① 在 The House of Lords Select Committee (1993) 中，基恩曾讨论过这一问题。参见 Keown (2002: Chap 16)。
② The House of Lords Select Committee (1993: para 237).
③ Mak, Elwyn, and Finlay (2003).
④ 参见本章后文有关滑坡理论的论述。

在这种状态下的人非常脆弱。他们常常担心自己给别人带来负担。这种担心可能是上述压力的结果，但也可能是因为他们趋向于低估自己生命的价值，并且认为别人就是这么想的。这种自己无用的感受很可能在那些曾高度活跃并且与身边人联系紧密的人身上特别明显。对他们来说，这种过去与现在的强烈对比让人痛苦异常。上述推论可能并不符合每个人的情形，但同样具有很强的说服力。随着老年人和病入膏肓的群体逐渐认可协助自杀，可能接下来就会有协助自杀合法化的立法。如果自杀也被看成是结束生命的一个选项，那么前文我提及的这些压力很可能就更大。评估个人的心智能力是一回事，挖掘个人做出决定的真实原因并评估这些决定是另一回事。我怀疑，在一般情况下，我们很难区分那些自己有自杀想法的人和那些因为真实压力或个人臆想的压力认为自己给他人增加了负担而有了自杀想法的人。

（3）存在一种与自主权势均力敌的道德责任或价值。① 这种观点认为，反对以自主权为由支持安乐死，不是因为需要保护他人或者特定社会成员的利益，而是法律应当维护某些基本道德原则，例如生命神圣性原则（稍后会对此进行探讨），哪怕此举会侵犯社会成员个体的自主权。因此，这种反对理由主张，反对安乐死并非因为安乐死造成了什么具体的伤害，而是因为它损害了社会的道德基础，因此，有理由干涉人们在这方面的自主权。

玛丽·尼尔②提出，自主权不是我们需要重视的唯一价值。她写道：

> 重视自主权，甚至不惜以个人生命为代价，在我看来，这是让自主权挣脱了伦理的束缚，走上了邪路。在个人评价的整体机制中，自主权只是其中一个考虑因素。（患者的）自主权值得尊重的唯一原因是我们重视（患者）个体。自主权的价值相较个体生命只能排在第二位，我们绝不能沉迷于此。

按照她的观点，重视一个人意味着不一定要遵从他的自主决定。对于那些想要自杀的人，他们的伴侣急切地寻找医学帮助，他们难道不重视自己的伴侣吗？他们不就是认识到，与这些人的自杀意愿相比，世间还有更多值得重视的吗？

---

① Keown（2002: Chap 5）.
② Neal（2017）.

5.3.4 自主权和选择的可能性

另一种反对自主权的理由是人们不可能在完全知情的情形下做出结束自己生命的自主选择。结束自己生命的决定极为严肃而且不可逆,因此我们应对做出这种决定的人的意思能力设定最高标准。有学者认为,任何遭受濒临死亡的痛苦与煎熬的人都不可能具有同意安乐死的意思能力。① 失能或有"不治之症"的患者往往要么并未意识到止痛药物的有效性,要么不知道自己的病有其他康复治疗方法,因而他们也就无法做出正确明智的决定。② 确实有证据表明,很多人之所以要求结束自己的生命是因为患有抑郁症,③ 在向他们提供了治疗抑郁症的药物后,要求安乐死的人数也就随之减少[根据皇家精神科医学院(Royal College of Psychiatrists)的一份报告,减少比例可达99%]。④ 华盛顿大学一个一流科研团队的研究表明,自杀群体中90%的人都能诊断出心理障碍。⑤ 不应忘记的是,观察一般的自杀企图,走上法庭的案件非常罕见。大多数自杀案件的当事人都被精神障碍和绝望情绪所困扰,那么这些自杀的决定就不是深思熟虑后做出的决定。⑥ 还有证据表明,绝症患者关于是否要求他人协助自己结束生命的态度经常发生变化。⑦ 因此,今天遵从某人结束自己生命的意愿,到了明天就可能与其意愿相悖。欧洲理事会议会法律事务与人权委员会(Committee on Legal Affairs and Human Rights)⑧ 在审议了这方面的证据之后表示:

> 从事姑息治疗⑨的医务人员曾强调,患者求死的愿望十分脆弱。从他们的经验来看,如果症状控制良好或者进行心理干预,这种意愿会迅速发

---

① Gordijn, Crul, and Zylicz (2002).
② Coleman and Drake (2002) and Woods (2002). van der Maas, van Delden, and Pijnenborg (1991) 他们的研究发现,在提供了另一种缓解疼痛的治疗方式后,请求死亡的患者中不到1/3仍坚持自己的死亡意愿。
③ Miller (2015).
④ Royal College of Psychiatrists (2006: 3). See also Blank 等 (2001).
⑤ Mental Health Reporting (2013).
⑥ Herring (2013d).
⑦ Chochinov 等(1999)指出,在晚期癌症的老年患者人群中,生存意志高度不稳定。Max、Elwyn 和 Finlay (2003)指出,想死的决定可能源于各种复杂的压力和假定,需要仔细"分析"。
⑧ European Parliamentary Assembly, Committee on Legal Affairs and Human Rights (2003: para I).
⑨ 一种不以治愈为目的,而以缓解症状,减轻患者痛苦为主的疗法。——译者注

生变化。因此，顺从患者安乐死以及在医生协助下自杀的请求（此类请求极为少见）存在不可低估的危险。

这一观点存在一个问题，那就是即便是最有说服力的情况下，该推理依然可能让我们得出结论：多数人在濒死的时候缺乏相应意思能力，但要推定每个人都缺乏相应意思能力，这就很难令人信服了。①

5.3.5 自主权能证明结束生命的决定具有正当性吗？

有学者主张，将自主原则用在死亡方面颇具讽刺意味，因为死亡恰恰就是从最根本上失去选择的能力。换言之，我们鼓励自主权是为了让人们得以按照自己的意愿生活，并在人生中成功进取。②相比之下，安乐死不能促进人的发展，相反，它要终止当事人的存在。因此，以自主权作为安乐死的理由行不通。凯特·格里斯利注意到，就连自主权的支持者也普遍不支持同意成为奴隶的这种自主权，她提出：

> 死亡意味着一切美好选择的结束，因为它意味着全部选择都不复存在，就这么简单（如此看来，死亡和自主之间的矛盾似乎比奴役与自主之间的矛盾还要突出。可以想见，奴隶至少还保留有若干选项，尽管这些选项乏善可陈）。因此，很难看出帮助他人结束生命与尊重其个人自主权之间有何相通之处，哪怕我们这样做只是遵从他的意愿。③

亚历山大·麦考尔·史密斯（Alexander McCall Smith）④曾经告诫人们不要认为拥有自主权就一定是好事。他指出，自主权固然是好事，因为它使我们得以按照个人意愿与他人互动并开拓自己的人生。但值得注意的是，如果有人想要卖身为奴，我们就不会遵从他们的意愿。这部分是因为以这种方式行使自主权损害了我们珍视的自主权所体现的价值观。⑤批评者或许会反驳道，这种做法忽视了以下事实：很多人认为自己的死亡方式是自己生命的一个重要组成部分。善终是个人生命的完美落幕，这也符合个体一直以来所秉承的、决定个人人生轨迹的价值观。如此看来，善终就是"美好生活"的一个合理层面。

---

① 关于意思能力的更多讨论，参见 Gorsuch（2000）。
② Gormally（1995）.
③ Greasley（2010：303）.
④ McCall Smith（1997）.
⑤ Singer（2003）. 辛格认为，没有实施奴隶制的原因是不得不使用的令人生厌的执法机制。

5.3.6 自主权和条件限制

第四种反对以自主权为由支持安乐死的理由是，多数支持安乐死的人并不认为所有求死的人都应得偿所愿。例如，德沃金就指出，有资格申请安乐死的人应当仅限于那些预计六个月内就会死去的人。① 一个因为失恋而感到生无可恋的小伙子跑到医院，要求他人帮他结束自己的生命。对此，支持安乐死的人士中很少会有人表示赞同。② 但是既然以自主权为指路明灯，那为何在这个例子中又不肯赞同呢？无论我们认为小伙子的这个选择是对还是错，我们都应尊重他的选择。③ 对此，批评者指出，虽说这一争论的核心是自主原则，事实却是支持安乐死的人只有在要求安乐死的人的决定是合理的情况下才会尊重该人的意愿。换言之，他们支持的是那些不值得活下去的人要求安乐死的意愿。④ 对于此类主张，德沃金做了如下回应："我们大家或许不妨这样说——我们的说法可能是错的，但我们真的不妨猜一猜——如果那位十几岁的小情郎再活上两年，或许哪怕是再活上两个星期，他都会非常庆幸自己当初没有自寻短见。"⑤ 但或许有人认为这种主张可能会破坏自主权的基础，因为自主权就是让人们自主做出决定，不允许他人越俎代庖地断定自己真正想要什么。⑥

上文虚构的那个为情所困的少年无疑也给某些支持安乐死的人出了一些难题。不过，这件事也给反对安乐死的人带来了一个问题。多数反对安乐死的人支持以下原则：如果有意思能力的人拒绝接受治疗，那他们的这种意愿理应得到尊重。但是，为什么在拒绝接受治疗的时候以自主权为重，而在患者要求他人主动采取措施加速自己死亡时却不这样了呢？⑦ 这一疑问引发了以下问题：在何种程度上，可以合情合理地将作为与不作为区分开来。不过，正如我们将要看到的那样，很多哲学家都发现厘清这一区分并非易事。⑧

---

① Dworkin (1998: 1151).
② Frileux 等 (2003) 发现，一般公众认为，请求安乐死患者的年纪越大，病情越严重，患者痛苦程度越深，安乐死就更合适。
③ Ackernman (1998) 提出了这一观点。
④ Gormally (1997).
⑤ Dworkin (1998: 1151).
⑥ Brassington (2008) 认为，一般民众也有权进行安乐死，即使他们未患绝症，也未遭受极度痛苦。
⑦ Eg Keown (2002: Chap 5).
⑧ McGee (2011) 曾大胆尝试论证这种区别的正当性。

5.3.7　自主权与生命末期的自由

凯文·尤伊尔（Kevin Yuill）提出，将安乐死或协助自杀合法化会削弱自主权，因为，想要寻求协助自杀的人会接受一个意思能力的专家评估。[1]那就意味着医生可以"将我们的最私密的想法变成他们的殖民领地，并影响那些曾经是我们最私密的决定。"[2] 他的担心是：

> 将协助自杀合法化会将自杀变成一个医疗选择。一个本应有着深刻意义、人类行为中最具人性光辉的行为就丧失了其意义。那个"在，或者不在"的深刻追问就从一个道德问题变成了医学问题。[3]

尤伊尔的建议是进一步降低对致命性药物的管制，这样已经下定决心的人可以自杀。批评者认为，这种建议是不负责任的，因为自杀和心理障碍之间存在关联。[4]

5.4　生命的神圣性：是关键原则还是宗教式的故弄玄虚？

对很多安乐死的反对者而言，围绕安乐死产生的种种问题的核心是生命神圣性原则。我们的社会应当高度珍视每位社会成员的生命，不容许有人故意摧毁他人的生命，哪怕这样做是当事人的意愿。支持这一原则的人主张，一旦背离了该原则，势必认为某些生命不如其他生命重要，因而不值得继续活下去。与之相反，生命神圣性原则对所有人的生命一视同仁，并强调杀死他人属于弥天大罪。[5]英国上议院医学伦理特别委员会（House of Lords Select Committee on Medical Ethics）[6]曾经得出结论：严禁故意杀人是"法律与社会关系的基石"。[7]

威尔逊勋爵在尼克林森案[8]中主张，这个原则已经"深深嵌入每个活着的人的心里，是普通法和国际人权法的核心，也是最重要的伦理原则。"

---

① Yuill (2012).
② Yuill (2012: 9).
③ Yuill (2012: 48).
④ Herring (2014).
⑤ Linacre Centre (1994).
⑥ House of Lords Select Committee on Medical Ethics (1993).
⑦ See also Special Committee of the Canadian Senate (1995).
⑧ *R (on the application of Nicklinson) v Ministry of Justice* [2014] UKSC 38 at [199].

那些从宗教角度落笔的人格外支持生命神圣性原则。这些人的出发点往往是这样一个原则：每个人都是上帝按照自己的形象创造的，在上帝眼中同样宝贵。[①]不过，这一原则也得到了那些无神论者的支持，他们被这一原则秉持的所有人的生命同等宝贵的理念所吸引，认为每个人都有深刻内在价值的主张有助于解释为什么我们每个人都有平等的价值。萨默维尔（Somerville）[②]就大为推崇"世俗神圣性"，提倡尊重生与死的神秘性——这一点无论是对宗教人士还是非宗教人士均有重要意义。她还强调"人类本能就能意识到人与人、人与世界乃至于我们所处的宇宙的相关性或者关联性"[③]（这就意味着每个人的生命对整个社会而言都是有价值的）。在"正当其时"之际准许死亡发生是承认生与死的神秘性的一部分。[④]她承认这一切听上去颇为含糊，但她依然坚称这并不影响下述事实，即在如此长的时期内有这么多人认为前述理念是正确的。埃米莉·杰克逊则不赞同这一观点[⑤]，她声称从世俗角度根本无法理解生命神圣性原则，该原则只有在宗教价值观的基础上才说得通。有鉴于此，她认为这一原则在世俗法律中不具有任何意义。

反对生命神圣性原则的人普遍承认生命非常宝贵，但是，对于所有生命因为是生命就必须得到珍视的观点则不予接受。[⑥]换言之，支持安乐死的人往往认为，当一个人的生命因为痛苦不堪、尊严尽失而变得一团糟之际，生命的特殊价值也就随之丧失。例如，雷切尔斯[⑦]就认为，生活和活着并不相同。经年累月地用生命维持设备维系生命，而且他或者她的症状根本没有任何好转的希望，这不是在尊重宝贵的生命，而是在贬损宝贵的生命。支持者认为，生命的神圣性并非取决于活着这一事实，而是取决于过一种值得拥有的生活。[⑧]这就是为什么我们认为一个人在年富力强、青春年少时逝去是一个悲剧，但对一个停止与外部世界互动达数月之久的人而言，死亡其实是一种福气。[⑨]

[①] 有宗教信仰的医生比没有宗教信仰的医生更可能反对安乐死，相关证据参见 Cohen 等（2008）。

[②] Sommerville (2001).

[③] Sommerville (2002: 654).

[④] Sommerville (2001: xiv).

[⑤] Jackson (2008b). Contrast Wicks (2009) 后者认为，从世俗观点理解生命的神圣性并不矛盾。

[⑥] Harris (1984) and Glover (1977).

[⑦] Rachels (1986).

[⑧] Harris (1995a).

[⑨] Warnock (1992).

罗纳德·德沃金在探讨一位阿尔茨海默病患者的状况时表示，这样的人：

> 已经失去相应能力，无法具有赋予生命价值的行为，也不具备赋予生命价值的情感。价值无法从外部灌注到生命之中，必须由生命的拥有者自己产生，而这对于这类人而言已经不可能了。①

罗纳德·德沃金认为，一个人生命的价值在于利用自己的生命实现人生成就，并认真地生活。因此，一旦一个人在临近生命的终点时遭受巨大的痛苦，并且如果在他看来，自己的生命已然失去了价值，那么这个人的生命就不具有特别的价值，因而也就不再受生命神圣性原则的保护。

现在，我们可以明确指出生命神圣性原则的支持者和反对者之间的区别：

（1）支持生命神圣性的人主张生命自身就是宝贵的。即便一个人陷入昏迷，失去了对外部世界的意识，而且也没有朋友或者亲人关心他，但既然他是一个人，他的生命就是宝贵的。如果不接受这一观点，势必导致人们认为残疾人的生命价值低于其他人的生命价值。② 菲尼斯声称：

> 人的生命就是人身的具体存在。维系人的肉体生命——无论处于何种受损的状态——就是在维系拥有这一生命的人。选择拒绝侵犯该人生命，就是以最根本、最必不可少的方式尊重这个人。③

换言之，生命本身就是宝贵的。如果只是以人的经历为由珍视生命，那就是对存在采取一种二元主义的观点，将心灵和肉体截然分开。④我们不能像对待过了"最迟销售日期"的货物一样对待人类。⑤

（2）反对生命神圣性的人强调，生命之所以宝贵，在于人们用自己的生命所做的事情。赋予生命意义的是人们的经历体验、与他人建立的关系以及活动。如果一个人没有任何体验（或者只有充满痛苦的体验），也无法与他人建立任何关系，那他就失去了生命的美好。⑥针对陷于持续性植物状态的人，哈里斯提出："（陷入持续植物状态的人）是一具活着的尸体（从某种程度上讲，就像一个人被诊断为脑死亡但依然在使用生命维持系统时一样——它还具有体温，血液仍在循环等），但是它

---

① Dworkin（1993：230）.
② Ramsay（1978）.
③ Finnis（1995b：32）.
④ Finnis（1993）.
⑤ Sommerville（2001：xix）.
⑥ Glover（1977）.

不成其为活人的身体。"①

生命神圣性原则得到了司法机关的首肯。例如，奇夫利的戈夫勋爵在布兰德案中谈道：

> 根本的原则是生命神圣性原则——这项原则不仅早已为我们的社会所承认，也早已为多数（即便不是全部）现代文明社会所承认……不过，尽管这一原则是根本性原则，它却并不是绝对的。②

但现在，法官倾向于强调生命神圣性原则并不具有绝对价值。典型的例子是贝克法官在 AB 案中在谈及一个持续植物状态的人时所做的评价：

> AB 没有意识。他只是活着，也没有恢复意识的希望。法院认同生命神圣性原则的重要性……但其并不是一个绝对原则，不能在治疗没有希望时，仍给医生强加一个提供治疗的义务。③

就像上诉法院法官彼得·杰克逊在 PW 案④中所言：

> 在一个社会中，认真对待珍贵的生命是对的，但我们活着的终极目的并不是不考虑痛苦和尊严，只想着尽可能长寿。即便有人将疾病和死亡看作一场战斗，有时候，"战士"的真正标志是要有认可治疗无效的勇气。

不过，约翰·基恩指出，戈夫勋爵错误地将生命神圣性理解成了活力论。⑤

生命神圣性原则的支持者面临诸多难题：

(1) 很多支持生命神圣性的人支持当前法律所持的立场：患者有权拒绝接受维持生命的治疗，但这可能导致死亡。对此，支持生命神圣性的人进行了区分：导致死亡的作为（这种作为违反了生命神圣性原则）以及导致死亡的不作为（并不违反生命神圣性原则）。不过，作为与不作为之间的区别是否清晰到足以为此类重要区分提供充分理由，尚有争论。

---

① Harris (1995b: 42). 另请参见 McMahan (2002)。
② *Airedale NHS v Bland* [1993] AC 789, [1993] 1 All ER 821, at 864. See also Lord Bingham of Cornhill in *R (Amin) v Secretary of State for the Home Department* [2003] 3 WLR 1169, 1185, para 30; Lord Donaldson MR in *Re J (A Minor) (Wardship: Medical Treatment)* [1990] 3 All ER 930, at 938.
③ *Gloucestershire Clinical Commissioning Group v AB* [2014] EWCOP 49.
④ *PW v Chelsea and Westminster Hospital NHS Foundation Trust* [2018] EWCA Civ 1067, para. 93.
⑤ Keown (2002).

（2）多数支持生命神圣性的人承认，一个人在自我防卫时可以杀死另一个人。这就承认了生命神圣性原则并非没有例外，也即存在与生命神圣性相左的价值观，可以为故意杀死他人提供正当理由。① 既然如此，为什么生命神圣性的支持者偏偏不愿考虑可为安乐死提供合理理由的其他情形呢？比如，社会珍视某个行将死亡、痛苦不堪的人的生命，但是持续不断的痛苦为终止他的生命提供了合理理由，这种观点有什么错吗？②

（3）生命神圣性的支持者表示，准许安乐死势必就要承认，有些人的生命不值得活下去。这种观点也会遇到挑战。麦科米克③指出，完全有理由主张每一个人都应得到相同的珍视，但每一条生命则并非如此。不过对别人说"我们珍视您，但不珍视您的生命"，在某些人看来，是自相矛盾的。

（4）哈里斯④指出，生命神圣性原则的多数支持者相信人类的生命是珍贵的，而且比其他动物的生命更加宝贵。他还指出，将人类与其他动物区别开来的唯一因素是意识和进行互动的能力。但当个体失去这两点时，反对安乐死的人也无法解释为何丧失这两点并非生命的终结。

罗纳德·德沃金⑤曾经提出这样一种论点：无论是安乐死的支持者还是反对者，实际上都尊重生命的神圣性，只不过他们强调的是神圣性的不同方面。他指出，支持生命神圣性的人不会将重病患者的死亡视为和青年人英年早逝同等的悲剧；无独有偶，反对生命神圣性的人也不会支持对健康状况良好的人实施安乐死。

对于这样一个明显的矛盾，他的解释是，生命的价值体现在三个方面：主观性（对生命拥有者本身而言）、工具性（生命为社会和其他人带来了有用的东西），以及非工具性，或曰内在性（就像美妙绝伦的画作一样，生命本身就是宝贵的⑥）。至于生命的内在价值，他主张这源自"神圣性的两个既相互结合又彼此交叉的根基：自然创造与人类创造"。⑦ 他所说的自然是指人类生命是自然创造的最高级产品，是上帝或人类进化这一创造过程取得的最伟大的成就。因此，生命就像一件伟大的艺术品。他所说的人类创造则着眼于付之于人的生命中的人为努力：父母、照护人

---

① McMahan (2002).
② Stauch and Wheat (2004: 669).
③ McCormick (1998).
④ Harris (1995b). 争论仍在哈里斯和菲尼斯之间继续。Harris (1995) 和 Finnis (1995c)。
⑤ Dworkin (1993).
⑥ 这里指人们珍惜一幅伟大的画作本身，不仅仅是因为它让看到它的人感到快乐。
⑦ Dworkin (1993: 83).

员、朋友的努力，但归根结底还是本人的努力。有鉴于此，德沃金指出，我们认为十几岁的少年的死亡是对人类投资的浪费，因而是一场悲剧，但对于一个在充分度过自己生命之后的死亡，我们却不这么认为。对安乐死采取保守态度的人与对安乐死持自由放任态度的人之间的区别取决于他们对自然创造和人类投入这两者所赋予的分量不同。那些强调自然创造的人往往反对安乐死，那些强调人类投入的人则倾向于支持安乐死。不过，德沃金的观点是，多数人承认，从这两个方面来讲，生命都是神圣的，龃龉之处在于对神圣性的哪种理解应当优先考虑。①

5.5 尊严

许多安乐死的支持者往往从保护濒死者尊严的角度立论。②在 Re O 案③中，对于这个只有最小意识状态的患者，海顿法官说：

> 当生命已经没有实质内容，或者当这个原则已经不再完整，或已经严重损害了患者的其他重要利益，比如本案中的患者尊严时，法院就不应再坚持追求尊重生命原则。

以尊严为依据的观点认为，当一个人即将死亡之际，他逐渐失去了对生理和心理机能的控制，无助感和对他人的依赖感不断增加。在一项调查中，多数受访者声称，比死亡更糟糕的是自己身体状况持续恶化，导致亲人不得不忍受长期照料之苦。④ 令人感到屈辱的不仅仅是因为自己无法自理，更是因为无法关心和照顾别人。让一个人有尊严地死去，让他在沦落到连最基本的日常生活也要依赖他人之前死去，这理应是人们有权做出的选择。

批评者指出，尊严这一概念在法律上几乎没有什么明确定义。⑤ 纵然认为安乐死对死者而言是有尊严的，但是安乐死尊重了那些不得不实施安乐死的人或者整个社会了吗？

对尊严论持批评态度的人往往还会强调姑息治疗的益处。他们认为，姑息治疗

---

① 对德沃金观点的质疑，参见 Harris (1995a) 和 Holland (2003: 61-3)。
② Biggs (2001). 相反观点参见 Foster (2011)。
③ *Re O* [2016] EWCOP 24.
④ Pearlman 等 (1993)。
⑤ Holm (2016)、Horn 和 Kerasidou (2016)，以及 Sulmasy (2017)、Schroeder (2008) 建议，这一概念有四种不同含义。

能够带来比安乐死更有尊严的善终。① 不过，安乐死的支持者则主张，应由当事人自行判定姑息治疗是否给他们带来了除死亡之外的替代选择。② 还有一些人将有尊严的死亡界定为理想化的社会构想。③ 通常情况下，死亡总是令人难受、充满痛苦的，想要假装死亡并非如此，并要求医务人员提供一个没有痛苦的死亡，这是对死亡真相的彻底否认。

5.6 公众意见："让大家来决定"

有人声称，就如今的社会舆论而言，大多数人都承认应当准许安乐死。不过，类似这种民意调查并不准确，因为对调查问题的措辞稍加变动，就会带来令人吃惊的不同结果。④

社会舆论

- 英国态度调查（the British Attitudes Survey）发现，80%的受访者表示，对于患有无法治愈、痛苦不堪且最终必然导致死亡的疾病的患者，如果患者请求，法律应当"明确"准许或者"理应"准许医生终止他们的生命，但是如果该疾病并未严重到致人死亡的程度，就只有45%的人同意准许医生这样做。⑤ 该调查发现，那些宗教信徒反对安乐死的概率远远高于世俗人员。
- 2015年的胡杨调查（Populus poll）⑥ 发现，82%的公众支持福尔克纳（Falconer）勋爵提出的协助死亡法案，让那些处于绝症末期、有心智能力的人可以合法地选择协助死亡。

多项对社会大众以及特定专业人群所做的民意调查表明，一般公众中，安乐死合法化得到了绝大多数人的支持，但在某些职业群体中，仍然有相当多的人反对。

---

① Seale 和 Addington-Hall（1994）对这一观点提出了质疑。
② House of Lords Select Committee（2005：7）.
③ Nuland（1993：xvi）.
④ House of Lords Select Committee on Medical Ethics（1994）.
⑤ Park（2007）.
⑥ Dignity in Dying（2015）.

不过，对于这些调查结果，应当更加谨慎。调查中提问的方式以及公众对于调查问卷中术语的理解情况都会影响最终的调查结果。①

5.7 医患关系

安乐死的反对者声称，如果可以安乐死，就势必动摇医患关系，并破坏医生治病救人的整体形象。②值得注意的是，在瑞士（该国准许在某些情形下实施协助他人自杀），整个安乐死的过程由私人诊所安排，医生在其中所起的作用微乎其微。③希波克拉底宣言④中声称"我不得将危害药品给予他人，并不做此项之指导，虽然人请求亦必不与之"。世界医学协会也重申了其坚定立场：安乐死有悖于良好医学实践的基本原则。⑤卡普伦在分析这些机构担忧的根源时，对此做了生动的描述：

> 我可不想无奈地思忖，进入我病房的医生究竟是身着白衣……一心只想缓解我的痛苦、恢复我的健康的救死扶伤者，还是一个戴着黑头套的刽子手。⑥

因此，有人指出，如果患者知道医生可以杀死患者，这肯定会破坏居于医患关系核心地位的相互信任关系。试想，向一名可能正在想"最好给你打一针致命针剂"的医生寻医问药，是多么恐怖！⑦

支持者会反驳，恰恰相反，准许安乐死会使者以一种更坦诚的方式与医生交流，因而会在医患之间创建一种更加开放、平等的关系。⑧现行法律很可能传递的是不鼓励患者与医生讨论自己想要结束生命的意愿，因为有人担心，这会将医生置于进退维谷的困境。但是话又说回来，如果安乐死合法了，这是否会导致患者由于担心医生会逼迫他们考虑安乐死，从而妨碍他们与医生讨论自己的病痛呢？我们应记住一点：现在，只要是出于缓解病痛而不是为了杀人的目的，医生就可以开出致

---

① Hagelin 等（2004）。
② BMA（2009c）；Kass（1998）。
③ Zeigler（2009）；Hurst and Mauron（2017）。
④ Mason 和 Laurie（2006）对此做了重新阐述。
⑤ English 等（2001）。
⑥ Quoted in BMA（2004：144）。
⑦ Kass（1998）；另请参见 Finnis（1998b）。
⑧ Baumrin（1998）认为保留两千五百年尊重生命神圣性的传统，这是保持公众对医疗界信心的关键。

命剂量的药物。可以说，现行法律允许医生这么做，但是这一事实似乎并未动摇医患之间的信任。

5.8 死亡的责任

哈德维希（Hardwig）曾在一篇颇具争议的文章中指出①，甚至可以说人们负有死亡的责任。他主张，不得不承认，当人们身患绝症、时日无多时，自己就成了亲友的负担。②亲人照顾老年人的负担可能不堪承受，会对照顾者的家庭生活、就业机会和财务状况造成毁灭性的影响。他指出："认为自己的亲人必须忍受我的生老病死带来的一切负担，就是把他们变成了实现自己福祉的手段。这样做是不道德的。"③

这里应强调的是，哈德维希所说的是道义义务，不是法律义务。前不久，他的这一观点得到了沃诺克女男爵的支持。报道称，沃诺克声称阿尔茨海默病患者有死亡的责任，她说道："如果你患有阿尔茨海默病，你就是在浪费你家人的生命，而且也在浪费国民医疗服务体系的资源。"④ 也有人认为这种歧视残疾人的观点非蠢即坏。

这种认为死亡是一种责任的观点或许忽略了一点：给家人和社会增加负担其实是日常生活的一部分。养育子女、照顾朋友和伴侣都会给人带来负担，但是这些负担不一定是坏事。照顾他人本来就是人生的一种乐趣与成就。只可惜，我们的社会在支持并促进这种关爱照顾关系、促使人们珍爱这种关系方面所做的实在是太少了。⑤乔尔比驳斥了哈德维希的观点：如果一个人确有死亡的责任，那他的亲人就必定有权杀死他。既然我们不承认承担照料责任的人有权杀死被照顾者，我们也不能接受存在死亡的责任。⑥

丹尼尔·卡拉汉提出了一个略为不同但同样具有争议的观点。⑦ 他主张，一旦我们完成了人生的任务，我们就应接受自然死亡。他的观点是，人们认为英年早逝是个可怕的悲剧，而一个年届八旬的人死去或许令人悲伤，但谈不上浪费生命。我

---

① Hardwig (1997).
② Wilson, Curran, and McPherson (2005).
③ Hardwig (1997: 35).
④ Warnock (2001: 8).
⑤ Warnock (2001) 不赞同个人有义务为自己结束痛苦的观点。
⑥ Cholbi (2009).
⑦ Callahan (1983).

们必须接受的是，当一个人到了某个年龄之后，他就已经"够本儿了"，不应大动干戈地采用医学干预来延长他的生命。卡拉汉并非鼓吹安乐死，而是主张对到了人生暮年的人不要采取干预措施。①

5.9 滑坡效应：何处才是尽头？

滑坡效应指即便准许 A 在道德上可以接受，依然不应准许 A，因为准许 A 就会导致 B，而 B 在道德上是不可接受的。②具体到本书的语境中，如果准许自愿安乐死，势必导致非自愿安乐死或无意愿安乐死。③当然，任何许可自愿安乐死的法域很可能会通过相应程序确保只有在患者同意的情况下才会实施安乐死。问题是，这样的程序是否有效？④正如彭尼·刘易斯所言，从滑坡效应角度提出的观点要想站住脚，就必须证明，将自愿安乐死或者协助自杀合法化势必导致滑坡效应。此外，还需要证明，导致人们接受非自愿安乐死的并非其他社会力量。⑤

基恩认为，滑坡效应的观点可以从两方面论证：⑥

（1）从逻辑上讲，一旦准许自愿安乐死，就找不到正当理由反对非自愿安乐死，因此准许安乐死势必导致非自愿安乐死。

（2）从实践上讲，通过相应程序确保不发生非自愿安乐死是不可能的。的确，考察已经放开自愿安乐死的国家的情况，批评者称有证据表明非自愿安乐死的情况确有发生。

首先从逻辑上讲，基恩主张安乐死的支持者可谓进退维谷。如果他们承认自主权是最重要的，他们就应准许完全健康但想要死亡的人接受安乐死。可是，他指出，安乐死的支持者中鲜有人会乐见对失恋的青少年实施安乐死。⑦但是，如果只有在要求安乐死的人的决定是"理性的"情况下（例如他身患绝症，遭受剧痛）才准

---

① 详见 den Hartogh（2018）。
② 滑坡效应的详细阐述，参见 Lamb（1988）and Walton（1992）。
③ Keown（2002）以一本书的篇幅，用"滑坡效应"论证对安乐死的反对。斯密斯对此做了详细回应。Smith（2005a and b）。
④ Dworkin、Frey 和 Bok（1998）以及 Dworkin（1998）认为，在论证滑坡效应时，证明责任在支持者一方。因为他们必须证明不遵从患者希望他人帮助自己死亡的自主决定存在合理理由。
⑤ Lewis（2007a）。
⑥ Keown（2002）。
⑦ 有学者认为，遭受痛苦不是准许安乐死的前提条件，参见 Varelius（2007）。

许安乐死,那这就意味着我们必须判定这个人还是死了更好。① 一旦我们在处理涉及无相应能力的患者时也准备采用这种评估方式,那么我们势必承认,在某些情形下(符合患者最佳利益时),应该准许对患者实施安乐死。这一论点的逻辑遭到了利勒哈默尔(Lillehammer)的否定。② 他表示,认为只有在有意思能力的患者要求安乐死并且患者患有不治之症的情况下安乐死才是合乎情理的这种观点,完全站得住脚。③这两项要求可以视为"单独看是必要条件,合在一起则为充分条件"。④正如杰拉德·德沃金所言:"这就是为什么这种观点叫作自愿安乐死——自愿表明这是患者的选择,安乐死则表明这种死亡是'好事'。"⑤但是,这就留下了一个悬而未决的问题:在何时死亡才称其为"好事"?安乐死的多数支持者能接受的是,在患者遭受剧痛想要结束生命时,死亡就是"好事"。不过,倘若患者只是厌倦了生活,又当如何呢?⑥就像托尼·尼克林森先生那样被困在疾病中,这种病又不是绝症,但他认为这非常痛苦。⑦

安乐死的支持者称,安乐死不是在一个人的生命没有了价值时,而是在生命对该人而言失去了价值时才是合情合理的。⑧有人声称,如此说来,那就可以主张,对于那些无法表达自己观点的人而言,我们不能(以安乐死的名义)夺去其生命,因为我们无从知道他如何看待自己生命的价值,尽管在这种情形下,我们依然可以采用布兰德案⑨中的"患者最佳利益"这一分析模式。

下面是在实务背景下对滑坡效应的分析,结论是:无论采用何种保障措施,都无法有效确保只有在患者主动要求时才实行安乐死。巴廷(Battin)指出,在一个允许安乐死的法律制度下,有可能发生以下三种滥用安乐死的情形:⑩

(1)通过人际关系滥用。一个人可能会在他人的怂恿或者施压下同意他人杀死自己。这既可以是明目张胆地施压,也可以是通过间接手段施压。

---

① 参见 Yuill (2013),文章认为,这是对自主权观点的致命缺陷。
② Lillehammer (2002).
③ Smith (2005a) 指出,荷兰修订了法律,允许自愿安乐死,但这并未改变荷兰人对非自愿安乐死的态度。
④ Lillehammer (2002: 548).
⑤ Dworkin (1998: 10).
⑥ 参见 Huxtable and Möller (2007) 对这一问题的讨论。
⑦ Varelius (2016).
⑧ Harris (1992).
⑨ Airedale NHS Trust v Bland [1993] 1 All ER 821.
⑩ 尽管 Battin (1992) 认为,可以针对这些忧虑采取相应措施。

(2) 遭到医疗人员滥用。医生可能由于不愿在那些价格昂贵、耗费时间的手术上浪费时间而撺掇患者同意接受安乐死。比如,自觉不自觉地夸大未来患者的病痛。有人甚至担心,医生们为了掩盖自己在医疗中犯的错误,可能会怂恿患者接受安乐死。医生会试图操纵患者,让他们接受安乐死,这种想法表面看来或许有些匪夷所思,但要找出医生非法杀死患者(而且为数不少)的实例并非难事。①

(3) 被机构滥用。医疗和法律机构本身也可能鼓励人们安乐死并说服患者,让他们同意他人杀死自己。

为了弄清上述情形究竟是确有真凭实据的担忧,还是只是危言耸听,我们将对以下三法域的制度进行探讨②。在荷兰、比利时和美国的俄勒冈州,它们都改革了传统制度,认定安乐死和协助自杀合法。③ 不难想见,安乐死的支持者会主张,这些法域的实践表明,可以建立切实有效的防护措施,确保不会出现上述滥用情形,而安乐死的反对者则认为,这三法域的司法实践更强化了他们的担忧。④

纽伯格勋爵在尼克林森案⑤中对域外制度做了一个深思熟虑的总结:

> 《福尔克纳报告》得到了两份加拿大专家组报告的支持。该报告的确指出,荷兰、美国俄勒冈州和瑞士允许在特定条件下协助自杀,但没有滥用这一法律的证据。但是,负面的证据往往很难获得。考虑到只有少数法域认可协助自杀合法化,而且合法的时间也不长,因此,收集信息的时空范围有限。而且国家不同,可能存在的潜在问题也不同。换言之,这些证据只能说明,由此证明安乐死合法化没有风险的结论并不充分。最多只能说,福尔克纳委员会和加拿大专家组没有找到法律被滥用的证据。

---

① Kinnell (2000) 认为,将谢普曼医生看作一个特例是不对的。他提出了一个有争议的主张,医疗行业吸引着那些喜欢掌控生死大权的人。
② 尽管还有一些其他法域允许协助他人自杀或安乐死,比如,澳大利亚北领地,该地区颁布了 1995 年《绝症病人权利法》。有关法国情况的讨论,参见 Lewis (2006)。
③ 还有一些国家也允许协助自杀或安乐死,例如澳大利亚北领地 1995 年通过了《绝症患者权利法》。
④ 有学者在理论上支持安乐死,但非常担心荷兰在实施该法中遇到的困难。参见 Gillon (1999b)。
⑤ R (on the application of Nicklinson) v Ministry of Justice [2014] UKSC 38 at [88].

对这些国家的制度及其实践情况的全面调查会占据本书大量篇幅，但这里我们可以说一下出现的一些有趣情况。①

对安乐死合法化后的实践仍有大量争论。争论的问题包括：在那些法域，协助自杀群体是否出现了增长，或者之前都不用登记的这些群体现在是否都要公开登记。② 实际上，支持者主张，由于法律正式认可了协助自杀，因此，患者得到了更好的保护，因为这一领域现在已经有法可依了。

担心道德滑坡的安乐死的反对者会举出比利时法律逐步自由化的后果。③ 2014年，比利时认可安乐死合法的法律开始适用于未成年人。④不出所料，这也只能在极其有限的情形下才能实施，即患者的病症必须是因事故或疾病导致无法治愈的身体疾病，而且没有减轻症状的治疗措施；预计患儿很快就会死亡；父母（或取得授权的代理人）必须做了同意，而且儿童也有做决定的意思能力。比利时也因此成为第一个允许在儿童身上实施安乐死的国家。⑤一些人认为这种制度发展并没有问题。如果儿童正在遭受极度的痛苦，难道不应按照成年人的方式，给予他们获得安乐死的权利吗？即使儿童没有能力做出同意，我们也可以按照家庭法中的一般方法，允许父母代表他们做出同意。但是，许多人担心儿童不能做出关于死亡的自主决定。他们可能不像成人那样拥有足够的智识能力、抗压能力或者社会支持网络。⑥

此外，比利时的安乐死制度中还有其他一些有争议的问题。

---

① Lemmens and Kurz（2016）对比利时的制度运行情况给出了一个负面评价。但在 Carter v Canada [2015] 1 SCR 331 案中，法院认为，这些法域的经验说明可以许可安乐死。在第四版的书中，作者介绍了荷兰、比利时、美国俄勒冈州的制度及早前的实践情况，但在新版中出于篇幅考虑删除了这些内容。为方便国内读者了解这些域外制度，译者将其放在了后文的附件中。——译者注

② Van Assche, Raus, Vanderhaegen and Sterckz（2018）；Raus（2017）；Keown（2006b）；Devolder（2016）；Materstvedt and Magelssen（2016）；Cohen-Almagor（2015）；Magnusson（2004）。

③ Cohen-Almagor（2015）。

④ Bovens（2015）。

⑤ Bovens（2015）。

⑥ 不同观点参见 Kaczor（2016）、Keeling（2017）、Bovans（2015）。

> **拍案惊奇**
>
> 2013年，44岁的内森·韦赫斯特（Nathan Verhelst）根据安乐死法被杀。他变性手术失败。手术导致他一直处于常人无法忍受的痛苦中。他认为自己因此成了一个"怪物"。[①]
>
> 同样在2013年，有一对双胞胎按照安乐死法被杀。他们是天生的聋哑人，一直生活在一起。到45岁时，他们被诊断出患有一种眼部疾病，会让他们双目失明。在失去了听觉后，再丧失视觉，他们认为自己无法再生活下去。[②]
>
> 2015年，一位24岁的女性因抑郁症发作，被批准可以实施安乐死。[③]

美国俄勒冈州的情况非常有意思。根据该州法律，符合法定条件的患者可以获得相关医疗措施，结束生命。但是，只有大概一半这种医疗措施的申请人最终采取了这一措施。这就是说，这些寻求救助的患者只是希望确信他们可以按照个人意愿结束自己的生命，而非真正希望这么做。

在我们结束关于滑坡效应的讨论前，我们应当注意：不能想当然地认为那些认定安乐死非法的国家就不存在滑坡效应。正如谢普曼案所示，即便是在英国，同样有为数众多的患者可能会在当局不知情的情况下被人夺去生命。[④]

5.10 对弱势群体遭遇的担忧

还有一种与"滑坡效应"主张相关的担忧，那就是准许自愿安乐死不利于保护弱势群体。[⑤]那些生活困顿、头脑混乱或者各方面均处于弱势的群体可能会在外界压

[①] Gale (2013).
[②] Hall (2013).
[③] Buchanan (2015).
[④] Thunder (2003).
[⑤] Brogden (2001) 写过一本有关大规模屠杀老年人的书。Godiwala (2002) 注意到辩论双方都试图用"弱势群体"来推动自己的事业，并对此提出了批评。

力下违心同意接受安乐死。① 基恩②声称，很多同意接受安乐死的人实际上可能只是因为正在经历严重的肉体疼痛、心灵痛苦、精神抑郁或者意志消沉，③因此，他们不能做出理性决定。有一点不应忘记：人们往往要在医院的陌生环境下——赤身裸体、没有朋友、无依无靠——决定自己接受何种治疗。④与那些可以轻松负担高质量看护的人相比，对于那些经济并不宽裕的人而言，安乐死或者医生协助自杀之外其他选项的吸引力很可能还不如这两项选择。⑤有人担心，安乐死可能对妇女和少数族裔的利益产生不利影响。⑥卡特里娜·乔治（Katrina George）认为很多因素都可能导致妇女被迫选择安乐死，包括"男女两性权力的不平衡和性别结构的不平等，尤其是妇女遭受的暴力、社会和经济上的劣势以及包含了鼓吹女性自我牺牲、强化女性被动和顺从的刻板性别角色的压迫性的女性文化形象。"⑦毫无疑问，能言善辩、教育良好且自信强势的人能够就是否愿意结束自己的生命做出知情同意，但是那些心情抑郁、身陷绝望和贫困潦倒的人呢？⑧还有一点也不应忘记：居心不良的亲属由于担心治疗和护理费用会让自己可继承的遗产大幅减少，也可能为了自己的利益怂恿患者接受安乐死。⑨已有证据表明，很多人在行将就木时急切希望自己不要成为家人的负担。因此，这种情况更可能发生。⑩值得注意的是，一项对瑞士诊所的协助自杀所做的调查表明，在他人帮助下结束生命的人中，65%是女性。⑪

鉴于上述种种观点，有人质疑弱势群体是否有能力对医学治疗做出有效同意，不过通常情况下，这些观点并不意味着不会向患者提供这样的治疗（如果认为治疗

---

① Street 和 Kissane（2000），Breitbart 和 Rosenfeld（1999），以及 Chochinov 等（1999）讨论了同意安乐死背后的心理问题。
② Keown（2002：Chap 5）。
③ 有人认为，绝症患者意志消沉也是一种病症。[Kissane 等（2001）]
④ O'Neill（1984）。
⑤ Godiwala（2002）and Kamisar（1998）。
⑥ King and Wolf（1998）。Dieterle（2007）认为，美国俄勒冈州和荷兰的证据不能证实这种担忧。
⑦ George（2007：2-3）。
⑧ Pacheco 等（2003）担心请求安乐死的人中有很多人都会改变想法。
⑨ 在 R v McShane（1977）66 CAR 97 案中，被告想说服她 89 岁的母亲自杀，这样，她就可以继承其财产。警察秘密安装的摄像头拍摄的画面证实，女儿将药物放在一袋糖果中交给了母亲，还在母亲的裙子上别了张便条，上面写着："别搞砸了。"
⑩ Biggs（1998）。Care not Killing（2006）指出，从俄勒冈的数据看，这点让人特别担心。
⑪ Fischer（2008）。关于瑞士模式的进一步讨论，参见 Zeigler（2009）。

有用的话）。①认为弱势群体势必遭受伤害的观点要想具有说服力，就必须证明：即便训练有素的咨询人员向弱势群体提供独立的谨慎建议，依然无法保护弱势群体免于遭到不当的操纵。

黑尔法官在尼克林森案②中指出：

> 在一个法制体系中，要设计一个制度，可以识别有需求的少数人，并允许帮助他们结束其生命，这并不难。这一制度必须要有四个要件。首先，他们必须有意思能力，可以自主决定。其次，他们没有受到任何不当影响，自愿做出了这一决定。第三，他们清楚知晓自己的状况，他们可能的选择，以及任一选择的后果，然后才做出了决定。正如伊丽莎白女爵士在Re B（治疗）案中所指出的那样，这和他们亲身经历了这些选择的情况不同。第四，因为丧失身体机能或过于虚弱，他们不能在没有外人帮助下实施他们的决定。我并不是说识别工作总是这么容易判定，而是说这里涉及的法律分析的性质并不比保护法庭或家事分庭中平常的分析更难……

此外，还应该牢记一点：在现行法律下，弱势群体也值得关注，因为根据现行法律，他们可能得不到治疗，或者他人会在几乎没有什么监管的情况下，向他们提供缓解疼痛，但可能致死的药物。③

也许，在保护弱势群体方面，更大的一个理由不是个人可能遭受外界压力选择自杀，而是我们可能创造了一种文化，这种文化希望弱势群体这么做。凯特·格里斯利曾论及建立一个允许有控制的死亡的社会环境后所带来的危险，这会导致个人结束自己生命的内在压力和外在压力都不断上升。④我们是不是要建立一个社会，让老人们都认为，自杀是他们应该做的（尤其是他们变成别人的负担时）？如果要改革安乐死的现有制度，我们就需要改善我们社会中的老年人的生活，避免上述问题。⑤森普申勋爵在尼克林森案⑥中提到的"间接社会压力"就很好地抓住了这一问题的要害。

有些从残疾视角著书立说的人也对安乐死表示忧虑。他们尤其担心，安乐死合

---

① Boonin（2000）.
② *R (on the application of Nicklinson) v Ministry of Justice* [2014] UKSC 38 at [314].
③ Jackson（2007）.
④ Greasley（2010）.
⑤ Herring（2013d）.
⑥ *R (on the application of Nicklinson) v Ministry of Justice* [2014] UKSC 38 at [228].

法化会传递残疾人不值得活下去的不良信息。[1]如果相关制度改革后，只允许残障人士可以实施安乐死，上述担心就可能成为现实。这可能被视为一种信号：残障人士要求自杀是合理的。[2]另有学者担心，安乐死的反对者过于武断地将残疾人描绘为身处弱势、容易摆布，或者无相应意思能力的人。[3]比格斯和戴斯菲尔德（Diesfeld）对抑郁症患者的状况进行分析后指出，协助自杀和安乐死只会进一步孤立抑郁症患者，不能促使社会正视抑郁症带来的各种挑战。[4]尽管有学者主张，如果某人患有无法治愈的抑郁，那就为答应某人的死亡请求又提供了一个理由。[5]值得注意的是，一项对瑞士诊所协助死亡所做的调查表明，在高龄客户中，以"厌世"为由寻死比以患有绝症为由更为常见。[6] 在那些患有其他形式的身体或者精神残疾的人身上也可以得出类似观点。[7]

一些学者坚持认为，这个问题应该放在残障人士面临的许多障碍这个宽泛的议题下进行讨论。克雷格·华莱士（Craig Wallace）[8]写道：

> 只有每个残障人士都享有平等权利接受我们医疗健康系统的筛查、预防和治疗，享有平等的自杀干预资源，以及除结束生命外其他有意义的替代选择，否则，赋予安乐死的选择权并非一个慷慨的平权行为，只是一个无奈之举。这是虚假、残酷的单向出口，专门针对不能享有普通人都可以享有的基本医疗保障和其他社会、社区基础设施的弱势群体而设立。

5.11 安乐死总会发生

可以说，现实是安乐死确实在发生，而且即便是在诸如英格兰等将其认定为非法的国家也被人们广泛接受。与其在形式上维系一个一直以来都被忽略的法律立

---

[1] Bickenbach（1998）.
[2] Riddle（2016）；Bickenbach（1998）.
[3] Silvers（1998）.
[4] Biggs and Diesfeld（1995：34）. 参见 denl-lartogh（2015）中讨论的为什么对抑郁症患者提出的死亡愿望要谨慎对待。
[5] Schuklenk and van de Vathorst（2015）.
[6] Fischer 等（2008）.
[7] Riddle（2017）.
[8] Wallace（2017）.

场，不如转而采用法律监管，确保杜绝不当做法。如前所述，我们已经探讨过试图弄清安乐死发生率高低的多项调查。可以说，如果在安乐死违法的情况下安乐死总会发生，那么建议最好还是准许安乐死，但只能在得到伦理委员会的事先批准后才能实施。①这样，对于目前没有任何正式管控措施的安乐死而言，我们至少有了一个制衡体系约束。

5.12 拿不定主意？

当你思考了上述所有观点后，你可能发现双方的观点都有一定道理，自己仍然拿不定主意。这就使部分评论人士主张，既不应将安乐死视为非法，也不应认为安乐死值得鼓励。布宁（Boonin）②强调，有权做某事和做某事是对的，是两个概念。他举例说：人们固然有权讲种族主义的笑话，③但没有哪个道德高尚的人会行使这一权利。同理，就安乐死而言，可以提出一个强有力的观点：人们有权选择安乐死，但是没有哪个道德高尚的人会这样做。他指出，实施安乐死可以说是和患者达成一致意见，认为患者已经不值得再活下去了。因此他主张，法律应当对安乐死采取一种中立立场：既不禁止，同时又不提倡。否则，国家就不得不就什么使生命具有价值这一争议性问题选择一个立场，而对于这一问题，国家应当保持中立。对安乐死的反对者而言，准许但不鼓励安乐死并非"中立"立场，因为在这一立场中，国家未能尊重生命的神圣性。

那些犹豫不决的人的另一种回应是，我们应当"宁愿为了维系生命而犯错"。④这种观点认为，如果我们不确定怎样做在道德上是正确的，那么选择维系某人的生命就是错也错不到哪里去。这种观点的核心要义是，如果我们杀死了一个不该杀死的人，这是大错特错。但如果我们保住了一个本该死亡的人的生命，错误的程度就没有那么严重。如果我们无法决定这两种错误中究竟应当出现哪一个，那么两害相权取其轻。但这种观点想当然地认定，维持一个或许想要去死的人的生命并不是什么严重错误。

---

① Magnusson（2002）检视了美国和澳大利亚实施地下安乐死的程度。
② Boonin（2000）.
③ 大概他脑海中想到的是言论自由的权利。
④ Merrell（2009）.

俯瞰众生

安乐死

如上所述,很多从宗教视角论述这一问题的人反对安乐死。2015年,英国基督教、犹太教、伊斯兰教、锡克教等教徒社区的领袖们曾联合署名,向英国议会议员发出了一封公开信,要求他们不要通过认可协助自杀合法化的法律。① 犹太教、基督教、佛教、印度教和伊斯兰教都尊重生命神圣性原则。每一个生命对神而言都有宝贵价值。与无神论者相比,有宗教信仰的人更容易将像处于持续性植物人状态的生命视为是有宝贵价值的。一个人即便是处于持续性植物人状态,即便没有任何亲人,也依旧受到神祇的珍视和挚爱,因而有其宝贵的价值。或许有人认为这里存在一个小小的悖论。对一个无神论者而言,死亡或许是"悲剧",是一切的终结,而对于许多有宗教信仰的人而言,死后还存在某种来生的希望。所以,或许有人认为宗教观点较之非宗教观点而言,不太关心导致他人死亡的问题。

多数犹太教学者将加速濒死者的死亡(这是禁止的)与消除通往死亡的障碍(这是准许的)做了明确区分。② 在很多学者看来,犹太教这种做法的核心理念是"生死有时",不能轻率地延迟或者提早死亡的时间。困难在于,如何定义什么是妨碍死亡的障碍。这一难题曾经引发关于是否可以,以及何时可以关闭患者的生命维持机等一系列争论。③

在基督教中,在反对安乐死、支持生命神圣性,以及双重因果关系论方面言辞最激烈的是罗马天主教。④ 事实上,这一学说正是源自罗马天主教神学。来自基督教各个教派的许多学者都反对安乐死,他们主张生命是上帝恩赐的礼物,因此我们必须珍视和保护生命,而不能毁灭生命。⑤ 值得一提的是,教会在成立和支持临终关怀医院方面扮演了重要的角色。⑥

---

① Helm (2015).
② Sinclair (2003: 182).
③ Resnicoff (1999); Kunin (2003).
④ Pontifical Academy for Life (2000).
⑤ Paris and Moreland (1998).
⑥ Hauerwas (1998: 131).

伊斯兰教也倾向于对安乐死与协助自杀持强烈反对态度。穆斯林的很多著作都强调严禁故意剥夺生命。伊斯兰教强调这样一个理念：生命是由安拉交予世人保管的，①因此生命并不属于世人，世人也就不能随心所欲地处置生命。安拉将会控制人的死亡时间，也应当由安拉控制。②

佛教思想在这一问题上的关键理念是不得杀生的戒律以及慈悲之心。从佛教的角度看，如果一个垂死的人有任何可能具有积极的、有价值的想法的机会，那么他们活下去，哪怕是多活几分钟，也具有重要意义。③在佛家思想中，死亡的时刻以及死亡的品质极其重要。这就促使某些佛教思想家支持临终关怀医院模式，让患者能够平静、有控制地逝去，不主动采取任何措施加快死亡的到来。清醒认真地面对死亡具有重要意义。也有人主张，在自杀和安乐死能够使人有尊严地死去的情形下，佛教传统其实是容忍自杀和安乐死的。④不过，佛教的多数观点似乎是，佛教高度珍视生命，因而不会支持安乐死。⑤

印度教思想中关于安乐死的观点主要有两种。多数派的观点是，应当避免人为结束生命，以防干扰生死轮回的周期。不过，这一观点也反对通过生命维持机无谓地延长一个人的生命。也有印度教教徒认为终结一个充满痛苦的生命其实是完成了一个道德义务，因而没有什么好反对的。印度教在某些情形倒也准许自杀：*prayopavesa*⑥，不过只有在严格的条件下才允许自杀，包括必须使用非暴力的自杀手段。允许绝食而亡，但开枪自杀则不行。⑦

---

① Khan (2002).
② Brockopp (2002).
③ 转引自 Anderson (1992：36)。
④ Becker (1990 and 1993).
⑤ Hughes and Keown (1995)，Keown (1999).
⑥ 这是印度教的一个术语，指绝食自杀。在印度教里，允许绝食自杀必须符合严格的条件，即一个人的人生已经没有愿望，没有理想，同时，也没有须履行的责任。——译者注
⑦ Cromwell (2003).

女权主义视角

人际关系中的死亡

明确从女权主义视角撰写的关于终止生命问题的文字相对较少,这多少有点令人出乎意料。当然,女权主义对于安乐死的态度并没有什么一贯路线,而且女权主义者也会采用前文提及的很多论断。涉及安乐死、具有鲜明女权主义色彩的观点包括下列内容。

• 沃夫主张,那些很有可能导致人们请求自杀的因素(抑郁、缓解疼痛效果不佳、担心成为家人的负担等)降临到女性头上的概率要高于男性。① 因此,她担心,安乐死合法化就意味着女性寻死的可能性更大。② 沃夫还担心,医生在鼓励患者考虑接受安乐死或者自杀时,可能会受到性别观念的影响。例如,医生会认为女性关于自己会给丈夫带来无法承受的负担的担忧比丈夫认为自己会成为妻子负担的担忧更具有说服力,因为人们认为照顾他人是女性的天职。其他人则担忧,女性可能发现自己要说服医生,使他们准许自己使用安乐死格外困难。③ 有一定的证据表明,普遍而言,女性在医疗实务中经历的疼痛水平更高,但是她们得到的治疗效果相对较差。④

• 女权主义学者对安乐死的支持者对自主权的强调感到忧虑。西德尼·卡拉汉主张,女权主义者一直认为"人类要出生、被抚养、家庭教化、在年老以及死亡之际,被照顾"。他们认为,支持安乐死的主张是"对独立、理性、白手起家、自给自足、占支配地位的男性个体的崇拜",没有认识到人们生活的这种亲密关系的价值。⑤ 有人主张,必须将女性要求死亡的请求放到她的生活背景、亲密关系、可用的资源以及向她提供的护理水平等大背景下加以考虑。在这些因素影响下,女性可做的选择可能会受到极大限制,因而不能想当然地认定女性求死的意愿是完全自愿的选择。沃夫谈到了这样一种

---

① Wolf (1996: 283). 更多讨论参见 Biggs (2003) 和 George (2007).
② 另请参见 Callahan (1995). 尽管荷兰和美国俄勒冈州的证据并未显示女性寻求死亡的人数要明显高于男性,但是,请与 Carmel (2001) 对以色列妇女所做的研究进行比较。
③ Prado (1998).
④ Hoffmann and Tarzian (2001).
⑤ Callanhan (2015).

危险:"我们编造了一套说辞,给患者令人心悸的绝望披上了'权利'的华丽外衣"。① 她提出,请求安乐死应该促使人们加倍努力地提供有效的缓解疼痛治疗,而不是遵从这个请求。其他人则主张建立以关系为基础的自主权制度,即要求将相关决定放在一个由相互依存、人生重叠的人构成的社会中加以考虑。这促使唐钦(Donchin)提出,所有关于死亡的决定都必须放在家庭背景中做出才有效。②

- 女权主义者还强调,在许多涉及死亡的法律著作中,大都忽略了那些可能对女性产生强烈冲击的死亡,堕胎、流产,以及新生儿死亡往往被低调处理,对受这些死亡影响的女性能够获得的帮助也少之又少。③
- 女权主义者还强调,照料濒死者的工作很大部分是由女性承担的。④ 但在安乐死讨论热度不退之际,这项工作的价值和重要性却往往被忽视。

6. 缺乏意思能力的患者:伦理问题

如前所述,如果患者缺乏意思能力又没有预先指示,那么在评估是否撤除某种治疗时,判断基础是患者最佳利益。

对现行法律的批评意见主要包括以下几点:

(1) 现有制度过于看重作为和不作为之间的区别。根据现行法律,哪怕医生声称自己的操作符合医疗行为规范,但如果其进行的治疗或者停止治疗被归类为作为,那就构成了谋杀罪。如上所述,作为与不作为之间的区别非常复杂。

(2) 在布兰德案中,勋爵们认为管饲饮食属于医学治疗而非基本个人护理,因此可以合法撤除。⑤英国医师协会已经就拒绝给予和撤除延长生命的医学治疗发布了

---

① Wolf (1996: 300).
② Donchin (2000).
③ Field, Hockey, and Small (1997: 1-2).
④ Biggs (1998: 284).
⑤ Finnis (1993) 强烈批判了这种思路。

指导意见。① 该指导意见认为，提供营养支持和水化治疗属于医学治疗，如果这种治疗已经不符合患者最佳利益，那就可以根据布兰德案的判决撤除该治疗。② 基恩主张，尽管插入胃造口管涉及手术，但是通过饲管灌注食物不需要医学技术，因而和用勺子给患者吃饭类似。③ 也有证据证明，当患者家属发现患者会因为饥渴死亡，家属都觉得非常痛苦。④

这种对基本护理与医疗保健的区分存在争议。布兰德案似乎认可的是，即便以患者最佳利益为由而终止医疗，撤除诸如喂食或清洗等基本护理也是不妥的。支持这种区分的论点中包括这样一种主张：允许患者饿死反映了对患者的舒适与尊严的严重无视。此外，我们的社会将饿死视为极具象征意义的可怕之事。给饥饿的人东西吃被视为人类的基本义务之一，哪怕这种观点并无任何逻辑或者道义依据。⑤ 此外，准许停止供应营养还有导致滑坡效应的危险，因为这势必准许一个人不是死于自身的疾病，而是死于缺少基本的供养。⑥ 换言之，并非处于濒死状态的患者也会被活活饿死。这与让患者死于自己所患疾病截然不同。

反对这种区分的批评意见⑦主张，不可能划清治疗与基本护理之间的区别。喂食或许算得上基本护理的经典实例了，以此为例，如果只有在使用机器或者通过运用医学技术的情况下才能实现喂食，那么，喂食是否因此就变成了医学治疗了呢？⑧ 审理布兰德案的上议院的勋爵们看来，通过人工手段喂食与医学治疗毫无二致。⑨ 暂且无论区分这两者多么困难，很多人总会有一种直觉：听凭患者活活饿死绝对不是适当的医学治疗。⑩ 还有人担心，"饿死"这样一个煽情的字眼极具误导性。比彻姆和丘卓斯声称："营养不良和饥饿不是一回事；脱水和干渴也不尽相同。在医学背景中，因饥饿而死与严重脱水也截然不同。"⑪ 此外，还应注意一点，少数情形下，

---

① BMA（2009）．另请参见 GMC（2010a）。
② BMA（2009：4）．
③ Keown（2002）．
④ Kitzinger and Kizinger（2015）．
⑤ Carson（1986）and Callahan（1983）．
⑥ Keown（2016）．
⑦ Beauchamp and Childress（2009）．
⑧ Keown（1997a）认为这不是治疗。"这是什么治疗？"他问道。
⑨ BMA（2009c）建议，如果人工营养和人工呼吸设备已经不能让患者受益，则可以合法撤除。
⑩ 参见 *A Hospital v SW* [2007] EWHC 425（Fam）。法院没有认可以下观点：撤除人工营养和补水治疗违反了患者享有的第 3 条规定的权利。
⑪ Beauchamp and Childress（2009：121）．

人工营养和水化治疗可能导致患者病情恶化。①

（3）有评论者提出，法院有必要更加开放，承认在布兰德案后，法律对意识障碍（DoC）患者的态度关涉如何合理使用卫生资源并化解家人和朋友所承受的压力（这正是布兰德案判决依据的理由）。②摩根或许有几分残酷无情，他直言："维持托尼·布兰德的植物人状态比将他安葬更为昂贵，尽管这听上去不舒服，我们还是必须面对这一事实。如果我们判定托尼·布兰德已经没有任何值得继续保护的权益，并且就任何意图和目的而言，这都是一个浪费资产的无用躯体，那么撤除维持生命的治疗至少让我们在财务上还能有所节省。"③的确，这背后一个更主要的关切是社会花费了巨大的卫生资源也只是让几乎没有什么生活质量的患者活着。④

（4）也有评论者主张，应当将意识障碍患者视为已经死亡。这样的患者无法体验那些使我们得以成为人的东西。他们没有知觉，因此他们虽然还活着，但已经失去了那些使他们得以成为人的事物。⑤麦克马汉⑥指出，应当像对待尸体一样对待持续植物人状态的患者。因为对这类人而言，他们再也享受不到人生的美好了。的确，有学者指出，杀死某人的过错是将他们置于一种不能倒转的永远没有任何能力的状态中。⑦根据这一观点，那些处于最小意识状态的患者已经在遭受这种被杀害的痛苦了。⑧

7. 拒绝治疗：伦理问题

英格兰的法律明确规定，具有相应能力的人可以拒绝接受治疗，哪怕他不接受

---

① 参见 R（Burke）v GMC [2005] 3 FCR 169 案中，专家给出的证据。
② Alldridge and Morgan (1992); Biggs (2002: 42); Harris (1995a: 18).
③ Morgan (2001: 220).
④ Brierley、Linthicum 和 Petros (2013) 关心的问题是，医生对自己的宗教信仰非常虔诚，在一些治疗没有效果的案例中浪费卫生资源，而如果不是因为他们的信仰或他们家人的信仰，他们就不会这么做。更多讨论参见 Foster (2013c)。
⑤ Veatch (1993).
⑥ McMahan (2002).
⑦ Sinnott-Armsrong and Miller (2013).
⑧ Bevins (2013).

该治疗会死亡。①强行对某人进行此类治疗会构成故意侵权或过失侵权。简单说,我们并没有活下去的责任。②这一点也同样适用于孕妇。③

放弃医学治疗究竟存在哪些伦理问题呢?人们对此有以下几种观点:

(1) 有意思能力的患者拥有拒绝接受治疗的绝对权。这是现行法律的立场。在伦敦大学圣乔治学院诉 S 案④中,涉案女性有权拒绝接受治疗,即便如果不进行治疗,她本人和她腹中的胎儿都会死亡。尽管法律尊重患者拒绝接受治疗的权利,但值得注意的是,在 Re B 案⑤中,法院在判断患者的意思能力时是如何的慎之又慎。⑥之所以如此,是因为鉴于拒绝治疗的严重后果,我们必须保证患者确实具有意思能力。特别是在紧急情形下,有人主张应先进行必要治疗,待时间宽裕后再考虑如何对患者进行治疗才是恰当的。⑦

(2) 有学者认为,关键的伦理问题是拒绝接受必要的治疗是否可以视为自杀。如果属于自杀,那么就可以从伦理角度提出反对,如若不然,那就无法进行反对。一种观点认为,患者的意愿是关键。如果患者拒绝接受治疗是因为想要寻死,那这就属于自杀,但是如果患者的所作所为并非以杀死自己的目的(即便他预见到自己会因此丧命),那这种行为就是法律允许的。⑧如果患者出于宗教原因拒绝接受输血,我们可以说他并无意寻死,即便患者或许已经预见到死亡是自己行为的必然后果。⑨显然,这种观点是以双重因果关系论为依据的。

(3) 有评论者主张,法律应当推翻有意思能力的人对挽救生命的治疗的拒绝。盲目遵从有意思能力的患者的观点,就是过于重视"对自决之崇拜"。⑩尽管尊重患者拒绝接受治疗的决定或许承认了其自主权,但同时我们也忽略了其他重要的价值观,例如生命的重要性。法院对此的回应是,通常情形下,有意思能力人的自决权

---

① *Re T (Adult: Refusal of Treatment)* [1992] 4 All ER 649, at 652-3; *Airedale NHS Trust v Bland* [1993] 1 All ER 821, at 860 (Lord Keith), 866 (Lord Goff), 881 (Lord Browne-Wilkinson), and 889 (Lord Mustill); *Re AK* [2001] 1 FLR 129.
② Hale (1996: 87).
③ *St George's Healthcare NHS Trust v S* [1998] 3 All ER 673.
④ Ibid.
⑤ *Re B* [2002] EWHC 429.
⑥ Stauch (2002).
⑦ Hale (2003: 7).
⑧ Price (1996) 认为,根据这一定义,那就基本没有自杀。
⑨ Gorsuch (2000).
⑩ Mason and Laurie (2006: 552).

比国家在推进生命神圣性方面的利益更为重要。①换言之，法律并没有忽视在这些问题中起作用的其他价值观，只不过较之其他价值观，法律更重视自主权罢了。如果一个人的意思能力在有或者无的边缘，那就格外值得担忧。②我们再回头看一下少年爱情受挫的假设，如果他伤口化脓却拒绝治疗，难道我们真要袖手旁观，让他去死吗？其实有人已经提出，法院实际上会对患者决定的合理性进行评估，如果法院认定患者的决定毫无合理性可言，法院就会宣布患者不具有相应能力。③

（4）大卫·肖（David Shaw）主张，现行法对相关问题的区分充满了矛盾：禁止安乐死，但患者有权拒绝接受维持生命的治疗。④他认为，身体应被视为大脑的生命维持机器。一个有行为能力的患者有权拒绝接受维持生命的治疗，要求关闭相关仪器，同样，也应允许患者拒绝身体这一为大脑提供生命维持功能的机器，要求关闭身体这一机器。这一观点建立在对身体的一种有争议的理解上，而且该观点将大脑与身体分开讨论的做法也让很多学者感到无法接受。⑤

8. 姑息治疗和临终关怀医院

行文至此，从部分讨论中可以想见，濒死者除了痛苦和不适之外，不会有任何其他体验。安乐死的反对者不接受这种观点，并提倡开设临终关怀医院或者进行姑息治疗。⑥临终关怀医院和姑息治疗强调安详、称心地死去的重要性，反对通过安乐死使死亡提前。姑息治疗侧重于缓解疼痛，提供心理和情感支持，以此帮助患者走完人生的最后阶段。有证据表明，即便那些患有恐怖的残疾或者遭受剧痛的人也可以享受生活，并且不愿通过安乐死的方式结束生命。⑦姑息治疗的支持者声称，除了极少数情形外，医学技术都可以将病痛控制在可忍受的程度内。⑧尽管对于身体疼痛

---

① *St George's Healthcare NHS Trust v S* [1998] 3 All ER 673. Wicks（2001）认为，1998 年《人权法》进一步强化了这一点。
② Re JT [1998] 1 FLR 48.
③ Coleman and Drake（2002）.
④ Shaw（2007；2011）. 对这一观点的反驳参见 MaLachlan（2010）.
⑤ 例如，Busch and Rodogno（2011）.
⑥ Have and Clark（2002）认为，一般而言，安乐死和姑息治疗的概念是不相容的。
⑦ Gardner 等（1985）.
⑧ Moreland and Rae（2000）.

而言，的确如此，但也有学者质疑这种方法是否可以处理"生存苦难"。①如果病痛确实无法忍受，还可以随时选择使用镇静剂。

姑息治疗的宗旨是将患者放在治疗工作的中心，力求对患者进行全身心的治疗：不仅关照其身体需求，而且关照其情感、精神和心理需求。这种治疗旨在陪伴患者走过生命中最后的时光。②其关注的不仅是患者本人，还包括患者家属。③世界卫生组织将姑息治疗描述为：

> 在治愈性治疗没有良好效果时，对患者进行的积极全面护理。控制病痛等身体症状以及心理、社会和精神问题是其工作重点。姑息治疗的目的是为患者和家属赢得最佳生活质量。④

多位欧洲专家为姑息治疗提出了四大目标：为患者和患者亲属赢得最佳生活质量，缓解病痛，使患者能够"善终"并防止安乐死。⑤不过，他们也承认，这些目标之间可能存在冲突，并且目标定位也比较模糊。⑥例如，何谓"善终"就是一个见仁见智的问题，在有些人看来，要"善终"就必须采用安乐死。

那些安乐死的反对者往往强调临终关怀服务。不过在有些人看来，提供临终关怀诚然可贵，但是和安乐死的讨论毫无关系。正如布赖恩·克拉克（Brian Clark）所著小说《这究竟是谁的生命？》（*Whose Life is it Anyway?*）中的主人公所说：

> 我知道我们的医院非常了不起。我知道很多人尽管有可怕的残疾却依然成功地过上了美好的生活。我为他们感到高兴，也对他们表示钦佩。但是每个人都必须自己做出决定。而我的决定是安静走完人生并且在力所能及的范围内有尊严地死去。⑦

无独有偶，有报道称，安奈林·贝文（Aneurin Bevan）⑧曾经表示，他"宁肯让一个冷漠但是高效、奉行利他主义的大医院维系自己的生命，也不愿死在一家对

---

① Valerius（2013）. 生存苦难是指除身体疼痛之外的其他精神上的烦恼。——译者注
② Schotsmans（2002）讨论了在姑息工作中关系护理的重要性。
③ Gilley（2000）强调有必要帮助濒死者的伴侣、亲戚和朋友。
④ Cited in Biggs（2001: 38）.
⑤ Clark, ten Have, and Janssens（2002b）.
⑥ Ibid.
⑦ Clark（1979: 76）.
⑧ 英国工党左翼政治家，英国国民医疗服务体系的主要设计师。——译者注

第十章 死亡过程和死亡 | 807

自己深表同情的小医院里"。①

临终关怀医院大力强调，凡人大都脆弱、相互依赖、需要关爱。②它们高度重视与患者的沟通交流。③正如临终关怀运动的创始人塞西莉·桑德斯女士（Cecily Saunders）所言：

> 在死亡的来临已经无法避免时谈论接受死亡，并非仅仅是让患者听天由命或者颓然接受，也并非指医生接受治疗的失败或者对其不闻不问。对患者和医生而言，接受死亡恰恰是指无所作为的反面。我们的工作……是要改变这一不可避免的过程的性质，使之不被看作生者的失败，而是死亡过程中的一项积极成就，患者的一项具有强烈个人色彩的成就。④

英国正在大力拓展姑息治疗。⑤目前，姑息治疗主要用于癌症患者，不过人们希望不久以后能将姑息治疗用于其他患者。⑥此外，人们日益认识到将姑息治疗局限在"临终关怀医院"中的做法不可取，相反，对所有濒死者都应采用姑息治疗，无论他们是在临终关怀医院、普通医院、养老院或者在家中。⑦事实上，很多时日无多的人希望住在家里，因此现在正在大力推动社区姑息治疗。⑧患者这样的意愿固然可以理解，但是不应忘记这样做将给护理人员带来巨大压力。⑨此外，鉴于临终关怀格外重视人的心理、精神和情感方面，有人呼吁应从确诊之时开始，而不仅仅在患者已经进入或许是他们人生最后阶段时才向患者提供姑息治疗。⑩

一件令人扼腕的事实是，对于所在地区不提供临终关怀服务或有临终关怀服务而没有使用时，提供给濒死患者的护理标准可能非常糟糕。在一项针对在养老院接受照顾的老人所做的前沿研究中，研究人员称养老院的总体护理标准"存在不足"，并且存在一个痼疾：过度使用不必要的药物，而有益的药物却使用不足。⑪即便是那

---

① 转引自 Saunders（2001：430）。
② Hermsen and Have（2002）。
③ Blyth（1990）。
④ Saunders（1994：174）。
⑤ National Council for Palliative Care（2009）；NHS（2009d）。
⑥ Field and Addington-Hill（2000）。对于对非癌症患者缺乏姑息治疗的担心，参见 NHS Confederation（2005）。
⑦ Sindell 等（2000）。
⑧ NICE（2004a：para ES2）；Thomas（2003）；Clark, ten Have, and Janssens（2002a）。
⑨ Scambler（2003b）。
⑩ Finlay（2001）。
⑪ Fahey 等（2003）。

些在家接受照料的人同样也可能因为陪护的家属没有受过适当培训而痛苦不堪。①英国政府不久前承认，英国的姑息治疗虽然近年来取得了一定进展，但仍需花大力气改善。②

或许，人们很容易对临终关怀医院抱有怀疑。③有人声称，尽管临终关怀医院成立之初具有最为崇高的目标和最为精湛的服务，但它们很容易被例行公事、官僚主义、职业倾轧，以及医疗化所左右。④还有一些人指责姑息治疗已经丧失了其创始人一代秉持的理想，取而代之的是官僚主义的倾轧和职场争斗。⑤

或许有人会认为，临终关怀医院和姑息治疗服务的好处毋庸置疑。但实际上，只有极少证据表明临终关怀医院和姑息治疗为患者带来了更好的结果，或者具有高性价比。⑥有些人甚至提出，所谓临终关怀医院的独特之处在普通医院的病房中也能找到，⑦而某些据称存在于普通医院中的"弊端"在临终关怀医院中同样存在。⑧一项研究表明，医院提供的治疗和临终关怀医院提供的治疗仅仅存在一些细微区别，并且之所以产生这些区别，不过是由于临终关怀医院的"入院政策"确保不接收那些"难缠"的患者罢了。⑨话虽如此，却很少有人愿意说，临终关怀医院所提供服务的效果不及普通医院。国家卫生与保健优化研究所对有关姑息治疗的文献进行全面梳理后发现，较之传统护理方法，姑息治疗给患者带来的益处可谓微乎其微，但是姑息治疗深受患者和家属欢迎。⑩

还有人主张，对临终关怀医院的关注导致人们忽略了向无法接受临终关怀服务的濒死者提供的护理。有人提出，临终关怀其实是向少数养尊处优的患者提供的高

---

① NICE（2004b）.

② DoH（2004m）.

③ Logue（1992）认为，尽管临终关怀可能适合某些人，但不应将其视为适合于所有人的理想解决方案。

④ 参见 James 和 Field（1992），McNamara（2004），McNamara（2001），Janssens 等（2002）报告了一项针对欧洲姑息治疗工作人员的调查。该调查显示，50%的工作人员担心姑息治疗存在过度治疗的问题。

⑤ McNamara（2004）.

⑥ NICE（2004a：ES13）、Higginson 等（2002）、Fordham 和 Dowrick（1999）批评说，证明姑息治疗有效性的研究太少。

⑦ Seale and Kelly（1997）. 尽管研究发现，垂死患者的亲属首选临终关怀医院。

⑧ Johnston and Abraham（1995）.

⑨ Seale（1989）.

⑩ NICE（2004b）.

价服务。① 不过，这种观点也可以拿来支持拓展临终关怀医院和姑息治疗病房覆盖范围的主张。此外，还有一种略为不同的指责，即临终关怀运动对死亡进行了不实的粉饰：有尊严地死去的希望与现实基本不符。劳顿（Lawton）②认为，随着生命走向终点，人的身体会陷入土崩瓦解的状态，其中最常见的症状有谵妄、大小便失禁、身上长出溃疡和流脓。自称能够让人有尊严地死去或许是在对死亡的真实状况进行虚假描述。尽管存在这些顾虑，对于时日无多的患者及其家属而言，姑息治疗已获广泛认可，认为其是一种更好的全面治疗方法，未来姑息治疗的重要性很可能进一步得到加强。

9. 法律改革

一段时间以来，英国议会收到了一系列的普通议员议案，要求修改涉及死亡方面的法律，但目前没有一项法案获得通过。③ 关于安乐死制度改革的激烈讨论仍将持续。④ 如果未来要进行法律改革，可能的选择有以下几种：

9.1　2015 年《协助死亡法案》

近些年的讨论中，协助死亡委员会报告都很有影响力。⑤ 该报告呼吁改革法律，赋予人们协助死亡的权利。议会于 2013 年和 2015 年相继收到了《协助死亡法案》。但这两个法案都未能通过。2013 年《协助死亡法案》规定，个体在符合法定条件并得到了两名医疗人员的同意后，他就有权获得协助死亡。2015 年法案则建议个体应向法院提出申请。该法案第 1 条规定：

(1) 根据本条第 2 款规定，绝症患者在获得高等法院（家事法庭）的同意后，可以提出请求并合法得到帮助，结束其生命。

---

① Douglas (1992).
② Lawton (2000).
③ 任何这一领域的法律改革都需要考虑在协助自杀或安乐死的案例中，人寿保险将如何操作的复杂问题，参见 Davey and Coggon (2006).
④ Luxon (2018) 讨论了未来可能的改革选项。
⑤ Commission on Assisted Dying (2012).

（2）只有高等法院（家事法庭）通过指令证实申请人符合下列条件时才适用第1款：

① 申请人在充分知情的前提下，自愿表达了一个清楚决断的意愿，希望结束自己的生命；

② 申请人根据第3条作出了声明，明确表达了这一意愿；

③ 声明作出时，申请人：

  a. 年满18周岁；

  b. 有意思能力，可以自主决定结束自己的生命；

  c. 在英格兰和威尔士长期居住至少已满一年。

该法案的支持者主张，该法案已经规定了安乐死重要的适用条件。绝症患者只有在得到医疗人员的支持声明和法院同意后才可以适用。值得注意的是，这一标准非常严格，在已经发生的几个重大案件的当事人中都不能适用，比如，戴安娜·普瑞迪，德比·珀迪（Debbie Purdy）和托尼·尼克林森。因为这些人都不是绝症患者。实际上，有人会质疑，那些深受多年病痛困扰、身体严重受限的患者可能比那些濒死之人有更大理由请求协助死亡。

9.2 免于起诉

根据现行法律，那些帮助绝症亲人死亡的人只有祈祷公诉主任做出免于起诉的决定。所以，未来一种可能的改革方向是，在这种情形下，实施协助死亡的亲属可以获得一个预先确认书，他们不会被起诉。这种模式的优势在于亲属和想要死亡的患者可以在没有心理负担的情况下行动，也可以在患者在世时，对协助死亡是否适当做一个更好的评估。[①]

虽然这种改革模式有其优势，但也存在一些问题。即使有了这样一份预先确认书，我们也应注意，患者是在他或她死亡之际做出的想要死亡的意思表示，所以，实施上述协助死亡行为的亲属不用担心承担法律责任的观点并不那么有说服力，因为如果死者没有在适当的时间做出协助死亡的同意，那么帮助其死亡的亲属仍可能面临刑事指控。批评者也主张，法律规定某人犯罪但不予起诉和法律预先规定他们没有实施违法行为，这二者所传达的信息存在细微差别。

---

① Yeung (2012).

9.3 必要性

增加必要性这一抗辩事由的理由是，我们可以保持现有制度不变，让其清楚地传达"不能杀人，也不能帮助他人杀人"的观点。大多数情况下，当一个想要自杀的朋友或亲人找来，这是最合适回答他们的信息。但是必要性抗辩事由也允许我们承认，在一些极端情况下（也许托尼·尼克林森就是一例），我们可以不完全遵照现有规定执行。①

9.4 增设怜悯的抗辩事由

理查德·哈科斯塔博尔（Richard Huxtable）认为应维持"中间立场"，也即保留现有法律并进行若干修改。②他的依据是，我们不仅应当看到由个人决定的生命价值，而且也应该看到生命的内在价值。③他建议的改革模式是新设怜悯杀人或同情杀人的抗辩事由，也即出于怜悯或同情帮助亲属死亡的抗辩事由，不对他们的行为是否正确进行价值判断。④

9.5 人权改革

加拿大最高法院在卡特诉加拿大（检察总长）案⑤的判决为改革派带来了一丝曙光，他们认为，英国最高法院应该判定英国禁止协助死亡的规定侵犯了人权。在该案中，加拿大最高法院强调了自主权的重要性，由此判定，禁止协助死亡的刑法规定侵犯了自由和宁静的权利，这是"每个有能力的成年人在遭遇引发持续的、无法忍受的病痛又无法治愈时"都有权享有的。尽管加拿大最高法院注意到保护弱势群体是法院处理这类问题的一个重要目标，但如若全盘否定加拿大的禁止条款就过犹不及了，因为这不但会影响有意思能力的患者，也会影响那些身处压力之中或缺乏意思能力的人。加拿大最高法院最后总结道："如果一个有意思能力的人——① 患有严重的、不可治愈的情形，包括各种心理疾病、身体疾病或残障状态，且身处无法忍受的持续痛苦中；② 明确表示想结束自己的生命——那么，当他请求使用

---

① Herring (2013d).
② Huxtable (2013b).
③ 更多讨论详见 Watt (2015).
④ Huxtable (2013c).
⑤ *Carter v Canada (Attorney General)* 2015 SCC 5.

医学措施帮助结束生命时，不适用现行的相关禁止性规定。"① 但如果这一问题回到英国最高法院，法官大人们是否仍会采用类似的分析方法，有待进一步观察。②

10. 结论

人类与死亡的关系正在发生显著变化。③在有些人看来，支持协助自杀和安乐死的观点得到了越来越多的认同，有朝一日，人们将能完全掌控自己死亡的时间和地点。④如果协助自杀成为一般人更青睐的死亡方式，那么"现在就为死亡确定日期！"有可能成为一句常见的口号。⑤对很多人而言，在变得"讨厌"前就有尊严地死去是他们在世时的强烈意愿。⑥不过，现有对死亡的流行态度之间存在种种矛盾。一方面，人们想要控制自己死亡的方式与时间的意愿似乎越来越强烈，另一方面，人们希望自己的死亡能够"顺其自然"的愿望似乎也在增长。人们非常害怕在接受过度医疗后死亡，有些人或许会同意尼采的下列观点：

> 在某些情形下，继续活下去是不体面的。在生命的意义和生命权业已丧失后，卑怯地依赖医生和医术苟活，理应招致社会深深的蔑视。⑦

不过，如上所述，很多亲属眼中的自然死亡只有在医学干预的情况下才有可能。⑧此外，也不应当忘记，医学的进步已经大大改善了人们的生活品质，人们的寿命已远远超过自己的祖先。⑨未来我们的社会应如何面对这些可能存在冲突的目标还有待观察。

一个名为"关爱老人"（Age Concern）的团体曾经组织了一场名为"年龄之辩"的辩论⑩，为晚期绝症患者的护理工作订下了如下原则：

---

① Para. 127.
② Chan and Someville (2016) 提供了卡特案的批判性思路。
③ Mann (1998).
④ Batting (1998).
⑤ Scambler (2003b).
⑥ Sommerville (2002：40).
⑦ Nietzsche (1968：88).
⑧ McNamara (2001) and Seale (2000).
⑨ McLean (1999：142).
⑩ Age Concern (1999：2).

(1) 知道死亡何时来临,并理解可以期待的事情;

(2) 能够掌控所发生的事情;

(3) 能够保护尊严和隐私;

(4) 能够控制并缓解疼痛,并控制其他症状;

(5) 对于在何处死亡(在家或在别处)具有选择权和控制权;

(6) 能够获得各种必要的信息和专业技能;

(7) 能够得到一切想要的精神或者情感支持;

(8) 能够在任何地点(而非仅仅在医院)获得临终关怀;

(9) 对哪些人在临终之时在场并共同度过生命的最后时光具有控制权;

(10) 能够作出预先指示,确保自己的意愿得到尊重;

(11) 有时间告别,而且对死亡时间安排的其他方面具有控制权,并且能够在时间已到之时去世,而不是让他人无谓地延长自己的生命。

这些原则中有很多反映了姑息治疗的目标,并且也能够得到参与安乐死辩论的各方的一致赞同。

/思考题/

1. 查尔斯·福斯特提出："立法机构有义务让一小部分希望医生协助死亡（PAS）的患者继续（不情愿地、可怜地，甚至痛苦地）活着，因为协助这些患者死亡会给其他患者带来危险。这些委屈活着的患者是他们参加的社会契约关系的受害者。这听起来有些残酷，似乎是为了一种道义原则遭受酷刑。其实并非如此。这只是平衡个体和社会利益的传统程序带来的一个结果。"[①] 你同意这个观点吗？

2. 据英国广播公司新闻报道，一名女子为了自杀喝致命液体后，医生并未采取措施。[②] 该女子事先已经明确告知医生不要出手干预。此外，该女子做出了拒绝接受治疗的预先指示。验尸官认为，医生不仅可以不加干预，而且假如他们进行干预，反而会违反法律。这种观点是否正确？

3. 思考以下观点："只要我们将结束生命这一选择改头换面，例如改为拒绝治疗或者缓解疼痛，我们就能接受。但是关于直接表达为夺去生命的选择，套用托马斯·艾略特（T. S. Eliot）的话来说就是过于'真实'，令人无法公然承受。我们必须对我们为何选择结束生命的实情遮遮掩掩，因为我们担心人们可能从中发现什么。然而这样做，社会却有遭受更大伤害的风险。很多需要协助自杀来结束自己痛苦的人将无法获得协助自杀。或许有人仍然能够暗中得到自杀协助，但在公开遵守能够确保效能并预防专断和滥用行为的规约的情况下，无法获得相关利益……如果我们实施并容忍协助自杀和安乐死，我们当然必须公开进行，以使公众放心，并防止滥用。同时，正如托马斯·艾略特告诫的那样，'人类承受不了太多残酷现实'。纵然有适当的报告制度并接受监管机构监督的情况下，我们也无法容忍医生公开剥夺他人生命这一想法。我们陷入了一个进退维谷的困境：我们只有在不承认协助自杀时，才能准许协助自杀。"[③] 你是否同意这种说法？

4. "坦诚地说，我认为对于医生协助自杀案例中出现的种种问题，法院面临的困难在于，要在两个谎言中选择一个予以赞同。我所说的谎言是指明知故犯地做不实表述；我所说的赞同是指准许或者容忍。第一个谎言是医生们并未参与患者自杀，也没有经常为患者自杀提供帮助。我所接触的每位医生对此都并不讳言，很多还就此撰写过文章……第二个谎言则是准许协助自杀不会导致人们借此将时日无多的人推向死亡并使其成为一种惯例。问题不仅在于存在滥用的风险，问题的根源在于此举启用了一项制度，要求人们必须为继续活下去提供理由……我们最好还是选择

---

① Foster (2019).
② BBC News online (1 Oct 2009).
③ John Robertson (1997：342-3).

禁止协助自杀的制度，这样，最起码那些实施协助自杀的人在行动时还会战战兢兢。"① 你是否认为存在上述两种谎言？如果确实存在，容忍哪个谎言相对更好？

5. 有些医生愿意以下列方式处理晚期绝症患者：对其进行镇定，使之失去意识或知觉，然后停止向他们提供食物和水分。② 几天之后，患者就会死亡。与给患者注射立即导致死亡的致命药物相比，这种做法是否多少是一种可以接受的方式？③ 如果使用镇静剂是缓解疼痛的最佳方式，那么是否应当对患者进行镇定，哪怕此举并没有导致患者死亡的意图？④

6. 在如今这个跨国旅行已经轻松简便的时代，是否所有想要禁止安乐死或者协助自杀的企图都很难奏效？在英格兰，人们前往瑞士的尊严诊所（Dignitas Clinic）寻求安乐死已经稀松平常。⑤ 的确，据估计，该诊所接待的求诊者中有 1/5 来自英国。⑥ 如果法律一方面禁止在本国境内实施协助自杀，另一方面却准许人们安排行程，前往海外接受协助自杀，那这样的法律是否有些奇怪呢？

7. "一位卡车司机被困在一辆熊熊燃烧的卡车中无法脱身。没有任何办法能够救他出来，他将很快被活活烧死。这位司机的朋友就站在卡车旁边。他有一把枪，并且枪法很好。这位卡车司机要求朋友开枪打死他。对他而言，被人开枪打死比被活活烧死好受一些。"⑦ 这位司机的朋友是否应该开枪打死他？如果你的答案是"应该"，这是否意味着你肯定支持主动安乐死？

8. 随着多种形式的计算机辅助死亡和机械辅助死亡变得越来越先进，区分自杀与协助自杀是否会变得更加困难？⑧

9. 古德曼描述了这样一个案例：一名婴儿患有严重疾病，由于预后诊断结果非常糟糕，医生

---

① Minow（1997：20-2）。
② Savulescu（2014）。
③ Bressington（2011）、Raul 等（2011）和 Williams（2001）对这一问题有过论述。
④ 参见 Broeckaert 和 Olarte（2002）。有关美国的特里·夏沃（Terri Schiavo）一案的讨论，参见 Koch（2005）。该案中，一位接受镇定的患者可以被"活活饿死"，但是不能通过注射致命药物的方法致死。
⑤ 有关瑞士协助自杀诊所工作的讨论，参见 Fischer 等（2008）和 Neigler（2009）。对于诊所发展的指控，参见 Campbell（2009）。
⑥ Siddique（2014）。
⑦ Hope（2005：15）。
⑧ 参见 Battin（2005：15）。

认为这名婴儿很快就会死亡，在征得父母同意的情况下，医生取下了他的呼吸机。① 但是，这名婴儿脱离呼吸机之后立刻开始出现痉挛和喘息。在此类病例中，这种情形有时会出现。婴儿的父母见状非常悲痛，医生就给这名婴儿打了一针，杀死了他。这位医生是否犯下了谋杀罪？他的行为是否有违伦理？

10. 苏珊娜·奥斯特认为，我们正在目睹协助死亡的去医疗化，即协助患者死亡的是死者的亲属和其他人员，而不是医务人员。②这是好事还是坏事？

11. 如果法律放开了对安乐死的限制，是否允许医生依据宗教信仰原因不参与安乐死？如果法律仍然坚持对安乐死的限制，是否允许医生依据宗教信仰原因实施安乐死？③

---

① Goodman（2010）.
② Ost（2010）.
③ Adenitire（2016）.

/延伸阅读/

关于本章主题,著述颇丰,下列参考文献只是冰山一角。

关于结束生命的著述可以参阅下列文献:

Battin M. (2005) *Ending Life* (Oxford University Press).

Bhatia N. (2015) *Critically Impaired Infants and End of Life Decision Making* (Routeledge).

Bridgeman J. (2017) "Leaving no stone unturned": contesting the medical care of a seriously ill child, *Child and Family Law Quarterly* 24: 63.

Chau P-L and Herring J. (2007), The meaning of death//Brooks-Gordan B, et al. (eds), *Death Rites and Rights* (Hart).

Coggon J. (2010), Assisted dying and the context of debate: medical law versus end-of-life law, *Medical Law Review* 18: 541.

Ford M. (2005a), The personhood paradox and the "right to die", *Medical Law Review* 13: 80.

Griffiths J, Weyers H and Adams M. (2008), *Euthanasia and the Law in Europe* (Hart).

Harris J. (2005e), The right to die lives! There is no personhood paradox, *Medical Law Review* 13: 386.

Herring J. (2015b), The child must live: disability, parents and the law//Herring J and Wall J. (eds), *Landmark Cases in Medical Law* (Hart).

Huxtable R. (2007), *Euthanasia, Ethics and the Law* (Routledge).

Jackson E and Keown J. (2011), *Debating Euthanasia* (Hart).

Lewis P. (2007), *Assisted Dying and Legal Change* (Oxford University Press).

McGee A. (2005), Finding a way through the ethical and legal maze: withdrawal of medical treatment and euthanasia, *Medical Law Review* 3: 357.

McGee A. (2015), Does withdrawing life-sustaining treatment cause death or allow the patient to die, *Medical Law Review* 22: 26.

McGee A and Gardiner D. (2018), Donation After the Circulatory Determination of Death: Some Responses to Recent Criticisms, *Journal of Medicine and Philosophy* 43: 211.

McMahan J. (2002), *The Ethics of Killing* (Oxford University Press).

Ohnsorge K. (2015), Intentions, motivations, and social interactions regarding a wish to die//Rehmann Sutter C, Gudat H and Ohnsorge K. (eds), *The Patient's Wish to Die* (Oxford University Press).

Otlowski M. (1997), *Voluntary Euthanasia and the Common Law* (Oxford University Press).

Smith II G. (2013), *Palliative Care and End of Life Decisions* (Palgrave Pivot).

反对安乐死的著述,参见下列文献:

Jones D, Gastmans C and Mackellar C. (2017), *Euthanasia and Assisted Suicide: Lessons from Belgium* (Cambridge University Press).

Keown J. (2002), *Euthanasia, Ethics and Public Policy* (Cambridge University Press).

Keown J. (2006b), *Considering Physician-Assisted Suicide* (Care Not Killing).

Paterson C. (2008), *Assisted Suicide and Euthanasia* (Ashgate).

Sommerville M. (2001), Death Talk (McGill-Queen's University Press).

支持安乐死的著述,参见下列文献:

Biggs H. (2001), *Euthanasia* (Hart).

Commission on Assisted Dying. (2012), *The Current Legal Status of Assisted Dying is Inadequate and Incoherent…* (Demos).

Dworkin R. (1993), *Life's Dominion* (Harper Collins).

Ost S. (2004), *An Analytical Study of the Legal, Moral, and Ethical Aspects of the Living Phenomenon of Euthanasia* (Edwin Mellen Press).

Smith S. (2012), *End-of-Life Decisions in Medical Care: Principles and Policies for Regulating the Dying Process* (Cambridge University Press).

VanZyl L. (2000), *Death and Compassion: A Virtue-Based Approach to Euthanasia* (Ashgate).

Warnock M and MacDonald E. (2008), *Easeful Death* (Oxford University Press).

对死亡法律的讨论参见下列文献:

Birchley G. (2012), Angels of mercy? The legal and professional implications of withdrawal of life-sustaining treatment by nurses in England and Wales, *Medical Law Review* 20: 337.

Black I. (2018), Refusing Life-Prolonging Medical Treatment and the ECHR, *Oxford Journal of Legal Studies* 38: 299.

Coggon J. (2006), Could the right to die with dignity represent a new right to die in English law? *Medical Law Review* 14: 219.

Greasley K. (2010), R (Purdy) v DPP and the case for wilful blindness, *Oxford Journal of Legal Studies* 30: 301.

Heywood R. (2014), Moving on from Bland: the evolution of the law and minimally couscious patients, *Medical Law Review* 22: 548.

Huxtable R. (2013), *Law, Ethics and Compromise at the Limits of Life: To Treat or not to Treat?* (Routledge).

Jansen L, Wall S and Miller F. (2019), Drawing the line on physician-assisted death, *Journal of Medical Ethics* 45: 190.

Keating H and Bridgeman J. (2012), Compassionate killings: the case for a partial defence, *Modern Law Review* 79: 697.

McGee A. (2011), Ending the life of the act/omission dispute: causation in withholding and withdrawing life-sustaining measures, *Legal Studies* 31: 467.

Michalowski S. (2013), Relying on common law defences to legalise assisted dying: problems and possibilities, *Medical Law Review* 21: 337.

Mullock A. (2011), Overlooking the criminally compassionate: what are the implications of prosecutorial policy on encouraging or assisting suicide? *Medical Law Review* 18: 442.

Mullock A and Heywood R. (2016), The Value of Life in English Law: Revered but not Sacred?, *Legal Studies* 36: 258.

Pattinson S. (2015), Contemporaneous and advance requests: the fight for rights at the end of life//Herring J and Wall J. (eds), *Landmark Cases in Medical Law* (Hart).

Price D. (2009), What shape to euthanasia after Bland? Historical, contemporary and futuristic paradigms, *Law Quarterly Review* 125: 142.

Riddle C. (2017), Assisted dying and disability, *Bioethics* 31: 1467.

Sulmasy D and Courtois M. (2019), Unlike Diamonds, Defibrillators Aren't Forever: Why it is Sometimes Ethical to Deactivate Cardiac Implantable Electrical Devices, Cambridge Quarterly of Healthcare Ethics 28: 338.

Williams G. (2007), *Intention and Causation in Medical Non-Killing* (Routledge).

有关荷兰和美国俄勒冈州的经验,参见下列文献:

Battin M, et al. (2007), Legal physician-assisted dying in Oregon and the Netherlands: evidence concerning the impact on patients in "vulnerable" groups, *Journal of Medical Ethics* 33: 591.

Finlay I and George R. (2011), Legal physician-assisted suicide in Oregon and The Netherlands: evidence concerning the impact on patients in vulnerable groups: another perspective on Oregon's data, *Journal of Medical Ethics* 37: 171

Smith S. (2005a), Evidence for the practical slippery slope in the debate on physician assisted suicide and euthanasia, *Medical Law Review* 13: 17.

有关患儿和死亡决定,参见下列文献:

Wilkinson D and Savulescu J. (2019), *Ethics, Conflict and Medical Treatment for Children: From Disagreement to Dissensus* (Elsevier).

Goold I, Herring J and Auckland C. (2019), *Parental Rights, Best Interests and Significant Harms* (Hart).

有关姑息疗法,参见下列文献:

Randall F and Downie R. (2006), *The Philosophy of Palliative Care* (Oxford University Press).

有关女权主义方法,参见下列文献:

Andrews J. (2015), Keeping older women safe from harm, *Feminism & Psychology* 25 (1): 105-8.

Biggs H. (1998), I don't want to be a burden! A feminist reflects on women's experiences of death and dying//Sheldons and Thomson M. (eds), *Feminist Perspectives on Health Care Law* (Cavendish).

Callahan S. (2015), A feminist case against self-determined dying in assisted suicide, *Feminism & Psychology* 25 (1): 109.

Raymond D. (1999), Fatal practices: a feminist analysis of physician assisted suicide and euthanasia, *Hypatia* 14: 1.

附录 A
荷兰、比利时、美国俄勒冈州的安乐死制度

1. 荷兰

荷兰已经通过立法，准许在某些情形下实施安乐死。① 荷兰制定的《经请求后终止生命以及协助自杀（审查程序）法》对《荷兰刑法典》第 293 条进行了修正，修正后的条文如下：

(1) 经他人明确和真诚的请求后终止他人生命的，判处十二年以下有期徒刑，或者判处第五类罚款。

(2) 符合谨慎注意义务（due care）之要求……并告知市政当局验尸人员的医生犯有本条第一款中所称之违法行为的，不予处罚。

该法第 2 条对谨慎注意义务这一概念做了界定。这一概念要求医生必须：
a. 确认患者是经过深思熟虑后自愿做出请求的；
b. 确认患者的痛苦是持久且无法忍受的；
c. 已经将患者的状况和治疗前景告知了患者；
d. 并且患者确信自己的状况已经没有任何其他有效的治疗方案；
e. 已经咨询了另一位见过该患者，并履行了谨慎注意义务的各项要求（如前文 a-d 项所示）后，提供了书面意见的独立医生；
f. 在谨慎注意义务下，终止了他人生命或者协助他人自杀。

该法律中最具争议的是患者的病痛是否是持久且无法忍受的。

> 病痛是否果真无法忍受，这是一个只有患者自己才能回答的问题。病痛可以定义为肉体上的疼痛或者精神上的痛苦。从本质上讲，病痛涉及一种严峻的状况，且患者自身也能清楚地意识到其严峻性。应由患者本人说明自己的病痛是否达到了无法忍受的程度。这种病痛非常严重、无法忍受，连患者生活都受到了影响，导致患者一心求死。除了结束生命、摆脱病痛外，遭受病痛的人既不能又无意从自己的病痛中获得任何生活的意义。个体在表达病痛时，会受到个人经历和理念、文化价值和标准的影响。因此，应由患者自己判定病痛是否已无法忍受。但是，就决定是否实施安乐死或者协助自杀而言，患者的判断并不具有决定性。医生必须结合

---

① Griffiths, Bood, and Weyers (1998).

患者病痛的持续时间与难以忍受的程度进行综合评估，在此基础上确定患者病痛的性质已经无法忍受。①

一项研究表明，2005年，1.7%的死亡案例源自安乐死，另有0.1%源自协助自杀。② 这些案例中，84%的患者被初步诊断为癌症，6%涉及肺部疾病，10%涉及其他或未知疾病。③ 2010年，经报告的医生协助患者死亡的案例有3136起，其中2910起为安乐死，182起为协助自杀，44起两者兼而有之。

批评者④对荷兰模式的担忧主要如下：⑤

· 有证据表明，医生往往对安乐死制度中的正式指导方针视若不见。⑥ 然而，这些证据多数为该法实施前的情况。最新研究表明，公开报告的安乐死案例只占大约50%左右。实际上，2000年以来，报告的安乐死案例数量有所下降，不过还不清楚这到底是由于安乐死的发生率有所降低，还是由于报告安乐死案例的医生比例有所减少。⑦ 此外，荷兰政府已经意识到了这一问题，并在不久前针对那些实施安乐死却没有遵守正式要求的医生颁布了更广范围的处罚措施。⑧ 这样，安乐死案例的报告率就会有所改善。有研究发现，有80.2%的案例都进行了恰当的报告。⑨ 但仍有人认为这一比例低得令人担心。

· 1998年到2010年间，各地区安乐死审核委员会共对23268起通告进行了审查。审查发现有50起案例没有遵守"谨慎注意"标准。⑩在这50个案例中，大部分患者意识清醒程度有限，因而无法确定患者的病痛是否无法忍受。

· 有人声称，在荷兰的安乐死制度之下，非自愿安乐死状况屡见不鲜。菲尼斯（Finnis）⑪ 在分析了一项关于安乐死法律实施情况的详细调查结果后，指出：

---

① Koninklijke Nederlandsche Maatschappij tot bevordering der Geneeskunst（KNMG）（2011）.
② Van der Heide 等（2007）。
③ Koninklijke Nederlandsche Maatschappij tot bevordering der Geneeskunst（KNMG）（2010）.
④ Keown（1992），Keown（1995），and Jochemsen and Keown（1999）.
⑤ Van der Maas, van Delden, and Pijnenborg（1992）and van der Maas（1996）are the leading surveys on the practice of euthanasia in Holland. Thomasma 等（1998）provides a detailed consideration of the statistics.
⑥ Hendin（1999）.
⑦ Onwuteaka-Philipsen 等（2005）。
⑧ Sheldon, T.（2004）.
⑨ Van der Heide 等（2007）。
⑩ Koninklijke Nederlandsche Maatschappij tot bevordering der Geneeskunst（KNMG）（2010）.
⑪ Finnis（1998b：1476-7）.

最重要的是，我们在查看这些数据时会发现，采用完全或者部分以结束生命为目的的医学干预加速死亡的案例，不是只有 1300 起、2300 起或者再多 1000 起，而是 25306 起……并且在荷兰这些死亡案例中，有一半多的案例，或者说 58％的案例，准确地讲，在 14691 起案例中，患者根本没有明确提出安乐死的请求。①

不过，需要指出的是，他所说的统计数据包括决定不予治疗的案例以及使用镇静剂结束生命的案例。根据荷兰法的规定，这两类案例无须报告。

• 2010 年，有 21 名早期痴呆症患者根据安乐死法律被夺去生命。②
• 有人声称，我们在如下事实中也可以发现滑坡效应的证据：荷兰多家颇有声望的医疗机构建议有必要召开一次会议，讨论是否可以在没有预先指示或者同意的情况下终止患有严重痴呆症（即便没有任何严重的生理症状）的患者③的生命。目前，该法令对这样的案例并不适用。
• 截至目前，法院和荷兰当局对违反了法律规定的医生一直采用的是放宽处理的做法。例如，有一名荷兰精神病医生曾经协助一位患有抑郁症但是生理健康的女性实施自杀，而荷兰当局认为这位精神病医生的做法有其合理性，④ 因此只对这位医生提起了医学纪律惩戒程序。
• 有人称，荷兰提供的姑息治疗和临终患者安养服务非常有限。⑤

但是，要说荷兰的安乐死制度没有支持者那就大错特错了，事实上，安乐死领域的主要学者认为荷兰的安乐死制度非常成功，并对荷兰的安乐死制度会遭到滥用这种说法嗤之以鼻。⑥甚至有人主张，荷兰的非自愿和无意愿安乐死比例比其他国家低，因为荷兰的法律准许人们在失去相应能力前决定自己是否愿意接受死亡⑦，从

---

① 对这些主张的详细讨论，参见 Keown（2002：Part Ⅲ），van Delden 等（1993）指出，基恩等人误读了这些数据。Keown（2002：100-1）为他的解读做了辩解。对是否有证据证明存在自愿和非自愿安乐死的讨论，参见 Pijnenborg 等（1993）。
② Daily Mail（2011）.
③ Hellema（1993）.
④ Mason and Laurie（2006：607）.
⑤ Zyic（1998）and van Delden（1999），虽然不是每个人都同意这一看法，参见 eg Cohen Almagor（2002a）和 van der Heide 等（2007）。
⑥ Eg Singer（2003）.
⑦ Otlowski（2002）、Kuhse 等（1997）认为，在安乐死不合法的法域，有更多数量的患者在未表示同意的情况下被杀。他们声称，在澳大利亚，36.5％的死亡涉及在未征得患者同意的情况下，通过作为或不作为方式故意杀害患者。但他们的研究结果也遭到了质疑。见 Kissane（2002）。

而避免人们"地下"偷偷进行安乐死。①将安乐死公开化并对其进行监管，可以更好地防止安乐死的滥用。②的确，一项安乐死实施情况的研究表明，1995年到2001年期间，安乐死的发生率一直保持稳定，这表明荷兰这项立法并未导致安乐死数量节节攀升这样的滑坡效应。③事实上，2005年，安乐死发生率还有所下降。④而且有研究表明，有12%的安乐死请求遭到了医生的拒绝，另有13%的患者在咨询了医生意见之后撤回了安乐死请求。⑤不过关于这些数据是否表明医生在判定哪些案例适合安乐死、哪些案例不适合安乐死方面准确无误，安乐死的支持者和反对者恐怕会发生龃龉。⑥

可见，人们采用了多种方法解读上述统计数据，没有达成任何共识。⑦把那些将协助死亡或者安乐死合法化的国家与那些尚未将其合法化的国家进行比较，不能就安乐死合法化的成效得出一个明确结论。⑧不过，有一点应当注意，那就是多个颇具声望的机构在对荷兰安乐死制度进行评析时，都对荷兰安乐死法律的运作是否给弱势群体提供了足够保护表示深切忧虑。这些机构包括联合国人权委员会⑨以及欧洲理事会议会法律事务与人权委员会。其中，后者表示，这些研究表明：

> 在未经患者明确请求的情况下安乐死的实施率高得惊人，同样令人震惊的是，医务人员未能向相关监管机构报告安乐死案例。⑩

这林林总总的问题或许可以解释，为什么实行类似法律的法域这么少⑪，不过有研究表明，在美国俄勒冈州和荷兰两地的弱势群体中选择协助自杀的比例并不比

---

① Magnusson (2004). 尽管有学者对多大程度上存在地下安乐死心有疑虑，参见 Keown (2006b)。但无论如何，他认为有很多经常被违反的刑法制度，但这不是废除这些制度的理由。
② Kuhse (1998).
③ Onwuteaka-Philipsen 等 (2003) and Downie (2000)。
④ Van der Heide 等 (2007)。
⑤ ansen-van der Weide, Onwuteaka-Philipsen, and van der Wal (2005)。
⑥ Coggon (2007) 质疑对实证证据的辩论是否可以客观进行，因此对这一辩论对于解决结束生命的争论的效用，也提出了质疑。
⑦ Lewis (2007c)。
⑧ Lewis (2007a)。
⑨ The United Nations Human Rights Committee (2001). 荷兰政府承诺将进行进一步研究调查委员会担心的问题 (Dutch Government (2003))。
⑩ The Council of Europe (2003: para 1)。
⑪ 支持荷兰模式的，参见 Admiral (1996)。负面的评价，参见 Keown (1994a, b) 和 Hendin (1998)。

其他地方高。① 无论个人如何解读这些统计数字，令人意外的是，荷兰的法律和医疗机构并未采取更有力的措施确保相关法律得到严格执行，从而避免人们对医疗不端行为的指控。②

2. 比利时

比利时于 2002 年通过安乐死合法化的立法。③ 该法仅适用于那些已经年满十八岁、有意思能力并陷于持续不断、难以忍受，而且无法缓解的肉体疼痛或者精神折磨的患者。如果这样的患者明确无误、不止一次而且坚定不移地要求安乐死，就可由一名医生满足其意愿。在此情形下，临床医生必须向患者提供关于其病情的全部信息，并告知患者可供选择的各种姑息治疗。此外，还必须由另一名医生确认患者的病痛无法忍受，也无法缓解。如果患者罹患的并非不治之症，那么还应进行进一步的诊察。在患者提出安乐死请求至少一个月之后才能实施安乐死。但是，这项一个月等待期的要求对于那些经历剧烈痛苦而且时日无多的患者而言可能行不通；科恩-艾尔玛格尔（Cohen-Almagor）就援引一位比利时医生的话说，这一法律在重症监护病房并不适用。④ 的确，该法未能全盘考虑可能要求医务工作者做出是否应帮助患者终止生命的所有情形，这一点可以看作其制度上的不足。尽管如此，但比利时的医生报告说，有了这项法律，跟患者和患者家属讨论有关终止患者生命的问题变得更容易了。⑤ 按照科恩-艾尔玛格尔的说法，截至目前，这项新法并未导致安乐死的数量增加，只不过使安乐死能在一个可控的体制下合法开展，再也不必偷偷摸摸地进行了。2004 年，比利时共报告了 347 例安乐死。⑥ 但自从该法实施以来，安乐死的

---

① Battin 等（2007）；Department of Human Services（2007）。对巴廷［Battin 等（2007）］使用数据的质疑，参见 Finlay and George（2011）。

② 即使荷兰模式的支持者也承认，对于登记死亡的要求，遵守规定的太少［Griffiths 等（1998：298）］。有趣的是，Els Borst（引入安乐死立法的荷兰卫生和社会保障部长）最近表示，严重关切安乐死在荷兰的实践发展（文章见：http：//medicalmile.com/medical-news/state-a-local-medical-news/1527-qdo-not-make-the-same-mistakeq.html.）。

③ Gastmans 等（2004）和 Cohen-Algamor（2009）讨论了比利时的新法。

④ Cohen-Almagor（2009）.

⑤ Ibid.

⑥ Jackson（2007）.

数量急剧上升，2010年为954例，2011年则为每月平均85例。[①] 2010年的一项研究发现，只有52.8%的安乐死案例按照新法规定向有关委员会进行了报告。[②] 不过，这里涉及的大量案例中，多数患者的生命仅被缩短了几天，因此医生并不认为这种情况属于安乐死。安乐死的反对者很可能会以这些研究为例，证明防止安乐死滥用的相关保护措施是多么容易规避。另外，比利时关于安乐死的这一法律有一点很值得品味，那就是：如果患者由护士以及/或者家属护理的，那么他们就应当接受医生的诊察。

3. 美国俄勒冈州

1994年，美国俄勒冈州通过了《有尊严死亡法》（Death With Dignity Act）。[③] 该法准许医生为患者提供致死剂量的药物，用于协助患者自杀。不过，只有在符合某些审慎规定的情形下才允许实施，并且该法不准医生亲自施用该致命药物。[④] 换言之，该法允许的是医生协助自杀，而非安乐死，且必须确定患者的行为是自愿的，患者具有意思能力。

自从该法通过以来，共有525人根据该法结束了自己的生命。1998年，共有16名俄勒冈人采用了医生协助自杀的方法。1999年，这一数字增长到了27人。2006年46人。2010年则有59人。[⑤] 这意味着每一千名俄勒冈人中有2.09人通过医生协助自杀的形式死亡。2010年，根据该法共开出了96个致命药物处方，但只有54人使用了所开的药物，另有20名在2006年拿到致命药物处方的人员在没有服用该药物的情况下死亡。令人不安的是，从1998年到2007年，共有19例患者将服用的致死药物呕出后出现了并发症。当然，很可能还有其他未向有关当局报告的协助自杀的案例。[⑥]

俄勒冈州寻求医生协助自杀的人员构成为我们提供了其他一些很有意思的信息。

---

① Le Soir (2011).
② Smets, Bilsen, Cohen, Rurup, Mortier, and Deliens (2010).
③ Hendin and Foley (2008); Cohen-Almagor and Hartman (2001).
④ Smith II (1996).
⑤ Oregon Public Health Authority (2011).
⑥ Hendin and Foley (2008).

- 在依据该法自杀的人中,最为常见的是癌症患者(78.5%)。
- 1998—2010年的汇总数据显示,患者提供的想要结束生命的最常见理由是失去了自理能力(91.2%)与丧失从事让生活快乐有趣的事情的能力(88.1%)以及失去尊严(84.1%)。有35.3%的人担心自己成为家人或者朋友的负担。出于经济顾虑的只有2.5%。
- 从1998年到2010年,寻求医生协助自杀者的平均年龄为71岁。从1998年到2010年,适用该法请求安乐死或协助自杀的人中有3.6%的人不满45岁。相对年轻的绝症患者寻求医生协助自杀的概率高于年龄较大的绝症患者。
- 寻求医生协助自杀的男女比例差异不大。从1998年到2010年,适用该法终止自己生命的人中,53.7%为男性,46.3%为女性。
- 受过高等教育与寻求医生协助自杀之间关联度高。1998年到2010年间,适用该法结束自己生命的人中,有44.2%的人拥有学士学位。[1]
- 在俄勒冈州,采用医生协助自杀的人中,1/4患有抑郁症。[2]

截至目前,似乎没有证据表明俄勒冈州协助自杀制度遭到了大范围的滥用。[3] 但邦尼·斯坦博克(Bonnie Steinbock)认为,俄勒冈州这项制度的益处是否超过了可能被滥用的弊端还有待证明。[4] 2008年,有人向法医委员会(Board of Medical Examiners)提交了两个案例,并投诉说,该法就开出致命药物处方所规定的文书工作未能充分执行。不过,在这两个案件中,均未发现有违职业道德的行为。

---

[1] 上述统计数据来源于俄勒冈公共卫生署。
[2] Ganzini, Goy, and Dobscha (2008).
[3] Dahl and Levy (2006).
[4] Steinbock (2005). See also Battin 等 (2007).

附录 B
研究

引　言

本附录将讨论卫生保健领域的研究。① 一般来说，法律不会对卫生保健研究进行监管，除非其涉及如下内容：

- 人类参与者。
- 人类配子（精子或卵子）。
- 人类胚胎。
- 动物。
- 有关个人的数据。

因此，如果科学家只是在实验室摆弄化学物质，他不会面对这里所讨论的法律监管问题。但是，如果在患者身上做实验，那么就会产生大量颇具争议的问题：实验是否得到了患者的知情同意？如果参与的患者因为实验而受到伤害，该科学家是否会被控犯有过失？即使参与者同意，某些形式的研究从伦理角度看是否违法？如何保证医学实验能够在充分保护参与者的隐私与个人信息的条件下进行？

在纳粹统治时期，医生曾经未经参与者同意就在他们身上进行医学研究。这使规制医学研究的法律蒙上了一层阴影。这种令人毛骨悚然的事情使人们达成了一个广泛共识：涉及人类的医学研究需要进行严格监管，并且务必慎之又慎，确保获得参与者的同意。② 现行法律也意识到了这一危险，即研究人员由于急于推动医学研究，有可能会禁不住诱惑，试图逃避研究必须得到参与者同意这一要求。

这里还应注意一个重大区别：用于治疗的药物或医疗程序与用于治疗之外的药物或者医疗程序二者存在区别。医生或许会将某种尚未经过测试的药物用在罹患特定疾病的患者身上，认为该药是治愈该疾病的最佳（或者或许是唯一）的希望。在这种情形下，该药物就是用于治疗的药物。给患者使用该药物是为了患者的利益。相反，如果医生征集身体健康的志愿者，并在他们身上测试某种药物可能存在的副作用，那就是用于治疗之外的目的。在这种情形下，将该药物用在志

---

① 本书不涉及动物的医学研究。
② 尽管有指控称仍然存在在没有获得同意的情况下进行此测试：BBC News online（1 October 2010）；Plomer（2005）。

愿者身上不是为了改善他们的健康状况,而是为了对该药物进行测试,看它是否可以用在其他人身上。当然,二者的区别并非总是如此清晰。如果进行测试的药物可能对人体有一定的益处,那么这种测试究竟是治疗性的还是非治疗性的就不那么明确了。不过有一点可以确定,那就是将治疗方案用于非治疗目的远远比用于治疗目的更具争议。①

这里始终贯穿着这样一个矛盾:在推进促进医学进步的研究与保护研究参与者之间的矛盾。当然,今天挽救了无数人生命的许多医学进步是在人类受试者身上进行研究后才得以实现的。甚至有人表示,全社会都有责任参与此类研究。② 我们在推出药物供人们普遍使用之前,必须确信它们是安全可靠的,而要确信这一点,除了在足够数量的志愿者身上进行测试之外别无他法。如果对(人类受试者的)同意施加过于严格的监管,就会阻碍这一重要工作,而监管太松,又会导致在研究工作中尚未获得"志愿者"的有效同意就开展研究或者以不恰当的方式对待志愿者。例如,有人曾对布里斯托皇家医院所做的儿童心脏病手术进行调查,结果表明,在未经患者父母同意、也未经当地研究伦理委员会批准的情况下,手术中采用了若干未经试验的新型治疗步骤。该项调查发现,接受了上述新技术手术后的患儿中,死亡人数比采用传统手术方式的要多。不过,正如该案例所示,医学研究与医生们真诚地认为的在最佳时间提供治疗之间并无明显界限。该案例中,医生认为他们提供的新治疗是当时可供使用的治疗方法中最好的。另一方面,正如我们在下文中看到的那样,有人声称如果加强对医学研究的监管,势必导致医学研究成本高涨,使学界以及/或者依赖慈善机构资助的研究人员难以涉足其中,医学研究沦为大公司的禁脔。

并非人人都赞同医学研究是件必须大力推动的善事。有人就曾指出,限制医学研究不会带来任何损害,至多不过是导致好事不能变成现实而已。③ 也有人认为,这就意味着,在决定是否应当限制医学研究时,不必证明受试者受到的伤害要大于该疾病给人们带来的伤害。相反,在决策时,应当采用一个更低标准。还有人指出,对于那些可以通过研究找到治愈方法的疾病而言,如果过于看重研究参与者的利益,势必无法保护罹患这些疾病的患者的权益。

---

① Melo-Martin and Ho (2008).
② Fried (2001).
③ Jonas (1998: 916).

1. 对研究的监管

1.1 什么是研究？

对医学研究进行定义并非易事。如果给患者使用一种有效性有待证明的新药，那么这究竟属于研究还是按照医生心目中的最佳方式对患者进行治疗呢？关键的区别在于这一治疗是为了获取知识——在这种情形下就属于研究——还是为了患者的利益。如果准备开展的治疗并未得到"临床医学界的坚定支持"，那么这种治疗就很有可能属于研究而非治疗。[①] 此外，还要将研究和临床审计区分开来。所谓临床审计是指确定某种疗法是否达到了某一特定标准。如下所述，这一区分非常重要，因为研究必须遵循一系列规则，而这些规则对临床审计和治疗并不适用。国民医疗服务体系患者安全管理局（Patient Safety Authority）明确提出：

> 研究的第一要务是获取新知识，而临床审计与服务评估则是为了衡量治疗的水平。研究是为了明确我们应当做什么，而临床审计则是为了确定我们是否做到了应当做的。[②]

1.2 对研究的监管

涉及人类受试者的研究要接受一整套由成文法、普通法和国际规章组成的法律规范的调整。[③] 规范医学研究的法律渊源主要有以下几种。

1.2.1 赫尔辛基宣言

《赫尔辛基宣言》由世界医学协会制定。该宣言于1964年首次签订，此后屡经修订，尤其是2008年的重大修订。[④] 尽管该宣言对英国并不具有法律约束力，但是按照一位著名学者的观点，该宣言"已经成为衡量当下英国研究项目的基准"。[⑤] 该

[①] NHS Patient Safety Authority (2008).
[②] Ibid.
[③] Mclean (2002).
[④] 参见 Giordiano (2010).
[⑤] Mclean (2002: 607).

宣言中包含了几条重要原则：① 必须征得所有有意思能力的参与者的同意；② 人类受试者有权退出研究；③ 只有在不涉及人类受试者的其他研究方式均无法实现研究目的的特殊情形下方可进行人体试验；④ 研究取得的收益应当与参与者所冒风险相称。

该宣言第 6 条中包含了一条极其重要的原则：

> 在涉及人类受试者的医学研究中，受试者个体的利益必须置于所有其他利益之上。

这就是说，如果人类受试者的权利与社会利益发生冲突，应以受试者的权利为上。[①] 例如，如果科学家认为，科学要求在不征得他人同意的情况下开展实验，这样可以找到治愈某种慢性疾病或者绝症的方法，并希望据此开展实验，这是不允许的。或许有人认为这样的立场过于绝对，如果只需从个人身上抽取血样就可以找到治愈艾滋病的方法，无须征求其同意，这样做难道不合理吗？如果轻微的侵犯身体完整权的行为就可以为社会取得如此重大的成就，那么不允许这样做岂不是在保护个人权利方面矫枉过正了？其他人则认为，以推动医学进步的名义侵犯个人权利的诱惑太大，因此必须采取绝对主义的做法。

1.2.2 刑法

在未经他人同意的情况下，触碰他人身体或者向其施用有毒物质属于刑事犯罪；但在某些情形之下，受害人对前述施用有毒物质或者触碰行为的同意，可以为对方提供免责理由。因此，如果在患者同意的情况下，医生在治疗过程中触碰了患者的身体，当然不算违法。在医学研究中是否也应如此？就此，法律委员会指出，如果某人对他人造成伤害，无论伤害程度如何，只要该伤害是在已获批准的医学研究（即得到了研究伦理委员会的批准）过程中造成的，那就不应认为该人有罪。[②]

应注意的是相关研究必须获得批准。所以，医生如果自行从事研究，即没有得到伦理委员会批准，并对患者造成了伤害，那么即使他事先征得了患者同意，这一行为依然可能被认定为刑事犯罪。

1.2.3 制定法

规制医学研究的制定法（成文法）有多部，其中包括 1990 年《人类受精与胚胎

[①] 尽管这一原则也有一些模糊之处，相关讨论参见 Helgesson and Eriksson（2008）。
[②] Law Commission Report No 231（1995：paras 8.38-8.52）。

法》、1998 年《数据保护法》、2001 年《健康与社会保健法》、2004 年《人体组织法》、2005 年《心智能力法》。此外还有 2004 年《人用药物（临床试验）条例》，该条例赋予相应欧盟指令以效力。①

1.2.4　1998 年《人权法》

在未经患者同意或未获得其他法定授权的情况下，在患者身上进行人体试验可能会侵犯患者依据《欧洲人权公约》第 3 条或第 8 条所享有的权利。② 根据该项立法之目的，研究伦理委员会将作为公共权力机构，负责确保任何获得批准的研究均不得侵犯参与者的人权。

1.2.5　普通法（侵权法或合同法）

在过失侵权法上，研究人员对试验参与者负有注意义务，如果研究人员违反该项义务，受害人可对其起诉索赔。研究人员与试验参与者订立合同的可能性很小，但一旦订立了合同，就有可能因对方违反合同而提出索赔。

1.2.6　专业指导意见和政府指导意见

政府和专业机构会针对研究工作制定指导意见。③ 违反此类指导意见的人员会面临惩戒措施的处罚。研究的资助方或者依托医院也可能针对研究工作制定专门要求。

1.2.7　地方以及各种伦理委员会

成立这些委员会的目的是规范和监督各自领域内的研究工作。④ 我们会在下文探讨这些委员会的工作。这些委员会负责审核批准各研究项目，或者为某项目的实施设定条件。实践中，研究人员的个人研究申请在地方研究伦理委员会获得通过后，他们很可能认为自己的研究就不会遇到什么法律麻烦了，不过，伦理委员会的批准并不保证该研究一定就合法。⑤

---

① EC Directive 2001/20/EC.
② *X v Denmark* (1983) 32 DR 282.
③ See, eg GMC (2010b); DoH (2011d).
④ McGuiness (2008) 做了一个有关伦理委员会的地位的有用研究。
⑤ Douglas (2007) 主张这应当是合法的。

从法律角度看，研究可以分为三类：一是构成刑事犯罪的非法研究。二是受法律调整的合法研究。如果研究工作未能达到监管要求，则该研究工作就会构成刑事犯罪或者侵权。三是不受法律调整的合法研究。

接下来我们将分别对这三类研究进行探讨。

2. 根据公共政策认定为非法的研究

我们将在这部分讨论与公共政策相抵触的违法研究项目。

2.1 对参与者造成伤害的研究

即使参与者愿意参加危及他们生命的研究，这种研究合法的可能性也非常低。但是合法与否的分界线应设在哪里？研究风险应控制在何种程度内才不会被宣布为非法？

在英国法院的判例中找不到这方面的任何明确指导意见。或许，我们应当从上议院对R诉布朗案[①]的判决入手。该案中，一群男性参与了施虐与受虐行为。这些男性互相施加多种侵害，被控使用暴力造成实际人身伤害并导致严重人身伤害。他们为自己辩护的理由是他们的行为获得了"受害人"的同意。上议院认为，在涉及构成实际人身伤害或者更为严重后果的侵害行为的案件中，受害人的同意不能作为辩护理由，除非该行为可归入"例外"案件范畴，即此类活动意在推动公共利益，例如体育运动、治疗或是仪式性割礼，而施虐与受虐谈不上促进了公共利益。

该案表明，只要医学研究有利于公共利益，那么，即使医学研究对参与者造成了严重伤害，参与者的同意依然可以作为辩护理由。但这仍未回答如何划分合法与否的界限问题。当然，安乐死是非法的，因此不能将参与者同意他人杀死自己作为研究项目的一部分。那么，造成死亡的风险较小或带来严重伤害的风险较大的情形又如何呢？法院在考虑某项研究合法与否时，无疑要考虑如下几项内容。

2.1.1 《赫尔辛基宣言》第21条

只有在研究目的的重要性高于受试者的风险和负担的情况下，才可以

---

① *R v Brown* [1994] 1 AC 212.

开展涉及人类受试者的医学研究。

《欧洲人权和生物医学公约之生物医学研究议定书》(*European's Protocol to the Convention on Human Rights and Biomedicine Concerning Biomedical Research*)中含有类似的关于生物医学研究规定：

> 如果研究结果不太可能使研究参与者直接受益，那么只有在研究参与者能够承受该研究所带来的风险与负担的情况下方可进行。（第6条第2款）

上述条款中有两点值得注意。第一，只有在研究能够带来重大利益的情况下，才允许参与者承担受到伤害的风险。在为寻找治愈艾滋病和疟疾的方法而进行的研究中，让参与者承担受到伤害的风险是合理的，但是如果为了找到解决男性脱发的方法而让参与者承担这样的风险则未必合理。第二，要区分那些可能让参与者直接受益的研究与那些不会让参与者直接受益的研究。因此，如果参与者罹患某种疾病，而相关研究正是为了找到治疗该疾病的方法，那么让参与者承担较高水平的风险具有正当性，反之就不同了。不过，归根到底，关于法律允许医学研究对表示了同意的参与者造成伤害的程度问题，该公约最后只用"可接受的风险"来搪塞，根本没有提供任何实质性指导。

2.1.2 专业指导意见

伦敦皇家内科医学院[①]提出，如果志愿者身体健康，那么只能让他们承受最低限度的风险。所谓最低限度的风险是指微乎其微、可以忽略的风险：例如驾驶汽车所带来的风险或者伤害，概率只比百万分之一略高一点。[②]

2.1.3 学术著作

某些伦理学家提出，只有人类受试者在研究中受到伤害的概率或者严重程度不高于他们在日常生活中可能遇到的伤害的概率或者严重程度，这种研究才可以开展。[③] 不过，这一检验标准由于过于模糊而饱受诟病。不同的人在不同的人生阶段

---

① Royal College of Physicians（2007）.
② Royal College of Physicians（1996：para 7.2）.
③ Hope and McMillan（2004）.

愿意承担不同的风险。① 霍普和麦克米兰将"日常生活风险"标准解读为研究参与者在研究中面对的风险不得比在不参与研究、处于正常生活的情况下所面对的风险严重。② 这样一来,不同的人就可以根据各自的生活方式来承担不同程度的风险。还有一种建议是,应对这一标准做如下界定:"对于研究中预计出现的伤害和不适,其概率和严重程度不得高于在常规身体或心理检查中经受的伤害与不适的概率以及严重程度。"③

其他评论人士则认为,既然我们允许人们从事可能会带来严重伤害的高风险活动,例如攀岩和摩托车竞速赛,那么我们当然应该允许他们以医学的名义承担这种风险。不过,可能有人会提出,医学研究与这些危险活动不同,它受国家资助和鼓励。允许人们在业余时间从事风险活动是一回事,而准许国家出资赞助此类活动则是另外一回事。此外,有人提出,与危险性运动不同,从事可能伤害他人的研究不涉及人的基本自由。④ 但是,在医学研究的支持者看来,比较医学研究与其他危险活动,可以得出的结论是,既然这些危险活动为公众带来的益处远远不及医学研究,我们却对它们听之任之,那么,我们更有合理理由允许人们在医学研究中承受风险。

米勒和约菲指出,在探讨应当允许研究参与者承受何种风险方面,应考虑下列四个因素:

(1) 参照研究之外的恰当的对照活动(例如捐献活体器官)。

(2) 承认对人体试验益处的事前判断本身就存在不确定性。

(3) 根据前两项考虑因素,判定人类受试者承受的风险与研究带来的预期收益之间的相称度如何。

以及

(4) 领会维护公众对人体试验的信任的必要性。⑤

下面,我们将对可能对参与者造成伤害并产生特定问题的研究项目进行探讨。

---

① Resnik(2005).
② Hope and McMillan(2004).
③ Resnik(2005).
④ Jansen and Wall(2009)。相反的观点,参见 Edwards and Wilson(2011)。
⑤ Miller and Joffe(2009:448-9).

2.2 "挑战性研究"

此类研究有意让健康的人感染某种疾病,以研究该疾病的发展与治疗。① 这在医药的研究,特别是疫苗的开发中非常重要。英国医学研究理事会会定期让若干健康的人员感染普通感冒,以此来研究可能的治疗方法。② 对很多人而言,这种形式的研究较之其他形式的研究(例如,在一群人身上对某种试用药物进行测试)在伦理上更加难以接受。在"挑战性研究"中,研究人员的行为旨在给参与者带来伤害,尽管这种伤害十分轻微,而且研究人员会立刻着手治愈参与者遭受的伤害。在其他种类的研究中,所用药物的效果是未知的,研究人员也无意对参与者造成伤害。即使研究人员知道所用药物可能有令人不适的副作用,但使参与者遭受此类副作用并非研究人员的本意。③

2.3 安慰剂

某些医学研究会给参与者施用安慰剂。安慰剂外表看似是药物,但实际上是没有什么疗效的无害物质。使用安慰剂的原因是为了评估患者服用被其误认为是药物的安慰剂后所产生的心理作用。研究人员常常会给一个样本组使用试用药,给另一个样本组使用安慰剂,对第三个样本组则不使用任何药物。使用试用药物的样本组的疗效或许会优于不服用任何药物的样本组,但如果使用试用药的样本组的疗效与使用安慰剂的样本组相同,这就表明,产生疗效的是服用安慰剂所带来的心理效果,而不是试用药本身。

不过,使用安慰剂也存在一些法律和伦理上的难题。④ 第一是同意问题。如果在研究人员诱导下,患者相信自己在服用药物,而实际上服用的却是安慰剂,那么参与者是否受到了误导?可以说他们当初同意服用安慰剂吗?如果告知患者,他们服用的是安慰剂,就很可能抵消这项试验的有效性(该试验旨在发现人们服用自认为是药物的物质后所带来的心理益处)。对此,一种解决方案是告知参与者,他们服用的可能是安慰剂,不过这种做法依然会对试验的有效性造成一定的影响。而且

---

① Hope and McMillan (2004).
② Jackson (1989).
③ Hope and McMillan (2004).
④ Louhiala (2009) and Shaw (1989).

这种做法在下列情况下根本算不上解决方案：需要在一段时间内给样本中的每位参与人服用安慰剂，并且研究人员想要使用"单盲安慰剂"。这种做法往往在研究开始时实施，多见于患者正在服用药物，且研究人员想要记录患者不服用任何药物时的医疗状况的情形。在这种情况下，告诉参与者他们服用的可能是安慰剂具有误导性，因为他们肯定要服用安慰剂。而告知他们，他们服用的就是安慰剂则可能抵消研究项目的有效性。有人认为，告诉研究参与者，在研究的某个时段他们可能会服用安慰剂，这至多算是模糊事实，并非彻头彻尾的谎言，而且考虑到研究工作所带来的益处，这种做法情有可原。也有人认为，这种做法没有认真对待应对研究参与者坦诚相待的责任。他们认为，在道德上唯一可接受的做法是，明确告知参与者，在研究工作的某一阶段，他们都要服用安慰剂。①

第二个问题是对患者使用一种毫无益处的治疗方法是否正当，特别是在研究人员知道有现成的、能够给患者带来益处的治疗方法的情况下。换言之，如果某位患者患有某种疾病，现有药物甲可以在一定程度上缓解病痛，而研究人员却想测试药物乙，确认它相对于药物甲是否有所改进。在这种情况下，如果给参与者服用安慰剂（假如他并未参与研究时，他本该服用药物甲），那么此举可以说是在伤害参与者。虽然如此，确实有证据表明，安慰剂也可以给患者带来益处。不难想象，这些益处源自安慰剂的心理作用。②

《赫尔辛基宣言》第 32 条对安慰剂的使用做出了规定。

> 一种新干预措施的获益、风险、负担和有效性，必须与已被证明的最佳干预措施进行对照试验，除非存在下列情况：
>
> 1. 如果没有已被证明有效的干预措施，那么在研究中使用安慰剂或无干预处理是可以接受的。
>
> 或者
>
> 2. 如果有强有力的、科学合理的方法论上的理由证明，为了确定一种干预措施的有效性和安全性，使用安慰剂是必要的，并且使用安慰剂或接受无干预处理的患者，不会因此而遭受任何严重的或不可逆的伤害的风险。须特别注意，对这种选择必须极其谨慎，以避免滥用。

正如本条规定所示，在明知已有可供使用的疗法的情况下却在研究中使用安慰

---

① Evans（2000）.
② Lichtenberg 等（2004）.

剂，这种做法存在问题。这是因为，服用安慰剂的参与者在研究中得到的治疗对他们不利，不如他们在不参与研究的情况下接受的治疗。① 不过，也有人指出，如果已知某种药物存在有害的副作用，而且安慰剂具有同样的药效，那么服用安慰剂反而是最佳治疗方法。②

比安慰剂问题更大的是"安慰型"手术。③

拍案惊奇

安慰型手术

部分人士对有关安慰型手术的报道深感惊恐。安慰型手术所依据的原则与安慰剂相同：它是为了试图弄清患者接受手术所带来的心理影响。为此，部分研究参与者会接受手术，而其他人则自以为接受了手术，而实际上研究者根本就没有对他们做手术，尽管还是要将他们的身体切开，留下疤痕，以显出动过手术的表象。例如在一项关于帕金森症的研究中，在20名患者的颅骨上穿孔，向他们的大脑中注入引产胎儿的干细胞，而对于另外20名患者，则只是在他们头部进行穿孔（不过并未刺穿他们的硬脑膜）。[Freed等（2001）] 当然，在这项研究中，患者或者其代理人知道，患者接受的既可能是治疗，也可能是安慰型手术。不过，这种做法果真应该得到许可吗？毕竟，使用安慰剂至少对患者无碍，而使用安慰型手术却会对患者造成一定的伤害。但是，如果这种做法征得了同意，并且在科学进步中扮演着重要角色，难道不应准许这种做法吗？

3. 涉及儿童的研究

起初，在研究中以没有能力就参与研究做出同意的儿童作为试验对象这一理念

---

① Hoffman（2001）.
② Blease（2001）声称在某些抑郁症情况下这是真实的。
③ 相关讨论参见 Albin（2005）、Dekkers 和 Boer（2001）、Freeman 等（1991）。

似乎不可接受。① 但在探索儿科疾病的治疗方法或者测定某种药物对儿童的功效方面，除了以儿童作为受试者之外，可能别无选择。不唯如此，有人甚至提出，由于目前未能充分进行涉及儿童受试者的医学研究，这就意味着目前儿童使用的药物只在成人身上进行过试验，这种做法对儿童是有危险的。②

3.1 法律的一般规定

关于在医学研究中使用儿童受试者的问题，几乎没有什么明确的指导意见可供遵循。③ 如果将调整治疗儿童的一般规定（参见第四章）适用于医学研究，那么当某项研究在其他方面均合法，并且医生征得了具有吉利克能力的儿童的同意或者征得了对儿童承担父母责任的人的同意时，医生就可以进行该项医学研究。④ 不过，调整治疗儿童的一般规则是否适用于医学研究这种情形，还有待明确。这有两个原因：

一是在 *Re W* 案⑤中，唐纳森勋爵认为，一名有吉利克能力的儿童能够同意接受某个对自己毫无益处的治疗，这种可能性微乎其微。在非治疗性的研究中也是如此。

二是父母是否可以同意接受某个明显不符合其子女最佳利益的治疗，并借此行使自己的父母责任，这还有待明确。有意见认为，父母责任仅仅赋予父母同意符合子女最佳利益的医疗程序的权利。

对这种观点持批评态度的人可能会提出两点理由。第一，实际上，我们确实允许为人父母者做出某些有害于子女的决定。我们允许父母给自己的子女吃不健康的食物，让子女沉迷于电视，等等，只要子女不受到重大伤害。如果达到导致子女受到重大伤害的程度，子女就有可能被带离，由有关机构担任监护人。让儿童参与医学研究，仅对他们造成轻微伤害，这就不算是对他们造成重大伤害。第二，可以这样说，让儿童参与医学研究其实对儿童有益。这样做可以教导儿童学会关心他人并理解参与公共项目的益处。⑥

无论先例多么令人怀疑，涉及儿童的研究确实存在。很难想象法官会判定医生

---

① Cave (2010); Lyons (2011a).
② 这类研究中，女性参与者也比较缺乏。Holdcroft (2007).
③ 相关讨论参见 Hunter and Pierscionek (2007).
④ MRC (2004b: para 5.14).
⑤ *Re W* [1992] 4 All ER 627.
⑥ Williams (2011).

从事的已经证明明显有助于公共利益的研究非法。《赫尔辛基宣言》也明确认为（以儿童为受试者的）研究应当是合法的。该宣言第 29 条明确规定：

> 当一个被认为不具备知情同意意思能力的潜在受试者能够表达是否参与研究的决定时，医生在设法征得其法定代理人的同意之外，还必须征询受试者本人的同意。受试者的异议应得到尊重。

如果任何研究对儿童构成的风险程度超出最高限度风险，那么即使该研究已经征得该儿童父母的同意，该研究的合法性也存在问题，除非能够证明该研究会让该儿童直接受益。①

3.2　涉及儿童的临床试验

如果研究工作涉及某种药物的临床试验，则应适用 2004 年《人用药物（临床试验）条例》（以下简称《条例》），并且还应遵守与儿童有关的特别规则。根据该《条例》，未成年人是指未满 16 岁的人。② 在让未成年人参与试验之前，必须征得该未成年人的父母或者对其承担父母责任的人的同意。③ 对于紧急疗法的试验，如果没有承担父母责任的人，可由"个人法定代理人"表示同意。该代理人必须与该试验无关，愿意担任代理人，并且其与该儿童的关系决定了他是适格的代理人。如果没有这样的人，可以采用"行业法定代理人"。行业法定代理人应由与该试验无关的卫生保健服务人员提名。简言之，可以做出同意的人员依次如下：① 承担父母责任的人；② 个人法定代理人；③ 行业法定代理人。只有没有前一顺位的人时，后一顺位的人才能做出有效同意。因此，如果父母不同意子女参与研究，也就不能指望法定代理人做出同意。

颇具争议的是，即使未成年人表示反对，依然可以在他们身上开展医学研究。不过《条例》④ 明确规定，对于有能力判断有关研究信息的未成年人，研究人员应当考虑他们的反对意见。埃玛·凯夫⑤对《条例》所做评论颇有见地。她提出，应当规定医学研究工作至少要征得有相应能力的儿童的同意。有相应能力的儿童无法拒绝参与研究，或者无权退出研究，这与关于儿童权利的一般法律存在龃龉。如果

---

① Institute of Medical Ethics (1986).
② 该条例第二条。
③ 该条例的附表一，第四部分。
④ Ibid.
⑤ Cave (2011).

某个儿童坚决不愿参与某项医学研究项目,特别是在该儿童拥有相应能力的情况下,研究人员大约也是不会让他参与研究的。

《条例》规定,涉及儿童的研究工作必须经过研究伦理委员会的批准,而且研究伦理委员会在批准此类研究工作前必须征询儿科专家的意见。

《条例》还进一步规定,只有医学研究对儿童有直接益处的情况下才能让儿童参与研究。在风险极小而且有相应识别能力的儿童也同意参与研究的情况下,这一要求就失之过严了。在病情极为罕见,而且必须明确某种药物对儿童的功效的情况下,这一规定有可能招致不少困难。①

3.3 职业指导意见

英国医师协会认可涉及儿童的医学研究合法,不过该协会指出,只有在医学研究中使用成年人作为受试者无法实现研究目的的情况下才能开展涉及儿童的研究。

> 婴儿、儿童以及患有严重心理问题的人员只有在下列情形中才能参与研究:只有这一群体才会罹患某一特定疾病,或者对于此前经表示同意的成年人为受试者进行试验证明有效的疗法,适用于这几类人员时,功效有所不同。②

英国医师协会的指导意见表明,如果在儿童身上开展的医学研究与他们的利益不相抵触(也即对他们没有害处)就是正当的。换言之,即使研究工作对儿童没有好处,只要对他们没有害处,那么该研究就应予许可。不过,有人提出,这一标准过于宽松,如果研究工作对儿童并无明显益处,那么这种研究工作就是站不住脚的,因为此举无异于将儿童用作实现目的的手段。③

英国皇家儿科和儿童健康学院(Royal College of Paediatrics and Child Health)为涉及幼儿的医学研究制定了一些有用的指导方针。④ 这些指导方针以六大原则为基础。

(1) 涉及儿童的医学研究对所有儿童的福祉具有重要意义,应当予以支持、鼓励,并应以符合伦理道德的方式实施。

---

① Ibid.
② BMA (2004: 506).
③ Edwards and McNamee (2005).
④ The Royal College of Paediatrics and Child Health (1992)。医学研究理事会也有类似的指导意见。MRC (2004b).

(2) 儿童不是形体较小的成人，他们拥有自己独有的利益。

(3) 只有在以成年人为受试者、具有可比性的医学研究无法回答某一问题时，才能以儿童为受试者进行研究，以期找到该问题的答案。

(4) 如果某一医学研究并非以给儿童受试者带来益处为直接目的，该研究并不一定就是不符合伦理或者不符合法律的。

(5) 所有涉及儿童受试者的医学研究的提议均应提交研究伦理委员会审查。

(6) 应从儿童、儿童的父母，或者适格监护人处获得合法有效的同意。如果儿童受试者为学龄儿童，那么在征得父母的同意后，研究人员还应获得儿童受试者的同意。

3.4 伦理问题

鉴于人们担心研究者在研究中使用未表示同意的参与人，为涉及儿童的医学研究找到正当理由的责任就落到了支持这种做法的人肩上。有些伦理学家认为：无论如何，在未经参与人同意的情况下让他们参与研究都是不恰当的。但在医学研究语境下，这种观点的不合理之处在于，如上所述，要对儿童疾病疗法进行恰当检测或者检验获准用于成人的药物对儿童的功效如何，唯一途径就是让儿童参与研究。[1] 英国医师协会强调，即使研究工作获得了批准，也必须要对儿童参与者予以特殊照顾。儿童很容易陷入困惑，而且并非总有机会表达自己的需求或者捍卫自己的利益。[2]

有学者指出，我们应当认定儿童是愿意参与研究的，因为他们有参与研究的道德义务。[3] 甚至还有人提出，即使父母表示反对，也应准许进行涉及儿童的研究。[4] 这是涉及医学研究参与义务的更宽泛争论的组成部分，我们将在后文讨论这一问题。

4. 涉及无意思能力的成年人的研究

涉及无意思能力的成年人的研究是否合法呢？[5] 这里涉及的问题与涉及儿童的研究工作有相似之处。未经参与者同意不得让他们参与研究这一原则与为严重精神障碍找到有效药物的愿望之间存在冲突。

---

[1] Kirby (2004).
[2] BMA (2004: 511).
[3] Harris and Holm (2003).
[4] Evans (2004).
[5] McHale (2006b).

4.1 2005年《心智能力法》

2005年《心智能力法》第30—34条对涉及无意思能力成年人的研究做了规定。涉及药物临床试验的研究由2004年《人用药物（临床试验）条例》调整（我们稍后会对此进行讨论）。2005年《心智能力法》的立法初衷固然是为了保护研究涉及的无意思能力人，不过，值得注意的是，该立法的《业务守则》中有关研究的章节开宗明义地申明了研究工作的重要性：

> 涉及无意思能力人的研究能够得以实施，并且以恰当方式实施，这一点非常重要。如果不进行这样的研究，我们就无法增加对于导致他们缺乏或者失去意思能力原因的了解，也无法增进我们在无意思能力人的疾病诊断、治疗、护理以及他们需求方面的知识。[1]

该项立法规范的是"侵入性"研究。换言之，如果某人有表示同意的能力但没有同意参与研究，那么在他身上进行此类研究就属非法。[2] 因此，涉及对参与者的任何性质的碰触或者对他们施用任何物质的医学研究统统属于"侵入性"的范畴，而如果只是观察和记录某人的举动，则很有可能不属于这一范畴。[3] 话虽如此，通过双向玻璃长时间观察某人却有可能被视为具有"侵入性"。[4] 根据该法第30条之规定，只有在满足下列条件时，对缺乏意思能力的人员[5]（P）进行的"侵入性研究"[6] 才是合法的：

（1）该研究已经得到"有关机构"的批准。通常情况下，该有关机构是指地方研究伦理委员会。

（2）该研究与P所罹患的"让人失能的疾病"或其治疗有关[7]。

（3）必须有合理理由令人相信，如果该研究项目仅限于有能力表示同意的人员，或者仅与此类人员相关，就无法开展治疗疗效的比较研究。[8]

---

[1] DCA（2007：202）。相关讨论参见McHale（2009）。
[2] MHA 2005, s. 30（2）。
[3] 虽然有人主张，这违反了1997年《反骚扰法》，构成犯罪。
[4] DoH（2005b）。
[5] 在适用这些条款前，必须对患者是否是一个无意思能力人做恰当评估。
[6] 这种研究并不包括《2004年人用药物（临床试验）条例》中规定的临床试验。
[7] 2005年《心智能力法》第31条。第31条第3款解释了"让人失能的疾病"是"指（或可能是指）造成/导致（或可能造成/导致）心智或大脑功能受损的疾病。"
[8] MHA 2005, s. 31（4）。

(4) 该研究必须满足以下任一条件:

(a) 该研究可能对 P 有益,且不会强迫 P 承受与其受益不相称的负担。

(b) 该研究旨在帮助治疗与护理罹患类似疾病的患者,该研究中对 P 造成的风险可以忽略不计,并且不会严重妨碍 P 的自由、行动或者隐私以至于达到过度侵扰患者的程度。①

(5) 研究人员必须采取合理措施,明确 P 的护理人员或者关心 P 福祉的人士。② 研究人员必须向该护理人员提供有关该研究项目的信息,并询问该护理人员,P 是否应当参与研究,以及他认为 P 有哪些愿望和感受。如果护理人员答复 P 不想参加该研究项目,那就不得让 P 参与该研究项目。③

(6) 如果 P 已做出一个有效的预先指示或者其他声明,表明他不愿意参与该项研究,则不得在该患者身上实施该研究。④

(7) 研究过程中,不得对 P 做出任何他有表示反对迹象的行为,除非该行为是为了保护 P 免受伤害而必须实施的。⑤

(8) 必须采用恰当的手段,使 P 在最大程度上理解研究的整体过程。如果可能,应当让 P 参与决策过程。此举可能涉及诸如以简化格式向患者提供信息等措施。

(9) 满足所有普遍适用于研究工作的一般要求。

从上述条件可以看出,法律对这类研究要求颇为严格。不过这些规定并非没有争议,有关争议包括下列问题:

(1) 即使研究对无意思能力人没有益处,这些规定依旧准许实施研究。有人认为,在违背无意思能力人最佳利益的情况下对他们进行治疗,这是不合理的。乔纳斯(Jonas)认为:

> 以人作为受试者存在的问题,与其说是因为此举将他当成了一种手段(这在各种社会场景中都会出现),倒不如说我们将他当成了物体——一个只是用来供人摆弄的、被动的物体。说他被动,并不是因为他在真实行动中被动,而是因为在以该人为象征性客体的象征性行动中,他是被动的。

---

① MHA 2005, s. 31 (5) (6).
② 这并不是指因照顾 P 获得报酬的人。如果找不到这样一个人,研究人员可以提名一个愿意从研究人员那接受关于该患者相关咨询意见的人。(2005 年《心智能力法》第 32 条第 2 款)
③ MHA 2005, s. 32.
④ MHA 2005, s. 33 (2).
⑤ Ibid.

他的存在被降格为一个符号,或者一个"样本"。①

我们必须权衡未经参与者同意不得让他们参与研究这一原则和以下的担忧:如果不允许在无意思能力人身上进行研究,就会严重阻碍医学进步。如果不能证明有效疗法已经近在咫尺,研究参与者自己很有可能从中受益,那么关于阿尔茨海默病的研究是否就不必开展了?证明这类研究正当性的一种方法是回答以下问题:"报名参与该研究是否符合无意思能力人的利益,即作为某种精神障碍患者的一员,是否应让他得到更有效的治疗?"②

(2) 该项立法仅仅规范"侵入性"研究。对于观察参与者的行为、改变他们的饮食,甚至采集尿样(如果不涉及对参与者的触碰),该立法并未禁止。或许可以认为,研究人员对无意思能力人实施的行为,如果不构成刑事犯罪,而仅涉及上述这些轻微不法行为——如果算得上是不法行为的话,那么鉴于此类不法行为非常轻微,我们着实不必对研究人员的行为感到担忧。不过,批评人士提出,对无意思能力人权益的侵害,即使表面看上去微不足道,对脆弱且惊恐不安的无意思能力人而言或许就并非微不足道,在相关研究要求会打破他们的日常安排的情况下尤其如此。③

(3) 任何时候,只要 P 有表示反对的迹象,研究工作就不应继续开展。如果参与者患有精神障碍,这项要求解读起来可能存在困难,也必然会给研究人员的工作增加困难。

(4) 该项立法可以说是模棱两可的。该法第 30 条规定,"除非……",否则研究是"不合法的",然后列出了种种条件,包括上文所列条件。然而,该法并未明确规定,只要满足这些条件,研究就是合法的。研究人员或许会担心,即使他们的工作满足了法律规定的所有要求,他们的行为仍然可能被视为不合法。

(5) 地方研究伦理委员会工作成效如何关系重大。在对涉及无意思能力人开展研究之前,地方伦理委员需要格外考虑下列因素:

• 研究结果是否对该无意思能力人或其他有类似病症的患者具有潜在的益处。

• 让可能没有能力表示同意的人参与研究的理由,以及该研究在仅让具有意思能力的人参加的情况下是否可以进行。

---

① Jonas (1969: 235).
② Chong, Huxtable, and Campbell (2011: 35).
③ Annas and Glantz (1986).

- 作为同意程序的一部分，对每位参与者的意思能力的评估工作，以及评估和记录是如何进行的。
- 研究团队所建议的确定一个适格的第三方（例如护理人员）并与其进行协商的方式。
- 在无法确定代表参与者利益的第三方的情形下，是否采取了充分的保障措施保障参与者利益。
- 是否已经明确了相关责任人，负责识别参与者是否对研究中的任何内容表示了反对（无论是表现出抵触迹象还是以其他方式），并应将其排除在研究项目之外。[①]

4.2 无意思能力人与临床试验规则

2004年《人用药物（临床试验）条例》对涉及无意思能力人的临床试验做了特别规定。[②] 在该条例中，无意思能力的成年人是指"由于身体或精神失能，无法在知情前提下做出同意的成年人"。对于涉及此类人员的临床试验，只有在取得"个人法定代理人"同意后才准许实施，但是如果无法找到"个人法定代理人"，也可以依据"行业法定代理人"的同意进行试验。这是什么意思呢？

4.2.1 个人法定代理人

个人法定代理人具有如下特点：
- 与试验的实施毫无关联；
- 由于其与参与者的关系，适合担任参与者的个人法定代理人；
- 愿意担任（该无意思能力成年人的）个人法定代理人。

他可能是该无意思能力的成年人的近亲属或者朋友，且愿意代表该无意思能力的成年人做决定。

4.2.2 行业法定代理人

行业法定代理人具有如下特点：
- 与试验的实施毫无关联；
- 是该无意思能力成年人医疗工作的主管医生，或者相关医疗保健服务提供者

---

① DoH（2005b：130）.
② 该条例执行了《欧盟临床试验指令》（2001/20/EC），相关讨论参见 Liddell 等（2006）。

提名的人员。

研究伦理委员会在批准涉及无意思能力人的临床试验之前，必须就可能由于该临床试验而产生的临床、伦理和心理问题征询意见。

2004年《人用药物（临床试验）条例》中的附则一第五部分也含有若干关涉无意思能力成年人试验的重要限制，这些限制包括下列内容。

- 按照受试者的理解能力，受试者已经获得了涉及试验风险与益处的信息。
- 对于受试者明确提出不参加该项目或者退出该项目的愿望，研究人员必须予以考虑。但是，只有在受试者有能力形成意见并对上一段中所述信息进行评估的情况下，这一要求才适用。
- 有理由做出以下预期，即施用将在试验中检测的药品对参与者带来的益处大于风险，或者施用该药物不会带来任何风险。
- 该临床试验对验证以下数据必不可少：
  ① 通过涉及有能力做出知情同意的人员的临床试验获得的数据。
  ② 通过其他研究方法获得的数据。
- 该临床试验与受试者当前罹患的危及生命和造成身心衰弱的临床疾病有直接关系。
- 该临床试验旨在将与患者的疾病以及认知能力有关的痛苦、不适、恐惧以及任何其他可预见的风险降到最低程度。
- 患者的利益始终高于科学利益和社会利益。

有一点值得强调，无意思能力成年人的反对意见并不会直接导致将他们排除在研究参与者之外，但是研究人员应该对此加以考虑。让一个没有意思能力的人被迫参与研究的可能性微乎其微。

4.3 伦理问题

对于试验中将无意思能力成年人纳入研究参与者的态度，在很大程度上取决于个体在做出涉及无意思能力人的医疗决定这个一般性问题上的态度。第四章已经对此做了讨论，不过这里要对第四章中能在本章适用的若干观点做一总结。①

---

① Lewis（2002）对此话题做了精彩的讨论。

4.3.1 最佳利益

如果我们认为，医生关于无意思能力成年人的医疗决定只能根据他们的最佳利益做出，那么可以推定，除非某项研究对该成年人具有直接益处（例如，该研究的研究对象是其患有的病症，而且该研究很有可能在不远的将来发现治疗这一病症的方法），否则该研究就是不正当的。

不过，有人提出，患者最佳利益这种分析方法实际上能够为更多研究工作（其范围远远超出上文所言带来直接益处的研究）提供正当理由。这是由于参与研究是件利他的"善事"。利他主义普遍为我们的社会所称道。允许一个无意思能力的成年人在社会中扮演一个利他角色，能够让他们过上有意义的生活，对他们自己也有好处。因此，如果研究给无意思能力成年人带来的负担对公民而言是合理的，我们就应允许无意思能力成年人参与研究工作。不过，也有人反驳道，一个人奉行利他主义对他固然有好处，但是只有在他能够充分理解自己行为时才是如此。如果他对自己的善行或者他人对自己的敬佩浑然不知，也就谈不上什么利他主义带来的益处。而且，利他主义的益处虚无缥缈，纵然这些益处得到承认，也很难抵得过研究项目造成的哪怕一星半点的伤害。

4.3.2 替代性判断

这种方法提出，我们应当设想，假如患者具有意思能力，他们会做出怎样的决定。当然这很困难，特别是在这个人从来都不曾具备相应能力的情况下。采取这一分析方法的部分人认为，既然多数人都不愿意参与研究，那么可以想见，某个具体的人也不愿意参与。不过，或许可以这样说，一个患有某种特定病症的人如果受邀参与某个有助于找到治疗该病症方法的研究，那么多数情况下他肯定会同意参与。据此，或许可以提出这样一种方法：如果研究与该患者罹患疾病有关，我们可以推定他愿意参与该研究；如果与他的疾病无关，就推定他不愿参与研究。

4.3.3 社会利益

或许有人会提出，就无意思能力成年人而言，纵然他们无法表示同意或者反对，但有时候，为了更广大社会群体的利益，让这些人参与研究也合情合理。对这一观点的主要反对意见是，这种观点并未适用于有意思能力的患者。假如研究工作对社会的重要性果真大到无须无意思能力成年人同意，让他们参与研究也合情合理,那么未经有意思能力的成年人同意就让他们参与研究岂不是也合情合理?[①] 不过,或许有人会提出,在一个既不表示同意又不表示反对的人身上进行研究,其不道德程度要低于在一个表示反对的人身上进行研究。

5. 急救背景下的研究

如果医生想要研究紧急状况的治疗(例如,对心脏病发作的治疗),那么需要注意,此类研究常常引起若干格外棘手的问题。在这种情形下,研究者并不一定能取得患者对治疗的同意。假如该紧急状况可以预见(例如预见到在未来某个时候,患者可能需要心脏复苏),或许可以事先征求患者对某种新的治疗方法的同意。[②]而在紧急情况不能预见时,我们就只有两种选择:要么在未经参与者同意的情况下准许在他们身上进行研究,或者听凭新的急救方法得不到检验。这两种选择哪一种都不妙。

6. 试验性治疗方法

如果医生想要试用某种本质上还属于试验性质的疗法——还没有充分研究证实该疗法的疗效,法律对这种做法秉持何种立场?[③] 必须承认,试验性治疗与研究之间的界限并不明确。梅森(Mason)和劳里(Laurie)[④]认为:

> 研究意味着(要有)一个预先确定的、具有明确终点的方案。相比之下,试验性治疗方法揣测性更强,并且专门针对具体受试者个人。这一区别意义重大,因为试验可以根据受试者的反应进行调整,而研究计划,根据其定义,必然要求研究者遵循特定的行动流程,直到该流程的有效性得到充分证明为止。

上述区别的重要意义在于,如果某个项目属于研究,它就必须遵循监管程序,

---

① Lewis (2002).
② BMA (2004:510). 参见《欧洲人权和生物医学公约之生物医学研究议定书》第19条。
③ 有关医学纳米技术伦理问题的有趣讨论,参见 Spagnolo and Daloiso (2009).
④ Mason and Laurie (2006:651).

包括征得伦理委员会的批准等（如上所述）。但如果该项目被视为治疗，而且医生只是在现有知识水平的基础上将自己认为最佳的疗法提供给患者，那么该项目就可以被归类为治疗。

以下案例对试验性治疗方法进行了探讨。①

重点案例

西姆斯案②

JS（18岁）与JA（16岁）患有变异型克雅氏病（俗称疯牛病）。由于JS与JA均没有能力对这种治疗方法表示同意，所以，他们的父母请求法院宣告，对JS和JA进行（医生）建议的治疗方法是合法的。该建议疗法是一种新型疗法，此前还没有在人类身上做过试验。该疗法要求对患者全身麻醉后进行手术。医学证据均一致表明，在这两个孩子的病例中，如果不进行治疗，患者必然会死亡。此外，人们也一致认为，该疗法的有效性未知，但是采用该疗法并非不负责任的行为。但询问专家他们是否愿意对患者使用该疗法时，专家的意见并不一致。

巴特勒-斯洛斯法官认为，向患者提供的疗法是合法的。由于这两位少年没有能力做决定，问题就变成了医生建议的疗法是否符合他们的最佳利益。法官认为符合患者最佳利益。当时，没有哪个负责任的专家组认为，向两位患者实施医生建议的疗法属于不负责任的行为。为论证这一结论，法官援引了博勒姆标准（参见第三章）。尽管医生建议的疗法可能有5%的概率出现大出血，但鉴于患者状况，这一风险尚在合理区间。即使没有康复希望，该疗法依然对患者有益，人们希望该疗法能够延缓病情的恶化或者延长患者的生命。纵然改善病情的可能性非常渺茫，尝试该治疗也是值得的。正如法官所指出的那样：

> 对于罹患克雅氏病的患者，"利益"这一概念确实应当涵盖使当前病情有所好转，或者维持现有病情，较之不采用该疗法的情况下减缓病情恶化程度。

---

① Harrington（2003）.
② *Simms v Simms* [2003] 1 ALL ER 669.

> 在该病例中，病情是致命的且在持续恶化。因此，试用具有未知风险和利益的试验性疗法是合理的。法官表示：
>
> > 假如他们有相应能力，他们很可能表示同意。这种情形下，不应当剥夺没有能力同意开创性疗法的患者表示同意这种治疗的机会。
>
> > 在考虑什么符合患者最佳利益时，必须考虑患者接受和不接受该治疗的情况下，他们的未来如何以及他们家人的观点。据称，他们父母对建议疗法的支持具有"相当重的分量"。

拒绝让那些身患重病的患者接受试验性疗法十分残忍。这一观点肯定会得到上述判例的支持者的欢迎。反对者或许会提出，我们在此类病例中看到的是医生处心积虑地想要验证试验性疗法，而不是真心实意地想改善患者的病情。[①]在反对者看来，上述案例就是拿人类当小白鼠的最恶劣的实例之一。他们或许会对 J 案[②]表达类似的忧虑。该案中，法院批准对处于持续性植物人状态的患者使用一种新药，尽管这种新药治愈疾病的希望"非常渺茫"，而且使用该药的患者寥寥可数。马克·波特（Mark Potter）爵士认为，即使该疗法只能带来"渺茫的希望"，也不应剥夺患者的这种希望。

《赫尔辛基宣言》第 35 条支持使用试验性治疗方法。这种治疗方法带来了拯救生命和缓解病痛的希望：

> 对患者进行治疗时，如果证明不存在有效的干预措施或其他已知干预措施无效，医生在征得专家意见并得到患者或其法定代理人的知情同意后，可以使用尚未被证明有效的干预措施，前提是根据医生判断，这种干预措施有希望挽救患者生命、恢复患者健康或减少患者痛苦。随后，应将这种干预措施作为研究对象，并设计一个评估程序，检验其安全性和功效。任何情况下，都必须记录能够收集的新信息，并在适当时机公之于众。

当然，对于医生向患者建议的任何疗法，均应告知患者有关该疗法的认知现状，这一点非常重要。如果告知患者，治疗疗效未知，他们做出的同意表示就是有

---

① Maclean（2002）。参见 Price（2005b）对这一问题的精彩讨论。
② *An NHS Trust v J* [2006] EWHC 3152 (Fam).

效的。[1] 患者的同意之所以有效，是因为已经向患者提供了一切现有信息，即使这些信息中含有不少未知内容。

7. 对研究的同意

正如本章始终强调的那样，参与者是否同意参与研究是个关键问题。如果参与者不愿参与研究，只有在极少数情形下，研究才会获准实施。但是，同意的含义是什么？本书第四章对此已经进行过详尽讨论，但是这里依然值得提及研究中特别容易出现的两个问题。

7.1 强迫/不当影响

专业医务人员故意强迫患者参与研究项目的可能性很小，不过囿于专业医务人员与患者之间关系的性质，患者有可能觉得自己并无选择余地。患者或许认为自己对医生负有参与研究的义务，或者他们认为如果拒绝参与研究，将得不到充分治疗，或者他们根本没有意识到医生只是在邀请他们参与研究，而误以为医生是在要求他们参与研究。[2] 此外，如果患者属于绝症晚期，并受邀参与一个涉及一种未经检验的新药的研究项目，那么这位患者能有什么真正的选择可言？

《赫尔辛基宣言》第 26 条[3]注意到了这些问题：如果潜在受试者与医生有依赖关系，或有被迫表示同意的可能，在设法获得其参与研究项目的知情同意时，医生必须特别谨慎。在这种情况下，必须由一位完全独立于这种关系之外、有资质的合适人选来获取他的知情同意。

对于患者担心的如果拒绝参与研究，接受的治疗就会大打折扣的问题，《赫尔辛基宣言》第 34 条规定："患者拒绝参与研究或中途退出研究的决定，绝不能妨碍患者与医生之间的关系。"当然，患者是否相信此说法则是另外一回事。

7.2 知情同意

应该向研究参与者提供多少信息，这样参与者的同意才算在充分知情的情况下

---

[1] Pattinson (2009).
[2] Iltis (2005a).
[3] 参见《欧洲人权和生物医学公约之生物医学研究议定书》第 12 条。

做出,从而具有法律效力?对此,《赫尔辛基宣言》第 24 条规定:

> 涉及人类受试者的医学研究,每位潜在受试者必须得到足够的信息,包括研究目的、方法、资金来源、任何可能的利益冲突、研究者组织隶属、预期获益和潜在风险、研究可能造成的不适等任何与研究相关的信息。受试者必须被告知其拥有拒绝参加研究的权利,以及在任何时候退出研究而不被报复的权利。特别应注意为受试者个人提供他们所需要的具体信息,以及提供信息的方法。在确保受试者理解相关信息后,医生或其他合适的、有资质的人应该设法获得受试者自主表达的知情同意,最好以书面形式。如果同意不能以书面形式做出,那么必须在有证人在场时,做好非书面同意的正式记录。

英国医师协会的指导文件列出了一份应向研究参与者提供的信息清单:[①]

- 研究目的以及该研究已经通过了伦理审查。
- 研究参与者是否会直接从研究中受益,如果会,应告知参与者研究与治疗之间的区别。
- 相关研究术语的含义(例如安慰剂)。
- 每一个研究步骤的性质,以及步骤出现的频次和时长。
- 研究所涉及的程序,例如随机安排。
- 潜在益处和危害(包括立即发生的和长期的益处与危害)。
- 不良事件的报告流程。
- 参与者的法定权利以及保护措施。
- 如果研究会对参与者造成伤害,应告知赔偿细节,参与者的健康数据如何保存、使用和公开。
- 如果参与者捐献了人体材料样本,则应告知参与者该样本是否会被用于任何其他研究或者其用途。
- 是否会提取 DNA,如果会,应告知 DNA 将如何提取、存放或者处理。
- 参与者有疑问时可以联系的研究人员姓名。

---

① BMA(2004:499).

- 研究人员是否从研究中获益（例如经济收益）。[①]
- 直接负责照顾参与者的医生姓名。
- 参与者退出该研究项目的方式。
- 关于研究结果，研究参与者日后将获得哪些信息。
- 退出研究不会影响研究参与者获得医疗保健的质量。

2004年《人用药物（临床检测）条例》规定，应事先征得研究参与者的知情同意。该条例附则一第一部分第3条第1款对此做了解释说明。

只有在如下情形中，才能认定参与者做出了知情同意：

(a) 参与者在被告知该试验的性质、重要性、影响以及所具风险性之后，自愿做出的同意。

并且

(b) 符合下列任一条件：

(i) 该决定有该参与者的书面证明并签署日期与姓名，或者有该参与者以其他方式进行标记，表明其同意参与研究。

或者

(ii) 如果该参与者无法在文件上签名或者做出标记，以示同意参与研究，则该决定应在至少有一名证人在场的情形下以口头形式做出，并保留书面记录。

该参与者参与研究前必须与研究人员会面，并由研究人员向其说明"该试验的目标、风险和带来的不便之处，以及该试验将在何种条件下实施"。此外，还必须让参与者明白他们是在参与研究（而不是在接受治疗）。[②]

这些指导方针似乎表明，研究工作对于知情同意的标准要高于医学治疗中对知情同意的要求，[③] 不过目前我们还没有案例明确证明这一点。[④] 在判定有关应向参与者披露多少信息的法律要求时，法官很可能会援引前述指导方针和我们刚刚讨论过的相关议定书的规定。一个可能适用的标准是，凡是理性的受试者想要了解的相关

---

① Kim 等（2004）在一个调查中发现，绝大多数潜在参与者想要知道研究人员是否能从研究的结果中获得任何经济利益。
② Wendler and Grady（2008）对要求参与者必须要了解的事项做了探讨。
③ Chalmers and Lindley（2001）.
④ Montgomery（2003：61）.

事实,研究人员都应当向该受试者披露。①

这样严苛的方法可能会引发担心,如果向参与者提供一份列明了研究中可能发生的所有危险的详细清单,无论危险大小,此举都会打消人们自愿参与研究的愿望,从而阻碍科学的进步。② 一项调查表明,篇幅较短、所含信息较少的清单要比篇幅更长、信息更多的清单更加有效。③ 试验中,如果不同的试验参与者接受的治疗有所不同——例如,一些参与者接受试验性治疗方法,而另一些人则接受传统治疗方法,这也会带来困难。在部分试验中,让参与者不知道自己所接受的是什么治疗方法,这一点可能很重要。④ 当然,在这类案例中,告知患者他在研究中可能接受的各种治疗方法就足够了。但是,部分研究人员依然担心,即使只是这样做,依然可能导致研究结果失真。⑤ 此外,还有人担心,如果向参与者提供过多信息,可能导致他们"信息过载",使他们无法做出有效的决定。⑥

关于研究参与者在多大程度上充分了解他们所承担的风险以及研究中试验的治疗方式,值得商榷。在这方面所做的少数研究表明参与者对风险的了解程度不高。⑦ 一项关于遗传紊乱患者的研究发现,参与者并不记得相关人员开展了征询患者参与意愿的工作,而且,他们也无法分清疾病研究和治疗,只知道发生了什么。⑧ 这说明,患者在有些情形下根本无法理解治疗与研究之间的区别。而这两者之间的区别有时确实不易划分。⑨ 此外还有一种忧虑,那就是研究人员为了找到更多的研究参与者,会对披露的风险细节进行"粉饰",掩盖风险的真实情形。⑩

另一个问题涉及长期研究项目。以同意向生物样本库捐献人体材料为例。⑪ 或许参与者会被要求捐献人体材料,但研究人员未必知道这些材料究竟会用于哪些研究。如果仅因为研究目的的不同,就要求研究人员在使用该材料前联络捐献者,这样做不仅程序烦琐,而且价格不菲。这样一来就产生了一个问题:在这种情形下,由

---

① Fox (1998b: 119).
② Pullman (2002).
③ Hamiltonet al (2007).
④ Tobias and Souhani (1993).
⑤ Kottow (2004).
⑥ 参见 Iltis (2006),其对大多数人对风险的理解能力以及在此基础上作出知情同意的能力提出了质疑。
⑦ Joffe 等 (2001)。
⑧ Ponder 等 (2008)。
⑨ Melo-Martin and Ho (2008).
⑩ Kottow (2004).
⑪ Hoffmann (2009).

参与者做出一项"宽泛的同意意见",准许自己提供的人体材料用于科学研究,并且不必明确将该材料用于何种类别的研究,这种做法是否恰当?不过,有人认为,[①]任由研究人员以这种"宽泛的同意意见"为由削弱"研究工作必须征得参与者的明确同意"这一根本性原则十分危险。另一方面,一项针对某个生物样本库人体材料捐献者的调查表明,他们认为自己的同意意见表达了对研究项目的信任。他们相信,研究团队会恰当地使用自己所捐献的材料。[②]

7.3 退出权

研究项目参与者有权随时退出该项目,这获得了人们的广泛赞同。同时《赫尔辛基宣言》也对此做了明确规定。[③] 不过,莎拉·爱德华兹(Sarah Edwards)主张参与者只拥有有条件的退出权利。[④] 允许参与者退出会使研究人员在试验初期就"淘汰"那些经诱导可能会退出研究的参与者。这对选取一个具有广泛代表性的样本群体的目标而言,明显具有负面影响。爱德华兹提出,至少研究人员应当有权利"挽留"那些正在考虑退出的参与者,让他们继续参与研究。只要在参与者加入研究时就向他们声明,他们不能随心所欲地退出,限制性退出权的反对声可能就会有所减少。章(Chwang)也主张,在有些情形下,参与者不应具有退出权,不过他也强调,这不应以损害患者的身体完整权或者遭受剥削为代价。[⑤]

7.4 卫生服务研究

同意也是卫生服务研究中的一个困难问题。[⑥] 所谓卫生服务研究是指,不以某个特定疗法的有效性为目的,而以提供卫生保健为目的的研究。例如,某项研究可以对在患者中进行性病筛查工作的有效性进行研究,也可以研究产后护理的替代方式。难点在于,此类研究往往还需要分析地理数据。例如,国民医疗服务体系或许想要研究对性传播疾病进行治疗与咨询的最佳方式,并准备开展试点工作,在英国的甲地区实施 A 模式,在乙地区则实施 B 模式。在这种情形下,征得同意就存在问题,因为如果有一个人不同意参加研究,就不可能对他另行实施替代方案。

---

① Hoffmann (2009).
② Allen and McNamara (2011).
③ 第 24 条。
④ Edwards (2005).
⑤ Chwang (2008).
⑥ Cassell and Young (2002).

拍案惊奇

与研究有关的恐怖故事

这一部分一开始我们就谈及了在纳粹统治下发生的、未征得参与者同意的医学研究。这些研究曝光之后引发的惊骇促使很多人表示，绝不容许这样的"研究"再次发生。然而时至今日，研究工作对参与者造成伤害的事情却依然时有发生。有些事件确实令人毛骨悚然。这里有一个例子。①

以下指控出现在英国广播公司（BBC）报道的一起案件。② 20世纪90年代，有人在纽约市收治的一些 HIV 阳性的儿童身上测试了若干尚处于试验阶段且具有高毒性的药物。指控称，当这些儿童的护理人员报告这些药物产生了严重副作用（例如无法行走、持续呕吐）后，他们被告知，出现这种情况是由于这些儿童感染了艾滋病病毒。事实的真相是那些进行测试的药物有问题，但这一问题被隐瞒了。无论这些儿童自己，还是他们的亲属或者监护人均不知道，这些儿童其实参加了一场秘密试验。

人体研究保护联盟宣称，自20世纪80年代末期以来，上述试验就一直在美国各地实施，共涉及13878名儿童，其中有5%～10%的儿童属于寄养儿童。据美联社报道，"在一项研究中（氨苯砜测试），至少有10名儿童因种种原因而丧生，其中有4名死于血液中毒，研究人员表示，他们无法为该药物确定一个安全有效的剂量。他们声称，这些儿童的死亡虽然似乎不能'直接归责于'使用了氨苯砜，但依然'令人不安'。研究人员的结论是，'在每天都使用氨苯砜的小组中，使用该研究药物期间的总体死亡率要高出不少。'这一发现至今尚无解释"。③

2000年，《格里菲斯报告》（*the Griffiths Report*）对北斯塔福德郡医院国民医疗服务体系信托机构在1990—1999年间所做的研究进行了调查。④ 该报告发现，研究人员并未充分征得参与者的同意。有些研究参与者并未得到足够的研究信息，另外一些参与者则并不知晓他们自己有权选择是否参与研究。有证据表明，有些同意意见表上的签名是伪造的。

---

① Menikoff and Richards（2006）曾有一本有关丑闻研究的专著。
② BBC News online（30 November 2004）.
③ Associated Press（2005）.
④ Griffiths，2000.

> 1999年9月，一名18岁的学生，杰西·格林格（Jesse Gelinger）在美国参与一项基因治疗试验时死亡。有人声称，其死亡是由"对试验试剂的非典型反应"导致。此前曾使用动物对有关药物进行研究，发现这些药物可能导致肝功能衰竭，进而引发死亡。但是研究人员并未告知参与者这一信息。有人声称，该试验的主要研究人员在营销有关药物的公司中拥有1300万美元的利益。[1]
>
> 2006年3月，6名在伦敦诺斯威克公园医院参与某药物试验的志愿人员出现严重不适，知情人称他们已"到了危及生命的地步"。这些人出现了器官衰竭，并且免疫系统发生亢进。受害最严重的患者被迫截去了多个手指的指尖。正是这次事故促使有关方面对临床试验的实施方法开展了一次重大调查。[2]

8. 支付报酬

是否可以向研究参与者支付报酬？[3] 这种做法在英格兰和威尔士是允许的。[4] 笔者只花了几秒就在互联网上找到了多个开价数千英镑招募试验参与者的广告。这种做法也存在问题。一方面，有人担心不支付报酬可能是在利用志愿者，而且没有给予志愿者工作应有的承认。另一方面，以优厚报酬为条件可能会使经济窘困的人士经不住诱惑而参与研究。

伦敦皇家内科医学院[5]支持向志愿者支付报酬，不过报酬标准不应高到让志愿者丧失理智的地步。在参与者不仅是研究的"受试者"，而且还以伙伴身份积极参与研究工作的情形下（例如，填写文件并记录结果），向参与者支付报酬更加合情合理。向参与者支付报酬的益处在于能够鼓励人们自愿参与研究，特别在研究项目

---

[1] Kong (2005).
[2] Expert Scientific Group on Phase One Clinical Trials (2007).
[3] 参见 Brazier (2008) 的讨论。
[4] Involve (2002).
[5] Royal College of Physicians (2007).

要求参与者付出较多时间或者精力的情况下尤其如此。此举也有利于劝阻参与者退出研究项目。即使不对占用参与者的时间支付报酬，至少也应当支付他们因为参与研究而产生的花销。

对于支付报酬这一问题，评论人士各执一词。这毫不奇怪。① 反对者表示，社会对参与研究的人负有一项特别义务：要保证他们同意参与研究的意见是在充分知情下自由做出的。一旦允许向参与者支付报酬，就让原本就模糊不清的同意问题更加模糊。同意向参与者支付报酬的支持者可能会指出若干给从事危险行动的人员付费的例子。有人还声称，支付报酬是在提供好处，因而算不上胁迫。② 布雷齐尔指出，如果真要支付报酬，就应当提高报酬标准："参与医学研究，拿自己的健康冒险，理应得到丰厚的回报。报酬的标准应该足够高，以保证贫困不是参与研究的唯一动机。"③ 特里莎·菲利普斯（Trisha Phillips）④ 认为，应当为参与者制定最低的"公平报酬"标准，不过，如果研究人员无力支付这一最低薪酬，则一分钱也不要支付。

在对没有报酬的志愿者所做的一项调查中，超过 43% 的人对向研究参与者支付报酬表示赞同。⑤ 在支持者看来，这是为了报销参与者因为参与研究而发生的费用，并代表了公众对参与者所花费的时间与精力的承认，在招募志愿者存在困难的情形下对征召志愿者有促进作用。⑥ 而反对者则认为，志愿参与研究的动机应当是为了帮助他人，而不是为了金钱。他们担心，有人可能会以支付报酬为手段从发展中国家以及经济社会地位较低的群体中招募人员来参与研究。⑦

9. 对研究的许可

政府已经明确表示，要想赢得公众对研究质量以及对参与者权益保护的信任，对研究工作进行适当管理十分重要。⑧《欧洲人权与生物医药公约》（第 7—11 条）

---

① 比较 Wilkinsion、Moore（1997）和 McNeill（1993）的观点。
② Wertheimer and Miller（2008）；Macmillan（2010）。
③ Brazier（2008：133）。
④ Phillips（2011）。
⑤ Russel（2000）。
⑥ 付费能提高志愿者数量的证据可参见 Bentley and Thacker（2004）。
⑦ Fisher（2009）and Petryna（2009）。
⑧ DoH（2005e）。

和《赫尔辛基宣言》(第15条)都对此做了规定。研究的批准与监管要遵守如下法规:

- 英国政府的《研究管理框架》(*Research Governance Framework*)。该文件适用于所有由英国卫生部和国民医疗服务体系承担的研究,以及由各相关行业、慈善机构以及大学承担的研究。①该文件的调整对象实际上囊括了所有大型研究项目。
- 2004年《人用药物(临床试验)条例》。该条例对临床试验进行规范,并明确规定,所有临床试验均必须通过研究伦理委员会审批并获得有关许可机构许可。

任何研究均必须通过研究伦理委员会批准。下面,我们将首先对研究伦理委员会的运作进行讨论。②然后讨论2004年《人用药物(临床试验)条例》中适用于临床试验的特别规定。

9.1 研究伦理委员会

在审核研究计划书时,研究伦理委员会③要考虑多种因素,其中包括以下几个因素:

- 该计划书为征得参与者充分同意做了充分安排,如果参与者不具备意思能力,该计划书应符合所有相关法律规定。该委员会还将对向参与者提供的信息进行审查。
- 该计划书符合所有法律规定,例如2004年《人体组织法》以及人体组织管理局和英国卫生和社会保障部颁布的所有指导文件。
- 计划进行的研究具有科学性。该委员会将对研究的设计与实施进行审核。研究申请人必须说服委员会此前尚无对该主题的全面充分的研究,而且该研究将会为现有知识带来有益补充。研究伦理委员会在考虑前述问题时,还要参考专家意见。
- 该研究不会给参与者造成不必要的痛苦或不适,即使会造成痛苦或者不适,也与该研究将取得的益处相称。④
- 为招募研究参与者做好了充分准备,特别是在参与者的性别、种族出身和年龄分布较广的情况下。

---

① Ibid.
② 有111家研究伦理委员会。[NPSA (2009c)]。
③ 英国卫生和社会保障部提供了详细的指导。DoH (2011d)。也可参见 McGuiness (2008)。
④ DoH (2005e: para 2.2.8)。

- 为研究参与者的治疗与保护做好了充分的安排。
- 研究参与者的隐私权得到了充分的保护。
- 考虑了研究对参与者之外的广大群体的影响。①

各研究伦理委员会的工作受卫生研究管理局监督。②各研究伦理委员会必须保持独立,甚至连英国卫生和社会保障部以及国民医疗服务体系都无权干涉研究伦理委员会的决定。尽管研究伦理委员会负责审核研究工作的合法性,但他们不会提供法律咨询。即使最后证明研究并不合法,委员会也概不负责。③ 2011年有关部门发布了新的指导文件,明确了研究伦理委员会的职能。英国卫生部对研究伦理委员会的职责进行了如下界定:

研究伦理委员会旨在保护研究参与人员。这一职能有助于提升公众对于研究人员所开展研究的信任,保护研究参与者的尊严、权利、安全和福祉。这势必将鼓励更多的人参与研究,并进而推动卫生保健与社会保障服务取得更多、更好、更快的进步。④

有意思的是,这份新指导文件强调,研究伦理委员会的职责是与研究人员进行协作:

研究伦理服务署(The Research Ethics Service)与研究人员及其赞助人共同协作,确保研究工作符合伦理道德。研究人员在研究设计阶段应考虑研究工作及其涉及的患者、医护人员、方法学家以及统计学家、学术监管人员以及数据保护官员等引发的伦理问题,研究伦理委员会的审查工作是这一工作的补充。⑤

过去,研究伦理委员会体系的运作方式曾饱受诟病。其中较为突出的问题有以下几个。

(1) 缺少对相关研究的持续监督。尽管在研究开始前,研究伦理委员会将仔细进行甄别,但其对于研究的实际实施几乎没有什么监督。随着研究工作的推进,研究伦理委员会固然会对研究人员提交的报告进行审核,但是研究伦理委员会不会积

---

① DoH (2005b).
② 2011年创设了卫生研究管理局。
③ DoH (2011d).
④ DoH (2011d: para 1.2.3).
⑤ DoH (2011d: para 1.2.4).

极开展监督。① 研究伦理委员会究竟能否胜任医学研究的监督工作值得商榷。有人认为，研究伦理委员会系由志愿者组成，在现有制度下，他们已然是疲于奔命，如果要求他们承担监督工作，势必对研究伦理委员会与研究人员之间的关系产生负面影响。②

（2）研究伦理委员会的工作过于繁重。研究伦理委员会的成员均为没有报酬的志愿者。就连为这些人的培训筹集资金都困难重重。有人曾经指出，英国研究伦理委员会的经费捉襟见肘的窘况与其他国家类似委员会的经费状况形成了鲜明对比。③ 有多个报告称，有些研究伦理委员会人员甚至无法满足法定人数要求。④

（3）曾经有人对不同研究伦理委员会之间的工作方法差异表示担忧。⑤ 有批评者说，同一个研究项目被一个研究伦理委员会否定后，却得到了另外一个研究伦理委员会的批准。⑥ 这种现象反映出研究伦理委员会在成员选拔与培训方面存在诸多问题。2004 年英国研究伦理委员会管理局（UK Ethics Committees Authority，UKECA）宣告成立，这意味着国家将对研究伦理委员会工作进行标准化建设，监管也更为严格。尽管该管理局在理论上仅负责监管那些负责审批医用产品的伦理委员会，但未来很可能会对各个研究伦理委员会的研究申请审批工作产生一定影响。2005 年，英国患者安全管理局接手了对研究伦理委员会进行监管的职责。⑦ 不过，2005 年的审查报告承认各委员会的审批工作等仍不统一。⑧

（4）部分人士认为研究伦理委员会对自己做出的决定缺少问责机制。⑨ 质疑委员会决定的途径少之又少。尽管可以对研究伦理委员会的决定提请司法审查，但成功的可能性十分渺茫。⑩ 尽管作为公共机构，法律要求研究伦理委员会的工作不得侵犯 1998 年《人权法》规定的各项人权，但要想据此对研究伦理委员会的工作提出质疑同样难以奏效。此外，关于研究伦理委员会审议研究申请的会议是否应对外开

---

① DoH（2004f）.
② Pickworth（2000）.
③ Ibid.
④ Ad Hoc Advisory Group on the Operation of NHS Research Ethics Committees（2005）and Central Office for Research Ethics Comittees（2006）.
⑤ Alderson 等（1995）.
⑥ 参见 McGuiness（2008）、Sayers（2007）和 Edwards 等（2004）. 他们认为，这应该不用担心。
⑦ Ad Hoc Advisory Group on the Operation of NHS Research Ethics Committees（2005）.
⑧ Ibid. 参见 Angel 等（2006）。他的实证研究也支持了这个结论。
⑨ Brazier（1990b）.
⑩ *R v Ethical Committee of St Mary's Hospital（Manchester）ex p Harriot* [1988] 1 FLR 512

放也存在争论。①

（5）曾有人直言研究伦理委员会家长作风太盛。这么说的人往往对这类研究持自由态度。他们认为，如果公众自愿参与有风险的研究，就应当允许他们参与，研究伦理委员会不应以保护之名违背参与者的意愿阻止他们参与医学研究。在这方面，艾滋病患者的怨气尤其强烈，他们认为研究伦理委员会让他们无法参与可能找到治愈艾滋病方法的研究项目，剥夺了他们的治疗机会。②

（6）有人曾经对委员会中专业人员一家独大的状况表示担忧。③ 尽管有规定要求，委员会中必须有非专业人员，以代表"普通"大众的观点。不过，当他们与委员会的专业人员意见相左之时，往往难以取得上风。

（7）部分研究人员曾经抱怨，委员会成员不具备必要的专业技能，无法充分理解他们申报的研究项目的性质与目的。这种状况致使有人声称自己的研究计划无缘无故遭到否定。英国卫生和社会保障部的一份报告指出，④ 在技术/科学问题方面，伦理委员会应当听取专家的意见，这样一来，研究计划无端被否定的错误就会大大减少。此外，还有人担心，研究伦理委员会成员医学伦理方面的专业知识不够扎实。⑤

（8）研究伦理委员会的成员往往年龄较大并且通常具有一定的行业背景。他们的种族构成情况并不能反映整个社会的种族构成情况。⑥

（9）有人担忧，研究伦理委员会的工作程序过于官僚化，常常以程序问题或申请的微小错误为由否决研究申请。⑦ 对于这些担忧，医学研究理事会并不讳言：

> 医学研究法规的制定常常支离破碎，职权范围相互重合、混沌不清。此类法规在解决医学研究的风险方面常常采用不适当的方法，不仅使研究人员和其他相关人员灰心丧气，还导致整个系统效率低下。这样一来，科研人员的研究会遭遇阻碍和延迟，并最终影响治疗方法的研发、人类卫生事业的进步。研究过程中，科研人员也常常感受到种种负面情绪，诸如愠

---

① 参见 Sheehan（2008）。
② Edwards 等（2004）。
③ McNeill（1993：95）。
④ Ad Hoc Advisory Group on the Operation of NHS Research Ethics Committees（2005）.
⑤ Edwards, S.（2011）；Schaefer and Wertheimer（2010）；Williams（2008）；Hoffman, Tarzian, and O'Neill（2000）.
⑥ Ad Hoc Advisory Group on the Operation of NHS Research Ethics Committees（2005）.
⑦ Angell and Dixon-Woods（2009）.

怒与丧气。①

为应对上述忧虑，有关机构推出了多项改革举措。②英国政府提出要成立一个卫生研究局，负责对研究监管工作进行监督，并建立一个速度更快、效率更高的监管体系。③

9.2　2004年《人用药物（临床试验）条例》（以下简称《条例》）

欧盟视角

该《条例》旨在使两份欧盟指令——2001年《临床试验指令》（*Clinical Trials Directive*，2001）和2005年《临床试验管理规范指令》（*Good Clinical Practice Directive*，2005）——在英国生效。这两个指令详细规定了新药临床试验开始前必须完成的各项程序。在涉及人体药物实验的临床试验开始前，试验的赞助方必须获得英国药品及保健品管理署（Medicines and Healthcare Products Regulatory Agency）颁发的临床试验批准书（Clinical Trial Authorization，CTA）。④临床试验批准书的申请可与向研究伦理委员会递交的申请同时进行。要获得研究伦理委员会批准，不一定必须有临床试验批准书，但如果确有该批准书，应当向研究伦理委员会提交一份复本。⑤该《条例》有如下要点：

- 按照法律规定，建立一个伦理委员会体系（《条例》第5条至第10条，以及附则二）。
- 要求所有的临床试验均应按照临床试验管理规范原则实施（《条例》第28条至第31条，以及附则一和五）。
- 向临床试验参与者中的未成年人以及在身体或者精神上失能的成年人提供前文论及的特别保护（《条例》第14条至第16条以及附则一的第三和五部分，针对失能成年人，以及第15条和附则一第四部分，针对未成年人）。

---

① MRC（2008：1）.
② Central Office for Research Ethics Committees（2006）.
③ BBC News online（11 January 2011）.
④ Medicines for Human Use（Clinical Trials）Regulations 2004.
⑤ DoH（2004g）.

> - 如果患者的药费无法报销,研究赞助人应向患者免费提供试验药品(《条例》第 28 条)。
> - 规定应由英国药品及保健品管理署对临床试验管理规范的贯彻情况进行检查,并帮助确保临床试验管理规范的标准得到遵守(《条例》第 47 条至第 52 条,附则七的第二和第三部分,以及附则九)。
>
> 以及
> - 规定要执行新规定(《条例》第 47 条至第 52 条,以及附则九)。

该《条例》在附则一规定了 14 条所有临床试验均须遵守的规范原则:[①]

2005 年《药物临床试验管理规范指令》第 2 条至第 5 条规定的原则

1. 研究参与者的权利、安全和健康高于科学利益和社会利益。

2. 每一名试验人员均应具备开展该试验所需的专业资质、培训经历和相关经验。

3. 临床试验在科学上具有可行性,并且在各个方面均符合伦理原则。

4. 必须遵守一切旨在确保试验质量的必要程序。

5. 进行临床试验的药品拥有足够的临床与非临床信息,足以支持计划实施的临床试验。

6. 临床试验必须根据《赫尔辛基宣言》规定的原则实施。

7. 试验计划应明确规定参与临床试验的受试者的接受与排除规则,以及试验的监测与发布策略。

8. 参与临床试验的研究人员及其赞助人应认真阅读一切与开展试验相关的指导文件。

9. 既应确保准确记录所有临床数据、正确解读与验证这些数据,又应在记录时充分保护实验受试者的隐私。

2001 年《临床试验指令》第 3 条规定的原则

10. 在启动试验前,已经就可预见的风险和不便与预计可为试验受试

---

① Regulation 28(as amended by the Medicines for Human Use(Clinical Trials)Amendment Regulations 2006,SI 2006/1928).

者个人及现在与未来的患者带来的益处之间进行了权衡。只有在预计的益处与风险相称的情形下才能启动试验。

11. 向受试者提供的医疗护理，以及代表受试者作出的医学决定均应由具有相应资质的医生（如果需要，包括具备相应资质的牙医）负责。

12. 只有在伦理委员会和审查机构认定鉴于试验的预期治疗效果和对公共卫生的益处，试验风险较为合理时，试验方可开始。且试验进行过程中，必须严格遵守前述要求。

13. 根据1998年《数据保护法》，必须保障每位试验受试者享有身体与精神完整权、隐私权以及个人数据保护权。

14. 已经为调查研究人员与资助人可能因该临床试验而承担的责任购买了保险或者准备了赔偿金。

该《条例》颁行后招致不少批评意见。慈善机构对《条例》大为不满，认为《条例》带来了新的官僚主义规定，势必阻碍医学研究工作。[1] 有机构声称：

假如这一指令40年前就颁行，那么大多数治疗癌症方面的重大进展根本无法实现。一旦如此，罹患乳腺癌的女性依然要失去自己的乳腺；患有喉癌的患者依然要失去自己的喉部；儿童白血病依然等于死刑判决，治愈儿童白血病也就不会成为癌症研究的一个伟大成就。[2]

对那些从事非商业性医学研究的人员而言，该《条例》将导致研究的额外成本大幅增加，使研究人员不堪重负，他们的担忧格外真切。[3] 自2000年以来，由非商业性机构实施的研究性临床试验数量似乎在逐渐减少。[4] 其中部分原因可能是经费的减少。由于商业性机构资助的研究存在偏袒之虞，因此，非商业性研究的式微就特别令人担忧。[5]

该《条例》的支持者认为，《条例》为英国各地的临床试验提供了一种统一标准。[6] 特别对那些有意从事欧洲范围内的跨国医学研究的科研人员而言，该《条例》非常有用。此外，有人认为《条例》在保证研究监管的一致性及减小不同研究伦理委员会之间审查方法的差异方面也显示出其重要性。《条例》还为临床试验研究规

---

[1] MRC (2004a).
[2] Cancer Research (2005).
[3] 相关讨论参见 Lidell 等 (2006)。
[4] Garrow (2005).
[5] Lexchin (2003).
[6] Allen (2004).

定了比其他研究项目更高的管控标准。有鉴于此,迈克·艾伦(Michael Allen)得出如下结论:"开展研究的难度将会更大,但是研究的质量会更高:这与现代世界的规则非常契合。"① 在试验参与者死亡的案例中就能发现由于研究伦理委员会监督不到位所带来的危险,虽然这种案例极少,但依旧令人痛心。② 有些欧洲国家甚至将上述两项欧盟指令适用到医学研究的所有领域,而不是像英格兰和威尔士那样仅适用于医药。

根据 2008 年《人用药物(营销批准等)修正条例》(SI 2008/3097)(以下简称 2008 年《条例》),有关人员有提供如下信息的义务:"① 因产品在欧洲经济区之外的国家或地区使用而产生的信息;以及:② 因产品用于营销批准书条款规定之外的情形(包括临床试验)而产生的信息。" 2008 年《条例》意味着将会更有效地应对赛乐特(盐酸帕罗西汀片;一种抗抑郁药)丑闻。麦戈伊(McGoey)和杰克逊(Jackson)③ 将该丑闻称作"自 1968 年《药品法》生效以来药物监管领域最严重的事故之一"。当时,英国药品及保健品管理署发现,生产赛乐特(盐酸帕罗西汀片)的公司隐瞒了表明该药物在治疗儿童抑郁方面效果不佳的临床试验数据。更糟糕的是,该公司还隐瞒了表明该药物具有增加抑郁儿童自杀行为后果的数据。可是 2008 年,药品及保健品管理署却宣布,依照当时的法律,该公司不应被起诉。

10. 参与者的遴选

如果拟进行临床试验的药物或治疗方法能给目前尚无有效治疗疗法的疾病患者带来康复希望,患者可能会争先恐后地参与该药物或治疗方法的研究项目。④ 当有意向参与研究的人数超过招募人数时,研究者应当如何选择参与者,现有法律并未规定相关指导意见或者监管措施。在试验性疗法风险较高时,一种建议是应当优先考虑那些预期寿命非常短的志愿者,理由是如果临床试验出现严重错误导致患者死亡,让预期寿命非常短的患者参与试验所造成的伤害更小,因为他们原本就时日不多。因此,有人建议,异种器官移植应当首先在处于持续性植物状态的患者身上实

---

① Ibid.
② Savulescu(2002a).
③ McGoey and Jackson(2007:107).
④ Fovargue(2007).

施。① 不过，此类主张也遭到了批评，它们表明，我们是在把那些处于持续性植物状态的患者或者预期寿命短的患者生命当儿戏，或者至少认为他们的生命不如其他人的宝贵。此外，患者利益集团也加大了活动力度，力求使那些早前试验表明具有一定疗效的药物可为患者所用。② 现行有关法规要求研究组织者制订明确方案，规定哪些人能够参与研究，或者哪些人不得参与研究。③ 研究伦理委员会在考虑是否批准某个研究项目时，会对该方案进行审核。只要该方案没有歧视并且逻辑清晰，研究伦理委员会就很可能批准。

11. 研究成果发表中的造假行为

在已发表的医学研究论著中，并非一切皆好。据称"研究造假"并不鲜见（并且呈蔓延之势），④ 而且这一问题还缺少有效的惩戒应对措施。⑤ 这也是一个令众多科研期刊的编辑人员忧心忡忡的难题。⑥ 此外还有一个稍有不同的担忧：如果某项研究未能得出令研究出资方满意的结果，研究结果就不会付诸文字，或者即使付诸文字，也不会公开。⑦

有些公开发表的文章是构建在彻头彻尾的虚假内容上。有这样一个恶名远扬的实例：有人发现，时任英国皇家妇产科学院的院长与人合著的一篇文章所依据的病例根本不存在。东窗事发后，该院长引咎辞职。⑧ 不仅如此，实际上细读该病例后会发现另一个问题：人情署名权（gift authorship），即某个对论文几无贡献的人却以论文作者之一的面目出现。医务人员的科研压力似乎使医学期刊中某些文章的作者名单冗长得没有尽头。这种压力还导致有人以种种手段大走捷径——最好的情况是对数据记录不严，最坏的情况则是直接伪造结果。一项调查表明，即使是经验丰富的研究人员，也存在一个灰色区域。在这个灰色区域，我们不清

---

① Ravelingien 等（2004）。
② Fovargue（2007）。
③ The Medicines for Human Use (Clinical Trials) Amendment Regulations 2006.
④ Steen（2011b）。
⑤ Freeland Judson（2004）；O'Reilly（1990）；这甚至也是伦理学著作中的一个问题。Schüklenk（2007）。
⑥ Wager, Fiack, Robinson and Rowlands（2009）。
⑦ Sismondo and Doucet（2009）；Fox（1998b：120）。
⑧ Smith（2003）。

楚某些形式的研究是否符合伦理道德。① 例如，很明显，研究人员应将他们研究的全部相关发现发表出来，即使是某一特定结果与整体结果不符或者与研究者所持立场不一致。相比之下，被视为"异常"或者"显然错误"的结果是否应当发表比较有争议。除彻头彻尾的欺诈之外，人们还担心由制药业资助的研究会偏袒出资人自己生产的药物。②

值得注意的是，直到 2005 年 3 月英国才成立了专门负责打击研究领域不端行为的机构——英国卫生与生物医学研究诚信委员会（UK Panel for Health and Biomedical Research Integrity）。③ 在此之前，对研究欺诈的指控主要由一个名为"公共伦理委员会"（Committee on Public Ethics）的利益集团进行调查。该委员会每年发布年度报告，其中充满了各种令人触目惊心的案例。不过，送交专业机构手中的案例屈指可数。④ 自 2000 年迄今，英国医学委员会总共只处理了 16 起研究造假案件。⑤ 一项对新任命顾问人员的调查发现，⑥ 他们中超过 55% 的人曾经发现学术不端行为。最常见的不端行为与署名权有关，要么是不该署名的人署名了，要么是该署名的人没有署名。⑦ 超过 10% 的人曾发现蓄意捏造或者篡改数据的行为。一项对美国科学家所做的调查发现，他们中超过 1/3 的人曾有过严重的学术不端行为。⑧ 一项对被撤稿文章所做的研究表明，这些文章之所以被撤回是因为它们存在故意欺骗，而不是因为它们存在疏忽或者研究水平不足。⑨

研究造假行为很少受到调查，究其原因，一种解释是担心因为错误指控他人的实验造假后，被对方以诽谤为由起诉。事实上，最有可能意识到研究造假的人是为级别更高的研究人员充当助手的低级研究人员，对自身职业前景的担忧可能导致他们不愿轻易"举报"。⑩ 一位研究人员指出，当他用一篇自称在科学方面取得突破的论文投稿时，没有哪个期刊要求他就此提供证据，但是当他撰写一篇指责研究造假

---

① Lynoe 等 (1999)。
② Lexchin 等 (2003)。
③ White (2005)。
④ Dyer (2003); Dyer (1997a)。
⑤ O'Brien (2003)。
⑥ Geggie (2001)。
⑦ 有关这一语境中"幽灵写手"的讨论，参见 Sismondo and Doucet (2009)。
⑧ Martinson, Anderson and de Vries (2005)。
⑨ Steen (2011a)。
⑩ Ferriman (2003)。

行为的文章后,期刊聘请的律师却要他为该文章中的每一个字都提供证据。①

这明显存在问题。如果有人对涉及人类医学研究的有效性表示怀疑,只会导致人们对此类研究的警惕心理愈加强烈。发现造假是科学研究中的难点之一。如果不重新做一次实验,想要确认存在造假即使并非不可能,至少也困难重重。②

拍案惊奇

黄禹锡博士与克隆造假

2005年,黄禹锡博士声称自己克隆出了一个人类胚胎。在此之前,他多次声称自己在克隆领域做出了一些开拓性的贡献。但之后人们发现,黄禹锡的说法及其研究工作质量的准确性均存在重大疑问。更有甚者,有人声称黄禹锡采用不道德手段强迫资历较浅的研究人员为他的研究提供材料。虽然他曾经一度被冠以美国科学界"年度研究领军人物"头衔,并在自己的祖国名噪一时,事发后却不得不仓皇去职,声誉扫地。单单是将黄禹锡博士定性为一个流氓科学家是不对的。一项针对他作假原因所做的研究表明:"黄禹锡在面临重重压力的同时极少受到约束,他在每个关头做出的选择决定了他不可避免地要身败名裂。现代科学界不择手段追求'学界的认可和声望'的欲望是不可低估和难以消解的。"③

当然,本部分中的任何内容都不应抹杀医学研究为社会带来的巨大好处。大多数研究并不存在我们讨论的造假行为。不过,如果医学研究想要保住自己的清誉,就必须确保造假行为得到有效遏制。

---

① Ferriman(2003)提及了 Peter Wilmshurst 的作品。
② MRC(2004a)。
③ Saunders and Savulescu(2001)。

12. 参与研究的义务

对于医学研究产生的诸多问题，一种激进观点是：人人都有义务参与医学研究。① 乍听起来，这种方法颇为惊世骇俗；不过，有人指出②，我们的社会偶尔也愿意为实现更广大的社会目标而限制某些人的自由，担任陪审员、义务教育、强制接种疫苗、检疫监管，以及义务兵役等。有人或许会主张，参与医学研究也应当加入这份项目清单之中，因为参与医学研究是我们帮助有困难的人这一基本责任的一部分。③

哈里斯指出，我们可以说，有理由推定研究工作总会符合某个人的最佳利益：

> 对于什么对某人有益的问题采取过于保守的态度，或者对某人的利益进行过于狭隘的界定，都存在危险。一个开展医学研究并利用过往研究成果的社会，乃至于这样一个世界，对于每一个身居其中的人而言都是有益的。生活在一个从事研究、积极接受研究成果，并高度重视研究以及研究成果的社会中，不仅对患者和研究受试者有益，而且也符合社会广大成员的利益。知道有人正在对那些我们现在不曾患有但是未来可能罹患的疾病展开研究，对大家都有益处。因为这会令我们感到更加安全，使我们对未来、我们自己、我们的后人以及所有我们珍视的人抱有希望。如果这是对的，那么，进行研究，一切扎实可靠的研究，既不排除，又不限于对我和我的疾病以及可能影响我和我家人的疾病进行研究等，于我而言是事关重大且涉及社会整体利益的，对我有显著的益处。关于研究必须对研究受试者有益这一要求进行狭隘解读，有悖情理。④

哈里斯认为参与研究符合个人最佳利益，因此我们不必锱铢必较地要求任何参与者给予同意均必须在充分知情的前提下自由做出。如果人们同意接受符合他们最佳利益的治疗，我们就不应怀疑这或许并未取得参与者同意。该做法是可以理解的。

---

① Plomer (2001).
② Chan and Harris (2009) and Harris (2005b). 参见 Brassington (2007)、Shapshay 和 Pimple (2007) 对哈里斯 (Harris) 的观点的回应。
③ Harris (2005).
④ Harris (2005b: 244).

哈里斯还支持将参与研究的义务作为公平性的一个方面。既然我们享受医学进步带来的好处，那么我们也应积极支持这些能使医学取得进步的研究，这理所当然，否则你将是整个体系中"搭便车的人"。① 他指出，愿意参与研究的人固然很少，但是拒绝使医学实现进步的研究成果的人则更少。不过，反对者可能回应道，在我们的社会中要想回避享受研究带来的利益并不容易，因为这些利益已然融入了我们的日常生活。② 此外，每个人都在通过诸如纳税等方式支持医学研究工作。③

哈里斯还提出一种略为不同的主张，即使我们认为研究工作对受试者个人没有好处，我们也不能认定受试者的利益就应凌驾于其他社会成员的利益之上，因为这等同于一个人的利益比另外一个人的利益更重要。我们最不能接受的观点是，一个不愿参与研究的人的利益一定比一个罹患某种疾病、可以通过研究找到治愈方法的人的利益更重要。此类主张属于结果论，会遭到人权支持者的反对。

尽管哈里斯提出了上述种种主张，但他认为，参加研究只是一种道德义务，他并未表示这种义务可以依法强制执行。不过，他也承认，自己的主张会给强制参与研究提供口实。只须对强制参与研究的后果稍加思考，就一定会促使很多人摒弃这种想法。警察或者军队违背民众的意愿，强行将他们拖到医院接受医学研究这一场景会令大多数人惊恐万分。有些学者指出，哈里斯固然证明了参与研究对我们有好处，但他没有证明参与研究是一种义务。④

另一种说法是参与研究是一种权利。设想你正在饱受某种严重疾病的折磨，而这种疾病目前尚无有效的治疗方法。你听说有人开发出一种药物，人们相信，这也许可以治愈该疾病，但是该药物尚未经过检验。那么，你是否可以要求别人用这种药对你进行治疗？⑤ 比如，有父亲发现某个病房中的部分婴儿在接受试验疗法，而另外一些没有，请思考他对此所做的评论：

> 他们凭什么拿婴儿的性命当儿戏？……是谁给他们权力，让他们坐在那儿异想天开，说这十个孩子里面这一个……适合接受试验性治疗，对不对？为什么不让这十个孩子都接受试验性治疗？让每个孩子都接受治疗，这样大家都有公平的机会，难道不对吗？⑥

---

① Chan and Harris (2009).
② Shapshay and Pimple (2007).
③ Brassington (2011).
④ Shapshay and Pimple (2007).
⑤ Dresser (2001).
⑥ Snowdon, Garcia and Elbourne (2002).

13. 研究结果的披露

人们越来越期望研究人员向研究参与者披露研究结果。过去，人们认为研究结果属于研究人员，而且参与者对研究结果不感兴趣。不过近年来，医学研究的实践与政策都发生了变化，因此研究人员通常有义务向参与者披露研究结果。①《赫尔辛基宣言》明确宣称："在研究项目结束时，参与研究的患者有权得知研究结果并分享由此产生的任何利益，比如有权接受研究中确认有效的干预措施或其他适当的医护措施或利益。"②

围绕这一主题，主要有两个问题。第一个问题是，影响某位研究参与者的个别结果是否要向他披露。假如在某个遗传学研究项目中，研究人员发现某位志愿者的基因资料表明，该志愿者有罹患某种疾病的风险，研究人员是否应该告知该志愿者？③ 有充分理由认为，如果基因证据表明，该志愿者的基因与某种病症之间存在很强的关联，而且该志愿参与者可以采取措施将罹患该种疾病的风险降到最低，那么研究者确实有义务告知该志愿者。但如果基因信息仅表明，该志愿者不过是具有罹患某种病症的轻度倾向，而且他也无从预防该病症的出现，那么告知他这一信息只会徒增担忧，没有一丝一毫的好处。

第二个问题是究竟要向参与者提供多少信息。向参与者提供的信息必须采用他们可以理解的形式吗？能向某位参与者提供多少关于其他参与者的信息呢？尽管人们普遍赞成参与者应当得到一定的信息，但是究竟应当向他们提供什么信息依然没有定论。④

---

① Miller 等（2008）。
② 第 33 条。
③ Affleck（2009）.
④ Miller 等（2008）。

/思考题/

1. 运用功利主义分析方法与人权分析方法分析人体研究伦理，会有哪些不同？

2. "人体试验的历史一方面见证了医学家为减轻疾病给人类带来的痛苦与煎熬而作出的真真切切与充满悲悯的执着努力，同时它也见证了在招募受试者参与研究方面存在的疏忽草率，但是这分疏忽草率轻易地被科学家工作中悲悯的一面给遮掩了。"① 虐待研究参与者和过度监管对研究的阻碍，哪一个对社会的影响更大？

3. 你是否愿意让你的子女作为医学研究的对象？在什么样的情况下愿意？你是否愿意让他人对你的子女使用尚未在儿童身上测试过的药物？

4. 在一项检验两种可相互替代药物的试验初期，结果表明一种药物远远比另一种药物有效，是否应当立即停止该研究，并且给所有参与者使用那种更有效的药物？或者该试验是否应当继续进行直至结束，以确保结果的精确性？②

5. 布坎南（Buchanan）和米勒③认为，评论人士往往将医学研究伦理视为与研究参与者个人权利相关的问题，却没有认识到医学研究伦理事关公共卫生。如果站在公共卫生伦理的立场，可能就会得出这样的结论，认为人们有责任参与相关研究，并且如果早期医学研究工作表明所研究的治疗方法有效，就必须停止该研究。同时，还应强调如果不进行这类医学研究社会将付出的代价。你认为公共卫生视角对于讨论医学研究伦理有帮助吗？

6. 玛格丽特·布雷齐尔写道："医学研究依然严重依赖于从发达国家与发展中国家的弱势群体中招募参与者。人类研究受试者对参与研究试验的同意意见是以我们社会中更为幸运的成员想不到的条件征得的。在这个意义上，人类受试者仍继续遭到剥削。"④ 那么，我们有什么办法可以解决这个问题？医学研究中使用弱势群体比使用其他阶层的人士更坏还是更好？

---

① Katz（1993：51）.
② 参见霍普对此问题的讨论。Hope（2000）.
③ Buchanan and Miller（2006）.
④ Margaret Brazier（2008：180）.

7. 在征得精神障碍患者的有效同意方面存在种种困难。这可能意味着对此类疾病的研究相对较少。① 在这种情况下，对于有关征得同意的要求，我们是否应当更灵活一些？

8. 鉴于在研究背景下定义同意和使用这一概念方面存在的诸多困难，将重点放在研究参与者是否得到尊重，是否对研究更有帮助？②

---

① Chong, Huxtable and Campbell (2011).
② Dickert (2009).

/延伸阅读/

Beyleveld D, Townend D and Wright J. (eds), (2005), *Research Ethics Committees* (Ashgate).

Brazier M. (2008), Exploitation and enrichment: the paradox of medical experimentation, *Journal of Medical Ethics* 34: 180.

Cave E. (2010), Seen but not heard? Children in clinical trials, *Medical Law Review* 18: 1.

Cheung P. (2008), *Public Trust in Medical Research* (Radcliffe).

Dickert N. (2009), Re-examining respect for human research participants, *Kennedy Institute of Ethics Journal* 19: 311.

Edwards S and McNamee M. (2005), Ethical concerns regarding guidelines for the conduct of clinical research on children, *Journal of Medical Ethics* 31: 351.

Ferguson P. (2003), Legal and ethical aspects of clinical trials: the views of researchers, *Medical Law Review* 11: 48.

Ferguson P. (2008), Clinical trials and healthy volunteers, *Medical Law Review* 16: 23.

Foster C. (2001), *The Ethics of Medical Research on Humans* (Cambridge University Press).

Fovargue S. (2007), "Oh pick me, pick me"—selecting participants for xenotransplant clinical trials, *Medical Law Review* 15: 176.

Harris J. (2005b), Scientific research is a moral duty, *Journal of Medical Ethics* 31: 242.

Lewis P. (2002), Procedures that are against the medical interests of the incompetent person, *Oxford Journal of Legal Studies* 12: 575.

Lyons B. (2011), Obliging children, *Medical Law Review* 19: 55.

McGuinness S. (2008), Research ethics committees: the role of ethics in a regulatory authority, *Journal of Medical Ethics* 34: 695.

McHale J. (2006b), Law reform, clinical research and adults without mental capacity//McLean S. (ed.), *First Do No Harm: Law, Ethics and Healthcare* (Ashgate).

McSherry B and Weller P. (eds), (2010), *Rethinking Rights-Based Mental Health Laws* (Hart).

Morrison D. (2005), A holistic approach to clinical and research decision-making, *Medical Law Review* 13: 45.

Plomer A. (2005), *The Law and Ethics of Medical Research* (Cavendish).

Price D. (2005b), Remodelling the regulation of postmodern innovation in medicine, *International Journal of Law in Context* 1: 121.

Richardson G. (2010), Mental capacity at the margin: the interface between two acts, *Medical Law Review* 18: 56.

后记

能有幸结识乔纳森·赫林教授,这归功于我在英国牛津大学学习期间我的导师约翰·伊克拉教授对我的帮助。他向我推荐了赫林教授的家庭法课程。赫林教授的课课时不多。实际上,由于牛津大学教学体制的缘故,能在课堂上听老师面授课程的机会并不多。[①] 但是,他的课逻辑清晰,简明扼要。

课堂上向赫林教授学习的时间不多,所以,我希望课下能看看赫林教授所做的研究。我发现,赫林教授不光在家庭法领域著述颇丰,在刑法以及医事法领域也颇有建树。于是,我有幸去听了赫林教授的有关医事法的课程以及安乐死等问题的讲座。这些经历让我对英国医事法产生了浓厚的兴趣。

《医事法与伦理》(第四版)一书(2012年由牛津大学出版社出版)是牛津大学法学系以及英国部分开设了医事法课程的法学院的教科书。该书围绕全英国民医疗保健体系的结构、卫生资源的分配、医疗过失、知情同意权、保密义务、避孕、堕胎和怀孕、生育、器官移植和对身体器官组织的所有权、死亡、精神卫生法以及医学研究等内容,做了深入讨论。和早前的版本相比,第四版改变了原来的写作思路。从以往对基本知识点的介绍,改为对某一问题各种观点的综合探讨,这既包括法律层面的思考,也包括伦理学上的思考,同时,还为读者提供了英国社会相关背景的介绍。这对于读者深刻理解、领悟英国医事法制度的社会背景及现行制度特点及弊端等,颇有助益。

---

① 我在牛津大学学习时,牛津大学实行的一学年三学期的学制,每个学期老师授课的时间只有两个月。

八年前，国内媒体有关医疗纠纷的报道不时见诸报端。而在法律制度方面，《中华人民共和国侵权责任法》《中华人民共和国刑法》等法律制度以及卫生部门规章等似乎尚不足以解决相关法律问题。医事法作为法学和医学的交叉学科，在传统法学院校开展这方面的研究为数不多，而传统医学院校开展医事法学教育和培养的，也面临法学师资短缺、法学教育薄弱等具体问题。见诸报端的涉医纠纷更不断提醒法律及相关领域的研究者们，应加大对医事法的研究力度，力求为改善现在的医患关系从立法、司法层面找到一个可行的办法。鉴于国内尚没有一本介绍英国医事法制度的译著，英国医事法制度对于我国医事法学科的教学科研以及处理涉医纠纷的实践具有较高的理论价值和借鉴意义，在我即将结束在英国牛津大学的访学之际，我向赫林教授表达了我想翻译《医事法与伦理》一书的愿望，得到了赫林教授的支持。

待我回国后，着手翻译此书时，我发现，这项翻译任务实在是块不太好啃的硬骨头。我从2015年1月开始准备此书的翻译，由于原书内容详实，资料充分，且英文原著主要针对的读者群是英国学习医事法的学生。因此，我组织了一个翻译团队，开展了翻译工作。我担任翻译项目组组长，西南政法大学外语学院副教授曹志建博士担任副组长，翻译团队的主要成员为西南政法大学已毕业的民法、刑法等专业的研究生。各成员的分工如下（按翻译章节先后为序）：

石雷：第一、二、三章；李玲玲、石雷：第四、五章；石雷、兰卡：第六章；石雷、林倩：第七、八章；曹志建、刘星辰：第九、十章；曹志建、兰卡：附录。

全书翻译完成后，二稿第一章至八章的审校由石雷承担，第九章至附录的审校由曹志建承担，三稿的审校由石雷、杨洋共同承担，最后由石雷对全部稿件完成了四稿、五稿的审校，经多次反复修改，最终完成定稿。

原计划在2015年9月交出定稿，但由于校对工作中发现了一些错译、漏译、术语不一致等问题，为了保证书稿的质量，最后的定稿也一拖再拖，历经多次修改。

等我完成第四稿的译稿时，2016年已经过去了一半。本想着尽快将本书出版，但由于英国脱欧以及我们学院工作安排等，与出版社联系出版的事宜出现了一些突发状况。几经周折，最终由华中科技大学出版社成功购得了这本书最新版本的版权，也就是第八版，时间也已经到了2020年。从第四版到第八版，英国医事法出现了很多变化，尤其是在知情同意、医疗过失、器官捐献等方面，又有一些新的案例和制度。从拿到第八版的书开始，我又开始了新一轮的校对，补充翻译了新增的内容（大概占到全书的1/3）。这期间，我的硕士研究生夏思静、李文君和袁永熠也参与了本书新增内容的翻译和校对工作。

需要说明的是，对于第四版中有的但在第八版中删除的部分重要内容，我放在书后的两个附录中，分别是荷兰、比利时、美国俄勒冈州的安乐死制度，以及英国医学研究的相关制度，留给有兴趣的同人查阅。

译稿校对结束，已是2021年。从准备翻译到最后成稿，中间经过了近六年的时间。六年来，我国卫生法律制度已经有了长足进展，卫生法领域逐步走上了一条快速发展的道路。特别是2019年12月28日，全国人大通过了《中华人民共和国基本医疗卫生和健康促进法》，为医疗卫生和健康领域搭建了一个较完善的基础法律框架。2021年1月1日正式实施的《中华人民共和国民法典》以及将于2022年3月1日实施的《中华人民共和国医师法》在医生和民众保护个人合法权利方面提供了较全面的制度保障。比较中国和英国的卫生法律制度，可以发现，在知情同意、隐私保护、代孕及胚胎保护、器官移植、生前预嘱以及安乐死等部分具体问题上，两国仍面临着类似的社会问题。如何进一步完善相关立法，仍是值得进一步探讨的问题。此外，坚持医疗机构公益性的英国卫生制度也给我们展示出这种制度内生的其他一些问题。从这个角度看，这本内容翔实的《医事法与伦理》仍有其独特的参考价值和意义，超过56万字的译著书稿对这些重点议题进行了鞭辟入里的分析。希望此书能为我国医疗卫生法学带来思想的火花，为医疗卫生法学者、立法机构及司法实务部门提供参考，为"十四五"时期深化医疗卫生体制改革尽一份绵薄之力。

最后，我要感谢李霞教授、翟宏丽教授、冯磊教授和侯国跃教授为本书撰写的推荐词。感谢诸位教授对本书的支持和助力！

感谢我在牛津结识的复旦大学胡敏老师、华中科技大学同济医学院袁莉老师。能在英国牛津结识两位老师是我的荣幸，让我在异国他乡也能感受到中国人暖暖的情谊，也谢谢两位老师对这本译著提供的帮助。

感谢父母对我工作的支持。父母辛苦一辈子，我能守在他们身边尽孝的日子实在太少，也希望我的这些努力能告慰父母的在天之灵！

感谢我的岳父、岳母、妻子、女儿的支持和陪伴！

衷心地感谢西南政法大学民商法学院民商法学科带头人赵万一教授对青年教师的鼓励和支持，感谢民商法学院这个温暖的大家庭，感谢华中科技大学出版社的郭善珊编辑以及为本书的出版付出辛劳的各位编辑！没有编辑幕后的付出，国内读者也就没机会看到这一本译著。谢谢！

译著涉猎广泛，内容旁征博引，译文不当之处在所难免。如有疏漏，敬请方家不吝赐教！

石雷　于西政致理楼

二〇二一年十二月三十日

图书在版编目（CIP）数据

医事法与伦理/（英）乔纳森·赫林著；石雷，曹志建译. —武汉：华中科技大学出版社，2022.9
ISBN 978-7-5680-8573-1

Ⅰ.①医… Ⅱ.①乔… ②石… ③曹… Ⅲ.①卫生法-研究 ②医学伦理学
Ⅳ.①D912.160.4 ②R-052

中国版本图书馆 CIP 数据核字（2022）第 124597 号

湖北省版权局著作权合同登记　图字：17-2022-090 号

MEDICAL LAW AND ETHICS, EIGHT EDITION by JONATHAN HERRING
Copyright：© 2020 by JONATHAN HERRING
MEDICAL LAW AND ETHICS, EIGHT EDITION was originally published in English in 2020. This translation is published by arrangement with Oxford University Press. Huazhong University of Science and Technology Press is solely responsible for this translation from the original work and Oxford University Press shall have no liability for any errors, omissions or inaccuracies or ambiguities in such translation or for any losses caused by reliance thereon.
All rights reserved.

医事法与伦理　　　　　　　　　　　　　　　　　　　　　　　［英］乔纳森·赫林　著
Yishifa Yu Lunli　　　　　　　　　　　　　　　　　　　　　　　石　雷　曹志建　译

策划编辑：郭善珊
责任编辑：董　晗
装帧设计：伊　宁
版式设计：赵慧萍
责任校对：张会军
责任监印：朱　玢

出版发行：华中科技大学出版社（中国·武汉）　　电话：（027）81321913
　　　　　武汉市东湖新技术开发区华工科技园　　邮编：430223

录　　排：华中科技大学出版社美编室
印　　刷：湖北新华印务有限公司
开　　本：787mm×1092mm　1/16
印　　张：56.5
字　　数：1044 千字
版　　次：2022 年 9 月第 1 版第 1 次印刷
定　　价：198.00 元

本书若有印装质量问题，请向出版社营销中心调换
全国免费服务热线：400-6679-118　竭诚为您服务
版权所有　侵权必究